上海市哲學社會科學規劃重點課題

民國上海市通志稿

第一册

上海市地方志辦公室
上海市歷史博物館　編

上海古籍出版社

《民國上海市通志稿》整理出版委員會

主　任：陳　東　朱詠雷

副主任：胡勁軍　劉　建　褚曉波　張　嵐

委　員（以姓氏筆劃為序）：

王家範　生鍵紅　呂　健　朱敏彥　吳志偉　周樹安　胡亞楣
胡訓珉　姚昆田　姜義華　莫建備　徐亞芳　高克勤　孫　剛
黃　勇　章　清　裘爭平　鄒逸麟　熊月之　顧音海

《民國上海市通志稿》整理出版工作小組

負責人：劉　建　張　嵐

成　員（以姓氏筆劃為序）：

王秀娟　生鍵紅　呂　健　呂志偉　呂承朔　朱敏彥　吳志偉
周樹安　邵文菁　胡訓珉　胡寶芳　莫建備　徐亞芳　高克勤
孫　剛　張　霞　陳漢鴻　裘爭平　劉效紅　嚴敏斐

前　言

　　《上海市通志》是創建於 1930 年代初期的上海市通志館編修的記載上海歷史和民國時期上海地方情況的重要地方志書,是留存大量珍貴文獻資料的典籍;其編修方針和體例格式,也令該志書成爲傳統方志向現代方志發展轉變的重要環節。《上海市通志》歷經戰亂紛爭,輾轉流傳,在有識之士的呵護下,現妥善保存於上海市歷史博物館。她的整理出版,是改革開放歷史進程的見證,是新時期上海文化事業大繁榮、大發展的產物,也是上海和全國方志界、史學界的盛事。值此《上海市通志》拂去塵封燦然面世之際,謹將整理出版有關事項敘述如下。

一

　　民國建元未久,即有不少省份的前清方志編修機構改換名稱,開始籌備編修各地方志。自 1927 年 4 月南京國民政府成立,至 1937 年 7 月抗日戰爭全面爆發十年間,南京國民政府繼續修志工作。1928 年 10 月,時任國民政府文官長的古應芬即建議各省、各縣開始修志。12 月,國民政府行政院訓令內政部和各省、特別市政府,要求各自設置通志館,地方志的編修工作開始在全國推進。①

　　收到國民政府內政部下發的《修志事例概要》後,上海特別市政府市政會議於 1930 年 1 月決定設立上海市通志館籌備委員會,由市教育局局長陳德徵、市府參事唐乃康、市社會局局長潘公展爲委員,負責"籌備市通志館事宜"。② 1931 年 4 月,上海市政府宣佈上海市通志館籌備委員會改組,特聘湯濟滄、趙正平、瞿宣穎等三人爲專任委員,具體負責籌備工作。③

　　實際上,1931 年初,時任南京國民黨中央政治會議委員兼陸海空軍總司令部秘書長的邵力子已經與南社舊友、國民黨元老柳亞子聯繫,動員他出任上海市通志館館長。④ 1932 年 1 月 26 日,上海市市長發佈訓令,宣佈聘定柳亞子、朱少屏爲上海市通志館正、副館長。1932 年 7 月 14 日,籌備了兩年半之久的上海市通志館正式宣告成立。⑤

　　從上海市通志館成立到 1937 年 11 月中止,柳亞子、朱少屏、徐蔚南等人對通志館的發展和《上海市通志》稿的形成發揮了重要的作用。

　　柳亞子(1887—1958),原名慰高,後改名棄疾,字稼軒,號亞子。江蘇吳江人。早年加入光復會、同盟會,參與創辦並主持南社。民國後曾任孫中山總統府秘書、中國國民黨中央監察委員。"四一二"事變後,因反對"清共"和專制獨裁被通緝,亡走日本。1928 年回國。1948 年,柳亞子與宋慶齡在香港組織中國國民黨革命委員會,任秘書長。1949 年,出席中國人民政治協商會議第一屆全體會議。中華人民共和國成立後,任中央人民政府委員、全國人大常委會委員、政務院文教委員、中央文史館副館長

---

　　①　國民政府行政院訓令第 199 號(1928 年 12 月 19 日),《內政公報》第 1 卷第 9 期。
　　②　上海特別市政府委任令第 348 號(1930 年 1 月 28 日),《上海特別市政府公報》第 44 期。
　　③　《市通志館籌委會成立:昨開大會》,《申報》1931 年 4 月 2 日第九版。
　　④　柳亞子《關於上海市通志館的話》,柳亞子文集編輯委員會主編《柳亞子文集·磨劍室文錄》,上海人民出版社 1993 年版,第 1099 頁。
　　⑤　上海市通志館籌備委員會呈文(1932 年 7 月 26 日),《上海市政府公報》第 124 期。

等職。①

柳亞子對上海市通志館和《上海市通志》的編纂工作傾注了大量的心血。他堅持愛國主義和民主立場，對於《上海市通志》的編纂原則、指導思想、體例結構一直到文字校勘，事無巨細，一一躬親。尤其難得的是，在基本指導思想和編纂原則方面，柳亞子始終堅持和貫徹了正確的觀點，並且得到通志館編纂人員的擁護和社會的認同。柳亞子離開通志館之後，雖然不再過問館務，但仍然時常關心通志館的工作，在通志館生存和發展的關鍵時刻，傾盡全力，施以援手。抗日戰爭勝利後，通志館復館，他寫信給館長胡樸安，要求對爲國捐軀的烈士朱少屏的遺屬予以照顧。② 新中國成立後，上海市文獻委員會一度歸屬難定，柳亞子多次給有關方面寫信，就人員和機構的安排問題溝通幹旋。③ 在柳亞子的領導和影響下，上海市通志館形成愛國、民主、開明的傳統。抗日戰爭勝利後，繼任館長胡樸安在復館後出版的《上海市年鑒：民國三十五年》"序"中，把柳亞子尊爲上海市年鑒的開創者，以柳亞子的繼任者自居。新中國成立以後，上海市有關部門評價通志館："從開館到一九三七年十一月的五年多的時期內，工作人員以反帝反封建的觀點，寫成了通志中的'上海沿革編'、'公共租界編'、'法租界編'三編及外交、金融事業、社會事業等初稿十二編。……日寇投降，上海市通志館得在十一月間宣告復館，工作人員仍本過去的計畫以繼續編纂上海市通志。"④ 蒯斯曛(原名蒯世勛)後來回憶："柳亞子先生親自看稿、提意見，告誡編寫人員要站穩民族立場，要掌握豐富的史料，讓歷史事實說話，切勿喪失立場，或主觀臆斷，空發議論。他這種嚴謹的治學態度給了我深刻的教育。"⑤

朱少屏(1881—1942)，名葆康。江蘇上海人。柳亞子的南社摯友。1905 年在日本參加中國同盟會。辛亥前後積極辦報辦學，宣傳反清革命；中華民國臨時政府成立時，受邀任孫中山總統府秘書。後任駐菲律賓馬尼拉總領事館領事。太平洋戰爭爆發後，朱少屏等中國外交官拒絕與日本佔領軍合作，1942 年 4 月被日軍集體殺害。⑥

在擔任上海市通志館副館長期間，朱少屏是柳亞子的主要助手。柳亞子曾經表示："朱少屏兄是出名的'上海通'，又是我三十年的老朋友，請他幫忙，我一切的一切，便什麼都順利了。"⑦ 朱少屏與柳亞子以及通志館的編修骨幹一起，確定了《上海市通志》的假定篇目和基本編纂原則；又發揮熟悉上海情況的優勢，聯繫各使領館、報刊雜誌，提供資料線索，爲資料的徵集和保障工作發揮了重要的作用。

徐蔚南(1900—1952)，原名毓麟，筆名半梅、澤人。江蘇吳江人。近代散文家、翻譯家、出版家、方志學家。1932 年起，受聘擔任上海市通志館編纂部主任。⑧

徐蔚南在任職期間，爲《上海市通志》的編纂，做了大量的工作。他不僅承擔了《上海市通志》第一編、第四編的編纂工作，同時負責全書各編編目及内容的選擇、安排；各編成稿後，先由徐氏閱讀校正，再呈柳亞子審訂。同時，他還負責《上海市年鑒》的編纂工作；利用熟悉報刊和出版界的優勢，在上海多家報刊雜誌和電臺上開闢專欄和專題節目，介紹上海歷史。1934 年 12 月，通志館成立上海市年鑒

---

① 參見《辭海》，上海辭書出版社 2000 年版，第 1559 頁。

② 柳亞子《致胡樸安》(1945 年 11 月 9 日)，柳亞子文集編輯委員會主編《柳亞子文集·書信輯錄》，上海人民出版社 1985 年版，第 326—327 頁。

③ 上海市人民政府《關於同意徐蔚南爲文化局文獻委員會副主任委員的批復》(市人一字〔51〕六五五號)，上海市檔案館藏檔，全宗號：B172-1-716-6。

④ 上海市人民政府《關於文獻委員會劃歸上海市文化局領導的指示》，附件李青崖《上海市人民政府文化局文獻委員會的歷史》，上海市檔案館藏檔，全宗號：B172-1-25。

⑤ 蒯世勛編著《上海公共租界史稿》，上海人民出版社 1980 年版，第 588 頁。

⑥ 馬以君主編《南社研究》第 4 輯《朱少屏傳略》，中山大學出版社 1993 年，第 175 頁。

⑦ 柳亞子文集編輯委員會主編《柳亞子文集·磨劍室文錄》，第 1100 頁。

⑧ 熊月之主編《上海名人名事名物大觀》，上海人民出版社 2005 年版，第 229 頁。政協吳江市委員會文史資料委員會編《吳江文史資料》第 13 輯《吳江現代人物錄》，1994 年，第 247 頁。

委員會,徐蔚南任主席。徐蔚南又與吳静山等發起成立上海通社。1935 年以後,徐蔚南編撰出版《上海在太平天國時代》、《上海棉布》、《顧繡考》、《中國美術工藝》等著作。當時很有影響的刊物《逸經》的編者在編後記《逸話》中指出:"本期第一篇徐蔚南先生的《上海的倭寇》,在學術上是篇極重要的文章,將歷來倭寇侵擾上海的經過情形,源源本本,用科學的方法把它整理敍述出來,不特是研究近代史上很大的貢獻,同時也是注意上海本地掌故的極好參考。當此'睦鄰'的時候,更是值得作我們的殷鑒。"①

上海市通志館成立後,柳亞子和徐蔚南廣泛招攬著名學者,聘任胡懷琛、吳静山、蒯世勳、席滌塵、郭孝先、胡道静、李純康、蔣慎吾等任編纂館員,董樞、樂嗣炳、鐘貴陽、沈家詒等爲特約編纂。② 向各方徵集史料,由於工作細致周全,收録的資料非常翔實,爲《上海市通志》的編纂打下堅實的基礎。

到 1937 年抗日戰爭初期,短短五年時間内,《上海市通志》大部分專編基本成稿,還完成一系列上海地方資料的整理、彙編和出版工作。1933 年 6 月,上海市通志館創辦《上海市通志館期刊》,先後出版八期,刊載《上海市通志》中相對成熟的稿件。在柳亞子的領導和直接參與下,《上海市年鑒》從 1934 年開始,每年出版一本,共出三本。通志館同仁組成的上海通社編輯《上海研究資料》正、續兩集,其中有《公共租界沿革》、《上海法租界沿革》、《蘇報案始末》、《近代名人在上海》等許多珍貴資料。這些資料曾彙編成《上海通叢書》三集。1935 年 8 月之後,上海通社又輯刊《上海掌故叢書》十册出版。上海市通志館的學者們在短短的五年内,在戰亂中白手起家,工作效率之高,成果之卓著,令人歎爲觀止。

1937 年 11 月上海淪陷,通志館因經費無着而中止。通志館的重要資料轉移至柳亞子家中。1940 年柳亞子撤退離滬後,"舊時集存的書報和資料,經過幾次的遷移和密藏,幸而没有遭到重大損失"。③

抗日戰爭勝利後,上海市通志館恢復,1945 年 10 月 31 日,上海市市長錢大鈞聘胡樸安任上海市通志館館長,徐蔚南任副館長。④ 1946 年 12 月,根據國民政府内政部的規定和上海市政府的命令,上海市通志館着手改組爲上海市文獻委員會,其職責除編纂《上海市通志》外,增加了調查徵集、保管編印上海市文獻資料的任務。1947 年 7 月 1 日上海市文獻委員會宣告成立,胡樸安任主任委員,徐蔚南任副主任委員。但是 7 月 9 日胡樸安即因病去世,8 月 11 日,上海市政府改聘徐蔚南代理主任委員,主持一切。⑤ 1948 年 12 月,上海市政府正式聘任徐蔚南爲主任委員,沈祖德爲副主任委員。⑥ 上海市通志館及上海市文獻委員會共編纂出版《上海市年鑒》(民國三十五年、三十六年、三十七年)三本,編纂出版《上海市重要法令彙刊初編》,整理《上海市通志》舊稿,繼續徵集、收藏了相當數量的日僞時期和 1940 年代中後期的重要資料。

新中國成立後,1950 年 6 月陳毅市長下令上海市文獻委員會劃歸市文化局管轄。⑦ 9 月任命李

---

① 《逸話》,《逸經》1936 年第八期。
② 柳亞子《柳亞子自述:1887—1958》,人民日報出版社 2012 年版,第 30 頁。[民國]上海市年鑒委員會《上海市年鑒:民國二十四年》,張研、孫燕京主編《民國史料叢刊・史地・年鑒》(第 995 册),大象出版社 2009 年版,第 176—177 頁。
③ 上海市人民政府《關於文獻委員會劃歸上海市文化局領導的指示》,附件李青崖《上海市人民政府文化局文獻委員會的歷史》,上海市檔案館藏檔,全宗號:B172-1-25。另據柳亞子 1942 年撰寫回憶稱:"直到我離開上海以前,他(指胡道静——整理者注)還替市通志館做了一件很重要的事情。就是把一部分的藏書,由道静經手,運到了一個比較安全的地方去。"(柳亞子《懷念胡道静兄》,《柳亞子文集・磨劍室文録》,第 1367 頁)胡道静後曾多次回憶稱,上海市通志館的資料是由他委托震旦大學圖書館密藏。見胡道静:《柳亞子與上海市通志館》(1987 年)、《上海通志館及上海通志稿》(1988 年)、《上海市通志館、〈上海市通志〉及上海史料之搜集保存者》、《關於上海通志館的回憶》(2001 年),《胡道静文集・序跋題記　學事雜憶》,上海人民出版社 2011 年版,第 287、303、307、341—342 頁。
④ [民國]上海市政府人事處《市通志館任免遷調檔》(聘函字第 1064、1065 號),上海市檔案館藏檔,全宗號:Q1-2-64。
⑤ [民國]上海市文獻委員會編《上海市年鑒:民國三十七年》,上海市文獻委員會年鑒委員會,民國三十七年十二月(1948 年 12 月)出版發行。
⑥ [民國]上海市文獻委員會《爲到職視事函請察照由》(市文字第 101 號公函),上海市檔案館藏檔,全宗號:C1-432-3-180。
⑦ 上海市人民政府《關於文獻委員會劃歸上海市文化局領導的指示》,上海市檔案館藏檔,全宗號:B172-1-25。

青崖擔任文獻委員會主任委員。1951 年 2 月,根據柳亞子和邵力子先生的聯名推薦,上海市人民政府批准市文化局錄用、任命徐蔚南擔任上海市文獻委員會副主任委員。[①] 1951 年年底,文化局向中共上海市委報告,要求把文獻委員會等若干單位人員調整改組爲社會文化事業管理處,[②]館藏文獻資料移交上海市文物管理委員會,上海市文獻委員會工作即行中止。1980 年代,上海市通志館及上海市文獻委員會留存的《上海市通志》稿劃歸上海市歷史博物館收藏至今。

二

《上海市通志》記載的時間跨度從上海的起源到 1933 年,内容範圍從自然地理到經濟文化社會。該志書初時計劃編纂 25 編,各編編目爲:"第一編:上海歷史(上):沿革"、"第二編:上海歷史(中):第一特區——公共租界"、"第三編:上海歷史(下):第二特區——法租界"、"第四編:上海概勢"、"第五編:上海地文"、"第六編:法制"、"第七編:政治"、"第八編:黨務"、"第九編:外交"、"第十編:軍備"、"第十一編:教育"、"第十二編:財政"、"第十三編:交通"、"第十四編:金融"、"第十五編:商業"、"第十六編:工業"、"第十七編:農林牧漁"、"第十八編:宗教"、"第十九編:學藝"、"第二十編:社會事業"、"第二十一編:風土"、"第二十二編:人物"、"第二十三編:大事記"、"第二十四編:沿革寫真"、"第二十五編:歷史地圖"。各編下設二百餘總目,六百餘子目,每編計劃編纂 10 萬字,預計全稿 250 萬字以上。過去一直認爲,24 編文稿及資料現存,原計劃中的第二十五編即上海歷史地圖集有部分資料無存稿。其中已經完全成稿並排出二校樣的 3 編計 70 萬字;已經完全成稿的 11 編計 277 萬字;尚未完全成稿的 10 編,存有志稿 203 萬字。合計該志稿共存有文字稿 550 萬字。另有各種資料共 17 紙箱,文字 6 030 頁,表格 358 張,各種資料總約 500 萬字以上。兩項合計 1 000 多萬字。[③]

但檔案資料反映,新中國建國初期整理《上海市通志》舊稿時,發現抗日戰爭爆發前完成的 15 編稿件中,政治(第七編)、外交(第九編)、風土(第二十一編)等 3 編散失,沿革(第一編)、公共租界(第二編)、法租界(第三編)、地文(第五編)、黨務(第八編)、教育(第十一編)、金融(第十四編)、工業(第十六編,部分存稿)、宗教(第十八編)、學藝(第十九編)、社會事業(第二十編)、大事記(第二十三編)等 12 編仍然保存。[④] 但是 2013 年 8 月上海市歷史博物館清點《上海市通志》存稿時發現,當年以爲散失的政治、外交、風土編,現在仍然存在;當年認爲仍然存在的 12 編中,工業編已經散失。實際存稿 14 編,約 355.3 萬字。尚未完稿的其餘 11 編,僅存目録和 21 箱資料。

那麽,是否可以斷言:當年先賢嘔心瀝血擬就的另 11 編 200 余萬字稿件已經蕩然無存了呢?原來我們亦作如此觀。但是仔細考量之後,發現尚難下此定論。一方面,現存的《上海市通志館期刊》、《上海研究資料》及《上海研究資料續集》中仍然存留部分屬於散失的 11 編範圍的成稿;另一方面,當時通志館的學者出於愛土愛鄉情懷,爲了宣傳《上海市通志》,在上海許多刊物上開闢專欄,如《民國日報·覺悟》、《大晚報·上海通》、《逸經》等,發表了大量研究成果,這批成果彙集起來,數量也相當可觀。希望今後假以時日,我們可以就散失的 11 編的存稿問題給學界一個明確的答復。

同時,需要指出的是,現有存稿的字數是根據抗日戰爭之前編纂者的估算統計的,當時未將注釋

---

① 上海市人民政府《關於同意徐蔚南爲文化局文獻委員會副主任委員的批復》(市人一字〔51〕六五五號),上海市檔案館藏檔,全宗號:B172-1-716-6。
② 上海市文化局《關於將文獻委員會改組爲社會文化事業管理處的請示報告》(1951 年 12 月 19 日),上海市檔案館藏檔,全宗號:B172-1-713-5。
③ 上海市地方志辦公室編《上海方志提要》,上海社會科學院出版社 2005 年版,第 10—15 頁。
④ 上海市文化局《關於上海市文獻委員會概況》,附件《文獻委員會工作報告》(原文留底)(1950 年 3 月),上海市檔案館藏檔,全宗號:B172-1-25-10。

和標點統計在内,按照現在通行的方法統計,現有存稿的實際字數比過去將大幅增加。例如前三編的字數,當年估計爲 70 萬字,但是這次整理出版時,達到 150 萬字。

《上海市通志》部分成稿後,考慮到資料徵集的困難和編纂工作的緊迫,柳亞子等前輩爲了提高編纂品質,決定通過《上海市通志館期刊》分八期發表其中部分章節,刊發字數超過 100 萬字,以便向社會徵集修改意見,並借此進一步徵集資料。這些稿件的發表,在當時引起很大的關注和強烈的反響,對於稿件的成熟和進一步完善發揮了積極的作用。

此外,按照前人説法,《上海市通志》成稿之後,抗日戰争初期即被封存至今。現在看來,情況並非如此。一是現存資料中有相當部分是抗日戰争戰後收集的日僞時期資料和 1949 年之前的資料,説明在抗日戰争勝利後,上海市通志館及上海市文獻委員會仍然繼續進行通志稿的資料收集和編纂工作。二是從現有稿件上存留的整理、校改痕跡來看,抗日戰争勝利後、中華人民共和國建國初期以及 1969 年、1980 年代、1990 年代,曾經有人多次對其中部分資料、文稿進行過整理。部分資料在 1969 年被整理歸類並裝訂成册,加封題爲"僞上海市政府××資料"等,其中的"僞",並非習見的專指日僞,而是指民國時期的國民政府。可惜的是,歷次整理者大多未留下姓名,亦未明確標注各次整理工作的範圍、方法及校改内容,致使今天我們無法分辨何者爲原作者校改,何者爲某次整理者校改。當然也就無法對歷次整理者的工作作出評價。值得慶幸的是,雖然歷經戰火及各種政治運動的暴風驟雨,存留下來的稿件和有關資料基本完好無損。

《上海市通志》稿的學術價值毋庸置疑。

《上海市通志》稿和上海市通志館館藏資料是研究上海近代史以及中國近代史的重要文獻和資料寶庫。1920—1930 年代是近代上海乃至近代中國發展過程中的重要階段。1937 年日寇侵華戰争的全面爆發,不僅打斷了上海發展的歷史進程,也造成上海近代史研究資料的嚴重散失和湮滅,成爲當代上海乃至中國近代史研究的嚴重障礙。《上海市通志》稿中不僅收集保存了大量經過整理的資料,尤其難得的是,上海市通志館當年由各方面學者、專家徵集、收藏的珍貴資料,其價值又非一般可比。《上海市通志》稿及民國上海市通志館館藏資料的出版,或許可以爲我們深化近代上海史的研究提供新的資料和視角。

從方志學的角度來看,《上海市通志》稿本身也具有很高的學術價值。第一,她繼承了傳統方志全面記載地方情況、保存第一手資料的傳統,她的假定篇目和各個專題的設計,努力做到全面覆蓋。第二,她努力運用現代史學的科學方法,特別注重收錄資料的考訂、驗證,嚴格區分歷史記載和編纂者的個人判斷。第三,在編纂方法方面,柳亞子頂住當時守舊人士的責難,堅持採用白話語體文。在當時官方文書普遍採用文言文的情況下,在大型志書的編纂中堅持這樣做是很不容易的。柳亞子後來回憶,"通志文字,悉用白話,小夫多咋舌者"。[①] 因此,可以毫不誇張地説,《上海市通志》稿在新舊方志學之間,樹立起一個特徵鮮明的標杆,可以爲當代新方志的編纂工作提供一個參照和借鑒的範本。

三

1987 年 5 月,時任上海市市長江澤民宣布成立上海市地方志編纂委員會及其辦公室。新方志編修之初,上海市地方志辦公室和學界多次呼籲整理出版《上海市通志》稿,惜未如願。2012 年 7 月,在上海通志館建館 80 周年之際,在中共上海市委宣傳部領導的大力推動下,上海通志館與上海市歷史博物館簽署了合作整理出版《上海市通志》稿的協議。2013 年 4 月,上海市地方志辦公室與上海市歷

---

① 柳亞子《柳亞子自述:1887—1958》,人民日報出版社 2012 年版,第 30 頁。

史博物館協商成立由相關領導和專家學者共同組成整理出版委員會和工作小組,整理出版的各項工作正式啟動。

　　整理出版工作的基本設想是：總體規劃,分步落實。總體上準備把柳亞子主編的《上海市通志》成文稿及民國上海市通志館收藏的《上海市通志》稿相關資料全部整理出版。具體工作打算分爲兩個階段。第一階段整理出版已經成稿的全部《上海市通志》稿,計劃在 2014 年年底完成。第二階段整理出版民國上海市通志館收藏的《上海市通志》稿相關資料,需要再花費 2—3 年時間。

　　《上海市通志》的整理校勘工作按照舊志整理出版的工作規範及基本原則進行：尊重歷史,保持原作原貌。原作中的部分錯誤觀點的形成,有其特殊的時代背景,讀者自能辨識,原文不做改動調整。

　　原作書名爲《上海市通志》,考慮到實際遺存內容僅爲原計劃的大部,仍以原名出版,似與當年編纂者的原意不符。現在按照舊志整理的慣例,冠以"民國",說明爲民國時期的著作;加一"稿"字,說明爲當年劫後餘稿。

　　由於每編原稿稿件的成稿情況不同,我們在每編之前,特附"整理說明",說明該編原稿情況及我們的整理工作。

　　考慮到原稿第一、二、三編的內容,均爲縱述上海歷史過程,與其他專編橫分門類,專門敍述某一專題不同,在全書中自成一體,且內容完整,並無缺漏;而且這三編當時大部分已經排出清樣,亦經各編撰稿者本人及柳亞子、朱少屏、徐蔚南等人審校,相對比較成熟。我們將其匯爲一册,率先出版,以慰學界期盼之情。

　　《民國上海市通志稿》(第一册)的出版,得到上海古籍出版社社長高克勤、總編輯呂健、編輯室主任呂瑞鋒及編輯曾曉紅、張千衛的全力支持;對當年關心本書的上海市文物管理委員會領導陳燮君、汪慶正,上海市歷史博物館領導潘君祥、杭侃,以及錢宗灝、顧柏榮、段煉等諸多同仁的整理保管,在此一併表示感謝。感謝上海市哲學社會科學規劃辦公室的大力支持。同時由於學識才力所限,整理校勘工作中的錯誤遺漏在所難免,懇請學界同仁予以教正,以期今後各册整理校勘中能夠有所提高。

　　2013 年爲上海開埠 170 周年,我們希望以本書首册的出版推動上海歷史與地情的研究,並以此稍稍告慰先賢;但必待全書告竣,尚可無愧於世人。

　　值此首册面世之際,謹記之。

編 輯 凡 例

1. 本書在現存民國《上海市通志》有關材料的基礎上整理而成。

2. 本書整理，以尊重原著、保持原貌爲原則，以方便研究者爲要。原稿編纂於八十年前，受到時代影響與認知所限，持論難免與現在有所不同，本書一仍其舊，以供研究者參考。

3. 原稿中有些出於當時習慣的表述，雖然現已罕見或不再使用，本書不作改動。

4. 原稿正文中"如左"、"同上"等文字，整理時不予改動。

5. 本書整理時，除原稿不標書名號者現仍其舊外，其他標點符號按現行使用方法予以改動。原稿中少量未加標點處，則予以補標。

6. 原稿注釋中標點及數字的使用，盡可能予以統一。

7. 原稿中衍、誤而當刪、改的文字，本書加圓括弧，排小字；校正或增入的文字，加六角括弧，以正文或注文相同的字號排出。

8. 原稿空字或無法辨識的文字，本書以"□"標示。有大段缺失處，則標以"（原闕）"。

9. 原稿若干部分爲當時已排出的校樣，本書將原來的竪排改横排，雙行夾注改單行。

10. 本書各編前有"整理説明"，綜合説明該編原稿狀況及整理情況。

第 一 册 目 録

第一冊

第一編

上海歷史

上

沿　　革

本編整理説明

本編作者徐蔚南(1900—1952),近代散文家、翻譯家、出版家、方志學家。早年畢業於上海震旦學院和日本慶應大學。青年時代以《山陰道上》、《快閣的紫藤花》等散文名篇譽滿文壇。自 1928 年起任世界書局編輯,主編學術普及叢書《ABC 叢書》。精通法文,翻譯法國文學名著十餘種。1932—1937年,受聘擔任上海市通志館編纂部主任。後兼任上海市博物館董事、歷史部主任。1937 年擔任國民黨中宣部主任秘書。1943 年任重慶國民參政會秘書長。抗日戰争勝利後,回上海市通志館、文獻委員會任職直到去世。① 徐蔚南在抗日戰争後的任職情況,本書《前言》中已經説明,這裏不再贅述。

本編原稿大部分已經排成清樣。其中"甲 總説"至"己 上海的蜕變"是初校樣,從"庚 上海的繁華"至"午 結論"以及"重要參考書目"是二校樣,上面均有校改痕跡。僅"辰 上海一・二八之戰"、"上海年表"、"參考書目補遺"等三部分是手寫稿。本編的整理以最後形成的校樣爲依據,如存有初校樣,則視情參照。

原稿若干編撰有專門説明本編特殊事項的"凡例"。本編"凡例"第六項稱:"本編中關於一・二八戰事,亦早編就,但以未至發表時期,故未刊入。"因此原稿目錄中未列入"一・二八淞滬抗戰"條目。但是我們在整理過程中發現,最初的第一編目錄中,"上海一・二八之戰"按照時間順序,放在"卯 青天白日的上海"之後、"巳 大上海核心的完成"之前,該節的編目順序爲"辰";但是,該部分正文內容没有排入第一編,而是插入第二編,作爲"第二編 第一特區——公共租界"的"辛 公共租界與一・二八戰争"的"附録"。一・二八淞滬抗戰是上海地方歷史發展的重要事件,公共租界雖然也被波及,但是並非戰事主角,放在第二編中顯然並不合適。因此,我們仍然把"上海一・二八之戰"內容移回第一編,順序爲"辰",以後各部分順序依次順延。

整理過程中,我們發現本編原稿中的注釋,其正文中注碼順序與注腳中同序號的注釋內容不能對應。我們現在對所有注釋逐條核對校正,以使正文注碼與注釋一一對應。

本編"參考書目補遺"由數份書目合併而成,均爲手寫稿,比較凌亂,且存在重複現象。我們在各份書目之間空行,以示區別。原稿有的書名之前標注"○"、"△"等符號,有的書名外加框,書名後大部分附注中文數字或者阿拉伯數字,以上三者的涵義,我們現在無法明確判斷,故照原樣排出。

原稿目錄設三級標題,但原稿正文未按第三級標題分節,僅在第二級標題下將第三級標題集中排列。本編整理時,目錄未將第三級標題列入。

---

① 熊月之主編《上海名人名事名物大觀》,上海人民出版社 2005 年版,第 229 頁。政協吳江市委員會文史資料委員會編《吳江文史資料》第 13 輯《吳江現代人物錄》,1994 年,第 247 頁。

本 編 目 録

凡　例

一、本編依據本市通志所定體例編纂。本市通志之體例，見本市通志第二十六編敍錄編。

二、本編爲本市通志之第一編上海歷史(上)——沿革編，其性質在全市志是一個總序；其內容涉及本市的各部門，與本市通志第二編上海歷史(中)第一特區——公共租界編，第三編上海歷史(下)第二特區——法租界編，合爲本市通志中"上海歷史"之全部。

三、本編之敍述，除關於上海之起源外，從十三世紀中宋末上海立鎮時起，至一九三三年民國二十二年大上海市中心區域建設成立爲止，其間時期約六百六十餘年。一九三四年民國二十三年以來，本市的狀況，則可參考本館歷年所編的上海市年鑑。

四、本編既屬全志總序性質，故不僅與本市志上海歷史(中)第一特區——公共租界編，上海歷史(下)第二特區——法租界編相關聯，即與本市通志其他各編也都有關係。

五、本編雖屬全志總序性質，但對於各部門之史實，只能作提綱挈領的敍述，故欲專門研究本市某一部門的，須參考本市志中專門各編，例如關於地文，須參考本市通志地文編。至於本編所應附載的各種地圖，均另見本市通志地圖編。

六、本編中關於一·二八戰事，亦早編就，但以未至發表時期，故未刊入。

七、本編在館長柳亞子先生熱心指導之下而編纂，每章編成之後，又蒙其細心校勘，修改訂正不少，始得完稿，衷心至爲感謝。至於遺誤之處，自屬編者個人的責任。

八、本編編纂時得本館編纂胡懷琛、吳靜山、蒯世勛、席滌塵、董樞、郭孝先、胡道靜、蔣慎吾、李純康諸君協助不少，亦深爲感謝。

九、南洋中學圖書館、海關圖書館、亞洲文會圖書館、徐家匯天主堂藏書樓等機關給予我們參考書籍的種種便利，並誌謝忱。

編者徐蔚南識

甲　總　說

一　上海變遷的五大階段及上海地位的優越

1. 上海鎮的登場——2. 上海政治地位的陞進——3. 上海棉織業的發達——4. 上海商業的發展——5. 上海畸形的生長——6. 上海的經緯度——7. 就長江以南區域論上海——8. 就全中國論上海地位——9. 就世界論上海地位

上海最初僅爲華亭縣的一個海口,一個寂寞的漁村而已。但依時勢的遷移,上海逐漸繁盛,而至成爲今日這樣的一個世界的大都市,中國唯一的工商埠了。就時勢變遷而論上海,約可分爲五大階段。

第一是上海鎮的成立。宋末於上海之地,設立市舶提舉分司,於是始有上海鎮。所謂市舶提舉司者,簡言之,即爲管理中外商船貨物稅收(到)〔的〕官署。[註一]所以上海最初,就是用商港的身份登場的。從捕魚的海口,一變而爲商港,站足於東南,這是上海最初的也是最重要的變遷。

第二是上海縣的設置。元初創行海運,以上海爲發動之地,黄浦江、吳淞江的水面,於是成爲海運船隻的寄居所;而各地水手亦以上海爲逆旅。兼以其時濱海所產的鹽量,下沙場竟居松江府下最大鹽場之列,木棉的種植與紡織亦早輸入,而日就發展的坦途。上海不僅是一個商港,並且自己建立了產業,又時時能聚集各地水手的地方了。上海於是從鎮而陞爲縣,成爲我國行政制度上的一個單位。上海在政治地位上的陞進,又是上海的一大變遷。

第三是上海棉織物業的發達。政治的權力,由胡元而入朱明。上海的棉產物業跟着時代而益開展。棉田漸行佔據上海大半的地域;而男女老少幾無不知紡織之利益。明嘉靖時代,倭寇的侵入,只能焚掠房屋財物,却奪不了上海的產業。上海棉織物業到了明萬曆時代,果然風行各地,而上海人竟得以“衣被天下”的口號誇耀於世了。因爲各地商人挾銀而來,購買棉與布以去,遂使上海日益富裕,而上海的風俗跟着也日就奢侈澆薄了。降及明末,巨大的房屋,豪奢的庭園,在上海增建起來;華美的裝飾,精良的看饌,在上海流行起來。這時上海縣的興旺,早非上海鎮所能比的了。

第四是江海關的設立。明代一轉入清代,不久,上海設置江海關。倭寇後閉港的上海,於是又重行開港。各地來滬的商人更多了,他們爲買賣便利起見,以及其他原因,團結了同鄉,在上海各自建設會館與公所。黄浦江中,帆檣林立;十六鋪前,市聲嘈雜:上海簡直是繁華熱鬧的港口了。

第五是上海的開闢商埠。雅片一戰,結果使上海成爲“五口通商”之一;繼而開闢居留地——外人

[註一]　宋史職官志(卷)七“提舉市舶司掌蕃貨海舶征榷貿易之事,以來遠人,通遠物者”。又宋會要(國立北平圖書館鈔印)“市舶司,掌市易南蕃諸國物貨航舶而至者”。

盤踞了上海的一角。居留地開闢不久，太平天國興起，所謂租界的居留地於是變質，成爲華洋雜居的區域。外人更會利用時機，巧佔豪奪，使居留地益形開展，同時也日使上海畸形的發達：不僅居留地的租界成爲中國的一個特別區域，並且整個的上海變爲中國的一個特別區域了。這是上海最近的情勢。然而這種情勢並不將久長繼續。我上海市民與市府所共同努力建設中的大上海市，不是已着着成功了嗎？那市中心區不是已實現於黃浦江(右)〔左〕了嗎？大上海的將來，還是要我們來支配！

上海之有今日這樣繁榮，時勢的變遷，固然是一大原因。但上海位置的優越，實爲其發展的基礎。人稱"上海市當八省之尾閭，沿海七省之中心，太平洋航線之焦點"，[註一]誠非過甚之詞。考上海經緯度的測量已有多處。公元一九○九——一○年清光緒三十四年宣統元年兩次上海縣報部民政統計表均載：[註二]

經度極東偏東五度十一分十一秒，極西偏東四度四十七分四秒；以北京爲中綫。
緯度極南赤道北三十度五十八分三十秒，極北赤道北三十一度十八分五十四秒。
城所在地，爲：
經度偏東五度一分五十八秒；
緯度赤道北三十一度十三分四十秒。
據濬浦局測定江海關旗杆的經緯度，則爲：[註三]
東經一二一度二九分○○‧○二秒；
北緯三一度一四分二○‧三八秒。
徐家匯氣象台，因國際天文聯合會選定爲測量地球徑度三基點之一，故其經緯度最爲精確可靠，測定的結果如左：
東經八時五分四‧三○七秒，即一二一度二五分五五秒半；
北緯三一度一一分三二‧四秒。[註四]

坐落在長江支流黃浦江的左岸，自黃浦江東溝口起到上海兵工廠止，九海里五四、○○○英尺的水路所包括的區域，構成上海這個市場。黃浦江右岸的浦東也成爲上海商場的一部分。至於上海與海的距離，從北綠華山燈塔經過江口南水道，而至黃浦江口爲六十七海里又半，更從黃浦江口到上海港口爲九海里半。[註五]

就長江以南的全部區域考察，上海的位置適在江南三角洲的中間區域。所謂江南三角洲者，係由長江下游冲積所成之地。普通以鎮江、蘇州、湖州及杭州劃一直線相聯絡，此直線以東，長江以南，又南以錢塘江爲界，西以太湖爲界的區域，就稱爲江南三角洲，其面積爲九千七百四十方英里，人口約包含一千四百萬人。此江南三角洲的堆成係從有史以前開始，至今還繼續着造化的力量，仍在增長擴大中。爲了海水的侵入，自晉代起，即建築海塘，以資保護。今從吳淞口至杭州全海岸所築的海塘，長約一百八十餘英里。這上海周圍江南三角洲約九千七百餘方英里間的水道，都要向長江要求排水口；而這許多水道到處可通小輪船或民船的。因此，這江南三角洲對於上海的繁榮都盡了直接的貢獻。[註六]

再就全中國考察上海。因上海坐落於世界無比的可航的長江口，且又因其近海處，恰巧依天然的形勢，構成爲一個吃水深廣的港口，故佔着非常優勢的地位。長江流域面積計七五○、○○○方英里，約佔中國本部面積的一半，都做了上海的背後地。具有如此廣大的背後地的港口，在世界上實亦爲無

[註一]　上海地方自治志公牘丙編。
[註二]　上海縣續志卷一界至。
[註三]　Whangpoo Conserancy Board, General Series, No. 8. The Port of Shanghai.
[註四]　見該台報告。
[註五]　The Port of Shanghai, p. 1；支那研究十八號(Feb., 1930)上海之地理及港灣設備並氣候。
[註六]　支那研究第三號(May, 1922)江南三角洲史的考察。

比的。[註一]

　　至於上海在世界的位置，因其位於我國海濱極東的中心點，故亦佔着非常的優勢，從西歐或美洲東部來滬的時間幾乎相等，巴拿馬運河開通後，此種情形也只略爲改變罷了。印度、西伯利亞、東印度羣島、澳洲、日本，以及美洲西部諸邦都和上海有着直接的海洋交通。[註二]

　　依上所述，當知上海得爲中國唯一的商港，且得爲世界的一大商港，其在地理上的優勢，實亦爲一大原因。上海縣續志弁言説得不錯："夫上海……在明已爲防倭重鎮，在清又爲互市巨埠，筦樞南北，轉輸江海，交通貫於全球，聚族及於百國，京邑省郡，或且遜之，固風會之所趨，亦其地勢利便之所致也。"

二　爲全中國工商業經濟教育文化中心的上海

1. 商業中心——2. 工業中心——3. 金融中心——4. 教育文化中心

　　上海以地位的優越，開始即以商港的身份登場，及至開埠以後，以時勢的劇變，上海竟一躍而得爲遠東貿易的中心。當上海開埠之年，即一八四三年清道光二十三年年末，植物學家福春（Robert Fortune）在其中國遊記（Three Years' Wanderings in the Northern Provinces of China）中即稱：[註三]

　　　　中國沿海各地的國際貿易，以上海最爲重要，故能引起多數民衆的注意。我所熟諳的其他都市都沒有上海的便利。上海是中國的大門。就實際言，凡至中國的，以上海爲主要的入口，溯河而上，以達縣城，即見桅檣林立，可知爲國內商業雲集之所。帆船來自沿海各處，非特來自南方各省，抑且來自山東及北直隷。其每年一次來自新嘉坡與馬來羣島的爲數亦極多。内地運輸之便，爲世界任何地點所不及。地居長江流域，平原廣衍，爲多數美麗河流所橫斷，而此項河流，後爲漕渠所穿連。其中多數，近於天生的水道，也有爲鉅大人工所造成的。因爲地面平坦，故潮汐深入内地，用以協助就地商民，輸運其出口貨於上海，或由上海輸運進口貨於内地遙遠部分。與内地相交通的大小船舶，麕集上海。旅行内地的人，足跡所經，每見船帆踵接，高出地面。自上海開闢爲商埠之後，是項船隻，輸運大宗絲、茶至滬，以應卜居是地的外國僑商需要。返之時，則滿載交易所得的歐美製造物品。

上海可望爲絲茶出口的中心一節，續加討論後，福春又謂：

　　　　上海的接近蘇杭大城以及金陵古都，其就地貿易之盛，内地河渠轉運之便，絲、茶運致滬上之比運往廣州爲速，以及如吾儕所知，上海之將爲舶來棉織物暢銷之地，凡此種種事實，經加考量，即可知數年以後，上海將不僅能與廣州相爭競，且將遠比廣州爲重要無疑。

五年之後，即一八四八年，清道光二十八年福春重遊上海，見其時上海的發展，果如其所預料，他説：

　　　　我行近上海之時，首先觸及眼簾的事物，爲林立的桅檣。但是項桅檣不僅屬於前項所屬目的帆船，并且是屬於大都來自英、美兩國的船隻。其時停泊上海的大號外國船舶，共計二十六艘。其中多數運載外國製造區的出品而來，裝載絲茶以返。

　　[註一]　The port of Shanghai, p. 1.
　　[註二]　同上。上海縣續志云："至中外通商，昔以廣州爲首衝，今以上海爲首衝，緣長江各口岸徧開商埠而上海居長江入海之處，商輪由海入江，必於是，是爲江之關係。曩者，外洋貿易皆自印度洋而來，今則太平洋之貿易尤盛，而上海在太平洋西岸，南北適中之地，是爲海之關係。故上海爲中外通商第一口岸，亦形勢使然云。"
　　[註三]　福春所記，係引書中所引。

上海商務逐年發展,迨至近年,其商務地位,並不因各地的交通便利而被侵佔以至低落,反而益形堅固不拔,成爲中國唯一的大商埠,兹將一九二八一二九年民國十七─八年上海、廣州、天津三埠的進出貨值比較如下:[註一]

上海

項　　別	一九二八年(海關兩)	一九二九年(海關兩)
進口洋貨净值[註二]	三七一、三三七、五〇四	四一六、七九〇、二〇五
進口土貨净值	一三八、四二九、五三九	一一九、三四八、六六六
出　　口	五一九、二八九、一六六	四九九、五〇〇、八六二
總　　計	一、〇二九、〇五六、二〇九	一、〇三五、六八九、七三三

廣州

項　　別	一九二八年(海關兩)	一九二九年(海關兩)
進口洋貨净值	四〇、〇三二、九〇二	四一、八九五、二七九
進口土貨净值	四九、三五八、七七四	五六、〇八五、九一八
出　　口	八二、一八九、二四七	八五、六〇七、八三九
總　　計	一七一、五八〇、九二三	一八三、五八九、〇三六

天津

項　　別	一九二八年(海關兩)	一九二九年(海關兩)
進口洋貨净值	一三六、一二一、〇六四	一四五、〇九五、五五三
進口土貨净值	九八、四六九、九五五	八九、二五〇、八五九
出　　口	一一三、六五九、六三六	一〇八、二八四、七三九
總　　計	三四八、二五〇、六五五	三四二、六三一、一四九

從上列三大埠進出貨值的比較,當知上海的商務是如何的鉅大而超過中國任何的商埠了。但上海不僅爲商埠,且已爲工業之地。自從一八九四年清光緒二十年中日戰後,訂立馬關條約,日人得在我國通商口岸設立工廠,各條約國依照最惠國條約,乃亦得正式設立工廠,於是英、美、日、法等國便紛紛來滬設廠。國人也追蹤而前。自一八九〇年清光緒十六年起,上海工廠開始應用電力發動機後,上海的現代工業,日見發展,迄至今日,以電力使用新式機器已成爲通則。兹略述製造業的大者如左:[註三]

工廠類別	廠　數	紡錘數	織機數	工人數
紗　廠	六一	二、一二五、七六二	一七、一五八	一二七、六〇五
絲　廠	六六			五八、七二五
捲烟廠	六八			二五、〇〇〇

[註一]　統計比較係英國商會報告,據 Feetham Report, Dol I, p. 265。
[註二]　所謂進口洋貨净值者,係將從上海再出口輸入國外或中國他埠者完全除去,只以净輸入上海者爲限。
[註三]　此項統計亦係英國商會所報告,據 Feetham Report, Dol I, p. 267。

續　表

工廠類別	廠　數	紡錘數	織機數	工人數
麵　粉　廠	一八			五、〇〇〇
器械汽機廠	五五			四、九一〇
印　刷　廠	四二			七、八三〇
船　　廠	五			一二、〇〇〇
鐵　　廠	三四			五、五〇〇

此外還有極多的小工業，各有以電力驅使的機器數架。雖不能即稱爲工廠，但總合計之，非不重要，各該工業所用工匠，共約有二十七萬八千人。

上海還有類乎製造業的工業如左：

土木工程五十五家約有工人　　　　　　四、七一〇

印刷廠四十二家約有工人　　　　　　　七、八三〇

造船廠四家約有工人　　　　　　　　　五、〇〇〇

鐵廠三十四家約有工人　　　　　　　　一五、三〇〇

上述統計數字，係依據一九三〇年民國十九年英國商會（British Chamber of Commerce）的陳述書據中國經濟統計研究所報告，一九三二年民國二十一年上海廠數共計一、六六六，而其中紡織工廠佔最大多數，爲五三七廠。[註一]勞工人數，則一九二八一三〇年民國十七一九年間的數字如下：[註二]

一九二八年　　　　　　一九二九年　　　　　　一九三〇年

二二三、六八〇　　　　二八五、七〇〇　　　　三一二、九一四

以商業與工業的發達，上海便成爲我國的經濟中心，金融於是集中於上海。一八七六年清光緒二年時國人經營的銀行雖尚未出現，而上海南市匯劃錢莊已有四十二家，北市六十三家；山西匯業二十二家。三者合計共達一百二十七家。[註三]至最近一九三〇年民國十九年，統計國人經營的銀行有三十九家，錢莊七十七家，而外國匯兌銀行分行二十家。[註四]截止一九三〇年民國十九年六月三十日止，上海各銀行所發行鈔票的總額，約計洋二四二、〇七八、四五五元，而各銀行所存儲的現銀，計有銀一〇七、三五一、〇〇〇兩，即等於洋一五六、一六〇、〇〇〇元。[註五]據中央銀行主任會計朱博泉，在一九三一年民國二十年一月二十日宣讀的論文內則謂“向可靠來源，新近調查的結果，上海國人經營的銀行所發行的鈔票，總數達二九〇、〇〇〇、〇〇〇元。此外尚有五、〇〇〇、〇〇〇元至六、〇〇〇、〇〇〇元的外僑銀行所發行的鈔票”。[註六]

此項龐大數字的鈔票發行額，其流通的範圍，至爲廣大，北沿津浦鐵路而至濟南，西溯長江流域而抵宜昌，南達於海陬的極端，江、浙、皖、閩、贛各省全部，都爲上海各銀行鈔票所及之處。一九二七年民國十六年漢口鈔票停止使用後，長江流域人民袋裏所存的只是上海鈔票。[註七]

又就匯兌而言，中國南北兩商務中心所有的帳目係在上海結清。香港爲中國南部的主要銀行中

[註一]　上海市地方協會，上海市統計（1933）工業，頁一。

[註二]　同上註。

[註三]　葛元煦：滬遊雜記卷四（葛氏嘯園藏板）。

[註四]　按尚有外商銀行七家，非匯兌銀行，未曾計入此項統計。據 Feetham Report, p. 301。

[註五]　Feetham Report, p. 302.

[註六]　"Finance and Commerce", January, 1931.

[註七]　同上註。

心,長江流域以南地方習慣用銀洋,而北部帳目則通常按照銀兩支付。兩部分的必要的匯兌手續,幾乎都在上海完成。[註一]

就我國金融方面種種實際狀況觀察,上海是握住了全國金融的命脈,是全中國的金融中心,已無疑義。

教育文化,上海亦最爲發達。新式學校的興起,以上海爲第一,而至今大學校的數量爲全國之冠。全市教育統計,自一九二九年民國十八年七月起至一九三二年民國二十一年六月三年間,校數、學生數以及經費數如左:[註二]

年　　　月	校　　數	學生數	教職員數	經　費　數
一九二九年七月——三〇年六月	九八三	一五〇、〇四〇	一〇、三二〇	九八八、七二四、七六五
一九三〇年七月——三一年六月	九三二	一五九、八四七	九、九九一	一、二一二、〇五二、九〇〇
一九三一年七月——三二年六月	八二九	一五四、五七八	九、六二七	一、一七五、五八八、六〇〇

一九三二年民國二十一年圖書館在上海,共有八十五所。報紙則有中、日、英、法、俄、德文種種,其種類之多,銷數之廣,實非他埠所能企及;尚有無數的定期刊物,繼續不斷地發行。展覽會、音樂會、運動會亦相繼舉行,幾無一日的間斷。最近更有數十處無線電播音臺,將上海的一切善與惡,廣播於全國。上海以交通、印刷的便利,工商業的發達,終於也執我國教育文化的牛耳了。

三　本編的編纂方法及其範圍

　　1.歷史的紀述——2.上海動態中心——3.史料的不勻——4.史料的蒐集——5.上海歷史編纂的不易

從來志書敍述一地沿革,頗爲簡略,而類多附一沿革表,則甚明白了當。其簡明固屬可貴;但一地發展的因果關係,殊未能有所指示。今本編既作爲上海歷史的一部分,則本編的內容,必當具有一般歷史所應具有的特點,即敍述上海的所以爲上海,必須是論理學的,立體的,分析的。舊志體例,疆域專敍疆域,建置只述建置,田賦僅記田賦的辦法,勢所不能盡其能事。故本編的編纂方法,除於開始一章,仍援舊例,作一簡單的沿革敍述,并作一沿革表外,復蒐集有關沿革的史實,不論其爲疆域,爲建置,抑爲田賦,分章敍述,蟬聯而下,以說明上海發展的動態。

人事變遷,至爲錯綜紛紜;頭緒萬端,實屬難於分理。但各個時代,必有若干中心事件,與前後時代互爲因果,而成爲一時代的特點。本編的敍述上海各代的動態,即在把握此種成爲時代特點的若干中心事件。至若一端的專門敍述,如上海的地文、政治、金融、教育等,則本市通志各有專編紀載,既不是本編編纂的目的,也不是本編的任務。

歷史的紀載,首貴史料的翔實與豐富。上海歷史雖短,在史料却有一個畸形的狀態,爲其他各地

　　[註一]　Report of the Hon. Richard Feetham to the Shanghai Municipal Council, p. 304.
　　[註二]　上海市地方協會,上海市統計(1933)教育,頁一。

所無的,就是宋元時代的史料,至爲缺乏,而近百年間,因時勢劇變,近代印刷術的輸入較早,遂致史料的積聚,異常豐富。遠則太少,近則太多,史料多寡的太相懸殊,成爲編纂上的一大困難,各章的記載,雖欲盡力注意篇幅的均匀,終於難免畸輕畸重之弊。

時代較早的一部分,本編載録文獻略多,良以宋元所遺留的文獻,至爲可貴,且歷來志書轉輾記録,愈爲後出的,愈多改動原文。本編所録載者,幸得較爲完全,較爲正確,實足資參證,非徒以充篇幅的。

史料的蒐集,殊屬不易,因時代較早的文獻,遺留甚少。上海縣志自明弘治本起,至民國上海縣志止,上海所有的十部志書,費了不少的精力與時間,幸均能獲得閱讀的機會。弘治志當一六八三年清康熙二十二年修志時,已無從獲見,其後歷修各志也都没有看見。我們今日居然重行獲得,尤爲幸運之至。有關上海掌故的筆記及詩文集,我們也都蒐集,本編亦多參考。至開埠後西人所著關於上海的書籍,本編中涉及租界及上海近況的,也常參考;但並不以之爲主體。實地的調查,實物的考察,所費時間與精力雖不少,但頗有趣味,如所謂“扈”的一種的魚具,至杭州灣一帶,我人始見其遺形。爲上海鎮先驅的青龍鎮,即今舊青浦,我們曾經前去考察,苦無所得。各種建築物與金石,亦多考求其實況,凡較有價值的,我們爲之攝影或拓印。惟此種實際的查考,在本編文字間,却不能特別地顯出。

歷史的編纂,以時間愈多,用力愈深,成績必愈圓滿。只就上海歷史的編纂而論,公共租界工部局曾延請蘭林(Larming)編纂上海歷史,蘭林及其繼續者費了十三年的光陰,工作結果,却只於一九二一年民國十年出版了第一卷,其第二卷或現尚未聞出版之期。法人亦嘗編法租界史,以有極充分的圖書館,足資應用,豐富的檔案,得以隨時參考,而十數年間,書亦僅成半部罷了。[註一]上海租界史僅佔上海史中極小一部分,而成就尚如此,何況整部的上海史呢! 本編以僅少的時間,貧乏的參考書,草草作成,而體例却又新創,其不能爲各方所滿意,是意料中事,固不必喋喋多言的了。

[註一]　Ch. B. Maybon et Jean Fredet, Histoire de la Concession Française de Changhai, pp. 1-2.

乙 上 海 溯 源

一 上 海 沿 革 考

1. 上海立鎮前的沿革概略——2. 上海沿革表

上海在距今四千餘年前,即在夏禹時代,是揚州之域;二千六百餘年前,即春秋之時,初爲吳,旋爲越;二千三百餘年前,即戰國時代,乃爲楚;二千年前,即秦漢時代,爲會稽吳郡;公元二一九年漢建安二十四年,吳孫權封陸遜爲華亭侯,才有華亭之稱;七五一年唐天寶十年才設置華亭縣,其時尚無上海的名稱。直到十三世紀中宋末,上海這一帶地方,"人煙浩穰,海舶幅輳",於是就在這地方,設立市舶提舉司及榷貨場,名之曰上海鎮。[註一]以上所述的,只是上海立鎮前沿革的一個大略,茲特再詳述自古及今上海的沿革,如下表:[註二]

時 代	區 域	郡	縣
禹貢	揚州之域		
春秋	吳越		
戰國	楚		相傳爲春申君黃歇封邑
秦		會稽郡始皇二十五年,王翦定荊江南地,降越君置。	婁縣
漢	揚州元封五年,置刺史,巡行郡國。置會稽郡。	會稽郡高帝六年爲荊國,十二年更名。吳景帝三年,吳王濞反,國除,以其地封江都王,是爲江都國。元狩二年,江都王建罪廢國除,會稽始入漢爲郡。	婁縣移治於婁江之陰,更名屬會稽郡。王莽時曰婁,治有華亭谷。
後漢	揚州	吳郡永建四年,分浙東爲會稽郡,浙西爲吳郡。	婁縣
三國吳	揚州	吳郡	婁縣
晉	揚州	吳郡仍屬揚州。	婁縣
宋	揚州大明三年廢,八年復置。	吳郡大明七年更屬南徐州,八年仍屬揚州。	婁縣
齊	揚州	吳郡	婁縣
梁	揚州 吳州太清三年分揚州吳郡置,大寶元年廢。	吳郡太清二年分屬吳州,大寶元年仍屬揚州。 信義郡天監六年分吳郡置	信義縣天監六年,以婁縣地改置屬信義郡。 崑山縣大同元年析信義縣置,屬信義郡。

[註一] 明嘉靖上海縣志卷一。
[註二] 本表依據清同治上海縣志,復依秦榮光同治上海縣志札記,加以校正。民國以來,則今增添。

續　表

時　代	區　域	郡	縣
陳	揚州 吳州禎明元年復分置,尋廢。	吳郡 信義郡	信義縣 崑山縣
隋	揚州行臺。	吳郡開皇九年更名蘇州,屬揚州行臺。大業元年改吳州,三年復名吳郡。	信義縣開皇九年,省入常熟。 崑山縣開皇九年省入常熟,十八年復置,屬蘇州。
唐	江南東道貞觀元年爲江南道,開元二十一年分爲江南東道。	蘇州武德四年改吳郡曰蘇州,九年屬潤州,貞觀九年分屬江南道,景龍二年隸揚州都督,開元二十一年分屬江南東道,天寶元年更曰吳郡,至德二載復曰蘇州,乾元元年改屬浙西道,建中二年置鎮海軍。	華亭縣天寶十載,太守趙居貞請析崑山南境、海鹽北境、嘉興東境地置,屬吳郡。
五代	吳越梁開平元年封錢鏐爲吳越王,后建國設官,世奉正朔。宋太平興國三年,錢俶歸京師,國除。	蘇州梁貞明三年,吳越王自稱中吳府。唐同光二年,陞中吳軍。 秀州唐同光二年,吳越王分蘇州置,長興二年廢,晉天福四年復置。	華亭縣唐同光二年屬中吳軍,晉天福四年又分屬秀州。
宋	浙西路至道三年爲兩浙路,熙寧七年爲浙西路,尋合爲一,九年復分,十年復合,建炎元年復分。	嘉興府政和七年改秀州爲嘉禾郡,宣和三年復爲秀州,慶元元年陞秀州爲嘉興府,嘉定元年賜嘉興軍,隸浙西路。	華亭縣屬嘉興府。
元	江浙行省至元十三年置江淮行省,二十二年改江淮行省爲江浙行省。	松江府至元十四年陞華亭縣爲府,隸嘉興路,路隸江淮行省,十五年更名松江府,泰定三年廢爲都水庸田司,天曆元年復置府罷司。	上海縣至元二十九年,知府僕散翰文請析華亭東北之長人、北亭、新江、海隅五鄉置,屬松江府。泰定三年并屬嘉興路,天曆元年復分屬松江府。[註一]
明	直隸南京	松江府	上海縣嘉靖二十一年,巡撫都御史夏邦謨等請析縣西北之北亭、新江、海隅三鄉,置青浦縣。三十二年廢所析復故。萬曆元年,給事中蔡汝賢請復置,從之。五年,又析北亭、新江二鄉未盡者益之。
清	江蘇布政使司	松江府	上海縣雍正二年,總督查弼納請析縣西南之長人鄉,置南匯縣。嘉慶十年,總督陳大文又請以縣東之高昌鄉濱海地分隸川沙廳。
民國	江蘇省	滬海道三年置	上海縣初爲江蘇省直轄,三年隸滬海道,十五年淞滬商埠督辦公署成立,所轄區域除上海全縣外,益以寶山縣之吳淞、江灣、殷行、彭浦、真如、高橋等一市五鄉之地。一切行政事務,悉受公署管轄,不屬於省行政範圍。
	上海特別市十六年國民革命軍奠定上海,定爲特別市,直隸於國民政府。市區範圍,除淞滬商埠原有轄境外,更益以寶山縣之大場、楊行二鄉、松江、青浦兩縣所屬七寶鄉之一部,松江縣屬莘莊鄉之一部,及南匯縣屬周浦鄉之一部。十七年七月,先行接收上海縣屬之滬南、閘北,寶山縣屬之吳淞、高橋等十七區;暫緩接收上海縣屬之曹行、塘灣等八區,寶山、青浦、松江、南匯等所屬五區,暫緩接收之上海縣屬各區暫仍歸上海縣管轄。		
	上海市十九年五月,國民政府公佈市組織法,改各特別市爲市,直隸行政院。七月改稱上海市,轄境仍舊。		

[註一]　上海設縣年代或作至元二十七年或二十八年者,均誤。參考本編頁二三。

二　上海名稱考

上海的名稱係從設置上海鎮而起；上海的立鎮，則係從設立市舶提舉司及榷貨場而起。[註一]據清代康熙松江府志，乾隆十五年上海縣志，及其後上海縣志都說上海之有市舶司是從一○七四年宋熙寧七年起。但此說，中外學者頗多懷疑，以爲：(一) 上海之有市舶司，當不能早於華亭縣(今松江)之有市舶司；(二) 就宋代對外貿易各港口發展的歷程考察，上海之設立市舶司，比泉州還要早十年，未必可能；(三) 宋代重要典籍，如宋會要及宋史食貨志、通考等書，全未提及上海，也不說及華亭海曾設置市舶司或市舶務；甚至紹熙雲間志中，竟只說到上海浦，而沒有提及上海鎮。故上海在一○七四年宋熙寧七年就設置市舶司之說，實難信任。上海較早縣志，如明嘉靖上海縣志、清康熙上海縣志，原只說"宋末"設立市舶司，却沒有說在"宋熙寧七年"設立的話。"宋末"之說，似較可依據。因爲探究任上海市舶司者，除去一二六五一七四年宋咸淳間的外，較早時代竟無一人可考；而比上海早發展的青龍鎮的市舶司，却有七八人可考。一二六五一七四年間宋咸淳間任上海市舶司的計有繆相之、董楷、趙維良等三人可考，而三人中只有董楷一人的任市舶司年月，最爲確實，即在一二六七年宋咸淳三年，其餘各人任市舶司的正確年月，都付闕如了。

當上海未立鎮前，即未有上海這名稱前，其名有二：

一曰華亭海　同治上海縣志稱上海，"在唐爲場，在宋爲鎮"。所謂"在宋爲鎮"，固爲上海鎮，而"在唐爲場"，並非即名爲上海場，所謂場者，係泛指鹽場的。明弘治上海縣志曰："上海縣舊名華亭海。"明嘉靖上海縣志所述更爲詳盡，謂"至唐天寶十年始縣華亭，此曰華亭海"。宋元豐九域志(緊)〔緊〕華亭條下稱，"……鹽場有金山、松陵江、華亭海"，可知華亭海者，乃爲唐時鹽場名，亦即上海前身的名稱。[註二]所以稱爲華亭海者，因其地近於海，而屬於華亭縣的緣故。

二曰滬瀆　上海古蹟之一，爲滬瀆壘。這滬瀆壘，公元三四五一三五六年晉永和間，虞潭曾經修築，以防海寇。[註三]四○○年晉隆安四年冬，吳國內史袁崧復築滬瀆壘，以備孫恩；翌年，孫恩攻陷滬瀆，袁崧被害。[註四]宋紹熙雲間志滬瀆壘條云："舊有東西二城，東城廣萬餘步，有四門，今徙於江中，餘西南一角；西城極小，在東城之西北，以其兩旁有東西蘆浦，俗遂呼爲蘆子城。"[註五]可見一一九○一九四年宋紹熙間，尚有滬瀆壘的遺痕。滬瀆江亦爲上海古蹟之一，梁簡文帝吳郡石像銘曰："吳郡婁縣界松江之下，號曰滬瀆。"范成大吳郡記："松江東瀉海曰滬海，亦謂之滬瀆。"顧炎武天下郡國利病書江南四吳江縣山水註云："松江與黃浦合流入海，其口名曰滬瀆。"據此種種文獻，當知滬瀆係由滬瀆江、滬瀆壘而起。至於滬瀆的取義，廣韻"滬，水名也"。白虎通："發源而注海曰瀆"；陸龜蒙漁具詩序："列竹於海澨曰滬，吳之滬瀆是也。"清嘉慶上海縣志引輿地志曰："插竹列海中，以繩編之，向岸張兩翼，潮上而沒，潮落即出，魚隨潮礙竹，不得去，名之曰扈。"可知滬字從扈，乃一捕魚之具，而瀆則直接入海的河川之

[註一]　上海的設立市舶司年代是上海史上最爲紛糾的問題。熙寧七年設置之說，在清代志書中始見。大清一統志卷五八松江府古蹟上海鎮下，則稱一一三一一六二(宋紹興中)置，日人大村欣夫江南三角洲史的考察即用此年代。武堉幹與日人小竹文夫均懷疑熙寧七年說之不當。武氏並拒絕紹興中置之說。參考中央大學社會科學叢刊二卷一期唐宋時代上海在中國對外貿易上之地位觀及支那研究第十八號上海研究號上海之沿革。

[註二]　宋元豐九域志卷五，頁二二。

[註三]　晉書卷七六列傳(乾隆四年刊本)。

[註四]　資治通鑑卷一一二晉紀三十四。

[註五]　雲間志上，頁一七。

謂,故所謂滬瀆者,就是捕魚的海口。

至於上海這名稱所包含的意義,依據文獻,約有四種:

一、上海即從海上來的意思——袁康越絕書曰,"婁東十里坑者,古名長人坑,從海上來,去縣十里。"清嘉慶上海縣志引之,加按曰:"今縣長人鄉,其名所由來矣;其云'從海上來'則上海之名,實所權輿。"明吳履震五茸志逸亦云:"越絕書云:'婁北武城,闔閭所起,婁東百里坑,古長人坑,從海上來。'故曰上海。"

二、上海因上海浦而得名——郟亶三吳水利志稱:"松江南有大浦十八,中有上海、下海二浦。"清嘉慶上海縣志引之,加按曰:"今縣治之左,有大川曰黃浦,亦曰上海浦,縣之得名以此。"

三、上海是海之上洋的意思——明弘治上海縣志卷一沿革中稱:"其名上海者,地居海之上洋故也。"

四、上海是從海登岸的意思——清嘉慶上海縣志說:"宋初諸蕃市舶直達青龍鎮,後江流漸隘,市舶在今縣治處登岸,故稱上海。"

上述四種的意義中,第二種似最爲翔實可靠。宋紹熙雲間志亦載有上海浦之名。又清嘉慶上海縣志中稱:"下海浦在陶林浦東,南岸即上海浦。"可證郟亶三吳水利志的正確,同時即可知上海實以上海浦而得名。

上海的舊稱華亭海與滬瀆,已經廢止應用。至今尚在應用的爲"滬",係"滬瀆"的簡稱,此外還有三個別稱:

一、上洋——弘治上海縣志沿革條上海縣下註"稱上洋、海上",足知上洋之稱,其來已久;這大抵是依據"其名上海者,地居海之上洋故也"一說而來。

二、申江——此係春申江的略稱,相傳黃浦爲戰國時春申君所鑿,故又名春申浦,俗又稱爲黃浦江,於是有春申江的名稱。黃浦爲上海的大川,因即以大川的別稱代稱上海。

三、滬江——這是滬瀆江的略稱。

至於西洋人之稱上海,則直譯"上海"兩字之音;只是各國字母發音不同而拚法稍有差異罷了。[註一]

[註一]　英文今作 Shanghai,十九世紀中葉曾作 Shanghea(見 North China Herald 第一年)。法文早期作 Changhay(見 A. Wavid L'Empise Chinois),今作 Changhai。德文作 Schanghai(見亨寶輪船公司所用)。俄文作 шанхай。

丙　上海的興起

一　爲上海先驅的青龍鎮

1. 青龍鎮的起源及其發展——2. 青龍鎮的監鎮官——3. 青龍鎮的三十六坊——4. 青龍鎮的繁華狀況

公元一二九二年元至元二十九年上海立縣時,劃歸上海縣境的青龍鎮,實先上海而發展,且爲上海發展的根源。青龍鎮衰落,上海即代替之,而獲得發展的機會,故敍述上海發展之前,不得不先述青龍鎮。

青龍鎮,一稱龍江,本在上海縣四十五保二區四圖,[註一]今爲青浦縣海中鄉四十五保二區所在地,鄉民至今稱爲舊青浦,[註二]因於一五四二年明嘉靖二十一年青浦初立縣時,縣治即在其地之故。[註三]

青龍鎮設置極早,係於七四六年唐天寶五年所設。[註四]鎮的得名,莫詳所自,據朱長文吳郡圖經續記:[註五]"詢於老宿,或曰因船得名。按庾信哀江南賦云:排青龍之戰艦。南史,楊素伐陳,以舟師至三峽。陳將戚欣以青龍百餘艘,屯兵守狼尾灘。楊素親率黄龍十艘,衘枚而下,擊敗之。則青龍者,戰艦之名。或曰青龍舟,孫權所造也。蓋昔時嘗置船於此地,因是名之耳。"大抵青龍鎮早期是一軍事區域,設鎮後,鎮有將,有副所,以資防守,即至十世紀宋初亦仍從(來)舊制,設有水陸巡檢司。其後逐漸成爲通商的港口。當一〇〇八——一六年宋祥符間,已經"海舶輻輳,島夷爲市"了。[註六]當一〇三四——三七年宋景祐間,置文臣理鎮事,以右職副之。——————一七年宋政和間,曾改名爲通惠鎮。[註七]因其海商輻輳,一一三〇年宋建炎四年華亭縣的市舶務,曾擬移就其地而未能實行。[註八]一一三一年宋紹興元年廢通惠之名,仍復爲青龍。其後一二年間,終於在這青龍鎮設置市舶務了。[註九]

宋代地方行政制度,各鎮置監鎮官,掌理巡邏、盜竊、火警,兼及徵稅、榷酤、出納、會計事宜。青龍鎮的監鎮可考的,有七人,一〇三八——三九年宋寶元間爲孫揆;一〇五六——六三年宋嘉祐間爲石懷玉、陳□;一〇八二年宋元豐五年爲米芾;一二二一年宋嘉定十四年爲趙彦敔;十三世紀五十年代宋淳祐間有婁大年;一

[註一]　嘉靖上海縣志卷三;青浦縣志卷二疆域下。
[註二]　本館同人曾前去考察。
[註三]　青浦縣志卷一疆域上沿革表及卷二疆域下。
[註四]　嘉靖上海縣志卷六古蹟。
[註五]　朱長文:吳郡圖經續記下往跡二十四。
[註六]　乾隆青浦縣志卷一二。
[註七]　宋楊潛:雲間志。
[註八]　宋會要。
[註九]　本節參看武堉幹:唐宋時代上海在中國對外貿易上之地位觀(國立中央大學社會科學叢刊二卷一期)。

二五一年_{宋淳祐十一年}爲林鑑。^[註一]此七人中，趙彥敔以建立鎮學而遺名於後世。兵部侍郎杜孝嚴青龍鎮學記，略云：^[註二]

> 玉牒趙君爲青龍鎮，至之日，求謁先聖。吏白無其所。君心病之，遂與其爲士者謀師友講習之地，以請於郡，且捐俸錢三十萬爲倡。太守吳中鄭侯聞而嘉之，助以郡緡，遂買地於鎮治之東北二百步，高燥衍夷，廣袤百尺。築大成殿於其東，營四齋於其西：曰博文、敏行、思忠、篤信，蓋取夫子四教之義。講堂中峙，翼以先賢、魁星之祠，旁列主學職事之次，門屋廊廡，倉庫庖湢，無不畢備。又以其間田築射圃，浚清池，植以花竹，繞以周垣。役興於辛巳_{按即一二二一年宋嘉定十四年}之夏，而成於壬午_{一二二二年即宋嘉定十五年}之春。爲費三千緡，皆一鎮之士共成之。陳生公廙獨任其三之一，又舍田租六百斛，以爲丁祭公養之用，此其好事之尤者。余嘉趙君有官不高，有民不多，而所知者本，所務者大，有得於作人成俗之義，故喜爲之書。

林鑑的建設更多，"鎮治堂宇及市坊巷橋梁衢路，悉從起廢平治"。鎮上有坊三十六座，均爲其所立。坊名與其所在地，記述如下：^[註三]

一	恩波	在泳飛亭南	二	攀龍	在龍王廟前
三	招鶴	在白鶴渡東	四	便民	在便民橋東
五	亨衢	在通玄觀西	六	中和	在中亭橋和豐店路口
七	雲津	在鎮學路口	八	先登	在鎮學路
九	龍江福地	在通玄觀前	一〇	平理	在鎮治西
一一	通惠	在鎮治東	一二	嵩高	在金獅橋東
一三	萬柳堤	在嶽廟路	一四	熙春	在酒務前
一五	興賢	在巡檢司前	一六	皇華	在關橋東
一七	上達	在關橋西	一八	連魁	在板橋南
一九	振文	在南亭橋北	二〇	仰高	在高視橋北
二一	同福	在太傅廟前	二二	阜民	在南柵橋
二三	迎僊	在隆福寺前	二四	僊壇	在昇僊台下
二五	登雲	在高視橋西	二六	桂枝	在關橋西
二七	還珠	在勝果寺前	二八	太平	在太平橋東
二九	平康	在中亭橋西	三〇	崇義	在太平橋東
三一	合浦	在西柵橋西	三二	福壽	在福壽寺路
三三	見山	在西柵橋	三四	至喜	在西江下_{坊名係取客舟至喜之意}
三五	來遠	在望江橋北	三六	安流	在望江橋南

從各坊所在地可以窺知青龍鎮當時建置的一斑，既有鎮治、巡檢司、鎮學、酒務等官廳的建設，復有寺觀廟宇（寺二：勝果、福壽，觀一：通玄，廟三：龍王、嶽廟、太傅），橋有十座（便民、中亭、金獅、關橋、板橋、南亭、高視、南柵、太平、望江），亭臺各一（泳飛、昇僊），這種種建築俱在一鎮市間，便可想見這鎮市的發達。傳稱青龍鎮有"三亭、七塔、十三寺，烟火萬家，謂之小杭州"^[註四]之說，大致不是虛說的了，

［註一］ 馬端臨：文獻通考卷六三職官考；清續文獻通考卷六一職官考；嘉靖上海縣志卷四；青浦縣志卷一四及卷三〇。
［註二］ 弘治上海縣志卷五。
［註三］ 嘉靖上海縣志卷六；青浦縣志卷一四。
［註四］ 青浦縣志卷二疆域下及卷三〇雜記。

而宋應熙的青龍賦[註一]更華麗地畫出了青龍鎮的繁華：

> 粵有巨鎮，其名青龍，控江而淮浙輻輳，連海而閩楚交通。平分崑岫之蟾光，夜援啼古木；占得華亭之秀色，曉鶴唳清風。咫尺天光，依稀日域。市廛雜夷夏之人，寶貨當東南之物。謳歌嘹亮，開顏而莫盡歡欣；閭閻繁華，觸目而無窮春色。寶塔懸蟠，亭橋駕霓。臺殿恍如蓬府，園林宛若桃谿。儷梵宮於南北；麗琳宇於東西。綺羅簇三島神仙，香車爭逐；冠蓋盛五陵才子，玉勒頻嘶。杏臉舒霞，柳腰舞翠。龍舟爲河內之盛；佛閣爲天下之雄。騰蛟踞虎，嶽祠顯七十二司之靈神；闕里觀書，鎮學列三千餘名之學士。龍江樓、四宜樓，隨目遇以得最；勝果寺、圓通寺，遣俗慮以忘憂。傳王叟之昇仙，土台猶在；著沈光之顯跡，石刻堪求。至若庭納薰風，軒留皓月，千株桂子欺龍麝，萬樹梅花傲霜雪。觀洶湧江湖之勢，浪若傾山。尋芳菲野景之奇，花如潑血。風帆乍泊，酒旆頻招。醉豪商於紫陌；嬋美女於紅橋。凝眸綠野橋邊，幾多風景；回首江南市上，無限逍遙。奇哉聖母池，異矣觀音殿。曾聞二聖之感應，曾衛高皇之危急，狩歟美哉！惟此人傑而地靈，誠非他方之可及。

青龍鎮的繁榮，乃依青龍江的水利。然而青龍江時時爲潮泥所湮塞，雖屢經開浚，例如一一一九年_{宋宣和元年}兩浙提舉常平趙霖的一次，役夫達八萬三千七百有奇，役工二百七十八萬二千四百有奇，[註二]人力却未能制勝自然，終於青龍江湮塞了。青龍鎮的繁榮於是也就沒落了。

二　從上海鎮到上海縣

> 1. 受福亭記中描出的上海鎮──2. 王楠的稅制改革──3. 海運的起來──4. 天后宮的重建──5. 上海縣的成立及其領屬的鄉保里村──6. 上海縣的四至──7. 縣署的建置──8. 學宮的增廣──9. 劉輝的紀念碑

十三世紀中_{南宋末}青龍鎮因江流漸(溢)〔隘〕，市舶逐漸不能直達，逐漸改由上海登岸。青龍鎮的監鎮理財官因水淺而亦移就上海。[註三]管理市舶的市舶司也就在上海設立起來。青龍鎮的衰落，代以上海的興起。上海由一市集而成立爲鎮了。[註四]一二六九年_{宋咸淳五年}上海市舶提舉司董楷所作的受福亭記，[註五]描出了這個成立未久的上海鎮的情態。

> 咸淳五年八月，楷忝命舶司，既逾二載，自念鈍愚，於市民無毫髮補益，乃痛節浮費，市木於海舟，陶埴於江濱。自舶司趨北，建拱辰坊。盡拱辰坊，創益慶橋。橋南鑿井築亭，名曰受福。亭前曠土，悉繡以磚，爲一市闤闠之所。其東舊有橋已圮，濤浸齧且迫，建橋對峙，曰回瀾。橋又北，爲上海酒庫，建福惠坊。迤西爲文昌宮，建文昌坊。文昌本塗泥，概施新甃。盡文昌坊又北，建致民坊。盡致民坊，市民議徙神祠，爲改建曰福謙橋。由福謙趨齊昌，乃臣子於茲頌祝萬壽，廣承滋液，施及羣動，改建橋曰泳飛橋。橋之壽不能三十，雖無述可也。亭之壽以百歲計，井之壽以千歲計，詎可無述！人非水火不生活。水於五行最先，聖人觀象立卦，取巽木入坎水之義，名之曰井。

[註一]　青浦縣志卷二疆域下。
[註二]　康熙松江府志卷一五。
[註三]　嘉慶上海縣志卷一沿革。
[註四]　大明一統志卷九松江府建置沿革上海縣條“本華亭地，居海之上洋，舊曰華亭海，宋時商販積聚，名曰上海市”。新元史卷一七地理五“上海本華亭縣地，名華亭海，宋時商販雲集，又曰上海市”。
[註五]　受福亭記，嘉靖上海縣志中已改變字句，茲依弘治上海縣志。

井以出爲利，以汲爲功，故王明則受其福，用汲之驗也。今陽明當寧，俊乂在列，郡縣之吏，各稱乃職，有勿幕之吉，無不食之惻。原泉汩滿，溥及懷生，漱甘飲芳，兆蒙嘉祉，咸遂厥宇，誰之賜也。夫日用不知者，百姓之常也。推上之德惠，以達之民者，人臣之事也。因刻諸石，示爾民，且使來者有考焉。

從這篇記中，可以看出當時上海市舶司一帶地點，雖則是當時重要的中心區，却還是很荒涼的。所有的建築，只是一座泥砌的文昌宮，一座上海酒庫的房屋，一座破神祠。齊昌寺和市舶司署，也許其時最佳的建築了。但是上海終究是一個商船出入的港口了，所以財富很便利地聚集起來。董楷做了二年的市舶司，便有錢來建築當時的上海中心區。其意義實與今日建設大上海市中心區一樣的重要。他計劃地造了四座坊、四座橋、一個井、一個亭，又以磚瓦改建了泥砌的文昌宮，於是奠定了上海此後發展的基礎。

泥砌的文(宮)〔昌〕宮，本是韓姓的房屋，由唐時措、時拱兄弟買來改作的。董楷既以磚瓦改築後，時措復請董楷建古修堂於後，爲諸生肄業之所，因稱鎮學。[註一]這是上海在興起的途中最初抽出的文化的萌芽。

趙宋的天下，逐漸轉移於蒙古人之手。一二七六年_{元至元十三年}元丞相伯顏以大軍趨臨安；投降元世祖而得授管軍千戶的朱清、張瑄，也率所部克上海，入吳淞江。[註二]上海幸而沒有遭到重大的兵禍，[註三]仍得向興起的前途奔進。

一二七七年_{元至元十四年}元代仍宋制，立市舶司於上海，初以楊發、楊國材爲市舶司提舉，旋以王楠爲市舶司提控。王楠改革稅則，定單抽、雙抽之制：凡是蕃貨須雙抽；從泉州、福州販來的土產貨物，只須單抽好了。本來，不論土貨、蕃貨，所抽的稅，是相等的。王楠的改革稅則，顯然是保護土產的意義。[註四]

一二八二年_{元至元十九年}丞相伯顏創行的海運，又協助了上海的興起。當伯顏入臨安時，以淮東之地猶爲宋守，乃命張瑄等自崇明州募船載亡宋庫藏圖籍，由海道運到直沽。其時河運漕糧，勞費不貲，伯顏因想到上海運亡宋庫藏圖籍的便利，即命上海總管羅璧、張瑄、朱清等限六十日，造成平底船六十隻，募水手同官軍，自海道漕運江南糧四萬六千餘石往京師。因海運初創，沿山求嶼，到一二八三年四月_{元至元二十年三月}，始到直沽。海運既造成功，即罷新開河而致力於海運，立萬戶府二。一二八七年_{元至元二十四年}又增置萬戶府二，總爲四府。一二九一年_{元至元二十八年}併四府爲都漕運萬戶府二，令朱清、張瑄掌之，其屬有千戶、百戶等官，分爲各翼，以督歲運。[註五]

海運使上海聚集各地的水手，更多的船隻，上海的商港的地位更增大了。上海本來以商船出入的頻繁，沿浦早就建起了一座順濟廟，祭祀那水手所崇奉的天后。一二七一年_{宋咸淳七年}華亭市舶提舉司陳珩發起重建天后宮於小東門外面浦地方，相當於今日金利源碼頭。[註六]那時適值宋亡元興的時代，青黃不接，以致不能迅速築造完成。但以海運的創行，上海船隻的出入更忙迫了，水手所崇奉的天后宮豈可缺少，經之營之，費了十九年的歲月，終於完成。宋渤有記，略云：[註七]

莆有神，故號順濟，甌粵舶賈風濤之險，禱輒應。至元十八年〔_{一二八一年}〕詔海外諸蕃宣慰使福

[註一]　弘治上海縣志卷五建設志。
[註二]　柯劭忞：新元史列傳七十九。
[註三]　曹晟：覺夢錄。
[註四]　同治上海縣志卷一二職官及卷一四名宦。
[註五]　新元史食貨志八；同治上海縣志卷七田賦下。
[註六]　同治上海縣志卷一〇祠祀；上海縣續志。
[註七]　同治上海縣志卷一〇祠祀所錄較嘉慶縣志更略，今據嘉慶縣志。

建道市舶提舉蒲師文冊命爲護國天妃。松江郡之上海，爲祠歲久且圮，宋咸淳中，三山陳珩提舉華亭市舶，議徙新之，屬其從事費窈經畫，禮致道師黃德文奉香火。工垂竟，天台趙維良代領舶務，嗣完之。初邑豪錢氏嘗捨田四十畝，至是諸君復益田數百畝，里中善士吳夢酉、劉用濟、唐時措、時拱，各推金帛，自辛未至庚寅，廟成。費之子拱宸請紀歲月以勒石。趙孟頫書。

上海這時有市舶，有榷場，有酒庫，有軍隘，官署、儒塾、佛宮、僊館、邸廛、賈肆，鱗比櫛次，已成爲華亭東北一個巨鎮了。就上海的發展狀況，以論行政效率，上海鎮實有升爲縣的必要了；於是一二九〇年元至元二十七年松江府知府僕散翰文建議設上海縣。政府從其議，即於一二九二年元至元二十九年分華亭縣長人、高昌、北亭、新江、海隅五鄉而置縣。[註一]

這新立的上海縣包括五個鄉。五個鄉包括二十六個保，十四個里，六十六個村。茲將鄉、保、里、村，分述如下：[註二]

(一) 長人鄉：

保──(一) 十六保(三區)，(二) 十七保(三區)，(三) 十八保(二區)，(四) 十九保(七區)，(五) 二十保(三區)，(六) 二十一保(二區)。

里──(一) 長人里，(二) 將軍里，(三) 高陽里。

村──(一) 水濱村，(二) 鳳來村，(三) 思政村，(四) 太平村，(五) 太安村，(六) 長樂村，(七) 長茶村，(八) 金忠村，(九) 衆善村，(十) 利興村，(十一) 袁村，(十二) 徐村。

(二) 高昌鄉：

保──(一) 二十二保(三區)，(二) 二十三保(一區)，(三) 二十四保(三區)，(四) 二十五保，(五) 二十六保(一區)，(六) 二十七保(一區)，(七) 二十八保(一區)，(八) 二十九保(一區)，(九) 三十保(一區)。

里──(一) 高昌里，(二) 盤龍里，(三) 橫塘里，(四) 三林里。

村──(一) 承福村，(二) 歡樂村，(三) 順義村，(四) 連榮村，(五) 麗清村，(六) 利仁村，(七) 永泉村，(八) 成德村，(九) 梅香村，(十) 上德村，(十一) 通濟村，(十二) 望仙村，(十三) 人寵村，(十四) 淡井村，(十五) 龍華村。

(三) 北亭鄉：

保──(一) 三十一保(一區)，(二) 三十二保(一區)，(三) 三十三保(一區)，(四) 三十四保(二區)。

里──(一) 崧子里，(二) 北亭里，(三) 封林里。

村──(一) 興禮村，(二) 江浦村，(三) 徐興村，(四) 欽善村，(五) 安吳村，(六) 法同村，(七) 候潮村，(八) 徐安村，(九) 東袁村，(十) 長平村，(十一) 長林村，(十二) 仁孝村，(十三) 萬村，(十四) 東王村，(十五) 東蔡村，(十六) 東張村。

(四) 新江鄉：

保──(一) 四十四保(一區)，(二) 四十五保(二區)，(三) 四十六保(二區)。

里──(一) 新江里，(二) 崧宅里。

[註一]　上海立縣年代，元史卷六二地理志、清續文獻通考卷二三二輿地考，均作元至元二十七年(1290)置，新元史卷一七地理志二，則作至元二十八年置。明弘治及嘉靖上海縣志、清康熙松江府志等，則作至元二十九年置。清光緒華亭縣志、青浦縣志則作二十七年置。唐時措縣治記則又作二十九年置。大抵二十七年建議置縣，二十九年實行。又僕散翰文之建議，唐時措縣治記中則作參政冀公。

[註二]　弘治上海縣志卷二；嘉靖上海縣志卷六古蹟。

村——（一）新江村，（二）新安村，（三）沈村，（四）許成村，（五）張村，（六）常安村，（七）永安村，（八）道成村，（九）道村，（十）永豐村，（十一）興善村，（十二）韓村。

（五）海隅鄉：

保——（一）四十七保（一區），（二）四十八保（一區），（三）四十九保（二區），（四）五十保（四區）。

里——（一）蘊土里，（二）漢城里。

村——（一）子傳村，（二）大盈村，（三）曲盈村，（四）仁德村，（五）仁和村，（六）時和村，（七）順化村，（八）公勝村，（九）内勳村，（十）梁紀村，（十一）望江村。

縣區域四至，東西闊約四十八里，南北長約百里。計東至江灣十八里，西至烏泥涇三十里，南至下沙場五十里，北至青龍鎮三十里。[註一]

縣公署最初假舊時榷貨場，因陋就簡，頗不適用。一二九九年元大德三年，併市舶司於四明，縣署便移於司署。一三〇一年元大德五年爲海潮所沖壞，達魯花赤雅哈雅大加增修，并建鼓樓。[註二]唐時措記云：[註三]

　　上海縣襟海帶江，舟車輳集，故昔有市舶，有榷場，有酒庫，有軍隘、官署、儒塾。佛仙宮館，旰廬賈肆，鱗次而櫛比，實華亭東北一巨鎮也。至元壬辰按即一二九二年元至元二十九年春，聖天子以華亭地大，民衆難理，命分高昌、長人、北亭、海隅、新江五鄉凡二十六保，立縣，上海因以名，隸松江府，從參政冀公之請也。領戶六萬四千有畸，歲計糧十有二萬餘石，酒醋課程中統鈔一千九百餘錠。初主簿郁將仕首至，是年閏六月二十二日卜廨莅事。惟舊榷場廳宇，向爲鎮守總管府運糧千戶所，因之居不安焉；且庭宇湫隘，藏檔无度，繫囚無圍。大德戊戌按即一二九八年元大德二年秋，方議遷，十月適有併海舶歸四明之命，官吏例革，衙宇空閒，是造物者以遺縣而莫克專，問之邑父老，曰可；問之邑大夫，曰可；申之府蕃牧郡佐，曰可；申之省台揆鼎輔，愈曰可。己亥四月劄下，俾移置。廳堂兩廡較舊，衙倍寬，而在在缺陋，大費補葺，且時值風雨交作，海潮涌怒，沈廬漂屋，渺瀰一壑。縣庭僅撐立而牆壁無完，殆不可居。今達魯花赤雅哈雅忠顯見而感然曰：縣所以理民事，治所以犖民瞻，非若舶之僅儲商貨而已。守舶之舊而不思改觀以雄井邑，又將以舶目吾縣。錦何爲而製？琴何爲而鳴？殊失聖朝移置之意。於是襄然捐己貲爲舉首，尹夏承務，丞范從仕，簿侯將仕，交贊以和，邑里富室募金樂助，委司吏姜濟董之，以責其成，市瓴木覽竹灰釘，劙譙樓三間，二戶四窗，門於下，以謹出入；皷於上，以報更點。面樓而井於東西，所以養不窮，環井而樹其前後，所以表芘蔭。葺琴堂之陋，持吏舍之摧，儼神祠之飾，完圜扉之關，使聽訟有庭，宴息有堂，禱祀有祠，徽纏有圃。經始於大德壬寅。正月既望，閱六旬訖事，無靡公藏，無勞民力。歸然山之軒，繩然星之聯，粲然霞之鮮，治與縣稱，縣與郡稱。既成，來謁記於學，廣文傅君蒿在告，時措以前職攝領，辭不可，竊喜其敏於事而下不煩，故爲紀其顛末，及從而告之曰：樓非徒麗譙也，必思更皷分明，無愧乎萍鄉；井非徒纏也，必思變苦爲甘，無慙乎虞城；樹非娛盼悦神蔽陽來吹而已也，必思植桃如河陽，種柳如彭澤，使居人愛之如甘棠，不忘之如角弓可也。嗣茲政和訟簡，百廢具興，時措也徜徉盛時，談詠風物，當扶杖登樓，東望滬瀆，招沙鷗水禽；北望吳江，邀溪翁釣友；西望機山而呼石上之雲，南望崑山而接岩頂之月，問排嶪之蒼蒼，平原之穰穰，片玉之煌煌，尚無恙否？已而下乞清泉一勺，歸洗老眼，看細字以銷殘年，此願足矣。若夫至偓之室，則無公事，吾不敢。大德六年

［註一］　嘉靖上海縣志卷一總叙。
［註二］　嘉靖上海縣志卷三建置；卷六雜記元大德五年（一三〇一）大潮。
［註三］　弘治上海縣志卷五公署。

三月記。

上海立縣時,以唐時措熱忱興學,即授以學官。一二九四年元至元三十一年知縣周汝楫改學爲縣學,而修理房屋未能完畢,到翌年——一九五年元元貞元年浙西廉訪僉事朱思誠行部到縣,才使鄉萬户費拱辰完成之。松江府知府張之翰有建學記:[註一]

> 邑有學,始於漢,至魏,令縣五百户置校官。唐開元勅州縣鄉置一學,擇師教授。宋慶曆學者二百人,許置縣學。由是黌舍徧諸邑。其制雖亞泮宮,所以右文隆禮,化民成俗無異。蓋取古者鄭人游鄉校,百里皆有師之遺意也。上海舊爲鎮,嘗像先聖先師於梓潼祠,又有古修堂爲諸生肄習之地。至元辛卯按即一二九一年元至元二十八年割華亭東北五鄉立縣,甲午扁縣學。縣尹周汝楫泪教諭諸執事方營建未遑,聖上龍飛,首下崇儒之詔。明年改元,浙西廉訪僉司朱君思誠按行是邑,適與予偕至。越二月朔,率其屬拜宣聖殿,時縣僚迫以田糧四出,皆不得預邑事,因諉鄉貴萬夫長費拱辰修葺之。費諾,乃飾正殿,完講堂,買鄰地而起齋舍,不三閲月,沈沈翼翼,如至鄒魯之間,游洙泗之上矣!竊嘗謂道不可一日廢,教亦不可一日廢。上洋襟江帶海,生齒十數萬,號東南壯縣。今廟學一新,將見選師儒,聚生徒,聞弦誦之音,覩鄉飲酒之儀,化蕃商爲逢掖,易帆檣爲筆硯,其或禮義不行,人材不出,獄訟不稀,盜賊不息,余弗信已。既畢工,周尹汝楫、唐教時措等恨已志之難伸,恐人善之將泯,求予文以紀其成,故書漢、魏、宋興學之由與今日關係之大者,俾刻石。若夫棟宇之未備,器皿之未全,圖像之未足,尚有望於邑之諸君。元貞元年十二月記。[註二]

至一三〇二年元大德六年夏,松江府判官張紀創議增修縣學,縣丞范天禎首先捐俸協助,後知縣辛思仁亦復捐助。松江府給學田五百餘,於是學制始備。一三〇五年元大德九年,趙孟頫有修學記,略云:

> 上海以鎮爲縣,惟時官署吏舍往往更置,力未暇興學。海道運糧萬户費侯拱辰以舊梓潼祠改爲學,材章夫役器用之資咸出己。費侯没而學寖壞。大德六年夏,松江判官張君紀始議增修,縣丞范君天禎首捐俸爲察案倡,作軒於殿外,以樓扁額;又新夫子像,繪先賢兩廡,爲外門三,學門一,朱扉儀戟,舉以法,階陛渠道,治使端直。尹辛思仁助爲垣一百三十尺,前通泮水,施橋其中,復古諸侯學宮之制。春秋薦奠,廩士養老,則府以其學田若塘畁之,合爲畞五百有奇,租以石計者,一百五十有贏。予喜聞其事。范君又以記爲請,乃書以遺之,使刻焉。大德九年,集賢直學士趙孟頫記。[註三]

一三一〇年元至大三年下沙鹽場副使同提舉上海市舶瞿霆發又捐助學田五百畞,請移建縣治之西。浙東廉訪副使臧孟解有學田記,略云:[註四]

> 上海爲學,前是松江嘗撥公田租入之租,歲不及額,不足以供輸官之數,遂以還官。繼而本道廉訪副使商公繼顯分臬松江,改撥府學田七頃,而荒蕪者二頃,僅足以應丁祭牲幣之需,祿其典教者而已。如祭器、書籍、殿堂、齋序咸闕焉。至大庚戌按即一三一〇年元至大三年僉廉訪事吳公彦升巡邑,慨學宫之隘陋,思一新之。邑先達瞿公霆發買民田五百畞有奇,入之學宮,又捐貲以助建學之費,白之分司,乃相基址,得官地十五畞於縣之西畞。同知府事帖木兒海牙董其役。教官湯植翁率諸生求爲記。至大三年肅政廉訪副使臧孟解譔。

[註一]　弘治上海縣志卷五學校。
[註二]　嘉靖縣志以下至同治等縣志,均有此記節文,但多改竄處。
[註三]　嘉靖上海縣志卷八文志。嘉慶及同治縣志亦有此節文,但又加改竄。
[註四]　嘉靖上海縣志卷八文志。嘉慶及同治縣志均有此節文,曾改竄;臧孟解則作臧夢解。

到一三一四年_{元延祐元年}，縣丞王珪遷回舊址。方外善能助私田四百九十五畝餘。一三一八年_{元延}祐五年寧海縣丞黃潛有記云：^[註一]

> 上海由鎮爲縣之三年，縣始有學。又十年，學始有田。又九年，邑丞王君珪乃改作學於縣東如干步。延祐元年冬，歷山張侯如砥來尹是邦。厥既延見諸生，視其居，則齋廬未治也，庖廩未充也，按其籍則田之析於郡庠，若出於邑之賢士寓公者，歲爲米不盈四百石，惕焉深懼士失其養，而學政之弗舉。爰洎學官毛君夢雷，謀大其規制，爲久遠計，而未知所出也。上人善能者，聞之，介邑人浦元、姜濟請入私田四百九十五畝有奇，爲學宮永業，以佐經費。侯既納其請，則白狀於縣，而輸券於學，嗣主教事者方君遇聖以爲向之克有學有田，不易如此，而上人一念之頃，遽能不愛其所有，以弛吾乏絕之慮，是不宜使後之君子無述也，乃伐石來徵文爲記。嗟乎，大道隳裂，儒墨之異趨久矣。是果不可同與？易稱同人於野亨，而謂同人於宗吝。夫爲善而不擇其類，致亨孰大焉。施惠而不私其黨，去吝孰先焉。由其通，舍其蔽，茲所以合異而爲同也。侯與吾徒，其有取於此矣。上人亦嘗學於是耶。土地之利，其末爾，竊獨嘉夫是舉也，近乎吾聖人之旨，而有非墨氏之所謂同者，故爲原其大趣而爲記，其目之細，則碑陰存焉。

一三五一年_{元至正十一年}知縣劉輝創教諭廳、講習堂。監縣兀奴罕、縣丞張議復葺殿廡齋舍。後知縣何緝別建明倫堂，堂前東、西二齋：曰育英，曰致道。又有方外覺玄捐助田蕩六百畝，黃潛亦有記，略云：^[註二]

> 上海有學，歲久隳圮。監縣忠武兀奴罕公、縣侯承務張議公捐俸以倡。幕佐姚良能、阿德彌實謀畫贊襄。邑士費雄等咸輸金助役。爰命教諭于遼慎歲租〔之〕入，節廩稍之費，擇吏陳天麟鳩工貿材，凡椽棟宋柱蠹腐橈折者易之，齋廬門廡之未建者完之。凡創造靈星門大成殿門齋舍二十餘楹。垣牆則益卑而高；廊廡則撤故而新；講堂則因其地而甃緻焉。落成之日，上人覺玄者感誠嚮化，舍田蕩六百畝有奇，輸券於學，歲租之入，永嗣修葺之費云。

劉輝對於教育，至爲熱心，除增廣儒學而外，復創置社學百六十餘所，以教育子弟。其他行政設施，亦頗多有益社會，邑中士民，俱感其德。當其臨去之時，且爲立去思碑。碑爲宇文公諒所撰，略云：^[註三]

> 劉侯以文學修能，夙任基省貳政，姚江秩滿，遂膺是選。始下車，際公庚受納，境內五十保，糧多而實不足，役戶往往破產。侯諭鄰保義助，先期而集，眾服其德。明年春，俾富戶得自實田，以畝計，凡增二千三百八十二，而達官有里居者，首倡義役，賦役乃均。既又勸豪右出粟五百四十三石充義役，常平本以石計者二千五百七十有奇，出納有方。翊儒學講堂，招諸生肄業，舉行藍田呂氏鄉約，立社學一百六十一。又於暇日課農民，樹桑棗二十萬一千七十四。築堤防，濬溝澮，減菽麥折糧之直，申會府改科之議，嚮之病民者，十去八九。未幾，侯丁艱以去，編氓一旦若赤子之失慈母，而府公重惜其去，至於灑泣，侯何以感人若此哉！邑人請文刻石以表去思，系以詩曰：昔侯來思，民有母慈。侯今去矣，民將疇依。明良相逢，惟賢是舉。曰虁曰龍，於以接武。松江滔滔，東注於海。屹然豐碑，遺愛斯在。

其德政碑則爲史官張翥所撰，略云：

[註一]　嘉靖上海縣志卷八。
[註二]　同上註。
[註三]　去思碑及德政碑略文均據弘治上海縣志卷七。

海濱地有三甲五甲者相挺爲亂，凡縣官來，贄貨以見，賄一入則柄持之，惟其指揮。劉令取兩甲之人，痛懲其頑獷，撫柔其孱善。芭苴掃絶而導豪民以理。有兄弟爭財，諭使交睦，則感悟如初。田册無證，兼並詭匿，役法大壞，乃明示賞罰，勸使義遜，皆悦服。凡出一命，書片紙，揭門屏，人如時刻至，無敢或後者，丞若簿受成而已。間至秀民堂上舉鄉約，教以陟降揖遜，使知敬老尊賢之義，人皆樂生自愛，一邑稱治。

三　上海産業的興起

1. 漁業港口的上海——2. 海産物與漁具的衆多——3. 魚税——4. 松江府下鹽場的巨擘——下沙場——5. 棉花與紡織業的輸入

上海最早是一個漁業港口。上海古稱滬瀆的"滬"字，本是一種捕魚的工具。顧野王輿地志云："插竹列海中，以繩編之，向岸張兩翼，潮上而没，潮落即出，魚隨潮礙竹，不得去，名之曰扈。"[註一]唐陸龜蒙漁具詩序曰："列竹於海澨，曰滬。"[註二]宋范成大吴郡志云："吴中水國，夫魚之具尤多，陸龜蒙、皮日休嘗爲魚具詩序其事……列竹於海澨曰滬，吴之滬瀆是也。"[註三]此種稱爲"扈"的捕魚工具，至今存在，如杭州灣沿海漁人仍在沿用，上海人業漁的最早紀録，則爲梁簡文帝石像碑記謂："吴郡婁縣界松江之下號曰滬瀆，有居人以漁爲業者。……"[註四]

滬上海産物的繁多，皮日休吴中苦雨詩中已云："全吴臨巨溟，百里到滬瀆。海物競駢羅，水怪争滲漉。"[註五]嘉靖上海縣志物産中稱魚類云："鱸出於江，即季鷹所思與蓴並美者。梅魚有於梅時。鱗魚夏至前有之。鯧魚、鯽魚之類，皆出於海。鰕虎、河豚、風板、玉筋、銀魚、鰒魚、鯿魚出於江浦湖濱。鱘鰉由海達於江浦，大數百斤，漁人取其冠爲鮓。鯔魚，池鮮之最，種亦出於海。"所敍魚類雖極粗陋，然亦足以窺知上海魚類豐富的一斑。

從魚具種類的衆多，也可知道漁業的發達。乾隆四十九年上海縣志風俗中敍述魚具最詳："其結繩持網者，總謂之網，而漁於海者有簾網，有蒲網。列竹於海澨曰滬。漁於江浦者，有罜網、絲網、塘網、編網、扛網。網之流曰罛，曰罾，曰罠；圓而縱捨，曰罩；挾而升降，曰罟。緡而竿者，總謂之筌。筌之流曰筒，曰車，横川曰梁(編竹斷港，俗謂之斷)；承虚曰笱。编而沉之，曰箄(一即今横簾，止可捕蟹)；矛而卓之曰矠；棘而中之，曰叉；鏃而綸之，曰射；扣而駭之，曰根(俗謂之打艋艘)；錯薪於水中，曰罧(俗謂之叢)；以數百鈎繫餌，一繩牽之曰張釣，所載之舟曰舴艋。計取無遺，智亦巧矣！"

元代且設黄渡河泊所，總管華亭、上海、崑山、嘉定魚船網户，以收"魚課銀"。明代因之，歲辦課鈔，以備官吏俸給，並魚油翎鰾折納黄白麻等料起解工部，直到一四九三年明弘治六年知府劉璟奏將衙門裁革，該辦魚課填入户由，徵米入倉，續折徵錢斗三十文。[註六]

上海瀕海，鹽亦爲大宗産業之一。漁鹽兩業，常爲人所並舉。鄭洛書即云："江海湖濱則倚漁鹽爲業。"上海鹽産之起源，今已不可考。陳椿熬波圖序僅云："浙之西，華亭東百里，實爲下砂，濱大海，枕

[註一]　嘉慶上海縣志卷一古蹟所引。
[註二]　嘉靖上海縣志卷六古蹟；嘉慶縣志卷一。
[註三]　宋范成大：吴郡志卷二魚具條(守山閣叢書本)。
[註四]　嘉慶上海縣志卷七，頁三五。
[註五]　嘉慶上海縣志卷一古蹟中所引。
[註六]　乾隆十五年上海縣志。

黄浦,距大塘,襟帶吳淞、揚子二江,直走東南,皆斥鹵之地,煮海作鹽,其來尚矣。"只知一一二七一三〇年宋建炎間,開始設立兩浙都轉運鹽使司,分司於上海東南的新場鎮,同時並設下沙鹽課司。[註一]

松江鹽場,自當推上海下沙場爲最大,從鹽課中可以看出。鹽課初無定額,一一六五一八九年宋乾道淳熙間,下沙場及華亭額鹽十二萬八千併有奇(每併係六石,每石係五十斤,併輸鈔錢十八千)。一二七六年元至元十三年兩浙通辦四萬四千餘引,引價五兩。一二七八年元至元十五年始立額十五萬九千餘引,每引增至十四兩。一二九五年元元貞五年以後,每年都有增加。到一三三〇年元至順元年,辦到四十八萬引,引價三錠。後來到一三三五一六七年元至元至正間,凡再減鹽額,兩浙通辦二十七萬引。松江府境五場,爲額十五萬六千餘引,實辦七萬四千九百十六引有奇,內計:

下沙場	三三、四一五引〇七九斤
浦東場	一六、六六四引一九〇斤
横浦場	一〇、二〇六引一〇八斤
青村場	一〇、〇七七引二九五斤
袁部場	四、五五四引二七四斤

下沙一場,幾達額鹽全數之半。上海鹽産之盛,可以概見。[註二]

棉花爲上海最重要的一種農產物,且爲上海最早的一種產業,直到現在,還是爲上海的重要產業之一。棉花,小說家言,稱爲木棉;最早的名稱,則爲吉貝,昉於南史。棉花是從外國輸入華土的。徐光啓和褚華等將歷來紀述木棉的考據,彙集得極爲廣博,今將重要的各條,轉載如下:[註三]

(一)裴淵廣州記:"蠻夷不蠶,采木棉爲絮。"

(二)方勺泊宅編:"南海蠻人以木棉紡織爲布,布上出細字雜花,尤工巧,名曰吉貝布,即古白疊布也。"

(三)范敏政遯齋閑覽:"林邑等國出吉貝布,木棉爲之。"

(四)張勃吳録:"交阯定安縣有木棉樹,高丈,實如酒杯,口有緜,如蠶之緜也,又可作布,名曰白緤,一名毛布。"

(五)諸番雜志:"木棉吉貝木所生,占城、闍婆諸國皆有之,今已爲中國珍貨;但不自本土所產,不能足用。"

(六)李延壽南史:"高昌國有草,實如繭,中絲爲細纑,名曰白疊,取以爲帛,甚軟白。"

(七)沈懷遠南越志:"桂州出古終藤,結實如鵝毳,核如珠珣,治出其核,紡如絲棉,染爲班布。"

(八)李時珍本草綱目:"木棉有草木二種:交廣木棉,樹大如抱,其枝如桐,其葉大似胡桃葉,入秋開花,紅如山茶花,黃蕊,花片極厚,爲房甚繁,短側相比,結實大如拳,實中有白棉,棉中有子,今人謂之班枝花,訛爲攀枝花。江南淮北所種木棉,四月下種,莖弱如蔓,高者四五尺,葉有三尖,如楓葉,入秋開花,黃色如葵花而小,亦有紅紫者,結實大如桃,中有白緜,緜中有子,大如梧子。亦有紫緜者,八月採捋,謂之棉花。然則張勃所謂木棉,蓋指似木之木棉也。李延壽、沈懷遠所謂木棉,則指似草之木棉也。此種出南番,宋末始入江南,今則徧及江北與中州矣。不蠶而棉,不麻而布,利被天下,其益大哉!"

棉花的原產地、種類以及紡織爲布後的名稱等,從上述的八條中,已大都可以明瞭的了。

至於棉花的輸入上海,舊志都稱始於宋末。但趙翼陔餘叢考曰:"謝枋得有謝劉純父惠木棉詩云:

[註一]　嘉靖上海縣志。
[註二]　本節依據康熙松江府志卷一四鹽法,統計亦然。
[註三]　徐光啓:農政全書卷三五;褚華:木棉譜。

嘉樹種木棉,天何厚八閩。厥土不宜桑,蠶事殊艱辛。木棉收千株,八口不憂貧。江東易此種,亦可致富殷。奈何來瘴癘,或者畏蒼旻。吾知饒信間,蠶月如岐豳。兒童皆衣帛,豈但奉老親。婦女賤羅綺,賣絲買金銀。角齒不兼與,天道斯平均,所以木棉利,不畀江東人。"據此,似宋末棉花之利,還在閩中,而江南並没有棉花種的。一二八九年元至元二十六年置浙東、江東、江西、湖廣、福建木棉提舉司。木棉既設置提舉司,可見其時棉花已盛植於各地,而上海於其時也必多種植的了。[註一]

上海最早的棉花種植地,爲烏泥涇鎮,其後逐漸推廣,凡沿海高地,都種植起來,固不僅上海一地了。[註二]

紡棉織布的工具,據云由黃道婆所輸入。道婆黃姓,上海人,幼時淪落崖州,其地多種棉,紡織爲布。道婆盡得其傳。到一二九五—六年元元貞間,道婆攜踏車、椎弓,附海舶歸,躬紡棉花,織崖州布以自給。鄉人從來紡紗之法,先用手擘去子,然後用線弦竹弧,安放在檯桌上,彈爲花絮的。今見道婆應用新式工具,於是都跟道婆去學習。道婆又善錯紗、配色、綜綫、挈花等法。這一切方法也都傳給鄉人。棉織物的手工業,從黃道婆的手中,於是在上海建樹起來了。[註三]

黃道婆對於上海產業的貢獻,的確是一個大功臣。所以她死了後,里人莫不感思灑淚而共葬之。墓在二十六保二十八九圖,計田六分二釐七毫;並且替她建了個祠,時時祭祀她。祠初在烏泥涇,趙如珪建,燬於兵火,張某重爲建立。明清屢廢屢建,浦東三林塘附近的烏泥涇廟內,曾供奉過這位上海產業界的女傑。[註四]

[註一] 褚華:木棉譜。
[註二] 同上註。
[註三] 陶宗儀:輟耕録;歷代上海縣志;木棉譜;瀛壖雜志;墨餘録等書。
[註四] 嘉慶上海縣志卷七冢墓。

丁 上海的展開

一 朱元璋的天下

1. 張士誠與朱元璋的爭衡——2. 苗軍之禍——3. 錢鶴皋的起兵——4. 祝挺的勝利——
5. 邑厲壇鄉厲壇的起源

　　胡元到了十四世紀中葉元至正中已失去了統制中原的能力;羣雄於是並起,在東南方面,陳友諒、張士誠、朱元璋鼎足而三。松江郡是在張士誠的勢力範圍内。

　　一三五六年三月三日元至正十六年二月初一日張士誠破平江。[註一]元帥王與敬兵敗,趨嘉興,與江浙左丞苗軍參政楊完者不協,便轉往松江守禦。未幾,浙省命元帥帖古列思到松江,與與敬又不相容。達魯花赤入都帖木兒、知府崔思誠,都是庸碌之輩,毫無制變之術。這時王與敬和張士誠相勾結,煽動萬戶戴列孫等佔據松江,響應平江。過了四十天,楊完者遣部將蕭諒、員成等來援。與敬逃。苗軍號稱收復松江,焚掠二十多天,上海也大被其害。過了五十天,張士誠和其將史文炳破澱山湖柵。苗軍夜遁。張士誠即以史文炳鎮守松江。[註二]

　　張士誠起兵後,屢爲朱元璋所壓迫,於是復向胡元投降。一三五八年至正十八年秋,上海西鄉諸翟村土豪錢鶴皋與張士誠相勾結而起兵。胡元也就利用張、錢,以保留中原一部分元朝天下的名義。九月八月敕封張士誠爲太尉,開府平江;敕錢鶴皋爲行省右丞;鶴皋的將官姚大章爲總兵。[註三]

　　一三六七年元至正二十七年春,朱元璋部將徐達進攻蘇州。松江知府王立中以城降,徐達以荀玉珍代之。[註四]

　　徐達得松江後,發令徵集築城磚九十萬方,民間大起紛擾。錢鶴皋就以此藉口,宣佈抗命,民心大服。錢乃盡散家財,集衆三萬,聲援蘇州。他的文武羽翼,著名的有全生、賈生爲參謀,姚大章、羅德甫、翟仁、諸某等爲將士。[註五]

　　一三六七年四月二十八日元至正二十七年三月二十九日錢鶴皋誓師發動,翌日即攻入松江,殺知府荀玉珍,囚華亭縣知縣馮榮。五月一日四月三日錢部下總兵姚大章率火伍攻佔上海。朱元璋所委上海縣知縣祝挺逃往松江。姚遣人前去將祝截住於縣南的一個僧菴裏。這時上海主簿李從吉頗知兵略,受了祝挺的密約,和主簿鄭著、王椅等聯絡富户,找了一隻船,將祝挺救往浦東。姚大章追去,與

[註一]　同治蘇州府志卷二八軍制;滬城備考卷二苗兵條。
[註二]　滬城備考卷二苗兵條;陶宗儀:輟耕錄松江之變條。
[註三]　上海縣續志卷三〇,頁一四;墨餘錄卷二。
[註四]　同上註。
[註五]　同治上海縣志卷一一兵防;滬城備考卷四;上海縣續志卷三〇;墨餘錄卷二。

歸附祝挺的里長唐翼相遇。姚竟被殺於西溝。上海於是又歸朱元璋部下所有。[註一]至於錢鶴皋則爲徐達的驍騎指揮葛俊敗於顧浦塘。錢乃逃往上海,又被葛兵擒至金陵,處死。據説錢被刑時,白血噴注,明太祖朱元璋覺得很奇怪,遂以錢鶴皋爲厲鬼之首,令天下祭"厲",稱爲"無祀鬼神錢鶴皋等"。上海於一三七〇年明洪武三年在縣治北,也建設邑厲壇;於一三八二年明洪武十五年復建鄉厲壇,每里一所。[註二]每逢清明及陰曆七月望、十月朔,各祭祀一次。此種祭祀一直繼續到滿清時代。

二　田賦鹽課的增大

1. 田賦增加的原因——2. 洪武至弘治間的田賦統計——3. 洪武朝的田賦核減——4. 永樂至嘉靖間減額免糧及巡撫徵收事例的紀載——5. 鹽課的增加——6. 明代鹽政的變革——7. 沈淮的改革鹽政疏——8. 嘉靖初下沙場竈丁鹽課統計

因爲張士誠、錢鶴皋與朱元璋的爭衡,到了朱元璋得天下之後,蘇、松、嘉、湖四府的農民都大受其害,在煩重的田賦下挣扎。[註三]

當胡元時代,一三五五年元至正十五年上海定墾官民田地山池蕩,共計二萬一千三百九十頃七十三畝有奇。夏税:絲五百六十九斤一十五兩;綿一百九斤六兩;麥五萬七千六百一十九石。秋糧:三十二萬六千一石;鈔一千二百七十五錠二兩(内除鹽民苗税,各輸本場)。實徵:絲四百三十斤一十五兩;綿九十三斤一十五兩;麥四萬五千四百四十五石。糧二十五萬六千八百一十三石各有奇。鈔如上述數目。[註四]胡元田賦已很煩重,到了朱明,太祖憤怒蘇、松、嘉、湖的人民爲張士誠死守,乃籍没諸豪族及富民的田畝爲官田,按私租簿以爲税額,而司農卿楊憲又以浙西地畝膏腴,加二倍徵其賦。所以浙西官民田賦,就地域言,比别地要增得多;就時代言,比胡元也增多不少。兹就明洪武至弘治年間的田賦額表解之:

(一)定墾官民田地山池蕩畝數表[註五]

公 元	中 曆	定墾官民田地山池蕩畝數 (畝)
一三九一	洪武二四年	二、二〇六、二〇四・七八八
一四一二	永樂一〇年	二、一一〇、八〇九・二〇八
一四三〇	宣德五年	——
一四三二	宣德七年	二、一三七、八二九・一八二
一四四二	正統七年	二、一四七、四五六・六九五
一四五二	景泰三年	二、一五〇、八八一・七二五
一四六二	天順六年	二、一五四、三八四・八六一
一四七二	成化八年	二、一五四、七七八・六三一
一四八二	成化一八年	二、一五五、七二九・二九一
一四九二	弘治五年	二、一五六、〇四二・二六一
一五〇二	弘治一五年	二、一五六、六九八・五六一

本表依據弘治上海縣志卷三、康熙松江府志卷六所記作成。

[註一]　同治上海縣志卷一四名宦;嘉靖上海縣志祝大夫碑;上海縣續志等。
[註二]　五茸志逸;墨餘録;嘉靖上海縣志卷三祠祀。
[註三]　滬城備考卷一田賦條。
[註四]　嘉靖上海縣志卷二貢賦。
[註五]　康熙松江府志卷六田賦。

（二）夏稅表[註一]

公 元	中 曆	大麥(石)	小麥(石)	絲(兩)	綿(兩)	鈔(文)
一三九一	洪武二四年	三、九〇七	六七、五六〇	三、七〇八	一、〇二七	五、八〇九、四六〇
一四一二	永樂一〇年	三、七四八	六三、四七七	三、七七七	一、一九五	六、二五八、三五一
一四三〇	宣德五年	六二二	九、〇一四	——	——	——
一四三二	宣德七年	三、一二六	五四、六〇五	三、七九五	一、一九六	六、二八〇、九六九
一四四二	正統七年	三、一二六	五四、七二〇	三、八三二	一、二一四	六、三三五、三〇三
一四五二	景泰三年	三、一二六	五四、七三一	三、八三八	一、二一八	六、三八四、四〇四
一四六二	天順六年	三、一二六	五四、七八一	三、八四九	一、二一九	六、〇二九、七八二
一四七二	成化八年	三、一二六	五四、七八四	三、八五〇	一、二一九	六、〇〇三、八二八
一四八二	成化一八年	三、一二六	五四、七九五	三、八五〇	一、二一九	六、〇〇三、八二八
一四九二	弘治五年	三、一二六	五四、七九五	三、八五〇	一、二一九	五、九八〇、七七一
一五〇二	弘治一五年	三、一二六	五四、七九五	三、八五〇	一、二一九	五、九六七、〇二一

夏稅統計，大小麥本至勺爲止；絲綿至忽爲止；鈔至分爲止。本表斗、錢及分，均捨去。

（三）秋糧表

公 元	中 曆	粳米(石)	糯米(石)	赤米(石)	黃豆(石)	斑豆(石)	赤穀(石)
一三九一	洪武二四年	二三三、七一七	二〇三	二六二、六〇一	七二、一四三	四、二〇一	六五五
一四一二	永樂一〇年	二一六、二九五	二〇一	二二〇、九五六	六六、三〇二	四、一三八	六一八
一四三〇	宣德五年	五三、三一四	五九	五三、六三一	一〇、八一九	七四八	一一三
一四三二	宣德七年	一六三、〇八六	一四一	一七二、一四三	五五、四八七	三、三九〇	五〇五
一四四二	正統七年	一六三、五三九	一四一	一七二、二八六	五五、六七五	三、三九〇	五〇五
一四五二	景泰三年	一六三、六二八	一四一	一七〇、二九一	五五、六八五	三、三九〇	五〇五
一四六二	天順六年	一六三、七〇八	一四一	一七二、三五三	五五、七七九	三、三九〇	五〇五
一四七二	成化八年	一六三、七三八	一四一	一七二、三六一	五五、七八八	三、三九〇	五〇五
一四八二	成化一八年	一六三、七二七	一四一	一七二、四一二	五五、七八八	三、三九〇	五〇五
一四九二	弘治五年	一六三、七六〇	一四一	一七二、四一二	五五、七八八	三、三九〇	五〇五
一五〇二	弘治一五年	一六三、八一五	一四一	一七二、四一二	五五、七八八	三、三九〇	五〇五

秋糧統計，本至勺爲止，今本表從斗起均捨去。　夏稅秋糧兩表均依弘治上海縣志卷三田賦作成。

煩重的田賦，皇帝也知民不堪命，曾經幾次核減：

一三七四年明洪武七年詔蘇、松、嘉、湖等府田，如每畝起科七斗五升者，減半。[註二]

一三八〇年明洪武十三年令減蘇、松、嘉、湖四府重租糧額，七斗五升至四斗四升起科者，減十之二；

[註一] 康熙松江府志卷六田賦。
[註二] 嘉靖上海縣志；康熙及嘉慶松江府志；嘉慶上海縣志。

四斗三升至三斗六升者，俱止徵三斗五斗；以下仍舊。[註一]

當知明代田賦在一三九一年^{明洪武二十四年}前，其數字必更大於上述表中的統計。到一三九三年^{明洪武二十六年}，又詔令開墾荒蕪官田，俱照民田起科。[註二]

明太祖雖幾次減輕賦額，但蘇松田賦還是獨重。一四○○年^{明建文二年}詔中尚稱："江浙賦獨重，而蘇松准私租起科，特以懲一時頑民，豈可爲定則！"[註三]

茲再就十五世紀初起至十六世紀間^{明永樂至嘉靖}減額免糧以及巡撫徵收事例縷述如左，以見上海田賦在明代的變遷。[註四]

一四一五年^{明永樂十三年}令民間事故人戶拋荒田土，有司取勘開豁稅糧另行承佃；如係官田，亦照民田例起科。

一四三○年^{明宣德年}詔各處官田，每畝舊例納糧一斗至四斗者，減十之二；四斗一升至一石以上者，減十分之三，永爲定例。上海一縣計減稅糧米麥豆一二八、三二三石：內夏稅大小麥九、六三七石，秋糧杭糯米、赤米一○七、○○四石，黃斑豆一一、五六七石；赤穀一一三石。前面夏稅、秋糧統計表中，一四三○年^{明宣德五年}數字獨小，許是這次詔令的結果。

五年^{明宣德同年}明政府始設巡撫大臣六人，而以蘇松財賦半天下，擢越府長史周忱爲行在工部右侍郎，巡撫江南。周忱於翌年奏請減一府拋荒重額，不分古額近額，俱照民田起科，但未經允准。又奏免坍江陷海田糧，而以鄰近荒田抵數，召人開種納糧裨補。

一四三三年^{明宣德八年}周忱奏定加耗折徵例。其加耗，以前起運正糧一石徵平米二石而猶不足。忱設法通融，定加耗之例，每石正糧徵平米一石九斗。凡夏稅麥、豆、絲、縣、戶口食鹽、馬草、義役、軍需、顏料、逃絕荒田糧、起運腳耗，都於此中支撥。其後視年歲豐凶及會計多寡，或減或加，率不出此數。其折徵金花銀一兩一錢准平米四石六斗，或四石四斗。每兩加車腳鞘匭銀八釐；闊白綿布一疋准平米一石，或九斗八升，每疋加車腳船錢米一斗或二斗二升：俱於重則官田上照糧均派，俗名輕齎。白熟杭糯米一石准平米一石二斗，於輕則民田上照糧均派。舊例設糧長三人收糧，並無團局。糧長就以錢糧貯入其家。周忱認爲這是逋賦的原因。所以是年令諸縣於水次置囷，收至六七萬石，始立糧長一人總之。民持帖赴囷；官爲監納，置撥運、綱運二簿，權其贏餘，以補其不足。這水次所置之囷，稱水次倉。

一四三四年九月^{明宣德九年八月}奉勅准免旱傷秋糧四分；又奉勅准周忱前奏，絕戶遺下田地，如係官田，不分古額近額，俱照民田例起科。

一四三六年^{明正統元年}詔令浙江直隸蘇松等處官田，准民田起科，每畝秋糧四斗一升至二石以上者，減作二斗七升；二斗一升以上至四斗者減作二斗；一斗一升至二斗者減作一斗。

一四三八年^{明正統三年}令各處入額納糧田地不堪耕種另自開墾補數者，有司勘實，不許重復起科。

一四三九年^{明正統四年}奏准江西、浙江、福建並直隸蘇松等府，凡官民田地，有坍漲去處，有司丈糧漲出者，給與附近小民承種，照民田則例起科，坍沒者免稅。

一四五七年^{明天順元年}巡撫李秉改加耗例，以田爲等：六斗以上田止徵正糧；五斗以上田，石加一斗五升；四斗以上田，石加三斗；三斗以上田，石加六斗；二斗以上田，石加八斗；一斗以上田，石加一石五升；五升以上田，石加一石一斗五升，又立荒田召佃起科例，四斗以上，止折納布疋，以下折銀。

[註一] 嘉靖上海縣志；康熙及嘉慶松江府志；嘉慶上海縣志。

[註二] 同上註。

[註三] 褚華：滬城備考卷一田賦條。

[註四] 以下記述均據弘治上海縣志、康熙松江府志及嘉慶松江府志，并乾隆、嘉慶等上海縣志。

一四五八年明天順二年巡撫右副都御史崔恭復舊例,正糧一石徵平米一石九斗;金花銀一兩准三石四斗或三石八斗,闊白縣布一疋,准平米七斗五升或八斗七斗。

一四五九年明天順三年詔各處軍民有新開無額田地及願佃種荒閒地土者,俱照減輕則例起科,每畝糧三升三合,草一斤存留本處倉場交收,不許坐派遠運。

一四六二年明天順六年巡撫右副都御史劉孜又奏定召佃例,召民開佃,不論原額,肥田畝稅米三斗,瘠田二斗,謂之官租,仍與民約,永不起科加耗。是時秋糧,每石始八斗五升至六斗。金花銀一兩,初准平米三石八斗,其後准米四石,直至一四七〇年明成化六年皆然。又歲積餘米數萬。這都是荒蕪開闢的功效。

一四六八年明成化四年巡撫都御史邢宥括得業蕩畝徵平米三升舊例,畝徵鈔六十文。

一四八六年明成化二十二年巡撫都御史彭韶從知府樊瑩奏定折徵白銀例,凡糧運綱費及供應軍需之類,應支餘米易銀用者,徑徵白銀入庫,照數支遣。每銀一兩隨時高下,或准平米二石或二石五斗。上海縣是年正糧一石加耗米三斗三升,白銀二錢。

一四九五年明弘治八年巡撫右副都御史朱瑄始定分鄉論田加耗例,上海縣東鄉畝加斗一升,中鄉斗三升,西鄉斗五升。後又分東鄉沿海,畝加一斗;不沿海,加斗一升。中鄉畝加斗三升。西鄉斗六升。金花銀自一四七八年明成化十四年至一四九五年明弘治八年每兩准平米二石六斗。

一五〇二年明弘治十五年巡撫彭禮與知府劉琬改復加耗例,先加得業蕩平米爲五升二合六勺,其加耗:官田論糧,石徵平米一石六斗;民田論田,畝徵耗米一斗二升。

一五〇四年明弘治十七年同知史俊奏定荒糧折銀例,除坍江、坍湖、抄出海塘、積荒田糧係槪縣包陪外,其餘新逃拋荒田,每糧一石折徵銀二錢。

一五〇七年明正德二年巡撫艾璞重定論田加耗例。上海縣東鄉每畝加七升;中鄉加一斗一升;西鄉加一斗四升。

一五一一年明正德六年巡撫張鳳復論糧加耗並銀布折徵舊例。派徵錢糧,俱照先年所行則例,不分東、中、西三鄉,一概糧上加耗。是年每石加耗米七斗四升。金花銀每兩准米四石;白銀每兩准米二石,粗布一疋准米一石。先儘下戶及陪貱之糧,有餘並將白銀以次分與中戶,又次及於上戶。

一五三七年明嘉靖十六年禮部尚書顧鼎臣請清查版籍,巡撫歐陽必進、知府黃潤以八事定稅糧:一、以原額稽其始;二、以事故除其虛;三、以分項別其異;四、以歸總正其實;五、以坐派起其運;六、以運餘撥其存;七、以存餘考其積;八、以徵一定其額。時上海縣有則徵官民田二一一、二〇〇畝有奇,實徵本折平米五六五、六二五石有奇。每石派本色米四斗二升五合,折色銀二錢三分,計徵本色米二四〇、三九〇石有奇;折色銀一三〇、〇九三兩有奇。凡金花白銀麤細布價一例均攤,各衙正耗白糧,石加春辦米二斗,只作本色糧米、折色白銀兩項派徵。

一五四六年明嘉靖二十五年總理糧儲工部尚書李充嗣言:"蘇、松、常州、嘉、湖五府,正德年間,以內府新添小火者五千三十二名,歲用食糧,各府增派,共二萬四千一百四十八石餘,解進供用庫,及節年所派南京酒醋局等衙門,復不下數千通,加耗共一十三萬七千餘石,歲比不登,小民重困。乞敕該部蠲免。"戶部題覆從之。

此後不久,倭寇事起,因兵防關係,田賦又大爲增加了。

鹽課到明代也加重起來了。元代至正間,下沙場鹽額,實辦三三、四一五引;在明代正統^[註一]間達四二、九七八引之多。茲請依年月,一述上海鹽政鹽額等在明代的變遷。

　　明代的兩浙都轉運鹽使司設於杭州，松江分司即設於上海下沙鎮，以同知或副使一員蒞之，統新舊八場二十七團，分給柴蕩工木鈔於竈户，督辦鹽課。[註一]

　　一四四〇年明正統五年都御史朱與言奏分下沙場爲三場：（一）下沙場，其地點在分司附近；（二）二場，在下沙場東北；（三）三場，在二場北。母場之下又各分三團，共爲九團。[註二]

　　鹽場竈户本分爲二類：凡附近能煎鹽的稱“濱海”，居遠不能煎鹽的稱爲“水鄉”。水鄉例出柴滷價錢，貼雇濱海竈户煎辦。其後鈔法變更，水鄉所出柴價，又爲總催尅取。濱海竈丁，日就貧困。一四四一年明正統六年巡撫侍郎周忱，乃以水鄉竈户應納糧六萬餘石，盡留本府支用，節其運耗，置贍鹽倉，分貯各場，總三萬六千餘石，用以賑贍鹽丁及補逃亡闕課。所貼柴價亦貯之各倉，官爲支給。又選殷實竈丁爲十排年總催，其次爲頭目，輪當消乏者，依前選替。一四六九年明成化五年同知兩浙都轉運鹽使司事崔富鹽政一覽中已無贍鹽倉的登載，可知在一四六九年明成化五年以前，贍鹽倉已經取消了，而水鄉柴價則改徵爲米。[註三]

　　鹽場所出之鹽，以引爲單位，每引重四百斤，分爲二等，鹽司按歲徵辦。[註四]

　　商人執引，照支依次給者，謂之“常股”；增直中納，引到即支，謂之“存積”。從一四三六年明正統元年起，常股四分，存積六分。到一四八四年明成化二十年巡鹽御史林誠奏定折徵鹽課例，每三分爲率，以二分存場給客，餘一分照商人折支例(時以無鹽給客，每引折與銀三錢)，徵銀入官，送運司轉解。一四八六年明成化二十二年知府樊瑩議以水鄉折鹽米，均入該縣糧耗項下帶徵白銀三千六百五十九兩五錢有奇，經送運司交納。原撥草蕩價，仍與各場徵解其納米竈户，還入民伍當差。[註五]

　　一四九八年明弘治十一年御史藍章復僉水鄉户補海濱竈丁，後知府劉琬欲併其鹽課於秋糧帶徵，不果。[註六]

　　迨至此時，鹽政日益敗壞，松江沈淮特上疏請革新，其内容計分六項：[註七]

　　一、查給工本　洪武中，每竈一丁，給與工本鈔二貫六十文，以備器用，以給口食。當時鈔一貫可易米二石。竈丁之優裕可知。自鈔法廢弛，所謂工本者，名存實亡。臣觀沿海沙地及水深長蕩，舊制畝稅鈔六十文，竊意所給工本，蓋此鈔也。今諸蕩不復徵鈔，已改收平米三升或五升。官既可以米而易鈔，竈獨不可改鈔而給米乎？乞查改徵蕩米，照依原定鈔貫，算給竈户，以充工本，則器用備，口食周，民感聖恩，樂輸無怨，而所以取之，亦有名矣。

　　二、勘給草蕩灰場　舊法竈户，皆有附近草蕩，以供煎鹽柴薪，約計所收價直，可抵今一丁鹽課之半。其後場司以竈丁屢易，不復撥與，俱爲總催豪右侵佔樵割，或開墾成田，收利入己，仍於各竈名下徵取全丁額鹽。夫既無工本，又無柴薪，使竈丁白撰輸鹽，立法初意豈若是邪！又聞各場竈户多無灰場，往往入租於人，始得攤曬。夫灰場者，產鹽根本之地，與草蕩皆竈丁之命脈也。乞委所司追取宣德、正統以來草蕩舊數，踏勘明白，照丁撥派，明立界限，以防侵奪。竈户無灰場，官爲處置給與，無使重納私租。夫有米以爲之工本，有蕩以給其柴薪，而攤場又無納租之累，如此而流亡不歸，鹽課不充，無是理也。

　　三、分別濱海水鄉　濱海竈户，謂之滷丁，男婦悉諳煎曬，倚以爲生，雖勞不得辭矣。其水鄉

　　[註一]　康熙松江府志卷一四鹽法作爲明正統六年(一四四一)鹽額。
　　[註二]　嘉靖上海縣志卷三建置。
　　[註三]　嘉靖上海縣志卷二貢賦；康熙松江府志卷一四鹽法。
　　[註四]　同上註。
　　[註五]　同上註。
　　[註六]　同上註。
　　[註七]　嘉靖上海縣志卷八文志。

遠在二三十里之外,原因濱海丁闕,僉以補之。然業非素習,彊而使之,終無益於事也。以是舊例水鄉每丁貼助滷丁米六石或四石,代與辦鹽,每歲滷丁到鄉陸續收取。雖云貼米,錢布雜物,無所不受;出者不覺其難,收者各得其用,甚良法也。其後鹽司定立千百長名役,令收水鄉鹽價,騷擾百端,侵漁無藝,而人始不堪,逃亡相屬。知府樊瑩憫其若此,請以鹽價均入秋糧,帶徵起解;原撥蕩價,亦與各場徵收。於是鹽課不虧,逃亡復業。後因濱海竈丁消耗,復用水鄉僉補,彊者百方規避而免,弱者萬種受侵而逃,雖有補竈之名,殊無辦鹽之實。訪得沿海居民,原非竈籍而私自煎鹽者,往往有之。乞勅所司,今後滷丁有逃亡者,即以此等居民僉補,或犯徒罪發充竈丁,比之重役水鄉,有名無實,相去遠矣。

　　四、停止折徵　　國家開設鹽司,固爲邊計。然惠養元元之意,亦在其中,非專於求利也。成化間各場無鹽給客,每引折與銀三錢,比之中納,其利十倍。巡鹽御史林誠以爲歸利於商,孰若歸利於國。奏將竈丁鹽課一半徵銀解京,一半存場給客。兩浙鹽政自此而大壞矣。夫竈戶以煎鹽爲業,不徵鹽而徵銀,鹽非私鬻,何自而得銀哉?鹽既以私鬻而得銀,則興販之徒,不召而集,且將無以禁之。況初給價銀,非皆本色,故衣弊器,盡以折充,每引三錢,特其名耳。今乃實徵本色,又且非時,竈丁貧者,或先事而逃,催目在者,率併爲陪納。歲消月磨,無慮十減六七矣。欲利反害,無甚於此。伏乞特勅運司自正德元年爲始,停止銀兩,照舊徵鹽,則竈丁蒙惠養之仁,而私販之徒亦無所藉口矣。

　　五、禁革賣引　　凡支鹽引目,不許中途增價轉賣,此舊例也。近歲商人不利關支,而利於售賣,以中鹽原無名也,則駕之曰合本,以賣引明有禁也,則諉之曰分撥。所賣之引,無關支者,又許買補,連結牙行,公爲興販。夫引既非其本名,鹽又不由倉領,不謂之私販,而何?又有豪猾之人,假託權勢,支領之際,任自爲主,或併包夾帶私鹽,或落價折准庫物,官吏疊其聲威,催目受其凌虐,控愬無所,含怨百端。乞自今凡遇開中,委御史一員專察,凡監臨官吏詭名及勢要之人,冒禁上納者,許令究問。商人則令供報子姪或兄弟在官,以便盤詰。有仍前私賣及假託者,依法問罪,鹽貨入官。其所中納,係存積者,支與見鹽;係常股者,亦急與催辦,無令久候,以啓倖心。

　　六、存恤竈丁　　夫刮沙汲海,炙日熱波,天下之工役,未有如竈戶之勞者。蓬首墨肌,灰卧糠食,天下之人民,未有如竈戶之窮者。加之有司與鹽司分爲兩家。鹽司曰:吾之竈也,知督鹽課而已。有司曰,吾之民也,知徵賦稅而已。其督鹽課者,雖百方箠楚,縶女囚男,有司不問也。其徵賦稅者,雖百端取索,賣婦鬻子,鹽司不知也。彼竈戶者何辜於天,何罪於官,而獨罹此甚乎!況濱海土地,類多沙瘠,比之水鄉沃土,太半不侔。府之稅糧,論糧加耗,而不以田,蓋爲此也。近歲有司不原初意,概與水鄉同加耗米。至點均徭,亦不分肥瘠,一例出銀。查得浙江錢塘縣竈戶施安、海寧縣竈戶徐准等,各告巡撫都御史彭韶、李嗣,致蒙聽理,將竈丁全戶正糧並折金花銀兩。錢塘、海寧與華亭、上海同一浙西地也,乞勅所司,比照二縣事例,將濱海竈丁,量爲存恤,訪求先年侍郎周忱事例,設法賑濟,其餘一應雜泛差徭,悉與除免,庶幾瀕海窮民,無他係累,得以畢力事功,雖勞不怨矣。

　　一五二二年明嘉靖元年前後,上海下沙鹽場竈戶鹽丁、官給蕩畝工本鈔數以及應辦鹽課統計如下:[註一]

[註一]　嘉靖上海縣志卷二貢賦,統計中數字,有校正原文之處。

場　別	竈戶鹽丁總數	官給蕩畝總數	官給工本鈔數	應辦鹽課(單位引)
頭場三團	五、二五四	九七、一九九	二、八一六	一四、〇八三
二場三團	五、二五四	九七、一九九	二、八一六	一四、〇八三
三場三團	五、二五三	一一〇、五九九	二、八〇九	一四、〇八一
總　計	一五、七六一	三〇四、九九七	八、四四一	四二、二四七

茲再分析其內容,統計如下:

場　名		竈戶丁數	蕩(單位畝)	鈔(單位錠)	鹽額(單位引)	折米(單位石)	濱海數	水鄉數
頭場三團	濱海	三、五〇二	六四、七八七	一、八七七	九、三八七	七、〇〇八		
	水鄉	一、七五二	三二、四一二	九三九	四、六九六			
	總計	五、二五四	九七、一九九	二、八一六	一四、〇八三			
二場三團	濱海	二、七七四	五一、三一九	一、四八七	七、四三五	九、九二〇		
	水鄉	二、四八〇	四五、八八〇	一、三二九	六、六四七			
	總計	五、二五四	九七、一九九	二、八一六	一四、〇八二			
三場三團	濱海	二、八〇九	六五、三八五	一、五〇六	七、五二九	九、七七六		
	水鄉	二、四四四	四五、二一四	一、三〇三	六、五五一			
	總計	五、二五三	一一〇、五九九	二、八〇九	一四、〇八〇			
總計		一五、七六一	三〇四、九九七	八、四四一	四二、二四五	二六、七〇四	九、〇八五	六、六七六

三　戶口與天災及治水工程

1.戶口比較表——2.戶口減少的原因——3.水患紀錄——4.夏元吉的治水及其功績——5.周忱崔恭吳瑞伍性徐貫李充嗣的治水

上海的戶口紀錄,自一三五五年前後_{元至正中}才有;但也只記戶數,據稱共七二、五〇二戶。到一三九一年_{明洪武二十四年}戶口才分別紀錄,而且此後每十年左右調查戶口一次,所以自十四世紀末_{明洪武間}至十六世紀初_{明嘉靖初}上海戶口的比較,頗稱詳盡,茲列表如左:

公　元	中　曆	戶　數	男人口數	婦人口數	人口總數
一三九一	洪武二四年	一一四、三二六	二七八、八七四	二五三、九二九	五三二、八〇三
一四一二	永樂一〇年	一〇〇、九二四	一九九、七八一	一七八、七四七	三七八、四二八
一四三二	宣德七年	一〇〇、三五四	一八二、九七八	一四七、五二〇	三三〇、四九八
一四四二	正統七年	一〇〇、九八四	一九三、二二一	一二六、七四九	三一九、九七〇
一四五二	景泰三年	一〇〇、八三二	一九四、一一五	一一一、三四二	三〇五、四五七
一四六二	天順六年	八九、四〇〇	一八一、三九七	八九、五三〇	二七〇、九二七
一四七二	成化八年	九一、二九一	一七七、一三九	八〇、五一三	二五七、六五二
一四八二	成化一八年	九二、七八九	一七九、三八八	八一、七五七	二六一、一四五

續　表

公　元	中　曆	戶　數	男人口數	婦人口數	人口總數
一四九二	弘治五年	九二、一九五	一七八、九八八	八一、六八九	二六〇、六七七
一五〇二	弘治一五年	九三、〇二三	一七九、五二四	八一、二九七	二六〇、八二一
一五二二	嘉靖元年	九四、一〇九	——	——	二五三、〇一三

嘉靖上海縣志對於戶口的減少，説："永樂以來，遞減遞增，竟下於洪武。寡而衆，衆而寡，殆必有自矣。"卻沒有説出那減少的原因。而秦榮光曰："案前後不過二十年(指洪武至永樂間)而口驟減十六萬有奇，非緣賦重逃亡，必避役隱匿所致。"[註一]説得很對，但積年的天災於人口的減少也必有關係。查歷代上海縣志所記詳異中：一四〇三年明永樂元年饑；一四〇四年七月明永樂二年六月大水，饑；一四〇五年明永樂三年春，大雨；七月六月霪雨十日，高原積水丈餘；一四〇八年五月明永樂六年四月大水。

　　一四二五年明洪熙元年夏，積雨害稼。

　　一四三二年明宣德七年水災。

　　一四四四年七月三十一日明正統九年七月十七日大風拔木發屋；雨晝夜不息，湖海沸湧。瀕海居民，有全村決没的。

　　一四五四年二月明景泰五年正月大雨雪，連四十日不止，平地積數尺；夏大水，大疫。崑山龔詡甲戌民風詩云："疫厲饑荒相繼作，鄉民千萬死無辜。浮屍暴骨處處有，束薪斗粟家家無。只緣後政異前政，致得今吳非昔吳。寄語長民當自責，莫將天數厚相誣。"

　　一四六一年明天順五年海溢，死者無算。一四六四年明天順八年海溢，民饑。

　　一四六六年明成化二年饑。一四七二年八月二十九日明成化八年七月十七日大風雨，海溢，死者萬餘人。鹹潮害稼。一四八一年明成化十七年春夏旱；八月七月大風雨；九月二十三日九月朔雨，至於十月底十月，禾不登；十二月十二日十一月冬至大雷電，雨雪。一四八二年明成化十八年饑。

　　一四九一年明弘治四年水。翌年，雨水害稼。一四九八年六月三十日明弘治十一年六月十一日江海水溢。

　　一五〇三年五月明弘治十六年四月大雨雹，損麥，擊死牛馬；夏秋旱。

　　一五〇九年七月二十二日明正德四年七月六日雨，至於十一日，晝夜不止。瀕海人民、廬舍多漂没。災情與一四〇五年明永樂三年相同，而比一四五四年明景泰五年更甚云。

　　一五一〇年六月明正德五年五月雨，如上一年，七月六月大風決田圍，民饑，大疫，死幾半；十二月十一月水。一五一一年明正德六年七月大水。一五一二年明正德七年大旱；九月四日七月二十五日大風，海水暴漲。一五一三年明正德八年饑。一五一七年明正德十二年夏，大雨，殺麥禾。一五一八年明正德十三年夏，大雨彌月，漂没室廬人畜無算；九月八月大水。一五一九年九月明正德十四年八月大風雨，早晚二禾俱損。低鄉冬盡猶收穫未竟，民大饑。

　　一五二二年八月十六日明嘉靖元年七月二十五日大風雨，海溢，壞官民居。

　　統計一四〇三一五四年明永樂至景泰的五十二年中，水災八次，平均七年遇災一次。一四五七一六四年明天順間的八年中，海溢二回，平均四年中須遇災一次。一四六五一一五二二年明成化元年嘉靖元年的五十八年間，災禍至十七次之多，平均三年半內要逢到一次。災禍這樣接續不斷而來，人口的減少，也是當然的結果了。

[註一]　秦榮光：上海縣竹枝詞，頁三二。

上海因爲瀕海，復以江水泥沙沖積之故，於是水災屢屢。唐代的建築捍海塘；[註一]宋代范仲淹的開濬五浦；[註二]葉清臣的開盤龍匯，從滬瀆入海；[註三]郟亶的興修兩浙水利；[註四]元代任仁發的開浚吳淞；[註五]這都是幾次巨大的治水成績。至於其餘歷代平常的治水，更是史不絕書。到了十五世紀初明永樂初水災竟是接續而來，於是於一四〇三年明永樂元年，命戶部尚書夏原吉治水。夏原吉詳察地理，博考輿論，乃上疏詳述疏浚計劃：[註六]

> 臣奉職不稱，重貽宵旰之憂，夙夜警惕，惟勤咨訪。欽承聖諭，愧感交集。臣與共事官屬及諳曉水利者，參考輿論，得其梗概。蓋浙西諸郡，蘇松最居下流，嘉、湖、常三郡，土田下者少，高者多，環以太湖，縣亘五百餘里，納杭、湖、宣、歙諸州溪澗之水，散注澱山等湖，以入三江。頃爲浦港陞塞，匯流漲溢，傷害苗稼。拯治之法，要在浚滌吳淞諸浦港，泄其壅遏，以入於海。按吳淞江舊袤二百五十餘里，廣百五十餘丈，西接太湖，東通大海，前代屢疏導之。然當潮汐之衝，沙泥淤積，屢浚屢塞，不能經久。自吳江長橋至下界浦，約百二十餘里，雖云疏通，多有淺窄之處。自下界浦抵上海縣南蹌浦口，可百三十餘里，潮沙壅障，荇蘆叢生，已成平陸。欲即開浚，工費浩大，且艷沙淤泥，浮泛動盪，難以施工。臣等相視得嘉定之劉家港，即古婁江，逕通大海，常熟之白茆港，逕入大江，皆係大川，水流迅急；宜浚吳淞江南北兩岸安亭等浦港，以引太湖諸水入劉家、白茆二港，使直注江海。又松江大黃浦乃通吳淞要道，今下流壅塞，難即疏浚。傍有范家浜至南蹌浦口，可逕達海，宜浚令深闊，接大黃浦，以達泖湖之水。此即禹貢三江入海之跡，俟既開通，相度地勢，各置石牐，以時啓閉。每歲水涸之時，修築圩岸，以禦暴流。如此則事功有成，於民爲便。

後即准照疏中計劃，詔發民丁開濬，自崑山東南下界浦掣吳淞江水入劉家河。又挑嘉定西顧浦，南引吳淞江水，北貫吳塘，由劉家河入海。復浚上海范家浜，接大黃浦，通流入海。原吉日夜徒步，以身先之，功遂告成。

一四〇四年明永樂二年原吉復奉命治水，盡通舊河港，濬松江、大黃浦、赤雁浦、范家浜萬二千丈，下流皆通。[註七]

一四四一年明正統六年巡撫工部侍郎周忱修吳淞江，立表江心，盡去壅塞。其兩岸塗漲，居民開墾成田的，計畝收稅，以補崩塌之數。[註八]

一四五八年明天順二年巡撫都御史崔恭濬大盈浦至吳淞江。鑿江自崑山夏駕口至上海白鶴江，又自白鶴江至嘉定卞家渡迄莊家涇，出舊江，長一萬三千七百丈。學士錢溥有記，略云：[註九]

> 吳淞江自勝國末，湮塞迄今逾百年，稍遇霖雨，即成一壑，國賦虧而民難食矣。天順二年都憲崔公奉敕巡撫東南，首詢水患，以松爲尤甚，乃舉府判洪景德及二縣尹石玫、李紋治之，相視以爲江之故道雖濬必合，莫若從新地鑿之，力易爲而工不壞。起自大盈浦東至吳淞江，計二萬三千丈。又自新涇西南至蒲匯入江，計四千丈，闊皆一十四丈，深皆二丈，而低鄉之潦可洩。東北則自曹家河平地鑿至新場，計三萬餘丈，深闊皆與北同。又濬華涇塘、六磊塘、罵寶湖、烏泥涇入浦，而高鄉

[註一]　嘉靖上海縣志。
[註二]　嘉慶松江府志；青浦縣志。
[註三]　宋史列傳五四；雲間志卷中；歷代上海縣志。
[註四]　宋史河渠志；松江府志；光緒寶山縣志。
[註五]　嘉靖上海縣志。
[註六]　嘉靖上海縣志夏原吉治水作永樂二年，而明史河渠志作元年，今從明史。疏見嘉靖上海縣志卷八。
[註七]　嘉慶松江府志。
[註八]　康熙松江府志；嘉靖上海縣志。唯寶山縣志作正統五年。
[註九]　康熙松江府志、青浦縣志俱作天順四年，今從錢溥記及嘉慶松江府志；開濬長度從嘉定縣志。

之旱亦免。大小聯絡，無不通貫，用工總三萬五千餘。

百姓對於崔恭此次開濬，非常感激，因呼曹家溝爲都臺浦云。

一四七二年明成化八年設僉事於浙江按察司，專治蘇松等府水利，因去年秋海溢，故是年水利僉事吳瑞議修華亭、上海海塘：華亭南自海鹽，上海北抵嘉定，各數萬丈。[註一]

一四八八年明弘治元年水利僉事伍性浚吳淞江中段及顧會、趙屯、都臺諸浦。[註二]

一四九四年明弘治七年工部侍郎徐貫奉命治水東南，浚吳淞江，自帆歸浦至分莊，計七十餘里。[註三]

一五二一年十一月明正德十六年十月工部尚書李充嗣、工部都水郎林文沛、顏如瓖督濬白茅港、吳淞江等河。其時吳淞江上游還通暢；但自下駕浦至舊江口，已不復能容舟，乃因其舊形增廣浚深，凡六、三三六丈，深一丈二尺，闊十八丈。自十一月十月開工，到翌年五月明嘉靖元年四月完工，兩役共役夫四十一萬二千又五十三工。[註四]

明代的濬河工程，雖則繼續不斷，但是水患還是頻至。即至今日浚浦、浚江，仍是一件最爲煩重的工程。原因是江浦潮水，含蓄沙量太多。清初張宸嘗描寫渾潮含沙之多，謂：“潮之來也，渾入而清出，計一潮之淀，厚及一箸。一日兩潮，厚幾一錢。一歲三百六十日，厚三百六十錢，一尺餘矣。”[註五]這雖是非實測的臆語，卻也道着上海水患的原因了。

四　社會建設與市鎭統計

1. 橋梁與官渡——2. 急遞鋪——3. 上海的市鎭與上海的四至

上海的交通，到明代已日就完備。上海溝瀆至多，橋梁的建築成爲交通方面第一要件。十六世紀初明弘治間上海各保橋梁已有二百十五座之多，[註六]其分配如下：

十六保	一八	二十四保	六	三十三保	三
十七保	一一	二十五保	三二	三十四保	三
十八保	五	二十六保	七	四十四保	九
十九保	二三	二十七保	五	四十五保	二四
二十保	三	二十八保	五	四十六保	五
二十一保	四	二十九保	四	四十七保	三
二十二保	八	三十保	六	四十九保	一一
二十三保	二	三十一保	四	五十保	一三

至一五二四年明嘉靖三年前，上海的橋梁數，更見增加，有如下的統計：

　　一、縣市橋三十八座

　　二、縣南橋三十三座

[註一]　嘉慶松江府志；光緒寶山縣志。
[註二]　嘉慶松江府志、江南通志及嘉靖上海縣志。
[註三]　同上註。
[註四]　康熙松江府志；王鏊：治水碑略。
[註五]　章鳴鶴：谷水舊聞；張宸：濬吳淞江議。
[註六]　弘治上海縣志卷五津梁。

三、縣東橋五十九座

四、縣北西橋一百三十三座

共計橋二百六十三座

橋梁之外,則有官渡,共計六處:(一)高昌,(二)南倉,(三)北倉,(四)洋涇,(五)宋家港,(六)車溝。[註一]一五二三年明嘉靖二年知縣鄭洛書分給渡船十三隻。此外,又有急遞鋪十四處:[註二]

一、縣前鋪。

二、自縣前鋪迤西南,入府城,爲:(一)龍華鋪,(二)烏溪鋪,(三)華涇鋪,(四)八尺鋪──與華亭紫崗相連接。

三、自縣前鋪迤西北,爲:(一)徐公港鋪,(二)江橋鋪──與蘇之嘉定、真如、南翔相連接。

四、自縣前鋪又西,爲:(一)北簳山鋪,(二)郊店鋪,(三)青龍鋪,(四)艾祁鋪──自府郭北來,上接華亭黄蠻涇,下接嘉定、黄渡。

五、自縣前鋪向東南,爲:(一)周八鋪,(二)楊灰鋪,(三)南滙觜千户所鋪──南抵青村千户所。

上海五鄉,迨至明代,市鎮逐日興盛。至一五二四年明嘉靖三年爲止,牌坊林立各處,共計有六十一座之多,巷有一十條,成爲市集的有十一處,其市名及所在地如下:[註三]

市　名	所在地	市　名	所在地
一崧宅市	四十六保	七鶴坡市	二十一保
二泰來橋市	唐行南鹹魚港上	八東溝市	二十二保東溝浦上
三杜村市	四十七保	九北蔡市	二十保
四白鶴江市(新市)	白鶴江上	十閔行市	十六保橫瀝東
五楊林市	三十一保吳淞之北	十一高家行市	二十二保
六諸翟市(諸地)	三十保		

鎮也達十一個。茲將鎮名及其所在地也列表於下:[註四]

鎮　名	所　在　地	備　註
(一)吳會鎮	十六保	宋代置酒庫於此
(二)烏泥涇鎮	二十六保	元代海漕張瑄治第於此
(三)下沙鎮(一名鶴沙鎮)	十九保	宋代丞相吳潛少游於此
(四)新場鎮	距下沙九里	宋代里士瞿時彦營置義塾於此
(五)周浦鎮(一名杜浦鎮)	十七保	宋代詩人儲泳家於此
(六)盤龍鎮	三十四保	地瀕松江盤龍滙故名
(七)青龍鎮(一名龍江鎮)	四十五保	吳孫權造戰艦於此
(八)唐行鎮	五十保	昔有大姓唐氏商販竹木於此

──────────

[註一]　嘉靖上海縣志卷三建置。
[註二]　同上註。
[註三]　同上註。
[註四]　同上註。

鎮　名	所　在　地	備　　註
（九）趙屯鎮	四十九保	相傳宋南渡屯兵於此
（十）三林塘鎮	二十四保	昔東西塘有大姓林氏聚族於此
（十一）八團鎮	十七保	團第八於此

　　包括這十一個市十一個鎮的上海縣，其時四至，略如下述：東至大海五十里，極海無際；西至華亭縣界一百十里，到蘇州府一百八十里；南至華亭縣界七十二里，到下沙場六十里；北至嘉定縣界十八里，到吳淞江巡檢司十二里；東南到南匯觜千戶所八十里；西南到松江府治九十里；東北到嘉定江灣巡檢司二十四里；西北到嘉定縣治七十三里。東西共一百六十里，較元代增一百十二里；南北九十里，較在元代減十里。[註一]

　　[註一]　嘉靖上海縣志卷一總敍。日人大村欣一計算上海縣自元至元至明嘉靖所管轄的面積爲六、五五○平方里，合七八○平方英里云，見江南三角洲史的考察。

戊　上海的倭寇

一　倭寇敍說

1. 十六世紀前的倭患——2. 明太祖的沿海防倭設備——3. 十六世紀倭寇猖獗的原因——
4. 倭寇的本體——5. 倭寇中的漢奸領袖

　　朱元璋驅逐了蒙古人，又撲滅了張士誠、錢鶴臯等等的競爭分子，統一中國而創立了大明的天下。可是自十四世紀初元末從日本來的“倭寇”，卻異常猖獗，不時侵略我國沿海各地；上海也未能倖免：王逢梧溪集中即記有一三二四年六月二十七日元泰定元年六月六日倭奴入寇上海，殺人六百，及女子喬永貞爲倭所迫而至被殺事。[註一]所以朱元璋正式做了皇帝之後，在一三六九年二月明洪武二年正月便即遣使以即位詔諭日本國，[註二]想羈縻日本。倭虜卻是跳梁，即在我國遣使之時，侵略山東並海郡縣，又寇淮安。[註三]一三六九年五月明洪武二年四月倭又出沒海島，侵掠崇明沿海諸處；太倉指揮戴德率兵出海搜捕，獲倭九十二人及兵器海船。奏聞，陞德爲都指揮，遣使祭東海之神。[註四]一三七二年明洪武五年倭寇海鹽、澉浦、溫州，又寇福建海上諸郡。翌年，倭寇登萊。又翌年寇膠州。其年九月八月靖海侯吳禎捕獲倭寇人船送京師。[註五]一三七六年明洪武九年屢寇瀕海州縣。一三八三年五月明洪武十六年四月倭寇浙東，又寇金陽、平陽。一三九三年明洪武二十六年倭寇金鄉。一三九四年十一月明洪武二十七年十月倭寇金州，翌年五月四月復寇金州。[註六]在這十四世紀後半時代明洪武年間倭寇已不下十餘次，可見其猖獗！其後自十五世紀第一年明建文三年至十六世紀中明嘉靖初元倭奴不敢大寇；尤其上海一帶，海疆平靖無患。[註七]到了一五五三年明嘉靖三十二年前後，倭寇又起，勢且更猛，我國沿海各地損害極多，而以江浙爲最；上海因地瀕海濱，所受焚掠殺傷，至爲慘酷。

　　明太祖鑒於倭寇的猖獗，沿海戒備，本極謹嚴，如在上海所築的南匯堡，及其附近所築的寶山堡等，駐以防兵，都爲備倭之用。[註八]明鄭若曾議寶山經略之要，曰：“江東旱寨有二，一在寶山，一在高橋鎮，皆國初設以備倭。”[註九]據張鼐倭變志周防一章轉述大鑾先生稱當時海防情形云：“國初沿海諸衛，各造大青及風尖、八(槳)〔槳〕等船一百餘隻，指揮統率官軍更番出洋哨望。海門諸島皆有烽墩，可爲停

[註一]　王逢:梧溪集卷七;嘉慶上海縣志卷一六列女。
[註二]　嘉靖東南平倭通錄附錄國朝彙典。
[註三]　同上註。
[註四]　同上註。戴德亦作翁德。嘉慶上海縣志卷一九兵燹小註中亦有此條。
[註五]　同上註。嘉慶上海縣志卷一九兵燹亦有此條,但作明洪武六年。
[註六]　嘉靖東南平倭通錄附錄國朝彙典;嘉慶上海縣志卷一九兵燹亦有此條,但作明洪武六年。
[註七]　嘉慶松江府志。
[註八]　嘉慶上海縣志卷六兵防;嘉慶松江府志卷三三武備志。
[註九]　嘉慶松江府志,鄭若曾之議係在明隆慶時。

泊。其後弛出洋之令，列船港次：浙東於定海，浙西於乍浦；蘇州於吳淞江及劉家河。”[註一]張鼐之自述，更爲詳盡：“……即以松江一郡沿海計之：西南抵浙江乍浦千戶所界；東北抵蘇州吳淞千戶所界：中間二百五十里而遙耳。由乍浦而東五十里爲金山衛，內有四所，而設總督揚州等處備倭都指揮治其中；自衛迄東百餘里，有守禦南匯嘴千戶所，又迄東七十里而爲吳淞千戶所。其二所之中，相去遠者，如金山起至青村中間，又有胡家港堡、蔡廟港堡，每堡額設官軍六十員名；而又每歲於腹裏衛所，調撥官軍三百員名，二月來，九月去，謂之貼守。每衛所各有戰船，教習水戰，沿海每六里築一墩，撥一軍，朝夕瞭望，每見外洋船隻往來，即舉火相屬，互相傳報，如果係倭夷犯界，即整軍駕艫，出與迎敵。一倭登岸，即以失機論罪。紀律既明，官軍莫不用命。雖無事之時，每歲將領率兵於近岸各山島間，巡邏一二番，謂之搜山。”自七世紀唐代就有的吳淞一帶的海塘，明太祖時也加以增修塘壕，而兼具防倭的作用了。塘壕設備，海防志記之甚爲詳細：“海塘初制，原自一團起，至九團止。護塘內外有壕，闊四丈，深一丈五尺。每團設弔橋一座，聽民出塘生理，官軍瞭望，如有賊，即以弔橋挈起，距塘而守，遠可攻以箭礟，近可刺以戈矛。護塘之上，每一橋造窩鋪三間，以爲鄉兵止宿守瞭之所。”[註二]但是自十五世紀中葉明正統年間後，軍政腐敗，日甚一日，誠如揚州府志所述：“軍政日益廢弛，丁力困於誅求，而田屯苦於兼併。諸衛軍隸尺籍者，相率逋逃，亡耗半。其僅存者，亡慮皆枵腹寠人，倚月糧以糊其口，又不以時給；即力稍自贍，又不能當轉餉更戍無已之役，與武弁婪者之日胲月削也。雖歲有清軍勾補及屯政、倉政諸令甲甚嚴，而弊蠹叢生莫由究詰，衛所軍之不可以復驅即戎，無論淮以南，即天下猶是矣。”[註三]一五〇六年間明正德初年華亭、上海二縣共設快手八百餘名，民壯五百餘，後因革罷，所存的：華亭是二百六十名，上海是二百二十名，只有原額三分之一了。[註四]所以到了十六世紀中葉明嘉靖中倭夷大舉入寇時，東南沿海各地，幾至無法收拾了！

　　十六世紀中葉明嘉靖中倭寇猖獗最大的原因，便是我國沿海不逞之徒和倭奴勾結的緣故。自一五二二年明嘉靖元年罷市舶司之後，凡是番人運貨到來，便賒給我國奸商。久之，奸商欺負，不肯償回貨價，且倚官家勢力，以扼番夷。番人留泊附近島嶼，派人坐索，仍無所得。番人乏食，於是出沒海上爲盜，既而番舶百餘艘盤踞海洋，專以刼掠我海濱爲生。其時兇徒、逸囚、罷吏、黠僧以及衣冠失職、書生不得志，這一羣不逞之徒相率入海，都去做倭奴奸細，爲之嚮導。倭夷乃如虎生翼，竟敢攻城掠邑了！[註五]

　　入寇的倭夷，以薩摩、肥後、長門三州之人居多，其次是大隅、筑前、筑後、博多、日向、攝摩、津州、紀伊諸島人，而豐前、豐後之人也間有之。倭都是禿頭鳥音，面貌黝黑。身上穿的花布衣，做酋長的穿紅衣，後來也着我國鄉人、軍人服裝，以假冒爲我國人的。每逢出發刼掠，便吹着法螺，召集衆奴，以白旗作先鋒，到了一處地方時，也吹法螺爲號。所用兵器：有弓矢，有雙刀，有鳥鎗，其中尤以弓矢、雙刀爲最多用。弓長八九尺，矢長四五尺，是用腳踏弓弰而發矢的。矢簳以海蘆做成。矢鏃有兩種，一種用鐵做的，闊二寸，形如燕尾，重三兩多；一種是用竹製的，像長鎗。刀長五尺餘，開鋒甚長。倭舞着雙刀，滾着過來時，周身雪亮，簡直無間可擊。鳥鎗是銅製的，繫在臂上，燃放極爲靈敏。他們會洬水；巧於設伏；應敵時又知分合，兵法很好；且善設奇計，如拋棄幾個空箱子或者幾個衣包在水裏，當官軍去爭奪時，便趁此機會逃走或作戰。倭中還有善卜筮的，每天清晨卜筮以定計劃；還有會做漢詩的，海

[註一]　張鼐：吳淞甲乙倭變志上卷。張(鼎)〔鼐〕所記松郡倭寇，多紀故老目擊的。因其可信，故志書頗多採爲材料；但有若干年月，則與正史不符。本文頗多參攷此書，關於年月日，則參證各種典籍，務求其正確。
[註二]　嘉慶松江府志武備志。
[註三]　揚州府志卷二三兵志二。
[註四]　嘉慶松江府志武備志方伯莫如忠與彭督府蔡操院論倭寇。
[註五]　本節係參攷嘉靖東南平倭通錄及松江府志等書。

鹽一個廟裏,曾有一首題壁詩道:"海霧曉開合,海風春復寒。衰顏歡薄酒,老眼傲驚湍。叢市人家近,平沙客路寬。明朝晴更好,飛翠潑征鞍。"但這樣的詩也許是漢奸之作。倭寇每次登岸,奸淫擄掠,殺人放火,無所不爲,極人間之慘事。他們還有擄了男女去,索取贖款的。侮辱女性,更多慘毒,例如在硤石搶了蠶繭,叫婦女到寺中去繅絲,他們便裸體戲辱。上海高橋人倪輔爵的女兒,因拒倭狂暴而致被殺。倭殺女不足,並怒裂其屍:典籍上所記倭夷的本性是如此![註一]

明世宗實錄中稱:"江南海倭十三,而中國叛逆居十七。"倭寇的猖獗,原以漢奸之衆多爲最大原因。漢奸的唯一領袖,是汪直,而其黨則以徐海最爲著稱。汪直號五峯,徽州人,先爲海上宿寇許二部下管櫃,素有機警勇略,人多信服。許二後爲官軍所勦,敗而逃往京師。汪直即領其餘黨,住瀝港。後有一王船主率領番舶二十隻,爲福建海盜陳思盼所覬覦,將王船主殺害而奪領其船。船主黨心中不平,表面依附思盼,將各船分佈港口,以爲外護,實際暗中私通汪直。汪直正恨思盼的爭雄長,於是一面暗約慈谿積年通番的柴德美發家丁數百人協助,一面報告寧波府,要求官軍遥援。後來探得陳思盼部下船隻出掠未回,又待思盼生日,飲酒不備,內外夾攻,便將思盼殺死。從此,汪直做了海上唯一的雄長。凡是番船都要請汪直旗號,方敢海上行使。因爲部下愈集愈多,汪直便令其養子毛海峯及徐碧溪、徐元亮等分領部下,且據薩摩州的松浦津,而爲閩浙逋逃藪。徐海少時本爲杭州虎跑寺僧,後代領其叔徐碧漢(恐即徐碧溪)之衆,借稱天差平海大將軍,而其黨陳東輔之。除陳東外,協助徐海的,有名的是辛五郎、蕭顯、葉麻等輩。蹂躪上海一帶最烈的,就是徐海這一黨所引起的倭夷。[註二]

徐海後於一五五六年八月明嘉靖三十五年七月中胡宗憲計,而自沉於海。汪直則於一五五七年十二月明嘉靖三十六年十一月被戮於寧波。漢奸渠魁没落後,倭寇雖仍未止,但在江南,倭患卻漸平熄,而上海是在一五五六年明嘉靖三十五年秋就太平無事的了。[註三]

二 倭夷大寇上海的開始及上海城的建築

1. 倭夷的從浙東襲來——2. 南匯青村的被寇——3. 上海的大刼——4. 上海城的建築——5. 海防道的設置

十五世紀初明永樂初,日本請歸附,許之;但這也不過進貢而已,入寇卻還是照舊;一四〇四年五月明永樂二年四月對馬倭寇蘇松;[註四]一四一五年明永樂十三年倭寇海上,突然侵入金山衛,登岸,指揮同知侯端和倭巷戰,大勝,且將倭船毀滅。從此上海一帶沿海地方,百餘年間,居然得免去了倭患。[註五]到一五五二年明嘉靖三十一年倭寇江浙沿海,勢極猖獗,上海一帶大被蹂躪,至數年之久。

一五五二年明嘉靖三十一年倭先寇浙東,到了六月五月轉掠到寶山來了。吳淞所百户馮舉和隊長屈倫率領士卒,前去擒勦,殺賊一人。既而兩人墮水,便爲賊所害,巡江百户宗元爵繼來應戰,又爲賊所殺。倭虜於是盤踞楊姓家,刼掠旬日,又擄了上海境內的漁船,然後他去。[註六]

到了翌年,一五五三年三月明嘉靖三十二年二月,倭攻南匯所城,軍士李府率領其仲子李香竭力應戰,

[註一] 本節參攷胡宗憲:籌海圖編;宋九德:倭變事略;鄭茂:靖海紀略;嘉慶上海縣志卷一九兵燹按語;嘉慶松江府志武備志小註;朱國楨:湧潼小品等書。
[註二] 萬表:海寇議;茅坤:徐海本末;失名:汪直傳。
[註三] 同上註;嘉慶上海縣志。
[註四] 鄭茂:靖海紀略及籌海圖編。
[註五] 嘉慶松江府志明永樂十三年一條;金山縣志作永樂十六年。
[註六] 嘉慶松江府志;吳淞甲乙倭變志;嘉慶上海縣志;嘉定縣志;寶山縣志。

殺倭四十餘,乘勝追逐,又殺倭酋一人和倭寇先鋒二人,再戰再勝,不圖中伏,賊箭如雨,父子兩勇士於是俱死,而南匯所城被賊攻破。三月十一日二月二十七日,賊三十五人泊船五團,肆行刼掠,殺金山衛百戶王忠。[註一]三月十五日三月初二日,倭三十六人犯青村所焦墩,百戶王河率隊長陳九等倉卒出禦,戰敗而死,倭便刼掠下沙諸地,縱橫海上沒有敢去邀擊的了。[註二]

　　同年四月二十五日閏三月十三日,賊中漢奸領袖蕭顯等由浙至寶山登岸,分掠上海縣境,兵備副使吳某調發鎮江民兵陳寶等二百人及上海縣快役三百人,共五百名,委松江通判劉本紀率領,以作防禦戰;但江南人柔軟,望風駭散。五月三十日四月十九日劉本紀與倭戰於十九保蓮賓華橋。官兵大敗,死傷甚衆,本紀沈浸在菰蘆中一日一夜,僅得身免。陳寶力斬數賊,沒於陣中。[註三]這時上海縣還沒有縣城,賊首據官衙令賊衆分刼市街。[註四]上海縣知縣喻顯科是逃避了。[註五]六月五月倭賊從海口竄入,泊船北馬頭,賊又焚掠縣治而去。[註六]同月十四日五月四日倭船從牐港出,到高昌鄉,和我水兵作戰於黃浦江中。我兵不利。[註七]鎮江衛知事吳宗德調領江陰兵船截守黃淄漊。賊在深夜,懸燈長竹竿上,從海邊遁去。[註八]十七日初七日,賊千餘人從太平寺祝家橋驟至,市民驚惶四潰,於是任賊刼掠;停泊在黃浦裏的糧船也都被燒燬。倭滿載而去。[註九]二十二日十二日賊又入寇。北自海口,南自周浦,賊船共三百餘隻。操江都御史蔡克濂調鎮海衛指揮武尚文、建平縣縣丞宋鰲各統所部兵到滬,合倭巷戰。倭善設伏。我兵陷伏中。武尚文戰於西篢笠橋,爲伏倭斬斷馬足,馬蹶,被殺。宋鰲亦於縣橋南戰死。上海士民兵卒被倭殺傷的很多。縣治廬舍也都被焚掠。前鋒丁爵、指揮袁某,追賊於清水窪,都死於陣。[註十]七月七日二十七日賊又來,督府遣鎮撫吳賢接戰於黃泥浜,賢又陷伏中而死,自後浦東沿海二百里,新舊倭絡繹無虛日了。[註十一]七月十八日六月初八日賊從宋家浜焚掠上海縣治的西境。六合縣知縣董邦政追擊賊於八團小灣。[註十二]八月六日六月二十七日,賊二百餘駕海船三艘,泊上海北宮前,刼糧船九艘。指揮黎鵬舉、鎮撫胡賢禦之。鵬舉受傷,胡賢戰死。賊便又焚掠縣治極慘,並沿刼周莊、撥賜莊諸鎮,其後都司韓璽力戰於四墩,與國子生梁家棟斬賊首八十餘級,賊始解圍而去。[註十三]

　　數月之間,上海一地,倭寇猖獗,殺人放火,如入無人之境。官吏士民都以爲這是沒有城垣防禦的緣故。上下於是都贊成築城了。首先上疏,請建城垣的是上海紳士顧從禮。疏稱:

　　　　上海宋市舶司所駐之地。元至元二十九年設縣治,原無城垣可守。蓋一則事出草創,庋藏錢糧未多;一則地方之人半是海洋貿易之輩,武藝素所通習,海寇不敢輕犯。雖未設城,自無他患。今戶六百餘里,殷實家率多在市,錢糧四十萬餘,四方輻輳,貨物尤多;而縣門外不過一里,即黃浦,潮勢迅急,最難防禦。所以嘉靖戊子年等,屢被賊刼燒殺傷地方鄉官商人居民不下百餘家。蓋賊自海入,乘潮刼掠,如取囊中,皆由無城之故。伏望軫念錢糧之難聚,百姓之哀苦,敕二部會議,開築城垣,以爲經久可守之計,實一縣公私無疆之休也。[註十四]

　　[註一]　嘉慶上海縣志;嘉慶松江府志。日期從吳淞甲乙倭變志。
　　[註二]　吳淞甲乙倭變志;嘉慶松江府志。
　　[註三]　同上註。
　　[註四]　明世宗實錄;嘉慶松江府志。
　　[註五]　吳淞甲乙倭變志;嘉慶松江府志。
　　[註六]　嘉慶上海縣志。
　　[註七]　嘉慶上海縣志。吳淞甲乙倭變志作五月初七日事。
　　[註八]　嘉慶上海縣志。
　　[註九]　吳淞甲乙倭變志;嘉慶松江府志。
　　[註十]　嘉慶松江府志;嘉慶上海縣志;吳淞甲乙倭變志。
　　[註十一]　嘉慶松江府志;吳淞甲乙倭變志。
　　[註十二]　嘉慶松江府志。
　　[註十三]　吳淞甲乙倭變志;嘉慶松江府志。
　　[註十四]　嘉慶上海縣志卷六。

這時松江知府方廉,也認建築上海縣城是保衛上海的最有效方法,到了七月六月,於是毅然決行,一面糾衆籌議,一面徵集田賦,附以庫藏的羨餘,以充經費,隨即相度基地,並命通判李國紀監工。差幸其時倭寇稍形緩和,於是十月九月間即行動工,晝夜趕築,至十二月十一月間城垣居然就全部完工了。[註一]

新築的縣城,周圍有九里,高二丈四尺。城門分六處:東門名朝宗,南門名跨龍,西門名儀鳳,北門名晏海,小東門名寶帶,小南門名朝陽。水門祗設三處:在東西的都跨在肇嘉浜上面,在小東門的跨在方浜上面。城上有雉堞三千六百多個,敵樓兩座,城濠長一千五百餘丈,廣六丈,深一丈七尺,環抱城外,通接潮汐。[註二]

上海城垣的建築,起議於紳士;而其建築的經費,除官方徵集田賦,附以庫藏羨餘外,市民的捐助亦極多,義俠之風,殊爲可貴。如王相堯拆屋捐地,傾囊助役,城垣完成之日,即其從富有變爲赤貧之時。[註三]又如桂林太守邑人倪邦彥,高呼"卜式不過是個賈人,尚知輸粟納官,何況吾輩"!因捐巨資,力助工程的進行;[註四]又如貢生張泮,不但盡散家財助役,並且親持畚鍤,躬自工作,甚至積勞致死,尤屬難能。[註五]更如首請築城的光祿寺少卿顧從禮,捐粟四千石,助築小南門;[註六]陸深夫人梅氏捐銀二千兩,並毀市房數千間,更助築小東門,[註七]以便行旅,是誠巾幗中的英雄。此外助資助役的人,多不勝舉,祗看九里周圍的一座城池,在兩個多月的時間內完成,就可概見當時民衆如何熱心從事了。

當築城之時,撫按奏設海防道,因董邦政有戰功,便超陞他做按察僉事,專理海防。[註八]城垣的建築與海防道的設置,固然是亡羊補牢,但爲功匪淺,不久倭寇襲來,賴之而有相當抵禦了。

三　倭寇擾攘的一年

1. 新城的被圍——2. 任環盧鏜的勝利——3. 倭夷的盤踞上海四周——4. 南匯所的再遭巨刼——5. 僧兵的到臨——6. 上海一帶的防禦設備

一五五四年二月明嘉靖三十三年正月,倭從太倉掠蘇州,接着向松江進攻。[註九]十九日十八日賊首蕭顯駕巨舟,率衆二百餘,突入吳淞所,夜泊宋家港口。其時黃浦東岸泊有崇明水兵船四十號,平明與賊在浦中作戰,竟告失敗。[註十]一船且爲賊所獲,官軍悉被投入水中。[註十一]蕭顯登岸踞東門外某石匠家樓,將牆壁鑿洞,以便偵察城中情景。守着新築城垣的按察僉事董邦政因爲兵力微弱,不敢出戰,只是堅守。可是城垣新築,尚未堅固,頗多崩壞。董邦政便命神鎗手就在城垣崩壞處擊賊,居然常能命中。賊於是不敢進擊,只掠四郊。[註十二]

三月九日二月初六日賊解圍去。邦政遣縣丞劉東陽統兵去追擊,不幸士兵見賊即潰散,東陽竟死於

[註一]　嘉慶上海縣志卷六及卷一九;潘恩:潘笠江先生集卷八郡侯方雙江城上海序。
[註二]　嘉慶上海縣誌卷六。
[註三]　范濂:雲間(舉)〔據〕目鈔卷一。
[註四]　同上註。
[註五]　同治上海縣志卷一八。
[註六]　同上註。
[註七]　同治上海縣志卷二六;李延昰:南吳舊話録卷二四。
[註八]　嘉慶上海縣志卷一九。
[註九]　明史日本傳。
[註十]　吳淞甲乙倭變志;嘉慶松江府志。
[註十一]　嘉慶上海縣志。
[註十二]　吳淞甲乙倭變志;嘉慶松江府志。

太平寺。這時兵備僉事任環統民兵三百名和少林僧八十名來援，與賊戰於葉榭馬家浜，殺賊頗多，後以援兵不繼，僧大有、西堂、天移、古峯等二十一人都死於陣中。既而任環奮勇作戰，襲擊賊於五里橋，大勝。賊向南奔。任環又追敗之於習家墳。蕭顯便遁走，去佔據史家浜。時適浙江巡撫王抒遣參將盧鐺率兵二千從海道來，到後即戰於界浜，焚賊船七艘，斬賊八十級。賊敗潰，逃入浙境。賊首陳義詐降於盧兵，混入上海城中，想做內應。恰有土著徐道人被虜逃歸，看見陳義，大爲喫驚，立刻報告官廳，捕義審問，果得真情，旋即將義刑戮。陳義餘黨便都逃去。[註一]

四月十七日三月十六日賊劉三等率衆入吳淞江。總兵湯克寬率領耆民施大鯨前去進擊，斬賊一百七十餘級，餘賊均被擒獲。二十一日二十日，遠近諸倭集會黃浦江中，一齊出海他去。二十六日二十五日這一天，海上突起暴風雨，雷電交作，倭船多遭覆沒，於是重行登岸，固結營壘，四出掠取婦人。濱海百里，竟至寂無人烟。這時賊將蕭顯盤據下沙新場；陳東、徐海盤踞柘林；葉麻盤踞周浦；各方互相策應。[註二]

是時，南匯所城，圯而未葺。賊遂擁衆來襲。前述李府幼子，李香的兄弟李黍，[註三]雖年未及冠，卻已做哨官，看見賊來，以爲報父兄不共之讎，正是在此一舉，便奮勇應戰，殺了三賊，獻賊首級於官廳。夜間倭賊偷上城來，被李黍覺察了，他便拔劍而起，將賊殺死，低頭向城下一望，只見賊衆蜂擁而來，趕忙將城堞推下，數賊因之墮地而死。這一夜，南匯所城靠李黍保全。翌日，大戰，李黍又勝。賊衆都知道李黍的勇猛了，高呼挑戰道：“誰是李三郎！”李黍應之，奮鬥益力，結果爲賊礮所中而死。守禦官徐學夔坐失時機，悾怯無用，便調把總婁宇來代替；協守把總陳習素諳鎗法，選得壯勇三百人，日夜訓練，瞰賊分道刼掠，賊伴不能應接，或三四十，或五六十，呼吸間將賊剿殺，不損一兵。倭賊以此便怕婁宇兵，不敢縱橫刼掠了。[註四]

五月五日四月初四日倭五百人由上海陸道，進逼松江東門。[註五]

七月十六日六月十七日浙地倭賊千餘人，大小船五十七隻，從嘉興入朱涇，抵斜塘，出橫涇，焚掠閔行沙崗，縱橫來往，簡直像入無人之境，一直到二十八日二十九日才入海他去。倭賊跳梁，而浙江巡撫王抒一無制止辦法，乃被命改撫大同，由李天寵接替。其時南京兵部尚書張經總督軍務討倭，於是徵集四方兵卒，協力剿倭。山東長鎗手、山西鈎刀手、川兵、麻陽兵、坑兵、瓦氏兵、僧兵等，均被調集。[註六]

八月七月賊屯川沙灣拆卸民房作爲營柵。其時河朔兵剛調到，由參將盧鐺率領戰於川沙，遇伏而敗，有名的力士馬千斤陣没。[註七]參將俞大猷擊賊於吳淞所，擒賊七人，斬賊二十三級。[註八]

九月八月初，少林僧從山東應募而至，稱僧兵，有大造化、月空、天池、一舟、玉田、大虛、性空、東明、古泉、大用、碧溪等，持鐵棍，長七尺，重三十斤，運轉便捷，驍勇非常。四日初八日都司韓璽討南匯賊時，即用此種僧兵爲前鋒，燒燬賊船三隻。九日十三日戰於白沙灣，斬賊首百餘級。僧兵了心、徹堂、一峯、真元因乘勝深入而被害。[註九]

　　[註一]　吳淞甲乙倭變志；嘉慶松江府志。
　　[註二]　嘉定縣志；嘉慶松江府志；嘉慶上海縣志。
　　[註三]　吳淞甲乙倭變志，嘉慶松江府志，均作哨官李府。惟倭變志十忠傳中，亦紀有李三郎事。嘉慶上海縣志則謂李府與其子李香，在嘉靖三十二年二月時已死，此時死者爲李黍。本文從嘉慶上海縣志。
　　[註四]　吳淞甲乙倭變志。
　　[註五]　吳淞甲乙倭變志；嘉慶松江府志。
　　[註六]　徵集四方兵卒之事，嘉慶上海縣志作五月(陰曆)間事，但明史則謂六月(陰曆)，今從明史。張經任總督，明史世宗本紀稱係“嘉靖三十三年五月丁巳”之事。
　　[註七]　嘉慶松江府志；滬城備考。
　　[註八]　明世宗實錄；嘉定縣志。
　　[註九]　嘉慶上海縣志；吳淞甲乙倭變志(紀兵一節中時日與僧兵一節中時日不符，後者誤)。

十月九月倭千餘人登周公墩,進攻南匯所,接着進柘林賊巢,與新來之倭聯合一起,四出刼掠。冬季,官軍在青村、朱涇一帶,接連爲倭所敗。總兵解明道等於是下詔獄,以浙江參將俞大猷爲南直隸副總兵,鎮金山衛。此時,董邦政與婁宇獨多斬獲。[註一]

松江知府方廉因倭患無已,召募壯勇,分扼要害,又令沿海民募壯丁,自相團保。從方廉的防海議中,可以略窺當時上海一帶防禦的一斑,議中稱:"沿海設備,固爲上策,萬一外守不固,則黃浦一帶又爲蘇松險要,守浦乃所以守門户,猶愈於守地也。今吳松江口即爲黃浦口子,既經設備,而吳松所亦設兵一枝,以防深入矣。而至於上海之高昌渡、沈周塘、周浦、插港、閔行,華亭之葉謝、曹涇、張堰等處,賊一登岸,搶船渡浦甚易。除松江府先後打造雙墻船、鷹船,各發上海、華亭,各召募水兵,分布沿浦各港,巡邏把截,又華、上二縣各募鄉兵護守城池,有警調至浦邊協守。但前項兵夫,官無專職,則事難責成,而沿浦二百里之遠,本府巡捕官一員,勢難管攝,合令清軍同知一員,帶管華亭鄉兵水兵,自豐涇至閔行,皆其汛地。再設巡捕同知一員,住剳上海,專管該縣鄉兵水兵;自閔行以至嘉定界首,皆其汛地。無事率兵操演,有事統兵防守。"[註二]這是當時上海一帶防守的大略。因既有明令募集鄉兵,於是上海鹽丁都奮起參加,而以監生喬鏜、盛際時、潘元爲領袖。鹽丁至爲猛勇,屢屢將倭擊敗。倭曾爲鹽丁所逼,而逃往海中小山,鹽船又前去圍攻,將賊船焚燬。倭被圍困,幾乎餓死,幸而其他倭船到了,方始脱出。後倭至漕涇,見家中藏有鹽包的,便相戒勿犯。盛際時領帶的鹽丁二百人,保護新場鎮,極善作戰,有盛家兵之稱。[註三]凡此種種都足證明鹽丁的猛勇可用;而滬上客兵,因不習地利往往陷於倭伏,且供億浩繁,故反爲民病。[註四]

四　客兵鄉兵的禦倭

1. 海上兵聲的大振——2. 狼兵的到來及其作戰——3. 土兵的來滬——4. 倭虜的被毒——5. 唐行官兵的大敗——6. 川兵的勝負

一五五五年明嘉靖三十四年倭寇還是像上年一般猖獗,上海仍在患難中。二月正月川沙賊進攻南匯所。僉事董邦政帶兵前去,搗川沙窟賊巢,破之,殺五百餘人,監生喬鏜追敗之,[註五]教授韓崇福又敗之於黃浦。[註六]賊於是只能歛衆自保了。這時總督張經到松江,議會師殺賊。[註七]

三月十日二月十八日,賊百餘人從桐鄉刼回,路經青村,僞作攻城勢,爲把總金漢、千户陳元恩、監生盛際時等所要擊,斬賊首四十餘級。餘賊望東北去。翌日,賊從南匯所北行,爲把總婁宇所擊,賊幾被殺盡。海上兵聲於是大振![註八]

同月二十九日三月初七日倭三四千餘,從海上再來圍上海縣。僉事董邦政迎戰於浦東陸氏園。官軍失利,逃入水中,多溺死。倭將有穿紅衣、騎白馬的,手持雙刀,東西衝擊,氣勢極甚。海防兵陳瑞挺身出戰,竟能將這賊將殺死。賊衆畏懼,便相率退去。陳瑞銜所斬賊首,游過黃浦來報功。董邦政立

[註一]　嘉慶上海縣志。
[註二]　嘉慶松江府志。
[註三]　嘉慶上海縣志;吳淞甲乙倭變志。
[註四]　吳淞甲乙倭變志。
[註五]　嘉慶松江府志卷三五;籌海圖編。
[註六]　嘉慶上海縣志卷一九。
[註七]　嘉慶松江府志。
[註八]　倭變志;嘉慶松江府志;嘉慶上海縣志。

即署他做千夫長。[註一]

這時從廣西徵集的狼兵，先後到來。最先到的是田州瓦氏兵。瓦氏欲速戰，張經不許。東蘭、那地諸兵相繼而來。張經便將狼兵支配：以田州瓦氏兵屬總兵官俞大猷，守金山；以東蘭、那地、南丹三州兵屬游擊鄒繼芳，屯閔行；以歸順兵、思恩兵及廣東東筦打手屬參將湯克寬，屯乍浦。[註二]諸營連絡，聲勢益盛。但官軍欲待賊惰入海，然後併力進攻，所以肅清賊巢之議不行。[註三]

時賊五千餘巢居新場、下沙；千餘屯牌港；數千屯川沙；最初本欲進逼上海縣城的，後來聽到張經調集湖廣兵雲集松江，便即各退屯舊巢，完壘治械，以爲久守之計。[註四]

四月二十五日四月初五日，工部侍郎趙文華到松江，祭海於得勝港。祭海本當到海濱去祭的，文華因爲怕倭，所以就在得勝港致祭了。[註五]是時地方甚爲恐慌，及聞狼兵到來，人心始稍安定。[註六]狼兵中以瓦氏兵最稱悍強。但是張經以其初到，不知地利，所以不敢輕試。文華卻想徼倖得功，頗欲將瓦氏兵一試；同時，瓦氏兵因知倭賊所掠資財極多，也躍躍欲戰。[註七]瓦氏兵於是決定出戰了。張經雖仍欲阻止，但已無效。因爲總兵俞大猷、游擊白泫等曾將狼兵數隊，往來哨賊，乘隙邀擊，稍有斬獲的緣故。戰於漕涇，瓦氏兵不幸，竟被賊圍上數币，頭目鍾富、黃維等十四人爲賊所殺。兵士亡失甚衆。瓦氏披髮舞刀，往來突陣，所乘馬尾盡落，浴血奮鬥而出，倖以身免。狼兵的聲譽，在此一戰之後，頓時大減。[註八]五月十日四月二十日保靖宣慰使彭藎臣、永順宣慰使彭翼南各率領土兵三千人到了。恰好川沙的倭奴駕舟出海，官兵於是去驅逐賊巢。[註九]

五月二十三日五月初四日川沙之賊八百餘再犯周浦、牐港、車溝，轉掠到泗涇、北簳山，僉事董邦政、遊擊周藩、把總婁宇，追擊於唐行鎮，軍半渡，賊拒戰，官軍被殺傷的數百人，周藩墮水而死。賊既大勝，便屯古塘橋，四出流刼。[註十]

當四月中三月末趙文華屢次督促張經進兵；張經因爲倭奴甚狡，並且人數又多；狼兵雖勇進而易潰，所以不敢輕試。文華便彈劾張經，說他養寇糜財。剛拜疏，張經卻有石塘灣的勝利。接着盧鎧、俞大猷、湯克寬又在王江涇大打勝仗。皇帝卻聽嚴嵩的讒言，仍將張經處死刑，將湯克寬下獄，以應天巡撫周玭代張經。玭在官僅三十四日又去職，代之以兵部侍郎楊宜。[註十一]

八月七月應天巡撫曹邦輔敗賊於上海雙溝。[註十二]既而賊又巢川沙，接着犯周浦。[註十三]知府方廉遣諜毒賊巢中井，死者千人。[註十四]據說這是乞丐穆一郎和朱夫的力量。穆一郎以五色粉墨塗面，漆身爲厲，行乞賊中，因盡知賊衆寡所在，即以賊情報官。既而應方廉命，會同朱夫，帶着毒藥前去，待至夜間，將毒藥投井中。賊喝井水，都口呆目瞪了。土人有通賊的，囑賊飲河水，所以賊中毒還不深重，但毒死的已很多了。[註十五]

[註一]　倭變志；嘉慶上海縣志。
[註二]　明史張經傳；明世宗實錄；嘉慶上海縣志。
[註三]　嘉靖上海縣志。
[註四]　籌海圖編；嘉慶上海縣志。
[註五]　嘉慶松江府志；倭變志。
[註六]　明世宗實錄。
[註七]　嘉慶松江府志。
[註八]　明世宗實錄；倭變志卷下狼兵。
[註九]　嘉慶上海縣志；明世宗實錄（張經自理疏中語）。
[註十]　嘉慶松江府志；倭變志。
[註十一]　明世宗實錄；嘉慶上海縣志。
[註十二]　嘉慶松江府志；嘉慶上海縣志。
[註十三]　同上註。
[註十四]　倭變志。
[註十五]　倭變志卷下三丐兒。

八月三十日八月十四日柏林倭乘了五百隻船出海去。參將盧鐺、備倭王沛、武生朱先,前去追擊,殺數十人。總兵俞大猷、僉事董邦政又擊敗之,獲賊船九隻。董邦政在寶山又將賊擊敗,斬賊首九十八級。總督楊宜與浙江提督胡宗憲分布水陸兵以蹙賊。賊以颶風,不得發,備倭王世科、把總劉堂等,便乘勢追擊,沉賊巨艦,斬賊首二百八十級,賊復還柏林,存船九十八艘,復焚其什九,僅存十二艦於沙外,以示不復出海之意。登陸的倭將走川沙,又爲嘉定縣丞張潮及上海兵擊殺殆盡。胡宗憲計算柏林的倭賊一定要走的,便命王沛等設伏待賊。果然,賊乘潮而去。官軍於是追擊,到金山海洋,將賊船擊沉,逃脫的賊船,爲定海兵所邀擊。賊雖迭敗,但勢未稍衰。不久,徐海移柏林倭衆,又盤據陶宅了。[註一]

十月九月趙文華和巡按御史胡宗憲合謀進討陶宅的倭,會集浙直兵四千人分道並進,遇賊於松江的甎橋,中賊伏,各軍都敗潰,賊勢於是又盛。[註二]

十月十五日十月初一日陶宅賊移屯周浦永定寺;柏林賊出洋的再回來盤據川沙。三十日十六日應天巡撫曹邦輔及總兵俞大猷等親督水陸兵萬餘人,分五哨攻周浦賊。賊迎戰,四哨都奔潰,溺死水中的達數百人,只有中哨,因爲曹邦輔在中,跟在後面,所以沒有奔潰。[註三]

十一月四日十月二十一日督撫再調集川兵六千人,毛葫蘆兵四百人,合周浦賊作戰,不幸天忽昏黑,竟不戰而敗,散亡殆盡。遊擊曹克新擊川沙賊,卻獲得勝利,餘賊走青水窪。[註四]

十一月二十四日十一月十一日倭賊二千餘人,從海洋駕船四十多隻,先後入川沙窪,與舊賊相合。十二月三日二十日周浦的倭,趁夜間下雪,移屯新場,刧掠民家積粟,並擄壯丁去剪髮充部隊。[註五]其時總督楊宜派遣武生胡亘、朱洸等設伏賊窟,以便內外夾攻。[註六]到十二月十五日閏十一月初二日僉事焦希程、遊擊曹克新帶領川兵,趁雪夜去攻襲,胡亘、朱洸放火,將賊所盤據的寺院燒燬。賊驚,伏兵都起,殺倭百三十餘人。巢既燬,賊便逃入吳淞江。[註七]總兵俞大猷、兵備副使王崇古合兵入洋,追到老鸛嘴,斬賊首一百七十餘級,生擒四十七人,燬賊大船八隻。餘賊都逃往上海浦東。[註八]後川兵遊擊曹克新擊倭於嘉定的高橋,斬首二十八級,鏖戰自辰至未,酉陽兵先潰。各軍於是都敗。越二日,曹克新再督領蜀中土漢兵,分三哨進勦。左哨爲天全兵和筇連弩手,異常銳利,斬賊首七十餘級。右哨酉陽、邑梅等兵又奔潰了,官軍便散亂,爲賊所乘,殺大渡河千戶李燦、成都衛百戶鄭彥昇,川兵傷亡和溺死的十之四。各軍奪氣。[註九]

這時客兵調集太多,督率又無計劃,駕馭又不能恩威並施。各種兵士於是恣睢暴肆不服約束,先前川兵和山東兵甚至相鬥,參將尚允紹幾被殺死。至於出戰,都是自各進退,毫不守命。酉陽兵敗退後,竟即奪取船隻徑歸蘇州;趙文華也沒有辦法,只有犒慰挽留。如此作戰,倭寇自然難滅了。[註十]

五 上海城的包圍及倭患的平熄

1. 討倭指揮的替換──2. 倭船流刧的失利──3. 上海城十七日的圍困──4. 上海倭患的平熄

[註一] 嘉慶松江府志;倭變志。
[註二] 明世宗實錄;嘉慶松江府志及上海縣志。
[註三] 同上註。
[註四] 嘉慶松江府志;倭變志。
[註五] 明世宗實錄;嘉慶松江府志及上海縣志。
[註六] 嘉慶松江府志;嘉慶上海縣志。
[註七] 嘉慶上海縣志。
[註八] 倭變志;明世宗實錄;嘉慶松江府志。
[註九] 明世宗實錄;嘉定縣志。
[註十] 明世宗實錄。

到了一五五六年初明嘉靖三十四年底,督察浙直軍務侍郎趙文華誘稱倭寇已經平熄,而還朝去了。實際倭寇猖獗如故呢。[註一]

徵來的永安土兵是在一月二十六日明嘉靖三十四年十二月十五日到的,駐紮於牐港。二月十一日明嘉靖三十五年正月初一日土司兵驟入新場徐海的賊巢,中賊伏,死者達千人。倭寇不特不能平熄,並且敗報踵至,督撫於是都以罪去職:總督楊宜於三月十八日二月初八日罷職,以兵部侍郎王誥代之;巡撫曹邦輔亦因趙文華的譖語而至遭遠戍,以湖廣按察使張景賢爲右僉都御史而代之。總督討倭軍務一職,則授之於巡撫侍郎胡宗憲。[註二]

這時賊首徐海復巢柘林;陳東從新場來,和徐海聯合一起,入掠縣境。[註三]

五月六日三月二十七日倭船四十餘隻,從乍浦流刦松江府境:其一犯七竈港,爲僉事董邦政所擊破;一犯南匯,爲參政任環、參將婁宇所擊敗;又一犯青村,爲把總王應麟所擊敗。又有從金山逸出西庵的,又爲僉事董邦政所敗。同時,倭船十六號從寶山進吳淞江,總兵俞大猷、把總楊尚英、劉堂設伏海口,沈沒賊船十三號,並斬賊首二百五十餘級。[註四]

這時復以趙文華督師,加兵部尚書副都御史。胡宗憲會合浙直兵進攻陶宅賊,大敗之,賊多巢死。遁出崇闕外洋。參將婁宇和把總王應麟復敗賊於九團洋,俘虜和斬殺踰百數。[註五]

五月十九日四月十一日,新場、崇闕兩股倭聯合而入乍浦,接着便徧掠嘉興、湖州一帶。半月之後,六月七日五月初一日倭船五十餘又開入吳淞江,停泊於上海北宮。這五十餘隻船是徐海引來的大隅、薩摩二島的倭賊。此時僉事董邦政因往蘇州勘討,上海城市守防單弱。常州府通判劉本學署縣事。上海的士大夫們向本學請願,要求貸借庫銀二千兩以作犒勞守城的費用,設如撫按不能答應,大家都願捐款償回。劉本學慨然應允,於是募集丁勇,分守汛地,晝夜巡警。倭衆雖百計攻城,卻總不成功。上海城已被圍十七天了,內外援絕,已入窮途,二十四日十八日午夜賊窺西南城,以其處地曠人稀,有隙可乘,便造木梯,以布作級,高和城牆相比。乘夜半,守城人倦時,賊即搬梯靠城,次第爬登。恰巧有一個守城紳士,名徐鳴鑾的,睡不着覺,心上忽然若有所動,便叫諸生唐緝去巡視一周。唐緝見倭從梯上爬登,不禁大驚,狂呼。城夫楊鈿便躍登女牆吶喊,賊因驚而墮。楊鈿以鎗刺賊,不料身重失足竟同賊一齊墮城下而死。此時城守均起,飛擲礮石。羣賊於是退涉城濠,恰值潮溢浦口堰,水高數尺,有六(十七)〔七十〕倭溺死濠中。到天微明,賊即棄壘,從南浦遁去。[註六]

七月十三日六月初七日賊又來上海;到十五日初九日賊船從黃浦出海,[註七]經總兵俞大猷督率水兵追戰,斬倭三百餘級。[註八]此後,倭寇雖仍未平熄;但不入上海縣境,故與上海已無關係了。

六　倭　患　遺　跡

1. 周方二公祠——2. 羣忠祠——3. 潘恭定公祠——4. 禦倭牆——5. 倭子墳墩

倭寇上海,時經四年,鄉兵客兵,絡繹不絕,陸軍、水軍,充塞閭閻。官民上下,一致勦賊,或則醵金

［註一］　嘉慶松江府志;明世宗實錄;明史世宗紀。
［註二］　嘉慶松江府志。
［註三］　同上註。
［註四］　同上註。
［註五］　明史世宗紀;吳淞甲乙倭變志。
［註六］　嘉慶上海縣志。
［註七］　同上註。
［註八］　明世宗實錄。

築城,或則獻身戰場:倭患才得平熄。但是人民塗炭,固已創巨痛深;禦寇遺事,乃多可歌可泣。除前所述而外,關於倭患遺事,尚多文獻足徵,茲特彙志於左。

　　松江知府方廉能用顧從禮議而於上海建築城垣,誠於禦寇有莫大之功德。一五五五年_{嘉靖三十四年}巡按周如斗復賑饑免糧,以舒民困,邑人也是感激無已。因建周方二公祠於積善寺西。潘恩記其事,略云:[註一]

　　　　上海舊無城,嘉靖癸丑_{按即一五五三年明嘉靖三十二年}倭入,抄略殆盡。郡守方公相度所宜,曰斯城不築,是以民棄之盜也。計廩輸羨,鳩工庀材,不數月而就。是後寇之竄伏海隅,罔敢復窺邑聚,斯城之力也。乙卯侍御周公巡按至,時兵燹傷殘,連歲役作,穡事不登,民益苦之;公乃散財發粟,視地益兵,疏免是年田租二千餘萬石,民喜更生。丙辰五月,倭復大寇,圍而攻之者二旬,無所獲,解圍去。民益歎吾邑民非方公築城於前,周公保息於後,吾其無噍類乎!丁巳周公改督學去;方公擢江西憲副去,郡民立祠郡中,邑人亦立祠城北。周,餘姚人,丁未進士。方,新城人,辛丑進士。

至一五七三年後_{明萬曆間},知縣顏洪範以顧從禮及議築川沙城的喬鏜、王潭均有功於邑,從祀於此祠中。後廢,里人建施相公殿於其地。

　　禦倭的羣忠,也爲邑人所感德不忘的,至一五六二年_{明嘉靖四十一年}南城人黄文煒任上海縣知縣,特於城隍廟東建立羣忠祠,以祀縣丞劉東陽建平、縣丞宋鼇、鎮海衛指揮使武尚文、浙江鎮撫吳賢、鳳陽散官丁爵、土民楊鈿,並記其事略如下:[註二]

　　　　嘉靖癸丑_{即一五五三年嘉靖三十二年}倭入寇者再,甲寅復寇,丙辰大寇。幕府先後檄公等兵之。賊故狡猾多算,公等所至,皆殊死戰,不勝,竟死。丁力能舉千鈞,死於清水窪;武宋與賊巷戰,死於市;吳統杭卒,死於黄泥浜:歲在癸丑。劉佐前令,治理政,稱無害,死於太平寺里,歲在甲寅。俱累日不能收。武獨刳腹出腸,賊退,過者爲之下涕。鈿以一身當登城之賊,俱死城下,圍遂解。邑之萬命,鈿實生之,功不在諸死者下。歲丙辰,邑人以公等死狀,言於監司,請祀於邑廟左矣。余捧檄來,見神位棲於一室,念非所以妥神靈,又豈士人與有司所忍見也。乃爲祠宇三楹,復爲偏室二楹,以可藏牲酒所;顏其門曰羣忠祠,告成於四月。劉,四川人,死後於宋,而首祀之者,以丞上海故,且以勵後之吏茲土者。

這羣忠祠到一六六二年後_{清康熙間}還存在,且時加修葺。一七三六年_{清乾隆元年}知縣褚菊書始改爲劉猛將軍殿,併祀於殿後仁壽祠內。

　　倭患之時,因軍需無着,有議賣去寺觀,以集費用的。潘恩聞之,出資以償,保留寺觀,邑人德之,於一五八五年_{明萬曆十三年}後特建祠以祀,稱潘恭定公祠,在廣福寺內。喬懋敬記其事,略云:[註三]

　　　　嘉靖間倭亂,軍需告匱,議將東南寺觀鬻之以助。時公鎮撫河南,命仲子携俸償值。未幾復尋前議,公又償如前,寺始得永存,以綿此方福利。今建祠堂,繪公遺像,而公伯子率子弟助之,始於乙酉正月_{按即一五八五年二月明萬曆十五年},成於十一月。堂凡三楹,夾室二,儀門一,貯經有樓,繚以周垣,因勒石記之。

　　禦倭諸兵中,僧兵頗有驍勇聲譽,常用以作前鋒;雖亦嘗失利,但人多恕辭。如同治上海縣志所記

[註一]　嘉慶上海縣志。
[註二]　同上註。
[註三]　同上註。

法華鄉禦倭牆，固瑣屑不足道，但其中也透露出僧兵有用的消息，據云："倭寇……從吳淞江來，法華王氏屢受其患，乃於庫樓西南角上垛女牆，高五尺有奇，蔽壯僕於內，倭至輒以石子擊走之。會倭冒盾而進，處士士鳳持械拔關出禦，奪刀，斷四指，血濺堊壁，歷久不殷。處士固勇敢，不爲所傷。後募少林僧爲助，屢傷之，倭不復至。今牆及石子尚存，子孫屢新其居，不敢改置，誌祖功也。"[註一]其後人王坤培述祖德詩，即咏此牆，見法華鄉志。僧兵死者，當時官廳爲立石塔，瘞于佘山云。[註二]

　　浦東二十二保三十五圖何家衖南有一墳墩，稱倭子墳墩，相傳冢中有倭寇積骸，故名。或云倭築此爲斥堠。同治上海縣志叙録記此條時，並説，今止存土墩高二尺許。有人以爲倭子墳墩，乃係矮子墳墩之誤傳，殊不可信。試思當時倭夷入寇，倭死亦不少，留一埋藏倭子骸骨之墳墩，大屬可能；至於説此墳墩爲倭夷斥堠之地，自然更屬可能了。[註三]

　　關於倭患遺事，還有不少，但都瑣屑，無關重要，兹不贅述。

［註一］　同治上海縣志卷三二。
［註二］　倭變志僧兵。
［註三］　光緒松江府續志卷四〇；同治上海縣志卷三二；毛祥麟：墨餘録。

己　上海的蜕變

一　習俗的變化

1. 奢侈風俗的成就——2. 衣的奢侈——3. 食的奢侈——4. 住的奢侈——A. 學士第——B. 世春堂——C. 豫園——D. 露香園——5. 右族的僕從和健訟的風氣

　　上海人民以魚鹽木棉之利，而致富較易，於是養成奢侈的風俗。第一部上海縣志錢福序中開始就說明了此點："上海，華亭一舊鎮也。……天下之以縣稱者，自華亭而下，莫能先焉。……其膏腴富庶與華亭同，而加之魚鹽萑葦之利，乘潮汐上下浦，射貴賤貿易，駛疾數十里，如反覆掌，又多能客販湖襄、燕趙、齊魯之區，不數年，可致鉅產，服食侈靡，華亭殆不及焉。"[註一]及至十六世紀中葉明嘉靖中葉倭寇平後，上海棉布業日益發達，銷行遍於全國，誠有"衣被天下"之概。布有標布、中機、小布等類，而以標布最爲盛行，暢銷於秦、晉、京、邊諸路，每疋價格自一錢五六分至二錢；中機銷行於湖廣、江西、兩廣諸路；小布則單銷於江西的饒州等地。各處富商巨賈操重貲而來者，白銀動以數萬計，多或數十萬兩，少亦以萬計。[註二]白銀既如是巨量輸入，上海人的生活自亦日趨於侈靡，而民情也日益黠傲，睚眦必報。萬曆上海縣志中稱："嘉靖癸丑島夷內訌，閭閻凋瘵，習俗一變。市井輕佻，十五爲羣；家無擔石，華衣鮮履。桀黠者舞智告訐，或故殺所親，以人命相傾陷，聽者不察，素封立破。右族以侈靡爭雄長，燕窮水陸，宇盡雕鏤。臧獲多至千指，廝養興服至陵轢士類，弊也極矣。"[註三]其謂習俗之變，由於閭閻凋瘵，實不如説布業發達而有以致之（築城亦有關係）。且其時風俗的侈靡，不僅上海一邑如此，即松江全郡亦無不如此。范濂記雲間風俗云："嘉隆以來，豪門貴室，導奢導淫，博帶儒冠，長奸長傲。日有奇聞疊出；歲多新事百端。牧豎村翁，競爲碩鼠；田姑野媪，盡變妖狐，倫教蕩然，綱紀已矣！"[註四]

　　十六世紀間明嘉靖中松郡男子衣服皆用細練綢，老者上長下短，少者上短下長，自後漸易，兩平其式，即皂隸所穿冬暖夏涼之服，這是胡制。後改陽明衣、十八學士衣、二十四氣衣等，都以練爲度。自十六世紀七十年代明隆慶萬曆間而後，都用道袍。綾絹花樣，初尚宋錦，後尚唐錦、漢錦、晉錦，其後都用千鍾粟倭錦、芙蓉錦，大花樣名四朵頭。羅，初尚煖羅、水圍羅，後用湖羅、馬尾羅、綺羅。布袍本爲儒家常服，其時郤鄙爲寒酸，必用紬絹色衣，稱爲"薄華麗"；而惡少且從典當中覓舊段舊服，翻改新制，與豪華公子列坐。春元必穿大紅履。儒童年少的必穿淺紅道袍。上海生員冬必服絨道袍，暑必用騌巾

[註一]　弘治上海縣志後序。
[註二]　葉夢珠：閱世編卷七食貨五。
[註三]　同治上海縣志卷一風俗中所引。
[註四]　范濂：雲間據目鈔卷二。

綠傘，雖貧如思丹，也不能免；更多收十斛麥的，絨衣巾蓋，益加華盛了。[註一]婦女衣服的奢侈，自亦不免，葉夢珠云："至於明末，擔石之家，非綉衣大紅不服，婢女出使，非大紅裹衣不華。……夏日細葛紗羅，士大夫之家常服之，下而婢女不輕服也。崇禎之間，婦婢出使服之矣，良家居恒亦服之矣。"[註二]

　　衣食住三者之中，衣既奢侈，食自豐盛；據葉夢珠所記："縉紳之家，或宴官長，一席之間，水陸珍羞多至數十品，即士庶及中人之家，新親嚴席，有多至二三十品者，若十餘品則是尋常之會矣。"[註三]河肫有毒而味美，昔人所以有直得一死之說，上海最尚此品。十六世紀七十年代明萬曆以來，河肫稱海味第一，流行於松郡。范濂因此且借以傷時，諷刺地說："乃知輓世人物，腸胃皆毒如虺蝎，非河肫所能傷也。"[註四]資產階級對於口腹之慾，本來特別注意，如顧名世露香園正是最佳的一例。顧氏既法製藕粉，為消閒食品中的美味，[註五]又善製糟蔬，而為鄉人所效法，終於成為上海名產之一。[註六]至今名聞遐邇的龍華水蜜桃，也是由顧氏所始植。[註七]

　　當時豪門貴室的房屋庭園，其華麗奢侈，實已不讓於今日海上的巨富。如陸深在撫院行台南所建的學士第，基址寬廣，堂宇宏邃，外門面西臨衢，內設高牆，南面臨沼，門題"學士第"三字，係宗伯張電手筆。重堂複道，庭立三門，儼然是相府規制。東有高閣，當學宮之後，稱曰隣鸞。東北為家廟，藏陸深的刻集及其手書石搨。中堂五楹，極其寬敞，一六四四年明崇禎十七年夏，上海少年子弟借為校武場地，一月之間，地氈無損，可見其堅固。[註八]

　　潘恩仲子允端所建的世春堂，在北城安仁里，更是規模巨大，甲於海上。葉夢珠記述它說："面昭雕牆，弘開峻宇，重軒複道，幾於朱邸，後樓悉以楠木為之，樓上皆施磚砌，登樓與平地無異，塗金染采，丹堊雕刻，極工作之巧。"[註九]（此屋後為西洋天主教士潘國光（用賓）所居，改堂名為敬一堂）[註十]世春堂西潘恩復建有豫園，其遺痕至今仍為城隍廟中的名勝。范濂記述是園，稱："延袤一頃有奇，內有樂春堂，深邃廣爽，不異侯門勳貴。堂以前為千人坐。又其前為巨浸。巨浸之中，多怪石奇峯，若越山連續不斷，面南一望，令人胸次洞開，措大當之，不覺目眩股栗。大江南綺園無慮數十家，而此堂宜為獨擅。"[註十一]

　　顧名世的露香園，更是十六世紀明隆慶萬曆間通國聞名的一個名園，地址在舊上海城西北隅。名世的長兄名儒曾任道州守，退閒後，在城北黑橋左近築了一所萬竹山居，作為優遊卒歲的場所。名世便在萬竹山居東首的曠地增闢新園，建築時因掘得一塊石頭，石上有趙孟頫手篆的露香園三字，因即以為園名。園中有十畝左右的荷池，稱露香池。園中房屋勝景：有阜春山館、碧漪堂、積翠崗、露香閣、獨莞軒及分鷗亭等。池上設曲梁朱欄，池中廣植紅蓮，映水欲赤。露香閣旁又有精舍一所，名潮音庵，內供觀音大士像，庵左更有青蓮座。園大凡數十畝，名世兄弟日在園中校讐典籍，以筆墨寄娛。當時名流如王世貞輩亦時相莅止。名世沒後，長子匯海承襲先人餘蔭，習尚奢豪，姬侍如雲，一切服用起居，無不多方選勝，座客常滿，樽酒不空，選聲徵色，窮極歡樂，加以家姬繆氏刺繡的工巧，自製糟蔬的風味特異，園中水蜜桃的名傾遠近，於是露香園的名聲就傳播四方了。桑田滄海，到現在，露香園的遺跡已

　　[註一]　范濂：雲間據目鈔卷二。
　　[註二]　閱世編卷八內裝。
　　[註三]　閱世編。
　　[註四]　雲間據目鈔卷二。
　　[註五]　閱世編。
　　[註六]　同治上海縣志卷八物產。
　　[註七]　同治上海縣志卷八；褚華：水蜜桃譜。
　　[註八]　閱世編卷一〇居第；同治上海縣志卷二八。
　　[註九]　同上註。
　　[註十]　閱世編卷一〇居第。
　　[註十一]　雲間據目鈔卷五。

無從探尋,俗稱九畝地那邊卻還有一條露香園路,一條青蓮路,紀念着這所名園。[註一]

清康熙上海縣志稱:"明季縉紳多收奴僕,世隷之。邑幾無王民。"[註二]明代末造,富宦僕從之多,於斯可見,所以當明代覆亡青黃不接之時,上海一帶會發生家奴索契的大運動。上海富豪右族的逸樂,尚有戲劇一項。如潘允端從蘇州購戲子,頗雅麗,便開了松郡爭尚蘇州戲子的風氣。[註三]

上海一般最大的惡習,除奢侈而外,當以健訟爲最惡。范濂云:"上海健訟,視華青尤甚,而海蔡後益熾。凡民間睚眦之讐,必誣告人命,遂有賒人命之説。蓋告時未有屍骸,待詞已准行,然後或撈諸水,或竊諸壇,或盜諸槨,冒認親戚,動費檢驗,經年不結,而傾家者甚衆。此風原係東土訟師沈姓者啓之,其後遂成通患。至縣令敖選,凡告人命者必坐實究問,其意正猶懲俗,而不意刁民方爲得計,故久而愈甚也。"[註四]

清康熙上海縣志關於人命訟案稱:"此等命案,每由佐屬謀委驗視,忤作吏胥,上下其手。知縣史彩蒞任,凡命案方投牒,單騎視驗,面決真假,風波之伎倆立窮,鄰甲之株連俱絶,又懲誣告,嚴反坐,悍民頗知警畏。"[註五]可知以人命相傾陷的訟案,一直到朱明滅亡後還是風行,至清代康熙時,史彩做上海縣令才告減少。

二　天主教與科學的輸入

1. 徐光啓略傳——2. 來華的傳教徒——3. 徐光啓的進教——4. 上海的開教——5. 徐氏子孫的宗教擁護——6. 徐光啓的科學介紹

當十七世紀初頭明萬曆二十九年後,明代的國運已一步步趨向没落的時期:宦寺既專權於内,強鄰復窺伺於外;重以國庫空虚,民生凋敝。士大夫間以利害結合黨派,放言高論,互相攻訐,已算是上流的了。下流的簡直醉生夢死,惟助長頽壞的風俗是務。但在這國運日非的時期,我國文化界卻起了巨大的變化,那就是天主教和那在西洋也剛起頭的科學同時輸入了進來。輸入的功績,固然應歸諸西洋的教士,但輸入後的建樹,卻不得不歸功於國人的努力,而被稱爲徐上海的徐文定公光啓厥功尤爲偉大![註六]

徐光啓上海人,字子先,號玄扈,文定是他的賜諡,生於一五六二年四月二十四日明嘉靖二十四年三月二十一日,卒於一六三三年十一月八日明崇禎六年十月初八日。當他二十歲時考進金山衛秀才;一五九六年明萬曆二十四年赴廣東韶州當教授,得遇見意大利天主教士郭居静即郭仰鳳(Lazarus Cattanéo)司鐸。這就是引進光啓後來做一個忠實天主教士的起點。[註七]

十六世紀末及十七世紀初頭明萬曆中來華的天主教徒,係屬聖依納爵(St. Ignace)於一五四〇年明嘉靖十九年創立的耶穌會修士。來華最早的爲羅明堅(Michaell Ruggieri),是在一五八一年明萬曆九年;其次是意人利瑪竇(Matthaeus Ricci),係於一五八二年明萬曆十年至澳門,翌年至華;其次則有一五八五年明萬曆十三年來華的葡人孟三德(Eduadus ola Sande),一五九四年明萬曆二十二年來華的郭居静,一五九七

[註一]　閲世編卷一〇居第二;墨餘録卷六露香園顧繡條;同治上海縣志卷二八等。
[註二]　同治上海縣志卷一風俗小註所引。
[註三]　雲間據目鈔。
[註四]　同上註。
[註五]　同治上海縣志卷一風俗小註中引用。
[註六]　徐文定公三百年紀念文彙編,竺可楨、向達紀念文。
[註七]　徐宗澤編譯:文定公徐上海傳略。

年明萬曆二十五年來華的龍華民（Nicolas Longobardi），一五九八年明萬曆二十六年來華的葡人羅如望（Jlan de Recha），一五九九年明萬曆二十七年來華的西班牙人龐迪我（Didacus de Pantoja）等。其中最有功於宣揚天主教的，便是利瑪竇；而與徐光啓最爲莫逆的西洋教士，也就是利瑪竇。[註一]

一五九七年明萬曆二十五年光啓考中順天解元；但翌年應禮部試卻名落孫山；過了三年，一六〇〇年明萬曆二十八年因爲又要到北京去應試，道經南京，知道利瑪竇在那兒，便去相見。[註二]利氏向他宣傳天主教的基本教義，他聽了非常悦服。這是徐光啓歸依天主的第二步。一六〇三年二月明萬曆三十年十二月光啓有事又到南京，因去再見利氏，適利氏已去北京，乃晤見羅如望司鐸。羅氏陪他進聖堂，朝拜天主聖母像，又爲講解教義。光啓奉教的心頓熱，竭力修道，預備八天工夫，對於教義已經了解，就得領受洗禮，教名保祿（Paul）。到此，徐光啓已正式成爲天主教的信徒了。[註三]

光啓進教後，便竭力勸導國人進教：先勸導其家人，於是若父若妻若子均經其感化而先後領受洗禮，繼而便欲勸導其鄉人信奉天主。一六〇七年明萬曆三十五年春，父喪，光啓扶柩歸里，路過南京之便，特請郭居静司鐸蒞滬開教。翌年冬郭氏到上海，寓滬城南門光啓家，即至今尚存的喬家浜的九間樓。居三日，郭氏遷至南門外的雙園。二個月間，郭氏親自付洗五十人。這許多人的受洗當然都賴光啓的勸導。光啓且在其宅西，特購地一方建築一教堂。一六一〇年明萬曆三十八年郭、徐二人又預備新教徒，又付洗一百五十人。一六一六年明萬曆四十四年夏，南京禮部侍郎沈漼上疏反天主教，請逐西洋教士。光啓竟不畏强禦，上書辯論，竭力庇護。一六二七年明天啓七年在松江傳教的陽瑪諾（P. Emmanuel Diz）、黎甯石（Pibliho Pierre Ribliho）被人控告於知府，逮捕甚急。是時光啓正在上海，李、黎二人，便都避居其家，得免於禍。[註四]

光啓的子女也都熱心天主教，竭力推廣。光啓的兒子徐驥，以蔭補中書，嘗助潘國光（P. Franciseus Brancati）在滬宣揚教義，又因受洗者日多，舊教堂不能容納，徐驥爲之計劃，復建堂於縣治之北安仁里潘恩舊宅，並置田二三頃，取租足用，以備不繼。又如其第二孫女許母徐太夫人教名甘弟大（Candid），在上海四週由她創立的大小教堂，共計竟達一百三十五座之多。從此，天主教在上海廣播了不朽的種子，到上海開闢爲商埠後，天主教耶穌會復興於上海，即以徐光啓的賜域李漎涇、肇家浜交匯處的徐家匯作爲傳教的中心，至今仍爲江南天主教的大本營，而徐氏後裔還繼續爲其宗教而努力。[註五]

光啓除宣揚天主教義而外，其最有功於我國的，便是西洋科學的努力介紹。自一六〇四年明萬曆三十四年起，光啓與利瑪竇同住北京，至一六〇七年明萬曆三十五年的三年間，除教義而外，兩氏所討論的，便是天文、地理、水利、算學等科學。有名的幾何原本，就是一六〇五—七年明萬曆三十三—五年間經利氏口述，而由徐氏譯爲中文的。這不僅是西洋算學書第一本的漢譯，也是西洋科學書漢譯的第一本，其中所譯定之術語，至今尚爲中日兩國算學界的用語。[註六]

徐氏深知算學爲一切科學基礎，於幾何原本序中引利氏語云："是書也，以當百家之用，庶幾有羲和、般、墨其人乎，猶其小者，有大用於此，將以習人之靈才，令細而確也。"所以第一部翻譯就是這本幾何原本。既深通算學，其他一切科學，徐氏自然駕輕就熟，均得其門而入了。徐氏對於天文學的貢獻，最爲世人所稱頌。一六一一年明萬曆三十九年時欽天監推算日食有誤，他便敦促禮部請保舉南京工部員

[註一] 徐宗澤：明末清初灌輸西學之偉人。
[註二] 利瑪竇於一五九五年（明萬曆二十三年）到南京。
[註三] 徐宗澤：奉教閣老的傳略（聖教雜誌第二十二年第十一期）。
[註四] 徐文定公集徐文定公行實；聖教雜誌第二十二年第十一期奉教閣老傳略；文定公徐上海傳略。
[註五] 同上註各書；許太夫人傳略。
[註六] 聖教雜誌第二十二年第十一期；支那研究第十八號。

外郎李之藻及西洋人龐迪我、熊三拔(P. Sabbathinus Unsis)等同參預曆事。翌年,明廷命令光啓及李之藻參預曆事,光啓和熊三拔力疾製天盤、地盤、定時衡尺、璇璣玉衡等器,都是當時見所未見的。這是光啓介紹歐洲曆學正式入中國的開始。一六二九年六月二十一日明崇禎二年五月朔日食,欽天監推算時刻不驗。光啓在禮部,依西法測得北京見食二分有餘,瓊州全食,大寧今熱河平泉一帶以北不食,無一不驗,於是當年八月七月崇禎帝便命禮部開局另修新曆,光啓便上一個很長的條陳,論修曆理論十條,論用人三條,論儀器十條。用人各條下推薦西洋人龍華民、鄧玉函(Joannes Terrenz),後復請羅雅谷、湯若望加入。自一六二九年十月明崇禎二年九月開局以後,三年之間,光啓先後上曆算的作品三四次,多至一百二十餘卷,終於在清初得實現"鎔彼方(彼西洋曆學)之材質,入大統之型模",奠定了我國曆學革新的成功基礎。[註一]

　　水利、測量、農業等應用科學,光啓也都有不朽巨著,就是他議論政治也在在表現其科學的精神,即於歷史上的事實,常能以統計作根據,而立爲不刊的確論。如處置宗祿查核芻議中,論受宗祿的人口增加率,乃依幾何級數而推算,竟和二百年後的馬爾薩斯(T. H. Malthus)的人口論相同![註二]

　　光啓於當時亞東國際形勢,以及國防、軍事、工業諸端,也都具有卓見。可惜宦寺當權,卒不得竟其志,而朱明的天下,終於覆亡在滿清的手!

三　空前的天災

　　1. 連年災禍的紀錄——2. 慘絕人寰的旱蝗——3. 賑濟與饑餓的情狀——4. 食糧價格與小兒烹食——5. 搶刼的情態

　　崇禎二年己巳按即一六二九年饑。

　　五年壬申按即一六三二年旱。大饑,米穀騰貴。

　　十三年庚辰按即一六四〇年大饑。

　　十四年辛巳按即一六四一年夏大旱,蝗,米粟湧貴,餓殍載道。……

　　十六年癸未按即一六四三年夏五月至七月不雨,河水盡涸。冬至夜半大雷電以雨。

　　十七年甲申按即一六四四年春正月朔,大風霾、夏亢旱,水竭。

上述各條,是同治上海縣志所述朱明將亡時的上海災變。十三年條下,嘉慶上海縣志原有附註稱:"是年春夏不雨,先栽禾苗,翻種花豆。至六月二十四日大雨,溝澮皆盈,復種禾苗,至冬無雨,歲遂大饑。"[註三]是年旱災雖烈,然尚不及其次二年;一六四一—四二年明崇禎十四—五年間旱荒的嚴酷,據當年目覩者敍述這兩年上海的災禍,真是慘絕人寰!

　　一六四一年四月至十月明崇禎十四年三月—九月間,天不下雨,江南大旱,草木都爲枯死。上海遍地蝗蟲,一飛蔽天,田野作物,爲之食盡。[註四]郡守方岳貢聽訟贖鍰,具責令捕蝗瘞埋,動以數十百石計,蝗蟲卻終不能盡。[註五]上海市民於是淪入於饑餓地獄! 上海縣知縣章光岳設法賑濟,搭蓋草廠,分別男女,煮粥給食:男在城外演武場、山川壇等處給食,女在廣福寺、積善寺等處給食。有等不屑往粥廠取

[註一]　徐文定公逝世三百年紀念文彙編。
[註二]　同上註(竺可楨論文)。
[註三]　嘉慶上海縣志卷一九祥異。
[註四]　姚廷遴:姚氏紀事編。
[註五]　閱世編卷一災祥。

食的,便赴縣領票,向各鋪賤買官米。所謂官米,便是大戶捐助的米。但粥廠的救濟,不過是杯水車薪的救濟罷了。城內餓死的,總是日以百計;西南北三門外義塚都掘大坎土坑,周圍築牆,土工每日用草索一扛三屍,橫抱豎抱,不日填滿。橋頭路口,棄遺小兒無數。當時徐文定公的閣老坊還未造竣,上搭鷹架,下棄小兒,日有數百,往往有惡少擇肥抱去,殺之烹食![註一]

一六四二年明崇禎十五年春,大家小戶都食荳麥。[註二]因其時米價湧貴至每石紋銀五兩;而錢法濫惡,私鑄遍地,千錢不過值銀四錢幾分。每石白米五兩紋銀,即需錢十二千有奇。麥價較賤,圓麥每石價錢六千文,計銀二兩五六錢。小麥如之。大麥每石三四千文。荳價與圓麥價相彷。荳麥便以價廉而代替了白米。[註三]上海縣城內沿街有做荳栖餅賣的,殺牛肉賣的,將牛血灌牛腸中賣的,將牛皮煮爛凍膏賣的。農人將榆樹皮靆荳葉做餅而食;掘草根剝樹皮充飢的所在皆是。最慘無人道的,便是烹食小兒,知縣章光岳拿獲烹食小兒的五人,訊實後,立斃杖下。章知縣乘輿外出時,小兒羣聚而哭,即令停輿,着管班買餅分發,一日兩次,但終無救於死。城中路上行人,衣冠楚楚,倒地而死者甚多;深夜歸家者,踏着屍身上走,竟習以爲常。此種環境下,搶劫自亦難免,城中設攤賣物的,稍不留意,往往被人搶去。街上買物的,手捏不牢,也被奪去。村中更甚:有放火殺人的、隨路搶劫的,經知縣拿獲,便用木桶立死,或即行杖斃![註四]

天災人禍,逼迫着上海人到這樣的人間地獄。朱明的天下實已無術足以延長壽命,而上海不久也就將歸屬於滿清了。

四 明 清 的 交 替

1. 警訊與謠言——2. 僕從的動亂——3. 彭長宜的蒞任——4. 清兵的南下——5. 義兵的蜂起——6. 上海的陷落——7. 拜空教的慘劇——8. 張名振的來攻

一六四四年明崇禎十七年上海人正在欣欣地慶賀端陽的佳節,卻傳來了李闖攻陷京師,崇禎帝自縊於煤山的不幸消息,一片歡樂立刻變爲悲哀。接着福王監國南京、繼而即位的消息也一一傳來了。果然先紅詔,後白詔,一時俱到。官府鄉紳於是哭靈帶孝。[註五]

上海太平日久,民不知兵;而饑荒連年,民思奔竄。這時城中訛言四起,說有猴精在夜間作怪,大家小戶臥不安枕,到處是敲鑼擊竹。甚至傳有目見猴精的,於是羣起追趕,趕到天亮毫無影響。如是累月。接着清兵入關的消息也傳達到了。人心浮動,謠言自然更多;半夜訛傳,倉皇奔走,不時而有。紳富之家,便招集家丁,教練鎗棍,鳴金擊柝,各自防禦。盡是一派混亂的景象。[註六]

全國在混亂中,上海開始變動了。七月十三日六月初十日二十三保祝聖堯家奴殺死家主,此風立即蔓延至各鄉,大戶人家無不遭焚劫。[註七]

十八日十五日二十一保川沙喬家世僕顧六,年將六十,赤貧無賴,奮然突起,首創"索回賣身文契"的口號。上海紳富奢侈成習,僕從如雲。此時顧六振臂一呼,便到處響應。約有一千的家奴歸顧六指

[註一] 姚氏紀事編。
[註二] 同上註。
[註三] 閱世編卷七食貨,頁一一三;依同治上海縣志小註,其時錢法濫惡,每千價三錢六分。
[註四] 姚氏紀事編。
[註五] 同上註。
[註六] 同上註。
[註七] 同治上海縣志卷三〇雜記。

揮,勢力於是非常龐大。不論鄉村、城市,凡有家奴之地,一齊起了索契運動。以雨蓋為號,雨蓋一張,主家立破。平時刻薄家奴的紳富,這時為家奴所報讎了。家奴們威嚇着主人要打要殺,就如相府徐文定家,也不能免,可見當時僕從的氣勢。更有威逼家主要求請酒、算回工錢的。坐時例坐在主人上面,對於主人稱呼,也只稱號稱表字了。如果主人稍有不從,便即打罵凌辱。各鄉鎮因集兵稱捍境。紫隄新嘉里沈中孚素多奴僕,亦練聚鄉勇,衆推領袖,以御下太嚴,突為家奴沈添、支偶等慘殺焚屍,舉室驚潰。中孚姪邁與姻戚諸敍義居華漕鎮密謀定計,奮力手殺沈添於家,餘悉鳴官懲治,一時兵戈騰沸,閥閱衣冠,危同累卵。紳董張肇林亦作兆林飛書告急於兵備道程珣。兵〔備〕道便派貝遊擊領兵趕到上海,江蘇巡撫祁彪佳同時發兵掩捕,將顧六、支偶等十餘人梟首示衆,並出令稱:凶犯尚多,有為原主所保者貰其死。衆家奴於是即將文契重行交回家主,聽主人家法懲治,或交官究辦。一時震駭耳目的索契運動,於是就告中止了。[註一]

幸而其時來上海做知縣的海鹽人彭長宜卻是一位"清官",[註二]謙和下士,慈惠愛民,凡署中器用服食,並給俸薪銀平買,或自家鄉運至,絲毫不擾民間。日用汲泉,例有水夫供給。彭長宜卻覺得這是不對的,說水夫也是百姓,如何天天白取他的水,於是計擔給酬,故當時有"不食上洋勺水"之謠。先前,差役借勢擾民,胥吏舞文亂法,彭長宜到任後,便集衆曉諭說:"我來做知縣,發誓不取百姓一個錢的。你們也不能靠衙門做生意經了。所以要留者留,要去的去。"差役胥吏聽了,居然感激,矢志效命。其時福王新立,四鎮擁衆跋扈,齊遣員役坐派地方督餉,到上海,有橫索經承酒食貨賂的,長宜奮起力爭,義形於色。員役也服長宜的廉惠,相率斂威而去。上海雖在全國動亂中,得到這樣一位好官。可是朱明的天下已達到最後的一呼吸間了。

一六四五年明弘光元年清順治二年五月九日四月十四日史可法白洋河失守,奔揚州。[註三]二十日二十五日清兵陷揚州,屠城。[註四]警訊到達上海後,人民各思保全性命,分頭奔竄。上海人性惡薄,藐視鄉人,凡鄉人與城中親友往來,必受虐幾分,到此亂離之時,城中逃難至鄉,依親及戚,卑辭厚禮,覓得一門半間,挈眷而棲,便以為萬幸了。[註五]六月八日五月十五日南京為清豫王多鐸兵所破,上海縣知縣彭長宜得報隨令家屬還故鄉,而己則誓與城社同存亡。[註六]

先是上海富戶王世焯居京師有年,當清兵南下時,以貲為中書,旋奉豫王命安撫上海。[註七]彭長宜聞世焯將到,便閉戶自經,幸為湖州人學博陶公鑄所發覺,即行解救。長宜乃封庫金,以印付主簿盧志蓮。志蓮自至松郡迎世焯。後世焯托言復命而去,至崑山界,忽頭後患瘡,三四日後即死去。時松江府照磨陶渙署縣事。[註八]

上海民衆與彭長宜感情極好,當長宜走時,合縣老幼執香而送,且有為之哭泣者。自長宜走後,村中惡少,結黨(插)〔歃〕盟,恃強凌弱,執仇雪怨,白晝放火,搶劫殺戮,肆無忌憚。有力者各自招兵,以為防守,或千人,或百人,揚威耀武,儼然軍府。[註九]

這時上海已完全陷入於無政府狀態下了。不久,清軍向東南直下,惡吏土棍趁勢橫行,遺民抗戰以及清軍屠殺民衆等等一幕幕慘劇,就在上海展開,直到一六六二年清康熙元年前後,上海才又漸漸回

〔註一〕　姚氏紀事編;上海縣續志;寶山縣志等。是案直至一六五〇年(清順治十年)始告結束。
〔註二〕　本段依據閱世編。
〔註三〕　明季稗史;揚州十日記。
〔註四〕　東華錄順治四;嘉定屠城記。
〔註五〕　姚氏記事編。
〔註六〕　東華錄順治四;葉夢珠:閱世編名宦;同治上海縣志卷一二。
〔註七〕　同治上海縣志;吳履震:五茸志逸。
〔註八〕　閱世編名宦;五茸志逸。
〔註九〕　姚氏記事編。

入正軌。

　　清將總兵李成棟統兵破蘇、常等處,屠崑山、田狼山、福山、劉河而向吳淞進發。六月二十六日六月初三日明吳淞副總兵官吳志葵字聖若獨不奉命,突起義兵,帥舟師由黃浦駐泊米市塘。[註一]這時適值明淮撫田仰、監軍道荊本澈等奉義陽王以舟師駐紮崇明沙。志葵往從之。

　　七月二十四日閏六月初二日吳志葵由崇明沙入泊黃浦,執守口者二人,邑中富厚者及各典商都助志葵餉。[註二]同日給事中陳子龍、舉人徐孚遠與陳湖諸生陸世鑰起兵率衆千餘屯陳湖,陳子龍函招吳志葵。志葵與參將魯之璵帶令舟師三千由吳淞前去,結水寨於澱泖間。會總兵黃蜚率領水兵船千艘從無錫來,和志葵軍聯合。[註三]三十日初八日清總兵李成棟裨將梁得勝等以百餘船載步騎兵二千鎮守吳淞。八月一日初十日陳子龍設明太祖像誓師,軍號振武。[註四]

　　松江在籍兵部右侍郎總督兩廣軍務沈猶龍、中書舍人李待問、羅源知縣章簡、麻城知縣單恂、舉人張壽孫及義兵領袖蔡喬枝等,募壯士數千人守城,與吳志葵、黃蜚相犄角。志葵與之璵率領所部從泖澱直趨蘇州。所部有被清軍所獲的,陳湖義兵埋伏力士要前去打劫出來,於是放火燒城樓。城中士民響應,燒撫按公署。魯之璵率領千人進城與清軍戰敗,之璵與義士韋志斌同殉難。志葵回故鄉。[註五]

　　八月六日閏六月十五日清兵二百餘騎從吳淞巡縣境。[註六]知縣陶焕見清兵驟至,驚懼無措。清兵在徐家花園按即桃園住剳,着地方人進城打話,要索供應,豈料上海人見清兵不多,便就看輕,說彼寡我衆,以我百人敵他一人,無有不勝。又說不要殺他;但活捉來將鍊鎖頸,留作玩耍也是快事。於是一呼千人,蜂擁出城,有披單衣而空手,有穿汗衫而執杖,有蓬頭赤腳而捎竹竿,有溫文儒雅而袖短械,歡呼笑談地去打杖了。志葵亦從松郡來。於是作戰了。清兵縱馬而出,勁弩利刃,遠射近砍,上海人民不一時而死百人。清兵亦傷數人,又傷領兵官一人。[註七]八日十七日民間聚衆焚兵丁屋,殺死丁金兩哨官,翌日陶焕捕得作亂的盡行殺死。民間驚恐,多帶了妻子逃往浦東。[註八]十三日二十二日荊本澈船入吳淞,聲稱楚王即位武昌,改元神武,且急於徵餉,命令沒收明朝貪污官吏的財產,並行掠奪,然後揚帆入海。[註九]

　　上海人潘復素游食四方,因亂歸鄉,自言曾爲河南監軍。荊本澈即令以監軍督理本縣兵馬。陶焕畏荊本澈往來無定,亦以千金相贈。潘復復與泰西天主教神父潘國光相結合而謀拒守。[註十]

　　八月二十四日七月初四日嘉定爲清兵所破,屠城;上海民衆聞訊,冒雨渡浦,各自逃命。二十六日初六日潘復殺陶焕,自主縣事,收括民戶略盡。[註十一]

　　九月七日七月十八日荊本澈船又入吳淞江,掠刧傍浦居民。十五日二十一日潘復聚衆演武場誓師,殺死初爲王世焯齎詔書來的二個家奴。[註十二]二十二日八月初三日清兵破青浦。[註十三]二十三日初四日清兵破松江,大施燒殺,沈猶龍、李待問、章簡等都殉難。[註十四]二十五日初六日黃蜚與吳志葵將入海時,於黃

[註一]　吳志葵係呂巷人。華亭縣志卷二三。
[註二]　嘉慶上海縣志卷一九。
[註三]　青浦縣志卷一〇。
[註四]　同上註。
[註五]　同上註。
[註六]　嘉慶上海縣志卷一九。
[註七]　姚氏記事編。
[註八]　嘉慶上海縣志卷一九。
[註九]　同上註。
[註十]　同上註。
[註十一]　同上註。
[註十二]　同上註。
[註十三]　青浦縣志卷一〇。
[註十四]　同上註。

浦中爲清兵所擊,蜚等大敗,浦中積屍如邱。[註一]蜚等被捕,後一月被殺於江寧。

十月六日八月十七日清兵破金山,守將侯承祖與其子世祿都殉難。此時潘復見大勢已去,挾千金,隨顧三麻爲海寇,但仍留船浦中。翌日,潘復即引顧三麻刧掠龍華寺居民。十四日二十五日上海爲清水陸兵所破。[註二]先是本邑貢生王章侯在揚州降清,豫王授爲太常寺官,削髮小袖,擺列儀衛,坐憲轎而歸,欲招撫上海,見上海起義者多,王即遁去。潘復領兵圍王宅,正欲燒勦時,聞清兵已到,驚而逃散。清兵尋人廝殺,笳聲互應,叫喊喧天,幸大雷大雨,不至放火,殺數百人後,即出令封刀,任兵擄掠。越四五日後,始出示安民。城中居民自府城破後,奔走一空,被殺的爲潘復的兵居多,更有貧無去所的,也遭此殺刧。曉諭安撫之後,有膽進城搶刧致富的也不少。[註三]

周浦自七月下旬閏六月初起,遠商不至,米價甚貴,棉價、布價甚賤。九、十兩月八九兩月多雨。十一月十二日九月二十五日暮,清兵到周浦,全鎮頓如發狂,兒啼女哭,拚命逃命,擠滿路口。鄉間大宅俱豎降旗,上寫"大清順治二年順民"。自此大戶店鋪湊出銀兩,買辦猪羊米麵,船載至上海,投見李成棟,呈稱周浦鎮居民荷感天恩,不致騷擾,薄具犒賞之禮,情願歸順等語。因此周浦太平,不受兵災。[註四]

清兵既下上海,即下薙髮令,人多驚恐。周浦人孔思宣稱明義陽王由海上來,不日登岸,留髮者生,去髮者死。四處宣傳,十百附和,各以辦團勇時所備衣裝,結立營寨,刧掠海濱,繼攻川沙,焚燒南郊廬舍殆盡。孔思字貞伯,明諸生,素以忠義自許。初聞崇禎帝殉國之訊,北向哭拜,欲起義兵,卒不能有所爲,及南京福王顛覆,益抑鬱不自得。鎮有烈婦李氏,始聞亂,即以義自誓,後傳聞清兵至,即投水而死。孔思讚美李氏的義烈,向水濱禮拜,且哭且說,因有拜空教之稱。當其攻川沙時,清兵渡浦進擊,孔迎戰,兵潰,孔死亂軍中。清兵由張江柵進至南城北關,殺鄉民五六千人,飽掠婦女,會成棟下令搜禁,乃俱驅溺浦中,屍浮水面幾滿。[註五]

一六四六年五月清順治三年四月五竈儲章甫聚黨起事,掠沿海一帶富室,川沙、周浦居民咸攜家遠避。知縣孫鵬移游擊率兵捕殺之,餘黨遂散。[註六]

一六四七年二月清順治四年正月沈廷颺統舟山水艍船二百餘號,進攻崇明及吳淞,內地震驚,清提督吳勝兆府志作聖兆移兵到吳淞防禦。沈始出大洋而去。[註七]

凡是起義而失敗,尚留存人世間的,這時都聚衆入海去了。海兵中間最强盛的便是魯王的遺臣張名振。名振爲明代富平將軍,從魯王於舟山,封定西侯。舟山爲清兵所破,名振弟名揚並母妻子俱死。名振乃時時出沒海上,進攻沿海各地。[註八]一六五三年清順治十年名振屢犯吳淞。時提督張天祿征閩未回。蘇州總兵王燡署掌軍務,統兵駐上海小東門外。[註九]十月二十六日九月初六日名振率二百餘船,突入海口,王燡禦於東溝,不利,退保城中,海船魚貫而入,旌旗蔽天。王燡驚懼,手足無措,將士逃亡者大半,全城奔竄。翌日,名振船刧閔行鎮,回船到東溝虹江。[註十]十一月四日十五日巡撫周國佐統兵按臨。王燡恐怕滬人揚其退保畏懼狀,因即謊報城中百姓有與張名振相通的,周巡撫於是怒而欲屠城。幸知縣閻紹慶、邑紳曹燦力懇担保,遂得免屠城的慘禍。[註十一]十一月十月提督張天祿自閩回,即到上

[註一] 華亭縣志卷二三;青浦縣志卷一〇。
[註二] 嘉慶上海縣志卷一九。
[註三] 姚氏記事編。
[註四] 同上註。
[註五] 閱世編;同治上海縣志卷一一。
[註六] 嘉慶上海縣志卷一九。
[註七] 同上註。
[註八] 寶山縣志卷六;褚華:滬城備考。
[註九] 同治上海縣志卷一一。
[註十] 同治上海縣志卷一一及三二;寶山縣志卷六。
[註十一] 同治上海縣志卷一一。

海，令沿浦築成橋梁馬路，擺列大礮，浦中嘴頭密釘木樁，又在東溝密下鐵練，橫於浦面。鐵練費每圖派二丈。[註一]自吳淞海口而入沿浦一帶，又築土墩，高方數丈，上匝土牆，内蓋小房，稱爲寨臺。[註二]一六五四年二月二日十二月十五日名振又進攻，張天祿統舟師抵禦，遇於施橋河口，轉戰到黃姚、練祁。天祿養子張宗綽號小張飛，戰死。[註三]二月清順治十一年正月復戰於海上，清兵不利。名振軍隊去來無定，清軍無法制止。[註四]三月二十六日二月初八日名振攻錢家浜營殺傷清兵後，天祿率中左右三營移鎮吳淞，副總兵趙光祖調防崇明。[註五]八月十四日七月初三日名振軍攻進東溝，將木樁鐵練挽載而往，隨至高橋、洋涇等處搶掠，吳淞兵接戰，各殺四五百人。九月六日二十六日復進黃浦，自高橋、高家行沿至洋涇、東溝，俱席捲無遺。提督張天祿兵駐小東門外與名振營壘相望。十月四日八月十四日名振船又進浦江，揚颿而南，天祿亟遣兵赴閔行堵救。名振軍已登陸，於是巷戰。名振軍失四五人，後退去。十月五日十五日名振船約四百三十艘出海而去。巡撫張中元因張名振屢屢進攻，發兵二百四十人來援，上海城中爲之罷市。十月七日二十七日總督馬國柱亦來上海。十月九日二十九日巡撫張中元謀立木樁如初，因斂官儒户銀兩並支庫帑伐木釘樁，自九月八月至十一月十月始竣工，未幾爲風浪飄拔殆盡。[註六]

十二月十一月名振復連艗進攻，初泊秤沙，繼移平洋沙。天祿題提標雷應春、撫標吳守繩爲水師游擊，專統水師，駐丁家橋蓋廠修船。到一六五五年七月清順治十二年六月船工稍竣，天祿巡微上海。八月四日七月初三日名振從采淘港入，煨輜重，掠兵械火藥，滅船一百三十餘艘，中軍尤震之戰死。後名振又入金家港、川濱等處，將攻吳淞城。天祿從上海發援兵前去抵禦。二十五日二十六日名振以千船蔽吳淞江而南，登陸寶山，守將不能禦，於是爲名振大掠而去。[註七]迨至一六五六年清順治十三年秋，名振部將顧忠(即顧三麻，明封濟勝伯)等率衆三千人、船七十餘向清兵降服，顧忠得食總兵俸，海疆稍告平靖。一六五九年七月二日清順治十六年五月十三日忽報海艘在楊家嘴將進内地，提督馬逢知統兵至吳淞，知縣陸宗贄齊集民夫，登埤固守，至九日二十日後，海艘勢稍緩，民心漸安。迨至七月下旬六月聞鄭成功破鎮江府，城中婦女踉蹌爭避，約過十天，才又平靜。[註八]

五　明清的比較

1. 衣服的比較——2. 仕途體統與處決囚犯的變易——3. 賦役與完納正賦的比較——4. 日用品的比較——5. 兵防與兵裝的比較——6. 市面與吏治的比較

姚廷遴爲邑人浙江右布政姚永濟的姪孫，世居上海城内館驛街，著姚氏記事編，記一六二八年明崇禎元年至一六九七年清康熙三十六年時事，書凡四卷，保存上海掌故不少，洵是可貴的文獻；而其中敍述明清兩代的變易，兩兩比較，至爲清晰，爰即摘錄如左，以爲本篇的結束。

余生於崇禎元年戊辰按即一六二八年之秋，自一歲至十歲，未識大事。十四歲，即崇禎十四年按即一六四一年，大旱年荒，白米每石價五兩，豆麥每石俱二兩六錢，百姓多餓死。上海六門，日出數百

[註一]　姚氏紀事編。
[註二]　閱世編卷三。
[註三]　同治上海縣志卷一一；姚氏紀事編；寶山縣志卷六。十二月十五日，寶山縣志作十二月十三日。
[註四]　同治上海縣志卷一一。
[註五]　寶山縣志卷六。
[註六]　同治上海縣志卷一一。
[註七]　寶山縣志卷六。
[註八]　同治上海縣志卷一一。

屍,余所目見。

時尚奢華,寬衣大袖,衣長四尺,袖長二尺,襪皆大統,鞋必淺面。男子十六歲方留髮,髮長披在肩上,如今時婦女無異,亦梳三把頭、泛心頭。髮少者用髢益之。甚有髮圍如冰盤大者,如今婦女梳粧一般,插簪帶花。將髮攏緊,名曰直攏頭。二十歲外方冠。更有老童生趕未冠之隊者,號曰老扒頭。三十歲外始戴帽。大清定鼎後,削髮打辮,箭衣小袖,深鞋緊襪,幼童俱戴帽。此衣服之一變也。

明季重文輕武,如吳淞總兵官要受松江府理刑節制,謂賢否冊報在其掌握,以致武將不肯用命,而國家傾覆。大清頒行新政,提督總兵官,凡府廳縣印官相見,用揭帖,走角門,行庭參矣。此又仕途體統之一變也。

明朝人命強盜及萬惡死罪,皆三推六問,情真罪當,始上長枷監候。巡按、巡撫、鹽院、江院等憲,審錄罪囚一次,截去長枷一寸,俟長枷截完方解。決囚必在冬至之前幾日。因冬至後,一陽生也。臨刑時稍有可矜可疑,刀下留還。朝廷又差刑部官爲卹刑,按臨各省,開豁幾百件,甚至二十餘年而未處決者。今我朝法律,極惡大罪,俱限一年奏消,或決或處,不兩載而結案。原差省盤駁起解之費,承行省略節造冊之勞,實爲簡便。此又罪囚處決之一變也。

明朝賦役繁重,當役者無不傾家。每審役時,縣公坐察院,慎重推求。一圖內先要開報公正一名,管理里役;圖書一名,管理冊籍,並稽核田之多寡;總催一名,管收本區錢糧;細布一名,管買官布解京;北運一名,管收白糧解北;收兌一名,管收本圖漕糧;分催一名,管催本圖白銀,以答官府比較;總甲一名,管地方雜事,呈報人命強盜;塘長一名,管開河築造。其餘謂之排年,分五年爲五圖,輪年催辦。更有雜派差徭,如遼餉練餉,沿海城垣,烟墩寨臺,橋梁馬路,修築護塘,打造戰船,製合火藥,製造軍器,及一應匠班棘刺,弓箭棕蔴,小夫、水夫、鑽夫、圖馬槽刀,草豆、青樹梗木等項,每畝應出銀五六錢。正額錢糧又加二三火耗,漕白二糧,每石二兩七八錢。當役破家,業戶受累,所以有空寫文契,將產業送人者。今清朝定例,北運白糧,改爲官收官解。細布改爲官買官解。漕糧改爲官收官兌,總催白銀改爲自封投櫃。總甲、分催、公正、圖書、塘長、排年等項,悉皆裁革。此在康熙六年六七年由本府太守張羽明、華亭知縣李復興各捐俸千金,倣嘉湖事例,奏辦成功也。編田五十畝爲一甲,一百甲爲一區,三十區爲一保。上邑共分十保三百區,計三萬甲戶,皆稱甲首,通縣歸入一處完糧。舊時規例,田在某圖,則版充某圖之役。同限者還可,如各限者,不離縣前矣。故諺云"家有千畝田,不離府縣前"。自此一番改革,一府四縣,億萬糧戶,子子孫孫受惠無疆。故李知縣死在任所,華婁兩縣民呈請上臺,勅爲妻縣城隍,塑像奉祀,千百年瞻仰靡窮。此又賦役之一大變也。

至於比較錢糧,向在分催名下責成,動輒以通圖計算,掛額盈百盈千;而排年辦糧入櫃,置若罔聞,痛累分催血杖,使費賠納,種種破家,各縣皆然。今行摘比之法,但揀欠多者票拘帶比。又有掛比之法,摘出票拘之戶,臨限完多者,亦免比。一限之內,一保之中,應比應責者不過百人,簡便不煩,受用無盡也。

錢糧各款,向來逐項條徵,致有逐項使費。今則地丁銀折,漕項驛站,及各衙門俸薪,新紅仙船,水夫馬快等役工食,總入存留起運款內,一律起比,免得逐項造冊應比。

經收錢糧之櫃書,向有上臺及本官公費。起解錢糧,有貼解兌虧等費。院差、司差、道府差到縣,有餽送請酒等費。本官拆封時,有管班、守衙、門子、轎傘夫等使用,稍有不遂,在官府前唆弄三言二語,立見奇禍;所以不得不重勒火耗,以填空壑。每兩止喝串銀六錢,大約加三火耗,又要加色。納戶忍氣吞聲,不敢不從。張太守悉知此弊,改章自封投櫃,既省民間耗費,又省櫃書供應。此完納正賦之一變也。

又如起解錢糧，各有經承。上司差承一到，憑他供應；路途盤費，到司彈兌，憑他鋪墊餽送；及至掛欠解額，身羈在外，而本縣五日一比批迴，本府十日一比批迴，傾家蕩產，賠補兌足，苦不勝言。時朱知縣到任，年僅十九。總書唐公孫稟曰：“錢糧托經承辦解，無不虧空，不如差內丁解去，面同經承銷號；倘有兌虧，竟自補足，即掣批迴，萬無一失。”朱知縣見說有理，竟從其言。嗣後永以為例，免經承破家之苦。今兒童婦女皆可立戶完糧。後之生長斯土者，毋忘前明之虐政。

明季服色，俱有等級，鄉紳、舉貢、秀才俱戴巾，百姓戴帽，寒天絨巾絨帽，夏天鬃巾鬃帽。又有一等士大夫子弟戴飄飄巾，即前後披一片者；純陽巾，前後披盤雲者。庶民極富，不許戴巾。今概用貂鼠、騷鼠、狐皮纓帽，不分等級，備工賤役，與現任官員，一體亂戴。明季現任官府，用雲緞為圓領。士大夫在家，亦有穿雲緞袍者。公子生員輩，止穿綾紬紗羅。今凡有錢者，任其華美，雲緞外套，遍地穿矣。此又衣服之一變也。

明季請客，兩人合桌，碗碟不甚大，雖至二十品，而餚饌有限。至順治七八年按即一六五〇—五一年，忽有冰盤宋碗，每碗可容魚肉二斤，豐盛華美。故以四人合一桌。康熙年間，又翻出宮碗洋盤，仍舊四人合桌，較冰盤宋碗為省。後又有五簋碗，其式比宋碗略大，而加深廣，納餚甚多。此又食用之一變也。

明季所無，而今忽有且多者，如烟筒烟袋、火刀火石之類。余幼時取火，惟用撩黃紙，今用粗膏紙。紅纓向用於馬鞍彎上，及梅條鎗頭。今人人用以飾帽矣。海獺、騷鼠、海螺皮之類，人人用以製冠矣。涼帽初用藤席製成，以後或用細篾，或用踏馬蘆皮。江寧等處，用絨編造，其製尤巧。更有織成盤龍錦片，袍領袍袖，及三鑲襪、月華裙、月華膝，備極精巧。皆二十年前所未見者也。

松江一府，向來三縣，順治十三年按即一六五六年太守李正華見華亭錢糧額大難比，縣官受累，奏分華亭一半，設立婁縣，今華、婁、上、青四縣，每年額徵地丁銀百萬，漕糧在外。倘遇年凶，地方安得不窮，官府定必參罰。

上海逼近海邊，順治間，海賊突入搶掠，調來客兵防守，民間受累非淺。李太守洞悉民瘼，詳准十臺，奏設黃浦營。後因海寇蕩平，康熙八年九月按即一六六九年十月，將黃浦營裁調，由上海城守帶管。康熙六年按即一六六七年，有蘇、宜、索三位滿州大人巡視海平，川沙至南匯海灘派出數里，舊墩在內護塘者，瞭望難周，增築烽墩十座。黃浦設寨城一座。東溝沿浦險要處，設立礮臺三座，撥兵防守。此又兵防之一變也。

明季兵勇，身穿大袖布衣，外披黃巾背心，名曰“號衣”，頭戴五色布縶巾，手執狼筅長鎗等物。今清兵盔甲，用綵緞繡龍，整齊嚴肅。此兵式之又一變也。

元朝市舶司，原設於上洋，收海商之稅，即今之海關也。時上海未有縣治，亦未有城池，據志所載，海外諸國俱來貿易。至明嘉靖間，倭夷作亂，燒殺搶擄，沿海及內地，無不受累。調兵征剿，每多敗績。故於嘉靖三十年按即一五五一年始築上海城及川沙城。又一年倭夷撲滅，自此廢市舶，禁通番，迄今百餘年，而重開海禁。康熙二十年按即一六八一年仍設海關於上海。[註一]洋貨及閩廣貨物俱在上海發客。此又市面之一變也。

倭亂自嘉靖十七年按即一五三八年起，至三十一年八月按即一五五二年九月殺盡。我邑受十四年荼毒，[註二]今則共享太平。此又氣運之一變也。

[註一]　上海城築於嘉靖三十二年，江海關設於康熙二十四年，此處俱誤。
[註二]　上海倭患始於嘉靖二十一年，始於嘉靖三十五年六月，此處應誤。

　　好官莫如兩江總督于(乘)〔成〕龍,係山西綏德州貢生,布衣菜飯,操凜冰霜。上任時,禁絕兩省官員迎接,及供應餽遺陋習。座後,東西幾千里,所轄三十縣,肅然畏懼。出門不用執事,不敢赴宴。一年之內訪挐貪官二十人;打死豪強衙蠹數百。自康熙二十年按即一六八一年到任後,下屬皆廉潔自好。江南、江西兩省,遍地好官。此又吏治之一變也。

庚　上　海　的　繁　華

一　江海大關的設置

1. 江海關的設置及管理——2. 江海關的地址及其管理的海口——3. 海關額解銀數及盈餘——4. 稅則與船鈔——5. 海關的禁例——6. 海關支給及養廉支給

　　當十七世紀下半葉_{清康熙初葉}滿清已肅清了反抗勢力，海內承平，素來海舶出入頻繁的上海，於是由詔令解去海禁，而設立江海大關。

　　詔弛海禁是在一六八四年_{清康熙二十三年}，[註一]而於上海設置江海關乃在一六八五年_{清康熙二十四年}。[註二]江海關係專司海舶稅鈔，以內務府司員監收，筆帖式副之，定例一年更換。[註三]一七二〇年_{清康熙五十九年}江海關歸江寧巡撫管理。[註四]一七二二年_{清康熙六十一年}江海關分歸併蘇州巡撫帶管，委員代理。上海縣知縣即被委監理，而知縣派遣家人在關收稅。一七二五年_{清雍正八年}巡撫張楷奏委蘇松道管理關務，並請移駐上海，其疏略云：[註五]

> 　　查各關稅務，除龍江、揚州二關，經前署撫臣何天培就近委員，今仍照舊令其管理外，所有上海關稅務係委上海知縣協理，差家人在關收稅。查上海一關界連海面，出口之處甚多，稽察宜嚴，錢糧關係甚大，不便專委家人經收。今遴得蘇松道朱一鳳才具頗優，堪以委任，管理稅務。但該道係為巡查盜案而設，駐劄蘇州。臣細思上海遠在海隅，更為宵小出沒之地，盜案最多。若委該道經理關務，移駐上海，不但關稅得有專責，並可巡查奸匪，似於地方，更有裨益。

　　旋奉旨允行；而蘇松太兵備道實行移駐上海，是一七三〇年_{清雍正八年}的事。江海關的管理經過如此。

　　關使署初設於華亭崇關。一六八七年_{清康熙二十六年}海關監督舒某詳請改設於上海小東門內舊巡按行署，旋即實行。至一七三一年_{清雍正九年}以入官房屋兼買民地建立分巡兵備道兼管海關署。[註六]

　　江海大關則設於小東門外，面浦枕濠，最據雄勝，距關署里許。初統轄海口二十四所，至一七二九年_{清雍正七年}以廟灣、新溝、朦朧、佃湖、板浦、新壩六口，歸併淮關，所存十八所皆在大關六百里以內云。[註七]

　　吳　淞　六十里，在太倉寶山縣。

[註一]　皇朝文獻通考卷三三市糴考二。
[註二]　乾隆元年江南通志；乾隆十五年上海縣志；嘉慶上海縣志；同治上海縣志。
[註三]　嘉慶上海縣志卷五；乾隆四十九年上海縣志卷四下，頁一〇〇—一〇九。
[註四]　皇朝通典卷八食貨。
[註五]　同治上海縣志卷二；嘉慶松江府志卷二八。
[註六]　嘉慶松江府志卷二八。
[註七]　嘉慶上海縣志卷五。乾隆四十九年上海縣志稱"雍正七年奉旨將所屬廟灣、新溝、朦朧、佃湖四口歸併淮榷"。

劉　河　一百五十里,在太倉鎮洋縣。

七　丫　一百五十里,在太倉州。

白　茆　一百八十里,在蘇州昭文縣。

徐六涇　二百四十里,在蘇州昭文縣。

福　山　三百里,在蘇州常熟縣。

黃　田　四百五十里,在常州江陰縣。

瀾　港　四百九十里,在常州靖江縣,有支口:衙前、天生、龍潭三港。

黃家港　六百里,在通州泰興縣,有支口:鄂家港。

孟　河　五百七十里,在常州武進縣。

任家港　四百里,在通州,有支口:狼山、大汛二港。

呂　四　六百里,在通州。

小海口　四百里,在海門廳,有支口:官河頭一港。

石　莊　六百里,在通州如皋縣。

施翹河　二百八十里,在太倉州崇明縣。

新開河　三百里,在太倉州崇明縣。

當沙頭　三百里,在太倉州崇明縣。

淙　闕　一百八十里,在華亭縣。

海關監督的報告稅額以及彙解稅銀辦法,是以連閏扣準十二箇月爲一年,分作上下兩季咨報。一年彙解商人親填册,於任滿具題後即行起解。[註一]其請印稅簿,限關期六月以前赴部請領。

稅額自一六九〇年清康熙二十九年定額解銀,二萬三千零十六兩三錢三分。一七二九年清雍正七年裁併六口額銀一千五百三十六兩,本關額銀乃爲二萬一千四百八十兩三錢三分。一年分兩次解司,期滿送部考核。[註二]

一七二二年清康熙六十一年定例,除正額外,額解盈餘銀一萬五千兩。一七二四年清雍正二年裁去此項加添額解盈餘銀兩,如有盈餘,據實具奏,儘數解部。一七四九年十二月清乾隆十四年十一月奉旨海關正額盈餘悉照一七三五年清雍正十三年例解銀六萬二千兩。一七六四年清乾隆二十九年解銀七萬七千五百零九兩。一七九六年清嘉慶四年停止比較之例。舊例將盈餘比較上三屆最多年分,如有不敷,即著賠補;自此定解四萬二千兩,如有多餘,亦即儘收儘解。[註三]

至於稅則,凡安南商船貨稅進口出口,俱以七折徵收,東洋商船貨稅進口,以六折徵收。出口不論貨物,概收銀一百二十兩。閩廣商船貨稅進口出口自陰曆三月至八月以七折徵收。陰曆九月至二月,以五折徵收。山東、關東商船貨稅並各口貨稅,俱八折徵收。又安南、關東、山東商船貨稅俱以加一優免。東洋閩廣商船貨稅例免五分,優免五分。又凡銅鐵及銅鐵器皿禁止出洋。其衣食日用雜貨船料稅則俱遵戶部則例,令該管官詳刻木榜豎立關口。又定制民間日用各物數不及則,及零星貿易,僅及十餘金,沿海小船采捕魚蝦者皆免稅。[註四]

凡海洋貿易商船,令報明監督及地方官查明確係殷實良民,姓名住居及往何洋貿易,取具保結,依

[註一]　嘉慶松江府志,"於分作上下兩季咨報"下少去"一年"兩字。而同治上海縣志在"於任滿具題後"下少去"即行起解"四字,以致不能句讀。本文係據嘉慶上海縣志。

[註二]　嘉慶松江府志卷二八。乾隆四十九年上海縣志卷四下頁一〇九本關額銀作二萬一千四百十二兩,誤。

[註三]　同上註。

[註四]　同上註。

式造成船身,烙印刊名(江南青漆白字)填給報照,於出口時驗放,回日銷號。其從外洋進口的,也必詳查註冊,或因風信不能回籍請照,即在經由該地方官具保給照,回日仍赴原衙銷之。[註一]

船鈔鈔則,係按船的大小而徵稅。船身梁頭丈尺科征定例:一丈以內,每尺征鈔銀一錢五分;一丈以外,每尺征鈔銀二錢二分五釐。每年分上下兩次征收。各商應於季滿時赴關納銷舊牌完繳鈔銀,換領新牌,行駛貿易。但往東洋辦銅貿易洋船,應完梁頭鈔銀,定例一丈以外至二丈,每尺征鈔銀一兩;二丈以外每尺征鈔銀二兩。各船出洋一次,征收一次。彙入正稅項下報解無定額。

海關禁例,則有下列各條:

一、凡內商出洋及洋商入岸,核計人口程期,每人日准帶米一升五合。違禁多帶者究治。地方員弁不行實力稽查,致有夾帶及別從僻港海濱透越者,一併參處。

二、凡內地米、穀、麥、豆、雜糧偷運出洋希圖厚利,俱分別治罪,船貨入官。地方員弁賄縱者,一併分別參處。

三、凡內地黃金、紅黃銅、廢鐵私販出洋,照斤數多寡治罪。沿海員弁徇私故縱者議處。

四、凡洋船出口,每船准帶鐵鍋一口,樵採船每船准帶斧斤一把,多者照廢鐵出洋例治罪。

五、凡商人在外,船隻損壞,准其照式另造,驗明入口。如原船不曾損壞,竟造船帶來,或暗帶外國人偷買違禁貨物者,不行查出之海關,該管官及守口員弁,俱降一級調用。

六、凡往販外夷之大洋船准其攜帶碗位,每船不得過二門,火藥不得過三十斤。其鳥鎗、弓箭、腰刀亦準攜帶,皆地方官給照各如例,失察私帶者罰俸一年。[註二]

海關支款如下:

一七〇三年清康熙四十二年例,每年幫庶吉士銀三十兩;

一七〇四年清康熙四十三年例,每年於正額內撥辦銅斤銀五千兩,於盈餘內撥給脚價銀二千五百兩;

一七三五年清乾隆元年例,每年在盈餘內撥補江省養廉公費不敷銀二萬五千八百兩;

一七三六年清乾隆二年例,每年在盈餘內支補經費不敷銀六千四百兩。其正額銀兩除扣報部役食外,批解江藩司庫,撥充兵餉。

至於養廉支給,如左列:

江海關監督歲支養廉銀六百兩;

役食書吏:

一、經制書吏:每月給飯食銀一兩八錢,工食銀八兩;

二、稿房:每名每月給飯食銀一兩八錢,工食銀四兩;

三、貼寫算手、寫單手:每名月給飯食銀一兩八錢,工食銀一兩五錢;

門子、皂隸、快手、庫丁、更夫、轎繖夫、鋪兵:每名月給工食銀六錢;

大關及十八口岸巡舍:每名月給飯食銀一兩八錢,工食銀二兩;

家人每名月給飯食銀一兩八錢;

提艙手、走差、巡船、舵工、更夫、飯夫:每名月給飯食銀九錢,工食銀六錢。[註三]

上海自設立江海大關後,商業日臻繁盛;迨至十八世紀至十九世紀初清乾嘉時代上海固已成爲東南一個重要的商港了。誠如嘉慶上海縣志所説:"又自海關通貿易,閩、粵、浙、齊、遼海間及海國舶慮劉河淤

[註一]　嘉慶松江府志卷二八。
[註二]　同治上海縣志。一、二、五、六各條禁例依據嘉慶松江府志卷二八頁四九。
[註三]　嘉慶松江府志卷二八。

滯,輒由吳淞口入艤城東隅：舳艫尾銜,帆檣如櫛,似都會焉。"[註一]

二 同鄉會館與同業公所的勃發

1. 上海集散地的形成——2. 商船會館的成立——3. 徽寧會館的創設——4. 泉漳潮州浙紹四明浙寧建汀等會館公所的繼起——5. 同業公所的發起

上海既具有棉花與布疋的巨大產業,又以地域的關係,而設置江海大關,況復得遇承平的時代,上海於是逐漸成爲重要的集散地,而一步步踏入於繁榮的坦途。

一六八五年清康熙二十四年設立江海關後,往來海舶俱入黃浦編號,海外百貨俱集,但都運往蘇州發販。上海本地人民並無大利。只是本地人願往海外經商的卻較旁地便利。閩浙及日本便是上海人的經商地域。[註二]康熙、乾隆二代的南巡,雖則不到上海,上海似乎並不是一個重要的商港;可是事實上,上海突飛猛進,時時在努力完成其爲巨大商務港的工作。

上海既逐漸成爲商品集散地,最先發達起來的,自當屬諸運輸業,至今聞名的商船會館所以於一七一五年清康熙五十四年就在馬家廠地方建築完成了。[註三]

商船會館是由船商所建立的;而尤以沙船商佔大部分。[註四]經營沙船的大都是通州、海門人,而上海本地人亦有參加。沙船航線分南北二路：南路是閩廣,來往一次約一月;北路是山東,來往一次約二十日。往南路的,滿載商品而去,滿載商品而返;往北路的,去貨少而運貨來者多,故以南行爲正儎,以北行爲放空。商船除沙船而外,有從寧波來的蜑船,從直隸、山東來的衛船,從福建來的三不象等。[註五]到了十八世紀三十年代清乾隆初以後,商船日益發達,而船商建立的商船會館亦日益富麗：一七六四年清乾隆二十九年重修大殿戲臺,添建南北二廳;一八一三年清嘉慶十九年又建兩面看樓。[註六]迨至十九世紀初清嘉慶末道光上海沙船達三千號之多,沙船保儎,牙行運貨往來,並不押載,從無欺騙,因於一八二五年清道光五年有假沙船運漕之議,旋竟實行。[註七]

上海集散地既漸形成,各地的商人寄居上海,乃亦逐漸衆多。安徽、廣東、福建、浙江各省商人,紛至沓來,接連着在上海各建會館公所,一則保護同鄉,一則管理商業。

一七五四年清乾隆十九年徽寧會館創立。[註八]徽寧是安徽省徽州、寧國兩府的簡稱,其地人民因多山少田,多經商於外,所販貨物,皆其土產：林業則有歙縣的漆,婺源的杉木;農產則有婺源、祁門的茶葉,礦產則有宣城、涇縣的煤,祁門的陶土;手工業產品,則有歙縣的松烟墨,婺源的龍尾硯,休寧的羅盤,涇縣的宣紙。[註九]加以徽州人又善經營典業,上海繁榮的途程中,徽寧的商人,便來參加活動。徽寧會館係由寧國程炳臨所發起,最初規模甚小,所做工作只是料理同鄉人的喪事,如停柩、掩埋等。會館屋址是在斜橋南。至一七六九年清乾隆三十四年由新安張國嶸草定會館章程,適歙縣侍御胡珊來滬,因顏其堂曰"思恭",所以表示敬恭桑梓之義,會館規模至此乃定。至一八一七年清嘉慶二十二年後,由婺源胡

[註一] 乾隆四十九年上海縣志卷一;嘉慶上海縣志卷一風俗。
[註二] 閱世編。
[註三] 上縣縣續志卷三建置下。
[註四] 同上註。
[註五] 同治上海縣志。
[註六] 上海縣續志卷三建置下。
[註七] 同治上海縣志。
[註八] 上海縣續志卷三建置下。
[註九] 徽寧會館特刊。

炳南，休寧吳時齋、程貽緒、胡蓉塘等擴而大之，始有廳事、丙舍。其後會館業務日益發達，直至如今仍爲一大會館。[註一]

　　福建商人也來上海建立會館了，鹹瓜街的泉漳會館即福建泉州的同安、漳州的龍溪、海澄三縣商人所捐建，經始於一七五七年清乾隆二十二年，閱六年而告完成，至今存在。[註二]

　　廣東商人也來上海建築會館了，座落於洋行街的潮州會館就是由廣東的海陽、澄海、饒平、三邑（清屬潮州府）於一七八三年清乾隆四十八年所公同建立的。他們是和閩商一樣，運糖至滬，分銷各地，而將上海所產花衣布疋販運廣東。[註三]

　　浙江紹興人，也於清乾隆年間，在穿心街建設浙紹公所。酒與錫箔，紹興的特產，都運銷來滬了。鹹瓜街上有名的紹酒店寶裕，就是乾隆時開設的。[註四]

　　到一七九六年清嘉慶元年後，浙江與福建的商人，益益增多，於是有四明公所、浙寧會館、建汀會館的相繼設立。

　　四明公所是於一七九七年清嘉慶二年寧波費元圭、潘鳳占、王秉剛等所創。他們募一文願捐而購地建廠，以寄柩，並以餘地爲義塚。其後至一八〇三年清嘉慶八年建築正殿，崇奉關帝。四明商人日益發達，會館建築也日增，至今尚巍然存在於法華民國路間，而其勢力仍支配大部分留滬的四明人。[註五]

　　浙寧會館係於一八一九年清嘉慶十四年由寧波商人董莘記等所創設，初名天后行宮，在荷花池頭，基地九畝有奇。[註六]建汀會館在翠（徵）〔微〕巷西南，由福建建寧、汀州兩郡人所公建。當一七九六年後清嘉慶初年曾左卿等創辦公所於董家渡，名同慶堂。一八一五年清道光五年汀郡人蘇升等集款移建於此，正殿奉天后，左右爲辦事室，旁建殯舍廳事二，東爲讌會所，西爲先董祠，於是館舍儼然了。

　　各省留滬同鄉所組織之會館而外，各業公所，因商業的發展，亦於是時相繼成立。一七七一年清乾隆三十六年本地幫鮮肉業以城隍廟豫園玉華堂改建名香雪堂，爲其公所。一七九二年清乾隆五十七年各藥業亦欲籌立公所，乃募捐積款，至一七九六年後清嘉慶初元，於藥局街購地建築藥業公所，前構戲臺，中建大殿，供炎帝像，後爲和議堂，東蓋餘屋，外圍以牆。一八一九年清嘉慶二十四年將公所房屋，重行修葺，並議立規條。歷任滬道常在夏秋間，假此施醫施藥。

　　錢業公所在城隍廟東園。東園建於一七〇九年清康熙四十八年。因錢業歷任修葺之費，故即假以設立公所。其創設年代已不可考；但錢業肇始於"乾隆年間"，則其創始年月當不能早於十八世紀三十年代清乾隆初元。同時代，京貨帽業也在城隍廟豫園設立飛丹閣，爲其公所。

　　一八〇九年清嘉慶十四年北貨行於凝和路購朱姓屋，設立南阜公墅，爲其公所。

　　一八一七年清嘉慶二十二年成衣業於豫園東硝皮衖，設軒轅殿，爲其公所。[註七]

　　跟着商務的發展，同鄉會館與同業公所此後便日益增多；其舊有的亦日漸擴大其範圍與業務。

［註一］　徽寧會館徵信錄。
［註二］　上海縣續志卷三建置下。
［註三］　上海縣續志及該會館來函。
［註四］　上海縣續志卷三建置及卷三〇雜記三。
［註五］　上海縣續志卷三建置下。
［註六］　同上註。
［註七］　以上各會館及公所，均據上海縣續志卷三建置下。

三　教育與慈善事業的擴展

1. 申江書院的來源——2. 凌如煥的碑記——3. 書院的改名——4. 養濟院與育嬰堂——5. 同善堂的創立及其碑記——6. 同仁堂的創立及其碑記

上海在商業的發展過程中,教育與慈善事業跟着也就發展了。

一七四八年清乾隆十三年所建立的申江書院,便是其後各書院的典型。當一七三八年清乾隆三年時分巡蘇松太兵備道翁藻創立啓蒙書院二所:一在縣治東北二十五保一區七圖莫字圩四十三號前明陸深故宅東隅地;一在武廟西面籍入官產的潘恩的故宅。[註一]至一七四八年清乾隆十三年翁藻(是時已任江蘇按察使)捐出薪俸,將潘恩宅址的啓蒙書院,改建爲申江書院,其時知縣王侹竭力勸助,於是講堂、齋舍、器用咸備,延請掌教,月給諸生膏火,一時文教爲之振興。第一任院長凌如煥曾作書院碑記云:[註二]

> 國家設立書院,教育士子,歲發帑金,資給膏火,狩歟休哉,誠盛典也。觀察使翁公前任監司,曾駐上海,公餘之暇,召集諸生,講解經書丹黃文藝者,匪朝伊夕;更欲於上邑創立書院,以廣教育之區,而旋奉調移,有懷未逮。嗣從江右觀察使調繁江蘇,乃復創首捐俸。書院肇興時,監司託公,郡守朱公,邑侯王公與公同志,因邑中有舊籍官產,葺而新之,爲肄業地。王公又檢閱公項,向以爲邑侯有者,咸歸學舍,以資養育。於是士民感奮,從事樂輸;而書院一切規制,次第告成,遂延予爲掌教。爰進諸生而語之曰:書院之設,振興鼓舞,非徒爲諸生樹聲華,角文藝也。藏修游息,使心不外馳,則義理昭明,行修品潔,下以化其鄉閭,而上以昭彙徵之慶,胥於是乎在,願諸生共勉之!

一七六五年清乾隆三十年滬道分巡蘇松太兵備道簡稱李永書移建大門,修講堂,題爲誠正堂,後有春風樓,其中奉朱子栗主,其前有觀星臺。一七七〇年清乾隆三十五年滬道楊魁、川沙同知于方柱、署知縣褚邦禮、知縣清泰重修,改名爲敬業書院。楊魁曾有文記之,略云:

> 書院創自前觀察武陵翁公,規模寖備,今來學者多,經費告絀。乾隆己丑余來海上,檄川沙同知于方柱,署令褚邦禮,邑令清泰稽舊籍,籌新費,詳議規條,親加釐訂,邑紳士以田捐者聞風踵起,新費有資,遂蠲除洋行歲輸,購西牆外民廛歸院,正其方隅,堂室垣宇,悉修治之。改院額曰敬業,規模視創始有加焉。[註三]

一七八二年清乾隆四十七年署滬道袁鑒、知縣范廷杰重修,增建後軒。一七九四年清乾隆五十九年滬道通恩、知縣許塱會同紳士以春風樓改建爲敬業堂,增建穿堂、後齋、左右書室。一七九八年清嘉慶三年滬道李廷敬、知縣湯燾會同紳士捐資,以足經費。一八一二年清嘉慶十七年滬道鍾琦、知縣王大同重整規條,通詳存案。十八世紀三十年代清道光間總督陶澍立"果行育德"額,巡撫林則徐立"海濱鄒魯"額。一八六二年清同治元年滬道吳煦遷建於縣東舊學宮基,仍名敬業,現在市立的敬業中學就是這敬業書院的紀念。[註四]

[註一]　乾隆十五年上海縣志卷七。潘恩的故宅爲天主教所購,建堂,後被沒收。
[註二]　乾隆十五年上海縣志卷七。潘恩的故宅爲天主教所購,建堂,後被沒收。嘉慶及同治上海縣志均節錄。
[註三]　嘉慶上海縣志卷六,頁二九;乾隆四十九年上海縣志卷七,頁四三,所載亦係略文,惟較詳。
[註四]　一八四五年(清道光二十五年)天主教西人索回舊有教產,而武廟(即關帝廟)因係由明代天主教所改建,亦在索回之列,閱二年後滬道宮慕久許以董家渡一處基地相償而罷。迨至一八六〇年(清咸豐十年)中法追加條約內有許還天主教產條文;翌年天主教西人於是又索回武廟及敬業書院。一八六二年(清同治元年)滬道吳煦乃將書院遷建於縣東舊學宮基,仍名敬業。

　　上海的慈善事業也待上海商業繁榮以後而擴大。上海最早之慈善機關爲養濟院，係於一三七四年明洪武七年創立。迨至滿清，從縣西南原址移建於大南門外陸家浜南，至一七九五年清乾隆六十年前尚有貧民住院，官給口糧，後漸廢弛，院亦失修；一八〇八年清嘉慶十三年又遭火災，旋竟廢去。[註一]

　　一七一〇年清康熙四十九年育嬰堂建立於縣治南塌水橋東，但其擴大，乃至一七四二年清乾隆七年由監生郭其相捐田七十二畝，併舊有田四十六畝，共計田一一七畝。經費來源才告寬裕。[註二]一七七四年清乾隆三十九年又得朱之灝、朱朝棟增建屋宇，與李宗袁、凌存淳、李煥、瞿秉忠等倡立三個義捐會，積六年餘，資以千計，存庫生息；紳士復捐田不等，連舊有共一百八十七畝有奇，取租給育嬰之用。一七八三年清乾隆四十八年喬鍾沂議以育嬰餘資贍給貧老；朱之淇首捐銀三千兩，並紳士樂輸，其得錢八千緡，田一百七十二畝有奇，以租息散給，每月人六百文，可給數十人。日久弊生，事有不繼，以海關稅行具票領銀千兩，歲取海舶釐錢以給之。因盈虧不齊，司事者聞於官。至一七九三年清乾隆五十八年滬道李廷敬察銀無着，將票銷燬，定以每月海關公項內捐給五十人，稅行捐給五十人，命貧老按月赴關署驗票面領，永以爲例。[註三]

　　育嬰贍老只是慈善事業的一角；包括許多事業的慈善機關也於一七四五年清乾隆十年湧現了，那就是同善堂。這是由知縣王侹會同紳士商民所公建的。堂址在虹橋南，基地八分七釐，共房十六間，並奎星閣、惜字井。王侹首創捐俸，闔邑紳士商民於是共捐田屋。[註四]捐田充作施棺經費的，共有五十六畝有奇，計：

　　邢正銓捐田五畝；

　　徐衡士捐田二畝；

　　黃士昌捐田一畝；

　　趙鳴玉及荳行程傅巖等八家並同善衆姓公置田二畝八分一釐八毫在十六保三十一圖；二畝八分八釐五毫，在十六保四十四、五圖；四十二畝三分，在十六保四十七、九圖。

　　捐田取租抵各義塚糧（白）外，餘充掩埋經費的，共有二十畝有奇，計：

　　金應杓捐田十二畝零；

　　程傅巖捐田三畝；

　　喬郭紳捐田三畝；

　　顧廷銓捐田一畝；

　　胡士英捐田一畝。

　　捐田作掩埋用的，共十一畝有奇，計：

　　喬承頤、劉文傑等共捐田三畝；

　　金應杓、周廷瑚等共捐田一畝五分四釐九毫；

　　陳起孝捐田三畝四分九釐七毫；

　　王文鏽捐田二畝八釐三毫。

　　一七四七年清乾隆十二年邢正銓、王箴又捐買二十五保九圖李相舊房爲該堂堆貯屍棺，於上下元兩次掩埋，後因水災於一七四八年清乾隆十三年圮傾；得各董事損資，即以舊料重建。

　　同善堂所辦事業，有：（一）施棺，（二）施藥，（三）惜字，（四）掩埋；此外，又從事於積極的教育事

　　[註一]　嘉靖上海縣志卷三；嘉慶上海縣志卷七建置施善諸堂。
　　[註二]　乾隆十五年上海縣志卷七官署。
　　[註三]　嘉慶上海縣志卷七。
　　[註四]　乾隆十五年上海縣志卷七官署，頁一六一一八。

業而設立義塾，延師教授里中子弟。知縣王侹施棺碑記云：[註一]

　　　　天下顛連無告之苦，而至貧無以殮，竟至父子不能爲恩，夫妻不能盡愛，雖敝帷敝蓋而無所具，其勢迫而心痛，有不可以言語形容者。苟有人舉而與之，雖不能盡滿其欲，而一時呼號莫訴之慘，得稍慰焉。不特生者感，而死者亦感矣。所以讀書而見聖王澤骨之仁，與夫脫驂麥舟之義，每慨然以興也。乙丑夏，余蒞海上，即知有同善施棺之舉，先自貳尹阜城寗君彰其善於提要之册，悉其概，乃未匝月而士民復進其施棺徵信録暨彙其擬行諸善規條，遂以建堂請。予欣焉嘉之曰："此善俗也，輔翼作興，非宰曷任！"遂諏吉爲之經始，同我寮寀，相與督勸鼓集事，踰年而落成。堂之中，繼施棺而舉行者，若掩埋棺槨，若收瘞白骨，若義塾施教子弟，無不本仁民之意而推之，皆可紀也。獨其施棺一節，其規制於厚薄尺寸之間，其推施於大小老疾之無告者，意甚厚，而願亦溥，且日不可以數計，則費亦不可以數量。既發念於未建堂之前，方綿遠於既建堂之後；將使窮簷之號呼莫訴者，取之若寄而無頃刻留，則同是善者，孰不大其積功累仁哉！予按其所刊徵信録，始其事、創其規者，則邢生正銓、王生箴、唐生堯德、方生文耀等，首同厥志，以勸捐，而成施棺之會，更踰年而踴躍好善續捐成美者，則金生應榫，其難弟應杓，喬生承頤輩，以廣其志，而建堂之功於是乎興。今且置義田，以植其基，而堂之善已大成焉。予故臚其實，以上聞於各憲，蒙准壽諸貞珉，以垂不朽矣。特念堂之施棺爲第一務，雖有諸生以豐其功，實衆善之捐輸，以濟其美，則諸生之功，實衆善之功也。使堂成而不著其芳，將何以彰善，故復記其實，以勒名於石。今聖天子在上，仁風翔洽，海隅蒼生罔不率俾，以有此善俗，則宣上之德，以揚俗之善，非予之責也夫。因書以勖今之同善者，並以勸來者於無窮云。

該堂義塚除一七四七年清乾隆十二年知縣王侹撥二十三保十三圖體字圩五百三十一號田三分五釐、五百三十二號田三分九釐一毫外，復由喬承頤及祝華等捐：二十五保九圖岡字圩一百九十號田二畝五分，作爲該堂夫婦合瘞義塚；

江北衆荳客蕭聖文等，荳行程傅巖等共捐：二十五保九圖岡字圩二百五號田二畝八分三釐四毫，作爲該堂男義塚；

監生王斌，徽商胡士本、顧廷詮等共捐：二十五保十三圖廱字圩六百八十一號田二畝一分七釐七毫，作爲該堂女義塚；

喬承頤、徐洙等捐：二十五保六圖能字圩九十四號田五分二釐，作爲該堂瘞旅塚；

顧廷詮又捐：二十五保十三圖廱字圩六百八十號田七分九釐二毫，作爲該堂骨醰塚；

王繪捐：二十五保六圖能字圩九十四號田四分九釐六毫，作爲該堂不識姓名塚。[註二]

一七七一年清乾隆三十六年該堂復經修葺，並增建義廬。滬道李奉翰序略云：[註三]

　　　　上洋自乾隆乙丑邢金諸君創立同善堂，癸巳歲新斯堂者爲李太守、陸封翁、喬光禄，增建義廬者爲程兆基，而始終其事者，則邢金兩州司馬也。内義冢、施棺以及施藥、惜字、義塾，凡所以濟物訓俗者罔弗備興，非有好善紳士經營擘畫，綿延無已，曷以美且盛焉。

這個慈善機關經營凡六十年，直至另一個更巨大的機關出現，才告廢止。

一八○○年清嘉慶五年知縣湯燾捐城北田地，與上海人朱文煜、徐思德等創設義塚，掩骼埋胔，榜曰

[註一]　乾隆十五年上海縣志卷七官署，頁十七。本記乾隆四十九年上海縣志係略文。
[註二]　乾隆十五年上海縣志卷七義塚。
[註三]　嘉慶上海縣志卷七。乾隆四十九年上海縣志卷七頁一八有全文，因多空論，故從嘉慶志。

同仁。湯燾曾勒石記其事云：[註一]

> 上洋北距海，東南界江，商民步輳，江以南一小都會也，而流民僑寓，行商遷徙，及貧無以爲家者，往往死無所歸，暴骨中野，吾甚惻然。蒞邑之三年，於城北得民田之間者三十六畝五分九釐八毫，溝以行水，寬八尺，深六尺。其間廣狹有不侔者，要不離乎此。近是統四面溝長二百五十六丈七尺。其東南築石亭三間，俾守此塚者居之，並爲行人休息之所。顏曰原上亭，居城之癸地，北方幽陰之義，於塚宜；土地平衍，於纍塚宜，與邑尉及紳士共成之。嘉慶五年冬立石，知縣湯燾，邑尉毛慰曾，紳士朱文煜，董事徐思德、王仁洽。

湯燾本欲設堂推廣其事，旋因去任而不果行。一八〇四年清嘉慶九年由紳士捐購喬氏屋建立堂屋，即稱之曰同仁堂。其經費來源，全恃民間捐款及海關捐款。民間捐款有三種：（一）總捐，（二）歲捐，（三）豆業按月提捐。所辦事業至多，最重要的有下列四端：

一、恤嫠——凡貴族孀居貧苦無依者，月給錢七百；

二、贍老——凡年過六十貧苦無依或殘疾不能謀生者，月給錢六百；

三、施棺——凡貧無以殮者，給予棺木並灰砂百斤；

四、掩埋——凡無主棺木及貧不能葬者，報明堂中一例收埋。

接着又建義塾、施棉衣、收買字紙、代葬、濟急、水龍、放生、收瘞路斃浮屍、棲流、救生、給過路流民口糧等等，凡關於慈善與訓俗的事業幾乎無不參預了。[註二]

滬道李廷敬曾有碑文，略謂：[註三]

> 余守松郡時，聞上海紳士多義舉，於育嬰堂，復捐儲贍給老人之資。詢其章程，可以經久，皆由首事者本惻怛之誠，同善者矢大公之願。迨余分巡松太，與朱宿亭工部爲京師舊交，譚及育嬰贍老等事，心佩之。時值贍老經費不敷，余爲重酌章程，贍養百人爲額，諭令闔書及商行總理其事，逾年湯茂宰捐置閒田，與紳士設立義塚，收埋枯骨。又二年，紳士復倣蘇城，倡立恤嫠之會，並擴充贍老之舉，於海關月額百人外，復倍加百人，併立同仁堂，總司前事。倡首捐貲者，爲朱中翰緩園，即宿亭之猶子也。夫博施濟衆，聖哲所難，而爲仁有方，立達皆是。惟發念者或無貲，而有貲者不樂爲，則鐘鳴鼎食者自擁其所有，而鰥寡孤獨之人一任困苦顛連而莫之救。此睦姻任卹之風，遂爲近今所不易見也。公堂既立，董事得人，觀其規條，克勤克愼，無濫無遺，非本惻隱之誠，而矢大公之願，何能如此！唯望鄰邑官紳共相倣傚，哀此窮民，亦如緩園之舉而踵行之，則善氣所導迎，民物悉登仁壽矣。

自從這巨大的慈善機關出現後，同善堂才罷廢。上海開埠後，同仁堂益復擴充，而改名爲同仁輔元堂，至今仍爲上海最著名的慈善機關。[註四]

四　上海的繁華生活

[註一]　嘉慶上海縣志卷七義塚施善諸堂。
[註二]　嘉慶上海縣志卷七。
[註三]　同上註。
[註四]　同治上海縣志。

十八世紀至十九世紀初清乾嘉時代上海繁華的中心是東南一帶。[註一]一七五八年清乾隆二十三年,上海人施潤登丹鳳樓詩中云:"一城烟火半東南,粉壁紅樓樹色參。美酒羹殽常夜五,華燈歌舞最春三。"足知當時上海東南半壁:房屋如何衆多,市面如何熱鬧,飲酒作樂竟至五更,華燈歌舞尤在三春。[註二]

上海城東南一帶之所以繁華,完全因其沿浦之故。因爲沿黃浦,交通便利,於是各地來滬商民麕集其間,而做成熱鬧的市面。泉漳會館、潮州會館、浙寧公所以及最早最巨大的商船會館,都以航海之故,而崇奉天后,而在南宋度宗時就建立的天后宮,[註三]正是坐落於小東門外,衆商酬神演劇,竟無虛日,更添加了不少熱鬧。[註四]春天尤其繁華了。因爲天后的生誕是在陰曆三月廿三日。每逢天后生誕,便有燈市。這是一年間重大的節日,先期由縣官出示,沿街鳴鑼,命令居民懸燈結綵慶祝。前後數日,城外街市,盛設燈綵,從大南門外大街直接南門和小東門的洋行街,及江海大關的南北,綿亙數里,都高搭彩棚,懸燈不斷。各家店鋪,爭奇鬥勝,陳設商彝周鼎,秦鏡漢匜,内外通明,遠望去,簡直像銀山火樹,蘭麝伽俑,香氣撲鼻;夜間還如白天一樣,徹夜游行。百里外的船隻都聚集浦灘上下,船數達萬。還有名班演戲,百技雜陳,鼓樂之聲,晝夜不絶。陰曆三月十九日左右燈始齊,到二十四五日方始停止。接着又逢到三月二十八日的城隍護海公懿德夫人的生日,城内又有燈市了。街衢陳設,一如城外。從二十五六日起至四月初止。總計城廂内外,凡閱半月而燈事始畢。這熱鬧的燈市,一直繼續到雅片戰爭時,一八四一年清道光二十一年才罷。[註五]

上海既成爲商品的集散地,各地物産的輸入,都是較先較易;即國外物産,亦復不斷輸入。經營輸出入業的大本營,便在小東門的洋行街。街名洋行,也就是因其爲販運國内外貨物所在地的緣故。上海的花衣布疋也由洋行街商店所收買而後輸出的。上海人的生活在這承平時代,自也日漸富麗,對於國内外的奢侈品,都愛好起來了。紅木從廣東輸入,製作各種華麗的裝飾品與家具。福建的名茶,如所謂壽眉、旗鎗、雀舌等,成爲茶肆中的珍品。蘭州水煙亦成爲滬人嗜好品之一。臺灣的佛手柑跟着福建船而進口,成爲閨秀床笫間的裝飾。各種外貨:如日本産的洋花布巾,暹邏産的籐烟管,都爲滬人所樂用。洋松、洋鵑、洋楓之類也都繁植於上海庭園中了,甚至玻璃瓶裝的紅毛酒也輸入了。[註六]

各種節日爲平民娛樂的日子。上元節美貌童子飾爲採茶女子,手執花藍燈,唱着俚歌,一直到正月底才罷。清明節賽神謙會,有三日之多。端午浦中鬧龍舟,更其熱鬧。少年束青龍絛載諸般器械,闖入龍舟隊裏,更番奏技,往來如織,稱曰快船。有錢的人坐着沙飛船賞玩。此奏十番,彼唱清曲。龍舟繞著沙飛船遊戲,以博賞金。有的將鴨放入浦中,叫人泅水去捉,以資笑樂。到了夜間,船檣燈火萬點,閃閃爍爍,真如繁星麗天。陰曆七月三十日舉行的盂蘭盆會以及中秋節,便是秋天的上海熱鬧日子。[註七]

平民娛樂且日有所增廣。八將的紙牌、押寶與搖寶,成爲當時流行的賭博。起始於一七七五年清乾隆四十年後的花鼓戲,即今日所謂申曲,也流行起來了。花鼓戲最初是鄉間男子在白天扮演的,到後來女人也參加了,變成爲在夜間扮演了,而且流入於鎮市。男敲鑼,女打兩頭鼓,和以胡琴笛板;唱詞賓白,因爲都是上海土話,所以最爲民間所愛好。每逢村中扮演時,甚至鄰村男女都鍵户往

[註一]　見本書頁七三。
[註二]　施潤:居敬堂詩稿卷四。
[註三]　上海縣續志。
[註四]　楊光輔:淞南樂府。
[註五]　毛祥麟:墨餘錄。
[註六]　楊光輔:淞南樂府。
[註七]　同上註。按:上海盂蘭盆會不在陰曆七月十五日而在三十日,與他地不同。

觀的。[註一]

　　妓女也因客商的羣集而增多，青浦諸聯曾記當時船妓云：“上海黃浦灘多停賈舶，土人每載衙院客，逐春風上下，其聲曰‘唯’，泊者聲相應，即攏舟送至，衾裯笙笛咸備。晨鐘初動便來引去，於萍水作魚水歡，恬而不怪。”楊光輔淞南樂府中亦云：“淞南好，海舶塞江皐，羅袖爭春登白肚，琉瓶卜夜醉紅毛，身世總酕醄。”注云：“海船全身白堊，俗呼曰白肚皮船，俱泊浦心，日將暮，小船載土妓分宿各幫”，當時妓家大半在西城，營丁錯處，常倚武弁爲屏障。[註二]

　　上海當時真是繁華了，就是稱爲天堂的蘇州的妓女也要來滬營業了。[註三]

[註一]　　諸聯：明齋小識；淞南樂府。
[註二]　　同上註。
[註三]　　明齋小識卷九風覆妓舟條。

辛　上海的開埠

一　外人的覬覦

1. 畢谷的提議——2. 林特賽的考察——3. 縣志的記載

上海於公元一六八四年_{清康熙二十三年}廢除海禁,於一六八五年_{清康熙二十四年}設立江海關以後,[註一]乃復成爲中外通商的港口。但其時上海商業狀況,因海禁初廢,還未能引起洋人的重大注意。[註二]其後,英商"以粵關索費太重",於一七二九年_{清雍正七年}後,便想在我國別港貿易。但直至一七五五年_{清乾隆二十年}英人始要求在定海通商。[註三]翌年,即一七五六年_{清乾隆二十一年}有英商東印度公司(East India Company)中人,名叫畢谷(Pigou)的,獻議當局,説上海是一個有望的商港。因此獻議,該公司於數年後,便派佛林德(Flint)到上海一帶調查。[註四]但以一七五七年_{清乾隆二十二年}外洋貿易定制歸併粵東一港,[註五]畢谷之議除派佛林德調查外,暫時未見其他動作而成爲該公司的一懸案。

英商在粵東一港貿易,本已不滿,又以一八一五年_{清嘉慶十五年}以來,我國申禁雅片烟,[註六]便更不能耐;圖闢粵東以外的商港之心於是益決,後於一八三二年_{清道光十二年}特派林特賽(Lindsay)考察我國沿海各地。林特賽挾上年曾來上海的郭實獵夫(Gutzlaff)爲翻譯員,[註七]乘坐安和寺爵士號(Lord Amherest)從澳門北上。因欲避免廣東官廳的注意,東印度公司囑林特賽喬裝而取華名胡夏米(Hoo-hea-me),托辭船往日本;但是仍不得逞,往廈門、福州、寧波等地要求通商,均遭拒絶;林特賽便到上海來了。[註八]

當林特賽逗遛在寧波海面時,江蘇官場已經得有報告,自巡撫司道以至防軍將領,一時函牘紛馳,飭屬防範。六月十八日_{五月二十日}滬道吳其泰首先出示佈告上海居民:

> 欽命江南巡撫蘇松太兵備道兼管海防水利驛鹽事務加三級紀録十次吳,爲出示曉諭事:照得

[註一]　皇朝文獻通考卷三三市糴考二:"康熙二十三年……詔開海禁……直隸、山東、江南、浙江、福建、廣東各省先定海禁處分之例,應盡行停止。"又:"四十七年……自康熙二十二年開設海關……"是則海關似設在開海禁之前。秦榮光同治上海縣志札記:"海關:康熙二十四年設海關於縣治,案姚廷遴紀事作二十年設。"王之春國朝通商始末記:"癸亥,康熙二十二年開海禁","設粵海、閩海、浙海及江海關四。"今本文開海禁年月從通考,設江海關年月,從乾隆元年江南通志、乾隆十五年上海縣志及同治上海縣志。又,關於江海關設立之地點,國朝通商始末記及夏雪中西紀事,均謂設於雲台山,不知何所依據。乾隆元年江南通志、乾隆十五年上海縣志均謂海關設於上海。

[註二]　東亞同文書院,支那研究上海研究號上海之沿革。

[註三]　夏雪:中西紀事卷三。

[註四]　Montalto de Jesus, Historic Shanghai, p. 1.

[註五]　中西紀事卷三。

[註六]　王之春:國朝通商始末記。

[註七]　一八三一年八月二十日,郭實獵夫乘中國船到上海,見 Maybon et Fredet, Historire de la Concession Francaise de Changhai, p. VII。

[註八]　Jesus, ibid., pp. 1-2.

本道昨聞浙省洋面有英吉利船在彼遊弈情事，並據寧郡赴海關完税漁船，亦稱有夷船在鎮海招寶山洋面。現在浙省文武委員出洋驅逐。正在查辦間，又接蘇松鎮來函，以准浙江定海縣移咨有前項夷船在浙省，咨會一體防範。關鎮軍現已飛飭川沙等營各將弁，分別率帶兵船，前往內外洋面各處所分蹤堵截，並飛咨狼山鎮一體轉飭防範等因。查江省洋面與浙毗連，該夷船或因浙省堵截緊嚴，乘風潛駛入江省，亦未可定，自應預爲防堵。除令各委員並札沿海等處各府廳縣多帶幹練丁役，馳赴各該海口遍歷巡防，倘採得該夷船有潛馳至江省洋面，會營嚴行驅逐出境，不准稍事逗遛外，合亟出示曉諭。爲此，示仰各該沿海居民戶人等知悉，如有前項夷船潛駛至境，附近居民人等，立即稟官驅逐，不許與該夷船交易貨物，如敢抗違，定即查拿嚴懲，斷不姑貸。其各凜遵，毋違，特示。道光十二年五月二十日。[註一]

同日，上海縣知縣溫綸湛也有同樣性質的告示，張貼在天后宮前。示文如次：

特調江蘇松江府上海縣正堂加十級、紀錄十次溫，爲出示諭禁事：案奉巡撫部院梁憲札內開准江南提督王函開，准蘇松太道札會，接到浙信有夾板一隻，遊弈內洋，誠恐該夷船乘風駛赴江南，似應預爲防範，一體驅逐出境，毋許駛入，與沿海居民來往買賣。兵役人等，稍敢疎懈，立即嚴辦等因，到縣，奉此。除移會營況一體巡防驅逐外，誠恐該夷船乘潮駛近口岸，合亟出示諭禁。爲此，示仰闔邑居民鋪戶及船戶人等知悉，如遇該夷人等登岸，毋許與之往來買賣，倘敢故違，一經查獲，立即嚴拿治罪，決不寬貸。保甲等如敢狥庇，亦即一併從嚴究治。各宜凜遵，毋違，特示。道光十二年五月二十日示。發天后宮前實貼。[註二]

一八三二年六月二十一日_{清道光十二年五月二十三日}安和寺爵士號開到吳淞口時，便受着我國礮台和礮船的一陣礮火，禁止深入上海。但是林特賽遠避我國人的耳目，暗地裏帶了一小部分船員，駕了舢板，開進黃浦來了。是日午後四時半許，他們到了馳名的商埠上海(The far famed emporium of Shanghai)。他們看見前面無數的各種船隻，看見江面廣闊，岸上巨大的貨棧，岸邊排列的船舶，便知上海真是一個名不虛傳的商埠。他們在天后宮(The Queen of Heaven)前登陸，問明赴往滬道衙署去的路由，便進城，路上遇着一道署差役，説明滬道將在吳淞和他們會面，請即回吳淞。不信，仍往前進；他們趕到道署前時，差役即將衙門閉上。他們中間有二人，上前肩開了門，衆人便直登大堂。是時知縣溫綸湛出來接洽，指斥他們未得我國允許，貿然來滬，實干未便。林特賽即告以此來目的，是在通商，帶有説帖，須呈滬道。溫知縣答以此地中外貿易，已經停止，請回廣東。林特賽此時便報告廣東貿易狀況。後溫知縣説明滬道吳其泰，將於天后宮和他們會見。既至天后宮，林特賽等與吳道對於當面對答時坐立的禮儀，爭論了半小時餘，[註三]既而林特賽呈其説帖於吳道，內稱：

英吉利國船主胡夏米謹稟蘇松太兵備道大人，轉報上憲。現在大英國船已至此，並進口欲買賣。船裝載洋布、大呢、羽毛等貨。舊時大清與大英國貿易微少；但此百年間增加十倍，因此兩國彼此獲大益。向來每年小船七八隻至貴國，如今每年大船七十八十隻到中國，帶本國的貨物來，買運貴國的茶葉三千萬斤及湖絲等貨，銀幾百萬元。又貴國的船及上海縣的貨船，年年進我大英國屬地方之埠頭，受好款待。無奈其買賣大爲賺錢。所以我本國之商見此，莫不以爲彼此均有獲利之道理，而希冀貿易於中國北方之埠頭沿利。倘貴國的商，買我本國的貨，我們買貴省的茶葉、

［註一］　許地山：達衷集。
［註二］　同上註。
［註三］　Lindsay, A Voyage to the Northern Ports of China, 1887, pp. 171－177；東亞同文書院，支那研究上海研究號上海之沿革頁二一一二二所引；Jesus, ibid., pp. 2－9。

湖絲等貨,則兩下均受益。又加國之餉,增民之生活計。商賈皆欲藏於縣之市,又添兩大國友道結交之義。此是彼此至重之事,是以我恭稟大人俯念,以此事情,轉報上憲;如何始創,貴省與本國生理始雖少微,亟添甚大,而開大利路於將來矣。稟赴大人臺前,萬望施行。道光十二年五月二十二日。[註一]

吳道於批閱後,立即批斥,飭其回粵。批云:

> 天朝欽命江南蘇松太兵備道監督海關吳,批示:該夷船人胡夏米等知悉,據稟,希冀貿易,轉報上憲等情,查該夷船向無在上海貿易之例,未便違例據情上轉。合行駁飭,原呈擲還。即速開船,遵照舊例回粵貿易,毋得遷延自誤。道光十二年五月二十三日　批示。[註二]

但林特賽並不立即退去,卻在上海滯留至兩星期有餘,詳細考察了上海。到七月六日六月初九日吳道又諭示云:

> 欽命江南蘇松太兵備道監督海關吳,諭英國商人胡夏米等知悉:該商等以孤船來至數萬里之外,經數年之久,其意不過欲通商交易耳。然上海向不准與英國商人交易,乃係天朝制度,內地商民斷不敢故違禁令,與該商等交易買賣。該商等在此洋面停泊,虛靡盤費,有損無達。本道仰體大皇帝懷柔遠人之意,是以明白曉示,令其及早開行。若藉詞觚延,曠日持久,必致受累更深。該商等係有本經營,自當仍回例准交易之廣東地方消賣,慎毋自貽後悔。切切,此諭。道光十二年六月初九日[註三]

林特賽請求在上海通商,雖沒有得到結果而怏怏離去,但對於其後英人的決心侵佔上海,卻有不少影響。

同治上海縣志也有紀述林特賽之事:

> ……十五年間,有英吉利商船一隻突進吳淞口,船主胡嘎米與通事四五人,登岸縱觀海塘,放舢板入黃浦,遍游城市,秋後始揚帆去。

寶山縣志也有相彷的記載:[註四]

> ……十五年春,有英吉利商船一隻突進吳淞口,率通事數人徧觀海塘,秋後始揚帆去。

所記時日與西書雖不同;但所記相類,且船主名與林特賽所取的華名,聲音相合,所以可決定其所述是同一事實。[註五]

二　吳　淞　之　戰

1. 警訊與戒備──2. 戰鬥的經過──3. 上海的陷落

我國烟禁到一八三九年清道光十九年而益嚴緊:[註六]林則徐在廣東將英商雅片燒燬,英人就此開釁

[註一]　許地山:達衷集。
[註二]　同上註。
[註三]　Jesus, ibid., pp. 8 – 10.
[註四]　同治上海縣志卷十一註;寶山縣志卷六註。
[註五]　東華續錄道光一二年記有英吉利國商船駛至福建、江蘇、浙江等省之事。王韜瀛壖雜志卷六註,亦有記林特賽事,多錯誤。
[註六]　道光元年辛巳,申禁雅片;十六年丙申,定食雅片罪;十七年丁酉,廣東設水師巡緝船嚴查雅片;十八年戊戌夏,鴻臚寺卿黃爵滋奏禁食雅片,行保甲連坐法;十九年己亥,林則徐與兩廣總督鄧廷楨嚴申烟禁,頒新律,以一年又六月爲限,吸烟罪絞,販烟罪斬。

和我國作戰。這就是所謂雅片戰爭。

　　一八四〇年七月^{清道光二十年六月}定海陷，^[註一]我國沿海各地便戒嚴。上海城中趕鑄鎗礮，添建礮船，竭力籌防。^[註二]其時提督陳化成自福建廈門轉任松江方七日，聽到定海陷落，立即督率本營兵，趕往吳淞口，修築礮台，相度形勢，建立行營於海塘高岸上，自居於白單布帳房中，不避風雨寒熱，和士卒同甘苦。^[註三]八月七月間，有大夷船三隻，在寶山洋面遊弋，內有一艘闖入內洋，經陳提督率兵開礮轟擊，及其船尾。該船旋即轉帆，開放兩礮，不能及我塘岸，駛向東南深水大洋，須臾不見影蹤；陳提督也未經窮追。^[註四]兩江總督亦因夷船遊弋洋面，請江寧將軍調兵鎮守，在洋涇浜習水戰，各海口俱封鎖。^[註五]

　　一八四一年^{清道光二十一年}秋，廈門、舟山告警時，陳提督在吳淞戒備更嚴，"以寶山東南爲吳淞、黃浦二江交匯入海之口，實爲上海、崇明管鑰，於是激勵將士，拊循軍民 …… 躬習勞苦，以爲士卒先"。^[註六]

　　一八四二年四月^{清道光二十二年二月}江督牛鑑調集各路兵嚴防上海。^[註七]蘇省解到火藥四萬五千斤，儲藏在西城九畝地積穀倉。四月十八日下午四時左右^{三月八日申刻}藥性陡發，轟霆一震，天地晦冥，咫尺莫辨；其地房舍盡爲灰燼，死傷兵民二十多人。^[註八]爆發原因，互相揣度，不知從來，便都疑心是漢奸的工作，於是關閉各城門，嚴密稽查，三日之後，城門方始照常開放。^[註九]陳化成一聞城內火藥爆發，即查驗吳淞火藥庫，妥爲安置。^[註十]

　　同年五月十九日^{四月十日}乍浦失守，江浙騷動，上海人心因火藥爆發，已經動搖，至此便更恐慌，大家都要搬運家眷出城，以避兵災。^[註十一]駐吳淞口的陳提督一面更加戒備，一面飛咨江督，請增益兵隊。^[註十二]牛鑑便率河南、徐州、江寧兵三千、籐牌兵八百駐上海；陳提督以爲有了這樣的兵力，可以無恐。^[註十三]六月六七兩日^{四月二十八二十九兩日}上海城上紮營，城門架礮；保甲壯丁，林立街巷，直至二鼓，巡查防堵異常嚴厲。^[註十四]

　　敵人果然來了！六月九日^{五月一日}英國火輪船三艘，開到距吳淞塘外十餘里之處，並於黃家灣及銅沙地方，各泊兩船，以取聯絡之勢。我國商船進口，都被英軍刼擄，如有揚帆逃遁的，便被鎗礮轟擊。商船被擄計有四十餘號。十日^{二日}制台牛鑑從高橋鎮，赴衣周塘，會同提督陳化成沿塘視察。十二日下午四時左右^{四日申刻}敵船十餘艘連檣而進，其中最大的連桅高數十丈，船身三層，四面都設礮眼。十五日八時左右^{七日辰刻}洋面敵船，檣列如林，檣間烟氣騰騰。牛鑑見敵勢兇猛，驚疑束手；但從礮彈中入死出生難以計數的陳提督，卻一無所恐，只是嚴陣以待。其時我國佈防情形如此：牛鑑駐寶山城中，主持一切；陳提督親駐西礮台，督率後營遊擊張蕙，中營守備韋印福，安徽已革武進士劉國標和各營將弁等；徐州鎮總兵王志元和署川沙營參將崔吉瑞守小沙背；署蘇松鎮總兵周世榮和前營遊擊王風翔守東

　　[註一]　同治上海縣志卷一一。
　　[註二]　同治上海縣志卷一一；Jesus, ibid. , p. 10.
　　[註三]　中西紀事卷八。
　　[註四]　中西紀事卷八。
　　[註五]　同治上海縣志卷三〇。
　　[註六]　中西紀事卷八。
　　[註七]　同治上海縣志卷一一；曹晟：夷患備嘗記；Jesus, ibid. , p. 12.
　　[註八]　同治上海縣志卷一一；毛祥麟：對山書屋墨餘錄卷二；王韜：瀛壖雜志卷二。
　　[註九]　夷患備嘗記。
　　[註十]　Jesus, ibid. , p. 12.
　　[註十一]　國朝通商始末記卷一〇；夷患備嘗記。
　　[註十二]　中西紀事卷八。
　　[註十三]　同上註。
　　[註十四]　夷患備嘗記。

礮台。[註一]

　　十六日清晨六時八日卯刻敵用火輪船拖着戰船，排陣而入。由白龍特號(Blonde)領導前進。其次是康威里司號(Cornwallis)，高懸着副提督的旗幟(Viceadmiral's falg)，這兩船正面對我軍西面的防線。在這兩船掩護之下，戰船莫台史丹號(Modest)、可崙比號(Columbine)、克里窪號(Clio)破浪前進作戰，此外還有戰船奴思史帶號(North-Star)參加礮擊。陳化成對壘開礮，所射礮彈，毫不亂發，白龍特號中十四彈，海軍少佐海會德(Lieut. Hewitt of the Marines)中彈死，其餘各船也都受彈丸的重擊。[註二]計轟擊三小時餘，擊沉火輪船三、大兵船一，斃敵三百人。[註三]我國礮船一隊，計十九隻，圍攻火輪船奈米西史號(Nemesis)。該輪擱淺受厄，幸得旁船救護，得免於難；但是我國礮船卻大部分犧牲了。[註四]後敵人向東礮台及小沙背猛力攻打。徐州兵先潰。江督牛鑑，其時在寶山城外教場，因敵彈受驚，便率兵退往城中，守東礮台的兵卒也就跟着撤退。[註五]敵人由小沙背登岸，乘勢奪據寶山。[註六]牛鑑先退往嘉定，繼退太倉。[註七]這時西礮台的士卒還是竭力抵抗，至死不屈。[註八]雖則火藥已完，最大的礮又被擊去兩耳，陳提督還是親自射擊抬鎗，奮勇殺敵，直至受洋鎗傷三處，仆地而止。[註九]從陳提督而爲國犧牲的八十一人，有職名可考的七人，爲提標中營守備韋印福，前營千總錢金玉，左營外委千總許林，前營外委千總許攀桂，外委徐大華，內黃營外委姚雁字，吳淞營把總龔增齡。[註十]陳提督陣亡後由部曲劉國標，殺敵二三人，奪回屍首；敵人追之，鎗傷其右足趾。[註十一]劉便匿葦蕩中，到了翌日，赴嘉定，始由人將陳提督屍運回棺殮。[註十二]後詔祀陳提督於昭忠祠，予卹蔭，並於其原籍福建立專祠，謚忠愍；上海專祠則設於淘沙場清源書院的舊址。[註十三]

　　英兵佔寶山、吳淞後，查點各船轟斃的士卒，非常憤恨，便驅使本地壯丁爲之搬運財物，下船之後，悉被擄去，以充戰死兵卒的缺額。[註十四]

　　上海城中土匪，聞吳淞陷落後，即開始活動，白晝搶劫。[註十五]滬道巫宜禊、知縣劉光斗也都逃走，只有教諭姚員瀾、典史楊慶恩留在城中。後楊慶恩投浦死。[註十六]居民也較前更形恐慌，相繼扶老攜幼逃難，大戶逃往南翔，其次是逃往法華涇。[註十七]十八日十日城內外罷市，土匪蜂起，秩序大亂。[註十八]

　　十九日十一日黎明，礮聲大震，英軍已水陸並進，水兵由黃浦駛過閔行，水淺乃止；陸兵約二千餘人，用車載礮車一輛，礮二門，由寶山殷家行入北門，城內毫無抵抗，上海就此算陷落了。[註十九]

[註一]　袁陶愚：壬寅聞見紀略(人文四卷一期至五期)。
[註二]　Jesus, ibid., p. 13.
[註三]　關於擊沉敵船數，各種記載不同。同治上海縣志不記。中西紀事："擊沉其火藥巨艦一，又中其頭鼻頭桅之兵船三，共斃夷兵三百餘人。"光緒寶山縣志："擊傷輪船二，大兵船五。"法華鄉志："擊沉二艘，又折其二艘之桅。"本文係從壬寅聞見紀略。
[註四]　Jesus, ibid., p. 14.
[註五]　壬寅聞見紀略；光緒寶山縣志卷六；法華鄉志卷三。
[註六]　英軍登陸地點，國朝通商始末記及法華鄉志均說是小沙背，壬寅聞見紀略則謂衣周塘。小沙背登陸較合理。
[註七]　壬寅聞見紀略。
[註八]　同治上海縣志卷一一。
[註九]　壬寅聞見紀略；Jesus, ibid., p. 16。
[註十]　同治上海縣志卷一一；上海縣續志卷三〇，龔增齡：中西紀事及國朝通商始末記均作龔齡垣。
[註十一]　壬寅聞見紀略後序。
[註十二]　同上註。
[註十三]　同治上海縣志卷一〇；秦榮光：同治上海縣志札記卷二。
[註十四]　中西記事卷八。
[註十五]　夷患備嘗記。
[註十六]　同治上海縣志卷一一。
[註十七]　夷患備嘗記事略附記；法華鄉志卷三。
[註十八]　夷患備嘗記。
[註十九]　同治縣志卷一一；壬寅聞見紀略。

英軍陸軍中將郭夫(Lieut. -General Sir Hugh Gough)占城隍廟後園爲總司令部。華麗的城隍廟，就大遭刧難，精巧的木刻被除下而作燃料；一家巨大的當鋪，被英軍作爲碱兵團部，當鋪内的金銀，於是掃數化爲烏有。市中毛皮絲綢，多被搶刧。[註一]大小人家無不屢被搜抄，"傾箱倒篋，凡一切銀錢首飾，細而軟者，雖微必攫"。英軍除搶刧而外，便是强姦婦女。[註二]英軍長官對於部下如此暴行雖後加禁止，[註三]但城内已徧遭蹂躪；公共建築物及富家邸宅多被破壞。有餽贈牛羊雞鴨者，英軍長官許給護照；以護照貼門上，西兵不復入。凡運碱位火藥及動用等物，一切扛抬勞役仍如寶山城中一般，捉民當差，無分僧道紳富。[註四]後英國全權代表璞鼎查(Henry Pottinger)率兵來滬，發出中文布告一通，開始用著誇飾的文體，略謂：

> 天宇之下，環地之中，國家衆多，但無不受唯一天父之支配；我人實屬一家之弟兄，既屬同胞，理宜相互親善修睦，不得自誇我在人上。

其次便說明這次戰爭當繼續進行，除非中國皇帝速派全權大臣進行和議，而允許爲維持將來的保障，商業的必要，以割讓領土作爲媾和基礎。六月二十三日五月十五日上海英國所有駐軍及其新來的軍隊，共乘船七十三隻全部溯江而上，進攻鎮江、南京。[註五]

英軍既去，城中秩序未復，土匪又蜂起，乃由紳董召集鄉團，分守六門。二十五日十七日遊擊封耀祖入城，招集營汛。二十七日十九日滬道巫宜襖也回城，止有知縣劉光斗待罪省垣，委秋家丞攝縣事。[註六]

上海城中雖已稍平靜，但四鄉還是搶掠盛行。直至七月十三日六月五日鄉勇捕獲土匪三人，爲大衆燒死於校場上，匪患才告斷絕。[註七]

三 開埠的實行

1. 開埠的條約——2. 開埠的宣佈——3. 居留地的産生

一八四二年八月九日清道光二十二年七月四日英軍進攻南京。我國在武力壓迫之下，宣佈議和。八月二十九日七月二十四日欽差大臣伊里布和耆英與英國全權代表璞鼎查，在康威里司號上簽訂媾和條約十三款，這便是有名的所謂南京條約，亦稱江寧條約。[註八]

江寧條約第二款規定五口通商：

> 一、自今以後，大皇帝恩准英國人民，帶同所屬家眷，寄居沿海之廣州、福州、廈門、寧波、上海等五處港口貿易，通商無礙。英國君主派設領事管事等官，住該五處城邑，專理商賈事宜，與各該地方官公文往來，令英人按照下條開敍之例，清楚交納貨稅鈔餉等費。[註九]

上海因這一款條約，便爲五處通商口岸之一。及至一八四三年十月八日清道光二十三年八月十五日中英在

[註一] Jesus, ibid. , pp. 20 - 21.
[註二] 壬寅聞見紀略。
[註三] Jesus, ibid. , p. 21.
[註四] 夷患備嘗記。
[註五] Jesus, ibid. , p. 22.
[註六] 同治縣志卷一一。
[註七] 同治縣志卷一一；夷患備嘗記。捕獲三土匪日期，夷患備嘗記作六月初一日。
[註八] Lanning and Couling, The History of Shanghai, pp. 270, 273. 壬寅聞見紀略。
[註九] 約章成案匯覽甲篇卷二。

虎門又訂立通商善後條約,或稱虎門條約。[註一]該約第六款:[註二]

> 廣州等五港口,英商或常川居住,或不時來往,均不可妄到鄉間任意遊行;更不可遠入內地貿
> 易。中華地方官應與英國管事官,各就地方民情地勢,議定界址,不許踰越,以期永久彼此相安。
> 凡係水手及船上人等,俟管事官與地方官先行立定禁約之後,方准上岸。倘有英人違背此條禁
> 約,擅到內地遠遊者,不論係何品級,即聽該地方民人捉拿交英國管事官依情處罪,但該民人等不
> 得擅自毆打傷害,致傷和好。

及第七款:

> 在萬年和約內,言明允准英人攜眷赴廣州、福州、廈門、寧波、上海五港口居住,不相欺侮,不
> 加拘制。但中華地方官必須與英國管事官,各就地方民情,議定於何地方,用何房屋或基地,係准
> 英人租賃。其價值必照五港口之現在所值高低爲準,務求平允。華民不許勒索,英商不許強租。
> 英國管事官每年以英人或建屋若干間,或租屋若干所,通知地方官轉報立案。惟房屋之增減,視
> 乎商人之多寡,視乎貿易之衰旺,難於預定額數。

兩款都是關於五口通商的,也就是和上海相關,而成爲上海開埠的基本條約。

上海既依條約而成爲通商口岸之一,第一任英領巴富爾(George Balfour)便於一八四三年十一月
八日清道光二十三年九月十七日挾其翻譯麥華陀(Mr. W. H. Medhurst),從舟山乘汽船到上海,迫着上海
宣佈開埠了。[註三]

巴富爾到滬的翌日,即登岸去謁見滬道宮慕久,協議正式開埠日期以及領事館地址等事。宮道雖
告以實行開埠,尚須稍緩;但英領已急不及待了。後英領即於西姚家衖(Se Yaon Road)租得商人顧姓
(Koo)巨屋一座,作爲領事館。[註四]

一八四三年十一月十七日清道光二十三年九月二十四日上海便正式宣佈開埠了!

上海既正式開埠,英商便即陸續運貨進口。我國也就依粵海關例,於洋涇浜北設立盤驗所,徵收
進口貨稅銀,造冊報銷,悉用陰曆。[註五]盤驗所至一八四六年清道光二十六年滬道宮慕久於北門外頭壩
南,面浦,建立新關後始廢止。[註六]又自一八四三年清道光二十三年起,蘇州府督糧同知,改爲松江府海防
同知,移駐上海,專管通商事務。[註七]

英商既陸續來,滬便陸續租買土地,以便居住,所買土地,在外灘　帶,每畝售價,自制錢五十丁至
八十千文。英商租買田地的一帶地段,璞鼎查從南京簽約回上海時,即已看定,擬作爲英僑居留地。
但購地辦法,條約上並未明定,爲我國官吏所不許;經英領與滬道幾經磋商,始定永租辦法。[註八]至一
八四五年十一月二十九日清道光二十三年十一月一日滬道宮慕久以其個人名義,公佈告示及地皮章程二十

[註一]　虎門條約後因一八五八年六月二十六日(清咸豐八年五月十六日)中英訂立天津條約而作廢。
[註二]　和約彙鈔卷六。
[註三]　Jesus, ibid. , p. 28. 關於英領, H. B. Morse, The International Relations of the Chinese Empire, Vol. I. , Ch. XIII, p. 346
獨作 G. Butler,與其他各書異。W. H. Medhurst 父子二人,同姓名,子初爲領事館翻譯,因病,由父代替,西書亦常分辨不清,今本志子
名譯作麥華陀,父名作都思,巴富爾來滬時翻譯爲麥華陀,依 The History of Shanghai.
[註四]　Jesus, ibid. , p. 29. 但"顧姓"係從 Lanning and Couling, The History of Shanghai,因其由公共租界工部局聘任而作是書,
想有檔案可稽。
[註五]　同治縣志卷二。
[註六]　同上卷一。
[註七]　同上卷二及卷一二。
[註八]　Jesus, ibid. , p. 33.

三款。此項地皮章程,便是當日英僑居留地正式產生的大憲章。[註一]

　　宮慕久告示中與英領所劃定的居留地,止說明在洋涇浜以北、李家莊以南之地,東西則未說明界限。到了翌年,東西界線方始明定:東到黃浦,西以界路(Barrier Road)爲界。其時居留地全部的面積約計八百三十畝。至一八四八年_{清道光二十八年}滬道麟桂允准英領阿利國(Rutherford Alcock)擴張租界之要求,重訂界址如下:東南以洋涇浜橋爲界,東北盡吳淞江_{西人俗稱蘇州河}第一渡場,西南到周涇浜,西北到吳淞江濱蘇宅爲止,[註二]計其面積,共二千八百二十畝。[註三]

四　居留地的增加和西僑的跳梁

1. 法船的蒞淞──2. 法僑居留地的產生──3. 美僑居留地的產生──4. 西僑的橫行

　　自江寧條約訂立後,法美兩國也就急起直追,各圖分潤,要求通商,進而更要求居留地的劃定。[註四]

　　先是當一八四〇年_{清道光二十年}英國既與我國作戰而佔勝利,法國就想乘機分潤,便派則濟勒(Cecile)乘船叹喇哦哪號(Erigone)來中國視察。則濟勒於一八四二年七月十二日_{清道光二十二年六月二十一日}到吳淞口。十五日_{二十四日}寶山縣高橋人王世勳正在海塘上徘徊,忽見四五個夷人急駛小船而來。夷人既登岸,即將王虜去,送往一艘大船上。那艘船正是叹喇哦哪號。因則濟勒既至吳淞,苦無人爲其送信給我國官廳,及見王世勳,故即將王虜去船上,囑其送信。信云:

　　　　佛朗西亞兵船名號叹喇哦哪,此船大兵將現在吳淞口外下錨。上海大官通事並無別事,就告
　　　　明上海大官知道,此佛朗西亞船與天朝並無相害也。江南省總督大官仍知道,此船將到天朝岸界
　　　　小譽。如今佛朗西亞同英吉利國有約結的。刻下大兵將欲到上海,往拜大官,但元帥本性愛民,
　　　　不肯上去,因城中百姓未悉佛朗西亞國。同天朝從前到此時最令奸怕欲亂,故此通字,先教知上
　　　　海大官欲知若可以用小船帶幾個將軍、幾個兵到上海去往拜大官。望回信。吳淞口六月二十二
　　　　日。佛朗西亞大兵將則濟勒(花押)。上海官憲[註五]

　　此信送到巡撫程矞采處。矞采以爲法國既與我國無仇,當可與其總兵官晤面。後我國官廳不許叹喇哦哪號駛入長江,只准其率從卒數人乘小船跟着英國船前去。八月十六日_{七月十一日}則濟勒脅沙船王裕隆使爲導引,駛向南京而去,後且參加康威里司號上簽訂條約。

　　法國於一八四三年_{清道光二十三年}特派使臣至澳門,於一八四四年十月二十四日_{清道光二十四年九月十三日}在黃埔佛蘭西阿吉默特火輪兵船上訂立中法五口通商章程三十六款,亦稱黃埔條約,至翌年八月二十五日_{清道光二十五年七月二十三日}在澳門正式換文。

　　黃埔條約三十六款中以第二十二款最爲重要:[註六]

　　　　凡佛蘭西人按照第二款至五口地方居住,無論人數多寡,聽其租賃房屋及行棧貯貨,或租地

　　[註一]　地皮章程原本華文已不可考。一八五二年一月十七日北華捷報載有英譯全文。徐公肅、丘瑾璋:上海公共租界制度有譯文。關於英美居留地及公共居留地詳細記述,參考本市通志公共租界編。
　　[註二]　Jesus, ibid., p. 46.
　　[註三]　Report of Feetham to the Shanghai Municipal Council, Vol. I, p. 29.
　　[註四]　F. L. Hawks Pott, A Short History of Shanghai, p. 11.
　　[註五]　松井廣吉:英清雅片戰史,頁一六四。
　　[註六]　Maybon et Fredet, ibid., p. 10.

自行建屋建行。佛蘭西人亦一體可以建造禮拜堂、醫人院、周急院、學房、墳地各項。地方官會同領事官,酌議定佛蘭西人宜居住宜建造之地。凡地租、房租多寡之處,彼此在事人務須按照地方價值定議,中國官阻止内地民人高抬租值,佛蘭西領事官亦謹防本國人強壓迫受租值。在五口地方,凡佛蘭西人房屋間數,地段寬廣,不必議立限制,俾佛蘭西人相宜獲益。倘有中國人將佛蘭西禮拜堂、墳地觸犯燬壞,地方官照例嚴拘重懲。

法國旋派敏體尼(Montigny)爲領事,於一八四八年一月二十五日_{清道光二十七年十二月二十日}到滬。同年秋,敏體尼即向滬道要求劃定法人居留地區域。經兩方磋商多時,至一八四九年四月六日_{清道光二十九年三月十四日}始由滬道麟桂發出告示實貼。告示中所定法人居留區界址如下:東至廣東潮州會館沿河至洋涇浜東角;南至城河;西至關帝廟褚家橋;北至洋涇浜。^[註一]

法僑在滬的居留地,依此麟桂一紙告示,便正式證明其誕生。

美國派遣顧聖(Caleb Cushing)爲全權代表,於一八四四年二月十七日_{清道光二十三年十二月二十九日}到澳門,和兩廣總督耆英交涉通商事宜,同年七月三日_{清道光二十四年五月十八日}在澳門附近望廈地方訂立望廈條約,^[註二]條約形式雖與江寧條約稍異,而其内容則大致相同。^[註三]該約第三款:^[註四]

> 嗣後合衆國民人,俱准挈帶家眷,赴廣州、福州、廈門、寧波、上海共五港口居住貿易。其五港口之船隻,裝載貨物,互相往來,俱聽其便。但五港口外,不得有一船駛入別港,擅自遊弋,又不得與沿海奸民私相交易;如有違犯此條禁令者,應按規定條例,將船隻貨物,俱歸中國入官。

又第十七款:

> 合衆國民人在五港口貿易,或久居,或暫住,均准其租賃民房,或租地自行建樓,並設立醫院、禮拜堂及殯葬之處;必須由中國地方官會同領事官,體察民情,擇定地基,聽合衆國人與内民公平議定租息,内民不得抬價掯勒,遠人勿許強租硬佔,務須各出情願,以昭公允。倘墳墓或被中國民人燬掘,中國地方官嚴拏,照例治罪。其合衆國人泊船寄居處所,商民、水手人等,止准在近地行走,不准遠赴内地鄉村,任意間遊,尤不得赴市鎮私行貿易;應由五港口地方官,各就民情地勢,與領事官議定界址,不准踰越,以期永久彼此相安。

依此條約,不久,上海於是又有美人居留區的產生。

當一八四六年_{清道光二十六年},上海僅有美商一人,名華爾考脱(Henry. G. Wolcott)。此人即由美使派爲駐滬代理領事。其後美僑漸增,至一八四八年_{清道光二十八年}美國聖公會主教文惠廉(Wm. J. Boone M. D.)因於蘇州河以北虹口地帶建立教堂,便向滬道提出美僑居留地區域的要求,略經磋商,^[註五]滬道答應即以虹口爲美僑居留區。至一八六三年九月二十一日_{清同治二年八月九日}與英僑居留區合併爲國際居留地後,美僑居留區之名義始取消。^[註六]

上海宣佈開埠之後,商業便爲五口之冠;外人於貿易之暇,常駕舢板船到處游弋,而英人尤爲橫行。^[註七]

一八四八年三月_{清道光二十八年二月}有教士三人:麥都思博士(Dr. Medhurst)、雒頡博士(Dr.

[註一] Maybon et Fredet, ibid. , p. 34.
[註二] Hawks Pott, A Short History of Shanghai, p. 11.
[註三] Maybon et Fredet, ibid. , p. 3.
[註四] 北京外交委員會編纂處:分類編輯不平等條約上冊,頁三五。
[註五] A. M. Kotenev, Shanghai: Its Mixed Court and Council, p. 8.
[註六] Report of Feetham to the Shanghai Municipal Council, Vol. I. , p. 45.
[註七] 中西紀事卷一一。

Lockart)及茂海(Muirhead)，舟泊青浦縣地方，與居民口角起釁。[註一]是時青浦適有許多糧船，船上舵工水手人等便羣起援助居民，與英人争鬥。英人受傷，英船受損。[註二]

是時駐滬英領阿利國見麥都思等受傷回，便親訪滬道咸齡，請"按問主者，窮治首從，並要求賠償"。滬道對於英人的橫行，素爲厭惡，並以爲此事屬於青浦縣地方，不應越訴，便回答英領説："鬥毆細故，不足深詰。"[註三]

英領阿利國聽了大怒，語侵滬道，手中適持長柄摺扇，竟即以扇擊滬道的頭。滬道見其如此蠻橫無禮，便拂衣而入，向上海縣知縣金咸説："華洋雜處，平民鬥毆，這是極小的事，要我去壓迫本國百姓，獻媚洋人，我是不會的。"[註四]

過了五天，英領見滬道沒有切實辦法，便又施其恐嚇手段，通告滬道如不嚴懲鬧事首從，英國船隻將不繳納關稅，中國糧船也一艘都不得出口；並説四十八小時内，如不將鬧事頭腦拘捕到案，將取更嚴厲的方法對付。[註五]

英國礮艦卻爾段司(Childers)此時適到上海，便停泊於一千四百艘糧船及五十隻護糧礮船前面，以阻止糧船的出口。[註六]

滬道警告英領，以糧船船工、礮船兵士此時深懷忿怒，對於英僑恐有發生危險的可能；英領不聽。滬道命令礮船退去，也是無效。稍後，又一英艦愛司比愛格爾號(Espiegle)抵滬，即由該艦載英副領事赴南京，訴於兩江總督李星沅。[註七]江督遣兵弁導英領入城。英副領訴稱青浦被毆及滬道不爲申理等情，並謂船隻貨物被毀劫去的，計若干萬元。江督權詞撫慰，許以奏請查辦，即囑英副領回滬。[註八]

江督方奏委江寧藩台赴滬查辦，適逢者英自粵東内召，路過江蘇，便奉旨辦理該案，除捕到青浦水手十人在黃浦灘枷示外，又以二百兩作賠款，方始定案。滬道咸齡也被者英彈劾而去職。[註九]

當時華官愈昏庸軟弱，外人便愈肆無忌憚。甚至如法領敏體尼竟宣稱："對付中國人，應該要敢做敢爲，才有力量。"[註十]青浦事件竟是一個實例。但從這事件也就可明瞭外人是如何的橫行無忌了。

五　開埠後最初的商情及基督教的復興

1. 重要出入貨一瞥——2. 天主教的復興——3. 耶穌教的建立

上海開埠後，各國商船便直接開來上海。一八四三年清道光二十三年外國來滬船隻計四十四隻，共八·五四八噸；五年後，一八四八年清道光二十八年計有一百三十三隻，共五一·五七四噸。此一百三十三隻中：英國船九十四隻，美國船二十五隻，餘十四隻爲其他各國船。[註十一]上海最初的洋商大都是從廣東分設；其最重要的輸入品，便是雅片。[註十二]外洋出入之貨，本多定稅則，載入條例，獨雅片稅則不

[註一]　Jesus, ibid. , p. 43.
[註二]　中西紀事卷一一；Jesus, ibid. , p. 44.
[註三]　中西紀事卷一一。
[註四]　同上註。
[註五]　Jesus, ibid. , p. 44.
[註六]　同上註。
[註七]　同上，p. 45.
[註八]　中西紀事卷一一。
[註九]　同上註。
[註十]　"Avec les Chinois, il faut oser pour pouvoir", 見 Maybon, ibid. , p. 31.
[註十一]　H. B. Morse, International Relatons of the Chinese Empine, Vol. 1, p. 357.
[註十一]　Jesus, ibid. , pp. 47－48.

定,不必納稅,於是素來禁止的雅片,此時反得源源而來,暢銷無阻。[註一]吳淞爲上海最重要的雅片站,每次輸送雅片的船隻開到,便有許多舢板去搬運雅片,運到黃浦灘海關登岸。[註二]茲就一八四七年_{清道光二十七年}至一八四九年_{清道光二十九年}間,雅片輸入的數量及其價值列表如下:[註三]

一八四七年	一六、五〇〇箱	價值八三五萬元
一八四八年	一七、〇〇〇箱	價值一、一八〇萬元
一八四九年	二三、〇〇〇箱	價值一、三四〇萬元

至於外商所購我國貨物,運輸外國的,大都是土貨,而尤以絲綢、茶葉爲大宗。絲綢佔第一位,其次是茶葉。但絲、茶等項輸出量雖多,仍不足敵雅片一宗毒品輸入量的巨大呢。[註四]

跟着商品從外洋到上海來的,便是天主教和耶穌教。

原來天主教在上海的舊勢力,因爲先逢到一七二四年初_{清雍正元年底}起的反宗教運動,後又以全世界天主教耶穌會的被解散,[註五]於是日就衰頹而至隱匿;到開埠前上海天主教實在只是苟延殘喘罷了。一八三八年底或一八三九年初_{清道光十八年底},到江南來的主教羅伯濟(Mgr. de Besi)只是匿居於浦東金家巷(Kin Kia Hiang)。[註六][註七]

則濟勒乘船嘆唎哦哪號來中國視察時,法國耶穌會會士三人:南格祿(Le R. P. Gotteland)、艾方濟(Le P. Esteve)、李秀芳(Le P. Brueyre),就趁則濟勒的便船而同來。至一八四二年_{清道光二十二年}春,南格祿聽到英船將赴舟山,他便又利用機會,也就趕到舟山;接着跟英軍的佔領吳淞、上海,南格祿也從舟山而吳淞而上海。[註八]

上海既爲英人攻陷,洋人氣焰頓盛,天主教也就從隱匿中抬頭了;第一任英領巴富爾對於天主教法教士又能竭力維護,[註九]天主教於是並得傳教的自由。中法黃埔條約訂立後,天主教更得一層堅固的保障。一八四五年_{清道光二十五年}法國全權公使喇蕚尼(Lagrene)到上海,便向官吏索回天主堂舊業,但沒有交涉成功。賴氏便去和耆英交涉。清廷下諭將舊有教士的教堂公所,除已充作公益用度外,歸回教士。上海大南門外的聖墓堂便由羅伯濟收回。城內老堂,因已改爲關帝廟,滬道宮慕久允以董家渡一處地基相償,到一八四七年_{清道光二十七年}即於其地由羅伯濟行教堂奠基禮。同年南格祿又於徐家匯購地建立耶穌會修院,並建天主堂;[註十]從此天主教耶穌會便以徐家匯爲江南傳教中心,其勢力日益擴張,而至形成如今日的發展狀態。

耶穌教的傳入中國,以一八〇七年_{清嘉慶十二年}倫敦會(London Mission)教士馬利遜博士(Dr. Morrison)到廣東爲開始,[註十一]其侵入上海則在開埠之後,最初來傳教的耶教徒,便是一八四三年_{清道光二十三年}從舟山來滬的麥都思和雒頡。同年倫敦會就在上海由他們倆開教;又於山東路設立仁濟醫

[註一]　中西紀事卷四。

[註二]　Jesus, ibid. , p. 49.

[註三]　Morse, ibid. , Vol. I, p. 358.

[註四]　Jesus, ibid. , p. 48.

[註五]　J. de la Servière, Histoire de la Mission du Kiang-nan, Tome I, p. 11. 按我國禁教甚早,康熙八年,直省禁開教。康熙五十六年廣東碣石鎮總兵官陳昂奏禁教。翌年兩廣總督楊琳請循上年例,再行禁教。雍正元年十二月閩浙總督覺羅滿保疏請將各省西洋人入除送京効力人員外,餘俱安插澳門,其天主堂改爲公廨,誤入其教者嚴行禁飭。從之。(參考中西紀事卷二,國朝通商始末記卷二、卷三)

[註六]　Servière, ibid. , pp. 17,53.

[註七]　Servière, ibid. , p. 48.

[註八]　Servière, ibid. , pp. 48-49.

[註九]　Servière, ibid. , p. 50.

[註十]　壬寅聞見紀略。

[註十一]　Jesus, ibid. , p. 39.

院,由雒頡主持。[註一]一八四五年_{清道光二十五年}大英教會安立甘(Church Missionary Society)由麥克克拉啓(Thomas McClatchie)蒞滬而開教。[註二]美國傳教師也跟蹤英人而來,美國南浸信道部(American Southern Baptist Mission)於一八四五年_{清道光二十五年}派教士來滬傳教,過了二年,教會即組織成立。文惠廉於一九四六年_{清道光二十六年}也挾教士九人來滬,而創設聖公會(American Protestant Espicopal Church),翌年創立一小學校。此小學校即爲今日聖約翰大學最初的雛形。[註三]自此而後,耶穌教在上海的勢力便日增月盛,竟將上海作爲我國傳教的中心地了。

　　上海開埠後,商業文化,如上所述,因洋人盡力侵入,而至畸形地發展。不久,太平天國時代到來,全國動亂,上海洋人乘機樹立種種越權制度;各地避難民衆又羣來上海洋人居留地,上海於是反而更畸形地繁榮了。

[註一]　Servière, ibid. , p. 57. The China Mission Handbook, 1st Issue, Sketch Reports, p. 11; Darvent, Shanghai, p. 116.

[註二]　Servière, ibid. , p. 112. The China Mission Handbook, p. 27.

[註三]　山口昇:歐美人在華文化事業,p. 163;The China Mission Handbook, pp. 180, 246.

壬　上海在前期太平天國時代

一　太平天國的發展對於上海的影響

1. 戰敗與災荒——2. 太平天國的興起與發展——3. 上海的緊張

雅片戰爭之後，接着來的，便是災荒。公元一八四七——四八年間清道光二十七—二十八年兩廣大饑，死者枕藉。一八四八年清道光二十八年夏秋，上海多風雨，歲饑；到了翌年，上海一帶，災情更重，自五月十一日四月二十九日起大雨，歷五十餘日始止，三江兩湖都成水災，棉田草没，米價騰貴，七、八月六七月間夜，屢屢地震，秋冬又是大疫：平民大饑，餓殍載道！[註一]

雅片戰爭的結果，既暴露滿清政府的庸懦，且使民衆深爲怨恨；嚴重的災荒，乃迫貧農挺而走險，當此"人心思亂，土匪蜂起"之際，那懷有大志的，索性喊出打倒滿清的口號，揭起革命的旗幟，以號召天下，自然能博得廣大的貧苦農民的擁護而創造出一段歷史來了。

創造這段歷史的，便是一八五〇年清道光三十年在廣西省桂平縣金田村起義，而於一八五一年清咸豐元年創立太平天國的洪秀全。[註二]

太平天國的軍隊挾其暴風疾雨之勢，由廣西而湖南而湖北，所向披靡。一八五三年一月十二日清咸豐二年十二月四日取武昌，二月十八日清咸豐三年正月十一日佔九江；二月二十四日正月十五日破安慶；三月八日正月二十九日已軍臨南京城下了。

太平軍的進行這樣迅速，上海頓然震動。農民因爲布價大跌，[註三]田賦緊逼，而生活陷於悲慘，於是都躍躍欲試，以圖一逞。閩廣游民以及周游各地的糧船水手，滬上素來衆多。這時此種游民祕密結社，不一而足。終於由青浦周立春聚衆霸糧，以農器與官軍作戰，而至形成小刀會的動亂。至於紳董富翁，除搬遷於鄉間逃避外，便是援助官廳，替那在南京抵抗太平軍的清軍籌餉。[註四]開埠後，經理洋貨的市儈，則因自一八五二年清咸豐二年以來，盜賊蜂起，交通阻斷，商品堆積，貨價低落，而懷怨恨；其甚者，竟希望洋人來代爲保護。[註五]

官廳方面則忙於籌餉籌防，以及劃策和太平軍作戰方略。滬道吳健彰既向洋人購得洋礮五百，又重修月城内營房，駐兵防守；且欲與洋人商借軍艦以救南京。[註六]商借洋兵一事，當一八五二年九月清咸豐二年八月太平軍進攻湖南、兩江總督陸建瀛奏請閱兵九江察看沿江要隘時，就有人提議的了。後來

[註一]　同治上海縣志、光緒寶山縣志、光緒華亭縣志、光緒南匯縣志、光緒及青浦縣志等。
[註二]　王鍾麒：太平天國革命史(萬有文庫本)。按該書內容雖簡單，但其寫述的態度與前人著作不同，可供參考。
[註三]　蔣恩：兵災紀略卷上，"時標布每疋上者不過二百文"。
[註四]　兵災紀略卷上；毛祥麟：對山書屋墨餘録卷二。
[註五]　Maybon et Fredet, Histoire de la C. F. de C., pp. 45 - 46.
[註六]　Maybon et Fredet, Histoire de la C. F. de C., p. 46; Jesus, ibid., p. 55.

因爲閱兵中止,商借洋兵之事,才沒有實現。南京被太平軍圍困後,奉命爲欽差大臣的湖南提督向榮,便又檄吳健彰再行商借洋兵。[註一]一八五三年三月十五日清咸豐三年二月六日吳健彰聽到法艦賈西義號(Cacini)就將來滬,便往法領署懇法領敏體尼即以該艦援南京,卻爲法領所拒。吳道繼向英國全權公使蓬漢(Bonham)乞援,也未得成功。[註二]吳道於是從洋人處購得縱帆式船特潢號(Dewan)、三帆船汪丹陸泊號(Antelope)以裝運軍火士卒;又得美副領克寧漢(Cunningham)的介紹,以每月付五萬元的高價,租得一廢艦賽因斯號(Science)加以武裝,並租用葡萄牙船(船身歐式而帆是華式)多艘,用以遊弋揚子江下遊。後來那艘廢艦擱淺在鎮江,便沒有用了;那幾艘葡萄牙船倒還多效用。[註三]

南京於三月十九日二月十日爲太平軍所破,而定爲天京。兩江總督陸建瀛死。城中官紳和軍民死者四萬餘人。太平軍又遣林鳳祥、羅大綱、李開芳、曾立昌等攻取鎮江、揚州,以斷清軍南北聯絡。[註四]太平軍勝利的消息接連地傳達到上海,上海的防禦當然格外嚴重了。

滬道吳健彰因爲是廣東人,便選取粵勇數百人爲親兵,又飭粵董李少卿等團練粵勇,閩董李仙雲等團練閩勇,滬董徐渭仁字紫珊等團練本地勇:聲勢頗壯。但是盜案還極多哪![註五]

縣獄裏已監着盜犯六十餘人,此外還寄監於寶山、川沙四十餘人:由此也可見盜案的衆多。不久,盜犯越獄,知縣袁祖惠便率營兵圍捕,鎗殺三人,衆犯始再受縛;旋用酷刑擊斷越獄爲首者兩脛,爲從者一脛。越獄案剛了結,糧差李祥又激變鄉民,持械衝入縣署。幸得知縣的一番雄辯,才免事態的擴大。[註六]上海一時雖以官廳嚴厲的制裁而免動亂,但是人心與環境卻不許上海太平無事。

二　小刀會的發動

1. 小刀會的起事——2. 小刀會的起源及其內容——3. 小刀會的領袖人物

當四月下旬三月中旬青浦周立春聚衆抗糧,以農器與官軍接仗,官軍不能勝。[註七]官廳方面對於周立春卻沒有一個正當解決的辦法,讓事情延擱下去。周立春方面便愈益活動,時時派人來滬向失業的民衆接洽,相約大舉。[註八]到八月下旬七月下旬甚至吳健彰飭人所募的團勇,也都與周立春有了聯絡而競習雙刀會。大衆頓時惴惴然推想這不免要肇禍了。[註九]商店這時也已有遷移他處的。後來風聲一天緊一天,甚至周立春密期九月十八日八月十六日由上海發動的消息,都在城中流傳了。[註十]官廳方面雖想防患於未然,卻沒有具體的方法。到九月四日八月二日的一天,城中粵人三五成羣,四六結隊,形勢顯然已經非常嚴重。[註十一]正當官廳詳報增兵練勇時,九月五日八月三日周立春佔據嘉定的消息已傳來了。[註十二]於是人心皇皇,不知所措。九月六日八月四日聽說各家布店裏,紅布已被收買一空,人人都知

[註一]　夏(雪)〔燮〕:中西紀事卷一一。
[註二]　Maybon et Fredet, Histoire de la C. F. de C., p. 46; Jesus, ibid., p. 55.
[註三]　Maybon et Fredet, ibid., p. 54; Jesus, ibid., p. 56.
[註四]　太平天國革命史。
[註五]　袁祖志:隨園瑣記。按:袁祖志係袁祖惠之弟。祖惠爲上海知縣,小刀會事起被殺。祖志記小刀會事,係親眼所見,當比較真確。
[註六]　隨園瑣記。
[註七]　兵災紀略卷上。
[註八]　隨園瑣記卷下。
[註九]　兵災紀略卷上。
[註十]　隨園瑣記卷下。
[註十一]　兵災紀略卷上。
[註十二]　隨園瑣記卷下。

道事變立刻要起來了。[註一]到了這天深夜,並且知道四更天便要起事的,人心益慌,各自只是計議如何逃避。[註二]

果然! 九月七日八月五日黎明時,官廳所新招的粵勇,駐紮小東門内察院署中的七百人,突然開放城門,在城外預伏的小刀會,在劉麗川、潘可祥等指揮之下,蜂擁入城,徑攻縣署。縣署裏本有四十個粵勇,這時有的從腰間取出紅布裹頭,立時就成爲小刀會中人,有的跳牆逃出,帶勇侯姓,也不知去向。知縣袁祖惠被刀創四十餘處,右脅被矛所刺,腸出四寸餘,又斷一指而死。[註三]

小刀會既佔縣署,一方面就打破縣署監獄,解放獄囚,一方面分隊前去佔領道署。道署中所有的粵勇,也都已加入小刀會,而向吳健彰倒戈了。吳因爲是廣東人,得免一死。後吳傳信與其美國友人,乃被救出城外。[註四]

是夜法華鎮吳淞司署爲小刀會所燒燬。巡檢喬增焕向北脱逃逸去。[註五]小刀會的起事,至此已完全成功了。

今且一述小刀會的來源。當明代覆亡之後,祕密結社的白蓮與紅門,抗清雖告失敗,但其勢力已蔓延全國。兩會曾有一時聯合,後復分開。但兩會間的有志之士,便取兩會的精義而於北方新創一大刀會。從這大刀會便演出小刀會。小刀會的分佈地,以安徽的鳳陽、廬州、壽州爲最,其次是江蘇的徐州、海州、淮安,再其次是浙江的金華、嚴州、台州、衢州、溫州,福建也有小刀會,但這是三點三合會,因爲仰慕小刀會的名稱而改名的。[註六]這時在上海起事的小刀會,以粵閩人爲領袖,可知是福建的系統,但也有各地的小刀會參加在内。

上海小刀會組織分子的複雜,看那參加者的名目的繁多,就可知道。其中有福建的青巾會,有江右、贛南一帶的編錢會;[註七]而加入小刀會中的團勇,也各有名稱派別。吳健彰所募的粵勇,稱雙刀會黨;閩董李仙雲所招的閩勇,稱鳥黨;紳董們所招的鄉勇,稱百龍黨。[註八]除了本國人外,英、法、美各國商船水手兵艦逃勇以及馬來(Malay)、馬尼拉(Manilla)等地的游民也有許多參加在内。[註九]

小刀會首領劉麗川,是廣東香山人,曾經和滬道吳健彰同在一洋行裏同過事,所以他們倆是舊相識。[註十]劉於一八四七年清道光二十七年來滬,[註十一]做洋商通事。[註十二]劉在上海,既無家室之累,又輕施與,因之同鄉人就都推重他,對他很悦服。後來失業落魄,求助於吳健彰。吳不爲助。他便抄襲方書,爲人治病,很有效驗;逢到貧苦病人,不取診金。他在廣東幫的祕密結社裏,名聲便很大。[註十三]等到小刀會起事,因爲會衆多廣東人,就推他爲首領。這時劉麗川是三十四歲。[註十四]

劉麗川之下,小刀會中的重要人物,有名可考的,是潘可祥、林阿福、陳阿林、陳阿六、李咸池、李紹熙、李爽軒以及周立春的女兒周秀成亦作秀英等。潘可祥綽號小鏡子,原籍江寧,是徐渭仁部下的一個

[註一] 對山書屋墨餘録卷二。
[註二] 同上註。
[註三] 隨園瑣記卷下。
[註四] 同上註。
[註五] 法華鄉志卷三。
[註六] 陶成章:教會源流考。
[註七] 中西紀事卷一一。
[註八] 青浦縣志卷一〇。
[註九] Maybon et Fredet, ibid., p. 64; Jesus, ibid., p. 60.
[註十] 中西紀事卷一一;王之春:通商始末記。
[註十一] Maybon et Fredet, ibid., p. 65.
[註十二] 黄本銓:梟林小史。
[註十三] 同上註。
[註十四] Maybon et Fredet, ibid., p. 65.

勇目,因爲和道署勇目打架,曾被知縣袁祖悳笞三千、鞭背二千,並立籠示衆。[註一]潘可祥以此懷恨袁知縣極深。林阿福,福建人,是小刀會福建幫的領袖。陳阿林,也是福建人,做過洋人史金南(Y. Skinner)的馬夫的。[註二]

三　小刀會的奮鬥

　　1. 小刀會的佔城——2. 小刀會的告示——3. 小刀會的展開——4. 吉爾杭阿的進攻——
5. 小刀會與清軍的爭持

　　小刀會既佔領上海城,就以兵分守六門,但任人出入,不加查問。既而馳按街市,使各安居樂業,並且嚴禁搶奪姦淫。有三個人違禁立刻就處死刑。[註三]接着遍貼告示,佈告大衆:[註四]

　　　　大明國統理政教天下招討大元帥劉,爲出示安民以靖地方事。照得鋤姦除暴,爲民非所以害民;發政施仁,勘亂非所以擾亂。城廂內外,勿用驚遷;士農工商,各安常業。方今童君昏瞶,貪官污吏,佈滿市朝。韃夷當滅,明復當興。故此本帥興仁義之師,爲汝驅除。凡爾百姓各宜安居樂業,勿得畏懼播遷。本帥已嚴飭部下兵丁,不得取民間一物,不得奸民間一女。違者重究,各宜凜遵毋違,特示。

這是劉麗川的告示。閩人李咸池亦出安民告示,用黃紙書寫,字亦端楷,略曰:

　　　　奉天承運開國元勳平胡大都督李,爲曉諭誥誡事。照得自古明王,征戎狄以安區夏,驅蠻夷以靖中華。故獫狁見伐於周;匈奴被攘於漢;突厥頡利見擒於唐;智高、元昊受戮於宋;載在史冊,可考而知。慨自滿賊篡位以來,禮義不存,廉恥盡喪。暴斂橫征,野皆狼心狗行之吏;賣官鬻爵,朝盡兔頭麞腦之人。有錢生,無錢死,衙門竟同市肆。胺民膏,剝民脂,官府直如盜賊。而且選舉不公,登庸盡棄,八旗之族滿朝廷,六合之英伏草莽。登第發甲,皆出田舍之翁;納略捐資,旋登天府之籍。所以正教日衰,風俗頹敗,人心離而國勢難支矣。某等因天下之失望,順宇內之歸心,歃血同盟,誓清妖孽,屬兵秣馬,力掃腥羶。笳聲動而鳥獸潛清;劍氣沖而風雲生色。兵刃整齊,毋伐有莘之木;糧儲盈滿,毋量道濟之沙。大兵到日,士女無驚。軍令如山,秋毫無犯。倘然倡義迎師,亦以腹心相待;如若攔途拒截,難免斧鉞之誅。各宜深思,毋貽後悔:謹將法令開列於後:

　　　　不聽號令者,斬!

　　　　姦淫婦女者,斬!

　　　　擄掠財物者,斬!

　　　　偷盜豬狗者,斬!

　　小刀會的佔城,如狂瀾之既倒;但紳董徐渭仁還想挽救這個狂瀾,奔走於劉麗川、吳健彰之間。九月九日八月七日在廣安會館商議一切,劉所提條件如何,已不可考;傳聞吳健彰所提出的,約有三點:一、交出殺死知縣爲首的人;二、繳回庫銀;三、繳械,聽候遣散。小刀會既已起事,當然不能答應這

　　[註一]　隨園瑣記卷下。
　　[註二]　Maybon et Fredet, ibid., p. 65.
　　[註三]　梟林小史。
　　[註四]　告示兩種均從一舊鈔本中得來,此舊鈔本係前上海縣修志局所藏。Maybon et Fredet, ibid., p. 65.

種條件的。兩方交涉,於是終於決裂,一無成就。[註一]

當小刀會起事時,城中不免有一番驚擾,幸而秩序不久即行恢復,民衆於新制度下又安然生活了。[註二]但四鄉因爲一時處於無政府的狀態之下,土匪蜂起,所作所爲,慘酷無狀,後來匪首糾衆加入小刀會中後,鄉間方始沒有搶掠之患。[註三]

九日七日小刀會進攻寶山縣,知縣金衍照逃,城即被佔據。[註四]十日八日小刀會派遣沈紹、祝月廉、趙茂貞、朱月峯、西祝三等進攻南匯。十二日十日南匯破,知縣章惠自縊死。[註五]同日劉麗川所遣趙渭堂又佔領川沙。[註六]接着潘可祥進攻太倉州。知州蔡映斗和錢、陸兩紳士募大批糧船水手暗伏各處,又藏大礮於縣署的大堂裏,然後使人民僞降,焚香迎接。及至小刀會軍到達縣署時,大堂上即行發礮轟擊。潘可祥知已中伏,立即撤退。但以此時伏兵四起,小刀會衆損失甚重。[註七]十七日十五日會衆進攻青浦,解放獄囚,沒收庫銀,但並不殺人。周立春從東門入縣署,命令閉城,稽查出入,並任羅店人朱濟川查點五門。周留青浦一夜,即返嘉定。[註八]

十八日十六日會衆二十餘人到法華鎮韋天廟安民,因爲和鄉民發生衝突,便即回城。[註九]二十一日十九日劉麗川從嘉定回滬,過七寶、虹橋,約千餘人,船十餘隻。麗川坐船頭上,戴大紅兜,披大紅衣;其餘各人都用紅布裹頭。半水半陸,一無騷擾,鄉鎮照常開市。路過鄉村,也無搶劫。過法華時,因向商民籌餉,便又和鄉民發生衝突,接連衝突三天。[註十]與小刀會衝突的鄉民,本是土匪,所以一待會衆撤退,立刻就搶刼典當。[註十一]

小刀會起事的消息既四播,時南京紫金山阻止太平軍展開的江南提督向榮便即分其"大營"兵勇,奏請江蘇巡撫許乃釗督率署按察使吉爾杭阿、總兵虎嵩林、參將秦如虎、主事劉存厚赴援。蘇州士紳所募川勇千人亦參加在內,許乃釗稱之爲撫勇,由劉存厚率領。中書馬釗、禮部主事顧份管理運糧。[註十二]

九月二十二日八月二十日夜,劉存厚進攻青浦,小刀會敗。[註十三]旋寶山、南匯、川沙、嘉定相繼爲清軍方面所佔奪。周立春被捕於嘉定而被處死。小刀會的地盤於是只縮剩上海一個縣城了!

前海防同知署松江府的藍蔚雯和右營參將周震豫,於小刀會起事後,即赴松江調集援軍,二十三日二十一日到滬,駐紮小馬橋,防勦局勇目李恒嵩等進紮羅家灣今作盧家灣。藍李軍營稱南營。[註十四]

劉存厚奪佔青浦後,即於二十六日二十四日進軍上海。吉爾杭阿所率軍隊也相繼來滬。各師會師於新牐今作新閘,稱北營。[註十五]

清軍方面除南、北營的陸兵以外,浦濱方面還有多數的水兵。[註十六]

城中小刀會得悉清方援軍雲集,就先把南門用泥土填塞。二十九日二十七日藍蔚雯和浙江候補同

[註一] 隨園瑣記卷下;王韜:瀛壖雜志卷五。
[註二] Maybon et Fredet, ibid., p. 65.
[註三] 兵災紀略卷上。
[註四] 光緒寶山縣志。
[註五] 光緒南匯縣志。
[註六] 光緒川沙廳志。
[註七] 梟林小史。
[註八] 光緒青浦縣志;兵災紀略。
[註九] 法華鄉志。
[註十] 兵災紀略卷上。
[註十一] 法華鄉志。
[註十二] 同治上海縣志卷一一。
[註十三] 光緒青浦縣志。
[註十四] 同治上海縣志卷一一。
[註十五] 光緒青浦縣志;同治上海縣志。
[註十六] Maybon et Fredet, ibid., pp. 67-68.

知仲孫樊統率兵船,由黃浦進泊龍華港,開始以鎗礮遙轟,小刀會始將六門關閉。是時城中男女共八萬餘人,食物從東北城下縋掛入。孤貧無依者由輔元、育嬰兩堂收養,並廣設義塾,"兼收字書"。小刀會的自信與鎮靜於此可見。[註一]

三十日二十八日北營軍隊經過洋涇浜上陳家木橋今作鄭家木橋,向北門進攻。至北門外五六十碼之處將火箭擲向城中。小刀會發礮抵抗,接着即出城應戰。清軍退避於民房後,離城約六七十碼之處。是時,猝然大雨,雙方便各避雨休戰。[註二]

十月一日八月二十九日黎明,清軍又出現於北門外,架雲梯,登城作戰。小刀會飛石投火,戰鬥約二小時半,清軍敗退。[註三]

十月三日九月一日清軍援兵大至,但在下午視察一回之後即行退去。四日二日下午一時間,清軍重行開到,爲小刀會礮火所擊,死傷甚多。五日三日清晨五時,清軍又架雲梯登城進攻。但城中礮火極猛,清軍不得不退,而躲避於民房之後。是日九時許,水兵亦來攻北城,但也沒有多大效果。八日六日小刀會因見清軍常常避匿於民房後面,便將北門外的民房拆除。[註四]

九日七日清軍八千人又擬從陳家木橋進攻。但以距離太遠,城中礮火,可於其進攻時,將其擊碎,終於不敢妄進。[註五]

十二日十日清晨四時起,清軍又從西、北兩方面交互向城中進攻,但又均被小刀會礮火所阻止。[註六]

清軍屢次進攻,屢次失敗,勇氣頓失;於是歸罪於小東門外羊毛衖、福建街一帶的民房:以爲這都是藏匿小刀會之處,即由吳健彰從澳門雇來的廣艇,於十一月十日十月十日起舉火焚燒,肆行搶劫。火燒到第四天,方始消滅。東門外一帶精華,於是變爲一片灰燼,損失約三百萬元。這樣無恥地燬滅無辜的家屋,於清軍作戰方面,還是徒勞。[註七]到了十一月三十日十月三十日左右,清軍鑒於進攻的失利,便擬與小刀會協議讓受城池的條件;後派已革知府謝繼超縋入城中去商議一切。不料劉麗川不特拒絕協妥,且將謝繼超及其隨從三人殺死。和議於是破裂。[註八]後於一八五四年一月清咸豐三年十二月經法使蒲步龍(Bourboulon)的斡旋,再提議和條件。但此次議和仍爲劉麗川所拒絕。英人也以爲外僑應嚴守中立,而反對法人的多事。[註九]

到了一八五四年二月清咸豐四年正月中,戰事又熱烈起來了。[註十]

二月六日正月九日晨六時,主事劉存厚於北門城根潛開地道,以火藥轟炸,城崩四五丈。清軍便從缺口衝入,衝到九畝田。林阿福、潘可祥督率部隊英勇抵抗,清軍不得不退。小刀會用力追出,燬去清軍礮壘,佔領清軍營盤,奪得礮位十二,清軍大敗。十時,小刀會回入城中,一無所損。[註十一]

清軍敗退後不久,重復前來,佔據福建會館即今俗稱大自鳴鐘的法公董局原址,以備再行進攻,劉麗川不願北門外福建會館爲敵人所盤踞,旋於二月十五日正月十八日又出城作戰。四明公所和福建會館間便

[註一]　同治上海縣志。
[註二]　見一八五三年十月一日及八日北華捷報所載 Rev. A. B. Cabaniss 的通信,此項通信係 Cabaniss 記其所親見之戰情。
[註三]　同上註。
[註四]　同上註。
[註五]　Maybon et Fredet, ibid. , p. 71.
[註六]　同上註。
[註七]　Maybon et Fredet, ibid. , p. 74.
[註八]　Maybon et Fredet, ibid. , p. 78;同治上海縣志。
[註九]　Maybon et Fredet, ibid. , p. 82.
[註十]　Maybon et Fredet, ibid. , p. 84.
[註十一]　同治上海縣志;Maybon et Fredet, ibid. , p. 84. 同治志謂於"西城根"潛開地道,西城之西字,恐係北字之誤。

成爲兩方作戰的地帶。結果是清軍敗退。[註一]

三月三日二(日)〔月〕五日清軍又將小東門剩餘的民房盡行燒燬。城南方面清軍營盤和礮壘卻又爲小刀會所燬掠。翌日，清軍礮壘六座被燬，死六十人，傷七十人。[註二]

十日二月十二日小刀會衆從西、北兩門出城，又將清軍驅逐。[註三]

東、南這兩方面，清軍已完全無力的了，於是又擬從北門進攻，而向法領要求其退出居留地並拆除外洋涇浜上的石橋。法領完全拒絕。[註四]

不料到了四月三日三月六日[註五]下午，北營清軍又與英美人起釁了。翌日，英美領事挾其義勇隊與水軍向北營轟擊。小刀會乘機出城進攻。洋涇浜與城牆間的清軍於是悉被驅除。北營退屯五里。此即洋人所謂"泥城之戰"[註六]（Battle of Muddy Flat）。清軍的圍攻小刀會簡直不利。

到五月二十五日四月二十九日這一天，清軍又轟小南門，因小刀會於沿濠密佈釘石，清軍不敢前進，於是毫無所得。小刀會這方面在七月十二日六月十八日四更天，千餘人衝北營，也未見成功。[註七]

七月十八日六月二十四日清軍方面，因見許乃釗圍攻小刀會十一個月多，還無效果，便把他免職，命令吉爾杭阿來代替。在這新巡撫的指揮之下，劉存厚於二十三日二十九日領兵進攻小南門，卻仍未能得逞；並且副將清長也就犧牲於這一番的進攻裏。[註八]

這樣一方面猛攻，一方面堅守，總是相持不下，勝敗不決。

四 小刀會的沒落

1. 糧食恐慌與內部分裂——2. 法人的援助清軍——3. 清法兩軍聯合進攻的失敗——4. 小刀會的困獸猶鬥——5. 小刀會的退城

清軍圍攻小刀會既十一個月餘，在作戰方面勝敗不決，但是城中小刀會的糧食卻因被圍而感到缺乏了。人民因之離城的也愈多了。英美居留地上，國人原來只有五百，此時頓增至二萬。[註九]小刀會的內部又起了分化作用，就是那個福建幫領袖林阿福於七月六月率領了他的部下而出走了。[註十]

林阿福爲什麼要離城呢？照英僑報紙所說，因爲林阿福被人發見有聯絡清軍將城讓棄的陰謀，所以才出走的。法國人卻說這是不確的，以爲林阿福如果有陰謀而被人發見，其餘小刀會的領袖決不會讓他太太平平帶了部隊出走的。照當時法領事愛棠（Eden）所說，林阿福的出走，只是因爲他覺得大事已去的緣故。[註十一]當時更有人說林阿福是挾重資回福建去招兵的。[註十二]究竟林阿福爲何出走？以無小刀會的檔案可稽，不得而知了。但小刀會內部的分裂總是一個事實。小刀會有點動搖了！

林阿福的出走，對於小刀會還不是致命傷。如果清軍不去聯絡法人，不能切斷小刀會的一切交

[註一] Maybon et Fredet, ibid., p. 84.；北華捷報一八五四年二月十一日及十八日。
[註二] Maybon et Fredet, ibid., pp. 86－87.
[註三] 同上註。
[註四] 同上註。
[註五] 同治上海縣志及梟林小史記"四月官軍與西商訌"句，四月均誤。王萃元：星周記事作三月初六日，與各種西書所記正符合。
[註六] Jesus, ibid., pp. 68－75.
[註七] 同治上海縣志。
[註八] 同上註。
[註九] Jesus, ibid., p. 97.
[註十] 同治上海縣志記"七月林逆遁"，而北華捷報七月十日(公曆)記林阿福出走事，則縣志所記之七月(陰曆)當不可靠。
[註十一] Maybon et Fredet, ibid., pp. 109－110.
[註十二] 隨園瑣記。

通,小刀會的運命還是未可預卜的。

　　商借洋兵以攻擊太平軍,本是清軍戰略之一。吉爾杭阿看見攻擊小刀會總是不能順利進行,更覺非聯絡洋人不可。寧波商人捐道銜的楊坊、庶吉士張庭學、知縣吳煦便是聯絡洋人的一班重要人物。[註一]對於清軍的請求聯絡,英美都以嚴守中立的口實而加以拒絕。獨有法國人因對小刀會轉變了態度,終於協助清軍了。

　　九月二十五日八月四日法國公使蒲步龍到滬,吉爾杭阿便派人去聯絡,接洽結果,得到法人的允許援助,於法國水軍保護之下,清軍在洋涇浜南建築一大圍牆,以切斷小刀會與外僑居留地的交通。[註二]從此,就開了清軍借用洋兵作戰的端緒!

　　小刀會對於圍牆的建築,當然反對的。十一月四日九月十四日小刀會派出會眾一隊,到城外將正在築城的四個小工捉住了。法國水兵立即抗爭,並將那小刀會的領隊殺了。[註三]

　　十一月中旬九月下旬這垛圍牆築到陳家木橋。是時美新公使麻克類(McLane)同意於法人,允將這圍牆延長,自陳家木橋,沿洋涇浜北岸,直至護界河(Defence Creek)。城中與城外的交通便完全斷絕。[註四]

　　小刀會被重重包圍着後,糧食恐慌,日甚一日,便實行粮食統制,限定每人每日食米半升;民間所藏糠秕,一律收歸公有。[註五]但小刀會的戰鬥力卻不因圍困與粮食恐慌而就消沉,反而益發奮勇。小刀會是極端派,是抱着寧爲玉碎的決心的。

　　十二月三日十月十四日起直到次日晨,小刀會接連衝出西門,猛撲清軍。六日十七日午後,又出西北門作戰;但均爲清軍所擊退。七日十八日晨五時,會眾一千五百人,分作三隊,進攻盤踞四明公所的清軍,大獲勝利,計捕獲軍官二、礮四尊,煨礮四尊及北門外營盤。同時爲對付洋涇浜的圍牆起見,於城門外築一礮台,以備抵禦。法領卻以此礮台可以危害外僑的生命財產爲口實,即於是日要求小刀會自己拆除。小刀會置之不理。九日二十日晨法水兵一隊竟前往該處,將礮台強拆。小刀會不允,兩方便起衝突。法水兵中有一重傷,後因傷而死。從此法人愈益恨毒小刀會,連日大礮轟城。法領且照會小刀會,迫令自動退城,並恐嚇如不退城將用武力對付。到一八五五年一月六日清咸豐四年十一月十八日法軍因小刀會不退城便大舉進攻了。這一天清晨六時,法軍架大礮二尊於領事館左近,接連向城內轟擊。同時法軍二百四十人,分作兩隊,在那圍牆裏準備作戰。清軍由浙江同知胡枚領帶,與法軍取聯絡,同時向小刀會進攻。[註六]

　　法軍一隊從上年十二月十九日十月三十日轟開的城牆缺口猛力進攻。小刀會奮勇抵抗。法軍敗挫,死傷甚多。另一隊從北門進攻,肆行放火。小刀會雖稍有損失,但終於不特不准法軍攻進一步,並且也把法軍殺傷了不少。清軍損失甚重,胡枚亦在戰死之列。依法人的報告,法軍死軍官三、兵士七,傷者三十餘人。[註七]

　　小刀會因環境的嚴重,自然更非殺開一條出路不可的了。八日十一月二十日小刀會曾從大東門縋下數百人,在郎家橋放火,想抄襲南營兵勇之後,清軍由湖北糧道金安清、金華府知府石景芬指揮抵抗,小刀會的抄襲便沒有成功。[註八]

[註一]　同治上海縣志。
[註二]　Maybon et Fredet, ibid., pp. 113,115.
[註三]　同上註。
[註四]　Maybon et Fredet, ibid., p. 116; Lanning and Couling, ibid., p. 318.
[註五]　同治上海縣志。
[註六]　Maybon et Fredet, ibid., pp. 120, 127;同治上海縣志。
[註七]　Maybon et Fredet, ibid., p. 127.
[註八]　同治上海縣志。

這時城中的糧食更形恐慌,自一月二十五日^{十二月八日}這一天起小刀會只有粥喫,居民甚至有掘草根、搜蟇蜞來作食料的。糧食盡了！戰爭的必需品完了！小刀會覆亡的運命也就此決定了。二月九日^{十二月二十三日}小刀會數百人從西門縋下,向斜橋出走,爲檢討張修府、參將魯占鼇所帶的川廣貴州軍隊擊散。[註一]

翌日小刀會衆僞爲難民出大小東門,分撲荷花池、小九華、王家碼頭、裏倉橋四處清軍所築的礮壘。清軍虎嵩林、丁國恩合力作戰。小刀會敗。其後,會衆復從城上縋出數百人,逃往浦濱,又爲守備馬清發所統浙江釣船開礮轟擊。小刀會是慘敗了。[註二]

二月十四日^{十二月二十八日}黎明,小刀會三四百人出城,到陳家木橋,適遇劉存厚,即轉向西,攻擊清軍守備向奎營。魯占鼇等出隊援助。小刀會林阿朋被捕。[註三]

二月十六日^{十二月三十日}劉存厚攻小南門,地雷轟發;守備翁廷魁、勇目黃載清、夏寶慶等緣梯登城,燒燬逢帳,砍開木柵。同時法軍連放大礮相助。陳阿林弟阿汰爲清軍所獲。此時小刀會還拚命抵抗。翁廷魁受傷,兵士死者二十餘人,[註四]但城中會衆此時只剩千餘人,[註五]拚命抵禦,也是徒然的了。是夜三更天,陳阿林、潘可祥由小東門逃入居留地。[註六]

二月十七日^{清咸豐五年正月一日}晚二時許,松江兵最先進占南門,[註七]金安清、石景芬、丁國恩、黃載清、華天祿、李恒嵩、景又春等軍隊跟着進城,[註八]殺人放火,將東南半城幾乎都燒光了,將留長頭髮的平民,也都當作會衆而殺光了！[註九]

劉麗川趁這混亂的時機,挾其親信逃出西門而去。[註十]後到小涸橋,因喚渡不應,便開洋鎗。鄉民鳴鑼追逐,適遇虎嵩林所帶部隊邀擊,署上海縣孫豐帶勇亦從法華趕到。劉麗川爲廣西兵丁賀大勝、韋友瑤所殺。[註十一]

小刀會衆爲清軍所捕殺而有名記下的,如下列:[註十二]

謝安邦　陳　芝　李仙雲　夏祖望　吳　進　吳燮堂　譚伏生　林阿鳴　包得勝　佘得順
蕭　奎　徐　耀　朱玉三　蔡三冬　周隴林　馬阿永　朱月峯　李財隆　周秀成(周立春女)

十九日^{三日}吉爾杭阿即入城,督同道縣,撫卹災民,辦理善後。並奏陳清政府十項事宜:

　　一、愼選閩廣會館董事;

　　二、遞籍寄插閩廣游民;

　　三、夷行雇用民人一律稽查;

　　四、閩廣商民會館俱遷城外;

　　五、已燬賊巢不准再建;

　　六、馬蹟舢板嚴行禁革;

[註一]　同治上海縣志。
[註二]　同上註。
[註三]　同上註。
[註四]　同治上海縣志;Maybon et Fredet, ibid., p. 132.
[註五]　Maybon et Fredet, ibid., p. 132.
[註六]　同治上海縣志。
[註七]　Maybon et Fredet, ibid., p. 132.
[註八]　同治上海縣志。
[註九]　Jesus, ibid., p. 83.
[註十]　Maybon et Fredet, ibid., p. 132.
[註十一]　同治上海縣志。
[註十二]　同上註。

七、游民出海嚴行申禁；

八、海防同知酌兼督捕；

九、營汛弁兵酌量增派；

十、版圖冊籍亟宜清釐。[註一]

計自小刀會興起至覆亡止，爲時已一年又五個月了。

五　外僑的乘機侵略

1. 海關實權的喪失——2. 新地皮章程的訂定——3. 工部局的創立以及其他特權的樹立

當一八五三年三月十九日清咸豐三年二月十日太平軍佔領南京後，上海商業自然爲之停頓；西商貨物自也不免滯銷，而致堆存於棧房。英商便向其領事告訴，稱外商不應因中國的無力消滅叛亂而受痛苦，請求對於存棧貨物，暫時不納現金關稅，待事定之後，再行完納——換言之，就要求取"存棧保稅制"（Bonded Warehouse System）。這個制度，本來在開埠之初，爾富巴竭力想促其實現，而終未得行的一種制度。現在英領阿利國竟貿然答應英商，而得使這種制度見諸實行了。這是一八五三年四月清咸豐三年三月間事。不到三個月，英商積欠的關稅已達銀一六八、〇〇〇兩之巨了。中政府因見海關沒有收入，便直接向英使蓬漢交涉。蓬漢承認阿利國的行動爲不當，飭令停止，其間雖經上海十三家英商的請願，仍不能邀得蓬漢的允准，存棧保稅制於是才告中斷。[註二]

及至小刀會事起，海關被毀，自滬道以下官吏，一律逃散；海關行政也就告停頓。英領阿利國、美副領克寧漢乘此混亂時機，便於九月九日七月八日發出一內容大致相同的布告，略謂此後進出口關稅暫由領事館代爲中政府收取，付款可用現銀或四十日期票。法領因欲免去其國人完納關稅，即此英美兩領所定辦法，亦拒不承認。[註三]

滬道吳健彰初擬於海關舊址，重建關站，而爲英領所阻，未得成功。繼在一船上設立海關，亦未見效；到一八五四年二月二十日清咸豐三年十二月二十二日美領向美商宣稱上海爲自由港，進出口貨可以不納稅餉。英領處關稅期票已達一百萬元，亦即退回英商而不復清償。二月初咸豐五年正月初吳道雖得英、美、法三國領事的同意，而於蘇州河北岸設立關口，在二月九日正月十二日開幕，但仍無成效可見。此後兩個月間，各國貨船自由出入，上海真成爲一自由港了。[註四]

海關這樣停頓着總不是辦法，後經英領阿利國提議中國海關由外人來監督管理，滬道吳健彰竟即予以贊同。旋英、美、法三國領事爲平分海關實權起見，議定三國各派一員爲監督：英派威妥瑪（T. F. Wade），美派卡爾（L. Carr），法派史密斯（A. Smith）。六月二十九日六月五日英領阿利國、美領麥菲（Rc. Murphy）、法領愛棠和滬道吳健彰簽定海關引用洋人管理的條約；七月十二日六月二十日英、法、美三國領事共同出一布告，通告海關新制度的實行。至一八五五年清咸豐五年威妥瑪去職，英領事署翻譯李國泰（H. N. Lay.）繼任，後於一八五九年清咸豐九年由中政府任爲總監督。[註五]中國海關的實權從此便喪失了。

[註一]　同治上海縣志。
[註二]　Jesus, ibid., pp. 85 – 86.
[註三]　Jesus, ibid., pp. 87 – 88.
[註四]　Jesus, ibid., pp. 88 – 91.
[註五]　Jesus, ibid., pp. 91 – 92；江恆源：中國關稅史料第三編。

　　乘這混亂的時期，洋人又將其根據地的地皮章程，加以改變而增進其實權。

　　一八五三年六月下旬清咸豐三年五月下半月英領阿利國提議統一上海三國居留地，而創立一公共的自治機關，以爲管理；這自治機關就是所謂工部局。並擬由租地人會選出工部局的董事。到一八五四年七月五日清咸豐四年六月十一日英、美、法三國領事，會商之下，決定依據十四條的新地皮章程而作爲居留地的統一章程。同月十一日四月十七日西人召開租地人大會通過之，並由大會選出工部局董事七人[註一]而組織工部局，同時又通過巡捕的設置。[註二]同年十月同年八九月間租地人會又通過工部局得借銀一二、五〇〇兩，以建築巡捕房。同年十一月二十日同年十月一日工部局董事決定只有該局指揮巡捕權，等到一八五五年四月清咸豐五年二三月間，巡捕竟正式成爲居留地的常備警員。[註三]

　　華洋雜居，素來禁止。但自小刀會起事後，國人紛紛逃入居留地避難。投機西商即大造其房屋，高價租給國人，以獲厚利。小刀會事定後，中國官吏雖欲稽查居留地內華人而定有華人住居居留地的條例，但這也不過是具文，沒有切實遵行。[註四]

　　因爲居留地人口劇增，因爲設置巡捕房而費用日鉅，在居留地的華人於是也悉被徵收種種捐稅。爲是避難而來的華人，納了捐稅卻不爭取一點權利。[註五]

　　英美領事又趁此混亂之時，便擅自審問華人違警事件及輕細民刑事件。一八五四年十一月清咸豐四年十月，滬道吳健彰函請各領報告居留地內受雇於洋人的華人姓名及數目。各領竟加以拒絕，回答說，如欲拘捕居留地內華人，可開示姓名及罪狀，領事自當查明其是否爲洋人所雇用。我國司法權就此在居留地內喪失了。[註六]

　　居留地是如此改變了最初的性質的。接着太平軍進攻上海，洋人又得利用時機而攫得居留地的其他的特權了。

[註一]　Maybon et Fredet, ibid. , pp. 146 - 148；Jesus, ibid. , p. 94.
[註二]　Lanning and Couling, ibid. , p. 320.
[註三]　Lanning and Couling, ibid. ,pp. 321, 322, 323.
[註四]　約章成案匯覽。
[註五]　Lanning and Couling, ibid. , p. 321. 徐公肅、丘瑾璋：上海公共租界制度，頁一二。
[註六]　Lanning and Couling, ibid. ,p. 366. 上海公共租界制度，頁一二。

癸　上海在後期太平天國時代

一　太平天國的包圍突破與東南經略

1. 江南大營的粉碎——2. 太平軍的東南直下——3. 上海官吏和洋人的聯絡——4. 上海的防禦——5. 華爾軍的始創——6. 太平軍的上海進攻——7. 民團的訓練

公元一八五三年三月十九日_{清咸豐三年二月初十日}太平軍攻克江寧而定爲天京。[註一]逾十一日,即三十日_{二十一日}清欽差大臣向榮的援軍卻也趕到了,就在城東孝陵衞結起營來,稱江南大營,和太平軍作戰。[註二]兩方戰鬥持續到三年多。一八五六年六月_{清咸豐六年五月}江南大營終於崩潰。向榮敗退丹陽,後於八月_{七月}病卒。[註三]忠王李秀成乘勝追逼,爲總兵張國樑所阻,卒不得前。[註四]九月_{八月}清帥和春做了欽差大臣後,便從廬州移師丹陽。[註五]這時候,張國樑已擊破了太平軍在丹陽的營壘,重行前進。[註六]一八五七年十二月二十七日_{清咸豐七年十二月十二日}清軍將鎮江攻下,江南大營的聲勢,於是復振。[註七]一八五八年四月_{清咸豐八年三月}清軍又到了江寧城下。[註八]同年八月_{七月}和春合張國樑決定濬長壕,築土城,正如和小刀會作戰時在洋涇浜上建築圍牆一般,以圍困太平軍。[註九]

天京被困二年,到一八六〇年_{清咸豐十年}太平軍終於藉忠王李秀成的智勇,先於三月_{二月}奪取杭州,接着就粉碎了天京的包圍:五月四日_{閏三月十四日}這一天將張國樑的三百餘營完全燬滅了。[註十]後來張國樑死於丹陽尹公橋下,和春自殺於蘇州附近滸墅關。[註十一]五月二十六日_{四月初六日}太平軍下常州,清兩江總督何桂清逃出常州城,後來就避居上海。[註十二]六月二日_{四月十三日}太平軍又攻下了蘇州。[註十三]

太平軍的突圍而出,已使上海震動;蘇州的攻下,更使上海恐怖了。

[註一]　同治上海縣志卷一一第三十五頁註,謂太平軍"三月直抵金陵",誤。
[註二]　官文等:平定粵匪紀略卷二。王鍾麒:太平天國革命史頁二十則謂向榮援軍於二月二十二日達到江寧;但其所依據即係平定粵匪紀略,不知何故相差一日。
[註三]　平定粵匪紀略卷五;漢公:太平天國戰史前編,頁二八。
[註四]　太平天國革命史,頁五八。
[註五]　同上註,頁六〇。
[註六]　同上註。
[註七]　平定粵匪紀略卷六;太平天國戰史前編,頁六八。
[註八]　漢公:太平天國戰史中編,頁一四;太平天國革命史,頁六〇。
[註九]　平定粵匪紀略卷七。
[註十]　平定粵匪紀略卷九。
[註十一]　平定粵匪紀略卷九;太平天國革命史,頁六七。
[註十二]　平定粵匪紀略卷九;王萃元:星周紀事卷上。
[註十三]　平定粵匪紀略卷九;兵災紀略卷上;難情雜記卷上。Maybonet Fredet, Histoire de la Concesison Francaise de Changhai 中稱蘇州的陷落係五月二十七日,即陰曆四月初七日,考姚鐵梅小滄桑記卷上載有(四月)"初六日聞有徐撫軍有壬誤中賊計,燒毀閶胥兩門外市房屋數萬,人心大亂"。法租界史的紀述,即以此次混亂爲蘇州陷落日期。

　　一八四〇年清道光二十年的鴉片戰爭，一八五三年清咸豐三年法軍的援助清軍克服小刀會，以及因一八五六年清咸豐六年廣東毀壞英國旗，廣西殺死法教士而起的英法聯軍至今仍未了結，在在給清廷官吏以洋兵能耐強大之感，借用洋兵來和太平天國作戰的計策，於是爲清廷駐滬官吏所信賴。

　　當太平軍突破包圍而向東南掃蕩以來，上海清廷官吏便即要求英法領事協助防衛並進攻內地太平軍。因其時適英法聯軍將進攻大沽口，該兩國留滬軍隊甚多。但英領米杜斯(T. T. Meadows)卻回答滬道吳煦說，他們保衛上海，只是保護他們自己的利益。米杜斯本是傾向太平天國的，對於滿清官吏的要求，自然不能樂意承受。[註一]

　　一八六〇年五月二十三日清咸豐十年四月初三日滬道吳煦帶同上海縣知縣劉郇膏往訪法領，請求法軍援助。二十五日四月初五日城中紳士又到法領署協商，請托愛棠領事轉懇法軍防守上海城。翌日吳道又派那在小刀會時候借洋兵成功的楊坊，到法領事館去聲明，法軍駐城的經費可由楊坊負責辦理。[註二]

　　當時法國駐華公使蒲步龍和英國駐華公使布魯司(Bruce)兩人會商之下，對於英法守衛上海一點，互相一致，便於五月二十六日四月初六日共同出一布告，略謂上海係通商口岸，英法聯軍將共同防守，以阻止損害上海的戰亂。[註三]

　　五月二十七日四月初七日英法軍實行共同防守。法軍派定二百人守衛董家渡；英軍防禦城西及來往蘇州的通路。[註四]

　　太平軍攻下蘇州之後，上海完全處於恐怖狀態之下，路上行人絕跡，商店相繼關門，居民遷徙各處，或往內地，或寄居於黃浦江中的船上。滬道吳煦因爲蘇州的攻下立即寫信給法將蒙島朋(Montauban)，略謂：太平軍佔領了蘇州，現已到崑山，一二日內便要到達上海。太平軍將利用夜間出現，燒毀上海周近村莊。所以我要請求英法合作，共同攻打太平軍。蒙島朋是允許吳道合同英軍攻太平軍，以阻止其東下的。[註五]

　　六月二十八日五月初十日法國特使葛羅(Gros)抵滬；翌日英國特使額爾金(Elgin)亦到。法使以爲保護上海僑民生命財產，理所當然；但以外人軍隊，深入內地，進攻太平軍，則屬不必。蒙島朋對於滬道的允許，於是暫時不能實現。防守上海一點，英法外交界和其軍人意見既是一致，當然繼續進行，並且防守的組織更嚴密了：[註六]

　　一、英軍參將卡思克尼(Cascoigne)被任爲聯軍司令。

　　二、法軍三百人，由法參將福爾(Favre)統帶，駐紮城中城隍廟，負責防守東門北門，另派二十五人駐守徐家匯。

　　三、英軍九百人，由參將菩德(Budd)統帶，負責防守西門及南城。

　　四、英法居留地，由英法各自負責守護。

　　上海雖則已由英法聯軍守衛，但滬道吳煦還感不足，而洋兵的威力又使他心嚮往之，於是有雇用華爾(Frederick G. Ward)組織洋人軍隊之舉。華爾是美國麻省(Massachusets)山崙(Salem)地方人，生於一八二八年清(道)〔道〕光八年，跟着威爾幹(W. Walker)將軍在中部美洲過逃兵的生活，一八五九年清咸豐九年始來上海。華爾既被雇於吳道，便即開始招募軍隊，所招募的大都是浪人水手，籍貫大部分

　　[註一]　Maybon et Fredet, ibid., p. 193.

　　[註二]　同上註，pp. 193—194.

　　[註三]　同上註，p. 193.

　　[註四]　同上註，p. 194。

　　[註五]　同上註，p. 193。

　　[註六]　同上註。

是菲律賓和澳門。六月五月間華爾軍開始操練組織。[註一]七月一日五月十三日太平軍攻克松江。十五日二十八日進逼七寶鎮。[註二]華爾軍服務的機會到了,於同月十六日五月二十八日華爾軍奪回松江,[註三]於是名聲藉藉,其後,甚至稱之爲常勝軍。

八月十二日六月二十六日太平軍又從青浦進克松江。[註四]接着十七日七月初一日太平軍即向上海進逼。清軍急派民團前往防禦,出隊趕到泗涇時聲勢極盛,因爲尚未遇見太平軍,後到吳楊浜地方,被太平軍礮擊數下,立即全部潰散。午時,太平軍便佔領了七寶。[註五]該地民房被燒,火光燭天。

八月十八日七月初二日太平軍進展到徐家匯。駐紮該地的二十五個的法國兵全部撤退。[註六]太平軍即以該地天主堂爲總司令部。同日,忠王李秀成率領部將蔡元隆、郜永寬,提隊進行,到達距上海縣城九里處,與清軍戰,大勝,將清軍營壘消滅,接着包圍了西南城。[註七]城中駐兵努力抵抗,鉛丸如雨,又以是日適遇大風雨,人馬都難前進,太平軍便停止進攻。[註八]當夜,太平軍轉向城東村莊進擊。翌日晨,黃浦江中的英法礮艦又以礮火阻止太平軍的前進。太平軍從南折向城西一帶。[註九]清軍出隊抵禦,在羅家灣今作盧家灣前敗退,外委陳鳳采、周定邦等戰死。[註十]但太平軍前進時,又爲駐防英兵的礮火所阻止了。

八月二十日七月初四日青浦、松江的太平軍三萬人,和江蘇巡撫薛煥所部諸將戰,兩戰都勝。薛煥敗入上海縣城固守。[註十一]接着太平軍從城西折向北進,將達英人居留地帶時,駐防該處的英國常備軍和義勇隊盡力抵禦,黃浦、吳淞江蘇州河中的兩艘軍艦又同時發礮相助,太平軍於是再退。[註十二]

八月二十二日七月初六日西人以測量法,得忠王李秀成和其軍營所在,用開花礮轟擊,六發都中,據說忠王面頰受傷。當夜太平軍束草爲人,僞作疑兵,退歸青浦。[註十三]

忠王李秀成退出上海後,以洋人援助清軍,便致書於英吉利、美利堅、葡萄牙各國領事云:"天朝對於歐洲友邦,處處尊重信義,而各國對我,竟首先違背約言;大軍前入蘇州時,法國人首來與我貿易,且招本軍至上海,與各貴國共敦友誼。余維各貴國與我同事上帝,同信救主,必重義氣,即深信不疑,頓兵上海城下。孰意法人受滿政府賄賂,協以謀我,保護縣城,違棄前約,余不知佔據區區上海,於彼商業何補也?又聞各貴國人民,亦參預此干涉之陰謀,前法人來蘇州時,各貴國人民亦有偕來者,且有請求本軍早出上海,妥議商約者;言猶在耳,該人等豈遽忘之乎?法人固貪利忘義矣,而本軍到上海時,各貴國亦未見有一人來通問訊者,余甚疑焉。須知滿人以各貴國與我同宗教,方力施其讒間之計。今法人違背信約,破壞和平,不但對於太平軍負罪,且對於天父天兄負罪!我天王御宇十年,奄有東南富庶之地方,謀統一全國,豈僅爲上海一隅謀哉?然法人失信於我,已與我斷絕和好,其在上海之商業,我軍不問,若再來內地通商,勿怪我軍人凶暴,不能爲彼宥矣!余現駐軍蘇州,帶甲百萬,如再攻上海,何憂不克?然余之前來,本欲與各貴國訂立通商之條約,聯絡親睦之感情耳;不欲以干戈相見,致同教

　　[註一]　Maybon et Fredet, ibid. , p. 197; Jesus, ibid. p. 127;錢勗:吳中平寇記卷二,謂華爾係美國部落鈕要人,咸豐十年至滬。恐誤。
　　[註二]　小滄桑記卷上。
　　[註三]　Maybon et Fredet, ibid. , p. 193.
　　[註四]　同上註。
　　[註五]　星周紀事卷上。
　　[註六]　Maybon et Fredet, ibid. , p. 198.
　　[註七]　太平天國戰史中編。
　　[註八]　太平天國戰史中編忠王李秀成供狀。
　　[註九]　Maybon et Fredet, ibid. , p. 199.
　　[註十]　同治上海縣志卷一一。
　　[註十一]　太平天國史中編。
　　[註十二]　Maybon et Fredet, ibid. ,p. 199.
　　[註十三]　同治上海縣志卷一一;Jesus, ibid. , p. 109.

之人,自相殘殺,反爲滿人所竊笑也。且各貴國人民中,豈無明白事理者? 必不至貪滿政府之餌,失全國通商之利也。余對各貴國人民,審察利害,辨別是非,如再來修和好,本軍始終以禮義相待;若猶怙惡不悛,余惟有停止本國境內與外人一切貿易,勿謂言之不預! 特此通知,即希答復! 並祝貴領事健康!"[註一]

忠王李秀成所説太平軍的來滬是應外人的邀請,确是事實,如英領米杜斯就極同情於太平軍,以爲中國政治不久將由太平軍所掌握,就是英特使額爾金也是有這樣的意見。並且太平軍中也常有西人在服務。邀請來滬之説,當非無據。只是英特使額爾金的態度中間忽然轉變,終於在四月一日三月十一日訓令米杜斯與太平軍斷絶一切往來。[註二]

太平軍既退,清廷官吏以知縣劉郇膏所辦團練頗有效用,故即於十月九月間,由團練大臣內閣學士龐鍾璐、按察使湯雲松正式督辦民團。[註三]

知縣劉郇膏所辦的團練係於六月二十六日五月初八日開始,飭各梱業每圖湊足錢一百千文;遇有警報,戶出一人堵禦,即按名各給錢一百文,詳章卻未規定。[註四]據説七月十五日五月二十七日太平軍進攻七寶鎮時,即由民團擊退。同時,諸翟鎮民團也於方家窰、北簳山、千秋橋等處,與太平軍作戰。八月十二日六月二十六日太平軍由青浦再克松江,將東下閔行、中渡橋,民團又起抵抗而獲勝利。[註五]民團既有此種成績,再加以嚴密的組織、嚴格的訓練,而以之造成爲勁旅,乃爲清軍所必採的手段。當時頒布的團練章程,甚爲詳細,兹特鈔録如左:[註六]

一、在城設一總局,邀在籍紳董總辦一縣團練巡防之事,城廂內外十六鋪,每鋪設段董。全境各鄉分爲六路:高行、陸行爲東路;虹橋、曹家行、漕河涇、江境廟爲西路;楊師橋、三林塘、陳家行爲南路;江橋、諸翟、新涇、法華爲西北路;閔行、北馬橋、中渡橋、塘灣爲西南路;引翔港、洋涇、塘橋爲東北路。

每路於適中之所,設一鄉局,總辦一路團練;仍於高行、陸行、虹橋、曹家行、漕河涇、江境廟、楊師橋、三林塘、陳家行、江橋、諸翟、新涇、法華、閔行、北馬橋、中渡橋、塘灣、引翔港、洋涇、塘橋二十處,各設一局,派董專司各局所領圖分,就附近地方均勻搭配。其火藥、鉛丸、銀錢、食米均儲各鄉總局。另派城董會同鄉董司其出納。

一、城廂內外挨戶編查,每十家每夜出一丁,巡查守夜。四鄉各保圖,按田出丁,每十畝出一丁。有田而本人怯弱,准其自雇壯丁入團操練。田多丁少之户,亦須按田雇足,不得以老弱充數,亦不得雇用別處之人。

一、每圖爲一團。每團設團董一人,每十丁設團正一人,以相統屬,而資約束。

一、丁冊造定,再於每團之中,挑取强壯便捷者,作爲奮勇,另造一冊,按期赴局操演鎗礮武藝。

一、操演之期,各局將所管圖團勻作十日,周而復始。某圖勇某日赴操先行酌定,務於黎明到局習練外,兼管是日巡防,並須在隘口守夜,俟下一日赴操勇到,方准散歸。操演日給每名飯食錢一百文。如無故不到及先回家者議罰。俟技藝可觀,集團合操,本縣親臨閲視,酌給獎賞,並可挑作親軍。

[註一]　太平天國外紀。
[註二]　Maybon et Fredet, ibid., p. 200.
[註三]　同治上海縣志卷一一。
[註四]　星周紀事卷上。
[註五]　同治上海縣志卷一一。
[註六]　同上註。

一、團丁有警則聚，無事則散，各安農業，不預征調。

一、一圖有警，鳴鑼爲號，隣圖齊赴救援。一路有警，傳鑼別路，以一半守本路，一半赴援，彼此互爲援應。其團丁出隊與賊接仗者，每名日給飯食錢二百文。如出隊不接仗，及接仗時僅在陣後吶喊助威者，每名日給錢一百文。倘有陣亡受傷及殺賊有功者，各給賞卹。

一、團練各就各圖團集壯丁，其團董、團正亦必本圖之人爲之，呼應靈而約束亦便，自無奸匪混迹，亦無滋事搶奪。若捐貲募勇，不得攪入民團。

一、器械各局自備，如需檯鎗、火礮、火藥、鉛丸、繩藥等件，由城局稟官先行籌款製造，鄉局備價請領，事畢繳還。

一、賊蹤無定，各局必須日遣明白壯丁遠探，日將所探情形稟報本縣，並知照總局；如探丁並不遠探，確以道路傳聞妄報，或捏造謠言，從重處治。

一、辦團不能無費，定以每田一畝，每日捐錢一文，由團董、地保於每月初收齊交局。局中擇大業一二人經管。如非大業，未便經手，致招物議，其殷商富戶，按田出捐，亦歸本戶請獎。

一、各局操演奮勇，給發口糧及教師薪工，探丁工食，守夜燈籠油燭，及局董飯食舟車，均屬常日局費，准其動支田捐，核實開銷。各局董先將何項日需若干，造册送縣備案，月終將收支數目榜示局中並呈本縣及送城總局查考。若任意開銷，有一罰十。

一、各局製備旗幟器械，均於田捐項下，核實開銷，隨時將件數工價造册呈案，並送城總局查考。

一、田捐務宜撙節，各局操練工食及一切局費，多者不得用過四成，其餘六成，以三成歸鄉局存儲，三成歸城局存儲，以備有警時應用。至有警時，此局之捐不敷，應於別局存款項下撥給，臨時由城局稟明辦理。

一、各鎮隘口，以赴操之勇兼巡夜外，如店舖居民自行雇守，聽其自便，不准開銷田捐。

民團遵照上列章程組織後，對於清軍防禦方面，果然有相當效力，但這是一八六一年清咸豐十一年間的事了。

二　一八六一年的上海

1. 戰事比較鬆弛的一年——2. 十餘次的小戰——3. 乞師之議

一八六一年清咸豐十一年間，太平軍因欲確保其長江中流區域，對於上海，故不急進。上海附近四鄉，固然還有太平軍的蹤跡，但這只是零星的人馬罷了。所以上海這一年間，與其說是太平軍和清軍作戰，還不如說清軍和太平軍互相騷擾的好。[註一]但據同治上海縣志，則有下列的紀載：[註二]

一月十四日清咸豐十年十二月四日嘉定、青浦的太平軍，從黃渡、南翔而至諸翟。清方兵勇抵抗。太平軍稍退；接着抄盛巷小路，趁竹簿，搭浮橋，渡河過來，襲擊兵勇的背面。兵勇敗，死者二百餘人，被俘者百餘人。上海縣知縣劉郇膏帶勇往援，並有鄉團萬人跟着前去。太平軍始退。劉便留兵勇五隊守諸翟。

三月十五日清咸豐十一年二月初五日太平軍從黃渡分頭進攻各鄉。

[註一]　Maybon et Fredet, ibid., pp. 204－205.
[註二]　同治上海縣〔志〕卷一一。

　　五月九日三月三十日方家窯所駐西兵,約同清兵於半夜襲擊青浦城。西兵六十三人乘雲梯先入。清兵卻不來。天明時,太平軍與西兵戰。西兵死三人,傷二十人。

　　五月二十四日四月十五日嘉定太平軍到南翔,西到通舟巷,東到江灣,爲眞如所駐淸軍擊退。

　　六月五月太平軍又到北簳山。

　　六月十七日五月初十日淸參將梁安邦的兵勇退出諸翟。

　　六月十九日五月十二日太平軍到諸翟;淸參將梁勝章營敗退。

　　六月二十一日五月十四日湯雲松、劉郁膏統兵到諸翟,與太平軍戰。

　　八月七月劉郁膏令新涇、江橋、漕河涇團勇在張家行、華漕吳淞江淺處,開河築壘,以防太平軍的衝入。

　　九月九日八月初五日浙江太平軍擁至,克金山衛城,從張堰、柘林直攻南橋鎮,調防南橋的"德勇"德字營勇目也都和太平軍潛通聲氣。劉郁膏恐怕太平軍進攻浦東,便帶團勇從三林塘、周浦越境而到南橋。"德勇"反戈,團勇大半死傷。劉氏幸得鄉民搭救,才保性命。是時南橋太平軍也退去。

　　十月九月太平軍攻諸翟、華漕。淸兵撫標營失火,潰散。太平軍分頭進攻野雞墩、江橋、眞如等營,又分隊至虹橋鎮。各團勇奮力抵抗,徐家匯西兵也來相助。太平軍於是掠奪七寶而退。

　　十一月十月浦南太平軍開通張堰和松隱的顏齜河道,以接金山水路。

　　十二月二十一日十一月二十日淸兵調諸翟駐防十八營防近城及洋涇鎮西北空虛處。青浦、嘉定太平軍日夜有大隊四出焚掠。東路眞如、江灣、劉行、大場、胡家莊、上海寶山連界處,也有太平軍到來。只有引翔港,由民團固守着,太平軍沒有攻進來。西南的閔行、顓橋、馬橋、曹行等鎮,太平軍也都不去。

　　當十月九月間,蘇紳湖北監道顧文彬從武漢乘輪船來滬時,清欽差大臣曾國藩已攻陷安慶,駐軍在那裏。國藩弟國荃循長江東進,直到蕪湖,聲勢很盛。顧文彬便提議向曾國藩處乞援。他和刑部郎中潘曾瑋兩人,由前任蘇州府知府吳雲的介紹,去同滬道吳煦商議。吳煦聽了大喜,以爲這是最好的計策,便去報告薛煥。薛煥也贊成,便和龐鍾璐各寫一封信,叫戶部主事錢鼎銘帶去見曾國藩。十一月十七日十月十五日錢鼎銘謁見曾國藩,縷述上海將怯卒惰,旦夕可虞;還加以痛哭流涕。曾國藩心動了,回答說:"偏師遠涉上海,在兵法上說起來,是奇兵,不是正兵;但是事情危急了,不能拿常理來論的。"曾氏便和那個福建延建邵遺缺道李鴻章商量。李鴻章欣然請行。於是決定由李鴻章和程學啓領兵一萬前來,檄上海官紳預備船隻去運載,並且預備糧餉。吳煦得信後,便叫候補知州應寶時去預備船隻。應寶時和西人素有往回,這時便以重金募集西人輪船,赴皖載兵。所出輪船租費,竟達洋二十萬五千元之巨。薛煥覺得這是太費了;但以吳煦和顧文彬的力爭,終於應允。乞師之議,於是實現。[註一]

三　太平軍的上海大包攻及其撤退

　　1. 一八六二年太平軍的上海大進攻——2. 會防局的設置——3. 高橋之戰——4. 聯軍攻勢的決取——5. 嘉定青浦太平軍的敗退——6. 李鴻章的蒞滬——7. 太平軍的上海撤圍及太平天國的覆亡

　　太平天國忠王李秀成於一八六一年十二月二十九日清咸豐十一年十一月二十八日再克杭州後,重回蘇州,準備大舉進攻上海。一八六二年初清咸豐十一年底上海就被威嚇了。一月八日清咸豐十一年十二月初九日

[註一]　同治上海縣志卷一一;平定粵匪紀略卷一二。

太平天國忠王李秀成通告上海松江人民云：

　　　　真天命太平天国九門御林忠義宿衛軍忠王李，爲諄諭尚海按即上海以避皇上帝之諱改上爲尚松江人
　　民、清朝兵勇各宜去逆歸順，同沐天恩，毋得自取滅亡事。照得伐暴安良，固宜逆誅而順撫，而開
　　疆拓土，尤宜柔遠而懷來。緣念本藩自去冬恭承簡命，統師上游江楚，復由江楚班師，而進□浙
　　省。凡所經過之地，其於投誠之百姓，則撫之安之，其於歸降之勇目，則爵之祿之，無不在在仰體
　　上天好生之德，我主愛將重士之心；而戡亂治平，招降納衆，諒爾一帶人民，亦所深知而灼見也。
　　兹因東南輿圖□□近歸我版籍；而惟有尚海□□□實逼處此，乃我必收之地，而固□蘇浙之屏藩。
　　故特分師五路，水陸並進，而進攻尚海松江。恐爾人民驚恐，惶惶如喪家之犬，而窮無所歸。爲是
　　特頒諄諭，先行令人前來張貼，仰爾尚海松江一帶人民兵勇知悉：爾等試看我師一路而來，撫卹各
　　處投誠之人，着即放膽，亦照該等，急早就之如日月，歸之如流水，自當於純良之百姓，加意撫安，
　　其於歸降之兵勇，留營效用。至於在尚海貿易之洋商，去歲□□□□成約，各宜自愛，兩不相
　　擾；自諭之後，倘不遵我王化，而轉助逆爲惡，相與我師抗敵，則是飛蛾撲火，自取滅亡，無怪本
　　藩師到而大肆殺戮之威，有傷天地之和也。其宜凜遵毋違！太平天国辛酉拾壹年十一月二十
　　八日。[註一]

十日十一日滬道吳煦通告各國領事説，太平軍大隊人馬將從蘇杭取道攻襲上海，於是戒嚴。太平軍的蹤
跡果然發現了：在虹口方面，有二個英國水兵爲太平軍所獲而受審。太平軍即命這兩個水兵遞送通告
去給英國軍官；其中一封，先述太平軍的如何勝利，結論稱：

　　　　南方軍事既定，忠王就親率大兵分五路進取上海。上海叢爾小地，有何足懼。現在我們已佔
　　有蘇杭，便有取得上海的必要。事實如此，一無誇飾。因此我們給你們這個警告，不要來干預我
　　們和清軍的作戰。照此條件，我們就讓你們經商營利。否則你們要後悔的。我忠王現在駐軍的
　　地點是在嘉定，希望你們將回音早日送來。[註二]

一月十二日十二月十三日英領麥華陀爲了太平軍的通告，召集英、法兩國將領和法領等開會討論。
英提督何伯（Hope）主張公覆一信，略謂："前已通告南京政權，上海已由英法軍隊防禦。因此一切
對於上海的攻擊，將使攻擊者不利。"但法領愛棠不能贊成，以爲與其覆信，還不如取布告的形式
爲妙。[註三]

這時上海是緊張到極點了。清軍固然恐慌，洋人亦然。例如法人居留地，完成戒嚴，晚上行人絶
跡。法領愛棠甚至稱述其"領事館變做軍事部、海軍局、警察局、市政局、審判廳了。領事館集中一個
最複雜的行政機關的一切工作了"。[註四]

就在上述麥華陀開會這天，乍浦大隊太平軍，從海塘直趨奉賢，復攻南橋。清軍參將姚紹修督率
兵勇防禦，復用滬紳所募的三百個吕宋兵菲律賓人衝鋒作戰；但終不能抵當太平軍猛勇的來勢，而至潰
退閔行。[註五]同日晚上，吳淞方面又忽發現火光，疑心太平軍來進攻了，防守一夜，到了天亮，幸而

────────────

[註一]　即公曆一八六二年一月八日，清咸豐十一年十二月初九日。此項通告至今尚保（於存）〔存於〕北平故宮博物院。該院出版
太平天國文書中有影印。
[註二]　Maybon et Fredet, ibid., pp. 206－207. 按 Jesus, ibid., p. 118,亦譯有此項通告，程灝上海通商史中重譯爲中文，與 Jesus
之英譯，略有出入。此處是取 Jesus 之大意，而參考 Maybon et Fredet 之作品者。
[註三]　Maybon et Fredet, ibid., pp. 207－208.
[註四]　同上註。
[註五]　同治上海縣志卷一一。

無事。[註一]

　　一月十三日十二月十四日晚，太平軍已到達英人居留地的西區方面，見有準備，才折向西北。滬道吳煦聞警，立即派兵一營、礮艦一艘駐吳淞江蘇州河邊，以資防守。其時又得報告，說太平軍的精兵已從青浦出發，大隊已到浦東。[註二]

　　十六日十七日太平軍撲蕭塘，佔青村，燒莊行。十九日二十日川沙、南匯相繼被佔領。[註三]二十日二十一日太平軍二千人，其中持有火器者五百人，進攻吳淞口，爲法國海軍所阻而未得佔領。[註四]二十一日二十二日太平軍佔周浦，居民凍斃及被殺的很多。[註五]二十三日二十四日太平軍在白蓮涇口徧插旗幟。薛煥調海船百餘號，排列西岸，架礮轟擊，又借西國輪船往來巡駛，以阻止敵人渡河。[註六]

　　這時上海顯然已被太平軍四面包圍了。清軍四五萬人已完全潰散。不論中西人士，都覺得危在旦夕，亟亟於防守的策略。洋人表面上還說兩不相幫，實際上是恐怕一旦太平軍到了，貿易斷絕，無以謀利，於是也只想如何保持上海。[註七]滬上華紳，看穿洋人這種心理，便竭力聯絡，利用英法駐滬軍人而設立會防局。

　　二月六日清同治元年正月初八日法國提督卜羅德（Protet）函告法領愛棠說，他和英國提督何伯已經商妥共同對付太平軍的方法。會防局的設置，大抵此時前後已得英法將領的同意而經決定了。會防局附設於源通官銀號內，專捐進口出棧之洋貨及報新關出口之土貨，俱以供洋兵會防之軍費。二月十三日正月十五日法領事館中，英法將領集會，決定辦法六條：[註八]

　　一、美僑居留地及英僑居留地由英軍防守。法僑居留地、上海縣城及董家渡由法軍防守。北門及其附近城牆，由英軍防守。

　　二、法軍共九百人，其中三百人爲遊擊隊，水兵百人爲補助隊。英軍共六百五十人，其中三百人爲遊擊隊，又海軍陸戰隊五十五人，水兵二百人隨時可以補助。但此人數當兵權號（L'Imperious）代替珍珠號（La Pearl）時，得減少一半。

　　三、喫緊之處，每隔一分鐘，開放兩礮，以作警號。

　　四、兩處居留地由各該地之警察及義勇隊維持治安，領事負責敦促滬道維持城內治安。

　　五、滬道軍隊因作防禦滬城之用，如有移動，應通知各國領事。

　　六、吳淞爲水路咽喉，由英法海軍防禦，但如情境許可時，陸軍當盡力援助。

　　此項辦法以外，還有兩個問題，就是英法軍隊，對於上海以外的太平軍，究竟作戰與否，英法軍隊和清軍合作與否，在此處卻都沒有說明。據法領愛棠的意見，以爲這是因爲英領麥華陀和英提督何伯意見不能一致之故。麥華陀是主張最好守中立的，而何伯卻願與清軍合作，出征太平軍。當此次會議之後，卜羅德函請何伯組織遊擊隊以攻擊太平軍。何伯不答。但翌日何伯卻挾了華爾往訪卜羅德於軍艦上，說他個人是贊同華爾的事業的，詢問卜羅德的軍隊能否與英軍聯合一起，[註九]實際上，清軍與英法將領共同進攻太平軍一事，早已接洽妥善。只是礙於英國外交界的未能同意，不便在書面上寫出罷了；其後，就以事實來證明了。

　　[註一]　Jesus, ibid. , p. 116.
　　[註二]　同上註，p. 117。
　　[註三]　同治上海縣志卷一一。
　　[註四]　Jesus, ibid. , p. 122.
　　[註五]　同治上海縣志卷一一。
　　[註六]　同上註。
　　[註七]　同上註。
　　[註八]　Maybon et Fredet, ibid. , pp. 208－211；上海縣續志卷二，頁二四。
　　[註九]　Maybon et Fredet, ibid. , p. 211.

　　華爾所組織的軍隊,最初是菲律濱和歐美的浪人;後來又訓練華人,穿西服,着洋靴,形式全如洋兵,此時已訓練完成。法國礮兵隊長莫特萊(Tardif de Moidrey)因受法國提督蒙島朋的指使,也爲清軍組織一隊礮兵而自任統領,設營於徐家匯,從事操練。[註一]

　　二月中旬正月中旬太平軍紮營王家寺周圍里許,由忠王李秀成親自指揮,進攻寶山,直逼吳淞口。青浦、嘉定的太平軍出隊,屯軍閘北;川沙、南匯的太平軍駐紮高橋:遙相策應。十四日十六日知縣劉郇膏統帶民團渡浦作戰,到洋涇鎮,撫標營勇便爲太平軍所擊潰,幸得英法聯軍四百人、大礮三尊及華爾軍六百人的援助,始於二十一日二十三日聯軍在華爾與其副手美國人白齊文(Henry Andrea Burgevine)指揮之下,奮勇力戰,才將高橋太平軍打敗。[註二]

　　高橋原爲太平軍進攻上海的策源地,今既爲聯軍所敗,只得向南撤退。英國提督何伯於二十七日二十九日也就跟着南行,到閔行,與華爾的洋鎗隊相會合。[註三]太平軍在蕭塘附近之處,築有堅固的礮壘,聯軍進攻失利;後來用了一千二百五十人,内英法軍五百人帶同大礮六尊華爾軍七百五十人,才將太平軍打敗。華爾的洋鎗隊得到常勝軍的名稱,就靠這一戰的勝利;薛煥上摺奏請褒獎,清帝因於三月十六日二月十六日頒下上諭,任命華爾爲參將。[註四]

　　太平軍雖則如此大遭挫折,但志不稍衰,不久援軍大集,在三月二月中,新的壁壘又完成了,徐家匯與青浦右岸,凡六萬人。這時英法援軍卻也同樣雲集了;英軍約有二千八百人,大礮二十四尊,均歸英提督士迪佛立(Staveley)所指揮。後來協助李鴻章攻克上海以外各地的名將戈登(Charles George Gordon),此時即在士迪佛立軍中做參謀。法軍則有名譽號(La Renommée)和洛納號(Le Rhone)兩軍艦載運獵兵及輕步兵前來。戰門的形勢,於是不特更形激烈,並且一變而爲聯軍反取攻勢了。

　　四月三日三月初五日聯軍一隊出發,攻擊距上海約十二英里王家宅的太平軍。英軍一千四百九十三人、大礮九尊,由士迪佛立指揮;華爾軍三百人、法軍四百人、大礮四尊,由卜羅德指揮。從徐家匯出隊,下午四時左右到七寶。七寶本有居民二萬五千人,這時已空無一人了。翌日晨,大霧至八時,聯軍於六時半即出發,九時許,已到達太平軍陣前約八百米達之處。不久,戰門開始。英軍從右翼進攻,法軍在左翼,礮兵任前鋒。距太平軍營六百米達處,聯軍轟礮。太平軍苦無大礮以應,法軍於敵營前百五十米達處,組成兩隊,開始突擊。太平軍敗退。法軍及華爾軍決定前追,衝入敵人陣線,將敵營帳幕焚毀,追趕約一小時而後止。晚五時,法軍和華爾軍全隊都奔向英軍側,與英軍聯合。其時,華爾受命追敵。太平軍戰門極猛,將華爾擊退至七寶。但翌日太平軍仍爲聯軍所追退。[註五]

　　十七日十九日聯軍向東進攻太平軍於周浦,又獲勝利。[註六]二十二日三月二十四日英提督何伯、法提督卜羅德與清庭官吏決議自長江口起迄錢塘江灣止,沿上海三十英里內各要隘,設法規復,議定先奪回嘉定、青浦及南橋、柘林,然後使華爾自松江移駐青浦以控制五處,而以英軍爲之後援。[註七]

　　作戰計劃既定,英法軍隊和華爾軍洋鎗隊共四千人,攜礮三十尊,決定向嘉定進攻,由滬道吳煦備船五十艘載運軍隊器械糧食,四月二十八日三月三十日晨出發,晚四時抵南翔,翌日黎明,向嘉定進軍時,礮毀河岸太平軍礮壘二座,晚三時,到達嘉定城前。是夜聯軍工作一切,準備開火。四月二十九日四月初一日西兵會同華爾軍進攻敵壘:西兵攻南門,華爾軍攻西門,清軍攻東、北二門。五月一日四月初三

[註一]　Maybon et Fredet, ibid. , p. 208.
[註二]　Jesus; ibid. , p. 130; Maybon et Fredet, p. 221.
[註三]　Jesus, ibid. , p. 130.
[註四]　Jesus, ibid. , p. 133; Maybon et Fredet, ibid. , p. 213.
[註五]　Jesus, ibid. , p. 135; Maybon et Fredet, ibid. , p. 214.
[註六]　星周紀事卷下。
[註七]　Jesus, ibid. , p. 126.

日晨五時,三十尊大礮一齊開放,礮彈均能命中敵人,於是奪得了嘉定。[註一]

五月九日四月十一日何伯、卜羅德等帶兵二千餘名,華爾帶兵一千六百餘名,又進攻青浦,直抵該縣,距城里許。十、十一日十二三日密探太平軍形勢,定策進攻。十二日十四日黎明英國將士環攻南西二門,華爾軍洋鎗隊徑攻東門,參將李恆嵩、林叢文、郭太平、已革參將姚紹修、已革道員馮席珍、遊擊劉士奇等督飭各隊,會同青浦縣知縣廖秩瑋所帶領的團勇合攻北門,其小西門水道經已革提督曾秉忠派令遊擊曾敏行、曾繼榮等帶礮船堵截。城內太平軍雖奮勇抵抗,終不敵英法兵的利器。西南城牆被大礮轟坍十餘丈,英法兵就從西門登城。華爾督隊繼進。清軍趁勢也就一擁而上。太平軍所奪得的青浦城,於是跟着嘉定一齊失去了。[註二]

去年清廷駐滬官吏向曾國藩所請求的援軍,這時都已到滬。四月六日三月初八日李鴻章帶陸勇二千人自皖取道長江出發,於四月八日三月初十日抵埠,駐紮大南門內。五月二日四月初四日續到兵勇,連前共計五千五百人。五月十三日四月十五日清廷命李鴻章署理江蘇巡撫。駐滬清軍本來庸弱無能,但因李鴻章的軍隊到來,居然士氣一振。其時,西人請會攻浦東太平軍,鴻章令潘鼎新等出周浦,當北路;華爾和西人當南路;由金山縣進攻南橋。[註三]五月十七日四月十九日聯軍以大礮進擊,太平軍無法抵抗,只得退卻。但西人聯軍的損失卻也不少,法國提督卜羅德中彈洞胸而死,其餘陣亡的還有十多人。[註四]南橋既得,聯軍就整隊進攻柘林,又獲勝利,這是二十日二十二日。[註五]翌日,又得奉賢。潘鼎新等敗太平軍於杭頭和新場。[註六]

浦東方面,清軍以西人大礮的威力,固然得到勝利了,但是在太倉、嘉定方面,太平軍的軍威卻又壓倒了清軍。當青浦危急時,忠王李秀成率領聽王陳炳文、納王郜雲官大隊人馬,前來相救,於五月二十一日四月十九日這一天,[註七]將駐紮太倉城東的清軍五千人完全撲滅,於是一方面直向寶山攻擊,一方面進攻嘉定。寶山方面,因被吳淞口的史帶林(H. M. S. Starling)的水兵所阻,未能佔領;[註八]嘉定方面卻又成功了。當二十二日二十日西兵往救嘉定時,到南翔地方,見太平軍人馬衆多,形勢不佳,即於二十四日二十二日衝入城中,[註九]挾中西守兵出走。嘉定即爲太平軍所復得。[註十]

太平軍既又佔領嘉定,便即分攻廣富林、泗涇兩地,因爲廣富林是進松江的要隘,泗涇是進上海的要隘。五月二十八日五月初一日將上述兩地均行佔領。廣富林的一支太平軍直攻松江。清軍令華爾去抵禦。泗涇的一支,斜趨虹橋,距清軍營壘十二里。[註十一]李鴻章迅即檄告各軍會援。六月二日五月初六日太平軍與程學啓戰於虹橋,失利。翌日,七寶太平軍來援,又沒有成功。其間因爲兩方爭奪松江城,上海戰事才得稍緩。六月十七日五月二十一日聽王陳炳文、納王郜雲官率領部隊五六萬人,分十二支進攻,將駐紮新橋的程學啓的營壘全部包圍了,並且從法華、徐家匯、九里橋進展,而幾達上海縣城了。李鴻章親率同知張樹聲、參將張遇春、郭松林等分三路馳往救援。戰於徐家匯的九里橋。太平軍退往泗涇。至十九日二十三日太平軍又從泗涇撤退。[註十二]

[註一]　籌備夷務始末同治朝卷五,頁四四—四六。
[註二]　李鴻章:李肅毅伯奏議。
[註三]　同治上海縣志卷一一。
[註四]　Jesus, ibid., p. 139.
[註五]　李肅毅伯奏議。
[註六]　同本頁註三、五。
[註七]　李肅毅伯奏議。
[註八]　Jesus, ibid., p. 142.
[註九]　同上註。
[註十]　同治上海縣志卷一一。
[註十一]　同上註。
[註十二]　李肅毅伯奏議。

當華爾從青浦回救松江後,青浦即於六月九日五月十三日爲太平軍所重得;到八月十日七月十五日始又由程學啓、華爾奪回。八月十四日七月十九日慕王譚紹光率衆再薄青浦城,卻又爲七月五日六月初九日到滬的淮揚水師總兵黃翼升所敗。太平軍於是轉向北新涇進攻,直至法華一帶,將清將況文榜等重重圍困,八月二十五日八月初一日已南入漕河涇,北抵新閘,上海又岌岌可危了。李鴻章一面牒黃翼升、程學啓、華爾,各以五成兵,直趨泗涇、七寶,以抄太平軍後路,以達北新涇,一面自己帶勇去會攻。二十六日初七日在七寶作戰,同知韓正國戰死。八月二十七日八月初三日清軍努力夾攻,太平軍敗,渡吳淞江北去,又爲黃翼升所追襲,於是再向北退。翌日,太平軍見清軍撤回,復攻北新涇,與參將劉銘傳戰於野鷄墩。徐家匯西兵出隊,協助清軍,連開大礮,太平軍不支,只得退向嘉定。[註一]八月七八月間之後,忠王李秀成因天王屢屢飭令返京急救,便馳歸天京和曾國藩作戰去了。上海於是才得透一口氣,太平軍從此不踏到上海土地上來了。

到一八六三年十一月清同治二年十月李鴻章由上海督率水陸各軍進攻蘇州,獲勝。翌年五月清同治三年四月李鴻章裁遣常勝軍。八月七月天京陷落。轟轟烈烈的太平天國,就此完全覆亡!上海會防局兵勇卻直到一八六六年一月清同治四年十二月始行裁撤。[註二]

四　西僑的野心企圖及其侵略的進展

1. 居留地間華人的激增——2. 麥華陀的新計劃及防禦委員會的自由市企圖——3. 英美居留地內稅收權司法權的喪失——4. 英美居留地內會審公廨和越界築路的起源——5. 法僑居留地的推廣及其公董局的成立——6. 法僑居留地內稅收權的喪失和會審公廨越界築路的開始

當太平天國軍勢熾盛時,江浙一帶富紳巨賈,爭趨滬濱,以外僑居留地爲安樂土。據統計所示,一八六〇年清咸豐十年英美居留地間,華人已達三十萬,而一八六二年清同治元年竟增至五十萬!此種避難的富豪,都不惜以重金獲得居留地間一樓止爲萬幸,西人於是大營建築的投機,以最迅速的工程、最簡陋的材料,就空地興建大批房屋,以供給華人居住,而轉瞬間獲得千倍的巨大利益。[註三]

這時英領麥華陀,以居留地間,華人頓增至數十萬,對於管理方面,擬有所新創,特於一八六一年六月二十六日清咸豐十一年五月十九日上書北京英公使布魯司,提議上海工部局當由上海西僑重新選舉一人,任爲正式工部局主席,其本人及幕僚的俸金,均須由中國政府撥給,以表示其地位之獨立而並不隸屬於任何集團。所有財政、田地、警察等都歸這主席管理。工部局後將這項計劃加以補充而提出於一八六二年九月八日清同治元年八月五日租地人大會之前。其時工部局主席爲德納(Henry Turner),在大會中宣稱上海市政的腐敗,力主改革,應用這新計劃,又謂清政府對於居留地的保存關稅、保護華人,以及爲防禦上海所費用,都應有所感謝,應從上海一埠的關稅中,提出若干以爲居留地之用。但是居留地間防禦委員會(Defence Committee)尚嫌麥領計劃爲迂緩,竟於一八六二年六月二十日清同治二年五月二十四日上書工部局,提議上海爲一種自由市,凡華洋人民有公權的,都得有選舉權,從英、美、法、俄四國僑民中推舉代表,使設立一個強有力的政府。英領麥華陀將此項自由市的計劃轉呈英公使布魯司。[註四]

[註一]　同治上海縣志卷一一。
[註二]　上海縣續志。
[註三]　Jesus, ibid. , pp. 206, 232;王臻善:滬租界前後經過概要(按王著,係節錄 Jesus 著作而成)。
[註四]　Jesus, ibid. , pp. 206－210.

英公使覆稱居留地係屬中國土地,中國政府仍保留其對於土地與其人民的權力;自由市之議於國際法不合,並訓令此後毋得不依國際法而提出要求。[註一]

一八六二年七月清同治元年六月滬道黃芳曾致函英領麥華陀,請其助查居留地內華人數目以便徵稅,英領竟覆函拒絕。後英領以拒絕滬道徵稅之事報告英公使布魯司,却不料爲英使所不直。一八六三年六月十二日清同治二年四月二十六日英領於是和滬道訂定由工部局向居留區內華人徵稅,提出稅收百分之五十交納道署。但此事終未見實行。[註二]

先是,在一八五三年清咸豐三年時,英領阿利國提議統一英、美、法居留地的行政,而創設工部局,翌年更定新地皮章程。但法方與英美未能圓滿合作。一八六二年三月三十一日清同治元年三月初二日英僑租地人大會已決定將美僑居留地合併於英僑居留地。英領將合併決定通告法領愛棠。法領却以國皇不能批准那地皮章程爲辭,而退出了英、美、法三居留區域的行政統一。三國居留地的統一運動於是僅能實現英美居留地的合併。美僑居留地四址初未確定,至一八六三年六月二十五日清同治二年五月初十日美領熙華德(Seward)纔和滬道黃芳商定界址,就在這年九月二十一日清同治二年八月初九日英美居留地也正式宣布合併了。這合併的居留地就是現在的國際居留地,亦即俗稱公共租界的前身。[註三]

當小刀會動亂時,英美領事乘機擅自審問華人違警事件以及輕細民刑事件,已開始了侵佔我國的司法權。到一八六三年六月二十五日清同治二年五月初二日美領熙華德和滬道黃芳訂定美僑居留地界址章程,竟於章程第三款,訂定如下的條文:

> 中國官廳對於美租界內中國人民之管轄權,吾人當絕對承認,惟拘票非先經美領事加簽,不得拘捕界內任何人等。

又第四款訂定:

> 無約國人民,凡事均應受美領事之處置,但該項人民,苟向任何有約之領事館呈文立案願受該領事館之管轄,曾經該領事館許可,且發給憑證,證明該民已經立案應受該領事館之管轄者,得不受美領之管轄。[註四]

此項章程限制了華官在美僑居留地的司法權,又攫奪了對於無約國人民的管轄權。到後來,無約國人民的管轄權,又由各國領事提議授與工部局,滬道黃芳竟又加以承認。[註五]

外領不僅以限制華官對居留地內華人的司法權爲滿足,且進而在居留地內創立會審法庭,就是在這法庭內,凡有關於外人利益的案件,外人均得陪審。此項計劃爲英領巴夏禮(Harry Parks)所倡議,後竟實現,即於一八六四年清同治三年所創立的洋涇浜北首理事衙門。其後於一八六九年四月二十日清同治八年三月初九日頒布洋涇浜設官會審章程,於是會審公廨從理事衙門的母腹正式產生。[註六]這會審公廨一直繼續到一九二七年民國十六年臨時法院成立爲止。

因華爾軍洋鎗隊便於攻擊太平軍而興築若干軍用的道路,凡鄰近居留地的,如徐家匯路今海格路、新聞路、麥根路、極司非爾路此種路名均係後來所定等,於軍事結束後,先後由工部局加以修理,闢爲馬路,而自行管理。上海官廳,未曾抗議。從此便開了所謂"越界築路"的端緒。

[註一]　滬租界經過前後概要;Jesus, ibid. , p. 212.
[註二]　Jesus, ibid. , pp. 213, 215.
[註三]　Jesus, ibid. , p. 221.
[註四]　梁敬錞:在華領事裁判權論,頁一〇二。
[註五]　同上註,頁八一及頁一三五一六。
[註六]　Jesus, ibid. , p. 218. 按外人著作關於會審公廨者,以 Kotenev, Shanghai: Its Mixed Court and Council 爲最詳,可供研究者之參考。

關於英美乘這太平天國動亂時代的侵略上海,重要的略如上述,茲再一述此時期內法人的行動。

法僑居留地面積,依一八四九年四月六日清道光二十九年三月十四日所劃定的界址計算,共計五十六公頃,後因一八六〇年清咸豐十年區內人民日增,而引起地產的投機狂熱,於是漸漸喚起區域大小的注意。法領愛棠乃即於一八六〇年十二月十一日清咸豐十年十月二十九日向滬道吳煦提出矯正界址,擴充區域的要求。吳道當即於同月二十日十一月初九日拒絕不允。翌年法國皇家郵船公司欲在上海獲得二十公畝的地皮,以供建築各種房屋之用,法國公使蒲步龍借此緣由,便向北京總理衙門恭親王提出擴充上海法僑居留地區域的照會。總理衙門竟即允諾法國在上海可租之地,"自上海縣出小東門隔壁直通黃浦之小河沿爲南至之界",並行文江蘇巡撫迅速辦理。[註一]

上海法領愛棠既從其公使得到交涉勝利的訓令,隨即於一八六一年十月二十九日清咸豐十一年九月二十六日向滬道吳煦提出照會。吳道於翌日即行頒布擴充法僑居留地區域的布告。經此第一次擴充的成功,法僑居留地已從五十六公頃變爲五十九公頃了。[註二]

法僑居留地,如上所述,既退出居留地合併組織,便即自行組織與英美居留地工部局性質相同的公董局。此項公董局於一八六二年四月二十九日清同治元年四月一日由法領愛棠頒布命令,並委任董事五人而組成之。迨至五月五日四月初七日愛棠召集居留地內租地人大會,同時即介紹公董局董事,無人反對。公董局於是即在這一天正式宣告成立了。從此上海有了兩種居留地,一種是由法國專管的,即法僑居留地,亦即俗稱的法租界;一種是由各國共管的,即今國際居留地,亦即俗稱的公共租界。[註三]

中國官廳在法僑居留地內收稅之權,也像英美居留地一般,在一八六三年清同治二年公董局願以區內房捐總收入百分之十,送繳江海關銀號,後又訂約區內收房捐職權應僅由公董局執掌,而滬道與公董局各得捐稅之半。但至一八六四年清同治三年法人借端取消這協約。我國在法僑居留地內徵稅權於是也告喪失。[註四]

法僑居留地內的會審公廨雖於一八六九年清同治八年正式成立,但實際自一八六五年清同治四年起已經實行會審了,其所依據的便是天津條約的第三十五款。[註五]法人的"越界築路"也是在這太平天國時代起始的,其情形與英人的越界築路完全相同,從西門外沿方浜橋而至徐家匯因軍用而築成道路,軍事完了後,法方時去修理,視若己有,其後到一九〇〇年清光緒二十六年經滬道余聯沅的承認,竟正式成爲法僑居留地的馬路了。[註六]

西人居留地,如上所述,以其逐漸侵略我國的權利,本身於是益益畸形發展,而竟形成爲"國中的國"!

[註一]　Maybon et Fredet, ibid., pp. 239 - 240. 參看本市通志法租界編上海法租界的長成時期。
[註二]　同上註,pp. 242 - 243。
[註三]　Maybon et Fredets, ibid., pp. 258 - 259.
[註四]　Maybon et Fredets, ibid., pp. 276 - 280.
[註五]　同上註,pp. 347 - 348.
[註六]　申報(民國十八年九月二十日)。按一九一四年法僑居留地與我國訂定界外馬路協約,第二條中有"並將西門外自方浜橋迤南至斜橋,所有前經法國鋪修之馬路,交還中國",故方浜橋迤南一段馬路,現在已歸還中國管理。

子 上海的近代化

一 軍事工業的近代化

1. 西洋鎗礮的仿製及江南製造總局的成立——2. 總局的遷移及其完成——3. 造船廠火藥廠鎗子廠的添設——4. 十三年間的錬鋼統計——5. 礮艦的製造

公元一八六二年清同治元年李鴻章來上海坐鎮時,第一件事就是購買外洋鎗礮來和太平軍作戰。他又覺得洋鎗洋礮最好能由本國自己製造,免受洋人掣肘。這一切都是和曾國藩的意見相一致,於是李即派海關道丁日昌、總兵韓殿甲及英國兵官馬格里原名待考等設局仿造礮彈等物。一八六四年清同治三年春,據李鴻章覆奏北京總理各國事務衙門,聲稱短炸礮和各種礮彈均已能製造,只是長炸礮和洋火藥,要得外國全付機器,才能如法製造。[註一]

一八六五年清同治四年丁日昌奉李命,訪購製造機器,旋於虹口地方,訪得一洋人機器鐵廠,能修大小輪船及開花礮、洋鎗各件,爲洋涇浜外國廠中機器最大的,但是索價極貴。恰巧已革海關通事唐國華會同同案中人張傑、秦吉等,因贖罪情急,願共集資本四萬兩購買該鐵廠,以贖前愆。不久交易定議;但廠中必需之物,像銅、鐵、木料等,另由丁籌款二萬兩給發採買。定議後,李即將該廠改名爲江南製造總局,其丁、韓二氏舊有二局,即行歸併總局。[註二]

總局中一切事宜,由李鴻章責成丁日昌督察籌劃,會同韓殿甲和素習算學的分發補用同知馮焌光、候選知縣王德均,熟諳洋軍火的直隸州知州沈保靖一同到局經理,所有出入用款,收發機器,稽查工匠,分派委員數人,各司其事。[註三]

同年六月初五月初該局正式開辦,計用洋匠八人,洋匠目一人,名科而原名待考,爲華匠的指導。每月房租及工匠薪水約四千五六百兩,添購物料費,約一萬兩。因開局之初,製造鎗礮機器未全,所以最初幾月,完全費於趕製大小機件,所造成的機器,計共三十餘件。[註四]

一八六六年一月清同治四年十二月間,因汽爐火力不足而停工,旋即加以修理,於二月二十一日同治五年正月初七日重行開工。是時發動能力較前加倍;碾捲鎗筒的機器及大汽錘等都能一齊運動了。[註五]

一八六七年清同治六年夏,該局遷移到城南高昌廟鎮,佔地七十餘畝,就局址分建各廠,計有機器

[註一] 江南製造局記卷二建置表公牘。
[註二] 同上註。
[註三] 同上註。
[註四] 同上註。
[註五] 江南製造局記卷三製造表公牘。

廠、汽爐廠、木工廠、鑄銅鑄鐵廠、熟鐵廠、庫房、煤棧等，復於機器廠設洋鎗廠，專門製造洋鎗。其管理處則分公務廳、文案處、拍銷處、支應處、議價處等。此外並造住所，以容中外工匠。接着又造輪船廠和船塢。江南製造總局至此，已井井有條，儼然一個近代的軍工廠了。[註一]

基礎既定，發展便易。一八六九年清同治八年該局又添設汽錘廠，越兩年廠屋落成。此項工廠專造輪船內重大鐵件。一八七四年清同治十三年又於龍華鎮添設火藥廠，專造黑藥、栗色藥及無烟藥。一八七五年清光緒元年又於龍華鎮添設鎗子廠，製造來福鎗子、林明敦鎗子以及馬梯尼、黎意、格林新舊毛瑟、曼里夏、智利比利各式鎗子，每日可造三萬餘粒。一八七八年清光緒四年將汽錘廠改爲礮廠，督造九磅子前膛礮、阿姆斯脫郎廠八百磅、三百磅、二百五十磅等大礮，及二磅三磅以至十二磅彈的快礮。一八七九年清光緒五年增設彈子廠（後改名爲礮彈廠），製造十二磅及二十四磅圓開花彈、克鹿卜鉛開花實心彈等。一八八一年清光緒七年又添設水雷廠，督造莆式百磅藥碰電熟鐵浮雷、千磅藥電火生鐵沈雷等。一八九〇年清光緒十六年添設鍊鋼廠，所出之鋼，頗爲優良。[註二]茲就一八九一年至一九〇四年清光緒十七年至三十年間，鍊鋼數量統計如下，以見上海近代軍事工業發展的狀況。

一八九一──一九〇四年鍊鋼表[註三]

年　代	鋼　別	數　　量	年　代	鋼　別	數　　量
一八九一	熟	二一、七〇一磅	一八九九	熟	一、四八五、五四七磅
一八九二	熟	一三七、九五六磅	一九〇〇	熟	一、二四三、〇九六磅
一八九三	熟	八〇、八四二磅	一九〇一	熟	八五三、六一一磅
一八九四	熟	七五三、五三六磅	一九〇二	熟	一、二三一、七九六磅
一八九五	熟	七〇六、八六一磅	一九〇三	熟	四五九、二八四磅
一八九六	熟	七六九、三四二磅	一九〇四	熟	六九二、六六六磅
一八九七	熟	四、五三八、二四〇磅	一九〇三	生	一、七一六磅
一八九八	熟	一、六四六、八九一磅	一九〇四	生	四、七六九・五磅

鎗礮火藥而外，輪船礮艦也爲近代軍事所必需，所以曾國藩於一八六一年清咸豐十一年間就想試造輪船。一八六三年清同治二年曾氏駐安慶時，嘗設局由華工造成小輪一艘。[註四]但行駛遲鈍，不甚得法。同年冬，曾氏派江蘇候補同知容閎出洋購買機器，以圖擴充。江南製造總局於一八六五年清同治四年宣告成立，容閎所購機器適亦運到，便交該局運用。曾氏本欲輪船與鎗礮同時製造，因爲礙於經費，只能先造鎗礮。一八六七年五月清同治六年四月曾氏奏請撥付洋稅二成，以一成爲專造輪船之用，奏議旋被批准，乃建造泥船塢一座，長三百二十五英尺。塢成後，復造塢口浮閘，以資啓閉，安配抽水機，以便提汲，並添建輪船廠一所。輪船的製造，遂即興工。到一八六八年八月下旬清同治七年七月下旬第一號輪船終於造成，由曾氏命名爲"惠吉"，九月二十八日八月十三日曾氏親自在南京試乘，極爲滿意。是項輪船實即西洋小礮船式，其時譯英語音稱"根駁"。[註五]其後陸續添造，噸位亦從六百噸增至二千八百噸。

[註一]　江南製造局記卷二建置表公牘；上海縣續志。
[註二]　江南製造局記卷二建置表各廠。
[註三]　江南製造局記卷一〇鍊鋼略。
[註四]　錫金四哲事實彙存頁三華蘅芳清册內云："該故紳於咸豐十一年從曾文正公於安慶軍中領金陵軍械所事，與無錫徐壽繪成圖樣，自造黃鵠輪船一艘。……實爲中國自造輪船之始。"
[註五]　江南製造局記卷三製造表公牘；江南造船所記要。按製造局的製造輪船自一八八五年（清光緒十一年）起曾告中止，專修南北洋各省兵輪。至一九〇五年（清光緒三十一年）始再製造，且與製造局劃分，改稱江南船塢，民國成立歸海軍部接管，又改稱江南造船所。

自一八六八年至一八八五年清同治七年光緒十一年間,共計造成八艘:

製造年份	船 名	寬 度	長 度	吃 水	馬 力	受 重	備 註
一八六八	惠吉[註一]	二七尺二寸	一八五尺	八尺有零	三九二匹	六〇〇噸	安礮八尊
一八六九	操江	二七尺八寸	一八〇尺	一〇尺有零	四二五匹	六四〇噸	
一八六九	測海	二八尺	一七五尺	一〇尺有零	四三一匹	六〇〇噸	
一八七〇	威靖	三〇尺六寸	二〇五尺	一〇一尺	六〇五匹	一〇〇〇噸	
一八七三	海安	四二尺	三〇〇尺	二〇尺有零	一八〇〇匹	三八〇〇噸	
一八七五	馭遠	四二尺	三〇〇尺	二〇尺	一八〇〇匹	二八〇〇噸	
一八七六	金甌	二〇尺	一〇五尺	七尺	二〇〇匹		鐵甲船
一八八五	保民	三六尺	二二五尺三寸	一四尺三寸	一九〇〇匹		鐵甲船

　　自江南製造總局創設以後,各地造船製器工業,始見發育,雖則都限於軍用的:如馬尾船政局係於一八六六年清同治五年由左宗棠所奏設;同年,天津機器製造局由總理各國事務衙門所奏設。總之,我國新工業的始基,是由江南製造總局的軍事工業所築起的。

二　教育事業的近代化

　　　　1. 翻譯人才的亟需——2. 李鴻章的奏摺——3. 廣方言館的章程——4. 格致書院南洋公學的繼起——5. 選派幼童赴美計劃及章程——6. 四批留學生的出發

　　自英、法、美等國在滬設置居留地後,中外交接,日繁一日。迨至太平天國興起,因滿清政府依賴洋人而中外交涉更形忙迫。但以中外語言不同,交換意見之時,必須有人從中翻譯。最初是洋人有求於我,所以担任翻譯的,是通華語的洋人。後來是我有求於洋人,便需用通洋語的華人做翻譯。因爲通洋語的人少,平時和洋商做賣買的華商子弟,於是居然也得任爲譯員,名爲"通事"。此種通事於士農工商之外,別成一業,以廣東、寧波商夥子弟爲最多;其次是從英法義塾中教養出來的土著青年。"此兩種人者,類皆資性蠢愚,心術卑鄙,貨利聲色之外,不知其他。且其僅通洋語十之八九,兼識洋字者十之二三。所識洋字,亦不過貨名價目與俚淺文理,不特於彼中兵刑食貨張弛治忽之大,瞢焉無知,即遇有交涉事宜,詞氣輕重緩急,往往失其本旨。惟知藉洋人勢力,播弄挑唆,以遂其利欲,蔑視長官,欺壓平民,無所忌憚。"當上海設立會防局時,此種通事,大爲活躍:"勾結洋兵爲分肥之計,誅求之無厭,挑斥之無理,支銷之無藝,欺我聾暗,逞其簧鼓,或遂以小嫌,釀成大衅。"[註二]通事情形如此,簡直不堪! 而中外交涉卻日益增多,正式翻譯人才的急需造就,便成爲官廳最切的要求。又軍事工業也不能只以造就匠人爲滿足,必須有精通製造原理者,方可有所成就。有此兩因,歐化的近代教育於是萌芽。

　　當一八六〇年清咸豐十年時,滿清政府因欲將中外交涉事宜由一機關專管,而設立總理各國事務衙門於北京。該衙門爲造就翻譯人才而設英文館,聘英人爲教習,在一八六二年五月底清同治元年五月初開

　　[註一]　黎庶昌:曾文正公年譜卷一一"同治七年八月十三日上海船廠造火輪船第一號成,駛至金陵。公登船試行,至采石磯,命名曰恬吉,取四海波恬,公務安吉之意"。與江南製造局記所錄曾國藩奏章不同,今從奏章。
　　[註二]　文中所引用之句係同治二年正月二十二日李鴻章請設外國語言文字學館摺中語。

館,至八月二十四日七月二十九日奏設同文館。翌年四月清同治二年三月添設俄法文館。[註一]李鴻章因感上海更有設立同文館的必要,乃即於一八六三年清同治二年奏請援案設立外國語言文字學館於上海,其奏摺中稱:[註二]

> 京師同文館之設,實爲良法;行之既久,必有正人君子,奇才異敏之士出乎其中,然後盡得西人之要領,而思所以駕馭之。綏靖邊陲之原本,實在於此。惟是洋人總匯之地,以上海、廣東兩口爲最。種類較多,書籍較富,見聞較廣。語言文字之粗者,一教習已足;其精者務在博采周咨,集思廣益,非求之上海、廣東不可。故行之他處,猶一齊人傅之之説也,行之上海、廣東,更置之莊嶽之間之説也。臣愚擬請仿照同文館之例,於上海添設外國語言文字學館,選近郡十四歲以下資稟穎悟、根器端靜之文童,聘內地品學兼優之舉貢生員,課以經史文藝,學成之後,送本省督撫考驗,作爲該縣附學生,准其應試。其候補佐貳、佐雜等官,有年少聰慧,願入館學習者,呈明由同鄉官出具品行端方切結送局,一體教習,藉資照料,學成後,亦酌給升途,以示鼓勵,均由海關監督督籌試辦,隨時察覈具詳。三五年後,有此讀書明理之人,精通番語,凡通商督撫衙門及海關監督應添設繙譯官承辦洋務,即於學館中遴選承充,庶關稅軍需可期核實,而無賴通事亦斂跡矣。夫通商綱領,固在總理衙門,而中外交涉事件,則兩江轉多,勢不能以八旗學生兼顧;惟多途以取之,隨地以求之,則習其語言文字者必多。人數既多,人才斯出。彼西人所擅長者,測算之學,格物之理,制器尚象之法,無不專精務實,泐有成書,經譯者十纔一二,必能盡閱其未譯之書,方可探賾索隱,由粗顯而入精微。我中華智巧聰明,豈出西人之下。果有精熟西人轉相傳習,一切輪船火器等巧技,當可由漸通曉,於中國自強之道,似有裨助。

此項奏摺,旋即經批准。於是外國語言文字學館就成立起來,正式定名爲廣方言館。就敬業書院西首空地上,建築房屋作爲館屋。最初定有館章十二條,由敬業書院山長馮桂芬所擬,大抵即依據李奏而定。章程原文已不可考,今就毛祥麟所記,當如下述。[註三]

館名爲廣方言館,係屬國立性質。其經費,由海關船鈔項下撥付;而其宗旨則爲講明性理,敦行立品,培植洋務、翻譯及西洋科學人才。修業期限,定爲三年。畢業後得稱爲附生或佾生。館中設監院一人,由上海學師掌理;設董事一人,經管館中一切事宜,三年滿任更替;設司事四人,一管名册、一稽出入、一理雜物、一營雜務,均三年一更。在教授方面,則設總教習一人,以近郡品學兼優紳士任之,設西教習二人,延請有學英人任之;設分教習四人,以舉貢生員任之;設繙譯四人,常日住館,西教習授課時,傳遞言語,使學生易於領受。

至於廣方言館的學則,大抵如下:[註四]

一、學額定四十名。

二、年十四歲以下,資稟穎悟,根器端靜之文童,得應試入學。

三、應試手續:由官紳保送,取具年貌、籍貫、三代履歷,赴監院報名註册,隨呈海關巡道面試時文,擇稍通者送館肄業。有備選者,須候補缺出補送。

四、每月朔望由總教習會同課試西學,定其次第,按課送道署存查。每月陰曆初八、二十四兩日,面試所業文,以其詞氣之通順與否,記存優劣。每三月由監院送道考試。

[註一]　籌備夷務始末同治朝卷一五。
[註二]　李鴻章:李肅毅伯奏議卷一。
[註三]　毛祥麟:對山書屋墨餘録卷一廣方言館條;王韜:瀛壖雜志卷三。
[註四]　對山書屋墨餘録卷一。

五、諸生於三年期滿後,有能一手翻譯西書全帙,而文理亦斐然成章者,由中西教習移道,咨送通商督撫衙門考驗。照奏定章程,關會學政作爲附生,以後通商處各衙門應添設繙譯官承辦洋務,即可遴選承充,不願者聽。其精通西語西文、才能出衆者,仍遵上諭,由通商督撫專摺奏保,調京考驗,授以官職;其能翻譯而非全帙者作伭生。

六、諸生每月歸省,不得踰三日。有疾病及他故,亦不得踰百日。

七、送道考試時,如於西學茫無通曉,即行撤換。請假逾百日者,退學。送道考試時,若與所業文均有進益,十名內酌賞銀兩,以示鼓勵。

八、每月由館供給學生銀三兩,以代館餐,曠館日扣給。

九、房虛昴星日停習,封印期內停習。

十、候補佐雜及紳士之年及弱冠願入館者,一體准保員額以十名爲率,或常住,或按日到,均聽自便。學成後,亦許備翻譯之選,火食則由館備辦。

最初該館組織及學則,大抵如上述。至於館中所授課程,爲經學、史學、算學、詞章、西語、西文。內中算學爲每日所必修。西語西文也極重要,學生可以專習。經史各類,可隨學生資禀所近,而得選讀。[註一]及至一八七〇年清同治九年,該館遷移於江南製造總局內西北新屋後,學則課程均稍變更。學生年齡改定爲十五歲以上二十歲以下。修業年限定爲四年。班次分上下兩班,後改稱爲正課、附課。學額每班各定四十名,課程方面也大加改進。[註二]下班課程爲算學、代數學、對數學、幾何學、重學、天文、地理、繪圖及外國語言文字。初進館學生均入下班,一週年後,考試成績,選拔優良,升入上班,專攻一藝。上班課程分爲七門,(一) 辨察地産,分鍊各金,以備製造之材料;(二) 選用各金料,或鑄或打以成機器;(三) 製造或鐵或木各種……(下文原缺);(四) 擬定各汽機圖樣或司機各事;(五) 行海理法;(六) 水陸攻戰;(七) 外國語言、文字、風俗、國政。上班生仍須兼習下班各課,以求深造。該館經費,是時由江海關船鈔項下撥付銀六千兩,江南製造總局撥付三千兩,共計九千兩。至一八九八年清光緒三十四年該館改爲工藝學堂。廣方言館的名稱乃成爲歷史上的陳跡。[註三]

江南製造局內除廣方言館外,於一八六七年清同治六年復設有翻譯館。館中所請西士傅蘭雅(Dr. John Fryer)與筆述者無錫徐壽,鑒於自然科學之重要,於一八七四年清同治十三年發起格致書院,禀准南北洋大臣,邀集中西紳商,建設院舍於公共租界北海路。一八七五年清光緒元年落成,共費規銀七千餘兩。有志學習格致各科學的,頗稱便利。又因英董贊助,添建博物院鐵室一所,所有格致器具頗稱完備。延聘西士教習化學、鑛學,按期延請中西名人學士,講演格致學埋,復由南北洋大臣及津海、東海、江海、浙海、粵海、江漢各關道,分期命有關格致的題目,課試給獎,以鼓勵學子。院中又設藏書樓,嘉惠學者,這是中西合辦教育的開始。[註四]

一八九四年清光緒二十年中日戰爭後,國人咸感教育有革新的必要。到一八九七年清光緒二十三年招商輪船電報兩局督辦盛宣懷於是奏請設立南洋公學於徐家匯鎮之北,由局籌銀十萬兩,充常年經費,賃屋開辦。是年春設師範院,秋增設外院。一八九八年清光緒二十四年春,增設中院,冬選派留學。一八九九年清光緒二十五年購地百數十畝,建築校舍:上院在西,中院在東。都是三層樓,下爲辦公室,中爲教室,上爲宿舍。其間藏書院、物理化學試驗室、譯書院、閱報所、養病室都完備。建築費共費銀二十餘萬。

[註一]　對山書屋墨餘錄卷一。
[註二]　江南製造局記卷二建置表。
[註三]　上海縣續志卷一一。
[註四]　上海縣續志卷九。同治十三年正月二十八日申報:"吾友徐君雪村告余曰,君亦知中國西學之將大盛乎? 蓋西國駐滬總領麥君,將有創建格致書院之舉。"是則書院係麥華陀所發起。

這是上海新式高等學校的萌芽,也就是今日國立交通大學的起源。[註一]

自一八七二年清同治十一年至一八七五年清光緒元年間,清廷從曾國藩、李鴻章等的奏請,選派幼童到美國去留學,共計選派四次。這是我國近代學生留學外國的開始。幼童留美計劃,實由江蘇候補同知容閎所發起。容氏以一八二八年清道光八年生於澳門,自幼即入西人基督教義塾中讀書,一八四七年清道光二十七年跟着美國人勃郎(Rev. S. R. Brown)赴美求學;一八五〇年清道光三十年畢業於耶路大學(Yale University),是年冬即起程返國;一八六二年清同治元年與曾國藩相見,旋即奉曾氏命往美購備江南製造總局的機械;一八六八年清同治七年向曾氏提出其留學計劃書云:[註二]

> 政府宜先派穎秀青年,送之出洋留學,以為國家儲材之用。派遣之法,初次可先定一百二十名學額以試行之。此百二十人中,又分為四批,按年遞派,每年派送三十人。留學期限定為十五年。學生年齡,須以十二歲至十五歲為度。視第一批學生出洋留學著有成效,則以後即永定為例,每年派出此數。派出時並須以漢文教習同往,庶幼年學生在美仍可兼習漢文。至學生在外國膳宿入學等事,當另設學生監督二人以管理之。此項留學經費,可於上海關稅項下,提撥數成以充之。

其時恰巧曾氏丁內艱,計劃擱起。一八七〇年清同治九年曾氏與丁日昌、毛昶熙等在天津聚首辦理天津教案,容氏便乘機再請丁日昌向曾氏重提留學計劃。曾氏本贊成其議,乃於一八七一年八月十八日清同治十年七月初三日與李鴻章專摺會奏選派幼童赴美辦理章程十二條:[註三]

一、商知美國公使照會大伯爾士頓,將中國派員每年選送幼童三十名至彼中書院肄業緣由,與之言明,其束修膏火,一切均中國自備,並俟學識明通,量材拔入軍政船政兩院肄習,至赴院規條,悉照美國向章辦理。

一、上海設局經理挑選幼童派送出洋等事,擬派大小委員三員,由通商大臣劄飭在上海、寧波、福建、廣東等處挑選聰慧幼童十三四歲至二十歲為止,曾經讀中國書數年,其親屬情願送往美國肄業者,即會同地方官取具親屬甘結,並開明年貌籍貫存案,攜至上海公局考試。如資性聰穎,並稍通中國文理者,即在公局暫住,聽候齊集出洋,否則即撤退,以節糜費。

一、選送幼童,每年以三十名為率。四年計一百二十名。駐洋肄業十五年後,每年回華三十名,由駐洋委員臚列各人所長,聽候派用,分別奏賞頂帶官階差事。此係官生,不准在外洋入籍逗留,及私自先回,遽謀別業。

一、赴洋幼童學習一年,如氣性頑劣,或不服水土,將來難望成就,應由駐洋委員隨時撤回。如訪有金山地方華人,年在十五歲內外,西學已有幾分工夫者,應由駐洋委員隨時慕補,以收得人之效,臨時斟酌辦理。

一、赴洋學習幼童,入學之初,所習何書,所肄何業,應由駐洋委員列冊登註。四月考驗一次,年終註明等第,詳載細冊,齎送上海道轉報。

一、駐洋正副委員二員,每員每月薪水銀四百五十兩,繙譯一員,每月薪水銀一百六十兩。

一、每年駐洋公費銀共約六百兩,以備醫藥、信資、文冊、紙筆各項雜用。

一、正副委員翻譯教習來回川費,每員銀七百五十兩。

[註一]　上海縣續志卷九。
[註二]　容閎:西學東漸記第十六章(是書初發表於小說月報,後印單行本)。按容於咸豐十一年間在寶順洋行任行員;同治八年曾與人合開通源雜糧士號。見徐潤:徐愚齋自敍年譜。
[註三]　曾國藩、李鴻章:奏選聰穎子弟赴美習藝並酌議章程摺。

一、幼童來回川費及衣物等件，每名銀七百九十兩。

一、幼童駐洋束修、膏火、屋租、衣服、食用等項，每年計銀四百兩。

一、每年駐洋委員將一年使費開單知照上海道轉報，倘正款有餘，仍涓滴歸公，若正款實有不足之處，由委員隨時知照上海道稟請補給。

一、每年駐洋薪水、膏火等費，約給庫平銀六萬兩，以二十年計之，約需庫平銀一百二十萬兩。

此項章程實完全根據容閎的計劃，當時總理衙門覆奏，不分滿漢子弟，擇其質地端謹，文理優長，一律送往。李等即據以選派學生：一八七二年二月清同治十一年正月十九日奏請刑部候補主事陳蘭彬為正委員，候補同知容閎為副委員，常川駐美經理一切。因挑選幼童，在滬設局辦理，故又奏請候補知府劉翰清總理滬局事宜，同時並以監生曾恆忠為翻譯，監生葉源濬為出洋教習，並訂選派幼童出洋肄業應辦章程六條，規定學生中文課程大要，及禁止禮儀等：[註一]

一、挑選幼童，不分滿漢子弟，俱以年十二歲至二十歲為率，收錄入局，由滬局委員查考中學西學，分別教導，將來出洋後，肄習西學，仍兼講中學，課以孝經、小學、五經及國朝律例等書，隨資高下，循序漸進，每逢房、虛、昴、星等日，正副二委員傳集各童，宣講聖諭廣訓，示以尊君親上之義，庶不至囿於異學。

一、幼童選定後，取具年貌、籍貫暨親屬甘結，收局註冊，在滬局肄習，以六個月為率，察看可以造就，方准資送出洋，仍由滬局造冊報明通商大臣，轉咨總理衙門查考。至洋局課程，以四個月考驗一次，年終分別等第報查，其成功則以十五年為率，中間藝成後，游歷兩年，以驗所學，然後回至內地，聽候總理衙門酌量器使，奏明委用。此係選定官生，不准半途而廢，亦不准入籍外洋。學成後，不准在華洋自謀別業。

一、出洋委員及駐滬辦事所有內外往來文件，應刊給關防。洋局之文曰“奏派選帶幼童出洋肄業事宜關防”；滬局之文曰“總理幼童出洋肄業滬局事宜關防”，均經臣刊刻飭發，以資信守。

一、每年八月，頒發時憲書，由江海關道轉交稅務司，遞至洋局。恭逢三大節以及朔望等日，由駐洋之員率同在事各員以及諸幼童望闕行禮，俾嫻儀度，而昭誠敬。

一、出洋辦事，除正副二委員外，擬用繙譯一員、教習一員，查有五品銜監生曾恆忠，究心算學，兼曉沿海各省土音，堪充繙譯事宜。光祿寺典簿附監生葉源濬，文筆暢達，留心時務，堪充出洋教習事宜，業由臣檄飭遵照，屆時隨同正副委員，一併前往。

一、每年需用經費，查照奏定章程，於江海關洋稅項下指撥洋局用款。下年應用之項，於上年六月前，由上海道籌撥銀兩，眼同稅務司匯寄外洋，交駐洋之員驗收。其滬局用款，即交滬局總辦支銷。惟原奏係二十年內共用一百二十萬金，約計每年須六萬兩，而細加推算，分年應用之款，參差不齊，不能適符六萬之數。如首數年，滬上設局，幼童齊往，用款較鉅。第四年竟至八萬九千六百餘兩。末數年幼童已歸，用款較減，第十九年僅需二萬三千四百餘兩。此外各年遞推，亦皆多寡懸殊。茲由陳蘭彬等核開清單，某年應用銀若干，交江海關道署存照，按年寄洋，仍由該道分析造報，以昭核實。

辦法既定，便即招收學生。當時風氣未開，第一批學生不足定額，由容閎親至香港，於英政府所設的學校，遴選少年聰穎而於中西文略有根底數人，以足其額。[註二]一八七二年(清同)清同治十一年夏末，容

[註一]　李肅毅伯奏議卷四。
[註二]　西學東漸記第十七章。

先去美,佈置一切。第一批學生三十人,由陳蘭彬等率領於八月十一日七月初八日起程赴美。第二批學生三十人,則於一八七三年六月十二日清同治十二年五月十八日由黃平甫帶往。第三批三十人,乃於一八七四年九月十九日清同治十三年八月初九日赴美,由祁兆熙所帶領。第四批三十人,於一八七五年十月十四日清光緒元年九月十四日由鄺其照帶領起程赴美。[註一]茲將四批學生的年齡、籍貫,作成統表如下:

次　數	年　歲　表								籍　貫　表					
	一○	一一	一二	一三	一四	一五	一六	不明	粵	蘇	浙	皖	閩	魯
第一次	二	四	三	七	一○	三		一	二四	三		一	一	一
第二次		三	三	一二	一○			二	二四	二	四			
第三次	四	六	一二	六	二				一七	八	二	二	一	
第四次	一	五	八	一一	四				一九	八	二	一		
總　計	七	一八	二六	三六	二六	四	一	二	八四	二一	八	四	二	一

一八七六年清光緒二年清廷派遣吳惠善字子登爲留美學生委員。吳極頑固,對於學生在美種種舉動因與中國讀書人習慣相背,早已不滿;抵美後,對於從前所定章程,多所吹求,尤其好發官氣,對於學生責難很多,具奏請將留學生裁撤。卒至一八八一年清光緒七年便將留學生一律撤回。[註二]此後直到一八九四年清光緒二十年中日戰後,留學外國的風氣,再盛行起來,以至於今日。

三　文化事業的近代化

1. 墨海書館的成立——2. 美華書館的遷滬——3. 石印的輸入——4. 點石齋與同文書局——5. 王韜李善蘭的翻譯西洋科學書籍——6. 翻譯館的創設——7. 翻譯館中的口譯筆述者——8. 翻譯館中所出的書籍——9. 上海新報的創立——10. 申報史略——11. 新聞報的發刊

一八一八年清嘉慶二十三年英國基督教會的倫敦會在麻六甲(Malacca,亦作滿刺加)設立一個東方文字的印刷所,由弟愛爾牧師(Rev. Samuel Dyer)創製一付中國文字的模型。上海開埠,倫敦會來滬宣教,那付字模也就被帶到上海來,印刷基督教的宣傳品了。及至一八四七年清道光二十七年英教士偉烈亞力(Alexander Wylie)到上海,正式成立了一個倫敦會印書館(L. M. S. Press),中文稱爲墨海書館。[註三]因其所用鐵製印刷機,是用牛來運轉的,於是引起國人的注意,尤其是文人,將牛力印書作爲詩文的新奇資料,而加以描寫吟咏。這用牛力運轉的印刷機,是大英聖書公會送來的,長一丈數尺,廣三尺許,每紙二面印刷。每日可印四萬餘紙。[註四]但是後來,這架巨大機器送回倫敦,而代以手搖印刷機了,[註五]這是上海印刷術近代化的權輿。

一八六○年清咸豐十年美華書館(American Presbyterian Mission Press)從寧波遷來上海。上海於是又多了一個教會的大印刷所。其中國字模還送到北京、寧波、福州、高麗、柏林的教會去應用。[註六]我

[註一]　徐潤:徐愚齋自敍年譜所附統計亦依此書。
[註二]　東方雜誌十四卷十二號留美學生會小史。
[註三]　The China Mission Hand-book, 1st Issue, p. 315.
[註四]　瀛壖雜記。
[註五]　The China Mission Hand-book, 1st Issue.
[註六]　同上註。

國印刷術的近代化於是更加速地普遍了。

石印據説係上海土山灣印刷所最早應用，時在一八七六年^{清光緒二年}間所印的，都是天主教的宣傳品。其後申報主人英人美查(E. Major)創辦點石齋書局，印刷所設於虹口，發行所設在今西藏路大慶里左近，用石印法翻印中國舊書，大告成功，如康熙字典一種，在短時間內銷行數萬部，獲利頗厚。所出點石齋畫報，開中國畫報的端緒，又風行一時。國人投資印刷事業的興味，於是漸被引起。^[註一]一八八二年^{清光緒八年}廣東人徐秋畦、徐宏甫創同文書局，大規模翻印古書，如二十四史、資治通鑑、通鑑綱目、通鑑輯覽、佩文韻府、佩文齋書畫譜、淵鑑類函、駢字類編、全唐詩文、康熙字典等陸續出版，印刷部數不下數十萬。又各種字帖、大小題文府等，也有十數萬部。一八九一年^{清光緒十七年}清廷傳辦石印圖書集成一百部，即由該局承印，從一八九二年^{清光緒十八年}開印，到翌年全書告竣，於是國內又多一部石印的鉅著了。後來該局印書日多，壓本也愈重，到一八九八年^{清光緒二十四年}便宣告停辦。^[註二]但是這時近代化的印刷局，已四處都興起來了。至今存在的商務印書館，也是那時候創設的，——其正確的創設年月，是一八九七年二月^{清光緒二十三年正月}。

倫敦會爲印刷其宗教宣傳品，而創立墨海書館，同時卻也重行開了翻譯西洋書籍的風氣。他們知道只是宗教的譯文，不足以吸引羣衆，所以除譯宗教文字外，復從事於科學文學的翻譯，這正如十六世紀明末利瑪竇利用科學來傳教一般無二。蘇州甪直人王韜，於一八四九年十月^{清道光二十四年九月}接受該館之聘，從事翻譯聖經。但王氏本意，卻"欲窺其象緯輿圖諸學"。一八五三年^{清咸豐三年}時，王氏果與艾約瑟(Joseph Edkins)同譯格致學的西書，其西國天學源流、重學淺説等，則與偉烈亞力同譯的。^[註三]同在墨海書館任翻譯，而較王氏更致力於科學的，則爲海寧人李善蘭，近代的一位算學名家，他翻譯的有續幾何原本、談天、代數學、代微積拾級、重學、植物學等書。^[註四]李氏是上海開埠後翻譯西洋科學書的急先鋒。又如續幾何原本書名所示，也是明代徐光啟介紹西學的繼承人。

曾國藩因近代武器的威力，亦頗感覺翻譯西洋科學書籍的重要，加以其幕府中人，已學習西洋近代科學的，慫恿其提倡翻譯西書。於是於一八六七年^{清同治六年}曾氏令立翻譯館於江南製造總局內，以翻譯格致、化學、製造各書爲主要任務。翻譯館中初設提調一人，口譯二人，筆述三人，校對、圖畫四人，月共支薪水約洋三百元，銀二百零六兩。員司薪水、購買圖書、刷印等項無定額，隨時由正項開支。^[註五]口譯與筆述二種人，時有增添與調換，口譯可考者，有下列諸人：

傅蘭雅(Dr. John Fryer)　林樂知(Young J. Allen)　舒高第　金楷理　偉烈亞力　衛理　羅亨利　賈步緯　瑪高溫(Dr. Mcgowan)　秀耀春　潘松　鳳儀　羅士琳　嚴良勳　華蘅芳　謝家禾　朱世傑　顏邦固　李景鎬　梅穀成　吳宗濂　吳勉學　徐建寅　徐家寶　俞世爵　伯克雷　偉烈

筆述可考的，則有：

李鳳苞　蔡澄　潘松　范熙庸　應祖錫　鄭昌棪　徐家寶　汪振聲　瞿昂來　華蘅芳　趙元益　徐壽　徐建寅　徐華封　鍾天緯　李嶽蘅　范本禮　潘元善　朱恩錫　蔡錫齡　王樹善　王汝騆　王德均　章善彝　江蘅　丁國鈞　丁樹棠　周郇　華備鈺^[註六]

[註一]　最近三十五年之中國教育，頁一八七——一八八；姚公鶴：上海閒話。
[註二]　徐愚齋自敍年譜，頁三一。
[註三]　王韜：弢園老民自傳(見弢園文録外編及蘅華館詩録)。
[註四]　上海縣續志。
[註五]　江南製造局記卷二。
[註六]　口譯和筆述之人名，係參照江南製造局記卷二所記書目而加以整理者。

所譯的書,以自然科學爲主,社會科學次之。自一八七〇年清同治九年至一九〇五年清光緒三十一年間,出版書籍約一百七十餘種,計五百餘冊。原作者以英人爲最多,約七十餘種;美人次之,約三十餘種,其餘法、德、意各國人,亦有數種。書籍之外復出季刊一種,名西國近事彙編,係由翻譯館委員分年編輯。[註一]一八七三年清同治十二年由美人金楷理口譯、姚棻筆述。一八七四—七七年清同治十三年至光緒三年由金楷理口譯、蔡錫齡筆述。一八七八—八一年清光緒四年至七年由美人林樂知口譯,蔡錫齡、鄭昌棪筆述。依年翻譯西國各報而成。凡各國交涉、和戰、政治、法律、文學之事靡不具載。自一八七三年清同治十二年至一八九九年清光緒二十五年共出一百零八冊。[註二]當翻譯館初出書時,日本聞之,曾派柳原前光等赴館訪問,購取譯本,歸國倣行,所以日本所譯化學書中名詞,多有與我國相同的。但是一八九四年清光緒二十年中日戰後,日本的物理書,卻也成爲翻譯館中的翻譯本了,口述者爲日人藤田豐八。[註三]

　　跟着近代印刷術的輸入,上海翻譯風氣的重開,近代的新聞紙,也就應運而在上海產生了。

　　上海最早近代化的華文報紙,當推一八六一年十二月清咸豐十一年十一月字林洋行(The office of the North-China Herald)創刊的上海新報。字林洋行實即北華捷報公司。北華捷報是上海英僑早在一八五〇年清道光三十年就發行的一種英文刊物,登載的是商船運銷的消息。[註四]既而滬上中外商業的交涉,日繁一日,北華捷報於是發刊華文的新聞紙,以便華人得知種種消息。上海新報發刊啟事云:[註五]

　　　　啟者,大凡商賈貿易,貴乎信息流通。本行印此新報,所有一切國政、軍情、市俗利弊、生意價值、船貨往來無所不載。類如上海地方,五方雜處,爲商賈者,或以言語莫辨,或以音信無聞,此致買賣常有阻滯。觀此新報,即可知某行現有某貨,定於某日出售,屆期親赴看貨面議,可免經手輾轉宕延,以及架買空盤之誤。又開店舖者,每以貨物不銷,費用多金,刷印招貼,一經風雨吹殘,或被閒人扯壞,即屬無用;且如覓物尋人,延師訪友,亦常見有招貼者,似不如敍明大略,印入此報,所費固屬無多,傳聞更覺周密。又有客商往來通商各口,每以舟楫不便爲憾。此報載列各船開行各口日期,於附搭寄信等事,甚便。閱此無不備悉。此外如近日賊蹤以及中國軍務,不分遠近鉅細,探有的信,本館亦即附新報。此紙實於士庶工商,均有裨益。字林主人白。

該報主筆是華美德(M. L. Wood)與林樂知二人,均係美國監理會教士,派往中國傳教的;來華後,攻讀中文,勤習方言,我國文字語言,乃均極熟練。一八六一年清咸豐十一年美國南北戰爭開始,美國監理會斷絕華、林二人的供給。華、林二教士,於是投入北華捷報,一變而爲上海新報的主筆了。該報初爲週報,旋改爲每週發行三次。自一八六一年清咸豐十一年創刊至一八七二年十二月三十一日清同治十一年十二月二日停刊,計歷十一個年頭了。[註六]

　　上海新報停刊之年,正是至今尚健在的申報誕生的年頭。申報的創辦人,是英人美查。美查與其兄同來中國經營茶葉,日久得精通中國語言。有一年,美查因茶葉虧折,乃圖另營他業。其買辦陳莘庚鑒於上海新報銷路很好,便勸他辦報。美查頗爲贊同。申報於是就創辦起來。在一八七二年四月三十日清同治十一年四月二十三日發行了第一號。到一八七四年清同治十三年日本興師進攻台灣番社時,時事緊張,而申報頗能詳載消息,便獲得了數千的讀者。一八八一年十二月底清光緒七年十一月初津、滬電報初通,申報立即利用之,以傳遞諭旨。一八八四年清光緒十年中法戰事,申報的戰聞,又獲得更大的聲譽。

　　[註一]　江南製造局記卷二,依其所載書目統計。
　　[註二]　東西學書錄下冊,頁三四。
　　[註三]　錫金四哲事實彙存,頁九。
　　[註四]　北華捷報,英文稱 North China Herald,係創刊於一八五〇年八月三日,到一九〇五年公司名稱始改爲字林西報有限公司。
　　[註五]　見該報第四十五號。
　　[註六]　上海美國監理會報告。

一八八九年清光緒十五年美查弟兄回國,將所有各種產業歸併一起創設美查兄弟公司(Major Bros. Ltd.)以管理之。其後申報內容,屢經改革,且以國人閱讀新聞紙,已漸成為習慣。申報基礎於是逐日穩固。一九〇七年清光緒三十三年春,公司西人因欲擴充其他營業,便將申報出盤於國人。申報以其悠久的歷史,到今日仍為國內最大的新聞紙之一。[註一]

當申報基礎逐漸穩固之時,另一新聞紙,卻起而與之競爭,此即發刊於一八九三年清光緒十九年的新聞報。新聞報館初亦為中外人士所合辦,一八九九年清光緒二十五年時,因任經理的洋人宣告破產,乃為美人福開森(John C. Ferguson)所購得,直到一九二九年民國十八年福氏倦於辦報,始將其股權全部讓歸國人,而成為純粹國人經營的新聞紙。新聞報雖為後起,但在今日,卻已和申報並駕齊驅了。[註二]

四　交通事業的近代化

1. 招商局的起因及其創設——2. 招商局最初的船隻及旗昌洋行的收買——3. 水火險公司的創設——4. 中國第一條鐵路——淞滬線的築成拆毀經過——5. 滬寧滬杭甬鐵路的建築——6. 電報電話郵政的創立

上海水路的交通,素來是依靠沙船的。開埠以後,帆船盛行,沙船便大為減少。自從一八五八年清咸豐八年訂立天津條約,其第十條允許英船駛入長江各口以後,洋商行駛輪船,運輸費用愈賤,航行卻快捷十倍。各種商家貪其貨物不致受潮,歸本迅速,多將貨物交外輪運輸,帆船生意於是也一落千丈。

一八六五年清同治四年上海江南製造總局設造船廠,翌年左宗棠又設船政局於福州。但是兩處所造的,都是小軍艦,並不是商船。[註三]

一八六八年清同治七年道員許道身、同知容閎創議華商置造商用輪船,以資運載漕米,兼攬客貨,經呈請總理衙門核准,飭由江海關道曉諭各口試辦。但是日久因循,卻無成局。

一八七二年清同治十一年內閣學士宋晉奏製造輪船,糜費太重,請暫行停止。清廷諭李鴻章、沈葆楨等議覆。李、沈合議結果,不特以為製造輪船未可裁撤,並建議製造商船,招令華商僱用自立公司,以削弱各口岸洋商輪船的生意。這是後來成立輪船招商公司的最初抽出的芽苗。李、沈合奏摺呈上後,奉旨依議;旋總理衙門就函囑李鴻章遴員妥議。同年八月七月李鴻章商同浙局總辦海運委員、候補知府朱其昂酌議輪船招商章程。嗣後朱其昂覆稟李鴻章稱:現在官造輪船內,並無商船可領。在滬殷商或置輪船,或挾資本,向各口裝貨貿易,向俱依附洋商名下。若由官設立商局招徠,則各商所有輪船股本,必漸歸併官局。李鴻章以為這是不差的,足順商情而張國體,擬請先試辦招商,為官商浹洽地步。復經津海關道陳欽、天津道丁壽昌等覆核,都以為李氏所議無誤,於十月二十六日九月二十五日呈復,並請照戶部核准練餉制錢借給蘇浙典商章程,准招商局借領二十萬串,以作設局股本,十一月五日十月初五日直督蘇撫奏撥漕糧三十萬石,改由招商局運輸。十一月二十六日十月二十六日李鴻章飭派朱其昂在滬設局招商,局名就定為輪船招商公司。

一八七三年一月十七日清同治十一年十二月十九日輪船招商公司租定上海洋涇浜南永安街房屋一所,設立總局。因為這一天恰值封篆之期,所以公牘上倒填十四日十六日開局。二月清同治十二年正月李鴻章

[註一]　戈公振:報學史,頁七八;參看本市通志社會事業編上海的日報。
[註二]　報學史頁八十新聞報概況。
[註三]　本節關於招商局一部分係根據孫慎欽招商局史稿,招商局月刊第一期(民國二十一年九月)、第二期(民國二十一年十月),徐愚齋自敍年譜等,並參考西籍記載。

照會各紳商,分送規條,勸人入股。六月四日五月初十日李復委唐廷樞到局重定章程,廣招股份。二週之間,由唐募到股款三十七萬兩餘,隨即在漢口路買定局屋。七月二十日六月二十六日李鴻章札委唐充該局總辦,於是除漕運歸朱其昂經辦外,其餘勸股、添船、造棧、攬儎、開拓航路、設立碼頭等,都由唐一手經理。九月九日七月十八日盛宣懷亦奉札會辦局務。

　　當時所定局規共十四條,其重要的,如下:(一)資本定一百萬兩,每股五百兩;(二)總局設於上海;(三)每百股舉一商董,每值緊要事件須邀集在股衆人集議;(四)各項帳目每年陰曆六月底漕米運竣之後截止總結;(五)溢餘之項,公同會議,酌量提留。

　　最初該局輪船,都向外商購買。第一艘是在一八七三年一月十九日清同治十一年十二月二十一日向英商所購的伊敦號(Aden)。[註一]同時並由惇信洋行訂購代勃來開號、潑利克有收號。又浙江省議將伏波號撥入該局運漕。局徽初爲雙魚,到一八七三年九月清同治十二年七月改爲紅地黃月旗,沿用到如今。

　　代勃來開號於一八七三年三月清同治十二年二月到滬,改名爲永清。其潑利克有收號,於四月三月間亦到,改名爲福星。[註二]自一八七四年到一八七六年清同治十三年至光緒二年間該局所添船隻如下:

一、海鏡號　一八七四年二月正月向福建船廠承領。

二、和衆號　一八七四年四月三月由英到滬。

三、富有號　一八七四年十一月十月添購。

四、利航號　同上。

五、日新號　一八七五年四五月清光緒元年三四月間添置。

六、厚生號　同上。[註三]

七、保大號　一八七五年九月十八日清光緒元年八月二十日到滬。

八、豐順號　一八七五年十月三十一日清光緒元年十月初三日到滬。

九、江寬號[註四]　一八七六年十月十八日清光緒二年十月十八日到滬。

輪船既多,需用煤量也日增,而招商所用的煤,都向外洋購買。但國内煤礦很多,只待開發。一八七五年清光緒元年秋,於是開湖北武穴,取煤。翌年,李鴻章又准唐廷樞開唐山煤礦,以資該局應用。這是我國開發礦産的起源。

　　一八七六年清光緒二年夏,該局因南荒北旱,客貨減少,加以洋商競爭,營業不振,挪借莊款六十餘萬,李鴻章慮其不支,籌撥官款五十萬,作爲存款,以相維持。同年冬季,美商旗昌洋行(Shanghai Union Steam Havigation Co.)因爲更調經理,股票低落,全盤出讓。招商協理徐潤以爲有機可圖,便欲盤進。一八七七年一月二日清光緒二年十一月十八日定議接盤,十一日二十七日直督李、江督沈會奏江寧藩庫撥十萬、江安糧道和江濟關各籌二十萬、浙贛各二十萬、湖北十萬,共得一百萬。二月十二日十二月三十日唐、徐等與旗昌洋行忽治原名待考訂立以銀二百萬兩盤進合同。十七日光緒三年正月初五日照草合同,交銀二萬五千兩,收盤該洋行輪船十六號並長江各埠及上海天津寧波各處碼頭棧房。上海法僑居留地金利源碼頭,本爲旗昌産業,亦於此時盤歸招商局了。[註五]

　　招商輪船因用中國國旗,上海洋商保險行都不肯保,乃由該局直電外國保險公司承保,保費極貴。一八七五年清光緒元年該局於是有自創保險行之議,冬季開始進行招股,至翌年七月六月集得股

[註一]　一八七六年六月(清光緒二年五月)拆卸改爲躉船。
[註二]　一八七五年四月四日(清光緒元年二月二十八日)在黑水洋附近爲怡和洋行的澳順輪所撞沈。
[註三]　一八七八年一月三十一日(清光緒三年十二月二十九日)由汕頭回滬,離廈門七八里觸礁沈没。
[註四]　此係一八七五年十一月江蘇省藩庫撥銀十萬兩所造二輪之一;另一名江永。
[註五]　徐愚齋自敍年譜。

本二十五萬兩，即設立仁和水險公司。這是國人設立保險公司的端緒。仁和水險公司試辦一年，得利頗厚，乃繼續招股，又得二十五萬兩。一八七七年四月一日清光緒三年二月十八日爲洋商結帳期，唐廷樞、徐潤等便與洋商定議，將招商輪船一律收回自保。一八七八年清光緒四年又集股本銀五十萬兩，續創濟和水火險公司。其後至一八八六年清光緒十二年仁和、濟和合併爲一，而名仁濟和。

一八七八年六月清光緒四年五月朱其昂病故，漕務乃由葉廷眷所接辦。一八七九年一月清光緒五年正月招商局重行整理，更定新章，各口用款，由局董承辦。翌年唐廷樞手訂招商局辦事細則一百三十二條，各曰總局章程。

一八八三年四月清光緒九年三月唐廷樞奉命出洋。是年秋，中法交惡，徐潤因產業牽動，不能兼顧，北洋乃派盛宣懷主持局務。翌年三月二月添委馬建忠到局。七月閏五月法國海軍肆擾海疆，謠言四起，馬建忠偵知叵測，稟承北洋與旗昌洋行訂立合同，輪船暫交該洋行代爲管理。身在海外的唐（延）〔廷〕樞，迅即回滬，清理舊帳。一八八五年清光緒十一年夏，中法戰事已了，招商輪船始從旗昌收回，馬則於一八九一年九月清光緒十七年八月奉飭離局。

招商輪船航線，最初除沿海內河外，並達外洋；如能辦理得宜，成功定操左券。惜乎清末官僚，除個人利害，罔知其他。招商局因辦理不善，乃至負債累累，局務不特不能發展，反日益局促，幾陷於不可收拾的地步。當中法戰時，市面驚動，存入招商各款紛紛提出，而招商所欠之款，一時無法歸結，於是將上海北棧、中棧向天祥洋行抵押，結欠洋商七十四萬三千餘兩。盛宣懷爲督辦，又以局產向匯豐銀行抵借英金三十萬磅，週息七厘，其後又陸續向匯豐抵借巨款。以至今日，招商局常在債務中度其困頓的生涯，而一無開展的辦法。

十九世紀六十年代清咸豐年間我國是被稱爲世界上獨無鐵路的大商業國。上海開埠後，既爲我國商業中心，鐵路的開築，亦必以上海爲最先。果然上海建築起我國第一條的鐵路來。但是因爲西人的越俎代謀，以致這第一條鐵路——上海吳淞線——遭到了不幸的運命。

當太平天國將沒落時，上海二十七家英美商行，於一八六三年七月二十日清同治三年六月十七日呈一說帖於李鴻章，擬租地築一從上海通到蘇州的鐵路。李不允所請，事遂作罷。[註一]

一八六六年三月清同治五年二月英國公使阿利國以上海黃浦江地方，西商起貨不便，向我國總理衙門交涉，議築上海直通吳淞海口的鐵路，建築費歸外國捐助，不須中國承擔。但總理衙門咨署江督李鴻章查照，以江督覆稱開築鐵路妨礙多端，而將事擱置。[註二]

西商爲便利運貨起見，建築鐵路的雄心，卻未嘗稍敛。英領與西商意見也完全一致。西商乃於一八七二年清同治十一年間組織一公司，向我國官廳宣稱開築馬路，購買上海至吳淞間的地皮，實際上是要建築上海吳淞鐵路。一八七三年五月清同治十二年四月申報代西商宣傳開築鐵路的消息。一八七四年十二月清同治十三年十一月英商怡和洋行（Jardine Malheson & Co. Ltd）開建該路線。路基路面高約三尺，寬一丈五尺，兩旁開溝渠，深廣各約三尺。一八七五年十二月清光緒元年十一月鐵路軌道及火車器具等到滬。翌年二月清光緒二年正月路軌已從上海鋪到天通庵北，計長三四里（即一英里又三分之一）。同月十四日正月二十日且有小機車在該路軌往來運輸木石。[註三]

此時滬道馮焌光見西商不與我國協商，擅自開築鐵路，實屬有背條約，便向英領提出抗議。二月二十三日閏五月初九日馮道復往英領署，要求立即停止鐵路的建築。但英商悍然不顧，仍進行建築，路軌

[註一]　Hawks Pott, A Short History of Shanghai, p. 103.
[註二]　清季外交史料卷五，頁一〇一二〇。
[註三]　一八七三年五月、一八七四年十二月、一八七五年十二月等申報。

已鋪到江灣鎮以北了。馮道的交涉,也經呈報江督沈葆楨,而移到北京總理衙門去了。[註一]

上海、江灣間路線,終於六月三十日閏五月初九日試行開車。翌日,邀請我國人試坐。七月三日閏五月十二日正式通車。每日往來六次,車價分三等,客車共計七輛。八月三日六月十四日火車壓斃兵士模樣的一人,鄉人因之大起紛擾。我國當局即以此命案作爲繼續交涉的根據。上海英領奉其公使威妥瑪(Thomas Wade)的傳諭,火車暫行停駛,聽候英公使在烟台與直督李鴻章會商。李派道員盛宣懷、朱其詔馳往上海察看情形,並與馮道詳酌機宜,以便與英人談判。威妥瑪則派漢文正使梅輝立(William Frederick Mayers)到滬爲代表。十月十七日九月初一日馮道約同梅輝立同往南京,與江督沈葆楨、蘇撫吳元炳共同切實會商。至二十四日初八日始定議由中國給價買斷。鐵路行止,悉聽中國自便,洋商不得過問。但一年限內,價未付清時,暫由洋商辦理,祇准搭客往來,不准違章裝貨,亦不得添購地段,推廣鐵路。訂立條款十條,由沈葆楨核定,照繕兩份。梅輝立與馮焌光等均各劃押,以一份交上海英領事查照,以一份歸江海關衙門備案。馮道旋與梅輝立回滬,於十一月二日九月十七日將條款蓋印,各執爲憑。[註二]

鐵路價格經中外公正商人逐款清查後,決定爲規平銀二十八萬五千兩,限於自一八七六年十月三十一日清光緒二年九月十五日起,至一八七七年十月二十一日清光緒三年九月十五日止一年內,分三期交清。價銀付訖後,地畝車器等由中國收管。火車行止,悉由中國自主,永與洋商無涉。[註三]

在一八七六年十月三十一日清光緒二年九月十五日起十二個月內,暫由洋商辦理的上海吳淞鐵路,於十二月一日六月十六日全路正式通車,乘車的頗多。一八七七年光緒三年春夏之交,上海、江灣、吳淞三地華商曾呈請江督於鐵路購回以後,繼續辦理,以便交通。但江督早具拆毀鐵路的決心,不允所請。後英領洋商亦以種種方法勸告中國當局,終於不能挽回刼運。一八七七年十月二十日清光緒三年九月十四日滬道派員赴英領署,將價銀交割清楚,收回全路,不久路軌就被拆毀了。拆下的路軌連同車輛材料,初運往台灣,後復運往北方,以爲修築開平煤礦鐵路之用。[註四]

現在上海吳淞間的鐵路,是於一八九七年二月十七日清光緒二十三年正月十六日開造,到一八九八年八月五日清光緒三十四年六月十八日才造成的。從再建回溯到拆毀,中間已經過了二十一年的歲月。

當重造上海吳淞鐵路時,英國政府以東清鐵路入於俄、膠州鐵路入於德、龍州粵漢借款於美、京漢借款於比德,特電駐華公使竇納樂原名待考,向我國總理衙門以最惠國及利益均霑的理由,索辦滬寧鐵路。我國許之,與訂契約。該約終於一九○三年七月九日清光緒二十九年閏五月十五日正式簽字,條文共計二十五款,內訂定息借英金三百二十五萬磅,虛數九扣,息五厘,分五十年償還。又特設一委員會,由華委員二人、英委員二人、英總工程師一人所合組,以辦理該路的建築。一九○八年清光緒三十四年該路完成,計長二百十英里。至此,該路管理權始歸我國所派的局長之手。[註五]

至於今日滬杭甬鐵路,最初的名稱是叫蘇杭甬。此線於一八九八年清光緒二十四年間總理衙門曾准英商承辦,旋因蘇浙官紳反對極烈,未即實行。蘇浙官紳遂集股自辦,浙路於一九○六年十月清光緒三十二年九月興工;蘇路於一九○七年二月清光緒三十三年正月興工。到一九○九年九月清宣統元年滬杭開始通車。這條路線現在已屬國有的了,是在一九一三年民國二年收歸的。[註六]

電報電話以及郵政,今日世人已盡知爲交通的利器,不可一日缺少的了。但上海之有電報電話,

[註一]　清季外交史料卷五,頁一六。
[註二]　H. B. Morse, International Retations of the Chinese Empire, Vol III, p. 76. 清季外交史料卷七。
[註三]　Hawks Pott, A Short History of Shanghai, pp. 104-105;一八七六年 North China Herald 合訂本,pp. 513-514.
[註四]　鐵道年鑑第一卷;謝彬:中國鐵道史,頁七;Far Eastern Review;吳淞鐵路始末記。
[註五]　中國鐵道史第二章第三節。
[註六]　中國鐵道史,頁三五一—三六○。

都到一八八一年_{清光緒七年}才有，而國人的自辦郵政，是更加遲了。茲略述這三種的沿革如左。

一八八〇年九月初_{清光緒六年八月初}李鴻章奏請由天津南路沿運河以至江北，越長江由鎮江而至上海，設立陸線電報。旋於同月十八日_{十四日}奉上諭即著妥速籌辦，李氏即督飭前津海關道鄭藻如、候補道盛宣懷、劉含芳等妥議章程，與丹國大北電報公司商立合同，代爲購料，僱人查勘設線道路，自一八八一年四月_{清光緒七年三月}開辦，到同年十一月_{十月}工竣，南北消息於是瞬息可通了。[註一]

上海電話的創行，係於一八八一年_{清光緒七年}丹國大北電報公司所發起。但其時用戶極少，翌年即歸中日電話公司(China and Japan Telephone Co.)接辦。一八九八年三月_{清光緒二十四年二月}公共租界納稅人會通過議案，授權給其工部局進行與中日電話公司或其同性質的公司斟酌簽訂特許約定投標，結果爲華洋德律風公司(Shanghai Mutual Telephone Co.)所得。該公司即於一九〇〇年一月一日_{清光緒二十五年十二月一日}宣告成立。國人因見該公司越界設線，旋於一九〇五年_{清光緒三十一年}籌議抵制辦法。越二年，上海電話局成立於南市，今歸交通部所經營。[註二]

上海郵政，於一八六五年七月_{清同治四年閏五月}間，爲英租界工部局書信館所越俎代庖，而寄往國外郵件，則爲各國在滬自設郵局所辦理。一八八六年_{清光緒十二年}，我國政府決定由海關兼管的郵務，擴大及於通商各埠，以爲創設全國郵局的初步。總稅務司赫德(Sir Robert Hart)任命稅務司柯普虛(H. Kopsch)爲郵務司，籌備其事。郵務司乃與外人交涉撤消工部局書信館及各國駐滬郵局而終未得結果。及至一八九六年_{清光緒二十二年}我國正式成立郵政局。郵務司始於翌年一月_{清光緒二十二年十二月}將工部局書信館接收，而各國郵局的撤消一直到一九二二年_{民國十一年}華盛頓會議之後。[註三]

五　紡織事業的近代化

1. 織布局創辦的奏摺──2. 織布局重行開辦的章程──3. 織布局的焚燬──4. 織布局的善後及其變革

上海素以"衣被天下"的布匹自豪，豈知開埠之後，棉織品的輸入，如水之就下，年盛一年，土布銷路，竟至一落千丈。憂國之士，知手工業的土布，不足敵機器製的洋布，上海於是有織布局的興起。

織布局創議於一八八〇年_{清光緒六年}，由北洋通商大臣李鴻章奏請試辦，其摺中有云：[註四]

> 臣查該御史_{指曹秉哲}原奏內稱："方今之務，以海防爲最要。泰西各國，凡織布疋，製軍械，造戰艦，皆用機器，故日臻富强。"又謂："中國若用機器開採、轉運、鼓鑄、製造，其價比來自外洋爲賤，更可宏拓遠謨"等語。所論均屬切要。臣維古今國勢，必先富而後能强，尤必富在民生，而國本乃可益固。溯自各國通商以來，進口洋貨，日增月盛，核計近年銷數價值，已至七千九百餘萬兩之多。出口土貨年減一年，往往不能相敵。推原其故，由於各國製造均用機器，較中國土貨成於人工者省費倍蓰。售價既廉，行銷愈廣。自非逐漸設法仿造，自爲運銷，不足以分其利權。蓋土貨多銷一分，即洋貨少銷一分，庶漏卮可期漸塞。查進口洋貨，以洋布爲大宗，近年各口銷數至二千

[註一]　光緒八年十一月十六日李鴻章商局接辦電線摺。
[註二]　Hawks Pott, A Short History of Shanghai, pp. 143－144；上海縣續志。
[註三]　Hawks Pott, A Short History of Shanghai, pp. 142－143.
[註四]　李肅毅伯奏議卷八奏請試辦織布局摺。按：該書體例本係分年紀載，乃此摺下獨未註明年月，而混入光緒八年一卷中；後李文忠公全集竟註光緒八年三月等字樣，實屬錯誤。此摺當係光緒六年所奏，參考下文該局所登告白便知。

二三百萬餘兩。洋布爲日用所必需，其價又較土布爲廉，民間爭相購用，而中國銀錢耗入外洋者，實已不少。臣擬遴派紳商，在上海購買機器設局仿造布疋，冀稍分洋商之利。迭經飭辦，均以經費不充，稅厘太重，相率觀望，久無成議。復飭據三品銜候選道鄭官應、三品銜江蘇補用道龔壽圖，會同編修戴恆妥細籌擬。據稟估需成本銀四十萬兩，分招商股足數，議有合同條規，尚屬周妥。當經批准，先在上海設局試辦。派龔壽圖專辦官務，鄭官應專辦商務，又添派郎中蔡鴻儀、主事經元善、道員李培松會同籌辦。該道等延聘美國織布工師丹科原名待考到滬，據稱中國棉花抽絲不長，恐織不如式，必須就花性改製織機，已與訂立合同，令其攜帶華花赴英美各廠試織，酌購機器。本年夏秋之交，即可回華開辦。查泰西通例，凡新創一業，爲本國未有者，例得畀以若干年限。該局用機器織布，事屬創舉，自應酌定十年以內，祇准華商附股搭辦，不准另行設局。其應完稅厘一節，該局甫經倡辦，銷路能否暢旺，尚難預計，自應酌輕成本，俾得踴躍試行，免爲洋商排擠。擬俟布疋織成後，如在上海本地零星銷售，應照中西通例，免完稅厘；如由上海逕運內地及分運通商他口轉入內地，應照洋布花色，均在上海新關定一正稅，概免內地沿途稅厘，以示體恤。如日後運出外洋行銷，應令在新關完一出口正稅。若十年後，銷路果能漸暢，洋布果可少來，再行察酌另議。

織布局創辦以後，收到股款銀五十萬兩。但以任事者，未能得人，任情揮霍，局事未成，而用途已至四萬餘兩，且有買空賣空等弊，以致延擱八年，毫無成就。到一八八七年清光緒十三年夏，復由李鴻章委江海關道龔照瑗督同重辦，將前局存件澈底清厘，以冀挽回殘局。當其重辦之時，曾訂定新章十八條，登載告白如下：[註一]

　　啓者，上海織布局，於光緒六年，蒙北洋通商大臣閣爵憲督李奏請創設，原欲收回利權，祇因任事者未得其人，以致延擱八年之久，尚無成議。現蒙商憲廑念時艱，復委江海關道龔觀察督同重辦，以冀挽回殘局。某等祇奉之餘，益深欣慰。竊思布疋爲民生日用所需，拓其利源，較之礦務、招商，尤有把握。前者辦理未善，以致功敗垂成。揆其僨事之由，實因當事攬權太重，故得任情揮霍，及決裂已形，遂致不可收拾。某等鑒懷前車，愈深兢惕。茲公司酌擬詳細章程十八條，稟報商憲暨呈督辦龔觀察，並請出示在案外，合行登報，與衆咸知。至前局存件，業已澈底清厘，實值價銀若干外，存股票若干，一一開列於後，以憑衆覽。第念布局本屬中華之創舉，冀塞外洋之漏卮，所有局章并帳目，一切理宜共見共聞，實數實銷，現復續招有新股，每股仍銀一百兩。所有舊股酌加銀三十兩，限三個月內收齊，尚祈四方入股諸君，勿存客氣，均可隨時到局查閱，以匡不逮。祈於限內，迅將新股及酌加之股銀三十兩并舊股票持赴新局，更換新票，仍作百兩，以昭劃一。現擬即日興工，建造廠屋，需款甚鉅。如有過期不持銀赴局換票者，應遵公議，照公法將舊股票作爲廢紙。謹此布聞。

重行開辦織布局章程十八條：

　　一、前局宜截清界限也。查前局收股銀五十萬兩，以辦理未能踏實，致多外欠。聞壬午年按即一八八二年光緒八年利息尚多未付者。今宜截清界限，凡前局所有外欠息銀等項，概歸前局鄭陶齋按即鄭官應回滬之後，自行清理，與新局無涉。

　　二、宜更換新股票，以免轇轕也。新局既招新股，則所有老股票不能不爲更換新股票，以期劃一。今宜開局之後，即行登報告知股友，予以期限，限內務將老股票持赴新局驗明換給，以期一律。

三、局事均宜商請督辦，俾有遵循也。商務各事應由總會辦虛心籌度，隨時商議。至上行稟件以及地方交涉各事并月結年清等帳，均宜請督辦示諭遵行。

四、局用宜從撙節，俾重股款也。查前局事尚未成，而用途已至四萬餘兩之多。雖有虛浮，亦深駭異。今開局伊始，且值人疑財匱之際，何可蹈其故轍。所有局中用度，實係萬不可省者，如局租九十兩，丹科暫支之火食一百元，現無多事，只用司帳一人，專司股票一人，文案一人，每月先給月費，均不得過十元，即總會辦亦僅先給轎價十六元，總共用度，每月不得過三百兩之數，以昭節省。

五、老股宜爲酌加，俾增股款也。今據各股友聲稱，已集有十五萬兩之譜。然建造機廠以及清付機器價值等項，尚須多款，必俟招徠，恐稽時日。今擬每股酌加銀三十兩，登報告知股友，限三個月持銀赴新局更換新票，仍作一百兩，予以全息。現在興工需款甚急，倘限內不能繳銀，應遵公議，照公法將老股票作爲廢紙。

六、股銀宜妥爲存放，俾免侵蝕也。查前局有買空賣空之弊，均由股銀存放未能妥善，得以隨意支取，故致虧折。今擬所有股銀萬兩以上者，概存外國銀行生息。如有正項支用，須由總會辦簽名畫押蓋戳，方得支用。其千兩以上者，分存殷實錢莊，照市價折息。如有支用，則由司帳持摺告知總會辦，均蓋過戳，方可支取。

七、新局擬由千股以上新股東，公舉一人，司理內櫃鎖鑰，俾明心迹也。查前局潰敗之故，蓋因司帳一席，率用私人，故得串同作弊。今雖廉隅自勵，尚恐新友懷疑，或多觀望，不若令其自行公舉一人，出具保結，專司鎖鑰，則一出一入，大眾無不周知，所有帳目，由總會辦時爲稽查，照第六條辦理。

八、司事人不得徇情面也。凡事得人而理，引用私人，多致僨事。今總會辦宜自行儆戒，所有局中司事，所薦親友必多，務必公同察看其才具，因才使器。其有經手銀錢之司事，則須妥穩店鋪，出具保結，方可收用，不得引用私人，少徇情面。其司事倘有不遵局章，以及侵挪局款者，概行辭出，並令出具保結者賠補，不得推諉。此非特可慎重股本，亦可杜絕徇私之弊。

九、前局與丹科所訂合同，與新局無涉，應行作廢也。所有前局與丹科所訂合同，並所欠薪俸，及欠洋匠四名之薪工，均聽與鄭陶齋理論，與新局無涉。其合同亦應作爲廢紙。

十、宜公舉公正明曉局外董事稽核月結也。帳目一事，必須清晰，宜與眾周知，庶爲無弊。今宜令司帳友人務將出入帳目核實開報，毋得稍有含混，按月結帳，均由總會辦蓋戳作准。至每逢一月，算結明晰，作爲月結，送總會辦查核之後，即請董事細爲核算，俾昭信實。每至年終，則作年結，登報告知股友，來局閱看。

十一、局中股本，不得私自挪借也。所有薪水、工資等項，自總會辦以下，均自爲儆惕，不得預爲欠宕。如有此情，司帳友人不即舉出，查出即行辭歇，其所欠宕之項，仍由司帳賠還。

十二、廠中諸事，應由丹科專理，俾有責成也。查中國機器織布局，本爲創舉，今宜責成丹科，所有機器各事，應由丹科斟酌而行；而丹科亦宜隨時將廠中各事，告明總會辦，庶幾責無旁貸。

十三、宜和衷共濟，毋存私見也。局中無論何事，均宜公同酌議。其建造機廠，購買機器諸大事，尤宜和衷商議，不得詐虞欺隱。如有公事不決，宜請公正曉事之人虛心商酌，並候督辦裁定遵行，以期無弊。

十四、宜仿照西法，按時赴局俾有功課也。凡事勤則有功，今擬無論何項友人，均宜早八點鐘赴局理事，下午五點鐘始得休息。有事，須先期請假。如當夏令，以及併作夜工，均隨工匠休息之時，始得安歇，毋得日事遊蕩。如有嬉戲曠功，查出辭退，不得徇情。

十五、機器宜購四百張也。查機器織布，非四百張，其利銀實不足以資周轉。然當創辦之時，宜由小至大，逐漸推拓。今擬先爲運回二百張，試行開辦，日漸加增，以四百張爲度。如果有利無弊，人樂從事，公積日多，然後增置機張，多多益善，以期收回利權。

十六、得有利銀宜酌量分派也。本局出布後，每年除去開銷，獲有盈餘，先付資本利銀若干，再有餘利，作十成分派，以七成爲局中公積或勻派給股商，會同董事公議定奪，以三成分給經理人花紅，由總會辦酌派。

十七、局中盈餘章程，將來當逐條細列也。布局利息最優，而事最簡，又極易於核算，且係人工，曾經多年考驗。其獲利之處，較之礦務、招商各局，未能十分把握者，實有霄壤之別。況布足通行之物，更無慮其銷之不暢。現約計機四百張，每年可出布二十萬疋。照市價約可售銀四十四萬，其棉花、煤油、漿粉以及官利、人工一切開銷，約計需銀三十三萬兩。核計除去開銷，尚有餘利十一萬兩。其利息不可謂不厚矣。今本局極力撙節，自然更有盈餘，其所有詳細章程，尚容奉示，開辦之後，逐條細列，以便共覽。

十八、仍擬請專利十年也。查外洋凡屬創辦，皆有專利年限，前局仿照其法，奏請在案，乃事歷八年，迄無成效。今股商復集貲本，再爲試辦，自係新局，所有年限，亦當請展緩。自織布之後，作爲開辦日期，仍與十年之限，以符舊案，應由局上請督辦稟明北洋商憲批示遵行。光緒十三年六月初一日上海機器織布總局公啓。

籌備經三年之久，到一八九〇年清光緒十六年織布局才正式成立。總經理馬建忠因見局中資本短少，曾以招商局股本挹彼注此，財力始漸壯。其後由楊藝芳任總經理；局中每日出貨漸多，銷路日見推廣，定貨也頗旺盛，竟有供不應求之勢。其時局中共有美國製紡紗錠三萬五千條，英國製織布機五百三十架。男工約二千人，此外還有女工。這已成很大的一個棉織廠了。可是不幸到一八九三年十月十九日清光緒十九年九月初十日以不戒於火，全局被焚，該局曾函申報館，詳述被焚經過云：[註一]

七點半鐘，忽見清花彈花廠之地板下，似見烟火氣。工人急將板掀開觀看，突見火勢炎炎。工人逃出，火遂冒上氣樓。其時東北風向公事房一面吹來，而三層屋頂，皆用牛毛氈遮蓋甚厚，再加柏油。鐘樓上之火，先延著三層樓屋頂牛毛氈。但見屋頂皆火，下兩層尚無火。空地上，皆牛毛氈火片，人不能立足，隨風飛至三十餘丈之棉花棧樓屋頂，亦起火。棧房正在搬運紗布，工人皆見火逃避，未及二小時，牛毛氈火片已滿地皆是。棧房週圍空基，皆蒲包繩索，氈片落下，無地非火，直蔓延至水碼頭西邊新造棧房。此處三層樓機廠有四五十丈，樓沿洋鐵水落內，皆有氈片延燒，人力無計可施。租界內之水龍，不肯至界外援救。英會審蔡太守急爲商請，巡捕房未允。查織布老局，本有水龍，紡織新局總辦唐泉伯觀察又飛派新局水龍往救，無如西北風太大，兩局水龍不能救熄。各廠地板下，皆有五六尺高，路路通連。下自彈花廠地板，傳至布廠、打包廠，上自細紗廠屋頂直向東，一點餘鐘，五十餘丈三層樓皆灰爐矣。若三層樓頂不蓋牛毛氈，斷不至延燒如是之廣。若清花廠火星在地板上，亦可施救。此時鄉間男婦，皆有自來火，收花時，難免遺落，故松花機、軋花機常見火星，預備水缸立時灌滅，奈係地板下起火，工人亦殊難查。及清花機將碎衣

<hr />

[註一]　光緒十九年九月十二日(一八九三年十月二十一日)申報。按：局址在楊樹浦，前臨馬路，後依黃浦。局地面積約二百八十碼。廠房長二百五十尺，寬八十尺，分樓三層，此外有棧房、辦事房、軋花局等。西人初知上海立機器紡織局，或以爲大有礙於西國布業，恐不久中國用布自能織作，則洋貨不能進口(見光緒二十三年慎記書莊西政叢書第八册紡織機器圖説附錄丹科演講辭)，故織布局被火時，租界當局竟"隔岸觀火"，不肯往援。

彈成卷子，每彈一次，機下地板留隙以備飛花破子落下也。保險行因清花廠接連各氈廠，多不願分保；且在租界外，急切難救，非紗局在租界內地比也。最可異者，風隨火轉，凡有貨值銀之處，牛毛氈片飄落尤多。其無貨之房，風火即背，氈片亦不墜落。迨至全廠灰燼，風亦靜息。局員及執事見機廠已燎原，欲專保軋花堆花廠棧，而牛毛氈之火，隔數十丈亦隨風飛落。員司人等渾身爲氈片火星燒着，無地可立足存身。氈片有柏油，不易熄滅，搶出之零包紗包，在空地上仍爲氈片火星所燼。

上海第一個，也是中國第一個近代化的棉織廠是如此化爲灰燼了。李鴻章著眼於洋布洋紗漏巵的巨大，認爲織布局斷難中止，亦難緩圖，應仍在上海另設機器紡織總局，籌集款項，官督商辦，以爲提倡；並釐訂章程，號召華商，多設分廠，以資推廣。於是派津海關道盛宣懷赴滬，會同滬道聶緝椝商明前辦紳商，將前局妥爲結束，截清界限，分籌資本，一面規復舊局，一面設法擴充。[註一]

盛宣懷與聶緝椝的善後辦法，於李鴻章推廣機器織局摺中，敍述甚爲詳盡：

　　該道(津海關道盛宣懷)會商聶緝椝及前辦紳商截清數目，議明將前布局銀錢花布剩款，除支付應還現款外，按照各商股，總計分攤，不過二成，其餘被焚無著各款，悉歸以後商辦各廠，按每出紗一包，提捐銀一兩，陸續歸繳，以恤商艱。……並由臣衙門核給各廠憑照，嚴定章程，必須華商資本，方准領照購機，擇地開辦，並在上海設立公所，互相稽查，以杜影射。

至於恢復舊局以及擴充辦法，推廣機器織局摺中稱：

　　一面招徠新股，仍就織布局舊址，設立機器紡織總廠，名曰"華盛"，另在上海及寧波、鎮江等處招集華商，分設十廠，官督商辦。總廠請辦紗機七萬錠子，布機一千五百張。各分廠請辦紗機四萬錠子至二萬錠子不等，其有兼辦織布者，請辦布機五百張至二百張不等。統共紗機三十二萬錠子，布機四千張。

華盛機器紡織總廠，於是於一八九四年清光緒二十年就在織布局舊址興建起來，所招新股定爲八十萬兩。但是多方招募，應者寥寥，總不能達到預定額三分之一，廠屋卻已落成，六萬五千錠的紗機、六百臺的布機，也已向美國購定，難于中止。於是由他方籌款，得以開辦。與華盛同時籌備的，有華新、[註二]大純、裕源數廠。華新已不可考。裕源係於一八九六年清光緒二十二年開工，於一九一八年民國七年售於日人，大純於一八九五年清光緒二十　年創立，因經營不良，於一九〇二年清光緒二十八年時即已售於日人。至於華盛，則至今尚爲國人所經營，即楊樹浦路申新第九紡織廠。

六　上海近代化時期間的事變

上海自設立外僑居留地後，我國民衆直接與洋人抗爭，當以四明公所的血案爲第一次。四明公所

　　[註一]　李鴻章：光緒十九年十月二十六日(一八九三年十二月三日)重整上海織布局片。
　　[註二]　根岸佶：清國商業綜覽第五卷第六編所記，尚有裕晉紗廠與大純同年開辦。但其下紗廠表無裕晉廠，而有華新廠。華新運轉紗機爲一五、五七六。至於華新成立年月及其他情形，亦不詳。

坐落的地點,以一八六一年清咸豐十一年法僑居留地的擴充,而已劃入於該區中間了。當太平天國時,公所房屋曾作爲常勝軍駐紮之地,一八六四年清同治三年經公所董事交涉,洋兵始行撤退。公所西偏義塚,舊有圍牆,因洋兵的駐紮,而被拆燬,成爲一片荒地的狀態。[註一]法人頗欲租借公所地皮。公所不許。一八七三年清同治十二年冬,法公董局計劃開築馬路,又須通過該公所地址。一八七四年清同治十三年春,公所幾次交涉,不得要領。[註二]寧波同鄉乃憤而集會,以謀對付。五月三日三月十八日下午,公所董事楊坊、方繼善等方集議,門外寧波人不少,人聲嘈雜,居住該處附近管理道路的法人白司泡(Parceboir)見羣衆喧鬧,誡勿聲喧。羣衆怒其無端干涉,遂以小石塊擲擊其房屋。不料白司泡竟出手鎗轟擊,擊斃一老人,又傷一人。羣衆益憤,便放火燒白氏房屋。其時法總巡巴爾白(Barbe)率捕趕到,即向羣衆開鎗。羣衆逃避於公館馬路方面。法捕乃捕一小本經紀的商人而去。[註三]

羣衆此時心理,以爲法人的橫暴,也只有以橫暴來對付,於是晚上七時餘,羣衆又放火燒公館馬路一帶房屋,計燒去四十餘間。法領於是一面請求英領飭消防隊、商團前去彈壓營救,一面又令駐滬法艦水兵登陸。八時餘,羣衆未散。法水兵會同巡捕出隊向羣衆開鎗,拘捕華人。被鎗殺的華人,共計七人,受傷的計十九人;被法方拘捕的華人,計二十三人。[註四]

當夜上海縣知縣葉廷眷至公所慰諭,不准暴動,要以理由去折服法人,各守界址。滬道沈秉成也出示曉諭,張貼於法捕房前,告誡寧波人民,此後務須各安本分,謹守法紀,不得輕信謠言,妄生事端。血案的翌日,沈道與法領葛篤(E. Godeaux)商酌解決辦法。法領允向公董局建議,馬路改變路線,准公所環造圍牆,以清界限,並出有告示如下:[註五]

> 照得本總領事自駐滬以來,凡在本法國租界内商民,無不准情保護。兹因外面謠言,有謂本國欲拆四明房屋者,有謂本國於該公所地上開築馬路,傷及義塚者,皆係無賴之徒訛傳煽惑。前據四明董事等稟請改築等情;並准蘇松太道照會暨上海縣來文,請順輿情各等因,本總領事業經勸諭公董局議改前說,毋庸傷及該公所房屋,並不得傷動該義塚墳墓。非但不築馬路,並傳知四明公所,速築圍牆,以清界限,而免疑惑。正欲出示,詎有無知愚氓,並不候復,輒敢糾衆滋鬧,殊爲可惜。爲此示諭界内商民人等知悉,爾等仍各安居樂業,切勿輕信謠言,至貽後悔,切切! 同治十三年三月十九日。

血案發生後法僑居留地内所住華人驚惶無措,紛紛遷居,葉廷眷於是又出告示禁止造謠生事。[註六]

> 照得四明公所塚地,現已不築馬路,並由寧董築牆,各清界址,曾經道憲及法領事示諭在案。昨晚爭鬧之人,均已解散,中外相安,照常生意。本縣訪聞居民人等,未悉其詳,紛紛遷移,殊屬過慮,合行示諭,爾等須知其事已了,務各安居,慎毋妄動。如有匪徒捏造謠言,爾等斷勿聽信。至造謠言惑衆之徒,本縣現在嚴行查訪,獲到定即重辦,切切! 同治十三年三月十九日。

案件的解決,直到一八七八年清光緒四年由總理衙門與駐華法國公使白萊尼蒙馬浪交涉始定。是

[註一]　四明公所大事記;法租界史,頁三六九—三九一。詳述此案,亦經參考。
[註二]　一八七四年二月廿七日劉麟書、劉咸森、趙立誠等十一人曾函法公董局築路時請勿經過該公所;四月二十七日公所董事復向法總領事請願。
[註三]　同治十三年三月十九日申報。
[註四]　Maybon et Fredet, Histoire de la Concession Franaise, p. 380.
[註五]　四明公所大事記案牘。
[註六]　同上註。

年八月十五日_{七月十七日}滬道褚蘭生與法領事李梅(Lemaire)訂立議單如下：[註一]

　　大清欽命署理江南海關分巡蘇松太兵備道褚、大法欽命前駐紮福州領事調署上海總領事李爲立據完案事。查上海前因四明公所義山地內，欲開馬路，於同治十三年三月八日，華洋民人，在法國租界互鬧，華人斃命七名，法界房屋被焚一案，兩國查辦日久未結。本道現奉南洋通商大臣沈、蘇撫憲吳飭知，本總領事現奉駐京大臣白飭知，經總理各國事務衙門與法國駐京大臣白面商，略去兩國律例，專論交情，彼此相讓完結，嗣後兩國均不得援以爲例。所有法、瑞、意三國民人被失房屋物件等，一併在內，由中國償還關平銀三萬七千兩。其斃命華人七名，由法國自願給恤銀七千兩。彼此交割完案。此後法國租界內，四明公所房屋山地，永歸寧波董事經管，免其遷移。凡山地之內，永不得築路開溝，造房種植，致損葬棺。由本總領事特轉飭公董局令巡捕隨時照料，以全善舉，而敦和好，爲此繕立議單一樣兩紙，彼此畫押蓋印，各執爲憑，詳明大憲立案，須至議單者。計附漢文法文一紙。光緒四年七月十七日，即西曆一千八百七十八年八月十五日。

八月二十六日_{七月二十八日}法公董局會議准免收該公所地捐，其議事錄翻譯[註二]如下：

　　一千八百七十八年八月二十六日_{清光緒四年七月二十八日}在議首董彌羅暨董事孛倫斯理味納並書記杏利生所議免捐一事，遵照欽憲與上海道台所立合同議單，辦結四明公所於一千八百七十四年五月初三日一案，將一千八百七十七年十一月二十四日所議公所地捐一條作爲罷論。一千八百七十九年二月十七日抄_{清光緒五年正月二十七日}。

案件雖是這樣解決了，法人卻總不甘心呢。茲先一述中法戰役時的上海情形。

法國自一八五八年_{清咸豐八年}起侵略安南，不一而足；到一八八三年_{清光緒九年}中法關係因之而日形緊張，上海頗受影響。一八八四年_{清光緒十年}春，中法兩軍屢在安南作戰，互有勝負。法國一方面虛與我國議和，一方面令兵艦開來我國偵察沿海情形，以備進攻。[註三]

到了一八八二年_{清光緒十年}初夏，中法形勢更緊。七月十二日_{閏五月二十日}法使署突以最後通牒致送總理衙門，限期一週答復。[註四]總理衙門於十九日_{二十七日}即飭兩江總督曾國荃赴滬與法國公使巴德諾(Patenotre)會商。[註五]後限期延長，曾氏於二十五日_{六月四日}到滬，翌日與法使相晤，定於二十八日_{七日}假廣肇公所會議條件。三十日_{九日}又會商一次。但是終於_{十四日}沒有結果。[註六]八月三日_{六月十三日}，法使即照會曾督，謂日後法國任憑舉動無所限阻云云。[註七]八月四日_{六月}，法兵二千果攻佔基隆礮台。[註八]其時吳淞口外，泊有法兵船三，鐵甲船一，我國李成謀的兵輪，與之對泊，以資監視。[註九]吳淞上海的戒備，於是嚴重起來了。先是於七月_{閏五月}中曾督已派兵駐紮吳淞口及製造局戒備。[註十]八月十八日_{六月二十八日}曾督回江寧途中，特親往吳淞一帶視察防務，於寶山石洞口一帶，既飭曹德慶添三哨，撥出二哨駐紮顧隆墩，以顧上海、吳淞的後路。陳湜軍營留於吳淞策應，復飭張景春一軍率領四營由江陰移駐吳淞口。[註十一]

────────────

　　[註一]　四明公所大事記案牘。
　　[註二]　同上註。
　　[註三]　束世澂：中法外交史，頁二五一─三二；徐愚齋自敍年譜。
　　[註四]　清季外交史料卷四二，頁三。
　　[註五]　同上註，頁八。
　　[註六]　同上註，頁二二─二三。
　　[註七]　同上卷四三，頁四。
　　[註八]　外交史料卷四七，頁二二。
　　[註九]　外交史料卷四四，頁三二。
　　[註十]　外交史料卷四二，頁一八。
　　[註十一]　外交史料卷四四，頁三二。

八月二十一日七月一日法國公使署下旗,法代辦公使謝滿祿(Semalle)出京,遂來上海。中法國交於是斷絕。戰禍就迫在眼前了。上海法領事李梅卻於此時,向我國當局宣稱:"吳淞、上海、松江一帶,保無法兵來犯。福台恐不能無事。法廷已電孤拔(Courbet)"云。[註一]

一八八四年八月二十四日清光緒十年七月四日法兵在福州馬尾發動,突將我國揚武等七輪擊沉,並燬馬尾船廠。[註二]福建戰事消息一到,上海頓然震動。法領卻又布告淞滬保全無事。

中法既斷絕國交而入於戰爭狀態,上海的法僑居留地,我國正可乘機收回。然而法人卻早布置好了。八月二十一日七月一日法國代辦公使謝滿祿一方面出京,一方面即照會總理衙門,法人在華的身家財產,托由俄國保護。俄國公使博白傅(Popoff)也於九月三日七月十四日正式照會總理衙門,代爲保護法僑身家財產。上海的法僑居留地,於是亦由俄領所保護,而得繼續存在。[註三]

福建方面,法人愈益跳踉。九月二十八日七月八日晚,法兵轟毀長門至馬尾一帶礮台。這時法將進攻吳淞長江一帶的消息,四處流佈,人心搖動,不可終日。曾國荃於是電令李成謀分小號兵船四艘,與曹德慶、章合才、陳湜全力把守吳淞口。敵來即行轟擊。其時謝滿祿所坐之船,仍在黃浦江內,曾督即令滬道邵友濂限其出口。[註四]

謠言更甚,吳淞口的戒備更嚴。我國官廳方面決定用石堵塞吳淞口。九月十日七月二十一日由大小輪船拖帶沙船十五隻、廣艇三隻泊於張華浜之南沙塢,從事填堵。駐滬各國領事都以堵口有礙商務,商請停止。如中國必行此舉,須寬留活口二十五丈,以便輪船往來。嗣經酌定中泓丈尺,留寬十八丈,至多不過二十三丈。照會各領事查照。[註五]

上海知縣黎光旦奉文舉辦民團,除外人居留地外,城廂一律舉辦。鄉鎮辦團的,有四處:老閘、新閘、洋涇鎮、引翔港,都自籌經費。[註六]

一八八五年二月初清光緒十年十二月底法提督孤拔分撥六艦,駛入佘山、大戢山等處,以圖分擾江浙洋面。巴德諾於二月二十三日清光緒十一年正月九日聲明自陰曆本月十二日起,法船如遇船隻載米出口,當即搜查。孤拔亦通知外國商輪,禁運米糧。但英美對於此舉,均加反對。

當時上海情勢,非常緊張。法僑居留地於二月十八日正月四日正式改懸俄國旗。但是不久,中法兩國突於四月初二月中簽訂議和條約,六月九日四月二十七日中法訂立新約十款,而上海法僑居留地,亦於六月十五日五月二日恢復原狀,卸去了俄國旗而升起三色的法國旗。[註七]

中法一役,上海雖然始終未淪爲戰區。但是上海所受的影響,卻已十分巨大,經濟恐慌達於極點,徐潤記當時情形云:

> 中法搆兵越南,台灣、馬江悉開仗,法兵輪駛抵吳淞,查進出口之船,並揚言攻製造局,以致人聲鼎沸,紛紛遷避。一民船賃價至二三百金,舉市所存現銀,不到百萬,恐慌不堪言狀。巨家如胡雪巖、劉雲記、金蘊青皆相繼壞事,其餘號商店舖,接踵傾倒,不知凡幾,誠屬非常之禍。

中法戰爭後十年,一八九四年清光緒二十年夏,中日兩國因朝鮮而爆發戰爭。上海以英人的幹旋,劃作爲局外之地。但吳淞口、製造局等處的戒備,卻仍嚴緊。上海縣知縣黃承暄奉兩江總督劉坤一札

[註一] 外交史料四五,頁七一八。
[註二] 同上註。
[註三] 清季外交史料卷四五,頁八;卷四六,頁二九。
[註四] 清季外交史料卷四五。
[註五] 上海縣續志卷一三;光緒十年七月二十五日申報。
[註六] 上海縣續志卷一三。
[註七] 光緒十一年五月初三日申報。

餉,就地籌辦防務,並照中法戰時例,舉辦民團,辦法亦略同。[註一]

　　戰爭期中,上海雖沒有直接蒙受如何的大損失。但是戰爭結果,一八九五年四月二十五日清光緒二十一年三月二十日訂立的馬關條約十一款,卻與上海關係極大。該約第四款"日本臣民得在中國通商口岸任便從事各項工藝製造,又得將各項機器任便裝運進口,只交所定進口稅。……"真是遺害無窮。外商即利用這條款,紛紛以其本國剩餘的資本,在我國通商口岸,尤以上海爲最重要,建設各種工廠,或爲紗廠,或爲絲廠,就我國各地採辦豐富的原料,用廉價雇用勞工,而獲得機械工業的大利。我國剛才興起的工業,即因此而遭摧殘,直至今日,我國各種工業還是受着外商的壓迫,而無從發展。[註二]

　　中日戰後,我國一般知識階級,都感到我國政治、經濟、軍備等,樣樣非維新改革不可,於是有康有爲等的維新運動的成熟,以至戊戌政變的發生。[註三]

　　當一八八八年清光緒十四年時,康有爲以布衣伏闕上書,極陳外國壓迫我國的險狀,稱道日本變法致强的故事,請取法泰西,實行改革。因書未能上達,康乃歸廣東。及至一八九五年清光緒二十一年康有爲又入京。四月三月中日和議成,有爲又上萬言書,力陳變法的不可緩,幸得上達。德宗讀其書,頗爲感動,擬布維新法令。但被慈禧西太后所阻,而未能實現。康乃倡設强學會於北京。十月九月康出京游南京,說張之洞,謀設强學分會於上海。張極贊成。上海分會遂告成立。會中所辦之事爲五大端:一、譯東西文書籍,二、刊布新報,三、開大圖書館,四、設博物儀器院,五、建立政治學校。但北京强學會僅開四個月,上海强學會僅開一月餘,在十二月十一月即被禁止。

　　一八九六年清光緒二十二年强學會會員黃遵憲、梁啓超、汪康年等將上海强學分會,改爲時務報館。時務報既出版後,聞風興起的益多。各省熱心人士捐出金錢,合羣以講新學。兩年間,上海私立的學會、學堂、報館等,有下列九種:農學會、蒙學會、算學會、大同譯書局、譯書公會、不纏足會、女學堂、東文學社、格致新報。其中大同譯書局、不纏足會、女學堂均爲康有爲弟康廣仁所辦理。一八九七年三月六日清光緒二十三年二月十四日德國强借膠州灣事起,康復赴北京,上書極陳事變之急。德宗果從其言,於一八九八年六月十一日清光緒二十四年四月二十三日下詔定國是,後即任用康黨人物。自六月四月至九月七月間,上諭屢下,多關新政,其涉及上海的:(一)七月四日五月十六日諭令振興農業,着劉坤一查明上海農學會章程,啓送總理各國事務衙門查核頒行;(二)七月二十六日六月八日准將上海時務報改爲官報;(三)八月二十六日七月十日梁啓超於上海設立編譯學堂,准予學生出身;(四)八月二十九日七月十三日諭令劉坤一、張之洞先就上海試辦商務局。百日之間,新政上諭,不斷而來。康有爲等一時聲勢赫赫。然而康氏只是一個理論家,全無行政經驗,以致終於爲慈禧西太后、榮祿等輩所擊敗。九月二十一日八月六日慈禧西太后垂簾聽政,幽閉德宗於南海之瀛台,殺戮康黨,而撤消一切新政。康有爲等的維新運動,於是只成爲歷史上所謂"戊戌政變"的一齣悲喜劇。

　　中日戰後,國勢日削,列强乘機紛起宰割我國。即上海一地,亦不能免。一八七八年清光緒五年結束的四明公所血案,法人以未得自由處置該公所,終不甘心。於中法戰後,已屢試干涉。其所持最好的口實,便是公所殯舍,積儲棺柩,有礙衛生。迨至一八九八年七月中清光緒二十四年五月底終於爆發了第二次四明公所血案。

　　一八九八年七月一日清光緒二十四年五月十三日關帝誕辰,四明公所董事祭畢關帝之時,忽得法公董局來信云:[註四]

　　　[註一]　上海縣續志。
　　　[註二]　根岸佶:清國商業綜覽卷五,頁四〇八。
　　　[註三]　關於康有爲維新運動,參考西政叢書四上書記,及梁啓超所著戊戌政變記。
　　　[註四]　四明公所大事記文牘。

啟者：頃查上海法國公董局圖載寧波會館地基，係一百八十六號與一百九十一號。圖內之地，經貴會館動用多年，且查此地並無契據。頃敝局按照條約，稟請駐滬總領事照准將原地討還，以便作爲公舉有益界內華民之事，如建立華民年小學堂一所，施醫局一所，宰牛羊場一所，已蒙領事允准。公董局即於今日起爲始，立一百八十六號與一百九十一號之契據，所有應給價值，經領事與地方官商議後，給與應領之人可也。相應函致執事查照。即頌日祺。光緒二十四年五月十三日。

公所董事接閱之後，不勝驚駭，當即覆函拒絕。

七月十五日五月二十七日，法領白藻泰（De Bezanre）先致一照會與滬道蔡鈞，要求飭令四明公所讓地。到了翌日，法領便調法兵八十名登岸，採用直接行動了。[註一]

十六日二十八日清晨，法領親自帶領法兵，向四明公所出發。既至，即命法兵打破公所圍牆，並傳諭法方巡捕，在公所附近各要隘，分投把守，特別向着城內西門警戒。

法兵將公所三面圍牆，均行打開，並佔領了公所。因爲西門方面，法方巡捕禁止通行，我國民衆始知法兵强佔公所，非常憤怒。民衆愈集愈多，後忽傳有外人二名與華人衝突，爭吵喧鬧，佔據公所的法兵，立即出來，用刺刀衝鋒，立時刺死華人二人，並刺傷多人。

法僑居留地，這一天自上午八時就實行戒嚴，成爲作戰地帶了。一日一夜，就在橫暴的武力下過去。到了七月十七日五月二十九日清晨，法國軍艦艦長與法領都準備更大的屠殺，以處置事變，很早就在法僑居留地內巡視了。十六鋪一帶，早上正是上市熱鬧時候，華人麕集。法國水兵竟用救火水龍，向人叢噴射，立時秩序大亂。法艦長即下令開鎗，死華人四五人，法兵又用霰彈礮向人叢中連續掃射，華人死者，不可勝數，屍身佈滿市場。

此時四明公所方面，因華人羣集，駐守的法兵，也同樣開鎗，屠殺華人四五人。

從此時起，法人一見華人，即行屠殺，公館馬路、自來火行街等地，都有華人的屍體。

事後調查，在法人這次有計劃的大屠殺之下，我國男女死者十七人，傷者二十人。

寧波同鄉目覩法人的屠殺，當然悲憤填膺，於是相率消極抵抗，罷市停業，執業於西商處的，都辭職他去。[註二]

案發後，我國官廳方面，兩江總督劉坤一特派蘇藩司聶緝槼到滬，與法人交涉，幾經磋商，卻一無結果，直到一九○○年清光緒二十六年法僑居留地第二次推廣，此案才告結束。四明公所是維持了，以讓開築路面積、不寄柩於公所內爲條件，同時我國又放棄七十五公畝的地方，給法人去擴充居留地。

法僑居留地這次推廣，係向西擴展，西自敏體尼蔭路起，沿愛多亞路，直至白爾部路，灣入呂班路、蒲柏路，以達麋鹿路，連及民國路之處爲止。南自愛來格路起，沿民國路、敏體尼蔭路，以至麋鹿路爲止。計其面積，已增至一四四公頃，比舊址已增加一倍多了。[註三]

法僑居留地第二次擴充的上一年，即一九○九年清光緒二十五年英美居留地合併的外人居留地，也大加擴充，並正式更名爲上海國際居留地，亦即所謂上海公共租界（International Settlement of Shanghai or Shanghai International Settlement）。這次擴充所定界址，至今未變，可說是國際居留地面積最後的一次擴充了。茲計其四至如下：

[註一]　以下均見一八九八年七月十八日中法新彙報。
[註二]　四明公所大事記。
[註三]　法公董局一九○○年報。

東——黃浦江自顧家浜口至洋涇浜口_{即今愛多亞路外灘}；

南——洋涇浜_{即今愛多亞路}自洋涇浜口至連接泥城浜處_{即今西藏路}，由此向西，循大西路北首支路及大西路_{即沿今愛多亞路及福煦路}，至静安寺鎮後面的五聖廟_{即今大西路東端}；

西——自五聖廟廟北到蘇州河小沙渡；

北——自小沙渡起，沿蘇州河至接連泥城浜_{即今西藏路新垃圾橋}之西約七十碼之處，由此處朝北，至上海、寶山兩縣之交界線_{即今海寧路西端}，循此界線_{即經過今海寧路西段北浙江路北段及界路等}，至接連虹口河_{即横浜地方即今虹口路東盡頭嘉興路橋北首}，朝東直至顧家浜口_{即今軍工路南端}。

計其面積，達六八·一二公里，或二二·六〇方公里。

丑　革命前後的上海

一　義和團事變與上海

1. 義和團的起源——2. 義和團在北方的暴動——3. 中西官議定保護長江內地通共章程——4. 保護上海租界城廂內外章程——5. 義和團的失敗與辛丑條約的訂定

滿清政府的昏瞆,造成了帝國主義者割據中國的局面;被壓迫的民衆的憤怒,激起了反抗洋人的暴動,救國志士的熱誠,燒起了革命的烽火:這是滿清沒落時期的三種狀態。滿清政府只怕被人推翻,於是就利用民衆的暴動,而作孤注的一擲——信賴神拳可以抵抗帝國主義者的侵略,而做出更昏庸的行動來了。這就是義和團和八國聯軍的一幕。

義和團起源甚早,本是八卦教的一支派,至十九世紀初清嘉慶年間曾奉旨明禁查辦有案;可是种子却並沒有消滅,中日戰後,在我國北方又如雨後新筍般地起來了。[註一]

公元一八九九年清光緒二十五年冬,義和團從山東興起,以排斥基督教爲其運動的中心。官廳只是表面禁止,因之其勢力的蔓延極爲迅速,並且從反基督教而一變爲反對一切從外洋傳入的近代文化的運動了。其口號爲"扶清滅洋",這正投合滿清政府所好,同時也適合民衆憤怒洋人侵略的心理。

義和團從山東蔓延於直隸,到一九〇〇年三月底清光緒二十六年二月底天津通城已貼有義和團煽惑殺害洋人的傳單。四月三月初,端郡王載漪所統虎衛軍八千人,已傳聞與義和團通同一氣。載漪又召甘肅提督董福祥帶所部入京,名爲衛護,實則協助義和團。[註二]義和團的聲勢更盛,五月二十八日五月初一日團衆截斷天津電線;翌日又破壞天津、北京間的鐵道。

此後連接燒教堂,殺洋人,紛擾異常。各國軍艦亦陸續集中於大沽,於六月十七日五月二十一日佔據大沽礮台。戰事已成爲事實了。清廷便於六月二十日五月二十四日諭令各省督撫就各省情形,通盤籌劃,接濟京師。二十一日五月二十五日清廷且下詔,向各國宣戰,通令各省厚集兵力,齊向洋人作戰。其時東南各省總督,如兩江總督劉坤一、湖廣總督張之洞、兩廣總督李鴻章、閩浙總督許應騤等都反對清廷的舉動,決定不遵命令。各省督撫互相關照,凡二十一日二十五日以後的上諭,以諸多窒礙,概不奉行。這已形成東南獨立的形勢了。各省督撫後復派滬道余聯沅與上海領事團協商保護東南各省條約。六月二十六日五月三十日經余道與各國領事訂立東南互保章程九條。[註三]

[註一]　勞乃宣:義和拳教門源流考。
[註二]　董福祥在戊戌政變後由榮祿召駐南苑。
[註三]　李杕:拳禍記;佐原篤介:拳匪紀事。

中西官議定保護長江內地通共章程

一、上海道臺余，現奉南洋商憲劉、兩湖督憲張電示，與各國駐滬領事官，會商辦法。上海租界，歸各國公同保護，長江及蘇杭內地，均歸各督撫保護，兩不相擾，以保全中外商民人命產業爲主。

二、上海租界共同保護章程，已另立條款。

三、長江及蘇杭內地，各國商民教士產業，均歸南洋大臣劉、兩湖督憲張允任切實保護；並移知各省督撫，嚴飭各該文武官員，一體認真保護，現已出示禁止謠言，嚴拿匪徒。

四、長江內地，中國兵力已足使地方安靜，各口岸已有各國兵輪者，仍照常停泊；惟須約束水手人等，不可登岸。

五、各國以後如不待中國督撫商允，竟自多派兵輪，駛入長江等處，以致百姓懷疑，藉端啓釁，傷害洋商教士、人命、產業，事後中國不認賠償。

六、吳淞及長江各礮台，各國兵輪切不可近台停泊，及緊對礮台之處。兵輪水手亦不可在礮台附近地方操練，彼此免致誤犯。

七、上海製造局、火藥局一帶，各國兵輪，勿往遊弋駐泊，及派洋兵巡捕前往，以期各不相擾。此局軍火專爲防勦長江內地土匪，保護中外商民之用，設有督撫提用，各國毋庸驚疑。

八、內地如有各國洋教士，及遊歷各洋人遇偏僻未經設防地方，切勿冒險前往。

九、凡租界內一切設法防護之事，均須安靜辦理，切勿張(望)〔惶〕，以搖人心。

關於上海的，又特定保護上海租界城廂內外章程十條：

保護上海租界城廂內外章程

一、租界內華人以及產業，應由各國巡防保護，租界外洋人教堂教民，應由中國官妥爲巡防保護。遇有緊急之事，互相知照妥辦。

二、地方流氓土棍，遇有聚眾滋事，或搶劫傷人，無論華洋地界，均須一體嚴拿，交地方官從重嚴辦。

三、現因各處商貨停滯，各項小工備趁較難，擬請租界工部局添辦新擴各界路工程，城內則令疏通河道，並由道臺挑選精壯，充當勇丁，務使閒民有事可做，消患無形。

四、添辦各項工程，及添募勇丁口糧，中外官商，公議捐助章程。

五、滬市以錢業爲大宗，而錢業須賴銀行零拆轉輸，若銀行不照常零拆，或到期收銀迫促，錢市一有擠倒，各行生意，必皆窒礙。市面一壞，人心即震動不安，應請中外各銀行東，及錢業董事，互相通融緩急，務使錢行可以支持。

六、鈔票應照舊行用，祇須道臺會同各領事出示曉諭，聲明各行票本收銀，搭幾成鈔票，由各錢業照付。

七、租界內大小各戲館，應令照常開演，不可停歇，以惑人聽。

八、租界內救火章程甚備，租界外浦東亦仿照，多備救火器具。若有火警，附近居民不可亂動，一面由救火會分馳往救，一面分派巡捕兵丁分班巡護，認真彈壓，應請先行出示曉諭。

九、租界巡捕，應請添募，晝夜輪流梭巡，大小街路，均有巡捕。城廂內外，以及浦東、南市，亦應添募巡捕，多派員弁，分班輪流巡查。

十、查明租界四至，出入總散路徑。租界內邊地，則由工部局於各要路多派巡捕，每處若干人，建造捕房，常川駐守，瞭望界外，倘有成羣亂人來界，即鳴警鐘，知會總局，派捕抵攔。租界外邊地，則由華官派兵，搭蓋棚帳，常川駐守，勿令成羣亂人，闖入租界以內。

上海雖以上項章程，作爲安全的保障；但恐慌與警戒終於不免。滬道余聯沅先照會各領事，浦東各主教率同教民遷入城內，以防不測；後並傳印委各官及紳董到署，面議防堵事宜。一面飭巡捕營即盛字旗亦即滬軍親兵營認真巡查；一面咨請提標右營參戎廖楚材飭各城汎弁，將各城門於每晚十時落鎖，不得私啓。巡捕營便撥派勇丁八棚，分扎靶子場、江灣，保護吳淞鐵路。蘇撫鹿傳霖又特委水師營務處許國祥帶領水師礮艇十艘來滬，駐泊製造局碼頭，以備保護製造局。[註一]

七月兩月六七兩月間，因各國增兵滬上，謠言四起。余道迭出告示安民，而大衆因謠言之多，多將現洋收藏，或運回鄉里，以致市上銀根大緊，洋價每元竟飛漲至六七分之多。同時遷居的人也不少。因之七月十五日六月十九日公共租界工部局特約各會館商議維持市面辦法。上海各國總領事官亦出示曉諭，謂："各國水師戰艦，前來黃浦停泊，係爲保護地方起見，切勿輕信謠言，自相驚徙。"[註二]

上海雖然稍有恐慌，幸而沒有發生混亂。至於北方，天津於七月十四日六月十八日爲聯軍所攻破。八月十三日七月十九日通州陷落。慈禧太后與德宗即於翌日出京西遁。同日，北京亦即告陷。清廷於一九〇一年清光緒二十六年與各國訂立和約十二款，即所謂辛丑條約，其中有關於上海的，爲第十一款：[註三]

　　大清國國家允定將通商行船各條約內，諸國視爲應行商改之處，及有關通商各他事宜，均行議商，以期妥善簡易。現按照第六款賠償事宜，約定中國國家應允襄辦改善北河、黃浦兩水路，其襄辦各節如左：

　　（一）從略。

　　（二）現設立黃浦河道局，經管整理改善水道各工。所派該局各員，均代中國暨諸國保守在滬所有通商之利益，預估後二十年該局各工及經管各費，應每年支用海關銀四十六萬兩，此數平分，半由中國國家付給，半由外國各干涉者出資。……

條款中所稱黃浦河道局，當時另定章程，作爲條約附件第十七。一九〇五年清光緒三十一年該局始行設立，即今濬浦局。

二　維新運動的實行

　　1. 教育的革新——2. 地方自治的試行——3. 警察的辦理

義和團召起八國聯軍一役之後，國人均已痛感滿清政府的腐敗昏庸，足以亡國而有餘。滿清政府也知道民心離散，竭力想設法維繫，而挽救其本身的命運，亟亟於維新政治。於是一九〇一年一月二十九日清光緒二十六年十二月初十日上諭京內外官吏條陳新政，官民應詔言事的很多。其中影響最大的，當推兩江總督劉坤一、湖廣總督張之洞二人合奏的變法自強三疏。[註四]於是教育、警察、自治等各種新政，一一興起。但同時革命的思想與運動，在孫中山先生主持之下，也四處興起了。茲先就滿清政府維新政治之影響於上海者，分述之。

[註一]　拳匪紀事。
[註二]　同上註。
[註三]　北京外交委員會：分類編輯不平等條約下冊，頁二八六。
[註四]　舒新城：近代中國教育史料第一冊第四維新教育目錄有該疏。

　　第一,是教育的革新。一九〇一年九月清光緒二十七年八月上諭各省府州縣興辦學堂。翌年二月正月上海縣知縣汪懋琨遵設小學堂,即於五月四月間,照會書院董事兼學堂董事,籌備興學事宜,撥款培養師範。一九〇五年清光緒三十一年廢科舉,停辦書院,學務益亟,部章迭次下頒,省吏督促文牘時至。於是於十一月十月間,董事姚文枬等發起全滬學務公會,聯合城鄉學員,大會於文廟明倫堂,劃分學區,投票選舉職員,組織學務公所。大會議決四項:[註一]

　　(甲)以積穀息款爲全邑興辦蒙小各學的費用,擬定章程六條:

　　一、計畝均攤;

　　二、分區統籌;

　　三、從嚴考核;

　　四、定期派款;

　　五、儲款代存;

　　六、酌量變通。

　　(乙)以舊學地基房屋爲學務公產。

　　(丙)以賓興、計偕爲升送省城高等、京師大學貼費。[註二]

　　(丁)以蘂珠書院款項專辦師範學堂。

　　十二月十一月學務公所設立於蘂珠宮珠來閣。所中事務分爲三部:(一)文案,(二)財政,(三)師範。即以選出的會長姚文枬爲總理兼文案員,副會長顧言爲協理兼財政員,並推項文瑞爲師範監督。稍後,公所遷於學宮土地祠旁舍。一九〇六年八月清光緒三十二年七月公所又遷入一粟庵,即今尚文路北首。十一月十月遵學部奏頒章程,以學務公所改設爲勸學所,遵章設總董一人,以縣視學員兼,並增設協董二人,一經理財政,一代辦視學。翌年五月四月江蘇提學使刊頒上海縣勸學所圖章一顆。上海在這時新式的教育,已普遍地發達起來了。據一九〇八年清光緒三十四年勸學所的調查,上海各種學校的校數、人數如下表:[註三]

學校別	師　範	中　學	小　學	女　校	專　門	華洋合辦	教會辦理	總　計
校數	二	五	一八四	二七	一三	五	三四	二七〇
人數	二五三	七四四	七、八八七	一、一八五	一、四四五	八三五	二、九四八	一五、二九七

　　按教會辦理學校中,有十六校係屬女學校,其學生數爲八〇七人。若與國人自辦女校合併計算,則女校共有四三校,女學生共有一、九九二人。

　　小學依區分布,各區多少不同,而以城廂區爲最發達,茲就上表小學項,再依區統計如下:

區別	城　廂	北　鄉	西　鄉	南　鄉	西南鄉	東南鄉	東　鄉	總　計
校數	七〇	二七	二二	二一	一五	一八	一一	一八四
人數	三、七三九	一、五八二	六〇〇	五四七	四四七	五四六	四二六	七、八八七

　　第二,是地方自治。[註四]一九〇五年清光緒三十一年,立憲運動開始成爲維新政治的一大目標。滬

　　[註一]　上海縣續志卷九學校上。
　　[註二]　時未有合格學生,暫移爲資送日本留學之用。
　　[註三]　光緒三十四年上海勸學所學校調查錄。
　　[註四]　關於地方自治,係根據上海市自治志及上海縣續志卷二。

道袁樹勛鑒於地方自治爲立憲的基礎,因徇紳士之請,於是年八月六日七月初六日照會滬紳郭懷珠、李鍾珏、葉佳棠、姚文枬、莫錫綸議辦上海城廂內外總工程局,試行地方自治。各紳於是開始籌備,十二日十二日在學宮明倫堂開會,宣布袁道宗旨,申說自治關係後,即集議選舉董事章程,經決定先就向來辦事諸紳商中,共同選舉,衆訂善堂、書院、警務各董暨各鋪段董。十九日十九日仍在明倫堂第二次開會,投票公舉董事,得及格者三十人。又訂各商業各舉代表一人,二十六日二十六日仍在明倫堂第三次開會,投票公舉,得及格者二十八人,又共同采訪兩次投票未與而衆論交推者,得十八人,共七十六人,開摺送道,請酌定員數,分別選派。十月十六日九月十八日袁道照會各紳,就摺開七十六人中,選定李鍾珏爲總工程局領袖總董,莫錫綸、郁懷智、曾鑄、朱佩珍爲辦事總董。莫、郁兩董,常川駐局,曾、朱兩董,常川到局。姚文枬、劉汝曾、林曾賁、嚴應鈞、郭懷珠、葉佳棠、陸文麓、顧徵錫、曹驤、王震、蘇本炎、干城、穆湘瑤、王豐玉、祁祖彝、吳馨、王納善、張煥斗、王宗駿、黃慶瀾、程鼎、李厚垣、沈功章、劉桂馨、施兆祥、楊高存、趙增炬、張嘉年、朱開甲、沈熙、張美翊、袁希濤、沈恩孚等三十三人爲議董,旋經各董公訂辦理總工程局簡明章程四章,共二十條,呈報備案。十一月十一日十月十五日接收南市馬路工程善後局,即以該局屋爲局址,同日開用滬道所頒發的鈐記。後議董三十三人成立議會,公舉姚文枬爲議長,擬訂總工程局總章共四章二十二節,總工程局議會章程共四章四十三節,參事會章程共五章二十一節。

　　總工程局組織共分兩大部:以議會爲代議機關,以參事會爲執行機關。議會由議董所組織,參事會則以領袖總董、辦事總董、各區長、各科長所組織。依簡明章程第四章,該局所辦之事,規定如下:

　　一、編查戶口。按戶編號,訂立門牌,另刊戶口單,按號分給,由各戶照單填註,彙造總冊。

　　二、測繪地圖。凡城廂內外各街道,長短寬窄,及本局應轄之地址,一律測繪詳圖。

　　三、推廣埠地。南市浦灘日漲,擬酌填加寬埠地,其迤南馬路未通之處,亦擬接展,以興商埠。

　　四、開拓馬路。城廂內外,均擬逐漸改築馬路,以通車馬,凡翻造房屋處,明定章程,一律收進,使道路加寬。

　　五、整理河渠。城廂內外支幹各河,應疏濬者,量加疏濬,其淤淺穢臭,有礙衛生者,即填平築路,並築大陰溝,以通積水。

　　六、清潔街道。先於南市浦灘,設垃圾碼頭,置備船隻,將城內外垃圾,逐日車運至船,其店鋪之櫃檯欄干,應一律收進,街上亦概不准堆積木植雜物。

　　七、添設電燈。城內外用煤油路燈之處,次第改設電燈。

　　八、推廣警察。城內已設警察,城外尚沿舊制,擬即設立警察學堂,切實訓練。城內外統設警察,以歸一律。

　　九、舉員裁判。由辦事總董、議事經董公舉正副裁判官各一員,請滬道扎委,裁判警察案件,案情重大者送縣。

依上列辦事條件,局設戶政、警政、工政三科,每科置科長一員,由常川駐局的總董分任監督之責。又因地域關係,將上海城廂內外,分爲七區,城內四區:一、東城區,二、西城區,三、南城區,四、北城區。城外三區:一、東區—東門外,二、西區—西門外,三、南區—南門外。各區得設立分辦事處,置區長、副區長各一員。

　　上海城廂內外總工程局至一九〇九年四月清宣統元年三月奉滬道蔡乃煌照會,奉詔頒自治新章,籌備城鎮鄉地方自治,經即呈明滬道,將局改爲上海城自治公所。至一九一一年清宣統三年秋,上海光復,城自治公所,便改爲上海市政廳。

　　第三,是警察的創辦。一九〇五年清光緒三十一年滬道袁樹勛詳准督撫,舉辦警察,延聘畢業日本警察學校之高等生劉景沂,就求志書院設警察學堂,招考學生,並將駐九畝地的滬軍營親兵,汰弱留強,一律入堂訓練警學。統以三個月速成畢業。是年冬,先於城內開放站崗,以知縣爲總辦,紳董爲會辦。會辦五人,暗巡二人。撤城內各保甲局,以保甲總巡爲警察總巡。設總局於常平倉。分局四:東局設鄂王廟,南局設水仙宮,西局設關廟左,後遷余公祠,北局設沈香閣。共巡長、巡記、巡士等二百六(六)十名,年需經費二萬三千餘兩。以滬軍營餉及城內保甲局薪費,儘數作抵,不敷之數,由滬道另籌撥補。[註一]

　　一九〇六年清光緒三十二年設上海北市馬路工巡總局於閘北,以城內各局隸屬其下。[註二]

　　一九〇七年清光緒三十三年江督端方奏准推廣上海巡警,委滬道瑞澂爲督辦,候補道汪瑞闓爲總辦,改閘北的上海北市馬路工巡總局爲上海巡警總局,設警察學堂,堂址亦在求志書院,招生訓練,畢業開放,編設警區,分爲四路:城內一路五區,以原設之常平倉總巡局爲一路一區,東、南、西、北四分局爲二、三、四、五各分區。[註三]

　　一九〇八年清光緒三十四年總辦汪瑞闓奉委爲江蘇省巡警道,設公署於蘇州,仍總辦上海巡警總局,推放浦東二路五區:一區設爛泥渡—作賴義渡民舍兼保甲總巡;二區設楊家渡關廟;三區設洋涇鎮定水庵;四區設塘橋東市天竺庵,均舊時保甲局;五區設六里橋立雪庵 民舍。虹口三路四區兼有寶山縣境:一區設寶山路,二區設虹江橋,三區設龔家宅,四區設引翔港的胡家橋。閘北四路五區兼有寶山縣境:一區設夏家衖,二區設新聞路南大街,三區設义袋角,四區設真如鎮,五區設北新涇舊保甲局。每路正巡官一人,直轄一區。每區副巡官巡長、巡記各一人。巡士,一路、二路,每區各六十名;三路、四路每區各四十名。[註四]

　　一九〇九年清宣統元年閔行分設巡警,以西廟爲局所,巡官一人,巡長、巡士共四十名。

　　各區警務年需經費,由江督奏准於關稅項下動支。

　　製造局巡警於一九〇七年清光緒三十三年在礮隊營中挑選八十名,年需經費,由局支給。以上均爲官辦警察。

　　南市於一九〇五年清光緒三十一年總工程局開辦時,接收前馬路工程局舊有巡丁——馬路工程局於一八九七年清光緒二十三年選派巡丁五十名,分巡沿浦外馬路一帶。一九〇二年清光緒二十八年添派二十名,分巡大東門大街一帶,統名爲巡捕——並十六鋪三保甲局原有壯丁,汰弱留強,兼行招選八十名,推廣東區十六鋪裏街巡警設十六鋪駐防所於小武當,又設南舍於小九華,北舍於三官堂,爲巡士分駐處。

　　一九〇六年清光緒三十二年設警察學堂,招生訓練,校址初在求志書院,後在南區積穀倉。畢業後開放西區西門外南區二十三七鋪置警務長。先是,東、西、南三區,每區各設巡長、副巡長,嗣以統率無人,由議會公舉南區區董穆湘瑤兼任警務長。翌年,穆氏有事北行,另舉金陵將弁學堂畢業生浙人邵雲保接替,至一九一〇年清宣統二年穆氏事畢回滬,仍主辦警務。

　　一九一一年清宣統三年總工程局改爲城自治公所,由議事會議決,查照城鎮鄉自治章程第五條第八款,因本地方習慣,素無弊端各事,各區向設巡警,仍應繼續辦理。是年八月添設南市浦江水上巡警南市浦江船幫,時有偷竊打降,及檠划船渡客中流,強索渡資等事,實爲行旅之害,因設水上巡警,置備巡船四隻,選派巡員、巡士,按日分段稽查。至一九一二年清宣統三年秋改革以後,均隸屬於縣。以上爲紳辦警察。

　　[註一]　上海縣續志卷一三兵防。
　　[註二]　同上註。
　　[註三]　同上註。
　　[註四]　同上註。

　　紳辦城外東、西、南三區巡警共六年,迭次招考,畢業開放,共有巡員、巡士四百五十餘人,經費第一年度二六、八〇〇餘元,逐年遞增,至六二、七〇〇餘元,均於自治款內開支。[註一]

　　在滿清政府所謂變法自強之下,上海官廳及官民合作所辦理的維新事業,略如上述。今當敍述革命運動的情態。

三　革命的起來

　　1. 興中會的起來——2. 中國教育會與愛國學社——3. 蘇報案——4. 萬福華刺王之春案——5. 蔡元培于右任的革命宣傳——6. 革命運動的日烈

　　一八九四年清光緒二十年孫中山先生赴檀香山創立興中會,這是中國革命最初的芽苗。孫先生與同志在檀香山的會議中,議決在上海設立革命的幹部,而廣東爲發難地。[註二]上海的幹部未見實現,而於香港,在一八九五年二月二十一日清光緒二十一年正月二十七日興中會的幹部卻正式成立了。三月二月香港幹部議決軍事計劃,擬襲取廣州爲根據地,並議決今日已應用的青天白日國旗。九月八月軍事部署大定,約期於十月下旬九月初旬在廣州發動。不幸,十月二十七日九月十日廣州機關部被清廷所搜查。二十八日十一日港船抵岸,也被搜查,截獲鎗械,並捕去革命同志四十餘人。[註三]一九〇〇年九月二十日清光緒二十六年八月二十七日唐才常圖起自立軍,佔據兩湖,起難前二日事洩,而被害於漢口。同年十月六日閏八月十三日鄭士良奉孫先生命令在惠州三洲田起義,轉戰二週餘,到二十二日二十九日因軍械接濟告絕,而致失敗。[註四]

　　革命運動已四處爆發了。革命主義的宣傳也成爲必要。上海於是逐漸成爲廣播革命種子的中心區。

　　一九〇二年清光緒二十八年春革命志士蔡元培、黃宗仰諸人,創立中國教育會於上海,擬編譯教科書及叢報,正進行間,適東京留學風潮發生,吳敬恆等被迫回滬,乃商議自立學校,培植人才。十一月十六日十月十七日上海南洋公學發生罷課風潮,所有六班學生二百餘人因當局干涉言論自由,不許高談革命,而相率退學,向中國教育會求援;教育會先予援助,並約羅迦陵女士等募集捐款,乃於三日間組織愛國學社成立。其後,南京陸師學堂等校學生因和南洋公學學生處於同樣的境遇,便也紛紛退學而投入愛國學社,他們議論時政,肆無忌憚,上海革命空氣頓時爲之濃厚。其時陳範所辦理的蘇報,因同情於革命運動,請吳敬恆、章士釗等主持筆政,愛國學社裏的革命思想,便從蘇報中放散於全滬。[註五]

　　一九〇三年清光緒二十九年春夏間,因時事問題,上海志士的活動,更形激烈。四月三月間廣西巡撫王之春議借法兵法款,裁平匪亂。志士們便召集滬寓兩廣人士,開拒法大會於張園。[註六]五月四月因俄國壓迫清廷,簽訂斷送東三省主權新約,志士們便又於張園開拒俄大會。其時四川人鄒容從日本返滬,發刊"革命軍",主張推翻滿清政府。章炳麟爲作序。蘇報又代爲鼓吹介紹。清廷聞知,異常震怒,查禁演說與蘇報。六月三十日閏五月初六日章炳麟從愛國學社中被捕,鄒容則自往捕房投案。七月七日

　　[註一]　以上均依據上海縣續志卷一三及地方自治志。
　　[註二]　中央黨史史料編籌委員會,總理年譜長編初稿,頁八五。
　　[註三]　同上註,頁九三—九六。
　　[註四]　同上註,頁一三七—一四一。
　　[註五]　愛國青年,教育界之風潮;愛國學社社刊,童子世界第三十二號"愛國學社之主人翁",並參照馮自由:中華民國開國前革命史,頁一二〇;總理年譜長編初稿,頁一五六,政藝叢書卷一二。
　　[註六]　一九〇三年五月五日申報。

閏五月十三日蘇報被封。愛國學社此時因社員星散，也就解體。至於中國教育會，因小故先於六月二十五日閏五月初一日宣告與愛國學社脫離關係。其時女士陳擷芬等創女學報及愛國女學校，昌言女子革命。蘇報案起，中國教育會即遷其機關部於愛國女學校；但也不能有所活動了。上海革命運動，至此遂受一大頓挫。[註一]

蘇報被封後三十二日，上海又有國民日日報的發刊，仍爲蘇報中人所辦，故攻擊官僚還是不遺餘力。十月七日八月十七日上海縣知縣汪懋琨出示禁閱該報。不久，該報因內部發生問題而解散。[註二]

繼愛國學社而起的有麗澤學院，成立於一九〇四年二月清光緒三十年正月間，主持者是上海劉東海、劉三兄弟、吳江費公直、無錫秦毓鎏、金山吳欽業諸人，校址在上海華涇鄉劉三的住宅中，後因故解散。一部分學生於是年五月四月間改組爲青年學社，由(泰)〔秦〕毓鎏指導進行，蔡元培任總教習，陳競全任學監，校址在新閘路。[註三]

一九〇四年清光緒三十年冬，廣西巡撫王之春退居滬上，志士萬福華憤其倒行逆施，於十一月十九日十月十三日鎗擊王於金谷春番菜館，未中，萬被捕入獄。[註四]青年學社也因是案而被封閉。[註五]是時俄滿風雲，日亟一日，蔡元培在滬便與同志發刊"俄事俄聞"，旋改爲警鐘日報，繼續蘇報和國民日日報的系統。至一九〇五年三月二十三日清光緒三十一年二月十八日該報因載一來函，內有"鐵良南下搜括"等語，而被查封。[註六]

一九〇七年清光緒三十三年于右任、葉景萊、汪彭年、楊守仁等在滬創辦神州日報，又是一個鼓吹革命的機關。至一九〇九年五月清宣統元年三月于氏又創民呼日報，專以攻擊滿清爲事，于乃被捕，而報紙也只有九十三日的生命而告夭卒。九月八月于氏又創民吁日報，發行四十二天，即被查封。[註七]

一九一〇年十月十一日清宣統二年九月九日革命機關報的民立報又出現於上海了。這仍是于右任所創辦的。該報執筆者前後有宋教仁、呂志伊、范光啓、徐天復、邵力子、葉楚傖等，都是民黨的健者，所發議論，驚動一時，革命思想於是深入於智識階級的腦中。[註八]

上海革命空氣自愛國學社、蘇報案以來，已日濃一日，而各地的革命行動，又如火如茶，接連而起。到一九〇七——一一年清光緒三十三年至宣統三年間，革命行動更激烈：如一九〇七年二月十九日清光緒三十三年正月初七日許雪秋起義於潮州城；同年五月二十二日四月十一日余通、余旣成、陳湧波等起義於黃崗；一九〇八年一月二十九日清光緒三十三年十二月二十六日黃明堂等起義於鎮南關；一九一〇年二月十二日清宣統二年正月初三日廣東新軍起義；一九一一年四月二十七日清宣統三年三月二十九日黃興、朱執信、趙聲、林文等起義於廣州。滿清政府到此已呈孤城落日之觀。不久，辛亥革命成功，上海也就光復了。[註九]

四　上海光復經過

1. 武昌起義對於上海的影響——2. 上海光復的前夜——3. 上海的光復——4. 製造局的進攻——5. 軍政府的成立與人民的歡迎——6. 軍政人選的推定——7. 海軍的歸附——8. 臨時政

[註一]　總理年譜長編初稿，頁一六五—一六八；中華民國開國前革命史，頁一三一——三九。
[註二]　中華民國開國前革命史，頁一三九——一四〇。
[註三]　中華民國開國前革命史，頁一四一；一九〇三年一〇月六日申報。
[註四]　總理年譜長編初稿，頁一七四。
[註五]　中華民國開國前革命史，頁一四〇。
[註六]　一九〇五年三月二十八日時報；一九〇五年三月二十九日及四月一日申報。
[註七]　報學史，頁一五八——一五九；一九〇九年十二月三十日時報。
[註八]　報學史，頁一五九。
[註九]　總理年譜長編初稿。

府組織的提議——9. 各省代表的開會——10. 上海和會的始終

　　革命黨推翻滿清的運動,自一九一一年四月二十七日宣統三年三月二十九日廣州之役以後,更積極進行,而其活動的中心已移到長江流域。同年十月十日同年八月十九日夜,熊秉坤等作爲信號的鎗彈,從武昌城中發出,革命黨光復中華的序幕,就此啓開。上海方面,申報館在十一日二十日上午十一時接到"武昌失守"的專電。十二日二十一日上海各報正式發表武昌起義的新聞。[註一]

　　接着紛至叠來的消息,是革命勢力的膨脹,革命火焰的蔓延。十二日二十一日上午,上海遍傳武昌兵工廠被攻,革命黨已到漢口。駐滬各國兵艦紛紛調駐漢口。十三日二十二日上午,荊州、岳州、長沙等處爲革命軍所佔領等等新聞又來;一時人心皇皇,山東路上各報館門前,探問消息的民衆,如潮湧而至,途爲之塞。[註二]

　　清廷官吏得到武昌革命的警訊,上海的防務便頓時加緊。江督張人駿於十三日二十二日飛電滬道劉燕翼,轉飭江南機器製造局總辦張楚寶,嚴防革命黨人,乘隙圖謀起事。張楚寶接訊後,當夜即傳令礮隊營及巡警處各率兵警分頭防範。十六日二十五日江督又以龍華子藥廠異常重要,特電滬道:"上海製造局之龍華子藥廠,係爲存儲火藥重地,雖有礮隊營駐防,猶恐兵力單薄,防護難週,著再飭派滬防營弁兵一二哨,迅往該藥廠防護。如果滬防各營不敷派調,可請江南劉提督着派營兵駐往防範。"[註三]

　　黃浦江面則由海軍提督薩鎮冰飭派海籌、海琛兩兵艦,電艇一艘,提右營撥派礮船六艘,保護製造局。[註四]

　　閘北巡警總局總辦因欲嚴防滬北,特與滬道劉燕翼會商,於十四日二十三日向江南機器製造局提取軍械,計毛瑟鎗二百枝,子彈二萬發,以及其他軍用品。該局局長姚捷勳亦於十七日二十六日傳諭各路區長、區官集議防範辦法,又令每路長巡內各選有力壯士。十八日二十七日有力壯士到局,由局長親自檢驗,共選得二百五十人,組成預防隊,計分四隊。[註五]

　　浦東方面由淞滬四營派兵二棚前往防護。[註六]

　　人民自治團體和各地方團體也都參加防務。

　　城自治公所警務長穆湘瑤,於十八日二十七日,特傳東、西、南三區巡員到警務處開會,命將各區撥出巡長巡士。調查戶口一事,暫行停止。挑選得力壯年巡士,編爲巡邏隊,每日上午六時出隊,晝夜巡邏,不稍間替。[註七]

　　南市商團公會和救火聯合會也都具稟滬道,要求發給鎗枝,會同當局防衛。閘北絲廠繭業總公所亦函滬道,請求撥給鎗枝與閘北商團,以便保護地方。

　　革命的消息一到,上海金融界頓時爲之震動,大起混亂。銀拆洋厘,陡然大漲;銀洋奇緊,銅元大貴。滬道特出示曉諭:

　　　照得上海爲商賈輻輳之區,華洋互市,商業最爲繁盛。雖頻年有事,時局孔艱,而中外官商無不合力維持,保公安而全市面,當爲我商民所共曉。昨因鄂省亂作,本埠遽起謠言,業經本道示諭禁止。要知滬埠爲中外商業機關所係,必無他虞。爾商民自應按照向章,各業如常貿易,保持中

[註一]　宣統三年八月二十一日申報。
[註二]　宣統三年八月二十二日申報。
[註三]　宣統三年八月二十七日申報。
[註四]　同上二十九日申報。
[註五]　宣統三年八月二十八日申報。
[註六]　同上註。
[註七]　同上註。

外信用，不必稍有驚疑，自生障礙，庶幾滬市無恙，則各埠商務，亦能一氣貫通，實爲大局之幸。但不准高抬洋拆，妨礙金融，尤爲大局要點。今已與商會全體議董公同議定，傳知商界一體遵守，合再出示曉諭，仰諸色人等，一體知悉。自示之後，如有私將洋拆抬高，把持壟斷，一經查實，或被告發，定予提案嚴懲不貸。勿謂言之不預也！切切特示。[註一]

銀根緊，謠言起；謠言起，銀根緊，兩者互爲因果。因之有若干店鋪甚至拒收鈔票，於是金融更爲恐慌。持有鈔票的，紛紛向銀行兌現，存有銀洋的，也均來向銀行、錢莊提取。銀行、錢莊於是都遭到擠兌的刼運。十七日二十六日華商各銀行信成、四明、典業等因恐生意外，公議即自本日起暫行停市七天，以待香港匯到現銀，再行應付。但該數銀行停市後，人心益形緊張恐慌。滬道於是又特出告示如下：[註二]

> 爲再行出示曉諭事：照得銀行鈔票，向與現洋一律行用，乃近以鄂漢兵亂，紛紛誤會，各以鈔票兌換現洋，舉埠若狂，抑何愚懵，業經本道剴切示諭，登報廣布。茲據各銀行報告已電達香港等處，辦運現洋，不日大批到滬，足資發兌。且各銀行均極殷實，更有本道竭力維持，可無他虞，合再出示曉諭，仰諸色人等一體知悉；所有上海各銀行鈔票，現仍通行。自示之後，不准捏造謠言，推諉不用，致妨市面，切切特示。

在這樣金融界混亂中，因受擠兌而告清理的錢莊便不少，北市錢莊宣告清理的，計有承大、志大、瑞大、餘大、衍度、晉和、敦和等多家，南市則有慎德一家。[註三]

商業方面因金融的恐慌當然也大受(響)〔影〕響，例如南市各花行，便因現洋缺乏，而公議暫緩收花，油荳餅市也都跌價。[註四]

武昌起義後，上海的革命已是箭在弦上。十月十七日八月二十六日夜，已有革命的傳單，分散於小東門的城門口了。十月二十三日九月初二日報上有發表革命軍政府爲維持上海金融起見，特致上海錢業董事的照會，同時更有革命黨公開招募黨員、查鈔商團名冊等事。革命的情勢，日緊一日。到了十一月四日九月十四日上海終於光復了。主持上海革命的運動的中心人物，便是陳其美。[註五]

陳氏於一九一一年四月二十七日宣統三年三月二十九日廣州之役失敗後，便在上海畫策革命運動。等到武昌發難後，陳氏先到南京，與當地各同志商議在南京發動響應武昌，南京同志以爲鐵良、張勳擁有重兵，倉卒不易發動。陳氏又到杭州，與各同志商議在浙江發難。衆又以爲滬杭交通太便，如上海尚未入革命軍之手，浙江先動，極爲危險。因主張上海發動之後，浙江立即響應。陳氏便回上海，組織軍政府，進行一切計劃。[註六]

當上海未發動革命之前，陳氏和上海若干部分駐軍，已有相當的聯絡；況且民衆對於滿清的厭惡，對於革命的渴望，與日俱增了；所以上海革命的實行，阻力殊少，但不免仍有輕微的波瀾興起。

十一月二日九月十二日夜，陳其美和諸同志會議於城自治公所，決定翌日起事。先由李鍾珏與城自治公所警務長穆湘瑤商議保衛地方事宜，又請商團及救火聯合會共同守衛城廂內外各重要地，以助警察之不及。[註七]

〔註一〕　宣統三年八月二十四日申報。
〔註二〕　宣統三年八月二十七日及二十九日申報。
〔註三〕　宣統三年八月三十日申報。
〔註四〕　宣統三年八月二十七日申報。
〔註五〕　同上八月二十八〔日〕及九月初二日申報。
〔註六〕　鄒魯：中國國民黨史稿第三篇，頁八三二。
〔註七〕　李鍾珏：且頑老人七十歲自敍，頁一八八。

三日十三日晨,陳氏以軍政府照會致李鍾珏,請任民政總長,又勸駕伍廷芳担任外交。革命的直接行動本擬以下午進攻製造局爲開始,但是日上午十一時閘北巡警總局預防隊巡士,因請領鎗彈不獲,而與偵探長發生衝突,同時適又隣居失火,以致急不及待,即先發動,公推預防隊管帶陳漢欽爲首領,竪起了革命的旗幟。上海的革命就此爆發了![註一]

到了是日下午三時左右,陳其美委託高子白、楊譜笙率領敢死隊二百多人,往攻製造局,想乘該局五時放工之際,去佔領它。當路過滬軍營時,革命軍與清軍相遇,兩方都各舉手行禮。未幾滬軍營中就高懸民國軍旗了。[註二]

但製造局因知閘北巡警,已起革命,早有戒備,一見革命軍敢死隊到來,便即放空鎗一排,敢死隊就回擲炸彈。局中巡勇也就實彈射擊。敢死隊中二死一傷。陳其美遂請各同志停止攻擊,自己徒手進製造局,向反抗軍隊開導,勸其贊同革命。他到了製造局後,爲局中巡勇所執,用鐵鏈鎖在板橙上。敢死隊因見陳氏被執,便退至望道橋,再議進攻救出陳氏的方法。[註三]

當進攻製造局時,另有革命軍四五十人,戎服佩刀,列隊進小東門,即在各城門及長生橋堍電桿上懸掛上海軍政分府的告示:

照得武昌起義	同胞萬衆一心
凡我義旗所指	罔不踴躍歡迎
各省名城恢復	從未妨礙安寧
上海東南巨埠	通商世界著名
一經大兵雲集	損害自必非輕
今奉軍政府命	但令各界輸誠
兹已紛紛歸順	俱見敵愾同情
惟願親愛同胞	仍各安分營生
洋人生命財産	切弗乘此相侵
轉瞬民國成立	人人共享太平

晚上八時,又有革命軍二十餘人,荷鎗列隊入城,在城門上懸掛白旗和民國軍旗。百姓看見旗幟掛上去時,都拍手歡呼。同時革命軍又紛向四處要道,粘貼民政總長的安民告示:

上洋巨埠	保護華洋	免受兵火	獨立主張
凡我商民	切勿恐慌	照常營業	痞棍宜防
如有閙事	軍法照行	本軍府示	各各傳揚

中華民國上海民政長官李鍾珏發。

其時城裏的滬道劉燕翼早已逃避到租界中的洋務局裏去了,只有上海縣田寶榮還留在衙門裏。到晚上十時,革命軍約一百二十餘人擁到道署,即將道署焚燒,旋即由救火會灌熄,計焚去該道署大堂、二堂、花廳、兩廊等處。十一時革命軍佔領縣署;田知縣從後牆跳出逃去。

革命軍只將道署等焚燬,並未殃及民房;同時革命軍又在大街小巷勸慰居民,所以人民一無驚惶,甚至九畝地新舞台中看戲客人,還平平靜靜地在看戲,簡直像並沒有知道滬城發生什麼事變。

[註一]　李鍾珏:且頑老人七十歲自敍,頁一八八;三江遊客:三江筆記卷上。
[註二]　辛亥九月十四日申報;總理年譜長編初稿,頁二五四。
[註三]　總理年譜長編初稿,頁二五四。按:原文謂陳其美入製造局後被鎖於柱上;但據陳氏親近所傳述,則云鎖於板橙上。"上海的一般"中且有該板橙的照相。

這邊城內雖還平靜,但在製造局那邊,卻不能這樣平靜呢。革命軍因爲陳其美被製造局挽留不放,便決計攻局。據十一月五日九月十五日申報所載攻佔製造局的詳情道:

> 昨晨黎明四時,民軍復至製造局,計有敢死隊二百餘人,滬軍營兵數百人,分作兩隊,向前後門夾攻。其攻前門者,追至二門,守局兵士踞一樓上放鎗,彈落如雨。民軍勇往直前,亦向上放鎗拒之,約二小時。民軍立意不欲傷人,故未多帶子彈。斯時子彈將罄,而局兵猶放鎗不絕。敢死隊趨往滬軍營,拖來格林礮兩尊,開十餘出,有一彈將屋面轟去。局兵尚不肯退。民軍聲言往取火油焚樓,於是局兵始懼,紛紛逃潰。其時攻擊後門之民軍因無路可入,由滬軍營兵開一排鎗,將後壁轟開一洞,於是一擁而進。敢死隊先擲放炸彈,滬軍營開鎗繼之,異常奮勇。局兵見兩面攻入,知難抵禦,始向軍前投降。……是役也,自五點半鐘奮力攻入,至八點半鐘而民國軍旗飛揚局門矣。惟張楚寶總辦已被易服逃去。……

革命軍進攻時,以敢死隊爲最勇敢,故受傷者二十餘名,因傷身死者二名,陣亡者一名,爲張長林,前充閘北四路四區巡長,湖南人。製造局既被佔領,陳其美亦即救出,幸未受傷。[註一]

製造局因關係軍需,故對於革命軍極爲重要,奪取之後,便舉李鍾珏爲該局總理,於六日十六日即重行開工。

當進攻製造局之夜,革命軍又分一部分軍力往浦東,將爛泥渡工路一區巡警局,舉火焚燒。駐防局中的滬軍營兵士一概降服,於是該局即被革命軍所佔領。

吳淞方面是於四日十四日光復。當時吳淞要塞統領是姜文周。他先聽了黃漢湘的革命理論,便受感染;又因和李鍾珏相識,經李氏一番勸導,對於響應上海革命,已不成問題。黃漢湘又和駐在吳淞的濟字各軍,及巡防隊等淶洽妥善,事更確定,到了四日十四日早,吳淞於是都掛白旗,歸順革命軍了。

龍華因有子藥廠而視爲重地。當革命軍佔領製造局後,即於當日下午四時後派馬隊、步隊六十餘人,趕往龍華。革命軍到達子藥廠前,即向空放鎗一排。該廠所駐礮隊弁兵早心向革命,一聞革命軍鎗聲,無不歡迎,立將革命軍迎入廠中,一致歸順。上海製造軍需的工廠,於是多入革命軍手。[註二]

滬南製造局、龍華子藥廠、浦東、吳淞,相繼於四日十四日完全爲革命軍所有,所以十一月四日九月十四日這一天,可説是上海正式光復的日子。

光復的翌日,軍政府已公開設立於小南門內救火聯合會中,開始辦公。第一,軍政府以上海爲通商巨埠,亟須衆望所歸者爲辦事人員,便舉出伍廷芳爲交涉總長,溫宗堯爲交涉副長,虞和德爲洋商交涉長,李鍾珏爲民政總長,沈懋昭爲財政總長,王震爲商務總長,李燮和爲軍政府臨時司令。第二,特別關於財政金融方面,又舉定周金箴爲通商銀行總辦兼充海關稅款收支員。上海未光復前,金融界因受武昌起義影響,異常混亂,光復後,人心稍安。但金融仍未穩定,軍政府特出示曉諭:[註三]

> 本軍政府,光復祖國,拯救同胞起見,不得已而用兵。軍興以來,南北各省,次第響應,痛飲黃龍,指日可待。上海爲華洋巨埠,深恐惹起意外,有礙全局。本軍政府用特收回自保。務使中外僑民,安如磐石。昨今兩日,業將縣城並滬南軍械製造局,次第恢復。所有本埠居民人等,俱可各安生業,開市貿易,其市上舊有官設各銀行鈔票,仍許照常通用,合行出示曉諭,爲此示仰居民人等知悉,所有一切貿易仍將舊有官設各銀行鈔票照定價行用,以保金融,而安市面。

［註一］　兩種告示均見辛亥九月十四日申報。
［註二］　辛亥九月十六日申報。
［註三］　辛亥九月十五日申報。

第三,北新涇、真如、江灣等處各要隘及閘北防務,軍政府均委陳漢欽管理,撥付新式鎗數百枝,子藥數萬發,並格林礮多尊,以資防守。第四,對外交涉、關稅等均歸民政部管理。[註一]

城自治公所,因城內已無地方官管理,便即公告,凡地方官所辦之事概由該公所暫時主持,以維秩序而保治安。前上海縣所遺下的六房案卷,關係重要,也由民政總長命封存於該公所,以備稽考。該所警務長又以所招的巡邏隊,不敷分佈,稽察難周,即日添招二百名,在東區民團事務所分別點驗,以便派遣。[註二]

民間一聞上海革命起了,個個眉飛色舞,拍手歡呼。等到製造局、滬城被革命軍佔領後,僑滬粵商特備饅頭糕二十七擔並紅緞旗一面入城獻贈,以表欽賀,旗上有黑絨製就的"一統山河民國萬歲萬歲萬萬歲"十三字。滬南各商店都掛白旗,大書"光復大漢"及"慶賀大漢",並有掛燈致賀的。在租界方面,如南京路、河南路等處,商店都掛白旗,也有寫着"光明中華"、"興漢萬歲"等等標語的,在虹口廣東街一帶,甚至有供"漢族萬歲"的小位,雇了清音打唱,以表慶祝的。至九月中旬,且有男女學生組織學生軍援助軍政府的。民氣之盛真是從來所未有。[註三]

蘇、浙、閩三省同人,五日十五日假西門浙江旅滬學會爲會場,特開擁護革命大會,議決兩案:(一)宣告中外與清政府斷絕關係,撤消清政府資政院議員所議的一切議案;(二)協助軍政府。在滬資政院江蘇議員以及諮議局蘇屬議員多人,也假江蘇教育總會開會集議蘇、松、常、鎮、太自保方法。因聞蘇州已經光復,便只議決公舉代表赴蘇,請蘇督傳檄常、鎮、松、太遵飭辦理,維持地方秩序。[註四]

十一月六日九月十六日下午革命黨同志和地方紳士等大會於小東門內海防廳,討論光復後的辦法,大家都以爲上海地方衝要,必須推定一個統率軍政的人,担任滬軍都督。當由大衆公推陳其美爲都督,軍政民政概歸統轄,並舉李燮和鈕永建等十人爲參謀。[註五]

陳氏即日就職,都督府即設於海防廳內,並發就職通告:

> 爲通告事,其美忝承軍、警、學、紳、商開會公舉,責以都督重任,才疏學淺,不克担承。惟當軍務倥傯之際,一再思維,與其推諉誤事,負罪國民,何如勉策駑駘,共扶大義。凤仰軍隊諸同袍,志切同仇,心存救國。其美既勉爲其難,諸君必共匡不逮,爲此即日視事,特行通告。至祈戮力同心,亟圖進取,所有一切國紀、軍律,其美當與諸同袍公共遵守。倘有違犯紀律者,其美爲大局計,不能稍事姑容也。[註六]

七日九月十七日上海縣民政、司法兩部組織成立:兩部各設部長一人,均由民政總長李鍾珏委任,佐理各員由各部長委任,吳馨被任爲民政長,黃慶瀾爲司法長,於九日十九日起到署視事。後又任姚文枬爲勸學長。

城自治公所改名爲市政廳,先後設正副市長各一,由民政總長於十二日二十二日通告在案。[註七]

閘北光復之初,巡警總局改爲民政總局。各界公推黃維中爲總務長臨時局長,虞和德爲民政長,張玉輝爲司法長,蕭鳳祥爲警務長等,後虞和德辭職,改由李厚初担任民政長。

至十四日二十四日閘北自治公所成立,所址設於新閘橋北。又於十一月六日七月六日成立閘北

[註一]　辛亥九月十六日申報。
[註二]　同上註。
[註三]　辛亥九月十五、十六日申報。
[註四]　辛亥九月十六日申報。
[註五]　辛亥九月十七日申報。
[註六]　辛亥九月十八日申報;陳英士先生紀念集卷二。
[註七]　辛亥九月二十三日申報。

自治分公所,設於靶子路北首龔家宅地方。地方上關於外交、財政、軍務、警察等項,即歸自治公所管理。

上海民衆渴望革命的到來已久,上海一旦起事,所以平民無不欣喜欲狂;況且光復的一天,革命軍政府即以民政總長的名義,頒佈撤消百貨落地捐和籌防捐以蘇民困的通告。又如新聞橋東所有厘捐北卡及洋紗、光粉、靛青等各種認捐分所,也都一律撤消,商界更自歡欣。一般知識階級更欣喜辮髮的從此剪除。[註一]

但庸人自擾的事,當此革命混亂之際,自然仍屬難免。

當佔領製造局的一天,忽聞有北洋兵艦駛入浦江;未幾,又傳松江兵隊已開到龍華,一時人心恐慌。所謂松江兵者,實是製造局總辦張楚寶申請提督所派的三百個護局的兵。當該隊兵士出發時,上海還未起事,到達龍華後,才知道上海已光復了,即由營兵帶同排長,見李鍾珏,宣稱都願歸順革命軍。至於所傳北洋兵艦,確有四艘在十六鋪下椗,李鍾珏聞訊後,即派商團前往查詢,始知此項兵艦在鎮江已經反正,因購糧裝煤來滬,與製造局絕不相干。

製造局前浦江中,本有魚雷艇三艘,當革命軍進攻該局的晚上,辰字、宿字兩魚雷艇當即歸順;只有湖鵬一艘逃往龍華灣,但後駛回,於十日二十日歸順。浦江中還有鈞和兵艦,初由該艦管帶馬榕軒向李鍾珏接洽,願爲效用。[註二]並懸掛白旗,以表革命;但後來竟又反動將白旗降下了。軍政府立即敏疾處置,於七日十七日另委王樹毅去接充該艦管帶,馬榕軒則已私自逃逸。

當馬榕軒欲圖反動之時,忽傳松江兵隊有襲取製造局的消息,城門在夜間七時即行關閉,人心一時於是又起恐慌。

實際,革命軍得到製造局後,軍事所必要的軍需製造機關已經獲得;而交通工具如滬寧鐵路於五日十五日即歸革命軍管理,電政、電報、電話局等也都在九日十九日一律接收,一切軍事所必需的工具都已握在革命軍掌中。加以民間所組織的商團、民團,對於軍政府,都熱烈擁護;又有各地響應,光復獨立的消息接踵而至:光復後的上海,所以實已安如磐石了。[註三]

上海光復獨立後,陳其美即傳檄各地,督促共起革命,江蘇的蘇州、鎮江、清江及浙江、福建、廣東、廣西、山東,於是前後都離開清廷而獨立,響應革命。計自武昌起義,前後不過三十日,民軍已三分天下有其二了!

民軍既已三分天下有其二,其目的雖屬一致,但省自爲制,沒有聯絡的總機關,深感不便,江蘇都督程德全、浙江都督湯壽潛於是十一月十一日九月二十一日聯電滬軍總督,倡議各省公舉代表,集議於上海,組織臨時政府。電文曰:[註四]

> 自武漢起義,各省響應,共和政治,已爲全國輿論所公認。然事必有所取,則功乃易於觀成。美利堅合衆國之制,當爲吾國他日之模範。美之建國,其初各部頗起爭端,外揭合衆之幟,內伏渙散之機。其所以苦戰八年,收最後之成功者,賴十州會議總機關,有統一進行維持秩序之力也。考其第一次第二次會議,均僅以裏助各州會議爲宗旨,至第三次會議,始能確定國會,長治久安,是亦歷史必經之階級。吾國上海一埠,爲中外耳目所寄,又爲交通便利不受兵禍之地,急宜仿照美國第一次會議方法,於上海設立臨時會議機關,磋商對內對外妥善方法,以期保疆域之統一,復人道之和平。務請各省舉派代表,迅即蒞滬集議,其集議方法及提議大綱並列於下:

[註一]　三江筆記卷上;辛亥九月二十四日申報。
[註二]　辛亥九月十六日申報。
[註三]　辛亥九月十六、二十等日申報。
[註四]　谷鍾秀:中華民國開國史第二編組織政府時代。

　　一、各省舊諮議局各舉代表一人；

　　一、各省現時都督府各派代表一人，均常駐上海；

　　一、以江蘇教育總會爲招待所；

　　一、兩省以上代表到會，即行開議，續到者隨到隨與議。

又提議大綱三條：

　　一、公認外交代表；

　　一、對於軍事進行之聯絡方面；

　　一、對於清室之處置。

　　翌日，即以江蘇都督府代表雷奮、沈恩孚；浙江都督府代表姚桐豫、高爾登之名義，通電各省，來滬會議，組織臨時政府；並請各省公認伍廷芳、溫宗堯爲臨時外交代表。[註一]

　　十一月十五日九月二十五日代表會開第一次會議，議定會名爲各省都督府代表聯合會。

　　十一月十七日九月二十七日聯合會得悉湖北都督黎元洪亦有通電：請各省派代表赴武昌組織臨時政府。議決以上海交通便利，會所仍在上海爲宜；並電武昌即派代表與會。[註二]

　　十一月二十日九月三十日聯合會議決承認武昌爲民國中央軍政府，以鄂軍都督執行中央政務，並請以中央軍政府名義，委任各代表所推定之伍廷芳、溫宗堯爲民國外交總副長。[註三]

　　十一月二十三日十月三日湖北都督府代表居正、陶鳳集到聯合會，報告十一月九日九月十九日湖北都督府通電各省，請各省派全權委員赴武昌組織臨時政府情形。遂議決各省代表均赴武昌。[註四]

　　十一月二十四日十月四日聯合會議決各省代表赴武昌，須各有一人以上留上海。赴武昌者，議組織臨時政府事；留滬者，聯絡聲氣爲通訊機關。[註五]

　　十二月四日十月十四日留滬代表集議選舉大元帥、副元帥。黃興得十六票，當選爲大元帥；黎元洪得十五票，當選爲副元帥。翌日，議決大元帥職權，主持組織中華民國臨時政府。武昌各省代表，和黎元洪都表示反對。後各代表乃選黎元洪爲大元帥，黃興爲副元帥。但黎元洪既不能至議決臨時政府所在地之南京，黃興又辭職不就。元帥問題於是擱淺了。[註六]

　　當上海各代表議決大元帥職權之日，清廷內閣正通電漢口提議議和了。十二月二十一日十月二十一日清內閣總理代表唐紹儀抵漢口，黎都督代表伍廷芳因在上海擔任外交不能赴漢。唐代表允許到上海來就伍代表，於是即以上海爲議和地點。

　　十二月十七日十月二十七日唐代表抵上海。[註七]

　　十二月十八日十月二十八日下午二時半即開第一次會議。會議地點爲公共租界市政廳。雙方代表各偕參贊，密議歷四小時，會議實錄如下：（一）換驗文憑。（二）民國要求在湖北、山西、陝西、山東、安徽、江蘇、奉天各省均應遵一律停戰，不得進攻。候接袁世凱確實電復後，始行正式會議。唐代表允照要求電致袁世凱。（三）伍代表已允電湖北黎都督及山西、陝西都督令停止開戰及攻擊清軍。

　　十二月二十日十一月一日早六時，袁內閣已飭各軍隊遵守信約、停止進攻的回電到滬。是日下午三時，便開第二次會議，重要議案計有兩件：（一）停戰期展長七日：至十二月二十四日十一月五日早八時

　　[註一]　總理年譜長編初稿，頁二六五。
　　[註二]　同上註。
　　[註三]　同上註。
　　[註四]　同上註。
　　[註五]　中華民國開國史第二編組織政府時代。
　　[註六]　中國國民黨史稿第三編，頁九一一。
　　[註七]　共和關鍵錄，頁三。

起,至十二月三十一日十一月十二日早八時止。(二)伍代表提議必須清內閣承認共和,方有開議之餘地。

關於第二案,伍代表所持爲:"全國人心皆向共和,即知共和政體必能成立。有謂中國人程度不能共和,祇可君主立憲者。不知既能君主立憲,即可共和。共和與立憲之差甚微,不過選舉大總統與否而已。今資政院與各省諮議局皆通行選舉,豈大總統不能選舉耶?有謂改爲民主於滿人不利者,不知我等今日正欲合漢、滿、蒙、回、藏五族爲一大共和國,豈有擯斥滿人之理,所欲去者一君位而已;而關於皇室之待遇,尚可從優。滿人與漢人均爲平等。且於滿人之生計,亦必有法以處之,是滿人亦利於共和也。"

唐代表對於先承認共和一層,以爲必須先電達袁世凱,得覆後再行磋商。[註一]

十二月二十九日十一月十日下午清廷代表唐紹儀,因得覆電,復開第三次會議。唐代表提議開國民會議,以解決國體問題,並先約罷兵。是日協定條款有三:(一)開國民會議解決國體問題,從多數取決,決定之後,兩方均須依從。(二)國民會議未解決國體以前,清政府不得提取已經借定之洋款,亦不得再借新洋款。(三)自十二月三十一日十一月十二日明早八時起,所有山西、陝西、湖北、安徽、江蘇等處之清兵,五日以內,一律退出原駐地方百里以外,祇留巡警保衛地方。民軍不得進佔,以免衝突;俟於五日之內,商妥罷兵條款,按照所訂條款辦理。其山東、河南等處民軍,已經佔領之地方,清軍不得來攻,民軍亦不得進取他處。

十二月三十日十一月十一日下午二時半開第四次會議,協定條款有四:(一)國民會議由各處代表組織,每一省爲一處,內外蒙古合爲一處,前後藏合爲一處;(二)每處各選派代表三人,每人一票,若有某處到會代表,不及三人者,仍有投三票之權;(三)開會之日如各處到會之數,有四分之三,即可開議;(四)各處代表江蘇、安徽、江西、湖北、湖南、山西、陝西、浙江、福建、廣東、廣西、四川、雲南、貴州由中華民國臨時政府發電召集;直隸、山東、河南、東三省、甘肅、新疆由清政府發電召集,並由民國政府電知該省諮議局,內外蒙古及西藏由兩政府分電召集。[註二]

十二月三十一日十一月十二日下午二時半,開第五次會議,協定條款有五:(一)山西、陝西,由兩政府派員會同前往,申明和約;(二)張勳屢次違約,且縱兵燒殺奸擄,大悖人道,唐代表允電袁內閣查辦;(三)皖、鄂、蘇、山、陝等處,清軍五日之內,退出原駐地方百里以外,祇留巡警保衛地方。民軍亦不得進襲,須由兩方軍隊簽字遵守;(四)伍代表提議國民會議在上海開會,定期一九一一年一月八日辛亥年十一月二十日舉行。唐代表允電達袁內閣,請其從速電覆;(五)上海通商銀行日前收存南京解來銀約一百萬元,現在兩代表擬定將此項撥出二十萬元交與華洋義賑會爲各處災區義賑之需。[註三]

中國革命的領袖,孫中山先生適於和議開始後十二月二十五日十一月六日到滬,革命民衆一致歡迎;自武昌而集南京的各省代表更表示欽敬。爲解決擱淺着的元帥問題,南京各省代表於十二月二十八日十二月九日開臨時大總統選舉預備會,於翌日開正式選舉會。孫先生被選爲臨時大總統,便於一九一二年中華民國元年一月一日,赴寧就職。中華民國從此產生。孫大總統於就職之日,即宣佈採用世界所通用的公曆。中華民國既產生,政局一變,上海和議就此中輟!

[註一]　共和關鍵錄,頁一九。
[註二]　同上註,頁二五一二六。
[註三]　同上註,頁三〇。

五　上海拆城始末

　　1. 上海拆城之議——2. 光復後姚文枏等的拆城呈文——3. 城濠事務所的組織——4. 地方自治團體的承領城根餘地——5. 省長應德閎的指令——6. 拆城築路的完成年月

　　上海光復後，百度維新，上海史上可紀念的城垣，到了此時逢著最後的運命了。最初城垣是防倭寇衛居民而建設的，如今是成爲交通的障礙，市政的贅疣。拆城之議，原在一九〇六年清光緒三十二年已由縣紳姚文枏等發起了。滬道袁樹勛亦極贊同。可是一部分舊式紳士反對，終未能得兩江總督周馥的批准。一九〇七年清光緒三十三年由曹驤等建議，加闢城門，幸得官廳允准，乃於一九〇九——一〇清宣統元—二年間，開闢尚文、拱辰、福佑三門。拱辰、福佑是上海鎮初起時，董楷所建的坊名，正可以紀念上海的原始情形。於是除原有六門：玉帶、朝宗、朝陽、跨龍、儀鳳、晏海以及太平天國時代所添闢的障川門外，又多了三個城門，交通比較方便；但與拆城相比，相差尚遠。[註一]

　　革命成功，姚文枏等於是又乘機重申拆城之議，呈請江蘇都督並滬軍都督及上海民政總長云：

　　　　爲呈請事，竊查前清光緒三十一年間，上海縣紳士姚文枏等爲城垣阻礙，商埠難興，集議公決，拆去城垣，修築馬路，使城廂內外蕩平坦直，爲振興商埠之基礎，公同具呈蘇松太道袁詳請核准。旋因守舊紳民不無反對，僅於舊有七城門外，先行添闢尚文、福佑、拱辰三門，以便行人出入，較諸盡拆城垣之便利，相去固不啻霄壤也。夫揣當時反對拆城者之意，豈不以城垣之設，賴以限戎馬，而衛民居；乃何以此次光復，九月十三以前，城內居民負笈擔囊，紛紛遷出，以城中爲險地，而爭集於無城之所。此又文枏等所大惑不解者也。比奉行知省議會議決城改爲市，固將使城內外地方聯絡貫通，一切便利，則城垣實爲障礙之物，而上海縣城外，東、西、北三面均爲租界，十六鋪迤南馬路，外濱黃浦，內逼城陘，展拓既難，迴翔無地，欲使商埠興盛，非亟拆城垣不可。方今組織共和，力圖進化，文枏等開會公議，仍擬將上海城垣拆除，改築寬闊馬路，竭力整頓，俾全市街衢一律修治，非特內地商務可以振興，即租界人民亦必樂歸吾土。幸當此世界光復，百度維新，地方人民對於拆城之舉，當多數贊成，爲此備文，呈請核准示遵，人民幸甚！除呈
蘇滬都督暨上海民政總長外，須至呈者。
計送名單一紙。
中華民國元年元月　日呈。

　　呈文上去後不久，即由江蘇都督府及滬軍都督府批准。代理江蘇都督莊蘊寬行縣會同市公所籌備指令云：

　　　　據該縣公民姚文枏等來呈請拆城垣並贊成簽名公民姓名暨各團體代表清摺一扣，均悉。所稱省議會議決城改爲市，固將使城內外地方聯絡貫通，一切便利，則城垣實爲障礙之物，公議將上

[註一]　上海市自治志公牘甲編，議請拆城及改辦闢門築路案。李鍾珏自敍稱："上海拆城之說，始於庚子五月，余返自粵東，滬城龍門書院同學爲余洗塵，席間余言法人繪圖議拆城垣，推廣租界，不如及早自拆，以保地方，維時聞者疑信參半。癸卯言於袁觀察，頗動容。乙巳周玉帥涖滬，袁公告之，頗合帥意。時余在苦，乃由姚君子瑞領銜具稟，既而反對者電阻，事遂中止。戊申蔡伯浩觀察范任，首詢拆城事，謂當開會取決，於是在明倫堂開會，反對者知理論不足以取勝，乃揚言有人主張拆城者，演說時，當饗以城磚，於是欲言者不敢言，一哄而散。時有調停者請開四門，以便交通，余以時勢未至，聽之。十月初四日，余召集南北紳商於救火聯合會大樓開會。余痛陳拆城之有利無害，謂今日時機已至，欲拆則拆矣。失此時機，永無拆城之望矣。是否主拆，請公決。時到者二千餘人，在席商團千餘人，救火會員七百人，同聲主拆，於是全體贊成，表決主拆。余即報告陳都督，都督命速拆勿遲。商團及救火員各自出貲，星夜購具。翌日，先將大小東門拆動，無人反對，不旬日而全城盡拆矣。"

海城垣拆除,改築寬闊馬路,竭力整頓,俾全市街衢一律修治,非特內地商務可以振興,即租界人民亦必樂歸吾土等語。自是洞明時勢,振興市政之要論,且據多數贊成拆除,亟應准如所請。該
民政長速即會同市公所妥籌詳細辦法呈候核奪,並仰知照,此令。摺存。元年元月十八日

縣政府即依江蘇都督府指令,會同市公所集議於上海南市市政廳,組織城濠事務所,當場公推臨時職員,以縣民政長吳馨任所長,市長莫錫綸任副所長,梅問羹任總務科,潘光恭任工程科,郁屏翰任地畝科,陸伯鴻任交涉科,並推舉評議員若干員。議決北半城隣近法租界,關係較重,先行開築大溝,拆城填濠,而後築路。繼因南半城也須進行,推定王睦生分任南半城工程兼清理濠地事。這是城濠事務所組織的大略。

拆城填濠,造溝築路,工費估計:北半城共需銀十三萬五千十一元二角五分;南半城需銀十四萬七千九百六十四元。先由市長莫錫綸呈請民政總長李鍾珏核准,於閘北水電公司已還道款內,撥借規銀五萬兩,開始先拆北半城。一九一二年民國元年秋,民政總長李呈江蘇都督自請取銷職務,因將城濠案卷移送縣署。同時梅問羹辭總務;而市鄉制頒行,市政廳改選,莫市長辭職,並辭城濠事務所之任。拆城經費無着,乃復集議,公決以後工程款項由縣設法籌措,縣公署計劃由縣地方自治團體承領城根餘地,以充經費,備文呈報省長應德閎:

為呈報拆城善後事宜,築溝造路,工費浩繁,請以縣地方自治團體承領城根餘地,以便整理而充經費事。竊照上海拆城之舉,創議多年,卒以阻力孔多,迄未實行。光復後,由公民姚文枏等公呈,重申前請,經前江蘇都督莊、前滬軍都督陳,先後批准,並由前民政總長李,照會知事,會同上海市總董妥為規畫各在案。查拆城填濠,事屬創舉,除舊匪艱,建設為難。綜厥大綱,不外乎交際、衛生、交通、養路諸大端,而要非寬籌經費不為功。謹為我省長縷晰陳之。一曰交際,上海北半城本與法租界接壤,自小東門起,至西門外之方浜橋止,處處接觸,若不將路權、警權及一切管理之權,分別劃清,無以善後。業與前法總領事喇、今法總領事甘,一再磋商,並得淞滬警察廳長及市董事會之同意,訂定聯絡辦法七條,附件三條,又續訂附件四條,於聯絡交誼之中,仍事事以劃清權限為宗旨,期以融洽分明,不相侵越。今將條件錄呈鈞覽,俯賜備案,以昭慎重。一曰衛生,城濠河身,高於浦江,淤積污穢,蓄洩兩難,先以築造大溝,分段洩瀉,俾城廂內外居戶有所宣洩,次運泥填平,以築路基。路成後,於兩旁酌栽樹木,推廣電燈水管,並擬令上海市酌立菜場。其沿城茆簷壞屋,亦須次第拆除,另行整理,一洗從前藏垢納污之習。一曰交通,環城一週,繞以電車,藉便行旅。除幹路外,擬闢支路口三十餘處,俾城內居民同受交通之益。一曰養路,新築之路最易淤陷,下土本鬆,非一再壓堅,隨時修補,恐目前坦蕩之途,不久即變成崎嶇之道。此養路經費,尤不得不預為籌備者也。統計一切工程,除電車、菜場另行規畫,及利用城磚城泥,築溝填濠外,概算幹路長九里餘,寬十二邁當至十五邁當不等,支路口三十餘處,共需工料銀元二十八萬有奇。其常年養路之費,尚未計及。自開工以來,先由前民政總長李借墊銀元六萬數千元,次由知事於地方公款內,挪墊銀元四萬餘元。又將原有撈挖城河經費,陸續提湊,僅將北半城大溝造竣,支溝接齊,現正建築路面。其南半城瓦筒溝雖已定製齊全,而埋溝及路面工費尚無所出。竊思此項大工,需款至鉅,祇有就地設法,將填濠築路餘地,整理取資,逐漸抵償,而養路之費亦可不致無着。惟事關公眾,究非移湊墊補所能濟事,必須地方團體公眾擔負,確定名義,始可繼續辦理。案照審計處擬定檢查官有財產暫行規程第十一條第十二條,凡不供公用之官有土地,得撥給地方自治團體之公用。擬以上海縣地方自治團體名義,請求將此項關係全縣之城濠餘地,撥給公用。仍案照第十一條準用第八條及第九條第一項第一款之規定,繳價承領。查上海縣志內載:城

濠地九十七畝六分七厘九毫，每六畝准熟田一畝，計准熟田十六畝二分九厘一毫。每畝五升科則，年納不及一石，以粮田論，似非官產。惟歷年由縣墊完，並無業戶，自應以官地論。益以城牆基址，除去幹路、支路，淨計餘地約一百四十畝有奇。此城濠官地之原額及丈見實地之大略也。更以前清綠營出租納費，常年所進爲標準，約租息銀元一千數百元，以息推本，擬繳價銀元一萬四千元，以符檢查規程第八條第一款從前之價格。此項基地，非大加整頓，無從增進收益，爲國家設想，實需重大保管之費。按檢查規程第九條第二項之理由，合併聲明。如蒙指令照准，應繳地價，即於縣地方費內設法措繳，一面由參議兩會議決繼續擔負城濠路工一切事宜，以持久遠，而資整頓。至此項幹路或正名縣路，或完工後委托上海市管理，另行酌定。所有拆城善後事宜，現由縣地方名義擔負，請繳價承領城濠餘地各緣由，理合具文呈請察核指令，併乞據情函致江蘇都督程，一體備案施行，實爲公便。謹呈

江蘇民政長應、上海縣知事吳馨

計呈抄件兩份。

中華民國二年七月　日。

謹按審計處擬訂檢查官有財產暫行章程第八條內開第二條第一項第一款之官有財產應開列左之各款送經審計處或分處核准等語，本省未設審計分處，自應照開各款，請省行政公署核准：

一、種類　城濠有糧官地。

二、位置　沿城濠一周。

三、實數　原額九十七畝六分有奇，丈見約一百四十畝。

四、附屬品　原有城牆已拆除，築溝造路，別無附屬品。

五、從前購買價格　並無購買價格，惟常年納糧八斗有奇；地租一千數百元。

六、時價　城濠鄰近法租界地段，本應繁盛，祇以城垣阻隔，穢水積污，交通不便，故地租價格低下。如築溝造路既畢，價格必倍增。惟整頓工費，先需銀二十八萬餘元，實爲重大。保管之費，按照檢查規程第九條第二項之理由，合併說明，請酌予變通。

七、擬定售賣之最低價格，以常年收益地租推算本銀，約銀元一萬四千元。

上海南市市政廳爲公眾衛生交通便利起見，將城河填平，並築馬路，自小東門迤西至西門外一號界牌止一段地方，因與法公董局馬路毗連，所有現在及將來一切聯合辦法，應行商訂者，開列如下：

一、上海南市市政廳所築之新馬路，約寬四丈，下面用磚砌成高大陰溝，並代法公董局將原有之大小陰溝接通，其費全歸市政廳擔任，無須法公董局貼還。

二、法公董局沿城河浜原有之馬路，與南市市政廳新築之路，爲彼此便利起見，合成一路，務使平坦寬大，以便兩界居民往來，毫無阻礙。

三、南市市政廳新築之路，與法公董局原有之路分界處，以舊時界線爲準，於地下埋界石，上面以鐵板蓋之，以備隨時查考，另附地圖爲憑。

四、在此公共路線內，無論地面地下一切工程建築之事，如設燈、通火等，法公董局與市政廳各就界限辦理，不相侵越。

五、在此公共路線內，華法兩界巡警各守界限辦公，如遇追捕匪類，不及知照時，得彼此協拿，不以越界論。惟拿到匪類，須交各該界內警局，備文移提。

六、在此公共路線內，凡攜有法公董局捐照之車輛，得經由華界；攜有南市市政廳捐照之車輛，亦得經由法租界。

七、此公共馬路築成後，常年零星修理，各就本界自行辦理。如全路大修時，得因便利起見，彼此協商合辦之法。

上海縣民政長吳
上海法總領事喇

中華民國元年十一月十八日。

西曆一千九百十二年十一月十八日。

附件說明第五條辦法

法界巡捕祇能在公路法界一面，即由糜鹿路起至小東門止梭巡。凡有匪類（如搶物、竊賊、強盜、血案）犯事逃入華界，准由法界巡捕追拿拘送華界該管警局。如無別種案情所獲之犯，華警局即交原捕帶回，並派警送出華界；如有別種案情，稟明警務長核奪。

如有華界巡警追拿匪類，逃入法界，即由華界巡警追拿拘送法界。該管捕房，如無別種案情，法捕房即將該犯交令華界巡警帶回，並派捕送出法界；如有別種案情，稟明總巡核奪。

凡華界巡警，如有排解及拘拿事件，遇有危急之時，一時不及吹號求助者，准由法界巡捕前來扶助；如法界巡捕遇有危急之時，亦由華界巡捕前赴法界扶助。

總之，巡警事宜，華警局法捕房各就本界辦理，遇有如後三種特別事故者，兩面巡警方准越界辦事：

一、爲追拿匪類事；

一、爲彼此巡警遇有危急事故，前往扶助事；

一、爲彼此巡警遇血案、搶案，此處如無巡警在場，即當前往拿捕事。

上海縣民政長吳
上海法總領事喇

中華民國元年十一月十八日。

西曆一千九百十二年十一月十八日

續訂附件

一、華界與法界合成之路，即民國路，計共寬二十一邁當：內法租界九邁當，華界十二邁當，於分界處地下，分段埋設界石，悉照聯合辦法第三條辦理。

二、民國路上如設電車，法租界與華界兩電車公司各設單軌一條，應如何彼此交通便利之法，將來由兩公司另行商訂，由法公董局、南市市政廳呈上官核准辦理。

三、南市市政廳爲顧全公益，敦崇睦誼起見，允許法電車公司埋設電軌時，得與華電車公司均勻鋪設於民國路之中，將來兩電車公司應擔任修路之費，亦由兩公司分任。

四、法公董局爲顧全公益，敦崇睦誼起見，准將徐家匯路之一段，即自法租界糜鹿路起至斜橋華界肇周路止馬路工程之權，讓與南市市政廳辦理，以作報酬。其原有之電車軌及電桿，仍照舊通過。如南市市政廳修理此一段路工時，必須無礙電車行駛及車馬往來等事，最關緊要。

上海縣知事吳
上海法總領事甘

中華民國二年六月。

西曆一千九百十三年六月。

至一九一三年民國二年八月十三日，省長應德閔始下指令云：

據呈拆城築路工費浩繁,請以縣地方自治團體承領城根餘地,以充經費等情。查此項工程共需工料銀元二十八萬有奇,業經該知事陸續挪借墊用。兹以工已及半,亟須籌款善後,請以上海縣地方自治團體名義將此項關係全縣之城濠餘地,遵照審計處檢查官有財產暫行章程,繳價承領,整理取資,逐漸抵償,自係爲結束重要工程、發展地方事業起見。據呈領地辦法,亦核與定章相符,應行照准。仰即將應繳地價銀一萬四千元,兌解省庫。所有路工應須繼續進行事宜,即由該知事督同地方自治團體,妥慎辦理,以持久遠。再察核附呈市政廳與法公董局訂立關於路權警權聯絡辦法七條,附件三條,又續訂附件四條,該知事並未先期呈候核示,殊屬不合,姑念所訂條件,尚屬妥善,准予備案,仰即知照,此令!

中華民國二年八月十三日。

十六日,縣公署即遵繳地價一萬四千元於省庫。但是因爲地方自治團體承領城根餘地之故,却引起了保產公會的反對。保產公會於清末倡議拆城時,即行出現;這時便又起來爭奪阻撓了。幸賴當局措置得法,除決定路線自小東門沿城根往北至丹鳳樓一段,酌與改狹外,城濠的所有權問題,經與蘇督程德全和調查江蘇水陸各營公產分局長朱大斌分別商定,歸縣署管理,紛糾始解。

北半城拆除後,築成路面長八百五十丈,於一九一三年民國二年六月工竣,初名二民國路,今稱法華民國路。南半城拆除後,築成路面八百九十丈。於一九一四年民國三年冬工竣,定名中華路。一五五三年明嘉靖三十二年爲防倭而築成的上海城,經過三百六十餘年的歲月,終於敵不過都市的歐化,而被拆除了。[註一]

六　二次革命的經過

一九一二年民國元年三月,袁世凱任臨時大總統。袁氏深染專制遺毒,實與共和政體格不相入,於是竭力破壞臨時約法所定的内閣制度,故意不經内閣總理唐紹儀的副署而逕派王芝祥遣散南京軍隊。唐憤而去職。同時,閣員中國民黨員如宋教仁、蔡元培等,也相繼引退。唐閣倒,改由陸徵祥組閣。九月陸閣又解體,袁氏乃任趙秉鈞爲國務總理。[註二]

宋教仁自辭職後,竭力主張政黨内閣之組織,並謂正式總統雖可仍舉袁氏,但内閣必須由政黨組織,方可發揮責任内閣的精神。及至國會總選舉完畢,宋氏沿江而東,經湘、鄂、皖、寧而至上海,均本此主張作宣傳。這已深招袁氏所忌了。一九一三年民國二年春正式議員陸續北上,孫中山先生派宋教仁赴北京今北平代理國民黨理事長。此時袁世凱見宋教仁又將入京,局促不安,簡直非去宋不能安枕了。[註三]

當宋氏將北上時,道路傳言,有人將其暗殺,朋輩勸其戒備。宋氏却以爲光天化日之下,政客競爭,何用此種手段。所謂暗殺無非恐嚇謠言罷了。即非謠言,也不肯隨便放棄責任的。三月二十日,

---

[註一]　吳馨:上海拆城案報告(民國三年二月)。
[註二]　總理年譜長編初稿,頁二八六─二八七;大同學會;中華民國革命建國史第二册四卷七章。
[註三]　總理年譜長編初稿,頁二九三。

宋氏決定乘夜間十一時特別快車從滬赴寧,再由寧北上。是夜十時四十分左右,宋氏從上海車站議員接待室中,偕黃興、廖仲愷等走向車站出口處,不料剛至剪票處,突然鎗響。是時,于右任已在月台,聽到鎗聲,即知有變,急忙趕至剪票處,遇見宋、黃兩人。宋氏説:"我中了鎗了。"于氏急借一汽車,送宋氏往滬寧鐵路醫院,同時並囑嚴索兇手。但此時兇手已經遠颺。十一時十五分,克爾品醫生(Dr. Calpin)檢視宋氏傷處,十二時半取出鎗彈。黃興至病室慰問時,宋氏稱"如果我死了,諸君還是要往前做,並請報告總統我已中了鎗彈"。

致袁氏電文是宋氏授意而由黃興擬稿的,文曰:

> 北京大總統鑒:仁本夜乘滬寧車赴京,敬謁鈞座。十時四十五分在車站突被奸人自背後施鎗,彈由腰上部入腹下部,勢必至死。當思仁受教以來,即束身自愛,雖寡過之未獲,從未結怨於私人。清政不良,起任改革,亦任人道,守公理,不敢有一毫權利之見存。今國基未固,民福不增,遽而(撒)〔撒〕手,死有餘恨,伏冀大總統開誠心,布公道,竭力保障民權,俾國會得確定不拔之憲法,則雖死之日,猶生之年,尚祈見納。哿。

二十一日醫生報告宋氏須經開割,方可有望。于右任等會商之下,均以開割為是。但是實際已無法挽救了。翌日午前四時,宋氏逝世。

宋案兇手的緝獲,借陳其美的努力,至為迅速。二十三日,即由公共租界巡捕房,捕獲應桂馨(即應夔丞)一名,翌日又在應桂馨家,捕獲武士英(即吴福銘)一名。武是正兇。經公共租界、法租界會審公堂,迭次開庭預審後,移交中國法院審判。搜索應桂馨家時,破獲内務部祕書洪述祖之信件甚多。又有國務總理趙秉鈞與應之密碼電報本子,始知宋氏的被暗殺,實為趙氏賄囑;而趙的一言一動,都仰袁氏鼻息。所以暗殺的實際主使人,就是袁氏。主持辦理宋案的江蘇都督程德全會同省長應德閎,於四月二十六日,將宋案真相通電全國:

> 前農林總長宋教仁被刺身故一案,經上海租界會審公堂暨法租界會審公堂分別預審,暗殺明確。於本月十六、十七兩日,先後將兇犯武士英即吴福銘,應桂馨即應夔丞,解交前來。又於十八日由公共租界會審公堂呈送應犯家内由英法總巡等搜獲之兇器:五響手鎗一枝,内有鎗彈兩個外,鎗殼兩個,密電碼三本,封固函電證據兩包,皮箱一個,另由公共租界捕房總巡當堂移交在應犯家内搜獲之函電據五包。並據上海地方檢察廳長陳英,將法捕房在應犯家内搜獲之函電簿籍證據一大木箱,手皮包一個,送交彙檢。當經分別接收,將兇犯嚴密看管後,又將前於三月二十九日在電報滬局查閱洪、應兩犯最近往來電底,調取交譯,連日由德全、德閎會同地方檢察廳長陳英等,在駐滬交涉員署内,執行檢查手續。德全、德閎均屬地方長官,按照公堂法律,本有執行檢查事務之職權。加以三月二十二日奉大總統令,自應將此案證據,逐細檢查,以期窮究主名,務得確情。所有關於本案緊要各證據,公同蓋印,並拍印照片,除將一切證據妥填保存外,兹特撮要報告,查應記往來電報,多用"應""川"兩密本。本年一月十四日,趙總理致應犯函"密碼送請檢收,以後有電,直寄國務院可也"等語。外附密碼一本,上註"國務院應密,民國二年一月十四日"字樣。應犯於一月二十六日,寄趙總理應密徑電,有"國會盲爭,真象已得,洪回面詳"等語。二月一日,應犯寄趙總理應密東電,有"憲法起草,以文字鼓吹,金錢聯合,主張兩綱:一、除總理外不投票,一、解散國會。此外,何海鳴、戴天仇等已另籌對待"等語。二月二日,應犯寄程經世轉趙總理應密冬四電,有"孫、黃、黎、宋,運動極烈,民黨忽主宋任總理,已由日本購孫、黃、宋劣史,警廳借鈔宋犯騙案刑事提票,用照輯印十萬册,擬從橫濱發行"等語。又查洪述祖來滬,有張紹曾介紹一函。洪應往來函件甚多,緊要各件,撮要如下。二月一日,洪述祖致應犯函,有"大題目總以做一

篇激烈文章,乃有價值"等語。二月二日,洪致應犯函,有"緊要文章已略露一句,説必有激烈運動,弟須於題前逕密電老趙,索一數目"等語。二月四日,洪致應犯函,有"冬電到趙處,即交兄手,面呈總統,閱後色頗喜,説弟頗有本事,既有把握,即望進行云云。兄又略提款事,渠説將宋騙案及照出之提票式寄來,以爲徵信,弟以後用川密與兄"等語,二月八日洪致應犯函有"宋輩有無覓處,中央對此似頗注意"等語(輩字又似案字)。二十一日,洪致應犯函有"宋案到手,即來索款"等語。二月二十二日,洪致應犯函,有"來函已面呈總統、總理閲過,以後勿通電國務院,因智已將應密電本交來,恐程君不機密,純令歸兄一手經理。請款總要在物件到後,爲數不可過三十萬"等語。應犯致洪述祖川密蒸電,有"八厘公債在上海指定銀行,交足六六二折,買三百五十萬,請轉呈,當日覆"等語。三月十三日,應犯致洪函,有"民立記者邃初在寧之説詞,讀之,即知其近來之勢力及趨向所在矣。事關大計,欲爲釜底抽薪法,若不去宋,非特生出無窮是非,恐大局必爲擾亂"等語。三月十三日,洪述祖致應犯應密蒸電,"已交財政總長核辦,債止六厘,恐折扣大,通不過,燬宋酬勛位,相度機宜,妥籌辦理"等語。三月十四日,應犯致洪述祖、應密寒電,有"梁山匪魁,四處擾亂,危機實甚,已發緊急命令,設法勒捕之,轉呈候示"等語。三月十七日,洪述祖致應犯應密銑電,有"寒電到,債票特別准,何日繳現領票,另電,潤我若干,今日復"等語。三月十八日,又致應犯川密寒電,"應即照辦"等語。三月十九日,又致應犯電,有"事速照行"一語。三月二十日半夜二點鐘,即宋前總長被害之日,應犯致洪述祖川密號電有,"二十四分鐘所發急令已達到,請先呈報"等語。三月二十一日,又致洪川密個電,有"號電諒悉。匪魁已滅,我軍無一傷亡,堪慰,望轉呈"等語。三月二十三日,洪述祖致應犯函,有"號個兩電均悉,不再另復,鄙人於四月七日到滬"等語。此函係快信,於應犯被捕後,始由郵局遞到。津局曾電滬局退回。當時滬局已將此函送交涉員署轉送到德全處各函洪稱應爲弟自稱兄。又查應犯家內證據中,有趙總理致洪述祖函,當係洪述祖將原函寄交應犯者。內趙總理致洪函,有"應君領紙,不甚接頭;仍請一手經理,與總統説説定方行"等語。又查應自造"監督議院政府神聖裁判機關簡明宣告文"謄寫本,共四十二通,均候分寄各處報館,已貼郵票,尚未發表;即國務院宥日據以通電各省之件。其餘各件,容另文呈報。前奉電令:"窮究主名,必須澈底訊究,以期水落石出。"似此案情重大,自應先行撮要據實電陳。除武士英一犯業經在獄身故,由德全等派西醫會同檢察廳所派西醫四人剖驗,另行電陳;應桂馨一犯,迭經電請組織特別法庭,一俟奉准,即行開審外,謹電聞。[註一]

程氏通電既出,舉國閧然,而國民黨抗袁的意志,於是益堅。

就在程氏發表宋案電文的翌日,袁世凱與英、法、德、俄、日五國銀行團,訂立二千五百萬金鎊的借款合同,却告完成。袁氏既獲得金融的大力,於是更得發揮他的辣腕了。

宋案發生,舉國憤慨。孫中山先生適在滬,主張速即起兵,推翻袁政府。但國民黨員多欲靜待法律解決。迨至袁氏五國借款違法成,孫中山先生又主張速興問罪之師,電令廣東獨立。廣東不聽。令陳其美宣布上海獨立,陳亦不從。至五月二十八日夜九時,大雨中,雖有黨人徐企文等企圖攻佔製造局;但以布置未曾妥善,遂完全失敗。其時袁氏對付國民黨的手段更形惡辣而露骨。六月九日,免江西都督李烈鈞職,又免廣東都督胡漢民職。李、胡均爲國民黨的鬥士。武漢革命機關,因黎元洪的壓迫,相繼破獲。黨員因搜捕甚嚴,紛紛東下,依上海爲逋逃藪,多半寄居租界,密謀進攻製造局。上海以徐企文的一度進攻製造局,謠言未熄。此時形勢,更爲嚴重。北京陸軍部乃調海軍警衞隊一千五六百名,由海軍中將鄭汝成統率來滬。七月七日晨一時半抵岸,即駐紮於製造局,以資防守該局。

[註一]　中華民國革命建國史卷三,頁六一一一。

　　李烈鈞被免職後,旋即來滬,與同志商略討袁辦法,議決宣布二次革命。七月十二日,李烈鈞在湖口炮台宣告獨立,討袁軍正式成立。十五日,黃興被推爲江蘇討袁軍總司令。十八日,陳其美被推爲駐滬討袁軍總司令。陳氏以南市久大碼頭中華銀行舊址爲司令部。部內重要職員,有參謀長黃郛,衛隊司令沈礪、楊青時、吳潤如、王漢强、唐乃康、吳相融、王漢良、董正誼、許伯奇、姚薺、包玉成、湯濟滄、劉雲逵、陳月莊、陳武篋、曾鏞等。自宣布獨立後,南市十六鋪一帶,多標有中華民國志願團旗幟,西門斜橋湖南會館,亦懸滬軍先鋒團白布旗,並設報名處,前往投效者頗多。是日下午七時,松江軍隊指揮兼步兵團團長何嘉祿奉司令鈕永建之命,由梅家弄督令步兵一營,沿滬杭鐵路,行抵龍華,佔領龍華火藥廠。[註一]

　　上海市面,此時頓行恐慌。淞滬警察廳長穆湘瑤已辭職;暫推李鍾珏代理。所有軍警兵餉,均由李擔任,先行核發。李又出示曉諭云"代理淞滬警察所長李,爲曉諭事,照得十六日,奉都督、省長訓令,略謂北京袁總統一切政事,實因不照約法,有違國體權限,致貽同胞之憂,是以南京已宣布獨立。上海一埠,亦應照此訓令辦理,如有不法匪徒,乘機搶劫,或放火,故意擾亂地方秩序者,一經拿獲,立予鎗斃等因,奉此,凡我警界,本以保護地方治安爲天職,當此宣布獨立之時,宵小易於乘間竊發,仰各該署長等各守其職,認真約束所部,實力保護地方。本廳長順地方公民之請,不得不暫出維持,尚望盡心竭力,匡濟艱難,俾吾上海一隅,不至糜爛,則地方之幸,亦諸君之榮也。此令!"

　　製造局方面,則以鄭汝成爲中心,與製造局督理陳棍、駐滬海軍總司令李鼎新等,協商防守辦法。局內辦事職員、司工、匠人,此時已走避一空,由軍隊節節站守警戒。

　　上海領事團亦在領事公會會議,飭知駐滬兵艦及捕房妥爲保護租界。公共租界巡捕房則飭派中西探捕,密查租界內有無革命機關的設立。

　　十九日,陳其美發出通告四張,遍貼街道。[註二]其一:"駐滬討袁軍總司令陳,爲出示曉諭事,照得江西軍民,因袁世凱無故進兵,節節蹂躪,起而反抗。各省聞而感憤,相率起兵,以討袁爲目的。現在江蘇全省已奉由都督程宣布獨立。上海爲東南巨鎮,尤關緊要。本總司令統率聯軍,駐節斯土,所有在滬商民,自應擔任保護,維持秩序,並飭各營約束軍隊,嚴查匪類,務使閭閻樂業,雞犬不驚。凡我同胞,須知此次用兵,實由於萬不得已,義師所至,紀律嚴明。勿虛事驚惶,勿造謠生事;各守本分,各安營業。倘有地痞莠民,乘機騷擾,妨礙治安,本總司令軍法具在,決不寬容,爲此示仰商民人等一體知悉,其各凜遵!"其二:"……照得民以養兵,兵以衛民,務使養兵得一兵之效,庶幾餉不虛糜,民無所病。本總司令此次興師,所招兵士,均爲節制之師,祇以足敷調徵戰守爲止,毋事濫招,致爲民困。此後凡非經由本總司令允可者,不准藉端自由招兵。倘敢故違,定予懲處,爲此示仰各界人等一體遵照毋違!"其三:"……照得本總司令,奉准江蘇都督程暨江蘇討袁軍總司令黃知照,在滬組織討袁軍總司令部,除節制所屬各軍外,凡上海所有軍隊、外交、交通各機關,統由本總司令管轄,用此出示曉諭各機關人員,均當照舊供職,慎守秩序,以維地方治安。如有擅離職守,貽誤要公,以及不遵約束、妄生事端者,無論何人,本總司令惟有按照軍法治罪,決不寬貸,爲此示仰各機關人員,一體知悉,切勿聽信謠言,自取咎戾。"其四,因謠言甚烈,深恐所有舊部各營兵士,輕信此等浮言,是以特出示云:"爲申明誠令事,照得本總司令所屬各軍,多係舊部,應守軍紀,自當明白曉暢,無庸三令五申。惟誓師討賊,發憤爲雄,風聲所播,首在仁義。所有地方治安,尤宜切實保護,庶倒戈相向,獨夫授首,而雞犬無驚,閭閻如故,共享共和之幸福,重爲平等之國民。用是丞應告誡,擇要條示,仰即一體凜悉,毋得自誤:一、擅

　　[註一]　民國二年七月十九日及二十日新聞報。
　　[註二]　民國二年七月二十日新聞報。

自招兵者,斬;一、不守紀律者,斬;一、臨陣退葸者,斬;一、防守疏懈者,斬;一、造謠生事者,斬;一、騷擾閭閻者,斬。"

吳淞礮台於十八日亦宣布獨立,照會上海各國領事,聲明由南石塘及獅子林礮台至三夾水之面積(延長五英里至七英里),已作爲戰地,所有外國軍艦、商船不得在戰綫內下椗,無論何人亦不准入此戰綫之內。十八日夜,驅逐艦飛鷹號駛入吳淞,爲獅子林礮台瞥見,即發礮三門轟擊,[註一]二門未中,一門擊中艦上,死三人,傷五六人。該艦趕即駛過礮綫,而得脫險。

製造局方面,鄭汝成所率的北軍,戒備極嚴。保衛團團長李鍾珏爲民請命,特於十九日上午會同總商會商董王震同訪製造局陳督理及鄭汝成,告以上海刻下秩序不安,若再堅持,設有變端,商民生命財産,勢必糜爛不堪,務請顧全大局等語。二十日午四時,李鍾珏又邀請北軍領袖鄭汝成中將、臧致平團長、海軍李鼎新總司令等在高昌廟自來水廠內開會,擬以製造局作爲中立地,將該局軍火一併交地方法人保管,待南北大局定後,再行辦理。刻下兩方面均不能互爭,致啓戰禍而免商民塗炭。北軍鄭中將、臧團長則謂我等係奉命來此,保護製造局及海軍機關,斷難退讓。鄭既堅持不讓,製造局戰事、終於不能免了。是日革命軍企圖奪取電報局爲租界巡捕所拒。[註二]

二十三日晨,戰事果然爆發。是晨二時三十分,討袁軍總司令陳其美發令,會齊軍隊分三路進攻:一攻東局門,一攻後局門,一攻西柵門。三路之中,又以東局門一路開始進攻。當由六十一團兵士請爲先鋒,遂先攻東局門或云係福字軍爲先鋒隊。於夜三時開戰,先放步鎗一排,並擲炸彈,向局衝進。北軍開機關鎗抵抗,南軍即時退出,回放一排機關鎗,仍向前衝。北軍奮力抵禦,步鎗、機關鎗同時並發。南軍再接再厲;北軍鎗礮齊施。其時西柵門外,正在起火;後局門亦在攻打。北軍分頭還擊,並開大礮。南軍各兵,亦異常奮勇。當兩軍對敵之時,駐在高昌廟港口的海籌軍艦開放大礮,向南軍攻擊,連發數礮,都能命中。南軍之勢於是大衰。這時正是四點餘鐘,天將亮了,南軍漸有退意。北軍機關礮、退路過山礮一齊連發,南軍不支,漸打漸退。幸有福字軍敢死隊,助以後力,並大放炸彈,猛烈異常。北軍恐爲所制,不敢窮追,只追擊至高昌廟蘇杭火車站爲止,連放機關鎗數排,即行收隊回局。這時是七時三刻。迫至十時左右,南軍正在早飯,北軍忽又從後局門攻出。南軍急起抵禦,戰至十一點鐘,未分勝負而散。

戰事既起,海軍司令處發出佈告云:[註三]"照得海軍艦隊及海軍之警衛隊,奉政府命令,保守製造局。前准滬上紳商各團體要求,勿用礮火,以免損害商民。本已允匪不來攻,絕不先啓釁端。後淞滬軍來滬,住梅家弄,逼近龍華分局。又准上海保衛團長函請,將該軍由龍華通過,開赴南市,保衛治安。明知係屬敵軍,然保衛團既以保衛治安爲請,亦格外通融,准其通過;乃松軍即於是夜攻擊分局。竊據海軍兵力,本可立時以武力奪回。適上海商界各團體及上海縣市鄉議會開會籌議,協商辦法。本軍不願自啓釁端,荼毒生靈,違背人道,於無可退讓之中,仍忍耐以待和平解決。乃該亂黨等,竟不顧人道,放棄信用,於二十三晨三句鐘,聚亂黨數千人,環攻製造局,先放鎗礮極力猛攻。本處既有保守之責,即不得不回兵相擊,乃相持至六點鐘之久。該亂黨始力竭逃退。本軍仍持人道,不忍窮追,乃該亂黨等現又進兵窮攻,是直無悔禍之心,委實難再容忍。查此次之亂,乃因南市設立亂黨司令機關,亂黨受其指揮,方敢暴動。若不急將此項機關勒令取消,深恐禍猶未已。本思乘勢進近,芟除根蔕;惟念礮火進兵,必致損傷居民,擾及商務,實屬於心不忍,爲此布告滬南各商界團體明達諸公,務望體念時艱,顧全大局,即日勒令取消亂黨司令部,並將爲首之人拿獲送究,本軍自有特別獎賞。若一味姑容,或再隨

[註一]　民國二年七月十九日新聞報。
[註二]　民國二年七月二十一日及二十二日新聞報;Hawks Pott, A Short History of Shanghai, p. 197.
[註三]　民國二年七月二十四日新聞報。

同附和，一經兵連禍結，不獨玉石俱焚，且恐後災難免。務望諸君於公益私情，雙方兼顧，速即斟酌決辦，以期早日恢復秩序，是所厚望，此布。"二十三日下午，製造局的海陸軍官接到袁世凱的電獎，並命令海陸軍和衷共濟，合守製造局，將來得勝，自當重賞。

討袁軍總司令陳其美，則以二十三晨之戰，各有損失，勝敗難分，堂堂地通告北軍，再當作戰，以分勝負，再作計議。[註一]

二十三日晚至二十四日晨，南軍於是又作第二次的進攻，先後劇戰計歷七小時之久。南軍於二十三日晚八時，準備一切，未及十時，即發鎗進攻，仍照前法，三路並進。初時鎗礟聲極微，數分鐘後，鎗礟聲大作。戰至黎明，海軍又助戰。南軍於是損失甚大。初戰時，南軍勢極猛勇，北軍僅守不攻，南軍進攻時，始以猛烈的礟火相答。南軍曾派員往勸海軍，嚴守中立。海軍明言當援助北軍，不肯中立。十一點半，僅略聞鎗礟聲，及至半夜，北軍礟火甚猛，南軍乃敗退。二十四日晨三點鐘至五點鐘，雖仍作戰，但南軍已無戰意。[註二]

二十四日，南軍乃退出南市而集中於龍華方面，發礟攻擊製造局甚猛。北軍答礟還擊，南軍因得遮蔽之處，損失不多，戰至午後二時而止。晚九時，南、北兩軍又以礟火相見。此爲第三次的攻局。事前，北軍已探知滬杭車站附近，駐有鈕永建所部新到松軍二千名，當派北軍五百名往攻。兩軍相見於車站附近，遂相攻擊。後南軍另一隊由北路向製造局進發，正在作戰的北軍，乃即退進西柵。松軍見之，乘間即向西柵攻擊，礟聲隆隆，戰事極爲猛烈。其最劇之時，在十點至十一點時。至一點鐘，礟聲漸息，而機關鎗又作，繼又巨礟連發，聲如山崩地裂，其交戰之猛烈，殊爲罕見。直至二十五日晨，始行停止。[註三]

二十五日，討袁軍司令部已被迫遷至閘北，而江陰援軍一千餘名適於此日到滬，士氣復振。晚九時，討袁軍乃作第四次的進攻製造局。初時兩方均用機關鎗對敵，至十時之後，交衝異常猛烈。海籌、肇和、應瑞、鏡清四艦，先用探海燈，瞭照交戰地點，測準礟綫，對正南軍，連放開花彈，以助北軍。直至二十六日晨二時，戰事稍息。五時後，南軍向徐家匯退出。[註四]

北軍以海陸軍的合作，擊退南軍的進攻。先前辭職的上海縣知事吳馨與淞滬警察廳長穆湘瑶至此亦即回任視事。鄭汝成則於二十六日由袁世凱任命爲上海鎮守使了。[註五]

二十八日下午八時半，製造局的爭奪戰又啓。松軍司令鈕永建親自督率先鋒營何嘉祿所部士兵及步兵一營，先在西柵外的鐵路西北，望道橋外的火車站左近，散隊埋伏，同時撲擊。當爲北軍的電光燈所照見，立即發鎗礟攻擊。松軍略退，休息一小時。陳其美、鈕永建復令猛烈進攻，而北軍礟火頗爲敏疾，南軍無術致勝。當鏖戰之時，兵艦之發巨礟，協助北軍。此時南碼頭南軍埋伏快礟三尊，直向海籌巡洋艦轟擊。海籌受傷。二十九日晨二時起，歷四十餘分鐘，北軍頗懷懼怯，是以連開八十磅礟彈之巨礟，南軍漸退。稍後彼此又用機關鎗礟作戰。至五時三刻，始行停戰。[註六]

二十九日以後，龍華、徐家匯一帶的南軍，因製造局未能得手，相率退去。松軍司令鈕永建率部下軍隊，於八月三日退至七寶鎮。吳淞礟台則尚在南軍掌握中。礟台要塞司令居正，與討袁軍總司令陳其美、松軍司令鈕永建被稱爲上海起義三傑。按吳淞礟台分南石塘與獅子林兩處，以獅子林所安一百八十磅之礟爲最巨，其餘八十磅礟也有數尊。北軍最注意的便是獅子林，而駐守該台的松軍，也有三

[註一]　民國二年七月二十四日新聞報。
[註二]　民國二年七月二十四日新聞報譯文匯報紀事。
[註三]　民國二年七月二十六日新聞報。
[註四]　民國二年七月二十七日新聞報。
[註五]　民國二年八月四日新聞報。
[註六]　民國二年七月三十日新聞報。

千之衆,聲勢甚盛。粵閩二省,又各派援軍,於八月三日抵淞,計閩兵一千,粵兵二千,均由胡漢民爲司令,帶有麥克沁礮一百六十八尊,在礮台附近一帶,開掘深壕,裝置礮位,以備守禦。鈕永建所帶的兵,也於三日開到吳淞助戰。[註一]

先是海軍總長劉冠雄督帶大批兵隊南下,因吳淞口被阻,即繞道浦東川沙東灘登陸。八月二日四日及七日,海軍曾攻吳淞礮台,未分勝負。但北軍水陸合圍,兵力雄厚,勢非攻克不已。紅十字會以博愛恤兵爲事,因念吳淞兵事一日不熄,滬民一日不安,乃於十二日下午由沈敦和請西醫柯師原名待考乘紅十字會小輪,冒彈馳赴寶山城內,先向鈕司令陳説,請其息戰。柯師出城,登小輪赴海圻軍艦,斯時適礮彈橫飛,進攻正亟。柯師即搖紅十字旗阻止,得登海圻,與劉冠雄協商和平。海圻即開回三夾水。柯師折回海籌軍艦,與李、鄭二司令計議一時許,彼此允協,至晚九時,始回張華浜紅十字會臨時醫院,見沈氏復命。[註二]

十三日晨四時,柯師又往海圻陳述情形,約以紅十字旗爲記。午前十時,柯師率救護隊入寶山城,四面察看,已無兵士,往來尋覓,祇有司令部職員四人而已。十二時柯師登礮台,向下級隊官兵勸説,將所有礮門向內,鎗枝盡釋。上級軍官亦允休戰。十二時五十分,柯師親登礮台竪紅十字會旗。旋見海圻各艦率魚雷艇入口,派五十人登台。海圻等即與海籌所率各艦會合計八艘,悉數停泊礮台前。北軍司令劉冠雄傳令每門各派水兵四人把門,分道防守,易紅十字會旗爲海軍旗。

吳淞既去,上海二次革命的軍事行動,也就告完全停止。上海於是全歸袁世凱爪牙鄭汝成的掌握中。袁政府爲撲滅上海全部革命黨起見,不惜以推廣租界區域爲交換條件,而取締租界上的革命黨,訓令鄭汝成等與法租界當局協商界址,旋於一九一四年民國三年四月,簽訂協定十一條,附有關於國事犯四款——這就是驅除革命黨的條件,法人選定一九一四年民國三年七月十四日法國國慶日爲宣布協定日期。到期協定宣布。上海法僑居留地界至,於是北至長浜路;西至公共租界之徐家匯路即海格路;南至沿徐家匯河之斜橋;東則從麋鹿路肇周路中央至斜橋;[註三]比最初的區域,已擴大到二十倍了。

當一九一四年民國三年夏,歐戰爆發,日本以英日同盟爲口實,而對德宣戰,掠奪德國向我國租借的膠州灣與青島後,又乘列強戰爭正烈,無暇東顧,並探知袁世凱帝制野心,日亟一日,於是由日本駐華公使日置益,在一九一五年民國四年一月十八日,突然面向袁氏提出二十一條件。至五月七日,日本復向我國提出最後通牒。袁氏因欲日本承認其帝制,而於九日覆牒贊同。日本這種得寸進尺的侵略行爲,引起了我全國人士的憤怒,而滬上人士尤爲激烈,發起救國儲金等運動。當國民正從事於愛國運動之時,八月十四日,北京竟有籌安會之產生,由楊度等主持,向袁氏勸進。各省袁黨紛紛附和,帝制運動日見鮮明。人民大憤。孫中山先生因催陳其美從速趕赴東京協商。陳氏於八月中抵東京,磋商結果,則以爲現在袁軍在東南方面,兵力極厚,西南比較空虛,不如從西南發動,並以廣東作爲發難目的地。十月中,陳氏由東京赴粵,路過上海。上海方面,革命黨負責同志以爲上海海陸軍方面聯絡的已極多,頗有發展希望;且因袁氏贊同日本要求,民間大表反對,有機可乘,乃留陳氏仍在上海主持。[註四]

陳氏觀察長江形勢,以爲上海地形重要,勢所必爭。但當時上海鎮守使鄭汝成甘心作袁氏爪牙,率海陸軍固守。如果要取上海,必須先去鄭汝成。東三省同志王曉峯、王明山自告奮勇,担任殺鄭。十一月十日,探得鄭汝成要到日本領事館祝賀日皇登基之禮,必須經過外白渡橋。二王遂在外白渡橋

[註一]　民國二年八月四日五日新聞報。
[註二]　民國二年七月三十一日,八月一日、二日、十四日新聞報。
[註三]　植田捷雄:支那租界論,頁一六〇。
[註四]　邵元冲:陳英士先生革命小史第七章。

邊等候。是日十一時,鄭汝成果乘汽車經過,王明山因向汽車先擲一炸彈,未中,再擲第二彈,汽車頂炸去。汽車夫已驚惶不能開車,王曉峯急速跳上汽車,取出兩根駁壳鎗,向鄭汝成連續射擊。鄭頭部中十餘鎗,立即身死。同時二王亦爲巡捕所獲,解往鎮守使署,不久被害。但有此一舉,數年來沈悶的空氣中,忽現革命的活氣。越二十五日,於是有肇和艦之役。[註一]

鄭汝成死後,袁世凱異常恐慌,派楊善德爲松滬護軍使。楊氏老朽庸懦,絕無辦法。陳氏乘人心浮動,袁軍布置未定的時候,準備發動。長江及江浙方面同志,又催促由上海發難,以爲如果上海發難成功,各省必可響應。同時袁氏的海軍司令部,在十二月三日命令肇和軍艦於六日開到廣東。但肇和爲上海革命黨同志聯絡海軍中成績最好的軍艦,假使離去上海,將來發動更難,因此黨中同志擬於六日以前發動。肇和艦長黃鳴球及艦上練習生陳可鈞等,也都贊同,遂決定於十二月五日午後四時發動。[註二]

五日午後,黨中同志,照預定計劃,分別着手進行。楊虎率海陸戰鬥員三十餘人,攜帶手鎗炸彈,由黃浦乘小汽船襲取肇和。艦上陳可鈞等,立即響應,遂即佔領該艦。孫祥夫一部分人預備的小汽船,因沒有照會,爲巡捕干涉,不能登船。應瑞、通濟兩艦,於是無從佔領。肇和遂成爲孤立。[註三]

楊虎在肇和艦上,因不得礮彈庫鎖匙,到六點鐘的時候,不得已打破庫門,取出礮彈,裝置完畢後,即向製造局方面射擊。岸上同志,一聞礮聲,即分別舉動。朱霞、譚斌等率部下攻電話局,猝遇大隊袁軍,戰鬥不敵而退,陸學文等二十餘人攻警察第一區工程總局,警察全體潰走,而袁軍大隊又到,馮茂齋等死之。薄子明率所部山東同志,赴警察總局,方攻擊間,袁軍又到,也不得已而退却。陸上各方面,遂完全失敗。袁軍及警察密布各要區。陳其美及其幹部同志,不能通過,便退回法租界漁陽里五號總機關部。其時法捕房因漁陽里五號屋內,連日出入的人太多,疑心藏有軍火,適於是夜前去搜捕,捕去數人,並派捕看守房屋。總機關部既被破壞,陳氏遂率幹部避往他處。[註四]

肇和艦上楊虎等人,已礮擊製造局數十下,而局方並不還礮,以爲該局已爲同志所佔領,乃即停止發炮。應瑞、通濟兩艦又發信號,表示贊同,請勿攻擊。因此艦上不加準備。豈料袁軍方面楊善德、薩鎮冰、楊晟等商議結果,決定用重金收買應瑞、通濟。六日黎明,該兩艦便開礮向肇和射擊。肇和方面,以事出意外,倉卒還礮,多不中的,而艦上汽爐,又中彈炸裂,傷亡不少。楊虎等知大事已去,不復支持,乃改裝浮水退走浦東,再改穿農服而還。陳可鈞等十餘人,以創重不能行,卒爲袁軍所捕殺。肇和艦遂又入袁軍之手。[註五]

肇和舉義後,袁世凱仍不覺悟,日事僞造民意,以所謂國民代表投票決定國體。十二月十一日,由參政院代行立法院,彙查票數,凡一、九九三票贊成帝制。參政院即推戴袁氏爲帝。十二月十二日袁氏申令承認帝制,改民國五年爲洪憲元年。十二月二十五日,唐繼堯、蔡鍔、戴戡、任可澄等在雲南通電各省,興師聲討洪憲帝制,以蔡鍔爲中華民國護國第一軍總司令,出發四川,李烈鈞爲護國第二軍總司令入黔。一九一六年民國五年三月二十二日,袁氏雖申令撤消承認被推戴爲皇帝案,但各省義軍,依然聲討。[註六]陳其美在滬及江陰等處,進行尤烈,故最爲袁氏所忌,卒出重賄,募人暗殺陳氏。上海袁探,查得陳氏在滬屢屢運動海陸軍,均以困於經濟,而未得成功,亟需款項,遂由許國霖、程子安等假設一鴻豐煤礦公司,又勾通一民黨叛徒李海秋,向陳氏聲稱鴻豐有一礦地,預備向日人抵押

[註一]　陳英士先生革命小史第七章。
[註二]　同上註。
[註三]　楊庶堪:陳其美墓誌銘;陳英士先生革命小史。
[註四]　同上註。
[註五]　陳英士先生革命小史。
[註六]　中華民國革命建國史第三卷第五四章;許指嚴:民國十週年紀事本末。

巨款,如陳氏能從中介紹簽約,則借款成後,可以十分之四,撥助革命軍費。陳氏正苦無法籌款,即馬上承認介紹。李海秋因約定於五月十八日下午,帶同鴻豐煤礦公司辦事人及合同底稿,來請陳氏簽字。十八日下午,李海秋招許國霖等五人至法租界薩坡賽路十四號陳氏寓所客廳中,與陳氏見面,剛剛坐定,李海秋忽推托説合同底稿,忘記攜帶,當去取來,李剛出門,後門忽衝進暴徒二人,即向陳氏頭部,開放手鎗。陳氏登時氣絕。這位英勇果毅的革命健兒陳其美,便從此放下重大責任,脱離民國而去了。[註一]

七　租界侵佔的擴張

　　1. 越界築路的突進——2. 租界警權税收權的越界侵佔——3. 會審公廨的侵佔——4. 租界當局的閘北干涉

　　一八九九年清光緒二十五年英美居留地合併,大加推廣區域,改稱爲上海公共租界後,外人擴大地盤的野心,還是有增無減。其擴大區域的唯一妙法,就是"越界築路"。從一九〇〇年清光緒二十六年起,至一九一三年民國二年間,添築許多許多租界區域外的道路,尤以一九一一年清宣統三年我國動亂的一年,建築得最多。一九〇一年清光緒二十七年築白利南路、羅別根路、虹橋路;一九〇三年清光緒二十九年築北四川路、江灣路,一九〇四年清光緒三十年築黃陸路;一九〇五年清光緒三十一年築憶定盤路;一九〇六年清光緒三十二年築康腦脱路;一九〇七一八年清光緒三十三一四年間,築北浙江路一界路;一九一一年清宣統三年築寶樂安路、施高塔路、赫司格爾路、檳榔路、星加坡路、大西路、地豐路;一九一二年民國元年築狄思威路、愚園路、華倫路;一九一三年民國二年築白保羅路。除南爲法租界,東爲黃浦江所限制外,西北兩區,無不大築界外道路。[註二]

　　界外道路築成,公共租界的警權也就跟着同來。考工部局巡捕警衛界外道路,自一八八四年清光緒十年起始。時因中法戰爭,時局不穩,工部局雇用印度巡捕十六人,巡邏静安寺路及其他界外道路。當時我國官廳未曾抗議,事平後,巡捕守衛如故,並爲後來在界外道路設置巡捕的成例。一九〇七年清光緒三十三年時,我國官方曾要求租界外道路上的警權;但終未能撤消工部局的巡捕。這毫無協定根據的越界警權,從此便延續下來。[註三]

　　租界外道路築成,租界中的水電公司也就跟着前去裝置電線水管。從一九〇五年清光緒三十一年起,因水電的關係,工部局又略奪了界外路上的税收權。所以租界外所築的道路,雖稱在"界外",實際上管理權却都握在工部局的手中了。

　　一八六九年清同治八年成立的洋涇浜北首外人租界的會審公廨,逐漸變質,會審西官的權力,反較華官爲大,幾乎只在形式上是中國的官廳了。一九〇五年清光緒三十一年大鬧公堂案的發生,即其明證。但外人的侵佔會審公廨的實權,還不能滿足,迫至一九一一年清宣統三年上海革命起事時,領事團竟乘機將會審公廨接管了。

　　上海光復時,一時稍呈混亂,會審公廨會審官寶頤及德某挾款潛逃,領事團以會審公廨不可一日或缺爲口實,乘機將公廨抓入手中,推關炯、王嘉熙、聶宗羲三人主持廨政,由滬道劉燕翼加劄委任,領

　　[註一]　陳英士先生革命小史。
　　[註二]　市土地局民國二十年一月上海租界逐年推廣及越界築路圖;支那租界論,頁一五四一一五八。
　　[註三]　Hawks Pott, A Short History of Shanghai, pp. 178－179;支那租界論,頁一六二一一六三。

團並又自由雇用孫龔梅爲襄讞員。十一月十日九月二十一日領事團發出正式佈告云：[註一]

> 爲曉諭事，照得租界華商居人等，爲數甚衆。查民刑訴訟事件，本有特立之會審公堂辦理。茲欲使租界和平治安，惟有使會審公堂與押所仍舊接續辦理，爲急要之擧。因此立約各國領事，特行出示曉諭居住租界之華洋商民人等，一體知悉。各國領事揆情度勢，憑其職位權柄，暫行承認已在公廨辦事之關炯、王嘉熙、聶宗義三員，爲公廨讞員，仍行隨同該領事所派陪審西官和衷辦事。並准租界上海西人工部局巡捕，收管公廨押所。尚有公廨所出業由該管領事簽印之民刑二事傳單、牌票及經該陪審官照例簽印之諭單等件，均應出力照辦。凡有公堂應持之權柄，亦極力幫助，爲此出示曉諭，仰爾租界華商居民人等知悉。目下滬境大局情形，雖是未定，但與爾等安分營生之良民，素享租界之特別取益免損各權利，仍無絲毫損失。倘有不法之徒，恃蠻恐嚇，妄思干預爾等商業，或勒令捐斂會黨之費等情，一經查明發覺，自行嚴拿，從重究辦，不稍寬縱，切切特示！

佈告發出後，工部局捕房即行接管女監押所及公廨其他房屋，並執行公廨所發一切傳票拘票和命令。從此會審公廨便爲領事團所轄管了。

一九一三年民國二年七月，二次革命發動，二十五日，革命軍因失敗而將司令部遷至閘北，本可重整旗鼓，再與北軍一較上下，不料公共租界工部局橫加干涉，以致處處受阻，而至失敗。工部局的干涉固然是存心叵測，而閘北華人夏粹芳等的請求工部局保護，實屬不知大體，引虎入室，並且給工部局以最好的口實，作爲干涉的根據。其時閘北商務印書館經理夏粹芳等十七人及絲廠代表吳子敬等十五家，因見革命軍司令部遷來，恐遭戰禍，遂偕同在閘北置有產業的西人，向工部局商請保護。工部局於二十六日即發表租界、閘北、吳淞江嚴守中立的宣言：

> 上海外人租界原爲貿易而設立。數日前近郊之亂，貿易受擾，界內秩序亦遭破壞。茲特宣言租界及其北郊不得用爲作戰根據，亦不得用爲圖謀不軌之中心。爲避免軍事行動礙及和平之各國人民起見，中國任何方面之軍隊，均須撤退北郊，任何方面之軍事長官須離去北郊，否則嚴拿不貸！

宣言中所稱北郊，即指閘北。其時革命軍司令部駐紮於閘北南海會館。二十七日工部局巡捕房總巡卜羅斯(C. D. Bruce)亟亟抽調巡捕馬隊三十名及英艦陸戰隊一百五十名，一面復派義勇隊司令巴恩斯(Lt.-Col. A. S. Barnes)率所部一百五十名，前往閘北，依宣言執行佔據革命軍司令部，並將革命軍二百零七人盡行繳械驅逐後，即至市政廳駐防。二十九日西人撤退。國人見西兵佔據閘北，即羣起反對，而對於華商的請求工部局保護，尤覺憤慨。故於二十九日午後，待西兵去後即將吳子敬扭來，責其"不應媚外，引虎入室"。事爲工部局巡捕房所知，總巡卜羅斯立即偕同會審公廨檢察員毛鼎、華捕正巡官史賓斐，並調駐紮戈登路巡捕房巡捕及英艦陸戰隊、義勇隊、馬隊攜帶大小礮各二尊，排隊馳至閘北市政廳門前。卜羅斯即令陸戰隊分成兩隊，一隊荷鎗，與市政廳對峙以待，一隊對着準備隊，大小礮四尊則布於市政廳西側，形勢洶洶，幾肇事端。後吳子敬釋出，事始平定，而西兵亦撤去。再後西兵復來，即駐於市政廳內，直至八月十七日吳淞已歸北軍之手後，始行撤退。[註二]

[註一] 辛亥九月二十二日申報，一九一一年度工部局報告。
[註二] Hawks Pott, A Short History of Shanghai, pp. 198–199.

寅　上海在北洋軍閥時代

一　軍閥擾攘中的國民自覺

1. 北洋軍閥概勢──2. 五四運動的興起──3. 新文化運動略述

　　公元一九一六年民國五年六月六日，袁世凱逝世。翌日副總統黎元洪就大總統任。二十九日特任段祺瑞爲國務總理。九月十六日特任曹錕爲直隸總督。十月三十日補選副總統，馮國璋當選。政權全部仍操於袁氏系統北洋派軍閥手中。[註一]

　　一九一七年民國六年一月一日，特任松滬護軍使正使楊善德爲浙江督軍；副使盧永祥於是升任爲正使。是年七月一日，安徽督軍張勳等擁清帝在京宣告復辟。二日黎元洪電請馮國璋代行大總統職務。十二日段祺瑞軍收復京師，復辟喜劇，於焉告終。同年冬，馮國璋與段祺瑞對於川湘用兵意見，不能一致：段主用兵，而馮主和平。段憤而辭職。馮、段意見的衝突，日漸擴大，而促成北洋派軍閥的分裂，成爲直、皖二系。直系爲馮國璋、曹錕、吳佩孚、李純、王占元、陳光遠、齊燮元等；皖系則爲段祺瑞、徐樹錚、盧永祥等。二系之外，復有東三省張作霖自成一系，即所謂奉系。軍閥對峙，爭權奪利，紛紛擾擾，混亂不已，而其時孫中山先生則在廣東領導護法運動，成立軍政府，以與軍閥對抗。後曾有一度南北和平會議，於上海舉行，但也無結果。在這混亂的十年間，上海的爭奪混戰，自亦難於倖免，結果發生齊盧之戰等。在齊盧戰前，一九一九年民國八年五四運動發生。運動雖起於北京，但運動的中心終於還在上海，影響至大。茲先敘述五四運動時上海的情態。

　　一九一九年民國八年五月一日，北京政府接歐洲和會專使陸徵祥報告，日本專使對山東省提出三項要求於和會：（一）青島爲日民居住的特別區域，中國有相當之條件，青島方可直接交還；（二）山東鐵道必由中日共管，平分利益；（三）山東昔爲德人經管之各礦，由日本完全承繼。英、美、法、意四國代表以爲此項要求，暫不置於世界和會草約中，將來再行討論。但日使竭力反對，聲稱此案不成立，將退出歐洲和會。[註二]

　　是項消息傳至我國時，全國驚動。五月四日北京專門以上各校學生三千人游街演說，復趨往交通總長曹汝霖住宅，打入門內。曹即逃逸，而駐日全權公使章宗祥適在，學生即將章毆打。因爲日本要求青島的理由是根據一九一六年民國五年五月七日的二十一款條約及一九一七年民國六年的陸海軍事協定，而前者由曹汝霖經手，後者由章宗祥經手之故。事後學生被捕者三十二人。[註三]

　　五月七日上海各界即奮起響應，開國民大會於公共體育場，議決三事：（一）由南北和會速提案懲

　　［註一］　半粟：中山出世後中國六十年大事記（增訂本）。
　　［註二］　吳中弼：上海罷市救亡史。
　　［註三］　上海罷市救亡史。

辦賣國賊段祺瑞、徐樹錚、曹汝霖、章宗祥、陸宗輿、靳雲鵬等以清禍源;(二) 由南北和會速電駐歐中國代表,嚴斥日本無理要挾,拒絕簽字,並電法相、美總統及各國代表主持公道,誓達到保存國權目的;(三)北京愛國學生被政府逮捕多人,速由南北和會去電要求即時釋放。[註一]

八日上海各學校假復旦大學開會,組織學生聯合會。九日各學校停課一天,書業、洋貨業、糖業、北貨業、五金業停業一天,以紀念國恥。十日國民大會事務所成立。十一日,上海學生聯合會開成立會於寰球中國學生會。[註二]

十四日,上海各報公決,自即日起,不收日商廣告,並不載日本船期、匯市、商情。上海滬杭甬轉運公司並議決停裝日貨。十九日,北京學生罷課。上海學生聯合會於同日下午亦開會,議決罷課。二十六日上海中等以上男女學校學生正式罷課實現。是日晨八時,約有一萬餘學生集會於公共體育場。[註三]

六月二日,松滬護軍使署訓令淞滬警察廳不准擅行集會,三日上海學生聯合會徵求商會意見,要求與學生一致行動。上海南北市各商店乃於五日一律罷市。南北市錢業會議議決到期本票照兌,其餘進出概行停止。上海形勢頓時嚴重。松滬護軍使署遂派憲兵、馬隊、步兵武裝分往城廂區域、民國路、十六鋪、斜橋、高昌廟等處梭巡。六日上海商學工報聯合會假總商會開會,通電全國,乞與應援,打倒賣國賊,電云:“北京政府庇護賣國諸賊,主簽亡國條約,北京學生為國請命,突被濫捕毒刑,至四百餘人之多。高壓毒手,顯非空言所能挽回。此間工商界全體於本日起一律輟業,與學界一致進行。賣國賊存在一日,商、學、工界即輟業一日,誓不返顧,乞與應援,涕泣佈聞。”七日松滬護軍使發出實行戒嚴布告,並於上午十一時召集商學兩界開會於縣商會,勸導即日開市,從速上課。八日中國銀行、交通銀行、浙江興業銀行等十二家通告公議暫停營業。南北市錢業公會也通告自即日起實行停止營業。九日淞滬警察廳長徐國樑令各商店開市,無效。該廳布告戒嚴辦法,自本夜起,警戒線內,八時即斷絕交通。松滬護軍使署又派員檢查郵電。同日,公共租界義勇隊出發分赴各處,往來梭巡。工部局並以上海學生聯合會妨害治安,准於十日上午十時封閉靜安寺路五十一號房屋。該會接到函件後,遂即遷往法租界。[註四]

十日北京政府將曹汝霖、章宗祥、陸宗輿免職的消息到達上海。十一日銀行公會即通告照常營業;南北市錢業公會也通告開市。十二日全市一律開市。五四運動所引起的上海罷課罷市風潮,至此乃告一段落。[註五]十七日警察廳也宣告解嚴。七月一日得到巴黎消息六月二十八日歐洲和會專使陸徵祥拒絕簽字於和約,上海各界乃進行救國儲金還款廢約的運動;但未能有所成就。[註六]

五四運動的爆發,固然純為政治問題;而其內容實為文化運動。最先是白話文言的爭鬥,相繼而起的,為婦女問題、勞工問題等,所謂新文化運動是。

上海河南路羣益書局,平素發行新青年雜誌一種,由陳獨秀主編。一九一七年民國六年一月份該雜誌中,有胡適“文學改良芻議”一文,主張文章應以白話寫述。二月份該雜誌發表陳獨秀“文學革命論”,贊同胡適的提議。陳氏筆鋒銳利,頗能獲得宣傳的功效。文學革命論中宣稱:

余敢冒全國學究之敵,高張文學革命運動大旗,以為吾友之聲援,旗上大書吾革命軍三大主義:曰推倒雕琢的阿諛的貴族文學,建設平易的抒情的國民文學;曰推倒陳腐的鋪張的古典文學,

---

[註一]　上海罷市救亡史。
[註二]　同上註。
[註三]　同上註。
[註四]　同上註。
[註五]　海上閒人:上海罷市實錄。
[註六]　上海罷市救亡史。

建設新鮮的立誠的寫實文學；曰推倒迂晦的艱澀的山林文學，建設明瞭的通俗的社會文學。

此項文學革命主張，固爲敏感的青年所愛好；而思想界耆宿如蔡元培、吳敬恆[註一]輩亦竭力加以贊助，於是文學革命之聲，轟動全國。到了五四運動，白話文跟着學潮而得傳播於全國各地，更獲得極大的效果。同時文學革命之外，思想革命也起來了；大至國家政治經濟問題，小至婦女剪髮問題，均爲知識界所熱烈討論。民國日報的"覺悟"，時事新報的"學燈"，在五四運動前後，宣傳新文化尤爲興奮。無數的青年男女在覺悟欄中高呼着："力子呀！力子呀！"因覺悟爲邵力子所編，都要力子解答種種問題的緣故。一九一九年民國八年六月五日，沈玄盧、孫棣三、戴傳賢合辦的星期評論開始附在民國日報中送閱。該刊熱烘烘地討論政治、社會、思想方面的種種問題，引起了全國知識界的注意。各種傳播新文化的期刊，也蓬勃地起來了。其中最爲世人所重視的，爲登載孫中山先生建國方略的建設雜誌。一九二〇年民國九年國内幾個持重的大雜誌，如東方雜誌、小說月報等，也(部)〔都〕漸漸採用白話文。同年教育部頒布一個命令，要國民學校一二年級的國文，從秋季起一律改用國語。所謂國語，乃即北京的白話。白話既成爲國語，便名正言順地成爲寫述文章的正式腔調的一種，就是頑固的文言主義者，也遷就讓步了。

二　齊盧戰爭的經過

1.　北洋軍閥由分裂而衝突的略述──2.　江浙和平公約──3.　齊盧戰爭的準備──4.　戰事的經過──5.　奉直皖互爭政權的混亂

北洋軍閥直、皖二系到了一九二〇年民國九年夏，衝突益烈，行將火併。七月一日，北京政府命令裁撤松滬護軍使，改設松滬鎮守使，以削弱盧永祥的權力是時楊善德已死，盧永祥升任浙江督軍，仍任松滬護軍使兼職。但盧氏不奉命，於四日通電聲明，仍兼松滬護軍使其後又由盧氏自委何豐林繼任。時江蘇督軍李純與盧永祥已有劍拔弩張之勢，雙方已各自調動軍隊。上海宣佈戒嚴。嗣經外交團及地方團體迭向雙方勸告，始允各撤軍隊回防。滬上戰雲，一時暫告消散。但直皖二系的火併，終於七月中旬在北京近郊爆發。結果皖系軍隊敗退。是年十月，李純自殺，齊燮元繼任江蘇督軍。[註二]一九二二年民國十一年直系又與奉系作戰。直系又勝。直系至此，其氣焰已咄咄逼人，對於盧永祥多年未曾解決，遂亦圖澈底解決之法。迨至一九二三年民國十二年八月，江浙形勢乃又告緊張。直、皖二系的衝突，固爲江浙不安的根本原因；而松滬地屬江蘇，行政實權卻握於浙手，更造成江浙爭鬥的直接的關係。幸而上海爲外交關係最複雜的國際都市，其時英、法、日、美四國公使對於江浙用兵，都向北京政府外交部提出警告，並聲明不得已時將採取自衛手段。[註三]江浙紳商在滬亦組織和平協會，進行和平運動，由蘇紳張一麐擬就和平公約，請求江浙軍民當局及松滬護軍使何豐林簽字，以資信守。該約旋於八月十九日簽字，其全文如下：[註四]

一、江浙兩省人民因時局漂搖，謠言四起，兩省軍民長官同有保境安民之表示。但尚無具體之公約，共同宣言，仍不足以鎮定人心。迭經兩省紳商馳電呼籲，仿前清東南互保成案，請求兩省

[註一]　鼓吹白話，吳氏原爲最早之一人；甲午中日戰後，即已開始作白話運動。故對於胡適的提倡白話，當然贊許。
[註二]　李純於一九二〇年十月十二日自殺；齊燮元即繼任督軍。文公直：最近三十年中國軍事史，則云李爲齊所殺。
[註三]　文公直：最近三十年中國軍事史第六章；中山出世後中國六十年大事記。
[註四]　上海宏文圖書館，江浙戰史；最近三十年中國軍事史。

軍民長官雙方訂約簽字,以尊重地方公意,脫離軍事漩渦爲目的。

二、江浙兩省軍民長官徇地方人民之公意,對於兩省境內保持和平,凡足以引起軍事行動之政治運動,雙方須避免之。

三、在兩省轄境毗連之處,如有軍隊換防之事,足以致人民之驚疑者,兩省軍事長官須避免之。其兩省以外客軍如有侵入兩省或通過等情,由當事之省負防止之責任,於各保其境,各安其民之中,仍爲精神上之互助。

四、兩省內各通商口岸,爲中外人民生命財產所托,上海尤爲亞東最大市場,應由兩省軍民長官飭由各交涉員將此約通告各領事,對於外僑力任保護。凡租界內足以引起軍事行動之政治問題及爲保境安民之障礙者,均一律避免之。

五、此項草約經江浙兩省軍民長官之同意簽字後,由兩省紳商宣布之。

齊燮元　印

韓國鈞　印

盧永祥　印

張載陽　印

何豐林　印

九月直系軍閥欲擁曹錕爲總統,收買國會議員。九月十日總統選舉會以四三六人成會,議定日期開正式選舉會。二十七日盧永祥即通電指斥十日選舉會舞弊情形,並反對將來非法選舉總統。十月五日總統選舉會選曹錕爲總統。十日曹氏就任。十二日盧永祥宣告與北京政府斷絕公文來往。盧氏的反直,至此益形露骨。不久滬上又發生事故:十一月十日淞滬警察廳長徐國樑被刺,逾一日而死。兇手李達生自稱報仇。而直系則指爲浙方所指使。事實既未易證明,兇手的審問也無結果。警察廳長的繼任人選問題,卻惹起了爭執。何豐林時任松滬護軍使,即逕自委令警廳總務科長陸榮籛接署遺缺;而南京齊燮元、韓國鈞則委申振剛繼任。電文交馳,互相爭執,經各方面的調停,申振剛不果至上海。東南戰機是時又有一觸即發之象。乃以地方紳士的籲求和平,又以雙方軍事準備未盡妥善,戰事始又告延期。[註一]

一九二四年民國十三年春,福建臧致平、楊化昭的軍隊爲孫傳芳、周蔭人等所圍擊,敗退閩南。六月初,臧、楊奔投浙江盧永祥,吳佩孚、齊燮元等認盧氏的收容臧、楊軍隊,實爲擴張軍力,要求將臧、楊驅逐。盧氏不允所請。齊盧戰爭至此,實非爆發不可了。八月下旬,兩方軍備準備完了。[註二]齊方作戰形勢如下:[註三]

第一路,上海取攻勢,分三路:(一) 中路,由崑山、安亭直趨南翔,沿滬寧路而達上海,有齊氏第六師及宮邦鐸、朱熙等所部;(二) 左路,馬玉仁由太倉沿海東下,吳恆瓚由崑山沿瀏河西下,會攻瀏河,以拊吳淞之背,而以海軍攻其腹;(三) 右路,由安亭分兵攻白鶴江、重固,擬橫趨松江,以斷滬杭路。

第二路,宜興取守勢,傅象泰、楊春普軍由常州赴宜興,分攻張渚、湖汶、烏溪。

第三路,廣德取攻勢,由皖省旅長王普等担任,由泗安趨吳興,經南潯、平望而至嘉興。

第四路,仙霞關取攻勢,孫傳芳所部由古田、延平攻仙霞關,下江山,由衢嚴抵杭。

至於盧永祥的作戰形勢,則分三路:

[註一]　江浙戰史;中山出世後中國六十年大事記。

[註二]　八月十四日蘇齊調動軍隊,同時聯絡皖、閩、贛三省,成立四省聯軍以攻浙;浙盧也與何豐林組成浙滬聯軍,編收分配臧楊軍隊於太湖南岸。

[註三]　江蘇兵災各縣善後聯合會,江蘇兵災調查紀實。

　　第一路,上海取攻勢,司令爲何豐林、朱聲廣、臧致平、楊化昭等,防線甚長,凡黃渡、南翔、瀏河、嘉定、青浦等處,都在範圍之內。

　　第二路,長興取攻勢,司令爲陳樂山,駐守湖州王賓之一旅,赴泗安禦敵。

　　第三路,江山取守勢,司令爲潘國綱,浙江省軍第一師及第二師一部屬之,以禦孫軍入浙。

　　九月三日齊、盧兩方軍隊在黃渡、安亭間,揭開戰爭的序幕。四日以後,黃渡、瀏河、嘉定、青浦、仙霞關等處都各開火。宜興則於六日開火;泗安則於十五日開火。戰事已瀰漫於東南了。

　　當戰事將起時,八月三十日英、美、法、日、意五使曾照會外交部,請劃上海爲中立地。外部於九月四日答覆,聲明在滬外僑安全,當盡力注意。八日英、意等五使要求實行劃上海及其附近爲中立地。十五日外部覆照,表示對於劃上海爲中立地,可以容納。但提出附帶條件:(一)何豐林退出中立區;(二)礮台及滬海軍卸除武裝;(三)製造局停止工作;(四)中立區內浙軍不得有軍事行動。十八日五使照會表示贊成容納中立區的意見;但對於所附四條件,聲明須由江浙當局自定辦法,不願因此干涉中國內政。[註一]

　　黃渡、瀏河、嘉定、青浦一帶,齊盧交戰月餘,實無勝負可言。宜興盧軍稍勝,仙霞關方面浙軍潘國綱部卻爲孫傳芳於九月十日擊敗。十一日孫軍佔浙江慶元;十四日佔龍泉;十七日佔衢州。盧氏聞衢州已失,疑浙江省軍已全與孫氏妥協,即於十八日下午離去杭州,赴滬督師,並令陳樂山放棄宜興戰地,退駐嘉興。[註二]

　　九月二十日北京政府特任孫傳芳督理浙江軍務善後事宜,兼閩浙巡閱使。盧氏尚欲以上海兵力,與齊、孫一抗。但情勢既變,無法可施。至十月十三日盧氏通電下野,與何豐林、臧致平雇日輪赴日。東南戰事至此暫告一小段落。上海一縣被災之地,計達九市鄉。市村損失四七五、〇〇〇元;農作物損失棉二六〇、〇〇〇元;稻六五、〇〇〇元;總損失約計八〇〇、〇〇〇元。[註三]

　　盧、何出走後,在前線作戰的軍隊紛紛都向上海撤退。楊化昭與陳樂山等擁戴徐樹錚爲司令,擬作困獸之鬥。徐樹錚亦赴江灣跑馬廳及龍華一帶檢點軍隊,但終於一無成就。一則軍心已經渙散,二則公共租界工部局突然干涉,以迅雷不及掩耳的手段,將徐氏逮捕,迫其出國。[註四]

　　十月十四日鄂軍援蘇總指揮張允明開抵龍華,進佔龍華護軍使署及兵工廠。孫傳芳則於十六日到滬,主持收束盧、何軍隊,並委師長白寶山爲上海防守總司令,辦理上海善後事宜。齊燮元曾於九月二十五日奉北京政府令兼任松滬護軍使,至十月二十日,以白寶山在滬,即令白氏代行護軍使職權。十一月六日齊又委宮邦鐸爲松滬護軍使。其時曹錕因奉軍進擊,馮玉祥撤隊回京,直系倒敗,而於十一月二日辭職,由代理國務總理黃郛攝行大總統職務,政權又歸皖系。十一月八日攝閣令張允明爲松滬護軍使,但張因恐孫傳芳與宮邦鐸的包圍,不敢有所舉動。[註五]

　　十一月二十四日,段祺瑞被擁戴爲臨時執政。十二月十一日臨時執政府令江蘇督軍齊燮元免職;江蘇督軍一缺,着即裁撤;以江蘇省長韓國鈞暫兼江蘇善後事。又派盧永祥爲蘇皖宣撫使。同時,奉軍六萬人南下,以備齊燮元抗命時,得以控制。齊氏不得已,即於十四日交卸職務而下野。

　　當徐樹錚離滬後,陳樂山仍匿居租界地。其所部軍隊,則歸孫傳芳節制,駐紮松江。十二月二十四日,執政府令恢復陳樂山爲師長。陳氏部下便即擁陳復職,欲與孫傳芳作最後的一戰。二十七日孫

　　[註一]　中山出世後中國六十年大事記;最近三十年中國軍事史;江浙戰史。
　　[註二]　江浙戰史;最近三十年中國軍事史。
　　[註三]　江蘇兵災調查紀實;江浙戰史;最近三十年中國軍事史。
　　[註四]　最近三十年中國軍事史第六章。
　　[註五]　同上註。

傳芳即向陳樂山部開始攻擊,戰事延長至一九二五年民國十四年一月。一月一日松江爲孫軍所佔領。陳軍乃向上海撤退。四日陳樂山殘部退至租界附近,都爲租界上義勇隊及外艦水兵所繳械。陳樂山部雖告解決;而盧永祥早又與奉軍勾結,將與奉軍同時南下,時局於是又要激起變化。七日盧永祥抵蚌埠,張宗昌率奉軍第一軍進駐浦口。十日盧、張同入南京。齊燮元與孫傳芳聯合,企圖抵抗。十一日,駐上海第六師及第十九師陸軍都聽命齊燮元,逐師長宮邦鐸,並與孫傳芳軍包圍張允明軍隊。張遁入租界。是時齊燮元自稱松滬聯軍第一路總司令;孫傳芳稱第二路總司令。孫、齊聯銜宣言,拒絶奉軍南下。十二日段祺瑞責成盧永祥會同蘇州第二師礮兵營營長秦洸勘定上海事變,並令何豐林收編已潰散的陳樂山舊部。第四師陳部,實已由孫傳芳任命謝鴻勛爲師長而收編了。[註一]

　　奉軍已至南京。齊燮元以上海爲根據地而與奉軍作戰。戰事沿滬寧線一帶,次第爆發。齊氏逐蘇州秦洸,自滬至高資一段爲齊軍所有。一月十八日奉軍入鎮江,佔丹陽。齊軍敗退無錫。孫傳芳本派盧香亭援齊。但盧見大勢已不可挽回,便將其軍隊退至長興、嘉興一帶,以靜觀時局的變化。一月二十四日奉軍與齊軍戰於無錫的皋橋。齊軍大敗,潰不成軍。齊燮元狼狽逃至上海。二十八日奉軍先鋒到達上海。同日,齊氏遂出奔日本。紛擾多時的齊盧混戰,至此始告一段落。

　　當奉軍到達上海後,與孫傳芳軍隊相持於南市,形勢甚爲緊張。幸而陸軍總長吳光新於一月三十日到滬,竭力主張和平,始免衝突。先是,上海總商會於張允明、宮邦鐸被逐時,曾進行上海不駐兵、不設軍職及遷移兵工廠於他處的運動。齊燮元見大勢已去,亦與孫傳芳通電決議,撤退上海所有江浙兩省駐軍,廢除護軍使、鎮守使名目及兵工廠擇地遷移等項。一月十五日執政府亦下令取銷上海護軍使,上海永不駐兵,並不設立任何軍事機關,改組上海兵工廠爲商業工廠。吳光新來滬後,乃與奉軍及孫傳芳代表王金鈺磋商,決定遵照執政府命令辦理外,並約定孫傳芳軍隊退至松江,奉軍退至崑山。[註二]

　　上海的混亂,到此總算平靜下來。但是不久,不幸又發生五卅慘案,不僅驚動全中國,而且影響到全世界。

三　五卅慘案的經過與淞滬商埠督辦公署的成立

　　　1. 五卅慘案的原因——2. 慘案的經過——3. 罷市與罷工的突起——4. 孫傳芳的反奉——5. 淞滬商埠督辦公署的成立

　　一九二五年民國十四年五月三十日午後三時三十七分,上海公共租界南京路上發生空前的大殘殺,那就是有名的五卅慘案。此案發生的近因,是上海日人所設內外棉織會社的工人殘殺。當二月間,該會社的工人因要求改善待遇,全體罷工,後風潮逐漸擴大,上海日商紗廠工人一體加入罷工。一時罷工人數達三萬餘。二月二十七日總商會及商界聯合會出任調停而後解決。但內外棉織會社待工人復工後,却又背棄調停時所簽訂的協約,任意開除工會代表。因此滬西內外棉織第三四廠及第七廠,於五月初旬,又發生第二次的罷工,紛擾十餘日。五月十五日第七廠工人上工時,與廠方爭論,發生小衝突,廠內日人於紛亂時,突放手鎗,擊斃工人顧正洪一名,此外受鎗傷及刀傷者,計七人。工人大爲憤懣。內外棉織其他各廠同時均起紛擾。公共租界巡捕房於日人肇事後,反逮捕工人七名,以聚衆擾害

租界罪,向會審公廨起訴。巡捕房應付工潮的態度,成爲五卅慘案直接的導火線。[註一]

　　上海各大學學生,因見日人的橫暴,而頗同情於工人,於是有沿途演講及爲罷工工人募捐之舉。五月二十三日大學生六人,因在公共租界內募捐演講,而爲巡捕房所捕。上海學生聯合會及工會雖屢向交涉署呼籲,但未見效果。學生聯合會爲引起各界同情於被難的工人與學生起見,乃約同各校學生於五月三十日,分隊入公共租界演講,以七人爲一組,沿途向路人講述工人被殺、學生被捕以及租界內中國主權喪失情形。但除演講、分發傳單而外,別無所謂越軌行動。巡捕房於三十日上午已逮捕學生多名,至十時愈捕愈多,分別拘禁於各捕房。下午三時後,有學生二百人,忽在南京路、浙江路口會集,沿南京路向西行進。據學生稱擬赴交涉署請願。其時適西捕斯梯溫原名待考拘兩學生往老閘捕房,大隊學生及羣衆乃隨捕前往。老閘捕房前擁擠着的學生與羣衆雖都甚安靜,並無強暴表示,但老閘捕房英捕頭愛伏孫(Evenson)忽召集通班巡捕,計二十二人,在捕房門口分列成半月形。當時羣衆與巡捕站處相隔約一丈,三時三十七分,捕頭忽命巡捕開鎗,發二排鎗,計四十四彈。學生與羣衆當場飲彈傷斃的四五十人。開鎗後,羣衆立即驚慌竄散。[註二]

　　慘案既發生,學生會代表立向交涉署請願嚴重抗議。交涉員陳世光於當晚往訪英領及工部局總辦,談判均未得要領。工部局不特袒護捕房,且又調集萬國義勇隊及駐滬外艦水兵宣布戒嚴。南京路肇事區域,除汽車外,禁止車輛行人來往。馬路交叉口,由水兵及義勇隊、印捕集合扼守。浙江路口、老閘捕房、新世界門前,均架設機關鎗礮車,戒備森嚴,如臨大敵。慘案發生後的一週內,公共租界西捕、水兵及義勇隊隨意鎗殺羣衆,日有數起。繁華的市街一變而爲恐怖的殘殺的區域。

　　上海市民身受這樣的慘殺,覺悟非合全民族的力量起而抗爭不可。各校全體罷課。公共租界商店亦全體罷業。法租界則於六月五日罷市一天,以誌哀痛。閘北、南市則未罷市。公共租界工人於六月一日起局部罷工。楊樹浦、小沙渡以及浦東方面英日人所設工廠幾全體罷工。公共租界巡捕房華捕也於六月五日開始罷工。至六月中旬,罷工更形擴大,碼頭搬運夫及英日船海員也都參加,統計罷工約一五〇處,人數達一五六、〇〇〇餘人之衆。[註三]

　　上海既成大罷工的狀態,民衆運動有指揮統一的必要,於是由工商各界組成工商學聯合會,於六月五日成立。聯合會以全國學生總會、上海學生聯合會、總工會、各馬路商界聯合會等團體爲本位。總商會雖未加入,也組織五卅事件委員會。聯合會不久即議決對外要求,計先決條件四條,正式條件十三條,因政府特派員到滬,即分向特派員及外交部提出。後經總商會修改,將先決條件與正式條件歸併爲十三條,於六月十二日送達特派員提出。

　　交涉非一時可就,而商店罷市對於英日固與以極大痛苦;但商店自身損失卻亦甚大。商界方面於是多主張先行開市,再作長期的奮鬥,經工商學聯合會與總商會等議決,遂於六月二十六日忍痛開市。

　　五卅事件的交涉,先在上海談判。六月十六日中國特派員蔡廷幹、曾宗鑒、鄭謙、許沅等四人與英、日、法、意、美、比六國委員開始談判我國所提出之十三條條件。談判經過三日,即告決裂。此後交涉遂移往北京進行。北京外交部於六月二十四日,照會公使團,正式提出十三條件,並催早日開議。公使團取延宕政策,至八月三十一日,意國領袖公使向外交部報告,謂滬案真相未明,使團決定再派司法人員調查。九月初旬,使團決議由英、美、日三國選派司法委員赴滬重查。十二月二十六日,英、美、日三國委員之報告正式發表於北京。同日,上海公共租界工部局通告准愛伏孫、麥高雲(Mc Euen)辭職,並致函上海交涉員許沅說明,一面並致送七萬五千元支票一紙,作爲五卅被難家屬的撫恤金,想就

[註一]　上海市社會局編,近五十年來上海之罷工停業附錄,頁一六。陳叔諒:五卅痛史;朱松廬:五卅慘史。
[註二]　東方雜誌第二十二卷五卅事件臨時增刊;胡愈之:五卅事件紀實;又同上註各書。
[註三]　同上註。

此了案。我國政府不許,電許交涉員退還支票於工部局,交涉於是就懸掛起來了。[註一]

當五卅慘案發生後,奉軍以維持秩序爲名,進駐上海。自六月十三日至二十九日間,奉軍到滬人數約六、〇〇〇,駐紮於閘北、南市各地。六月二十二日下戒嚴令。七月二十三日軍事當局封閉工會,並捕工人十五人。後釋放九人。上海這時是奉軍的天下。一切在戒嚴令下,逐漸安靜。[註二]

浙江孫傳芳的勢力却逐日在膨脹。因感受奉軍的壓迫,決計起兵反奉。於十月十日國慶日,孫氏召浙省重要軍官,決議先用秋操名義,調集軍隊,向長興出動。十四日南京楊宇霆恐淞滬邢士廉軍被困,電令撤離上海,並取消上海戒嚴司令。十五日上海奉軍扣車運兵。孫傳芳亦不准杭州車通至上海。滬杭交通遂斷。十六日奉軍已退往蘇州,而孫部第二軍謝鴻勛也從松江進佔上海。十七日孫親至上海布置軍事。十八日奉軍全數由浦口渡江北上。二十日孫即至南京。十一月二十五日,蘇督楊宇霆免職;任命孫傳芳繼任。上海於是爲孫氏所轄有。[註三]

本年二月一日,江蘇省長韓國鈞曾決定以上海爲特別市,電聘上海市董李鍾珏等十一人爲籌備委員,集議決定用淞滬特別市名稱,並討論市區域。六月初,段執政特任孫寶琦爲淞滬市區督辦,虞和德、李鍾珏爲會辦。但命下而孫不果行。一九二六年民國十五年蘇督孫傳芳組籌淞滬商埠督辦公署。五月三日孫氏由寧抵滬;翌日淞滬商埠督辦公署宣布成立。孫氏舉行督辦就職典禮;頒布督辦公署組織大綱如下:[註四]

第一條　淞滬商埠督辦公署管理淞滬商埠內行政、外交、保安等事務,並監督商埠內地方自治事務。

第二條　淞滬商埠督辦公署設督辦一人,由聯軍總司令兼任之,綜理一切政務;總辦一人,由總司令任命之,稟承督辦,監督指導本署各職員,執行本署職務,督辦不在署時,得由總辦代行職務,但遇有重要事項,仍須請示辦理。

第三條　淞滬商埠督辦公署設秘書長一人,秘書二人,由督辦委任之。

第四條　淞滬商埠督辦公署設左列各處,處內各職員均由督辦委任之:

　　一　總務處　設處長一人;

　　二　外交處　設處長一人,由江蘇特派交涉員兼任之;

　　三　政務處　設處長一人,由滬海道尹兼任之;

　　四　保安處　設處長一人,由淞滬警察廳長兼任之;

　　五　工務處　設處長一人;

　　六　財政處　設處長一人。

第五條　總務處掌理本署機要文書、收發、保管、編輯、統計、調查、報告、執法、交際、庶務及不屬於他處之事務。

第六條　外交處掌理商埠區域內一切外交事務。

第七條　政務處掌理商埠區域內一切行政事務。

第八條　保安處掌理商埠區域內一切治安及衛生事務。

第九條　工務處掌理商埠區域內公共建築之港務、道路、橋梁、河道及市自治之土木工程事務。

[註一]　一九二五年度公共租界工部局報告。
[註二]　同上註。
[註三]　最近三十年中國軍事史。
[註四]　民國十五年六月縣政府公報。

第十條　財政處掌理本公署及商埠區域內收入支出事務。

第十一條　各處職員除外交、政務、保安三處，應以原署職員兼充外，其他各處得分科辦事，每科設科長一人，科員若干，承官長之命令，掌理本科事務。

第十二條　淞滬商埠督辦公署爲繕寫文件及襄理雜務，得酌用助理書記、錄事若干人。

第十三條　本條例自公布之日施行。

孫氏就職時演說，略謂："去年江浙戰爭後，東南大局，暫告平靖。惟淞滬問題亟待解決。前次政府雖有淞滬劃作特區之擬議，但迄未成爲事實。人民渴望已久。目下江浙已成一家，淞滬開闢商埠更急不容緩，故特着手組織，於最短期間內宣告成立。督辦一職因行使職權上關係，不能劃分，不得已由鄙人兼任。惟余軍務旁午，時間上頗有困難，故特請丁君文江充任總辦，俾可就近負責進行。淞滬商埠督辦公署成立後，請地方紳士嚴予督促，以臻完善。"[註一]孫氏於就職後並發出布告云：

　　爲布告事，照得本署現已組織成立。查淞滬商埠督辦公署組織大綱第二條內開："淞滬商埠督辦公署設督辦一人，由聯軍總司令兼任之"等情。據此，本聯軍總司令擇於中華民國十五年五月初四日午前十時就兼任督辦之職，爲此布告，仰爾軍民人等一體知悉，切切，特此布告。

丁文江於十二月十二日因撞車受傷而辭職，遂由許沅代理職務。七個月餘的時間內，丁文江實際主持的淞滬商埠督辦公署，以時間的短促，除收回會審公廨一事外，實一無足述。

四　租界情勢的轉變

　　1. 要求市民權的開始——2. 華顧問的設置與納稅華人會的成立——3. 印刷附律增收碼頭捐及取締交易所的反對——4. 會審公廨的收回

　　上海公共租界素爲外人所統治，國人僅盡義務，而不能享受權利。及至一九一九年民國八年五四運動勃起，上海市民罷市參加，大獲勝利，市民始知團結一致，參加實際政治運動的効力。是時上海公共租界工部局適將增收捐稅——房捐從百分之十二增至百分之十四；地稅從千分之六‧五增至千分之七；依估計房租計算的特別房捐，每年捐率百分之一須一次付清。三項增捐一律於一九一九年民國八年七月一日起實行。已有參加政治運動經驗的上海市民，覺悟抵制工部局的增捐，只有團結一致，於是各馬路商店均組織小團體，在消極方面，一致要求工部局打銷增收捐稅之議；在積極方面，更提出工部局須設華董的要求。[註二]

　　工部局因各商店的要求，於八月一日布告，特別捐勻分三期徵收。[註三]華董問題固一言不提，即增收捐稅，亦仍舊增收。我國商人見抗議增捐的無效，便更積極從事於參政運動。十月二十六日，各路商界總聯合會成立，決定要求修正上海洋涇浜路北首外人租界章程。十二月一日，該總聯合會董事及顧問四十四人將修正洋涇浜章程草案送往交涉公署，請求交涉員向工部局提出交涉。同時各馬路商店多有懸掛"華人要求市民權修改洋涇浜章程"的標語旗幟。

　　幾經交涉，幾經以不納捐稅爲抵制，到一九二〇年民國九年一月七日，工部局始吐露有設立華顧問

[註一]　民國十五年五月五日新聞報。
[註二]　民國八年七月二十九日申報。
[註三]　民國八年八月二日申報。

五人之意。四月七日納税人會舉行年會時,增設華顧問案,居然通過。其議決案云:^[註一]

> 本會對於延聘華顧問一節,甚表贊同。華顧問之職權,應以民國九年一月八日工部局公報所載工部局總董於民國八年十月二十四日致領袖領事信中所列爲限。

查工部局總董信中所列職權,大致如下:"華顧問人數五人,每年由租界中華人推舉之,所舉之人,領事團有否決之權,顧問資格須在未被推舉以前住居租界在五年以上,在此時期以内,年付房租至少一千二百兩而繳付房捐,在選舉期内或當選之後,不得在中國任何機關任職。"

當日會中李德立(E. S. Little)嘗提出華董案:"本會應令知工部局,設法修改洋涇浜北首租界章程,將董事人數由九人增加至十二人,其中三人,應由華人納税人充任,與西董應具有同等資格。至其選舉方法,隨後另行規定。"但因工部局總董庇亞斯(E. C. Pearce)的反對,此案約以一對三的少數而被否決。^[註二]

華董雖遭否決,華顧問總算通過了。各路商界於是自六月起即開始籌備納税華人會的事情。到十月十四日,納税華人會始開成立大會,二十一日選舉理事二十七人及候補理事十五人。十一月一日理事部開成立會。九日,由理事部照章選出出席工部局爲華顧問的代表五人。此五華顧問至一九二一年_{民國十年}五月十一日始行就職。一九二五年_{民國十四年}五卅慘案發生,工部局的横暴暴露無遺,華顧問於是相率辭職,並且華顧問從此就消滅了。

上海市民努力的結果,除争得在工部局設置華顧問外,並又反對去了工部局若干擴張權力的企圖,如印刷附律、碼頭捐附律、取締交易所等,亦值得我人的紀載。

工部局管理印刷出版物的企圖,在一九〇三年_{清光緒二十九年}就存在了;到一九一九年_{民國八年}始單獨訂成附律,提出於同年七月十日的納税人特別會,通過了;但其後未得領事團的批准。是項附律内容大致爲:"印刷人及發行人應至各該管領事署登記,如無領事者,應至工部局登記,自登記之日起,印刷人應將姓名及商店所在地印於所印的書報上。凡未印有印刷人姓名及商店所在地的印刷品,無論何人,不得發行或傳遞。"華人因此附律範圍過廣,凡從事印刷業的,多有觸犯刑章的可能了,便羣起反對。上海總商會等呈請外交部設法救濟,部令江蘇特派交涉員向領事團抗議,請取消此項附律。同時,書業公會、書報公會等數家,聯名呈請工部局取消此議。一九二一年_{民國十年}四月十五日,納税西人大會亦爲不足法定人數,未能通過此案。自是數年之中,工部局每年在納税人會中必提此案,而每年均因不足法定人數而未加討論。至一九二四年_{民國十三年}華顧問通過反對是項附律之決議案。^[註三]

徵收碼頭捐之權,係根據一八四五年_{清道光二十五年}及一八五四年_{清咸豐四年}兩次的地皮章程而來,迨至一八六九年_{清同治八年}及一八九八年_{清光緒二十四年}兩次修改章程,其權愈大。照地皮章程第九款規定,工部局得"抽收貨捐:租界内之人將貨物過海關,或在租界界址内碼頭起卸貨物、下船轉運,均可抽捐"。捐率爲貨價千分之一。工部局依照關税税則,凡絲茶等付關税在百分之五以下的貨物,未能抽得最高捐額,因於一九一九年_{民國八年}與法租界公董局、江海關商議,結果擬將碼頭捐附律内"各貨物價值千分之一"一條,改爲"值百抽五關税百分之三",這樣捐税收入當大爲增加。法租界公董局於一九二一年_{民國十年}三月十七日一致贊同。一九二一年_{民國十年}納税人臨時大會,因不足法定人數,未能開會。一九二二年_{民國十一年}大會,結果正同;一九二三年_{民國十二年}國人反對益烈,江蘇特派交涉員且因總商會的請求,對領袖領事提出抗議。一九二四一二五年_{民國十三十四年}兩年納税人臨時大會,復因不足

[註一]　一九二〇年度公共租界工部局英文報告,頁一九〇。
[註二]　一九二〇年度公共租界工部局英文報告,頁一八七。
[註三]　Hawks Pott, A Short History of Shanghai, pp. 250-251;一九一九年度公共租界工部局英文報告。

法定人數,未能通過,終於碼頭捐附律的修正與印刷附律一般被反對去了。[註一]

　　尚有取締交易所一案,亦因被反對而未得通過成立。

　　當五卅慘案發生時,學生演講,上述三案亦作爲題材。五卅案起後,國人方面提出十三條件,終於未能勝利,只有收回會審公廨及工部局設置華董兩問題告了相當的解決。

　　一九一一年宣統三年革命時,領事團乘機佔領了會審公廨的管理權。自一九一三年民國二年冬起,我國屢經交涉收回,終無結果。五卅案起,收回會審公廨列爲十三條件之一;但公使團堅決反對。後來我國外交當局把收回公廨一條與其他條件劃分,單獨交涉,始決定於一九二六年民國十五年二月在北京開議。因政局的不穩,公使團的缺少誠意,談判進行不甚順利。江蘇省政府於是乘機而起,與領事團作爲地方案件交涉。自五月四日,孫傳芳來滬就淞滬商埠督辦職時起,由丁文江向領團開始交涉,至八月三十一日始訂立收回上海會審公廨暫行章程九條。是項章程訂明以三年爲有效期。一九二七年民國十六年一月一日起,會審公廨實行收回,設立臨時法院。但實際上外領與工部局還侵佔着不少的權力。到 一九三○年民國十九年另訂新協定,改臨時法院爲上海特區法院之一,實權始又收回不少。[註二]

[註一]　Hawks Pott, A Short History of Shanghai, pp. 251 - 252;一九二○年度及一九二一年度公共租界工部局英文報告。
[註二]　詳情參考本市通志外交編。

卯　青天白日的上海

一　國民革命軍的上海征服

1. 國民革命軍的北伐勝利——2. 上海局勢的日趨嚴重——3. 革命軍的上海佔領

公元一九二六年民國十五年六月六日,廣州國民政府軍事委員會任蔣中正爲國民革命軍總司令,掌任免所轄各軍長官,及軍事機關黨代表,並指揮軍隊的大權。七月九日蔣氏正式就國民革命軍總司令職,誓師北伐,下總動員令。時湖南第四師師長唐生智舉兵驅逐省長趙恆惕。趙部第三師長葉開鑫得吳佩孚的援助,率兵攻唐。唐敗退,派代表赴粵,見蔣總司令,表示輸誠。蔣即委唐爲國民革命軍第八軍軍長兼前敵總指揮,率湘軍由湘攻鄂;並調第四軍陳銘樞、張發奎部,第七軍李宗仁部往援,激戰數日,葉軍潰敗。長沙遂爲革命軍所有。這是國民革命軍北伐最初的勝利。

蔣中正以軍事勝利,急即出發前方指揮,乘勝進攻:八月二十二日克岳州,武漢震動;九月七日佔領漢陽;十月十日克武昌。湘鄂克復以後,蘇、浙、皖、閩、贛五省聯軍總司令孫傳芳陳兵贛邊,頗有攻取長沙,截斷革命軍後路之意。蔣氏遂率革命軍從長沙直趨萍鄉,與孫傳芳正式開戰。十一月八日革命軍入南昌;江西全省入革命軍手。孫氏自大敗後,即退守南京,並與奉魯軍結合,以與革命軍作最後的決戰。上海這時便成爲孫軍、奉軍、魯軍屯駐之地;軍隊總計不下五六萬人。

一九二七年民國十六年初,革命軍各方節節勝利,上海頓感威嚇。上海防守司令李寶章既嗾使法租界巡捕房封閉中國國民黨上海特別市黨部,而對於報紙,也加以嚴重的取締。是時,各國軍艦陸續駛來上海,防禦租界。上海形勢嚴重,爲從來所未有。

一月革命軍已將福建收復;二月進攻浙江。上海工人與國民黨素有聯絡,於是在二月十九日開始作政治的總罷工,提出"反對帝國主義,消滅軍閥黑暗政治,肅清一切反動勢力,建立真正保護人民利益的政府"等條件。忠於孫傳芳的防守司令李寶章,便以極嚴厲的手段制止罷工工人的活動,捕獲散發傳單的工人兩名,即行斬決。但翌日罷工風潮,反益形擴大,參加人數達三十萬以上。上海軍事當局於是更大規模的用大刀隊捕殺參與罷工的工人及學生。華租界商店因之而引起局部的罷市。上海已成爲恐怖的"斬決"世界。罷工支持四日半,至二十四日始復工。

二十二日上海海軍建威、建康兩礮艦的下級艦員因已與革命軍聯絡,突向陸上發礮二十餘響。礮彈毀壞法租界及南市民房數處。經防守陸軍的嚴重戒備及外艦的監視,該兩艦始停止發礮。同時,工人在公共租界楊樹浦開市民大會,會後有一部分工人衝往閘北,發生搶劫警署鎗枝的事情。

二十三日革命軍東路總指揮何應欽入杭州,前敵總指揮白崇禧赴嘉興視察。孫傳芳軍則在松江沿鐵路布防。翌日,直魯聯軍第五路總指揮兼第八軍長、渤海艦隊司令畢庶澄,奉張宗昌、孫傳芳令,統率所部抵滬。上海海軍駐泊浦江中各艦則奉海軍總司令楊樹莊命,一律開出吳淞集中三夾水。

　　一到三月,上海形勢更緊。三月二日張宗昌、孫傳芳議定前線軍事由直魯軍負責,孫部聯軍當撤往江北休養。直魯軍常之英部於十一日移駐上海,負防守淞滬之責。但軍閥的掙扎已到了山窮水盡的時候,上海已盡是革命的呼聲了。人人期待着革命軍的蒞臨。上海各團體在北洋軍閥嚴厲的控制下,仍由市民公會主持,於三月十二日召集臨時市民代表會議,舉定王孝賚等三十一人為臨時執行委員,宣告接受國民政府節制,建設民選市政府。十四日海軍總司令楊樹莊且正式宣告加入革命軍,在吳淞口外,就國民革命軍海軍總司令職。十七日滬寧、滬杭甬鐵路工人開始局部罷工,因之客車減少。十八日革命軍與閩軍周蔭人部在浦南一帶開戰,閩軍敗退,集合於高昌廟一帶預備開赴江北。十九日上午,革命軍與魯軍在松江石湖蕩一帶開戰,魯軍亦敗回上海,集中後,準備他去。上海情勢至此已危在旦夕了。[註一]

　　北火車站中,滿停軍用車輛,車廂中均係直魯軍。月臺上,警衛森嚴;站內兵士,往來如梭。通往租界的鐵柵門口,由魯軍中的白俄兵守崗,黑呢製服,長統皮靴,仍舊很是氣概。界路口上,英兵防守驟然增多。大刀隊、機關鎗隊,則巡邏閘北潭子灣、麥根路一帶。南火車站中也遍地皆兵。南市與法租界相通處已斷絕交通,並裝置各種障礙物。緊張情態,直令人窒息。

　　國民革命軍於十九日晚佔領閔行、顓橋;二十日即進佔新龍華、老龍華、高昌廟兵工廠等處,而閘北、浦東等地,則工人與別動隊與魯軍激戰。

　　二十日,松江國民革命軍由白崇禧指揮進攻防守三十一號鐵橋的畢庶澄軍,以便衣隊為右翼先導,由浦南抄出明星橋,截斷畢軍與上海的聯絡,並分兵向上海進擊。是日晚十一時後,革命軍佔領新龍華。魯軍以南京號鐵甲車開至老龍華,保護魯軍,退往麥根路。總工會聞革命軍已迫近上海,於是日下午三時即下令六小時內實行全滬總罷工。二十一日開始實行罷工,電車、汽車、郵政等職工也一律參加。同時工人在南市、浦東、閘北等處武裝暴動。南市方面,工人糾察隊假遊行為名,行至警察廳前,即行進攻,並無抵抗,即行佔領;接着向兵工廠前進,該處駐軍亦無抵抗,其時南市保衛團與工人合作,將鎗械借與工人糾察隊。接着南市各處警署先後均為工人繳械。下午四時前後,南市已是青天白日的天下。浦東方面,工人曾與孫傳芳部下駐紮其昌棧至老白渡一帶的游巡隊發生巷戰,至晚七時而定,旋由地方人士與工人糾察隊合組保安局。閘北方面,工人與魯軍的爭持,最為激烈,北火車站、商務印書館俱樂部、湖州會館、虹江路小花園憲兵營、共和路四區警署、天吉里五區警署、天通庵車站,先後都發生激烈的爭鬥。商務印書館俱樂部所駐魯軍僅三十餘人;但因其中貯有軍需,故工人佔領閘北警署後,即帶同武裝糾察隊將其包圍。魯軍以炸彈、機關鎗抵抗。工人不得前進,乃改攻為守。直至二十二日下午四時,知革命軍正式軍隊將到,魯軍始將鎗械散放門前圖逃。天通庵方面,二十一日魯軍約五百人乘車從吳淞開來,工人將鐵路拆毀,車頭出軌,兵車三輛倒入浦內,後魯軍三百人逃入租界,為日水兵繳械,另二百人逃入新廣東街,亦被市民繳械。北站方面,魯軍用鎗礮抵抗工人,復在寶山路放火,工人不得前進。至二十二日下午四時,革命軍向麥根路進攻時,魯軍始潰退。革命軍薛岳部於七時佔領北火車站。

　　革命軍抵滬,直魯軍紛紛敗潰;但吳淞口礮台尚有魯軍盤據。楊樹莊部海軍艦隊自宣佈歸附革命軍後,淀泊於崇明島附近。二十二日下午二時,海容艦先駛抵吳淞口,繼於二十三日上午二時許,海籌、應瑞二艦亦到該處,共圖解決魯軍。海軍旋於七時登陸。先是,由應瑞艦長薩福疇及大副管祺等與魯軍協商收編,大致妥當。故海軍登陸,礮台內魯軍百餘人,即行退讓散去,海軍亦即散隊。十時左右,艦長忽下令重整隊伍,而礮台上機關鎗已紛紛射出,彈下如雨。海軍以快鎗還擊。因礮台後,尚有

　　[註一]　民國十六年三月十三日、十五日、十八日、十九日、二十日等申報。

大隊魯軍,海軍勢所不敵,暫行退去。十一時許,適有大隊革命軍由張華浜開到,於是海軍復登岸,與黨軍聯絡,正午十二時開始合攻,魯軍不敵,當被繳械。事後,海軍艦隊即以海防處爲駐紮所。

自吳淞克復之後,上海已完全爲革命軍堅固地佔領了。

二 從臨時市政府到臨時政治委員會

1. 臨時市政府的成立——2. 蔣總司令勸告臨時市政府委員暫緩就職——3. 臨時市政府的瓦解——4. 臨時政治委員會的成立

一九二六年民國十五年冬,革命軍節節勝利時,上海各團體曾於十二月六日成立市民公會。一九二七年民國十七年三月十二日,該公會曾召集上海臨時市民代表會議,前已述及。革命軍到達上海後,市民公會即於三月二十二日假新舞台開第二次市民代表會議,到會團體代表八百餘人,由臨時執行委員會推定王孝賚、林鈞、汪壽華爲主席團,致詞云:[註一]

> 今日本會在此召集二次代表大會,實爲我人無任之慶幸。上海市民向處於軍閥、官僚壓迫抵制之下,不能享受市民之權利,此爲何等傷心之事! 今者,我國民革命軍戰士已到上海,我向處軍閥壓迫下之上海市民,可恢復自由,享受市政權矣。今後上海市政府之組織,爲吾全體市民唯一之責任,民權政治及民選政府均爲吾人職責上應做之事。今日開會,係民權政治運動之初步,按步就班,組織民權政府,使上海市民有民權政治之標的。本會前者鑒於時局之趨勢,故匆促間組織市民公會,推舉臨時執行委員三十一人。本會以國民黨爲發展民權之唯一機關,故應受其指揮,現已將臨時委員名單呈請特別市黨部及中央政治部上海分部備案。前已得黨部復示,並指定委員十九人,姓名如(李)下:白崇禧、鈕永建、楊銓、王孝賚、虞和德、陳輝德、羅亦農、汪壽華、林鈞、何洛、丁曉先、侯紹裘、王漢良、陸文韶、鄭毓秀、謝福生、李泊之、王景雲、顧順章。

當時全場將委員名單一致通過,市政府委員於是正式產生。翌日,以上海縣公署爲辦公地點,稱爲"上海臨時市政府臨時委員會"。二十五日漢口中央政治委員會議議決,上海臨時市政府臨時委員即由國民政府任命。該委員會即擬舉行就職典禮,正式成立臨時市政府。總司令蔣中正聞知,致函該會云:"頃閱報載尊處通告,於本月二十九日行正式就職典禮。查上海市之政治建設,實爲當今要圖。欲謀市政之建設,在此軍事期內,一切行政,處處與軍事政治統系攸關。若不審慎於先,難免糾紛於後。中正以完成政治統系及確定市政制度計,已另電中央熟商辦法,務望暫緩辦公,以待最後之決定。"但該委員會中,除去鈕永建、陳輝德、鄭毓秀已先後辭職外,其餘各委員仍於二十九日假新舞台舉行正式就職典禮。這個臨時市政府的生命至爲短促,只有二週餘的日子。因爲不久,中國國民黨就實行清黨了。

當革命軍到達上海後,中國國民黨與中國共產黨立即發生糾紛,而共產黨所掌握的工人糾察隊,尤爲重要問題之一。其時滬上各工廠十之九都告罷工,而同時又謠傳工人將衝租界。四月二日,吳敬恆、張人傑、蔡元培、古應芬、李煜瀛、陳果夫、黃紹竑、李宗仁八人,以中國國民黨中央監察委員名義,召集緊急會議於上海,由吳恆敬提出舉發中國共產黨謀叛呈文。另一方面,則由總司令部宣布:"凡工會糾察隊等武裝團體,應歸總司令部指揮,否則認其爲對政府之陰謀團體,不准存在。"先是,克復上海

[註一] 民國十六年三月二十三日申報。

的第一軍第一二師已奉命開赴南京，上海歸二十六軍維持治安。四月一日起，閘北、浦東、南市、滬西一律戒嚴，並由二十六軍工兵裝置軍用電話於閘北。六日二十六軍大部由崑山、南翔開滬，以備控制一切暴動行為。迨至十二日晨三四時，閘北武裝工人大肆械鬥，軍事當局即分別將各處工人武裝解除。南市華商電車公司、火車站、三山會館，及滬西曹家渡各紗廠工人糾察隊同時亦被繳械。[註一]

　　工人武裝既解除，軍事當局於十四日復接收特別市黨部，並搜捕臨時市政府共產黨籍的委員。上海的政權乃全握於上海臨時政治委員會的手中。上海臨時政治委員會係依據南京第二十二次中央政治會議決議案及第六十四次政治會議所通過的該會組織條例而組織的。四月八日，開第一次委員會於上海新西區舊滬海道尹署內。該會職權至大，等於一個臨時統率機關，因為中央執行委員會付與“得以會議方式決定上海市一切軍事、政治、財政之權”，並指導當地黨部。其全部組織條例如下：

　　第一條　上海臨時政治委員會，以下簡稱本會，由中央黨部政治會議議決組織之。
　　第二條　本會承中央黨部政治會議之命令，得以會議方式，決定上海市一切軍事、政治、財政之權。全市軍事、政治、財政各機關，須受本會決議，處理一切軍事、政治、財政。
　　第三條　本會設主席一人，委員十三人，於必要時，得添設委員。
　　第四條　本會主席由中央黨部政治會議主席兼任之。主席因事缺席，得指定委員中一人代理之。本會委員由中央黨部政治會議指定之。
　　第五條　本會須將開會情形及議決案，隨時呈報中央政治會議及國民革命軍總司令。如有特別重大問題，須經中央黨部政治會議核准施行。
　　第六條　本會辦事細則，由本會會議另行製定之。
　　第七條　本條例經二月二十六日第六十四次政治會議決議通過，頒布施行。

四月十七日中央政治會議決議，上海臨時政治委員會改名政治會議上海臨時分會，而職權並未有所削弱。直到上海特別市市政府成立，政權始歸市府所掌握。

三　上海市政府的成立

1. 上海特別市暫行條例的頒布──2. 特別市政府的成立──3. 特別市政府的改為市政府

　　四月二十七日中央政治會議上海臨時分會舉行第九次會議，由委員褚民誼、潘公展提議淞滬特別市暫行條例草案，請核議，結果推郭泰祺、褚民誼、吳忠信、潘公展、孟心史等五委員審查。五月六日，第十五次會議，由郭、吳、褚、潘、孟等報告，該項條例審查修正告竣，提出交議，即經決議通過，稱為“上海特別市暫行條例”，共三十七條，並推褚民誼攜往南京，出席中央會議，說明一切。[註二]五月八日南京中央政治會議第八十九次會議將該項條例通過。十八日，中央政治會議第九十四次會議，由李煜瀛、張人傑、蔣中正、吳敬恆提議，請任黃郛為上海特別市市長，議決通過；同日國民政府即下正式命令。但此時上海特別市暫行條例尚未經國民政府正式頒布。迨至七月四日第一一一次中央政治會議又將該項條例修正；十四日，國民政府正式頒布上海特別市暫行條例，定上海為中華民國特別行政區域，名為上海特別市，不入省縣行政範圍，直隸中央政府，而以上海、寶山兩縣所屬原有之淞滬地域，為特別市行政範圍。設市長一人，由中央政府任命之，任期三年。市政府得設秘書處及財政、工務、公

[註一]　民國十六年四月二日、七日、十三日申報；中國國民黨第二屆中央監察委員會報告書。
[註二]　民國十六年四月二十八日時報。

安、衛生、公用、教育、土地、港務、農工商、公益等十局。市設參事會,參事九人至十三人,由市長聘任之。

七月七日黃郛行市長就職典禮。上海特別市政府正式成立。其後,依據國民政府頒布的條例,各局先後成立。上海市行政的管理,至此始告統一。

黃郛就任甫及二月,即因病辭職,國民政府令張定璠繼任市長。張氏於同年九月十六日視事,爲撙節行政經費起見,於九月底將公益局裁撤,所有該局主管事務,按其性質,分別移交其他各局辦理。後又着手劃分省市權限,確定市行政區域範圍,接收上、寶兩縣各市鄉,一律改稱爲區。

一九二八年民國十七年七月三日,國民政府公布特別市組織法,上海特別市政府遂即於同年八月一日遵照實行改組。除農工商局改稱爲社會局外,其餘各局都仍照舊,並於十二月二十五日成立港務局,辦理本市河港、岸綫、碼頭、船舶等事宜。

一九二九年民國十八年三月,張定璠辭職。國民政府令張羣繼任市長。四月一日張市長就職後,除了整頓舊市區的固有建設外,並劃定市中心區域,努力促進大上海市計劃的實現。

一九三○年民國十九年五月,國民政府公布市組織法,改定各特別市名稱爲市,直隸於行政院。上海特別市政府於同年七月一日起,遵照實行,改稱爲上海市政府。除港務局奉令緩設,於同年十二〔月〕之底裁撤外,其餘各處局,內部組織雖略有變更,而名稱悉仍其舊。一九三一年民國二十年七月七日,市中心區市府新屋舉行奠基典禮,興工建築,原期於一九三二年民國二十一年年度內完成的,後因時局變遷,至一九三三年民國二十二年冬始告落成。

一九三二年民國二十一年一月,張羣辭職。吳鐵城奉命繼任,於一月七日就職,吳市長就任只及三星期,而空前的浩劫突然發生於閘北,那就是壯烈的一・二八之戰。

四　租界的恐慌

1. 租界的驚恐與公共租界工部局的宣言——2. 上海的外兵與外艦——3. 蔣中正關於租界的談話——4. 租界當局的溫情政策

當革命軍將到達上海時,上海租界當局也只腐心於防禦的計劃,除各國派遣大批軍艦水兵來滬外,又手忙腳亂地趕製種種障礙物,如沙泥袋、鐵絲網、鐵柵門等等,安放於租界的四週,以資防守。公共租界和法租界都像被包圍着的行將沒落的孤城了。迫至三月二十二日革命軍佔領上海,工人糾察隊大肆浩劫時,租界當局更形恐慌。公共租界工部局於二十二日即發出宣言云:

公共租界工部局鑒於其對界內中外居民生命財產之安全,負有重大責任,願以此時對於本埠之情形,及所擬趨從之政策,應將所斟酌之意見,詳爲宣布:

(一)上海公共租界係列強與中國政府訂約所規定之區域。於該區域內,外人能得購買地產房屋作爲居住經商之用,至今該租界爲九個外人所組合之工部局治理。在此外人治理之下,上海業已發展成爲目下中國最重要之商埠。其所造就重大之國際商業,及所投鉅額之實業資金,對於中外人民俱有利益,且使無數華人得有職業。

(二)工部局現悉某國政府派人在上海不負責任之華人間,極力活躍,從事散布顛覆主義,意在鼓煽階級間之忿恨,及公衆之患亂。若該項詭計,一經告成,則民間之擾亂及暴動,勢必相繼而至,結果必至毀壞本埠各種商務、實業,工部局鑒於本埠該項形勢之嚴重,且有影響文明世界之可能,自當採用所有之方法管理約束。然際此詭計活動之時,適值全中國國民精神逐漸發展,工部局對於該項精神表示同情之處頗多，不幸目下之國民運動爲抱極端及革命主義之人所主持，彼輩專在蒙蔽及搗亂華人正當之目的，以達一己邪惡之企圖。

（三）工部局深悉華人之戶口增加極速，而該局之組織有改變之必要，故許加入華董，其責任權利與外國董事相同。工部局於一九二六年納稅人常會中，提議界內華人應參預該租界之行政，並請各關係國允該局加入華董三名，此事當經該會通過，而經各關係國核准。今工部局僅待華人推選董事三名，以便諮詢華人代表之意見，討論及解決各項懸案也。如華董今年果能加入，則工部局之董事，將有英人五名，華人三名，美人二名，日人二名。

（四）上海公共租界工部局，將爲如上節所提議改變組織及政治發展之結果所指導治理。觀乎上海商埠之大且重要，有關極廣之國際利益，則同時對其如何逐漸整頓之策，亦應加以研究。據工部局所討論之意見，目下非各關係國討論急切改變上海行政之適宜之時。蓋一種潛勢已侵入中國，其目的專在鼓煽種種不滿意之事，階級間之忿恨，及種族之界限。若於該項潛勢未除之前，欲使中外人民之意見和合，則必無效果。工部局之作此語也，並非表示意見，反對地方事務上增加華人代表。惟按將來之經驗，如再擬改更其組織時，則應取逐漸進化，而非暴烈之法，並須互相用友善禮讓之氣概討論一切。

（五）際此中國階級間發生紛擾及善惡競爭之時，工部局特請思想柔和之中外人民，扶助工部局之政策，保衛租界，以免界內或界外有侵犯之舉動。工部局並請有關係各國政府，請求尊重一自重國家與其他自重國家間所訂條約之責任，而該項責任待至相當時機，自當按正大之眼光，重新討論也。上海工部局總董費信惇。

到二十三日公共租界又發出佈告二條云：

（一）照得本局自本月二十四日起，凡准人民通過租界鐵絲網之通行證，一概停止發給。

（二）照得本局爲維持界內公安及保護安分居民起見，現特警告衆人如下：

一、無論何項中國軍隊兵士或巡警，一概不准擅入界內，或在本局馬路上逗留。

二、除領事署人員或登陸協助本局之西國水陸軍官，或由本局特許者外，無論何人穿着軍服或佩帶徽章衣服記號等表明某會某團體者，一概不准在街上行走或到公衆處所。

三、無論何人攜帶旗幟披肩帶等物，標有華文或西文記號者，一概不准在路上行走，或到公共之處。

四、自晚間十時起至早晨四時止，各居民須留居家內。

五、如有人膽敢違此佈告，或干涉巡捕或本局特派人員維持治安者，或強佔本局應享之權，或犯擾亂公安之罪者，即行拘挐，以上各章程即日嚴厲實施，各宜遵照。

法租界的警戒和公共租界一般無二。其實國民革命軍，對於外交政策，早已有所決定，故革命軍到達上海時，白崇禧即發出如下的佈告：

爲佈告事，照得本黨主張取銷不平等條約，收回租界，久爲全國民衆所渴望，亦即世界公理所贊同。現在本軍既克淞滬，關於一切外交問題，我國民政府當有適當之政策與手續，與各關係國協商辦理，以促不平等條約之撤廢，恢復中國固有之主權。惟當此軍事時期，上海治安至關重要，本軍職責所在，自當力予維持。倘有不法之徒，假借名義，藉端煽動，以暴力擾亂租界秩序，侵害僑民生命財產者，本軍定行嚴懲，不稍寬假。凡我民衆須知國民革命之目的，在打倒帝國主義及軍閥，以求中國之自由平等，絕無仇視外國，排斥外人之意思行動。凡屬中外僑民，其各安居樂業，毋自驚疑。是所厚望。此佈。中華民國十六年月日

然而租界當局猶自驚擾。三月下旬,據字林西報調查,公共租界區內的兵隊如下表:

英　兵	一一、一〇〇名	荷　兵	一〇〇(或一二〇)名
日　兵	一、六三〇名	西班牙兵	一〇〇名
美　兵	一、四三四名	葡萄牙兵	九〇名
意　兵	二〇〇名	義勇隊	一、二〇〇名

一個公共租界防兵竟達一五、八五四名之多,而各國軍艦還陸續開滬。二十八日調查駐泊上海的各國軍艦有如下表:

國　別	艦　數	水　兵　額	噸　數	礮　位
英	六	三、三二三	四七、六七〇	三〇
日	四	一、八〇〇	一五、九二〇	二八
美	三	一、四〇四	一六、五三〇	一八
意	二	六一七	四、八三〇	八
法	—	八九八	一三、三七〇	一八
荷	一	四八〇	七、〇五〇	一〇
西	一	三四三	四、七二五	六

魚雷艇、小礮艦及新到各艦均不在內。上海嚴重的形勢,似若時刻有成為國際混戰的戰場。三月二十六日蔣中正到滬。三十一日蔣氏即召集各西報記者,發表談話云:

　　本人到滬時,由吳淞口經過黃浦江,到高昌廟登岸。目擊各國軍艦及兵士甚多。租界以內,有外國兵士及各種障礙物防守,一若有備戰情形。因此即一變本人未到以前對於上海的好感。租界乃係我國之領土,故本人即發生種種之刺激。當直魯軍在上海時,租界方面,並無外兵及障礙物,而國民革命軍到上海以後,即有外兵及障礙物,觀察租界當局之意,以我國民革命軍似無保護外僑生命財產之能力。本人對於此點,認為莫大的恥辱。本人對於租界一節,本擬早日提出各項問題,以便彼此討論。惟因中央政府之外交人員,尚未到滬,故未提出,一俟外交人員到滬後,即當提出討論。且租界之形勢日緊,我華人之憤激,勢必日高,故本人對租界當局,不得不提出警告,甚望租界當局改變以前之主張,使彼此情感,漸可增進,此為租界當局應注意者。諸君對於中國情形,諒必明瞭,若各國仍用十九世紀之政策,採用軍艦兵隊之武力對付中國,不但不能有益於租界及僑民之生命財產,實反有害。因現在之中國,與十九世紀之中國不同之故也。我國民革命軍所過之地,各友邦均可不必派兵,因我國民革命軍對於外僑生命財產負完全保護責任。如有傷害外僑生命財產,決當賠償,必不失信。我國民革命軍對於各種武力及示威行動,毫不恐懼。現下本人對於租界問題及各項外交問題,尚未奉到中央政府命令,此時不能表示。但今日所作非正式之談話,亦即本人到上海以後所得之不良現象。對於外交問題有數點:(一)取消不平等條約及收回租界,決不用武力及暴力,當由中央政府採用外交正當手續辦理,希望諸君發表,並轉告各國僑民不必恐懼。(二)國民革命軍之革命目的,祗求國際地位之平等,孫總理之遺囑主張,亦復如是。各國如能諒解此點,自動取消不平等條約,歸還中國,自當認為友邦,即以前以不平等待我者,祗要其變更以前之主張,亦可和好親善。試問現在租界當局所採用之手段,能使中國國民發生好感否?本人為國民革命軍之首領,對此不能不發生遺憾,且認為國民革命軍最大之恥辱。是以本人到上海以後,即警告上海民衆,勸令勿入租界,滋生事端。現在罷工工人,願意到廠復工,而廠主拒絕,使工人甚爲憤激。長此以往,如租界當局不改變方針,將來發生暴動,應由租界當局負責,與國民革命軍無關。租界以內,外人治安有外兵負責保護,而租界內之華人,應由何人保護? 國民革命軍有保護華人之責;然又不能通過租界;試問一方有保護華人之責任,一方又不能行使其職權,各國亦有此情理乎? 總之,外兵、外艦一日不撤退,國民革命軍對外僑之生命財產,一日不能擔保。甚望各界友邦速改變方針,俾得彼此早日修好,共謀人類之幸福。

蔣氏懇切的言詞卻還不能感動租界的當局。四月初,各國兵艦還是陸續來滬,租界上還是特別警戒。這也許因爲其時工人將衝租界的謠言甚熾的緣故。直到上海實行清黨,解除工人武裝後,租界的戒嚴才漸漸解除。[註一]

　　上海租界的情勢,從五四運動及五卅慘案發生以後,實際上已有轉變。到了這國民革命時代,租界自知難保,恐慌起來,幸而我國不願有傷國際的情誼,租界得以渡過難關。租界當局亦已覺悟外人獨占主義的時代已屬過去,便以溫情主義來應付我國人了。法總領事早於一九二七年民國十六年一月八日,爲應付突變的時局起見,即發表公董局決定任命一種臨時委員會。委員十七人,其中我國人卻占了五位。這是在法租界史上空前的事情。因有國人參政了,法租界的華人於是組織法租界納稅華人會。該會於三月二十四日通過組織法,至一九二八年民國十七年五月十日在上海市政府備案。一九二七年民國二十年十二月間,法租界納稅華人會曾推舉民選華董一位,得法總領事的允許,出席於公董局,並另選華顧問八人,備供法總領事署的諮詢。至一九三一年民國二十年七月二十八日,法租界會審公廨亦經收回,而設立了第二特區地方法院。

　　一九二六年民國十五年四月十四日,公共租界納稅人會所通過工部局應設置的華董三人,亦於一九二八年民國十七年四月就職,此外尚有華人六人,分任工部局各委員會的委員。一九三〇年民國十九年公共租界工部局華董由三人而增至五人。素來不准華人入內的公園,不論在公共租界或法租界,從一九二八年民國十七年起,一一開放,華人也可去遊覽了。一九二九年民國十八年冬,公共租界工部局以"租界有重要改革問題待決",特向南非州聯邦聘借費唐法官(Justice Feetham)來滬研究上海公共租界制度。工部局想用學理來說明辯護公共租界的需要存在了,也可見工部局是技窮了。費唐於一九三〇年民國十九年初來滬,同年底其研究告畢;翌年其報告書出版,果然只是一本公共租界辯護辭罷了!

[註一]　上文除依據半粟中山出世後中國六十年大事記外,並參考民國十六年三月、四月、五月等申報。

辰　上海一・二八之戰

一　一・二八戰爭的開始[註一]

1. 一・二八戰爭的近因——2. 日僧事件的發生——3. 市政府的抗議——4. 日領的要求——5. 日僑的暴動——6. 滬上將士抗敵的決心——7. 委曲求全的失效——8. 日軍的進攻

一九三一年民國二十年七月一日，長春的北面六里，萬寶山附近，朝鮮人與長春警官發生衝突，日本即派遣警官隊挾機關鎗前去干涉。八月中旬，日本奉天總領事，又發表據有大尉中村震太郎，於六月二十七八日左右，在洮索鐵道線途中，被人虐殺，向遼寧省主席臧式毅提出抗議。萬寶山事件發生後，我國民衆不勝憤激，上海爲全國第一大都市，民氣自然最盛。日本從中村失蹤而尋釁，而於九月十八日午後十時三十分實行佔領滿州後，上海抗日的空氣益加濃厚；二十二日市民開大會；翌日，學生舉行示威，請願以政府對日宣戰。日本政府見滬上的抗日運動的擴大，即派遣軍艦到滬，並向我國政府提出抗議。日商也以抗日運動爲口實，十月九日舉行上海日本人居留民大會，二十七日，在滬舉行長江流域日本人聯合大會，十二月六日，在滬又舉行全中國日本人居留民大會，請求其政府採取直接行動，以壓服我國。爲達到此項目的，日人在滬不惜多方尋釁，以圖造成直接行動的藉口。一九三二年民國二十一年一月十八日的日僧事件於是發生。

據日人發表一月十八日午後四時，有日僧五人，經過引翔港，在馬玉山路三友棉織廠附近，被人毆打。當時二人乘間逃脱，三人被毆受傷，其一後因傷重身死云云。日人臆斷毆打日僧的是三友廠工人，故於二十日上午二時二十分，日人約五十名，携帶鎗械、刺刀、棍棒等武器，及硝磺、煤油等引火藥品，到三友廠放火。事後恐消息走漏，將附近華德路底公共租界警亭包圍，割斷電話線，因而與值差華捕，發生衝突。結果華捕當場被砍死一人，傷二人；日人也有三人中彈受傷，其中一人不久即死。同日下午，日僑二千人，又以日僧事件爲口實，開第二回居留民大會，議決電請政府即派海陸軍發動自衛權，以期滅絕抗日運動。散會後，結隊示威遊行，沿途尋釁，在北四川路一帶，任意將商店門窗玻璃打碎，扯除商店所貼抗日標語，並擊壞公共汽車及電車，公共租界西捕上前勸阻，竟也被毆傷。

此事發生以後，上海市政府即派員至日領事署面提抗議，又於二十二日下午向日領事提出嚴重書面抗議如左：

> 逕啓者，案據市公安局呈報：本市引翔港馬玉山路三友棉織廠，於本月二十日上午二時二十分，有日本青年數十名，潛伏該廠外縱火，共燃火頭四處，當時因深夜，工人已熟睡，未及覺察。厥後該廠職工等，經細密察查，並據附近鄉人目睹，係該日人以火酒汽油硝磺等物引導放火。是時

[註一]　本節參攷淞滬血戰經過；淞滬禦日戰史；滬戰記。

該處附近報警亭有華捕三人值差，聞警即電救火會求救。日人等乃將該亭施以包圍，用刀將三〇二九號華捕斫傷，一一一六號華捕身被刺傷倒地，並將電話機割斷，拋擲附近浜中。另有七六五號華捕，被該日人等追至臨青路，亦爲利刃殺死。該日人等逃逸無蹤。計該廠被焚，損失極大等情。據此，查該日人等竟敢於清晨結隊縱火，焚燬本國工廠，殺死在職華捕，不獨於法所不容，而際此多事之秋，其影響所及，尤爲嚴重。據報前情，除當即派員面提抗議外，用特提出下列條件：（一）日本總領事向本市長表示歉意；（二）迅速逮捕及嚴懲縱火殺人之罪；（三）充分賠償被害者，其賠償之金額，另協定之；（四）切實保證嗣後不得有同樣事件發生。本市長深盼貴總領事對於上述各條，能誠意履行，俾本案可於迅速解決，以息糾紛，而睦邦交。相應函達，煩請查照爲荷。此致日本駐劄上海總領事村井倉松。市長吳鐵城。

日總領事村井接到市府抗議書後，於翌日親至市府，向吳市長表示歉意，同時復提出關於日僧事件之抗議書，計要求如左：

一、市長須對總領事表示道歉之意。

二、加害者之搜查、逮捕、處罰，應迅即切實施行。

三、對於被害者五名，須予以醫藥費及撫慰金。

四、關於排日侮日之非法越軌行動，一概予以取締，尤其應將上海各界抗日救國委員會以及各種抗日團體即時解散之。

當日本領事提出此項要求後，日本海軍司令官即以公佈一件，交報館發表，內容謂上海市長對於日本人，若非予以滿意答覆，並將要求各項立即實行，則海軍司令官決採相當手段，以保護日本帝國之權利利益。此項公佈並抄送公共租界當局及上海市公安局。

吳市長對於日領事上列四項要求之答覆，認爲關於第二項，中國法律對於傷害罪之處分，本有明文，自當緝兇，依法究辦；至一三兩項，亦可考慮。惟第四項事關民衆運動，如在法律範圍以內者，本人無權取締，如有非法運動，自當依法制裁。

此時上海形勢已極緊張，二十日下午日僑在北四川路遊行中，有暴動行爲。經吳市長向日領事提出抗議如左：

逕啓者，案據市公安局呈報，本月二十日下午一時，本市日本僑民，在公共租界蓬路日僑俱樂部，開居留民大會，到會人數約千餘人，會議完畢後，即羣赴駐滬日本領事館及日本海軍陸戰隊請願，行經北四川路時，沿途滋擾，打毀店鋪多家，並將第一二五號一路電車及租界公共汽車玻璃打壞；折至虬江路口，將華商店鋪之玻璃窗，亂行搗毀，直至午後六時餘，在狄思威路始行四散。當時本市民衆，憤不可遏，幸由各該管區所長率同警隊警長極力彈壓勸導，尚無事故發生。計此次華商各店鋪損失極大等情。據此：查關於日僑此項非法舉動，本市政府業經函請貴總領事注意，切實取締在案，乃此次該日僑等，復又故意尋釁。當此時局嚴重，民氣激昂之際，如果發生誤會，貴任自有攸歸，用特提出抗議，即希貴總領事迅予查明肇事人等，依法懲辦，並嚴切制止，以後不得再有上項事情發生。至各商店所受損失數目，俟詳細調查後，再行要求賠償，相應函達，即煩查照辦理，見復爲荷，此致日本駐劄上海總領事村井倉松，市長吳鐵城。

此外，日本海軍陸戰隊，因二十一日發行之民國日報，關於日浪人放火示威之記事中，有"日浪人藉陸戰隊掩護"字樣，認爲與事實不符，破壞該隊名譽，於二十三日下午五時派人至該館提出如左之四項要求：

一、主筆來隊提出公文陳謝；

二、揭載半張大的謝罪文；

三、保證將來不再發生此種事情；

四、罷免直接責任記者。

以上四項要求,限於二十三日上午五時前答覆。函末有"若不承認莫怪也"之句。但陸戰隊提出該項要求後,復威脅公共租界工部局勒令民國日報停版,該報乃於二十七日停版。

二十三日下午三時,日僑千餘人又在日人俱樂部開居留民大會,多數主張即取自由行動,形勢極爲緊張,結果一致請日領向市府嚴重交涉,謂如不於時期內接到答覆,或答覆不能滿意,則日本政府保留依照情形,採取必要行動之權。其時吳市長已準備作最大讓步,設法避免衝突,而日本海軍省竟於此時,又調大隊軍艦來滬,於是上海形勢日趨緊張。

是時防守上海的十九路軍總指揮蔣光鼐、十九軍軍長蔡廷楷,因感日本用艦隊向我政府威逼取締愛國運動,並有自由行動之企圖,特率領在滬各高級將領,至龍華淞滬警備司令部會同淞滬警備司令戴戟商議,議決死守上海,準備應敵。

二十五日,村井領事謁吳市長,詢問日僧事件抗議何日可以答覆,聲稱日僑態度憤激,若不從速解決,如有意外發生,當由市政府負責。同時又謂廿四日晚重光公使館有人放火,事後檢得抗日會徽章及佈告等。經吳市長答云:抗議書四項要求,正在慎重攷慮,並願從速答覆。至於時局嚴重,雙方都應負責。至於使館有人放火及檢得抗日會徽章等事實真相如何,尚須詳細調查,或係有人僞造,冀各嫁禍於人,亦未可知。且放火而遺留該項證物,其憑當不至此,故此事尚須調查,方可表示。二十七日村井領事又通知吳市長所提要求,限於次日下午六時以前,當得一滿意之答覆,否則日本人將採取其所認爲必要之手段,以實現其要求。日人固早準備發動戰事了。

市府爲委曲求全計,乃決定忍辱負重,實行最大讓步。一方面召集當地各界領袖,解釋其應付時局之辦法,實出於不得已,一方面即於二十七日,下令公安局取銷抗日會。

"爲令遵事:慨自吾國難以來,本市人民,愛國心切,乃有各界抗日會之組織,不幸措施失當,責難紛來,而本市民衆團體,又復呈控到府,籲請救濟。本市長深思痛慮,不得不奮謀國之忠,毅然制止,爲此令仰該局,即便遵照會同社會局,迅將該會即予取消,仍將辦理情形具報核辦,切切此令!"事後市府發表談話,謂:"……本市各界抗日救國會成立以來,組織既未遵法定程序,舉動又時逾常軌。扣貨拘人,屢滋物議。宣判處罰,儼如法庭。……以致商會各同業公會等深感痛苦,呈請本府救濟。……上海爲全國金融樞紐,工商命脈所繫,該會行動既有逾越常軌之處,自多影響秩序之虞,爲保全地方安定社會起見,不能不出此斷然處置……"

一月二十八日下午一時四十分,吳市長對日領抗議事發出覆文如左:

逕復者:案准一月二十日大函略開;日僧侶天崎、水上,信徒後藤、黑岩、藤村等五名,於本月十八日下午在馬玉山路附近被毆傷,提出條件四項,請求接收等因。准此,查本案發生,殊屬不幸,本市長深表歉仄。當時據報後,以案關傷害,法有明文,當即嚴令公安局限期緝兇,歸案法辦,所有被害人等之醫藥及撫慰金,本市長亦可酌爲給予,以示體恤。至來函所提關於取締抗日運動一項,現查本市各界抗日救國委員會有越軌違法行爲,業經令行主管局將該會取銷,以維法紀。關於類此之越軌違法行爲,本市長仍當本法治精神,令行取締。至其他各抗日團體,並已令局予以取締。相應函達,請煩查照爲荷。

中國當局爲顧全和平起見,不惜作最大讓步,而日本帝國主義竟得寸進尺,悍然不顧一切,欲以暴力佔領閘北,而戰事遂起,當時日軍進攻閘北出發時的情形,上海泰晤士報(Shanghai Times)紀之極詳,節譯一二如下:

夜十一時左右,北四川路底,日海軍陸戰隊司令部有多數卡車,滿載全副戰裝的大批陸戰隊,飛馳而至。項刻間,司令部庭中充滿了準備出發的戰士,燈光照耀如白晝。機關鎗兵携帶了他們的武器,列隊於庭之中央。來復鎗兵及手榴彈兵,魚貫而入。庭中有高台,上立海軍參謀官兩員,監視集合。下級軍官在行列間踱步,狀甚閒適。其時只見鋼盔籤動,絕不聞語聲。約十五分鐘,各組列隊,皆立正候令。於是號聲起自黑暗處台上,一軍官諭告將士,語調急迫,聲音壯屬。諭告畢,全場寂然,開始鎂光攝影。接着另一軍官,對衆致勉勵辭,而號角聲又起。第二批部隊疾趨入場。列隊既定,有上刺刀之兵四人,擁一持旭日旗之兵入場。於是各軍官皆拔刀出鞘,尖銳的號令聲及革履聲,同時並作。台上二軍官則注視其手腕之時計。庭園一隅所置橘黃色之鐵甲車,亦開始活動。戰士紛紛躍登卡車,轉瞬間卡車及鐵甲車之軋軋機聲,皆沈沒在門外群衆的歡呼聲中了。

原來司令部外,已有日僑數百人聚集,每見卡車或鐵甲車經過,必揚臂歡呼。步行的隊伍經過,必鼓掌狂號。附近日僑家屋,皆有婦女臨窗高呼:"蘇牙那拉"即再會之意,表示歡送。出發之戰士,則皆揮手大笑爲答。五分鐘後,卡車均駛抵指定地點,戰士紛紛由車上躍下,埋伏於毗連我國軍隊防線各地點,準備進攻。其行動如黑夜之貓,異常謹慎。凡人數較多之隊伍駐在處,必派哨兵深入閘北邊境。機關鎗兵則在各隊前列,以鎗口向前,預備施放。鐵甲車分駐各重要地點,候令前發。衛生隊則携帶擔架藥箱,追隨左右。其時北四川路的景象,寂靜之中,充滿了殺氣。

是晚出動之日海軍陸戰隊約一千名,並有所謂在鄉軍人加入工作。自陸戰隊司令部出發後,分佈於北四川路通閘北之各馬路,前哨深入至淞滬鐵路線附近。信號一發,所派隊伍,即向西北急進。其時約十一時四十分。日軍發動後,我國初由守警及憲兵抵禦,繼由十九路軍正式接戰。天通菴路、寶興路、虹江路,以次發生劇烈的巷戰。一時機關鎗聲、來復鎗聲,密如連珠,小鋼礮轟聲及手榴彈爆炸聲,亦隨之而起,震動世界之滬戰於是開始。

二　中日兩軍激戰的經過[註一]

1. 閘北之役——2. 吳淞之役——3. 曹家橋之役——4. 江灣廟行鎮之役——5. 瀏河之役

一　閘北之役

一九三二年民國二十一年一月二十八日晚十一時三十分,戰事爆發！日軍以天通菴車站爲根據點,右自虹江路口,沿寶山路,寶源路,橫浜路,左至青雲路等處,用鐵甲車、裝甲車掩護步兵向我一五六旅第六團防綫猛衝,並到處放火焚燒各商店。一面用手榴彈從屋頂擲下,來勢非常兇猛。終賴我官兵沈着應戰,奮不顧身,以手榴彈投擊敵人的裝甲車,遂將敵人完全擊退。結果,毀敵戰車四輛;我方死傷亦不少。

十九路總部見戰端已開,真面目的戰爭勢難避免,即下達如左的命令(要旨):

[註一]　本節均依據陸軍第十八、第五軍偕行社所發行之淞滬抗日見聞錄,因其紀載較確,且具有半官式之性質的緣故。

1. 第六十師着即集中南翔,先以一一九旅第一團兼程開赴真如相機策應。

2. 第六十一師一二二旅開至黃渡、南翔間,集結候命。

3. 憲兵第六團着由真如開赴前方,歸七十八師區壽年師長指揮,參加閘北方面作戰。

4. 高射礮隊以二門位於閘北,以二門位於真如無綫電台附近。

5. 本部位於真如。

二十九日晨,敵復向我閘北陣地猛烈襲擊,幸我官兵一致奮勇抵抗,卒將敵人擊退。此外敵人更利用空軍,隨處爆擊:始在閘北轟擊重要機關及建築物,繼復沿北站、真如、南翔之線,實施爆擊。我貨車多輛被毀,淞滬路的一段,也被截斷,民眾死傷極多。直到午後二時,敵乃順從各國駐滬領停戰的請求;但其增兵遣將,顯然仍作積極的一切攻擊準備。

敵於二十八、二十九兩日既均被我軍奮勇擊潰,一時戰線,暫歸沈靜。及至三十一日,英美司令官邀請中日軍事當局協商同意,停戰三日,俾日領請訓後再行討論其他一切。詎知日軍不守信約,不待二月三日下午的停戰限期,即於二月二日下午一時,派遣飛機,沿閘北,真如一帶,實施爆擊。並於一時二十分,日海軍陸戰隊由天通菴車站方面,用大礮、機關鎗,向我閘北防線進攻。我方鑒於日本如此蠻橫無信,除由市府分向英美日三領事提出正式抗議外,所有全綫官兵,都各沈着應戰。敵軍終不得逞。

敵軍連日向我閘北防綫攻擊,均被擊退,頗受鉅傷。二月二日復有大批陸軍登陸,故決心實施全綫真面目的攻擊。對吳淞方面,則以海陸空軍協同進攻;對閘北方面,仍以步礮兵猛烈火力向我射擊,企圖以火力壓倒當面我軍的陣地,而掩護步兵前進,藉此復可牽制增擾吳淞方面的援軍。所以從二月三日晨八時三十分以來,橫浜路、寶興路、靶子路、福生路、北河南路及沿淞滬路方面,激戰頗烈;但先後被我擊退。而據吳淞方面報告:當敵艦及飛機向我礮台攻擊時,我礮台守備隊也發礮還擊。結果,敵艦一艘被擊沈,二艘受傷,並有敵機一架被我擊落。

二　吳淞之役

二月四日敵軍以不滿意我方提案,和議遂告破裂。因而敵復以到滬的海陸空軍全力向我總攻。可分三方面述之如左:

甲　真如以南地區,平靜無戰事。

乙　閘北方面　本日黎明敵軍將天通菴同濟路附近的主力,向西北移動,對八字橋、江灣各要點猛力衝擊。其陸空軍的連絡,頗爲確實。步兵的前進,均以鐵甲車爲掩護。自晨迄晚,攻擊並未間斷。經我官軍沈著應戰,視死如歸,肉薄至再,敵人總不得逞。計是日斃敵數百名,燬敵戰車兩輛。敵見攻擊頓挫,遂狼狽退回原陣地,保持對峙局面。

丙　吳淞方面　敵人於本日以猛攻必下的目的,集中兵艦及陸上的礮火、空中的炸彈,實施殲滅破壞等射擊。同時以陸戰隊在其掩護之下,強渡蘊藻浜河,企圖佔領吳淞要塞。其發射的礮彈不下三百餘發,擲彈約百餘枚。我吳淞要塞幾全部覆滅。原有吳淞礮台的守備部隊,傷亡逃避殆盡。後經我七十八師一五六旅翁旅長照垣督率,第四團派兵死守,奮勇抵抗,敵卒不得逞。此役我第四團死傷約有數千人。

五日上午八時至下午四時,八字橋南北的敵軍,不斷向我防綫突擊。同時敵機更大施展其慘暴手段,向各商店村莊爆擊。居民死亡枕籍,房屋盡成焦土。而我軍士氣,因此種慘狀的刺激,更增加其奮鬥的精神。故敵陸戰隊接近我守兵時,恒飽受肉薄及手榴彈的損害而狼狽潰退。真如方面我軍擊落敵機一架。機師三員同時遭焚斃命。機師之一係海軍大尉矢部讓五郎,其餘爲中尉二人,姓名不詳。至於吳淞方面本日無激烈戰爭;惟有敵艦數艘向我浦東連射數礮。敵軍因未能制勝,又有四千餘陸軍從日本來滬。夜十一時起,敵又向寶通路、青雲路等處攻擊。

六日敵軍遣外第三隊司令野村到滬,即代鹽澤指揮駐滬各軍。其作戰計劃,擬以新到陸軍由香煙橋、虹鎮方面,繞道襲擊江灣,實施中央突破以斷我吳淞、閘北的連絡。侵晨,敵即以四千之衆,大礮數十門、鐵甲車四十餘架、重機關鎗數十挺,向我八字橋及江灣一帶猛烈攻擊,以圖一舉衝破我陣線,而恢復其閘北殘餘之士氣。經我軍沈着迎擊,苦戰數小時,敵紛紛遁迴。是役敵傷亡甚多,我亦傷亡百餘人。

七日據確報敵有一師團增援,一二日內即到達,將由江灣、吳淞之綫登陸。英人消息亦稱敵有陸軍數千,由張華浜登陸,企圖於本日攻下吳淞。至於戰鬥情形,閘北方面,敵仍沿八字橋、江灣爲攻擊目標,首以集中的猛烈礮兵火力破壞我陣地,繼則以鐵甲車掩護其步兵衝鋒,來勢極兇。但我全綫官兵均痛恨日軍的橫暴,無不視死如歸,奮勇肉搏。激戰數小時,敵死傷纍纍,卒不得逞;而我方傷亡亦頗不少。在吳淞方面,敵以鐵甲車十四輛,掩護步兵千餘,由軍工路向吳淞要塞前進。經我一五六旅迎頭痛擊,紛紛相繼潰退,計敵死傷過七八百名。

三　曹家橋之役

八日晨起閘北至江灣一帶,敵又猛力進攻。其攻擊方式,仍不外先以礮兵及飛機對我陣地連續轟擊,最後乃以裝甲車掩護步兵數千,分向我閘北、八字橋、江灣之綫,反覆衝擊,前仆後繼,勢極兇猛。幸我官兵沈着奮勇,愈戰愈烈。敵因傷亡過多,卒不支而退。我方傷亡,亦屬不少。

九月至十一日,敵因迭受巨創,勞頓已達極點,無力再作真面目的攻擊,故只以大礮、飛機施行爆擊,企圖擾亂破壞。九月晨僅有一小部日兵來犯;十日亦然,直至十一日,雙方陣綫均較平靜,無若何大規模的變動。十二日,敵由青雲路、天通菴、八字橋三路向我第六十師攻擊。對戰約一小時,旋經擊退。曹家橋方面敵千人與我六十一師一二二旅激戰一小時後,亦即退去。

十三日,敵向蘊藻浜的曹家橋、紀家橋一帶進攻,我軍與之對戰,其戰況的猛烈實爲空前。是日晨四時許,紀家橋南岸發現敵兵四五百人及礮兵若干,向我紀家橋北岸陣地攻擊。最先仍以礮兵集中火力實施預備射擊,繼則放射煙霧彈掩護敵的架橋渡河。因其時適值大霧彌漫空際,雨雪交加。我守兵死亡過多,遂被突破,姚家灣、鍾家宅一帶,遂被敵佔領,而敵之陸續渡河者竟達千餘人;我方增援部隊也相繼增加,再四逆襲,反覆衝擊,卒因敵的火力過濃,前進頗受阻止。直至午後三時,我方奮勇進迫,敵卒不支,退守姚家灣小河南岸及紀家橋附近。計是役第三營營長李榮熙陣亡,團長鄭爲揖受傷,其餘官兵傷亡都很重大。午後七時,我方向姚家宅及紀家橋攻擊。八時,全綫轉取攻勢,我軍在敵人的濃密火網中,奮不顧身,肉搏至再。敵遂不支,全線崩潰,紛紛徒涉蘊藻浜河,向張華浜方面狼狽竄去。我方以猛烈機關鎗火行追擊射擊,敵死傷及溺斃河中的,不可勝計。

四　江灣廟行鎮之役

敵自蘊藻浜攻擊失敗後,在滬日軍主力,喪失殆盡,已無反攻能力,迭電東京乞援。十四日其第九師團及十二師團的一混成旅,由植田謙吉指揮之下,全部到達上海。此後所有在滬日軍概歸其指揮。抵滬後,因部署未妥,恐我國反攻,亟亟提出議和條件,以便得餘裕的準備。十五、十六、十七三日都沒有什麼激戰。

十八日,敵軍部署準備完畢,和議遂宣告破裂,於是晚八時,對我軍提出哀的美敦書,限於二十日午後五時以前,由租界起撤退完畢,其通牒如下:

本職基於欲以和平友好之手段,達致任務之熱烈希望,茲對於貴軍通告左開各件:

（一）貴軍應即從速中止戰鬥行爲,於二月二十日午前七時以前,將現據之第一線撤退完了。

於二月二十日午後五時以前,從黃浦江西岸,由租界西北端,連結曹家渡鎮,周家橋鎮及蒲淞鎮之線起算,黄浦江東岸由連結爛泥渡及張家橋鎮之線起算,各從租界境界線向北二十基羅米突之地域(包含獅子林礮臺)内撤退完了,且在該地域内撤去礮臺及其他之軍事設備並不新立之。

(二) 日本軍於貴軍開始撤退後,不行射擊,轟炸及追擊動作。但飛機之偵察,不在此限。又貴軍撤退後,日本軍僅祇保持虹口附近之工部局道路地域(包含虹口公園之周圍)。

(三) 貴軍第一隊撤退完了後,日本軍爲確認其實行起見,派遣有護衛兵的調查員於撤退地域,該項調查員攜帶日本國旗,以資識别。

(四) 貴軍對在該撤退地域外,上海附近之日本人生命財産應完全保護之,此項保護如不完全,日方當採適當之手段。對於便衣隊須作有效制止。

(五) 關於在上海附近(包含撤退區域)外國人之保護,容另商議。

(六) 關於禁止排日運動,一月二十八日吴市長對於村井總領事之約諾,應嚴重實行。關於此項,當另由帝國之外務官憲對貴國上海行政長官有所交涉。

如以上各項不能實行時,日本軍將對貴軍不得已採自由行動,其結果所生一切責任由貴軍負之。

昭和七年二月十八日午後九時,大日本司令官植田謙吉。

蔡軍長廷楷即於次日駁覆云:

逕復者,頃接貴司令二月十八日午後九時來函,備悉一切。本軍爲中華民國國民政府所統轄之軍隊,所有一切行動,悉遵國民政府之命令。來函所開各節,業經呈報國民政府核奪辦理,由外交部運行答復貴國公使,軍長未便答覆。此致大日本軍司令植田謙吉。中華民國第十九路軍長蔡廷楷。二十一年二月十七日午後七時。

吴市長覆文亦謂:"……此次貴總領事所請轉達本國軍隊要求實行之各項條款,本市長未便轉達。查來函所指各節均爲足以影響中日兩國一般關係之問題,應由兩國外交代表處理。故本市長業已呈報本國政府核奪,由外交部逕行答覆貴國駐華公使矣。"

上項交涉於是晚便告破裂。當時敵軍的情勢如下:

1. 閘北至八字橋,爲敵之海軍陸戰隊約八營,每營約一千人,計八千人。
2. 由八字橋到江灣廟行鎮,爲敵之第九師團全部。
3. 由蘊藻浜南岸到張華浜車站,爲敵之久留米混成旅團全部。
4. 飛機場在滬江大學及引翔港北方地區。
5. 海軍飛機仍在吴淞口外母艦上。

十九日無劇戰,只在午後十一時,敵對我行擾亂礮擊。

二十日拂曉起,日軍全綫向我各方猛烈進攻。閘北方面,在上午六時,敵約千餘人,機關鎗十餘挺,由北河南路分向我新民路、寶山路衝擊。至八時爲我擊退,斃敵五六十,奪獲三八式步鎗一桿,子彈五十發。八字橋至楊家樓一帶陣地,則在正午之頃,有敵五六百向我攻擊,並續有敵千餘向持志大學新校址,談家宅一帶移動,有繞攻江灣模樣。我軍在孟家宅的排哨與敵肉搏,擊斃敵數十名。排哨長陣亡,孟家宅被敵佔領。我軍隨派隊增援逆襲,至夜十二時始恢復原陣地。江灣方面,則在上午六時許,即有敵約二千餘,唐克數十輛,騎兵百餘,大礮十餘門,同時向我猛攻,並有飛機十餘架轟炸江灣車輛。我軍奮勇抵抗,並安放地雷毁敵唐克六輛,激戰至午後六時,敵遂退去。入夜後,敵以唐克掩護步兵衝鋒,均經擊退。是役營長李畏及連長二員負傷,陣亡排長一員,傷亡士兵數十。吴淞,寶山方面,清晨六時三十分即有敵機三架飛空偵察,九時增至六架,隨處施行猛烈爆擊。同時,敵艦十餘艘,開礮向我沿河陣地射擊;計發礮千餘。我陣地被破壞極多;碼頭房屋,中彈起火,其勢頗爲兇猛。但我守兵均能沈着應戰,擊退頑敵。

又敵機於本日到劉家行、真如、南翔、崑山一帶,行擾亂爆擊,人民死傷極衆。南翔車站站長亦受傷頗重。

二十一日午前二時,敵以大礮向我寶山路、天通菴、八字橋及江灣一帶猛烈轟擊,並用多量燒夷彈向我後方各地建築物投擲。火煙四起,爲狀極慘。至天明後,以煙霧彈之放射,掩護唐克、步兵,向我江灣陣地猛烈攻擊。激戰終日,敵卒不得逞。入夜後,因江灣車站附近房屋燃燒,且受敵三方面交叉進攻火力,損失過大,當即放棄。真如方面,則清晨五時,即有敵機三五,到處擲彈,炸毀真如站劉家行汽車路一段。下午一時三十分,在董家宅附近,被我用小礮擊落敵機八四六號甲種四型戰鬥機一架。落地後機身全毀,駕駛員名田中中隊長斃命。吳淞方面,於午前二時,敵機擲彈甚猛,敵礮也徹夜轟擊。江邊一帶陣地,隨築隨毀。至下午二時,有敵艦五艘、飛機三架、轟炸獅子林礮台。我礮台還擊,因敵煙幕遮蔽,目標不明,收效甚少。瀏河方面,敵兩日來以十二師久留未混成旅向廟行正面佯攻,以第九師團之主力向我江灣猛烈攻擊,企圖突破江灣,斜攻閘北。故敵兩日集合其數十架的飛機,向我陣地爆擊;唐克二十餘架、鐵甲車三四十輛,掩護其步兵反覆衝鋒。我陣地工事被敵毀壞殆盡,士兵傷亡過半,血肉橫飛,戰況極烈。但我官兵都能視死如歸,奮勇支持,將敵擊退,而敵數日來苦心經營中央突破江灣的計劃,至此又成畫餅,遂有翌日移其主力於江灣以北地區而發生廟行的劇戰。

二十二日晨,閘北至江灣南端,戰事稍爲緩和;而江灣以北到廟行鎮之間,敵人集中礮火,昨夜以來,不斷射擊。至午前五時,敵第九師團的主力約萬餘,向廟行正面猛攻。我五二七團三營陣地,被敵突破。俞師長濟時將全部預備隊增加,仍舊不支。錢旅長倫體及陳副旅長普民負傷,二兵營營長唐循陣亡,而士兵傷亡過半,全綫陷於苦戰狀態。故十九路總部於九時決心即由江灣至蘊藻浜及正面,三處同時出擊,下午三時開始實行,至夜十一時,敵大部被我包圍於金穆宅,敵死傷達二千以上。所獲戰利品也極多。六十一師俘獲敵第九師團營長一員,名空閑昇;軍旗三面,鐵帽十餘頂,六五步鎗數百枝,機關鎗數梃。吳淞方面,敵於下午四時由長江開來敵艦四艘,南洋開來敵艦五艘,齊向獅子林礮台射擊,歷三小時。獅子林礮台完全被敵破壞。

敵三日來施行總攻的計劃,至此可説完全失敗;因而向其東京首腦部一再請援,據報有續派第十第十四及第一師團來援的消息。所以從二十三日起,各陣地只有局部的戰爭。

二十三日,敵對閘北一帶正面未加攻擊,祇不時以礮兵向我射擊,至江灣、廟行之間,敵仍來猛攻;然終不得逞。至夜,我八十八師因敝殘太甚,便調至廟行西方地區整理;其所遺廟行以南至江灣的陣地由六十一師副師長張炎率部三團,附八十八師獨立旅右團接替。在廟行、胡家莊的陣綫,則由八十七師孫旅接替。

敵於二十三、二十四兩日即猛攻小場廟,至二十五日更試行其大部分兵力的突破攻擊。我軍初受敵礮兵的猛烈火力,一時曾有動搖;但因官軍的奮勇沈着,俟敵步兵接近,即起而與之肉薄〔搏〕,卒予敵重創,使不得逞。其各方面的戰鬥如左:

廟行至小場廟方面　二十五日早八時,敵陸空軍向我廟行以南至小場廟的陣地猛攻。到九時後,敵集中重礮、野礮的火力,向我金家木橋的陣地猛烈射擊,一小時內發彈二百餘發。我右團陣地稍有動搖,經派第六團增援反攻,始告穩固。到下午四時,敵復由空軍指示目標,向我小場廟陣地猛攻,隨以步兵數千衝鋒。我右團因受敵猛烈的礮火射擊,傷亡極大,陣地頓呈動搖現象。當由七十八師黃旅謝團增加,並令一二一旅第二團由嚴家宅協力出擊,敵受大創。六時三十分,我軍進展至小場廟附近,因敵陣地已設電網,便停止前進。

　　八字橋及閘北方面　二十五日晚十一時許,敵約二百餘人來攻八字橋,戰約半小時,敵即退去。閘北,天通菴一帶不時有敵向我射擊。

　　吳淞與江灣鎮在二十五日無甚戰争。

　　二十六日,上午二時,江灣車站附近有敵約二百餘,向我進擊,當經我軍擊退。惟因江灣鎮方面,自二十日以來,房屋被焚罄盡,而小場廟已被敵突破。故江灣已陷於突出的地位,遂不能不於二十六日上午十時,放棄而退據金家園夏家蕩畫竹園沿線,沿河配備。敵艦多艘向我獅子林礮台及寶山城射擊極烈,並有飛機向我要塞擲彈。

五　瀏河之役

　　自二十日迄二十三日,敵全線向我總攻,血戰四晝夜,敵死傷且及萬人,乃一方由國内積極增加輸送,補充新兵,並增派第十一、十四、十六等三師團來滬;同時派軍事參議官白川大將爲在滬日軍的統帥。二十七日,敵十一師團到達上海。是日全線沈寂;但敵飛機仍常向我後方崑山、蘇州一帶實施偵察,並企圖爆破鐵道:正急於部署軍事中。

　　二十八日全線仍極沈寂。午後九時,張華浜附近發現極多木板;黃浦江中敵艦十餘艘,拖帶民船數十隻有向我瀏河附近登陸的企圖。

　　二十九日上午敵用猛火向我閘北一帶陣地轟擊,繼以唐克車掩護步兵,向我北站方面衝鋒,我軍都能沈着應戰,斃敵三千餘名。寶山路、天通菴路沿綫,則無激戰。真如方面,敵自拂曉後即以大礮進攻,並以飛機十二架投彈,旋被我軍擊退。

　　敵大批援軍於二月二十九日先後到達,有十一、十四兩師團。所有在滬日軍,改由敵將白川統率。至三月一日午前八時,敵即以生力的海陸空軍向我全綫總攻,並以密集强大的礮火及空軍炸彈施行猛襲,使步兵在其掩護下得以進展。我全線官兵無不奮勇迎擊,肉薄〔搏〕達數小時之久。但敵亦前仆後繼,不斷增加;尤以楊家樓下及竹園墩的陣地血戰最烈。迨至十二時左右,我七十八師正面一部傷亡殆盡,敵遂得乘隙而入。隨即調所有預備隊增援,始得將敵擊退恢復原陣地。而敵仍滯留我陣地前端,正擬全線出擊,與敵決戰,忽據急確報告:瀏河以西楊林口ㄨㄟ口一帶,有敵十一師團的一部約三千餘,利用烟幕、海軍及飛機等的掩護,强行登陸,便不得不將正面作戰的部隊,儘可能抽調,以應付該方面的敵人。遂令左翼軍的孫元良旅趕赴瀏河,企圖乘敵登陸後立足未穩之際一舉而殲滅之,這時已午後二時了。敵同時復加派生力軍,乘我正面薄弱,死力突擊,血戰數小時,大場我軍正面於是復有一部爲敵突破。這時第二綫戰鬥羣業已使用罄盡,而全綫肉薄竟日,死亡忱藉。同時我瀏河方面又受優勢的敵竭力壓迫,支持苦戰到晚上,以當晚決難得有援兵,爲保持實力計,便決心將全綫撤到黃渡、方泰鎮至嘉定太倉之綫,待機轉移攻勢。吳淞要塞軍隊則於二日開始向嘉定太倉撤退。三日,敵軍白川司令發停戰聲明。而我軍各部隊已撤至指定地點,構築工事,整理佈防,一方準備繼續抵抗,一方遵奉政府命令聽候國際的調解。

三　停戰經過及停戰協定[註一]

　　1.外交部的宣言——2.日本的停戰條件——3.國際聯盟的決議——4.停戰會議的波折——5.停戰協定的全文

─────────────

[註一]　本節參攷淞滬血戰經過;滬戰記;淞滬禦日戰史及國民政府外交部白皮書。

我軍自瀏河、江灣、廟行、閘北一帶退守第二道防線後,三月二日,國民政府外交部鑒於日軍的續至,及總攻,特在滬發表宣言云:

茲鑒於日本援軍續到兩師團,並在瀏河及吳淞復行總攻,特爲重要之事實聲明如左:

查中日代表,因英海軍提督克萊爵士之幹旋,曾在甘特軍艦會商,立即停止敵對之基本條件,當經獲得諒解如下:(一)雙方同時撤退;(二)不得提議永久卸除吳淞或獅子林礮台問題;(三)雙方之撤退,由中日委員會會同中立國視察委員監視之;(四)撤退區域,照舊由中國官吏治理,並由中國警察維持治安;(五)中國軍隊退至真如,日本軍隊退至公共租界及越界築路地段,俟雙方上述撤退完竣後,中國軍隊退至南翔,日本軍隊退回艦上(此最後一點交由將來續開之會議討論),又議定如中日政府贊同此項假定之諒解,則雙方正式外交及軍事代表,當舉行一正式會議,以完成此項辦法。二月二十九日,中國代表通知克萊提督,中國政府業經贊同,並請其轉達日本當局。倘日本政府亦同樣贊同,則正式代表可以立即正式會議。但關於東京政府之決定,日方迄今尚無答復,而在此期間,日本海陸空軍復向中國軍隊全線總攻。且日本總領事並經通告中國市長,日軍決意炸燬京滬滬杭兩路。此項和平之努力在中國方面至爲懇切,倘使仍歸失敗,則其責任,當由日本再度負之。

是日午後九時,日本始發出停戰覆文,向我方提出所謂立即停止敵對行爲的基本條件四項,由英提督克萊轉交市長吳鐵城。其條件大意如下:

一、倘中國保證將其軍隊由上海撤退至一定的距離,則日本同意於一定期間的停戰。

二、停戰期間,中日開圓桌會議,有關係的主要列強之代表,得參加此項會議。

三、撤兵(連"便衣隊"在內)應由中國開始。中國軍隊撤退至一定距離,查明確實後,日本軍隊向上海,吳淞區域撤退。一俟平常狀態恢復後,日本軍隊再由上海及吳淞區域撤退。

四、倘若有一方破壞停戰條件,他方應有行動的自由。又第一段所開議定的停戰期滿後,雙方均得自由行動。

我國當局以日本所提條件,與二月二十八日甘特艦上商得之五項條件,相去甚遠,萬難接受,而三四兩日日內瓦國聯盟特別大會,亦議決命令中日雙方停戰。其決議如下:

一、請中日兩政府立即採取必要步驟,保障切實履行雙方軍事當局已發出停止敵對行爲之命令。

二、關於第一條所要求者,雙方如何進行,應將實情隨時通知國聯會議。

三、國聯會議建議中日代表,應於上述各國海陸軍當局援助之下,舉行談判,藉謀確實停止敵對行爲,並以佈置日軍撤退事宜。國聯會議並盼中立各國關於談判之進展,隨時向會議報告。

日政府於接到國聯是項決議案以後,即訓令白川停止進攻。於是白川與海軍司令野村聯名發表宣言云:

駐上海之日本陸海空各軍,爲遵守職務起見,曾以和平方法,保護日本僑民。但被迫而出於敵對行爲。現在中國軍隊,已照日本原有之要求退出。本區日僑獲得和平。公共租界治安亦已恢復。如中國軍隊不再有軍事行動,我軍即停止戰事。

日本領事亦正式宣告

現中國軍隊已撤退二十啓羅米突,日本目的已達,故今後停止進攻。

三月二十四日上午十時，停戰會議正式在上海英領署中開幕。雙方代表如下：

中國方面

郭泰棋〔祺〕（首席代表）

戴　戟

黃　强

譯　員　郭德華　殷汝耕

日方代表

植田謙吉（首席代表）

田代皖一郎

島田繁大郎

譯　員　林　出　岡　崎

關係國方面

藍蒲森——英國公使

詹　森——美公使

齊亞諾——意代辦

韋理德——法公使（由法公使館卜德代表）

停戰會議於三月二十四日開幕；但是日經六小時之討論，毫無結果。

二十五日第二次會議，討論日軍撤退程序，日方主張退至真如、獅子林線，我方堅決反對，並表示退席。後經友邦公使勸解，始免破裂。二十六日，第三次會議，將日軍撤退程序一點，另組軍事小組委員會討論，所以形勢和緩。二十七日，星期日，休會。二十八日，續開第四次會議，通過共同委員會之組織，及辦事細則。我方提日軍撤退期限問題，無甚結果。英使乘休暇時間，將過去會議討論要點，分析整理，擬定停戰撤兵協定新草案五條，並加附件四條，全文如下：

第一條　中日實行停戰。

第二條　中國軍隊在停戰及日軍撤退時，暫駐原防，以待將來之解決。

第三條　日軍依一定之程序撤退至一月二十八日以前之原防。

第四條　中日兩方代表及英、美、法、意四國代表，組織一公共委員會，證明第一第二第三各條所規定之實行。

第五條　協定由雙方簽字後，發生效力。

附件四條

第一附件　關係協定草案第一第二條之銓繹，詳敘雙方軍隊現駐地點及其人數。

第二附件　關係協定草案第三條之銓繹，詳細規定日軍撤退之地點與時間。

第三附件　關係協定草案第三條之銓繹，規定日軍撤退後所有留在已退出區域內之日本傷兵傷馬處置辦法。

第四附件　關係協定草案第四條所定共同委員會之辦事細則。

二十九日，第五次大會，通過協定草案內規定"實行停戰"的第一條，而將撤退期限問題交付小組委員會討論，要點仍未解決。三十日，大會休會，軍事小組委員會繼續討論撤退地點問題，爭持不決。三十一日，第六次大會，通過協定草案規定"中國軍隊暫駐原防線以待將來之解決"的第二條，附加"本條不能限制中國政府關於其軍隊自由行動之永久職權"一款。地點問題，略有眉目；期限問題，雙方意見相距甚遠。所以四月一日休會一天,設法轉圜。二日,大會及小組會同時舉行,反覆討論日軍撤退期限及退駐地點,仍相持不決。日方在小組會並節外生枝,詢問我國軍隊在蘇州河以南與南市浦東等處的防務情形。三日,再休會。四日,第八次大會,於下午三時舉行,小組會亦同時開會討論,毫無結果,幾又決裂,由友邦公使斡旋,大會休會二日,求轉圜辦法。六日舉行小組會,對日軍退駐地點,已有眉目,擬定四處:(一)吳淞方面,爲吳淞鎮、蘊藻浜、張華浜,包括張華浜車站,東至黃浦江,成一半圓形之地點;(二)江灣方面,東北自殷行鎮,而南至萬國體育場,成一長圓形之地點;(三)閘北方面,在橫濱橋東,包括六三花園、日本公墓及天通菴車站成一三角形之地點;(四)引翔港方面,東至黃浦江,南接公共租界楊樹浦,東端包括滬江大學及引翔港鎮,成一扇面形之地點。但以上四處,雙方同意不得妨礙交通,張華浜、天通菴兩車站均可通車。並決於七日起,雙方代表及各國武官分頭前往實地視察。七日,第九次大會,日方將二日小組會涉及的蘇州河南及浦東一帶中國軍隊防務問題,提出討論。我方竭力拒絕,費時甚久,而對於撤兵期限,仍各堅持。小組會全體於下午二時赴吳淞視察。八日,小組會議將吳淞區面積詳細規定,大會休會一天。九日,第十次大會,討論日軍完全撤退期限。日方堅持六個月。我方由三個月讓步至四個月,仍不解決,幾至破裂。最後日方於散會後,允向東京請示,始有一線希望。小組會議爭辯浦東及蘇州河南駐軍問題,亦無結果。十一日,預定舉行之第十一次大會,因我國政府將爭議不決之日軍最後撤退問題提出國聯十九人委員會,暫行停開。小組會議上午查勘江灣、引翔兩處撤兵區,下午討論浦東及蘇州河南駐軍問題,爭執不決。十二日大會仍停開,小組會仍爭辯昨日未決問題,毫無結果。十三日,我方郭代表正式通告日使大會延期。小組會於十四日上午開會,亦因駐兵問題,已成僵局,宣告暫時休會。於是此停戰會議,由日本無誠意之故而全部擱淺了。

停戰會議擱淺後,因我國向國聯申訴,停戰問題曾有將在日內瓦解決之勢。但國聯當局爲避免國聯自身的困難,仍力謀上海會議之重開。四月下旬,中日先後對國聯均表示願接受英使藍溥森之折衷方案後,中日上海停戰會議遂有續開希望。二十六日,英使藍溥森與我外交次長郭泰祺從南京來上海,郭即向人表示謂此次與英使晉京之任務,係向政府當局會商英使所提關於中日停戰問題之折衷辦法,刻已得相當結果。至折衷辦法之內容,仍係根據國聯特委會決議草案之第十一項,略加以文字上之修正,並非離開國聯決議案而單獨另提折衷辦法。故我方在國聯特委員之決議原則下,及中日停戰問題不涉及政治問題原則下,自可接受。至中日停戰會議之繼續在滬舉行日期,則尚須候國聯公開會議通過草案後,始能決定。

二十七日上午十時,中、英、日三國代表在英領署,將以前中日停戰會議中已決定之停戰協定,加以整理。我方出席者爲外部情報司長張似旭,英方爲英使館漢文秘書塔去門,日方爲日使館二等書記官岡崎勝男。此次會商,並無何等決定,僅將已決定之協定條文,加以有系統之整理與字句之潤飾。其未決定者,則另列一欄,以待大會續開時順序討論。對於原案性質,無絲毫變更。故中日代表亦無若何爭執。至最重要之問題(如日軍撤退日期等)則由雙方代表於散會後,各分電請示政府。

二十八日下午三時,我國停戰撤兵會議首席代表郭泰祺與日代表及各友邦公使在英領事署舉行一非正式會議,將中日雙方已接受的英使所提出之折衷辦法予以形式上之通過,加入於協定範圍附件第四號中。

停戰協定自這次非正式會議通過英使提出之關於日軍完全撤退期限之折衷辦法後,實際上已告完成。二十九日,日本軍政要人在虹口公園被炸,但停戰會議經中英日三國外交當局之浹洽,決定不因此停頓。

五月一日,日使重光接日外務省訓令,表示虹口炸彈案,與停戰會議無關。但堅持蘇州河以南及浦東二處,不准華軍駐紮。二日上午,由英使通知各國小組會議代表,會同我方代表,非正式討論日方所提之意見。當經我方堅決拒絕,幾致又成僵局。旋由中立國方面提出新方案,在日軍撤退期間,日軍不得自由行動。於區域以外,華軍亦不能進駐。經我方代表表示,此案可以接受,遂於當晚六時,正式舉行停戰小組會議。席間中日一致通過接受新方案。小組會議從此結束,並將議決各案移交五月三日上午之正式停戰大會中,作爲最後的決定。

五月三日,本應舉行大會,因日代表以日政府訓令未到,遂延會二日。五日上午十時,在英領事署,舉行停戰會議大會。我方代表出席者,爲張似旭(首席代表郭泰祺在寓被毆受傷,由張代表)、戴戟、黃强、張亦棟、夏奇峯、鄧中瑩、李鐵錚、殷汝耕。日方爲守屋(代表日公使重光)、島田繁太郎、喜多、阿部、水野、岡崎、梶原、有野。友邦方面,英國爲藍溥森、桑海爾、白萊朋。美國爲詹森、特萊斯台爾。法國爲韋爾敦、彭那維泰。意國爲齊亞諾、法拉鐵尼。以英公使藍溥森爲主席。藍氏首稱中日停戰會議,今日慶告成功,本人對中日代表,均有停戰之誠意,各中立國代表亦不辭辛勞,竭力幹旋,使此會議有今日之圓滿結果,深爲感謝。次言中日兩方之要員,均於最近遭受傷害,實爲遺憾。繼由我方代表張似旭、日代表岡崎等先後起立,對英使致辭答謝。然後由桑海爾起立,將地圖大幅及小組會議中各項文件交出,並報告小組會議經過及所討論之軍事區域等情,略謂小組會議先後開會,在時間上經二三月之久,今日已告完全成功,對各代表可告責任完了,並慶祝中日兩國得永久和平云云。繼由白萊朋將中日停戰協定英文本六份展開朗讀。每讀畢一條,藍溥森即向各代表徵詢有無錯誤。計共正文五件,附件四號,讀畢,均無異議。至此我方代表張似旭即起立代表首席代表郭泰祺提出對於協定第二第三兩件有聲明書二項,日方代表及中立國代表一致贊同。由英使將地圖六幅分發中、日、英、美、法、意各執一幅,以資憑證。並將協定交由白萊朋會同張似旭、岡崎送往福民醫院,交重光簽字。重光簽畢,至宏得醫院交郭泰祺簽字。郭簽畢,即分別交與戴戟、黃强、植田等先後簽字。

"停戰協定"全文如次:

中日停戰協定

第一條　中國及日本當局既經下令停戰,茲雙方協定,自中華民國二十一年五月五日起,確定停戰。雙方軍隊盡其力之所及,在上海週圍,停止一切及各種敵對行爲,關於停戰情形,遇有疑問發生時,由與會友邦代表查明之。

第二條　中國軍隊,在本協定所涉及區域內之常態恢復,未經決定辦法以前,留駐其現在地位。此項地位在本協定附件第一號內列明之。

第三條　日本軍隊應撤退至公共租界暨虹口方面之越界築路,一如中華民國二十一年一月二十八日事變之前。但鑒於須待容納之日本軍隊人數,有若干部隊可暫時駐紮於上述區域之毗連地方。此項地方在本場協定附件第二號內列明之。

第四條　爲證明雙方之撤退起見,設立共同委員會,列入與會友邦代表爲委員。該委員會並協助佈置撤退之日本軍隊,與接管之中國警察間移交事宜,以便日本軍隊撤退時,中國警察立即接管。該委員會之組織及其辦事程序,在本協定附件第三號內訂明之。

第五條　本協定自簽字之日起,發生效力,本協定用中、日、英三國文字繕成。如意義上發生疑義時,或中、日、英三文間發生有不同意義時,應以英文本爲準。

中華民國二十一年五月五日,訂於上海。

中代表簽署

日代表簽署

見證人簽署

停戰協定簽字以後，日軍即開始撤退至指定區域。十一日，日陸軍省遵照日本閣議奏准日皇，發令召回侵滬全軍，於是滬戰於此告一段落。

四　租　界　的　動　搖

1. 戰爭時租界嚴守中立的史實──2. 一・二八日軍以租界爲根據地──3. 吳市長的抗議　4. 工部局的覆文──5. 租界本身動搖的明證

凡是戰爭，不論是國內的抑是國際的，上海租界嘗取所謂中立的態度。一八五四年清咸豐四年小刀會佔領着滬城，英領事阿利國即藉口自衛，宣告上海租界嚴守中立云：

> 依照條約，英、美、法各國都不能在中國境內保護其僑民，非得中國政府之允許，不能實行保護。但爲自衛起見，工部局得實行保護。惟外僑祇能嚴守中立，不得行使其他權力，以嚴守中立可以取得道德上之助力，使衆人相助。[註一]

這是上海租界在戰爭時立於中立地位的開始。一九一三年民國二年二次革命發生，陳其美設立司令部於閘北，上海公共租界工部局，以租界及閘北不得用爲作戰根據地，竟實行佔據司令部。一九二四年民國十三年江浙齊盧作戰，中國軍隊退入租界的，都被繳械，並逐出租界。這是於國內戰爭時，上海租界取中立的情態。[註二]

中外國際戰爭時，上海租界照常處於中立地位。例爲一八八四年清光緒四年中法戰爭，上海法領致德領事信中，有詔："中法雖因越南失和，而上海守局外之例。"[註三]一八九四年清光緒二十年中日戰爭，經英人的幹旋，上海租界及其鄰近不作戰區。一九〇〇年清光緒廿六年八國聯軍之役，中國官吏與駐滬各領訂定保護上海租界章程。一九一四──一八年民國三一七年歐洲大戰時，上海租界也未作爲作戰地。

上海租界常以在戰爭時中立自許，而一・二八戰爭發生，上海租界之所謂中立完全遂爲日軍破壞無遺。當戰事未爆發前數月，公共租界防務委員會曾協定一種防守公共租界計劃，各國軍隊分區防守。日本軍隊防守的區域，爲公共租界東北區的全部。其西北以北河南路爲界以及租界以外一段地方；西以北江西路及吳淞鐵路爲界；北以虹口公園北面爲界；東則約略以虹口公園東北角起點而至哈爾濱路巡捕房爲止。[註四]一・二八之夜，日本海軍陸戰隊，即以此項擔任治安的租界區域爲出發點開始攻擊我國軍隊。日軍敗退，即退入租界；既而復進攻。租界已成爲日本作戰根據地。工部局竟不以其破壞中立，加以制止。我市長吳鐵城於一月三十日即向工部局抗議日軍利用租界作戰，繼於二月三日復提出抗議云：[註五]

> 逕啓者，查關於日本海軍利用租界區域，爲攻擊華軍根據地一節，迭經本市長向當局提出抗議並促請制止在案，現據確報，即日有大隊日軍抵埠，像在租界登岸，登岸後，即散佈租界各處，爲攻擊華軍之準備，而危害本市之治安。乃貴局猶深加以優容，殊難索解，相應重提抗議，請煩切實考慮，採取有效方法，嚴加制止，實紉公誼。

> 再據報一二日內，復有大批日軍來滬，並希注意，勿得任其在租界登陸，以維持貴局嚴守中立

[註一]　Kotenev, Shanghai: Its Mixed Court and Council, p. 24.
[註二]　參攷本書第十一、十二章。
[註三]　光緒十七年七月十四日益聞錄（見徐家匯天主教藏書樓雜務告示第二册）。
[註四]　見國際聯盟調查滬案委員團第一次報告書。
[註五]　淞滬血戰經過。

之宣言,免重貽本國人民之誤會爲荷。

而工部局於二月六日的復信,則云[註一]:

> 接奉一九三二年一月三十日又二月三日來函,内開,工部局容許日本軍隊,以公共租界區域,爲攻擊本國軍隊之根據地,未見切實制止,因此破壞租界中立而發生之一切責任,當由工部局負之等因。查公共租界中立,或類於此事之各種條件,或有存在,僅由在租界享有政治或其他利益之各國締結公約或協定以造之。故此種租界中立條件,亦唯締約國能維持,而擔保之。日本既爲締約國之一,日本軍隊,在租界内之一切行動,自應由日政府獨負責任,而與工部局無關。相應函復,幸希查核。再連日事務紛繁,裁答稽遲,無任尺歉,當希原諒!

工部局的無力維持租界中立,實已不打自招。按諸實際,工部局不特不能制止日軍以租界爲作戰根據地,且租界工部局有協助日軍的嫌疑。工部局所僱用的日本警察二百餘人及特別警察數十人,在一·二八時,全部做了日軍的嚮導、翻譯員,并且爲日軍搜捕所謂"便衣隊"。二月二十七日駐滬警備師獨立旅旅長王賡,爲日本海軍兵士捕去,也是日本警察的工作。又工部局管轄的萬國義勇隊中的日本隊,全部爲日本海軍司令所指揮,協助日軍作戰。戰爭的開始,日本隊便是領路人。虹江路公安分局的佔據,也是日本隊的工作。此外,日本隊又爲日軍作前哨,作偵探[註二]。總之,工部局平日所管轄的日本警察,日本義勇隊,在一·二八時,全部脱出了工部局的管轄權,而變成爲侵略我國與我國軍隊作戰的士兵了!

租界當局無力制止日軍的破壞所謂世界商場的上海,而日軍的進攻閘北,郤反説爲維持租界的治安,——亦即維持租界的中立。是誠天下最爲滑稽之事。但這矛盾的事實一方面郤就昭告上海租界的尊嚴是完全取消了! 租界的本身是在動搖中了!

[註一]　淞滬血戰經過。
[註二]　上海事變志。

巳　大上海核心的完成

一　市中心區計劃的起點及其建設計劃的進行

1. 孫中山先生的計劃──2. 市中心區域的劃定──3. 上海市市中心區域建設委員會的成立

上海自公元一八四三年_{清道光二十三年}實行開埠以來,以商務的發達,在這九十年中,竟聚集了三百三十餘萬巨大的人口,形成爲我國與世界交通的唯一大都市。但上海這種迅速的發展,完全爲畸形的,對於我國其他各地既完全不能調和,且對於本身未來的繁榮,也都不能適應。

高瞻遠矚的中國國民黨總理孫中山先生,早就看透了上海的畸形發展,他從積極方面著手,爲使上海成爲世界港口而擬定了大上海的計劃。他説:

上海現在雖已成爲全中國最大之商港,然苟長此不變,則無以適合於將來爲世界商港之需用與要求。……

任從何點觀察,上海皆爲殭死之港。然而在我之中國發展計劃,上海有特殊地位,由此審度之,於上海仍可爲一種救濟法也。……

我之設世界港於上海之計劃,即仍留存現在自黃浦江口起至江心沙上游高橋河合流點止已成之布置。如此則濬浦局十二年來所作之工程,均不虛耗;於是依我計劃,當更延長濬浦局所已開成之水道,又擴張黃浦江右岸之彎曲部,由高橋河合流點開一新河,直貫浦東。在龍華鐵路接軌處上流第二轉灣起,填至楊樹浦角,復與黃浦江正流會合。如此則由此點直到斜對楊樹浦之一點,江流直幾如繩,由此更以緩曲線達於吳淞。此新河將約三十英方里之地圈入,作爲市宅中心,且作成一新黃浦灘;而現在上海前面繚繞縈洄之黃浦江,則填塞之以推廣馬路及商店地也。

孫中山先生改造上海商港的方針,直至一九二七年_{民國十六年}七月上海特別市政府成立,始由市長黃郛遵循遺教,而有市區及其他種種建設之確定計劃。同年九月十六日張定璠繼任市長,仍循以往方針,努力進行,並於是年十一月設立設計委員會,研究市政上的各種問題;又爲明瞭各市區的狀況起見,於一九二八年_{民國十七年}七月,率同各局局長,親到各市區視察,同時接收一部分市區,使直轄於市政府。一九二九年_{民國十八年}四月一日張羣繼任市長,益注意於孫中山先生的大上海計劃,乃有市中心區域的劃定,而從事於建設計劃的進行。

"上海市政府鑒於本市之地位,就本國言,爲最大之商埠,以世界言,亦佔有相當之位置。爲實現大上海之計劃起見,爰以劃分市區,使各種用途之建築物,以類相從,各得其所,爲發展市政之初步。又以各種區域苟無樞紐之中心,勢必漫無統系,特先從劃定市中心區域着手。當經審慎研究,以租界雖稱繁榮,爲本市目前事實上之中心,然年來往來市内之海舶噸位日增,租界及附近之碼頭在地位與設備上漸不敷用,勢須就近江海而水位較深且地廣人稀之吳淞一帶,另闢新港,以應需要。且租界與閘北間之京滬鐵路線,阻礙市内之道路交通,亦有遷移之必要。將來商港北移,鐵路遠遷,則租界不復能樞紐全市,自在意料之中,而江灣一帶,北鄰新港,南接租界,東近黃浦,交通便利,地位平坦,允宜於市中心之形成。"這是市政府宣告大衆計劃建設市中心區的根本理由。

　　上海市政府經審慎研究的結果,而確定江灣一帶爲市中心區,旋即於一九二九年民國十八年七月五日由第一二三次市政會議,劃定閘殷路以南、翔殷路以北、淞滬路以東、預定路線以西,約七千餘畝地,爲上海市市中心區域,並提出建設討論委員會於七月十二日第二次會通過,又議決自決定之日起,停止該區内地産買賣過戶,一併由市政府於七月十六日布告市民周知。

　　市中心區域既有劃定,只待建設的計劃與實行。市政府以設施計劃必期完善,非特設機關主持其事,不足以昭鄭重而專責成,故於一九二九年民國十八年七月十二日第一二四次市政會議議決設立上海市市中心區域建設委員會,並推定人員起草組織章程,於七月二十六日提交第一二六次市政會議修正通過。旋由市政府根據該項章程,指定委員人選:派工部局長沈怡兼該會主席,又委黃伯樵、奚定謨、徐佩璜、朱炎、鄭葆成、朱有騫、鄒恩泳、鄭肇經、薛次莘、莫衡等爲該會委員。於八月十二日開成立會,後復延請建築師董大酉爲該會顧問。該會委員對於建設問題富有興趣,人人都以上海的將來發展爲己任,故能成績顯著,爲世人所贊美。

二　市中心區域交通分區計劃概要

1. 水陸運輸——2. 道路系統——3. 分區計劃

　　本市水道方面,以黃浦江爲幹流。現在重要碼頭都在租界及其附近一帶。爲適應將來的繁榮起見,未來的碼頭區域將在吳淞方面,而浦東沿岸,可爲商港擴充之地。市中心區五權路之東,虬江口沿浦一帶當儘先建築碼頭。

　　目前内地運輸大都取道吳淞江。將來市中心區北移,蘊藻浜將爲内地運輸的樞紐,若能於相當地點開鑿運河,使蘊藻浜和吳淞江聯絡一氣,轉運當更加便利。

　　陸路方面已成的鐵路幹線:一爲京滬線,以閘北北站爲終點;一爲滬杭甬線,以南市南站爲終點。此兩大幹線間有自南站經龍華、徐家匯、梵王渡而至北站的聯絡線。此外有淞滬支線,由北站起,經江灣、吳淞而達礮台灣。此種已成鐵路對於本市現狀實毫無裨益,甚且妨礙將來的發展。例如閘北方面,因鐵道橫貫其間,至今市面凋落,無振興的可能。加以鐵道和水路碼頭相去甚遠,水陸不能聯絡,亦非得計。爲適應計劃中的市中心區起見,已成鐵道當稍加改變:假定從真如附近作一支線,北經大場、胡家莊之東,折東沿蘊藻浜南岸,至吳淞一帶,與商港及虬江碼頭相啣接;更由真如築一支線,經彭浦而抵江灣,爲未來的上海總車站,如此,旅客和輕便貨物,便可直接輸入市中心區。北站地位,仍可保存;滬杭甬的路線,也可依舊,但從南站起須將路線延長,築橋渡浦,沿浦岸向北,直達高橋沙,那末,浦東方面的運輸也可更爲方便了。

　　道路系統可分兩點:(一)建築接通商港鐵路及各區幹道;(二)建築普通道路。

　　鐵路和幹道的建築其寬度大率甚鉅,或接通未來的商港,或與將來的總車站相啣接,或與現在的租界及其他各市區聯絡,宛如星光的四射,而市中心區則居其中央,有控制全局的形勢。

　　普通道路爲便利市中心區及其附近的商業與交通而建築。現已計劃的路線,長約一百七十公里;

其佈置係棋盤式與蛛網式並用,視四週幹道的正交或斜叉而定。

市中心區域爲使土地各當其用,而分割爲三大區:

(一)政治區　凡行政機關及重要公共建築,如市政府與附屬各局、市黨部、市參議會、圖書館、博物館、美術館等均設於市中心區域的中央部分,以示莊嚴。

(二)商業區　市中心區域的北部,因鄰近商港並通總車站,便於經商,故特劃一大部分爲商業區。此外沿幹道一帶之地,交通紛繁,就此供給商店的建築。

(三)住宅區　除政治區和商業區以外之地,都劃爲住宅區。住宅區又分爲甲、乙兩種。(甲)供建築高等住宅之用,地位在園林空地之近旁;惟是項住宅供求較少,故面積從狹。(乙)供建築普通住宅之用;因供求較多,故面積從寬。

三　市政府新屋的建築經過及其內容

1. 市政府新屋建築經過——2. 市政府新屋簡單說明

市政府新屋的建築,是先由上海市中心區域建設委員會擬定設計標準三項:

一、新市政府立體式樣,應採用中國式;

二、新市政府平面佈置,應各局分立;

三、新市政府建築步驟,應分兩部營造。

標準既定,即由該會擬具懸賞徵求新市政府房屋圖案辦法,於一九二九年民國十八年十月一日開始徵求,至一九三〇年民國十九年二月十五日截止期,計收到應徵圖案十九件。旋於二月十九日上午九時,邀集該會特聘評判顧問葉恭綽、茂菲(Henry K. Murphy)、柏韻士(Hans Berents)等,在威海衛路市政府公餘社舉行審查,結果以趙深及趙孫熙明得第一名,獎金三千元;巫振英第二名,獎金一千五百元;費力伯第三名,獎金七百五十元。附獎徐鑫及施長剛,又李錦沛兩名,獎金各三百元,楊錫鏐、沈理源、朱葆初三名,獎金各一百元。所有正、附獎八名的作品,並由該會擇要縮影付印。據審查報告,徵求所得圖案,雖各具所長,但計劃太形散漫,各局距離太遠,不能收集中管理之效,是爲最大缺點。徵求結束後,即由董大酉於應徵所得第一、第二、第三名三種圖案外,復擬就行政區域平面圖六種。由最後決定採用第一種。至於市政府新屋式樣,則取形北平公殿建築,參以現代需要,使美觀和實用兩全。計劃既定,即於一九三〇年民國十九年七月設立建築師辦事處,根據決定行政區域及市政府新屋式樣,製就一切圖樣說明書,經市府會議通過,五月間招標,結果由朱森記營造廠承造,六月間開工,七月七日舉行奠基禮,中間因一・二八事變而停工約五個月,至一九三三年民國二十二年十月落成。

市政府房屋居各局之首,爲全部主要建築物,自應較其他各局高大,但以辦事人數比較,恰恰相反。爲補救起見,將市政府和各局公用的大禮堂、圖書室、大食堂等併入市政府房屋內,使成爲全部最偉大的建築物。

市政府房屋全部分爲三段,屋面亦分三部。房屋寬度:中部二十五公尺,左右兩翼二十公尺。房屋總長度爲九十三公尺。其外表第一層爲平台,圍以欄杆,其上爲梁柱結構,屋頂蓋以綠色琉璃瓦。全部屋基九十餘公尺,不免太長,特將中部增高,使屋頂亦分三節。有巨梯自地面直達大禮堂,其下爲正門,車馬可直達門前;前梯兩旁,有巨獅坐守。

至於市政府新屋的內部佈置,則注重實用。入口設在第一層,有前後及東西四門。有十字形穿堂,聯接扶梯電梯各兩處直達第四層。各層均備有廁所二處。第一層包括食堂、廚房、侍候室、衣帽室、保險庫及與外間有接觸的辦公室。第二層爲大禮堂、圖書室及會議室等,與辦公室完全隔離。由地面有巨梯自外面直達大禮堂。第三層中部爲市長及高級職員辦公室,兩翼爲各科辦公室。第四層係利用屋頂空隙,作爲公役休息處、儲藏檔案處及電話機室之用。

主要内部裝飾,概照中國式樣,梁柱概漆顏色彩花。

四　從市政府新屋落成到開幕

1. 市政府新屋的落成大典──2. 市政府及各局的遷移──3. 各局分設辦事處──4. 市政府新屋的開幕典禮

一九三三年民國二十二年十月十日,即二十二週國慶紀念日,上海全市工商界及各機關各團體,一律休假一天,並懸旗誌慶;航空署特派飛機九架,飛翔本市,慶祝國慶。各界代表於是日上午九時在市黨部舉行紀念大會。市中心區域市政府新屋也就在這國慶日上午十時舉行落成典禮。

市長吳鐵城於是日上午九時三十六分偕夫人等到達市中心區。其時中外來賓已有一部分先到了。市長到達後,即偕夫人在市政府新屋前招待來賓。總計是日中外來賓及觀禮民衆有十萬餘人之多,真是空前的盛會!

上午十時奏樂升旗放礮後,吳市長首啓大禮堂門,中外來賓即相繼入內。吳市長進大禮堂後,即登台,揭去左壁紀念碑面所覆蓋的國旗。碑爲銅質,砌在壁間。碑文曰:

上海市政府落成典禮,中華民國二十二年十月十日,市長吳鐵城謹題。

市長下台後,由許也夫司儀,行禮如儀。接着市長登三樓市長室,憑欄演説:

諸位來賓,今天上海市政府舉行新屋落成典禮,承中外來賓光臨指導,非常榮幸!兄弟忝長本市未及兩載,任職之始,適遭滬變,勉竭愚忠,應付艱鉅。並承當地賢達、友邦人士共同合作,協力匡助,幸得恢復上海的和平,安定本市的秩序。我們今天在此舉行如此隆重的典禮,回想過去愴痛的歲月,實在猶有無限的傷感!兄弟受黨國付託之重,市民期望之殷,在本市這樣艱難困苦的過程中,實在也未敢一日忘懷於我市民的疾苦,無一日不思積極勤謀戰區的恢復,朝乾夕惕,凡所以福我市民、濟我災黎者,終當用最大的誠意,最大的決心,奮力圖之。凡此種種,或已擬具計劃,或已見諸實施。雖因財力時間的關係,尚未有特殊的成績;然此心耿耿,終當不負我市民的期望。今天市府新屋落成……在這裏僅能把兄弟的感想,簡單地分幾點來説明:

第一,大上海市的建設,係根基於本黨總理之建設計劃;市中心區之建設,爲完成大上海市計劃之第一步。今天市政府新屋落成,尤爲市中心區建設之起點。大上海市經歷任各市長:黃膺白先生、張伯璇先生、張岳軍先生苦心擘劃,慘淡經營,努力的結果,方具今日之雛形。兄弟今天一方面代表市民,謹向前任各市長表示敬意,一方面謹當本前任各市長的精神,努力從事於大上海市的建設以實現總理的遺教。

第二,但是以大上海計劃的繁重和遠大,現在市政府的新建築,僅能算是滄海的一粟。然而現在市中心區的地點:北近吳淞,南鄰租界,東濱黃浦,西接鐵路,地點適中,交通便利,數年以後,必有相當的發展和繁盛。深望我們上海市民,要一致自信,不要依賴別人已成的建設,應該自己起來創造繁榮發展的新天地,以表現我們中華民族固有創造文化的能力。觀乎上海市民過去對於建設上海市之努力,余亦深信將來必能使本市成爲一最健全、最繁榮的大都市。

　　第三,上海是全國經濟文化的中心,又是世界大都市之一。中國現在正在建設的過程中,我們在消極方面,固應消除一切建設的障礙;在積極方面,尤應勤謀新中國建設計劃的推進。新中國之建設,其最要者,不外政治和經濟之發展,而都市的特徵:一方面為一國民主政治之發祥地;一方面又為一國經濟發展的原動力。大上海市之繁榮,乃全國建設成敗之所係,亦即為將來中國富強的徵兆。願與全市市民共同努力,以期大上海市的迅速發展,日臻繁榮。謹祝:

　　　　上海市萬歲!

　　　　中國國民黨萬歲!

　　　　中華民國萬歲!

　　吳市長演說既畢,至十時半,即開始閱兵,至十二時,閱兵式完竣,即奏樂禮成。及至下午,滬南區和滬北區消防隊又在市政府新屋前空場上表演消防情態,也極一時之盛。市政府新屋落成的大典於是盡那一天欣喜光輝的國慶日而圓滿結束了!

　　市中心區的市政府新屋及各局臨時房屋,既已落成,市政會議即行議決自十二月十五日至三十一日為市政府及各局遷移日期。各局即積極準備一切。旋經決定各局遷移期限:

　　一、社會局　十二月二十日

　　二、土地局　十二月二十四日

　　三、衛生局　十二月二十五日

　　四、教育局　十二月二十六日

　　五、工務局　十二月二十六日

　　財政、公用、公安三局暫緩遷移,仍留原地。

　　市政府本身則自十二月二十五日起開始遷移,因一切檔案用具等,結束整理手續非常繁複,先於十二月二十日由庶務股通知各科分頭辦理,並經決定:

　　二十八日搬遷管卷室、圖書室、編纂股公報法規等件及第三科;單據等件。

　　二十九日搬遷第二科全科、第三科全科及醫藥室;

　　三十日搬遷第一科、參事室、祕書室、機要室、電務室、電話室、警衛室、市長室、祕書長室、外收發室、傳達室。

　　市中心區為新創區域,一般市民麕集滬南,未能跟着市政府及各局一起遷移過去,於是市府與各局有在滬南及滬西設立辦事處之舉。

　　工務局添設滬南、滬西發照處二所:

　　(一)中華路九五二號工程管理處,改設滬南區發照處,除辦理該區內請照發照事宜外,並兼理漕涇區請照發照事宜;

　　(二)愚園路白利南路口兆豐公園東首新村第一弄第二宅,添設滬西區發照處,辦理法華、蒲淞兩區請照發照事宜。

　　衛生局設辦事處於蓬萊路南市診療所內,關於醫師登記、學校衛生、街道清潔等公事,由該處辦理。

　　土地局因新屋房間甚少,第三科不敷安插,仍留也是園原址,辦理丈量事宜。滬南田賦徵收處,亦仍設於也是園舊局址內。

　　社會局平民借本處仍留原址辦公。

　　市政府及各局既已遷移新址完畢,便於一九三四年民國二十三年一月一日在市政府新屋大禮堂內,舉行開幕典禮,同時慶祝民國成立紀念,並舉行擴大紀念週及新年團拜禮。

是日參加典禮者,計市長兼警備司令吳鐵城、祕書長俞鴻鈞、保安處處長楊虎、公安局局長文鴻恩、社會局局長吳醒亞、教育局局長潘公展、公用局局長徐佩璜、保安處暨各局全體職員,警備司令部高級職員及來賓褚民誼、郭順、童行白等七百餘人。

行禮如儀後,即由市長兼警備司令吳鐵城報告:

各位同志:今天是中華民國二十三年的元旦,同時也是中華民國成立的紀念日。我們每年在慶祝元旦的時候,就不能不想起我們的總理以及諸革命先烈創造民國的艱難;而同時我們自省我們究竟繼續了多少建設中華民國的工作,在過去又有多少成就。所以一方面我們大家在紀念總理及諸先烈的創造中華民國,一方面實不勝慚愧,尤其是國民黨的同志,更覺慚愧之至。因爲我們繼續他們所成就的工作是很少。總理之所以要廢除舊曆,改用新曆,就是要表示中國革命的成功。自改用新曆後,一新天下人之耳目,故其意義,是很深重的。我們在每年元旦,總想起我們應如何名符其實地來使新曆的改用成功,以穩固中華民國的基礎。這個責任是萬分重大。二十二年來,我們是兢兢業業地從艱難中努力,從事於這個重大責任的完成。我們瞻前顧後,覺得前途是非常的艱苦危險。但是一個國家在革命建設的過程中,在新舊之間,一定是要發生困難;而這種困難,全在全國國民能否矢心矢力、盡心盡力來設法解除的。如何才能矢心矢力、盡心盡力來解除困難呢?那就是古人所謂"多難興邦"。我們看中外古今的歷史,不論是一個國家的復興,或一個民族的復興,小而至於個人事業的成功,都莫不從困難中奮鬥成功的。因爲我們愈困難,愈要努力,愈努力則我們的事業才能得到很大的成就。所以我們在過去的二十二年之間,遭遇了不少的困難和危險,而現在又是我們自有歷史以來最困難、最危險的一個時期。值此二十三年元旦之時,深望全國國民能矢心矢力、盡心盡力來解救我們當前的困難和危險。所以二十三年可説是中國國運否極泰來的一大轉機。今天我們慶祝二十三年元旦及民國成立紀念,同時又是上海市行政機關遷到市中心區開始辦公的一天。本市行政機關所以要搬到市中心區來,就是要表示建設新大上海的極大決心。同時市府同人也以極大的決心,盡所有的力量和能力一步一步地來完成新大上海市的建設計劃,以副全上海市市民的期望。最後敬祝中華民國萬歲! 並祝各位的健康!

市長報告既畢,繼由市黨部常務委員童行白、社會局局長吳醒亞、保安處處長楊虎等演説。

從元旦日起,市政府各局就在新屋開始辦公了。

五　市中心區域繁榮的預期

1. 繁榮的計劃——2. 繁榮的開始

自新市政府大廈建築落成,市政府暨所屬各局正式遷入辦公後,市長吳鐵城即將繁榮市中心區計劃提交各局會同研究。結果決將整個計劃,分作兩期進行:

第一期　先行建築虬江深水碼頭,以利運輸及水上交通。市中心區南臨黃浦,交通本極便利,但因該處沒有設備完全的船舶停靠碼頭,所以要使市中心區域市面繁榮,必先令水上交通設備完善週密,俾糧食和各項貨物的運輸,得以暢通迅速。關於此項碼頭的建築,已決定先由市政府規定一最低的建築預算,登報公告,以投標辦法,由本市各建築營造廠競爭投標承造。

第二期　待虬江深水碼頭建築完成後,就進行鐵道的鋪設。其路線已經公用局會同路局派員勘定：以虬江碼頭爲起點，達到淞滬路終點，互相聯絡唧接，俾虬江碼頭上岸的貨物，即可交由該路運往本市各處銷售。滬商貨物欲向外輸出時，也可由淞滬路轉入該路而至虬江碼頭下水，轉運至各埠。

吳市長既將繁榮市中心區域計劃，提交各局研究，決定分期努力進行外，以一個都市的繁榮，最重要的是治安、交通兩問題：於是決定在市中心區域籌設模範警區，飭公安局詳加研究，擬具計劃呈報。一方面咨文鐵道部，請在市中心區域敷設輕便臨時鐵道。後者鐵道部已令京滬、滬杭甬兩路局辦理。該兩局即交工務處車務處、會同擬商詳細辦法。工務處復派員赴市中心區域測量並勘定敷設地址，呈報鐵道部，請予核准，俟部令批准之後，即將興工建築。至於市中心區域的電話，於一九三三年民國二十二年十二月二十八日即已開始正式通話；郵政支局亦已於一九三四年民國二十三年元旦設立，一月二日即開始辦公。自一九二八年民國十七年起即擬統一全市電力廠的計劃，亦於新市府開幕後三日完全實現。於此可見主持市政的當局是如何努力於市中心區域的繁榮了。

市中心區域建設委員會主席、市工務局長沈怡，爲最努力於市中心區域設計建設的一員，曾於市府開幕前，發表發展大上海的意見，略謂"市政當局固必竭全力以興發市中心區，同時尤期待於全市市民，不論銀行界或工商界，均能儘先在市中心區投資或興辦實業，以收官民合作之効。市府暨所屬各處局全體職員，已爲市民之先鋒隊，悉行遷入市中心區，以表示市政府當局對於繁榮市中心區確具決心"。沈氏所説，確極扼要，而市民亦能了解當局的決心，贊成市中心區域的繁榮。例如市政府招領市中心區域土地，市民前往領取的，極其踴躍。興業信託社且已於所領之地，興工建築住宅三十七所，可於一九三四年民國二十三年四月間完成。

市中心區域就是大上海市的核心，而市政府大廈更是市中心區域的核心。市政府大廈，市中心區域的若干幹道以及交通設備，幸以市政當局的萬分努力而得陸續告成了。民衆看見此種成績，也都能深信市政當局必定繼續努力而實現繁榮市中心區域的計劃的。民衆因之也都能協助當局而實行繁榮的計劃。大上海市中心區域的核心已完成；市中心區域的繁榮也就在眼前：行見光明燦爛的新大上海不久要在世界上湧現了！[註一]

[註一]　本篇所敍係依據建國方略；建設上海市市中心區域計劃書；民國二十二年雙十節及十二月間申報；民國二十三年一月份申報。

午　結　論

上海的現勢與未來

1. 中國最大的溢口——2. 外人工業的重心——3. 外人航業的港口——4. 租界收回的提案——5. 上海未來的爭奪——6. 大上海市實現的熱望

　　上海依時勢的變遷，地位的優越，故開始即以溝通中外的商港身份登場；[註一]及至開闢商埠，設立租界以後，上海更畸形發展，竟一躍而登世界大都會之林，成爲遠東唯一的貿易港口。但以其畸形發展的關係，上海卻早已成爲我國的一個特別區域。

　　上海固然是我國最大的商埠；但鉅大的商業經營卻爲外商所支配。外商不僅經商，且爲列強經濟侵略的經手人。就公元一九三○年民國十九年海關稅課比較，當知上海輸出入竟幾佔全國之半：[註二]

商　埠　名	稅收百分數％	商　埠　名	稅收百分數％
上　　海	四七・九七	汕　頭	二・七二
天　　津	七・三二	安　東	二・二九
大　　連	六・八三	哈爾濱	二・二六
廣　　州	五・四○	廈　門	一・九一
膠州青島	五・○八	牛　莊	一・八九
漢　　口	四・一五	其他三十四商埠	一二・一八

是年上海海關稅課收入達八六、六四三、○○○海關兩，竟超越其他十一個主要商埠稅收的總額：上海誠是中國商業的中心，已無疑義。但觀歷年入超之巨，當知上海同時也是中國最大的溢口。上海的外商，依日本商會一九三一年民國二十年的調查，約計七百家，其中經營銀行業的二十七家、航業的六十七家、保險業的一百三十六家。此七百家的外商，又誠如法國商會所說，"外商在滬設立總店，而施其活動達於全中國"。[註三]上海完全成爲外貨侵入我國的唯一根據地了。日人估計輸入的外貨，其消費區域百分數，大致如左：[註四]

[註一]　秦榮光：上海縣竹枝詞，"商稅興從元宋時，久經市舶設專司；外洋貨物恆攔入，千百年前兆預基"。
[註二]　René Joüon, S. J., Géographie de la Chine, p. 52.
[註三]　費唐報告（英文本），頁二七六—二八一。
[註四]　上海事變志，頁七一。

上海周圍（以江浙兩省爲主）	六六％
長江內地	一七％
華北及東三省	一四％
華南	三％

江南三角洲九、七○○方英里的區域，固已爲外貨的市場，而作爲上海背後地的長江流域七五○、○○○方英里的地盤，也都做了外貨的銷行處！

上海固然也是我國工業的一個重心，可是工業的經營大都也落入於外人之手。最爲重要的紡織工業，上海紡織工廠的數字固然佔中國第一位，卻由中、日、英三國人所共同經營，據一九三一年民國二十年華商紗廠聯合會調查：

國籍	工廠數	紗 錠	線 錠	布 機	工 人	用 花	出 紗	出 布
中國	二八	九五三、六四六	七三、○○八	七、○○七	六三、二四三	二、三七·六五二	六○八、○五七	三、一七八、四四一
日本	三○	一、一四八、一八四	一八九、八二四	九、八四六	五四、六○六	二、二六一、九七九	五七五、七二三	六、六六九、六八七
英國	三	一七七、二二八		二、四八○	一三、一八九	三四五、九三二	七六、三一五	一、七三七、九八六

從上列中外紗的比較，足知外人在滬所經營的紗廠竟壓倒了國人。

再就航業而論，外輪經常在滬航行的，有下列二十三家之多：[註一]

便恩輪船公司（英）	Ben Line Steamers Ltd.
藍烟囱輪船公司（英）	Blue Funnel Line
英印鴨家輪船公司（英）	British India S. N. Co.
昌興輪船公司（英）	Canadian Pacific Steam Ships Ltd.
艾利滿輪船公司（英）	Ellerman Line
怡泰公司（英）	Glen Line
大英火輪船公司（英）	Peninsular and Oriental S. N. Co.
提督輪船公司（美）	Admiral Oriental Line
大來輪船公司（美）	Dollar Steamship Co.
太平洋輪船公司（美）	States S. S. Co.
寶隆公司（丹麥）	East Asiatic Co.
亨寶輪船公司（德）	Hamburg Ameri Ka Linie
大北輪船公司（德）	North German Lloyd Steam Ship Co.
東亞輪船公司（荷）	Holland East Asia Line
渣華輪船公司（荷）	Java-China and Japan Line
三井輪船會社（日）	Mitsui Bussan Kaisha

[註一] 費唐報告（英文本），頁二六二。

日本汽船會社（日）	Nippon Yusen Kaisha
大阪商船株式會社（日）	Osaka Shosen Kaisha
菲奧輪船公司（哪威）	Norwegian Africa and Australia Line
脫禮愛斯脫意國郵船公司（意）	Lloyd Triestino
大法火輪船公司（法）	Messageries Maritimes
東亞公司（瑞典）	Swedish East Asiatic Co.
東洋汽船會社（日）	Toyo Kisen Kaisha

外商輪船如是之多,而八百萬元資本金的招商局僅有輪船七十艘(共一六五、○○○噸),[註一]在這競爭場裏,自然老是落後的了。

上海畸形的發展,造成租界爲列強侵略我國的唯一根據地。此種實情,早爲國人所洞悉,故於一九一九年民國八年巴黎和會時,我國即已提出下列歸還租界的議案:

自一八四二年八月二十九日中英訂立江寧條約,其第二條准英國人民寄居廣州、福州、廈門、寧波、上海五處,貿易通商無礙。而外人在中國居住貿易之權利,始確實規定。次年又爲便於實行起見,又訂續約,其第七條規定於通商各口,由地方官知會領事,指定地畝房屋,專備英國人民之用。

他國亦與中國訂立相類之約,其人民亦獲相類之權利。

自一八四二年以後,五口之外,又增開多處,其中亦有劃定專界備外人居住貿易者。

此等通商各口之專界,即所謂租界者也。各處租界,每由一國單獨享受而有租界多處,如天津漢口是也。上海之英美兩國租界於一八五四年合併爲一,改稱公共租界。惟法租界仍爲獨立。

租界之地,仍爲中國領土,其外人之執有地產者,仍須繳納地稅於中國政府,與中國人民無異。惟治理之權,則或屬於承受該租界之國所派領事,或屬於納稅外國人民所選舉之工部局,凡租界利病所關,皆歸其管理,並發布命令以維持租界秩序,又徵收捐稅以備地方費用,及建造公用房屋、修築道路、雇用巡警之用。

租界內之人民,中國人居其多數,租界之收入,亦大抵出諸中國人民;然除鼓浪嶼一處之工部局得由地方官派委員,而只有各商團所舉之中國值年董事三人,僅備顧問之用。

各租界大抵爲商業繁盛之區,中國對外通商之進步,以各租界之功爲多,而人民之受其益者亦不淺,而各租界之外國官員每爭索權力,以致損害中國主權,阻害中國內政。

舉一事以言之。中國人民居住租界者,中國政府不得施其裁判之權,即如中國地方官欲於租界之內拘捕中國人民,則須先得該租界之外國領事官許可,在公共租界者必先得領袖領事官許可。若該中國人與任何外國商行或家族有關係者,又須先得該商行或家族所屬國領事官之許可。租界之內,華人互控之案,雖與外人利益毫無關係,仍須由會審公廨審斷,其外國會審員不特從旁視察,且實握判決之權。中國人有因案逃避於租界者,中國官非先請租界外國官許可,發出拘票,則無從拘捕。

租界雖爲中國領土,而中國軍隊不得經過,是租界之外國官長已不認中國之主權。

此種專享權利,不啻於一國之內另設一國,於領土所屬國之主權大有妨礙。此等情形,實非當日創設者之意料所及。一八六三年四月八日,英國外相洛塞爾子爵訓告英國駐北京公使布魯

[註一]　René Joüon, S. J., Géographie de la Chine, p. 49.

斯云："英國租界內之地,自係中國領土毫無疑義,中國人民不能因居住租界之故,遂得免其履行天然之義務。"是年駐京各國公使會議,決定上海公共租界改組之原則如下:

一、關於領土之權限,必須由各國公使直接商之於中國政府。

二、此項權限,以純粹地方事務暨道路警察及地方所需之捐稅爲限。

三、中國人非實係外國人所雇用者,須完全歸中國官管束,與在內地無異。

四、各國領事官仍各自管束其人民,工部局官長只能拘捕違犯公安之罪人,向其所屬之中外官長控訴。

五、工部局中須有中國董事,凡一切有關中國居民利益之措施,須先諮詢,得其同意。

此等原則至近年始行廢弛。

推廣租界之案,亦層出不窮,租界居民漸增,則要求中國政府准其推廣,顧於領事官及工部局之權限甚爲廣泛,每爲所擬推廣界內之居民所反對,中國政府自不能無所懷疑,外人不諒,每有怨言。

推廣租界之案不特足以傷中外之感情,亦往往引起各國彼此間之爭執。一國要求推廣租界,他國亦援例要求,每有兩國利益不能相容,則彼此之感情,爲之大傷。

租界由工部局治理之權,遂爲近年所訂新闢租界之條約所許,其從前劃定外人居住管理之各地則並未授與此種權限,不過拘於租界章程,爲中國地方官與各國領事官所同意者而已。

茲姑不論其權限之所由來,總之今日已無維持此項獨立工部局之必要。昔中外交通之始,人民尚未相習,故以劃分外人專用地界爲便利,而此等專界,每在郊野之區,則又不得不設立一種地方組織以維持該處僑民之秩序。如此則可免中外人民之齟齬,而領事官則使其條約所定之保護管束事宜亦較爲便利。

然昔日分居之必要,今不復存,即如長沙、南京等處,並無外國租界,而中外人民相安無事,即租界中國人民甚多,亦未聞與外國人相衝突之事也。

中國近來於地方自治大有進步,如租界收回,儘可擔負切實治理之責任。以北京地面之廣,而地方行政,皆從新法,中外人民無不翕服;又如天津、漢口之德奧租界,自一九一七年中國宣戰收回自治之後,亦未聞有非議者。

現在租界治理之辦法,亦非享受通商權利所不可無。二十年來,中國於鼓勵國際商務之政策,推行無間,不特於條約上增設通商口岸多處,且在內地自闢商埠,以便外國通商,即如濟南等處,外人須服從中國地方及巡警章程,與中國人無異:行之亦無弊病。此類商埠,雖係新闢,而外人來者日多,漸成繁盛商區。

中國政府,因以上所列理由,深望各國現有租界者,允將租界歸還中國。……

所惜蹉跎至今,上海租界的收回竟還未能實現。

長江門户的上海,不論在中國,在遠東,在世界,是佔着怎樣重要的地位,世人都已了知的了。誰能在上海佔有勢力,即誰獲勝利。因此,上海的競争,不是已屬於過去,卻正是方興未艾。日本一個貴族院議員赤池濃曾説:[註一]

上海是中國第一個商港,是百貨集於此處而分配於各地的貨物集散地。又是金融的中心,全國的現金集於此處,又從此處送回各地。中國的金融是以上海來調劑的。……在上海如果没有

[註一]　東亞同文會,赤池濃氏講演,上海ョリ觀タル支那風氣。

重要的發言權,對於一國的利害,大有關係自不必説,何況如日本是相隔一葦帶水的國家呢。

足知日人心目中的上海是如何的重要,接着他又説:

> 從來,英國的勢力與日本的勢力,相差極遠,英國人不把日本人放在眼中的;但是最近日本的躍進,顯然可見,英日的勢力逐漸接近了。因之,我們日本人也不得不就上海的現在、將來加以組織的研究調查。如果懶怠不做,不要説明日的上海,甚至遠東,甚至世界,都没有議論的資格了。

從日人所吐露的言詞中,我人可以推知上海未來的爭奪必極劇烈。然而列强的"喧賓奪主",做主人翁的我們難道竟袖手旁觀嗎? 決不! 我們市府與市民正上下一致努力於促成大上海的實現;而大上海的建設就是對付"喧賓奪主"的唯一制裁。

大上海市的建設計劃當將上海現存的公共租界及法租界等複雜的行政組織一掃,而統一於單純的一種堅强的行政組織之下。全市的區域將秩序井然地分成五大區:

一、行政區　市中心區中央部分。

二、工業區　吳淞江、蘊藻浜下游兩岸,高昌廟沿浦一帶,陸家嘴、洋涇鎮附近,真如、大場一帶。

三、商港區　吳淞鎮南、殷行鎮北沿浦一帶,浦東沿浦一帶。

四、商業區　公共租界、法租界、市中心區、滬南舊城廂一帶。

五、住宅區　市中心區附近商業區内,江灣、大場之間,公共租界西部,滬南區西部,梵王渡一帶,法華鎮一帶,龍華鎮、漕河涇一帶,真如區。

今行政區内,作爲全市核心的市政府大廈,既落成於一九三三年民國二十二年十月十日,而種種巨大的建築,如體育場、博物館、圖書館、市立醫院、虬江碼頭等也行將一一完成。市中心區域今已着着成功,大上海市的完全實現,當亦必不遙遠。而大上海市實現的一天,就是我上海市民恢復完全支配上海的時候! 所以大上海市實現期的早日莅臨,已成爲今日全國人士熱望的中心。

重要參考書目

　　嘉慶上海縣志修例的著者陸慶循曾云："所檢各書,當列卷端,以備參核。其有知其書而未見者,並附其名於後,冀異日得以訪求焉。"陸氏所説,極爲精當。但上海自開埠後,時勢遞變,紀述上海者固不僅限於國人,外人且亦甚多。遜清光緒而後,國人關於上海的著述更多,所惜者,大都爲毫無體系的筆記,或係鈔襲舊文而並未加以研討的瑣記。故一一記録,既有佔篇幅,且亦無多大意義,只有擇其重要的録之。書雖不是專述上海,而內容有涉及上海且極精當的,本編用作參考的卻不少。兹就本編所參考的書籍中,選擇其較爲重要的彙録於後,其爲難得的或係常見的書而版本頗多的,則註明其所藏之地或係何種版本,以便讀者的訪求。並爲檢閱便利起見,將各書分成若干類。但分類至難,不當之處自然難免,當俟異日,加以訂正。

1. **正史**

　　一、晉史

　　二、宋史

　　三、元史

　　四、新元史

　　五、明史

2. **方志**

　　六、陸廣微：吳地記(江蘇書局版)

　　七、王存：元豐九域志

　　八、朱長文：吳郡圖經續記

　　九、楊潛：紹熙雲閒志

　　一〇、李賢等：大明一統志(徐家匯藏書樓)

　　一一、和珅等：大清一統志

　　一二、乾隆江南通志(徐家匯藏書樓)

　　一三、康熙松江府志(本館藏本)

　　一四、嘉慶松江府志

　　一五、松江府續志

　　一六、同治蘇州府志(本館藏)

　　一七、弘治上海縣志(本館攝影)

　　一八、嘉靖上海縣志(陳乃乾周越然景印本)

　　一九、萬曆上海縣志(徐家匯藏書樓)

　　二〇、康熙上海縣志(徐家匯藏書樓)

　　二一、乾隆十五年上海縣志(本館藏本,殘;徐家匯藏書樓)

二二、乾隆四十九年上海縣志(本館鈔本;平湖葛氏藏本)

二三、嘉慶上海縣志(本館鈔本刊本均殘;浙江省立圖書館)

二四、同治上海縣志(以下各志本館均有藏本)

二五、上海縣續志

二六、民國上海縣志

二七、光緒華亭縣志

二八、光緒青浦縣志

二九、光緒南匯縣志

三〇、光緒嘉定縣志

三一、光緒寶山縣志

三二、乾隆婁縣志

三三、光緒金山縣志

三四、光緒川沙廳志

三五、法華鄉志

三六、上海市自治志

三七、陸慶循:嘉慶縣志修例(本館藏)

三八、秦榮光:同治上海縣志札記

3. 政書

三九、晉鑑

四〇、章得象:宋會要(國立北平圖書館鈔印,上海律師公會藏有一部)

四一、馬端臨:文獻通考

四二、明世宗實錄(江蘇省立國學圖書館)

四三、劉錦藻:清朝續文獻通考

四四、清通典

四五、東華錄(本館藏有全部)

4. 雜史

四六、徐學聚:平倭通錄(江蘇省立國學圖書館景印)

四七、張鼐:吳淞甲乙倭變志(上海掌故叢書本)

四八、采九德:倭變事略(浙江省立圖書館藏)

四九、鄭茂:靖海紀略(浙江省立圖書館藏)

五〇、夏(雪)〔燮〕:中西紀事

五一、王之春:國朝通商始末記

五二、楊甦民:滿夷猾夏始末記

五三、陶袁愚:壬寅聞見紀略(本館鈔本)

五四、曹晟:夷患備嘗記(上海掌故叢書本)

五五、官文等:平定粵匪紀略

五六、錢勗:吳中平寇記

五七、姚鐵梅:小滄桑記

五八、王萃元:星同紀事(上海掌故叢書本)

五九、蔣恩：兵災紀略

六〇、黄本銓：梟林小史（上海掌故叢書本）

六一、漢公：太平天國戰史

六二、王鍾麟：太平天國革命史

六三、太平天國文鈔

六四、李杖：拳禍記

六五、佐原篤介：拳禍記事

六六、馮自由：中華民國開國前革命史

六七、谷鍾秀：中華民國開國史

六八、鄒魯：中國國民黨史稿

六九、文公直：最近三十年中國軍事史

七〇、觀渡廬：共和關鍵錄

七一、海上閒人：上海罷市實錄

七二、吳中弼：上海罷市救亡史

七三、陳叔諒：五州痛史

七四、文公直：江浙戰記

七五、中國國際宣傳社：淞滬血戰經過

七六、徐怡等：淞滬禦日戰史

七七、許地山：達衷集

七八、惜餘：滬戰記

七九、陶成章：教會源流考

八〇、戈公振：報學史

八一、茅坤：徐海本末

八二、佚名：汪直傳

5. 史料

八三、故宮博物院：籌備夷務始末（本館藏有一部）

八四、王彥威：清季外交史料（本館藏有一部）

八五、李文忠公全集（商務印書館版）

八六、約章成案匯覽

八七、和約彙鈔

八八、江南製造局記

八九、江南造船所記

九〇、上海拆城案報告

九一、徐匯紀略

九二、東西學書錄

九三、費唐報告書

九四、江蘇兵災調查紀實

九五、江恆源：中國關稅史料

九六、孫慎欽：招商局史稿

一三三、陳英士先生紀念全集

一三四、徐文定公逝世三百年紀念文彙編

一三五、許太夫人傳略(陳垣校本徐家匯藏書樓)

一三六、李鍾珏：且頑老人七十歲自敍

一三七、徐潤：徐愚齋自敍年譜

一三八、錫金四喆事實彙存

一三九、徐宗澤：明末清初灌輸西學之偉人

9. 農書

一四〇、徐光啓：農政全書

一四一、褚華：木棉譜(上海掌故叢書本)

一四二、褚華：水蜜桃譜(上海掌故叢書本)

10. 日文書

一四三、松井廣吉：英清鴉片戰史

一四四、根岸佶：清國商業綜覽

一四五、山口昇：歐美人在華文化事業

一四六、上海居留民團：上海事變志

一四七、上海日本商會議所：五卅事件調查書

一四八、植田捷雄：支那租界論

11. 西文書

一四九、Ch. B. Maybon et Jean Fredet, Histoire de la Concession Française de Changhai, Tome I

一五〇、Montalto de Jesus, Historic Shanghai

一五一、Whangpoo Conservancy Board, The Port of Shanghai (Seventh Edition)

一五二、H. B. Morse, The International Relations of the Chinese Empire, 3 vols

一五三、Lanning and Couling, The History of Shanghai

一五四、Hawks Pott, A Short History of Shanghai

一五五、Lindsay, A Voyage to the Northern Ports of China 1887

一五六、A. M. Kotenev, Shanghai: Its Mixed Court and Council

一五七、Report of Justice Feetham to the S. M. C., 3 Vol

一五八、J. de la Servière, Histoire de la Mission du Kiang-nan, Tome I

一五九、The China Mission Handbook, 1st Issue

參考雜誌則有東亞同文書院支那研究(其十八十九兩號爲上海研究專號);報紙則有英文北華捷報、申報、新聞報等,不俱載。

參考書目補遺

補蔚南之遺

方志

  ○崇禎松江府志(14)

  ○康熙上海縣志(15)

  ○民國上海縣志(10)

雜史

  ○忠王李秀成供狀(139)

  ○太平天國文書(故宮博物院)(145)

政書

  ○江南造船所記要(158)

政書

  ○鐵道年鑑(177)

集

  ○李文忠公全集(179)

  法租界史(185)(似是法人所作,不知有譯本否)

筆記

  ○上海的一般(209)

  公共租界工部局英文報告(255—253)

  費唐報告英文本(280)

外文

  ○上海事變志(280)(日本人所作)——公共租界細參看圖書館作上海"日本居留民團"

> 廣韻
> 白虎通

政書

  △天下郡國利病書(顧炎武)(一五)

> 輿地志(顧野王)(一六)
> 越絶書(袁康)(一六)
> 三吳水利志(郯薣)(一六)

雜史

  △上海通商史(程灝譯)(146)

吳淞鐵路始末記(177)(西人所著而用中文名,不知何故)

傳記

○秦效魯元化革命事略(顧金光復會人)(二〇四)

○陳其美墓志銘(楊庶堪)(二三六)

○上海市土地局,民國二十年一月上海租界逐年推廣及越界等路圖(二三七)

○招商局月刊一期及二期(172)

北華捷報(113　127　128　129)

○東方雜誌十四卷十二號(167)

又二十二卷五卅事件臨時增刊(249)——所留卡片未寫明白(已改正)

△徐文定公逝世三百年紀念文彙編(七二)

民國上海縣志(一〇)

△光緒松江府續志(六八)

△宋史(1)

△宋會要(1)

△上海市地方自治志(2)

△上海縣續志(2)

△徐家匯氣象台報告(3)

△嘉靖上海縣志(一二)

△同治上海縣志(一二)

△晉書(一二)

△梁書(一二)

△隋書(一二)

△唐書(一二)

△五代史(一二)

崇禎松江府志(一四)

△康熙松江府志(一四)

△乾隆十五年上海縣志(一四)

△嘉慶上海縣志(一六)

△大清一統志(一四)

△明史(六一)

△紹熙雲間志(一五)

△弘治上海縣志(一五)

康熙上海縣志(一五)

△萬曆上海縣志(一五)

△元豐九域志(一五)

△資治通鑑(一五)

廣韻(一六)

白虎通(一六)

法租界史(185)

△法公董局一九〇〇年報(一九三)

△光緒三十四年上海勸學所學校調查録(一九九)

△政藝叢書(二〇三)

上海的一般(二〇九)

△陳英士先生紀念集(二一三)

△共和關鍵録(二一六)

△一九一一年度公共租界工部局報告(二三九)

△一九二五年度公共租界工部局報告(二五〇)

△民國十五年六月上海縣政府公報(二五一)

一九二〇年度公共租界工部局英文報告(二五三)(二五五)

一九一九年度公共租界工部局英文報告(二五三)

一九二一年度公共租界工部局英文報告(二五五)

△中國國民黨第二屆中央監察委員會報告書(二六〇)

△建國方略(二七八)

△建設上海市市中心區域計劃書(二七八)

費唐報告(英文本)(二八〇)

上海事變誌(日本人的作品)(二八〇)

梁簡文帝：吳郡石像碑記(嘉慶上海縣志)

陸龜蒙：漁具詩序(同上)

王韜：弢園老民自傳(弢園文録外編；蘅華館詩録)(一六六)

張宸：濬吳淞江議(△谷水舊聞)

日人某：上海之地理及港灣設備竝氣候(△支那研究十八號)(3)

大村欣夫：江南三角洲史的考察(△支那研究第三號)(4)大村欣夫見四頁及十四頁(上海名稱考)另五十二頁則作大村欣一，待問蔚南。

小竹文夫：上海之沿革(△支那研究十八號)(一四)

武培幹：唐宋時代上海在中國對外貿易上的地位觀(△中央大學社會科學叢刊二卷一期)(一四)

竺可楨：近代科學先驅徐光啓(△徐文定公逝世三百年紀念文彙編)(七二)

向達：徐光啓逝世三百年紀念(△同上)

徐宗澤：奉教閣老傳略(△聖教雜誌第二十二年第十一期)(七三)

徐宗澤：明末清初灌輸西學之偉人(疑是單篇文字，故入此)(七三)

曾國藩、李鴻章：奏選聰穎子弟赴美習藝并酌擬章程摺(一六四)

李鴻章：商局接辦電綫摺(一七八)

重整上海織布局片(一八四)

留美學生會小史(△東方雜誌十四卷十二號)(一六七)

愛國學社之主人翁(△童子世界三十二號)(二〇三)

胡愈之：五卅事件紀實(△東方雜誌二十二卷五卅事件臨時增刊)(二四九)

北華捷報(113)(一二七)(一二八)(一二九)

△申報

△中法新彙報

△時報

△神州日報

△新聞報

招商局月刊一期及二期(一七二)

東方雜誌第二十二卷五卅事件臨時增刊

△褚華：水蜜桃譜(七〇)

△梁啟超：戊戌政變記(一九〇)

△葛文煦：滬校雜記(8)

△秦榮光：上海同治縣志札記(一二)

△范成大：吳郡志(一五)

顧炎武：天下郡國利病書(一五)

○顧野王：輿地志(一六)

○袁康：越絕書(一六)

△吳履震：五茸志逸(一六)

○郟亶：三吳水利志(一六)

△朱長文：吳郡益經續記(一八)

△馬端臨：文獻通考(一五)

△劉錦藻：清朝續文獻通考(一九)

△曹晟：覚夢録(二二)

△徐光啟：農政全書(三二)

△褚華：木棉譜(三二)

△陶宗儀：輟耕録(三三)

△王韜：瀛壖雜誌(三三)

△式祥麟：墨餘録(三三)

△褚華：滬城備考(三四)

△秦榮光：上海縣竹枝詞(四六)

△章鳴鶴：谷水舊聞(五〇)

△王逢：梧溪集(五三)

△徐學聚：嘉靖東南平倭通録(五三)

△張鼐：吳淞甲乙倭變志(五四)

△胡宗憲：籌海圖編(五五)

△采九德：倭變事略(五五)

△鄭茂：靖海紀略(五五)

△朱國楨：湧幢小品(五五)

△萬表：海寇議(五六)

△茅坤：徐海本末(五六)

△佚名：汪直傳(五六)

△潘恩：潘笠江先生集(五八)

△范濂：雲間據目鈔(五九)

△李延昰：南吳舊話録(五九)

△葉夢珠：閱世編(六九)

△姚廷遴：姚氏紀事編(七六)

△王楚秀：揚州十日記(七八)

△佚名：嘉定屠城記(七八)

△楊光輔：淞南樂府(一〇一)

△施潤：居敬堂詩稿(一〇一)

△諸聯：明齋小識(一〇二)

△王元春：國朝通商始末記(一〇三)

△夏(燮)〔燮〕：中西紀事(一〇三)

△許地山：達衷集(一〇四)

△曹晟：夷患備嘗記(一〇七)

△袁陶愚：壬寅聞見紀略(刊入人文四卷一期至五期)(一〇八)

△徐公肅、丘瑾璋：上海公共租界制度(一一三)

松井廣吉：英清雅片戰史(一一四)

△山口昇：歐美人在華文化事業(一一九)

△王鍾麟：太平天國革命史(一二〇)

△蔣恩：兵災紀略(一二〇)

△袁祖志：隨園瑣記(一二一)

△陶成章：教會源流考(一二三)

△黃本銓：梟林小史(一二三)

△黃萃允：星周記事(一二八)

△江恒源：中國關稅史料(一三四)

△官文等：平定粵匪紀略(一三六)

△漢公：太平天國戰史(一三六)

△薛風九：難情雜記(一三七)

△姚鐵梅：小滄桑記(一三七)

△錢勗：吳中平寇記(一三八)

程灝：上海通商史(一四六)

△李鴻章：李肅毅伯奏議(一四九)

△王臻善：滬租界前後經過概要(一五二)

△梁敬錞：在華領事裁判權論(一五三)

△黎庶昌：曾文正公年譜(一五八)

△容閎：西學東漸記(一六三)

△徐潤：徐愚齋自敘年譜(一六三)

△姚公鶴：上海閒話(一六八)

上海市土地局：民國二十年一月上海租界逐年推廣及越界築路圖(二三七)

△宏文圖書館：江浙戰史(二四四)

△江蘇兵災各縣善後聯合會：江蘇兵災調查紀實(二四五)

△上海市社會局：近十五年來上海之罷工停業(二四九)

△東京同文書院：赤汶濃氏講演，上海ヨリ观タル支那ノ風氣(二八五)

△北平故宮博物院：太平天國文書(一四五)

△孟憲承譯：太平天國外紀(一四〇)

△徐宗澤編譯：文定公徐上海傳略(七二)

吳淞甲乙倭變志(張鼐)

靖海紀畧(鄭茂)

倭變事畧(采九德)

海寇議(萬表)

揚州十日記(王楚秀)

嘉定屠城記

國朝通商始末記(王之春)

中西紀事(夏雪)

達衷集(許地山)

壬寅聞見紀畧(袁陶愚)

夷禍備嘗記(曹晟)

太平天國文書(故宮博物院)

忠王供狀(李秀成)

太平天國戰史前編中編(漢公)

太平天國革命史(王鍾麒)

太平天國外紀(孟憲承譯本)

平定粵匪紀畧(官文)

吳中平寇記(錢昉)

小滄桑記(姚鐵梅)

覺夢錄(曹晟)

梟林小史(黄本銓)

星周紀事(王萃允)

難情雜記(薛風九)

兵災紀略(蔣恩)

戊戌政變記(梁啟超)

拳禍記(李杕)

中華民國開國前革命史上編(馮自由)

浙案紀畧(陶成章)

中華民國開國史(谷鍾秀)

中華民國革命建國史(大同學會)

共和關鍵録

中國國民黨史稿（鄒魯）

最近三十年中國軍事史（文公直）

上海通商史（程灝譯本）

中法外交史（束世澂）

清季外交史料

中國關税史料（江恒源）

近代中國教育史料（舒新城）

教育界之風潮（愛國青年）

最近三十五年之中國教育

中國鐵道史（謝彬）

報學史（戈公振）

中山出世後中國六十年大事記（半粟）

民國十週年紀事本末（許指嚴）

上海罷市救亡史（吴中弼）

上海罷市實録（海上閒人）

江蘇兵災調查紀實（江蘇兵災各縣善後聯合會）

江浙戰史（宏文圖書館）

五卅痛史（陳叔諒）

五卅慘史（朱松廬）

（七）傳記類

徐海本末（茅坤）

汪直傳

父定公徐上海傳畧（徐宗澤）

明末清初灌輸西學之偉人（徐宗澤）

徐文定公逝世三百年紀念文彙編（徐宗澤）

許太夫人傳畧（許采白）

錫金四哲事實彙存

曾文正公年譜（黎庶昌）

徐愚齋自敍年譜（徐潤）

且頑老人七十自敍（李鍾珏）

總理年譜長編初稿（中央黨史史料編纂委員會）

陳其美墓誌銘（楊庶堪）

陳英士先生革命小史（邵元冲）

陳英士先生紀念集

秦效魯先生革命事畧（錫金光復同人）

（八）筆記類

輟耕録（陶宗儀）

湧幢小品（朱國楨）

雲間據目鈔(范濂)

南吳舊話録(李延昰)

閱世編(葉夢珠)

姚氏紀事編(姚廷遴)

五茸志逸(吳履震)

谷水舊聞(章鳴鶴)

滬城備考(褚華)

明齋小識(諸聯)

隨園瑣記(袁祖志)

墨餘録(毛祥麟)

同治上海縣志札記(秦榮光)

瀛壖雜誌(王韜)

滬遊雜記(葛元煦)

上海閒話(姚公鶴)

上海的一般(洪佩青)

三江筆記(三江遊客)

西學東漸記(容閎)

革命閒話(陳去病)

教會源流考(陶成章)

義和拳教門源流考(勞乃宣)

東西學書録

兵災紀畧(蔣恩)

隨園瑣記(袁祖志)

小滄桑記(姚鐵梅)

同治上海縣志札記(秦榮光)

墨餘録(毛祥麟)

瀛壖雜誌(王韜)

滬遊雜記(葛元煦)

上海閒話(姚公鶴)

上海的一般

三江筆記(三江遊客)

西學東漸記(容閎)

上 海 年 表

時 代	區 域	郡	縣
禹貢	揚州之域		
春秋	吳 越		
戰國	楚		相傳爲春申君黃歇封邑。
秦		會稽郡始皇二十五年,王翦定荆江南地,降越君,置。	婁 縣
漢	揚　州元封五年置,以會稽郡屬之。	會稽郡高帝六年爲荆國,十二年更名吳。景帝三年吳王濞反,國除,以其境封江都王,是爲江都國。元狩二年,江都王建罪廢國除,會稽始入漢爲郡。	婁縣以移治於婁江之陰更名。王莽時改名婁治。
後漢	揚　州	吳　郡永建四年分浙東爲會稽郡,浙西爲吳郡。	婁 縣
三國吳	揚　州	吳　郡	婁 縣
晉	揚　州	吳　郡	婁 縣
宋	揚　州大明三年廢,八年復置。	吳　郡大明三年爲王畿七年更屬南徐州八年仍屬揚州	婁 縣
齊	揚　州	吳　郡	婁 縣
梁	揚　州	信義郡天監六年,分吳郡置。	信義縣天監六年,以婁縣地改置。 崑山縣大同元年,析信義縣置。 前京縣大同元年,析海鹽縣東北境置。
陳	揚　州	信義郡	崑山縣 前京縣
隋	揚州行臺	信義郡開皇九年,廢地併入吳郡。 吳　郡開皇九年,更名蘇州。大業元年改吳州。三年復名吳郡。	崑山縣開皇九年,省入常熟縣。十八年復置。 前京縣開皇九年,廢。
唐	江南東道貞觀六年,置江南道。開元二十一年,分爲江南東道。	蘇　州武德四年,改吳郡曰蘇州。七年置蘇州都督,督蘇湖松暨四州。九年罷都督,貞觀元年,屬江南道。天寶元年,更名吳郡。乾元元年,復曰蘇州。	華亭縣天寶十年,太守趙居貞請析崑山南境、海鹽北境、嘉興東境地置。
	浙江西道乾元元年,置。大曆十四年,與浙江東道合爲一。建中元年,復分。二年,復合。貞元三年復分。		
	鎮海軍建中二年,分浙江東西二道,賜號鎮海軍。元和二年,升浙江西道爲鎮海軍。六年廢。大中十二年,復置。十三年,廢。咸通三年復置。八年,廢。十一年,復置。		

時　代	區　　域	郡	縣
五代	吳　越梁開平元年,封錢鏐爲吳越王。後建國設官,世奉正朔。宋太平興國三年,錢俶歸京師,納土國除。	蘇　　州梁貞明元年,吳越王自稱中吳府。唐開元二年,升中吳軍。 開元府唐同光二年,置。長興元年,廢。 秀　　州晉天福元年,吳越王錢元瓘奏置。	華亭縣自晉天福三年,改屬秀州,復縣。不復隸蘇。
宋	浙西路至道三年,爲兩浙路。熙寧七年,分爲浙西路,尋合爲一。九年,復分。十年,復合。南渡後復分。	嘉興府政和七年,改秀州爲嘉禾郡。宣和三年,復爲秀州。慶元元年,升秀州爲嘉興府。嘉定元年,賜爲嘉興軍。	華亭縣
元	江浙行省至元十三年,置江淮行省。二十二年,改爲江浙行省。	松江府至元十四年,升嘉興府爲路。升華亭縣爲府,隸之。十五年,更名松江府。二十九年,直隸行省。泰定三年,廢爲都水庸田司。天曆元年,復置府罷司。	上海縣至元二十九年,知府僕散翰文請析華亭東北之長人、高昌、北亭、新江、海隅五鄉置。泰定三年,併屬嘉興路。天曆元年,復分。屬松江府。
明	直隸南京	松江府	上海縣嘉靖二十一年,巡撫都御史夏邦謨等請析縣西北之北亭、新江、海隅三鄉,置青浦縣。三十二年,廢,所析復故。萬曆元年,給事中蔡汝賢請復置,從之。五年,又析北亭、新江二鄉未盡者益之。
清	江蘇布政使司	松江府	上海縣雍正二年,總督查弼納請析縣西南之長人鄉置南匯縣。嘉慶十年,總督陳大文又請以縣東之高昌鄉濱海地分隸川沙廳。
民國	江蘇省	滬海道元年置,十六年廢。	上海縣初爲江蘇省直轄。三年隸滬海道。十五年淞滬商埠督辦公署成立,所轄區域除上海全縣外益以寶山縣之吳淞、殷行、江灣、真如、彭浦、高橋等一市五鄉之地。一切行政事務,悉受公署管轄,不屬於省行政範圍。但對上海縣治權並無影響。十六年,上海特別市成立,上海本應取消。因尊重江蘇省政府意見,以縣屬之曹行、塘灣、閔行、北橋、顓橋、馬橋、三林、陳行等八鄉爲暫緩接收區域,仍保留上海縣治權。二十二年一月,遷縣治於北橋。
民國	上海特別市十六年國民革命軍奠定上海定爲特別市,直隸於國民政府。市區範圍,除淞滬商埠原有轄境外,更益以寶山縣之大場、楊行二鄉,松江、青浦兩縣所屬七寶鄉之一部,松江縣屬莘莊鄉之一部,及南匯縣屬周浦鄉之一部。十七年七月,先行接收上海縣屬之滬南、漕涇、法華、浦淞、洋涇、楊思、塘橋、高行、陸行、閘北、引翔,寶山縣屬之吳淞殷行、江灣、真如、彭浦、高橋等十七區。暫緩接收上海縣屬之曹行、塘灣、閔行、北橋、顓橋、高橋、三林、陳行等八區,寶山縣屬之大場、楊行二區,青浦、松江、南匯等縣所屬之七寶、莘莊、周浦之區。暫緩接收之上海縣屬各區,暫仍歸上海縣管轄。		
民國	上海市十九年五月,國民政府公布市組織法,改各特別市爲市,直隸行政院。七月,改稱上海市,轄境仍舊。		

第二編

上海歷史

（中）

第一特區——公共租界

本編整理説明

　　本編作者蒯斯曛(1906—1987),原名蒯世勳,筆名施君澄。江蘇吳江人。1928 年畢業於上海復旦大學。1932 年 8 月進入上海市通志館擔任編纂部編纂。1938 年後歷任《魯迅全集》、《譯文叢書》編校。1940 年 4 月參加中國共產黨。1942 年 1 月被黨組織調入蘇中抗日根據地,從事教育工作,後擔任《濱海報》、《蘇中報》編輯。1944 年 11 月調入新四軍,先後擔任新四軍一師師部秘書、華中軍區司令部秘書、華東野戰軍(第三野戰軍)司令部秘書處主任、華東軍區政治部外國語學校政治委員。1954 年轉業,先後任上海新文藝出版社副社長、副總編輯,上海文藝出版社及人民文學出版社上海分社社長、總編輯,上海譯文出版社總編輯,上海出版局顧問。兼任中國作家協會上海分會理事。1926 年開始發表作品,先後出版《悼亡集》等兩部短篇小說集。1937 年後,與友人合譯《續西行漫記》、《華北前線》、《中國見聞錄》等,獨譯中篇小說兩部、短篇小說集一部,發表有中篇小說《新時代的曙光》、電影文學劇本《三天》等作品。①

　　上海市通志館還有數人在不同程度上參與了本編的編纂工作。席滌塵、郭建(郭孝先)、董樞、胡道静等人撰寫了若干與公共租界有關的文章,先後發表在《上海市通志館期刊》、《上海研究資料》正、續集中。這些文章後來在不同程度上被吸收採用。但是他們的工作在本編中所佔比重較小,蒯斯曛承擔了本編主要編纂工作。

　　需要指出的是,作者現名是抗日戰爭時期參加革命後所改,本編原稿署名爲"蒯世勳";1979 年上海人民出版社將蒯斯曛等人研究公共租界的舊作以《上海公共租界史稿》書名結集出版時,經作者本人審定的署名仍然爲"蒯世勳",作者本人在"後記"中的落款爲"編著者"。② 本編原稿爲排印稿,其"凡例"中編者署名的修改明顯與其他校改筆跡不同,基本可以認定爲解放以後的整理者修改。因無從確認作者本人意願,仍然沿用原稿修改後的署名。

　　本編原稿分爲十部分,已經全部排出校樣。其中"甲　總説"、"乙　英美租界獨立時代"兩部分,現存的是二校樣;原稿第三部分"丙　英美法三國租界行政統一時代"以後直至"癸　結論"八部分,均爲初校樣。本編的整理以最後形成的校樣爲依據,如存有初校樣的則視情參照。

　　現存原稿中夾帶若干另紙書寫的校勘記,但這些校勘記均未注明校勘人。究竟是作者本人,或者是上海市通志館當時的編輯、編纂人員,還是後來的整理者,現在無法作出判斷。對這些校勘意見,我們分兩種情況處理:一是吸收合理且正確的意見,在整理時徑改;二是存有疑義或無法明確出處的意見,尊重原文,不作改動。

　　原稿中發現部分民國紀年與西元紀年的換算錯誤,均予以改正並用校勘符號標示。

　　原稿目録原設三級標題,其正文也按相應標題分節,但爲與前後體例統一,本編整理時未將第三級標題列入目録。

---

　　①　蒯斯曛本人 1982 年填報的《幹部履歷表》(上海市檔案館藏檔,全宗號 F2－1－493)及《中國現代文學辭典》,上海辭書出版社1991 年版,第 199—200 頁。

　　②　蒯世勳編著《上海公共租界史稿》,上海人民出版社 1980 年版,第 299—588 頁。

本 編 目 録

凡　　例

一、本編依據本市通志所定體例編纂。本市通志的體例，見本市通志第二十六編敍錄編。

二、本編是本市通志二十六編中的第二編，敍述第一特區——公共租界的起源演變，與本市通志第一編沿革編及第三編第二特區——法租界編，合成本市通志中"上海歷史"的全部。

三、本編的敍述，開始於公元一八四二年清道光二十二年中英江寧條約的簽訂，上海規定爲通商五口之一，而以一九三三年民國二十二年爲終結，其間時期共九十二年。一九三四年民國二十三年以來公共租界的狀況，則可參考本館歷年所編的上海市年鑑。

四、本編以公共租界政治的演變爲敍述的主要對象。故如欲知公共租界各時期與整個上海的關聯，或上海租界的全部狀態，或上海外交的全貌，或上海司法的情形，則仍請同時參考本市通志沿革編及政治編，或第二特區——法租界編，或外交編，或司法編。如欲劃分公共租界爲一特殊地帶，而研究其中某一種非工部局所經營的事業，或與工部局無直接關係的現象，則應請從該事業或該現象性質所屬的本市通志各編中去從事；例如公共租界的交通，請參考交通編。至於本編所應附載的各種地圖，均另見本市通志地圖編。

五、本編編纂的進行，既賴本館館長柳亞子先生和編纂主任徐蔚南先生的熱心指導，其得完稿，又經柳、徐二先生每章每節的精細校改，衷心至爲感謝。惟如有遺誤之處，自屬編者個人責任。

六、本編編纂時，得本館編纂胡懷琛、吳靜山、席滌塵、董樞、郭孝先、胡道靜、蔣慎吾、李純康諸君協助不少，深爲感謝。

七、本編的編纂，曾盡綿力於直接史料的搜集與應用。亞洲文會圖書館（The Library of the North-China Branch Royal Asiatic Society）所藏歷年各種英文報紙及六十多年的工部局年報（Shanghai Municipal Council's Annual Report）等，都蒙借閱；上海公共租界納稅華人會亦蒙以近數年工部局年報相借，並供給關於該會的若干史料，均此誌謝。

編者蒯斯曛識

甲　總　説

一　上海公共租界的性質

公元一八三九—四二年清道光十九—二十二年的中英"雅片戰爭",使中國歷史開始轉入一個完全新的時期。中國從此不得不放棄它一向的"閉關自守",而投入當代世界經濟的有機的組織之中,負起與其他同時代在經濟上落後的國家相同的命運,作爲各經濟先進國的商品的市場。各國以武力爲先鋒和後盾,以不平等條約所賦與的各種權利爲護符,"合法地"爭奪着並分割着這中國市場。商埠便是主要地作爲分散外國商品到各地去的樞紐之用,而同時却又附帶地成了中國在政治上被侵略的地方,就中尤以開闢了所謂"租界"的,最爲顯著,也最爲厲害。

考所謂"租界",實在是一個僅由習慣沿用的名辭,概念至爲含混。爲顯示"租界"的本質起見,歷來中外學者曾將它詳細分析,歸納爲若干種類。[註一]約言之,"租界"實包括兩種最根本不同的制度,即租界(Concession)與居留區。

租界是中國政府將界內所有土地,整個租與簽約國政府,再由該國政府,經其駐在當地的代表官署,即領事署,分租給該國僑民,界內"地稅",由該領事署代表其政府,總繳與中國政府。外僑租地,其地契由該領事署發給並登記,其"地稅"亦向該領事署繳納。有人稱之爲"土地國租"的制度,換言之,租界制度發生了國際公權上的租賃關係。故界內管理之權,即由該領事署代表該國政府行之,通常即以該領事爲行政長官,亦有於領事之外並設立納稅外人選舉組成的執行機關。居留區便根本不同。居留區是所謂"土地民租"的,僅容許一國或各國僑民在區域內有租地建屋、居住貿易之權。外僑租地,係直接向中國原業戶商議,議成,請中國地方官發給契據。"地稅"亦由外僑直接向中國政府繳納。居留區制度所發生的,並非公權上的租賃關係,實純屬私權問題。故居留區的管理之權,應毫不蒙受影響,操於主權國手中。

上海"租界",實均係居留區性質。然而時日遷移,面目全非,現行制度與原有制度,已毫不相侔了。所以,概言之,公共租界史,應即是公共租界的變質經過的敘述。

二　上海公共租界史的分期

上海公共租界(Shanghai International Settlement or International Settlement of Shanghai)是一八九九年清光緒二十五年才有的名辭。初,上海根據一八四二年清道光二十二年江寧條約第二款規定,於一八

[註一]　參閱:(一)徐公肅、丘瑾璋:上海公共租界制度,頁一五五至一五七。(二)T. Z. Tyau, Treaty Obligations between China and Other States, p. 58.（三）M. T. Bau, The Foreign Relations of China, p. 320.（四）C. L. Hsia, Studies in Chinese Diplomatic History, p. 48.（五）H. B. Morse, The Trade and Administration of the Chinese Empire, pp. 221 - 227.（六）W. W. Willoughby, Foreign Rights and Interests in China, Vol. I, pp. 495 - 504.（七）今井嘉幸:支那國際法論卷一,頁一六七。（八）植田捷雄:支那租界論,頁七七至八九。

四三年十一月十七日清道光二十三年九月二十六日宣佈開爲對英通商口岸，英僑乃正式實行其"寄居……貿易通商無礙"的條約權利。同年十月八月中英又有虎門條約的締結，該約第六、第七款規定，英商在通商口岸居住、貿易及租賃房屋、基地，須由中國地方官與英國領事官議定界址，不許踰越，換言之，通商口岸須有英僑居留區的劃定，作爲限制。上海乃於一八四五年十一月清道光二十五年十一月創設英租界(British Settlement)於洋涇浜北，黃浦江邊。美國人根據一八四四年七月清道光二十四年五月中美望廈條約第三款和第十七款規定所給與的，與英國人所得者相同的權利，來滬寄居貿易，並於一八四八年清道光二十八年得有虹口美僑居留區(American Settlement or Hongkew Settlement)的指定。一八五四年清咸豐四年英租界、美租界與洋涇浜南的法租界，行政統一，到一八六二年清同治元年法租界退出而終止。一八六三年清同治二年英美租界正式合併，是爲洋涇浜北首外人租界(Foreign Settlement North of Yangkingpang Creek)。一八九九年清光緒二十五年改名爲公共租界，實即各國公共居留區，或國際居留區。一九二八年民國十七年上海特別市市政府，將租界改稱特區，以公共租界原定東區、北區、中區、西區，爲特區的東、北、中、西區，以法租界爲特區南區。一九三〇年民國十九年起，公共租界稱第一特區，法租界稱第二特區。

此種名稱的改變，本非最重要的所在，但本書爲敍述上的便利計，即大體據以劃分時代。最初三篇，即分別稱爲"英美租界獨立時代"、"英美法三國租界行政統一時代"及"洋涇浜北首外人租界時代"。一八九九年清光緒二十五年以來的公共租界，則不僅事端紛繁，抑且情勢有異，故另以一九二五年民國十四年的五卅慘案爲界，分篇敍述，以助理解。

若無名稱改變的枝節——更明白地說，若無因名稱改變而發生的某數種文字上的糾纏與困難，則公共租界史似宜分爲下述各期，更能顯示租界整個的史的過程，即：

一、創設時期，約自一八四五年清道光二十五年起至一八五二年清咸豐二年止；

二、轉變時期，約自一八五三年清咸豐三年起至一八六八年清同治七年止；

三、發展時期，約自一八六九年清同治八年起至一九二五年民國十四年"五卅"之前；

四、動搖時期，約自一九二五年民國十四年"五卅"起。

三　創　設　時　期

上海於一八四三年十一月十七日清道光二十三年九月二十六日開埠，"開埠後二年之內，並無居留區，外人隨寓而安，不問城內城外"。[註一]一八四五年十一月二十九日清道光二十五年十一月初一日分巡蘇松太兵備道以後簡稱滬道宮慕久出示佈告准英商"租"地居住的地"界"，並公佈地皮章程(Land Regulations)二十三款，創設了所謂英租界。

英租界最初界址，定爲東至黃浦江，南至今愛多亞路，北至今北京路，西界則於一八四六年清道光二十六年始確定於今河南路，二年後，界址推廣，改爲西至今之西藏路，[註二]北至吳淞江，俗稱蘇州河東及南則仍舊。

創設時的租界狀態，規定於地皮章程中。租地採"永租"辦法，由租地西人與華人原業户直接接洽，地契須經道查核蓋印。創立華洋分居制度。故容許西人以簡單的市政設施，如修理橋梁道路，設立消防機關，雇用更夫。但關於房價地租的估定事宜，仍"須由華官與領事會同遴派中英正直人士四五名"爲之。倘有宵小擾亂秩序，由滬道懲辦。

[註一]　C. L. Hsia, The Status of Shanghai, p. 7.
[註二]　按：西藏路已於民國二十五年(一九三六)十月一日起，改名爲虞洽卿路。

　　一八四六年_{清道光二十六年}西人召開會，組織道路碼頭公會（Committee on Roads and Jetties），負責道路碼頭修築事宜。

　　美租界的創設，較不正式，^[註一]僅由美國聖公會（American Episcopal Church Mission）主教於一八四八年_{清道光二十八年}與滬道磋商，由滬道泛指虹口一帶爲美租界，既未確定界址，亦無章程。而僑民寄居虹口者甚爲寥寥，即美領事署亦設於英租界內。但英租界地皮章程規定，西僑在該界內租地，須得英領許可。美領不欲受此規定的約束，提出異議，卒經滬道於一八五二年三月_{清咸豐二年正月}同意取消。

四　轉　變　時　期

　　太平天國軍隊於一八五三年_{清咸豐三年}頃，進迫南京，上海英僑即往香港請兵來滬保護。四月一日_{二月二十三日}太平軍克鎮江。一星期後，上海英美領事召開會議，組織商團，成立協防委員會。嗣又進行"防衛"租界工程。英海軍並登陸巡邏。租界歷史於是急轉直下而入於轉變時期。

　　一八五三年六月_{清咸豐三年五月}英領阿利國（Rutherford Alcock）提議，英、法、美三國代表人應自訂新章，共同組織市政機關，管理外人租界。英領事的這一提議，因同年九月七日_{八月初五日}小刀會佔領上海縣城，而得實現的機會和藉口。雖然在一八五四年六月_{清咸豐四年五月}英海軍長官對於其所率海軍登陸佔據租界，頗不然，曾有"惟中國政府或其人民才有權保護租界"的話，但同年七月五日_{六月十一日}英、美、法三國領事竟公佈經三國公使共同簽字的地皮新章了。七月十一日_{六月十七日}英領又召集租地人會，通過地皮新章，計十四款，並解散道路碼頭公會，照章選舉董事，組織統治三國租界的工部局，着工部局即行照章着手組織巡捕。

　　小刀會的佔領縣城，以及清軍與小刀會的繼續作戰，使華人入居租界者，有增無已。租界內洋商，建屋出租，獲利頗厚，非常歡迎。但各領事請滬道吳健章禁止，吳道誤認華洋分居爲條約規定，出示禁止，無效。一八五四年_{清咸豐四年}地皮章程即默認華洋雜居。而工部局第二次會議時，復議決向華人徵收照房租百分之八計算的巡捕捐。小刀會於一八五五年二月十七日_{清咸豐五年正月初一日}退城以後，滬道藍蔚雯出示華民住居租界內條例，取消前任官慕久所創立的華洋分居制度。但租界內華人，犯違禁案件等，早已受英美領事以及工部局的審理。滬道於一八六二年七月_{清同治元年六月}預備向租界內華人徵稅，亦竟爲英領所拒絕。

　　這事以前，當小刀會退城之後，英美領事曾不滿於工部局巡捕，有所指斥，英領並以巡捕阻止華官入界，加以懲罰，一度停止其執行職務，但旋仍恢復，終成常備。工部局的存在，亦爲英國政府所不悅，且有理應撤消的消息。及至英領以拒絕滬道向界內華人徵稅呈報英公使時，英公使嚴加訓斥，其意見頗爲英國政府所嘉納，英政府亦確認："英國租界內之地，自係中國領土，毫無疑義。中國人民不能以居住租界之故，遂得免其履行天然之義務。"

　　一八六二年五月_{清同治元年四月}法租界退出行政組織，自設市政機關，號稱公董局。次年六月_{清同治二年五月}美租界界址劃定，但未細勘。滬道與美領所訂章程，全文今未得見。九月_{八月}英美租界正式合併。所謂洋涇浜北首外人租界，狀態依然。駐京各國公使乃於一八六四年_{清同治三年}決定上海租界改組原則，以爲市政等權限須由各國公使商之中國政府，且中國人非受雇於外人者，須完全歸中國官管理，市政制度中亦須有中國代表。但此項原則，未曾付諸實行。一八六六年_{清同治五年}租地西人通過新

　　［註一］　H. B. Morse 稱美租界。非創設而是"生長的"（growed），見 H. B. Morse, International Relations of the Chinese Empire, Vol. I, p. 349.

訂地皮章程,由領事團轉呈北京公使團,後者到一八六九年_{清同治八年八月}始予批准實施。訂立及實施之時,均未經與華官商酌,亦未得中國政府的批准。

五　發　展　時　期

　　這一八六九年_{清同治八年}的地皮章程,包括章程二十九款及附律(Byelaws)四十二條,大體上即爲現行地皮章程,後來僅修改及增訂若干條款,租地人會既改爲納稅人會,而納稅人會及工部局的權力,又大大增加,會議、立法暨行政之權,幾乎俱備。章程所未曾規定者,亦往往成爲事實上的權力。某數種權力所及,且又不以租界界址以內爲限。在此基礎之上,租界迅疾地發展了起來。

　　舊美租界界址,美領自一八七三年_{清同治十二年}起,即向滬道提出重定的交涉,到一八九三年_{清光緒十九年}而終於實現,租界面積,總計吳淞江南北兩岸,達一、七七九英畝。而一八九五年_{清光緒二十一年}工部局又提出推廣要求,屢經駁斥,銳氣且加,千方百計,越五年而終告成功,租界面積乃增至五、五八三英畝。

　　初,工部局於一八六六年_{清同治五年}起始接管界外道路,計太平天國軍興時期所築的徐家匯路_{今海格路}及跑馬場西人所築的靜安寺路等兩條。爾後,又在界外接收軍路或私路,並添築新路,到一八九九年_{清光緒二十五年}租界推廣時,大部分包入界內。租界推廣後,隨即着手在西界和北界以外開築新路,因一九〇八年_{清光緒三十四年}以後屢提推廣租界要求不遂,及中國革命和上海附近發生內戰有機可乘,而愈能積極進行。一八八四年_{清光緒十年}中法戰爭,工部局即開始在越界道路上設立捕房。一九〇五年_{清光緒三十一年}起,工部局先後准許公用及交通事業公司在界內營業時,即連帶授以營業及於越界道路的權利。一九〇六年_{清光緒三十二年}工部局復利用與自來水公司所訂合同,開始向越界道路中外居民,徵收"特捐"。爲了越界築路、設警、徵稅等事,華官抗議,年甚一年,終未見效。

　　司法權亦爲被堅決劫奪的一大對象。最初,專管通商,受理華洋案件,有松江府海防同知。太平天國失敗以後,一八六四年_{清同治三年}有理事衙門的設立,由理事往英領事署審理租界內案件,外官陪審,但無章程,一切都無確實規定,情勢殊不可問。一八六八年十二月_{清同治七年十一月}總理各國事務衙門咨行洋涇浜設官會審章程,次年成立會審公廨,章程雖亦已有超過條約的有損主權之處,但公廨卻又逐漸變質,到了一九〇四及一九〇五年_{光緒三十、三十一年}間工部局干涉廨事更爲積極,終於發生所謂"大鬧公堂案"。而一九一一年_{清宣統三年}中國革命,上海一時混亂,領事團索性將公廨整個侵佔,使成一個完全的外國法院了。

　　租界的似此的狀態,漸爲華人所不耐。在租界歷史的最初的六十年中,界內華人對於租界當局,本來取一種消極的順從態度。其間固亦有"暴動"與糾紛,如一八七四年_{清同治十三年}法租界四明公所血案的"暴動",一八九一年_{清光緒十七年}洋涇浜北首外人租界楊樹浦築造灘路的糾紛,但都不過對於一特殊事件而發生的爭執,似無其他較深刻的意義。一九〇五年_{清光緒三十一年}大鬧公堂案所引起的"暴動"和罷市,其意義乃不僅對大鬧公堂案本身的抗議,亦不僅對於司法權被侵奪的抗議,而是對於租界當局的整個權力的抗議。工部局因之有與華商領袖商洽關於設立華顧問會的進行,終因納稅外人的反對而未成事實。一九〇五年_{清光緒三十一年}以後,爲了租界推廣的企圖,越界築路及其管轄問題,以及會審公廨的地位問題,華人時起挣扎。對於工部局堅決擴張權力的企圖,均欲盡可能以阻止之。

　　一九一八──一九年_{民國七─八年}的巴黎和會,中國政府提出歸還租界的提案。一九一九年_{民國八年}四月,納稅外人會通過增捐,各馬路商店聯合成會,復集爲總會,以一致的堅決拒繳的態度,企圖達到納稅即須參政的目的。一直奮鬭到次年四月,納稅外人會始通過工部局設立華顧問會。十月十四日,上海公共租界納税華人會成立。[註一]再下一年五月，工部局第一屆華顧問委員五人就職。但華顧問會與真正參政，純屬二事，故爲華人所不滿。

而一九二〇年民國九年起，工部局又先後向納税外人會提出印刷附律、增加碼頭捐等案，華人堅決反對，納税外人會每年流會，工部局固執地每年提出。一九二四年民國十三年發生"江浙戰爭，"工部局復越界築造大批道路。一九二五年民國十四年二月及以後的日紗廠工人罷工，巡捕又拘捕工人及援助工人的學生。

於是發生了五卅慘案。

六　動　搖　時　期

五卅慘案的交涉，在北京政府的手中，終於全盤失敗。但自五卅慘案至國民革命軍北伐，這時期起，公共租界終於到了它必然的動搖時期了。

越界築路的進行，停止於一九二五年民國十四年末。但已築成道路共長四十八英哩以上，其警權等問題，猶在交涉之中。

一九二六年民國十五年四月，納税外人會通過工部局加入華董三人的提案。[註二]華人不願接受這武斷的席數分配，繼續奮鬥。一九二七年民國十六年一月，國民政府收回漢口英租界。同時，國民革命軍節節勝利，進迫浙蘇。上海租界乃從事種種非常處置，"保護"租界。三月二十一日革命軍佔龍華。四月納税外人會通過增捐。納税華人乃竭力反對，聲勢甚爲壯大，到八月下旬始經調停，於是增捐在抗議下繳納，而華董問題隨即轉入兩方磋商之中。結果，納税華人會爲"表示誠意合作"起見，接受華董三席，惟聲明此僅爲暫時辦法，並提出關於工部局須用華人爲各處上級職員及華人教育委員會須以華人組織爲原則等提議三項。一九二八年民國十七年四月二十日，華董三人就職。一九三〇年民國十九年華董增至五人。一九二八年民國十七年六月一日，公園亦對華人開放。

一九二六年民國十五年八月，江蘇省政府與上海領事團簽訂"收回"會審公廨協定，於次年一月一日起發生效力，成立臨時法院。在國民革命軍尚未到滬之前，法院問題就此定局。臨時法院協定三年期滿，國民政府與六國公使重訂協定，於一九三〇年民國十九年四月一日成立特區地方法院及江蘇高等法院第二分院。租界內司法權，至此始漸收回。

一九二九年民國十八年工部局電氣處的出賣，其主要原因之一，爲惟恐"租界未來政治地位"會有"不成熟之變動"。[註三]一九二七年民國十六年萬國商團乃有常備的俄國隊的組織，後又加擴充。此俄國隊與正式軍隊無異。一九二九年民國十八年工部局聘請法官費唐（Hon. Richard Feetham）來滬研究公共租界問題，無非"企圖以所謂'專家'者之粉飾，以延長其'黃昏光景'之享受"罷了。[註四]

[註一]　上海公共租界納税華人會，於民國十六年（一九二七）改稱"上海租界納税華人會"，直到民國二十五年（一九三六）四月十八日舉行的該會第十五屆改選第一次代表大會中，始因上海法租界納税華人會的函請，議決仍改名爲"上海公共租界納税華人會"。

[註二]　T. F. Millard, China, Where It Is Today and Why, p. 302. 謂"此議案之提出與通過，具有二主要目的。其一爲暫慰華人，轉避罷工、抵貨及其他排外主義新方式之再起。又一爲使在各本國造出一種印象，即此間之市政當局正竭其全力以與華人和好，如此則發生困難時，列強將爲其後盾。總之，此提案乃國際舞臺上一齣低級趣味之戲劇也（a play to the international gallery）"。又民國十五年（一九二六）起，雖華董已增至五人，但因納税華人未能參與納税人會議，取得納税外人所有的決議等權力，公共租界華人參政問題，迄未得有效的解決。

[註三]　參閱 S. M. C's Annual Report, 1929, p. 16.

[註四]　丘瑾璋：費唐報告之批評，見世界雜誌二卷五期。

乙　英美租界獨立時代

一　英租界的創設和推廣

1. 上海的開埠

　　公元十三世紀時南宋末上海設置市舶司。十五世紀四十及五十年代明嘉靖中沿海因有倭寇出没,實施海禁,貿易停頓。一六八四年清康熙二十三年海禁開放,次年上海纔設立江海大關。到了一七五七年清乾隆二十二年限外人在廣州一港通商,上海乃又閉港。[註一]

　　英商對於只有廣州一帶的華南市場,未能滿意。一七五六年清乾隆二十一年英商東印度公司(East India Company)中人,有名畢谷(Pigou)者,建議英政府,請進取上海,以作華北通商的樞紐。數年後,該公司派人到上海一帶,從事調查,並探察中國官吏意見,但一無結果。[註二]後因華南的英國商品市場,漸漸發生動搖,出路的需要,成為非常急切。於是,在一八三二年清道光十二年東印度公司又派林特賽(Hugh Hamilton Lindsay),帶了翻譯員郭實獵夫(Charles Gutslaff),坐商船安和寺爵士號(Lord Amherst),[註三]從澳門北上。廈門、福州、寧波既没得到上岸的允許,林特賽便向上海進發。到吳淞口是六月二十一日。五月二十三日林特賽費盡心計,終於與滬道在天后宮裏會晤一次,遞呈了請求書;然而結果却不得不在二星期之後,離開上海,北去高麗。林特賽此行雖未達到通商目的,而對於上海情形,却已頗有所得,在他提出的報告書中,稱上海為最好的通商口岸。[註四]

　　一八三九年清道光十九年因為中國查禁雅片輸入愈益嚴緊,林則徐在廣東燒燬英商雅片,英國就此開鎗放礮,開始了所謂雅片戰爭。海軍副提督帕苟(Vice-Admiral Sir William Parker)統帶兵船、火輪一隊,以及由軍官哥夫(Sir Hugh Gough)指揮的陸軍四千名,沿海北犯。同年七月六月定海被陷消息傳到上海後,剛從廈門改調松江,到任僅七天的提督陳化成,即統兵親駐吳淞口,並修築礮臺,以資守禦。巡撫裕謙、總督牛鑑也先後駐滬籌防。[註五]

　　一八四二年五月清道光二十二年四月乍浦被陷。六月九日五月初一日英兵到吳淞口。牛鑑即督兵到寶山,駐吳淞口的東礮臺;陳提督駐西礮臺。十三日初五日各兵船、火輪陸續進泊,高出塘岸丈餘的檣帆相接,輪烟蔽空;牛鑑為之驚惶束手。在廈門有過經驗的陳提督,不願徒費火藥,未加攻擊。十六日清晨六時初八日卯刻英國兵船,用火輪拖到距離清軍約五百碼的水面,直攻礮臺。陳提督下令開礮,轟擊三小時許,先後擊沉火藥巨艦一、兵船三,英兵死傷約三百餘人。英兵勢却,繞出小沙背。不久,英兵從檣頭瞭望軍情,便拿飛礮注攻東礮臺。徐州兵先潰,河南參將陳平川退入寶山城,牛鑑也棄冠抛靴而

　　[註一]　參閱本市通志沿革編。
　　[註二]　M. de Jesus, Historic Shanghai, p. 1.
　　[註三]　今公共租界西區越界築路中有安和寺路。
　　[註四]　M. de Jesus, op. cit., pp. 1－10; Hawks Pott, A Short History of Shanghai, pp. 4－5.
　　[註五]　同治上海縣志卷一一; M. de Jesus, op. cit., p. 10; Hawks Pott, op. cit., pp. 5－6.

走,各營都逃。英兵於是從東礮臺登岸。至此尚兀然未動的西礮臺,便成爲鉛丸雨集之地。陳提督英勇抵禦,不幸中彈而死,西礮臺也陷。這時還不過下午二點多鐘,英兵乘勝進攻寶山。牛鑑此時已從西門逃出,寶山便被英兵唾手而得。

上海城裏得到警報,滬道和知縣等都偷偷地逃了,商民也遷徙一空。十九日十一日英兵分水陸兩路,直取上海。陸路兵約二千人,礮車一輛載礮二尊,由江灣,到吳淞江,過新閘石橋,經現在公共租界的地帶,未遇抵抗,便從北門進城,駐城隍廟。水路兵在陸路兵後面趕到。幾天後,大隊英軍也從香港來了。

英軍佔領上海後,即一面派一部分兵船測量黃浦江,一直到了蘇州;另一方面由副提督帕苟率領軍官數人,到松江去視察。這兩種工作做完以後,他們便在同月二十三日十五日盡數登舟,從上海啓程,參加長江上游的戰事。礮轟鎮江後,在八月九日七月初四日進逼南京,礮還沒響幾下,清廷便宣佈停戰,給英國議和。[註一]

接着,在同年八月二十九日七月二十四日清朝欽差大臣伊里布和耆英,與英國全權代表璞鼎查(Sir Henry Pottinger)在康威里司號(Cornwallis)船上,簽訂了中英間也是中外間的第一次不平等條約——江寧條約,十三款。這條約除了賠款、割地等以外,復規定上海、廣州、福州、廈門、寧波一起開放,成爲通商口岸。

江寧條約經北京當局批准後,在一八四三年六月清道光二十三年五月由耆英帶往香港的英國代表那裏去。同年十一月十七日九月二十六日上海便正式宣佈開埠。[註二]

2. 英國在滬通商的條約規定

江寧條約規定英商在上海等五港口"通商無礙"。其第二款云:

> 自今以後,大皇帝恩准英國人民,帶同所屬家屬,寄居沿海之廣州、福州、廈門、寧波、上海等五處港口,貿易通商無礙。英國君主派設領事、管事等官,住該五處城邑,專理商賈事宜,與各該地方官公文往來,令英人按照下條開敍之例,清楚交納貨稅鈔餉等費。

一八四三年十月八日清道光二十三年八月十五日雙方訂立虎門條約,有比較江寧條約進一步的規定。其第六款云:

> 廣州等五港口,英商或常川居住,或不時來往,均不可妄到鄉間任意遊行,更不可遠入內地貿易。中華地方官應與英國管事官,各就地方民情地勢,議定界址,不許踰越,以期永久彼此相安。凡係水手及船上人等,俟管事官與地方官先行立定禁約之後,方准上岸。倘有英人違背此條禁約,擅到內地遠遊者,不論係何品級,即聽該地方民人捉拿交英國管事官依情處罪,但該民人等不得擅自毆打傷害,致傷和好。

該約第七款又説:

> 在萬年和約內,言明允准英人攜眷,赴廣州、福州、廈門、寧波、上海五港口居住,不相欺侮,不加拘制。但中華地方官必須與英國管事官,各就地方民情,議定於何地方,用何房屋或基地,係准英人租賃。其租價必照五港口之現在所值高低爲準,務求平允。華民不許勒索,英商不許強租。英國管事官每年以英人或建屋若干間,或租屋若干所,通知地方官,轉報立案。惟房屋之增減,視

[註一]　同治上海縣志卷一一;袁陶愚:壬寅聞見紀略;夏(雪)〔變〕:中西紀事卷八;M. de Jesus, op. cit., pp. 12 - 24; Hawks Pott, op. cit., pp. 6 - 9.

[註二]　M. de Jesus, op. cit., p. 31; Hawks Pott, op. cit., pp. 10 - 12.

乎商人之多寡,商人之多寡,視乎貿易之衰旺,難於預定額數。

統覽這兩款規定,也只是說英人在上海等五港口,何處可以租屋居住,何處可以租地建屋,須經各該地地方官和英國領事即管事官斟酌當地情形,妥爲議定,並且外人不得踰越,以防地方人民的誤會,致與英商發生衝突。

後來,在一八五八年六月二十六日清咸豐八年五月十六日中英訂立的天津條約,第一款聲明虎門條約作廢,另於第十一款規定通商云:

> 廣州、福州、廈門、寧波、上海五處,已有江寧條約舊准通商外,即在牛莊、登州、臺灣、潮州、瓊州等府城口,嗣後皆准英商亦可任意與無論何人買賣船貨,隨時往來,至於聽便居住,賃房,買屋,租地,起造禮拜堂、醫院、墳塋等事,並另有取益防損諸節,悉照已通商五口無異。

"租界"這名詞第一次見於正式條約的,是在一八七六年九月十三日清光緒二年七月二十六日中英訂立的煙臺條約,其第三款第二段云:

> 新舊各口岸,除已定有各國租界,應無庸議,其租界未定各處,應由英國領事官會商各國領事官,與地方官商議,將洋人居住處所,劃定界址。

這雖又追認了租界的存在,但所謂租界,原不過是劃定某一地段,允許外人在此地段內居住,實即外人居留區罷了。

3. 英國在華領事裁判權的條約根據

上海既開闢做英國通商的口岸,英僑相互之間或和華人之間,勢必有訴訟的事情發生。關於這種訴訟的處理,便有所謂領事裁判權的規定,意思便是規定中國對於寄居其領土以內的英國僑民,遇有訴訟事件,不論民事刑事,停止其本國法權的行使,而由駐在本國的英國領事,行使裁判權。

一八四三年八月清道光二十三年七月中英即訂立虎門條約之前兩月所訂立的五口通商章程,第十三條云:

> 凡英商稟告華民者,必先赴管事官處,候管事官先行查察誰是誰非,勉力勸息,使不成訟。間有華民赴英官處控告英人者,管事官均應聽訴,一例勸息,免致小事釀成大案。其英商欲行投稟大憲,均應由管事官投遞。倘遇有交涉詞訟,管事官不能勸息,又不能將就,即移請華官公同查明其事,既得實情,即爲秉公定斷,免滋訟端。其英商如何科罪,由英國議定章程法律,發給管事官照辦;華民如何科罪,應治以中國之法,均依照前在江南原定善後條款辦法。

這一條雖未具體規定領事裁判權,但已明白規定領事辦理訴訟的職務。其後,中美訂立望廈條約,其中關於領事裁判權的意義,規定得非常明顯;英國人便根據了這一點,要求擴大其領事裁判權的範圍。一八五八年清咸豐八年的天津條約,其第一款聲明通商章程作廢,另外在第十五款規定:

> 英國屬民相涉案件,不論人產,皆歸英官查辦。

第十六款規定:

> 英國人民有犯事者,皆由英國懲辦,中國人欺凌擾害英民,皆由中國地方官自行懲辦;兩國交涉事件,彼此均須會同公平審斷,以昭允當。

又,第十七款云:

> 凡英國人民控告中國人民之事件,應先赴領事官衙門投稟,領事官即當查明根由,先行勸息,

使不成訟；中國人民有赴領事官告英國人民者，領事官亦應一體勸息；間有不能勸息者，即由中國地方官與領事官會同審辦，公平審斷。

到了這時，英國在華領事裁判權，便規定得頗爲詳明了。

4. 通商的開始

璞鼎查在簽訂江寧條約之後，選派以前在印度礮兵隊任職的巴富爾（Captain George Balfour）做駐滬第一任領事，規定任期三年。

巴富爾從廣州北來，在上海正式宣佈開放爲通商埠的九天之前，即一八四三年十一月八日清道光二十三年九月十七日到了上海。下一天，他便帶了繙譯麥華陀（W. H. Medhurst）、[註一]軍醫海爾（Dr. Hale）和書記司脫拉成（A. F. Strachan），去謁見滬道宮慕久，宮道也到巴富爾所坐的梅杜沙號（Medusa）船上，如禮答拜。[註二]

英領巴富爾隨即在城裏西姚家衖內，租得顧姓譯音共有五十二間屋子的大房子，作爲住宅和公署，每年房租四百元。十一月十四日九月二十三日英領正式發表布告，將其領署地址，通知該國僑商。[註三]

英領接着提出採用押關制度（bonding system）。此種制度便是貨物進口之後，不必即時繳納關稅，只要拿進口貨物作爲關稅的抵押，等賣出之後，再行繳納。這辦法給反對掉了，沒有實行。

從上海正式宣佈開埠的一天起，到那一年的年底爲止，這六星期中，進口的洋船，共有七隻。進口貨物共值銀四三三、七二九元，出口貨物共值銀一四六、○七二元。所付進口稅是一六、五六四兩八錢，出口稅是七、五三七兩一錢九分。而噸稅却只有九八五兩，負擔的輕鬆，和他們以前在廣州的時候比較起來，真有天壤之別。[註四]

5. 英租界的創設

英領巴富爾雖然到了上海，但租地問題尚待解決，因爲條約上對於租地辦法，未有明定。英領提出了土地賣絕的要求，這爲當時中國法律所不許，未能定議。英領請英政府向中國政府交涉買得整個租界的計劃，也因爲條約上並無根據，無法進行。

滬道和英領經過往返磋商，直到一八四五年十一月二十九日清道光二十五年十一月初一日宮道纔以自己名義，用告示形式，公佈了他和英領"依約商妥"[註五]的地皮章程二十三款。該告示如下：

> 欽命監督江南海關分巡蘇松太兵備道宮爲曉諭事：前於大清道光二十二年按即一八四二年奉到上諭，內開"英人請求於廣州、福州、廈門、寧波、上海等五處港口，許其通商貿易，並准各國商民人等挈眷居住事，准如所請；但租地架造，須由地方官憲與領事官，體察地方民情，審慎議定，以期永久相安"等因，奉此，茲體察民情，斟酌上海地方情形，劃定洋涇浜以北，李家莊以南之地，准租與英國商人，爲建築房屋及居住之用，所有協議訂立之章程，茲公佈如下，其各遵照毋違！[註六]

租界南北經界，於是明文確定。洋涇浜名稱雖存，已於一九一五年民國四年填平，今爲愛多亞路；李

[註一] 又譯麥特赫司脫，今公共租界有麥特赫司脫路。

[註二] 籌備夷務始末，道光朝卷六八及七○；Lanning and Couling, History of Shanghai, p. 275. 他書有稱英領爲 G. Butler 者，誤。又按同治上海縣志職官表，道光二十三年九月上海道台爲吳健彰，亦誤。

[註三] Lanning and Couling, op. cit., pp. 275 – 277；North-China Herald, Eightieth Anniversary Edition.

[註四] Hawks Pott, op. cit., p. 14；Lanning and Couling, op. cit., p. 278. 關於進出口貨物價值兩書有異，今從後書。

[註五] 宮道台致英領巴富爾函中語；英譯文見 A. M. Kotenev, Shanghai: Its Mixed Court and Council, p. 5 及 Report of Feetham to the S. M. C., Vol. I, p. 25 等。

[註六] 譯自英文，見 A. M. Kotenev, Shanghai: Its Mixed Court and Council, p. 5；Report of Feetham to the S. M. C., Vol. I, p. 26；及 North-China Herald, Jan. 17, 1852.

家莊[註一]即今北京路地方。東面經界，照下節地皮章程第二條所云，默認以黃浦江爲止。西界則未明定。

　　這一帶大部分都是已經開墾的田地，不過也有較低的濕地，溪澗不少，到了夏天，便滿生蘆草。當時地價大約每畝從十五千文到三十五千文。[註二]

6. 一八四五年的地皮章程

　　在上引宮道告示後面，接着便公布了地皮章程二十三款。地皮章程(Land Regulations)，或稱田地章程，亦作地產章程；以其規定外人租地辦法，又名租地章程，並因作爲租界根本法的緣故，也有人稱之爲租界章程。此項一八四五年清道光二十五年宮道公布的第一次地皮章程原文，已不可考。一八五二年一月十七日清咸豐元年十一月二十七日英文北華捷報(North-China Herald)載有英譯全文，[註三]茲重譯爲中文[註四]如下：

　　第一條——關於租地事。地方官與領事官須會同審定邊界，確定若干步畝，並以界石標誌之。其有道路者，該界石須置於道旁，以免阻礙行人。惟界石上須刊明該處離實界若干尺。華業戶[註五]須將租地事宜，呈報上海道署與縣署、海防署[註六]備案，俾便轉呈報上峯。英商則呈報該國領事備案。出租人與承租人之憑件，採一種契紙形式，須送呈滬道審查加蓋鈐印，然後移還關係各方收執，以昭信守，而杜侵奪。

　　第二條——從洋涇浜北起，沿黃浦江，原有一大路，便以拖曳糧舟，惟該路旋因堤岸崩潰，以致損壞。今該路既在租地範圍，則租地西人，自應負責修築，以便行人往來。其寬度應具海關量度二丈五尺，不獨可免行人之擠擁，且可以避潮水之衝激房舍。路成之後，商人與曳舟人等，均可自由往來，惟禁止浪人與無賴窺伺其上。除商人之貨船及私船外，其他各色小舟，均不許停泊於商人地段下之碼頭，以免引起紛爭。惟海關之巡船，[註七]可以往來巡察。商人得於碼頭上設進出口欄柵，以便啓閉。

　　第三條——在租地內須保存自東至西之通江四大路，以利交通，即：

　　一在海關之北，[註八]

　　一在舊緯道上(upon old ropewalk)，[註九]

　　一在四段地之南(south of four-lot ground)，[註十]

　　一在領事館之南。[註十一]

　　又在舊寧波棧房之西，有一自北而南之路，亦須保存。此等公路之寬度，除緯道已爲海關量度二丈五尺外，均須具制定量度二丈之寬，非惟便利行人，且可避免火災之蔓延。每路之江干一端，其下須設碼頭，寬度與路等，以利起落。并規定須保留海關以南，桂華浜(Kwei Whapang)及阿覽碼頭(Allune's Jetty)以北之二路，倘該地亦經租出。此外如須建築新路，須經雙方會商；已築

[註一]　Le-kea-chang 普通譯作李家場，惟徐潤徐愚齋自敍年譜末附上海雜記第一頁稱李家莊，作者耳目所及，或較切實，今從之。
[註二]　Hawks Pott, op. cit., pp. 12-13.
[註三]　見本編附錄"二"之"1"。
[註四]　章程中譯全部，用徐公肅、丘瑾璋譯文，見所著上海公共租界制度，頁二六至三一。
[註五]　原譯業主，今據道契原文改爲業戶。
[註六]　"海防署"，署字原譯文漏排。
[註七]　巡船原譯文誤爲逤船。
[註八]　今漢口路。
[註九]　今九江路。
[註十]　今廣東路。
[註十一]　今北京路。

之路，如有損毀，應由該處租地人負責修理，其費用由領事召集租地人會商，以便平均擔負。

第四條——租地之內，原有公路，嗣後或因行人擁擠，難免爭執口角等事發生。茲決定須另築一兩丈寬之路，此路須在江之西，小河之濱，北起於冰廠之公路，與軍工廠毗連，南迄於洋涇浜岸紅廟之西。惟該地須租定，道路須完成，雙方須商定何路當改，而以通告佈告周知。在新路完成以前，不許行人往來。又軍工廠之南，東至頭擺渡(Towpa-Too Ferry)之碼頭，原有一公路，茲定該路應有兩丈之寬，以利行人。

第五條——在租界內，原有華人墳塚，租地人不得加以損毀，如須修理，華人得通知租地人，自行修理之。每年掃墓時間，規定爲清明節前七日，後八日，共十五日，夏至一日，七月十五前後各五日，十月初一前後各五日，及冬至前後各五日。租地人不得加以阻礙，致傷感情，掃墓人亦不許砍斫樹木，或在他處挖掘泥土，移覆墓上。租地上所有墳塚數目及墳主姓名，均須詳爲登記，以後不許增加。如華人欲將其墳塚移至他處者，須聽其自便。

第六條——西人租地，先後不一。當其議定價目後，須通知鄰近租地人，會同委員、地保及領事官派員，明定界限，以免糾紛及錯誤。

第七條——前次租地，若者押租[註一]與年租相等，若者押租高而年租低，殊不劃一。茲規定酌增押租。其標準則爲納一千文年租者，須納一萬文押租，除納依此增加之押租外，每畝定納年租一千五百文。

第八條——關於華人徵收年租事宜，租地人於議定地租，將租地契約繕就蓋印，由當事雙方收執後，即須計算本年尚餘時日應繳納之年租若干，連同押租，一併付清。嗣後每年完租時期，定爲陰曆十二月十五日，屆時租地人須預將下年租銀付清。事前十日，由滬道行文領事，轉飭各租地人，將租金依期交付指定銀號，領取收據，再由該銀號憑各業戶租簿轉付各業戶。此項付款，須於租簿上登記清楚，以憑檢查，而杜欺僞。倘租地人逾期不交，即由領事官依照各該租地人國家之法律追繳之。

第九條——商人租定土地及建築房舍後，得於呈報後自行退租。退租時，原業戶須將其押租如數返還。但原業戶不得任意停止出租，尤不得任意增加租金，倘該商人不願居於其所租地上，而將全部讓與他人，或以一部轉租他人，則所讓地之租金，祇能依照原額，不得加增，以取盈利，致引起原業戶之尤怨(惟將其新建房舍，租出或賣出，及於該地上曾耗有屯土等費者，不在此例)。此等退租或轉租情事，概須報告領事，再由領事通知華官，以便雙方備案。

第十條——商人租定土地後，得以建築房舍，安頓其眷屬侍從及儲藏合法之商品，並得建設教堂、醫院、慈善機關、學校、會堂等，亦得栽花植樹，設置娛樂場所。但不得儲藏違禁物品，不得任意放鎗，尤不得放射彈丸箭矢，及爲足以傷害及驚擾居民之不當行爲。

第十一條——商人死亡時，得依照該國禮俗，瘞葬於西人墳地內，華人不得予以阻礙，並不得損毀其墳塚。

第十二條——洋涇浜以北之租地與賃房西人，須共謀修造木石橋梁，清理街路，維持秩序，燃點路燈，設立消防機關，植樹護路，開疏溝渠，雇用更夫。其費用得由租地人請求領事召集會議，以議定分擔方法。更夫之雇用，得由商人與人民妥爲商定。惟更夫之姓名，須由地保亭者，報告地方官查核。關於更夫規條，當另爲規定。其負責管領之更長，須由滬道與領事會同遴派。倘有賭徒、醉漢、宵小擾亂公安或傷害商人，或在商人中混雜者，即由領事行文地方官憲，依法懲判，以

[註一]　"押租"原譯文稱"押手"，今據道契上原文改稱。

資儆誡。嗣後倘設立防柵,須由雙方依地方情形,會商確定,設立之後,其啓閉時間,須公佈周知,並由領事以英文通告,務求雙方便利。

　　第十三條——新關以南之房價地價,均較新關以北者爲高。爲求精當估價,以利徵稅計,須由華官與領事會同遴派中英正直人士四五名,估定房價地租及移運屯地等費,務求精當,以昭公允。

　　第十四條——倘有他國商人,欲於洋涇浜以北界內租地建屋或租屋居留,或屯積貨物者,須先稟明英國領事,得其許可,以免誤會。

　　第十五條——商人來者日繁,現今猶有商人未能租定土地,故此後雙方須共設法多租出土地,以便建屋居留。界內土地,華人之間,不得租讓;亦不得架造房舍租與華商。又,嗣後英商租地畝數,須加限制,每家不得超過十畝,以免先到者佔地過廣,後來者佔地過狹。其租定土地而不架造房舍以資居住及屯貨者,應認爲違背條約,得由滬道與領事會商此事,並將該地改租與其他商人。

　　第十六條——在洋涇浜以北境內,商人得建一市場,以便華人將日用品運至該處售賣,其地點與規則,須由雙方官員會商決定,惟商人不得爲私益而設此種市場,亦不得建築房舍租與華人,或供華人之用。租地商人,倘欲設立船夫及苦力頭目,須陳報領事,俾與地方官會商,訂立規條,派定頭目。

　　第十七條——商人欲在境內開設店鋪,發售飲食物品之類,或租與西人居寓,須由領事予與執照,加以檢查,然後允許設立,如不遵照,或有犯規情事,得實行禁止之。

　　第十八條——界內不許架造易燃之房屋,如草簍、竹舍、木房之屬。所有可危害人民之商品,均不得貯藏,如火藥、硝石、硫黃及多量酒精之屬。公路不得侵占,如屋簷聳出,及堆積物件等事;又不得堆積垃圾,及疏洩溝洫於街上;亦不得當衢叫囂滋擾,以免妨害他人。凡此限制,無非爲求商人房舍財產之安全,與社會之安寧。倘有火藥、硝石、硫黃、酒精等物,運輸來滬,須由雙方官員會商,擇定貯藏地點,安置於離住宅、棧房較遠之處,以防意外。

　　第十九條——所有租地架屋,出租房舍,租賃住宅與棧房等事,均須於每年十二月十五日將其過去一年中所租地之畝數,架造之房數,承租人之姓名等項,呈報領事,俾便轉達地方官備案。其有轉租,或分租房舍,或轉讓土地情事,亦須呈報備案。

　　第二十條——所有修築道路通路,設立碼頭各費,概由初到商人及該近處僑民公派,其尚未攤派者與後來者,均須依數攤派,以補足之,俾便共同使用,避免爭執。派款人等得請求領事,委派正直商人三名,審慎決定應派之數。倘有不足,得由派數人共同決定,將進口貨物,酌抽若干,以補其缺,惟事先須呈報領事,聽候處決,關於收支保管及記帳等事,均由派款人共同監督。

　　第二十一條——各國商人,倘欲於洋涇浜以北界內,租地建房,賃宅居住,租棧房屯貨,或暫時居留者,均須與英國商人,一體遵照本章程之規定,以維永久和洽。

　　第二十二條——嗣後關於本章程如有增改,或解釋,或改變形式之必要,均由雙方官員隨時商議,衆人如有議決事項,須呈報領事,轉與滬道商妥決定後,始得發生效力。

　　第二十三條——嗣後英國領事,倘發現有違犯本章程之規定者,或由他人稟告,或經地方官通知,該領事均應即審查犯規之處,決定應否處罰,其懲判與違犯條約者同。

　　道光二十五年十一月一日即一八四五年十一月二十九日

所以租地辦法,是取所謂"永租"(rent in perpetuity)制度,即由租地西人年納租金若干每畝約租制錢一千五百文，納十倍於年租（annual rent）的“押租”即保證金（deposit money）與原業戶，退租時原業戶須將押租退還租地人。租地手續，由租地西人與原業戶直接商議，議成，即由租地人陳報英領事官，並將繕就契紙陳請英領事官轉送滬道查核；如查明無礙，即由滬道加蓋鈐印，移還關係各方收執。此種契紙，俗稱“道契”。[註一]

此次章程的要點有：[註二]

一　第一條規定地契須送交滬道審查，加蓋鈐印，即證明中國仍保留土地管轄之權。

二　第八條規定租與押租均由原業戶收領。

三　第九條許可租地人退租，退租時原業戶須退還押手。原業戶方面則不得退租與增價。故“永租”與否，完全取決於租地人。

四　第十二條容許西人以簡單的市政設施，如修理橋梁道路，設立消防機關，雇用更夫等項。就中尤以雇用更夫的意義爲重大。“更夫”即英語的 watchman，[註三]直譯爲“看守人”或“衛士”。當時更夫的職務，至爲簡單，不外夜間巡行，報更鳴警，以防宵小而已。更長須由滬道與領事會同遴派，即證明華官得干預界內行政。

五　同條規定倘有宵小擾亂秩序者，由領事行文滬道，請求懲判。這證明懲判之權歸於華官，至少華人犯罪，當由華官懲判。

六　第十三條規定滬道與領事官會同遴派的估定房價地租等人員，係“中英正直人士”。可見華人亦得參與租界行政，但後來此種估價職權，爲西人所獨佔。

七　第十四條規定他國商人如欲租地，須先得英領許可。

八　第十五條規定“界內土地，華人之間不得租讓，亦不得架造房舍，租與華商”。第十六條又規定“惟商人……不得架造房舍租與華人或供華人之用”。是爲“華洋分居”制的具體表現。

九　同條規定每家租地，不得過十畝，租地必須架造，實欲限制外人租地於極小範圍內，絕對不得利用其租地權，居奇壟斷，作地產營業。

十　第二十條規定由領事遴派正直商人三名，酌定徵收款項。

十一　第二十二條規定違犯章程者，由領事裁判。按此係專指英人，蓋華人受華官裁判，已有規定。

[註一]　租界內外僑租地，其手續明定於歷次地皮章程中，請參閱本節一八四五年地皮章程第一、六、七、八等條，第三篇第二章第七節一八五四年地皮章程第二、三、四等條，及附錄“二”之“3”一八六九年地皮章程，與之“5”現行地皮章程第二至五等款。按關於租地的測丈四址事務，最初由滬道臨時派員會同領署人員勘丈，後因租地者日多，時有糾葛發生，遂於光緒十五年（一八八九）設立會丈局，與上海縣知縣會同辦理。嗣又訂定章程六條，規定辦法，“道契”事務乃由會丈局專管。宣統三年（一九一一）上海光復以後，會丈局無人負責，領事團遂派員管理。民國二年（一九一三）五月滬海道尹公署成立，收回會丈局，使成爲滬海道尹直轄下的一個專理“道契”的機關。民國十六年（一九二七）上海特別市政府成立後，市土地局於次年九月呈市政府整理“道契”，並呈請國民政府取消會丈局。民國十九年（一九三〇）一月十二日，會丈局由土地局接收，洋商租地事務，乃由土地局接辦，以至於今。“道契”的名稱亦經正名爲“永租契”。至於外僑方面，則因各領署各派人員會同華方測丈租地，各自掛號登記，事久統一，領事團乃核准工部局的建議，以測丈及登記等事授諸工部局辦理，工部局乃於光緒二十六年（一九〇〇）在其工務處中設立冊地股（Cadastral Office），開始負責辦理之。又按“道契”的發給，原爲外僑在租界內租地的一種特殊辦法，但若干華人，由於“托庇”外人的心理作用及田單的種種不明白不方便的關係，如田單甚至不註明地產四址及“割單”的習慣等，往往轉託外僑出面，亦領“道契”，此種“道契”原業戶仍係華人，所以普通稱爲“掛名洋商道契”。“掛名洋商道契”的辦法一開始，羣起效尤，結果連租界以外區域亦托外僑冒領。光緒十六二十年間（一八九〇—九四）滬道聶緝槼乃於呈請南洋大臣後，實行開辦華商道契，希望以會丈局勘丈立契等與外僑道契平等的辦法，遏止“掛名洋商道契”之風。但無效果。民國十七年（一九二八）市土地局呈請市政府整理“道契”時，關於華商道契，第一步即停止發給，經市政府核准。土地局接收會丈局後，即於民國十九年（一九三〇）十一月二十一日布告，限三個月內一律調換土地執業證；逾限不換，照章加收證圖費；一年內不換，即將該契地收歸市有。所以所謂華商道契，今已成一歷史上的名辭。關於“掛名洋商道契”，市土地局先從勸告入手，繼於民國十九年（一九三〇）八月一日發出佈告，說明此種道契是“損及國家主權，玷辱國民體面的”，應速出面向外僑取回單據，另請土地執業證管業；以後“永租契”如查係華人托領，當一律停給，並予以相當處分云。

[註二]　徐公肅、丘瑾璋：上海公共租界制度，頁三一至三三。

[註三]　一八五四年章程，英文 watchmen，華文章程即稱“更夫”。

十二　此次地皮章程,最顯著之點,爲確定而反覆承認華人爲"土地之主人",即中國對於土地之主權。中國政府每年領取少數的地税。地契欲取得法律的效力,須送中國政府蓋印。

7. 道路碼頭公會的創立

一八四六年十二月二十二日_{清道光二十六年十一月初五日}西人召集大會,議決在租界内建造幹路若干,須於一定期間完成;修理道路碼頭等費,應由租地西人依其租地額數分派。並通過組織"道路碼頭公會"或稱"道路碼頭委員會"(Roads and Jetties)委員三人,負責徵收款項及建設事宜。並議決每年初召集租地人大會,聽取道路碼頭公會對於過去一年的收支和建設報告。[註一]

8. 英租界的劃定

一八四五年_{清道光二十五年}的地皮章程,對於租界四至,西面未曾明定。次年九月二十四日_{清道光二十六年八月初五日}宮道和英領巴富爾成立協定,將租界西界,確定於界路(barrier road)。到此,租界四至,計:

　　東到黃浦江,

　　南到洋涇浜_{即今愛多亞路},

　　西到界路_{即今河南路},

　　北到李家莊_{即今北京路}。

　　全部面積計一百三十八英畝,約合八百三十華畝。[註二]

9. 英租界的推廣

到了一八四八年_{清道光二十八年}英領阿利國(Rutherford Alcock)[註三]要求推廣英租界,結果於同年十一月二十七日_{清道光二十八年十一月初二日}和滬道麟桂訂立協定,將租界西面經界從界路推展到泥城浜_{今西藏路},北面從李家莊推展到吳淞江。[註四]重訂的界址是:

　　東南以洋涇浜橋爲界,

　　東北盡吳淞江第一渡場,

　　西南到周涇浜,

　　西北到吳淞江濱的蘇宅爲止。[註五]

　　全部面積增加到了四百七十英畝,約合二千八百二十華畝。[註六]

10. 英領署的遷入租界

英領巴富爾本來住在城裏的,極想在租界裏自建領署。巴富爾隨即於一八四六年四月二十八日_{清道光二十六年四月初三日}定下了李家莊房地一百多畝,計價一萬七千元,巴富爾私墊四千元。五個月後,巴富爾辭職,繼任領事阿利國,繼續和其本國政府商磋,終於得到核准,即現在黃浦灘頭英領署所在的基地。一八四九年七月二十一日_{清道光二十九年六月初二日}遷入新領署辦公。後來在一八五二年_{清咸豐二年}領署房屋翻造;一八七〇年十二月二十三日_{清同治九年十一月初二日}被火燒燬,所有檔案,幾全燒失;一八七二年_{清同治十一年}始重建新屋。[註七]

[註一]　Lanning and Couling, op. cit., pp. 290 - 291.

[註二]　Feetham Report, Vol. I, Plan of Shanghai.

[註三]　另譯愛而考克,今公共租界有愛而考克路。

[註四]　按吳淞江西人以其通達蘇州,稱蘇州河,今已反較原名普遍。

[註五]　M. de Jesus, op. cit., p. 46.

[註六]　Feetham Report, Vol. I, p. 29.

[註七]　Hawks Pott, op. cit., pp. 20 - 21.

11. 外僑及其生活

一八四三年十二月清道光二十三年十一月在英領署登記的英人，爲二十五人。一八四四年清道光二十四年上海外僑的固定人口，只有五十人光景。次年增加到九十人。到了一八四八年清道光二十八年大約有一百多人，裏面有七個是女性；洋行有二十四家，除了美國的三家以外，其餘都是英國的。下一年，外僑纔增加到了一百七十五人。

外僑最初都居住南市城外沿黃浦一帶的民房。一八四三年清道光二十三年底到上海的英人福春（Robert Fortune）在他所著的中國北部諸省三年浪遊記（Three Years' Wanderings in the Northern Provinces of China）中，説起當時的外僑生活道："我們常常在早晨醒來的時候，發現自己睡在給雨淋透了的被褥裏面；天一下雪，雪便從窗縫裏吹進來，積在地板上凍住了。"

外僑逐漸遷入租界居住，到一八四九年清道光二十九年英領署遷入租界之後，纔大概都遷居進去。雖然所築道路，路身很壞，到了雨天，更是泥濘難行，雖然衛生的設置毫無，垃圾堆積浦灘，而房屋又缺乏建築之美，且取熱帶的形式，不宜於冬季，然而和在廣州時的侷處一隅比較起來，外僑的生活是自由舒適得多了。

夏天的傍晚，乘牛頭小車，來往於寬闊的黃浦灘頭，是那時外僑的樂事。村民和平成性，上海近郊的行獵，更是最好的享樂。其後，在一八五〇年清道光三十年外僑購得田地八十畝，建造公園，位於今南京路之北，河南路之西；最初的賽馬，便在這裏舉行，每逢春秋賽馬之期，西洋士女，如雲而集。愛美的戲劇團體，在一八五〇年清道光三十年已有組織，公演處在今廣東路北京路之貨棧中。後又由當時著名二劇團合併，成立大英劇社（Amateur Dramatic Club, A.D.C.），至今猶存。一八五二年清咸豐二年時，洋商聯合商船水手，在黃浦江中，舉行賽船之戲。

在文化方面，他們也已有若干建設。一八四九年清道光二十九年成立上海圖書館。同年，規矩會（Masonry）設立第一支部，即北支部（The Northern Lodge）。一八五〇年清道光三十年英國聖公會（Church Missionary Society）創辦英華書館（Anglo-Chinese School）於現在的靶子路。一八五〇年八月三日清道光三十年六月二十六日北華捷報初次發刊。

不僅在教育方面，教會樹立了最初的"建設，"教士一直闖到內地去傳教的事情，也很不少。因之，一八四八年三月八日清道光二十八年二月初四日在青浦發生了毆傷教士的案件，在上海便有英領阿利國的嚴重抗議，甚至發生拒納關稅的交涉。英國政府本來覺得阿利國舉動過分，有意加以裁制，但後來看看他交涉得了勝利，也就隨他去了。[註一]

二　美租界的由來

1. 美國在滬通商的條約規定

英國在雅片戰爭勝利所得的權利，別的國家也渴想一例均沾，因之，美國遣派顧聖（Caleb Cushing）做全權公使來華。顧聖於一八四四年二月十七日清道光二十三年十二月二十九日到澳門，謁見兩廣總督耆英，告訴他説：爲了中美兩國邦交，他將進京遞呈公函。耆英加以阻止，結果雙方便在同年七月三日清道光二十四年五月十八日在澳門叫做望廈的一個小村落裏，締結了望廈條約。該約第三款和第十七款，規定美國人在五港口通商居住的權利，正和英國人所得的不相上下。現在依次抄録於下：

嗣後合衆國民人，俱准其挈帶家眷，赴廣州、福州、廈門、寧波、上海共五港口居住貿易。其五

[註一]　本節根據 Feetham Report, Vol. I; Hawks Pott, op. cit.; North-China Herald, Eightieth Anniversary Edition; 東方雜誌第一一卷五號。

港口之船隻，裝載貨物，互相往來，俱聽其便。但五港口外，不得有一船駛入別港，擅自遊弋，又不得與沿海奸民，私相交易；如有違犯此條禁令者，應按規定條例，將船隻貨物，俱歸中國入官。

合眾國民人在五港口貿易，或久居，或暫住，均准其租賃民房，或租地自行建樓，並設立醫院、禮拜堂及殯葬之處；必須由中國地方官會同領事官，體察民情，擇定地基，聽合眾國人與内民公平議定租息，内民不得抬價掯勒，遠人勿許強租硬占，務須各出情願，以昭公允。倘墳墓或被中國民人毀掘，中國地方官嚴拏，照例治罪。其合眾國人泊船寄居處所，商民水手人等，止准在近地行走，不准遠赴内地鄉村，任意閒遊，尤不得赴市鎮私行貿易；應由五港口地方官，各就民情地勢，與領事官議定界址，不准踰越，以期永久彼此相安。

後來，一八五八年六月十八日_{清咸豐八年五月初八日}中美訂立天津條約。該約第十二款和十四款，與上面所引的望廈條約第三款和第十七款，規定相同。

2. 美國在華領事裁判權的條約根據

一八四四年_{清道光二十四年}的中美望廈條約，同時也規定了美國在華的領事裁判權。該約第二十一款云：

嗣後中國民人與合眾國民人有爭鬬、詞訟、交涉事件，中國民人由中國地方官提拏審訊，照中國例治罪，合眾國民人由領事等官捉拏審訊，照本國例治罪，但須兩得其平，秉公斷結，不得各存偏護，致起爭端。

第二十四款云：

合眾國民人因要事向中國地方官辨訴，先稟明領事等官，查明稟内字句明順，事在情理者，即爲轉行地方官查辨；中國商民因有要事向領事等官辨訴，先稟明地方官，查明稟内字句明順，事在情理者，即爲轉行領事等官查辨；倘遇有中國人與合眾國人因事相爭，不能以和平調處者，即須兩國官員查明，公議察奪。

又，第二十五款云：

合眾國民人，在中國各港口，自因財產涉訟，由本國領事等官，説明辨理；若合眾國民人，在中國與別國貿易之人，因事爭論者，應聽兩造查照各本國所立條件辨理；中國官員均不得過問。

3. 美領升懸國旗的糾紛

中美在滬通商的條約，雖然如上所述，於一八四四年_{清道光二十四年}訂立，但直到一八四六年_{清道光二十六年}時，上海還只有美商華爾考脱(Henry G. Wolcott)一人。

一八四四年八月二十六日_{清道光二十四年六月二十三日}美全權公使顧聖派該國僑居廣州的商人弗生頓(Fessenden)做駐滬領事，但弗生頓未曾來滬就任。一八四六年_{清道光二十六年}美使皮特爾(Commodore Biddle)乃即派在滬惟一的美商華爾考脱爲駐滬代理美領事，以便其營商。華爾考脱便在英租界内舊縴道_{今九江路}設立美領事署。[註一]

美領在他的署内升懸國旗。英領根據一八四五年_{清道光二十五年}地皮章程所規定他的專管之權出來干涉，而美領却也堅持不讓。英領積極向滬道交涉，到下一年，即一八四七年_{清道光二十七年}由滬道補頒章程一款，加在一八四五年_{清道光二十五年}地皮章程的末尾，成爲第二十四款，規定"在指定准許英商

[註一]　Lanning and Couling, op. cit. , pp. 285－286.

租地之區域內,除英國外,其他各國之人民,均不得懸掛國旗"。但事爲英國香港總督所聞,致函該國駐滬領事,云:"英國官吏之能否管轄外國僑民,實可置疑,故升懸國旗,無何重要可言。"[註一]

4. 虹口居留區的指定

　　其後,在上海的美僑,人數逐漸增加。商人都住在英租界裏面;一般傳教之士,則爲得價錢較廉的地方以爲居住之用,漸向界外租賃地產,遷居了去。美國聖公會在主教文惠廉(Bishop William J. Boone)[註二]的主持之下,於蘇州河北岸的虹口,建造教堂。

　　英國領事對於英租界內一切外國僑民的管轄權力的把持,引起了美國和法國人民也照樣自闢租界的心思。美國聖公會主教文惠廉,於一八四八年清道光二十八年向滬道提出這樣的要求,交涉旬日,滬道纔答應以蘇州河北岸虹口一帶,作爲美僑的居留區,並無正式協定,其四面經界,一直到後來纔明定的。[註三]

5. 美領對於地皮章程的抗議和租地手續的改變

　　美租界雖經文主教和滬道商酌成議,但因爲地位的較次,商人還是住在英租界裏面,即至後來因爲太平天國事件發生,許多華人移居進去的時候,所謂美租界還只有聖公會的房產、上海船塢、幾個碼頭和幾家供水手娛樂的酒食處所罷了;就是美國領事也還不得不住在英租界裏面,到一八五四年二月清咸豐四年一月纔在美租界內設置領署,升懸國旗。[註四]

　　美國人既然住在英租界裏面,便不得不受一八四五年清道光二十五年地皮章程的約束。一八四九年清道光二十九年新任美領葛列司活(John A. Griswold)對於租地問題的解決,決心進行交涉,務必爲其國人,爭得和英法人民同等的地位,不容他國官員干涉。但他交涉未成。一八五二年清咸豐元年克寧漢(E. Cunningham)[註五]繼任美代領,繼續交涉。是年三月清咸豐二年正月美代領克寧漢送地契三張給滬道吳健彰,請其鈐印發還。吳道謂依地皮章程第十四條,界內取得土地,須得英領許可。美代領聲言美國政府認此種規定爲"完全非法而有違條約",並謂已"準備極端手段"對付,限吳道於二十四小時內將所送陳道契,鈐印發還。二十四時後,未見消息,美領乃致送如下的哀的美敦書與吳道:

　　　本領正式通知貴道:今後不復與貴道往來,本領認爲中美間在此地之依約行爲,已經停止;在貴道承認所爭論之權利以前,敝國船隻,不復繳納任何出入口稅;本領當即請敝國駐廣州之專員,即派戰艦來此,未到以前,敝國僑民當組織軍隊以自衛,蓋認中國政府已無可望其保護也。[註六]

　　次日,吳道即將該地契三紙,鈐印送還美代領。後者於三月十六日清咸豐二年正月二十六日發一通告云:

　　　本領茲通告本國旅滬僑胞,以袪誤會。即我國僑胞在上海及其附近,依照條約購地,得由本領與滬道直接商定,不容任何國干涉。此種權利爲吾國政府所一致堅持,曾經前領葛列司活遵行,並近曾與滬道交涉,得其同意。[註七]

　　英領阿利國見美領如此堅持,乃致一函,表明心跡云:

[註一]　A. M. Kotenev, Shanghai, Its Mixed Court and Council, pp. 6 – 7.
[註二]　按今公共租界有文監師路,普通即照英文 Boone Rood,譯音稱"蓬路"。
[註三]　M. de Jenus, op. cit., p. 40; Hawks Pott, op. cit. p. 19; Kotenev, op. cit., p. 8.
[註四]　Hawks Pott, op. cit., pp. 19 – 20, 63.
[註五]　按克寧漢又譯克能海,今公共租界有克能海路。
[註六]　Lanning and Couling, op. cit., p. 289.
[註七]　H. B. Morse, The International Relations of the Chinese Empire, Vol. I, p. 349.

　　敝領並非謂任何一國於此大地段內有專管之權，或對於他國人民之享用土地者有否決之權，第常感須由中國政府頒布一種章程，俾所有西人均受約束，以期獲得共同安全並維持和平。區區之愚，諒貴領亦以為然也。[註一]

　　此事後由英美兩國公使交涉，結果容納了美國的要求。從此以後，各國人民在租界內租地，得直接與原業戶商議；議成，將契繕寫三紙，呈其本國領事官轉送滬道查核；如無妨礙，即鈐印發還。一八五四年清咸豐四年英、法、美三國領事合訂的新章，便依此規定了。[註二]

［註一］　Lanning and Couling, op. cit. , p. 288.
［註二］　參閱後述一八五四年地皮章程第二、三、四款。

丙　英美法三國租界行政統一時代

一　太平天國的興起和租界軍事權能的獲取

1. 太平天國的興起

　　太平天國的義旗一舉，四方響應，軍隊所至，無不勝利；公元一八五三年清咸豐三年頃，進迫南京。

　　這時，上海外僑的財產，據他們的估計，為數已值二千五百萬英鎊以上，一般外僑，便十分震恐。駐泊在上海的外艦，只有英國礮艦烈雷號(Lily)一艘，恰巧又奉英國駐華全權公使香港總督蓬漢(George Bonham)的命令，即將南駛。英人於是星夜派使乘快船到香港去商請；結果，英使答應以原艦留滬，而本來也將南行的英艦海爾姆斯號(Hermes)，便載了英使，帶同軍隊若干，從香港出發來滬。

　　三月十九日二月初十日太平軍攻下南京。二十一日十二日英使挾兵到上海。

　　滬道吳健彰，曾致函英使，請助清廷攻打太平軍；英使以礙難接受作答，決意不加干涉。

　　美國駐華全權公使麥歇爾(Humphery Marshall)，剛在是年一月初清咸豐二年十一月從美國到香港，也便坐美艦蘇士桂漢納號(Susquehanna)，於三月二十八日清咸豐三年二月十九日到上海來會晤英使。美使的意見，是和英使一致的。

　　同時，英美僑民中，却也有不少同情於太平天國的，尤以教士為甚。[註一]

2. 英僑商團的創立和防禦工程的建設

　　一八五三年四月一日清咸豐三年二月二十三日太平軍克鎮江。在滬外人，隨即着手所謂"武裝中立"(armed neutrality)的準備。

　　四月八日三月初一日英美領事召開會議二次，一由英領阿利國主席，一由美領克寧漢主席，討論正式組織防禦軍力的事情。結果，成立上海商團或稱上海義勇隊。英文名 Shanghai Local Volunteer Corps，後來擴大組織改稱 Shanghai Volunteer Corps (S. V. C.)，即今之萬國商團或萬國義勇隊；並決議英國僑民一律編為商團團員。此外，又成立一協防委員會，由僑滬英美等國鉅商或兼任領事的鉅商組織而成，推定霍合(Wm. Hogg)、克寧漢、史金南(Skinner)、甘納迪(Kennedy)、皮爾(Beale)等五人為委員。[註二]

　　關於租界防禦及防禦工程的建設事宜，本非約章所許，他們不得不有所躊躇，以為"必以各國名義從事，始得充分合法"。[註三]四天後，即四月十二日三月初五日英領阿利國又召集一上海外人社會的全體會議，美法各國駐滬領事和海軍長官，都被邀出席。

　　主席英領阿利國，首先發表宣言，說：無論太平軍清軍，都不得入租界；各國居留商民，不得因國籍的不同，發生意見的分歧——防禦應取一致的行動。法領敏體尼(M. de Montigny)第一個表示贊同。

[註一]　M. de Jesus, Historic Shanghai, pp. 55–58.
[註二]　Lanning and Couling, The History of Shanghai, pp. 305–306.
[註三]　Maybon et Fredet, Histoire de la Concession Francaise de Changhai.

最後,全體決議：大會認爲有建設長期防禦工程以保護僑民的必要,協防委員會得與文武當局,商議辦理。

所謂防禦工程,便是除了在租界四週築栅以外,並在洋涇浜今愛多亞路和吳淞江間,沿泥城浜今西藏路的地帶,掘一闊壕,以連貫之,障以土壘,以防租界從西面被襲攻。它的直接效果,可使英租界包括於一較大的警衛區以内。

此項防禦工程,旋即自南而北,開始建設;其壕即名護界河(Defence Creek)。而新成立的商團,亦經聘定前印度孟加拉第二步鎗軍團都司屈隆蓀(Captain Tronson)爲團長,積極訓練;所需軍火,都由英船孟買號(Bombay)運來,大約於是年年末時,更改備較好的來福鎗。[註一]

3. 英海軍的登陸巡邏

在太平天國軍興以前,美租界固然僅有其名,即在英租界方面,也是一切都缺少秩序的。一八五二年清咸豐二年起,英領阿利國對於水手和水兵的登陸滋鬧,頗感憂慮。租界中的酒店,夜夜都有他們在那裏狂醉凶毆,無惡不作,所差的只是不敢聯合起來搶刼罷了。英領阿利國自己無力制止這騷擾,於是有意組織一種特別警察。然而設置警察爲約章所不許,因爲這一點顧慮,英領阿利國的計劃,未曾實行。

到了一八五三年清咸豐三年租界裏面水手和水兵的凶鬧,固然一仍其舊,而太平天國既得鎮江,軍威大振,租界除了成立商團及着手建設防禦工程外,英國水兵旋又奉命整隊登陸,來往巡邏。[註二]

4. 英商拒納關稅的經過

上海開埠之初,經英領巴富爾和華官長久磋商,訂定關稅的規約。一八五一年清咸豐元年又經各關係國領事的贊同,修改關約。關於各國商船稅務的司理,滬道宮慕久,於一八四六年清道光二十六年在縣城北門外頭壩南面浦,專設洋關,即所謂新關的便是;後來又將關址遷移到現在漢口路南首黃浦灘。

自太平天國佔領南京,攻下鎮江後,外國商品的銷路,由呆滯而終於停頓,百貨堆積上海,難以數計。英人所設的一部分洋行,遭遇艱窘。這一部分的洋行,於是向領事要求停繳關稅,以資補償。英領阿利國答應了這要求。時未三月,而英商所欠關稅,爲數已達十六萬八千餘兩之巨。

清政府在竭力壓迫太平軍,需款甚急,上海關稅既無所得,於是直接向英使蓬漢,提出交涉,並請其處罰阿利國。英使乃不得不反對英領阿利國暫不納稅的辦法。英商十三家洋行,聯名向英使詳呈困難情形,並請本國政府干涉中國内戰。但英使仍持前議,説英商没有要求廢約之權,上海銷路既滯,何不向香港方面設法。英商暫不納稅的辦法,乃不得不中止實行。但不久即發生了小刀會佔領上海縣城的事情,關於關稅的繳納,又有新的變化了。[註三]

二　小刀會佔領上海縣城和英美法三國租界行政統一

1. 英領統一三國租界行政的提議

一八五三年六月下旬清咸豐三年五月下半(年)〔月〕英領阿利國提議,想由和中國訂約的英、法、美三國代表人,自行修改地皮章程,共同組織一市政機關,選舉職員,管理全部外人租界;同時復欲聯絡租地外人,得其贊助。

美租界本來徒有其名,美領方面對這提議,並無成見,雖然美僑獨立的主張,迄未打消。法領愛棠(B. Edan)於七月一日五月二十五日接到阿利國這提議的時候,頗覺爲難;一方面既不願抛棄法國租界的

[註一]　M. de Jesus, op. cit. ,pp. 58－59；Hawks Pott, op. cit. pp. 26－27；Maybon et Fredet, op. cit.

[註二]　Maybon et Fredet, op. cit.

[註三]　同治上海縣志卷二；M. de Jesus, op. cit. , pp. 85－86；Maybon et Fredet, op. cit.

獨立;另一方面却又因並無法國軍艦在滬,不敢拒絕聯合,自外於共同組織的保護機關。結果,法領以詳細情形,稟呈法公使蒲步龍(N. de Bourboulon)。^[註一]

2. 小刀會的佔領縣城

一八五三年九月七日_{清咸豐三年八月初五日}丁祭,侵晨城門剛開,在劉麗川、陳阿林、林阿福等指揮之下的小刀會約六百人,蜂擁進城,首殺知縣袁祖惪,隨即佔據各衙門。滬道吳健彰被禁一屋內,由二美人救出,匿居於美商旗昌洋行(Russell & Co.)內。城內居民亦紛紛出逃,避居於依照一八四五年_{清道光二十五年}地皮章程不得華洋雜居的租界。與佔領縣城同時,小刀會並破壞海關。會首劉麗川並正式訪問各國領事,"對於一般外人,頗爲友善"。^[註二]

滬道吳健彰,旋即離滬,約歷一月,復挾兵返,攻城時,欽差大臣江南提督向榮,分大營兵勇,奏請以幫辦軍務江蘇巡撫許乃釗剿滅小刀會,輔以署按察使吉爾杭阿等。十月_{九月}吉爾杭阿等諸軍,會師駐新閘,稱北營。^[註三]

租界洋商和城中小刀會,交易頗繁。滬道吳健彰要求洋商勿與城中往來,無效。"照常交易"(business as usual)已成爲當時洋商間的一句流行格言。十一月_{十月}間,清軍得報,說某英商洋行,即將由堆棧中提運軍火一批,交與小刀會,乃決計謀奪之。但當清軍趕到海關原址的地方,即被英艦斯巴達號(Spartan)兵士及租界所襲,死三人,傷十四人而回營。^[註四]

3. 從英美領事代收關稅到外人管理江海關

小刀會佔領縣城後二日,英領阿利國和美領克寧漢各出佈告,令英美商人,暫時將其應繳關稅,或以現金,或以四十日爲期的期票,交付於其本國領事署,收入中國政府帳上。

同時北華捷報倡議,這是將上海改爲自由港(freeport)的最好機會,千萬不可錯過;至於華商,則謂聽其與華官協商辦法好了。

重返上海的滬道吳健彰,將其所率小小艦隊停泊在吳淞江口的黃浦江邊;十月十一日_{九月初九日}他第一次給外國領事的公函,便索還洋商欠付的稅款,且說起他想繼續在租界內設關徵稅。英領阿利國即以中立爲名,覆函拒絕。英領的這封信送出之後,雙方陷於嚴重的局勢。吳道聲言將不許華商從內地運茶到滬,以作抵制。英領譏刺地請吳道閱看法領的復函。法領愛棠給吳道的復函,態度非常強悍,認爲中國已無保護外商的能力,商人不必再盡納稅的義務;並且切實聲明:上海在未有確能保護法僑的中國官廳正式成立以前,他決不令法商擔負任何關稅云云。^[註五]

嗣後,吳道又想即在停泊於今外灘公園旁的沙船上,行使徵稅職權;但英美領事都以保存已行臨時辦法爲善,不與贊同。

在另一方面,法領愛棠的意見,頗得其他各國商人的讚許;英商都攻擊其本國領事阿利國,說他處置失當。十一月_{十月}中旬,有德國一船,奧國一船,美國二船,先後不繳關稅而出口;一部分僑商,則多改往吳淞去裝貨出口。照例付稅,被認爲愚不可及的事情。

一八五四年一月二十日_{清咸豐三年十二月二十二日}美領克寧漢宣佈,依照各國辦法,美船出口,無須納稅。接着,英領阿利國也取消了領事署代收關稅的辦法。英美商人所繳四十日期的期票,迄未按期付現,積欠已達百萬餘元。清廷向新任駐華英公使鮑林(John Bowring)索還此款,英使却就此以期票還

[註一]　Maybon et Fredet, op. cit.

[註二]　M. de Jesus, op. cit., p. 61.

[註三]　同治上海縣志卷一〇。

[註四]　M. de Jesus, op. cit.; Maybon et Fredet, op. cit.

[註五]　Archives du Consulat (Changhai).

給各英商。美商的期票,亦收還未付。

　　吳道旋得英領阿利國的以援助相許,於吳淞江北岸,暫設海關,二月九日_{清咸豐四年正月十二日}開始徵收關稅。未幾,英人又指臨時海關行政腐敗,英國船隻,首先自由出入,各國效之。吳道乃允僅徵稅額之半,亦無效力,上海仍是自由港。^[註一]

　　後來,英領阿利國創議,徵稅機關引入外人勢力,以清積弊。吳道急於獲得稅收,手段非所計及。雙方意見,頗見接近,談判進行殊易。最後決定英、法、美三國領事,各派一員,充稅務司,負管理責任。六月二十九日_{六月初五日}英領阿利國、美領麥菲(R. C. Murphy)、法領愛棠,和吳道簽訂關於上海江海關組織的協定九條;^[註二]關於引用外人的,是第一和第五兩條:

　　　　第一條——海關監督最困難事,爲不能廣羅誠實精明熟悉外國語言人員,以執行徵收事務及履行條約。惟一補救此點之法,爲引用外邦人才於海關,由關道選擇任用,授與權柄,以行使其職權。

　　　　第五條——外國委員,如有勒索賄賂,辦事疏忽等情,一經查出,即由滬道會同英、美、法三國領事審理,以定去留。^[註三]

　　七月六日_{六月十二日}三國領事復聯名在北華捷報刊登布告,以新制度及其實施開始日期,通知僑商。同月十二日_{六月十八日}新制度開始實行。各國派員,英爲威妥瑪(Thomas F. Wade),^[註四]美爲卡爾(L. Carr),法爲史密斯(A. Smith)。徵稅場所,初在吳淞江邊一臨時房屋内,後即遷入相近今江西路交叉處的南京路上一大堆棧中。一年後,三國派員均有更動,英國的威妥瑪回任副領事職,由李國泰(H. N. Lay)繼任。一八五九年_{清咸豐九年}兩江總督何桂清更任李國泰爲總稅務司。^[註五]

　　這樣地在上海成立的江海關由外人管理的制度,後即逐漸推行及於全國。

4. 泥城之戰^[註六]

　　一八五四年_{清咸豐四年}外僑於泥城浜_{今西藏路}東,購地闢爲"新公園及跑馬場"。今試從南京路起,循西藏路直線,繞北海路和海口路,取道湖北路而回,越南京路,沿浙江路和芝罘路,到雲南路,然後折回南京路上起點,則當年跑馬場所在,可想像而得。此場當除賽馬外,尚供練習騎騁和散步閒遊之用。

　　護界河的工程,作而復輟,僅成一短而狹的小溝。吉爾杭阿等統率的北營諸軍,會駐新閘一帶,於泥城浜西畔,從對着西人跑馬場的地方起,從北到南,設營房三個,並有其他軍事設備。因清軍營房和跑馬場相去甚近,清軍和外僑之間,便時時發生事端。

　　一八五四年四月三日_{清咸豐四年三月初六日}午後,某外僑攜一女伴,散步於跑馬場附近,和清兵衝突;外僑數人,聞訊攜械而來,幫同格鬥。清兵旋亦趕至。外僑向東奔回約於今寧波路、勞合路轉角地方,和駐守一大墳山後的數英水兵相聚,即開火。雙方轟擊約半小時。旋英領阿利國率海軍一大隊而來,英商團亦到,美僑一羣,攜旗昌洋行前美領克寧漢所有的小礮,也隨後至清兵乃且戰且退。英兵稍追而止;美僑向北營發礮轟擊,礮聲隆隆,薄暮未絕。

　　是日夜間,英領阿利國約法領等到英領事署先行商議,以備次日召集全滬有約各國代表和各海軍長官開會。滬道吳健彰旋有公文給英領,致歉意。英領乃以"半官式"簡短文件致吉爾杭阿,要求清軍

　　[註一]　Maybon et Fredet, op. cit. ; M. de Jesus, op. cit. , pp. 87-91.
　　[註二]　M. de Jesus, op. cit. , , pp. 91-92.
　　[註三]　江恒源:中國關稅史料第三編,頁二。
　　[註四]　今公共租界有威妥瑪路,但所紀念者爲另一人 Wetmore.
　　[註五]　M. de Jesus, op. cit. , p. 92;中國關稅史料。今公共租界有蘭路(Lay Road),即爲紀念李國泰的。
　　[註六]　同治上海縣志卷一一,有清咸豐四年"四月,官軍與西商訌,賊乘間犯營,退屯五里"的記載,即是本節所述之事,惟月日不同。本節據下列各書編成: M. de Jesus, op. cit. ; The Battle of Muddy Flat; Lanning and Couling, op. cit. ;等。

將肇事軍營，"移向東南二三哩"，[註一]否則次日下午四時，外僑當爲自衛起見，着手强制實行；並稱英海軍將扣留吳淞江口的清國戰船，以免將來再生事端。惟所謂"向東南"移營，實行時實使清軍駐入租界。

次日黎明，英艦恩康透號(Encounter)艦長啞凱來姆(Captain O' Callagham)發令開礮轟擊停泊在吳淞江口黃浦江中的滬道戰船；有數船力試逸入吳淞江中，但爲猛烈的礮火所困，脫逃的只一二艘，其餘皆被扣押。旋由英領阿利國召集全滬有約各國代表和各海軍長官開會，衆皆贊同英領迫令清軍移營的意見，乃復以哀的美敦書致吉爾杭阿。此書較長，關於移營方向，則稱西南。

下午三時，英美海軍、英僑商團、美國商船水手和有戰鬥能力的壯丁，先後集合於今九江路英國教堂今俗稱大禮拜堂前面。計到英艦恩康透號和格雷興號(Grecian)陸戰隊約二百人，攜野礮一尊，由恩康透號艦長啞凱來姆指揮，英領阿利國偕伴着；英僑商團由英副領事威妥瑪指揮；美艦潑萊茅思號(Plymouth)陸戰隊七十五人，攜銅礮一尊，美商船水手二三十人，美僑若干人攜前美領克寧漢所有小礮一尊，統由美艦潑萊茅思號艦長開列(Captain Kelly)指揮，美領麥菲偕行。總計人數，約有三百八十名。

半小時後，依上述秩序，枹鼓揚旗，自花園弄今南京路向西前進。到跑馬場東界，即今南京路浙江路口，稍息，待清軍回音；旋得覆，略謂：

> 事宜商辦，未可遽動干戈。[註二]

他們乃下令攻擊。軍分兩路：美軍循跑馬場向左到洋涇浜今愛多亞路，攻清軍正面；英軍向前直進，攻清軍側面。"事前且有城中小刀會亦出兵參加的密約。"[註三]美軍礮聲甫起，洋涇浜以南塚墓纍纍的荒地上，即有無數紅頭小刀會兵士，移動甚速，旋即搖旗吶喊，進攻清軍，適與美軍成犄角勢。美軍進至周涇浜，[註四]無渡水具，而清軍礮彈雨下，因即引退到跑馬場。英軍渡泥城浜，自僻道繞行，抄襲清軍後路，破其北寨。適小刀會軍自南攻清軍，清軍益不支，向吳淞江方面退去，賴戰船發礮止追兵，得無大恙，共退五里始止。英美二軍會合後，折回租界，帶回鎗礮錢串等物甚多。清軍死三百餘；西兵死者四人，傷者十三人。這便是外人關於上海著作中所樂道的"泥城之戰"，或"泥灘之戰"(The Battle of Muddy Flat)。

戰之次日，吳道親往英領署會晤英領，表示希望不再發生此種敵對行爲；吉爾杭阿亦有同樣表示。清軍即移營到城南，滬道戰船經擔保放還。此時小刀會軍，則屯營城外。後清軍得英領同意，移退之兵仍返駐於其原駐之處。

5. 三國軍事連鎖和小刀會不得攜械入租界的約定

泥城一戰以後，英、法、美三國，即在滬採取軍事連鎖。這時，停泊在黃浦江中的外艦，有英艦恩康透號和格雷興號，各有礮位十二，美艦潑萊茅思號，礮位二十；法艦則尚在來滬途中。即由恩康透號艦長啞凱來姆負責組織陸戰隊，並草定服務號令。英美軍布防於租界西北兩方，以防清軍。四月十七日三月二十日法艦高貝號(Le Colbert)到滬，亦即加入所採軍事布置。

旋有外僑因法租界設派崗位，實行戒嚴，投函恫嚇法領。法領愛棠乃邀同英領阿利國和美領麥菲，會草一宣言，於四月二十四日三月二十七日披露於北華捷報，通告其本國商民，凡爲華人服務的，即不

［註一］　North-China Herald, April 8, 1854.
［註二］　籌備夷務始末咸豐朝卷七，頁二二。
［註三］　Lanning and Couling, op. cit., p.309.
［註四］　按此浜接聯洋涇浜，即今敏體尼蔭路的一部。

得繼續享受五口通商條約所給予的利益,不能再有其本國國旗保護下的任何權利。幾天以後,英法兩國聯盟預謀制俄的消息,[註一]傳來上海,使在滬英法當局,益趨團結。

接着,美全權公使麻克類(R. M. Mc Lane)、英全權公使鮑林及海軍上將史透林(Admiral James Stirling)先後抵滬。乃即於六月十五日五月二十日召集三國領事,共同會議。開會時,意見分為兩派:一方面英領阿利國和法領愛棠,主張維持所採積極的軍事政策;另一方面,史透林對於他所率海軍的登陸佔據中國土地,決不能得本國政府的批准,頗感不安,表示應取消此種軍事布置。他後來曾提出一關於租界防務的備忘錄,他的結論是:

> 外人居留區的保護,權在中國官員,中國官員不能時,則在中國人民本身,可是第三者是,除了給與援助以外,誰也沒有從事保護的權利或權力的。[註二]

這種意見,也是美使和美領所贊同的。

史透林旋即商同英使,欲將當時英兵所擔任的陸上警衛,盡數撤去,而代以其他補救辦法。英使、美使和史透林,討論數日,最後決定英、法、美三國各派軍事長官一人,進城見劉麗川,勸他退城;並將此意通知法領,得他的贊同。

七月五日六月十一日英艦恩康透號艦長啞凱來姆、法艦高貝號艦長鮑特恩(de Baudéan)和美艦凡台利亞號(Vandalia)艦長普潑(Pope),偕同繙譯法領署史密斯和英領署威妥瑪二人,入城接洽;惟因在候見室相待過久,表示不滿,要求解釋而回。小刀會方面既作一完滿的答覆,乃於七日十三日隆儀迎入。三國代表並未將原意致達,僅交出中立宣言一件,並由威妥瑪傳語,請他亦出具文告,曉諭部從,凡有侵入外人租界的,嚴懲不貸。

小刀會曉諭部下這布告,約定在未張貼前,須先送請英國方面鑒核。稿數易,皆被駁;最後經英方核定的布告上,却只禁止攜械經過洋涇浜以北的租界地帶,換言之,即將洋涇浜以南的法租界除外了,因而引起法領愛棠的嚴重抗議。[註三]但這些都是英、法、美三國租界行政統一以後的事了。

6. 三國租界的行政統一及其特殊企圖

一八五三年七月清咸豐三年五月法領愛棠以英領阿利國所提統一三國租界的提議及他本人所感困難,詳報法使蒲步龍;法使的答覆,叫法領準備贊同英領的提議,不過對於作為行政統一的基礎的地皮新章,則法使無權批准,應請訓示於巴黎外交部。一八五四年清咸豐四年英法間友好情勢,繼續開展;但到七月六月巴黎外交部的訓示,據說,雖經幾次電催,却仍不來。同時,上海方面,情勢激變,在積極的軍事布置之後,接着有了史透林的不應佔據中國領土的指摘。英法領事尤急於實現他們以為可以免除這種指摘的計劃。數次被催的結果,法使蒲步龍乃向英美兩公使作接受該項提議的答覆,惟聲明其接受須附條件,尤以法政府的追認,為其根本上成立與否的要素。[註四]

一八五四年七月五日清咸豐四年六月十一日英領阿利國、美領麥菲和法領愛棠乃正式宣布經三國公使共同簽字的地皮新章十四款。三國領事復於十一日十七日在英領署召開租地人會,到三國領事及租地人四十九人,由英領主席。[註五]

英領阿利國首先發表宣言,說明地皮新章的用意所在,及創設市政機關的特殊企圖和一般利益。這宣言當刊出於當時的西文報紙,惜未覓得;西人著作中僅為轉述大意。一九三一年民國二十年英人費

[註一]　按爆發後即所謂克里米戰爭(Crimean War)。
[註二]　Report of Feetham to S. M. C., Vol. I, p. 38.
[註三]　Maybon et Fredet, op. cit.
[註四]　同上註。
[註五]　M. de Jesus, op. cit., p. 93.

唐應工部局特聘而提出的關於公共租界報告書四卷中所轉述的,較他書略詳,今姑詳述如下:

　　日常瑣務,常使做領事的他,得有印像,覺得:這各國僑民和華人雜處的租界之必須有一足以密切聯合其一切構成要素的權力及為共同利益的法典、目的和治理組織的統一,總是未被見及或被忽視了。……

　　新法律的制定,具有一種明白的企圖,即是:經由租地人,為全體外人社會,獲得自治的權利和為市政目的而徵稅的權力;由此二端而得有手段,以保障外人社會本身的安全和幸福。……立即創立一某種形式的市政機關的必要,迫促着外人社會,其原因當求之於僅僅行使領事職權而無一市政機關,不足以永遠確保租界的安全。在這一點上,他以為最重要的是,他們應該安全明確了解一切事實,並看清這談論中的問題,對於華洋社會和文武官員的地位,將發生何種實際的影響。如果要給與那各國人民雜處社會一種法律根據,一種得以採取合法行動並核准保衛所必需的計劃的團體的存在,那麼便得有取一種擁有市政權力的代表會形式的某種組織。此代表會代表他們所行使的職權,不再限於一道路碼頭公會所有的那些,且包括生命和財產的保護,使其不為他們所在國的內亂,租界內外的不靖和危險所影響。此種市政機關的最初的功績之一,或者應該說因其創立而自然發生的最初又最大的利益之一,便是使駐在當地的文武官員由於一種嚴重的需要而不得不採取,可是不能為任何法律原理所容許的許多辦法,成為合法。如果社會應該為了此種安全的主要目的而自行組成某種實際合法的形式是首要的,那麼欲達的次要目的,在總計上也不會比較不重要些,且也只能用一種市政組織所授與的權力去達到。一切為保持康健,維持清潔,組織警察,開發並管理歲收所必需的規程和辦法,都包括在市行政之內。即以此種目的論之,所想望也是值得想望的是,社會應該行使新法律所定的一切權力;自治政府,同時為公眾利益和便利目的的自行徵稅。[註一]

又,其中關於欲以成立市政機關掩飾武力佔據中國土地的部分,費唐轉述英領阿利國的意思是:

　　三條約國武裝軍隊,應領事的請求,而永久佔據租界內的土地,似應受已經說過的種種責難;即是,領事無權使此種海軍的運用成為合法。條約並未容許英國、美國或法國在中國領土以內,自行保護其人民;依照條約,他們不能不得中國政府的同意,佔據中國任何部分的領土,以合法地保護其人民。否則,此種行為,實即違犯條約。同時,自衛的責任,卻是首要的自然律之一,而且終至有過於其他一切自然律,所以凡海軍司令官所不應為的,當地社會很可以合法地正當地自行從事。於被襲擊或受非法暴力威嚇時,他們有權衛護他們的生命財產;又於抵抗此種侵害的行為有不支的危險,或以為即將發生此種危險時,市政機關得以召集全體海陸軍及華洋人民,以資援助,而被召集的,無論是否佩帶軍器,都可以合法地出力援助。……他們必須看清他們全體所處的相連的地位,而對此地位的首要之圖,便是一市政機關的創立,只有市政機關纔能核准抵抗的計劃,並給社會以自行組織警察以維持治安的權力。[註二]

接着,地皮新章便在租地人會中通過;此外並成決議十六件。其中最重要的是:解散原有道路碼頭公會,組織統治三國租界的市政機關工部局,並選出董事人員;着工部局即行着手組織巡捕即警察;各國海軍則由工部局請其繼續登陸警備。

7. 一八五四年的地皮章程

　　此項經英、法、美三國公使簽字公佈並經租地人會通過的一八五四年_{清咸豐四年}地皮章程,未取任

[註一]　Report of Feetham to S. M. C., Vol. I, pp. 36－37.
[註二]　同上註,頁三九―四〇。

何形式和華官商議。後來,由各領事當作已成事實,移會滬道核明辦理;移會時日不詳。今從約章成案匯覽租借門所載中譯全文,[註一]抄錄於下:

新章所指界限。後附地圖,即係道光二十六年八月初五日巴領事與宮道臺所判,並於二十八年十一月初二日經阿領事與麟道臺,復又按二十九年三月十七日敏領事與麟道臺斟定法蘭西地界出示內指南至城河,北至洋涇浜,西至朱家橋,[註二]東至潮州會館沿河至洋涇浜東角等處,曾經法蘭西欽差大臣會同廣東制臺徐,[註三]均行允准;界內軍工廠、[註四]新開、[註五]邑屬壇[註六]三處,並英國領事衙門,均屬官地,不在章程之內,嗣後美國與法蘭西所用官地,亦一律辦理,惟照例給付錢糧。

第二條——界內租地。凡欲向華人買房租地,須將該地繪圖,註明四址畝數,稟報該國領事官,設無該國領事官,即託別國領事官,即查有無別人先議,以及別故,並照會三國領事官查問,如有人先議,即立期定租,倘過期不租,憑後議人租用。

第三條——定租。查明無先議之礙,即議定價值,寫契二紙,繪圖,呈報領事官,轉移道臺查核,如無妨礙,即鈐印送還,歸價收用。至址內遷移墳塚,中國例不入契,另行議辦。

第四條——立契。付價後仍照舊用道臺全銜,填契三紙鈐印,並由道臺照會三國領事官,以便存案填圖備查。

第五條——留地充公。凡道路碼頭前已充作公用者,今仍作公用;嗣後凡租地基,須仿照一律留出公地,其錢糧歸伊完納,惟不准收回,亦不得恃爲該地之主。至道路復行開展,由眾公舉之人,每年初間,察看形勢,隨時酌定設造。

第六條——立界石。租定地基,豎一石碣,上刻號數後,由領事官委員帶同地保、業戶、租主,親至請地,眼同看明四址,豎立界石,以免侵越,並杜將來爭論。

第七條——納租。每畝地租一千五百文,每年於十二月中預付該業戶,以備完糧;先十日,由道臺行文三國領事官,飭令該租主將租價交付銀號,領取收單三張,倘過期不交,則領事官追繳。

第八條——轉租租地皆註冊爲憑。凡轉租,限三日內報明添註,如過期未註,即不爲過契矣。其洋房左近,不准華人起造房屋草棚,恐遭祝融之患;不遵者,即由道臺究辦。大英國衙署之北至吳淞江一帶,未奉領事官二位允准,不許開設公店;違者按後開懲罰。

第九條——禁止華人用篷篢竹木及一切易燃之物,起造房屋,並不許存儲硝礦火藥私貨,易於着火之物,及多存火酒;違者初次罰銀二十五元,如不改移,按每日加罰二十五元,再犯隨事加倍。如運硝礦火藥等物來滬,必需由官酌定在何處儲存,應隔遠他人房屋,免致貽害。起造房屋札立木架及磚瓦木料貨物,皆不得阻礙道路,並不准將房簷過伸,各項妨礙行人;如犯以上各條,飭知後不改,每日罰銀五元。禁止堆積穢物,任溝洫滿流,放鎗礮,放響騎馬趕車,並往來遛馬,肆意喧嚷滋鬧,一切惹厭之事;違者每次罰銀十元。所有罰項,該領事官追繳;其無領事官者,即着華官着追。

[註一] 英文原章見本編附錄"二"之"2"。
[註二] 按即褚家橋。
[註三] 按英文原章稱"欽差大臣",中譯"廣東制臺",因通商之初,清廷以欽差大臣關防,頒給兩廣總督,命其管轄五口通商事宜。
[註四] 按軍工廠爲修造各營戰船巡船之所,歸滬道經理。廠址於嘉慶六年(一八〇一)由劉河移設於縣城北面的頭壩,距今七十餘年前約在同治初年,廠基爲西人租去,復移至當時高昌鄉二十三保分十九圖,即今引翔港附近。
[註五] 按應作新關。
[註六] 按邑屬壇在縣城北面,建於明洪武三年(一三七〇),距今七十餘年時,其地爲西人租去,清同治七年(一八六八)就西門外周涇橋西社稷壇舊基,改建壇壝,光緒二十六年(一九〇〇)劃入法租界,宣統元年(一九〇九)官紳公議,變價充改良監獄費。

　　第十條——起造修整道路、碼頭、溝渠、橋梁，隨時掃洗淨潔，並點路燈，設派更夫各費。每年初間，三國領事官傳集各租主會商，或按地輸稅，或由碼頭納餉，選派三名或多名經收，即用爲以上各項支銷。不肯納稅者，即稟明領事飭追；倘該人無領事官，即由三國領事官轉移道臺追繳，給經手人具領。其進出銀項，隨時登簿，每年一次，與各租主閱准。凡有田地之事，領事官於先十天將緣由預行傳知各租主屆期會商，但須租主五人簽名，始得傳集，視衆論如何，仍須三國領事官允准，方可辦理。

　　第十一條——外國人及華民墳墓。界內分開地段爲外國人墳塋。租地內如有華民墳墓，未經該民依允則不能遷移，可以按時前來祭掃；但嗣後界內不准再停棺材。

　　第十二條——賣酒及開設酒館。界內無論中外之人，未經領事官給牌，不准賣酒並開公店。請牌開設者，應具保店內不滋事端；如係華人，須再由道臺給發牌照。

　　第十三條——違犯以上各條章程，領事官即傳案查訊，嚴行罰辦；倘該人無領事官，即移請道臺代爲罰辦。

　　第十四條——此章後有改易之處，則須三國領事官會同道臺商酌，詳明三國欽差及兩廣總督[註一]允准，方可改辦也。

又，嗣後所用租地契式，亦一併附錄於下：[註二]

　　大清欽命監督江南海關分巡蘇松太兵備道□，爲給出租地契事。照得接准□國領事官□照會，內開"今據□國商人□□稟稱，在上海按和約所定界內，租業戶□□□地一段，永遠租賃□□畝□分□厘□毫，北□□，南□□，東□□，西□□，給價每畝□□千文，共□□□千文；其年租每畝一千五百文，每年預付銀號"等因，前來；本道已飭業戶□□□將該地租給該商收用，務照後開各條遵行。查核外國人按和約在界內租定地畝，却不能由己便，亦不得轉與別國未曾准住中國之人，必須中國官憲與領事官，查視其租地賃房無足妨礙，方准租住。又查向議章程，雖外國人有通融得益之處，但無准租地賃房與華民，轉輾貨賣。若華民欲在界內租地賃房，須由領事官與中國官憲，酌給蓋印憑據，始可准行。上列各條，倘該商並後代管業之人，將來以其地轉與，不稟明本國領事官並道憲批准登籍，將其地整段分段，或己或人，另造房屋，轉租華民居住，若未領兩國官憲允准憑據，並每年不將每畝年租錢一千五百文預付銀號，違犯斯章者，則此契作爲廢紙，地即歸官。須至租地契者。

　　咸豐　　年　　月　　日　給　租地第　分
　　　　　　　　　　　　　　　　　地契第　號

此項地皮章程的應加注意之點，計有：[註三]

　　一　第二條規定："界內租地。凡欲向華人買房租地，須將該地繪圖，註明四址畝數，稟報該國領事官，設無該國領事官，即託別國領事官。"明白取消一八四五年清道光二十五年第一次章程各國商人租地須先得英領許可的規定。

　　二　第七條，華文與英文略異。查英文章程是：

"There is an assessed Annual Rent of Land Tax reserved to the Chinese Government on all

[註一]　按英文原章稱"管轄五口通商事宜之中國欽差大臣"（The Chinese Imperial Commission Managing the Affairs at the Five Ports）。
[註二]　P. Hoang, La Propriété en Chine, p. 183.
[註三]　徐公肅、丘瑾璋：上海公共租界制度，頁三七至三八。

land rented by Foreigners within the said limits at the rate of 1,500 cash per mow; the period of paying this rent is fixed for the fifteenth day of the twelfth month of each Chinese year ..."

意思是："界內西人所租之地，須於每年陰曆十二月十五日，向中國政府繳納年租或地稅，每畝一千五百文。"將年租與地稅這兩個名詞混用，實即地稅。所以依英文章程，是租地人直接向中國政府完糧，所繳的是地稅。中譯章程"每畝年租一千五百文，每年於十二月中預付該業戶，以備完糧"，規定租地人間接完糧，其所繳的乃年租。

三　此次章程並不禁止華人在界內架賃房屋居住，僅於第八條規定"洋房左近，不准華人起造房屋草棚，恐遭祝融之患；不遵者，即由道臺究辦"。租地契式，當於一八五五年二月清咸豐五年正月滬道正式頒佈華民住居租界內條例以後所用，更明白允許華民居住租界："若華民欲在界內租地賃房，須由領事官與中國官憲，酌給蓋印憑據，始可進行。"

四　第九條有"禁止華人用蓬簟竹木及一切易燃之物，起造房屋……"等規定。查英文章程，並無"華人"字樣。參照第一次章程，更可信這只指西人或一般而言。因爲：(A)第一次章程不許華人在界內架屋居住，但第十八條即有此項規定，此次當係仍舊者；(B)不准華人起造草棚及易燃物的架造，已見第八條，無庸再提；(C)同條禁止的其他物品，類係洋商攜藏的洋貨。此亦可證中譯章程不甚可靠。

五　第十條規定"選派三名或多名經收"捐稅。英文章程則稱"to appoint a Committee of three or more persons ..."即"選派三名或多名組成委員會……"此所謂委員會的，亦即工部局。又同條"設派更夫"，英文章程爲"establishing a watch or police force"，將更夫與巡捕混而爲一。

六　第十三條規定"違犯以上各條章程，領事官即傳案查訊，嚴行罰辦；倘該人無領事官，即移請道臺罰辦"。屬人管轄，彰彰明甚，外國領事官祇能訊辦該國僑民；無領事官管轄的外人，統由滬道訊辦。至於華人犯規的應由道臺訊辦，自是當然的事。

七　第十四條規定：章程修改，"須三國領事官會同道臺商酌，詳明三國欽差及兩廣總督允准，方可改辦"。批准手續，與第一次章程僅"由雙方官員隨時商議"的規定不同。又批准不由雙方中央政府，而由外國公使及中國管理五口通商事宜之官吏，有別於普通條約訂立的手續。

8. 工部局的成立

一八五四年七月十一日清咸豐四年六月十七日的租地人會，在通過地皮章程之後，復根據該章第十條規定，組織工部局，選定工部局董事五人，是開侯(W. Kay)、克寧漢、金蔭(D. O. King)、費隆(C. A. Fearon)和教士麥都思(Dr. W. H. Medhurst)。開侯做總董即董事長，克寧漢爲司庫。若干時後，開侯辭總董職，由費隆繼任；克寧漢亦以司庫之職，交卸與金蔭。

七月十七日六月二十三日工局部舉行第一次董事會議，決定設立委員會若干，其一即爲盡工部局保衛租界的特殊任務的"防衛委員會"(Defence Committee)。董事會並通過，正式請求英、法、美三國海軍長官，繼續駐兵租界，擔任西面邊界的防禦事宜。

第二次董事會議，除了下面兩節所述關於組織巡捕和華人納稅的兩事以外，並決定：設一書記，月薪五十元，修築從外灘與花園弄今南京路平行到球場(Fives Court)的小路；對於泥城之戰因傷殘廢的二英兵，給與撫卹一千元。

工部局第一年度的預算，總數爲二萬五千元，其中一萬五千元爲巡捕方面的預計開支。路燈油費及衛生設施的費用，各僅每月十二元。

同年十月十七日八月二十六日召開租地人臨時會議，工部局提出議案，要求准其借款一萬二千五百元，以爲建造巡捕房之用。一般租地人，率皆表示反對，此議僅以十八票對十五票的多數通過。十一

月十日九月二十日又開租地人會,通過一議案,謂:

> 工部局在未得租地人明白特許之前,其對僑民及本埠國際貿易所徵捐稅,總數不得超過六千元。

並決定外籍居民凡納無論何種捐稅達五十元的,均得有選舉之權。

此次會議時,因工部局和僑民間的衝突日顯,工部局董事概未出席。主席英領阿利國,對於手續上是否有缺,表示懷疑。因決定於同月二十四日十月初五日再開一會。至期,工部局董事始出席。"英領阿利國乃宣佈:巡捕費用,中國官員將擔負其三分之一。"租地人則要求工部局報告治理成績,並欲查核其帳目。工部局總董費隆不允所請,說還沒到他們解職的時候,租地人不能查詢帳目,於是便有人擬使其辭職,爭論頗烈。後以投票表決,多數仍主張使其留任,不過另外通過一議案道:

> 工部局董事會得繼續行使其職權,至任期屆滿爲止——惟須完全遵照七月十一日六月十七日及十月十七日八月二十六日在英領署舉行之租地人會所通過之決議。

9. 巡捕的設置

正如一八四五年清道光二十五年地皮章程所規定,英租界設立之初,即雇用華人數名爲更夫,由領事管轄,以鳴警報更,所謂"夜間擊竹之聲,遠近咸聞"者是。一八四八年清道光二十八年英租界推廣,更夫改組爲二十名,設更長二人。到了這一八五四年清咸豐四年更夫遂一變而爲巡捕。

一八五四年七月十一日清咸豐四年六月十七日的租地人會,通過工部局組織巡捕事件。工部局董事會開第二次會議時,決定發信到香港,聘請曾任該地巡捕房高級職員的克列夫登(S. Clifton),來滬就任第一任巡捕房總巡,月薪一百五十元;並着其儘量羅致"優良"巡捕同來。

隨即制定服務規則十七條。巡捕職務,頗爲紛雜。警務以外,舉凡道路的整潔和燃燈,有礙公衆的事物的取締以及奉領事命令搜查軍器的輸入和解除華人武裝,協助徵稅築路,都在其內。其管轄範圍,一如工部局,包括英、法、美三國租界。

後來,大半爲了關於巡捕的事情,工部局與領事和租地人之間,意見日益不協。同年十一月二十日十月初一日工部局董事會舉行第十次會議,議決否認任何領事有訓令巡捕之權,巡捕應完全由工部局指揮。這更引起了領事方面的不悅。所以到了小刀會退城之後,英美領事便首先提出了對於巡捕的不滿。[註一]

10. 租界華人的劇增及其開始納稅

小刀會的佔領縣城,以及後來清軍和小刀會的繼續作戰,使避入租界的華人,有增無已。一八五三年初清咸豐二—三年間住在租界內的華人,爲數僅五百;到下一年,竟劇增到二萬人以上。有的在英租界西北部搭蓋茅棚,有的僅以船隻置黃浦灘或洋涇浜岸上作爲住所;此外,還有富有的,能付昂貴的房租,極爲租地外僑所歡迎。外僑積極建屋,以謀厚利。一八五四年七月間清咸豐四年六月初七—七月初七日所造華人居住的房屋,約有八百所之多。[註二]

英領阿利國對於華洋雜居,意欲取締;但這和外商利益衝突。當時"最有勢力的英僑之一"曾對英領說過下面的一段話:

> 您對於將來惡果的預計,無疑地有相當根據,而且也許一點都不差——雖然對於另一方面,關於放棄以前廣州的隔離制度,讓華人來雜居於我們之間的利益,也有可以考量之處——但總

[註一] M. de Jesus, op. cit. ; Lanning and Couling, op. cit. ; Hawks Pott, op. cit.
[註二] M. de Jesus, op. cit. ; Feetham Report, Vol. I.

之,我贊同您的意見。將來也許會有一天,來到這兒的人們,會發見充分的因由,去懊悔現在所行租屋或分租給華人的辦法。可是,我們一般地主和投機商人,給這個有什麼干係呢? 您是女皇陛下的領事官,職責所在,自然不得不爲國家謀永久的利益。可是我所關心的,却是如何不失絲毫時機,發財致富;我的錢如果沒有更有利的運用方法,自然只得將地皮租給中國人,或造房子租給他們,以取得三分到四分的利息。我希望,最遲在兩三年内,發財而去;所以以後上海給水淹没或給火燒掉,與我會有什麼關係呢? 請您別希望像我這樣的人,自願多年流亡在水土不服的地方,以爲後代之計。我們是掙錢,盡我們的能力,掙得越多越好,越快越好;爲了達到這個目的,凡是法律所許可的方法和手段,個個都好。[註一]

這樣的意見,實足以代表一般外商。所以在一八五四年_{清咸豐四年}的地皮章程中,消失了華洋不得雜居的規定,而默認華人可以居住租界。

各領事於是只得以衛生和風紀問題,聯名致函滬道,請爲設法維持。滬道答稱:

> 昔年以條約及章程之故,租界内不得華洋雜處,故無紛擾之弊。今者五方雜處,毫無甄別;游民盜賊之麕集,亦固其所。若長此不更,租界内地,將兩受其弊。亦惟有設法防範而已。[註二]

各領事乃與滬道籌商善後方策。滬道出示禁止人民雜居租界,但没有效力。

一八五四年七月_{清咸豐四年六月}工部局成立。董事會於第二次會議時,論及稅收事宜。這時,租界外僑固定人口,僅約二百餘,[註三]不足以擔負工部局的開支。乃決定向華人徵稅,着依房租之值,納巡捕捐百分之八,即八厘。

但各領事繼又要求工部局禁止華人遷入。工部局不肯幹此違反租地人意見的處置,説是這事超出它的權力,僅着手禁止賣淫和賭博。英領阿利國乃自負處理責任,於一八五五年一月_{清咸豐四年十一月十二月間}着令"不良"(objectionable)華人遷出租界。聚居於洋涇浜一帶茅棚内的華人,居所盡被毁滅,在嚴寒的天氣下,流離無歸的,不下數千人。[註四]

11. 租界華人的受外人管轄

一八四三年五月_{清道光二十三年四月}清廷將蘇州府督糧同知移駐上海,改稱松江府海防同知;次年十一月_{清道光二十四年十月}建同知署於城西_{海防同知初則幫同滬道籌備開埠事宜,繼則受理華洋訴訟事件。}[註五]

一八五三年九月_{清咸豐三年八月}小刀會佔領縣城,華洋開始雜居,交涉漸繁。華官集中注意於對付小刀會,租界内事未加問訊。華人違禁事件和較輕的民刑訴訟,於是概受英美領事的審理。

次年七月_{清咸豐四年六月}工部局和巡捕房相繼成立。巡捕房即執行逮捕罪犯事宜。工部局董事會旋更決定各董事照他姓氏的第一字母先後爲序,輪流審訊巡捕拘捕的人,每董事每次負責一星期。董事並於聽訴後,決定釋放或移送領署。

是年十一月九十月間滬道致函英領,請他報告租界内受雇於洋商的華人人數和姓名。英領拒絶報告,答稱:滬道如欲拘捕租界内華人,可開示姓名和所犯罪狀,領事當查明其人是否爲洋商雇用云云。華官對華人司法權的行使,竟遭公然干涉。[註六]

[註一]　Alcock, Capital of the Tycoon, Vol. I, pp. 37 - 38.
[註二]　M. de Jesus, op. cit. , pp. 98 - 99. 此處用程灝譯文。按租界内華洋不得雜居,查條約並無此種規定。
[註三]　按咸豐五年(一八五五)租界外僑計二四三人。
[註四]　M. de Jesus, op. cit.
[註五]　同治上海縣志卷二;籌備事務始末道光朝卷七〇。
[註六]　Lanning and Couling, op. cit; M. de Jesus, op. cit.; 梁敬錞: 在華領事裁判權論;上海公共租界制度。

12. 英法間的分化

三國租界行政統一的局面剛剛定當，便因小刀會所出曉諭部下的文告中，關於禁止攜械通過的地帶，僅限於洋涇浜以北租界，引起法領愛棠的嚴重抗議。英海軍上將史透林允爲設法疏通，毫無結果。法領復與英領阿利國交涉再四，英領雖亦允與劉麗川重行磋商，但英領最後覆函，却說經過艱辛的長久討論，劉等仍無意禁止其兵士攜械入法租界的範圍。法領認爲有辱國家尊嚴，憤怒不堪。[註一]

七月十八日六月二十四日工部局總董開侯函致各領事，請轉令各該國僑民中有地產在上海的，於同月二十六日七月初二日以前，將其地價詳具呈報；倘過期不報，即將由局派員代估。法領的答覆是：調查法僑資產以爲課稅的準備，自然承認法僑與洋涇浜以北租界的納稅外僑，享有同等法益；但事實上，法僑已處於例外的情境中；保護未得，怎可叫他們擔負公費？[註二]

在此不睦情勢之下，復因租地糾紛，而增其不睦的程度。該地在洋涇浜與黃浦灘轉角地方，初爲法領署繙譯吉利高司基(Kleezkowski)所認領，手續未定，復將其議租權讓與法人雷米(Remi)。時經二三年，到一八五四年九月清咸豐四年閏七月雷米尚未付價租定。此時，有若干外人認爲雷米的議租權已失時效，均欲租得該地。英商沙遜洋行(Sasson & Co.)亦爲其中之一，指摘法領，說他庇護其僑民。於是英法領事，文件來往，交涉頗爲激烈；不但引用並解釋地皮章程，互相駁責，甚且因此重提舊事。十月八日八月十七日法領愛棠致英領阿利國的信中，竟寫下了這樣的話：

> 地皮章程既未確定施行日期，則雖有三公使之簽字，實未可認爲即已實行。……貴領應知，凡屬條約與合同，若不規定實施期限，直可視爲不生效力。……且貴領對於敝領所念念不忘之洋涇浜兩岸保護歧異之事實，尚認爲無足輕重。惟敝領則以爲當初之聯合，原欲視三租界爲一體，無分軒輊；今權利之沾潤，既顯分畛域，而於義務，又欲強人接受過分之誤解，此實使人以爲尚不若最初各自爲政之爲善矣。[註三]

到了是年十二月三十日十一月十一日以事態的進展，英領提出在滬英法軍，其各自權利與政策須行分開：這時法領愛棠已確認有恢復舊法租界獨立地位的必要了。

13. 小刀會的退城

一八五四年九月二十五日清咸豐四年八月初四日法使蒲步龍到滬，應吉爾杭阿協助攻城的請求，積極活動。十月八月北營清軍在洋涇浜動工興築長牆一道，以斷城中與租界來往接濟的途徑。後因法軍強拆小刀會預備設礮的土臺，雙方開火，並由法領警告城中，限令退城。城中乃向英美領事陳訴，後者即與法軍長官開一談判，有代商降城條件的意思，但爲法將拒絕。十二月十三日十月二十四日法軍以短兵攻城，正式開戰。英人認爲破壞"中立"原則，頗爲不滿。次年二月十六日清咸豐四年十二月三十日清軍攻城，法軍以礮相應，雖未克，但城中形勢不穩，一部分兵士即於晚間登舟他去。十七日清咸豐五年正月初一日晚十時左右，清軍破城，劉麗川被捕斬首。[註四]

14. 華民住居租界內條例的頒佈

縣城被清軍恢復後，關於華人居住租界的問題，即由滬道藍蔚雯和各領事磋商成議。一八五五年二月二十四日清咸豐五年正月初八日藍道出有如下佈告：

> 照得華民若未領地方官蓋印憑據，並經有和約之三國領事官允准，則不得在界內賃房，租地

[註一]　Maybon et Fredet, op. cit.
[註二]　Archives du Cousulat (Changhai).
[註三]　同上註。
[註四]　Maybon et Fredet, op. cit. ；同治上海縣志。

基,建造宅舍居住。今將如何辦理條例,開列於左:

凡華民在界内租地賃房,如該房地係外國人之業,則由該業户稟明領事官,係華民之業,則由該業户稟明地方官,將租户姓名、年、籍,作何生理,欲造何等房屋,作何應用,共住幾人,是何姓名,均皆註明繪圖呈驗。如地方官及各領事官查視其人無礙,准其居住,該租户即出具甘結,將同居各人姓名、年、籍,填寫木牌,懸掛門内,隨時稟報地方官查核,遵照新定章程,并按例納税。倘若漏報,初次罰銀五十元;後再漏報,將憑據追繳,不准居住。該租户若係殷實正派之人,即自行具結;否則別請殷實之人二名,代具保結。

附發租洋涇浜地基條款:

一　按後所繪地圖,分爲二十一段,由中外官憲會同分判。

一　各段内地基,其未先經按例註册租定者,則發租之時,出價高者得租。

一　發租之時,如已得租,當即按每百先交二十爲定,限十天全數交至銀行,倘若逾期,則定銀不還。

一　地内房屋,不在發租内,限一月内着原業拆移;如逾限不拆,其房屋即歸租主。

一　地段皆同界内別處租地,遵照章程各款,並按圖留出公路。

一　地段内如有已經定租註册者,發租之時,須親身或着人在場聲明;若無人在場之地,即行別租。發租之時,如別人爭租,須該人聲明依官所定之數,如不肯依定數給價,即將其地撤回。如有人爭租,則歸出價最高之人;該人倘不聲明,亦必勒出其價,待其説明,則伊作爲租主。

一　如有人爭論,則經租之人作主,從新另行發租。

一　價銀皆須洋錢。

藍道所定此項華人居住租界條例,因其繁重,事實上並未嚴格遵行,但宫道所創的華洋分居制,則遂告終止。

15. 巡捕成爲常備的決定

巡捕常因工部局的指使,侵害領事以爲應歸其所有的權力,頗爲領事所不悦。而英國政府的不批准上海方面的活動,亦爲英領所不安。到這小刀會退城,華官重行照常行使職務的時候,英美領事便提出不滿於巡捕的論調,指爲非"正式的警察"(sworn constables),説:工部局不應以軍火交給巡捕;巡捕不應干涉在租界内的中國官員;中國犯人一經逮捕,應即報告領事。"惟地方官始得行使合法的逮捕與審判。"因爲如前所述,工部局董事正在行使此種非法權限。領事以爲巡捕愈早解散愈好,即使衆意以爲必須保留幾名巡捕,則爲"使此種巡捕成爲有效而合法之工具",也該使他們"直接受命於領事,並對領事負責"。工部局置軍火於巡捕之手,乃"違法行爲",是領事所"不能坐視"的。

一日,吉爾杭阿欲入租界,在界門(Barrier Gate)前,被一巡捕攔阻,不許入内。英領阿利國將該巡捕法辦後,並致函工部局總董,寫道:

余已將該巡捕逮捕,以非法阻擋過路,侮辱清國官員之罪,親加審問;今罪已證實,並經判決拘禁三日。如彼確如其辯辭所云,不過奉命行事,則懲罰之反加諸其人之身而未及於發命出令之徒,余殊以爲憾。然時至今日,工部局董事亦應遽爾省悟,工部局之命令或工部局之職員,俱不足以利用爲非法行爲之辯護,彼等自當身受及之;工部局董事亦宜因此而知所謹慎,勿再發出足使彼等於其屬下代理執行時須受法律制裁之任何命令矣。

以事態的進展,乃定於一八五五年三月十三日_{清咸豐五年正月二十五日}開三國領事會議,解決工部局所組織的巡捕以後存在或解散的問題。法領愛棠接得此項開會通知函件後,即於三月一日_{正月十三日}

致書於英美領事,聲明他認爲工部局根本不合常軌拒絕參加。英美領事會議結果,聯名出一佈告,謂:

> 自本日起,處於現行組織狀態下之巡捕,應即認爲事實上已經停止,原有巡捕官員,非得中外當局簽署允准之正式訓令,不得執行職務。

四月二月英領阿利國和工部局都簽字允准,雖中國當局並未簽字,但巡捕就此成爲常備的了。

16. 工部局存在的辯護

英國政府雖集中注意於克里米戰爭(Crimean War)的情勢,[註一]然於得知上海租界的組織工部局時,意頗不悅。這時,英國政府很想嚴守條約的義務。駐華英公使鮑林和駐滬英領阿利國的意見,既未蒙批准,而英領阿利國所不惜引以爲榮的這"一獨立自治國"(an independent, self-governed Republic)的情形,尤爲英國政府所耽心。數月後,即傳來上海租界的市政機關"理應撤消"的消息。一八五五年五月清咸豐五年三月英國政府復批准英使鮑林給阿利國的訓令,着即通知中國當局,英國並不贊助此種"自助組織"(Voluntary Association),即上海工部局。然而辯護的人,却説:"當地實際情形的需要,實較强於遠在另一半球的坦白胸襟。"工部局於是非但沒有解散,且在違反條約的情形下,日益滋長了起來。

三　太平軍攻滬和華官徵稅權的被奪

1. 太平天國中興和英法聯軍武裝守衛上海

太平天國自一八五五年清咸豐五年後,聲勢日蹙;至一八六〇年清咸豐十年始重振軍威。是年三月二月太平軍再克杭州,東迫蘇州。五月閏三月英法聯軍集中上海,預備二次北上攻大沽口。清廷則一轉對外的敵對,擬以全力撲滅太平軍,滬道吳煦,復要求法使蒲步龍和英使布魯司(Sir Frederick W. A. Bruce)助衛上海。英法兩公使答應了他的請求。英領米杜斯(T. T. Meadows)於事後給滬道煦的信中,曾説明他們保衛上海,只是保護他們自己的利益罷了。[註二]

一八六〇年五月二十六日清咸豐十年四月初六日英法兩公使,乃宣告中外,同衛上海,聯名出一佈告,張貼於租界及縣城各城門前,並印就多份,交由滬道分貼內地。

次日,華官往晤法將,英將亦在座,決定法軍以二百人駐董家渡,英軍以二百人駐城西。英商團本已有名無實,到此,即加重組,由倪爾(Col. Neale)指揮,負保護英租界責任。不久,聯軍又派兵駐江灣及徐家匯左近。七月六月中旬聯軍先後北去攻大沽口,惟仍留若干駐滬,除保衛租界外,英兵守西城、南城,法兵守東城、北城,華兵盡撤。[註三]

2. 太平軍的進攻上海

一八六〇年八月清咸豐十年六月忠王李秀成決攻上海,致書各國公使,宣言太平軍即日進迫上海,外僑可於住宅前懸黃旗以爲標幟,免被波及。八月十七日七月初一日傍晚,忠王率太平軍抵徐家匯。十八日初二日太平軍進擊清軍。清軍敗,退入西門。英軍以大礮猛轟,太平軍不得進,轉攻南門,亦爲英軍擊退。十九日初三日太平軍再攻城,仍不得逞而退。二十日初四日太平軍得援,經西門,向北迤攻租界,剛到跑馬場,即爲英軍及商團所擊,黃浦江中英艦寧樂特號(Nimrod)和先鋒號(Pioneer)復隔了租界,礮轟陣地;二小時後,太平軍不敵而退。二十二日初六日太平軍遂退出上海。

一八六一年二月清咸豐十一年正月英法聯軍得勝南返,英海軍中將何伯(Vice-Admiral Sir James

[註一]　見二六八頁註一。
[註二]　Maybon et Fredet, op. cit., p. 193.
[註三]　Maybon et Fredet, op. cit.; Hawks Pott, op. cit.

Hope)乘艦至南京,謁天王,請他允於上海及其附近百里以内,不作軍事行動。時天王方注全力於揚子江沿江各地,應允所請,惟以一年爲限。

是年年底清咸豐十一年十一月太平軍既得寧波、杭州,重回蘇州,圖上海。一八六二年一月二日清咸豐十一年十二月初三日有英水兵二人,在虹口爲太平軍所獲,授以公函,令其送達英國軍官;該公函先述太平軍的如何勝利,最後警告外僑,切勿干預他們和清軍的作戰,以致後悔不及。[註一]

一月十日十二月十一日滬道吳煦通知各領事,説太平軍大隊,將從蘇杭襲上海;於是租界及城内,又行嚴重戒備。十二日十三日英領麥華陀召集英法聯軍會議,討論太平軍送來的公函。最後決定以公告形式,答覆道:

上海已由英法軍隊防禦,所以攻擊上海必然不利。[註二]

十三日十四日英租界方面單獨開一大會,討論英租界本身的防衛事宜。結果,決定實行防衛委員會的建議,設立永久防綫三道:第一道防綫爲護界河今西藏路,其寬度須加至五十呎,並須延長到吳淞江;護界河畔,築堤長四十八呎,並造吊橋三座及旋臺三座,每臺上裝三十二磅榴彈礮一尊。第二道防綫爲閘路或稱石路(Shakloo Road)今福建路,該路可直達吳淞江,交路處及未有建築的空地,均用障礙物爲攔阻。第三道防綫設於"界路"今河南路,一端通到吳淞江,一端直達洋涇浜,兩處皆築造臨時防舍。第二、第三道防綫,並作爲防止裏應外合及驚惶時鎮壓界内中國居民之用,由商團及巡捕擔任防守。第一道防綫,則由英軍警備。

接着,後來又在法領署另開三國領事會議,通過上海一般防守辦法六項:

一　英軍防守英美租界及縣城北門和城牆附近地帶,法軍防守法租界及縣城。

二　法軍共有九百名,内以三百名爲別動隊,一百名爲預備隊。英軍六百五十名内,以三百名爲別動隊;另有海軍二百名及陸戰隊五十五名,爲預備隊。

三　緊急區域,應每隔一分鐘,放號礮兩次,作爲警戒的信號。

四　英法兩租界内部治安,由巡捕及商團負責維持;城内則由滬道負責。

五　滬道守城兵的出動,必須先行通知領事。

六　吳淞爲船隻進出咽喉,應由英美兩國海軍駐防,且如情形許可,陸軍亦應往助。

一月二十日十二月二十一日太平軍突攻吳淞,不敵而退。旋又爲大雪所阻,未再進攻。

此後,英法軍與華爾(F. T. War)所率"常勝軍"聯合,對太平軍取積極壓迫政策。四月二十一日清同治元年三月二十三日英法決定離上海五十公里地方,設防線一道,東起揚子江,西迄杭州灣,長凡三十英里。六月五月聯軍始決定不再向太平軍進攻,以保護上海貼近四鄉爲止。六月二十六日五月三十日太平軍雖曾進迫至靜安寺,但卒退去。

3. 越界築路的原始

在那個期間,華爾指揮"常勝軍",轉戰於蘇滬一帶,乃爲軍用之便,令築軍路若干。此種軍路中,有後名徐家匯路、新閘路、麥根路、極司非而路等數條鄰近租界於軍事結束後先後由工部局加以修理,闢爲馬路,自行管理。

初一八五四年清咸豐四年外僑於泥城浜今西藏路東購地開闢所謂"新公園及跑馬場"。到一八六二年清同治元年他們又於恰在當時租界西界以外泥城浜西畔的空地上,另設一跑馬場,即今靜安寺路的"跑

[註一]　M. de Jesus, op. cit., pp. 117-118.
[註二]　Maybon et Fredet, op. cit., p. 207.

馬廳"。同時,場主於原有跑馬場中,築一橫路,出賣橫路兩旁的地皮。此新築橫路,即爲花園弄_{今南京}路的延長,交工部局管理。而路旁地皮的出賣所得,一部分即用以在租界界外租一長條地段,從泥城浜起向西直達靜安寺,築一跑馬道,長約二英里,於同年完成。此路不久後即名靜安寺路,四年後,靜安寺路亦正式歸工部局管理。[註一]

4. 華官向租界華人徵稅的被拒

當一八六〇年_{清咸豐十年}太平軍攻克蘇杭時,避居上海租界的華人又大增,達三十萬。到一八六二年_{清同治元年}竟有五十萬之多。

一八六二年七月_{清同治元年六月}滬道致函英領麥華陀,請他助查租界華人人數,以便滬道像對於城內的居民一般,向他們徵收稅項。十六日_{二十日}英領覆函拒絕,説:

> 至對界内華人,敝領實未便承認貴道此種徵稅之權,蓋歷年以來,地方官與本領事間,早經諒解,凡地方官對於界内華人行施管轄之權,必須得有英國領事官之同意。兹已有如許華人賴吾人保護,分沾吾人之利益,殊覺不便背棄此項規則。

八月十六日_{七月二十一日}英領麥華陀,以此事稟呈英使布魯司。英使不直英領所爲,於十一月五日_{九月十四日}訓令英領云:

> 查條約並無任何規定,容許吾人對於此類事項,橫加干涉。滬道有權向界内華人,徵收城内外居民均已照繳之捐稅;際此爲中外利益計均不應截去該政府經費來源之時,吾人尤無反對之理由。

且謂:

> 吾人如不許中國政府管轄界内華人,則吾人不能得該國政府依條約第十八條所給予吾人保護之利益。

英使布魯司此種意見,頗爲其本國政府所嘉納。一八六三年四月八日_{清同治二年二月二十一日},英外相洛塞爾(Earl Russell)以覆牒獎勵布魯司,並謂:

> 英國租界内之地,自係中國領土,毫無疑義。中國人民不能以居住租界之故,遂得免其履行天然之義務。

"惟上海西僑,較深居高閣之北京公使,尤能明瞭嚴格解釋條約與容許對等管轄於同一地界之困難。"結果,乃有稅項經工部局徵收後轉交滬道的決定。一八六三年六月十二日_{清同治二年四月二十六日}領事和滬道訂定由工部局向界内華人徵收巡捕捐百分之二十,以其一半交給滬道,但這也未見實行。

四　自由市企圖的失敗和法租界的退出行政組織

1. 改上海爲自由市的提議及其失敗

工局的設立,既不爲英國政府所承認,英領麥華陀爲了免除他對於這責任起見,於一八六一年六月二十六日_{清咸豐十一年五月十九日}上書於北京英公使,建議工部局須設一局長由僑民公舉之;凡局長及其下屬職員的薪俸,均由中國政府撥給,以保障其獨立的行動;會議時,即由局長主席,有決定投票之權,凡財政、地產、警察和港務,都由他掌管。並徵收稅捐,以充點燃路燈,疏溝、闢路等需用。

[註一]　Hawks Pott, op. cit.

　　英領此項計劃,後由工部局再加補充,提出於一八六二年九月八日_{清同治元年八月十五日}的租地人大會討論。開會時,工部局總董德納(Henry Turner)發言,說是:現行工部局組織,缺陷過多,不敷應用,此項改良計劃,實爲必要;中國政府應負擔費用,由海關撥給,因爲中國政府無能,其直接結果,不但使華人相率避難租界,抑且使外人因防衛上海,耗費極大云云。

　　同時,防衛委員會提出了另一個關係尤大的計劃。該委員會委員克寧漢、維德爾(J. Whitall)、霍合、推德(J. P. Tate)和魏字(F. Webb),都是被稱爲當時外僑中領袖人物的,於一八六二年六月二十日_{清同治元年五月二十四日}上書工部局,提出改上海爲自由市(free-city)的大綱,即將上海縣城及其郊外附近地帶,置於與中國有密切關係的英、美、法、俄四大國保護之下,由中外產業所有人選舉人員,組織一強有力的政府,舉辦稅收,負治理責任,使產生安全有序的效果,成爲中國第一城市云云。[註一]

　　此自由市計劃一經提出,便成爲外僑在北華捷報上討論的中心問題。英領麥華陀認爲不可,於七月十五日_{六月十九日}致函工部局,指出:

　　　　此建議之計劃,租地人不能合法採用。蓋此係中國政府之土地,中國政府僅容許有約各國對各該國僑居於此之人民,有一種管轄權,然仍保留其一切對於其土地及人民之權力。現行制度固可因得中國政府之授權工部局,而擴張改進……但即此亦須得有約各國公使之同意,及中國政府之允許,始能生效。[註二]

　　言下頗有堅持他自己所提計劃的意思。

　　英使布魯司非但對自由市計劃反對尤力,且對英領麥華陀的建議,亦不謂是;同年九月八日_{八月十五日}他給英領的訓令中,寫道:

　　　　余職責所在,不得不請君記及者,中國政府從未正式放棄對於其人民之管轄權,英國政府亦未曾要求或明白表示若何願望,以取得保護華人之權。……在原則上不能立足之制度,余未見英政府有何維持之旨趣,而況其原則必至引起無窮糾紛與責任,中國政府亦決不甘心承認。英政府之注意所在,惟有爲英商謀一安全之營業場所,他非所問;即租界一變而爲華人居住之城市,因而發生許多困難,余意英國政府當亦不致擴張其管轄權,管轄大部分之華人,以爲救濟之法則。蓋吾人保護上海,使不爲匪衆所蹂躪,不能認爲吾人即已準備干涉華人與其政府之天然關係也。

　　又謂:

　　　　依照條約,吾人無權干涉中國政府與其人民之關係,"神聖的英租界"一語,實屬毫無意義。非得中國政府之允許,吾人不能強迫華人納稅。

　　　　所謂上海外人租界,其地位有極大誤解。上海英租界,其土地既非轉讓與英國政府,亦非租賃與英國政府,僅議定在某地方內,容許英人自便取得土地,俾得聚居之利益而已。英人如此取得之土地,仍爲中國之土地,須照常繳納地稅。

　　英使此種嚴守條約的態度,爲各公使所贊同。兩年以後,美使殷林蓋(Anson Burlingame)也訓令駐滬美領熙華德(G. F. Seward)云:

　　　　外人於辦理市政時,常有侵犯華人權利之傾向,因此必須時時提醒外人,使立足於安全無虞之原則上。余不能同意於任何不顧中國主權即不顧一主權國家對其土地人民應有權利之辦法。

[註一]　Maybon et Fredet, op. cit. ; de Jesus, op. cit.
[註二]　North-China Herald, Aug. 7, 1862.

自由市的企圖,因之未能實現。在另一方面,法租界却退出統一的組織,而獨立了起來。

2. 法租界的自設公董局

從這時候追溯到一八五四年七月_{清咸豐四年六月}間,英、法、美三國租界行政統一未及半月,英法間已呈分化形勢。法領愛棠既無權否認共同的工部局組織,乃盡力於實際上隨時避免引起糾紛的一切手續,絲毫不加參與。法租界對於一八五四年地皮章程的關係,因此懸而未決。一八六〇—六一年_{清咸豐十—十一年}間,工部局和英美領事,屢次舊事重提,函催法領愛棠和法使蒲步龍,從速承認地皮章程在法租界的實施效力。法使乃於一八六一年六月二日_{清咸豐十一年四月二十四日}訓令法領,謂:

> 余以為此時實不能再事延宕,吾方應即收回原有之權利。……余今切令足下向英美領事暨工部局,聲明余所簽字之地皮章程及法租界合併協定,迄未得法國皇帝陛下之批准,故該項章程及協定,對於法租界,實不能發生任何效力。

法領愛棠接得此項訓令後,並不即將其意向對方聲明,却着手計劃在法租界內自組市政機關。此項組織既得法使贊同,法領乃於一八六二年四月二十九日_{清同治元年四月初一日}將法租界公董局的成立,通告界內居民;並於五月十三日_{四月十五日}函知英領麥華陀。英領的覆函,說他"完全違反共同訂立而未經修改或廢除之地皮章程",提出抗議。法領即引用法使蒲步龍前函所說的話,加以駁說,一面仍舊積極進行法租界的組織事宜。

其後,於一八六六年_{清同治五年}英美租界舉行租地人會,考慮再行修改地皮章程時,合併問題,還在重提。且又一直爭執到了巴黎外交部。一八六九年_{清同治八年}駐華各關係國公使同時批准洋涇浜北首外人租界地皮章程及法租界市政組織法,這纔承認了法租界的單獨管理權。

丁 洋涇浜北首外人租界時代

一 美租界地界的劃定和英美租界的合併

1. 美租界地界的劃定

虹口一帶,雖經美國聖公會主教文惠廉於公元一八四八年清道光二十八年出面和滬道磋商成議,作為美僑的居留區,但居留區的四至,並未有確實的指定。一八六二年清同治元年時,英美租界正式合併的空氣非常濃厚,虹口居留區四至的確定問題,因亦即被提出,探求解決。到一八六三年六月二十五日清同治二年五月初十日美領熙華德繑和滬道黃芳,商議妥當,訂立章程,劃定美僑居留區的地界如下:

> 西面從護界河即河城浜對岸之點約當今北西藏路南端起,
>
> 向東沿吳淞江及黄浦江,到楊樹浦,
>
> 沿楊樹浦向北三里為止,
>
> 從此向西劃一直線,回到護界河對岸的起點。

但是因為沒有細加勘定,樹立界石的緣故,後來美租界的界線及發生糾紛,結果在一八九三年清光緒十九年加以推廣:這些我們到後面再敍説。

2. 英美租界的正式合併

虹口一帶,地方比較荒涼,雖然名義上是美租界,但當初連界址都沒有確定,外僑居户極少,只有在吳淞江南岸的英租界犯下了什麼事故的,繞逃避過去。太平天國軍興時期,虹口一帶,中國人民户口大增,但處理英、法、美三國租界行政事務的所謂上海工部局,只把注意集中在英租界,對於外僑尚未有若何重要性的虹口,便暫時幾乎給丟開了。

一八六〇年清咸豐十年以後,在上海的外僑,從掠奪中國對租界及其居住人民的主權行使的實際行動方面,漸漸轉到了更撒野的企圖。虹口租界於是有了被重視的機會。首先,曾經一度做過美代領的旗昌洋行克寧漢和美領熙華德,倡議英美租界正式合併為一。一八六二年三月三十一日清同治元年三月初二日的英租界租地人會議又正式通過議案,決定將虹口美租界併入英租界範圍。一個多月之後,法租界正式聲明退出名義上的三國租界行政統一。下一年,即一八六三年清同治二年美租界地界劃定之後,合併就有了實現的可能。同年九月二十一日清同治二年八月初九日正式宣佈合併。

這樣,英租界和美租界便成為洋涇浜北首外人租界(Foreign Settlement North of Yang-King-Pang Creek)。直到一八九九年清光緒二十五年租界推廣成功的時候,繞又改為公共租界(International Settlement)。

二 一八六九年的地皮章程

1. 公使團的租界改組原則

駐京英美公使,對於其上海僑民及領事在太平天國時期的種種變更租界性質的行動和企圖,十分不悦而擔心。一八六四年清同治三年由於美國公使般林蓋的動議,駐京各國公使開一會議,討論關於改組上海租界的若干原則。結果,決定上海租界應依下列五原則,重行組織:

　　一　關於領土之權限,必須由各國公使,直接商之於中國政府。

　　二　此項權限,以純粹市政事務暨道路、警察及市政所需之捐稅爲限。

　　三　中國人非實係外國人所雇用者,須完全歸中國官管束,與在内地無異。

　　四　各國領事官仍各自管束其人民;市政當局只能拘捕違犯公安之罪人,移交並控訴於其所屬之中國或外國官長。

　　五　市政制度中,須有中國代表,凡一切有關中國居民利益之措施,須先諮詢,得其同意。[註一]

2. 地皮章程的修改

　　公使團的此項意見,在實行時,本來仍足使租界一變它應有的面目的,但是總算還相當地顧到中國的主權,所以未爲當時上海租地外僑所接受。他們曾經明白表示無需遵守條約,説:

　　　爲生命與財產之保障計,如屬必要,應捨棄條約之嚴格字句,而從其精神也。[註二]

　　所以自由市企圖,在他們看來,大概也爲所謂條約精神所許可的。然而此種企圖,早經英美公使的嚴厲指斥,總是無法實現。於是轉移方向,着手修改地皮章程,以增加工部局的權力。

　　一八六五年三月十日清同治四年二月十三日工部局董事會舉行特別會議,決定特設一委員會,從事修改一八五四年清咸豐四年的地皮章程。該委員會即於四月三月間成立,得領事的助力,完成修改草案,提出於一八六六年三月清同治五年二月的租地人會,得其通過。

　　此次修改章程的要點如下:

　　一　放寬選舉資格,不再專限於租地人,凡租賃房屋付有合格捐稅的外僑,均有選舉權。

　　二　行政委員會(Executive Committee),此後改稱工部局(Council)。[註三]一八五四年清咸豐四年章程,規定委員或董事爲三人或三人以上,今增至九人;不過後來又改爲不得多於九人或少於五人,並規定以定期選舉,代替一向所行的在年會時選舉。

　　三　規定經租地人及納稅人二十名的請求,領事得單獨或會同其他領事,召集臨時大會;議案一經通過,即具法律效力。租地人及納稅人不能出席會議時,得委託代表一人投票。

　　四　章程之後,附有關於各種事宜的附律或附則(Byelaws)四十二條;並規定工部局有權增訂附律,惟須經納稅人臨時會通過,得大多數有約國領事及公使批准。

　　五　增大工部局徵收捐稅的權力。

　　六　規定工部局辦事人員,對於其職務內所行之事,個人不負何等責任;工部局以團體名義爲被告或原告。特設領事公堂(Court of Foreign Consuls),審理工部局爲被告的案件。

　　七　依據一八六四年清同治三年公使團所定租界改組原則,規定租界中國居民得參與市政。

　　修改章程的事情,本來未和中國當局磋商,亦未通知駐京各國公使。修改草案經租地人會通過後,乃由領事團送呈北京各國公使,請求批准。

　　[註一]　Parliament Papers, China, No. 3, 1864, p. 146.

　　[註二]　一八六三年六月十二日致英使函中的話,見 Feetham Report, Vol. I, p. 94.

　　[註三]　按此改變,僅純爲名稱,且現行章程第九款等,亦仍將二者並稱。故本稿前後,未加分別,以免名稱上的無謂紊亂。

3．工部局對於批准的切望

自從領事團將新改地皮章程送呈北京各國公使之後，上海方面便幾乎天天在切望着各國公使的批准，特別是因爲對於工部局徵收捐稅，有許多西人認爲它無此權力，拒絕繳納。工部局沒有强制他們繳納的權力，只能由當年度的董事，聯名控訴于其所屬法院。

一八六五年^{清同治四年}已故英人威爾司(Charles Wills)在滬產業的執行遺囑人，欠繳地稅銀五九○兩三錢，工部局即以各董事名義，控訴於英國“在中日高等法院”(The Supreme Court for China and Japan)。是年十一月十五日^{九月二十七日}該法院宣判，工部局勝訴。十二月十三日^{十月二十六日}工部局舉行董事會月會時，“財政捐稅及上訴委員會”(Finance, Rate and Appeal Committee)在它的報告中提到這事，説道：

> 此項判決成爲一重要判例，予工部局以强制徵收市政捐稅之確實權力，此於公衆利益，將有無窮便益也。
>
> 判決之結果，已足使大部分之欠繳者繳納其稅項，雖仍有觀望之徒，至本委員會會同工部局法律顧問積極進行控訴手續時，始行繳納。……[註一]

雖然，同年十二月二十二日^{十一月初五日}還有因爲河南路五號一家法商洋行欠繳該年度各季房捐及碼頭捐等共計銀二六五兩七錢五分，工部局控訴其主人費藹(Fierz)和巴契芒(Bachmann)於法領事法庭的事，但一時情形總算頗好。

一八六六年二月十日^{清同治四年十二月二十五日}工部局舉行董事會月會時，“財政捐稅及上訴委員會”便有各種捐稅交納非常迅速，無需對誰提起控訴的報告了。然而這終究只是一時的順利，而不能長此下去。兩年以後，情形又不同了。

一八六八年^{清同治七年}有五家洋行和兩個個人拒絕繳納工部局捐稅。工部局於惱怒之餘，却也無法可想。於是以更迫切的眼光，望着地皮新章的被批准了。工部局在該年度報告上，關於上述各拒繳捐稅者，明白地寫下了這樣的話：

> 非至新章程得其政府之核准而實施時，吾人無法强制其繳付。[註二]

關於這地皮新章，工部局在一八六六年^{清同治五年}年度報告上，本來已有過如下的記載：

> 本局已得知租地人所通過之地皮章程，已得駐北京各外國公使略加修改而予以批准，並已寄呈各本國政府請求核准矣。深信此需要已如此之久之此項章程，若非今年，[註三]則明年當可見其實施焉。[註四]

而一八六八年二月間^{清同治七年正月}工部局又曾分別致函駐滬各國領事，請其報告各該國政府對於地皮章程的態度和步驟。但到了一八六八年年度的末尾，即一八六九年三月底^{清同治八年二月十九日}還是在停頓中。另一方面，捐稅的徵收，却又那樣碰了壁。

但工部局並未再等待多久。在一八六九年^{清同治八年}年度的報告中，工部局寫道：

> 社會終得慶幸其擁有地皮章程及附律所組成之一種概括的法典，以爲管理市政之用，歷來各

[註一]　譯自該會會議録。
[註二]　S. M. C.'s Annual Report, 1868, p. 1.
[註三]　按所謂今年，係指一八六七年而言，因工部局報告初以本年四月一日起至次年三月三十一日止，爲一年度，一八七五年以四月一日至十二月三十一日共九個月出一報告，一八七六年起，遂改以當年一月一日至十二月三十一日爲一年度。
[註四]　S. M. C.'s Annual Report, 1866, p. 1.

屆董事會所不得不相與苦鬥之許多障礙,得以去除矣。[註一]

4. 地皮新章的公佈

正如工部局前後所説,地皮新章終於經北京各國公使略加修改而批准了。在這些修改之中,包括取消中國居民參與市政的規定,因爲主張此種意見的英公使布魯司和美公使般林蓋,這時已先後去職。這當然是工部局所欣喜的。然而在別方面,却並不能如工部局所預期的那麼滿意。

新章程在一八六九年九月二十四日清同治八年八月十九日批准。署名在批准書上的,只有英、美、法、俄、德(North German Confederation)等五國公使。批准書上則寫着:

> 兹爲避免久宕及因而危及有關係者之幸福與安全起見,余等即下署人等,代表吾各本國政府,同時暫行批准一八六八年四月十四日清同治七年三月二十二日法租界所頒布之市政組織法及一八六六年三月清同治五年二月洋涇浜北首租界租地人所擬之外人租界重訂地皮章程及附律,該章程等均自一八六九年十一月一日清同治八年九月二十八日起,具備法律效力,分別施行於洋涇浜南北兩岸現有界至以内,以待吾各本國政府之表示意見。[註二]

5. 地皮新章的效力問題

此項一八六九年清同治八年地皮章程,駐京五國公使"暫行批准"時,即着其實施,未曾提交北京中國政府;僅於實施時,由領事團通知滬道而已。此種手續上的欠缺,就是以一八五四年清咸豐四年英、法、美三國領事自訂的地皮章程來説,亦與該章程第十四條的規定不合,所以章程效力的發生根本問題,是無法辯解的事。即單從外國方面而論,也只有英國於一八八一年十月二十五日清光緒七年九月初三日通過新令,承認上海外人租界一八六九年清同治八年地皮章程對其僑民有約束力量,此外各國始終默無表示。而到英國承認的那時候,租界納税人又在從事於新的企圖了,這我們到後面再説。

三　從理事衙門到會審公廨

1. 華官在美租界逮捕權及對無約國人民管轄權的被攫奪

一八五三年清咸豐三年小刀會佔領上海縣城以後,租界開始華洋雜居,英美領事乘機奪取華官在租界的司法權,甚至工部局董事亦曾聽訟,已如前述。據英國外交公報所載,在一八五五年清咸豐五年間,英領事署所審結的案件,有五百餘起之多。雖案情十分重大者,亦送往城内,但其餘的,都即在租界内施行懲罰。所以,結果,到一八六二年七月清同治元年六月英領麥華陀竟公然對滬道説出了"凡地方官對於界内華人行施管轄之權,必須得有英國領事官之同意"的話來。其後,太平天國失敗,上海恢復秩序,又加以英使布魯司和美使般林蓋的以中國主權爲言,諄諄訓斥,領事權限始行稍減。但華人罪犯仍每日由領事審問,不過既經證實罪狀後,移送華官再審和懲罰罷了。

一八六三年六月二十五日清同治二年五月初十日美領熙華德和滬道黄芳訂立美租界劃界章程,美領乘機在此章程上更進一步地限制華官在美租界的司法權。該章程第三款云:

> 中國官廳對於美租界内中國人民之管轄權,吾人當絕對承認,惟拘票非先經美領事加簽,不得拘捕界内任何人等。[註三]

又,第四款云:

[註一]　S. M. C.'s Annual Report, 1869, p. 1.
[註二]　Land Regulations and Byelaws For the Foreign, Settlements of Shanghai, 1870, p. 6. 章程及附律中譯文見本編附録"二"之"3"。
[註三]　梁敬錞:在華領事裁判權論,頁一〇二。

無約國人民,凡事均應受美領事之處置,但該項人民,苟向任何有約之領事館呈文立案,願受該領事館之管轄,曾經該領事館認可,且發給憑證,證明該民已經立案,應受該領事館之管轄者,得不受美領事之管轄。[註一]

於是華官在美租界的逮捕權及對於無約國人民的管轄權,又被攫奪去了。

2. 工部局管轄無約國人民

美租界章程訂立的同年,英美租界宣告合併。各國領事更進而有以管轄無約國人民之權,授與工部局的擬議。一八六三年十二月一日清同治二年十月二十一日為了這事,英領麥根(J. Markham)、[註二]法代理總領事薛貝利(Chevery-Rameau)、美領熙華德、葡副領普洛勃斯脫(The. Probst)及俄副領狄思威(G. B. Dixwell),[註三]聯名致函滬道黃芳,請他承認,云:

查貴國政府,對於無領事代表之外人,既不願行使職權,又鮮他法加以取締,此類危險分子,實有制定取締條例之必要。本領團會議時,認授權與工部局並擴充其在租界內固有之職權,以便管理無領事代表之一切人犯,似屬可行。惟此項權限既屬於貴國政府,擬請將該權由本領團授與工部局,並由本團監督其施行,以取締上開之人。[註四]

同年十二月十日十月三十日滬道竟答函五國領事,謂"查無領事代表之外人,與大眾雜交,同用外國語言,本官廳實無從辨別管理。來函請由貴領事等代表本國授權與工部局,取締此類外民,同時由貴領加以監督以免貽誤等情,尚覺妥善。除訓令所屬根據前函辦理外,相應函覆"[註五]云云,謬加承認。

3. 設立違警法庭的提議

中國官廳這樣地又讓一步,放棄對無約國人民的管轄權,結果是使他們發動了更進一步的計劃。一八六四年二月十五日清同治三年正月初八日領事團舉行會議,磋商在租界內設立一違警法庭(Municipal Police Court)的事。該法庭對於華人違禁案件,有受理之權。設立裁判員一人,經工部局推薦,由領事團任命;他的薪給則歸工部局撥付。惟無約國人民案件,仍由領事審理。此項計劃,旋因英領反對,未曾決議進行。

4. 洋涇浜北首理事衙門的設立

英領巴夏禮(Harry Parkes)所以反對設立違警法庭的提議,是因為他另有計劃。他想在租界內設立一中國法院,凡有關外人利益的案件,外人均得陪審。此議得其同僚數人同意後,英領即"以非常奇特之方式,頗有倣效其前任駐滬第一任英領巴富爾著名手段之處",[註六]進行與中國官吏交涉,經過情形不可考。

一八六四年六月二十一日清同治三年五月十八日英領呈英使轉該國外交部的文件中,報告和江蘇巡撫交涉情形時,有如下的話:

彼亦已口頭表示,對於滬道與領事所欲合組以審理偷漏關稅案件之司法衙門,一俟北京總理衙門批准,彼願盡力促其成立。彼對於該衙門審理上海外人居留地內犯罪之華人及無領事代表之外人,完全同意。該衙門乃經美總領事及上海中國官廳同意,予近所欲努力設立者。[註七]

[註一]　梁敬錞:在華領事裁判權論,頁一○二。
[註二]　按今公共租界有麥根路。
[註三]　按今公共租界北區越界道路有狄思威路。
[註四]　在華領事裁判權論,頁一三五。
[註五]　同上註,頁一三五至一三六。
[註六]　Kotenev, Shanghai: Its Mixed Court and Council, p. 50.
[註七]　Kotenev, op. cit., p. 51.

　　但事實上,在英領巴夏禮發出此項文件的時候,不僅滬道已經接受英領的意見,創立洋涇浜北首理事衙門,且該理事亦已於同年五月一日三月二十六日開始赴英領事署,由英副領作陪審官,審理輕微案件了。

5. 理事衙門時代的司法狀態

　　此種設立理事衙門,由理事往英領事署會同外領審理租界內案件的辦法,實無明文的根據。雖說原有章程草案,但非但始終未曾公布,且亦未經中外官吏的簽字。所以一切都無確實的規定。今略述其司法狀態於下:

　　法庭每晨在英領事署開庭。其管轄權初僅限於違禁庭,審理租界內華人違禁案件,由工部局捕房拘解,理事單獨審斷;及刑庭,審理洋原華被及無領事代表國人民爲被告的刑事案件。洋原華被的民事案件初由領事與華官文書往來辦理,到一八六四年十月清同治三年九月始與無領事代表國人民爲被告的民事案件,亦同時歸該法庭管轄。"初擬將法庭管轄權加以一定限制,刑事案件限於懲罰在百日以下聯帶或不聯帶苦工的監禁,三十日的枷鎖,一百杖笞,或百元罰金,民事案件限於訴訟總額在百元以下的,但此種規定當即廢止。……法庭審理了一切控訴到它那裏的案件,不過在遇到罪案較重似應給予法庭權力以上的懲罰時,經過一個請求認可的手續罷了。"[註一]

　　洋原華被的刑事案件,由理事主審,外國陪審官一人陪審。民事案件,因理事職微,另由滬道派海防同知主理,於下午開庭,平均每星期約二次;洋原華被的,亦由外國陪審官一人陪審。外國陪審官初僅二人,即英副領事及美總領事或其繙譯,前者每星期出庭四次,後者二次;後於一八六六年清同治五年起,多一德國陪審官,每星期僅出庭一次,而英陪審官則減少一次,出庭三次了。關於無領事代表國人民爲被告的案件,由陪審官二人,即英美領署人員各一,出庭陪審。

　　凡上訴案件均由滬道審理;其與外人利益有關者,由領事陪審。外國陪審官和中國審判官意見不同時,亦作爲上訴案件看待,由滬道與領事會同辦理。

　　"中國官吏企圖限制外國陪審官的權限,於法庭草案中提議,判決權限應完全操諸中國審判官,但在實際上,外國陪審官,在與中國審判官審斷案件時,頗佔活躍地位。"[註二]這從法庭判決書的形式上,亦可看出。判決書係用中文,以法庭名義宣示,形式頗不一致。普通判決書,開始必爲"本法庭意見爲……"由審判官蓋印,再由審判官與外國陪審官簽字。有時,判決書寫着"余等[註三]意見爲……"結末則由雙方簽字。更有時,竟載有"余[註四]之意見,中國委員亦表同意,爲……"或註有"外國陪審官贊同判決書之理由……"甚至在上訴案件的一張判決書上滬道杜文瀾的署印之下,英領麥華陀加上批准(Approved)字樣。又,訟訴程序,亦以西方的爲原則。

　　在這理事衙門時代,關於苦工的懲罰,尤爲中國官吏所不悅,時常引起紛争。而在這些紛争之中,我們更可看到法庭其他方面的不可聞問。查囚犯判處苦工,是工部局所主張的,開始於一八六五年七月清同治四年閏五月間,即法庭成立一年以後。[註五]同年十月十日八月二十一日工部局董事會舉行月會時,警務委員會在它所提出的報告中,説到要擴充這種苦工制度:

　　　　囚犯服役苦工一事,素爲本委員會所注意,蓋本會以爲在租界內犯有偷竊已經判決之華人,與其解送入城,聽其賄賂減罰,不如即在租界內執行,當眾在馬路作工之爲愈。本會業已以此函

[註一]　第一任陪審官英副領阿拉白司脱(C. Alabaster)備忘錄中語見 Kotenev, op. cit. , p. 53.
[註二]　Kotenev, op. cit. , p. 52.
[註三]　按即中國審判官及外國陪審官。
[註四]　陪審官自稱。
[註五]　S. M. C.'s Annual Report, 1865, p. 22.

致英領,若關於監牢及囚犯管理,得與滬道有所商定,則希望工務委員會擬定辦法,以利用囚犯之勞力,雖其能否爲生產的,可置疑也。[註一]

據工部局統計,一八六五年九月間_{清同治四年七月十二日—八月十一日}法庭所審輕犯罪人共一七九人,其中經判處苦工者爲三五人,佔全數五分之一弱。而到十月間_{八月十二日至九月十二日}犯人共二一七人,經判苦工者,達七五人,竟佔全數三分之一以上。上海縣知縣王宗濂因該法庭移送縣署審理的囚犯,日見減少,[註二]又聽説該法庭自任驗屍之責,因傳理事到署詢問,却又知道有犯人戴某因以六十文購買一個門鈕,據説是賊貨,即被判苦工二月,連日在風雨中受看守巡捕虐待,得疾而亡。上海縣乃於十一月六日_{清同治四年九月十八日}呈文滬道,於敍述戴某事件及描寫苦工的慘酷之後,接着寫道:

> 按照中英條約第十六款,華人之加害英人者,由中國官審斷;第十七款規定,華英案件應由領事官與中國地方官會同秉公定斷。如屬純粹華人案件,即由中國地方官單獨辦理。理事衙門之委員,雖與充當陪審官之副領或舌人並坐理案,但所有加諸華人之懲罰,應由華官決定,始合定章。乃時至今日,華人幾無一不由洋員判處苦役,而案情又從不報告縣署。中國法典並無此種苦役之罰例,以屬於外國法典之懲罰加諸華人,實屬違反條約。[註三]

最後,上海縣請滬道與英領交涉,請英領指示外國陪審官:

> 此後華人犯罪,應一律由理事衙門委員審斷,懲罰應送至縣署執行,苦役不得再判,其已判處苦役者,應即釋放,如有尚未受足懲罰,得送縣署加科。[註四]

滬道應寶時據呈於十一月八日_{九月二十日}致函巴夏禮的繼任者英領文極司脱(G. A. Winchester),[註五]交涉這事,英領乃命英陪審官"暫停迫促中國委員判罰苦工",以待問題解決。十四日_{二十六日}美領熙華德、英領文極司脱、英副領阿拉白司脱(C. Alabaster)[註六]及美領署繙譯岑金絲(B. Jenkins),羣赴滬道衙門,和應道會議此事。但結果亦僅決定草擬章程以規定苦工的待遇等等罷了,苦工制度,仍未廢除。

其後,法庭情形,更有日不可問的趨勢。詳情雖不得而知,但一八六七年四月五日_{清同治六年三月初一日}英領文極司脱致英公使的文件中,説起撤消理事衙門的會審辦法,爲滬道所十分堅持云云。英領乃略爲讓步,正式取消苦工制度,[註七]希望和緩滬道的氣憤。但這未曾奏效。在滬道和領事之間,隨即開始了新的磋商,訂立章程,以便設立正式法庭。這費去了將近二年的時光。所以毫無根據的這設立理事衙門的畸形會審法庭,竟存在了近四年之久。

6. 洋涇浜設官會審章程的訂立及會審公廨的創設

如上所述,一八六七年_{清同治六年}時滬道應寶時和英領文極司脱開始會商組織正式法庭的事情。滬道提出章程草案十款,經英領同意後,送呈北京總理衙門及各國公使,請求核准。初法使亦願參加共同組織法庭,使其權力同時及於洋涇浜北首外人租界和法租界,但因滬道提出的章程草案,其第五款規定新法庭審判官得派差逕提逃避於租界的中國罪犯,不用縣票,亦不用捕房協助,認爲與法租界司法習慣不合,故即拒絕參加。英美公使爲其本國政府"中國應有治理其本國人民之自主權"的訓示

[註一] 譯自該會會議録。
[註二] 按此項因犯九月爲二八人,十月僅有九人。
[註三] 譯自工部局董事會一八六五年十一月十一日會議録後面所附滬道同月八日致英領函。
[註四] 同上註。
[註五] 按今公共租界有文極司脱路。
[註六] 按今公共租界有阿拉白司脱路。。
[註七] S. M. C.'s Annual Report, 1867, pp. 5 – 6.

所限,對於該草案,修改不多。一八六八年十二月二十八日清同治七年十一月十五日修正章程十款,由總理衙門咨行,名洋涇浜設官會審章程。[註一]次年即一八六九年清同治八年駐滬英領麥華陀始接到英使訓令,即於四月二十日三月初九日頒佈章程,並聲明於是日起發生效力一年。但事實上,該項章程一直繼續有效到了一九二七年民國十六年臨時法院成立為止。

理事衙門時代審理案件的場所,已於一八六八年年底清同治七年十一月從英領署遷到了南京路。洋涇浜設官會審章程實施時,即在原址改組會審公廨。一八九九年九月十八日清光緒二十五年八月十四日公廨遷至北浙江路。

茲將洋涇浜設官會審章程的要點,分析於下,以明根據此章程而創設的會審公廨的狀態:

一　公廨組織　(甲)會審公廨由滬道選派同知,主司其事。(乙)廨內設通事、繙譯、書差人等,均由委員雇用。(丙)並酌雇外人一二名,為辦理無約國人民犯罪案件之用。章程第一款、第八款。

二　領事觀審會審　(甲)凡遇案件牽涉外人到案者,必須由領事官或領事派員會審;如係純粹華人案件,領事不得干涉。(乙)如係為外人雇用及延請的華人涉訟,領事官或領事派員得到堂聽訟;倘案中並不牽涉外人,即不得干涉。(丙)華洋互控案件,倘一方係無領事管束的外人,則由委員自行審斷,仍邀一外國官員陪審。(丁)無領事國外人犯罪,即由委員酌擬罪名,詳報滬道核定,並與一有約國領事公商酌辦。第二、三、六、七款。

三　訴訟管轄　(甲)關於人者——公廨得管轄華人為被告的民刑案件,以及無約國人民為被告的民刑案件。這可分為:(A)華洋訴訟,即外人為原告華人為被告的民事案件,或外人為被害人華人為加害人的刑事案件;(B)純粹華人間的民刑案件;(C)無約國人民的案件,即無約國人民相互間的民刑案件,華人或有約國人民為原告無約國人民為被告的民事案件,或華人或有約國人民為被害人無約國人民為加害人的刑事案件。第一、二、六、七款。(乙)關於物者——會審公廨對於民事案件,可以"提訊定斷""錢債與交易各事"。對於刑事案件,則限於"發落枷杖以下罪名"。若軍流徒罪以上案件,則由上海縣審斷。倘有命案,亦歸滬道相驗。第一款、第四款。(丙)關於土地者——會審公廨關於土地管轄權,限於洋涇浜北首外人租界以內。第一款。

四　提傳辦法　租界內中國人犯,公廨委員得派差逕提,不用巡捕,惟為外人服役的華人,應先通知該管領事,令其到案,不得庇匿。如為領事服役的華人,須經其允准,方得拿捕。第三款、第五款。

五　上訴程序　華洋互控案件,或有約國人民訴訟。或無約國人民訴訟,倘有不服委員所斷者,得向滬道及領事官上訴。第六款。

7. 會審公廨的變質

此項洋涇浜設官會審章程,對於中國法權的侵略,已有超過條約規定的地方。此項條約外的侵略,計有三點,即:對於傳提為外人服役的華人,其權操於領事手中;對於無約國人民與華人混合案件,領事有陪審權,無約國人民相互間案件,領事且有會斷罪名之權;及領事既與公廨委員處於平等地位,會同理案,却又可與滬道處理上訴案件,得變更公廨委員的判決。[註二]但是對於公廨的管轄權,以及陪審官的權限,均有一定限制。外人因之常示不滿,企圖修改章程,加以擴大。一八七六年清光緒二年以後,工部局及領事團屢次提出修改之議,均未有成。[註三]章程既修改不成,他們便索性把章程丟開,在

[註一]　法權討論委員會列國在華領事裁判權誌要附錄,頁二。章程全文見本編附錄"三"之"1"。
[註二]　參閱在華領事裁判權論,頁一○五至一○七。及徐公肅、丘瑾璋:上海公共租界制度,頁一三五至一三六。
[註三]　Mun. Council to Senior Consul, Dec. 15, 1905. — S. M. C.'s Annual Report, 1905, p. 83.

實際上加以各方面的侵略,使會審公廨跟着日子的過去,漸漸變質。茲分項總述此種情形於下:

一 會審公廨權力的擴張 會審公廨的權力,按照章程規定,本極有限;然在事實上,公廨行為往往越出原來規定,侵及中國其他司法機關的權力。這可分為二端:

甲 管轄權 按照章程規定,公廨的管轄權,對於刑事,限於竊盜鬥毆案件,所發落罪名,僅以枷杖以下為止。然公廨往往不顧規定,擅自判處數年以上的監禁,甚至無期徒刑。例如:(一)一九〇二年清光緒二十八年萬福華案由英領判處十年監禁;(二)鬧天宮案,竟判處無期徒刑,而英領尚以處刑過輕,向滬道提出抗議;(三)一九〇四年清光緒三十年蘇報案鄒容竟以判處三年徒刑,瘐死獄中;(四)又據一九〇五年清光緒三十一年工部局報告,公廨審理盜犯,處以十年徒刑者一人,七年者一人。又按章程第四款規定,凡軍流徒罪以上案件,應由上海縣審斷。但公廨對於罪犯,往往判處"軍流"(deportation),實即驅逐出境,如一九一〇年清宣統二年民呼報案。查公共租界為中國領土,華人居住本國地方,決不能援用國際間驅逐出境之例。公廨此種行為,實屬藐視中國在租界的主權。且驅逐出境是國際間的一種行政行為,公廨用為一種罪罰,亦屬不當之尤。而在另一方面,公廨土地管轄的範圍,也超過了租界。關於華人民事案件,被告雖住居租界外面,或案件雖發生於租界外面,如和外人有關,該管領事也往往要求中國地方官協助公廨,傳來審訊。這與中外約章及外國訴訟條例以原就被的原則,適相背馳。

乙 移送手續 按照章程規定,凡案情重大的案件,應移送上海縣審理。但公廨遇有此等案件,必先審問,然後判決應否移送。此種預審程序,外人稱為 prima facie procedure。一八八三年七月清光緒九年六月工部局巡捕曹錫榮殺人案,對於其應否移送上海縣,由公廨於九月二十九日八月二十九日開庭審理,發出下列判決書:"本廨茲判決:曹錫榮業經被人以謀殺罪,依中國法律,控告於正當管轄之中國官廳,惟查其所提證據,不足以證明被告有謀殺之事實,本廨認本案不能由本廨審判,應依章程第六款規定,交由上海縣審判之。"[註一]此公廨第一次實行預審程序。嗣後,一八八六年十一月十五日清光緒十二年十月二十日王泰基譯音和魏祚泰譯音盜劫案,一八八七年清光緒十三年魏第厚譯音誘拐罪,均由公廨先行審問,然後移送上海縣。此等案件,公廨既無管轄權,自應立即移送中國官廳。乃移送與否,必先經公廨審問決定,和國際間的引渡無甚差別,外人亦公然稱之為引渡(extradition),簡直把租界看作另外一國。而且此種惡例,竟直到如今,還未剷除。[註二]

二 陪審官權力的擴張 這又可分為:

甲 陪審範圍的擴大 按照章程規定,外領會審,只限於華洋混合案件;純粹華人案件,無論民刑,概由委員自行訊斷,外領不得干涉。但租界內華人刑事案件,有的向工部局巡捕房提起控訴,有的在公廨告發,辦法頗不一律;凡是由捕房解訊的,不問其是否華人,竟全由各國領事輪流陪審。"到十九世紀末葉清光緒二十年後中國審判官只對純粹華人的民事案件,是單獨審理的。"[註三]而捕房又派捕駐廨,以管理其所解訊案件的審理手續。

乙 審判權的操縱 洋涇浜設官會審章程,對於"會審"的意義,規定十分含混,但照一八七六年清光緒二年中英烟臺條約第二端第三款的規定來解釋,應只是觀審或陪審罷了。然而事實又不如此。一方面是陪審範圍的擴大,而另一方面,凡是由外領陪審的案件,其審判權竟漸屬陪審官所操縱,往往由他擅加審斷,以致有時發生衝突。

[註一] Kotenev, op. cit., p.88.
[註二] 按特區法院協定第六款竟明白規定"在公共租界內發見之人犯,經各該法院之法庭調查後,方得移送於租界外之官署"。
[註三] Feetham Report, Vol. I, p.172.

三　領事權力的擴張　不僅陪審官在廨內會同讞員審理案件時,擴張其權力,外國領事對於公廨行政等事,亦竟以其領事資格,出而橫加干涉。此種干涉,可分三類:

甲　任命讞員的干涉　按照章程規定,公廨委員係由滬道遴委,外人不得干涉。乃一九〇四年清光緒三十年間,公廨讞員張炳樞因事撤差,滬道袁樹勛改派法租界公廨讞員孫建臣代理,英、德、美三國領事竟具文干涉,略謂:"廨務日繁,孫某年老,不能勝任。張某撤差,難予同意,應轉令其永留此任;否則,亦當暫時留任。"函末並云:"嗣後更換讞員,必須先行知照,俟本總領事等照允,始可辦理。"[註一]滬道以之呈稟兩江總督周馥,江督亦無如之何。外人侵略,遂由司法而及於行政了。

乙　傳提罪犯的干涉　按照章程,在租界的中國罪犯,公廨委員得派差逕提,不用縣票,亦不用工部局巡捕。但領事和工部局對於廨差執行職務,常加干涉。一八七八年八月七日清光緒四年七月初九日廨差奉委員命令,於界內拘捕一中國婦人,帶回公廨,移送入城。十二日十四日工部局致函領袖領事,請提嚴重抗議,說是凡公廨提傳各票,一概須先經公廨陪審官一人副署,並須交由工部局巡捕房執行。一八八五年十月十六日清光緒十一年九月十九日又因某茶館主人被拘事,工部局致函領袖領事,請"通知滬道,提拘之票,如未經領袖領事簽字,並交由巡捕房執行者,界內華人,一概不得拘提;並請着令公廨讞員,將該茶館主人,即予釋放"[註二]云云。領事團旋開會議,致函滬道邵友濂,請他轉飭公廨讞員,"遵守界內一向行施之制度,勿再以未有領袖領事簽字之拘票,並不經工部局巡捕房之協助,而拘捕人犯"。[註三]滬道竟於十一月五日九月二十九日答函同意。工部局於是又進一步,主張凡縣署在租界內拘提人犯,其拘票亦須經領袖領事副署,並由捕房協助。領事團和滬道交涉結果,滬道龔照瑗亦於一八八六年十一月清光緒十二年十月發出照此辦理的命令。

丙　判決執行的干涉　會審案件判決的執行權,理應屬於華官,事實乃又不然。一八八五年清光緒十一年以前,經公廨判決管押的罪犯,由巡捕帶回捕房去執行的,已屬不少,不過因為華官反對,和捕房押所不敷應用,尤不合監禁刑期較長的囚犯的緣故,所以大部分仍送縣監。一八八七年十一月二十四日清光緒十三年十月初十日英陪審官却爾斯(W. R. Charles)報告英總領事休士(P. J. Hughes),說是巡捕房押所擁擠的結果,使公廨無法對重大案件,科以應得的懲罰云云。英領休士乃於二十八日十四日致函工部局,着它注意合於監禁刑期較長的囚犯的設備之必要。十二月二日十月十八日工部局答覆英領,謂"工部局深明其所負責任",[註四]現正進行建築一新巡捕房,一俟落成,所有捕房押所即可共容囚犯至少一三〇人。但因為工部局堅握執行判決的事,仍不敷應用。一八九七年清光緒二十三年巡捕房總巡報告中寫着:"捕房押所所押囚犯,已遠過其容量。押所又無休息場之設置。囚犯康健之受損,乃其自然結果。脚氣病之傳佈,數年來已成司空見慣,死者殊不為少;而一見長期囚犯之形容,即足證上述情形之監禁,其必然損及康健者為何如。"[註五]一八九八年清光緒二十四年脚氣病仍行傳佈,死囚犯十一人,因病重釋放者十二人。次年工部局始租得英國高等法院廈門路監獄的北房,以為監禁長期囚犯之用,後又出款購得之。一九〇五年清光緒三十一年工部局又於今華德路造一新監。但對於囚犯管理,仍極隨便。如一九〇六年清光緒三十二年春,公廨讞員關炯以華德路西牢時有瘐斃犯人情事,而捕房又從不知照華官,遽行收殮,稟請

[註一]　在華領事裁判權論,頁一〇九——一〇。
[註二]　Kotenev, op. cit., p. 86.
[註三]　同上註。
[註四]　Kotenev, op. cit., p. 98。
[註五]　同上註,頁九九。

滬道瑞澂交涉。又如同年五月四日四月十一日押犯被西捕虐毆,羣起抗拒,結果反被鎗斃四名,傷多名。而捕房執行監禁,竟已成爲慣例,即上述關讞員請瑞道交涉,亦僅係"須報由華官驗明,方可收殮,以便示諭屍屬,領加棺木"云云。[註一]

中國在租界的司法權,所受侵略,竟至如此! 一九〇五年清光緒三十一年上海民衆乃因黎黃氏案,而有了一次擁護法權的表現。到一九一一年清宣統三年駐滬領事團却乘中國革命,上海一時雜亂的機會,索性把會審公廨整個地侵佔了去,使成爲一外國法院了。這些,我們留到國際公共租界時期中去再説。

四　關於領事裁判權的法庭

1. 領事法庭

爲了行文的便利,我們把租界内關於領事裁判權的法庭的概況,插在這裏總説一下。

因爲條約的規定,在華享有領事裁判權的國家,共有十九國。其中英、美、比、丹、意、日、荷、挪、葡、西班牙、瑞典、瑞士、巴西等十三國,先後在上海租界内,設立領事法庭(Consular Court)。此種領事法庭所受理的司法案件,可分爲五種:

　　一　同國籍的外人案件　享有領事裁判特權國的僑民,其相互間的民刑案件,均歸該領事法庭審理,中國不加干涉。

　　二　不同國籍的外人案件　國籍雖不同,但兩造均爲享有領事裁判權國的人民,其相互間的民刑案件,普通均以"被告主義"爲原則,即原告赴被告國的領事法庭,提起訴訟;如各該國間另有條約規定,則即按照該項條約規定處理。

　　三　華洋混合案件　即中國人爲原告,享有領事裁判權國僑民爲被告的案件,無論民刑,均適用"被告主義",須由中國人赴該僑民國的領事法庭控訴。這一點,對於領事裁判權的存在,關係最大。

　　四　在中國政府服務的外人案件　此種外人的民刑案件,即使是因公所致的,亦須由該國的領事法庭審理。

　　五　被保護人的案件　所謂被保護人(protégés),即是某國僑民永久或暫時因故受享有領事裁判權國保護的;其發生的案件,即在該保護國領事法庭審理。中國不承認此種被保護制度,但事實上往往並不如此。

在上海租界設有領事法庭的那十三國中,英美兩國又先後改設特種法院,將另節分述於後。意日兩國的領事法庭,特設審判官以處理案件;其餘各國則均以各該國駐滬總領事充當審判官。租界初創期間,各國領事署大概自設警察,今則除日領署仍保留此種警察外,其他各國的領事法庭都應用工部局巡捕,以執行拘提等命令。

歐戰以後,或因自願放棄,或因有條件放棄實行的允諾,或因已簽訂撤廢新約,或因舊約已屆期滿,現在還享有在華領事裁判權的國家,只有英、法、美、巴西四個了。一九三一年民國二十年五月四日,國民政府決議公佈管轄外國人實施條例,並定自一九三二年民國二十一年一月一日起實行。但根據領事裁判權而設立的各國領事法庭,至今尚有存在。

[註一]　東方雜誌第三年第五期。

2.英國高等法院和上訴法院

英國在上海初亦設立領事法庭,並於一八五六年清咸豐六年在英領署基地上建造一監獄,以押禁英國和美國的犯罪僑民。一八六五年清同治四年英政府派洪卑(Sir Edmund Hornby)爲審判官,在滬另設一高等法院,以代替原有的領事法庭。此法院即建造於英領事署之旁。一八六八年清同治七年復於護界河今西藏路與吳淞江相接處的鄰近,今廈門路上,建造一新監獄。

該高等法院初兼管日本,故稱"英皇在中日高等學院"(H. B. M.'s Supreme Court for China and Japan),後因日本廢除領事裁判權,乃去掉日本字樣,改稱"英皇在華高等法院"(H. B. M.'s Supreme Court for China)。俗稱英國按察使署。該法院設有審判官一人,副審判官數人,均由英皇任命,以曾在蘇格蘭(Scotland)、英格蘭(England)、愛爾蘭(Ireland)律師公會中享有七年以上會員資格者充之。該法院常川在滬,受理上海英僑一切民刑案件;但其管轄權同時又及於中國全國,即使上海以外其他地方的英國地方法院(British Provincial Courts)——即等於別國的領事法庭——所應受理的民刑案件,該法院亦得受理,而離婚及謀殺等的特定案件,尤爲其專屬的管轄。在一九〇四年十月二十四日清光緒三十年九月十六日舊敕令未廢以前,該法院本指定在上海開庭;但自新法令頒佈後,審判官及副審判官隨時巡迴各地英國地方法院轄境,得在任何地方開庭。其庭期由審判官預先指定,或單獨開庭,或會同會審員陪審員開庭,均視案件的情形而定。

其後,在"在華高等法院"外,英國在上海又設一上訴法院(Full Court, Appeal Court),以審判官三人組織之,但遇緊急案件時,亦得以審判官一人或二人組織之。該法院行使英國上訴法院及刑事上訴法院的權限;管轄範圍亦及於中國全境。凡經各地英國地方法院或上海高等法院判決的民事案件,其訴訟額在二十五鎊以上的,不服時,得向該法院上訴;在二十五鎊以下的,則須得關係法院的許可。刑事案件,無論罪刑輕重,均得向該法院上訴。經上訴法院判決的案件,得再上訴於倫敦樞密院(Judicial Committee of the Privy Council at London),惟民事案件必須其訴訟額在五百鎊以上,刑事案件須得有樞密院的許可纔行。

關於上海英僑的刑事判決,即在上海英國監獄內執行;惟長期徒刑亦得解送到香港或其他地方監禁。死刑的執行,須得英國駐華公使的核准。

3.美國在華法院和上海美國司法委員法院

美國在上海,本來也像在中國其他商埠一樣,設有領事法庭。一九〇六年清光緒三十二年美國法律規定設立"美國在華法院"(The United States Court for China),同年十二月十五日十月三十日該法院即成立於上海,以威爾佛萊(L. R. Wilfley)爲第一任審判官。一九二〇年民國九年法律又規定在上海設立"上海美國司法委員法院"(United States Commissioner's Court at Shanghai),該法院旋即成立。

上海美國司法委員法院的地位,等於美國在其他各處的領事法庭,惟後者即以各該地領事或總領事或主持領署的副領事爲當然法官,而前者則以特派司法委員爲法官。美國司法委員法院,和各地領事法庭一樣,受理如下的案件:

一　民事案件,訴訟額在美金五百元以下者;

二　刑事案件,主刑在美金百元以下或監禁在六十日以內或罰金和徒刑併科者。

美國在華法院以法官一人、檢察官一人、執達吏一人、書記官一人和委員一人組成之。法官由美國總統任命,任期十年。該法院雖常川駐滬,但其管轄範圍及於中國全境,故每年至少須往廣州、漢口、天津,開庭一次,遇必要時,並得隨時隨地開庭。該法院的地位,等於該國國內的地方法院。第一審受理不屬於上海美國司法委員法院或各地領事法庭管轄的民刑案件,即訴訟額在美金五百元以上的民事案件,及主刑在美金一百元以上,或監禁在六十日以上,或罰金和徒刑併科的刑事案件。第二審受理經上海美國司法委員法院及各地領事法庭判決的上訴案件。凡不服美國在華法院判決的,可上訴於美國舊金山(San Francisco)第九區上訴法院。

至於經上海美國司法委員法院或美國在華法院判決的囚犯,如係輕犯,即在上海美國監獄執行,如徒刑在三個月以上的,則以前曾送往菲列賓馬尼拉(Philipine Manila)監獄執行,近已改爲送往美國執行。

五　領事公堂的設立

1. 設立領事公堂的規定

外僑不願受中國法律的管轄,因條約的規定,享有領事裁判特權。工部局爲特設機關,非外國僑民可比,乃亦竟依樣辦理。但工部局又爲各國僑民共同組織而成,事實上不能受任何一國領事法庭的管轄,於是產生了各國領事混合組成的領事公堂(Court of Foreign Consuls)。

一八六九年清同治八年地皮章程第二十七款,有如下的規定:

公局按即工部局可以做原告控人,亦可以被人控告,均由公局之總理人[註一]出名具呈,或用"上海西人公局"(Council for the Foreign Community of Shanghai)出名具呈……公局若係被告,所受被告責任,亦與尋常之人不殊,惟將應受之責任,專歸於公局之產業,不與經手之各董事及經理人等相干。凡控告公局及其經理人等者,即在西國領事公堂投呈控告。係於西曆每年年首,有約各國領事會同公議,推出幾位,名曰領事公堂,以便專審此等控案。[註二]

2. 領事公堂的組織和訴訟條例

此項地皮章程雖於一八六九年清同治八年公布,但依照上述規定,設置領事公堂,却是一八八二年清光緒七年的事。在領事公堂未成立前,因工部局總董及董事,率皆英籍,殊少例外,故控告工部局時,即控告其總董及董事於英國高等法院。

一八八二年一月清光緒七年十一月領事團推選英、德、美三國領事爲領事團代表,充當法官,組織領事公堂。同年七月十日清光緒八年五月二十日公堂訴訟條例經領事團批准。此後,每年由領事團推選領事三人,充當領事公堂的法官;此三領事爲英、美、德者,歷有年數。惟若干年後,除領事三人外,事實上復加入當年充任領袖領事的領事,不問他是屬於哪一國的。一九三一年民國二十年一月起,領事公堂的法官改爲五人,由領事團每年推選五國領事充之。

公堂設書記官一人,辦理公堂一切事務,以所收堂費,充他的俸給。公堂開庭時,概用英語。並無上訴庭的設置。其訴訟條例十七條,全文如下:[註三]

第一條——所有投呈本公堂之訴狀、答辯書,及本公堂發出之通知文件,均須加以"領事公堂"字樣。

第二條——本公堂任用書記官一人。其姓名住址,另行公布。任職期限,由本公堂自定。其職責係掌理一切文件,並在公堂指導之下,發出及傳達或令傳達各種通知及文件,並辦理來往公文。

第三條——訴訟事宜,須親自或請代理人辦理。原告延用律師與否,聽其自便。

第四條——本公堂概用英語。

[註一]　按即工部局實際行政首領。
[註二]　洋涇浜北首租界章程。
[註三]　S. M. C.'s Annual Report, 1882, pp. 91–93.

第五條——控訴人須先投呈文，繕寫四份，呈明案件關係事實。

第六條——公堂將訴狀副本交發被告，並通知於十日內具答辯書；該答辯書須繕寫四份。並由公堂將答辯書副本二份，發交原告。

第七條——訴訟狀之補正及相宜之書狀，在公堂指定期間內，得補入之。如公堂認爲必要時，得於審訊之前，頒發臨時命令。

第八條——審訊案件，由公堂預定日期，並將審訊之時間與地點，通知當事人。

第九條——審訊須行公開，其經過由書記官筆錄之。

第十條——找求證人，責在當事人；但公堂須設法使證人到場。其證明取宣誓或其他方式，聽證人自便。而證人之審訊，則依公堂之指示行之。

第十一條——一造經傳達而不到案者，他造得請求公堂爲缺席裁判，公堂得照行之。

第十二條——判決後，在六十日內，如有不服，經陳請重審者，公堂如認爲合宜時，得重審之。

第十三條——特別案件，其事實經認定者，得依書狀判決，不必當事人到場。

第十四條——命令錄由本公堂之領事或多數領事擬就及署名。所有命令，須以“本公堂發”標明之，並由書記官署名。

第十五條——判決書由公堂裁判官擬發，或於指定時日在公堂宣讀，用書面傳達當事人知照。

第十六條——開庭費規定十元。每一通告之發出與傳達費三元。記錄費由公堂酌定。又訟費之保證金，得由公堂酌定；訟費包括律師費，由公堂酌定，令繳納之。

第十七條——所有徵收之費，由公堂處置，以爲書記官之酬勞。

3. 領事公堂的根本問題

工部局爲特設機關，不能像外僑一樣，享有領事裁判特權，設立領事公堂；而領事公堂的設置，係根據一八六九年清同治八年地皮章程，該章程又因訂立手續不合法，發生根本的效力問題——這使領事公堂的存在，發生根本問題。單就公堂本身來看，亦有值得我們注意的怪事。

查法院的存在，所以爲實施法律之用，故必先有法律的存在，而不是由法院來自造法律的。領事公堂是適用哪一種法律的呢？這在前引地皮章程中並無提及。據竭力爲租界及其工部局辯護的人說，則是：

租界內一般適用之法律，厥惟地皮章程及附律之規定。關於未爲此種規定所逐一包括之事端，公堂得依一般原則，以公堂認爲公平而適合特殊案件之裁判，解決之。[註一]

然而，如果把說話的漂亮和婉轉去掉了，那麼實在只有一句話：公堂沒有適用的法律。所以公堂權力萎弱，設立以來，審案甚少，且皆不甚重要者。

一九二八年民國十七年四月工部局董事會中出現了華董以後，領事公堂竟依然存在，組織亦無絲毫改變。

六　變相自由市的企圖

1. 地皮章程的重行修改

一八六九年清同治八年地皮章程實施以後，工部局的徵收捐稅，仍常遇到不承認它擁有這種權力而

[註一]　Feetham Report, Vol. I, p. 171.

加以拒絕的事情;而該項地皮章程所給與工部局的權力,亦漸爲外人所不能滿意。於是他們便又想再加修改了。

一八七九年十一月十二日清光緒五年九月十九日納稅人特別會通過一案,云:

> 茲因工部局依據現行地皮章程,徵收市政捐稅之權,時受疑問,本會認爲修改該項章程,並確定工部局之法律權力,事屬切望,故議決着工部局指派至少九人,組成委員會,請其提出關於修改現行地皮章程之報告,以備明年納稅人年會之考慮。[註一]

工部局隨即指派福勃司(F. B. Forbes)、哈德(J. Hart)、海能(N. J. Hannen)、霍何(A. J. How)、何培(P. G. Hübbe)、金思蜜(T. W. Kingsmill)、毛理蓀(G. J. Morrison)、梅白格(A. Myburgh)、魏樂德(R. E. Waineright)及威脱摩(W. S. Wetmore)[註二]等十人爲委員,組織委員會,從事該項工作。該委員會於一八八〇年二月十二日清光緒六年正月初三日提出報告,經十六日初七日的納稅人年會通過,並着其繼續工作,擬就地皮章程及附律的修改草案,提出於爲此特別召集的納稅人臨時會。該項修改草案的完成,費時一年。一八八一年三月三十日清光緒七年三月初一日特別召集納稅人臨時會,該項修改草案得其通過。同年六月八日五月十二日工部局總董李德爾(R. W. Little)再作一說明函件,連同修改草案,請英領轉呈北京各國公使,請求批准。

2. 修改草案是自由市企圖的再現

此項地皮章程修改草案,包括章程僅十八款,而附律則達九十三條之多。工部局許多權力,都規定在附律中,而附律的增訂、修改及廢止,又都由工部局自由處置,無須呈請公使團批准。選舉權的獲得,限制改寬,以增加選舉人數;董事候選資格亦經減低。工部局的權力,擴大及於新稅的加徵及强迫讓出地皮以爲築路之用。賦與巡捕房的權力,大無限制,既得任意拘捕人民,又可一無憑單,擅入私宅搜查。在騷動或紛擾之際,工部局於立即通知領袖領事後,得自由採用工部局認爲必要的處置。商團受工部局總董指揮;在租界發生危急時,工部局得經全體或多數領事同意後,將全體居民,置於戒嚴律下。

此種"工部局完全脫離公使和領事管轄"的組織,"接近自由市的企圖,該企圖前曾爲公使團以其癡想而不與批准的"。[註三]

3. 草案的修正和擱淺

此項企圖以租界改變爲類似自由市的地皮章程及附律修改草案,未得公使團的批准,由公使團提出許多待修改之點,於一八八二年清光緒八年經由領事團發還工部局。工部局董事會乃即請仍在上海的原起草人,又另外補入二人,從事修改。同年十二月底十一月中該委員會提出修改報告,又於次年先後經工部局法律顧問及領事團建議,再加修正。到一八八四年年底清光緒十年十一月中始將修正的草案,再行送呈公使團。但公使團對此,久無覆示。一八八六年十月清光緒十二年九月間,工部局爲此致函領袖領事,請其與公使團接洽章程草案的批准事宜;而所得覆訊,只說公使團對此尚在考慮。此後,工部局迭次函詢,結果所得的消息,是說公使團認爲不宜於此時與中國政府討論此事,恐將引起許多困難問題。因此,先後修改二次的這章程草案,便擱淺在北京了。

[註一]　S. M. C. 's Annual Report, 1879, p. 110.
[註二]　按公共租界今有紀念海能的海能路,紀念梅白格的梅白格路,紀念威脱摩的威妥瑪路。
[註三]　Kotenev, op. cit., p. 16.

七　舊美租界的推廣和虹口租界章程的訂立

1. 美租界的推廣企圖及其紛爭

一八六三年_{清同治二年}美領熙華德和滬道黃芳議定虹口美租界界址時,未曾樹立界石。其後,僅於一八七一年_{清同治十年}由工部局自行於自來火廠_{在今西藏路東首}對面的吳淞江北岸及楊樹浦離其出口處三里的高郎橋,樹立界石。到一八七三年_{清同治十二年}美領熙華德乃有向華官提出重定虹口租界北面界線的事。

所謂重定租界北面界線,當然即是要推廣租界北界的意思。首由美副領事白拉福(Bradford)提議,租界西面,應從其吳淞江北岸原定的起點,一直向北,到內地三里之處,然後向東劃一直線,接連租界東界的北端。工部局奉美副領命令,於八月間_{七月初}在所提議界線的西北角上,樹立標記,以便美領和華官會商。九月二日_{七月十一日}美領熙華德隨帶翻譯,會同滬道沈秉成所派委員二名及工部局工務委員會主席等人,親往考察;結果,滬道堅持不允,美領熙華德乃另提一議擬從租界西面吳淞江北岸起點劃一直線到當時靶子場^[註一]稍北之處然後再由此劃一直線到原定租界東界的北端。茲為明白計,附一略圖如上。此熙華德提議的界線,後來外人即稱為熙華德線(Seward Line),雖較白拉福提議的界線,推廣較少,但經美領再四交涉,卒未得滬道的同意。

然而工部局竟逐漸擴大其管轄,及於熙華德線以內。一八七九年_{清光緒五年}特設的修改地皮章程委員會,在其次年所提出的報告中,寫着:

> 工部局似已將其市政管理,向外施行,及於此新界以內,但此乃從未得有任何正式核准也。^[註二]

該委員會對於此界線的問題,提請注意,並有所建議。但一方面官方並未再經過交涉,而另一方面,工部局竟擅自進行推廣其實際的管轄境界。

一八八三年七月_{清光緒九年六月}工部局擬定在北河南路與浙江路橋^[註三]北岸間一八六三年_{清同治二年}界線以北一帶地方設警辦法,並決定向該地帶的中國居民徵收各項捐稅。工部局調查結果,該地帶共有房屋一、四二四座,房租一四、三六七兩,此外尚有絲廠兩家,估計房租為三千兩。但居民堅決反對編訂門牌,因為他們素屬中國官廳管轄,付有捐稅。工部局乃不得不暫停進行。一八八四年_{清光緒十年}工部局以嚴厲手段,重又進行收捐,凡拒絕付捐的華人,皆被拘解會審公廨。公廨不予追究。工部局乃於三月二十五日_{二月二十八日}致函領袖領事德總領事魯爾信(Dr. Lührsen),請他轉達滬道邵友濂,即飭公廨讞員着地保通知居民照繳,"如不遵行,定予嚴辦"。^[註四]滬道未加理會。

一八八六年十月_{清光緒十二年九月}亦有拒繳工部局捐稅的案件,會審公廨讞員仍表示北河南路以西一帶地方,即在所謂熙華德線以內的,工部局並無管轄權。工部局乃於十月六日_{九月初九日}致函美領于納迪(J. D. Kennedy),請他與華官交涉,將虹口租界北界,確定一八七三年_{清同治十二年}的熙華德線。美領干納迪隨即致函滬道龔照瑗,滬道亦允立予查詢其事。但事實如此,當然毫無結果。時隔兩年有餘,到一八八九年二月二十七日_{清光緒十五年正月二十六日}美領干納迪始致函工部局總董麥克利克(John Macgregor),^[註五]說關於虹口北界,已與龔道商妥,定於三月十一日_{二月初十日}雙方派員會勘。會勘情

[註一]　今存靶子路——俗稱老靶子路之名。
[註二]　S. M. C. 's Annual Report, 1880, p. 103.
[註三]　俗稱老垃圾橋。因當時尚未築北浙江路,故以此橋為標準。
[註四]　S. M. C. 's Annual Report, 1884, p. 79.
[註五]　今公共租界有麥克利克路。

形不詳。到九月十四日八月二十日美領干納迪致函工部局云：

> 余樂爲工部局告者，對於虹口北界之協定，經二年半以上之努力，余今始得與中國當局，獲得該邊界之確定諒解。所協定之界線，即所謂"熙華德線"者，余信其定能滿工部局意也。余乘此時機，表示對龔道此事所予合作之謝忱。[註一]

美領干納迪此函所云，證以此事以後的發展情形，對龔道顯有誤會之處，或對於熙華德線未曾明白其起迄所在。但工部局接信後，即行起造五十呎高的竹塔(bamboo tower)三座，一座對自來火廠橋，一座在老靶子場，另一座在楊樹浦離其出口處一英里的七里橋(Chieh-li Chiao)。此外，並將從自來火廠橋到老靶子場的西界，長約四分之一英里許，樹立標記，及將從老靶場到楊樹浦七里橋的北界，其距離約三英里有餘，劃分清楚。是年工部局工務委員會並提議建築馬路三條，以圈出虹口租界西、北、東三面界線。好像虹口界線已經毫無問題似的了。

工部局如此依熙華德線標明的虹口界線，於次年四月二十二日清光緒十六年三月初四日由華官考核。考核結果，華官"拒絕給予正式承認"，"虹口西北邊界，仍未有絲毫確定"。[註二]但工部局仍從事於保存其"去年十分留心劃定之界線"，[註三]一方面雇用守衛若干，每日來往巡邏，以免界址標記等遺失或被移動，一方面又決定依新界線築一大路，由美副領伊孟思(W. S. Emens)相助，進行與鄉人接洽"租"定所需地皮，惟後因地價不合，暫停進行，以待時機。

此後兩年，工部局除繼續雇用守衛並修理那三座竹塔外，又因熙華德線內新造房屋增多，爲之添築新路數條，裝置路燈，設警徵捐。一八九二年清光緒十八年工部局開始於盆湯弄橋北岸一八六三年清同治二年界線以北地帶[註四]徵捐，並於穿虹浜以北一帶[註五]編訂門牌，以爲徵捐設警的準備。滬道聶緝槼於四月十二日三月二十六日致函領袖領事法總領事華格㮚(R. Wagner)抗議，無效；乃又於八月十五日閏六月二十三日致函繼任領袖領事美總領事廖那特(J. A. Leonard)提出抗議，如下：

> 本道據北老閘巡局委員劉竹霖呈稱："工部局前已於穿虹浜附近第一圖界内編訂門牌，以爲徵捐之備，業經前任各員呈請阻止在案。今工部局又於三泰洋行地產編訂門牌，並設華捕一人，經過巡局巡邏。此非外人租界，附近人民深致不滿，或有亂事發生，敢呈請觀察設法交涉阻止"等情。查穿虹浜地帶，是否在美租界以内，迄未解決。盆湯弄橋北，雖曾於一八九〇年六七月間按即清光緒十六年五月經會審公廨蔡讞員會同英副領白朗(Brown)察看，決定准於上海地產公司(Shanghai Land Investment Company)房屋編訂門牌，但界址未定以前，不得徵捐，亦係議定之事。二者情形相同。爰將原呈附上，請轉囑工部局依照上項決定，停止進行，且將巡捕撤回，以免糾紛爲荷。[註六]

工部局經由領袖領事轉到聶道這封信後，態度非常強硬，答覆道：

> 工部局近未於三泰洋行房產編訂門牌，所説之地帶乃屬虹口界至以内，巡捕亦不能撤回，蓋設捕彼處，所以保護財產，並爲居民維持和平與秩序也。[註七]

[註一]　S. M. C.'s Annual Report, 1889, p. 170.
[註二]　S. M. C.'s Annual Report, 1890, p. 175.
[註三]　同上註，頁一五六。
[註四]　按即今北山西路與北福建路間的地帶。
[註五]　按即今吳淞路老靶子場一帶。
[註六]　S. M. C.'s Annual Report, 1892, pp. 201-202.
[註七]　Mun. Council to Senior Consul, August 24, 1892.

同年九月五日七月十五日工部局捐務處報告,謂北河南路至老靶子場一帶中國居户,於同月二日七月十二日紛紛撕去工部局所訂門牌,計共九十號,房租估價凡一、六二八元;並謂該季徵收房捐,事實上恐將發生困難云云。[註一]工部局發覺其對於熙華德線歷年所採取的強佔政策發生動搖,乃於十一月十二日九月二十三日致函領袖領事美總領事廖那特,請領事團儘速採取必要步驟,確實解決虹口租界的邊界問題。

2. 美租界推廣的實現

領袖領事美總領事廖那特接得工部局該項信件後,致函滬道聶緝椝,請他委派人員,共同處理熙華德線邊界事宜。一八九三年二月十二日清光緒十八年十二月二十六日聶道答覆領袖美領,說已派定上海縣黃承暄及會審公廨讞員蔡匯滄等三人爲委員。領袖美領亦派美副領伊孟思爲領事團代表,於通知聶道後,並於二月二十七日清光緒十九年正月十一日將雙方委員名單函告工部局。

雙方委員會同工部局正副工程師各一人,歷次開會,並實地考察。六月十日及十一日四月二十六日及二十七日樹立界石四十方。六月二十九日五月十六日美副領伊孟思以雙方委員及工部局同意的界線,及關於劃界的章程八條,函知領袖領事德總領事史都培(Dr. O. Stuebel),向領事團報告。七月六日五月二十三日代理美總領事伊孟思,又函致聶道,請他加印簽字。聶道於二十二日六月初十日答函批准。

此新邊界大致即依熙華德線而劃定的。界內面積計一、三〇九英畝,約合七、八五六華畝。吳淞江南的舊英租界,還是一八四八年清道光二十八年所推廣的界至,面積僅四七〇英畝,約合二、八二〇華畝。故洋涇浜北首外人租界總面積爲一、七七九英畝,約合一〇、六七六華畝。

3. 虹口租界章程

與新界線同時擬定並經聶道正式批准的章程八條,即所謂上海新定虹口租界章程。[註二]該章程規定:樹立界石;吳淞江不在租界以內;工部局築路穿過華人產業墳墓,須先商妥"租地"和遷移事宜;填塞原有河道,須先與中國地方官商議;當時尚未收捐的華業户原有自用房產,離馬路較遠的華業户新舊房屋,及三官堂、[註三]下海廟、[註四]魯班殿、[註五]天后宮、[註六]浄土庵,[註七]工部局概不收捐;等項。

八　工部局活動的形形色色

1. 對於華官在租界出示和華兵入租界的干涉

A　華官在租界張貼告示的受領團和工部局節制

租界對於中國司法權的侵奪,已如前述。凡會審公廨及上海縣拘提人犯,均須受租界當局的節制。性質與此相彷彿的華官在租界出貼告示,亦受同樣無理限制,且其辦法的決定,爲時尤早。

華官在租界張貼告示,初本不受租界任何約束。但到一八七六年清光緒二年時,華官在租界所貼告示,已有先由工部局加蓋圖章的事實;而未經此種手續的,皆爲捕房撕去。同年三月二月會審公廨讞員陳福勳以所出告示被巡捕撕去,責問領袖領事英領麥華陀,工部局有何權力,可以發出撕去該告示等的命令。英領無以對答;但那時會審公廨已日漸變質,影響所及,乃有華官告示經外國陪審官簽字的商定。三月二十四日二月二十九日領袖領事英領麥華陀致函工部局,着它訓令巡捕房,以後凡華官告示

[註一]　S. M. C.'s Annual Report, 1892, p. 203.
[註二]　見本編附錄"二"之"4"。
[註三]　在華記路南。
[註四]　在昆明路。
[註五]　在中虹橋左首,爲粵海槗工所建。
[註六]　在北河南路。
[註七]　待考。

經會審公廨外國陪審官簽字的,應竭力與以保護。但工部局不同意這個辦法,説是如果要巡捕房保護,就非要有工部局圖章不可。[註一]領袖領事英領乃以此事提交領事團開會討論。

同年五月二十七日五月初五日領袖領事英領麥華陀,以領事團商議結果通知工部局云:

> 各領事十分贊同工部局之意,以爲中國告示在張貼於租界之前,須受檢查,惟意見亦有不同者,即對於工部局要求將所有該項文件先行提交該局並由該局蓋印一層,未便認可。中國官廳似頗願以其告示提交領事檢查,而各領事亦以爲足以充分保護公衆利益並達到一切合理目的,如請求中國官廳將其告示於未公布前提交領袖領事批准加簽,並每次以一份交與領袖領事,以便轉交與貴局祕書或捕房總巡,二者孰爲較便,請自定可也。[註二]

工部局董事會開會討論之後,由總董執筆,給了一個十分強硬的答覆,説道:

> 中國官廳已同意將其告示於未張貼前提交領事檢查,董事會聞之,甚爲欣慰,惟一致主張,工部局既由地皮章程受有維持租界和平與秩序之委託,自應繼續享有權利,檢查該項文件,並於批准時加蓋工部局圖章於上,始得揭示街衢。

> 查巡捕乃工部局所雇用,由工部局發給薪金,而又直接受工部局指揮者,故吾人不能希望其未見工部局加蓋之圖章,而保護該項文件:此點不容吾人忽視。

> 故敝總董代表敝同僚,敬請貴領袖領事再將此函及整個問題,提交領事團重加考慮。[註三]

領事團開會重議結果,將原定辦法略加改變,以迎合工部局意見,凡中國官廳告示,經領袖領事簽字之後,即交與工部局,由工部局巡捕單獨或會同衙役張貼。[註四]此議經工部局同意。同年九月下旬八月初領事團開會時,領袖領事英領麥華陀報告,説從新章實行以後,華官僅在租界出過四張告示云云。從此以後,華官告示,非但須受領團檢查,且有雖經領團查准,却仍爲工部局拒絶張貼的事情了。[註五]

B　華兵入租界受限制的由來

在太平天國軍興時期,租界採取積極的軍事行動,甚至有不准中國軍隊進入租界的事情,但到地方恢復常態以後,此種限制,因其根據的毫無理由,當即取消。一八七四年清同治十三年因臺灣土人殺死日本船員,日本舉兵攻打,中國布置海防,上海方面中國軍隊出入縣城,均道經租界主要街路。十一月五日九月二十七日工部局致函領袖領事美領熙華德,説經董事會議決,此種中國軍隊時時通過租界的"慣例",應加禁止,因請領事團轉達中國官廳,請它訓令負責人員,"指揮其軍隊,毋由租界主要街路通過"。[註六]同日,領袖領事美領熙華德覆函云:

> 提議如貴局所請求者,余恐其或可得罪中國官廳,觀諸事實,軍隊之調動即未全然完畢,當亦即將告竣,故余謹行詢問,避免提出此事,未知亦屬可行否。若高見以爲該提議乃必要者,則請即告以種種可作確證之事實,俾余得將此事充分説明也。[註七]

美領熙華德這樣一封婉轉的信,終於使工部局不得不稍爲退步,只要求華軍通過租界,先行通知工部局。[註八]但領事團未曾進行向華官交涉此事。

[註一]　Mun. Council to Senior Consul, April 3, 1876.
[註二]　S. M. C.'s Annual Report, 1876, p. 18.
[註三]　Muni. Council to Senior Consul, June 1, 1876.
[註四]　Senior Consul to Mun. Council, June 23, 1876.
[註五]　S. M. C.'s Annual Report, 1878, p. 34.
[註六]　S. M. C.'s Annual Report, 1874, p. 58.
[註七]　同上註。
[註八]　同上註,頁一六。

一八八三年五月二十三日_{清光緒九年四月十七日}上海縣知縣黎光旦通知領袖領事德總領事福格(Dr. Focke)，說北洋大臣李鴻章不日來滬寓居租界，應請轉飭工部局巡捕籌備種種必要的維持道路安全之事。李鴻章旋即來滬，寓漢口路。依清時習慣，凡大臣進出等，門口衛兵均須鳴礮致敬。工部局無意了解此事，即據而武斷中國軍隊軍紀不良，說是都有日夜在門口鳴放小礮的習慣的。[註一]巡捕房於是試加干涉。六月六日_{五月初二日}衛兵正舉礮欲放之際，捕房西籍人員某，突然加以襲撲，搶去他的礮，引起衝突，事件幸未擴大。結果，李鴻章答應了領袖領事德總領事福格轉達的工部局停止放礮的請求，他在信上這樣寫着：

> 工部局總董謂：依照現行協議，即外國最高官員，亦不承受鳴礮敬禮，因請完全停止鳴礮，以便公衆云云。余意以爲租界在中國境界之內，不容以與外國地方相比，此事余有行余所欲之自由。惟余離寓返寓之鳴礮致敬，性質既不重要，而若有擾社會，亦爲余心所難安，故余極願體諒社會人士之願望，即命完全停止鳴礮敬禮。[註二]

同年十月二十日_{九月二十日}兩江總督左宗棠入租界，武裝衛兵八九百名，前呼後擁而來。路上有外僑及其車輛等不諳當時中國習慣，未知迴避，被衛兵驅至路旁。工部局認此爲"兵士之擾亂行爲"，[註三]於十月二十三日_{九月二十三日}致函領袖領事美總領事鄧尼(O. N. Denny)，建議："以後當高級華官意欲訪問租界時，應以其訪問之正確時間通知工部局，工部局當着令捕房維持道路之平安與秩序。"[註四]此意經領袖美領鄧尼轉達後，滬道邵友濓於十一月十五日_{十月十六日}覆函，一面解釋中國習慣，一面對於工部局的建議，表示亦屬可行，因爲："此得阻止車輛行人任意來往街衢，而當長官經過時，人皆站立一旁，以免糾紛。"[註五]

但工部局因爲領袖美領僅將邵道的信轉致工部局，未加絲毫批評，頗爲不滿，詢問他此事是否曾經領事團討論，因爲工部局以爲："滬道認爲高級官員有權通過租界之街道，但此權實非彼等所應有；且於其行使時，足以引起糾紛也。"[註六]

一八八四年一月二十一日_{清光緒九年十二月二十四日}新任領袖領事德總領事魯爾信答函工部局，說此事未經前領袖美領鄧尼提出領事團討論；工部局乃即請求速加討論，表示意見。但領事團討論結果，僅謂：

> 對於中國高級官員某數種權利之討論，或無結果可得。[註七]

顯然有意避免向華官提出此種無理交涉。工部局乃於二月十三日_{清光緒十年正月十七日}由總董梅白格答函云：

> 董事會命余奉答：彼等曾接到納稅人許多對於去年十月左宗棠部下擾亂行爲之抱怨，彼等認爲高級華官所要求隨帶多數武裝人民進入租界，以武力強迫路人站立一旁，表示敬畏之權利，乃關於租界內平安與秩序之維持，甚爲重要之事。
>
> 余因請求貴領袖領事將附奉之關於左宗棠訪問租界事件之一切文件，送呈北京各外國公使，並告其必須擬定相當辦法，以限制高級華官訪問租界時之武裝隨從，至一相當數目，並禁止其擾

[註一]　S. M. C. 's Annual Report, 1883, p. 169.
[註二]　李鴻章一八八三年六月十四日致領袖德領函，譯自 S. M. C. 's Annual Report, 1883, p. 171.
[註三]　S. M. C. 's Annual Report, 1883, p. 172.
[註四]　同上註。
[註五]　同上註，頁一七四。
[註六]　Mun. Council to Senior Consul, Dec. 19, 1883.
[註七]　Senior Consul to Mun. Council, Feb. 8, 1884.

亂街道交通。[註一]

工部局發出此函剛剛只有十天,到二月二十二日_{正月二十六日}接到領袖德領魯爾信通知,說左宗棠又將於日內到滬,請着令捕房注意維持界內秩序。工部局當日覆函,謂:

> 業已着令捕房注意維持界內秩序,請貴領袖領事轉告滬道,毋許不必要之多數兵士,同時通過租界,礙及交通。[註二]

領事團未將此意向滬道提出。二月二十三日_{正月二十七日}左宗棠到滬,隨從武裝兵士若干,進入租界。三月八日_{二月十一日}工部局新任總董開思維克(J. J. Keswick)[註三]致函領袖德領魯爾信,說"該項兵士之行動,乃危及各國人民數名之生命及租界之治安者",[註四]並於誇大地說了幾件外人受驚事件之後,神經質地寫道:

> 人所抱怨之事,固無須余之一一盡數列舉,惟余得總述其情形:行列之通過街道,自始至終,均以引起歐人之深惡痛絕,為其特質。兵士均佩帶鎗械及雜種武器,而其所持火藥鎗,許多顯係裝實者,持握方式混亂,因而所生之危險,實屬不小。

> 以吾人度之,當然以為兵士之此種敵對及違反禮儀習俗之態度,完全為左大臣及滬道所未知,但為公眾利益計,設法與華官獲得諒解,以免除將來再發生同樣事情之可能,實為絕對必要;董事會因命余將上列事實,訴之貴領袖領事,請轉達領事團,並由領事團轉達公使團。[註五]

由公使團交涉結果,北京總理衙門於同年五月二十一日_{四月二十七日}給予答覆,說已嚴令各司令長官,兵士無論駐紮或通過,概須嚴加約束,不得有越軌行動。[註六]

其後,因法國攻打越南所引起的事態,漸益見其嚴重,清政府及其軍政人員從事於對法的佈置。同年七月十七日_{閏五月二十五日}領袖德領通知工部局,說會辦南洋事宜欽差大臣陳寶琛及前任江寧將軍善某,將於日內到滬,滬道邵友濂已派兵往碼頭迎接。工部局即於同日由總董開思維克覆函,請迅即從滬道處得知他們到滬日期和時間,及上岸後的大概行程,"蓋如彼等須通過租界,余欲發必要之命令,以約束交通及維持秩序"。[註七]工部局未接回音。同日善將軍到埠。次日陳寶琛到滬,上海各文武官員隨帶武裝軍隊,在黃浦灘排隊迎接,繼即通過租界,護送入天后宮行轅。工部局云:"幸兵士頗有秩序,未生事故。"[註八]

陳寶琛的天后宮行轅附近一帶,由兵士佩帶鎗械,來往巡邏。同日夜間,據工部局捕房說,有捕房西籍人員某,在老閘被他們所辱。工部局得報後,於二十二日_{六月初五日}致函領袖德領魯爾信云:

> 華兵之行為,必致引起糾紛,因此敬請貴領袖領事向滬道磋商,請其拘懲此等兵士,並出示命令,禁止兵士不在長官監視之下,通過租界。[註九]

但那時尚有中國軍隊正式駐紮租界及其中國鄰近的事實。十月二十九日_{九月十一日}工部局代理總董梅白格致領袖德領的信中,說有中國補充新兵約二五〇名,駐裏虹口熙華德路北首,認該兵士等行

[註一]　S. M. C.'s Annual Report, 1884, p. 143.
[註二]　同上註,頁一四四。
[註三]　按開思維克又譯凱旋,今公共租界西區越界道路有凱旋路。
[註四]　S. M. C.'s Annual Report, 1884, p. 144.
[註五]　同上註,頁一四五。
[註六]　同上註,頁一四六。
[註七]　同上註,頁一七一。
[註八]　Mun. Council to Senior Consul, July 22, 1884.
[註九]　S. M. C.'s Annual Report, 1884, p. 172.

爲不端,有危租界治安,因"請將事實通知滬道,請其立即將此等人移開租界"云云。[註一]

中法戰爭過去後,不再發生此類事件。到一八九二年八月十八日^{清光緒十八年閏六月二十六日}工部局總董伯頓(John G. Purdon)[註二]致函領袖領事美領廖那特,說:一年來,常有多數華兵來往虹口,並無長官指揮,行爲欠檢,阻礙交通,爲避免糾紛計,應請與滬道磋商,請滬道"出示命令,兵士非由其長官同行指揮者,不得通過租界,而在租界内時,行動亦須安靜有序"[註三]云云。滬道聶緝椝經領袖美領轉達後,即通知各營長官辦理。[註四]

一八九四年^{清光緒二十年}中日因朝鮮而開戰。戰爭將爆發時,工部局深以波及租界爲慮,於七月二十三日^{六月二十一日}致函領袖領事葡總領事伐爾台(Joaquin M. T. Valdez),請速即"採取必要步驟,使租界不受戰爭時或將發生之糾紛複雜之影響,而得平安無事"。[註五]但此事已早由英國政府進行與日本政府商議。工部局於發出該函的次日,即收到英領海能的信,報告說:他剛收到東京外務大臣的電報,日本政府已發給文件,答應萬一宣告戰爭時,對上海及其附近,決不採取敵對行爲。戰爭爆發後,上海縣知縣黄承暄及會審公廨讞員宋治芳奉到滬道劉麒祥訓令及領袖葡領的請求,於八月五日^{七月初五日}會銜出示布告,"通告租界諸色人等,各國商人照常貿易,凡和平之日商亦加保護"。[註六]

同時,中國軍隊移來調去,通過租界者不少。八月六日^{七月初六日}有中國兵士約一五〇人,在其行經租界時,與租界巡捕發生衝突,被捕二十名,拘於總巡捕房。當夜經劉道派員前往交涉,始得釋放。八日^{初八日}工部局總董施高塔(James L. Scott)[註七]以此事致函領袖葡領伐爾台云:

> ……故此事即告結束,惟試觀將來,必須有此種軍隊繼續不斷通過吾人之街道,此種軍隊若經武裝而又行中國兵士之所常行,此乃吾人歷年來已有經驗者,則將成爲租界平安之危險之源。
>
> 以目下中日形勢觀之,此後通過租界之華兵,次數必較前尤爲頻繁,數目亦必更大;故工部局董事會以爲最好不以租界爲此種軍隊之過道,並主張以此事商之於滬道,請其承諾,中日戰爭繼續一日,即一日禁止武裝或非武裝中國軍隊通過租界。[註八]

劉道拒絕給與此種承諾,他給領袖葡領的覆信寫道:

> 英國外交大臣之與日本政府交涉,使其應允不在上海及上海附近從事戰鬥行動,無非爲保護各國商務之計。租界本爲中國領土,中國軍隊因公務而通過,絕不足以擾及外國商務。惟兵士偶有行爲失檢,致於途中發生糾紛,亦惟有謹慎於將來,令其整隊而行可也。除分令各營,着於通過租界時整飭軍紀,嚴禁滋擾等情外,余並決定於軍隊通過租界之前,先行通知地方當局,以便轉令捕房和睦從事,而免齟齬。[註九]

於是中國軍隊照常通過租界,亦未生事故。

一八九六年三月^{清光緒二十二年二月}出使俄、英、法、德、美五國親遞國書大臣李鴻章來滬寓於租界。滬道呂海寰因李鴻章隨從既衆,迎接的兵士亦必甚多,惟恐"因中外之不相了解,引起爭論",[註十]特於

[註一]　S. M. C.'s Annual Report, 1884, p. 173.
[註二]　按今公共租界有伯頓路。
[註三]　S. M. C.'s Annual Report, 1892, p. 75.
[註四]　Toatai to Senior Consul, Aug. 28, 1892.
[註五]　S. M. C.'s Annual Report, 1894, p. 229.
[註六]　同上註,頁二三三。
[註七]　按今公共租界北區越界道路有施高塔路。
[註八]　S. M. C.'s Annual Report, 1894, p. 64.
[註九]　同上註,頁六六。
[註十]　Toatai to Senior Consul, March 12, 1896.

事前通知各國領事,屆時將特派軍事長官,督察其部下,巡邏租界,以免意外;並通知領袖領事德總領事史都培,請轉囑工部局訓令捕房知照。工部局總董施高塔答覆領袖德領的轉知時,只說道:

> 董事會命余奉答,當訓令捕房注意維持治安,並請貴領袖領事轉告滬道,毋許不必要之多數兵士,巡邏租界內之街道,礙及交通。[註一]

一八九七年清光緒二十三年華官隨帶武裝兵士,進入租界,次數頗多。十二月二日十一月初十日滬道蔡鈞隨帶武裝兵士約一五〇人,通過外灘一帶。工部局因事前未曾接得通知,由總董白克(A. R. Burkill)[註二]於九日十七日致函領袖領事西班牙總領事烏列亞德(H. de Uriarte)云:

> 捕房之必須得有軍隊通過租界之通知,對於街道秩序之維持,實屬必要,故余敬請貴領袖領事函致滬道,請其以後於同樣場合,給予該項通知,並請其參閱一八九四年八月清光緒二十年七月前任滬道致領袖領事允取此種預防手續之文件。[註三]

二十日二十七日蔡道覆函領袖領事,謂"已請各軍隊官長,照貴領袖領事請求行事"[註四]云云。

但工部局從此改變此種事先通知的性質,認為這是工部局的權利所在,因而有非分的提議。一八九八年清光緒二十四年工部局年報載有下列一段記述:

> 一八九七年十二月清光緒二十三年十一月經滬道承認,凡中國軍隊行列通過租界先行通知工部局之辦法,本年中屢次未曾照辦。因於十月八九月間致函領袖領事,提議以後該項軍隊之指揮官應自巡捕房領有通行證,凡未能交出此種通行證者,即不得通過租界。滬道對此提議之覆函已送來本局,謂將來照上述要求辦理。[註五]

交涉經過不明。

次年即一八九九年清光緒二十五年春,中國軍隊仍以為出入本國領土,無須經過何種手續,未曾如上述辦理。工部局乃於四月二十一日三月十二日致函領袖葡領伐爾台,請領事團注意此"對一種明白諒解之漠視",並請通知滬道如再違反,當必須實行拒絕中國軍隊的通過租界云云。[註六]到八月初六月底至七月初又發生同樣事件凡二次,十二日七月七日工部局總董斐倫(J. S. Fearon)[註七]又致函領袖葡領,於敍述此二事件後,以極強悍的態度,寫道:

> 余茲經董事會囑咐,着請迅即明白通知中國官廳:為租界之良好治理計,凡中國軍隊之來到,必須給予充分之通知,在其進入租界之前,必須得有准許證。
>
> 尤有進者,敝同僚並囑余書明存案,即從今以後,當進行拘捕並扣押未備准許證軍隊之首領人員,並將加以監禁,至得其行動之充分解釋為止。[註八]

但領事團的態度並不如此。九月四日七月三十日領袖葡領伐爾台答覆工部局代理總董安徒生(F. Anderson)道:

> 余已將大函提交敝同僚等,領事團上次會議時,決定囑余請求南京總督,命令全省軍營,禁止

[註一]　Mun. Council to Senior Consul, March 14, 1896.
[註二]　按今公共租界有白克路。
[註三]　S. M. C.'s Annual Report, 1897, p. 78.
[註四]　同上註,頁七九。
[註五]　同上註,頁七六—七七。
[註六]　S. M. C.'s Annual Report, 1899, pp. 65-66.
[註七]　按今公共租界有斐倫路。
[註八]　S. M. C.'s Annual Report, 1899, p. 66.

其部下，未先通知領袖領事，或於通過時不守軍紀，而通過租界。

敝同僚並囑余通知貴局，彼等從未經其公使授權，以阻擋中國軍隊之通過租界。

各領事深信，關於請求滬道懲辦滋事人等及以此項通過先行通知領袖領事，乃領事權力以內之事，此權力亦惟領事有之。[註一]

領袖葡領伐爾台根據領事團此種態度，於九月十一日八月初七日致函兩江總督劉坤一，提出此事。江督於九月十五日八月十一日覆函云：

中國軍隊調動時，無論租界內外，本皆不得滋擾地方；軍法對此，規定非常嚴厲，必須嚴格遵守。邇來通過租界之中國軍隊既有不顧規程之處，而大函所開各點亦堪資考慮，余因已決定通令各軍官長，以後軍隊之不得不通過租界者，務須慎重將事，以免滋擾，並須於通過之前，通知滬道，以便轉達領袖領事暨工部局，從事必要之準備。[註二]

但工部局的態度，並不因領事團的一度婉轉訓責，而知所改變。工部局利用江督的同意先行通知的辦法，於接到此種通知時，仍擅自發給准許證，從此好像中國軍隊的通過租界，其決定權力在於工部局似的了。

2. 界外道路的接管添築及其附帶問題

A　越界築路的根據問題

在我們敘述工部局開始接管並添築界外道路的情形之前，先來看一看工部局的此種行為，究竟有無合法的根據。

查中外條約暨一八四五年清道光二十五年宮道所公佈的地皮章程，都無准許所謂租界有越界築路的權力，或可以疑作如此的規定。但一八六六年清同治五年工部局已決定並實行接收界外的靜安寺路。於是外人社會於該年通過的地皮章程草案中自行授與此種在界外築路的權力。該草案到一八六九年清同治八年經北京英美等五國公使"暫行批准"公布；其第六款云：

租界內執業租主，有闔議事人亦在內，會議商定，准其購買租界以外接連之地，相隔之地，或照兩下言明情願收受西人或中國人之地，以便編成街路及建造公花園為大眾遊玩怡性適情之處。所有購買建造與常年修理等費，准由公局[註三]在第九款抽收捐項內，隨時支付。但此等街路、公園，專為公用，與租界以內居住之人同沾利益，合行聲明。[註四]

其後，於一八七九年清光緒五年再行修改章程時，關於越界築路的規定，於是又進一步，不僅工部局可以越界築路，並且工部局巡捕房得"於工部局所有產業上，不問其坐落何處"，有權維持公安及管理交通，一如其在租界界線以內。[註五]此種規定，跟著該項草案全部，擱淺在駐京公使團那裏。

一八六九年清同治八年地皮章程的行施，即未經中國的認可，根本發生效力問題，所以越界築路的根據，不過是外人自造的護符。又，一八七九年清光緒五年地皮章程修改草案雖然擱淺，但經納稅人會通過了一個議案之後，工部局也就在越界道路設警管理了。對於主權國家的應有主權，這些文明的外僑，始終不知尊重。

這樣性質的越界築路，在這洋涇浜北首外人租界時期內的開始和發展情形，有如下述。

[註一]　S. M. C.'s Annual Report, 1899, p. 67.
[註二]　同上註，頁六八。
[註三]　按即工部局。
[註四]　參閱本編附錄"二"之"3."。
[註五]　Feetham Report, Vol. III, p. 12.

B　工部局接收界外道路的開始

一八六二年清同治元年跑馬場股東所築長約二英里的靜安寺路,原是作爲跑馬用的,應用該路跑馬的人,均須繳納路費。但此項收入,漸見減少,不敷修整等開支。該路股東,乃於一八六六年二月十四日清同治四年十二月二十九日開會商議此事;結果通過議案一件,說:如果工部局擔保將來能不收捐款而加以修整維持,則股東願以此路永遠交給其管理。此議由"靜安寺路管理委員會"(Committee of the Management of the Bubbling Well Road)書記柯普安(T. T. Cooper),於同月十九日清同治五年正月初五日函達工部局。

工部局接信後,先後提交工務委員會及董事會討論。討論的結果,由工部局祕書約翰斯敦(A. Johnston)於同月十六日十二日作函答覆。信上寫道:

> 工部局鑒於其市政管轄範圍限於租界界至以內,目下對於接管靜安寺路一事,不得不暫行擱置。
>
> 然大函所提議者,當提出於即將舉行之租地人年會,工部局當遵照其所得決定而行事……[註一]

接着便詢問道路長度以及關於修整等事。

工部局不但對於靜安寺路實已胸有成竹,亦且因靜安寺路而想到了太平天國時期所築,在租界界外的那幾條軍路了。所以問題提到四月十八日三月初四日的租地人年會時,接管的目的不只靜安寺路一條。工部局總董開思維克表示贊成應由工部局接管此等界外道路的提案,他說:

> 這些路事實上是上海的肺部,如果不加整頓的話,那麼社會的康健,便要受到損傷了。[註二]

結果,租地人一致爲他們的"康健"着想,主張接管"上海的肺部",通過議案云:

> 茲授權繼任董事會,以並無欠款在外者爲限,接管吳淞、靜安寺及週圍諸路,並善爲修整。[註三]

根據了這議決案,工部局便不問道路地基是否爲華人私有,開始實行接收界外道路了。

C　界外道路的修整和添築

最先,在一八六六年清同治五年即租地人通過上述議案的一年,被接收的界外道路,是靜安寺路和徐家匯路今海格路。工部局接收過來後,即進行修整。吳淞路雖因有未清欠款,工部局未即正式全部接收,但亦與靜安寺路和徐家匯路同時進行修整,不過只是一段罷了。此後工部局除繼續進行上述三路的修整工作外,並修整界外其他道路及在界外添築新路。

一八六八年清同治七年工部局開始接收新閘路,稍加修整。一八六九年清同治八年,由公衆捐款,"租"地十畝五分七厘一毫,築造卡德路,以便接連靜安寺路及新閘路。同年,着手接管極司非而路;此路據說太平天國以後,由霍合私人出資維持的,工部局接管時,並由他捐銀二○○兩,以爲修橋之用。一八七○年清同治九年造成楊樹浦路,闊三十英尺;並繼續"租"地,延長卡德路。同年納稅人年會時,並通過議決案一件,謂如經費許可,着將吳淞路修造到江灣,嗣因種種困難,未曾實行。麥根路接管年代不明。

此等道路的修造經費,除上述一八六九年清同治八年年度卡德路全係公衆所捐,及霍合捐銀二○○

[註一]　S. M. C. 's Annual Report, 1866, p. 16.
[註二]　Feetham Report, Vol. III, p. 3.
[註三]　同上註。

兩爲修造極司非而路橋用處以外,在那最初五年間,中外人民均有捐款,即滬道亦曾出資;而捐款性質亦似非全係自願的。一八七一年_{清同治十年}起,此種捐款辦法的存在與否,無從查考;單就工部局每年度決算中觀之,當已取消。兹將那五年間的此種捐款,抄列於下:

一八六六年_{清同治五年年度}　修理靜安寺路、徐家匯路_{今海格路}及吳淞路　捐銀共二、六六一兩。

按此項捐款,係按下列捐率集成:

步行者(pedestrians)每人五兩;騎馬者(equestrians)每人十兩;單馬車每輛二十兩,雙馬車每輛三十兩;各路居户每家三十兩。

一八六七年_{清同治六年年度}　吳淞路修橋　滬道捐銀五〇〇兩。

一八六八年_{清同治七年年度}　靜安寺路及徐家匯路居户捐銀三六兩。

一八七〇年_{清同治九年年度}　楊樹浦路建造費　中外人民捐銀五九二兩四錢九分。

D　地基錢糧及其豁免企圖

一八六六年_{清同治五年}工部局並未正式接管全部吳淞路,但經英領文極司脱和孟根(Mangum)建議,爲避免"路地復歸鄰近土地之主人所有"起見,^[註一]於一八六七年八月二十七日_{清同治六年七月二十八日}繳納該路地基錢糧兩年,計自一八六六年二月十五日_{清同治五年正月初一日}起至一八六八年一月二十四日_{清同治六年十二月三十日}爲止,計銀六二七兩四錢七分。但所有界外道路的地基,原多爲華人私有產業,照繳錢糧,對於工部局修築廢路,自不顧及,仍自由處置他們的產權。

一八六八年八月六日_{清同治七年六月十八日}工部局工務委員會特作報告,提出工部局接管界外道路的條件,其一爲請滬道保證嚴禁鄉人毀壞界外道路,並允擔負因此種毀壞所生必要修理的費用;其另一即爲:

豁免所有界外道路之錢糧,如無此種豁免前例,即由華方每年捐助數目等於錢糧之款項。^[註二]

此事隨即提到了領事團。領事團於一八六九年一月三十日_{清同治七年十二月十八日}開會,即委派美領熙華德、英領麥華陀及法領白來尼蒙馬浪(Viscomte Brenier de Montmorand)組織委員會,着代表領事團,進行與滬道磋商。該委員會於三月三日_{清同治八年正月二十一日}往謁滬道;滬道應實時表示:豁免道路錢糧一事,不是他的權力所能解決,當爲轉達兩江總督云云。但同時,工部局界外道路的"地基錢糧,即由領事建議,扣留未繳"。^[註三]

嗣後熙華德離滬返美,麥華陀繼續催促滬道再呈江督,終無回音。英領麥華陀乃於一八七〇年十一月二十三日_{清同治九年閏十月初一日}領事團開會時,主張以此事呈達北京各國公使,請與中國政府交涉。各領事贊同此意,並即着英領麥華陀起草一備忘錄,敍明經過,以備送呈參照。次年十一月_{清同治十年十月}英領麥華陀草就該項備忘錄,稱爲"上海租界界外道路備忘錄"(Memorandum on Roads outside of Shanghai Settlement),^[註四]於略述該項豁免界外道路錢糧問題的交涉經過後,寫道:

欲達之要點,似須得江督之頒發命令,使所有租界界外劃充或購作公用之土地,均得免除繳

[註一]　Feetham Report, Vol. III, p. 3.

[註二]　S. M. C.'s Annual Report, 1868,附錄 A。

[註三]　S. M. C.'s Annual Report, 1869, p. 18.

[註四]　見 S. M. C.'s Annual Report, 1870, 附錄 D。

納地租或錢糧之義務。華業戶一旦由政府當局免除其此種義務……知道路之修整開築乃政府之事，自必不再干涉道路矣。

接着，該備忘録即一一列舉非照此辦理不可的道路，連法租界的徐家匯路在內，計共八條，並略述其繳納錢糧情形，大要如下：

一　静安寺路　此路爲中外人民所私有，其屬於外人者約爲三分之二。華人私有而爲工部局劃作道路部分，從未爲繳納錢糧之準備。外人私有部分之錢糧，據推測，當爲彼等自繳者。工部局對於此項地契，一向拒納錢糧。

二　徐家匯路今海格路　此路爲未向華業戶"租"地而佔者。此路八分之七定係華人私有。工部局並無其他地契。其錢糧由華人繳納無疑。

三　法租界徐家匯路　向由法租界管理，來歷不明。

四　新閘路　獲得此路之情形不明。工部局當然並無地契。其一小部分或爲外人所有。

五　麥根路　此乃軍路，在太平天國時代所築。並無地契。此路原自接連新閘路之點起，至麥根農場(Markham's Farm)，循吳淞江至極司非而路，再至法華，而與徐家匯路相接；但已頗多爲華人重行佔有，作爲農田者。

六　極司非而路　並無地契。

七　吳淞路　取得之方式不明。或謂其地乃出資"租"得者；但鄉人否認其事，故常佔有路地。現路已幾無可辨，所有橋梁亦幾全毀壞無餘。

八　楊樹浦路　其地方經美領熙華德與滬道磋商而得者。但工部局未有徵納錢糧之準備，仍由華人擔負之。

上述各路之面積，約計如下：

一　静安寺路	一二六畝五分五厘二毫
二　徐家匯路今海格路	一三四畝
三　法租界徐家匯路	二六〇畝
四　新閘路	六〇畝
五　麥根路　自新閘至麥根農場一段	二五畝
六　極司非而路	二五〇畝
七　舊吳淞路	二八五畝五分一厘五毫
八　楊樹浦路　尚未丈量工部局管轄所及一段	約三〇畝
共計	一、一七一畝〇分六厘七毫

故中國政府如允准豁免錢糧之議，其每年所耗，以每畝一、五〇〇文計算，約爲一、七五〇、〇〇〇文。[註一]

此議似未經中國政府答應。[註二]但所有界外道路的錢糧，由工部局繳納者，仍爲極小部分而已，試看下表，即可知道：

一八七九年清光緒五年	一七兩四錢二分

[註一]　Medhurst's Memorandum.
[註二]　有謂中國政府答應豁免者。但答應文件，編者迄未發見，且以後文所述工部局繳納錢糧之事實觀之，豁免之説，應不可靠。

一八八〇年_{清光緒六年}	一九兩五錢二分
一八八二年_{清光緒八年}	三二兩四錢五分
一八八三年_{清光緒九年}	一六一兩七錢四分
一八八四年_{清光緒十年}	二四一兩〇錢八分
一八八五年_{清光緒十一年}	一九六兩四錢八分
一八八六年_{清光緒十二年}包括一八六九年_{清同治八年} 　　到一八八二年_{清光緒八年}欠繳一部	二、六三七兩三錢四分
一八八七年_{清光緒十三年}	一五六兩七錢三分
一八八八年_{清光緒十四年}	一五六兩六錢四分
一八八九年_{清光緒十五年}	一九九兩八錢二分
一八九〇年_{清光緒十六年}	二三〇兩四錢八分
一八九一年_{清光緒十七年}	二〇三兩一錢八分
一八九二年_{清光緒十八年}	一五〇兩二錢二分
一八九三年_{清光緒十九年}	一五〇兩二錢三分
一八九四年_{清光緒二十年}	二二九兩八錢四分
一八九五年_{清光緒二十一年}	一九五兩〇錢〇分
一八九六年_{清光緒二十二年}	一九三兩一錢〇分
一八九七年_{清光緒二十三年}	二五六兩四錢〇分
一八九八年_{清光緒二十四年}	二九二兩一錢一分[註一]

E　麥根路延長問題

麥根路原爲軍路,築於太平天國時期,如英領麥華陀關於界外道路備忘録中所云,本來一直通到極司非而路的,但軍事結束後,此路即逐漸消失,終至沿路一帶幾全成農田。工部局接管此路後,歷年修築,自新閘路而至於麥根農場。一八七三年_{清同治十二年}起,工部局即進行與華業户接洽"租"地,擬將全路重建,鄉人羣起反對,未有成就;乃請領事與滬道磋商,亦無成議。因轉輾催迫的結果,終由滬道將事情請示於兩江總督。一八七七年十月二十八日_{清光緒三年九月二十二日}滬道劉瑞芬致函英代領台文樸脱(A. Davenport)説已接得兩江總督沈葆楨批示,批示上這樣寫着:

> 依中英天津條約第十一款、第十二款,中法天津條約第十款,中美天津條約第十二款,外人租地,本僅限於建造住房、禮拜堂及設置貨棧、墓地等用,租地得以築造馬路,並無明文准許。且該處已有馬路,足供娛樂之用,無須再增,前此官方迎合外人意思,原屬不合;今乃要求另築一路,損及原有道路及農耕情事,應毋庸議。因再着令該道停止租借,因本總督不信各國領事將爲娛樂小事,再迫中國官吏陷於困難也。[註二]

雖然英代領台文樸脱於十月三十一日_{九月二十五日}將兩江總督此種禁止"租"地與外人築路的命令轉致工部局時,力勸工部局不要再進行這事了,[註三]但工部局並不聽從。一八七八年四月八日_{清光緒四年三月初六日}工部局又由總董哈德致函領袖領事德領魯德(C. Lueder),另出主張云:

[註一]　S. M. C.'s Annual Reports, 1879–1898.
[註二]　S. M. C.'s Annual Report, 1877, pp. 54–55.
[註三]　同上註,頁五四。

關於延長麥根路至於極司非而路一事,敬請貴領袖領事稟呈北京各外國公使,請求彼等向總理衙門運用權勢,務為工部局獲得購置此舉所需土地之允准。[註一]

領袖德領魯德乃問工部局:這一條路有什麼重要? 或建造的用意何在?[註二]工部局的回答是:

該路乃絕對為驅車、馳馬或散步等娛樂之用,俾外人社會之康健與安適,有所實益,故其獲得亦不無重要。居民屬望其成者,已非一日,蓋以麥根及極司非而二路,接而連之,彼等自租界驅車至靜安寺,始可不復必須由原道折回,興單調之感。[註三]

但事情便這樣提到北京去了。公使團和總理衙門交涉結果,總理衙門於五月下旬四月下旬答應訓令江督,假如上海方面並無特殊反對,政府亦不阻止,云云。滬道褚蘭生旋得江督沈葆楨訓令,着其委派人員會同上海縣考察此事。褚道隨即派定人員,會同領署及工部局派員,於七月一日六月初二日下午三時,實地考察。考察後,上海縣知縣黃祥芝呈報褚道,説:那地方都是農田,看不出有什麼舊路了,所以只隨便看了看,定七月十六日六月十七日再去;同時又接到附近一帶鄉民地保的許多狀子,請求阻止工部局築路,他們不願意"出賣"他們靠了生活的田地,曾經對工部局抗議過的;所以上海縣請褚道與外人交涉,原定再行會同考察的事情,已經不必要了,叫他們根本放棄築路的心思罷。[註四]此種實情經褚道照達領袖德領魯德後,後者仍代表工部局意志,以為築路的打算暫時不應放棄,不過會同考察可以延期到田地收穫以後。而褚道雖覺鄉民堅決反對,無法強迫,會核必無結果,却也為了尊重領袖領事意見,答應下來了。[註五]但是最後結果,終於因為鄉民繼續反對,延長麥根路的計劃,未曾實現。

F　界外道路的開始設警

工部局在界外道路設置巡捕,究竟是哪一年起始的,這問題已經無從考查了。一八七九年清光緒五年工部局年報中,已有如下的記載:

靜安寺路,於夏季增派二捕……以禁阻車馬之疾馳狂奔。[註六]

一八八二年清光緒八年工部局年報又云:

車輛之行經靜安寺路者,為數有增,因已增派四捕,沿路管理交通並禁阻車輛之擁塞。[註七]

一八八四年清光緒十年中法戰爭發生。是年八月六月工部局認為有設警保護界外道路外國居民的必要,即於靜安寺路及其鄰近諸路,除原有管理交通的華捕以外,另行派設西籍巡長一人,印籍巡長一人,及印捕十五人;並於界外卡德路租屋一所,作為巡捕房。使工部局認為有此種"必要"的事件,即中法戰爭,過去之後,其所派巡捕及所設巡捕房,却都依然如故,不加撤回。工部局把這事提到一八八五年二月十三日清光緒十年十二月二十九日的納稅人會去討論,結果通過議案云:

茲着工部局繼續佔有卡德路現在應用之捕房,並於靜安寺路及鄰近諸路,設置情形所必需之警力。[註八]

從此,工部局在越界道路上有了巡捕房,有了不僅管理交通的巡捕了。

[註一]　S. M. C.'s Annual Report, 1878, p. 50.
[註二]　Senior Consul to Mun. , Council, April 10, 1878.
[註三]　Mun. Council to Senior Consul, April 11, 1878.
[註四]　Toatai to Senior Consul, July 15, 1878.
[註五]　Toatai to Senior Consul, July 29, 1878.
[註六]　一八七九年工部局年報,頁四一。
[註七]　一八八二年工部局年報,頁三一。
[註八]　S. M. C.'s Annual Report, 1885, p. 61.

G　洋涇浜北首外人租界越界道路的長度

工部局歷年在其越界接管的靜安寺路、徐家匯路、吳淞路、新閘路、卡德路、極司非而路、楊樹浦路及麥根路,設溝通管,鋪整加闊,並或則植樹兩旁,或則裝設電燈。同時,又先後添造愛文義路、派克路、馬霍路。

一八九五年<small>清光緒二十一年</small>工部局更開始進行直接推廣租界面積;到一八九九年<small>清光緒二十五年</small>推廣實現以前為止,租界越界道路的長度,總計近十三英里。

3.　捐稅及其糾紛

工部局的會計制度,是於每年度末作成次年度預算,連同決算,提出於納稅人年會,請求核准。但當租界華洋雜居未久的年代,曾有呈請滬道核准的手續。一八六五年五月一日<small>清同治四年四月初七日</small>工部局董事會舉行常會時,有下列的決議:

> 茲議決請英領將預算轉呈滬道,得其認可,蓋見其有關中國人民也⋯⋯[註一]

此種記載,以後不再得見。

工部局所徵捐稅,有直接稅,又有間接稅。前者包括地稅及市政捐或稱房捐;後者則有碼頭捐和各種執照捐。今分述如下:

A　地稅與市政捐

地稅(Land Tax)初本僅向租地外僑或以外僑名義向各領署登記的土地徵收的,但從一八九〇年<small>清光緒十六年</small>起,對於華人在租界私有的土地,亦開始同樣徵收了。地稅的稅率,於一八五四年<small>清咸豐四年</small>時,為估計地價千分之五。那以後的十餘年間,稅率變更不詳。到一八六六年<small>清同治五年</small>年度,為千分之二‧五,一八七四年<small>清同治十三年</small>年度增至千分之三,一八八四年<small>清光緒十年</small>增至千分之四,一八九八年<small>清光緒二十四年</small>又增至千分之五。所根據的地價,亦屢次重加估計,頗有不同。

市政捐初稱房捐。房捐的徵收,捐率因華洋而不同。一八五四年<small>清咸豐四年</small>華房房捐為房租百分之八;洋房則僅百分之三。其後,洋房房捐略有增加,為百分之四,但增加年月不詳,只知道是一八六六年<small>清同治五年</small>以前的事;一八六七年十月一日<small>清同治六年九月初四日</small>又增至百分之六,但一八六九年<small>清同治八年</small>年度即仍減至百分之四。到一八七〇年<small>清同治九年</small>年度,房捐(House Rate)改名為 General Municipal Rate 即市政捐,中文則仍以稱之為房捐的較多;同時,市政捐率定為洋房房租百分之六,華房仍百分之八。又,最初,房捐之外,另徵油火捐或路燈捐(Lighting Rate),亦依房租計算,其捐率華洋相同,於一八六六年<small>清同治五年</small>為舊英租界百分之一,舊美租界千分之五,一八六七年十月一日<small>清同治六年九月初四日</small>起改為一律千分之一五,一八六八年<small>清同治七年</small>年度增至千分之一七‧五,次年度又減還至千分之一五;自房捐改名為市政捐後,此種油火捐或路燈捐,亦隨即取消。一八八〇年<small>清光緒六年</small>市政捐經增加百分之二,即華房增至百分之十,洋房增至百分之八。一八九八年<small>清光緒二十四年</small>洋房市政捐增至百分之十,與華房所繳者相等。

B　碼頭捐

碼頭捐初僅對應用公共碼頭起貨的外商進口貨物徵收,於一八五四年<small>清咸豐四年</small>確定為此項貨物照其價值抽千分之一。同年,華人入居租界,工部局即向各華商每家徵收五十元,算是一年碼頭捐的總捐;但實行不久,即遭反對而止。一八五七年<small>清咸豐七年</small>起,滬道每年捐一整數款項與工部局,計一八五八年<small>清咸豐八年</small>為二千元,其後陸續增加,到一八六六年<small>清同治五年</small>達一萬四千元。此款在滬道乃為息

[註一]　Minutes of Council Meeting.

事寧人之計,以爲經他捐助此款,可免華人再被外人徵捐。但工部局却即認爲是滬道總繳的華人碼頭捐了。

　　一八六五年清同治四年工部局擬將其徵收碼頭捐的權力加以擴大,改碼頭捐爲市捐(Town Dues),凡貨物通過海關,不論輸入、輸出或再輸出,均須照抽。此議經同年七月一日閏五月初九日租地人臨時會議通過。但滬道對之,堅持不允,無法實行。工部局乃根據租地人會決議,起草修改一八五四年清咸豐四年地皮章程第十條規定,並規定凡拒繳市捐者,工部局有權扣押其貨物,如再不償清,即可拍賣作抵。此項修改草案,於同年十一月二十日十月初三日提交領事團;領事團於二十七日初十日開會討論,結果將工部局扣留貨物一層,改爲有權申請扣留貨物並控告貨物所有人或其代理人於受管法庭。此議經轉達北京各國公使後,未蒙批准。但一八六九年清同治八年地皮章程的規定,仍使所謂碼頭捐者,已非復其本來面目了;該章程第九條有云:

　　　　得抽收貨捐;租界內之人將貨物過海關,或在租界界至內碼頭上起卸貨物,下船轉運,均可抽捐,捐數多少,照貨之價值而定,但貨價每一百兩,捐不得逾一錢。[註一]

　　當滬道拒絕允准市捐的徵收時,工部局即轉而要求他增加每年的捐款,以後亦屢次提出同樣要求,均未成功。一八七五年清光緒元年又經提出,事情一直拖到了次年。結果工部局索性想請滬道停止該項年捐,而幫助工部局去向華人徵收貨捐,所捐的包括:

　　一　凡以居住租界界至以內的華人名義通過海關的貨物;及

　　二　凡華人在租界界至以內卸落,起運或轉運的貨物。[註二]

　　換言之,亦即照一八六九年清同治八年經各國公使批准的新章辦理。但英領麥華陀與滬道馮焌光交涉數月,工部局此種權力始終未被承認。馮道於一八七六年十二月十四日清光緒二年十月二十九日給英領麥華陀的信上,這樣寫着:

　　　　初,巡撫與滬道即決然以爲,外國人向中國人民徵收稅捐,事非正當。故歷年滬道年捐款項,固從未料及工部局認爲中國人民之稅款,今日提出向華商貨物抽捐之議。查去歲接讀貴領關於此事之第一次大函,本道即在英領事署面談此事,美總領事熙華德君時亦在座;本道當詢貴領,英國人民是否亦繳外國之稅。貴領暨熙華德君,同聲力言外國人實不得向中國人徵稅。竊謂貴領等深明外國人不得向中國人民徵稅之理,本道乃按期捐出該款,無非使外國人不向中國人民徵稅而已。[註三]

　　馮道如此堅決,工部局毫無辦法。

　　一八七七年十一月一日清光緒三年九月二十六日起,工部局取消轉運貨物捐,説是因爲徵收麻煩而每年所得又極少的緣故。[註四]法租界當時並不徵收此種貨物捐,所以在洋涇浜北首租界的商人多了一種負擔,頗多不平。終於工部局也看到了這一層,於是設法補救;但所謂補救辦法,就是擴大工部局的權限。一八七九年七月二十五日清光緒五年六月初七日納稅人會通過議案一件,着工部局按地皮章程第二十八款規定,獲得合法當局允准,於地皮章程第九條下,增加下列規定:

　　[註一]　參閱本編附録"二"之"3"及"5"。
　　[註二]　Mun. Council to H. B. M.'s Consul, June 1, 1876.
　　[註三]　S. M. C.'s Annual Report, 1876, p. 11.
　　[註四]　S. M. C.'s Annual Report, 1877, p. 11.

於徵收貨捐時,凡貨船之永久停泊於洋涇浜北首租界之前者,亦作爲在租界界至以内。[註一]

此項增添未得領事團認可,只得放棄。但到十月一日八月十六日租界内兩個最大的雅片商行遷到了洋涇浜南岸去。該兩雅片行每月所繳貨捐,最多有一、四〇〇兩。而同時主要的幾家絲行亦正籌備南遷。工部局見形勢不佳,乃召集納税人臨時會,加以討論。該會於十一月十二日九月二十九日舉行,議決工部局於編製次年度預算時,應取消貨捐,所有入不敷出之處,可酌量增加地税、市政捐及各種執照捐。一八八〇年清光緒六年即實行。貨捐雖已取消,但滬道年捐一萬四千元本非爲代替華商貨捐而出者,故仍照舊給付,而工部局於是把它算作"滬道對租界經費之捐款"(Contribution from H. E. the Taotai towards the expenses of the Settlement)了。

一八八四年清光緒十年工部局財政虧短甚大,乃於編製次年度預算時,提議將洋房市政捐增至百分之十,並請求允其發行債券五九、〇〇〇兩,以補償之。此二議提出於一八八五年清光緒十一年納税人年會時,均未得贊同,結果修正原提議爲:

兹授權工部局,對居住或設營業場所於租界内之人民所通過海關之貨物,及在租界内卸落或起運之貨物,徵收捐税,以代替發行債券及增加洋房市政捐;惟該項貨捐,不得超過貨物價值千分之一以上。轉運之貨物免捐。[註二]

同年三月一日正月十五日起,貨捐乃又徵收。滬道的一萬四千元年捐,從此又被認爲華商貨物捐的總捐了。

到一八九七年清光緒二十三年問題又發生了。説是:

工部局於細加考慮之後,所得結論爲:現行徵收碼頭捐之制度,十分不滿人意。其原因有二:第一,因依此制度,躲避此項捐税負擔之人,爲數既大,且常有增加;第二,因滬道現在之總捐,絕不能謂爲代表工部局應得之華商捐税之數。[註三]

於是,工部局於十二月二十一日十一月二十八日致函領袖領事西班牙總領事烏列亞德,請將其所提議的辦法,進行與滬道交涉,隨他擇一答應。工部局所提議的兩個辦法,第一個包括兩點:

一　滬道的總捐,應每年增至三〇、〇〇〇兩,經此總捐,華商得繼續免繳因國内貿易之輸入、輸出及再輸出而應繳的碼頭捐。

二　應請滬道出示公告,其碼頭捐的總捐,將來僅係包括國内貿易,即凡輸出至外國或自外國輸入者,不在其内。

第二個辦法是:

各種貿易之碼頭捐,其徵收事宜,全部由中國江海關辦理,所徵得之總額内,以國内貿易所徵捐額之半數,歸滬道作爲徵收費,其餘,即國際貿易之全部捐額,及國内貿易捐額之半數,則按季撥歸工部局。[註四]

滬道蔡鈞見於依第二辦法,每年可有收入,不加考慮,即以此事詢問海關税務司,後者告以國外貿易每年至少可徵得銀七〇、〇〇〇兩,國内貿易當亦可得三〇、〇〇〇兩;於是即於一八九八年七月十

[註一]　S. M. C.'s Annual Report, 1879, p. 23.
[註二]　S. M. C.'s Annual Report, 1885, p. 87.
[註三]　S. M. C.'s Annual Report, 1897, pp. 117–118.
[註四]　同上註,頁一一八。

九日清光緒二十四年六月初一日答函領袖德領史都培,答應工部局所提第二辦法的原則,不過主張以所徵國內貿易的半數歸滬道,而每年徵收費約銀五、〇〇〇兩,則另由滬道與工部局平均負擔云云。[註一]同時海關方面提議,法租界亦應參加,共同徵收。於是工部局與法租界公董局進行商議,至同年十二月二十三日十一月十一日商議定當;經納稅人會通過後,工部局即於一八九九年三月二十日清光緒二十五年二月初九日與法租界公董局簽訂規約七條。碼頭捐分配辦法如下:

一　徵收諸費,由滬道負擔二分之一,工部局四分之一,公董局四分之一。

二　關於國內貿易的碼頭捐,滬道得其二分之一。

三　捐款全額,扣去滬道所得者外,以百分之二五歸公董局,百分之七五歸工部局。

並規定自一八九九年四月一日清光緒二十五年二月二十一日起,繼續有效一年;但實際上卻一直沿用了下去。

自新制度實行後到當年年底爲止,這九個月中,工部局所得碼頭捐達銀一三五、七六二兩六錢五分,較一八九八年清光緒二十四年全年所徵六九、九〇〇兩七錢五分,增加幾近一倍。

C　執照捐及其糾紛

工部局執照捐,自一八六六年清同治五年年度起始,種類加多,到一八七〇年清同治九年年度時,計有下列各種:

外商　零賣酒商、彈子房及大彈子房、馬戲班。

華商　本地酒或洋酒店、舢板、雅片燈、典當、小車、戲館、娛樂場所。

其中,洋商的馬戲班是偶然的。又,華商的小車、戲館及娛樂場所執照捐,爲當年度所新增者。此外,又有三種爲一八七〇年清同治九年年度以前曾經捐過,後來取消的,一是賣鹽,自一八六六年清同治五年年度至一八六七年清同治六年年度捐過兩年;一是轎子,捐一八六五年清同治四年一年度;又一爲貨船,亦捐一八六五年清同治四年一年度,不過到了一八七五年清光緒元年又復活了。

那以後,便陸續增加,到一八九八年清光緒二十四年時,執照捐共有下列各種:

一　外商酒店。

二　中外商均有者,計有:彈子房及大彈子房、戲院與音樂會、租馬處、貨船、肉店、貨車、汽船及渡船。

三　純粹華商者,計有洋酒店、載水車、舢板、典當、雅片燈、小車、酒館、人力車、茶館。

同年,這三類執照捐的收入,計:全由外商捐者,即第一類,爲一、〇二九兩一錢一分;中外合出的第二類,爲四二、八五二兩四錢七分;而第三類完全由華商捐的,則有一五六、二七五兩八錢九分。三類合計,即該年執照捐總額,故爲二〇〇、一五七兩四錢七分。而同年工部局其他捐稅收入,地稅爲一四〇、二九一兩三錢七分,洋房市政捐爲九四、〇七一兩五錢七分,華房市政捐爲二三九、七三五兩三錢三分,碼頭捐爲六九、九〇〇兩七錢五分。比較看來,即可知道執照捐在工部局捐稅中所佔的地位了。

執照捐的納稅華人,頗多經濟力量十分薄弱的人。另一方面,工部局既攫奪徵稅之權,而所定辦法又多甚嚴厲。因之,執照捐的反對和糾紛,比較多見。茲舉其較大者如下:

一八七五年六月清光緒元年五月典當主人聯名向工部局請求:依營業徵捐的辦法,改爲每季一定的

[註一]　S. M. C.'s Annual Report, 1898, p. 160.

捐款;取消捕房查看帳目的辦法;並改變充公典押贓貨的規程。工部局僅答以不能改變舊章。

一八八五年三月一日_{清光緒十一年正月十五日}起,茶館執照捐開始實行,凡茶館須每月出捐洋一元至六元不等。各茶館反對。工部局加以强迫,仍不繳,即加逮捕,解會審公廨。"雖然外國陪審官竭力堅持追繳",^[註一]但公廨讞員以工部局並無此種權限,不加追究。工部局於是致函領袖領事,"請對華官運用勢力,以便實行徵此捐項"。^[註二]領事團乃派奧匈(Austro-Hungary)領事哈斯(Haas)與會審公廨讞員磋商。結果,捐法稍加改變,即凡設茶桌二張以下及僅售開水的老虎竈,不徵此捐,其他則按茶桌多少爲標準,每桌每月洋一角。到是年年底_{十一月二十一日}爲止,工部局共收此種執照捐銀二、四八〇兩九錢六分。

小車捐及人力車捐,糾紛尤大。小車初來上海,不過作裝載貨物之用。後漸有人於車上稍加裝飾,並設法消滅推行時的軋軋之聲,於是人坐其上者,逐漸增加。一八七〇年_{清同治九年}年度開始徵執照捐時,爲每輛每月二百文。一八七八年_{清光緒四年}小車捐增至四百文,並有小費三十五文。其時,一般小車夫除車租車捐外,每月收入僅餘二千七八百文,尚須養活數口之家。一八八八年_{清光緒十四年}納稅人會又決議每輛月捐增至一千文,定四月一日_{二月二十日}起實行。各車夫齊集上海縣署前,請求交涉。上海縣會同公廨讞員與工部局總董何德(A. G. Wood)磋商無效,乃會銜稟呈滬道,除轉達車夫苦狀外,並謂:

> 雖外國租界內事,由界內外國人處理,而給與其治理租界權力之章程,並未得中國當局之明白書面核准。有關中國人民之處,自有中國官吏在。今被命繳納增捐者,即皆中國人民,則在權限上,自應先得中國官之同意,始得實行。^[註三]

滬道龔照瑗據呈於三月三十日_{二月十八日}函領袖英領休士交涉。此後文件往來,十分繁多,結果,領事團勸令工部局免加,工部局從之。到一八九七年一月一日_{清光緒二十二年十一月二十八日}工部局由捕房總巡函致公廨讞員,說租界道路經小車推行,損毀不少,修理費大,故已決定自四月一日_{清光緒二十三年二月三十日}起增加小車月捐到六百文。公廨讞員即於一月六日_{清光緒二十二年十二月初四日}照出告示。三月九日_{清光緒二十三年二月初七日}納稅人年會通過小車增捐案。小車夫呼告無門,乃於四月一日_{二月三十日}增捐實施時,羣起罷工。數日內,捕房戒備森嚴,屢加驅散。五日_{三月初四日}車夫羣衆從法租界經外洋涇橋入外人租界。工部局認爲暴動,警鐘齊鳴,商團出動,停泊港內的英艦凌難號(Linnet)、普洛凡號(Plover)及美艦莫諾喀西號(Monocacy)陸戰隊登陸示威。羣衆旋被武力驅散。六日_{初五日}工部局宣告讓步,小車增捐,延期三月實行。但外人對此,羣向工部局責難,於四月二十一日_{三月二十日}特開納稅人臨時會議,結果工部局董事全體辭職。小車增捐即於七月一日_{六月初二日}起始實行。

人力車於一八七四年_{清同治十三年}由日本流傳來滬,故俗稱東洋車。初因車資較小車貴約一倍,坐者甚少。惟因造車費較省,出租不久即可歸本,故製造極多。而迫於生計又衆,造車不愁無人租拉,於是人力車滿佈租界。車多價跌,雖坐者漸形普通,車夫所得反而日少。一八七九年三月_{清光緒五年二月}納稅人會議決徵收執照月捐,每輛一元。雖經反對,無效。一八八二年四月二十日_{清光緒八年三月初三日}工部局召集納稅人臨時會議,討論人力車執照問題,結果議決:

一　將人力車每輛月捐,加到一元五角,並定五月一日_{三月十四日}起實行;

二　加捐之後,再將車照拍賣與一人經營,以便一律遵照工部局所定人力車行車章程辦理。

[註一]　S. M. C.'s Annual Report, 1885, p. 41.
[註二]　同上註,頁四二。
[註三]　S. M. C.'s Annual Report, 1888, p. 138.

經車戶向美領署、工部局及會審公廨請求無效,工部局進行拍賣車照步驟。後來車戶向領事公堂請求,領事公堂表示工部局不應有拍賣事宜,工部局始只實行了加捐這一點。

4. 消防隊的成立和商團歸工部局指揮

A　消防隊的成立

華洋雜居後,租界內房屋大增,易生火患,因於各主要街路人行道上,開井儲水,以爲消防之用。一八六三年清同治二年工部局自美國購來滅火機一架。商家亦有私有滅火機的。一八六五年清同治四年工部局進行與各保險公司商酌組織消防隊事宜。一八六七年一月七日清同治五年十二月初二日工部局宣告火政處成立,派定負責人員,成立上海機隊、虹口機隊、金利源機隊及鈎梯隊,並公佈章程五條。消防隊員,皆盡義務。經費除由各保險公司及中外商家捐助外,滬道亦認助年捐四百元,此後按期撥助,未曾間斷,直到一九〇一年清光緒二十七年爲止。火警報告,初由教堂鳴鐘,港內所泊主艦發礮三響,各輪亦一律鳴鐘。嗣因教堂鳴鐘,不甚清晰,乃於虹口捕房建造鐘塔一座,向教堂借得舊鐘一具,掛在上面。一八八〇年清光緒六年由美國購來六千餘磅重的大鐘一具,懸於山東路救火總會高塔上。後又廢除警鐘制,此大鐘即特配石座,移置兆豐公園,如吾人今日所見。一八九九年清光緒二十五年租界推廣後,火警增加,消防隊乃改爲雇用制,由工部局雇員充任。

B　商團歸工部局指揮

一八七〇年七月二日清同治八年六月初四日商團開會,通過議案云:

> 商團之管轄,應授諸工部局,工部局得經由其總董,決定組織之一切問題,並約束各隊之行動。[註一]

工部局董事會接受此議,並即將商團組織,略加改變。

商團打靶的地方,初在當時租界界外約當今靶子路俗稱老靶子路與北河南路接近之處。後來虹口所謂熙華德線一帶,逐漸增加居民;到一八九三年九月清光緒十九年七月靶子場附近西籍居戶,向領事公堂提出請求,要其命令工部局不再以該地爲靶子場。一八九五年清光緒二十一年工部局進行在寶山縣境"租"地,預備另設一新靶子場。照納稅人會通過的新靶子場規模,一五〇畝地本已足用;而工部局先後"租"地計共約二六五畝。乃於其地另行劃闢公園外,並將其中約九六畝出"租","租"入價每畝一八〇兩,"租"出價則爲二〇〇兩。一八九九年清光緒二十五年租界推廣後,此俗稱公園靶子場的,仍在租界界外,即今越界道路江灣路上虹口公園之旁。

5. 修橋闢園和造路的糾紛

A　修造橋梁

在這洋涇浜北首租界時期,修造洋涇浜及吳淞江上的橋梁,是一種重要的工務。滬道對於此種工務,亦常出資相助,如:一八六七年清同治六年年度捐銀四、〇〇〇兩,爲出清洋涇浜及修理外洋涇橋之用;一八六八年清同治七年及一八六九年清同治八年年度共出資一、五九九兩零四分,與洋涇浜南北兩租界平均分擔修理鄭家木橋等費用。

修理洋涇浜上橋梁,是兩租界共同合作的。一八七三年清同治十二年時,法租界公董局對洋涇浜北首租界工部局經理的修橋工作,提出抗議,說法租界從自來火街到鄭家木橋的一段浜岸給侵害了,損及河道交通及法租界租地人的利益。兩方各不相讓,文件來往,一直鬧到了一八七五年清光緒元年請法領葛篤(Ernest Godeaux)和英領麥華陀作仲裁人,纔公斷了結。

[註一]　S. M. C.'s Annual Report, 1870, p. 37.

坐落吳淞江南北兩岸的舊英租界和舊美租界，最初來往僅恃渡船。繼有英人威爾司（Wills）者，組織"蘇州河橋梁建築公司"（Soochow Creek Bridge Company），於一八五六年清咸豐六年在外擺渡地方，跨吳淞江造橋一座，即名威爾司橋（Wills Bridge）。橋拱闊四五〇英尺，中有吊橋，船過時開放。凡過橋者，均須納費，公司所得不貲。工部局後將該橋收買，並於一八七五年清光緒元年加以改造。改造時工部局欲將橋面放低三英尺，滬道因其將礙及河道交通，出來交涉。迭經商談，結果只放低了二英尺。這便是外擺渡橋，俗稱外白渡橋；西人則因其位於外灘公園之旁，名之曰 Garden Bridge，即花園橋。橋初用木造，我們現在所見的鋼橋是一九〇六年清光緒三十二年改建，一九〇七年清光緒三十三年落成的。

B　公園開闢

沿黃浦一帶，淤泥積成淺灘。英領事署前，因適當黃浦江與吳淞江合流之衝，又曾有船沉沒於此，所以淤積得特別厲害。一八六五年清同治四年工部局興工填實自北京路至外擺渡一帶泥灘，使成平地，闢為公園。一八六八年六月清同治七年閏四月英領文極司脫始函致滬道，說這一塊地已經工部局填好，共計三〇畝四分七厘三毫，作為娛樂用處，決不造屋營利，所以請滬道豁免錢糧。滬道應寶時於六月十九日閏四月二十九日答函云：

> 其地雖為工部局所填屯，仍係中國官有，論理須徵錢糧；惟該地位於英領署前，填高以為娛樂之所，設亭建閣，不屬營利性質，故即以洋商不得租賃造屋牟利為條件，准其豁免錢糧。如不遵守，地即充公，此紙作廢，衡情行事。[註一]

這便是外灘公園了。一八八四年十月清光緒十年九月工部局欲填吳淞江口灘岸，以擴充公園，滬道邵友濂派員查看，發覺工部局工作已在進行，礙及河身，未便允准，與領袖領事交涉。結果協議以後如欲填屯租界內河灘等情，其計劃必先得中國官廳的允准，始可實行。但一八八五年八月清光緒十一年七月工部局董事會通過填築灘岸經費以後，工部局又在那老地方開始工作了。十月四日八月二十六日邵道乃致函領袖德領魯爾信，說工部局填築公園，侵佔吳淞江面一丈有餘，非叫它停止工作，等邵道派員劃明界址不可。領袖領事以邵道的信轉給工部局時，也叫工部局注意一八八四年清光緒十年的約定。雖工部局否認侵佔事情，但填築工作亦即停止。三年後，經滬道龔照瑗與英領暨工部局人員，親加考察，會勘界址，以免有礙河流。但工部局仍不依界填築，龔道屢次抗議無效，終於又先後一共讓與吳淞江口官地一畝八分。

一八八九年九月十八日清光緒十五年八月二十四日納稅人會通過一案，謂：

> 茲授權工部局，除必要時須得本會同意外，進行將吳淞江南岸素稱股司（Ince）灘岸之處，改造公園，並准其開支所必需之款項。[註二]

股司是人名，他所有吳淞江南岸四川路橋東首的地皮，外人即稱之為股司灘岸。一八九〇年一月初清光緒十五年十二月中工部局和股司代表人接洽妥當後，即行開工。但這一塊地原來是有問題的。當一八八一年清光緒七年滬道劉瑞芬派員去丈量時，發覺該西人這塊地皮，面積較道契所列多出十畝，劉道當時就致函領袖領事，聲明該十畝地是中國官地，不屬該西人所有，並請其轉告一下。所以當一八九〇年一月清光緒十五年十二月工部局在那裏動工的時候，龔道就向領袖領事重申此事，說工部局實無權出而謂為所有。雙方交涉，經歷數月之久。結果，滬道聶緝椝於六月十一日清光緒十六年四月二十四日致函領袖領事，允准以"官地"改為"公用之地"；不過，聶道又說：

[註一]　S. M. C.'s Annual Report, 1868，附錄 B。
[註二]　S. M. C.'s Annual Report, 1889, p. 178.

本道同時認爲重要者，即該地與其餘官有灘岸，情形不同，並請貴領袖領事轉知工部局，不得根據誤解，以爲情形相同，任意處置灘岸。[註一]

十一月十月公園落成。稱爲華人公園(Chinese Garden)。十二月十八日十一月初七日下午二時，由聶道宣告公園開放。園內懸掛聶道"寰海聯歡"[註二]扁額一塊。

一八九二年清光緒十八年工部局進行"租"得虹口乍浦路、崑山路及文監師路交界處的地皮，預備開闢公園。但該地有池塘一個，四週都是中國官地，工部局於一八九五年清光緒二十一年先將池塘填塞，佔有其地，然後致函滬道黃祖絡，請允准劃入公園。黃道雖以其地另有別用，未經允准；但後工部局忽稱以銀一五、〇〇〇兩"租"得，經過不明。這便是現在供兒童遊息的崑山路花園。

一八九六年清光緒二十二年工部局在寶山縣境"租"地造靶子場，因面積寬大，後乃開闢公園，於一九〇五年清光緒三十一年落成，名虹口公園，至今猶在租界界外。一九一四年民國三年又於租界界外曹家渡市場西面，開闢兆豐公園，西文名 Jessfield Park，即極司非而公園。

工部局這樣先後在租界內外開闢的公園，除那每年只費工部局銀一百多兩的華人公園外，均不許中國人民進去。甚至在公園前面懸有"華人與狗不得入內"(Chinese and dogs not admitted)[註三]的牌示。華人自一八八一年清光緒七年起，即有開放公園的要求。一八八九年清光緒十五年時，有華商數人呈稟滬道龔照瑗，請與外人交涉，云：

並非爲公園乃特別有趣之處，吾人渴欲遊覽；但其地爲中國土地，經費亦多出自中國人民，而中國人民不得入園一步，實爲不平之事，對吾個人固爲侮辱，於國家尊嚴尤有大損！[註四]

不僅這一次，以後迭經官民交涉，均無結果。公園開放還是一九二八年民國十七年開始的事。

C　楊樹浦築造灘路

一八九一年清光緒十七年工部局計劃自楊樹浦捕房北界起至黃浦止，沿楊樹浦築一灘路，長約七百英尺。十一月十月工作開始。工部局不僅侵佔沿楊樹浦中國官地，且將浦面填狹，勢必礙及潮水流入，損害田地灌溉，該處農民羣起反對，工部局置之不理。

十二月二十四日十一月二十四日下午一時，農民三四百人，聚集於楊樹浦捕房鄰近地方，巡捕過去干涉，引起衝突。該捕房僅有西籍巡長一人，印捕四人，華捕二人，遂退入捕房，打電話給總巡捕房，請派捕鎮壓"暴動"。農民據說"向捕房拋擲磚石泥塊，窗戶略有損傷"，[註五]旋即散去。

次日，上海縣知縣袁樹勳親至出事地點查看。捕房以其認爲首領的四人姓名住址抄與知縣，"但彼不甚注意，將名單遺置桌上而去"。[註六]工部局乃於三十日三十日致函領袖領事法領華格臬，附以該四人名單，"請轉致滬道……即行着手拘捕該四人嚴辦"。[註七]一面工部局仍繼續築路，到年底十一月底將捕房到楊樹浦橋一段完成後，始停工以觀形勢。

滬道聶緝椝查得實情，即向領袖領事提出抗議，說工部局填浦築路，寬二丈二尺，從南到北長二十三丈四尺，全屬中國官地，而該浦口潮水流入所自，尤屬重要，兩旁且應多留空地，以備開寬，怎可填塞？領事團無法偏護工部局所爲，但只主張工部局應將該路北頭縮回二十英尺。此意經工部局同意，

[註一]　S. M. C.'s Annual Report, 1890, p. 194.
[註二]　按扁語係自英文重譯，所據英文爲："Huan Hai Lien Huan"——"China and all the nations rejoice together".
[註三]　K. S. Latourette, The Development of China, p. 236.
[註四]　S. M. C.'s Annual Report, 1889, p. 227.
[註五]　S. M. C.'s Annual Report, 1891, p. 133.
[註六]　同上註。
[註七]　同上註，頁一三四。

惟要求領事團須先請華官拘辦肇事人等,工部局纔能實行縮回。聶道則根據知縣呈文,以爲:

> 鄉民不向官廳呈明其事,先赴捕房,致起糾紛,行動有失其當;如工部局將該處浦面恢復原狀,則該鄉民等自應拘訊,有罪即當懲辦。夫如是而民意乃無不滿。[註一]

對於懲辦方法,雙方意見亦大不相同。工部局要求將鄉民帶到捕房實行懲辦;聶道則堅持須在城內。於是工部局又拒絕縮回灘路。交涉又起。直到一八九二年九月十四日清光緒十八年七月二十四日始由領袖領事美領廖那特致函聶道,說工部局爲保持中外的友誼起見,同意以華官懲辦肇事人爲條件,縮回灘路。十一月四日九月十五日雙方派員考察路界,劃定路線,約如領事團所主張僅北頭縮回二十英尺。次月,工部局動工縮回。一八九三年二月四日清光緒十八年十二月十八日聶道通知領袖美領廖那特,說得到知縣黃承暄報告,工部局所提出的肇事人首領,三人已經拘訊嚴辦,另外的一個則已逃往別處,尚未拘捕到案云云。事情便這樣了結了。

6. 郵政與電話

A　工部書信館的始末

上海開埠以後,所有投寄國外的郵件,都由英、法、美、俄、德、日六國,先後自設郵局辦理。中國郵務,初由海關兼管,一八九六年清光緒二十二年始設立獨立的正式郵局;中國自設郵局以後,此種外國郵局依然存在,直到華盛頓會議一九二一—二二年以後始行撤消。

工部局設立工部書信館(Local Post Office),爲時甚早。最初,純爲便利外僑起見,華人應用者極少。該館的職務,是辦理國外及沿江、沿海的郵遞。本埠信件,雖亦可寄,但甚不普遍。郵寄取資,用經常捐款制度。

一八六五年六月七日清同治四年五月十四日工部局董事會舉行月會時,財政稅務及上訴委員會的報告中,提出工部局所徵捐項,無一帶有發達性質而可以在將來減少直接稅相當負擔的歲收,並建議補救。工部書信館的擴充和利用,亦爲其所議補救辦法的一端。此項報告,經董事會批准。同年七月一日閏五月初九日實施新定章程,郵件寄遞以貼用郵票爲主,中外人民,辦法一律;對於捐款制度加以限制。於江蘇路數月後即改名四川路設總局,另在城內大東門街設立分館。從英國定印特種郵票,以資貼用。一八八二年清光緒八年又在虹口設立分館一所。寧波、廈門、天津等埠,亦先後設立分館。

一八八六年清光緒十二年中國政府決定將由海關兼管的郵務,擴大及於通商各埠,以爲創設全國郵局的第一步工作。總稅務司赫德(Sir Robert Hart)[註二]任命稅務司柯普虛(H. Kopsch)爲郵務司,籌備此事。同年八月十六日七月十七日柯普虛致函工部局總董何德,略謂:

> 中國郵政既將擴充及於全國通商各埠,工部局於上海所設書信館及本埠其他外人郵遞機關,其設置之必要,已不復存在,因奉命爲中國政府詢問:
>
> 一　洋涇浜北首外人租界之工部局,行將撤消其在滬及在中國各埠之書信館及其代理機關,以郵務之處理,交諸在中國政府管理之下,由江海關兼管之郵局乎?
>
> 二　撤消及移交,何時實行? 一八八七年一月一日清光緒十二年十二月初八日如何?[註三]

同月二十四日二十五日工部局總董何德覆函說:

> 此事工部局無權處理,非詢問納稅人會意見不可,當於年會時提出討論。[註四]

[註一]　Taotai to Senior Consul, June 1, 1892.
[註二]　按今公共租界有赫德路。
[註三]　S. M. C.'s Annual Report, 1886, p. 167.
[註四]　同上註,頁一六八。

同日,何德又另寫一信給上海和明商會(Shanghai General Chamber of Commerce)主席伯頓,請他對於"與外人利益有重大關係之事,若此中國政府決定創設全國郵局之計劃者",徵求該會會員意見。[註一]同月三十一日_{八月初三日}伯頓回信表示反對;該商會即於九月二十一日_{八月二十四日}開會通過下列二議案:

一　本埠外國郵局不應撤消。
二　書信館仍由工部局管理。

事情就這樣擱了淺。

一八九六年_{清光緒二十二年}中國正式設立郵局。次年一月_{清光緒二十二年十二月}上海各輪船公司通知工部書信館,自二月二日_{清光緒二十三年正月初一日}起,該公司等將不再載運中國郵局所託以外的任何郵件,到中國通商各埠去。接着,郵務司又致函工部局,說歷年沿用的彼此分遞郵件的辦法,即將停止,如工部局願意,中國郵局可接收其書信館。後來雙方便訂立接收移交協定,工部書信館存在至同年十月三十一日_{十月初六日}爲止。

B　電話的裝置

一八八一年_{清光緒七年}大北電報公司(Great Northern Telegraphy Company)創辦電話事業;惟規模甚小,除工部局外,電話用戶僅三三八户。後即歸中日電話公司(China and Japan Telephone Company)接辦。一八九八年三月十日_{清光緒二十四年二月十八日}納稅人會通過議案,授權工部局進行與中日電話公司或其他同性質的公司,斟酌簽訂特許約定。投標結果,爲華洋得律風公司(Shanghai Mutual Telephone Company)所得。按照約定,該公司應於一九〇一年四月_{清光緒二十七年三月}完工通話,但一九〇〇年八月一日_{清光緒二十六年七月初七日}通話地點已不下百處。完工後,營業日見發達。

7. 公用事業

A　自來火公司和電燈公司的成立與工部局電氣處的由來

一八六四年_{清同治三年}上海自來火[註二]公司(Shanghai Gas Company)成立,得工部局特許,在地下鋪設總汽管。次年起,界內路燈始不全用油點。惟煤汽燈裝置過疏,且該公司又增燈價,外人頗表不滿。一八八二年_{清光緒八年}乃有人提議改用電燈。李德爾繼即組織公司,呈准工部局,借用其路燈木桿,並添豎若干,試行磨擦發電法(brush system)。該公司繼又得工部局准許,於華人房屋若干處,上海總會(Shanghai Club)及法租界住户數處,接線通電。一八八四年_{清光緒十年}該公司請求工部局收買其事業,未得納稅人會通過。一八八八年_{清光緒十四年}公司改組,名爲上海電氣新公司(New Shanghai Electric Company)。一八九三年_{清光緒十九年}工部局得納稅人會的授權,發行債票八〇、〇〇〇兩,以其中六六、一〇〇兩購買該公司全部事業,自行經營。於是工部局成立了電氣處(Electric Department)。

B　自來水的裝置

一八八〇年_{清光緒六年}工部局與上海自來水公司(Shanghai Waterworks Company)訂約,裝設自來水管。一八八三年四月_{清光緒九年三月}放水。那時李鴻章適在上海,被邀參加放水典禮。後雖經人提議工部局應收買自營,但因需費過巨,未曾辦到。

[註一]　S. M. C.'s Annual Report, 1886, p. 169.
[註二]　按即煤氣。

8. 公墓的管理和教育的考察

A　公墓的管理

一八四四年清道光二十四年外僑組織一公墓公司,集資五百元,購得海關後地皮一塊。此地尚未布置成公墓模樣,即由林特賽洋行(Lindsay and Company)以其所有坐落今山東路的十四畝地皮一塊,與之交換,旋即起造公墓。其後又先後在浦東及東新橋民國路轉角地方,各設公墓一所,前者專爲埋葬海員之用。一八六三年九月清同治二年八月決定於界外另建新墓地,由工部局購置八仙橋墓地,當時此地尚不在法租界範圍以內。一八六六年二月清同治四年十二月各公墓開始一律由工部局管理。後來,又先在靜安寺路,繼在虹橋路,購置公墓兩處。

B　教育的考察

"華人入居租界,與租界以最好的隆盛機會。"[註一]一方面工部局得有從事建設租界機會,另一方面商務日盛,外人基礎穩固,生活日安,不再以流亡自視。故即先後創辦學校,有的專爲西童而設,有的專爲歐亞人通婚所生子女(Eurasian Children)而設。一八八二年清光緒八年納稅人會乃指定納稅人五人,組成委員會,"授與考察租界內整個西人教育問題之權,並請其於下次納稅人會時提出報告"。[註二]自此以後,工部局就有收管西人私立學校,或年給津貼的事了。

9. 開埠五十週年慶祝

一八九三年清光緒十九年爲上海開埠五十週年。是年納稅人年會時,即討論慶祝的方式,結果選派納稅人三十四人,組織特別委員會,加以考慮。該委員會提出報告,特開納稅人臨時會議討論,決定十一月十七日及十八日十月初十日十一日爲慶祝日期。並着工部局製定紀念章。

到了慶祝的第一日,上午於跑馬廳校閱商團,港內各國軍艦人員亦均登岸參加。校閱畢,即於南京路北京路間的外灘草地上,請教士慕維廉(Rev. William Murihead)[註三]演説。午時,港內軍艦及商團礮隊鳴礮五十響。下午,於跑馬廳舉行西童會。晚上,外灘公園、外灘、南京路及百老匯路的特裝電燈,先後齊明,並有消防隊及華商遊行;十時,外灘放焰火。第二日上午華商遊行,但到熙華德路,忽不願繼續,中途散去,捕頭試加重組,總歸無效。下午,大英劇社(Amateur Dramatic Club)在蘭心大戲院(Lyceum Theatre)演劇招待西童。

英國香港總督羅賓生(Sir W. Robinson)及海軍上將弗來孟督(Admiral Sir E. Fremantle)均來滬參加慶祝。香港、北京、漢口等處英國官民,紛紛致電工部局,祝賀其統治中國土地人民的成功。後來,工部書信館又特印紀念郵票。

[註一]　直田捷雄:上海越界道路問題見日文上海週報八九二及八九三號。
[註二]　S. M. C.'s Annual Report, 1882, p. 98.
[註三]　按"慕維廉"是他的中文姓名,有另譯爲"茂海"者,今公共租界有茂海路。

戊　公共租界的開展

一　租界名稱的改易

公元一八九九年_{清光緒二十五年}租界面積推廣三倍有餘，推廣經過，另節敍明於後。當洋涇浜北首租界推廣交涉進行之際，法租界亦正向中國提出同樣交涉。辦理租界推廣交涉的中國官員，深怕在這多事的時候，還會有別的國家提出另闢它獨立的租界的要求，便將推廣區域名曰公共租界，"使各國咸得於界內設肆經商"，^[註一]以免糾紛。此新闢的公共租界，即由洋涇浜北首租界工部局接管，並即以洋涇浜北首租界章程治理之；於是原有租界區域，連同新闢區域，統稱公共租界了。^[註二]

二　地皮章程的修訂——現行地皮章程的形成經過

1. 現行章程的形成是由於一八六九年章程的增訂和修改

A　重行修訂章程的決議

如前所述，租界地皮章程一再更改，使租界變質，工部局權力擴大，但一八六九年_{清同治八年}章程施行未久，工部局又不滿意它已經擴大的權力，企圖再加擴大。結果，一八八一年_{清光緒七年}完成修改章程草案，由領事轉呈北京各國公使，却因章程草案使"工部局完全脫離公使和領事管轄"，經公使團加批發還；而工部局再度修改完畢，於一八八四年_{清光緒十年}重行轉呈公使團後，始終未曾得到可被批准的消息。

事情便那樣擱淺了下來。一直到一八九六年_{清光緒二十二年}納稅人舉行年會的時候，纔由一八九五年_{清光緒二十一年}年度工部局總董施高塔提議，副總董潑羅世德(E. A. Probst)附議，納稅人一致通過議案一件，云：

> 玆着工部局將一八八一年_{清光緒七年}納稅人所採市政章程及附律之新法典，重行修訂，加以租界現在發生變化所必需之更改；章程經加修訂更改，應提交領事團，以備送呈北京，請各外國公使及中國政府批准確認。

修訂章程的事情，於是又經提了出來。

B　工部局對於修訂章程的顧慮

但是，在通過修訂章程議案的一八九六年_{清光緒二十二年}那一年，工部局對於修訂章程的事情，却未曾着手進行，因爲"工部局得知，在現狀之下，獲得北京方面對於一種新法典之核准，事屬艱難"。然而工部局見於所謂"事情之重要"，覺得必須有所行動，於是終於在一八九七年七月七日_{清光緒二十三年六月初八日}由總董白克寫了一封信給領袖領事德總領事史都培，歷敍以前修改章程及其擱淺的經過情形後，

[註一]　參閱清光緒二十五年二月初四日申報"論上海議設公共租界事"。

[註二]　公共租界的英文名稱開始用於正式文件中，爲一九〇二年的事，A. M. Kotenev, Shanghai: Its Mixed Court and Council, p. 113.

請他轉詢北京公使團,如果再行修改章程,是否可望批准,並代請公使團將從未得中國政府正式承認的一八六九年清同治八年章程,請總理衙門追加批准;全函如下:

> 一八八四年十二月十二日本局該年度董事會曾敬函貴領前任當時領袖領事魯爾信博士,請其將最後修正之地皮章程及附律之新法典草案數份,送呈公使團領袖公使,請有約各國公使,賜予批准。吾人猶憶,公使團對於建議之法典,自一八八一年六月起,即予注意,而該使團所發表之若干建議意見,亦經採納,加入於此最後修正之中。

> 一八八六年十月本局於又函領袖領事愷自週(Kraetzer)君時,敢以該項新章須加批准之重要一層,提請領袖公使注意。此函旋奉覆示,謂該問題仍在公使團考慮之中。

> 爾時以後,迄於今日,本局迭經詢問,所得非正式答復,謂現時以該項建議之法典請求總理衙門正式承認,事欠妥善者,已非一次,而最後一次,則又得悉,與中國政府討論該項章程,結果或將引起許多困難問題云。

> 然而爾後歷屆董事會之經驗,並未使上海社會之視其地皮章程,重要有減,而一八七九年要求修改現行法典,即一八六九年法典時,租地人所爲激發之一致意見,亦與時日推移並增其力。

> 最後於一八八四年送呈北京之修正法典,雖較租界現在治理所據者已呈顯著之相當進步,但至今日,迫於情勢之變遷,仍有不敷應用之處。以敝同僚及敝總董之意,無庸以之提請總理衙門承認,故敝總董等擬儘早建議,根據同樣原則,起草修正法典,提請公使團裁奪。

> 但於從事此項工作之前,本局願敬詢問,如以新法典送呈北京,是否可望其得公使團之早賜裁奪與贊助。

> 最後,在提呈此項修正法典之前,本局敢於指出,現行章程及附律雖經有約各國代表批准,但迄未得中國政府正式承認,此項事實使租界之良好治理,發生損傷非淺。該法典施行已近三十年;故總理衙門之承認,既足使關於章程效力,去盡手續上反對之根據,在中國政府一方,固亦無任何實際之讓步。本局因敢於此請求各國公使對於修訂法典問題賜予意見之際,同時對於現行法典,即一八六九年法典,應得總理衙門正式承認一點,不惜竭力以請也。

> 茲附奉現行章程英文中文各二份,請轉致北京領袖公使。

C　特別修改委員會的設立

領袖領事德總領事史都培收到工部局總董白克這一封信後,即行提交領事團考慮,並如工部局所請,於七月二十三日六月二十四日作函轉達北京公使團。到同年九月二十一日八月二十五日公使團領袖公使麥唐納(Claude Macdonald)將公使團意見覆示領袖德領,對於工部局擬再修改章程一層,表示:

> 如將該項修改法典送來北京,敝同僚等當即加以考慮。非至已經見到並考慮此修改法典之時,彼等當然不能先以其贊助相許。

至關於以租界現行章程及附律提請總理衙門追加正式承認一層,則公使團以爲:

> 此項章程,施行年代既已如斯其久,其效力不成問題。故無必要以此事商諸總理衙門也。

領袖公使的這一封信經領袖德領史都培於十月三日九月初八日轉達工部局後,工部局即行組織一特別修改章程委員會,委員七人,如下:孟斯斐爾(R. W. Mansfield)、麥克曼格爾(J. H. McMichael)、毛理蓀、施高塔、安徒生、魯德(M. Rohde)、威爾金生(H. P. Wilkinson);孟斯斐爾係英領,任該委員會主席,安徒生、魯德和威爾金生則皆是工部局該年度董事。

D　從此將一八六九年章程屢加修改形成現行章程

　　這一八九七年_{清光緒二十三年}所設的修改章程委員會,到一八九八年一月十日_{清光緒二十三年十二月十八}_日將修改結果報告工部局。此次修改,僅以一八六九年_{清同治八年}章程爲根據,擇其"需要最迫切"的增訂修改數處。該委員會雖曾於其報告函件中提及"關於地皮章程之全部修訂其工作已得有相當進展,本委員會擬容後再告"的話,但以後並未將此種全部修訂形諸事實。一八九八年_{清光緒二十四年}以後,章程及附律均尚有數次部分的增訂和修改。所以一八六九年_{清同治八年}地皮章程及附律,加上一八九八年_{清光緒二十四年}及其後的增訂和修改,便形成了公共租界現行地皮章程。下面便是這些先後增訂和修改的經過。

2.　章程第六款甲第六款乙和第三十款的增訂及附律第八條第三十四條的修改和第八條甲的
　　增訂

　　工部局於一八九七年_{清光緒二十三年}所設修改章程委員會,於一八九八年一月十日_{清光緒二十三年十二}_{月十八日}致函工部局,報告經該委員會"細加考慮之後,多數通過"的增訂和修改共計五條,如下:

　　　一　建議的新章第六款甲馬路基地;
　　　二　建議的新章第六款乙鐵路基地;
　　　三　建議的新章第三十款建築物;
　　　四　建議的修改附律第八條築溝;
　　　五　建議的修改附律第三十四條執照捐。

　　並云:

　　　本委員會以爲,上列各款章程及附律,一經納稅人通過並先後提呈各外國領事及北京公使團後,足使本局得以處理凡須加以注意與繩以律例之事宜。據此意見而行,本委員會決以儘早提出爲宜。

　　　至關於地皮章程之全部修訂,其工作已得有相當進展,本委員會擬容後再告。

　　工部局乃於修改章程委員會所提增訂和修改的五條以外,再加提新章第八條甲建築,全部提出於三月十一日_{清光緒二十四年二月十九日}舉行的納稅人臨時會,得其通過。三月二十六日_{三月初五日}工部局由總董斐倫代表,致書領袖領事德總領事史都培,將納稅人臨時會通過的增訂和修改的章程和附律共六款附寄了去,説是這些對於現行章程的修改和增訂,對於外人租界的良好治理,具有重大的直接關係,而其需要的迫切亦早爲領事團所熟知,無庸贅述,所以請領事團迅賜考慮並早轉達本地中國官廳,一經同意,即呈北京各有約國公使批准。

　　但領事團特別對於所提議的新章,不與同意,所以時間過了三個多月,事情却還是毫無進展。工部局原以爲這一次的部分修改,總可減少或甚至完全避免時日的遷延,可是此種預期,到了這時,看來是不大可靠了,於是由副總董威爾契(Joseph Welch)代表,於七月一日_{六月十三日}再函領袖領事德總領事史都培,説是建議的新章既似一時難得同意,應請將修改的附律第八條築溝和第三十四條執照捐,與提議的新章第六款甲馬路基地、第六款乙鐵路基地和第三十款建築物,分開兩起,先請領事團儘早批准,然後送呈北京各國公使;信末並謂:

　　　此二問題得於年底以前圓滿解決,實施該二條修改附律之規定所必需之事亦得提出於明年納稅人年會,此乃敝局所急切願望者;故敝副總董敬以敝局希望相達,即該二條附律早蒙貴領事團批准,並得貴團説項,送呈各外國公使。

領事團乃於八月初六月中開會通過該二條修改附律,並決定提呈北京各國公使,請賜批准。工部局得悉此項消息之後,亦即於八月二十三日七月初七日直接致函北京公使團領袖公使西班牙公使柯樂庚(Bernardo J. de C'ólogan),請將附寄的該二條附律草案提出公使團,得其正式批准。

同時,領事團亦把它通過的附律草案,函達滬道蔡鈞,請兩江總督兼南洋商務大臣劉坤一批准。江督於八月二十一日七月初五日覆示蔡道,謂:

> 來呈並附地皮章程,業已收到。本督前此既從未顧及此項章程,故現亦不欲過問。此事得由工部局與領事團,以便利商民為惟一目的,磋商妥定。應請該道轉達此意可也。

蔡道鈞於九月一日七月十六日將江督此意照達領袖領事葡總領事伐爾台[註一]後,領袖葡領於五日二十日覆函云:

> 此項地皮新章經納稅人依工部局提議通過,得領事團批准,不為劉大臣所反對,因其與大臣所提便利商民之惟一條件,適相符合。便利商民乃當然之事,起草者既皆富有經驗,專為顧全租界及其居民幸福之士。故此問題現在必須認為已經解決。敝同僚暨敝領因決定將新章提請北京公使團批准,一俟批准,即日施行。[註二]

九月十日七月二十五日領袖公使西班牙公使柯樂庚答覆工部局八月二十三日七月初七日的信,說所提修改新章二條,公使團已於當日會議時批准。[註三]工部局乃於九月二十二日八月初七日將修改過的新附律第八條和第三十四條中譯文寄與領袖葡領伐爾台,請轉滬道飭會審公廨委員佈告租界中國居民;並於二十三日初八日登載西文報紙公佈。[註四]

工部局於是着手再將新訂地皮章程第六款甲、第六款乙、第三十款和附律第八條甲,請求公使團批准。領事團所未曾批准的這新訂的三款章程和一條附律,却竟得了公使團的批准。十一月十日九月二十七日領袖領事葡總領事以公使團此項批准轉達工部局時,謂:"領事團因認工部局得實施該項章程及附律。"[註五]但十七日十月初四日領袖葡領又接領袖公使西班牙公使柯樂庚來信,囑其以批准一事轉告工部局,因領袖公使又得工部局十月三十一日九月十七日的信,[註六]已為轉達公使團,並謂領袖公使已將此事照會總理衙門,一俟得有回音,即當函告。[註七]領事團因即改變原來主張,取消領袖葡領十一月十日九月二十七日致工部局函中所云實施新章一層,說是在得悉總理衙門決定以前,該數款新章不得實施。[註八]

領事團的此種意見非工部局所樂聞。工部局於十一月二十四日十月十一日答覆領袖葡領伐爾台云:

> 此數條新章既已由公使團致達總理衙門並經各外國公使批准,其所處地位即與一八七〇年法典[註九]相同,該項法典經各公使宣告有效實施,而為本埠現在治理制度所據者。在此種情形之下,敝局願請公使團於得悉總理衙門意見之前,表示准許此數條章程之立即實施,此固無損於總理衙門關於該項章程之意見也。[註十]

[註一]　按當年度原任領袖領事德總領事史都培,因離滬,於八月底將領袖領事職權移交與葡總領事。
[註二]　S. M. C.'s Annual Report, 1898, p. 274.
[註三]　同上註,頁二七二。
[註四]　同本頁註二。
[註五]　同上註,頁二七五。
[註六]　此函工部局未在年報中發表,內容不詳。
[註七]　S. M. C.'s Annual Report, 1898, pp. 275–276.
[註八]　同上註,頁二七六。
[註九]　按即公使團於一八六九年批准之地皮章程。
[註十]　S. M. C.'s Annual Report, 1898, p. 276.

此函未生效力,工部局乃又於次年,即一八九九年二月九日_{清光緒二十四年十二月二十九日}由總董斐倫致函領袖葡領伐爾台云:

　　敝總董敬向貴領袖領事提及敝局去年十一月二十四日關於新訂地皮章程之函,並見於此種對現行法典之建議增訂重要萬分,重申該函所提之請求。依現狀觀之,該數條甚爲需要之章程,其實施似須待總理衙門之正式批准,批准之獲得當屬困難,且頗費時日。租界推廣問題許得於最近之將來獲得解決,使建議新章,尤以有關公路與建築工作者,得以現成應用一層,成爲極端切望;因此之故,敝局希望貴領事團贊助敝局此項請求,即請公使團於接得總理衙門答覆之前,表示准許章程之立即實施,無損於總理衙門關於此事之意見。敝局前函曾經指出,新章程既得公使團批准並經致達總理衙門,即已與自一八七〇年施行迄今之現行法典,處於同樣地位。^[註一]

工部局的請求終於達到了目的。領袖領事葡總領事伐爾台於四月六日_{清光緒二十五年二月十六日}致函工部局,寫道:

　　敝領敬代表敝同僚等通知貴局,依照所接公使團領袖柯樂庚公使來函,北京各外國公使業已批准地皮新章三款,如附奉之印張。故該新章三款及相符之附律,應依據敝領一八九八年十一月十日之函,認其在此次正式函知以後,即生效力。^[註二]

英國政府亦由外相薩立司勃列(Salisbury)於六月三日_{四月二十五日}將其批准意志,手示飭知。^[註三]中國總理衙門則始終未曾給與批准的答覆。

雖然中國政府未曾批准,但地皮新章三款及新附律一條修改附律二條,便那麼實施了起來,工部局的權力也便那麼又擴大了若干。新章第六款甲規定設置地產委員(Land Commissioners)三人,有權聽明執業人對於工部局建築新路,延長或加寬舊路等公用所需之地提出的異議,並傳訊證人,予以裁定。新章第六款乙規定中國政府或其他該管官員或團體,如欲於租界內強迫收買土地築造鐵路,必須將所需土地及鐵路路線等圖樣、計劃等,繳呈工部局,得其許可;經其許可後,尚須依該款所定辦法給價。新章第三十款及新附律第八條甲規定凡新建改造房屋,及改非住人之建築爲住房等,關於建築計劃均須先經工部局查核,一切構造及設備均須符合工部局隨時訂立的規例,不遵或違反者,工部局得暫加封閉或禁止居住,或照該款所定的罰例課以罰金。修改的那兩條附律,第八條將建築中關於陰溝等須經工部局查核等情,規定得更爲嚴格,^[註四]第三十四條則將開設市集、菜場、跳舞場、妓院、典當、牛奶棚及洗衣作等,加入工部局捐照的各項生意之內,並於違犯該條每次所罰不得過一百元的原有罰例以外,復規定繼續違犯,每二十四小時再課二十五元以下的罰金。^[註五]

3. 附律第三十四條的第二次修改

附律第三十四條關於執照捐的規定,因爲工部局常在企圖並實行擴大其捐照的範圍,所以修改次數特多,一八九九年三月九日_{清光緒二十五年正月二十八日}舉行納稅人特別會,通過修改附律第三十四條,將彩票或獎券加入捐照目的物內,並授權工部局向養狗的人捐取執照。此項修改,於同年四月二十七日_{三月十八日}得領事團和公使團批准,即着實施。^[註六]

[註一]　S. M. C.'s Annual Report, 1899, pp. 265－266.
[註二]　同上註,頁二六六。
[註三]　批准文見 S. M. C.'s Annual Report, 1899, p. 267.
[註四]　以上各條款參閱本編附錄"二"。
[註五]　參閱 S. M. C.'s Annual Report, 1898, pp. 268－269.
[註六]　S. M. C.'s Annual Report, 1899, pp. 74, 267－268.

4. 章程第一款的重訂

租界自一八九五年_{清光緒二十一年}起，企圖推廣其面積，到一八九九年_{清光緒二十五年}而此企圖終於實現。五月初_{三月底}滬道李光久將租界新定四至，出示佈告週知。六月二十日_{五月十三日}租界納稅人舉行特別會，通過依照推廣界址，重訂地皮章程第一款關於租界界址的規定。次日，工部局總董斐倫即以此項決議函達領袖領事葡總領事伐爾台，請領事團批准後，送呈北京各國公使。九月二十九日_{八月二十五日}又由代理總董海衛德(Edbert A. Hewett)加函催促。到十二月二十七日_{十一月二十五日}公使團領袖西班牙公使柯樂庚始以公使團批准消息，電告上海。[註一]

5. 章程第六款丙的增訂

一九○三年_{清光緒二十九年}因築路費用超過預算七萬兩，許多工作均告停頓，工部局乃謀補救方法，結果由其法律顧問草就地皮章程第六款丙一款，規定於工部局建築新路及擴充舊路的場合，當對或毗連道路基地的華業戶或租地人，均須負擔建築或擴充所需經費。[註二]此項建議的增訂，於一九○五年六月六日_{清光緒三十一年五月初四日}再度提出於納稅人特別會時，雖遭人反對，結果仍通過議案，指派納稅人七人組成委員會，考慮建議的新章第六款丙關於業戶或租地人負擔一部分築路費用的規定，着於次年納稅人開會時提出報告。[註三]次年三月_{清光緒三十二年二月}該委員會提出報告，將原草案改變數點，規定築路各項工程所需費用三分之二以內，由當對及毗連路身的租地外人負擔，每人負擔成數由工部局酌定，或當不服工部局所定，陳訴於地產委員時，由地產委員詳察各種情形，予以裁定，亦即最後的裁定。[註四]此修正的新章即得三月十三日_{二月十九日}納稅人特別會通過，於十四日_{二十日}函達領袖領事比總領事薛福德(D. Siffert)，請領事團批准後，轉呈北京公使團。八月二十九日_{七月初十日}又經函詢。均無回覆。[註五]到下一年即一九○七年五月初_{清光緒三十三年三月底}工部局始接到領袖領事的信，說該項新章第六款丙已得北京公使團及中國政府批准云云。[註六]

6. 附律第三十四條的第三次修改

規定工部局執照捐的附律第三十四條，到一九○七年_{清光緒三十三年}又有了一次修改。說是，工部局覺得附律第三十七條不准身帶利器的規定，常遭違反，而防止此項違反又覺難於着手，因爲無從追尋華人手中的鎗械是從何而得來；所以主張鎗械的出賣和製造亦須領照，以爲補救。而同時卻又"乘此機會，將別種爲公共衛生利益起見所必需捐照之事宜，亦一併包括在捐照事項之列"。[註七]此種工部局擬加徵執照捐的事宜，計有開設夜俱樂部，賣麵包、飲料、冰、衣服、魚、水果、蔬菜或食品的處所，牛、猪、羊、山羊各欄，以及自用或出租的小馬、騾、驢。[註八]工部局此項提議的修改，得三月二十日_{二月初七日}的納稅人會批准，[註九]於五月初_{三月底}得北京公使團批准。[註十]

7. 章程第九款的修改

按照地皮章程規定，納稅人年會至遲須於每年三月二十一日舉行，[註十一]而上年度帳目報告則至

　　[註一]　S. M. C.'s Annual Report, 1899, pp. 268-270. 重訂的條文另見本篇第三"面積的推廣"。按章程第一款本可分爲二部，一爲租界界址的劃分，一爲不受工部局管轄處所的規定。此次一八九九年重訂，僅係第一部分，其第二部分一仍其舊，致有"在第一段界限內"。即"under the first head"等不參閱舊章不能明白之處(按舊章將英租界美租界分爲二段，敍其界址)。

　　[註二]　S. M. C.'s Annual Report, 1903, pp. 223-224.

　　[註三]　S. M. C.'s Annual Report, 1905, pp. 307-308.

　　[註四]　S. M. C.'s Annual Report, 1906, pp. 295-298.

　　[註五]　同上註，頁二九八—二九九。

　　[註六]　S. M. C.'s Annual Report, 1907, p. 193.

　　[註七]　Mun. Council to Senior Consul, March 25, 1907.

　　[註八]　S. M. C.'s Annual Report, 1907, pp. 62-63.

　　[註九]　同上註，頁六二。

　　[註十]　同上註，頁六三。

　　[註十一]　參閱一八六九年地皮章程第九款。

遲須於開會前十天印成公告。[註一]一九一七年民國六年五月三日,工部局總董庇亞士(E. C. Pearce)[註二]致函領袖領事比總領事薛福德,説是因爲近來租界迅速發展,收支大增,帳目的編製和印刷,依照地皮章程規定辦理,困難益見增加,所以請允將章程第九款中"一二月"字樣,改爲"二三月",以便以後納税人會可延遲一個月舉行年會,即至遲於四月二十一日舉行。此項修改,於一九一八年民國七年二月十八日經領袖領事通知,説已得上海領事團和中國官廳及北京公使團和中國政府批准云。[註三]

8. 附律第三十三條至三十七條的修改

一九一九年民國八年得北京公使團批准的附律第三十三條至第三十七條的修改,其經過是比較複雜的。

按照一八六九年清同治八年地皮章程,附律第三十三條是規定危險貨物的取締,第三十四條規定捐照的各項生意,第三十五條禁止嚷鬧,第三十六條規定車輛須於日落後點燈,第三十七條禁止身帶利器。[註四]其中除第三十四條如上所述曾於一八九八年清光緒二十四年及其後先後修改過三次以外,其餘各條均仍其舊,僅有極簡單的各該項規定。一九一六年民國五年二月,經上海電器建築公司(Shanghai Electric Construction Co.)請求將電車規程訂入地皮章程附律中,説是因爲無此法律根據,其規程難於實施,工部局於是准其所請,"並乘此機會,一併加以其他業經隨時注意所及,爲應付本埠情形變化所必要之種種修改與增訂"。[註五]此項修增,主要的,就是重行編訂附律第三十三條至第三十七條;此外,並將原有的第四十二條改爲第四十三條,另增第四十二條,解釋附律不僅約束個人,並包括商號、公司。[註六]

工部局重訂的附律第三十三條,把交通規程二十四條,關於一切行車坐車等事,悉行規定,並明白規定該附律不僅適用"於租界界址以內,亦且適用於界外一切工部局大小道路",違犯者每次罰洋五十元或監禁一個月,而此罰例得於任何違犯者受管法庭上即決實施。第三十四條規定在租界內出賣火藥、軍火等危險物品,從事各種帶有危險性質的事業,做原來第三十四條所規定領照的各項生意,販賣或出版新聞紙、定期刊物或陳列廣告,從事臨時或永久的建築工作或改造房屋,建築茅屋竹寮等易燃房屋,填築河灘,移去河中淤泥,將燈、篷帳等懸掛路上,在工部局碼頭道路上起貨,以及行列通過馬路——這一切均須先在工部局領有執照或准許證,工部局既得不與理由,絕對任意拒絕或吊銷執照或准許證,並得隨時訂定規程,徵收保證金,及照納税人年會所定數目徵收執照捐;違犯該附律或各種執照所特有的規程者,初犯罰金不過洋一百元,二次二百元,三次或以後重犯五百元,繼續違犯每二十四小時不過一百元,此項罰金以外,工部局並得將該附律中所指各種危險物品沒收應用,任何爲違犯者受管的法庭亦須與其他附律所規定同樣辦理,即照此特定罰例判罰。第三十五條規定不得無故開鎗嚷鬧滋事或作其他在法律上應列爲妨礙公衆之事。第三十六條規定凡在租界內外工部局道路上乘坐或施用各種有軌無軌車輛,概須受工部局隨時特定規程約束;應用工部局馬路者亦然;每次違犯罰洋五十元或處一個月監禁。第三十七條規定除領事署人員、工部局合格人員及穿制服或值班的商團和各外國海陸軍官長士兵外,普通人民等,除照附律第三十四條規定領有執照者外,均不得以任何理由,在租界以內或界外工部局大小道路或地產上攜帶鎗、刀、子彈等或攻或防的凶器,違者凶器充公,並初

[註一]　參閲一八六九年地皮章程第二十五款。
[註二]　按今公共租界西區越界築路中有庇亞士路。
[註三]　S. M. C.'s Annual Report, 1918, p. 68B.
[註四]　參閲本編附録"二"。
[註五]　S. M. C.'s Annual Report, 1918, p. 70B.
[註六]　同上註,頁七四 B。

犯罰洋一百元或處監禁一月連帶或不連帶苦工,重犯罰二百五十元,或處連帶或不連帶苦工的監禁。[註一]

工部局將其提議的上述各條附律的修訂,提出於一九一六年民國五年三月二十一日的納稅人特別會,結果通過議案,着工部局指派納稅人五人,組織"交通及執照附律委員會",修改工部局所擬,提出於下次納稅人特別會。該委員會開會七次,結果根據其所定若干條修改意見,將工部局提議的主要部分,即附律第三十三條至第三十七條各條,稍加修改整理,成爲附律第三十三條、第三十三條甲、第三十四條、第三十四條甲、第三十四條乙、第三十四條丙、第三十四條丁、第三十四條戊、第三十四條己、第三十五條、第三十六條及第三十七條;另外的第四十二條和第四十三條則仍其舊。[註二]

"交通及執照附律委員會"修改的結果,經一九一七年民國六年三月二十一日的納稅人特別會討論,通過取消第三十六條,將原來提議的第三十七條改爲第三十六條,原來提議的第四十二條改爲第三十七條,第四十三條因亦無須提出,仍照原章列爲第四十二條;並將各條罰例有的加重,有的減輕,以及其他數處稍加修改。納稅人特別會並授權與其主席沙士麥雷(H. W. de Sausmarez),着他與領事團商酌之後,加以種種爲得領事團批准所必要的修改。沙士麥雷因即於次日將提議的附律第三十三條至第三十七條以及納稅人特別會的決議,一併函達領袖領事比總領事薛福德。[註三]

這幾條提議的附律,雖經兩次的修改,可是所修改的都不是本質的改變,所以和工部局所提出的原樣,僅是小節的修改,相差還是不遠。領事團收到之後,不給回音,經工部局函催,纔於一九一八年民國七年三月二日一方面以其不給批准,另一方面又將其重行起草的各該條附律,函知工部局。[註四]但領事團所擬,因爲"雖有許多修削增訂係與工部局意見一致,但有別種效力與其謂爲擴大毋寧說是限制工部局所早已擁有之權力之處",[註五]不爲工部所悅意,於是又被提交"交通及執照附律委員會"。結果,工部局加以修改若干處,於三月二十日函達領袖領事比總領事薛福德。[註六]

但領事團對此,仍是久無覆示。一九一九年民國八年三月十二日,工部局發函催促。又足足隔了三個月,領袖比領薛福德纔以領事團重行起草的各條附律函知工部局。領事團所擬的這第二次修改草案,包括附律第三十三條建築工程、第三十四條捐照職業、第三十五條危險物品、第三十六條交通規程及第三十七條攜帶軍器,其内容係"與工部局於一九一六年民國五年三月二十一日提交納稅人年會者,根據同樣原則草就,並除電車規程及新聞紙捐照等規定外,已將其所有規定之較重要者訂明在内"。工部局雖決定即以領事團提議的草案提交納稅人會通過,但"對於新聞紙及印刷所等捐照之删去,視爲嚴重,因決再行努力以獲得此項規定"。工部局本來想提議將印刷出版業捐照一節訂入附律第三十四條捐照職業之中,然而因爲消息一傳出去,各方立起反對,終於改變計劃,將印刷出版捐照另行訂成附律第三十四條甲,連同領事團所擬第三十三條至第三十七條附律,一併提出於七月十日的納稅人特別會。領事團所提議的那五條附律得該會通過,並於十二月間經北京公使團批准。[註七]

9. 尚未訂入章程的修改

至於那印刷出版業附律,則和以後的增加碼頭捐案、童工案等一起,工部局不顧廣大的反對,想盡方法要見諸事實,那麼一年一年地企圖着,直到發生五卅慘案的一九二五年民國十四年終未成功,也不

[註一]　S. M. C.'s Annual Report, 1918, pp. 70B－74B.
[註二]　同上註,頁七四B至頁八二B。
[註三]　同上註,頁八二B至八三B。
[註四]　同上註,頁八三B。
[註五]　Mun. Council to Senior Consul, March, 20, 1918.
[註六]　S. M. C.'s Annual Report, 1918, pp. 83B－89B.
[註七]　S. M. C.'s Annual Report, 1919, pp. 233A－235A,237A－239A,241A.

得不放棄了。這中間的經過,我們應該在後面別處再說。

一九二五年民國十四年以後,地皮章程亦有根本的重要修改二點:一爲一九二八年民國十七年工部局組織中加入華董三人後,一九三〇年民國十九年華董又增至五人,成爲中外董事共十四人;一爲一九三三年民國二十二年地產委員由三人增至五人,所增二人爲華人。[註一]此二項修改均得中外各方批准實行,但到現在爲止,尚未將章程有關各款,照此作文字的修改。

所以一八六九年清同治八年地皮章程,加上如前所述的章程第一款、第九款的修改和第六款甲、第六款乙、第六款丙、第三十款的增訂,附律第八條、第三十三條、第三十四條、第三十五條、第三十六條、第三十七條的修改其中第三十四條先後共修改四次和第八條甲的增訂,及尚未訂入章程的華董五人和華人地產委員二人的增設,便是現行的地皮章程。[註二]

三　面積的推廣

1. 一八九九年的推廣經過

工部局自一八六六年清同治五年開始接管界外道路以後,歷年致力於界外道路的經營,到後來,更進而提出租界面積的直接推廣這問題來。一八八一年六月八日清光緒七年五月十二日工部局總董李德爾致函北京各國公使,請早日批准所送呈的地皮章程修改草案時,即已有下面那樣的話:

> 工部局面前第一個重要問題,即係租界之界址。蓋此項界址劃定於先,重大之變化業已發生,如屬可行,工部局管理區域面積之應相當增大,極爲希望。[註三]

到一八九三年清光緒十九年紛爭多年的舊美租界界址的劃定,事實上即使租界推廣了面積。但這顯然未曾滿足租界當局的妄求。隔不到兩年,推廣租界面積的問題,便被強有力地提了出來,結果終於在一八九九年清光緒二十五年告了解決,實現推廣。經過情形如下。

一八九五年清光緒二十一年年度的工部局報告,在“洋涇浜北首租界之建議的擴充”這標題下,有如下一段的記述:

> 見於界址以內及其鄰近華人人口增加之狀態,粉廠、絲廠與正在創設之同性質工廠之數目,以及此後房屋居民二者之必然有增無已。現有界址以內可供應用之地位,勢非紛擠不堪,決不足與此種擴張以相當之適應,此乃顯而易見者,而外國居民常與數額衆多之華人,貼鄰相處,復足危及其康健,吾人不容或忘,工部局因已致函領事團,求其賜予贊助,獲得地位足供此種發展之界址之推廣;此事現在北京公使團手中。希望公使團與中國當局交涉結果,獲得此種頗爲需要之吾人邊界之增大。[註四]

一八九六年一月三日清光緒二十一年十一月十九日工部局總董施高塔將北京公使團所詢問的關於要求推廣租界的理由,另附準備推廣新界的地圖一紙,函達領事團,請轉呈公使團。公使團於同年三月二十五日清光緒二十二年二月十二日照會總理衙門,列述租界界址必須充份推廣的種種理由,並請中國政府與

　　[註一]　二者增設經過另見本編後文。
　　[註二]　按一九三三年四月十九日納稅人年會曾通過修改地皮章程第十八款,將納稅人選舉工部局董事場所改爲多數,記名選舉改爲無記名選舉,上午十時至下午三時的投票時間,改爲自上午八時至下午六時,及值年董事所派接收選舉票的人員由指定的二人改爲不定的多數(參閱 S. M. C. ’s Annual Report, 1933, p. 3. 及地皮章程第十八款)。“但我國政府當局以事關修改洋涇浜地皮章程。未便予以承認”(民國二十三年三月二十七日申報),故未實現。又同日納稅人特別會又通過修改附律第三十四條,將工廠定入捐照事業之內(S. M. C. ’s Annual Report, 1933, p. 29.),於同年六月中經領事團及公使團批准(同上頁三六),但未得中國政府承認,所謂“工廠檢查”問題,至今仍在中外交涉之中。
　　[註三]　S. M. C. ’s Annual Report, 1881, p. 114.
　　[註四]　S. M. C. ’s Annual Report, 1895, pp. 249 - 250.

公使團合作,實行此項推廣計劃。但總理衙門未給答覆。

　　工部局乃一方等待北京方面的交涉,一方"爲獲得當地官員縉紳之好感與協力,以增强早經提出諸論點之力量起見",自同年六月五月起,"即與此等人士,進行某些種非正式的、純屬地方性質的磋商,如此乃得爲外人租界面積推廣,作相當之準備"。到次年,即一八九七年九月清光緒二十三年八月北京方面仍無何種消息,而工部局由於那種"非正式的純屬地方性質的磋商",又得較有把握地斷定:"當地官員縉紳,對於推廣計劃,絕少或毫無反對,華地主階級對之尤表好意。"[註一]於是工部局將原擬推廣的界址再加推廣,另繪地圖,由代理總董威爾契代表,於九月二十二日八月二十六日致函領袖領事德總領事史都培云:

　　　　工部局上次致函貴領袖領事,討論租界推廣問題以來,至今已歷十有八月,在此時期中,作爲工商業中心之上海之發展,華洋人口之大增,可供建築地位之不斷堵塞,其速率且更甚於一八九五—九六年工部局董事會所預計。工部局一八九六年一月函中所運用之諸論點,因爾時以來所生之發展,而倍增其力;現在界址以外足用道路之迫切需要,現有大道上華人車輛通行之巨大窘迫,工人之擁入租界及其鄰近者爲數續增,此種新近住民地帶衛生及警察管理之顯然必須改良,最後,因目下地方政府[註二]治下面積有限,各種居住設置之成本,業已大增——凡此種種,均係不得不使職在保護並促進此間社會之利益者有動於中之原素也。

　　　　因此種種理由,並信賴迄今所接領事團及公使團增進租界發展與繁榮之誠意表示,故工部局於細心考量各種影響推廣租界問題之新條件後,已得如下之結論,即一八九六年一月所提議之界址,今已不復足爲爾種企首可待之既大且疾的發展準備。爾時所提議之東界,固仍得視爲頗足容納黄浦江沿岸以工業爲主之發展,但爲設置一必須與增長人口之需要成比例之建築區起見,租界界址不得不向西推展,超過原擬者,已屬顯見。必須以此建築區置於工部局管轄之下之衛生、財政等理由,已於工部局去歲呈文中充分列敍,毋待再述。一言以蔽之,若非工部局管轄,適用道路之開闢與修整必不可能,界外道路延長之必要已達急不容待之時期。

　　　　自附奉之地圖觀之,可知租界建議之西界,在於極司非而。[註三]其所以使工部局要求推展至此者,簡單言之,乃因極司非而路鄰近之地,有頗多部分近已爲外人所購得,若干工廠已建造於吴淞江畔,此提議的邊界以內,且如此推展,得以重闢麥根路與極司非而路間之前築軍路——一非常想望之改進也。

　　　　近來自楊樹浦向東而生之工商業之發展,已爲衆所承認,無待解釋,一八九六年所提主張推廣至周家嘴角(Point)之諸論點,無須再費辭贅。浦東方面情形亦然,該處船塢、油棧以及其他關於造船工業之迅疾發展,最堪注意。此二區非待劃入工部局徵稅管理範圍以內,即無一得享衛生、警衛或路燈之利。

　　　　關於本問題之以往通信中曾經聲明,工部局對於租界推廣以後劃入界內之土地之華居户,非至其得享妥? 爲燃燈設警之足用道路之利益時,決不徵捐收稅;而凡爲築路等公共用處所需華業主讓出之土地,亦必付以公平合理之價格。在此諸條件下,有關地段之華方居民縉紳,對於租界推廣,意願所屬,既不反對,抑且贊成也。

　　　　最後,敝代理總董今代表工部局,敬請領事團對於此事賜以贊助與合作,並望貴領袖領事以

　　[註一]　Mun. Council to Senior Consul, Sept. 22, 1897.
　　[註二]　按指工部局。
　　[註三]　按即梵王渡。

之提交貴同僚後,迅爲呈達領袖公使,以便公使團之考慮。工部局所急切願望者,乃爲目下之有利狀態得以利用,俾此重要問題早日告一圓滿解決耳。[註一]

先前,當一八九五年清光緒二十一年剛剛重提這推廣租界問題的時候,工部局曾經和上海和明商會接洽過,該商會曾經應允於必要時,對於工部局關此問題的任何意見,必加贊助的。到了這一八九七年清光緒二十三年工部局在別方面活動頗有成效,將原擬推廣範圍再加擴大,並一一正式呈達領事團請轉公使團,要求儘速交涉的時候,和明商會勢力的運用也便必然地被列於問題進行的手段之中了。

工部局在發出上面那封致領袖德領史都培的信的同一天,便致函和明商會,一方面把致領袖領事的信稿附寄了去,一方面又“表示工部局希望商會積極合作,以達所求目的”。[註二]該商會乃於十月十二日九月十七日致函北京公使團領袖,並於十六日二十一日以函稿附寄與工部局,十分明白地告訴工部局道:“一讀此函,當知本商會委員會之意見,完全與貴局計劃相一致,並已催促公使團迅予全部採用矣。”[註三]

另一方面,領事團於轉達工部局意見給公使團的時候,亦“熱烈贊助工部局所持意見”。[註四]這樣各方贊助的結果,北京公使團因爲北京交涉未見進展,旋即訓令上海領事團,着先試行獲得滬道對於租界推廣計劃的同意,乃由領袖領事德總領事史都培於一八九八年二月二十八日清光緒二十四年二月初八日致函滬道蔡鈞云:

洋涇浜北首外人租界之現有面積,殊不足以供界內華洋居民之用,應其對於良好行政之需要與合理要求;並見於此項人口之迅速增加,租界推廣之必要,亦屬年甚一年:此皆許多年來顯然可見者。貴道當有所聞,上海各國僑民業已羣起而作此種推廣之强力呼喊;工部局已擬就一推廣計劃,指明其以爲上海郊外何處地段應即增入租界現有面積以內,以應續增無已之外僑人口最迫切的需要,此計劃已提交領事團。同時,工部局並請求領事團贊助,以獲得華官對其所擬計劃之允准。

租界現有界址既屬最後明定於地皮章程第一款內,故欲推廣租界,勢須修改章程。此種修改,依第二十八款規定,須由外國領事與中國地方官廳磋商成議,再請北京外國公使及中國政府批准。

領事團茲着敝領通知貴道,同人均熱烈贊助工部局所擬之外人租界推廣計劃,並盼示知,貴道是否有意依地皮章程第二十八款之規定,與領事團商議此事。倘有意商議,當不難獲達最妥解決辦法之同意也。[註五]

此項要求,蔡道未加同意,卒於三月十三日二月二十一日答函拒絕云:

上海以地勢關係,自初即面積狹小。自租界創設以來,吾國人民麕集,以致時至今日,以面積與居民之衆多相較,且有過小之感。實難於租界之外,通融一尺一寸之地,另立租界。若謂外人之僑居於此者,爲數常增,則敝道所屬之國人且增五倍有餘。且本地外僑不僅居住於租界以內,於界外租地建屋者,頗爲衆多。此足見外僑人口之多寡,固無於租界面積之大小也。

尤有進者,租界界外地帶,中國政府亦早設置警局,開闢街道,點燃點燈;凡此種種設備,尚須

[註一]　S. M. C.'s Annual Report, 1897, pp. 268-270.
[註二]　同上註,頁二七〇。
[註三]　同上註,頁二七一至二七三。
[註四]　Senior Consul to Mun. Council, May 22, 1898.
[註五]　S. M. C.'s Annual Report, 1898, pp. 281-282.

按時推廣。外僑之居住租界界外，如徐家匯、北泥城橋以外，率皆未遇阻擋，而條約未有明文，規定租界面積，須依外僑戶口爲數多少之比例，而行增減。

故對於貴領袖領事共同商議所擬租界推廣計劃之提議，敝道以爲最好維持現狀。

希將此意轉知貴同僚，爲荷。[註一]

這樣，想先得滬道對於推廣租界的同意，以謀事情交涉的便利，此種企圖，告了失敗。領事團報告公使團後，後者即着領事團改與南京兩江總督交涉。

工部局由領袖德領五月二十二日四月初三日信中，得知此種交涉情形。工部局深感"即時活動之又成必要"，[註二]於六月九日四月二十一日致函上海和明商會，"促其運用商會影響力之重量"，[註三]和明商會即於六月十七日四月二十九日特開臨時大會，"一致決議個別致函北京各國公使，以最迫切的懇求，促彼等特別注意此事"。[註四]

六月三十日五月十二日領袖德領却又以南京方面交涉結果告知工部局，説是："南京兩江總督，在最近到此之函中，對於工部局所擬租界推廣計劃，亦不予贊同。"[註五]於是，七月初五月中工部局總董斐倫親往北京，晉見各國公使，請加贊助；其意見當蒙接受。結果，英、美、德三國公使先後訓令各該國駐滬總領事，着直接與滬道交涉。正在這工部局希望"三國領事代表社會之建議，得使問題早告解決"[註六]的時候，却發生了某種複雜的糾紛了。

原來，這時，在歐洲方面，英法兩國正因非洲的埃及問題，中國的廣州灣和九龍問題及揚子江流域的勢力範圍問題，權利衝突，發生齟齬；而在上海方面，法租界也正要求推廣界址，其所擬推廣計劃中關於浦東方面一部分地段的劃入界內，又正和洋涇浜北首租界的推廣計劃直接衝突。七月中旬五月下旬法租界發生四明公所第二次血案以後，蔡道即奉兩江總督訓令，着先解決四明公所血案及法租界推廣界址問題。從九月八月間起，英國積極進行阻止法租界推廣的實現，理由是浦東方面那一部地段，地皮都爲英美輪船公司等所有，不願受法租界公董局的管轄。當駐滬法總領事白藻泰(de Bezaure)不顧英方抗議，啓程到南京去和兩江總督劉坤一交涉推廣事宜之後，英國外交部隨即逕請海軍部，於十二月二十一日十一月初九日遣派軍艦兩艘到南京；接着又因江督允許法領推廣八仙橋一帶，西門至斜橋一帶，其中有英商產業四十塊，英公使麥唐納於同月二十六日十四日向總理衙門聲明不允法租界管理外，並於次日加派第三艘軍艦去南京，"給予江督拒絕法國要求以道義的協助"。[註七]

然而英法間那樣的衝突，終於在一八九九年三月二十二日清光緒二十五年二月十二日成立了諒解。

在那衝突未解決以前，從一八九九年十月九月起，英、美、德三國駐滬領事，在各該國公使的訓示之下，本來已和蔡道開了好幾次會議，磋商租界推廣事宜。可是，蔡道態度不妥協，到年底還是毫無進展可言。"工部局深信，在最近之將來，得採頑强有力之步驟，以達某種滿意解決。"[註八]然而到次年三月二月三國領事和蔡道的推廣交涉，索性成爲擱淺的形勢了。待到衝突既告諒解之後，外交情勢也跟着起了變化。三月二十四日二月十三日"北京英、美、德三國公使即以同樣照會送達總理衙門，迫令中國政府訓令南京兩江總督，應允各領事及工部局所求推廣"。[註九]中國政府對上海租界推廣交涉，早已不思

[註一]　S. M. C.'s Annual Report, 1898, p. 282.

[註二]　同上註，頁二八三。

[註三]　同上註。

[註四]　Kotenev, Shanghai: Its Municipality and The Chinese, p. 32.

[註五]　同本頁註二。

[註六]　S. M. C.'s Annual Report, 1898, p. 285.

[註七]　Kotenev, op. cit., p. 31.

[註八]　同本頁註六。

[註九]　Kotenev, op. cit., p. 32.

繼續拒絕的辦法，甘心屈服，事情便有了急轉直下的開展。"四月十三日三月初四日公使團得總理衙門大臣口頭通知，謂已照照會所請，訓令江督。"[註一]

工部局乃爲事情的早告結束起見，接受和江督劉坤一有相當私交的南洋公學校長福開森(J. C. Ferguson)的意見，由福開森到南京去謁見江督，面商推廣租界事宜。結果，江督即委派福開森爲其磋商推廣租界二代表之一，另一代表是余聯沅。

這時，蔡道"因對租界推廣事態度强硬不協，已在北京公使團壓迫下撤職"。[註二]其繼任者爲李光久，李道隨即督同江督二代表與各領事等商妥推廣界址的大概情形，並於五月八日三月二十九日致函領袖領事葡總領事伐爾台，説是，所同意的推廣面積已得兩江總督兼南洋大臣劉坤一批准，除已出示佈告，並訓令上海縣知縣會同福開森等二代表暨工部局總董進行竪立界石外，相應以所出佈告寄奉云云。[註三]該佈告歷敍租界前後推廣經過及新定界址，全文如下：

欽命二品頂戴分巡蘇松太兵備道監督海關兼管銅務世襲三等男爵李，爲出示曉諭事。照得上海洋涇浜北首第一段租界，[註四]自道光二十六年八月初五日，西曆一千八百四十六年九月二十四日，前兵備道宮、英領事巴、會議定章後，通商惠工，地方日臻富庶。至道光二十八年十一月初二日，經兵備道麟、英領事阿、會議推廣，又經詳定界至，繪圖立石。嗣於第一段租界之外，又立虹口租界一段。光緒十九年五月十三日，西曆一千八百九十三年六月二十六日，由前兵備道聶派委前上海縣黄令與代辦各國領事美國副總領事易[註五]會商訂界，均經勘定立界遵守。嗣於光緒二十四年二月初十日前兵備道蔡任内准值年領袖德總領事施[註六]照請推廣租界，並奉南洋大臣劉札准駐滬英總領事璧暨代理美國領事衞，以上海商務日繁，租界殊不敷用，照請推廣租界，並不欲爭持華官之權，凡干涉華民章程，必先由地方官允而後行，至推廣界限，應由地方官商妥辦理等因。奉經前兵備道蔡商議推廣公共租界地段四址，照會值年領袖西洋總領事華[註七]在案。適前兵備道蔡未及辦竣，奉文卸事。兹本道涖任，並奉南洋大臣劉檄委洋員福、隨員余來滬隨辦。當查上海商務日盛，地段不敷，應由本道會商推廣，以爲公共租界，即經督同福、余兩員，會商各國領事，妥爲議定。所有前立租界歷經會議章程，並有推廣虹口租界續定新章，凡華民房産、田地、墳墓、河道各等利權，均載章内，應得保護。此章早經工部局刊行，且懸公局門首大衆共見之處，即可家喻户曉，一律遵行。除檄飭上海縣會同福、余兩員暨工部局辦理工務董事查照議定推廣公共租界，繪圖立石，並照會各國領事外，合行出示曉諭。爲此示仰商民人等，一體知悉：自示之後，凡在公共租界内，除敕建廟宇及中國國家公用之地不歸工部局管理外，其餘一切事宜，均照定章辦理，毋得違誤！切切特示！

計開推廣公共租界四址：

一東自楊樹浦橋起，至周家嘴角止。

一西自泥城橋起，至静安寺鎮止，一綫至新開蘇州河[註八]南岸止。

一南自法界八仙橋起，至静安寺鎮止。

[註一]　Kotenev, op. cit. , p. 32.
[註二]　同上註，頁三四。
[註三]　S. M. C. 's Annual Report, 1899, p. 262.
[註四]　按即英租界。
[註五]　按即伊孟思。
[註六]　按即史都培。
[註七]　按即伐爾台。
[註八]　按即吳淞江。

一北自虹口租界第五界石起，至上海縣北邊界爲止，即上海、寶山兩縣交界之線，仍以下至周家嘴角直線上爲止。[註一]

實界的劃勘，由上海縣王豫熙，江督劉坤一所派福開森、余聯沅兩代表，會同工部局工務處人員辦理。新界的眼同考察，約歷五次，除靠東邊的北界那一條直線外，均經履核詳議。"自始至終，工部局之願望，常爲華方代表，以可能的最友誼態度，接而受之。"[註二]界至的標示，計分兩種：一立於最重要的處所，用鐵面的水門汀石塊製成，其正反面刊文如下：

正面：

○

THIS BOUNDARY STONE HAS BEEN ERECTED BY THE SHANGHAI MUNICIPAL COUNCIL ACTING CONJOINTLY WITH THE SHANGHAI DISTRICT MAGISTRATE AND THE TWO SPECIAL DEPUTIES APPOINTED BY H. E. LIU K'UN-YI, VICEROY OF NANKING, TO MARK THE NEW LIMITS OF THE FOREIGN SETTLEMENT OF SHANGHAI IN ACCORDANCE WITH THE TERMS OF THE PROCLAMATION OF THE TAOTAI LI, OF SHANGHAI, DATED THE 8TH MAY 1899. KWANGSU 25TH YEAR 3RD MOON 29TH DAY.

此界石係由工部局董會同上海縣王暨奉南洋大臣劉特派之兩委員按照蘇松太道李於光緒二十五年三月二十九日所出推廣公共租界告示，內載之四址眼同定立。

反面：

另一種的界址標示，作三角形，體積較小，立於較不重要之處，其正反三面刊文如下：

正面

六月二十日五月十三日租界納稅人會開臨時會議，通過重訂地皮章程第一款關於租界界址的規定，於十二月間十一月間得北京公使團批准。此項改訂的租界推廣後的界址，即見於現行英文地皮章程第一款者，規定四址較爲詳明，如下：

北——自小沙渡起，沿吳淞江，至接連泥城浜[註三]之西約七十碼之處，由此處朝北至上海、寶山兩縣之交界線，循此界線，至接連虹口河（Hongkew Creek）[註四]地方，[註五]朝東直至顧家浜口。[註六]

反面：[註七]

東——黃浦江，自顧家浜口至洋涇浜口。[註八]

南——洋涇浜，[註九]自洋涇浜口至接連泥城浜處，[註十]由此向西循大西路北首支路及大西路，[註十一]至靜安寺鎮後面之五聖廟（Temple of Agriculture）。[註十二]

[註一]　光緒二十五年四月十五日及二十三日申報。
[註二]　S. M. C.'s Annual Report, 1899, p. 212.
[註三]　按即今西藏路新垃圾橋。
[註四]　按即今橫浜河。
[註五]　按即今虹江路東盡頭嘉興路橋北首。
[註六]　按即今軍工路南端。
[註七]　F. S. B. 是英文 Foreign Settlement Boundary 即外人租界之界的縮寫，"123"爲界石號碼。
[註八]　按即今愛多亞路外灘。
[註九]　按即今愛多亞路。
[註十]　按即今西藏路。
[註十一]　按即沿今愛多亞路及福煦路。
[註十二]　按即今大西路東端。

西——自五聖廟朝北至吳淞江小沙渡。[註一]

七月一日五月二十四日工部局開始於推廣區域內,設置巡捕,計增外籍捕房人員五人,印度籍十二人,華籍六十人。次年六月二十日,清光緒二十六年五月二十四日經納稅人特別會通過,將新舊租界,爲設巡、徵捐等便利計,分爲北、東、西、中四區。各區分劃如下:

北區——包括舊虹口租界之西部,以虹口河爲東界。

東區——包括舊虹口租界東部推廣區域,即黃浦江以北,虹口河以西之地。

西區——泥城浜以西之地,均在其內。

中區——即舊英租界。

至於租界推廣前後面積的比較,可於下列表中見其概略:

計　　　算	一八九九年 (清光緒二十五年)前	一八九九年 (清光緒二十五年)後	數　目
面積　以方英里計	二・七五	八・三五	五・六〇
面積　以英畝計	一、七六八	五、三五二	三、五八四
面積　以華畝計	一〇、六〇六	三二、一一〇	二一、五〇四
最長處　以英里計	三・七五	七・五〇	三・七五
最寬處　以英里計	一・三〇	二・二七	・九七
陸上界線之長度　以英里計	六・四三	一一・一三	四・七〇
吳淞江與黃浦江水上界線之長度　以英里計	三・五〇	九・七六	六・二六
水陸界線之總長度　以英里計	九・九三	二〇・八九	一〇・九六

此係一八九九年清光緒十五年工部局工務處的計數,見該年度工部局報告頁二一二。但該處對於推廣地帶的丈量工作,雖已於當年七月末六月下旬開始,但到年底尚未告成,故所列數字,"僅約計而已"。[註二]且對舊界計數,亦不甚可靠,恐係後來重加丈量的緣故。後來,工部局方面云:

租界面積又於一八九九年推廣,租界北面增加面積一一、三七七畝一、八九六英畝,西面增加一一、四五〇畝一、九〇八英畝——共增面積二二、八二七畝或三、八〇四英畝,連同舊有洋涇浜北首租界面積一〇、六七六畝或一、七七九英畝,[註三]總計面積三三、五〇三畝,即等於五、五八四英畝,[註四]或八又三分之二方英里。[註五]

這是以英畝爲準,依一英畝合六華畝的算法,合成華畝的。市政府土地局以前所製地圖,曾標明公共租界面積六八・一二方里或二二・六〇方公里,即等於以上述英畝數目,依英華畝標準比例合算之後再合方里或方公里的結果。

惟近年工部局年報所發表的租界面積,爲五、七二三英畝,或八・九四方英里,捕房管轄範圍,界

[註一]　S. M. C.'s Annual Report, 1899, p. 268.
[註二]　同上註,頁二一三。
[註三]　引號中文字爲編者所加。
[註四]　按應作五五八三英畝,參閱費唐報告第一卷所附地圖。
[註五]　Feetham Report, Vol. I, p. 30.

內爲八·七二方英里云。[註一]

2. 一八九九年後推廣的進行及其失敗

"雖一八九六─一九九年清光緒二十一─二十五年交涉結果,租界面積大增,但在母國外交部指示下行事之英國駐華外交代表,並未完全放棄再行推廣租界將寶山全縣劃入界內之意見"。[註二]

一八九九年五月十二日清光緒二十五年四月初三日英國外相薩立司勃列,對於華方官員雖允准推廣租界,但亦未完全給與工部局所求的推廣一層,電令該國駐北京公使云:

> 此種調解提議,可表贊同,惟應留意者,切勿以任何言辭束縛吾人,使將來不能再作向寶山縣或其他方面繼續推廣之要求。[註三]

一八九九年清光緒二十五年年度工部局報告中,亦云:

> 結果,對於所提推廣固劃給頗多,但未圈入寶山縣境內之地。工部局決定,爲公眾利益計,不妨暫行取得江督允准之區,以寶山推廣問題。留待將來解決。[註四]

工部局歷年在界外進行租地造路等事。一九〇〇年清光緒二十六年工部局工務處設立冊地股(Municipal Cadastral Office),得領事團同意,該股得清丈從租界邊界線起半徑一英里內的土地;用意所在,甚爲顯見。一九〇四年清光緒三十年滬道袁樹勛得兩江總督周馥准許,答應外人得在租界北面界外租地的要求。另一方面,爲防止租界面積直接或間接推廣有所藉口起見,中國官廳也積極進行閘北市政的整頓改進事宜。本來商辦的閘北工程總局,因經費不足,呈請官辦,於一九〇四年三月清光緒三十年二月由江督周馥委派道員徐乃斌接辦,到一九〇六年清光緒三十二年改組爲北市馬路工巡總局。[註五]但外人得在租界北界外租地的要求,本來只主要地爲了工部局接洽租地的方便起見;而要求的被允准,便意外地給了工部局在北方越界築路的更順利的進行。一九〇六年清光緒三十二年工部局冊地股,又進而實行測量租界北界外的寶山縣境。華官方面,提出嚴重抗議,無效。"工部局不復理會華官反對,照常進行繪就地圖,完畢其以爲爲華洋人士利益所絕對必需之工作。"[註六]另一方面,工部局在北方越界所築道路上的管理問題,引起了華洋直接的衝突,滬道向領事團提出工部局越權的抗議,次數漸見加多。

於是,工部局終於不復忍耐,說出了早已藏在心裏的那句話:推廣租界!

一九〇八年五月二十八日清光緒三十四年四月二十九日工部局致函領事團,請其贊助工部局"以租界與鐵路線間之一帶土地,盡行劃入租界界內,俾受地皮章程治理"的主張。函中所開理由如下:

> 一　地皮章程第六款"各執業租主會同鬮議,將任何地段劃歸公局[註七]管理"云云,明白證明業經發生之事態,於訂立章程時即已計及,現今所直面之情勢,固未較一八九九年推廣以前者,更爲困難。
>
> 二　租界北首名義上之經界,因有無數房屋夾處其間,事實上已消滅難辨,若捕房治權即以此爲限,則偵察與設巡之困難,勢難去除。

[註一]　參閱一九三一年以後工部局年報。至於捕房管轄範圍不及租界面積不大,則因界內有不受工部局管轄的地方,如"天后宮"等是。
[註二]　Kotenev, op. cit., p. 35.
[註三]　Blue Book, China, No. 1(1900).
[註四]　S. M. C.'s Annual Report, 1899, p. 261.
[註五]　簡稱閘北工巡總局。
[註六]　Kotenev, op. cit., p. 41.
[註七]　按即工部局。

三　寶山地圖，明白指示，此處地皮已多遵照地皮章程註册，工部局不能同樣向其徵税課捐之事實，因成反常之變例，並予界內地主以抗議之。正當緣由矣。

關於寶山市政亦未忘却批評，説是，那一帶地方，從現代衛生、防火及公安等必要設備觀之，都不能不説是非常不滿人意。至於界線的所以要展拓到鐵路線，據説也有理由的，那便是别無自然邊界可劃。[註一]

工部局此種意見經領事團於同年七月三日六月初五日照會兩江總督南洋大臣端方，並請他訓令滬道或其他官員，與領事團會商此事。江督於七月二十九日七月初二日覆函，拒絶所請。事情便提到了北京去。一九○九年一月十五日清光緒三十四年十二月二十四日駐京英使即照會北京外務部，請推廣租界。外務部向江督調查事實以後，於二月一日清宣統元年正月十一日覆照英使，加以拒絶云：

為照覆事。光緒三十四年十二月二十四日，接准照稱："本年六月初間，駐滬各國領事官照會江督，將租界北線展至滬寧鐵路為止。曾以擬展之地，雖有華工部局[註二]管理警察衛生各事，無不因循。二十五年推廣租界時，本擬將是處包括在內，因前督恐將車站包入，又洋商在寶山境內租地之事尚未議妥，故未允辦。今租界北線以外至鐵路各地，幾成為洋商所擬之新界，亦不將車站及鐵路包括於內。而江督覆以‘二十五年推廣之舉為永不再展之意。又以寶山既非通商口岸，該處未便包入租界。至華工部局所設警察衛生等事，將來必能漸次完全’等語。此事關係重要，未便如此抹倒。又華工部局所辦各事，日益頽敗，必須設法防範。上海英商，利益較大，合請將該處歸入各國工部局管轄。"等因。當經本部電達南洋大臣查覆去後，兹准電覆前來："查上海租界本極廣闊。二十五年劉前大臣核准，由中國自行推廣公共租界二萬一千五百餘畝，較原定英美租界幾增兩倍。其所以格外從寬者，原為從此不得再展。"今所請推廣之地，係租界與鐵路中間所夾之一段，該處在寶山縣境，並非約開通商口岸，洋商在彼租地本屬不合，曾經本部咨行南洋大臣轉飭滬道，分别照會各國駐滬領事，飭該洋商等遷回上海租界，以符定章，並照會貴大臣轉飭在案。豈復得以此藉口，再請推展？總之，約載通商，係在上海租界，不能將約外之寶山縣又行推廣；所請將租界北線以外至鐵路各地，歸入各國工部局管轄之處，與約不符，斷難照辦。至警察衛生各事，係中國內政，地方官逐漸整理，當可底於完全，以保公安。再上年曾准南洋大臣咨稱："上寶兩邑交界川虹浜，被工部局擅填築路，並在寶山縣華興坊口及寶山路南口與租界交接之處，私拔界石界碑"等情。查上海工部局擅填界浜，私拔界石界牌，實屬任意侵佔，漫無限制，應請貴大臣轉飭上海工部局，勿得擅築界浜，速將界石界牌移還原處，為要！相應照覆貴大臣查照辦理可也。[註三]

北京方面關於推廣租界的交涉，這樣陷於無法進行的局勢之中了。但工部局是不會就此抛開這念頭的，它要用種種的手段來企圖實現它的要求。

於是在一九○九年清宣統元年的納税人年會中，提出下面那樣的一個議案：

本會准將滬寧鐵路與吳淞江中間之地，自廣肇山莊起至虹口公園止，一律圈入租界，並授權工部局，着力持到底，勿稍緩和。[註四]

[註一]　S. M. C.'s Annual Report, 1908, p. 230.

[註二]　按即指北市馬路工巡總局。

[註三]　清季外交史料宣統朝卷一，頁七至八。亦見宣統元年二月二十日申報。民國四年三月十一日新聞報"關於推廣租界案續追録"中所刊者，則文句略有出入。

[註四]　S. M. C.'s Annual Report, 1912, p. 108B.

顯然是根據地皮章程第六款所云,想以此來增加要求的力量的。

此案因時間關係,當日未能議及,旋於三月二十二日^{閏二月初一日}續議。開議時,工部局總董藍台爾(Davis Landale)宣言云:

> 推廣租界一事,非以推廣租界爲主義,實因無數之困難,逼令吾人出此。但此事非工部局之事,乃吾等政府駐京公使與華政府之事,當按一八九九年推廣租界之法辦理。查當日推廣租界之時,本由南洋大臣劉坤一將界線定妥,允准推廣之後,始行宣布於年會前,非由納稅西商列入年會案之內者。今諸君須知工部局並非專以圖謀推廣租界爲事。工部局實不欲以此事逼我駐京大臣及本埠領事團,轉逼華政府。工部局祇欲望駐京大臣等知此事爲上海公眾贊成之急務而使工部局爲之者。今請諸君未對此案立論之前,注意此項所謀推廣之地兩段,舉其面積而核之,實爲極小之地耳。如第一段即所謂閘北者是也。其地參差不一,圍於租界三面,至第四面則爲滬寧鐵路所圍,租界參差不一之界線,已見於滬寧車站之處。至於第二段,右角上則爲虹口公園,由虹口公園起,必能覓得極好之界線。鐵路之東,毗連北四川路之間,所推廣者,亦屬有限。關於推廣租界之原因,如前列之第一段即閘北者,現由華官管理,其法中西參半,雖設警察,並以新式之軍械給巡士,奈此等巡士素少訓練,均不勝巡士之職,工部局捕房之巡捕時與衝突者,因起於此等不稱職之巡士也。今上海一隅,行政之權已分爲三,即公共租界法租界與華界是也。今華官經營閘北,分行政權爲四處,察其原意,無非欲限外人推廣租界而已;關於有礙租界之發達與否,均不計也。今其行政之區,適爲租界之外郊,若其關於衛生及警察等事,辦理不善,於租界極險。總之,欲去目前不合理之事,及推廣租界一切之困難,請諸君同心合意,贊成此事請由各國駐京大臣向華政府交涉可也。^[註一]

該議案旋即通過。工部局於四月八日^{閏二月十八日}將議決案,連同推廣地帶地圖一紙,函呈領事團,請轉北京公使團。

消息一傳出來,上海華人社會爲之大譁。當納稅人會通過那議案之後的第四天,申報便有社論"論本埠西人贊成推廣租界事",力闢重提推廣租界要求的毫無理由,其開首云:

> 明明爲鯨吞之狡謀,而必設多種之門面語。明明無可據之理由,而必行堅請之強硬權。明明理屈詞窮。無可再說,而必挾多數之贊成以遂其非分之要求,以行其威迫之手段。嗚呼!對於本埠西人此次推廣租界之決議果將實行,則公理何存,主權安在,有不得不令人駭懼者!^[註二]

工部局將那議決案函達領事團後,上寶紳商及寓滬各省紳商即於四月十一日^{閏二月二十一日}齊集明倫堂會議應付。公推葉棣華爲臨時主席,報告此次租界要求推廣的嚴重意義云:

> 查上次推廣租界,早經前江督劉忠誠公聲明不得再行推廣。乃曾幾何時,復有推廣之議。考其所據理由,無非以租界相接之華界衛生警察種種不善爲言。其言之不足信,已由滬道辯駁。即如所言,租界無論推廣至何地步,必有與華界銜接之處。上海除東距大海外,其南、西、北三面,無一非人煙稠密之地,將來處處可以藉口,推廣二字,有何底止?且此次之所謂推廣,渾稱滬寧鐵路南首西首之地圈入租界,漫無限制,尤駭聽聞!且默察其意,直欲如俄國東清鐵路線管轄旁地之例,以處滬寧,則其所覬覦者又不獨在此區區租界而已,六屬皆將受其影響者也。工部局既以此慫恿駐使,駐使竟以此要求政府,至謂租界之急欲推廣者,係公眾要舉,非若向中政府要求物件,

---

[註一]　民國四年三月十二日新聞報。
[註二]　宣統元年閏二月初五日申報。

可以他物更代云云。不成理論之語,肆然形諸筆舌,此而可忍,孰不可忍！我外部駁拒於前,意必能堅持於後。但聞近日駐使催外部答覆甚急,並有願於租界内給與華人議董權利之説。對於本年西曆三月二十九號工部局第二次答領事函中,"無論何種意見能與本地華人公共有益者,本局自當加意謹慎研究"數語,可知此説實非無因。甘言相誘,外人慣技,歷年外交失敗之故,靡不由此。萬一外部爲所搖惑,稍一鬆勁,後患何堪設想！微論所謂議董權利云者,不過哄我之虛言,即令實行,而以大易小,亦殊得不償失。諸君勿謂租界在上寶兩邑界内,僅上海與寶山有關係也。租界逼近車站,將來滬寧贖回之後,扼吭受制,亦成廢路。此種關係,實爲我江蘇全省之關係,亦即中國通國之關係。事機急迫,稍縱即逝。除兩次電求外部始終堅拒外,吾國民當各竭心思,設法對待。須知租界所及,主權盡失;利害攸關,不容坐視。方今預備立憲時代,萬事取決輿論。苟我國民確能爲政府之後盾,衆怒難犯,政府既顯有所恃,即外人隱有所懾,當不致挽回無術。但究應如何文明抵制,如何力戒暴動,此實今日所宜急急研究之事。[註一]

結果,電呈北京外務部,請阻止推廣租界云:

> 英使要求推廣公共租界,業由上海紳商電請力拒。今日滬上開會,見報載有英使許舉華董二員,以爲嘗試。查工部局董事之權,實操縱於西人之手,雖舉少數華董,無補萬一。而目前所議推廣之地,適當滬寧鐵路之起點,爲全省主權關係,亦爲全國利害關係,非堅持到底,後患甚巨。務請大部始終力爭,以保主權,而慰衆望。除具呈外,合亟電聞！[註二]

但到八月二十一日七月初六日領事團二次致函兩江總督端方,增述推廣租界的理由。"依領事團説法,面積推廣的要求,並非只爲外人的利便,却同時又爲租界華居民的。租界所有五萬三千座房屋中,屬於外人的僅有三千,五萬座都是華人產業。既有如此衆多的華人享受租界生活所給與的好處,並佔據此原本劃爲外人用處的地方之一大部分,領事團不能理解爲什麼恰在租界多分要推廣的地點,應留下那一部地皮。領事團又宣告,該團不能同意華人的見解,以爲外人在寶山縣租地,不過'通融辦理'。領事團以爲寶山縣是組成上海約開商埠的一必不可少的部分,'故外人在彼租地,僅爲條約規定之施行而已'……"[註三]

態度堅決的江督,不爲所動,拒絶領事團派員到南京去面商事情的請求。外人乃更進一步地活動。在華英僑協會(China Association)呈請其本國政府,力促租界推廣的實現。在華美僑協會(American Association of China)亦應工部局的請求,致函北京美公使和華盛頓美政府。美政府的答覆,對工部局計劃,頗爲有利,訓令駐京美公使及駐滬美領,着其贊助工部局進行交涉。另一方面,工部局亦應領事團囑附,提出寶山縣巡警及衛生情狀的報告。在寶山縣境租地的外人百名又聯名反對華官對其產業行施警權。

所有這些行動,都未奏效。一九一一年清宣統三年中國革命爆發,上海租界推廣的要求,於是暫告段落。一九一二年民國元年民國政府下的上海官廳,對於工部局在越界築路的管理權,抗議次數更多於前,工部局亦對提抗議。民國政府外交部亦爲工部局設巡租界越界道路及在赫司克而路築溝,向駐京公使團提出抗議。工部局乃草就一備忘録,提交領事團;除略述租界推廣問題經過情形外,即重行請領事團注意,説是一切糾紛的惟一終止辦法,便是將寶山縣劃入租界界址以内。[註四]

[註一]　宣統元年閏二月二十二日申報。
[註二]　宣統元年閏二月二十三日申報。
[註三]　Kotenev, op. cit., pp. 44 - 45.
[註四]　參閱 S. M. C.'s Annual Report, 1912, pp. 98B - 113B.

一九一三年民國二年七月,二次革命發動於上海。二十三日,陳其美率部攻江南製造廠,失敗,退;再攻,亦敗退,乃以閘北爲大本營。租界商團出防。二十五日,閘北華地主若干人致函工部局,請求保護。[註一]二十六日,工部局發出告示,謂:

> 上海外人租界原爲貿易而設立。數日前近郊之亂,貿易受擾,界內秩序亦遭破壞。茲特宣告:租界及其北郊不得用爲作戰根據,亦不得用爲圖謀不軌之中心。爲避免軍事行動礙及和平之各國人民起見,中國任何方面之軍隊均須撤退北郊,任何方面之軍事長官須離去北郊,否則嚴拿不貸![註二]

即令巡捕及商團進據閘北,陳其美被迫離去其閘北大本營,退吳淞。[註三]商團駐紮閘北警察總廳。閘北"公民以外兵保護華界,有礙中國主權,羣起反對。嗣由工部局聲明決不乘危越佔,即行撤兵,風潮遂息"。[註四]然而工部局終於藉此重提推廣租界問題,於七月三十一日致函領袖領事,請領事團注意將寶山區域劃入租界的急不可緩,並請將此事電達北京公使團。[註五]但領事團的回答,卻說"此時此際,殊不合以此事電迫北京",未允所請。[註六]工部局乃推舉代表進京,呈請公使團向外交部提出相當要求,雖有民國政府略見讓步的傳聞,引起閘北公民王文典等的條呈理由,請勿遷就,事情卻也未有進展。

但當時民國政府對於國民黨的竭力壓迫,使其注意及於租界內政治犯的潛跡,並因而起了一種不妨以別種利益給與租界來交換處置租界內政治犯較便辦法的心思。上海公共租界和法租界的推廣問題,便在政府這樣的用心之下轉入了雙方接談之中。一九一四年民國三年二月初,外交部派秘書曹嘉祥來滬,會同交涉員楊晟,與領事團磋商公共租界推廣面積問題。閘北市政廳正副廳長錢允利、沈鏞特呈文各方,請勿成議。而雙方磋商,亦終因領事團要求過大,曹楊似覺進行爲難,未達何種確定的諒解。四月八日中法簽訂協定,法租界得於三個月後,以界外馬路劃分警權的形式,而行推廣面積的實際。七月以後,關於公共租界推廣成議一層,以愈益接近的消息,傳述於報端。閘北公民屢次開會,籌議阻止推廣的實現。十一月八日的會議,議決函致工巡捐局請整頓路政,提議組織保衛團以補警力的不足,免得外人有所藉口,此外並通過繪成地圖,公稟各當道,詳陳利害。十七日,開大會通過呈北京參政院文,公推代表,赴京遞呈;呈文云:

> 閘北一隅,地界上寶兩邑,縱橫二十餘里。自前清光緒季年,旅滬紳商,就地籌款,開闢商場,洎後改歸官辦,先後經營,不知費若干精神財力,始克臻此!民國成立,市政廳、工巡局又復急起直追,艱難締造,向所稱荒烟蔓草之區,今皆馬路平坦,市廛稠密,駸駸乎堪與租界繁華處相頡頏!推原官民同意,努力經營之故,實以蘇州河及滬寧鐵路爲水陸交通之要地,而於國家運兵運械,尤有重要關係;國防所係,地利所在,不能不自爲經營以杜覬覦也。入夏以來,推廣租界之說,盈於耳鼓。初以爲道路之傳言,未可深信,迨工巡局探詢輿論,又見楊道尹發下之草合同等件,始知已成事實,當經聯合公民,上書鄭鎮守使、楊道尹,請求力爭。迺者,又聞外交部將派交涉重員,專辦此事;情形急迫,實行即在目前。公民等或生長斯地,或久居是邦,對於國權領土,身家性命,均有密切關係;且於界線問題,何路爲華人所築,何路爲西人所侵,頗知底蘊,用敢不揣冒瀆,繪圖貼

[註一]　函見 S. M. C.'s Annual Report, 1913, p. 104B.
[註二]　Municipal Gazette, July 31, 1913.
[註三]　Hawks Pott, A Short History of Shanghai, p. 198.
[註四]　民國二年九月二十二日申報。
[註五]　S. M. C.'s Annual Report, 1913, p. 107B.
[註六]　Senior Consul to Mun. Council, Aug 8. 1913.

説，詳陳於參政諸公之前。閲西人之草合同，有推廣字樣，推廣云者，己之地不敷用，而後推廣之是也。今公共租界各國之居民不及十分之一，而中國人民反居十分之九，是無所用其推廣。且租界之中，暗殺路刦，日有所聞，而閘北從未有之，其對於現有之租界已不能周顧，而尚有餘力推廣乎？而況從前豎立租界之石，均有永遠不得推廣字樣，則此推廣問題，更何以發生？此而不拒絕，吾恐今日推廣閘北之問題未決，明日推廣南市之問題又起矣。此推廣租界之力宜拒絕之大要也。[註一]

但因爲"國弱鄰強，萬不得已"，所以他們提議"將上海推廣租界一案，改爲修正界線，以保國土而順輿情"，並對於界線的修正一層，有所具體建議。

雖然幾天以後，亦曾有一度傳述"政府對於此事以輿論爲轉移，工部局之要求不過借中外人民利便與否，爲之藉口"，本來奉總統命令要來滬復核閘北界務的特派外交專員曹嘉祥終未來滬，總統亦令外交部核駁公使團意見；[註二]然而一九一五年民國四年一月十二日，外交部終於以爲"對於此事非切實調查，折衷解決，對外對內，均不方便"，因而特派來滬的劉藎忱到了上海，會同上海特派交涉員楊晟，商議解決。閘北公民，除開會公舉代表請見劉藎忱，面陳利害外，並"恐有一二不知愛國之輩，暗中聳聽，希圖自私自利，因又公舉調查員數人，四出偵查，預備抵制之策"。[註三]一月二十七日，劉藎忱離滬。譁傳已久的推廣租界草議，不久亦即由交涉員楊晟和領事團大致商定，由領事團移交一份與工部局，發表於三月四日的工部局公報(Municipal Gazette)。次日，中文報紙刊出譯文，如下：

一　中國政府允照上海公共租界現行地皮章程，將下開地面，併入租界：

甲　所有北自滬寧鐵路，東自公共租界，南自蘇州河——其間地面，均圈入租界；其鐵路全線及現有地場，均應作爲在界線之外。

乙　滬寧鐵路沙涇江或沙涇浜以及現時租界之界線，其間地面，均劃入租界之內，受工部局管理。

丙　南自蘇州河，東自現時公共租界，西南自徐家匯及虹橋路，西自聯接滬寧、滬杭兩路之計劃叉線，由蘇州河至該河與虹橋路交接之處，其間地面，均包括在推廣範圍之內。

二　蘇州河之在租界以內或作爲租界之界線者，應由工部局管理之。濬浦局應負開濬該河之責，並應按照舊例，俾中國小火輪及船隻行駛其間，毋庸納費。中國政府得在租界內或作爲租界界線之蘇州河河道，運兵至蘇，或由蘇運兵，惟須預先咨照工部局。

三　據中國政府之意，以爲依理而言，工部局應添設華董若干名，會同西董辦理租界內專涉華人之事，惟按照現行工部局地皮章程，殊無設置華董之餘地，斯亦中國政府所深知者，故允暫照本約第四條通融辦理，設顧問部以爲華董之代，待將來工部局可實行設立華董時，該部即行廢止。

四　上條所述顧問部，應由寧波會館指定二人，廣肇公所指定二人，外交部特派駐滬交涉員或上海最高級華官指定一人，以組織之。惟各該指定之人員，領事團有否認之權。顧問部之職權，專限於依工部局就詢之專涉界內華人事件，而盡其獻替之職，並就專涉界內華人事件而提出其意見於工部局。顧問員有所獻替或提出意見時，應合該部全體人員而爲之，不得單獨行事。

五　如將來租界外華人所置產業應行加抽地捐時，則租界內之華人產業亦須按數加捐。惟租界內由洋人領有道契之產業，不得作爲華人產業，故不適用本條之規定。

[註一]　民國三年十一月十九日時報。
[註二]　參閲民國三年十一月二十五日時報。
[註三]　民國四年一月十六日新聞報。

六　凡在新闢租界內之華人房屋，其坐落之地皮尚未在領事署註冊者，應免繳工部局捐兩年，如該地未經工部局建築馬路，設置路燈、自來水，辦理衛生以及地方自治上一切事務，則其免繳之期，亦得循是而延長。

七　工部局於新闢租界內，如抽收地捐、房捐、貨捐，除按照現行地皮章程第九條所准許者外，不得更徵其地之捐稅。

八　工部局於新闢租界內，除爲公益計得由領事團禁止通過者外，其餘則中國軍隊及婚喪儀仗均得自由通過，惟爲避免誤會計，應先事通知工部局。

九　引翔港全鎮，不圈入租界，應即交還華官。

十　廣肇山莊、李文忠公祠及南洋公學，祇須其殯舍、祠堂、學校之用途不變，則概免徵收工部局捐。

十一　工部局應將新闢租界內之警局、公署以及水電廠舍及機器等，與原主商定價格，備資收買；如議價不合，應由兩方面各請代表，組織公斷部以判決之，並請海關稅務司爲最後公正人。

十二　閘北或其他新闢租界內之警署人員，工部局有自由續雇之權，或則發給資斧，俾回原籍。

十三　凡新闢租界內之墳墓，未經其家屬允許，工部局無強迫遷移之權，各該家屬並得自由修飾或祭掃其墳墓。惟爲衛生起見，凡界內浮厝之棺，均應自本約批准之日起，一律安葬，嗣後未得工部局許可，概不准停柩於地面及建築殯舍。

附註　租界官吏，以不願使租界爲中國國事要犯或倡亂者之逋逃藪，並不願使華人藉租界之庇護而謀亂以抗政府，故凡有逃入租界之上項要犯或亂黨，或由華官預先照會者，即行拘捕解由會審公廨訊明，如確係本人並查得有犯罪證據，立即由海道押解出境，其押解費歸中政府擔任。

凡值有責任之華官，控告有匿居租界之中國刑事重犯或犯非關國事之法律者，租界官長應將被控之人拘拿到案，由會審公廨訊明確係本人，即可交付中國地方官。凡按照本約而逐出租界者，如重復入界，一經拘獲，毋庸再訊，立即解交華官。

凡訟案關係之人之住居租界不止六個月，且係真實商家，一經中國有責任之地方官控其曾在租界之外違犯非關國事之法律或有違法行爲，仍須按照向例由會審公廨初審確實後，方得交付華官。其由會審公廨控告華界居民之案，亦照此辦理。

推廣租界草案一經工部局發表之後，閘北公民等羣起應付，或者要求外交部於開議時，准派代表參加，或者向上海各當局具陳意見，請萬勿輕棄主權。俞國楨等的呈工巡捐局局長"拒絕推廣租界之意見書"中，列述應加拒絕的理由十六點：

租界名義，爲各國所無，實爲國家最大污點。前清道光季年，爲雅片之戰，開放租界，實非得已。光緒二十五年，江督劉准予推廣一萬二千餘畝，恣其慾而啓其貪，遂益事婪索，無故而推廣太寬，無理且亦無名。此其宜拒者一。

上海自放租界後，又經前江督劉准予推廣，立有界石，切實聲明此後永遠不准再行推廣，工部局董會同簽字，界石巍然尚在，西人重信義，何爲背約再事推廣乎？棄前言而遺後患，竊爲西人不取。此其宜拒者二。

查譯述交來稿件中，意思語氣，尚屬和平，亦祇謂劃界以鐵路作界線爲最宜，故擬以鐵道爲華洋界線云云。初非必以是爲界線也，意在嘗試，故我人無允准之必要。此其宜拒者三。

交涉與交際異，交際尚圓通，交涉貴嚴正，況關係國土主權問題乎？人即極力要求，我當竭力抵抗，豈可唯命是聽，如願以償？此其宜拒者四。

外人果實力要求推廣，萬不得已，亦稍予以荒僻之地可矣_{如引翔港等處}，斷不可以繁盛區域，重要部分送之者也。此其宜拒者五。

外人以警權不清，藉口劃界，從事推廣，然於警權未嘗不清之處，何事劃界，反生糾葛？此其宜拒者六。

來稿謂劃界憑鐵路為最宜，其說似矣。然使無鐵道，則將奈何？即有鐵道，或遠在數千里外，則又將奈何；將置而不劃乎？抑將此數千里之地，盡劃入租界乎？我知其必不然矣。此其宜拒者七。

鐵道，人造之界線也，河流，天然之界線也，欲求其天然之界線，則莫如以蘇州河為界線，不應以鐵道為界線。此其宜拒者八。

蘇州河者，閘北商場之門户，亦京滬通航之要道，徜徇外人之請，劃入租界，一旦有事，運兵運餉，定多窒礙，即云正當照會可以通行，然終多不便。前年戰事，此河由西人扼守，不使用兵，是其明證。故斷不可割讓。此其宜拒者九。

淞滬、滬寧鐵路車站左右一帶地方，必多軍警，官場往來出入，與租界章程時有抵觸。並鐵道為交通最重要機關，使租界與之逼近，大非所宜。前清江督劉一面允准西人推廣租界，一面令華人自闢商場，正不欲其接近鐵道，故預防之，使之遠離也。此其宜拒者十。

前闢商場，開築馬路，官商合辦，絞腦瀝血，經營慘淡，所費不資，洵非易事，原欲抵制租界也。今不加抵制，而漫然放棄，勢必使愛國商民，灰心絕望，問此後誰復肯再出心力金錢，另闢商場馬路乎？舍舊易而謀新難，亟宜保守為是。此其宜拒者十一。

兵戰爭地利，商戰亦爭地利，故商場地勢，斷不可失。如外人之意，鐵路之南劃作租界，則華界商場必退處鐵路以北，地多荒涼，建築不易，無論不能成立也，即能成立，亦不便於交通。蘇州河既失，又圍以鐵道，較前形勢，大相懸殊。故華界商場，斷不能遷地為良，退居鐵道之北。此其宜拒者十二。

來稿謂以引翔港全鎮歸我，此中有可疑之點三：（一）未註明四址，所謂全鎮者，係引翔全鄉鎮之地方乎？抑僅以引翔一鎮之地方乎？如係全鄉鎮，則將前放之租界，凡隸於引翔鄉者，全數還我乎？我知其必不然矣。如僅一鎮，祇有全鄉十分之一耳，且地係荒野，又為北四川路及靶子場隔斷，不能與閘北相通。此鎮居民僅三四百家，全年捐稅，止三四百元，較之閘北，奚啻天壤？且此鎮現雖由外人管理，然觀其清道路政，全未整理，以此荒涼渺小之區，欲易我甲、乙、丙三區繁盛之地，雖五六尺之童，亦知其不可也。（二）警權將愈難劃清，查引翔一鎮，三面俱係租界，設還我之後由華官派警，前往站崗巡邏，對於三面巡捕，定多衝突，不且愈覺糾紛乎？（三）不明其歸我之意何居，將以是為餌，以小易大乎？抑地真無用，甘心放棄乎？或欲取姑與，待我將是地整理完善，再事索回乎？總之，包藏禍心，決非好意。其思破我商場，佔我車站，得寸則尺，進逼吳淞，毫無疑義焉，奈何中其計而受其欺！此其宜拒者十三。

前清江督劉以偌大土地，予彼推廣租界，正欲其不擾吳淞，遠離鐵道，今若以鐵道為界，且與之蘇州河，是外人直逼鐵道，且已擾及吳淞，失地而復失策，是不獨商場問題，竟為國防問題焉。海口鐵道，入人掌握，危險孰甚！此其宜拒者十四。

閘北之振興商場，設各種政治機關，本為扼守吳淞，保持鐵道也。外人嫉之；今欲得我閘北，抉其藩籬。來稿有預備任用我各局所辦事人員及警察等，或資遣回籍云云。其心目中早已視閘北為囊中物，此後一切設施，儘可由彼自由進行，即所謂任用辦事人員一語，無非穩住人心之偽言,斷不可靠。此其宜拒者十五。

引翔鄉西係靶子場,東南係楊樹浦等處,早在租界三面包圍之內,今欲逼閘北退處於鐵路以北,豈非又被三面包圍乎?西人之意,以爲既入勢力範圍內,斷不爲其逃免。故引翔港暫許歸我,鐵路北暫不索取,明知兩地無可發展。權留我國,猶寄之外府。設有建築,彼正可安享其利,隨時俯拾。且既三面包圍,對於警權、路政、衛生等等,正多藉口之資料,他日再議推廣,不難將閘北、吳淞全境,舉而有之矣。陰謀狡計,如是如是!此其宜拒者十六。

總之,外人之慾難饜,外人之心叵測,閘北商場之未可輕棄,鐵道吳淞之亟宜固守,當合我上海官紳商民之全力,以拒外人之要求,斯爲上策。萬不得已而退一步言,北四川路之左右,既已越界佔築馬路多道警權不清已久,東西往來亦復不便,其迤東之地,廣大不下數十畝,割而界之,或引翔一鎮,仍歸外人管理,諒可無辭矣。謹陳管見,有十六條,是否有當,伏乞局長鑒核,並祈轉詳上海鎮守使、滬海道尹裁奪。[註一]

另一方面,該項推廣租界草案,經工部局提出於三月二十三日的納稅人會通過,即請領事團提呈北京,請中國政府和公使團最後批准。然而中國政府礙於民氣的激昂,公使團爲了別種原因,草案總算始終未被批准。工部局職員郭泰納夫(A. M. Kotenev)在其著作中,寫到這事時,有以下一段文章:

英公使竭盡其全部影響力以使中國中央政府批准此項協定,但華方左推右託,不允諸公使之請,尤因列強中有表示絕不關心此問題,並以爲時機未至者甚至允諾推廣問題一解決即繼以會審公廨之歸還——此乃民國政府所非常關懷之事——亦不能動搖華方之堅決。彼等不願自動扶植一中國境內外人獨立自治團體之發展,而英國政府亦不復能以壓力加諸中國政府。英國正從事於對同盟國之戰爭,其全部注意專注於戰爭各問題。此時此際,以勒迫中國接受要求而毀壞對華關係,此非英國所欲矣。[註二]

一九一七年民國六年八月十四日中國加入協約國,對同盟國宣戰。一九一九年民國八年巴黎和會中,中國代表提出歸還租界的希望,關於租界推廣事,有如下的提及:

推廣租界之案,亦層出不窮。租界居民漸增,則要求中國政府,准其推廣。顧以領事官及工部局之權限,甚爲廣泛,每爲所擬推廣界內之居民所反對。中國政府自不能無所懷疑。外人不諒,每有怨言。

推廣租界之案,不特足以傷中外之感情,亦往往引起各國彼此間之爭執。一國要求推廣租界,他國亦按例要求,每有兩國利益不能相容,則彼此之感情爲之大傷。[註三]

郭泰納夫於是以更多的感慨,寫道:

在此種情形下,並見於一九一九年後中國政治的及社會的變動,以中國政府以爲侵略中國主權及其土地完整之問題,迫求中國政府再行讓步,此事非所可能矣。欲見因包入北區而解決此遠東最大都會面積自由推廣問題之觀念,不得不必然放棄租界推廣問題。若其重要一如工部局及領事團向中國官方所稱者,則上海外人社會自不得不另覓新的途徑以解決之矣。[註四]

[註一] 民國四年三月十五日及十六日新聞報。
[註二] Kotenev, Shanghai: Its Municipality and the Chinese, p. 50.
[註三] 巴黎和會中國說帖,見曾友豪:中國外交史,頁四一六。
[註四] Kotenev, op. cit. , pp. 50 - 51.

其實,不僅在那一九一九年民國八年推廣租界問題,曾由北京公使團向北京政府提起過,[註一]而且直到一九二四年民國十三年還是以交還會審公廨的條件,在北京交涉。上海方面,每次都開會通電,大加反對,在一九二四年民國十三年時,更特別組織"國土維持會"來竭力抗爭,外人要求,因未實現。租界推廣問題既不能如意解決,如郭泰納夫所云,外人社會是一定要另覓新的解決途徑的。這途徑便是越界築路。因爲越界築路不僅是"租界推廣之間接手段",[註二]亦且是"租界界線向前伸展幾乎覺察不着"的方法。[註三]

四　越界築路及其管轄

1. 越界築路的積極進行

A　租界推廣後仍不放棄越界築路

當一八九九年清光緒二十五年租界推廣時,工部局歷來越界接管和修築的道路,總計長度,幾有十三英里,其中八英里半的都即包入推廣後的新界線以內,尚有四又百分之三十四英里,即包括極司非而路和徐家匯路今海格路的大部分,仍在新界線以外。[註四]

一八九九年清光緒二十五年的推廣,租界方面本來未曾滿意,一面接受中國所允准的新推廣區域,一面仍在作再行推廣的打算。結果,一有以爲可以利用的時機,工部局即提出推廣租界的要求。[註五]而越界築路這一個所謂推廣租界的間接手段,這一個所謂於不知不覺間使租界界址向外伸展的方法,始終未便忘記利用,這是可以想到的事。

所以租界推廣的次年,即一九○○年清光緒十六年工部局便開始越出西界,築造馬路,這將在下文敍說。現在擬先提及工部局工務處册地股的成立,因爲該股與企圖推廣租界和準備越界築路都有關係的。

工部局於一八九九年清光緒二十五年提出關於統一外僑所"租"土地的登記(Land Regestration)事宜的建議,經領事團組織委員會,加以考慮,提出報告;[註六]結果於一九○○年清光緒二十六年成立工部局册地股,[註七]設股的目的,固然"主要地"在於劃一登記外僑所"租"土地的機關,以免各領事館各自辦理的紛擾,[註八]但領事團規定該股尚有下列文句中所包括的權力:

> 自公共租界現有界線起,向外半徑一英里内之土地,惟法租界土地不在其内,應另立清丈圖册。[註九]

以後,工部局便根據領事團所允准的這一點,在界外丈量土地,好像它真有這權力似的。中國官廳和人民,因工部局無權行此,且這又與推廣租界的企圖和越界築路的實行影形相隨,所以抗議至烈,下文將有所説到。

B　最初開築於西區界外

租界推廣以後,工部局越界築路,最初是從西區界外開始的。

[註一]　參閱同年七月三十日上海日日新聞及八月二十一日新聞報等。
[註二]　Kotenev, op. cit. , p. 58.
[註三]　Milard, China, Where It Is Today and Why, p. 254.
[註四]　Feetham Report, Vol. III, p. 7.
[註五]　參閱本篇第三章第二節。
[註六]　S. M. C.'s Annual Report, 1899, pp. 274 - 277. 所提出之報告,稱爲 Report to the Consular Corps on the Registration of Title to Land at Shanghai,全文見 S. M. C.'s Annual Report, 1900, pp. 315 - 316.
[註七]　S. M. C.'s Annual Report, 1900, p. 314.
[註八]　同上註,頁三一五。
[註九]　Senior Consul to Mun. Council, Dec. 6, 1900. - S. M. C.'s Annual Report, 1900, p. 317.

一九〇〇年_{清光緒二十六年}即租界推廣的次年，工部局首先有勞勃生路_{初稱戈登路}的開築。

同年，又開始有佘山路(Road to the Hills)的築造計劃，這佘山路的計劃很大，是想從徐家匯路_{今海格路}南段的某處開端向西通到青浦佘山。一九〇一年一、二月間_{清光緒二十六年十二月}領袖領事葡總領事伐爾台和英總領事白利南(Bryon Brenan)均以築路事就商於滬道袁樹勛。[註一]總領事白利南磋商旋尚有效，於二月十四日_{清光緒二十六年十二月二十六日}致函工部局，說：袁道對於從徐家匯路到上海縣邊界一層並不表示反對，不過不能允准再將路線延長，築入青浦縣境；又說：英領以爲袁道的這種意見不能視爲工部局築路的嚴重障礙，如果工部局現在動手劃明那第一段路線，則高級華官關於全路的最後完成，必不致給與大困難。[註二]工部局得到英領這樣的通知和鼓勵以後，一方面竭力進行標明路線，並測量和接洽"租"地，直到程家橋爲止，另一方面，又有新的計劃，想從當時佘山路終點即程家橋起，再築道路，向北與新涇港_{英文稱羅別根港 Rubicon Creek} 平行通到吳淞江，再折向東，達極司非而路，這計劃旋亦即着手實行，不過略受華方反對，所以工部局又請英領向袁道保證工部局對於所需華業戶土地必公平給價，所造道路中外人民公用。[註三]到六月下旬_{清光緒二十七年五月}，從佘山路到極司非而路的那條路的所需土地，亦已"租"全。[註四]旋即興工開築完成。

佘山路第一段改名爲虹橋路，從徐家匯向西到程家橋，路寬三十英尺，長六又百分之十三英里。從虹橋路終點到吳淞江一段路，稱羅別根路，寬四十英尺，長二又三分之一英里，從羅別根路北端向東到極司非而路的一段路，寬四十英尺，長三又二分之一英里，即名白利南路，[註五]以表示對於英領白利南當時積極贊助工部局發展計劃的感謝云。[註六]

雖然總計起來，虹橋路、羅別根路和白利南路的長度，幾有十三英里，但虹橋路未能如當初佘山路計劃，一直築到佘山，這却不是工部局所能安心忘懷的。工部局似曾想盡方法，要做成這不能忘懷的事。一九〇三年_{清光緒二十九年}春由徐家匯天主堂江南大主教姚宗禮出面，創議開築通佘山馬路，請袁道飭上海、青浦兩縣勘明撥給所需土地，未成。工部局乃又進行與鄉民直接"租"地，仍遭拒絕，大啓齟齬，結果亦無所成。[註七]於是又由英總領事霍必蘭(Pelham Warren)一再給照會袁道，請准築佘山路，袁道始終不允。到一九〇四年十一月_{清光緒三十年十月}工部局不能再耐心等待官方磋商，即派工程人員到法華鎮從程家橋高家灣，一路插立標竿，直到青浦縣境的七寶鎮一帶。袁道得青浦縣報告後，即照會英領霍必蘭，請即飭工部局停工。英領復稱：

> 築路係屬有益之舉，中國現下正在改良，不可再惑於風水之見。且洋工程師勘路插標至青浦縣境，彼處鄉民均願築成此路，務請不必阻止。

但袁道不談"風水"，也不說鄉民如何，却直截引用條約，加以駁復云：

> 查中英約章第十二條內，載明洋商不得在內地築造馬路等情，此項開築，殊與約章相背，故已札飭該地方官先將標竿拔去，速令停工。

袁道一面並札行華亭、婁縣、青浦、上海四縣令，速到七寶鎮會同商榷。[註八]

[註一]　光緒二十六年十二月十五日申報。載有領袖葡領致袁道照會，請允開佘山路。
[註二]　S. M. C.'s Annual Report, 1901, p. 371.
[註三]　Mun. Council to H. B. M.'s Consul-General, Mar 16, 1901; Apr. 22, 1901. - S. M. C.'s Annual Report, 1901, pp. 371－372.
[註四]　Mun. Council to H. B. M.'s Consul-General, June 26, 1901. - S. M. C.'s Annual Report, 1901, p. 373.
[註五]　S. M. C.'s Annual Report, 1901, p. 258.
[註六]　Mun. Council to H. B. M.'s Consul-General, June 26, 1901.
[註七]　光緒二十九年十二月九日申報。
[註八]　以上俱根據光緒三十年十一月一日申報。

同時,工部局並不停工,一九〇五年五月二十六日_{清光緒三十一年四月二十三日}青浦縣境三十保二區一圖地方鄉人,因土地並未出"租",憤而起阻,幾釀交涉。^[註一]袁道得青浦縣田寶榮報告情形後,一面批飭青浦縣勸諭大衆,應聽候袁道商辦,一面又以約章規定及恐生衝突爲言,照會領袖領事德總領事克納伯(W. Knappe),"請飭工部局立即停止工程,並將石樁一律拔除,以靜人心而安地面"。^[註二]

接着,中國方面,由兩江總督周馥據情切電外務部轉商英美公使,飭阻工部局造路進行。^[註三]外人方面,初則派德副領事到青浦去和知縣田寶榮切實商議,繼則又經領袖德領到南京去和江督周馥接洽,都無所成,江督且批飭地方官嚴禁"奸民"私自出售田地,致生枝節。^[註四]

然而工部局仍不輟手。結果,袁道反而"深恐堅持到底,未免失彼此和好之情",^[註五]江督也問起"究竟此路修成,於中外有否利益? 民情是否願從"來了。^[註六]於是,工部局雖然並未築成整條佘山路,而虹橋路終於通到了現在飛機場的地方。

C 隨即轉到北界以外去

雖然工部局在築成虹橋路第二段的一九〇五年_{清光緒三十一年}在西區界外還築成憶定盤路,一九〇六年_{清光緒三十二年}又築康腦脫路越出西界的那一段,但自從築成虹橋路第一段、羅別根路和白利南路的一九〇一年_{清光緒二十七年}以後,直到一九〇八年_{清光緒三十四年}爲止,工部局越界築路的計劃和進行,可以說是已經轉了方向,注意於北界以外了。

一九〇二年_{清光緒二十八年}工部局在閘北築蘇州路,從租界界線沿吳淞江北岸到新閘橋,長二千英尺。^[註七]同年又準備延長北四川路,從租界界線向北到靶子場,田稻去盡,並將地皮弄平,造臨時木橋三座;^[註八]次年造成馬路。^[註九]

從北河南路到天通庵,即後名寶山路的路線,是以前吳淞鐵路的一段,^[註十]滬道蔡鈞曾於一八九八年_{清光緒二十四年}築成馬路。^[註十一]工部局則即以北河南路稱之,極想收爲己有。^[註十二]一九〇二年_{清光緒二十八年}工部局將該路橋梁兩座,加以修理。^[註十三]次年即一九〇三年七月初_{清光緒二十九年閏五月}工部局以修理該路事宜,與袁道作"非正式"磋商。旋袁道札委寶山縣王偉辰等會同工部局人員於八月七日_{六月十五日}履勘道路。^[註十四]工部局即乘機提出關於該路以後維持問題意見,說:如果袁道願意,工部局願意接收該路,並以工部局經費修管之,或者由工部局代表華官修管,修管費用每年由華官償還。工部局此項意見未蒙袁道允准,袁道決將該路仍由華官管轄修理。工部局則仍進行修理,修理既畢,將修理費六百十五元發票一紙,請領袖領事美總領事古納(John Goodnow)轉袁道償付。^[註十五]袁道答復領袖美領云:

───────────

[註一] 光緒三十年十一月二十九日及三十一年四月三十日五月三日申報。
[註二] 光緒三十一年五月三日申報。
[註三] 光緒三十一年五月十日申報。
[註四] 光緒三十一年五月十九日,五月二十六日,五月三十日及六月八日申報。
[註五] 光緒三十一年七月八日申報。
[註六] 光緒三十一年七月二十日申報,江督致滬道札。
[註七] S. M. C.'s Annual Report, 1902, p. 223; 1912, p. 104B.
[註八] S. M. C.'s Annual Report, 1902, p. 223.
[註九] S. M. C.'s Annual Report, 1903, p. 182.
[註十] 按吳淞鐵路最初從天后宮起,沿今北河南路寶山路而至天通庵吳淞,鐵路拆去後,今北河南路一帶亦於光緒二十五年(一八九九)劃入租界。北河南路至今仍有"鐵馬路"之俗稱,即以此故。
[註十一] S. M. C. to Senior Consul, Oct. 13, 1903──S. M. C.'s Annual Report, 1903, pp. 266 – 267.
[註十二] 民國七年(一九一八)一月工部局所製"一八九八年以後租界推廣及路政發展圖"(Plan of Shanghai, Showing Settlemet Extensions and Road Developments that have taken place since 1898.)中,簡直以該路爲工部局所造,見一九一七年工部局年報。
[註十三] S. M. C.'s Annual Report, 1902, p. 223.
[註十四] 光緒二十九年七月八日申報。
[註十五] S. M. C. to Senior Consul, Oct. 13, 1903。

……該路係蔡道於數年前所建造，爲中國官有公路，修理應由地方官爲之，工部局無須從事此種工作，該工部局既於事前未曾函商貴領袖領事，忽於事後交來帳單，本道本可拒絕給付。惟爲數不多，且經貴領袖領事來函相商，兹特奉上本票一紙，計洋六百十五元正，請轉工部局查收了帳。本道業巳札委地方官及委員一人，督察將該路儘速完全修理完畢；該路兹後應由華官管修，工部局不應再行與聞。敬此奉告，即希查照，爲荷。[註一]

但工部局還是要與聞。一九〇六年二月清光緒三十二年正月工部局又以該路失修爲言，向領袖領事比總領事薛福德"提議"："該路以後應確切移歸工部局管理。"[註二]工部局隨即逕自修理該路，接着又有工部局將派捕前去的消息，新任滬道瑞澂於是着寶山縣限期修竣，以杜藉口。雖然後來工部局又提代收管要求，終未得滬道允准。這一段所謂北河南路，總算未曾成爲工部局"界外道路"。[註三]

工部局收管界外北河南路未成，即進行在閘北測量和築造新路。

工部局工務處冊地股於一九〇六年清光緒三十二年開始測量租界界外土地。瑞道得報後，即向領袖比領薛福德提出抗議。[註四]工部局則竟説："測量工作，其本身既無可反對，與私人權利亦不相涉。"[註五]依舊進行。一九〇七年三月清光緒三十三年正二月工部局又測量界外靶子場到租界西區東界一帶的寶山縣境。[註六]一九〇八年清光緒三十四年又測量靶子場以東約二千五百畝的地方，及徐家匯路今海格路、極司非而路附近約六百畝的地方。[註七]

至於築路新路雖所造僅有界路一條和北浙江路越出租界北界的一段，但交涉經過至爲繁複，是前所未有的。

工部局於一九〇七年一月清光緒三十二年十二月在租界北界以外上海、寶山兩縣交界地方，"租"得及"充公"地皮若干，並填平河浜，着手築造界路，預備架設電車軌道，以通達滬寧火車站。[註八]上海縣得報後，即會同寶山縣，於一月二十四日清光緒三十二年十二月十一日前往勘看，發見工部局將上寶交界用虹浜上游支流之一的沙涇，在北河南路之處，已填平一畝九分二厘，在界石四十九號起到克能海路之處，計面積四畝八分二厘五毫，正將動手填屯。兩縣因會呈瑞道，説該浜係上寶界線，應加疏濬，以利水給，且地屬租界界外，外人不得任便從事工程；工部局填浜築路，違犯條約，應即令停止。瑞道因即照會領袖領事比總領事薛福德，請飭令工部局停工。[註九]工部局於三月十二日清光緒三十三年正月二十八日致函領袖比領，答復瑞道的抗議道：

該浜北河南路以東之部已填屯多年，故路西未填之路已成爲淤塞而不合衛生。

滬寧鐵路之局產坐落浜北，經與該路接洽，擬就路線一條，以接連電車與火車站之交通，而此路必須包括該浜全部地面。

工部局以爲，華官對此需要殷切之公共工程之反對，可以下列之言應付之，即：現今標明租界界址之各界石，無論如何不加遷移，而水利可由上海自來水公司照常供給。[註十]

———————————

[註一]　Shanghai Taotai to Senior Consul, Oct. 29,1903.—S. M. C.'s Annual Report,1903,pp. 267－268.

[註二]　S. M. C. to Senior Consul, Feb. 19, 1906.—S. M. C.'s Annual Report,1906,p. 412.

[註三]　光緒三十二年六月十四日，三十三年三月九日至十一日申報。

[註四]　Shanghai Taotai to Senior Consul, Sept. 22,1906.—S. M. C.'s Annual Report,1906,pp. 410－411.

[註五]　S. M. C. to Senior Consul, Oct. 23, 1906.—S. M. C.'s Annual Report,1906,pp. 411－412.

[註六]　S. M. C.'s Annual Report,1907,p. 136.

[註七]　S. M. C.'s Annual Report,1908,p. 129.

[註八]　S. M. C.'s Annual Report,1907,p. 170.

[註九]　Taotai to Senior Consul, Jan. 30, 1907.—S. M. C.'s Annual Report,1907,p. 170.

[註十]　S. M. C.'s Annual Report,1907,p. 171.

工部局的這個答復,經領袖比領轉達瑞道以後,瑞道即於四月二十二日三月初十日再行照會領袖比領,略謂:

> 該浜乃上、寶二縣之界線,即使淤塞,應由該二縣自行疏濬,非他人所能佔用。工部局如何與鐵路公司訂築馬路,本道未便承認。且地在租界以外,更無任便築路立界之權。請即飭令停止,以符條約。[註一]

但工部局填浜築路工程,未曾因而稍停。瑞道乃又於五月中旬四月初三次照會領袖比領云:

> 該處地在租界以外,非洋人所應代謀,何能越權侵佔?照理可將工匠驅逐出界,濬復舊觀,惟恐因此爭競,有礙中外交誼。請即阻止。[註二]

一面並將情形稟請江督轉咨外務部向駐京公使團商阻。江督端方嗣即批示,略謂:

> 該界浜係上、寶兩縣公共之地,坐落租界以外,工部局何得填築馬路,越俎代謀?除咨請外部核辦外,仰即仍與切實商阻,妥速辦結。[註三]

瑞道交涉未果,即行升任,繼任滬道梁如浩於一九○八年一月清光緒三十三年十二月一面函問滬寧鐵路,與工部局接洽築路,究係如何情形,[註四]一面又函領袖比領將下列各點細加查明答復:"曾否請換道契?如何得有鈐印?地皮既係中國官地……工部局曾付價銀若干?契紙係何號碼?何時發給?"[註五]工部局經領袖比領轉達梁道詢問後,卻僅答以"築路所據理由,已於敝局一九○七年三月十二日答復貴領袖領事二月十九日大函時,充分說明。爾時敝局曾竭力使華官確信標明租界界址之石,無論如何,不加遷移,此項保證既經嚴格遵守,自無討論餘地"云云,[註六]仍進行築路。領袖比領乃於四月十一日三月十一日答復梁道道:"該處填平界浜,僅為衛生及公衆利益起見,工部局保證不移界石,並嚴格遵守此項保證。"[註七]

滬道交涉雖無效果,但情勢繼續開展,滬道根據所得報告,抗議愈密,亦愈嚴重。七月十三日六月十五日滬道蔡乃煌因界浜自東至西,從北河南路到北浙江路,已全部填平,築成道路,要求領袖比領"飭令工部局將原浜重開,並回復原有地界"。[註八]同日,蔡道又因寶山路西首火車站外面租界界石三塊逐漸埋入路下,要求"飭令恢復該三塊界石之原狀,不得移動分寸;並重開原浜,以明租界界址"。[註九]工部局則不承認移動界石,且謂:

> 關於界路問題,敝局意見,已盡於該問題以前各函之中,無可再述。竊以為非至華官對於外人勢力向租界北方伸展之態度有所改變之時,此種煩冗而無關緊要之抗議,將繼續接到也。[註十]

這無異明白聲明不再理會滬道抗議了。蔡道則接着又向領袖比領提出下列抗議:

> 照得華界與租界交接之處,向以彼此勘定所立界碑為憑,而彼此之路政警政,即以界線各分權限,不容稍有侵越。昨據巡警局報告:"華界寶山路與租界北河南路緊相銜接,交界處有界石築

[註一]　光緒三十三年三月十一日申報。
[註二]　光緒三十三年四月八日申報。
[註三]　光緒三十三年四月二十三日申報。
[註四]　光緒三十三年十二月六日申報。
[註五]　Taotai to Senior Consul, Jan. 30, 1908.──S. M. C.'s Annual Report,1908,p.190.
[註六]　S. M. C. to Senior Consul, March 25, 1908.──S. M. C.'s Annual Report,1908,p.169.
[註七]　Taotai to Senior Consul, July 13, 1908.──S. M. C.'s Annual Report,1908,p.226.
[註八]　S. M. C.'s Annual Report,1908,pp.226-227.
[註九]　同上註,頁二二七。
[註十]　S. M. C. to Senior Consul, July 31, 1908.──S. M. C.'s Annual Report,1908,p.228.

於地井,面加鐵板,書明號碼,界石以南為華界,界石以北為租界。華界現正興工築路,距界線僅有咫尺,尚未完工。乃中曆八月初九日上午,工部局西人帶領小工數名,越至華界寶山路口,華巡站崗地面,擡土填修,請為禁阻"等情。業經本道派委辦事官安得臣往勘屬實,並遽查復,昨日又有租界巡捕越界站立爭執情事。查該工部局越界修路,侵損中國路政主權,殊為不合,本道自應聲明,越築之地,距界石向北十五英尺外,計西長英尺十五尺,東長十一尺,上寬三尺,下寬八尺,總計該地方四址,實在華界巡警轄權之內,全歸中國應用,工部局擅自越俎,終歸無效。譬如租界工部局管轄地段之內,忽有華人從中侵佔,興造工作,試問貴領袖總領事及工部局能允與否? 易地以處,其理易明。除再派辦事官安得臣、巡局參事官夏翊宸,會同復勘外,合亟照會貴領袖總領事,請煩查照,立即轉飭工部局毋再越界侵權,妨害公理,約束巡捕,各守界限,毋稍滋生事端,一面迅速派員會同辦事官、參事官往勘界石,切實證明,以免爭執。仍望見復,備案施行。[註一]

接着又提出下列抗議:

照得租界工部局擅將上、寶兩邑川虹浜填沒,並將浙江路海寧路地方界石拔除,侵築馬路,先經本道兩次照會貴領袖總領事轉飭分別開竣立還,未荷照復。嗣工部局又使小工將北河南路北口等處木牌鐵牌起去,又於日昨由本署辦事官安得臣面告貴領袖總領事查辦,一面開摺呈復:"北蘇州路椿源木鋪西隔壁木欄杆上,原有之界牌,經已拆去,尚有舊跡為據,橫樣約闊二英尺高一英尺。距界牌之原位向東西英尺,有一界石,書明公共租界披字號界石,當時工部局有小工在此修路,詢之管工頭云,前三四日工部局着人拆去。又海寧路錫金公所對面甘肅路口張義成公膏店簷下,釘有界牌,亦已拆去,現尚有迹可據,橫樣約闊二英尺,高一英尺。距此鋪門口約五英尺,有一界石,書明公共租界亞字號界石,詢之對門德泰紙料鋪夥計云,前三四日工部局着人拆去。又北浙江路西面和康里七弄對門第三千零一號門牌鐵匠鋪門口木柱上,釘有鐵牌,經已拆去。距木柱向東約二十英尺,有一界石,書明公共租界鴉士字號界石,該店夥云,前三四日工部局着人拆去"等語。界浜界石,所以劃清界限,使人一望而知,以免遇事爭執起見。乃工部局因填築馬路之故,任意填沒拆除,違背西國約章,殊出情理之外。工部局素以文明名譽自居,不應似此輕舉妄動。合再備文照會貴領袖總領事,請煩查照疊次去文,速賜飭遵見復,望切施行![註二]

界路以及租界與閘北毗連處所的情形是這樣,工部局卻又索性進行推廣租界的事了。[註三]

D　接着西北並進

然而推廣租界的強求,縱能實現,也必甚費時日。所以工部局並不停止越界築路,只開始掉過頭去,轉到西區界外,有所活動。工部局於法華鎮西,北新涇東,相隔三里之處,從虹橋路中段起,向北經王家樓、金家巷、殷瑞廟直達周家橋,到吳淞江邊的白利南路,着手築造長四里寬三丈的馬路一條,路界豎立之後,當地紳董即呈報滬道蔡乃煌,請即禁阻;蔡道派員查實之後,於一九○八年十二月二十一日清光緒三十四年十一月二十八日向領袖比領薛福德提出抗議,請即飭令工部局停止進行,拔除界石,以符約章。[註四]工部局以地皮章程第六款規定為言,儼然毫無退讓的意思。[註五]蔡道則直截提出地皮章程的法律問題,謂:"關於地皮章程,本署並無磋商及批准之存案,故根本不能承認之。"[註六]工部局於是不提地皮

[註一]　光緒三十四年八月十六日申報。
[註二]　同上註。
[註三]　參閱本編第三章第二節。
[註四]　S. M. C.'s Annual Report, 1909, p. 220.
[註五]　S. M. C. to Senior Consul, Jan. 27, 1909.
[註六]　Taotai to Senior Consul, March 9, 1909.

章程,僅説"工部局自一八六六年接管静安寺等路以來,繼續於界外築路設警",[註一]即築路如故。蔡道得上海縣報告後,續提抗議。[註二]工部局因向華業户"租地"未妥,始暫停進行。[註三]

這一條便是霍必蘭路。[註四]後來終於在一九一二──一三年民國元──二年間築造成功。

一九一〇年清宣統二年工部局又進行測量界外地皮,租界西界、吴淞江、徐家匯路今海格路、憶定盤路、白利南路與極司非而路中間所包的一帶,均細加測量,到是年年底爲止,已測量面積約一、五〇〇畝。[註五]

一九一一年清宣統三年工部局在北界以外,接管私路赫司格而路;在西界以外,築造大西路、愚園路、地豐路,並延長静安寺路。

赫司格而路原來是上海建築投資公司(Shanghai Building and Investment Co., Ld.)所有的私路,工部局經與該公司經理瓦鐵公司(J. A. Wattie & Co., Ld.)接洽之後,收爲局有,計有英美領署註册地皮近五畝的面積。雖然經滬道劉燕翼一再抗議,工部局終於至一九一一年十一月四日清宣統三年九月十四日派捕接管了去。[註六]

西界以外大西路、愚園路、地豐路和静安寺路的築造,包括柴長、湧泉、田雞等三條浜的填平,糾紛更大。滬道劉燕翼自始即提交涉,工部局置若罔聞。[註七]一九一一年五月十七日清宣統三年四月十九日劉道又根據上海縣田寶榮呈文,向領袖比領薛福德提出抗議云:

> 據上海縣呈稱:"據二十七保八圖職董姚元增、耆民秦載庭等稟稱:'竊職等世居二十七保八圖,藉湧泉、柴長、田雞三浜之潮汐,得以灌溉農田。不料該處近被華通公司名牛孟(Newmon)之外人,築造馬路。雖湧泉、田雞二浜未填,而浜内安設瓦筒,揆其所築馬路形勢,欲直出工部局前築馬路,則該浜勢所必填。今該馬路已築抵柴長浜之口。且柴長浜之南,乃職等之業田,並非公司之置産,兼有商民錢豐蔚等祖墳在内,若不預請禁止,一旦被其跨浜强築,深恐復起交涉。環乞詳請道憲,照會英領事,嚴切禁阻'等情。查該處地在租界以外,洋商越界築路,擬填官浜,顯違約章。仰祈切實照會,嚴飭阻止"等情。本道正欲據情交涉,又得該縣呈稱:"據二十七保八圖地保稟稱:兹有多數小工,在彼填築湧泉浜,經加查問,答稱牛孟已將該路交與工部局管理,並已豎立界石,等情,應請禁阻"等情。本道查該處確屬内地,該工部局何得在界外豎立界石?湧泉浜地在華界,供給農田水利,該工部局斷無違反輿情,擅將填築之理。本道不得不請貴領袖領事,迅即嚴飭停止工作,以符約章,而免糾紛。[註八]

劉道一面又飭上海縣田寶榮、道署譯員世光,會同邑紳李鍾珏、莫錫綸及該處董保,於五月二十三日四月二十五日前往察勘,以便繪圖貼説,呈報核奪;當時並傳諭地保:嗣後如有舉動,着即報縣。[註九]

雖經劉道繼續交涉,領袖比領薛福德已允令動工,聽候商訂辦法,但在上海光復前後的若干時日,工部局利用華官注意集中於其他問題的機會,將湧泉、田雞、柴長三浜填平,築成馬路。一九一二年民國元年一月,滬軍都督府交涉司照會領袖比領薛福德抗議云:

[註一]　S. M. C. to Senior Consul, March 29, 1909.
[註二]　Taotai to Senior Consul, Nov. 19,1909.
[註三]　S. M. C. to Senior Consul, Dec. 4,1909.
[註四]　按此路初名"法華路"(Fahwa Road),於民國二年(一九一三)五月,改名爲霍必蘭路,以紀念英領霍必蘭,英文稱 Warren Road,今人率譯稱華倫路。
[註五]　S. M. C. 's Annual Report, 1910,p. 167.
[註六]　S. M. C. 's Annual Report, 1911.
[註七]　S. M. C. to Senior Consul, May 12,1911.
[註八]　S. M. C. 's Annual Report, 1911,p. 183. 照會中所引上海縣呈文,係根據宣統三年四月十四日申報所載原文摘録。
[註九]　宣統三年四月二十三日申報。

案准上海民政總長移文,內開:"租界以西,有官浜三條,均被工部局填塞,築成馬路,名湧泉浜爲靜安寺路,田雞浜爲愚園路,名柴長浜爲辦立物生路,[註一]均西通憶定盤路,實與約章有礙,請轉飭工部局將所豎界石一律拔除,官浜照舊開通"等因。本司當將前清道與貴領袖領事來往公文細核,並面詢前清道原委查辦譯員陳世光,知當時曾經貴領袖領事商允停工,聽候交涉,訂定辦法;乃工部局竟未遵辦,擅將該浜築成馬路,貴領袖領事未爲禁阻,殊難索解。查官浜係國有之地,中政府有完全掌理之權,未經中政府商允,斷不能藉交通、水利、衛生各問題,據爲別用。今工部局填浜築路,試問執何地契?按照律例,實犯有侵越罪名。國有之地,與民有之地,辦法不同,各國向例如此。況工部局之一切自治權限,只在租界以內,界外一切公益,均由城自治公所管理,該公所設立在此路未築之先,凡此路政係屬城自治公所專辦之事。本司察核前清道署案卷,貴領袖領事並未據有工部局以官浜有礙衛生交通等事陳請於先,商允於後,迨至工部局將浜填泥,城自治公所報知,方行提起交涉。其開始舉動,已非正當辦法,則對於此事之全局,均難承認。官浜既係國有之地,工部局並無地契,中政府可以地主應有主權,即派巡警看守,不准他人行經浜地。築路爲便交通,本司甚爲歡迎,惟佔地侵權,則反使有益之事,變爲有害,實於正理根本上斷難姑容。合先照會貴領袖領事,請煩查照,迅賜示復,以憑核辦。[註二]

工部局則繼續進行"租"地等事宜,欲完成該路等原定路線,但未能如工部局所預計,僅得相當進展,[註三]因地保奉命拒絕在契件上蓋章云。[註四]

一九一二年民國元年二月,工部局收用寶樂安教士(Rev. J. Davroch)、白保羅夫人(Mrs. M. E. Barchet)等英美領署註册地皮共一畝八分九厘,擬再設法,將原有私路加闊延長,通到北四川路,但華官不僅反對,且將允"租"地皮與工部局的華業戶,逮捕監禁,待其取消成議,始行釋放。[註五]雖然經過種種爭執與交涉,但工部局終於在一九一三年民國二年七月,獲得所需地皮,隨即繼續工程,築進成功。[註六]這便是寶樂安路。

白保羅路也是一條私路,工部局於一九一二年民國元年七月,收歸已有,計英美領署註册地皮共一畝零七厘餘,[註七]於一九一三年民國二年展築時,亦與寶樂安路一樣,發生過交涉。[註八]

在一九一三年民國二年開於租界北界以外的接收寶樂安路和白保羅路,以及展築歐嘉路的交涉,還算是零碎而不主要的,因爲西界以外的情形,比較起來,還要嚴重。爲了工部局霍必蘭路的築造,爲了愚園路的繼續工程,爲了極司非而路的延長,上海交涉使陳貽範抗議不斷,筆禿墨枯,仍未能使工部局知所躊躇,僅僅以爲"民國官吏對於租界及其需要之態度,未有別於其前任清廷官吏"而已。[註九]

同時,工部局乘二次革命的機會,一度進佔閘北後,又以堅決的努力,探求推廣租界的實現,幾經轉折,到一九一五年民國四年終於失敗於快告成功的時候。推廣租界的念頭不得不暫時擱起來,工部局

[註一]　按"辦立物生路"爲大西路(Great Western Road)的譯音。
[註二]　民國元年一月申報。
[註三]　S. M. C.'s Annual Report, 1912, p. 33B.
[註四]　同上註,頁四九B。
[註五]　Municipal Gazette, Feb. 15 & 29, 1912;S. M. C.'s Annual Report, 1912, p. 33B.
[註六]　Municipal Gazette, July 24, 1913;民國三年三月十日,九月十五日二十五日,十二月二十七日申報。
[註七]　Municipal Gazette, July 18, 1912.
[註八]　民國二年九月十五日申報。
[註九]　Commissioner for Foreign Affairs to Senior Consul, Jan. 31, 1913;Feb. 19, 1913;Feb 22, 1913; March 11, 1913;March 27, 1913;May 6, 1913; July 11, 1913. S. M. C. to Senior Consul, Feb. 13, 1913; May 15, 1913; August 1, 1913. S. M. C.'s Annual Report, 1913, p. 35B.民國二年十月三十一日,十一月十日及二十日申報。

於是再積極進行越界築路。

一九一四年民國三年工部局將北四川路在界外的部分,完成造溝等工作,隨即等待機會,預備加闊到六十英尺。[註一]

大西路的延長,是工部局在固執地從事的工作。一九一八年民國七年一月六日,工部局人員開始豎立界石,從億定盤路到虹橋路。當地紳董召集地保會議,地保以主權關係,表示決不私相授受,否則可即送官究辦。上海縣函請淞滬警察廳飭令所屬,查詢禁止。交涉公署亦即於一月三十日照會領袖比領薛福德,提出抗議。但工部局以該路築成有便租界居民和居住億定盤路以西鄉民爲言,以地皮章程賦與工部局界外築路權力爲言,反而以爲華官企圖阻止租界及其貼近地帶的發展和進步,公然對領袖比領表示其不再受到此種阻止的希望。[註二]

一九二一年民國十年在靶子路北面的福生路地主潘某,[註三]托西人致函工部局請爲延長福生路,[註四]該地主願供給所需地皮,不取償報,並捐築路費用。工部局自然樂於應允,隨即豎立界石,並開築路溝。[註五]但該處原有滬北工巡捐局尚未造成的東新民路,所立路界,遂被工部局拔去。滬北工巡捐局查明復建,又悉數被拔。該局乃呈報松滬護軍使,並函請特派交涉員,迅向領團嚴重抗議。[註六]閘北公民憤激異常;十月二十五日,各公團聚議於商業公會,議決辦法兩條:分函各當道與領事團嚴重交涉,還我主權;及調查潘某所有地產實數,呈報官廳處置。[註七]二十七日,交涉員許沅向領袖領事提出抗議,請飭工部局不再重複那種侵佔行爲,以重路權。[註八]但工部局非但不欲停止工程,且於十一月十三日派巡捕監護工人,照常築路,經滬北工巡捐局局長許人俊派員到該處查看屬實。[註九]十六日,許交涉員會同許局長等,又去實地察勘,繪圖貼說,以便繼續交涉。同時,閘北地方自治籌備會、儉德儲蓄會、中國耶穌教自立會全國總會、浦濱公益會、上海閘北商業公會、閘北慈善團、中國救濟婦孺總會等十八團體,具呈省議會及本埠各當道,請嚴重交涉,並請工巡捐局趕築東新民路,以杜覬覦。[註十]

十月二十七日交涉員致領袖領事的抗議,到十一月十八日始由代理領袖領事日總領事轉給工部局,工部局於次日收到。卻在收到這信之前,工部局發出致領袖英領法磊斯(Sir E. D. H. Fraser)一函,請向中國官廳抗議關於福生路事情,云:

> 關於靶子路外英領署註冊地上築路設溝事,業已發生若干事故,敬爲述之。
>
> 工部局所立該路界石,於九月二十二日或其左右,爲人拔去,改豎滬北工巡捐局之界石,此舉乃侵犯英領署註冊地主之財產,而十一月十三日,西捕頭督率小工若干,正在作溝之時,竟爲武裝華人所干涉,被迫退回,聞此項武裝華人,係所謂滬北工巡捐局所用之警察。
>
> 查英人得在租界毗連地帶購地之權利,固無待言,而工部局且因領事團與北京中國政府所協定之特別辦法,有權在租界外附近地帶購地築路,以便租界居民。
>
> 中國政府此種讓與權,當然爲租界當局准許華商人等居住界內之合理的交換。
>
> 領事團當然不欲於任何時際,恢復華人不得於界內居住及置房地產之舊狀,工部局固亦不以

[註一]　S. M. C.'s Annual Report, 1914, p. 47B.
[註二]　Commissioner for Foreign Affairs to Senior Consul, Jan. 30, 1918. Mun. Council to Senior Consul, April 4, 1918.
[註三]　潘某的英文姓名是 Pon Kuck-Hien.
[註四]　Chun Bing-Him & other to S. M. C., Jan. 1, 1922.
[註五]　S. M. C.'s Annual Report, 1921, p. 200A.
[註六]　民國十年十月二十三日申報。
[註七]　民國十年十月二十六日新聞報。
[註八]　S. M. C.'s Annual Report, 1921, p. 201A.
[註九]　民國十年十一月十五日,十八日申報。
[註十]　民國十年十一月十七日申報。

恢復爲然,但工部局堅決主張,此種權利既許華人享受,以致造屋地位不敷,則租界要求其居民得有無阻礙之便利,於界外購置足用地基,以建造中西房屋,並築設通達該項房屋之足用道路,庶目前昂貴房租得以相當減低,此亦合理者也。

至於兹所提及之特殊事故,該小路實與歷來在界外得有關地主允諾,於外人產業上所築之其他許多道路,無稍差異,而關於滬北工巡捐局之明顯用意,以爲該局得於該項道路上行施職務一層,該局乃强佔一種工部局即在界内亦從未據有之權利,即侵犯私人產業是也。

此外,自工部局觀之,以武裝之人侵入英人產業,實爲破壞既成習慣之行動。

故於以此事提請貴領袖領事注意之時,敬爲提及,工部局深信本埠中國官廳不致忽視租界人士關於界外造屋築路之合理需要,其合理之希望必蒙完全同情無疑,是以祇須對付滬北工巡捐局之出軌行爲,該局破壞租界之抱負,必須加以阻遏。

敬祈貴領袖領事將此事提請本埠中國官廳注意,請其轉飭不獨不得再行阻撓該路工程,且須竭力協助,俾租界居民得建造供其應用之中西住宅及必要之通達馬路。[註一]

既接代理領袖領事日總領事轉致交涉員十月二十七日函後,工部局又於十一月二十一日復函該代理領袖領事,謂:

查所爭之地,以外人所有權註册於領署者,已逾十有五年;滬北工巡捐局如既未購有其地,亦未與地主有所商洽,則其竪立界石於該產業上,即屬無可辯解之侵害行爲。[註二]

工部局在這樣自以爲是的陳述中,充分暴露了它在越界築路一事上所持的態度,和對於租界内外若干問題的故意或非故意的奇特誤解。但華方官民未爲所屈。交涉員許沅與領袖領事法磊斯間,隨即繼續交涉,許交涉員親遞備忘録一件,"希望早日和平解決"。[註三]該備忘録列舉工部局不合理處五點。[註四]然而交涉仍無進展。閘北各團體以"奸商媚外,致成交涉",憤激異常。[註五]結果,福生路地基有關華業户七人,於一九二二年一月一日致函工部局,説明潘某以前請築福生路一事,出於誤會,未得他們同意,故請拔去該路界石,將地基還給他們,工部局築路所費,自當照數償還云云。[註六]工部局於是不得不放棄福生路的築造了。

在北界以外遭遇到這樣一個糾紛和失敗之後,工部局越界築路的方面,從此轉到西界以外去了。

E　然後再在西界以外大規模進行

從一九一六年民國五年起,工部局因推廣租界要求未能實現,每年在預算中特撥一定款項,以積極進行越界築路;而一九二一年民國十年以後,該款數目的增加及其比例,尤爲可驚。兹將一九一六年—一二五年民國五十四年間,十年中工部局在界外附"租"築路地基的費用列下:

一九一六年民國五年	二一、六五九・三八兩
一九一七年民國六年	一一四、九〇〇・二四兩
一九一八年民國七年	二三、四七二・六九兩
一九一九年民國八年	一七、七二一・五七兩
一九二〇年民國九年	八、五一三・九一兩

[註一]　S. M. C. to Senior Consul, Nov. 19, 1921.
[註二]　S. M. C.'s Annual Report, 1921, pp. 201A－202A.
[註三]　Commissionen for Foreign Affairs to Senior Consul, Nov. 26, 1921.
[註四]　S. M. C.'s Annual Report, 1921, pp. 202A－203A.
[註五]　民國十年十二月九日時事新報。
[註六]　Chun Bing Him and others to S. M. C., Jan. 1, 1922.

一九二一年_{民國十年}　　　　二六、〇〇五‧九六兩

一九二二年_{民國十一年}　　　七〇、七二八‧八一兩

一九二三年_{民國十二年}　　　二一五、五八〇‧九六兩

一九二四年_{民國十三年}　　　三一六、一〇七‧七六兩

一九二五年_{民國十四年}　　　七五三、九六〇‧二〇兩[註一]

　　一九二三年_{民國十一年}租界北界外福生路的開築不得不放棄之後，工部局越界築路目標又轉向西區界外，第一個計劃便是糾紛已歷多年的大西路的延長。經過路地接洽的工作之後，工部局即於同年十一月下旬，開始將大西路從憶定盤路向西展的工程。[註二]居民譁然，羣起反對。法華鄉經董李鴻翥於十一月二十一日致函工部局總工程師，有所要求與警告，云：

　　逕啟者：敝鄉憶定盤路迤西，請工部局擅築大西路，豎立石界，經二十八保北十二圖董徐毓驥、七圖董楊書勤來稱，工部局在圖內豎立石界，居民譁然，羣起反對。經董查該兩圖純屬華界，工部局何得自由築路，損害主權？因於本月十七號親到貴工部局質問工程師密司沙，承許停工緩辦矣，不期言行相違，依然進行。而居民咸來敝處查問，以為辦事處得賄包庇，經董實難忍受，真相莫明，名譽攸關。為此警告貴工部局，於三日內將所豎界石，全行拔去，以安居民，而靖地方，倘或延挨觀望，則鄉民自由行動，毋謂言之不預也！除呈報縣公署，轉請江蘇特派交涉員轉行嚴重交涉，阻止進行以保國土而順輿情外，專泐即上英工部局總工程師台照。[註三]

他呈報上海縣知事云：

　　項據二十八保北十二圖董保徐毓驥、盛良美、二十八保東七圖董楊書勤先後來處聲稱："英工部局近忽派人在圖中，將從前所訂未曾開築之馬路線，加闊一丈，豎立石界，約計佔地闊七十尺光景，度彼計劃，有即欲工作之勢。"報告前來。經董查該路自北十二圖北半圖之憶定盤路起，迤西至霍必蘭路記，名曰大西路，其地純屬華界，英工部局何得自由築路，有礙主權？合亟據情報告，呈懇轉請江蘇特派交涉員嚴重交涉，阻止進行，以保主權，而安民業。伏乞鑒核施行，深為公便。[註四]

　　特派交涉員許沅得上海縣電告情形後，即於十一月二十五日致函領袖領事，請即飭工部局停止工程，以保主權。[註五]許交涉員旋又續得上海縣公署。淞滬警察廳報告和江蘇省長的訓令，於十二月七日及二十二日致函領袖領事，重申前請。[註六]均無效。工部局於一九二三年_{民國十二年}一月十八日致函領袖領事意總領事德露西(G. De Rossi)云：

　　本局根據地皮章程第六款所賦與之權力，於一九一八年與有關地主接洽，以便將大西路自憶定盤路展築至虹橋路、霍必蘭路相交之處。所需地面之購置，經開始交涉，惟此計劃，因擬定路線所通過其地產之某一地主之反對，爾時未能實行。

　　然去年之中，或前年以來，因靜安寺以西地帶住家之迅速發展，地價之異常增漲，以及車輛交通大煩，時常擁擠，需要添置道路之便利，故該條所計劃道路之需要，已成為如此顯見，本局細加

　　　[註一]　S. M. C.'s Annual Report.
　　　[註二]　S. M. C.'s Annual Report, 1923, p. 271.
　　　[註三]　民國十一年十一月二十四日新聞報。
　　　[註四]　同上註。
　　　[註五]　S. M. C.'s Annual Report, 1923, pp. 271–272.
　　　[註六]　同上註，頁二七二─二七三。

考量之後,決定與其再行拖延築造工程,無寧將路線略為改變,以免不得不穿過該反對地主之土地。關於此新路線之土地,未遭何種困難,該地主等且歡迎此給與其地產以適當交通之計劃也。

完成全路所需土地之購置,結束於去年十一月,築路即經開工。本局幾乎立即得知,法華鄉之頑抗居民,已在準備請求反對築造該路,該居民等,其地產實則並不與此新路相聯接,故於此事並無直接利益關係。現所提出反對築造該路之抗議,諒即根據此項請求,而有關中國官廳,其提抗議,想亦由於誤會,並不明此項事實,即造路所需土地,係根據地皮章程第六款所賦與本局之權力而得來,故屬十分正當。於此或宜提及:大西路延長之段不計外,本局於界外西區,現已築有十九英里又半之道路,皆根據上述權力,得地鋪造者也。[註一]

大西路的延長,便這樣終於達到了目的,且還附帶築成了開納路。

一九二四年民國十三年北京公使團提出推廣租界要求,上海民衆竭力反對,未有所成。但是年九月,"齊盧戰爭"。次年一月,始告一段落。這期間,工部局積極進行在西界以外圈地築路。蒲淞市議會議員陳時夏,於一九二五年民國十四年二月中,提請該市議會據約力爭云:

竊查去年冬初,外人乘滬地戰禍發生,人民奔竄,不遑他顧之時,竟不顧條約,在法華蒲淞市境內,越界築路二十條。當時曾經前總董王君慎先分報層憲,請為阻止,尚未得有效果,旋即放棄不問。以後該外人等,積極興工,毫無阻礙,近見該處分貼布告,招人往領地價,而虹橋路以南,又添築支路。闔市之人,非特無一人出而抗爭,且間有人從中勾串,朋比分贓,不惜以蒲淞之地,淪為異域,蒲淞之民,擯居化外,證以近日輿情之淡漠,此說不為無因。按此事關係國家之主權,我市之存亡,本會為人民代表機關,豈容坐視?鄙意一面宜由本會函致董事會,責令依照去年李前知事指令,阻止業户前向外人處收領地價,一面由議董西會,分電報政府、外交部、省署,請速着上海交涉員,就近與領事交涉,如不達取消目的,誓不干休。是否有當,請大會公決。[註二]

法華鄉鄉董楊洪釗、鄉佐黃壽祺等,嗣亦呈報上海縣知事云:

竊據二十八保十六圖圖董兼法華鄉農會會長胡人鳳報稱:"本年二月十一日起,有工部局工程師從虹橋路迤向西南,沿蒲匯塘朝西折北,在蒲淞市界之航空站,經過十六圖、十八圖、十九圖地方,豎椿打樣,開築虹橋路之支路。惟查虹橋路北英人迭次擅築之馬路已多,交涉均無結果,惟虹橋路完全屬華界淨土,今又擅闢馬路,事關主權,請即阻止"等因。准此,除呈請交涉員據理力爭外,理合據情呈報縣長鑒核,俯准輿情,迅賜轉請交涉阻止,以保主權,實為公便。[註三]

農民尤為憤激,將工部局所立椿木標,紛紛拔除,[註四]但亦無效。四月十四日,交涉員陳世光邀集本埠政紳各界,會議分頭協力阻止築路辦法。[註五]江蘇省長據上海國民保土會呈請,訓飭淞滬警察廳查辦。廳長常之英特組六區警區署,抽調警長,加設崗位,巡官遵令率領巡士多名,前往築路地點,阻止工作,並解散築路小工兩次。靜安寺路捕房亦派探捕相爭。這期間,上海縣議會代議長李味青,又呈文外交部,請據約嚴重交涉。[註六]而到五月三十日,又發生空前慘案,上海工商學聯合會所提要求條件中,有一條便是:

　　[註一]　S. M. C.'s Annual Report, 1923, pp. 273 - 274.
　　[註二]　民國十四年二月十四日時事新報。
　　[註三]　民國十四年二月十九日時事新報。
　　[註四]　民國十四年二月二十八日時事新報。
　　[註五]　民國十四年四月十五日時事新報。
　　[註六]　民國十四年四月二十日,二十一日及二十六日申報。

　　　　嗣後工部局不得再在界外築路,其已築者,無條件交還中國政府。

　　然而這一切都不能阻止工部局固執的進行。到是年年底爲止,工部局終於築成下列各路:

　　膠州路界外部分、喬敦路、[註一]安和寺路、哥侖比亞路、凱旋路、信惇路、法磊斯路、林肯路、佑尼干路、麥克勞路、庇亞士路、碑坊路。

　　一九二五年民國十四年造成道路,計長一四‧六一八英里,包括造木橋二十九座,敷設陰溝長一、四〇九碼。[註二]

F　直到一九二五年末纔停築新路

　　"工部局在界外購地以爲造路之用,及建築新路,可謂停止於一九二五年民國十四年之末。"[註三]但已築各路,已共長四八‧〇九三英里,其中四三‧〇〇五英里在西界以外其中二〇‧九三四英里在鐵路線以內,二二‧〇七一英里,在鐵路線以外,五‧〇八八英里在北界以外。[註四]若以越界道路所包圍區域的面積計之,則西界以外約四五、八四〇畝,北界以外約一、七〇〇畝,共約四七、五四〇畝,較租界本身的面積,約大一四、〇〇〇畝以上。[註五]

2. 越界道路上警權的行使

　　工部局於一八七九年清光緒五年以前,即在越界道路上設警管理交通,一八八四清光緒十年並在卡德路設立捕房,"維持治安"。[註六]一八九九年清光緒二十五年租界推廣後,卡德路捕房固已包入租界新界線以內,但越界築路既繼續進行,越界道路上警力的維持與擴張,也便是必然的事了。

　　一九〇五年清光緒三十一年西班牙領事法庭受理的某一案件,涉及工部局界外警權問題,該案判決書中有這樣的話:

　　　　本領事署不承認工部局捕房在租界界址以外,有任何管轄之權。[註七]

　　工部局乃於八月二十一日七月二十一日致函領袖領事德總領事克納伯說:

　　　　本局願爲指明,巡捕之巡邏界外地帶,已繼續多年,其權力行使乃根據於地皮章程,經領事團之核准,而應該地帶多數居民之請求。

　　　　爲此敬請貴領袖領事將此事提出領事團,以免將來之誤解。此點關係非小,因徐家匯路、[註八]極司非而路、北四川路等路之警務,現在係由居民自負者,若本埠各領事法庭判斷時而竟成無效,則將發生頗多困難之局勢矣。[註九]

　　領事團的答復,分爲下列兩點:

　　　　一、關於一切司法事件,捕房僅爲有關領事之代表,其權力即以該領事或領事團所發命令准許者爲限。公共租界與其界外之地,其間並無分別。

　　　　二、一切警務以保障公安與秩序爲目的者,在公共租界以內及在界外工部局所造道路上,均屬有效,惟須得領事團核准。[註十]

　　[註一]　按民國二十四年(一九三五)十一月一日起,改名陸家路(Rockhill Road)。
　　[註二]　S. M. C.'s Annual Report, 1925, p. 228.
　　[註三]　Feetham Report, Vol. III, p. 8.
　　[註四]　同上註,頁七一八。
　　[註五]　Plan of Shanghai, Feetham Report, Vol. I.
　　[註六]　參閱本編第三篇第八章第二節。
　　[註七]　S. M. C.'s Annual Report, 1905, p. 110.
　　[註八]　按即今海格路。
　　[註九]　S. M. C.'s Annual Report, 1905, p. 110.
　　[註十]　Senior Consul to Mun. Council, Sept. 7, 1905.

領事團所説捕房關於司法方面的權力，在關於華人的場合，實已行使已久，均解到會審公廨審訊。一九〇七年清光緒三十三年因工部局拘捕進入租界收捐的差役二人，公廨讞員乃對捕房探員在極司非而路拘人，提出控告，並將滬道所擬界外提人章程四條，[註一]送交工部局遵辦。工部局乃於六月十四日五月初四日以極強硬的措辭，致函領袖領事比總領事薛福德云：

> 本局二月十一日函中已提請注意，地皮章程第六款規定本局得在界外築路，以供公用，而此種築路權力，即包括本局管理之權，此乃所有權與建築之自然結果也。北四川路、極司非而路及裏虹口一帶，向由本局捕房管理，因租界發展，結果該地等處建造住宅，而中外納稅人均希望繼續管理，並加緊管理。故得認爲，欲求本租界治理之良好，必須在此等處所經常設警，會審公廨傳提審訊人犯等情，悉如界内。[註二]

在這發生捕房界外拘人的爭執之前，關於界外設捕一層，華方亦已十分注意，但一九〇六年清光緒三十二年的交涉，是以工部局開始在界外道路徵收"特捐"爲主的關於收捐事另述於後，設捕問題尚是收捐和釘門牌所引起的次要對象。一九〇七年十二月清光緒三十三年十一月因閘北巡警局添設區所之後，北河南路相接處的巡士，便最先被捕房屢次驅逐，[註三]繞作了閘北警權糾紛的開端。

一九〇八年一月中旬清光緒三十三年十二月中旬海寧路西端被工部局填塞造路的北川虹浜的地方，天保里外，閘北四路二區分所巡警，在該處被巡捕干涉，説巡警只能站在天保里口，不能站出，否則即係越界，須拘送捕房。[註四]滬道梁如浩得巡警總局報告後，於一月三十日清光緒三十三年十二月十六日照會領袖領事比總領事薛福德，連同川虹浜被填事，一併提出抗議。[註五]同日，又函請定期雙方會勘界址。[註六]工部局却認爲：

> 至所説海寧路巡捕之舉動，敬爲奉告：此種事情似極細微，故當時捕房報告未曾提及。惟該處乃一模糊不明之所，所説之浜早於數年前堵塞，即不提地契之專門問題，該路固顯然爲捕房管轄之工部局道路也。[註七]

巡捕仍繼續驅逐巡警。四月九日清光緒三十四年三月初九日新任滬道蔡乃煌於是再照會領袖比領，謂："界浜之北係在租界邊線之外，理應警察站崗，嗣後請轉飭工部局轉諭華洋各捕，不得驅趕，各管各界，各辦各事。"[註八]五月二十日四月二十一日南林里巡士又被西捕趕了回來，蔡道於是再提抗議。[註九]

在無效的抗議之下，事態却愈益嚴重了起來。五月二十七日四月二十八日北浙江路華興坊口，站崗巡士袁某，被巡捕拘押匯司捕房；該管巡官即另派巡士到該處站崗，旋即有西捕一人帶同華探前去，將該巡士扭毆，後者急吹警笛，至於互毆，亦被拘押捕房。該兩巡士，經交涉，始於次日恢復自由。[註十]但工部局則指巡士攻擊路上西捕，並謂："此路在滬寧車站之南，沿租界界線長約三百碼，數月以來，同性質之衝突，已非罕見；此種情態，本局認爲正多嚴重結果，不可不謀補救。"於是提出推廣租界的要求，

[註一]　按此項界外提人章程，並非僅關於越界道路上捕房拘人一點，連城内都包括在内，因捕房當時拘人，實漫無土地限制。章程見東方雜誌，光緒三十三年十一月號；S. M. C.'s Annual Report, 1907, p. 30 有英譯文。
[註二]　S. M. C.'s Annual Report, 1907, pp. 29－30.
[註三]　光緒三十三年十一月二十九日申報。
[註四]　光緒三十三年十二月十九日申報及 S. M. C. to Senior Consul, March 25, 1908.
[註五]　S. M. C.'s Annual Report, 1908, p. 168.
[註六]　同上註，頁一六九。
[註七]　Mun. Council to Senior Consul, March 25, 1908.
[註八]　光緒三十四年三月十日申報。
[註九]　光緒三十四年四月二十四日申報。
[註十]　光緒三十四年四月二十九日及三十日申報。

請領事團給與贊助了。[註一]

巡警總辦汪端閣正特飭測繪科將出事地點繪圖貼説,以便送請蔡道與對方妥議辦法,[註二]事情却又發生了。六月三日五月初五日夜十一時四十分,騎巡隊巡長黎榮生巡查至華興坊左近,又被拘禁捕房。[註三]工部局則謂:"有界外中國巡警局馬巡三人,中有一人持刀,自車站向北浙江路疾馳。值差巡捕欲上前攔阻,而該馬巡等已向附近小道馳去。"[註四]但該巡長黎榮生却是確被巡捕拘去,解到會審公廨,於六日初八日開庭審訊,仍押公廨,蔡道於開審前後力爭釋放,無效,後來經人作保,始行釋放。[註五]而五月間曾一度被捕的袁某等巡士兩人亦於十二日十四日重行送交公廨開審,雖該巡士供稱:

> 是日八點鐘時,在華興坊口華界站崗,突來英印兩捕從背後揪住髮辮,無端將巡士拘去。告以奉華警巡官派來辦公,如有不合,應由領事與總辦交涉,不得與巡士爲難,該捕等並無一語。其時該處木匠極衆,孰是孰非,可以訪查。巡士如果越界,甘加等治罪,請爲察核。

但讞員寶頤的判決却是:

> 巡士奉命從公,並無不合,即有交涉,亦與巡士無干,乃捕房竟派印捕荷鎗防守,幾釀重大交涉,伊誰之咎?惟捕房既稱該處馬路係工部局修理,該處界線應歸誰屬,須俟勘明定奪,則道憲已與領袖領事交涉,該處巡務均不得擅專阻止。

袁某等二人,則即送回。[註六]

六月三十日蔡道給領袖比領薛福德的信,説道:

> 中國警察廳轄區之毗連租界,不僅在閘北,亦在南市及西門附近,但該處所駐巡士,從未與法租界巡捕發生爭執衝突等事,雖該巡士等亦係中國訓練之低級巡士。而此相安無事,彼則爭執常起。此乃貴領袖領事與本道俱不能解之事也。[註七]

蔡道雖屢次磋商,想告一解決,但終不能,乃於八月初七月初將與領袖領事來往文件及爲難情形,稟呈兩江總督端方,請示辦法。[註八]蔡道旋奉江督息事寧人的訓令,於九月十七日八月二十二日札委人員,會同工部局人員到該路邊界處,詳細勘丈,結果是:

> 暫定通融辦法,先由巡警局將華界邊境收進英尺二尺,免再爭執。[註九]

而一九一一年四月中清宣統三年三月中外務部又電致兩江總督張人駿云:

> 查上海閘北一帶,與美租界毗連之處,屢有工部局西捕人等越入華界,與警局站崗巡士時常反對,誣指攔入租界,以其違章,竟將崗巡拘押捕房訊辦等情。事關主權,除由本部照會領袖公使據理力爭外,並祈轉飭滬道,函囑上海租界總領事,嚴飭工部局,諭令各西捕等嗣後切勿越入華界,以免滋生事端。[註十]

[註一]　Mun. Council to Senior Consul, May 28, 1908.
[註二]　光緒三十四年五月初一日申報。
[註三]　光緒三十四年五月初八日申報。
[註四]　Mun Council to Senior Consul, June 4, 1908.
[註五]　光緒三十四年五月初九日,十二日,十四日申報。
[註六]　光緒三十四年五月十五日申報。
[註七]　S. M. C.'s Annual Report, 1908, p. 233.
[註八]　光緒三十四年七月初七日申報。
[註九]　光緒三十四年八月二十四日申報。
[註十]　宣統三年三月十四日申報。

辛亥革命前後,工部局既在西北兩方積極進行越界築路,而界外設捕一事,亦多進展。"在一九一二年民國元年中,租界北界以外,捕房與中國官廳之間,爭執、未遂之逮捕、違法之拘押及其他諸如此類之衝突,較之過去數年,尤爲常見。"[註一]

二月,工部局在北四川路界外,租得李鴻章後裔所有的房屋,設立捕房。華人以主權有關,迭次稟報當局請據理力爭。[註二]這便開始了這一年外交文件最紛繁的來往。三月初旬,交涉使溫宗堯駁復工部局云:

> 項接來函,備悉欲在非租界內設捕房,未知依據何項條約? 本交涉使所不解者一也。所謂名望素著之華人,是何姓名? 其人有何權限? 因其滿意租界內警察辦法,即可爲貴局越界設捕之證,所據是何法理? 本交涉使所不解者二也。至謂貴局與法工部局時有在租界外建築捕房之舉,並援卡德路之已事爲言。查民國成立,與列國益敦睦誼,前清條約,繼續履行,斷無異議;若前清無知官吏含糊所辦之事,不載於前清政府與各國明定之約款,民國萬難承認。此本交涉使反對之確當理由也。應請貴局速飭將北四川路分設捕房一節,即行作罷,爲禱![註三]

工部局當然堅持它原來的意見,繼續進行,在新設捕房附近一帶,先後派捕站崗,或來往巡邏。閘北商團會各會員,因捕房在閘北三區境內的赫司克而路築溝設捕,屢經當局交涉無效,乃於三月二十二日前往該處荷鎗守衛,站崗巡捕亦齊集相持。閘北市政廳長得知之後恐怕雙方發生衝突,即偕警務長等親往捕房磋商,巡捕始暫撤回,商團旋亦退去。[註四]數日後,閘北市政廳長、警務長聯名致電大總統袁世凱云:

> 上海閘北華界,保衛車站自由,杜絕外人侵越。租界屢思推廣,每誣華界辦理不善,有礙租界治安尚係藉詞思逞,近則竟在華界楊家宅地方,創設捕房,又於黑獅路[註五]開築溝渠。呈請溫交涉使嚴詞詰責,竟置不答;當經廳長等前赴該處禁阻,據稱已由前清外部允准設立。又聞新設捕房之房主李經芳,援外保護。當今民國初奠,各省外交,以上海爲模範,萬難任彼侵我主權,傷我國體,伏求迅賜面令駐京英美二使,電飭上海工部局趕速退讓。似此行強脅迫,不以界線爲標準,將來攔入車站,運兵運械,必受牽制。現在新設捕房、過界開溝二事,斷難任彼越俎代謀,萬一激成公民大憤,羣起反對,致生意外交涉,誰任其咎? 合函電陳,伏求訓示祗遵?[註六]

北京外交部乃於四月七日照會領袖公使英公使朱爾典(Sir John N. Jordan),[註七]引述上海去電之後,提出抗議道:

> 上海閘北與租界自有確定界址,雙方均須遵守。一切不洽情事,過去時有發生,至今仍未清除,外方須待與新政府定有滿意辦法,始可進行處置。茲者,竟不待相當磋商,僅以某種藉口,急切實行侵佔政策,擾及該地人民。務望貴領袖公使轉商各國公使,即行電令工部局撤去捕房,並停止築溝,爲荷。[註八]

[註一]　S. M. C.'s Annual Report, 1912, p. 98B.
[註二]　民國元年三月十日申報。
[註三]　同上註。
[註四]　民國元年三月二十三日申報。
[註五]　按黑獅路即赫司克而路。
[註六]　民國元年三月三十日申報。
[註七]　按朱爾典另譯喬敦,公共租界西區越界道路中本有喬敦路,民國二十四年(一九三五)十一月一日起改名爲陸家路(Rockhill Road)。
[註八]　自英文重譯。S. M. C.'s Annual Report, 1912, p. 99B.

公使團由領袖英使訓令上海領事團呈報實情,這已經是四月二十四日的事。領袖比領薛福德於五月一日始以北京外交部抗議及公使團訓令交與工部局。[註一]這中間差不多一個多月的時間內,上海方面,當前問題,又早有新的發展。

四月初,閘北方面曾有研究華洋界線會的成立,由各團體代表百餘人議決請代表二人,定期與工部局談判,以求解決糾紛。[註二]但終無進行,或不能進行。四月中旬,且有雙方互拘所謂"越界"的警務人員的事。閘北四區巡士,因在寶樂安路站崗,數日內,先後被捕房拘去,並受會審公廨審訊。先被捕的二人,判交該區區員帶回。後被捕的二人,判押三天;巡警局代表律師,據報紙記載,曾爲當庭聲稱:

> 查該處北四川路兩旁,均係華界,設有警亭。且查該巡士等站崗地位,與租界尚離數步,係在界線之內,捕房不能指爲違章。並悉該處向由華警管理。[註三]

接著,閘北五區轄境林家花園地方,印捕越界巡邏,被崗巡查見,向阻不服,反以鎗恐嚇,該巡士乃鳴警笛,該印捕棄鎗逃去。[註四]嗣又有印捕至五區局前窺探,門崗問其來由,答稱該處係工部局地界,表示不服,因即被捕,解警務公所,旋由警長派警送回總巡捕房請辦。[註五]工部局乃於四月十九日致函領袖比領云:

> 本局在租界北界以外道路上值差之巡捕,與駐於該處之中國兵士、商團及巡警之間,權力上之細微衝突,次數增加不已,敬請領事團與以嚴重之注意。過去兩個月內,北四川路區域之設捕,成爲華人抗議之題目,紛紛開會,對於外國影響之擴張,表示激烈反對,此皆貴領袖領事暨貴同僚等所已知者。與此項宣傳有關係之華人,雖無理由信其在上海上流(better class)居民中具有何等影響,但非進行爲該區域設捕問題得一有效解決,則或可發生暴動與流血之事變,危險萬分,此固亦屬明白之事。

> 最近二天中,前述之衝突,業已發生四次:(一)四月十七日上午十一時半,一印捕,因所謂越界,在北四川路與一橫行小路交叉之處,受到攻擊。其鎗被奪扣留。(二)嗣在寶樂安路上,發現建有警亭一所,由閘北巡警二人看守,其結果已見今晨報載會審公廨審訊記事中。(三)昨日下午八時,一落差印捕,未攜武器,離開吳淞路醫院,一過邊界,即遭逮捕拘禁。(四)今日上午二時,有閘北持刀巡警八人,武裝騎兵八人,及步兵二十人,違反本局章程,並不顧該處惟一值差印捕之抗議,結隊橫過北四川路。

> 凡此種種,本身雖或不嚴重,而閘北官廳不斷侵佔該區域捕房工作之決心,於此可見。若此種啓釁行動繼續發生,則普通警務規程之應用,當必包括最嚴重之結果無疑,蓋此項規程非確實明白絕不稍容含糊不可。捕房已容忍至於今日,本局對之殊爲嘉許,而若此種容忍之力,一旦失去,即若至於忍無可忍,則必斷然採取回報之行動。

> 敬請提出可能之最有力抗議,以避免本局所慮之結局。[註六]

[註一] Dean of the Diplomatic Body, Peking to Senior Consul, Shanghai, Apirl 24, 1912; Senior Consul to Mun. Council, May 1, 1912.

[註二] 民國元年四月三日申報。

[註三] 民國元年四月十八日及十九日申報。查北四川路,不僅其兩旁,其本身自靶子路以北,均係租界越界道路。從此處所引該律師的話,以及本節前述或後述關於警權的交涉與糾紛中,似有二點可以注意,即:一、當時對租界界線所在,實多不甚了了;二、這若干年警權的交涉,都不過以工部局在界外新擴張的警區爲限,而新警區一變爲舊警區之後,也就幾乎被認爲並非不在租界界址以內似的了。這情形,有時甚爲明顯,有時比較不明顯些。

[註四] 民國元年四月十九日申報。

[註五] 民國元年四月二十日申報。

[註六] S. M. C. 's Annual Report, 1912, p. 98B.

捕房繼即由總巡親往寶樂安路等處,查察一過,傳諭"將礙路崗亭,一律拆除"。[註一]四月三十日工部局又致函領袖比領云:

> 敬行奉告貴領袖領事,四月二十七日午時光景,捕房七六三號及六八五號華捕二人,被寶山路警局所捕,現尚拘押於天保里分所。
>
> 該巡捕等被捕時,並不上差,且穿便服,一在麵店之內,一在煙店之內。
>
> 據本局所知,該二人未犯何罪,其被捕乃本局多次提請領事團注意之若干幾乎蠢愚的報復行為之一部分而已。如蒙進行交涉釋放該二人,並按照本局四月十九日一函之請求,向有關官廳,指明該項拘捕行為對於租界治安,有嚴重之為害,則不勝感激之至。[註二]

工部局於五月一日得知北京公使團欲知上海實情之後,隨即又提出推廣租界的要求。[註三]

五月初,仍有巡捕越界毆傷閘北三區巡警,及"執行職務"而成衝突等事。[註四]但公使團後來得到領事團由工部局信中所得的關於衝突情形的報告之後,即向外交部提出抗議,說是"閘北地方華官,有意違背英國屬民權利"。[註五]六月中,上海交涉使陳貽範便接到外交部訓令云:

> 查上海閘北與租界毗連,屢起衝突,業經本部電飭通商交涉使會同商會各團體,與領事團妥商和平解決辦法。茲准英使照會,以近來閘北地方官,屢有拿禁印度巡捕等事,提出抗議數端,開具節略前來。相應照錄節略,劄行駐滬通商交涉使,查明辦理,務飭該處地方官吏等,遇事切勿輕啟釁端,並將查辦情形,申復本部。[註六]

上海民政總長亦由江蘇都督轉令,着令閘北市政廳"按照約章,妥慎辦理"。[註七]

七月,閘北四區轄境內,租界越界道路旁,捕房撤去原有閘北市政廳門牌,改訂租界門牌,市政廳調查員會同巡長調查戶口及改編新門牌,均被捕解會審公廨。[註八]

所謂閘北界務問題,便幾乎在不解決中告解決。北四川路北段兩旁,市面亦漸盛,崇福里、麥拿里等都造了起來。十一月初,閘北警局僅能在北四川路西邊各橫路,加以整頓之後,豎立路牌,名士慶路、吟桂路、馬醫生路。[註九]然而為時不過幾天,事故卻又發生了。閘北市政廳正副市長錢允利、沈鏞與警務所長蔣國祥,呈報滬軍都督陳其美及交涉使陳貽範云:

> 竊於本月初四下午六時,據四區區長鄧尚彰報稱:"本日下午五時,據分巡所巡長嚴利仁報告,見士慶路有一百另四號西捕,越界毆打商民陸蔭加,被眾民人不服圍繞,當即上前排解,勸散眾人,將該捕及陸帶回請核。……區長查該捕違章越界,毆打商人,致犯眾怒,若不帶區,勢必釀成變端,自應送請總所,轉送該管捕房,自行懲辦,以符約章"等因。據此,經國祥先行派員,將該捕送回該捕房收管,一面正在備文呈請駐滬交涉使長交涉間,忽有總巡捕房捕頭,率領印捕三四十人,排隊荷鎗,直闖總所門前,勢若臨敵。門崗入報,經允利、國祥出外向詢來意,據稱為西捕被拘之故,當告以該捕種種違約,致動眾憤,並已送回捕房各情由。該捕頭堅欲入拘留所檢查,國祥

[註一]　民國元年四月二十二日申報。
[註二]　S. M. C.'s Annual Report, 1912, p. 98B.
[註三]　Mun. Council to Senior Consul, May 15, 1912.
[註四]　民國元年五月六日申報。
[註五]　民國元年七月二日申報。
[註六]　民國元年六月二十二日申報。
[註七]　同上註。
[註八]　民國元年七月八日、十日、十四日、十五日、二十二日申報。
[註九]　民國元年十一月五日申報。

未允,該捕頭遽帶隨來印捕,進內閱看,復入電話室,電詢該捕房,知已送到,始率隊而去。查北四川路雖爲外人越築,而路旁之士慶路仍屬華界,廣大米店確在本所四區管轄以內,該西捕闖入華界,干涉店鋪賣買,擅自判罰,毆打商民,窮追越界,致激衆怒,本所照章送歸該捕房自辦,並無不合。該捕房復派捕頭,攜帶鎗械,排隊入境,更擅入本所拘留所檢查,蔑視我主權實甚;以致人心憤激,當時守衛、巡邏、騎巡各隊之巡士,及駐紮鄰近之光復軍暨沿廳附近之居民,見此野蠻情形,均憤不欲生,願與一決。斯時治亂之機,間不容髮,允利、國祥等操縱稍有未週,立刻釀成大變,事後念及,尚覺寒心。所有此項西捕越界毆人及捕頭帶隊入境,違犯約章,若不嚴行交涉,非惟不足以安靖衆心,恐以後巡捕藉端肇事,防不勝防,難保不激成衆怒,率爾報復,危殆實甚!爲此備文呈請都督、使長鑒察,轉與領事團嚴行交涉,務將越界毆人之一百另四號西捕及帶隊入境之西捕頭,照章懲儆,以彰約法,而維公安。[註一]

交涉使陳貽範即據呈向領袖比領提出嚴重抗議云:

> 本月初四日晚間,本使訪聞租界巡警又與閘北華警出有衝突之案,並聞工部局准令捕頭率領印捕多人,均持械前往閘北,當即查詢閘北警務公所,茲據復稱……等語。本使查士慶路係屬華界,廣大米店確在警務公所四區管轄以內,西捕闖入華界店鋪干涉,已屬不合,乃又進店毆打店夥,窮追越界,經警務公所照章送歸捕房自辦,並未拘留片刻,按照約章辦理,並無不合。租界之內,西人設置捕房,行使警權,華警不得顧問;華界內之警權,西警亦不得干涉,法律上當作如是觀。即按諸西教箴言,我不欲以己所不欲加諸人者,亦屬相符。自當各守界限,不相侵越,以免屢起爭論,致傷中外感情。且軍警整隊過境,例應先期知照,得該管官廳之許可,然後准行。今該西捕越界勒罰毆人,已屬違章,又復由捕房派遣捕頭,攜帶鎗械,排隊入境,並未知照,更擅入警務公所之拘留所檢查,顯係違犯約章。查中外雜處之區,無論至於何地,總當以激發彼此相愛之感情爲首務。感情一生,辦事方易入手。今該西捕特意氣用事,不但有違約章,亦且有背本使與領事團暨工部局力爲維持之苦心。相應照請貴領袖總領事,飭令總捕房將越界毆人之一百另四號西捕及帶隊擅入警務公所之西捕頭與副目,照章懲儆,以重約章,而敦睦誼。並盼速復。[註二]

非但這士慶路問題,交涉毫無結果,而且那以後,一則捕房派捕入四川路旁崇業里等內巡邏,[註三]再則麥拿里、積慶里、東崇福里、阿瑞里等通達所謂"華界"的後門,或則關閉,或則築笆隔斷,閘北巡警前往站崗須繞道北四川路,因即不能實行,[註四]三則市政廳門牌不得編釘,已釘者亦被除去,[註五]所謂"閘北界務"問題,甚至到一九一四年民國三年還在所謂交涉之中。

至於西區界外,那許多所謂工部局道路上,則因地屬鄉村,當時附近尚無中國警局的設置,所以工部局雖行使警權,而可無甚糾紛,但一九二五年民國十四年以後亦即糾紛常有,另見後述。總之,租界越界道路,中國若無警察的設置,工部局自然非來"保護"居民不可;若有,則又甚至會"爲害租界治安"。租界捕房在越界道路上的警權行使,便那樣成了所謂"習慣"了!

3."特捐"的徵收

一八八五年二月十三日清光緒十年十二月二十九日的納稅人會,通過卡德路捕房繼續存在,並於靜安寺路及其鄰近諸越界道路上,設置必要的警力,而"此種警力之維持,每年……需費……應由私人贈捐

[註一]　民國元年十一月九日申報。
[註二]　同上註。
[註三]　民國二年二月十二日申報。
[註四]　民國二年三月四日,十五日,九月二十六日,十月三日申報。
[註五]　民國二年三月十五日;三年五月十九日,二十二日申報。

之”。[註一]歷年以來,此種私人自願贈捐的款項,數目甚小。[註二]到一九〇一年清光緒二十七年仍只二二九‧二四兩。[註三]次年二七一兩。[註四]工部局乃於一九〇三年六月四日清光緒二十九年五月初九日由總辦濮蘭德(J. O. P. Bland)出面,致書各越界道路上的外籍住户云:

敝總辦奉命請足下注意本日公表之董事會會議録中“界外道路居民捐款”標題下之文字,董事會命將所以經慎重考慮,必須開始此辦法之理由與目的,奉告足下。

近來由納税人負擔費用而爲界外居民所爲之工作,已頗可觀,此種事實董事會近始注意及之,亦經各有關辦事處之報告所證明。此種工作,在若干場合,所費頗巨,尤以關於工務處之清道股及巡捕房之服務者爲甚,若非由有關人民按時繳納相當捐税,以負管理所費,工部局無力准其繼續矣。

一八九九年租界推廣以前,因當時住家區域有限,許多人實不得不擇居界外,納税人有見及此故准行爲界外道路居民利益之設施,並負擔其費用;居民方面,亦以身受其利,捐助款項。然而時至今日,擇居界外者,謂爲以避免工部局捐税爲其主要目的之一,亦非過言。在此種場合,免捐固顯屬權利所在,但享權利者,應自負舉辦工部局在界内所辦之衛生保衛等事之義務,此亦係同樣顯見之事。例如擇居界外之人,對其所居,未負工部局經費,而得求助於工部局巡捕房,以偵察及阻止罪案或控訴罪犯,此權利即不能承認。

工部局承認於界外維持若干道路,以爲納税人民馳車聘馬之便,實爲必要,但對於此種爲大衆利益之經費,與夫僅爲個人直接利益者之間,亦明爲分別。

敝總辦今奉命相告,董事會以爲,此問題之最公平合理之解決,應由界外居民,依普通市政捐率,即按實際或估計房租百分之十,負擔工部局經費;工部局則準備以納税人所享之各種助力、便利與公權相報。

最後,敝總辦欲叩詢,足下願否接受此項辦法?[註五]

但不給回信的佔多數,而回信的又意見紛歧,工部局無法定一普遍適用的辦法。[註六]工部局乃取消前議,仍照原來辦法,對需用捕房服務者,徵收自願的捐款,如需他種市政設施,另定特別辦法。[註七]一九〇三年清光緒二十九年該項捐款,共計五七六兩。[註八]一九〇四年清光緒三十年計一、〇八四兩。[註九]

那時,工部局正與上海自來水公司進行磋商關於給水的新合同,便利用了來作爲對越界道路居民徵税的手段。該合同於一九〇五年七月一日清光緒三十一年五月二十九日簽訂,第一條“開路”,規定工部局應隨時准許該公司在界内界外工部局管轄的道路及土地上,設置水管及從事其他必需工程;第四條“給水”,規定該公司得供給界外居民用水,惟該居民必須向工部局繳付工部局所定的特別捐,否則不得給水。[註十]

在該合同簽訂之前,並由同年三月二十一日二月十六日的納税人會,議決該項界外自來水用户所繳

[註一]　S. M. C.'s Annual Report, 1885, p. 61.

[註二]　S. M. C.'s Annual Report, 1886, p. 53; 1887, p. 54; 1888, p. 44; 1889, p. 64; 1890, p. 56; 1891, p. 51; 1892, p. 67; 1893, p. 68; 1894, p. 56; 1895, p. 64.

[註三]　S. M. C.'s Annual Report, 1901, p. 170.

[註四]　S. M. C.'s Annual Report, 1903, p. 148.

[註五]　同上註,頁一七八至一七九。

[註六]　同上註,頁一七九。

[註七]　Mun. Council to Residents on Outside Roads, Aug. 1, 1903.

[註八]　S. M. C.'s Annual Report, 1903, p. 148.

[註九]　S. M. C.'s Annual Report, 1904, p. 175.

[註十]　S. M. C.'s Annual Report, 1905, p. 364.

"特捐"(Special Rate)，爲房租百分之五。而工部局一九〇六年清光緒三十二年年度預算案得納稅人會通過之後，立即着手徵收準備。[註一]一九〇六年四月一日清光緒三十二年三月初八日特捐開始徵收。[註二]

這引起了華方極大的反對。

五月四日四月十一日滬道瑞澂致函領袖領事比總領事薛福德云：

> 日前本道訪聞上、寶兩縣交界之處，租界外北四川路地方，有工部局編釘門牌，設巡收捐情事，即飭上海縣汪令、寶山縣王令，會同查明。茲據繪圖稟稱："工部局近在寶山結一圖編釘門牌五百餘所，以爲徵捐之用，應請照會阻止"等情。據此，本道查租界以外，向章工部局不能收捐。況結一圖坐落寶山，該縣本非通商口岸，因與上海毗連，前道呈准南洋大臣，暫准洋商租地，原係約外通融，該處房屋，工部局更無釘牌收捐之理。所徵之捐，縱認其爲保護居民之用，但南洋大臣近已令徐道來滬，會同本道，訂立規程，籌資開闢閘北商場，並建造栢油馬路，設警保護。本道即將與紳商計議，着手進行；寶山結一圖，即屬其範圍之內，歸閘北工巡總局治理。本道因請貴領袖領事轉飭工部局，迅將巡捕門牌，一律撤回，並停止收捐，以清界限，而符約章。即請查照辦理，爲荷。[註三]

領袖比領未給回音。瑞道乃於旬日後，再發第二函云：

> 當以……照請……在案。迄今未准照復。詎近日工部局又在海寧路租界外之天保里、南林里兩處，編釘門牌，傳言欲收巡捕捐。該處居民，深爲詫異。查租界內各項捐款，均由工部局收取，不允中國設局，否則以違章論。今乃於租界外，釘立門牌，希圖抽捐，越界侵權，殊出情理之外，豈文明之國所應出此！用再備文照會貴領袖總領事，請煩查照先今來文，迅速飭令一律撤除，以符定等，而昭允洽。并希見覆。是紉公誼，望切施行。[註四]

工部局則以自來水公司合同爲護符，以爲"所收之捐，必須認爲水價之一部分"。[註五]同時，對於工部局收捐，居民積忿難平，集議抗拒。瑞道乃除飭令禁戒居民勿生事端外，又照會領袖比領，聲明："工部局一再越界侵權，設竟激成暴動，應由工部局擔其責任。"[註六]領袖比領雖有回答，但毫無結果。瑞道乃再函領袖比領據理力爭，一面又以經過電呈外務部，請迅賜力阻云：

> 工部局在租界外寶山境內之北四川路及天寶里、南林里、虬江橋、殷家木橋、永順里、承德里、德生里等處，編釘門牌，派捕收捐，經四次照會租界領袖領事，僅似領事公會尚須會議，空言照覆，而工部局悍然不顧，昨又在來安里收捐，並言如不出捐，定欲拿人，居民積忿難平，集議抵拒。職道聞信，連夜飭縣，親往彈壓，勸諭毋得暴動，一面照催領袖領事飭禁。惟各領雖亦有不以工部局爲然者，而擴充勢力，未免同情，亦皆不作公論。若不急行阻止，衆怒難犯，必致生事。務求大部主持力爭，切商駐京公使，嚴飭工部局務守條約，毋得越界派捕收捐，以免肇釁，而保主權。如再任意妄爲，設滋事端，華官不能擔其責任。此事關係大局，伏乞迅賜力阻，不勝急切待命之至。一面仍會同督飭商董，將北部築路設巡諸事，趕緊籌辦，以冀補救。[註七]

[註一]　S. M. C.'s Annual Report, 1906, p. 397.
[註二]　S. M. C.'s Annual Report, 1906, Finance Matters.
[註三]　S. M. C.'s Annual Report, 1906, p. 402. 譯文參照後瑞引道第二次照會中摘敍第一次照會情由部分。
[註四]　光緒三十二年四月二十五日申報。
[註五]　Mun. Council to Senior Consul, May 24, 1906.
[註六]　光緒三十二年閏四月十八日申報。
[註七]　光緒三十二年五月初三日申報。

外務部即據滬道電呈,向北京公使團提出交涉。六月十二日_{閏四月二十二日}英代辦電令上海英領霍必蘭云:

> 工部局應即停止其所被抗議之行動,以待解決,爲要。否則如發生任何糾紛,應由總董與其同僚負責。^[註一]

但公使團方面得到上海領事團由工部局供給的報告以後,交涉形勢,爲之一變。"經過長時期的照會來往及公使團的聯合壓迫,外務部終於訓令,滬道着與領事團成議。"^[註二]瑞道於八月十七日_{六月二十八日}出示"租界外居民"云:

> 爲出示曉諭事。照得租界之外,工部局本不能收捐。近因北四川路天寶里、南林里、虹江橋、殷家木橋、永順里、德生里、承德里、來安里等處房屋,由房東向自來水公司裝用水管,未經先稟本道核示,以工部局向房客收取水費,稍有爭執。兹本道再三體察,房東裝水管以便居民,自係美意,房客利用其水,亦有衛生避火之益,酌貼費用,尚在情理之中。惟租界內章程,居戶水費,向係加在房租之內,按此而論,該處水費自應由房東在房價內撥付,以歸一律。除照會租界領袖比總領事薛君,申明此項水費,應由房東繳付,合行出示曉諭。爲此示仰該處居民諸色人等,一體知悉:以後除不用自來水之家毋庸出資外,其餘一律由房東照納。在西人貼費不致無着,在居民汲飲亦甚稱便,事屬兩有裨益。至界外寶邑地方,現經設有工巡總局,嗣後居民裝用自來水管,務須隨時報候核准,再行安設,以免枝節。其各遵照,切切特示。^[註三]

從此以後,工部局與電話公司,工部局電氣處與其界外用戶,合同中均有與前述自來水公司合同中相同的規定。電氣處出賣之後,工部局與上海電力公司的合同,規定亦同。^[註四]工部局便這樣利用了與公用事業的合同,歷年在各越界道路上,收取"特捐"。越界道路區域,故又名"特捐區",或"特稅區"(Special Rated Area)。同時,由工部局給與營業特許權的租界公用事業公司的營業,也便擴張到了租界以外去。

"特捐"捐率,如前文曾有提及,是依房租抽的。自一九〇六年_{清光緒三十二年}至一九二〇年_{民國九年}止,特捐的捐率,爲租界內市政捐捐率之半;一九二一年_{民國十年}以後,僅少於市政捐百分之二。兹將工部局開始徵收的一九〇六年_{清光緒三十二年}起,至一九三三年_{民國二十二年}止,工部局歷年特捐捐率及收入兩數,列表如下:

年　份	捐　率	華式房屋	洋式房屋	總　計
一九〇六(光緒三十二年)	百分之五	三、二八二·〇〇	三、一三二·〇〇	六、四一四·〇〇
一九〇七(光緒三十三年)	百分之五	六、六一五·三三	六、〇六九·五二	一二、六八四·八五
一九〇八(光緒三十四年)	[註五]	一〇、五一二·〇八	一〇、四五一·七二	二〇、九六三·八〇
一九〇九(宣統元年)	百分之六	一三、八九九·八四	一一、二一七·七七	二五、一一七·六一
一九一〇(宣統二年)	百分之六	一五、四一九·九九	一一、八七四·六四	二七、二九四·六三
一九一一(宣統三年)	百分之六	一五、三四二·二七	一二、五〇〇·八八	二七、八四三·一五
一九一二(民國元年)	百分之六	四、四四三·二四	一三、四七五·四三	一七、九一八·六七

[註一]　S. M. C.'s Annual Report, 1906, pp. 406 - 407.
[註二]　Kotenev, Shanghai: Its Municipality and the Chinese, p. 40.
[註三]　光緒三十二年六月三十日申報。
[註四]　Feetham Report, Vol. III, pp. 17 - 18.
[註五]　洋式房屋爲百分之六;華式房屋最初三個月爲百分之五,四月一日起,亦增至百分之六。

續　表

年　份	捐　率	華式房屋	洋式房屋	總　計
一九一三(民國二年)	百分之六	三、四二八・五〇	一四、二三五・一二	一七、六六三・六二
一九一四(民國三年)	百分之六	三、七五一・四三	一六、六九三・〇〇	二〇、四四四・四三
一九一五(民國四年)	百分之六	四、一一六・四六	一八、九一三・〇九	二三、〇二九・五五
一九一六(民國五年)	百分之六	四、五一五・九三	二一、〇八七・一三	二五、六〇三・〇六
一九一七(民國六年)	百分之六	四、六七四・八一	二〇、四五五・三八	二五、一三〇・一九
一九一八(民國七年)	百分之六	四、六七三・七七	二一、九五四・九八	二六、六二八・七五
一九一九(民國八年)	[註一]	五、五三七・二八	二七、九六四・八三	三三、五〇二・一一
一九二〇(民國九年)	[註二]	七、五三四・四五	四一、九六二・二八	四九、四九六・七三
一九二一(民國十年)	百分之十二	一〇、四二〇・六八	六六、三三一・六六	七六、七五二・三四
一九二二(民國十一年)	百分之十二	一二、八四九・〇四	一〇五、六〇九・一〇	一一八、四五八・一四
一九二三(民國十二年)	百分之十二	一五、〇八一・七三	一三八、六八七・七四	一五三、七六九・四七
一九二四(民國十三年)	百分之十二	一七、三五一・一一	一五六、一八一・五一	一七三、五三二・六三
一九二五(民國十四年)	百分之十二	二一、五九二・九六	一七九、二三一・八八	二〇〇、八二四・八四
一九二六(民國十五年)	百分之十二	二八、二五三・九〇	二〇四、八六一・〇七	二三三、一一四・九七
一九二七(民國十六年)	[註三]	三三、〇二七・九五	二三六、九二九・六四	二六九、九五七・五九
一九二八(民國十七年)	百分之十四	二九、五九六・三一	二七一、四七六・六三	三〇一、〇七二・九四
一九二九(民國十八年)	百分之十四	三二、一五七・四〇	二九五、三三二・八三	三二七、四九〇・二三
一九三〇(民國十九年)	[註四]	三一、〇六一・九一	二九四、五五〇・二四	三二五、六一二・一五
一九三一(民國二十年)	百分之十二	三四、七三三・六二	三一二、一九八・八六	三四六、九三二・四八
一九三二(民國二十一年)	百分之十二	三六、〇七八・一四	三三六、五三三・七九	三七二、六一一・九三
一九三三(民國二十二年)	百分之十二	四〇、一六〇・〇八	四一一、五一二・九六	四五一、六七三・〇四

五　會審公廨的整個被領團侵佔

1. 侵佔前的事端

A　兩租界會審公廨的管轄劃分

根據一八六八年_{清同治七年}總理衙門咨行的洋涇浜設官會審章程,於一八六九年_{清同治八年}成立的洋涇浜北首外人租界的會審公廨,逐漸脫離章程,在各方面變了質,這情形已總述於前。[註五]所以歷年以來,會審公廨實質上已不再是中國的機關,不過形式上仍存着中國官廳監督的虛名。這虛名到一九一一年_{清宣統三年}也畢竟失掉,上海因革命而呈一時混亂的現象,駐滬領事團就此乘機把會審公廨整個地侵佔了去,使成爲一個純粹的外人設立的法院,租界內的司法權,於是完全入於外人掌握之中了。

從洋涇浜北首外人租界改名爲公共租界的一八九九年_{清光緒二十五年}起,到會審公廨開始整個被侵

佔的一九一一年清宣統三年止，這中間所發生的事端，有必須特別提出加以敘説的。其一便是一九○二年清光緒二十八年公共租界會審公廨和法租界會審公廨的管轄劃分。

　　法租界當局拒絶參加洋涇浜設官會審章程[註一]之後，於一八六九年四月清同治八年三月由法領事直埃桑(Thiersant)與滬道議定章程，另行成立法租界會審公廨。[註二]這法租界會審公廨，對於公共租界會審公廨，原爲獨立的機關。到一九○二年清光緒二十八年於是在管轄上發生爭執，遂有明文劃分管轄的事。

　　是一九○二年三月清光緒二十八年二月間，公共租界會審公廨，有一張傳票，到法租界去傳一個違犯工部局章程的某法商公司所雇華工的，爲法代總領事巨籍達(L. Retard)拒絶簽字，未能執行。工部局起而抗議，巨籍達亦不相讓。到四月三月中，事情仍無任何結果，工部局乃亦拒絶執行法租界會審公廨的一張傳票。[註三]五月十六日四月初九日公共租界又爲這事特開納税人會，討論結果，一致議決一方面核准工部局既採行動，認爲滿意，另一方面又正式表示，歷年以來對於應該移送上海縣的案件在公共租界會審公廨所必經的預審手續，同樣適用於對法租界云：

　　　　本會……且願表示一急切的希望，即工部局應運用其最大努力，以防止公共租界華居民，無論犯何案件，未經公共租界會審公廨之一次預審，即遭逮捕，並强制移解至租界界址以外。[註四]

　　這決議領事團不予贊同。[註五]“領事團以爲，法公廨乃上海中歐混合司法制度，在完美上所必不可缺之部分，不能與上海縣縣署遭受同性質之對待。”[註六]

　　這時，領事團已指派德、法、英三國總領事，組成委員會，探討“兩租界中國法院之關係”。結果，該委員會草就劃分兩公廨管轄範圍暫行條例，於六月十日五月初五日“得領事團與當地中國官廳之核准”，並於同月二十八日二十三日得北京公使團批准。[註七]該條例共有四款，譯出如下：

　　一　民事案件，兩造均爲華人時，原告應就被告，向被告所在地之會審公廨控訴之。

　　二　凡刑事案件之無關外國人者，及租界内華居民之違禁案件，惟犯罪或違禁所在租界之會審公廨，得審理之。

　　三　洋原華被之混合民事案件。——

　　甲　若原告爲不屬法國籍之外國人，而華人被告居住於公共租界，則歸公共租界會審公廨受理之。

　　乙　若原告爲法國人，而華人被告居住於法租界，則歸法租界會審公廨受理之。

　　丙　若原告爲不屬法國籍之外國人，而華人被告居住於法租界，則歸公共租界會審公廨受理之，其拘票或傳票，經法總領事會簽後，由公共租界會審公廨差役，得法租界捕房協助，執行或送達之，無須先經法租界會審公廨之審訊。

　　丁　若原告爲法國人，而被告華人居住於公共租界，則歸法租界會審公廨受理之，其拘票或傳票，經領袖領事會簽後，由法租界會審公廨差役，得公共租界捕房協助，執行或送達之，無須先經公共租界會審公廨之審訊。

　　四　刑事案件，受害人爲不屬法國籍之外國人，歸公共租界會審公廨受理之；若法國人爲受

　　[註一]　參閱本編第四篇第三章第六節。
　　[註二]　參閱本市通志法租界編及外交編。
　　[註三]　S. M. C.'s Annual Report, 1902.
　　[註四]　同上註，頁七三。
　　[註五]　參閱一九○二年五月二十七日領袖領事美總領事致工部局總董函。見 Shanghai Municipal Council's Annual Report, 1902, p. 74.
　　[註六]　Kotenev, Shanghai: Its Mixed Court and Council, p. 113.
　　[註七]　S. M. C.'s Annual Report, 1902, p. 75.

害人,則由法租界會審公廨受理之。[註一]

　　此項"暫行條例",工部局初時頗反對,堅持居住公共租界的華人被告,必先經由公共租界會審公廨審訊的"原則",要求領事團設法修改第三、第四兩款,使與第一、第二兩款相一致。[註二]但實施之後,却"漸證明為完全足用",[註三]所以也便未有變更。後來,公共租界會審公廨撤廢,成立臨時法院,又改組為特區法院,法租界內的中國法院,亦經變更,但它們彼此間的劃分管轄的辦法,却始終一仍其舊,以迄於今。[註四]

B　"大鬧公堂案"的始末

　　"一九〇五年清光緒三十一年或可謂為會審公廨歷史上最重要之年。"[註五]外人努力於促迫會審公廨愈益變質的結果,關於會審公廨的交涉,愈來愈多,到一九〇五年清光緒三十一年而達於頂點。為了修改會審公廨章程,[註六]為了工部局派捕監督公廨執行刑罰,[註七]為了工部局收押女

[註一]　S. M. C.'s Annual Report, 1902, pp. 75-76.
[註二]　參閱 S. M. C.'s Annual Report, 1902, pp. 76-78.
[註三]　Kotenev, Shanghai: Its Mixed Court and Council, p. 113.
[註四]　民國十五年(一九二六)訂立的"收回上海公共租界會審公廨暫行章程"之換文中有云:"法租界及公共租界兩會審公廨之管轄權限,仍照一九〇二年六月二十八日之臨時協定劃分。"民國十九年(一九三〇)訂立的"關於上海公共租界內中國法院之協定",函件中第二項云:"公共租界內現有中國審判機關與法租界現在審判機關劃分管轄之現行習慣,在中國政府與關係國確定辦法以前,仍照舊辦理。"見本編附"三"之"2"及"3"。
[註五]　S. M. C.'s Annual Report, 1905, p. 26.
[註六]　修改會審公廨章程,將外人侵略法權的許多習慣和辦法,明文規定,這事情工部局於光緒二十一年(一八九五)後,進行更力,二十四年九月(一八九八年十月),工部局曾嘗此函致領事團。爾後,工部局又曾數次催迫。到三十年十一月(一九〇四年十二月),駐京公使團根據駐滬領事團所轉呈之工部局提議,草就新章十一款,照會中國外務部,請照允頒布實行。工部局於得知此事之前,向領事團提出必須先行"改良"的"最重要"事項四端(工部局總董一九〇五年二月十六日致領袖德領函)。待得知公使團已經向外務部提出交涉之後,又表示不滿於公使團所提出的十一款,謂須撤消公廨全部差役,民刑案件概由外國陪審官全審(一九〇五年七月四日工部局總董致領袖德領函)。其後,工部局又草就"依照地皮章程管理之上海會審公廨章程"(Rules For the Mixed Court at Shanghai Administered Under the Land Regulations)十八款,刊印於年度報告中,希望"其得為今後正式新章之根據"。至於中國方面,外務部接得公使團照會後,於三十年十二月二十五日(一九〇五年一月三十日)咨行兩江總督周馥;後者於三十一年正月初九日(一九〇五年二月十二日)飭滬道袁樹勛逐條核議,袁道的答復雖多讓步,但結果,修改章程終未成功(參考: Shanghai Municipal Council's Annual Report, 1905, pp. 56-61. 東方雜誌:第二年第四期"南洋大臣兩江總督周札飭江海關袁道核議上海會審公堂修改章程文";第二年第六期"江海關道袁稟陳兩江總督周增改上海會審章程文"。郝立輿:領事裁判權問題,頁五二。法權討論委員會:列國在華領事裁判權誌要附錄頁五一七有公使團向外務部所提新章十一款全文)。
[註七]　工部局存心派捕監督公廨,並非自光緒三十一年(一九〇五)開始,在三十年二月(一九〇四年三月),工部局致函領袖領事時,即已提出派捕監督公廨所拘押犯人和民事被告的問題,說是:"公廨之犯人與押所,若無捕房監督,則一九〇二年領事團所採行之章程(按即指本文上項所述之兩公廨劃分管轄條例),永不能有效施行。"(參閱 S. M. C.'s Annual Report, 1904, p. 84 et seq.)至三十一年二月底(一九〇五年四月初),有一華人,因一外商公司所控刑事案件,在押已逾二年,終於案件解決,由公廨判決具保開釋。但該華人另犯案件,須解往無錫審訊,滬道袁樹勛乃令暫緩開釋。三月初二日(四月六日)公廨委員屠作倫致函英會審官,說明須將該華人解往無錫的原委。事為工部局得知,工部局以為袁道此舉,"與捕房監督公廨之創行,以一適當的時機"(一九〇五年四月二十二日工部局致領袖德領函中語)。即於三月初五日(四月九日)下令,派捕看管公廨犯人和押所。這雖說是為了"呈報領團,以待正式通訊",但主意却在於"希望此種監督,為更正常的尊重既成慣例計,得於今以後,作為永久辦法"(俱見一九〇五年四月十三日工部局致領袖德領函)。三月初九日(四月十三日),公廨忽就屈服,執行原判,即該將華人具保開釋。但工部局却更進一步,於次日着令印捕巡邏於公廨正門之內,"阻止出入"。公廨委員屠作倫向英領及領袖德領要求撤退該印捕,無效。袁道要求撤退印捕,並請給與解釋答復,但領袖德領轉來的工部局答復,却認派捕監督公廨為合理,謂袁道意圖違反地皮章程,而公廨委員對華人管轄權的行使,應受地皮章程限制,租界司法機關,管理之權不操於中國當局云云;袁道乃照會領袖德領,指明兩點:"洋涇浜北首租界地皮章程載明:凡在中國衙署,出使行轅,及天后宮等處,均劃出由華官自主,不歸工部局節制,是華官管理本國衙署,有獨立完全之主權",而"會審二字意義,應作何解釋之處,烟臺條約中講解甚明,閱之便能自解";故當前之事,"工部局既違和約,又背章程","不但侵奪主權,實屬欺蔑中國",應請飭令工部局速即撤回看守公廨的巡捕(三月二十八日袁道致領袖德領函)。乃領事團袒護工部局,於五月初三日(六月五日)答復袁道正式表示核准工部局派捕監視公廨的行為。且因工部局一再要求種種更形進步的監督公廨的辦法,領事團繼於八月初一日(八月三十日),應允改派西籍捕房人員以代印捕,駐公廨,"管理既得會審西員同意之判決之執行,眼同發落刑罰,及發落釋放。如有不合之處,應即請助於會同審判之會審官。該西捕之每週報告,應送呈領袖領事,報告領事團"(一九〇五年八月三十日領袖德領致工部局函)。於是"在領事團威權之下,一種純由西捕監督刑罰行使之制度,乃告成立"(S. M. C.'s Annual Report, 1905, p. 61.)。"此種永久監督,公廨委員奉滬道之命,抗議不絕"(同上, 1905, p. 29.),然而效果全無。公廨委員關炯乃於十一月初十日(十二月六日)亦派一差役,往中央捕房,"察其舉動,鈔錄案由,隨時稟報",以為"抵制之方"(關委員十一月十一日稟報袁道文)。二日後,即發生"大鬧公堂案"(參考: S. M. C.'s Annual Report, 1905, pp. 28-29, 61-77;東方雜誌第二年第六期;申報,光緒三十一年三月至十一月,本市通誌外交編"大鬧公堂案"一節下,亦有敍述)。

犯，[註一]各關係方面之間的來往交涉函件，真是"長篇累牘的"。[註二]在這許多交涉中間，工部局始終採取它歷史上一貫的不達目的不止的態度，[註三]結果，在僅僅六七個月的時間內，公廨委員竟至一易不足，繼以再易。[註四]到十二月十一月種種癥結，終於借端而來了一次總爆發，這便是"大鬧公堂案"。

　　一九〇五年十二月八日清光緒三十一年十一月十二日有一個四川官眷，廣東婦人，黎黃氏，[註五]攜帶價買女孩十五人，隨伴四人，行李百餘件，扶丈夫的靈柩，由川回籍，道經上海。工部局捕房疑爲誘拐，[註六]從鄱陽輪上，拘解會審公廨，提起控告。這是捕房解訊的刑事案件，便"照例"由中外會審官，於"早堂"時"會審"。中國審判官是讞員關炯、襄讞金紹成，而值日"會審"西員，却正是"性情暴戾，有意破壞會審章程，屢與"關讞員等"當堂爭執"的英副領事德爲門（Twyman）。審訊結果，關讞員以爲所買女孩均有身價憑據，似不能遽指爲誘拐，當即面商英副領事，判押公廨女監，再行復訊。英副領事則堅持改押"西牢"，即工部局所建造、所管理的女監。這一個用"强迫手段"收押女犯到"西牢"去的問題，本來已經交涉了一年，還沒結果，[註七]關讞員等"正在籌商對付之策"的。聽了英副領事德爲門又要將黎黃氏等改押"西牢"的話，關讞員便再與磋商，仍不照允，乃聲稱道："女犯押於西牢，查洋涇浜設官章程並無此條，本委亦未奉道憲之諭，斷難控允。"德爲門却粗暴地說道："吾惟遵領事之囑，令捕房帶回人犯而已，不知有上海道也。"關讞員憤甚，亦告以"貴繙譯既不知有上海道，本委亦不知有領事"；當令差役將黎黃氏等，交官媒照章收押。德爲門却喝令巡捕，帶回人證，捕頭木突生（Inspector Gibson）等，即率衆西捕聲言用强，肆行毆辱差役和觀審之人。關讞員和金襄讞喝阻，捕頭也以木棍相向。這時，門外已擁擠多人，讞員恐滋事端，命暫閉廨門。巡捕已强奪得該案男女人證，向關讞員索取門鑰，關讞員痛心憤怒不堪，斥道："毀門可，打公堂可，即殺官亦無不可！"巡捕等終於挾了男女人證，衝突而出。黎黃氏被押工部局女牢，女孩十五人送濟良所。公廨差役，被巡捕打傷二人。[註八]

　　這樣"辱政體，損國權"，又"或激成公憤"[註九]的"大鬧公堂案"發生之後，關讞員和金襄讞即親謁袁道，報告經過，並引咎辭職。袁道除慰留讞員外，據情電請兩江總督周馥主持辦理，並暫定公廨停止開庭，派洋務繙譯萬中元、毛昌嗣同赴俄總領事署暨英總領事署會商，未有成議，乃又照會英領霍必蘭

　　[註一]　光緒三十年（一九〇四）末，工部局新建女監落成，擬爲收押公廨待審和判處徒刑的女犯之用。但犯人監禁，應由公廨自理，男犯歸工部局捕房收禁，已屬不合理的"慣例"，女犯自不能再陷前轍。公廨委員故對捕房收押女犯的要求，常加拒絕。因之爭執常起，惟無較大糾紛。三十一年（一九〇五）最初五個月中，來往交涉函件，頗見繁多。五月初四日（六月六日）領袖德領代表領事團，請袁道"暫准"將女犯送押工部局女監，袁道則以"會審公廨成立於上海，已有數十年之久；和約既無提及，前例亦無女犯送押工部局監獄之事"，不允所請（五月初八日袁道致領袖德領函）。領事團乃派領袖德領克納伯去南京晉謁兩江總督，磋商此事（領袖德領一九〇五年六月二十一日致袁道函，二十二日致工部局函），亦無使彼等滿意之結果。工部局乃不再經由交涉，逕自行動，將待審女犯送往工部局監獄，並得英德兩會審官的同意，凡經他們"會審"的判處徒刑的女犯，概行發交工部局收押。公廨委員關炯始終抗議，僅得美會審員的贊助，結果，工部局又下令，凡婦女案件，一律均於英德會審員值"審"之日，始解公廨，於是女犯幾乎完全歸工部局去監禁了。"大鬧公堂案"開初也便是這女犯監禁問題的糾紛（參考：S. M. C.'s Annual Report, 1905, pp. 77-81；光緒三十一年二月、四月、六月、七月等申報）。
　　[註二]　工部局年度報告中稱之爲"volumous correspondence"。
　　[註三]　一九〇五年度工部局董事會云："一九〇四年度董事會，於報告該年度工作之時，曾經表示，希望繼任董事會獲得領事及公使之助力，迅即創行公廨之改革。此項希望究已完成幾何，在編製報告之時，固尚難於測料，惟敢斷言，一九〇五年度董事會之努力，乃致於一個目的，專致於一個目的，即創行改訂之手續及爲華居民獲得司法上合理的援助所必需之監督，以肅清公廨所聞名之種種惡習。"（S. M. C.'s Annual Report, 1905, p.56）
　　[註四]　光緒三十年冬（一九〇四年末），被工部局所不滿的公廨委員黄煊，終於去職，袁道委派道署人員關炯暫代。三十一年二月二十四日（一九〇五年三月二十九日），新委員屠作倫上任。屠作倫曾於二十一年（一八九五）起，充任公廨委員二年，此次蓋係再任。但工部局對他極不滿意，稱之爲"滬道手中之工具而已"。嗣因工部局種種企圖，爭執當起，屠委員又"不得不"於六月初四日（七月六日）辭職，繼任者爲關炯（S. M. C.'s Annual Report, 1905, pp. 26-28）。
　　[註五]　初誤爲"李王氏"，亦不知爲"官眷"。
　　[註六]　但案結以後，工部局捕房總巡仍誣指爲誘拐案（S. M. C.'s Annual Report, 1905, p. 28.）。
　　[註七]　參考本頁註一。
　　[註八]　本文根據：申報光緒三十一年十一月十四日"西捕鬧鬨公堂"記事、關讞員上蘇松太道稟，十五日黎黃氏來歷記載、廣肇公所紳董徐潤等致外商兩部電稿；東方雜誌等三年第三期"黎黃氏案始末"（Hawks Pott, A Short History of Shanghai, p. 166）。
　　[註九]　關讞員上蘇松太道稟中語。

和領袖俄領克萊米諾(C. Kleimenow)，提出交涉。九日十三日夜，江督復電到滬，謂已據情電達北京外務部，請照會公使團查辦，惟仍望袁道部"與各領熟商轉圜之策"；並表示暫停堂期，亦是一法。袁道乃於十日十四日諭令公廨正式停止開庭，以待問題解決。[註一]

　　民衆方面，忿激萬分。出事次日，馬路上即發現揭帖，表示華人公憤。[註二]廣肇公所先後召開同鄉大會，電致外部、商部，並稟呈袁道暨公廨，剖白黎黃氏身分來歷，請據理力爭，以安人心。[註三]上海紳商，則於出事次日，即十二月九日十一月十三日下午二時，集會於商務公所，提出左列各點意見：

　　　　一、官係國民代表，官而被毆，中國無一人不可爲西人毆辱；平日租界華人出捐錢爲捕房辦公費，今反任令彼等肆毆，租界實不能再住，止能另謀遷地爲良之計。

　　　　二、巡捕毆官，僅予斥退，猶覺嫌輕，即據西律，亦須究辦。以後工部局且須有一華人爲董事。……至捕房亦須明定權限，不能踰越。

　　　　三、昨日之事，無論西人之久蓄此心，抑出於一時意見，總之皆有奪我主權之意；且各領事於肇事後已於昨晚會商辦法，吾等商民，萬不可不有策以抵制之。

　　　　四、西人自稱文明，今縱捕毆官，實屬野蠻舉動，然中國對付之策，仍須和平。現商民反對者惟英副領事及捕頭耳，其餘英人與各國領事無涉也。

　　　　五、關讞員於此事實能力爭主權，現既因此辭差，本埠商民必須竭力挽留，蓋租界主權之所以逐漸失去者，皆由從前各讞員唯唯諾諾所致也。[註四]

　　並議決：次日上午面見袁道，請問辦法；由商會電商部轉外務部，請與英公使交涉，撤換英副領事德爲門；及由紳商電外務部、商部、本省督撫，略敍事實經過後，說明："似此蔑法橫行，不守法律，擾亂公堂，華官尚復侮辱，商民之受辱必日甚一日。衆情惶懼，恐釀巨禍。……應請俯察輿情，查照條約，切實辦理，以安衆心，而維大局。"[註五]十日十四日上午十時，各紳商依照決議，至洋務局晉謁袁道。袁道對於紳商所提出須有善策解決案件及不可任關讞員辭職的兩點，均表同意，最後並當衆切實宣言云：

　　　　此事由本道一人任之，如有一分之力，即當盡一分之心，去留利害，在所不計。至關讞員辦理此事，甚是，本道必能俯順輿情，爲後之任租界讞員者勸。並望各紳商轉告大衆，勿過憤激。

衆皆滿意散去。[註六]

　　但袁道和領事之間的交涉，毫無結果。最初，袁道根據關讞員稟呈，照會各國領事，略謂："……公堂乃施行法律之地，尤繫中外觀瞻，似此當堂毆差奪犯，不惟輕蔑法律，亦且有失體統，爲通商以來所未有，殊出情理之外。除飭令會審委員將公堂暫停，一面電稟請示，並分別照會查辦外，合亟備文照會。"[註七]而英領霍必瀾卻也同時照會袁道，根據英副領事德爲門的報告，說是："德副領事不允將該被告等留於公廨者，係遵各國總領事所擬定及本總領事飭行之辦法；且留起再訊之案，其被告自應由捕房帶回。此次關分府爲此爭執，實係早存意見，並且有意輕視陪審官英副領事也。……爲此照會貴

　　[註一]　本文根據光緒三十一年十一月十三、十四、十五及十六日申報。按未奉江督回電，袁道暫定公廨停止開庭的一九〇五年十一月十三日(十二月九日)，雖曾照會各國領事，但實際上公廨仍由金襄讞與德國副領事升座開庭，"因德美諸國領事皆能確守章程，且並未奉江督回電故也"。
　　[註二]　光緒三十一年十一月十四日申報。
　　[註三]　光緒三十一年十一月十五日及十七日申報；Hawks Pott, A Short History of Shanghai, pp. 166-167.
　　[註四]　光緒三十一年十一月十四日申報。
　　[註五]　同上註。
　　[註六]　光緒三十一年十一月十五日申報。
　　[註七]　光緒三十一年十一月十四日申報。

道,請煩查照,迅賜轉飭會審委員,嗣後勿再如此生端,以期公堂安謐,望切施行見復"云云。[註一]袁道乃根據條約、章程,痛加駁復云:

> 查中英會議條款內載:"中國亦在上海設有會審衙門,辦理中外交涉案件。"又載:"兩國法律既有不同,只能視被告者爲何國之人,即赴何國官員處控告。原告爲何國之人,其本國官只可赴承審官處觀審"各等語。[註二]此案被告既係華人,則華官爲承審,英官爲觀審明矣;[註三]豈有觀審官而能干預判押之權乎? 又洋涇浜設官章程第一條,委員有管押華民之權;又第六條,無領事管束之洋人由委員自行審斷。夫無領事管束之洋人,華官且有審斷之權,豈至於華民轉無管押之權乎? 此案即使公堂訊明拐騙屬實,照章亦歸華官按例辦理。況訊無實據,廨員判令交保,自是照辦,德副領事已無干預之理。即令慎重案件,暫行管押,遵照定章,亦只能判押本廨。關丞辦理此案,確無絲毫不合。德副領事干預判案,已違條約;強改女犯押所,復背定章;況喝令西捕毆差奪人,致公堂差役被擊受傷,復致凌侮華官,強將無罪宦婦,劫押西牢! 本道以爲,以英總領事之和平公正,方將嚴飭德副領事之無理,立即撤換,向公堂謝過,以表歉忱;不謂來文乃謂德副領事之不允被告留廨者,係遵各國總領事所擬及貴總領事飭行之辦法也! 此種辦法,本道不知各國總領事所擬者,係何項章程? 何時所擬? 英總領事係據何項章程而飭遵者? 中英條約係奉兩國國家頒行,會審章程亦係總理衙門與各國大臣訂定;本道恐英總領事及各國總領事無此擅改之權也。德副領事置中英兩國國家之條約於不顧,置中國總理衙門與各國大臣所訂定之章程於不顧,而遵英總領事及各國總領事所擬不足爲憑之辦法,此則本道所爲大惑不解者矣。且美、德、義各國陪審西員,均遵守定章辦理,則此種辦法,必非各國總領事所擬,而係出於貴總領事一人之私意,又可知也。毆傷差役,侮及華官,蔑視公堂,放棄法律,實爲德副領事無理之尤。來文無一字及之者,豈貴總領事竟一無所聞耶? 抑貴總領事悉知其無理,而故諱之也? 總之,此案按之約章,揆諸公理,德副領事之謬妄,當爲天下所共知。本道惟有仍請貴總領事查照本道本日照會辦理,以尊約章而符公理。[註四]

除如此駁復英總領事外,袁道並特將英領來文及復文,抄附一份,照會領袖領事俄總領事克萊米諾,責問:"會審章程係奉總理衙門與各國大臣訂定飭遵,並非貴領袖領事及各國總領事所能擅改;此次英德副領事以陪審員而干預承審華官判押華民之權,此種辦法,不知貴領袖領事及各國總領事所擬者,係何項章程? 何時擬定? 是否已經稟奉貴國政府及本國外務部認可? 何以本道並未奉到本國外務部行知? 亦未承貴領袖領事及各國總領事照會? 且何以義、美、法各國陪審西官仍照舊章,並不遵照各國領事所擬定之辦法辦理?"[註五]

同時,袁道又照會領袖領事俄總領事克萊米諾和英總領事霍必瀾,請撤換英陪審員德爲門及斥革西捕頭云:"似此任意妄爲,不顧法律,蔑視各國國家公認之中國會審公堂,輕侮中國國家派委之會審官吏,若不嚴加懲治,何以重裁判而保治安? ……應請……將德副領事即日撤換,另派熟諳定章之員,再行到廨陪審;並飭工部局將西捕頭及幫同行兇之各西捕查明斥革,治以應得之罪,以儆傚尤,而伸公理。"[註六]對於禁押工部局女監的黎黃氏等,袁道初要求連同其他女犯,"一併提回,以符定

[註一]　光緒三十一年十一月十七日申報。
[註二]　按即光緒二年(一八七六)中英烟臺條約第二端第三款的規定。
[註三]　查黎氏案不涉洋人,依條約或洋涇浜設官章程,外領並無出庭觀審之權。捕房解訊案件,由外領觀審,已屬陪審範圍的擴大,會審公廨變質之一端(參閱本編第四篇第三章第七節);故袁道此處立論,已非嚴格依照條約,而有所讓步了。
[註四]　光緒三十一年一月十七日申報。
[註五]　光緒三十一年十一月十八日申報。
[註六]　光緒三十一年十一月十七日申報。

章";[註一]又根據廣肇公所紳董徐潤等所稟稱黎黃氏身世來歷各情,曉得是"官眷扶柩歸里",乃命"應即予省釋,並將行李發還,以息人言,而昭公道"。[註二]

對於袁道這些照會,領事團和英領均採取絕對的沉默態度。事件的狀態,雖經交涉,仍一如發生當初,並無絲毫改善之勢。那其間一方面袁道紛紛照會領事,另一方面上海各團體也多起而有所表示。公忠演說會商學補習會、商業求進會、四明同鄉會、商學會、崇海同鄉會、文明拒約社、滬學會、嘉定旅滬紳商、潮州會館等各團體,都繼商務總會和廣肇公所之後,自十日[十四日]起,先後屢次開會,集議對付方策,並舉行演說,散發傳單,電致北京當局,神情至為激昂。[註三]工部局捕房則除令落差巡捕仍須留在捕房,不得外出,又遣派包探分赴各團體集議地點,聽取演說,察看情形,暗中監視。[註四]最後英商所設浦東和豐工廠和虹口老船塢雇用的粵籍工人,亦憤於捕房的强押黎黃氏,而有"擬於即日停止工作"的傳説了。[註五]

對於上海民眾方面的這些表示,正像對於袁道的照會一樣,租界當局並不給與相當嚴重的注意;但北京方面的命令却接着來了。因為外務部的抗議和要求,公使團終於訓令上海領事團,着工部局即行釋放黎黃氏。[註六]領事團乃由領袖領事俄總領事克萊米諾於十三日[十七日]函知工部局云:

> 茲得確證,拐騙案中之被告,自四川而來之黎黃氏,並無其所被控之罪,領事團決議該氏應即釋放。
>
> 敝領袖領事因此懇即採取必要處置,以恢復該氏之自由。[註七]

工部局雖是頗為不服,[註八]但終於遵命於十四日[十八日]下午三時,將在押工部局女監的黎黃氏等,及前送濟良所的女孩十五人,逕由捕房送到了廣肇公所去。[註九]

黎黃氏是那樣在"西牢"裏押了七天而釋放了,但是,且莫説促成黎黃氏案發生的公廨狀態未有絲毫將形改善的成議或希望,就是連對於親自大鬧公堂的那些人也還未曾言及懲罰。袁道雖所發照會,要求撤罰英副領事暨西籍捕頭等事,都未得復,但仍繼續照會英總領事霍必蘭,抄附所查得首先行兇的捕頭和幫兇的捕頭號數請迅即"分別撤懲,俾此案早日了結,萬勿再事稽延"。[註十]然而某一部分的民眾,是不再願意那麼希望十分渺茫地耐着心等待了。商務總會有所聞及,即在報上登出"正告同胞"的啓事云:

> 公共租界會審公堂毆差辱官一案,業經道憲照會各國領事暫停公堂,並商訂辦法,數日之內,即能揭曉。乃聞連日頗有紛紛開會者。按各國領事,素號明通,且與我國又敦睦誼,此次之事,必能主持公議,不致偏護。我同胞當靜候道憲與各國領事商訂公平辦法,以期租界永久治安。想我同胞程度日高,斷無暴動,貽外人以不文明口實也。總理曾鑄、協理朱佩珍正告。[註十一]

十七日[二十一日]下午五時出現定期次日罷市的傳單。商務總會得悉之後,急於下午十時刊發傳單,

[註一]　袁道致領袖俄領及英領事照會,見光緒三十一年十一月十七日申報。
[註二]　袁道致領袖俄領事照會。見光緒三十一年十一月十七日申報。
[註三]　光緒三十一年十一月十五日至二十日申報。
[註四]　光緒三十一年十一月十八日申報;S. M. C.'s Annual Report,1905, p. 30.捕房恐使事情陷於更壞的狀態,當時未即逮捕各會議領袖人物,以待變化,這辦法,捕房總巡在年度報告中,引為憾事云。
[註五]　光緒三十一年十一月十八日申報。
[註六]　Kotenev, Shanghai: Its Mixed Coust and Concil, p. 128;S. M. C.'s Annual Report,1905, p. 82.
[註七]　S. M. C.'s Annual Report,1905, p. 81.
[註八]　參閱工部局一九〇五年十二月十五日致領袖俄領函,見 S. M. C.'s Annual Report,1905,pp. 81－83.
[註九]　光緒三十一年十一月十九日申報。
[註十]　光緒三十一年十一月二十日申報。
[註十一]　光緒三十一年十一月二十二日申報。

加以阻止：

> 公共租界會審公堂毆差辱官一案，前經道憲照會各國領事暫停公堂，并商訂辦法以期租界永久治安，曾由本會登報正告。現在事雖未了，而道憲始終堅持，公堂迄未允開；適逢澤公爺李欽憲鈞節臨泜，[註一]呼籲有門，業經公稟呈求力爭。凡我同胞，慎勿罷市，同深切禱！[註二]

這阻止未曾發生效力，十八日二十二日公共租界商店罷市，並發生"暴動"流血的激昂和慘痛的事件了。[註三]

十八日二十二日上午八時至八時三十分間，有羣衆兩批，分頭進入租界。一批係從縣城南方和西方而來，渡過洋涇浜上的雲南路和墳山路[註四]等處的橋，向東沿松江路[註五]前進，又分從各路向北到南京路。沿途商店，均經勸告閉門，人力車和小車夫亦均停業。羣衆人數，陸續增加甚多。羣集於南京路上"市政廳"[註六]和老閘捕房門前。另一批羣衆係從虹口和裏虹口出發，屢遭虹口捕房的襲擊，終於從四川路橋南行而折入南京路。虹口菜場和沿路商店一律停止營業。羣衆迄無破壞行動，巡捕即行實彈開鎗，在南京路江西路口鎗斃一人，某外人商店亦開鎗擊斃一人於其店門之外；受傷者若干人。這從虹口來的羣衆，一路上也增加人數，到"市政廳"和老閘捕房門面前，遂與從南而來的那一批羣衆相會合。"市政廳"前有全身武裝的西籍捕房人員二人，印捕三人，向羣衆實彈開鎗，斃羣衆三人和對街店內閉門而坐的夥計二人。老閘捕房約自九時三十起，遭羣衆攻擊。[註七]"公共公廨讞員關司馬、金大令聞警急出彈壓，在大馬路[註八]一帶步行。其時捕房內不知爲何起火。"[註九]十時火警鐘鳴，數分鐘後，救火車趕到。[註十]房屋所燼無多，即行救熄。[註十一]同時從港內英國軍艦上岸的水兵和萬國商團相繼開到，羣衆旋被驅散，[註十二]總計死傷華人，死者除上述七人外，南京路一帶尚有被鎗斃三人，[註十三]連因傷致死者，共十一人，傷者約二十人。[註十四]

繼英國水兵從軍艦上岸的，有意大利及德國水兵。各國水兵和萬國商團，分駐教堂、總會、領署、銀行、新關等處，暨重要地段，"以防不測"。[註十五]南市、浦東，亦皆特別防範。[註十六]袁道於親往出事地點彈壓後，又發出嚴禁暴動及安民告示，其嚴禁暴動告示云：

[註一]　按澤李二人來上海，是爲別的事情，並非交涉"大鬧公堂案"。

[註二]　光緒三十一年十一月二十三日申報。

[註三]　一九○五年捕房總巡的報告中，關於罷市和"暴動"，有下列各點觀察，似應譯出，附記於此：(1) 華人社會中的某一部分人民和報紙，對於外人的佔據和統治租界，在一九○五年內，態度顯然改變。從歐美日本回國的年輕而熱心的學生，以及日本對俄國的勝利，均可謂爲"排外運動"發生的原因。上海有一團體，得美國舊金山和其他地方的資助，從事於推進抵制美國貨的運動，在下半年內，開了無數次的會議，會場上有許多激烈的"排外"言論。……會審公廨事件發生後，謠言盛傳，華人也即有頭腦受其毒害者。不平的學生和抵貨會從事活動，舉行激烈性質的會議，以全體罷市，拒付捐稅，華人遷出租界爲恐嚇。——S. M. C.'s Annual Report, 1905, pp. 29 - 30. (2) 十八日的罷市的組織，對於捕房，乃一全長驚異之事。捕房雖曾派員出席十七日晚間華人通過罷市案的集會，並欲阻止罷市傳單的刊發而未能，但所預料者，僅僅以爲次日華人商店閉門，街路上或將聚集着數目大得不平常的羣衆而已，却未料及酷愛和平的上海人會有激烈行動也。華人激烈行動時，其攻擊的情狀，到場人物的種類，以及統體的組織，均表示並非無賴和乞丐，而爲更高級人民之工作也。——同上，pp. 30 - 31. (3) 罷市的目的，最重要的是，儘可能使外人不便，並以租界華人對於租界當局在會審公廨這特殊事件上以及在其他一般問題上的行動所抱的態度。表現給中國高級官員。——同上，p. 33.

[註四]　今龍門路。

[註五]　今愛多亞路。

[註六]　"市政廳"(Town Hall)即工部局總辦事處的俗稱。

[註七]　S. M. C.'s Annual Report, 1905, pp. 31 - 32.

[註八]　南京路之俗稱。

[註九]　光緒三十一年十一月二十三日申報。

[註十]　S. M. C.'s Annual Report, 1905, p. 32.

[註十一]　同上註。

[註十二]　同上註，頁三○至三二。

[註十三]　同上註，頁三二。

[註十四]　東方雜誌三年三期；光緒三十一年十一月二十九日申報。

[註十五]　North-China Daily News, Dec. 19, 1905；光緒三十一年十一月二十三日申報。

[註十六]　光緒三十一年十一月二十三日申報。

爲嚴禁事。公堂一案,正與各國領事籌商辦法,爾等忽然暴動,實出意料之外,當經本道會同紳董親往彈壓解散。如再聚衆滋鬧,即是目無法紀,非我安分良民,本道有地方之責,惟有嚴拿按律究治,其各凜遵毋違! 特示![註一]

其安民告示云:

爲出示曉諭事。此次英陪審官嗾捕鬥鬧公堂一案,迭經本道照會各國領事理論,並將案情詳稟南洋大臣及外務部與駐京英公使交涉。現在案雖未結,然各領事中亦頗有能主持公道者;且更換副領事及革懲西捕頭,項由英公使轉商外務部辦理,非倉猝數日間所能即定:曾經本道迭諭商董,暫行分告。今晨忽聞英界有罷市之舉,在爾等誠亦激於公憤;惟案尚未定,自應靜候外務部磋商核辦。若因罷市而復釀成別項暴動,不特本道一片心血付諸流水,即爾等合羣愛國之熱誠,亦將不能人人體諒,有理轉爲無理。且恐有無賴匪徒,藉此滋鬧,重爲爾等之累。本道待罪此間,奉職無狀,自問於政治不能有所裨益,然平日辦事,未嘗有一語欺吾父老子弟,皆爲爾等所共諒。自示之後,其仍各安生業,並相戒勿聽無稽之言,勿爲非理之舉,以顧大局而保國體。倘再有無賴匪徒,尋釁生事,是爲破壞國民全體之蟊賊,本道惟有執法嚴懲,其各凜遵毋違! 切切特示![註二]

會審公廨商務總會均發傳單勸告;關讞員另出告示。[註三]工部局亦出告示云:

爲出示曉諭事。照得現因租界以內,不法之徒甚多,專爲滋生事端,並有無知之人,誤信各種謠言,故本局不得不設法保護一切安分之居民商人,及拿辦滋事之人。現特示仰租界以內諸色居民人等一體知悉:現在各人切勿至路上亂看,且夜間更宜在家內,不宜外出到路上,因不能分辨故也。如有無知之人,明知故違,倘遇不測,則其自貽伊戚也。總之,現在本局已設法保護居民商人之身家性命,及拿辦滋事之人,故爾界內諸色居民鋪戶人等,應即開市照常貿易,切勿誤信謠言,各宜遵照毋違! 特示![註四]

下一天,南京路一帶首先開市,福州路等處繼之,惟北浙江路、北山西路各處尚多閉門,小菜場亦集而復散。袁道偕同官員和荷鎗華兵,上午至福州路一帶,下午又至浙江路等處,勸諭開市,彈壓"莠民";並發出"嚴禁匪徒藉端煽惑告示"和"格殺莠民勿論告示"。[註五]再下一天,即十二月二十日,十一月二十四日公共租界各商店纔照常貿易。[註六]

開市前後,捕房實行非常警戒。英、美、德、法、奧、意、日本,不僅派遣水兵登陸,亦且均有軍艦陸續由他處駛來。[註七]登陸水兵負責"防護"租界北區和東區,而中區和西區除意大利領事署另由意大利水兵負責外,其"防務"由萬國商團擔任。萬國商團於二十日撤退一部分,其輕騎隊則繼續夜巡工作,至二十五日二十九日纔止。[註八]登陸水兵亦到二十五日二十九日始全部撤回軍艦。[註九]中國方面,則不僅上海境內,甚至上海附近各地,都一律"嚴密巡防"。而"莠民"的拘捕,尤其是中國官廳和租界當局一致努力的工作。這些情形,此處不必細說。[註十]

[註一]　光緒三十一年十一月二十三日申報。
[註二]　同上註。
[註三]　同上註。
[註四]　同上註。
[註五]　光緒三十一年十一月二十四日申報。
[註六]　光緒三十一年十一月二十五日申報。
[註七]　光緒三十一年十一月二十四日、二十五日、二十六日等申報。
[註八]　S. M. C.'s Annual Report, 1905, pp. 3 - 4.
[註九]　光緒三十一年十二月初一日申報。
[註十]　參閱光緒三十一年十一月二十四日及以後各日申報。

話再説回去。在"暴動"次日,即十二月十九日十一月二十三日下午,工部局總董安徒生偕同警務委員會委員布拉脱(Platt)往訪袁道,磋商會審公廨事件和恢復租界秩序事宜,據安徒生向領袖領事俄總領事克萊米諾的報告,磋商結果如下:

一　女犯問題　雙方同意,公廨開審之後,女犯歸公廨禁押,惟禁押處所須按時受工部局衛生處人員的檢察。

二　撤換英陪審官德為門問題　工部局總董等拒絶討論這一問題,並聲稱即討論亦屬無用,因此事只有中英兩國政府才能決定。袁道亦即表示放棄不談,不過提議公廨開審的第一天,陪審官應換英陪審官德為門以外的其他人員。此項提議,工部局總董等允為陳達英領霍必蘭。

三　撤換捕頭木突生問題　此問題辯論頗久,袁道堅持捕頭木突生行動不當,必須另換他人,並欲於其解決公廨事件的告示中,加入捕頭經已撤換的話。工部局總董等則堅不承認捕頭木突生行動不當。最後雙方同意,由工部局設一調查會,以調查巡捕在當時公堂上的行動,如果調查結果,錯在巡捕,當加處罰。袁道接受此項折中辦法,並謂所有條件如得領團認可,次日即令公廨開審云。[註一]

當工部局總董安徒生把這磋商結果報告領袖領事俄總領事克萊米諾的時候,是"代表工部局董事會建議,領事團得核准各該項辦法,並請袁道亦賜與正式核准"的,[註二]領事團却始終置之不理。[註三]各種問題,雖是那樣完全擱置未決,會審公廨却終於在兩江總督周馥到滬之後而開審了。江督是奉到北京清政府的電令,[註四]於二十一日二十五日到上海的。一到上海,他便"密諭袁觀察迅速札行英法兩公廨及上海縣署,密飭差捕嚴拿各匪徒到案,從嚴究辦";[註五]接着,發出告示,説明他對於當前事件的辦法和意見云:

本大臣此來,首以保全地方治安為重。所有華洋官商士民身家財産,均應妥為保護,業已分飭各路營官調遣兵隊,扼守水陸要隘,不使一匪竄入。如有懷挾兇器,藉端刧奪,以及造謡傳單生事釀禍者,應由地方文武及各路防營督率兵役,嚴密訪拿,訊明即行正法;有拒捕者,照例格殺勿論。至商民為西牢誤押黎黄氏一案,衆心不服,恐以後再有似此情事,本大臣已飭滬道與各領事官秉公計議,務期斟情酌理,各得其平,分明權限,力顧邦交,以期中外相安,永免嫌隙。爾紳商士民人等,務宜體此至意,各安職業照常營生,慎勿誤信浮言,懷疑觀望。[註六]

同時令會審公廨於二十三日二十七日開審。

公廨開審日前,先由關讞員暨工部局各出告示,禁止閒人觀審。開審時,公廨前後内外,有德國兵兩隊"防護"。陪審官是德國副領事和翻譯兩人,陪同關讞員和金襄讞分別升座開庭,將各捕房拘捕解訊的"鬧市莠民"數十人,從十八日二十二日"闖入捕房,攙取洋鎗上刀頭二把,有西捕眼見"的人起,到"身藏鐵尺",或"在客棧拘獲攜帶小刀二柄"的人為止,"會判"了十年以至數月不等的監禁。[註七]

"莠民"們繼續着更積極地被拘捕,被判監禁,但所有關於公廨的各未決問題,仍在待決之中,或甚至比待決還要壞些。關於華官屢次要求"斥革"的捕頭和西捕,領袖領事俄總領事克萊米諾曾於公廨

[註一]　工部局總董一九〇五年十二月二十日致領袖俄領函見 S. M. C.'s Annual Report, 1905, pp. 84-85.
[註二]　同上註。
[註三]　工部局總董一九〇六年一月八日及十六日致領袖俄領函,見 S. M. C.'s Annual Report, 1905, pp. 85, 91-92.
[註四]　光緒三十一年十一月二十五日申報。
[註五]　光緒三十一年十一月二十六日申報。
[註六]　光緒三十一年十一月二十七日申報。
[註七]　光緒三十一年十一月二十八日申報。

重行開審的上一天,代表領事團,函囑工部局,着將派往公廨去的巡捕等人,加以選擇,但到下一天公廨開審時,工部局派去的,却便是"大鬧公堂"那時的全部或近於全部的人員,連領事團都不能不表示驚異,而要責問理由了。[註一]而華官始終要求"撤換"的英陪審官副領事德爲門,却也在公廨開審的第二天便照舊去陪審,關讞員等拒不承認,總算改派了別人;然而後來領事團方面以爲德爲門不再出庭,對於英國"體面有關",於是他還是出庭,[註二]好在北京方面關於撤換他的交涉也始終沒一個結果。

撤換"大鬧公堂"的捕房人員的問題,後來又提起過一時。工部局因爲領事團責問仍派原班"大鬧公堂"的捕房人員到會審公廨去的理由,一方面且不答復領事團的責問,[註三]另一方面致函公廨關讞員,提到罷市次日工部局總董往訪袁道當時對於這問題組織調查會的口頭成議,說工部局已徵得英國在華高等法院審判官的同意,由他以"私而正式的"性質,聽證下判,所以請問關讞員還是金襄讞預備出席提供證據。[註四]關讞員經工部局函催後,繞給了一個將當面問題分析得很扼要清楚的回答:

一九〇五年十二月二十九日大函敬悉。本分府業已晉謁道憲,奉諭通知貴局,道憲不願參加貴局所擬舉行之調查,本分府暨金大令俱不願出席,或飭華人前來作證。

本分府又奉諭飭,將下列各點,開列答復,貴局諒必得知,江督業已照會領袖領事暨英總領事,擬自派委員二人,領事團亦派二人,會同查辦在案。刻尚未准照復。

查貴局所擬呈請英臬司辦理一節,僅目下諸問題中之一端,其本身較之他事,尤屬末節。貴局所提出之點即有所決,所有嚴重情節,均仍留而未及。

至於此類事件請由英臬司辦理,本分府等不得不有所奉告,即本分府等個人固深信臬司之公斷,惟未奉上憲允准之前,所請礙難照辦,蓋此事或被看爲有礙中國主權也。

本分府等乘此機會,奉告貴局,本分府等以爲,關於會審公廨待決之最嚴重問題,爲下列二端。

一、工部局或領事團,有無合法之權,自一九〇五年四月九日以來,每日派捕駐廨?

一、工部局或領事團有無合法之權,向捕房頒發,或准予頒發訓令,着將中國女犯,違反公廨委員之意,而移押工部局西牢?

吾人所爭者,即此種行動爲非法而謬誤,去年十二月八日所發生之暴動,即爲此種行動所引起。

吾人並聲明,暴動及因暴動而生之損害,其責任完全由貴局負之。

此函是否得蒙刊布,尚望示知爲感,蓋若不蒙刊布,本分府當送登各報也。[註五]

對於關讞員這一封信,工部局自然頭痛得很,非再大講其自以爲是的關於會審公廨根本問題的一些大道理不可了;[註六]同時也就此回答領事團前次提出的責問,說是:公廨差役等人既不懲罰,所說巡捕行動不當一層亦未證明,則惟有以爲外人租界的行政人員並未超越其責任。[註七]於是這斥革捕頭、巡捕的事情,便這麼不決而決了。

[註一]　一九〇五年十二月二十六日領袖俄領致工部局函,見 S. M. C.'s Annual Report,1905,p. 91.

[註二]　上海租界略史,頁二二三,該書譯者據訪問關炯時所追述的話而增加進去的部分。

[註三]　領事團旋又加催促,着工部局答復。參閱一九〇六年一月十六日工部局答領袖俄領函,見 S. M. C.'s Annual Report,1905,p. 91.

[註四]　一九〇五年十二月二十九日工部局致關讞員函,見 S. M. C.'s Annual Report,1905,p. 86.

[註五]　一九〇六年一月八日關讞員致工部局函,見 S. M. C.'s Annual Report,1905,pp. 87-88.

[註六]　參閱工部局一九〇六年一月十六日答關讞員函,及同日致領袖俄領函,見 S. M. C.'s Annual Report,1905,pp. 88-90.

[註七]　工部局一九〇六年一月十六日致領袖俄領函,見 S. M. C.'s Annual Report,1905,pp. 91-92.

"大鬧公堂案"所爭得的,只有女犯歸公廨禁押這一點。[註一]最初,當"大鬧公堂案"發生之後,由於北京公使團的電令,上海領事團於十二月十四日十一月十八日同時通知袁道並訓令會審公廨各外國陪審官,"在未有另外通知之前,女犯應歸公廨禁押",[註二]當時工部局未得正式通知,而工部局總董等十九日二十三日與袁道會面時的口頭約定中,關於女犯歸公廨禁押的問題,卻又多了禁押處所須經工部局衛生處人員檢察這一個條件。在工部局方面,是認爲這問題還沒解決的。[註三]領事團則於一九〇六年二月初清光緒三十二年正月中又得北京公使團的信,確定地重申女犯歸公廨禁押的前令,於是又與滬道交涉,"試行勸誘滬道,對於女監必須由公共租界外國當局派幹練人員管轄一層,共相諒解"。[註四]滬道未曾"諒解"。所以一九〇六年度清光緒三十二年度的工部局報告,一面說"本年度中,女犯均經判由華官負責,其監禁與管理不再引起爭執",[註五]一面卻又指摘"女犯之監管,不能完全滿意",駐廨捕房人員曾有所見及,報告讞員改良云。[註六]

北京公使團方面,則態度與上海領事團和工部局不同。[註七]公使團放棄另訂會審章程,將歷來"習慣"明文訂定的企圖,[註八]而有重認洋涇浜設官會審章程之議。[註九]但上海和北京相隔是那麼遠,那樣的尊重章程之議,實際上似只有限制公廨判罪權力這一點尚較能做到,雖然這也仍不能不時生問題。[註十]

此外,還有暴動時所受損失的賠償問題。經過交涉和外務部的調集"大鬧公堂案"案卷去京,拖延頗久,結果還是於一九〇七年十二月清光緒三十三年十一月由早經卸任的滬道袁樹勛,"以個人名義",賠償英國銀五萬兩完事。[註十一]

這便是"大鬧公堂案"的始末。不僅一九一一年清宣統三年領事團整個加以侵佔以前的第一期會審公廨變質變到怎樣一個地步,可以由此得一具體的例證,而且公廨所以那樣變質的原因,也可以從而得知若干的吧。

2. 侵佔的狀態

一九一一年十一月三日清宣統三年九月十三日上海光復,會審公廨讞員寶頤"商請"工部局匯司捕房派印捕兩名,在公廨門首,荷鎗"把守"。[註十二]次日,民國上海軍政府成立,旗籍讞員寶頤和襄讞德某避不到廨,僅由另一襄讞王嘉熙會同德陪審員開審。[註十三]寶頤、德某,就此逃匿無蹤。軍政府照會駐滬領

[註一]　當時傳言,此外尚爭得"華商可設商政公會"的一點。見光緒三十一年十二月二日申報及東方雜誌第三年第三期"黎黃氏案始末"。按"商政公會"即"華商公議會代表委員會",雖經華商與工部局有所接洽,結果並未成爲事實,另詳次章"華人參政要求及其失敗"。

[註二]　一九〇六年二月五日領袖比領薛福德致工部局總董函,見 S. M. C.'s Annual Report, 1906, p. 86.

[註三]　參閱工部局一九〇六年一月八日及十一日致領袖俄領函,見 S. M. C.'s Annual Report, 1905, pp. 85, 89 - 90.

[註四]　領袖比領一九〇六年二月五日致工部局函。

[註五]　S. M. C.'s Annual Report, 1906, p. 85.

[註六]　同上註,頁四〇。

[註七]　Kotenev 云:"一九〇五年十二月暴動對於北京之影響,頗爲不同。暴動時及暴動以後,上海領事團之立場,非常堅定。中國官廳對於所有主要問題。均不得不讓步,會審公廨委員對於租界治安之破壞,不得不從嚴判斷。……而諸公使則從一般的觀點,以判斷形勢。"——Shanghai: Its Mixed Court and Council, p. 130.

[註八]　參閱三七〇頁註六。

[註九]　Kotenev, op. cit., p. 130. 其實既無新章,當然應該仍照舊章辦理。

[註十]　參閱 Kotenev, op. cit., pp. 131 - 166; S. M. C.'s Annual Report, 1906, p. 45 - 48, 70, 80 - 81, 98; 6907, pp. 26 - 35; 1908, p. 30; 1909, pp. 48, 57; 1910, p. 72. 關於公廨判罪權力,曾有改變。洋涇浜設官會審章程,規定刑事案件公廨訊押及發落枷杖以下罪名。光緒三十一年(一九〇五)"刑部議奏變通上海會審公堂刑章,分罪名爲五等:一、交差帶取保,保後不再犯即時省釋;二、公堂暫押取保;三、交縣發本地保甲管束;四、笞罪自十五至五十,暫押公堂十日至五十日,仍准輕重量增減;五、杖罪改爲監禁,如杖一百即監禁百日,情重者量加。但未能實行"(列國在華領事裁判權誌要,附錄,頁八)。又改爲限於監禁五年以下。

[註十一]　光緒三十三年九月十三日、十九日及十一月初四日、十九日申報。

[註十二]　辛亥九月十四日申報。

[註十三]　辛亥九月十五日申報。

事團,請會議遴選高等審判人才,充任讞員。[註一]這時尚未離職,攜印暫駐洋務局的滬道劉燕翼,於六日十六日改委前任讞員關炯重主公廨,照會領事團查照。[註二]領事團對於關炯接任,並無積極的何種表示,[註三]惟於九日十九日開會,對於公廨有所決定,擬定以領袖領事比總領事薛福德具名的告示,於十日二十日交給工部局,十一日二十一日張貼於公廨門首;[註四]該告示云:

> 為出示曉諭事。照得租界華商居民人等,為數甚眾,查民刑訴訟事件,本有特立之會審公堂辦理。茲欲保守租界和平治安,惟有使會審公堂與押所,仍舊接續辦理,為急要之舉。因此立約各國領事特行出示,曉諭居住租界之華洋商民人等一體知悉:各國領事揆情度勢,憑其職位權柄,暫行承認已在公廨辦事之關炯、王嘉熙、聶宗義三員,為公廨讞員,仍行隨同該領事所派之陪審西官,和衷辦事;並准租界上海西人工部局巡捕收管公廨押所,尚有公廨所出業由該管領事簽印之民刑二事傳單牌票,及經該陪審官照例簽印之諭單等件,均應出力照辦,凡有公堂應持之權柄,亦當極力幫助。為此出示曉諭,仰爾租界華商居民人等知悉:目下滬境大局情形雖是未定,但與爾等安分營生之良民素享租界特別取益免損之各權利,仍無絲毫損失。倘有不法之徒,恃強恐嚇,妄思干預爾等商業或勒令捐斂會黨之費等情,一經查明發覺,自應嚴拿,從重究辦,不稍寬縱。切切特示![註五]

張貼告示之後,工部局捕房接着便去接管女監、押所及公廨其他房屋,並執行公廨所發一切傳票、拘票和命令。[註六]從此,"公廨乃受領事團之管轄"了。[註七]茲將領事團加以整個侵佔以後的第二期會審公廨的狀態,就其較第一期更進一步的最重大之處,分條總述於下:

　　一　廨員任命權的奪取　公廨委員本由滬道遴委,一九一一年清宣統三年以後,委員的任命權遂為領事團所奪取。上海光復後,公廨讞員的潛逃,滬道的去職,結果,公廨餘款,為領事團所管理;故讞員薪給亦由領事團撥給。本來是中國官吏的公廨讞員,却成為領事團所雇用了。

　　二　管轄權的擴張　關於民事案件,竟無任何價額的限制。關於刑事案件,則雖命盜重案,亦率歸公廨審理,所判刑期長至十年、二十年者,實為常事。至於土地管轄,亦大加擴充。不僅租界越界道路上發生的華人案件,歸公廨審理,而且上海外國商船上的華人案件,甚至只要是洋原華被,不問該案被告是否住在租界以內,或案件發生於租界以外,亦得由公廨傳訊。

　　三　上訴權的剝奪　一九一一年清宣統三年以前,對於公廨判決,如有不服,照章可向滬道上訴。以後,上海雖仍設有道尹,而上訴辦法,却未果行。一九一五年民國四年上海道尹楊晟擬設一上訴法庭於道尹署,中國政府曾頒布章程,規定上訴法庭的程序,終因領事團抗議而未成事實。公堂判決,一經宣判,即成鐵案;會審公廨竟居然成為最高法院了。

　　四　陪審權的伸展　本來,華人刑事案件雖已成為會審案件。但民事案件總算由華官於"晚堂"上單獨審理。領事團將公廨整個侵佔以後,華人民事案件遂亦均由外員陪審。而所謂陪審,

---

[註一]　辛亥九月十六日申報。
[註二]　辛亥九月十七日申報。
[註三]　參閱辛亥九月十九日申報關於驗屍紀載,及二十四日英領拒關讞員拜會紀載。
[註四]　Kotenev, Shanghai: Its Mixed Court and Council, p. 170.
[註五]　民國上海縣志卷十四;辛亥九月二十二日申報。一九一一年度工部局報告所載告示"英譯文",亦可對讀。法權討論委員會:列國在華領事裁判權誌要附錄,頁二四;梁敬錞:在華領事裁判權論,頁一一一。徐公肅、丘瑾璋:上海公共租界制度,頁一四〇。所引文字,頗多不同,特將全文附錄於次:"駐滬各國領事團為通告事:照得上海租界為通商大埠,居民五方雜處,民刑訴訟,向係特設會審公廨辦理。本領團為維持地方治安起見,將該公廨職權繼續執行;並因位分所關,暫定前公廨華官關炯、王嘉熙、聶宗義會同陪審洋員,主持一切。特此通告。"
[註六]　S. M. C.'s Annual Report, 1911, p. 43; Kotenev, op. cit., p. 170.
[註七]　S. M. C.'s Annual Report, 1911, p. 42.

實際上的審判權還是操在陪審官手中。

　　五　公廨行政權的攫取　公廨讞員既歸領事團委任，廨內一切用人行政，自亦操於外人手中。公廨之內，添設檢查處，由工部局推薦，經領事團委任的檢查官（Registrar）一人及檢察員若干人主持之。凡分配案件，指定審理日期，收發文件，保釋會計，保存案卷，管理女監押所，管轄辦事人員，甚至簽發傳拘各票，執行民刑決判等公廨所有一切重要事務，無不歸檢察處掌理。檢察處下設有：（一）交保間（Security Office），專管民事交保事宜；（二）收支間（Account Office），專管出納事宜；（三）總寫字間（General Office），專司刑事案件；（四）洋務間（Office for Foreign Civil Cases），專管華洋民事案件；（五）華務間（Office for Chinese Civil Cases），專管華人相互的民事案件。各間主任，皆屬洋員，直接聽命於外國檢察官。屬於華官者，則有辦公處，下設秘書、文牘兩股，僅司翻譯及謄寫中文判決書的事情。所以廨內一切行政組織，均經根本改變。"所謂會審委員者，除會同副領出庭審判以外，無他職務矣。"而"其時之公廨，乃工部局內機關之一"了。[註一]

3. 侵佔後中國的收回運動

　　當領事團開始整個侵佔公廨之初，讞員關烱暨上海紳商，均曾力爭主權，無效。[註二]一九一二年民國元年國人即作收回公廨運動，惟那時民國政府尚未得各國承認，難以進行交涉。一九一三年民國二年冬，外交部照會領袖公使英使朱爾典，開始收回公廨的交涉。其後多年，外交部與公使團間，續有交涉，外人均主延宕，終無結果；而於一九一五年民國四年及一九一九年民國八年時，公使團且主張以交還公廨為推廣租界的交換條件。一九二五年民國十四年發生"五卅"慘案，舉國悲憤，對於租界及會審公廨，均有更清楚的認識，無條件收回公廨，便是上海民眾對英提出的十三條件之一。次年二月起，北京方面，再開議收回公廨的事。而江蘇省政府却未奉中央政府授權，自行派員與上海領事團談判，於一九二六年民國十五年八月三十一日簽訂"收回"會審公廨協定，於次年一月一日成立臨時法院，實施新章，其司法狀態，另詳後文。[註三]所以，領事團的侵佔會審公廨，竟有十五年又數月之久！

六　華人參政要求及其失敗──華顧問會的始末

1. 關於華籍居民顧問租界市政的擬議

　　一九一九年民國八年五四運動勃興，上海公共租界納稅華人始因工部局增加捐稅，而根據"不出代議士不納捐稅"，即西人所謂"no taxation without representation"的原則，起來要求參與租界政務的處理的權力。但結果只在一九二一年民國十年成立了華顧問委員會。至於一九一九年民國八年以前，雖曾經有過幾次關於使華籍居民顧問租界市政的擬議，却都未成事實。[註四]我們現在便先從這些未成事實的擬議說起。

A　公使團的決議及其結果

　　本編前面曾經說過，上海英美領事和僑民在太平天國時期的種種變更租界性質的行動和企圖，為

　　［註一］　丁榕：上海公共租界之治外法權及會審公廨，"見東方雜誌第十二卷第四號；郝立輿：領事裁判權論，頁五五─六二；列國在華領事裁判權誌要附錄，頁八至十一；在華領事裁判權論，頁一一一─一一三；上海公共租界制度，頁一四〇─一四二"。

　　［註二］　辛亥九月以後申報。

　　［註三］　關於收回會審公廨交涉經過，參考：列國在華領事裁判權誌要附錄，頁二三頁至三五及梁敬錞：所謂上海臨時法院者，見時事月報第一卷第一期。本通志外交編有詳細敘述。

　　［註四］　按當時工部局人員，亦曾有與租界中國紳商商議事情的事，但這只是極隨便，非正式的偶然徵求他們意見，或希望他們為工部局在什麼上面出一點力的顧問，既非華董，也不是工部局經常的顧問。熟悉上海掌故的人所說的同治年間（一八七〇年左右），"外人每開董事會"必邀華人出席（參閱民國十年五月十二日申報"歡迎五顧問就職大會紀"（中馬湘伯演說辭），以及光緒中葉（十九世紀末葉）工部局有"大約由滬道所派"的"華董"，到清光緒二十五年（一八九九）成為公共租界時，始"無形取銷"（參閱東方二二卷"五號姚公鶴"上海空前慘案之因果，頁二二至二三），想即指此而言。

駐京英美公使所十分不悦。英美公使在屢次嚴加訓斥之後，又特地在一八六四年_{清同治三年}開各國公使會議，議決改組上海租界的五原則，其第五原則即是：

> 市政制度中，須有中國代表，凡一切有關中國居民利益之措施，須先諮詢，得其同意。^{[註一][註二]}

一八六五年四月_{清同治四年三月}工部局成立修改一八五四年_{清咸豐四年}地皮章程的特別委員會，該委員會提出的修改草案經次年三月_{清同治五年二月}舉行的租地人會通過之後，駐京公使團議決的"市政制度中須有中國代表"的這一原則的實行方式，還在上海討論着。駐滬各國領事於同年七月二十日_{六月初一日}在英領署舉行的會議中，決定：由租界中國居民代表三人組成一部，以便對於捐税、維持秩序等有關華人的事情，爲工部局顧問商酌之用；這三個中國居民代表，應由領袖領事於每年三月間正式懇請滬道，着華人商會、商幫等團體代表爲首人等，集會推選而成。"凡此種問題進行討論時，須即通知該代表等；但其職權純係磋商性質。凡新税之徵收，捕房新章之施行，或有關華人社會之衛生條例之頒佈，概須先行與該代表等磋商，始生效力。該代表等之意見，應請其用書面提出，載入董事會會議録發表之。"同時，工部局董事會亦開會考慮此事。工部局總董霍何於同年十月十七日_{九月初九日}寫給英領文極司脱的信中，提出了另外一種意見：

> 事實上要有一個華人領事，由北京委派而來，品級地位與其他有約領事相等，其專責即爲保護外人居留區內之華人利益，區內中國居民即屬其管轄，不受他方節制。^[註三]

此種意見，後來工部局終於放棄，贊同了領事團的提議。然而最後的結果是，因爲北京方面態度較好的英使布魯司議和美使般林蓋先後去職的緣故，一八六九年九月_{清同治八年八月}英、美、法、俄、德五國公使"暫行批准"的地皮章程，並無中國居住顧問租界政務的任何規定。第一次的擬議便這樣泡影似的生而又滅了。

B　申報的文章一篇

但中國居民參與租界政務的處理的思想，即使在那樣早的時候，也並不是沒有的。一八七三年八月二十七日_{清同治十二年七月初五日}的申報，便有租界應設華董的擬議。

這擬議的起因是，該報記者看到香港報紙載有該處英國當局延請華紳會議地方應辦事宜的消息，頗有感慨，以爲："香港本爲英國管屬之地，而尚有此等法制，何況上海租界乃爲中國之地乎？乃未聞上海租界內之西人，舉行諸事，而取議於華人也！"所以主張："工部局諸值董，除舉立西人而外……再添公正殷實之華紳數人，與西人一並聚敍……租界平日之各事務，中外值董會議而後行……"文中先後論到的理由，可分爲三點：

> 一　……值董諸士雖爲西商公正殷實之人，通明西國各事務者，然中國各規矩好惡，又豈能洞曉乎？中國語言文字，該值董恐尚未能全行辨識。倘目前忽有一新異之事，其情形尚不洞悉，其利害何由深知乎？
>
> 二　……捐銀供給工部局各費，既係華人與西人一例遵行，則會議一事亦當令中外一例，公事互相商辦，亦所甚宜者耳。
>
> 三　……地之清潔，道路之坦平，稽察之嚴密，倘有華人勷贊於其間，其功效當更大矣。……

[註一]　Parliament Papers, China, No. 3, 1864；p. 146.
[註二]　該會會議録，見 North-China Herald, July 21, 1866.
[註三]　North-China Herald, December 1, 1866.

遇包探之橫行,西仔之放肆,亦可一例而彈壓,況其他乎?

然而這擬議本身既未見進展,所生的響應亦無任何表現,始終仍只是文章一篇罷了。

C　華商公議會代表委員會的流產

一九〇五年十二月八日清光緒三十一年十一月十二日會審公廨審訊黎黃氏,外國陪審官英副領德為門喝令捕頭、巡捕,强奪人犯,大鬧公堂。上海華人,衆情十分忿激。十八日二十二日公共租界華人商店罷市,民衆擁集租界中區各主要街路,被巡捕鎗斃十一人,傷若干人。到二十日二十四日各商店始在巡捕、包探和各國登陸水兵的武裝嚴密戒備之下,開門營業,均見前述。

當大鬧公堂案發生的下一天午後,紳商在商務公所集議對付辦法的時候,神情十分激昂,甚至提出:

> 以後工部局且須有一華人為董事。[註一]

但到後來發生罷市,捕房屠殺華人,這些紳商忽又轉過去和工部局商議恢復租界秩序的辦法了。十二月二十日十一月二十四日停止罷市那一天的上午,各業會館代表三人和工部局總董安徒生又有了一次會面。在這次會面的時候,除了談說一些恢復租界秩序的話之外,"總董又與該代表等討論此後彼等能否組織一足以代表最善的華人意見之諮詢委員會之問題,該委員會按照與工部局特設委員會聚議,得使工部局知悉華人對於一切重要事宜之公意"。[註二]同日舉行的工部局董事會常會"同意於採取此種步驟之智敏,蓋經諒解,該華人委員會僅屬紳商,不雜官員於內也"。[註三]

各紳商於是欣然籌備這事,組織上海租界華商公議會。到一九〇六年二月八日清光緒三十二年正月十五日華商公議會辦事董事選出,會所亦已租定。二月九日正月十六日虞和德致函工部局總董報告這一切道:

> 敬啓者:華商公議會業於昨日下午開議,上海各業會館董事均列,一致同意投票公舉辦事董事七位,以為各業代表。得票多數,以余為最,當經當選總董,惟余每因事離滬,不能常川辦事,因已請吳少卿先生為總董,當經慨允。少卿先生為瑞記洋行(Arnhold, Karberg & Co.)總買辦兼絲業會館董事,斐聲租界,舉為公會總董,必為貴局所認可也。副總董一席,已舉定郁屏翰先生,係洋貨公所董事。會計議董已舉謝綸輝先生,係錢業會有館董事。公會辦事處已租定南京路三十九、四十兩號洋房,貴局如有公函致總董,請即送交該處可也。茲將辦事董事及各位董事名單兩紙,送請台閱,即希查照是荷![註四]

華商公議會的七個辦事董事,除了上引函中所述總董吳少卿、副總董郁懷智字屏翰和會計議董謝綸輝三人外,其他的四人是虞和德、周金箴、朱葆三和陳輝庭。

工部局董事會於二月十四日正月二十一日舉行常會時,討論這事。雖有董事"對於該公議會之將來進行,表示疑慮,並主張關於其職責限於表白華人意見以指示工部局一層,應經明白諒解"。但"總董一面接受此項意見,一面堅信中國商業會館勢力之運用,當有益社會,華洋俱利,彼等此種致力之肇始,吾人應與歡迎,以為扶植華洋較善關係之計"。[註五]因即指派一小組委員會,以便早日與華商公議

[註一]　光緒三十一年十一月十四日申報。
[註二]　Minute of Council Meeting, Dec. 20, 1905.
[註三]　同上註。
[註四]　S. M. C.'s Annual Report, 1906, pp. 392 – 393. 此處譯文大體抄用光緒三十二年正月二十五日申報所載"譯虞洽卿致工部局董函"。
[註五]　Minute of Council Meeting, Feb. 14, 1906.

會董事聚議,明定"董事之會議條例及職責"。[註一]次日正月二十二日即由工部局總辦濮蘭德執筆,答函華商,表示工部局"歡迎"的意思,並告知小組委員會的組織。[註二]

雙方聚議的結果,擬就章程;並由於工部局總董的示意,[註三]華商公議會辦事董事由總董吳少卿代表。於二月二十八日二月初六日致函工部局,將其組織目的等項一一抄呈,以便工部局稟呈即將舉行的納稅人會年會。按見於當時報紙的上海租界華商公議會章程七節,僅於第二節"明義"下規定該公議會的宗旨如下:

一　本會以維持公益,保衛治安,籌華民之利便,期與租界西人,一律享受優待,為惟一之宗旨。

一　本會對於官長,則以謹守權限,凡國際上之交涉,概不與聞為宗旨。

一　本會對於租界工部局,則以和平之志願,靈敏之手腕,不激不隨,以求達目的為宗旨。

一　本會對於華民,則以增進幸福,俾享自由之權利,養成謹守法律之良民為宗旨。[註四]

又,第五節"權限"下,有下面一條規定:

一　本會為商界組織,董事都係商人,與官立局所迥異。設會宗旨,經見於第二節明義條內。至於權限,則以不侵官權,為永久遵守主義,庶幾區域分而嫌疑亦泯;亦互相維持,期於不敝之一道也。[註五]

前後均未提及該會由七辦事董事組織委員會與工部局商議租界有關華人事宜一節。而二月二十八日二月初六日該會總董吳少卿致工部局的那封信中所抄呈的,則是:

一　本會代表租界華人銀錢業、商務及實業之利益,董事均由與發展此種利益確實有關者之間,自行選出之無論董事之選舉,或會務之進行,中國官員概不與聞。

二　本會之職權,純係代表華商,貢獻意見,以為增進租界福利之計。各商業會館且希望,工部局如欲修改現行章程,或增訂有關華人利益之附律,於其實行之前,本會得有與工部局磋商之機會。吾華商一方並無奢望以要求任何參與租界治理之權,或採取任何足以抵觸納稅人代表[註六]職權之步驟。

三　本會創設之目的為:

甲　為華洋社會之相互利益,隨時向工部局提出意見。

乙　使工部局時常得知華人社會對於有關其特殊利益各問題之意見與好惡。

丙　成一公認的承轉機關,中國居民之合理的不滿意見,經其轉達工部局,尤於此種不滿意見直接向工部局提出或足使有關各方遭遇困難之場合。

丁　增益華洋人民間之信任與好感,以促進租界之一般福利,並普遍施展本埠各商業會館之勢力,以永遠避免誤會,保持社會各方之和睦關係。[註七]

信末並聲明:

[註一]　Minute of Council Meeting, Feb. 14, 1906.
[註二]　S. M. C.'s Annual Report, 1906, pp. 393-394.
[註三]　參閱 Minute of Council Meeting, Feb. 28, 1906.
[註四]　光緒三十二年二月十日申報。
[註五]　光緒三十二年二月十一日申報。
[註六]　按即指工部局。
[註七]　S. M. C.'s Annual Report, 1906, pp. 394-395.

“辦事董事會”(Executive Committee)名目之應用，既似已發生某種誤會，該名目此後當即取銷，改爲“代表委員會”(Representative Committee)。[註一]

但三月十三日二月十九日的納稅人年會，對於這問題，却通過了那樣一個議決案：

> 本會以爲工部局在地皮章程中，並無承認華人組織稱爲“代表委員會”者之權，故對工部局關於此事之行動，不予承認。[註二]

直到四月十二日三月十九日工部局一九〇六年清光緒三十二年年度的總董哈立台(Cicil Holiday)，纔在答覆虞和德的信中，根據納稅人會年會的這一個議決案，説是：“工部局董事會與華人詢諮委員會於二月正二月間通信中所規劃之種種準備，本屆董事會不能承認。”[註三]於是一切完了，只賸下一九〇五年清光緒三十一年年度工部局總董安徒生的一句嘆息，説是：工部局董事會所主張的政策，是“以健全原理爲根據，所經考慮之許多根由，爲聚合成會之納稅人所未曾見及”。[註四]

D　與推廣租界成交換性質的華顧問會建議

一九〇五年清光緒三十一年以後，尤其是以後的那十年間，工部局以更大的努力，設法促成租界再行推廣的實現。但因爲中國官廳和居民的堅決反對，推廣無法實現，於是種種可以使中國人民聽了高興的提議便被應用着，作爲實現推廣的誘餌。華顧問會的提議也是這些誘餌之一。

一九〇九年三月清宣統元年閏二月租界納稅人會通過了授權工部局堅持租界推廣的議案以後，北京使團便把這問題迫促中國政府。外人願於租界内給與華人參政權利的話，便成爲一種非正式的消息，從北京流傳到上海。但中國人民知道“甘言相誘，外人慣技。……即令實行，而以大易小，亦殊得不償失”，[註五]堅決反對，誘餌終於不能發生作用。

但一九一五年民國四年的情形便有點不同了。特派交涉員楊晟和領事團間，關於推廣租界一事，磋商頗有成議。三月初，領袖領事以特派交涉員送去的推廣租界協定草案十三款及附錄一項，交與工部局，發表於三月四日的工部局公報。該草案一方面規定租界大加推廣的界址，另一方面，除了關於租界政治犯的處置辦法這主要點以外，便規定華顧問會的設立。其第三款云：

> 據中國政府之意，以爲依理而言，工部局應添設華董若干名，會同外董辦理租界内專涉華人之事，惟按照現行工部局地皮章程，殊無設置華董之餘地，斯亦中國政府所深知者，故允暫照本約第四條通融辦理，設顧問部以爲華董之代，待將來工部局可實行設立華董時，該部即行廢止。

第四款是：

> 上條所述顧問部，應由寧波會館指定二人，廣肇公所指定二人，外交部特派駐滬交涉員或上海最高級華官指定一人，以組織之。惟各該指定之人員，領事團有否認之權。顧問部之職權，專限於依工部局就詢之專涉租界而盡其獻替之職，並就專涉界内華人事件，而提出其意見於工部局，顧問員有所獻替，或提出意見時，應合該部全體人員而爲之，不得單獨行事。

該草案全部經同年三月二十三日的納稅人會通過。當會議中工部局提出這議案來的時候，總董庇亞士對於這華人顧問會一事，有特殊的説明，道：

[註一]　S. M. C.'s Annual Report, 1906, p. 395.
[註二]　同上註。
[註三]　同上註，頁三九六。
[註四]　Minute of Council Meeting, March 12, 1906.
[註五]　宣統元年二月二十一日上寶紳商會議主席報告中語，見王揖唐：上海租界問題上篇，頁二八。

　　不過,協定中有一款我必須説起的,這是容許華人公意,建議顧問會。每一次在有關華人利
益的市政事件上遇到危急的時候,工部局總設法去得知著名的中國居民的意見,而困難,不只一
次却常常的,總是不知道向哪裏去徵得這樣的意見。據我看來,所建議的顧問會,會給與中國居
民的一個代表團體以負責的地位,正是我們所需要的那種。這絶不是華人干與外人居留地的政
務;這不過是效果在於教育我們同住的中國朋友,使他們尊重其公民權利的一個辦法,正因其如
此,所以這辦法值得我們熱心贊助的。[註一]

　　但是,那樣的協定草案,因爲北京公使團方面的不甚關心,終未批准,未曾發生效力。而租界推廣
既不能實現,值得外人"熱心贊助"的華顧問會的設立,當然也跟着不能實現了。

2．華人參政運動的興起和開展

A　中國政府希望租界容許華人參政

　　一九一九年民國八年巴黎和會,中國提出希望條件説帖一件,其第七則是"歸還租界",[註二]"中國政
府……深望各國現有租界者,允將租界歸還中國";"在實行歸還之前,中國政府願租界内治理之章程
稍加修改,俾中國居民可得平允之待遇,亦可爲最後歸還之準備"。説帖中對於此種"稍加修改"之點,
舉列了四點,其第二點便是:

　　　　中國人民居住租界者,得有選舉工部局董事及被舉之權。

　　但和會的答覆,只説:此項問題固屬重要,但不能認爲在和會範圍以内,應請俟國際聯盟行政院能
行使職權時,請其注意云云。

　　中國政府的"希望"整個地便這樣落了空,這本也是必然的事。但上海租界納税華人的直接行動
是有效的,雖然因爲我們曉得全盤事實之後便會明白的種種原因,終於也只有那麽一點效果,如以下
所述。

B　華人的第一次拒納增捐力争參政

　　一九一九年民國八年五四運動像暴風雨一樣地急,一樣地快,推展到了全國各地;人們的心中,是急
於打破現狀的黑暗和不平。上海商界於六月五日與學生採取一致行動,以誓必達到"懲辦國賊,釋放
學生"的目的,全埠一律罷市;直到十一日傍晚,政府罷免曹、章、陸三人的命令傳到上海之後,始於次
日開市。商界這樣普遍地注意政治和參加政治運動的結果,公共租界的一向被外人統治,華籍居民僅
盡義務,不享權利的這事實,剛剛因爲工部局的增捐,而被清楚地看到了;於是爲了打破這不平,租界
商店空前地直接行動了起來。

　　工部局的增捐案,是在一九一九年民國八年四月九日的納税人年會通過的。因爲工部局對於其在
歐戰期中回國從戎的協約國國籍的僱員,決定以每人至多八千兩爲限,自其離職時起到一九一八年民
國七年十二月三十一日止,仍依照其離職時所領薪額——打對折給付,所以一九一九年民國八年年度的
工部局預算不能平衡,終於決議將捐率增加百分之二,即從百分之十二增至百分之十四,將地税税率
增加千分之·五,即從千分之六·五增至千分之七,並另徵特別市政捐,即依估計房租計算的特別捐,
一年,捐率百分之一,一次付清,——三項增捐一律於一九一九年民國八年七月一日起實行。

　　納税人會通過這增捐議案的記載出現於中外報紙上之後,經過了中國政治狀態所引起的那樣緊
張局面下的五月和六月,到七月初頭,公共租界各商店發動着反對增捐的運動,輾轉討論的結果,決定

[註一]　Feetham Report, Vol. I, p. 124.
[註二]　見本編附録"五"。

以馬路爲單位,由每一馬路的大小商店聯合起來,組成一個小團體,寫就反對的理由書,經各商店加蓋印章,分呈工部局、領事團、特派交涉員及總商會,直接要求或間接交涉打消前議。七月中旬,北四川路、天潼路、武昌路、崇明路、南京路、福建路、北京路、浙江路、七浦路、海寧路、廣西路等處商店,先後提出此項請求書。其所持理由,除了因爲近時政治和社會的不安,原有捐額已屬勉力負擔,再事增加實在無法應付這一點以外,還有:

> 歐戰終局,和會簽約,各國均得無上之榮譽勝利;工部局既欲酬勞從戎西人,給予年俸,似應另行籌款,不能攤派未得絲毫利益之華人。[註一]

這顯然指着青島事件的不平的。

但這樣請求的結果,一點也沒有。特派交涉員楊晟只忙於批示呈文,説些已經"據情函致領袖領事查酌辦理"這一類的話,及派員往領袖領事處磋商。總商會向工部局要求的結果,亦只經工部局答應將本定一次繳納的特別捐百分之一,分爲三期繳納。各商店不能滿意。北海路、北四川路、西藏路、南京路、浙江路、福建路、廣東路、漢璧禮路、熙華德路、吳淞路、天潼路、七浦路、海寧路、愛而近路、百老匯路、嘉興路、河南路等二十四路代表,乃於七月二十七日開會決定於二十八日,羣赴佑尼干律師公館(Jernigan Fessenden and Rose),聘爲代表,直接向工部局交涉。但該律師説是:"工部局增加房捐,亦出於不得已之舉。""對於華商要求意見,恐難達到美滿結果。"各代表於是提出:

> 若果不能達到目的,應請總代表向工部局要求華商與各國僑商予以平等待遇,華商方面添舉華董。[註二]

這樣,華董的要求便正式提了出來。

工部局乃於八月一日發出布告,但只從財政方面説明其加捐的不得已,並"爲體恤商艱起見,准將一厘按即百分之一之特別捐匀分三期徵收",[註三]對於華董問題,一字不提;布告的末了,還説:

> 自經此次通融寬待[註四]並將加捐理由述明後,凡明理曉事之人自應一律贊同,而本局望不再聞有華人反對繳捐者,蓋捐銀一項必須照繳,如果不繳,當繩以法律![註五]

但各馬路商店"對於工部局加捐之苦衷",雖"竭力諒解",依然"不能承認":

> 一因商業凋敝,開支浩大,而納税西人會議加捐時,未就吾人負擔能力一加考量;二因吾人既爲市民,徒負納税義務,對於市政無可以發言之機會,捐款如何開支,絲毫不得過問。[註六]

堅持必須於付捐之前,解決華董問題。

另一方面,總商會却有不同的態度,商勸各商店照付加捐,以爲"所有要求各款,宜易題進行"。[註七]八月十三日,該總商會商董祝蘭舫又接工部局代理總董懷德(Ed. White)函云:

> 關於昨日與足下關於若干華人拒繳市政捐問題之談話,敝代理總董仍須重述昨日向足下所述之言,即工部局以其地位而論,無權應允若干抗捐者之要求,彼等所堅持之先行解決華董然後

[註一]　北四川路等處商店呈特派交涉員文中語,見民國八年七月十四日申報。
[註二]　民國八年七月二十九日申報。
[註三]　民國八年八月二日申報該布告。
[註四]　按即指分期徵收特別捐事。
[註五]　同本頁註三。
[註六]　民國八年八月十一日申報。
[註七]　民國八年八月十二日申報。

付捐一層，乃完全屬於中國政府與有約列强之事。但敝代理總董與敝同僚等商酌後，經彼等授權奉告：將來工部局財務委員會考慮增捐提議時，當歡迎一華人代表委員會之表示意見與磋商。

今晨敝代理總董得便與特派交涉員楊晟先生談及此事，彼對於工部局探求解決此問題之精神，表示推重之意。[註一]

總商會接到這封信後，乃由其董事祝蘭舫訂期於八月十六日，會同該商會正會長朱葆三和副會長沈鏞，邀集各路代表及公聘的西籍律師費信惇(S. Fessenden)和馬斯德(Master)，在總商會開茶話會討論這事。開會時，律師表示：加捐是既定的事，不可不照數繳納，至於華人要求代表權一層，則西人極表同情，且願爲相當援助云云。各路總代表陳則民接着發言，説：對於律師的"善意"，固然"非常欣感"，"惟所允予吾人援助一節，無確實可信之憑證，吾等各路代表仍無法勸告各户付捐"。[註二]律師雖繼續申言，但總無法提出何種憑證，以致毫無結果。於是由各路到會代表六十餘人自行開會，結果提出三項辦法：

一　請商會去函工部局，要求將徵捐日期延遲二星期，以便在此時期内另舉代表，共商解決。

二　各路代表會同商會請願政府修正租界地皮章程。

三　會同各公團，組織租界華人納税會，推舉代表，與各領事交涉。

上述三項辦法由主席陳則民報告總商會副會長沈鏞，後者即起草以總商會正副會長名義，致函工部局代理總董懷德云：

關於若干華人拒繳市政捐一事，敝會前已得讀貴代理總董於本月十三日致祝君之函，略謂貴代理總董與貴同僚等商酌，經彼等授權俯告：將來工部局財務委員會考慮增捐提議時，當歡迎一華人代表委員會之表示意見與磋商。

來函即經敝會轉達各華商代表，旋據各代表來會表示，此項答覆不能令人滿意，蓋事實乃爲：華商並非拒繳市政捐，實爲要求貴局注意於各國在滬商人既盡義務之後所得享受之權利，獨不爲吾華人所得享受。因此之故，華人不得不提出意見，要求貴局予以選舉董事之應有權利。

敝會今以其名義、地位作證，函知貴局：敝會擬於下星期内選派董事四人，趨前面商足使雙方滿意之公允辦法。望將會面之日期與地點，訂定見示。

又聞貴局將於下星期二，即本月十九日，徵收捐款，敝會謹行相告，各代表今尚未允照繳。望貴局將徵捐日期展緩二星期，以便在此二星期内，敝會得與貴局磋商處置此事。[註三]

八月十九日，總商會收到了兩封信，一封是特派交涉員楊晟的，一封是工部局代理總董懷德的。特派交涉員的信上寫着：

逕啓者：工部局加捐一事，今日上午，英正領事費理伯(Phillips)代表英總領事，偕同工部局代理總董懷德，來署聲稱："此次工部局議定加捐一層，所有辦法業經格外通融，礙難再延，明日倘仍不遵，只得法律解決：務祈轉達商會，敦勸大馬路[註四]一帶各商號先繳。至尊署所議工部局内添設華董一事，本總領事個人意見深爲贊成，并允極力相助，懷德所見亦同，惟兩事不能相提並論"等語。當經一再磋商，諄諄告以務須和平辦理，切不可操切從事。除派陳科長世光將此情面達

[註一]　S. M. C. 's Annual Report, 1919, pp. 97A – 98A.
[註二]　民國八年八月十七日申報。
[註三]　按此函譯自一九一九年度工部局報告，頁九八 A，是總商會根據其中文草稿自行譯就發出的原函。中文函稿見民國八年八月十七日申報。同報八月二十一日又載譯文。
[註四]　按即南京路。

外，相應函達，即希貴總商會查核辦理爲荷！[註一]

工部局代理總董懷德的信是答覆總商會十六日要求展緩兩星期收捐的信的，説道：

> 敝代理總董之言已盡於八月十三日致祝蘭舫君之函，兹所欲增加者，厥惟對貴總商會竟自願與工部局對立，附和抗繳捐款一事，表示工部局方面之惋惜耳。貴總商會此事之政策，勢必致喪失外人對於華人社會渴求參與租界政務之同情，工部局已無他法可供採行，惟有於徵收捐款華人拒繳之場合，以斷然手段，强制其繳付而已。[註二]

總商會收到這兩封信後，即發出通知，約集各路代表於同日下午五時到會，與其董事共同討論開會時，總商會以上述兩信，傳與各路代表閱看，先由總商會董事聶雲台發言，主張尊重工部局及領事團的意思，先行照付加捐，一面再組織納稅華人會，專辦參政交涉。各路代表根據各路商店議決案，一致拒絕；旋至他室自行會議後，再到會場。總商會方面，聶雲台再申前意；副會長沈鏞亦力勸各代表，請予三個月的猶豫期，倘過了這三個月，市政權仍無解決辦法，則新舊捐一律不繳；最後，會長朱葆三起言，謂："今次暫爲下臺，俟下季納稅時，苟華人仍不得市政權，則吾人大小商店居户，新舊捐款，一體拒納。"於是各路代表方面陳則民對各代表宣言："今兹總商會朱會長及各會董既同此主張，吾人宜暫允勸告各路商人，暫行照付；至下季納捐時，總商會定與吾人共同負責。"嗣福州路、愛而近路兩代表發言，説："吾等代表勸告付捐，非常困難，應請商會分佈傳單，將會長適纔當衆宣布之言，一體載入。"朱葆三不允。各代表又請求商會出面登報一星期，朱又不允。各代表乃謂："商會既不負此宣言之責任，吾人惟有另求良法。"會議情勢，頗見僵化。最後，由朱葆三提出商會派代表五人，各路代表會派代表四人，於次日下午四時，往晤英總領事商議，看結果如何，再確定辦法。這意見經各代表贊成。[註三]

下一天，南京路各商店，已有照繳增捐的。而當商會和各路代表去訪問英總領事法磊斯時，英總領僅表示：此時可以承認設立華人顧問二人，提議並討論關於財政事宜，以爲華人直接參與市政的過渡機關；至於華人如何直接參與租界市政一點，則應由華人呈請北京政府與駐京各國公使交涉。末了，英領囑各代表"勸導"各商店照繳增捐，各代表答應而去。

再下一天，即八月二十一日，便出現了"各馬路商界聯合會"的通告，敘述交涉經過，並勸告各路商店照繳捐款云：

> 敬啓者：工部局加收房捐一案，各路華商以租界納稅華人無參與發言權，議決暫緩交納。嗣經各路推舉代表，請求交涉署並會同總商會再四交涉。原期必得租界當道承認華人市民權，然後照繳；但變更租界章程，手續繁重，非短少時期所能奏功，若堅持兩事同時解決，則租界行政將成無米爲炊之勢。一星期來，費信惇、馬斯德兩律師，一再向商會及各代表勸商；英總領事及工部局總董亦向交涉署表示贊成華人參與市政之意：詳情均見各報。昨二十日，又經代表等推舉陳則民、王才運、張鱧堂三人，繙譯俞鴻鈞，會同商會會長朱葆三暨會董祝蘭舫、沈仲禮、宋藻章、聶雲台並英文書記張簡雲君等，訪晤英總領事；英領對於吾人要求，極表贊成，並提議先組織華人顧問部，爲華人直接參與市政之過渡機關。代表等因此承認勸告各路商界，暫行照付房捐，以靜候顧問部之組織，與市民權之解決。特將經過情形，詳爲奉告。請自下星期三[註四]起，照付房捐，於全

[註一]　民國八年八月二十日申報。
[註二]　S. M. C.'s Annual Report, 1919, p. 98A.
[註三]　民國八年八月二十日申報。
[註四]　按即民國八年八月二十五日。

中西人民交誼,而謀市民權之圓滿解決,是所厚幸![註一]

事情便這樣告了一個段落。

C　地皮章程的修改

爲了在繳捐之後,繼續力爭華人的參政權,各路商店於是一方面設法鞏固自身的組織,籌備成立各馬路商界聯合會的事情,一方面便進行修改租界地皮章程。

本來,因爲當時原有的商會對於青島事件所發表的意見頗受人們的責難,上海商界曾於一九一九年民國八年六月間有過一次另行組織所謂"平民商會"的醞釀,不過未曾實現。到八月下半月租界華人納捐和參政的問題益見其情勢的尖銳化的時候,各馬路的商店便開始正式成立各該馬路本身的商界聯合會,以便再由每一馬路的商界聯合會團結起來,成立一個各馬路商界聯合會的總會。

修改地皮章程的事情,是八月下旬照繳增捐以後便開始進行的。九月初,領袖領事比總領事薛福德答覆特派交涉員楊晟八月四日説是"現欲聯中外感情,去盡辦事障礙,非設華董五六人入局辦事不可"[註二]的信時,領袖領事表示:"在領團意見,現在無庸五六華董選入……蓋因華代表入董工部局事,則上海租界地皮章程須得更改也。"[註三]此函經交涉員轉達各路商界後,修改地皮章程的事情便更積極地進行了。到十月初,章程草案已經修改完竣,逐條通過,各路商界以爲只要等聯合會總會成立以後,即可向官廳提出,請求交涉,目的的達到已不在遠,所以於十月三日議決照付工部局即將徵收的一九一九年民國八年最後三個月的市政捐和第一期的特別捐,嗣又登報聲明此事,以免外間誤會。[註四]

到十月下旬,成立商界聯合會的馬路,已有二十餘起之多,乃於十月二十六日正式宣布成立各路商界總聯合會。各馬路商店均懸掛國旗一天,以爲商界這"空前之大團體"的紀念。十一月間,未曾成立或組織商界聯合會的各馬路,也都先後成立聯合會。同時,租界地皮章程的修改草案,由各商店一一加蓋圖章,亦於十一月二十九日辦事完畢。十二月一日上午十一時,各路商界聯合會董事及顧問等四十四人,分乘汽車十六輛,到交涉公署,面呈章程草案及全體華商圖記四册。租界各馬路,西至靜安寺,東至楊樹浦路,沿路各華人工廠商店,門首均懸有白布黑字"華人要求市民權,修改洋涇浜章程"的旗幟,飄揚空中,門窗內還貼有"要求市民權"等標語。代表所坐汽車隊伍過路的地方,各商店人員並手揮"華人要求市民權"的小旗,以相歡送。當晚,各路商界總聯合會復開茶話會,將經過情形電呈北京外交、農商等部及南京督軍省長。商店懸旗有七日之久。

此項修正上海洋涇浜北首租界章程草案,共有二十八款,[註五]當時華人參與租界政務的意見,具體地表現在這裏面。租界的納税人,無論其國籍是中是外,備有相當資格的,均有選舉權、議事權和被選舉權。董事十五人,均以得票最多者當選,並無任何國籍等限制的規定。獲得選舉權和被選舉權的資格,規定如下:

一　住居租界華人或外人,具左列資格之一者,均有選舉權及議事權:
甲　如執不動産價滿五百兩以上者;
乙　每年所付房地捐項,照市會[註六]估算滿十兩以上者,但各執照費不在內;
丙　賃住房屋照市會估算每年租金在五百兩以上而付捐者。

[註一]　民國八年八月二十二日申報。
[註二]　全函見民國八年九月五日申報。
[註三]　同上註。
[註四]　聲明廣告見民國八年十月十六日申報。
[註五]　章程草案全部發表於民國八年十一月十八日至二十一日申報。上海租界問題上篇,頁二九至四三,亦有轉載,可供參考。
[註六]　按即工部局。

一　住居租界華人或外人具左列資格之一者,有被選舉爲董事之權:

甲　每年所付房地各捐,照市會估算,滿五十兩者;

乙　賃住房屋,每年租金,照市會估算,滿一千二百兩者。[註一]

D　華人的第二次拒捐力爭

章程草案經交涉公署轉致領事團以後,却像泥牛下水,一天一天過去,總是一個消息全無。而另一方面,不僅工部局的徵收一九二〇年民國九年最初三個月房捐和第二期特別捐,又快開始,就是工部局改選董事,也是近在目前。各路商界總聯合會於是於一九一九年民國八年十二月二十四日開會時,議決:"於修改租界章程未得圓滿解決以前,所有春季新舊各捐,一律暫停繳納。"[註二]次日致函特派交涉員,通知此項決議云:

敬啓者:租界內春季捐款,轉瞬即須開收;工部局改選議董,瞬即屆期。敝會提出修改租界章程,迄今已有三星期之久,領團方面尚未正式表示,敝會各路代表均有公函到會,要求開議。日昨特開緊急會議,全體均謂:權利義務相因而生,有應盡之義務,即有應享之權利,世界文明各國,斷無有不獲權利而盡義務者;今同人所要求之各項權利均未達到目的,欲再盡納稅之義務,不特於勢有難能,抑且於理亦有不合,矧各商界奔走號呼,已有半載,嘔心瀝血,所屬誰何? 明春改選一經宣布,是民國九年仍無華董列席,將何以慰衆望而釋羣疑? 公決:於修改租界章程未得圓滿解決以前,所有以後之新舊各捐,一律暫行停止繳納;衆議僉同,不謀而合。查本年秋冬兩季捐款,雖經本會勸告各商如數完納,然多數心理,已屬勉強。今交涉業經開始,希望尚屬渺茫;揆之"不出代議士,不納租稅"之公例,勢難再強已有覺悟之商人,納此無名之捐稅。用特將敝會決議情形,函陳鈞座,敬乞察核照轉領團,實紉公誼![註三]

又致函總商會云:

敬啓者:修正租界章程於本月一日遞送交涉署,當蒙於次日提出於領事團,迄今已有三星期之久,毫無切實答覆。全市商民恐領事長此遷延不決,來年選舉在即,華人在租界內之利益又屬渺茫,前日開會議決於租界章程未得圓滿修正之前,一律停止繳納捐稅,與前次貴會會長勸告暫時付捐之意相同。用特致函台端,希即轉致各業公團,一律辦理,庶幾一德一心,共達挽回之目的,實爲至便。附抄致交涉員函一件,諸希察納。[註四]

對於各路商界總聯合會的此種堅決的態度,總商會覆函表示云:

本會以此案事涉外交,貴會已函請交涉署照轉領團,辦法甚爲正當。修正章程提交領團已將匝月,應有切實答覆;長此遷延,亦屬非計。本會現經加函催請交涉署切詢領團,對於修正章程,作何辦理,請其即日詳確表示圓滿辦法,以慰衆情。[註五]

對於各路商總聯會議決的停止繳捐一層,不與任何明白的表示。而交涉署方面,則有意或無意地不看清當前的情勢,只以空言安慰商總聯會代表云:

貴會停付春捐一函,已轉工部局,尚未得復。至市民權一節,頃聞英美納捐人數十名,於前日

[註一]　見該草案第五款。
[註二]　民國八年十二月二十五日申報。
[註三]　民國八年十二月二十七日申報。
[註四]　同上註。
[註五]　民國八年十二月三十一日申報。

亦向領事團提議,要求容納華人公意,修改租界章程,從速加入華董數名。可見公道在人,且足為我人之後盾,不可謂非一好消息。外人方面對於華人要求各節,認為正當,可無反對之論調;工部局董亦然,將來結果當不至辜負諸君一番苦心。[註一]

另一方面,各路商店決定停止繳捐的消息傳出之後,工部局方面固然絲毫不露聲色,照常預備徵收捐款,但英領哲美遜(J. W. Jamieson)卻招集華商代表去談話了。一九二〇年民國九年一月五日上午,各路商總聯會和總商會代表等便到英領事署去和英領會面。英領便重申去年八月間前任英領法磊斯所建議的推舉華人二名為工部局財政方面顧問的事情,並責以不照此進行,今忽登報公然表示停止納捐,實不公道,且係華人自己放棄權利,虛擲光陰云云,各代表答稱:華人所要求的是董事而非顧問,早經正式聲明;數月以來的光陰,完全依據領袖領事覆交涉公署的信,說是工部局加入華董之前,須先修改章程,化在修改章程上面,故未虛擲;至於停止納捐,則是各路商界分會的意思,應請諒解。這樣問答了許久,最後英領仍只主張先舉華人顧問二人,備工部局諮詢關於財政方面的事情,不過一面可由雙方推出同等人數,組織修改地皮章程委員會,修改關於選舉各條,其餘不得更改。

同日下午,各路商聯會代表集會討論英領提出的意見。眾人均以中外意見距離太遠,頗多不滿。經往晤英領的各代表再四勸告,始允就顧問一條,加以討論,結果提出三項條件:

　　一　人數,須由二人增至六人。

　　二　權限,凡關於華人事件,均須取得六華顧問之同意。

　　三　名義,不僅限於財政一方面,係工部局一般事宜的顧問。

又,關於組織租界章程修改委員會,決議:

　　一　委員人數,雙方相等。

　　二　華人委員由各路商總聯會、總商會及商業公團三者中推出,交涉員加委,外人方面,由工部局推出,領團加委。

　　三　修改時間以兩月為限。

　　四　修改後,按照地皮章程第二十八條規定,由領團與交涉員報告公使團及中國政府,批准施行。

一月六日上午,華商代表團再訪英領,提出決議條件,問答良久,結果全無。英領對於選舉等情雖有所建議,但對於當前問題毫無裨益。同日下午,各代表又與願意在此事上予以助力的英人李德立(E. S. Little)接洽,及到總商會和交涉公署商権一切。各代表接受李德立提議,於七日討論直接致函工部局交涉六華人顧問的事情,結果由總商會會長朱葆三和各路商總聯會總董陳則民出名,發出下列一函:

　　茲為謀當前問題之和平滿意解決及公共租界納稅華人之獲得正義與公道起見,敝人等代表總商會及各路商界總聯合會——包括四十條馬路上一萬餘家商店,敬向貴局提出,請予承認由委員六人組織華人顧問委員會,以為一種暫行辦法,此項委員由上述二華人團體選舉之,其姓名容日後奉告。該委員會之職務,為對於一切市政事務,特別對於有關華人利益者,向貴局表示意見。為獲得納稅華人方面之有效與有力的合作計,華顧問之意見,貴局須加尊重。甚望此議能得貴局誠摯的同意與贊助,該顧問委員會得早日就職行事。同時,敝人等將繼續探求並籌得某種方法,

---

　　[註一]　民國八年十二月二十八日申報。

得以實行納税與代表並行之基本原則,滿足租界納税華人之意。尚望貴局迅賜佳音。[註一]

工部局於同日由秘書李台爾(N. O. Liddell)答函云:

　　敝人奉命承認一月七日致敝局總董之大函頃已收到,並附奉一九一九年十月二十四日敝局致領事團函之底稿一件,表示敝局對於大函所言一事之意見者。[註二]

按這一封工部局總董庇亞士一九一九年民國八年十月二十四日致領袖領事比總領事薛福德的信,是因爲當時工部局得知華人參政問題一直提到北京,由北京公使團詢及上海領事團意見,惟恐會有任何非工部局所願有的決定,纔慌着寫下發出的;而寫下發出之後,一直守着秘密,到這華人自己去信提出華人顧問委員會的時候,纔發表給華人知道。這封信的全文如下:

　　本年七八月間增捐糾紛之際華人所提工部局添設華董之要求,既於過去數月間集中中外人士甚大之注意,而今又得知正式交涉近已提出於公使團,並轉致領事團徵詢其意見,故余敬行奉告貴領袖領事:華人參與本租界行政,究以一華人顧問部或委員會爲中介,抑修改地皮章程容許其選舉華董,此項問題近已經工部局現任及前任董事集會討論。經過詳盡之討論,最後表決,一致反對根據任何理由添設華董,而贊成附以下述各條件設立一華人顧問部或委員會,即:該會集議須於工部局辦公處内舉行;顧問應有五人,每年由華人推舉之;所推選之顧問,領事團有否認之權;顧問人選,必須即在其被推之前,居住租界五年,並須於此五年内,每年依估計房租至少一千二百兩而繳納市政捐;於被推之時,或在職期間,不得受有中國政府任何任命;最後,該委員會之職權,應以本函隨後提及之一九一五年推廣租界協定草案第四款所列者爲限。

　　決議此案時,到會者均無法認爲添設華董之要求,與近數年來,特別於簽訂休戰條約以後,實行取銷治外法權、勢力範圍,及收還居留地、租界之種種企圖,不相關聯;會衆意見均以爲,此種企圖,非至中國已有一良好之政府,並採取與每一開化國家所具程度相合之進步與發展政策,而表示其合於收還全部權利之時,必須應付而拒絶之;此種權利云者,即係中國力辯以爲爲外人強奪以去,而事實則外人若非依條約取得,即或出於自衛與保護之動機,或因無可希望中國自行行使足爲中國人民及僑華外人之利益,而不得不自取行使者。

　　至關於一顧問部或委員會,則考慮不同。工部局固常尊重華人觀點之價值,並於每遇有關華人利益之市政事務發生困難之時,設法詢得重要華籍居民之意見。一九〇五—〇六年董事會之承認所謂代表委員會,其行動爲一九〇六年三月納税人會通過議案所不予承認,固係事實,但納税人對此問題之見解,爾後已經大變,當亦可信。一九一五年春間特派交涉員提交貴領袖領事,規定創設一華人顧問部之推廣租界協定草案,於是年三月提出納税人會時,納税人即予同意。但其同意固根據於租界面積之得以推廣,而該草案亦以不必提及之種種原因,擱置迄今,未蒙批准,故請求納税人表示意見,是否同意不問租界之推廣問題而設立該項顧問部或委員會,乃現今必要之舉。敝總董敬爲奉告:工部局即擬於明年三四月間納税人會舉行時,設法請求此項意見,而同意之徵得,定可信焉。[註三]

信後並抄呈一九一五年民國四年推廣租界協定草案關於設立華人顧問會的第三、第四款規定。

工部局在一月七日答復各路商總聯會及總商會的信中,附寄出了上一年十月間致領袖領事的這

[註一]　S. M. C.'s Annual Report, 1920, p. 190A.
[註二]　同上註。
[註三]　同上註,頁一九〇A至一九一A。

一封信之後,更積極地進行徵捐的事,但各商店非等參政問題得有解決,不願照繳捐款,工部局於是向會審公廨以刑事控告其一部分。十日上午,各路商總聯會接得福建路和河南路兩分會的報告,說該兩路商店共十九家已接得公廨傳票,定十二日開審;該總聯會即開緊急會議,又於下午由各路代表四十七人往訪特派交涉員,聲明緩付捐款的理由,並表示:"今工部局不諒,逼而出此,苟欲候審,當全體赴之,非僅十九家之私事也。"交涉員惟有"力勸轉告各路謹守秩序,靜候該署回音"罷了。[註一]

同日,總商會會長朱葆三和各路商總聯會陳則民聯名寫了一封答復工部局七日來函的信,說:

> 敝人等敬以下列提議置諸貴局各董事之前,即:選舉華紳(Chinese Gentlemen)五人,組織一臨時顧問委員會,從速就職,以解決當前困難,其條件即依貴總董致領袖領事函中所述者,惟有例外者二點,即:顧問之推選不受領團否認,及其職權不以一九一五年推廣租界協定草案第四款規定為限。

> 一俟修正地皮章程最後批准,選出華董,該委員會之職權即告終結。[註二]

各路商界聯合會分會,自從福建路和河南路十九家商店被控的消息傳出之後,均開緊急會議,一致議決於公廨開審時,全體赴質,並預備寫成"不出代議士,不付捐稅"的布條,懸掛胸間而去:態度一致而又堅決。各路商總聯會方面,則於十一日,由總董、董事等人先後到各方接洽,但經交涉員派交際科長陳世光到領袖領事處,及李德立打電話給工部局秘書李台爾,都無結果,工部局正像各商店堅持須等參政問題先行解決,然後納捐一樣,堅持須先付捐,纔可討論其他。一時情勢十分嚴重。總商會對於各商店全體赴質公堂一層,"誠恐多人赴質,引起誤會,極思設法消弭",所以當各路商總聯會董事到總商會去的時候,總商會會長、董事等都"認為此事尚在調停中,乃力為勸阻各路共同赴質之舉,一面由總商會致函公廨正會審官及楊交涉員,請為查照陪審領事官,暫為緩訊"。[註三]各路商總聯會董事便分道出發勸阻。

但總商會的信怎麼會發生效力呢!十二日,中國法院的會審公廨終於開庭審訊為力爭華人參政而拒繳工部局捐稅的那十九家商店了。上午九時,捕房派中印巡捕若干,荷鎗分站分廨門首;另有西捕數名,亦佩帶手鎗,內外查察。九時半,由中國審判官關炯和外國陪審官英副領事卓乃爾(P. Grant Jones)升座第一刑庭開審。被傳十九家商店,根據上一日受人力勸而改變原定辦法的決定,均未到堂,由西籍律師林百架(Limbarger)代表,聲明:傳訊各戶夥友共有千餘人之多,未便投案,現此事經總商會會長朱葆三等調停,應請展期十天,俾得和平解決。工部局律師反對展期。被告律師乃謂:"貴公堂向有改期章程,況本案係不繳捐款,按照英美各國法律,不能以刑事起訴。"[註四]外國陪審官即宣告展期不准。被告律師因與外國陪審官爭執,退堂。繼由工部局律師及傳達傳票的西探和收捐西人,供明情形,中西官核供磋商後,即宣布被告等臨訊不到,判令照章納捐並繳堂費云云。

同日下午,工部局捐務處西人帶同中西武裝探捕,先到河南路繼到福建路各商店"強迫收捐,毀壞物件",各商店"有被西捕入店自行動手將洋箱用刀撬開者,有將價值貴重之金表錢洋等自行開櫥攜去者,有被西捕以手鎗對準頭部強迫繳洋者,每至一家收捐,以印捕守門,阻止營業有一時之久者,且有福建路志成號王宗藩房內衣鋪蓋任意翻亂"。[註五]各路商總聯會得河南路分會代表報告後,總董陳則民即偕同報告人員同往交涉署陳明原委,請求主持交涉。交涉員楊晟即派交際科長陳世光到領袖領

[註一] 民國九年一月十一日申報。
[註二] S. M. C.'s Annual Report, 1920, p. 191A.
[註三] 民國九年一月十二日申報。
[註四] 民國九年一月十三日申報。
[註五] 各路商界總聯合會呈交涉署請為踏驗文,見民國九年一月十四日申報。

事比總領事薛福德公署述明情形,商議辦法;據陳世光回交涉署報告,當經決定:

　　一　迅令各緩付捐款之十九家,將捐款彙交交涉署,於星期二[註一]轉解公堂。

　　二　關於工部局強迫收捐,應另一問題辦理。

　　三　即令工部局停止收捐。[註二]

　　交涉員楊晟以陳世光交涉結果當眾報告,並戒令各守秩序,不得有越軌行動,商總聯會總董等正在“稱謝而退”的時候,適又據福建路商聯分會報告,工部局仍在福建路搜索銀洋,搬運商品,強制收捐,以致各店憤懼交併,相率閉戶。楊交涉員當以領袖領事已命工部局停止收捐,安慰數語。但工部局那麼繼續強迫,六時以後,河南路、福建路之外,北海路、廣東路、山東路、山西路、浙江路、湖北路、漢口路、南京路、雲南路、新聞路等處各商店,亦皆先後提早閉門。捕房聞訊,立發緊急命令,諭飭通班中西探捕,攜帶鎗械,分往各馬路“防衛”。

　　商店閉戶風潮發生後,各路商聯分會代表即紛紛到總會等待交涉消息,到晚上九時二十分,總董陳則民和副總董俞國珍始返會所,除報告交涉署和領袖比領交涉情形外,並力勸各路商店照常營業,說是“諸君須知洋涇浜章程,如違犯之,工部局可以照法律解決。……吾人徒然罷市而勿從法律上着想,亦無所用”云云。嗣有某路代表起立聲明:“請會長注意! 今日吾人提早閉門,因見於中西巡捕到店自取銀洋及搬運物件,恐有意外發生所致,並非罷市!”最後,總董陳則民仍請各代表知照各該路商店明晨照常營業,並各貼寫明“本店經各路商界聯合會勸告,照常營業”的紙條。各代表始表同意而去。[註三]

　　原來商總聯會董事於與各路代表會面之前,已和總商會接洽過了,決定兩會以各該會名義勸告各商店照常營業,並已發出勸告廣告了。

　　十三日的報上,登出了各路商界總聯合會和上海總商會的緊要通知各一則;前者云:

　　昨據河南路、福建路各商店來會報告:“十二日下午捕房用武力強迫收捐,毀壞物件,搬運貨物,妨害營業,不得已而關門”等語,現已由本會轉請楊交涉使向領團力爭,望各商店號照常營業,特此通告。[註四]

後者寫着:

　　本埠華人要求市民權一案,連日向外交團[註五]接晤,正在磋商之中。查第二次致工部局之信,[註六]昨日下午已得回信云:“一月十號來信已悉、敝局存意,擬於下次納稅人會議時提出設立華人顧問部之事,已將敝局上年十月二十四號致領事團之信,於本月七號抄奉查照”等語,足見工部局並非將此問題拒絕。惟昨日收捐不付,致生種種誤會。為此勸告本埠各華商,務望照常營業,切勿稍有意外舉動。本會等處於調解地位,冀與官廳隨時計議,將以上情形,分別辦理。除已函請各路商界總聯合會通告各路商號外,恐未週知,特此佈告。[註七]

　　同日,各路商店照常開門營業。工部局仍派收捐人到江西路、四川路等處收捐,各店多不照繳,工

[註一]　按即一月十三日。
[註二]　民國九年一月十二日申報。
[註三]　民國九年一月十三日申報。
[註四]　同上註。
[註五]　同上註。按即領事團。
[註六]　按即商總聯會總董陳則民和總商會會長朱葆三一月十日致工部局總董函。
[註七]　民國九年一月十三日申報。

部局乃又向公廨提起控訴。總商會則仍處於所謂"調解地位",由其會長朱葆三具名,寫了下面的一封信給工部局總董:

　　敝會敬請貴局設法自今日起停收各商鋪捐款三日,在此三日內,敝總商會願竭力勸令各商照繳。臨書不勝待命之至。[註一]

十四日,工部局秘書李台爾答函云:

　　敝人奉命承認收到足下一月十三日致敝局總董之函,並奉覆足下,本季捐款之徵收現正進行,敝局不能應允如足下所請展緩情事,殊以為歉。[註二]

同日下午三時,各路商界聯合會開全體職員會議,到各路分會職員約一千人,總商會董事及特派交涉員楊晟亦皆出席。由朱葆三、陳則民二人主席。經陳主席報告事情經過後,即由楊交涉員及總商會董事聶雲台先後演說。楊交涉員於報告外交方面進行狀況及"駐滬十四國領事贊成之意見"後,最後說是:"市民權應奮勉進行,而納捐尚望照繳。"聶雲台於敘述與外人接洽情形並解釋"要求市民權進行之程序"後,亦說:"納捐事,個人主張暫行先付。"[註三]會眾正欲討論,適交涉公署交際科長陳世光到會,帶來奉交涉員命到領袖比領薛福德處去商議而取得的領袖比領的一封信,即由主席陳則民宣讀道:

　　敬啟者:接准上年十二月二十九日來函,以要求選舉工部局華董一案,敝總領事當即通告領事團,並已轉報駐京外交團[註四]在案,一俟得有復音,即當函告也。即希貴交涉員查照,分別飭知,為荷。祇頌日祉。

宣讀既畢,主席陳則民發言,略謂:"我人前此議決,乃為督促起見,今既有此覆函,而上海各友邦之領事又皆認我人要求為正當,且予我人以同情",意思是應該照繳捐款了。結果,終於多數通過了下面的三個議案:

　　一　搗毀商店問題,除一面由楊交涉員提起交涉外,一面向公堂提訴訟。
　　二　華董及顧問委員會問題……一面除由國民方面積極進行外,一面亦當以最短之期,督促外交迅速解決此事,並在租界未有華董以前,工部局方面提出之顧問委員會一事,亦當積極進行。
　　三　納付春捐問題……外交當局既苦時間太促,則再退讓一次,以納付春季捐期間為外交承認我華董一事完畢其手續之期間。[註五]

照繳捐款的議案通過了以後,會便散了。各路商總聯會各董事於散會後,另行開會,決議發出緊急通告;這通告即出現在下一天的報上,寫道:

　　十四日開全體職員會,經楊交涉使報告駐滬十四國領事贊同之情形,及當時所接領袖領事薛福德君之來函,知修改章程業已轉咨本埠領事團及呈報駐京外交團,"一俟得有覆音,即行函告"等語。此項要求市民權已得一層之進步。前次議決不得滿意之答覆,緩付春季捕捐,[註六]本為督促進行;今既有此答覆,所有春季捕捐,議決暫行照付。至武裝巡捕之行動,已向主管官廳提起交

　[註一]　S. M. C.'s Annual Report, 1920, p. 192A.
　[註二]　同上註。
　[註三]　民國九年一月十五日申報。
　[註四]　按即公使團。
　[註五]　同本頁註三。
　[註六]　按捕捐即巡捕捐之略語,為市政捐之俗稱。

涉矣。特此通告，即希公鑒。[註一]

事情便這樣告了個段落。一月十二日被會審公廨判決照繳捐款的那十九家商店，以及還有若干別的商店，因為不願繳款與工部局，曾根據十二日陳世光和領袖比領會同的決定，將捐款先後繳到交涉公署，由交涉公署於次日轉送會審公廨廨員關烱，由關再轉致該公廨檢察處，而檢察處收到之後，又向"公堂"請示，當由陪審官英副領卓乃爾宣諭："工部局收捐處職員為收捐之正當人員，汝可立將此款送交涉署。"[註二]於是不予收受。十三日江西路和四川路商店拒繳捐款，前者十二家後者九家被工部局以刑事控告於會審公廨，由公廨於十六日開庭審訊，判決追繳捐款和堂費。又民國日報主筆葉楚傖以該報一月十三日關於工部局強制收捐的記載，工部局認為失實，亦被控告，公廨於二十四日開庭審訊，雖經被告聲明"報館負有有聞必錄之天職"，結果亦被判罰三百元。而另一方面，"搗毀商店問題"雖經一月十四日各路商總聯會議決辦法對付，却也就此沒有下文；工部局於一月十二日強制收捐時所搬去的各商店貨物，則於一月二十七日託瑞記洋行拍賣完結。

事情便這樣告了一個段落。

E　從交涉到請求

事情還沒那麼就完結，各路商總聯會剛剛發出照付捐款的那個通告的時候，各路商聯分會的會員亦曾有嚴厲地質問總會方面的事情，不過木已成舟，無可挽回了。而且那以後的一個多月，關於那未決的問題，亦竟消息無聞。然而只消一轉眼，一九二〇年民國九年第二次三個月的捐款，工部局又快要徵收了。於是各路商總聯會終於在三月十八日寫了下面一封信給特派交涉員楊晟：

敬啟者：租界居民要求市民權一事，租界當局藉口於洋涇浜北首租界章程之規定，必須先行修改該項章程，然後可以解決華人選舉權及被選舉權各事，為此前經妥議修正草案，呈請鈞署提出領團交涉在案。上次春季捐問題發生之際，惹起停捐罷市特大之風潮，鈞署亦經親滬總商會報告駐滬各國領事贊助之談話，並宣布比總領事來函，具見鈞署及各國駐滬當局體察市民公意，熱心贊助公道之至意，故當時全埠商民亦皆諒解此旨，決議一致付捐。惟現在事隔數月，轉瞬春季屆滿；究竟此項租界章程，其修改進行已至如何程度，商民等亟望好音，早釋疑慮，至紉公誼。[註三]

特派交涉員的覆信却對於各路商總聯會所提出的問題，一字不提，只是傳達領團，其實就是工部局的意旨，一味在所謂華人顧問委員會上面做文章，寫道：

昨接手函，誦悉一是。華顧問一事，前日接領袖領事來函，"上年工部局知照領團，謂華顧問當於下屆納稅人會議時提案。其所言中國顧問部，由寧波會館選派二人，廣東會館選派二人，特派交涉員或本地長官選派一人組織之；惟所選部員，領事有否認之權；該部責任限於凡事關租界內華人之利益，工部局有所請求則發抒意見，及上書陳述，務須共同一致，不得各自行動。領團之意，上項規定想為租界內多數華人所滿意；且以後時機一至，華代表更可增多。……由領團轉請陳述"等語。查閱領袖領事來函，是顧問一層已有表示。惟應如何組織及選派人數，事關重要，尚須從長計議。至所云領事有否認之權，此節擬商請領團取消，以一事權。刻下正在考量之中，一俟議定辦法，再請領團轉飭工部局於納稅人會議時提出討論，共同承諾，一面便可着手進行。特此函復，即希查照！[註四]

[註一]　民國九年一月十五日申報。
[註二]　民國九年一月十五日大陸報。
[註三]　民國九年三月十九日申報。
[註四]　民國九年三月三十一日申報。

然而四月二日終於出現了各路商總聯會這樣一個通告了：

> 公共租界市民權問題，刻接交署來函[註一]及各報載工部局已容納我人主張，在本屆納稅西人會議，提出議案，外人方面有此好意之表示，所有各路商店應繳之夏季捐自應一律照付。至修改洋涇浜章程，本會仍舊進行。特此通告。[註二]

這樣，修正地皮章程草案是消息全無，交涉署對於工部局設立華顧問委員會的意見已經表示接受，不過略有不滿，而捐款又照繳了。各路商總聯會的地位，事實上是在孤立之外，如今又多了一種進退不得之勢。結果便有直接向將於四月七日舉行的納稅人會提出請求書的決定了。

在四月五日各路商總聯會舉行董事會議，主席陳則民提出這直接向納稅人會提出請求書的議題時，曾有董事問及這事"是否與國家主權，商人體面，有所關係"?[註三]當經主席說明道："……若由國家方面提出，或有研究餘地，今吾人以上海市民之地位，為互相尊重人格友誼起見，向上海各友邦之市民，提出意見，主張吾人之希望，纔足證明中國人民不但祇知有官，且亦知有己；故於此提出，實屬正當"云云。問題就此多數通過了。下一天，各馬路納稅商人便以請求工部局添設華董的理由，書面提出於商總聯會，全文如下：

> 查上海洋涇浜北首自設立租界以外，迄今已閱七十餘年，其間戶口之增加，商業之發展，日新月異，為中國繁華商場，當為中外居民始願所不及此，現在界內華人六十餘萬，每年所負擔之捐稅，約佔工部局總收入五分之四，而應有市民權利不能與五分一之納稅西人受同等之待遇。有謂租界為外人而設，華人不應有此權利。獨不思租界倘無華人，焉有今日之熱鬧？粵之沙面，蘇之鎮江，浙之拱宸橋，即其明證。是公共租界之所以得有今日者，大半皆我人所締造者也。明乎此，租界外人無須吾人請求，亦當為自動的建議；況值此世界高唱公道之中，吾國與友邦睦誼素敦，豈可使一部分市民，感情上獨留缺恨？此就事實上言之，不能不容吾人置喙者也。權利義務為法律上一種對待之關係，國民有納稅之義務，即有應享之權利，此文明各國之通例，固無須吾人喋喋者也。今吾人在租界任巨額之義務而不獲享有代議之權利，使各先進國民與吾人易地以處，恐無一人肯忍受習數十年之久者。此就公理上言之，不能不容吾人得應有之權利也。以上所述，僅就吾人此次請願根據之論點，至華董加入工部局後，外人方面有益無損處，不可縷述，試為縷晰陳之。以六十二萬餘之華人受此支配於一萬八千之外人，而凡不明局中辦事之真相，無論辦理如何公道，終難釋華人之疑慮或誤解，此理所必至之事，無可諱言者也。工部局如有華董加入，凡百措施，彼此均可諒解，既不至發生誤會，更可便於推行：其利一。中外風俗不同，關於市政方面，外人之推測容不及吾人觀察之真；況今日華人更非數十年前可比，其希望租界發達，市政改良之心，不但不亞於外人，且恐較外人尤切，工部局若將華董加入，成效必更可觀：其利二。外人之來吾國，為擴充商業起見；然商業之盛衰，要視所在國民感情之厚薄為轉移。今華人與外人同在租界納同等之稅則，不得受同等之待遇，試問吾人能甘心忍受，感情上能有好印象乎？因恨成仇，積仇成怨，此後情形有為吾人所不忍言者。華董加入後，此等感想不但不至發生，且可益增濃厚，將來商業上所得之利益，何可勝道？其利三。各路納稅華人根據上述理由提出請願書於貴會，希望據情轉達納稅人大會諸君之前，予以同情之援助，不第華人之幸，抑亦外人之幸焉。[註四]

[註一]　按前引交涉署復各路商總聯會的信，開頭雖有"昨接……"字樣，但據報紙記載，直到三月三十日纔由商總聯會收到的，所以此處稱"刻接……"云云。
[註二]　民國九年四月二日申報。
[註三]　民國九年四月六日申報。
[註四]　民國九年四月七日申報。

結果,由各路商總聯會據情草就正式請願書,經八千餘華商簽字,托李德立和愛資拉(E. L. Ezra)兩人提出於納稅人會;請願書云:

　　吾等下署八千簽名者,代表租界內六十萬以上之中華居民及納稅人,敬請貴納稅人會年會允准華人代表參加工部局董事會。吾等不欲多多置辯,衹請注意此項事實,即華人年納貴處大部之捐稅,而於捐稅或其他一切市政事務,竟絕無發言之權。諸君子來自西方,教吾人以納稅而無代表乃有背諸君信仰者。吾等因覺,以此相求,當能邀諸君之同情。切祈貴會允准此請,爲禱。[註一]

3. 華董案的否決和華顧問案的通過

一九二○年民國九年四月七日,納稅人會舉行年會。會議順序中,有兩個議案是關於華顧問或參加租界政務的。一個是工部局提議的設立華人顧問委員會,另一個是李德立提議愛資拉附議的添設華董案。設立華顧問會的議案是:

　　本會核准一華人顧問委員會之創設,該委員會之組織與職權應即係公布於一九二○年一月八日工部局公報之工部局總董一九一九年十月二十四日致領袖領事函中所列者。[註二]

添設華董案則是:

　　本會茲着工部局採取必要步驟,設法獲得地皮章程之修改,以便將董事人數由九人增至十二人,其中三人即由納稅華人充任,當選資格與外籍董事相同,選舉方法隨後另定之。[註三]

開會時,便依着上述次序,開始討論。

A　華顧問案的通過

在提出華顧問案的時候,工部局總董庇亞士對於工部局所以提出這議案的理由,有很長的說明。[註四]這說明全部是被另一種外國人稱作"上海頭腦"(Shanghai mind)的那種思想在這問題上的最典型的表現。他先從歷史上說明華人在租界中的法律地位,說是華人居住租界,"並非以其權利,只作爲外人社會的客人",所以華人"沒有要求參與吾人行政的法權"。[註五]這樣賓主易位之後,於是他從另一個"非常不同的觀點"來考察這問題,說道:

　　我們應不應該,當作一椿平等和正義的事情,讓與華人這種參加我們本埠自治政府的特權呢? 我們歡迎華人做我們同住的人:我們對於他們有最大的友誼的情感,我們必須承認他們是租界發達上的一個很大而基本的原素,那麼我們應不應該對他們說:來在我們的政務上做我們的夥伴罷。

　　在回答這問題的時候,讓我們暫時丟開租界發展所需的開支——有別於維持租界的開支的——每一分錢實際上都是外人社會而非華人所出的這個事實。讓我們丟開這昔日蚊蟲跋扈的濕地變做一個發達的大城是外人而非華人的精力和努力這個事實。讓我們忘掉,這種改變雖經華人方面的時常阻擋,而仍然成功。代而替之,讓我們只想到華人住在這裏,是我們的朋友,是我們發達的一個很重要的原素;於是,再讓我們來問應不應該容許他們參與我們的事務。[註六]

[註一]　Kotenev, Shanghai: Its Municipality and the Chinese, p. 160.
[註二]　S. M. C. 's Annual Report, 1920, p. 192A.
[註三]　同上註,頁一八七 A。
[註四]　參閱 S. M. C. 's Annual Report, 1920, pp. 192A - 194A.
[註五]　同上註,頁一九三 A。
[註六]　同上註。

他説，一九一九年民國八年十月間工部局在職和前任董事開會討論的結果，[註一]便是根據這樣的觀點而得到的；他説：

> 我們要和我們同住華人的見解發生更切近的接觸。我們要處於一個比現在更能確知華人好惡的地位，總之，我們的結論是，我們達到這目的的最好的手段，莫如一個華人顧問委員會了。以前有一個時候，我們可以去從華人總商會那裏得到很大的助力，可是，唉，總商會已經不再處於以前所處的地位了，它不再像以前那樣代表華人社會了，别的崢嶸的組織已經向它的最高地位挑戰了。[註二]

接着他便提到一九○五—○六年清光緒三十一—二年關於華商代表委員會的事情，提到一九一五年民國四年推廣租界協定草案關於華顧問會的規定，説是雖然設立華顧問委員會，還得把那些條件作爲"防衛"最後的一段話是：

> 如果你們翻到報告第四四○頁，[註三]你們就會看到：華人所付市政捐是一、二二四、○○○兩，外人八一一、○○○兩。假定華人人口是七○○、○○○——一九一五年民國四年是六二○、四○○，外籍人口三○、○○○——一九一五年民國四年是一八、五一九，那麼算起來，華人每人繳一兩七錢五分，外人每人繳二七兩。諸位先生，我想我們既然比華人多繳這許多，外國人是至少應該舒舒服服在公園裏散散步[註四]的了。[註五]

正像庇亞斯等那麼慷慨地提出華顧問會的議案，納税外人也同樣慷慨地通過了這議案。

B 華董案的否決

華顧問案通過之後，接着討論華董案。原提議人李德立和附議人愛資拉除提出華商請求書外，並先後發言。李德立先説明華人因種種原因，思想已經大變，參政問題的提出是無法消滅的。接着從反對這問題的理由的不成立和必須贊成這問題的理由兩方面論述。關於前一方面，大要如下：

一 "以中國政府以賄成，故不能容華人加入議董。"李德立以爲這個反對理由不能成立，因爲第一華人正在竭力革除這一類積習相沿的惡習，第二納税華人一定選舉賢良的商人或實業界中人做董事，被選者未染官場惡習，且事關種族體面，必能黽勉從公，毫無危險，第三工部局董事亦且無從私用公款。

二 "或恐華人加入工部局，租界將淪於閘北、浦東等處之狀況；不知工部局仍有外國董事九人照常辦公，增加華董三人不足妨其行政。"

三 "或又以華人得隴望蜀是懼"，但"外人一日操租界之管理權，華人僅能得吾人所願許之權利而已"。

四 "或又曰：此爲外人之租界耳，非爲華人而闢者也。惜此議提出者已遲數十年。吾人曾邀華人來此共居……吾人之邀之來此，實爲自利計也。余知今日會議，苟建議令華人全離租界，則在場諸君必全體舉手反對，蓋以苟無華人，則無生活也。"

五 "或言華人自治之城鎮，試問有一可觀者否？今宜使華人先求自治而後來治吾人。不知

[註一] 參閱前引一九一九年十月二十四日工部局總董致領袖領事函。
[註二] S. M. C.'s Annual Report, 1920, pp. 193A – 194A.
[註三] 按即一九一九年度工部局報告關於財政事項部分。
[註四] 按當時租界公園還禁止華人入內。
[註五] S. M. C.'s Annual Report, 1920, p. 194A.

吾人今非請華人來治吾人也,不過欲請彼等助理各事,以利租界中華洋人民耳。"[註一]

至於必須贊成華董案的理由,李德立列舉如下:

　　一　無代表不納稅的原則本來是發源於盎格魯薩克遜民族,後來各國仿行,爲世界所公認。對於華人根據此種原則提出要求,怎麼可以拒絕呢?

　　二　華人納稅,實佔多數,但對於公款處置不能與聞,拒付又無力量。即使加入華董,華人還是沒有支配捐稅用途的權力,不過有一機會表示意見罷了。

　　三　上海租界加入華董並非創舉,"天津租界早有華董一人,已歷八年之久,未嘗有華董徇私舞弊之事"。

　　四　華人請求出於至誠,且係大多數人的主張,其精神正如"工部局如有所需,如遇失敗,仍不肯放手,但奮進不已"一樣。

　　五　"上海歷史常有不寧時代,如有華董,則中外意見可以互知,不致因誤會而生衝突。"

　　六　"上海乃民治規模地,中國他處城邑多取法於上海,凡各措施,皆視此爲標準;吾人宜容華董加入,並訓練華人所以爲選舉人之方法,俾可以此制度傳佈於其他城邑。"[註二]

最後,李德立並以容許華人參政之後,許多外人未曾達到目的的事,如推廣租界等等,華董將爲他們自己和外人而解決之——這樣的話來打動納稅人的自利心。

愛資拉從參政運動的普遍上說話,並批評顧問會只是一種"非驢非馬之辦法","既非華人所欲,亦非工部局所需"。[註三]

李德立和愛資拉發言既畢,工部局總董庇亞士又作了一次很長的演說,反對華董案。[註四]他從一九一九年民國八年十月間工部局在職和前任董事的那次會議說起,接着列舉當時他們反對華董的五個理由,要點如下:

　　一　華董要求是華人撤消領事裁判權的手段。而領事裁判權是不僅保護着外人,亦且保護租界的華籍居民,所以他們是"並不反對華人代表的原則,但主張,最堅決地主張:此種代表,非到我們得到確實保證不致損及那些賴租界而存在的華洋巨大利益時,不應給予"。

　　二　租界的發展,其根基大部分在於它的對於中國政治的中立性。華董加入之後,便有使租界牽入政爭漩渦中去的絕大危險。

　　三　"根據健全的原則或政策,我們的根本法[註五]上不應有所修改,除非此種修改足以增強此種根本法,並在我們的行政上產生較大的效果。……我們最確定地以爲華人代表不會獲達此項目的,却相反地會屏弱我們的根本法,並減少我們行政的效果的。"

　　四　即是關於賄賂的事情。

　　五　明白的意思是,不能再有以前那班會爲工部局出力的人了;不過他說得比較隱晦罷了。

庇亞士說完了之後,李德立又起來反駁,剛說到領事裁判權和本問題毫無關係的時候,便有人報以惡聲,發生爭執,同時許多人都不耐煩再聽什麼話,吵着要表決。結果,華董案大約以一對三的少數而被否決了。

[註一]　以上引用文句均見民國九年四月八日申報。
[註二]　同上註。
[註三]　民國九年四月九日申報。
[註四]　參閱 S. M. C.'s Annual Report, 1920, pp. 187A–189A.
[註五]　按即指地皮章程。

4．華人顧問委員會的成立

A　華人的接受華顧問會

華董案被否決,納税外人只通過設立華顧問會的消息傳出之後,同日下午八時各路商界總聯合會即開緊急會議,大家表示不滿,決定繼續開會,磋商進行方法。同時,另一方面,中文報紙上却又有對華顧問人選大家希望什麽人什麽人當選的新聞傳述着了。

但四天以後,即在四月十一日,各路商總聯會亦即發出"敬告公共租界納税華人公鑒"的通知,一面表示暫時接受華顧問會,一面即宣布積極進行選舉事宜;該通告全文如下:

> 工部局設立華顧問部議案已經此次納税西人會通過;本會最初要求雖未達到目的,但吾人在工部局既得有發言之切身利害之處,未嘗不可暫以顧問部爲代表公共意思之機關,且爲第一次之試驗,事關國際名譽、民族人格,凡界内合有選舉及被選舉權者,幸勿放棄。至華人資格調查表,前經本會擬就表式,分發各路照刊限期調查;現事機已迫,除催各路分會積極進行外,尚恐或有遺漏,爲此登報廣告,凡遺漏各户,於一星期内速赴各分會或本總會索閱補填,幸勿自誤! 特此通告。[註一]

四月二十日,各路商總聯會又分函各分會,請積極進行調查事宜。

B　納税華人會的組織和華顧問的選出

另一方面,納税人會通過華顧問會的事情,工部局由其秘書李台爾執筆於四月十七日正式通知總商會,並附寄一九一九年民國八年十月二十四日工部局總董致領袖領事信稿及一九一五年民國四年推廣租界協定草案摘録各一份,"請貴會發起召集本租界中代表各部分華人之會館與聯合會,選出認爲宜於當選華顧問而具有附奉之工部局總董致領袖領事函中所開各項資格之華人至少五人,俾將名單呈請領團檢核"。[註二]

各路商總聯會的調查,未能迅速完畢。總商會見於"各路商會之討論毫無結果",[註三]"而工部局盼覆其殷",[註四]於是在五月二十九日開會議決,"分函通知入會之各商業團體,請其推舉堪勝華顧問之候選員送會轉達工部局。但經提出,商會係商業團體,祇能在商言商,故不能通知在其範圍以外之其他團體"。[註五]因即於決議的下一天開始進行,並將情形報告工部局,説是一俟收到該項候選人名單,當即通知工部局。工部局對此未置可否,[註六]雖然在四月十七日致總商會的那封信中也居然有過"華顧問人選須儘可能使其足爲租界全體中華居民之代表"的話。但華人方面對於總商會的行動,表示十分的不滿和反對,紛紛給與極嚴厲的指斥。總商會雖於六月上半月間一再登報聲明:

> 本會係商業團體,會員雖僅三百餘人,皆代表各幫商業之領袖居多,所有上海商業公所會館涵蓋在内。此次選舉華顧問,請各業團體分投辦理,並非在會員三百人中推舉,似不得指爲屏棄市民,希圖包辦。夫所謂各業團體者,即其會館公所也,範圍甚廣,其選舉何人,並無限制。即就馬路商店而言,各行各業,皆有會館公所,其對於各業之會館公所皆有選舉權。至於商業以外之團體,漫無涯涘,當然非本會所能顧問。[註七]

[註一]　民國九年四月十一日申報。
[註二]　S. M. C.'s Annual Report, 1920, p.194A.
[註三]　Chinese General Chamber of Commerce to Mun. Council, May 30, 1920.
[註四]　總商會覆各路商總聯會函中語見民國九年六月六日申報。
[註五]　同本頁註三。
[註六]　參閱 Mun. Council to Chinese General Chamber of Commerce, June 6, 1920.
[註七]　民國九年六月七日及十二日等申報。

　　但這樣的解釋只發生了相反的作用,枝節格外多了起來。六月六日,接得總商會五月三十一日請迅即於一星期內推選候選員的函信的廣肇公所開會討論這事,議決該公所"未便侵犯多數人權利,擅開員名,供人採擇",[註一]加以拒絕。寧波同鄉會又於六月九日開會,以同樣理由拒絕了同一的事。六月十二日總商會乃開會議決取銷五月二十九日該會的議決案,次日致函工部局回絕了這個差使。事情便由各路商總聯會繼續進行。

　　六月十二日各路商總聯會開董事會,推定負責人五名,籌備邀集團體,組織納稅華人會的事情。二十二日各團體假青年會開聯席會議,到代表一三二人,通過納稅華人會籌備會名義,又推定籌備委員二十人。七月初起,推定王正廷、余日章、陳則民、潘勵紳、朱虞石等五人,進行起草納稅華人會章程。此項章程草案經八月三十一日籌備委員會修正通過後,於是一方面由各路商聯分會及同鄉團體等調查納稅華人,一方面又登報請合格者迅速登記。十月十四日,納稅華人會開成立大會,修改通過會章,全文九條,如下:[註二]

　　　　第一條名稱　本會由上海公共租界納稅華人所組織,故定名爲上海公共租界納稅華人會。
　　　　第二條宗旨　本會專爲發達界內之自治及公共之利益。
　　　　第三條會員　界內華人凡有左列資格之一者,皆得爲本會會員:
　　　　一　所執產業,地價在五百兩以上者;
　　　　二　每年付房地捐在十兩以上者;
　　　　三　每年付房租在五百兩以上而付捐者。
　　　　第四條組織及任期　本會設理事二十七人,由大會選舉之,任期三年,每期改選三分之一——第一屆選出之理事,分爲甲乙丙三班,以抽籤定之,甲班任期一年,乙班任期二年,丙班任期三年。主任一人,副主任一人,由理事公推之;代表五人,[註三]由理事互選之;任期一年。所有理事及代表,連選得連任,但不得過兩期;缺席時以當年次多數遞補之。其餘職員由理事部聘任之。
　　　　第五條理事之資格　凡本會會員住居租界五年以上,有左列資格之一者,得選爲理事,由大會選舉之:
　　　　一　付房地各捐在五十兩以上者;
　　　　二　年付房租一千二百兩而付捐者。
　　　　第六條理事之職責　凡界內華人關於切身利害之事,及對於界內之自治行政,有所建議或請願等事,皆須經理事部審定後,分別辦理之。
　　　　第七條會議　本會每年十一月開公共租界納稅華人常會一次。如經理事部之議決,或會員總額十分一以上之要求,得開臨時大會。理事部會議無定期。
　　　　第八條經費　本會經費,由界內納稅華人負擔之。
　　　　第九條附則　本章程自本會成立之日實行之。如有未妥之處,經大會到會人數三分之二之決議,得修改之;但修改意見書須於一個月前提出。

　　十月二十一日,納稅華人會假青年會舉行理事選舉,交涉公署派律師到場視察。次日開票,選出理事王正廷等二十七人,及候補者十五人。十一月一日開理事部成立會,九日由理事部照章選出出席

[註一]　民國九年六月七日申報。
[註二]　民國九年十月十五日申報。
[註三]　按即係工部局華顧問。

工部局爲華顧問的代表五人,是:宋漢章、謝永森、穆湘玥、余日章、陳輝德。納稅華人會以其成立經過及華顧問的選出通知總商會請其轉達後,總商會即於二十四日照達工部局查照。

C　納稅華人會章程的修改

工部局接到總商會十一月二十四日的通知信後,於三十日答函,請將納稅華人會章程等檢送一分云云。該項章程經總商會於十二月三日照送後,工部局久無回答,經催問之後,始說事情尚在考慮之中。華人方面對於華顧問的遲不就職,已經十分焦急,紛紛加以催促。直到下一年,即一九二一年民國十年一月十三日,工部局秘書李台爾繼答覆總商會去年十一月二十四日的去信,說道:

> ……爲後開各項理由,敝局不能接受此項人選以轉呈領團請核,殊以爲憾。
>
> 敝局得知所選五人中有一人或一人以上未具敝局總董一九一九年十月二十四日致領袖領事函中所開而爲納稅人年會通過創設華顧問會根據之各項資格;但敝局在目前姑不及此,專事考慮所選五人受有約束之納稅華人會章程。
>
> 章程第四條規定二十七人組織理事部,華顧問五人即由此中選出。章程第六條規定:凡租界內一切於華籍居民有切身利害關係之事,以及關於本埠政務必須提出之建議或請求,須先由理事部處理之。故實施後,所選顧問,如經承認,即均有義務,必須以每一重要事宜,敝局所或提出諮詢其意見者,提出於該理事部;而顧問所向敝局提出之意見,亦必先得該理事部之同意,於外人居留地之行政事項行使權利,不能准許。
>
> 故貴會當即明曉,敝局祇能同意以意見絕不受任何其他支配或監督機關所左右之華人顧問之名單,轉呈領團,不問此支配或監督機關爲納稅華人會之理事部,該會本身,或任何代表某部分或某些部分華人之會館或團體。[註一]

華人方面接到這封信後,個人或團體都紛紛解釋,毫無效果,工部局祕書李台爾在二月二十四日復總商會函中,明白表示其強硬態度,頗有不再理會,"悉聽尊便"那樣的決絕,該函云:

> 貴會二十二日來函,內附王正廷博士十九日所發關於華顧問事之函一件,業已接悉。茲奉命答覆者,請轉告王博士,納稅華人會章程第六條,無論加以如何之解釋,然工部局僅能顧及此條實際上命意,此非意思問題,乃爲事實問題。故納稅華人會任何會議所發之任何宣言,胥不能改變工部局對於該條章程之反對。一俟該條章程註銷後,工部局方可將貴會去年十一月二十四日來函附送之五顧問名單轉致領團。[註二]

各路商聯分會紛紛提出交涉和解決意見,亦無結果。事情一直拖到四月,工部局又將選舉新董事了。納稅華人會終於在四月四日的大會中討論成爲問題的該會章程第六條。結果,贊成取消該條規定者有四七○人,反對者僅四二人,遂通過取消。

納稅華人會把這事通知工部局後,工部局便把那名單送呈領團。

D　華顧問的就職

一九二一年民國十年五月十一日,工部局華人顧問委員會第一屆委員宋漢章、謝永森、穆湘玥、余日章和陳輝德正式就職,是日下午二時,各團體假上海總商會開歡送大會,對於五顧問頗多勉勵和希望。到四時三十五分,五顧問乃坐汽車到工部局去就職。當由工部局總董吏密士(A. Brooke Smith)致歡迎辭云:

[註一]　S. M. C.'s Annual Report, 1920, p. 197A.
[註二]　民國十年二月二十六日申報。

諸君——余之同事與余，今日代表與諸君共居於此之上海外人，歡迎諸君。

上海外人租界係中國圈出以備外人居住之地，而外人在此租界中須擔負煩重負責之職務，維持界內中外居民之公共安寧、秩序與良善行政：此爲諸君所素悉者。

依照舊章，華人不許居於租界，此層諸君或亦知之；但此章依外人之一致志願，業已廢弛多年，爲各方面利益計也，吾華友衹須遵守租界章程，輒受歡迎來居於此。而執行此章程，乃市政會之職責，其名爲市政會（Municipal Council），[註一]其實則照市政會一詞之尋常意義解釋，實有未當。其真正名稱，乃爲"上海洋涇浜以北外人社會之行政會"（The Executive Council for the Foreign Community of Shanghai North of the Yangkingpang）也。此名冗長，故不常用。但歐美市政會所不常有之職務，而此市政會行之者，即以此也。其設置警察，管理醫院，維持學校，籌備公安，並辦理爲其分所當爲之其他種種事件，亦即以此故。責任重大，有加無已，但市政會既必維持租界內之良好秩序，吾人不能逃責也。

第爲助其行政起見，市政會輒欽佩高明意見之價值，吾人了解凡關於中國居民之事，常有許多問題，吾人於此，願歡迎密切之合作與襄助，而此合作與襄助可隨時商諸明白之華人如諸君者而得之也。余信在各種事件上，諸君建議，必健全明達，吾人得建議之助，定能使租界內中國居民始終愉快滿足也。吾人現已有若干事件願早日得諸君之意見，書記行將召集會議，余望諸君全體出席。[註二]

華顧問由宋漢章爲發言人，答辭如下：

吾人爲納稅華人之代表，應君之請，特於今日午後來工部局與君相晤，吾人受此尊榮，誠甚感勉。君適縷所言，吾人甚爲諒察，且完全同情於君之高尚觀念與期望。設吾人了解正確，則吾人之職務在於與公共租界內中國居民最爲利益有關之各種事件上，向工部局陳述意見。吾人願依此進行，予工部局以吾人極好之合作。不僅此也，吾人貢獻於工部局之職務，與在此市區內各居民間友誼與好意之增進與維持，容可大有裨益，而因此使華人方面享有市政上更充分之權利與義務：此乃吾人之大期望也。[註三]

工部局華人顧問委員會便這樣成立了。

5. 華顧問會的消滅

華顧問會成立的當時，曾相當地興奮了若干熱心的華人，甚至急不擇言，說出了"敬向貴顧問諸君前，恭祝上海租界工部局暨我五代表萬歲"的話。[註四]然而華顧問成立之後的情形怎麼樣呢？對於華人真能有什麼益處呢？

有人說：華顧問會的設立，"在外人方面不過藉此以緩和吾之民氣，並無誠意以相容接；在華人方面亦採取漸進主義，爲得寸進尺之圖，虛擁顧問之名，並無發言之實；廁身會場，形同傀儡"。[註五]而事實上，工部局提交華顧問會請表示意見的事情，是十分地少；而華顧問會偶得表示意見的機會，其意見亦不受到相當尊重。一九二一年民國十年以後，工部局歷年從事於增修附律，雖因納稅人屢次都表示漠視而流會，未曾通過，但華人抗爭是廣大而有力的。這樣的事實反映到華顧問這問題上來時，便是一方面華人日益發覺華顧問會的設立和真真的參政完全是兩件事，因而頗爲急切地希望這個"過渡"辦

[註一]　所謂工部局或工部局董事會，它的英文名稱便是這個。
[註二]　一九二一年度工部局報告，頁一九四 A。此處即用五月十二日申報所載譯文，經更改一句。
[註三]　同上註。
[註四]　參閱民國十年五月十二日申報"歡送五顧問就職大會記"。
[註五]　馮炳南"上海工部局華董問題"中語，見民國十四年十月十日申報。

法早一點廢止而轉入有效的參政；另一方面，工部局是發覺有了華顧問會之後，租界的中華居民還是那樣廣大地反對工部局的行動和企圖，華顧問會似乎失卻了某種工部局所需要的作用，對於華人要求有效的參政，自然非用好聽的話給打消下去不可的了。

一九二二年民國十一年十月三日，工部局總董西姆司(H. G. Simms)在宴席上對華顧問説道：

> 華人顧問委員會成立到現在，已經過了十八個月了。諸位當也明白，華顧問會的使命，是兩重的。第一，我們希望它在有關華人幸福的事情上協助工部局。第二，也是它使命上比較要重要得多的那一部分，我們希望給華人以西洋觀點研究市政的機會，以便華人代表會自然而然地在工部局佔有地位，一如敝同僚們。真是一件遺憾的事情，直到如今，這兩個目的，無論哪一個都沒有絲毫的進展，現在是已經到了必須仔細考察這失敗的原因所在而抱定誓達目的的決心重先開始的那個時候了。十分坦白地説來，這些可憐的結果是大部分應該由雙方猜疑的空氣負責的。華人依舊有一種心思把外國人看作由於武力而來住下的人；換句話説，華人把他們看作侵入者。[註一]

而一九二二年民國十一年十一月十四日的宴席上，華顧問會由謝永森爲發言人，説了這樣的話：

> 在這個約開商埠的早期歷史上，來到這裏經商居住的中國商人，大部分或者甚至全部都是貧苦階級的人。他們在某一種意義上是冒險者，他們到這泥灘上來是想發了財，再退休到故鄉去建造起高廳大廈來。所以這城市的治理一節是不關他們的心的。現在，我們可在這裏有了別種不同的人了。我們看見他們建造在這商埠裏面的奢麗宏大的住宅。我們看見僱用幾百人手的現代工廠。上海是他們永久的住家地方。上海是他們各種活動的中心，他們不僅有錢財，他們還有學識，有許多甚至受過工商業或各種專業的高深訓練，還有許多把子女送到世界上最好的大學裏去受教育，幫助他們。他們現在對於治理這大城市的義務和責任，已經有了覺醒的意識。甚至連那些工人也自行組織了起來，他們不久也將要求租界政務的分擔。諸位先生，我們現在正處於一個不同的時代，和不同的人們同住着。如果我們眼光遠大的話，我們便能把中國人的財富、學識和精力，引導到灌溉這國際社會的肥田沃土的一條河流中去。如果我們彼此以合理正義相待，那麼在我們面前便會有一塊大田地，在這田地上，對於這國際社會友誼合作的果實，中國人的精力和財富貢獻一定不小，我們大家收集我們的豐收。[註二]

但這樣各趨一端的關係，也終於一直維持到了一九二五年民國十四年時。這一年發生了五卅慘案，舉國悲憤。華顧問會於是辭職，而且從此永遠消滅了。工部局對於華顧問辭職這一回事，只在它的年度報告上輕描淡寫了這幾句話：

> 六月六日，本局所委派之華人顧問委員會，以其辭職通知本局，其所提辭職理由爲本局方面無意懲罰五月三十日開鎗騷擾之參加者及以正義對待華人云。[註三]

五卅交涉中有一部分便是關於華人參政運動的，五卅以後又經過幾許的奮鬥與交涉，結果在一九二八年民國十七年四月產生了華董三人。這中間的經過，我們以後會叙述的。

[註一]　S. M. C.'s Annual Report, 1922, pp. 229A – 230A.
[註二]　同上註，頁二三一 A。
[註三]　S. M. C.'s Annual Report, 1925, p. 65.

七　工部局擴張權力的企圖和華人堅決的反對

1.印刷附律案

一九○三年_{清光緒二十九年}蘇報案發生,[註一]工部局即藉清政府對於該案的重視,向北京公使團"提議","以華人新聞紙之檢查與統制,作爲地方立法之一端,列入地皮章程附律第三十四條,發給執照".[註二]但公使團認爲"有關管轄之事,工部局無權干預".[註三]事乃暫時未曾進行。一九一六年_{民國五年}起,工部局開始致力於附律第三十三條至三十七條的修訂,印刷出版物的領照,也便包括在附律第三十四條的規定之中。各該條規定,幾經修訂,到一九一九年_{民國八年}因各方反對,始將印刷領照一層,與第三十四條其他規定分開,另行單獨訂成附律第三十四條甲,提出於該年七月十日舉行的納稅人特別會。[註四]

工部局所提議的附律第三十四條甲,是:

> 無論何人,非先向工部局領得執照,不得在租界以內,經營印刷人、石印人、雕刻人之事業,或印刷或發行新聞紙、定期刊物或其他載有公共新聞、消息或事故之印刷品;如係外國人,其所領執照由該外國人所屬國籍之領事副署之。關於此項執照,工部局得徵收及頒行納稅人年會,及特別會所核准之費及條例,惟該項條例於頒行以前,須先得領事團之批准。

> 凡違犯本條附律之規定者,每次處以不過三百元之罰金,或按其所適用之法律,加以他種處分。凡助人發行或傳布石印品、雕刻品、新聞紙、定期刊物或其他印刷品,其第一葉上,不載明印刷者之姓名住址,及篇幅在一葉以上,其最後一葉亦不載明者,每次處以不過二十五元之罰金,或按其所適用之法律,加以他種處分。[註五]

又關於提議的附律第三十四條甲所規定的各種印刷品執照,工部局另行提議下列條例七項,以期經納稅人會通過後,提請領事團批准頒行:

> 一、執照應陳列於領照房屋內顯明之處。

> 二、值差巡捕與捐務處人員,均可自由入內。

> 三、領照房屋內所印新聞紙、定期刊物或其他印刷品之名稱,均須正式登記。

> 四、領照人之姓名、住址,須刊明於一切石印品、雕刻品、新聞紙、定期刊物及不論何種性質之印刷品之第一葉,如篇幅在一葉以上,須刊明於最後一葉,然後始可出版發行。

> 五、領照人或在領照房屋內,不得印刷、石印、雕刻或以其他方法複製或出版猥褻淫穢性質之物。

> 六、領照人,或在領照房屋內,不得印刷、石印、雕刻或以其他方法複製或出版煽亂或下等性質或意圖激使破壞和平或擾亂秩序性質之物。

> 七、凡印刷品、石印品,或以其他方法複製或出版之物,其違犯本條例第五第六條者,捕房得扣留沒收之,並控告其領照人。凡在不寧靜時違犯本條例第六條者,其執照得立即中止之,俟領

[註一]　關於蘇報案始末參閱本市通志社會事業編。

[註二]　Mun. Council to Baron Czikann de Wahlborn, H. J. R. A. M. Minister and Doyen of the Diplomatic Body at Peking, July 22, 1903. — S. M. C.'s Annual Report, 1903, p.63.

[註三]　Boron Czikann de Wahlborn to J. Goodllow U. S. Consul-General and Senior Consul, Aug. 10,1903. — S. M. C.'s Annual Report, 1903, p.65.

[註四]　參閱本篇第二章第八節。

[註五]　S. M. C.'s Annual Report, 1919, p.238A.

照人所屬法庭,於工部局起訴該領照人時,判決應否給還執照,或繼續中止,或永遠吊銷;此外無論在何種情形之下,除先由工部局向領照人所屬法庭起訴後,由該法庭判令停發執照者外,執照不得中止,其停發之時期,亦以該法庭判決者爲限。[註一]

這印刷附律和印刷執照條例,連同附律第三十三條到三十七條的修訂,都在一九一九年民國八年七月十日的納稅人會通過了。[註二]但領事團僅通過附律第三十三條至三十七條的修訂,並以之提呈北京公使團,得其批准;對於第三十四條甲的印刷附律却不贊同。工部局認爲絕大遺憾。[註三]

但工部局決不氣餒,仍繼續進行。結果,領事團組織委員會,起草並通過印刷附律一條,以外人印刷品的處理歸之各國領事署,工部局則統制華人印刷品。領事團於一九二〇年民國九年三月二十三日將該附律草案函交工部局後,工部局即將它編爲附律第三十五條甲,預備提出於四月七日舉行的納稅人特別會,請其通過。這提議的附律第三十五條甲的全文是:

　　印刷品——凡印刷包括一切機械複印而言或出版,或命人印刷或出版新聞紙、小冊子、傳單、招貼或其他登載或評論公共新聞、消息或事故之刊物,如係外國人,須先期向其所屬國之領事官,中國人則須先期向工部局,登記或令人登記其姓名、常住地址及營業場所,並不得故意寫成或命人寫成錯誤或遺缺不全,使此項登記不確;凡印刷一切無論如何總屬出版或發行之刊物者,此項刊物如係僅印一面,須即於其面頁上,如係在一葉以上,須於其第一或末一或社論葉上,用醒目字體,刊出其姓名、居住地址與營業地;無論何人不得出版或發行,或幫同出版或發行,未依上述規定刊出印刷者姓名、居住地址與營業地址之刊物;違犯者應受不過三百元之罰金,或不過三個月之監禁,或其適用法律所規定之其他處分。

該次納稅人特別會出席者不足地皮章程第六款所定開會人數,未能開會討論。工部局乃決再行提出於次年的納稅人特別會。[註四]

一九二一年民國十年三月十七日,工部局發表將於四月十四日舉行納稅人特別會,討論提議的第三十五條甲關於印刷的附律。華人反對,於是有正式的表示。四月十二日,上海書業商會、書業公所、日報公會、書報聯合會等四團體,推派代表三人,往晤工部局總辦李台爾,請對所提議的印刷附律,詳爲解釋。[註五]四月十四日,納稅人特別會開會那一天,該四團體等又發表"爲取締印刷業附律致納稅西人書"云:

　　敬啓者:今日先生等將開納稅西人臨時大會,對於工部局所提出之取締印刷業附律,須有討論及決斷。據謂該附律係爲防止危險印刷品起見,想邀亮察。敝公團等之意,以爲該項附律,未必能發生效力,因有意發布危險印刷品者,可在租界外印刷,而在租界內散布,且如用各種秘密散布方法,則工部局方面亦防不勝防。先生等對於工部局提案,皆有發言權,未審對於此項附律,曾詳細研究否。敝公團等詳細研究,知此項附律,不僅有關於因營業關係必須註冊之印刷業及報館書坊,而按附律原文,無論用機器或油印謄寫版等種種複寫法,印刷有關公共新聞或評論,必須註冊。又除印刷人須註冊外,發行人亦須註冊。而主使印刷或發行人,亦皆須註冊。至於非新聞之印刷品,該附律原文云:"凡印刷意在發行或分散之任何紙張,須以明顯之字跡,刊登其姓名、居住

[註一]　S. M. C. 's Annual Report, 1919, pp. 238A - 239A.
[註二]　同上註,頁二三八 A。
[註三]　同上註,頁二四一 A。
[註四]　S. M. C. 's Annual Report, 1920, p. 198A.
[註五]　民國十年四月十三日新聞報。

地址與營業地址,於每紙之正面——指專印一面者言,或於複頁紙之第一頁或末頁或社論頁。"查印刷品皆屬散布而印,上述附律原文,未免所包太廣矣。倘所印之品,偶將印刷人及住址等遺漏,則應受處分者,除印刷人外,如發行人及散布人與相助發行者、相助發布者,皆得受懲罰。由此觀之,營印刷業者,及非營印刷業而印刷者,長期發行者或臨時發行者,在未分別註冊前,不得印刷及發行。其在印件上遺漏印件人姓名、住址,除印刷人當然懲罰外,其發行及散布者,一律受懲罰。然則該項附律,所包至廣,偶一不慎,既有罰金至三百元,或監禁至三個月之危險,且監禁與否,尚不以有無財力措繳罰金爲定,直須受法官之任擇何種,以爲判決,出入太大。查擾亂治安之情事,向有定律,與以相當之懲罰,今此附律之本意,無非爲使工部局方面知危險印刷品之來源,故僅可使營印刷業者及長期發行者註冊,而不註冊之懲罰亦僅可科以較輕之罰金,斷無監禁之可言,因不註冊一層,非犯刑事者所可比也。先生等今日到會投票時,敬請將此項附律之利弊,秉公審度,蓋彼果有意散布危險印刷品,迴避附律者,亦不患無其他方法;且印件必需印有印刷人及住址之規定,則原印刷人爲卸責起見,難免不借用其他印刷人及地址,雖非故意陷害,而被借用之印刷人所受寃抑,不已多乎? 總而言之,此項附律,實利少而害多,務望先生等勿將此附律通過,則全部公民受惠不淺矣。專肅,祇頌公安。[註一]

但納稅人特別會仍以出席人數不足,流會。[註二]

一九二二年民國十一年三月二十三日,工部局又發表將於四月十九日舉行納稅人特別會,討論提議的附律第三十五條甲。[註三]華人方面,於工部局正式發表之前,即已知悉此事,反對立起。總商會屢次提請外交部抗議,外交部又令上海交涉員向領事團抗議制止。[註四]接着上海書業商會、書業公所、日報公會及書報聯合會,亦提請交涉員交涉,交涉員因要求領事團,即飭工部局迅行撤消提議的附律。[註五]四月十八日,上海書業商會、書報聯合會、日報公會、書業公所及中國青年協會出版部等五團體,發表標明"接近公共租界納稅外人者鑒"和"有地產者更應注意"的一封公開信,云:

公共租界工部局,將於本月十九日星期三,在納稅人會議,提出取締印刷附律,規定:無論何人印刷包括各種複寫法或發行,或委人印刷或委人發行,載有新聞消息或事項或議論或意見之任何報紙、小冊、傳單、招貼等,均須於印刷以前,向工部局註冊;如有誤填、脫漏,或分散未刊印刷人姓名、住址之任何紙張者,皆得處以三百元以下之罰金,或三個月以下之監禁。敝會等詳加討論,意見如下:一、按洋涇浜章程,工部局規定此項附律,實屬越權。二、此項附律,如果實行,則無論個人或廠店,任印何種印件,均有註冊之煩,均有受罰之危險。三、工部局以爲此舉係取締過激印件,然此種印件,自有中國刑律約束,無另訂附律之必要。四、四月十三日工部局公報解釋,謂:"附律所要者,惟印刷人及發行人之註冊,而此項註冊手續,亦不須重複。"然此項解釋,實係自相矛盾,且係僅對書局、報館而言。蓋該律原文,固明言無論何人,何種印件,均須於印刷以前註冊也。此四種理由,均係最重要者,詳細見三月二十九日、四月十七日各報所登。敝會等兩次對納稅外人之聲明,此事不惟與敝會等有關係,於公衆之任何印件均有關係,此附律通過與否,其權操之納稅外人,敝會等兩次聲明書,均已寄交各外人,惟恐各外人或不注意,諸君如有地產託洋行掛

[註一]　民國十年四月十四日各報。
[註二]　S. M. C.'s Annual Report, 1921, p. 195.
[註三]　S. M. C.'s Annual Report, 1922, p. 254A.
[註四]　Commissioner for Foreign Affairs to Senior Consul, March 16, 1922.—S. M. C.'s Annual Report, 1922, pp. 254A–255A.
[註五]　Commissioner for Foreign Affairs to Senior Consul, March 30, 1922.—S. M. C.'s Annual Report, 1922, pp. 256A–257A.

號[註一]或與納稅外人有友誼者，務乞將以上所載，對於該附律不應通過之理由，詳細説明，俾其到會時不致違背多數之輿論，而遽行將該附律通過。另印納稅外人名單一份，以備考查。除分送外，如未接到，請向各報館索取。專此奉佈，伏希公鑒！[註二]

工部局恐影響所及，納稅人特別會又告流會，故於開會的四月十九日那天，發表聲明，説：關於印刷品登記註册問題，在許多國家都是慣有的事，工部局附律的規定，且較許多國家爲寬，所以"負責之新聞紙，一無所懼。關於限制言論自由一層，實無問題，工部局方面亦無意抑遏對於其辦理市政之批評。工部局對於建設性質之批評，抑且常表感謝"[註三]云云。但這聲明仍無效果，納稅人特別會仍未開成。[註四]

一九二四年民國十三年的一次，華人反對，更爲有力，且反對理由，亦有新而重要的發展。海寧路商界聯合會四月四日致函工部局華顧問會云：

邇啓者：工部局近擬於本月十六日納稅西人年會時，重提取締印刷品附律一案。此案經過詳細情形及其利害，諸君當已明瞭，茲不贅述。惟查工部局權限，依照洋涇浜租界章程第十一款，雖有隨時酌定規例[註五]之權，但不能與章程相背。工部局自治權限，本章程第九款內，均有列舉規定，如於上開列舉範圍以外，另行制定各種規例，以冀束縛市民自由，即屬違背租界章程。或謂工部局既有設警之權，爲保持公安起見，基於警察權之作用，發佈單行規例，似尚與租界章程第九項第四款不相抵觸。唯查華商寄居租界，[註六]仍係受治於本國法令，而非隸屬於領事公堂，[註七]故關於著作、印刷各事，只有服從本國各種法令之義務，即工部局亦無權强令華商舍棄本國法令，服從其另定規例。如有違背公安情事，儘可依據中國法令，以警權向公廨起訴。租界與割地不同之處，在此一點。應請諸君向工部局鄭重聲明，打消此議，實爲至幸。[註八]

工部局見於華人反對的廣大而有力，乃邀請書業商會、書報聯合會、日報公會、書業公所，於四月十日往晤工部局代理總辦，希望有所解釋成效。該四團體雖經派代表前去，但乃"主張無條件之撤回"，故無結果。[註九]四月十四日，該四團體等，又用"爲工部局取締印刷附律事請政學工商各界注意"的標題，公開發表意見云：

上海書業商會、書報聯合會、日報公會、書業公所四團體，謹以對於印刷物附律之意見，公布於社會。查上海工部局，在民國十年、十一年，曾兩次提出印刷物附律於納稅外人特別會，均因不足法定人數，未及付議。敝會等對於此事，於民國十年、十一年，曾詳細研究，迭次宣言，諒邀明察。今據工部局在九○九號公報內公告，知本屆四月十六日納稅外人特別會，工部局仍將提出該律，請納稅人表決。敝會等竊以該附律之主旨，雖經工部局解釋，意在取締有關風化或治安之印刷物，但其措詞之混，包羅之廣，科罰之嚴，就法律言既無先例，就事實言徒多障礙，一旦通過實行，不獨出版業與印刷業受種種苛細之束縛，即一般社會亦將隨時有抵觸附律，受三個月監禁、三

[註一]　按即託外僑出面領取所謂"掛名洋商道契"的中國地主。
[註二]　民國十一年四月十八日申報。
[註三]　Municipal Gazette, April 19, 1922.
[註四]　民國十一年四月二十日申報。
[註五]　"規例"即附律(Byelaw)的另一譯名。
[註六]　按"寄居"云云，實非事實。
[註七]　此處所謂"領事公堂"，並非受理工部局爲被告案件的"領事公堂"(Court of Consuls)，而是各外國"領事法庭"(Consular Courts)。
[註八]　民國十三年四月五日申報。
[註九]　民國十三年四月十二日申報。

百元罰金之虞,於文化、教育、商業及租界居民之公眾便利,均有極大之影響。除於外字報上登載宣言,請納稅外人主持正義外,請政學工商各界讀者,對於友邦人士,詳細說明,爲幸。[註一]

四月十五日,又以"言論自由與工部局"爲標題,發表"書業商會、日報公會、書業公所、書報聯合會抗議印刷物附律之宣言",如下:

請公眾注意新規定之刑事條項。工部局所擬提案通過之印刷物附律,將增出向來所無之刑事罪名多種,犯者所受最大之罰則爲三百元之罰金,或三個月之監禁。

一、附律超出職權之外　本會等考查結果,知此項附律,實超出於工部局因洋涇浜地皮章程所付與之"權力職分及管轄"之外。工部局若在洋涇浜章程範圍以內,自可用附律規定,處分任何事項,但若欲超出洋涇浜章程範圍一步,而用附律以對付,則依法律言爲不可能。中國人民之言論自由權,載在約法,不在洋涇浜章程範圍之內。今工部局所欲提出之附律,即謀所以限制之者也。

二、附律毫無先例　本會等又悉此項附律,自其全體言,在現代法律中,實無其比。試舉英國爲例,即從來無與此類似之法文,僅有一種性質相異之規定,然在一六九四年經某名人反對後,卒於一六九五年廢止之。現行英國法律,實容許一般人以言論、著作、發行之自由,除誹謗律外,不受任何拘束,僅規定凡意在發行散布之紙類書籍,須將印刷人姓名載明,及報館主者須向倫敦索默塞廳註册而已。

三、七種新刑事罪名　英國之成例,雖如上節所述,今工部局所擬提之附律,則超出於上述兩種制限之外,而新增從來不以爲罪之刑事罪名至七種之多,列舉之,爲:

(A)凡未向工部局——若係外人則向領事署,將姓名、住址註册,而(1)印刷,(2)發行,(3)主使印刷,或(4)主使發行任何報紙、小册、傳單、小張招貼以及載有公眾消息、事項、評論、意見等等紙類者,得處以罰金或監禁。

(B)凡(5)印刷意在發行、散布之紙類,而未將印刷者地址載明其上者,罰如前。

(C)凡(6)發行或散布及(7)相助發行或散布上述之紙類,而該紙類未將印刷人姓名、住址載明其上者,罰亦如前。

四、所謂"印刷物"之意義　依據工部局所擬提之附律規定,"印刷"二字,應包括"任何機械方式之複製"。是則通常複寫機上作成之稿件,以及通常打字機上炭紙之複寫稿件,皆得視爲附律支配範圍內之"印刷物"。

五、奇異而又特別之結果　且吾人詳細考查,尤覺印刷物三字,一有如此新奇之定義,將發生奇異而特別之結果。約舉其尤特殊之例,則如銀行中欲發行油印之匯兑行情,以及其他金融行市消息,依附律,須註册矣。股票經紀人分送證券交易所市價,須註册矣。通信機關,如路透社,須註册矣。甚而至於私家著作人記述稿件而分配於多處,苟不用手抄方法者,亦須註册矣。夫就附律所用文字之含混無準觀之,則如上述銀行在發行匯市行情之前,是否必須註册,成爲疑問;以理度之,工部局之本意,當非如此,但就附律之文句解釋之,固未將此種意義除外也。[註二]

四月十六日,又發表"否認工部局印刷附律之解釋"的"四團體第二次宣言":

上海書業商會、書報聯合會、書業公所、日報公會等四團體,請公眾再行注意工部局提出

[註一]　民國十三年四月十四日申報。
[註二]　民國十三年四月十五日申報。

之印刷物附律！

議事錄 在一九二二年四月十三日工部局公報登載之議事錄上,工部局謂附律所規定者,惟在印刷人及發行人之註冊,而此項註冊手續,一次履行之後,即不須重複。

解釋之不正確 吾人深知如此解釋附律,完全失其真意,此項解釋絕無視作可據的解釋之價值,蓋附律一經通過,則解釋並執行此項附律之責,即全在各國領事法庭及會審公廨,而不在工部局。法庭之解釋此項附律,當然惟通過之原文是據,決不以工部局之一議事案爲憑。是則議事錄因欲打銷反對之力,而將附律真意故爲曲解,有何效用?

印刷人發行人及著作人之註冊 吾人須注意者,附律原案令人註冊,因不僅限於印刷人及發行人,即印刷品之作者或著作人,亦包括在內。請讀原文:"無論何人,凡印刷或發行,或主使印刷或發行任何在附律規定範圍之印刷品,均須註冊。"所謂"主使印刷或發行"者,豈非指著作人而言乎?

世界各國不見與此同樣之法律 吾人深知文明國家中,無論何國,不能再視與此同樣之法律。鑒於一般流行的誤解,吾人不能不申明一種事實,即:在英國祇有報館主人須註冊,印刷發行者,則無論何人無註冊之義務。

附律原非必要而且煩苛 吾人深以爲此項附律既不必要,而又煩苛,而且在原則上爲不法,方式上爲錯誤。所以謂爲不必要者,因現在對待上海各國居民之法律,已足以防止及懲罰關於危險文字之犯罪。所以謂爲煩苛者,因按附律原案,無論何時印刷人、發行人及著作人欲發行片紙,即須註冊。

不法與錯誤 就原則上言,附律爲不法之件,因其踰越洋涇浜章程中賦與工部局管理權限之範圍。所以謂其提議方式錯誤者,因此事既在該章程權限外,則提案之處,自應出以新章程之形式,徵求中國政府之同意,而不應出以附律之形式,附律固不須中國政府同意也。

宣言 據此種種理由,吾人敢宣言曰:對於此項附律,當循立憲的反對,與消極的抵抗之精神,以各種合法之手段方法,一致反對之![註一]

四月十六日的納稅人特別會,於是又告流會。[註二]

一九二五年民國十四年工部局照舊進行,華人亦仍堅決反對。四月十五日的納稅人特別會終於又告流會。

2. 增加碼頭捐案

地皮章程第九款規定,工部局得"抽收貨捐;租界內之人,將貨物過海關,或在租界界址內碼頭起卸貨物,下船轉運,均可抽捐",捐率爲貨價千分之一。工部局依照關稅稅則,凡絲、茶、寶物等付關稅在百分之五以下的貨物,未能抽得最高捐額,故於一九一九年民國八年開始考慮增加該項貨物捐,至於最高額的問題。[註三]從一九一九年民國八年七月到一九二〇年民國九年十月,這期間工部局即與法租界公董局、江海關暨和明商會、上海外匯業公會(Shanghai Foreign Exchange Bankers' Association)、上海外人絲業公會(Foreign Silk Association of Shanghai)、華茶公會(China Tea Association)等外人商業團體,函件往來,細加討論。[註四]結果,工部局於一九二一年民國十年三月十七日發表,將於四月十四日舉行的納稅人特別會中提出一議,將地皮章程第九款規定碼頭捐率不得超過貨價千分之一,改爲"不得

[註一] 民國十三年四月十六日申報。
[註二] 民國十三年四月十七日申報。
[註三] S. M. C. to French Mun. Council, July 28, 1919. —S. M. C. 's Annual Report, 1920, p. 202A.
[註四] S. M. C. 's Annual Report, 1920, pp. 202A - 212A.

超過所繳關稅百分之三"。[註一]消息一傳出來，華商即大反對，正如其對印刷附律一樣。各馬路商界聯合會先後開會，呈請交涉署提出抗議。[註二]但納稅人特別會因到會人數不足，未曾開成。碼頭捐問題便和印刷附律一樣，被工部局接連提出於一九二二年民國十一年一九二四年民國十三年及一九二五年民國十四年各該年的納稅人特別會，如我們所知道，各該次會議，均告流會。

華人反對亦不輟，且年甚一年。一九二二年民國十一年四月，總商會二次電陳北京外交部、農商部、稅務處云：

> 查碼頭捐項，既以稅收為準，是稅收加旺，捐數隨之增多，毫無疑義。民國七年，江海關稅收一千〇九十萬三千零四十七兩，八年即增至一千四百二十八萬九千七百三十七兩，九年又增至一千八百八十三萬三千零四十六兩，十年更增至一千九百九十一萬四千三百餘兩，即此可為工部局捐項祇有增收並無短縮之明證。況現時海關稅率，據上年全國商會在滬開會時所調查，實際祇值百抽三‧二三，轉瞬物價改正，關稅增收，當在百分之一六以上，碼頭捐依此比例，亦當有半倍增加，其數已與現議加重之捐率約略相等。既享物價改正之利益，同時又將捐率加重五成，雙管齊下，毋乃太甚？至碼頭捐計算標準，向係貨價每百兩抽捐一錢，雖約當關稅所徵銀數百分之二，惟其間出入頗鉅，不可不辯。蓋以貨價為稽徵標準，必須貨價上騰，捐項乃能增收，若以關稅所徵銀數為標準，則轉瞬裁釐加稅以後，進口貨稅值百抽十二有半者，碼頭捐依此計算，又將照現率加至一倍有半。即此文字上之出入，已足增華商無形之負擔，故本會意見，非但捐率不應加重，即貨價每百兩抽捐一錢之計算標準，亦不應任其輕率議改。應請鈞部處查照前電，併案核辦。[註三]

一九二四年民國十三年四月，總商會致函外交總長顧維鈞、農商總長顏惠慶云：

> 江海關碼頭捐，向係由關帶徵，按照貨價每百兩納捐一錢，載明洋涇浜北首租界章程第九款內。此項捐款，其抽諸外洋進出口各貨者，統歸英法兩工部局所得，充市政經費；抽諸通商各口進出口貨者，由我國分得一半，並由英法兩工部局合得一半。查碼頭捐除抽於運往外洋之出口貨係洋商所擔負外，其外洋進口貨所抽之款，以及就通商各口轉口貨所抽之款，間接直接，均由華商負擔。是華商擔負之碼頭捐，較之洋商，尤占多數，當然有表示意見之權。民國十年二月間，本會接到江海關監督轉來稅務司一函，略稱："碼頭捐一事，由兩工部局商之洋商商會，均以此項捐款應一律按照所徵稅銀之數，徵收百分之三——即照貨價每百兩納捐一錢五分。鄙意照此辦法，並須華商方面一體贊同，始能於工部局每年大會時提出，列為議案，請其議決"等語。是稅務司亦明以加徵碼頭捐，係增加華商擔負，必須華商一體贊同，始能提出議案。此等辦法，極為公允。即徵諸洋涇浜北首租界章程第二十八款，亦稱更改章程，須由各領事官與中國地方官會同商擬，所謂商擬者，係事前徵求同意之詞。如果一經議決，則祇有請求批准手續，何所用其商擬？故江海關稅務司先徵華商同意，核與洋涇浜租界章程第二十八款之規定，實相吻合。當十年二月間江海關徵求同意時，即經本會函復，未便承認。而工部局於民國十年、十一年間，兩次開納稅西人年會時，仍將加徵碼頭捐案提出。本會又於民國十一年三月二十四日、四月一日、四月十四日三電外交、農商兩部及稅務處，請其萬一該會將此案議決，堅持勿予批准；同時併托北京全國商會聯合會代表，分謁部處，陳述利害。嗣因工部局兩次特會均未足法定人數，以致此項議案，未能開議。而上年該局年會，亦未繼續提議。商情稍慰。不意近日工部局公報宣言，於四月十六日召集納稅人年

[註一]　S. M. C.'s Annual Report, 1921, p. 258A.

[註二]　民國十年四月，五月上旬申報。

[註三]　民國十一年四月七日申報。

會,同時並召集特別會議,討論增抽碼頭捐、出版業註冊、交易所領照三案,不得不再將華商方面反對增捐之理由,臚陳清聽。查年來商人在江海關繳納稅項,每關稅五兩,須附繳浚浦捐一錢五分,碼頭捐一錢,負擔已重。且向來碼頭捐計算標準,係按貨價每百兩抽捐一錢,雖約合關稅所徵銀數百分之二,惟以貨價為稽徵標準,必須貨價上騰,捐項乃能增收,若以關稅所徵銀數為標準,則轉瞬裁厘加稅以後,進口貨稅值百抽十二有半者,碼頭捐依此計算——即現議百分之三比例,是現徵一錢之碼頭捐,屆時當增至三錢七分五厘。故工部局一面加增捐率,一面改訂計算標準,實可謂雙管齊下,驟視之,現祇加徵半倍,而實則預留地步,將使裁厘加稅以後,碼頭捐無輕議更張之名,有三倍加徵之實。此尤為華商所不能忽視者也。況就浚浦捐合併計算,則其數之鉅,更可令人注意。查上年十二月公使團為港務局事,致外交部照會,曾稱浚浦捐將來可加至關稅所徵數百分之七,是裁厘加稅以後,每完十二兩五錢之關稅,當附繳浚浦捐八錢八分七厘五毫,以及三錢七分五厘之碼頭捐,質言之,即每百兩之貨,經完納附屬各捐至一兩二錢六分二厘五毫,此數約當現行關稅五分之一而強,實屬太鉅。故本會以為碼頭捐現行捐率,實不宜再有加增者,以此。民國十年二月間,據江海關稅務司解釋理由,則謂:"免稅各貨,估價抽捐,手續太繁,況擬將免稅各貨,概予免捐;但如此辦理以後,所收捐項,即不免因之短少,是以議定無論何項貨物,均按所收稅銀抽收百分之三,藉資彌補,雖捐例由二加至三,而免稅各貨捐亦並免,調劑得平"等語。查進口免稅各貨,自辛丑條約將咸豐中英舊約改正以後,免稅範圍,已大為縮小。僅佔進口之極小部分。今將此項碼頭捐免除,而於其餘各貨統行加捐半倍,實不能謂為調劑得平。且免稅各貨,既享有豁免關稅之特權,茲併此碼頭捐而亦予免除,轉令其他商人加捐半倍,代擔義務。更未足以昭公允。且此項理由,係據稅務司之解釋,而民國十一年四月駐滬領事團答復交涉署之文,則直認為工部局擴充歲入起見,此則更不容不切實聲辯。查碼頭捐項,既以稅收為準,是稅收加旺,捐數隨之增多,毫無疑義。民國七年江海關稅收一千零九十三萬三千零四十七兩,八年即增至一千四百二十八萬九千七百三十七兩,九年又增至一千八百八十三萬三千零四十六兩,十年更增至一千九百九十一萬四千三百餘兩,十一年更增至二千一百九十二萬三千八百零七兩,是工部局近年來所收碼頭捐,較之五年以前,至少當加增一倍。此皆根據關冊可以推算,初非臆說。至民國十二年一月十七日,各貨已照海關切實抽五新改正之估價標準徵收捐項,當更有盈無絀。是根據上列事實收數既逐年增加,斷無再行加重捐率理由,應請查核此次暨十一年三四月間本會先後電呈各節,並照洋涇派租界章程第二十八款之規定,於納捐人年會通過此案,依例請求批准時,斷然予以駁斥,並電海關勿予執行,實為公便。[註一]

3. 交易所領照案

　　工部局擬修訂附律第三十四條領照事業的規定,在原文"典當"之後,加上"證券及物品交易所"字樣,使交易所亦成為受工部局管轄的事業之一,提出於一九二二年民國十一年一九二四年民國十三年及一九二五年民國十四年的納稅人特別會,各該次會議,亦均告流會。[註二]

　　華人對於這交易所領照案,也始終反對。一九二四年民國十三年四月,上海華商紗布交易所、華商證券交易所、華商金業交易所、上海證券物品交易所,致函總商會云:

　　　　報載納稅外人特別會議將於本月十六日午後開會,其議案中有修正第三十四條附律,應於當鋪之下,加證券或物品交易所字樣;又謂此項修正,應通知領事團,請其合作維持,早日予以必要

　　[註一]　民國十三年四月五日申報。
　　[註二]　Kotenev, Shanghai: Its Municipality and the Chinese, p. 105.

之批准等語。閱悉不勝駭異。查上海之有交易所，非自今始，惟華商所辦者，則創自民國九年，距今已閱五載，租界當局，從未提議任何干涉之方案。蓋以此種公司，依中國法律，須經政府之特許，故無他種機關，再予取締。今忽以經中國政府特許之營業，而納入附律第三十四條，是使已成立之交易所，爲重複之註冊，而將來發生同種營業，反因有租界官廳註冊之保障，不須再得中國政府之特許，遂使中國法律，失其效力，此爲尊重中國主權起見，所應與之力爭者也。若謂事實上防止市面危險，則民國十年至十一年上海設立交易所至數十所之多，租界當局目擊情形，並未講求若何預防方法，任其連類倒閉，釀成種種糾葛。今者潮流已過，上海華商組織之交易所，開設公共租界者，僅有四所，數年之間，安然無事，乃忽以註冊見迫，似非立法政策所應爾。況交易所之向中國政府註冊，實經過嚴重之審查，方予特許，故民國十年間所有未經政府特許擅自設立者，轉瞬之間，皆以倒閉，而業向中國政府註冊各所，至今存在，此可爲無須再經若何官廳干涉之明證。至以交易所而列於附律第三十四條，與各種消費事業，視若一途，亦嫌不類；蓋一則爲警察所可干涉，一則應直接受農商部及實業廳之監督也。本此理由，應請貴會函致工部局，請其自行取銷該項議案，並希轉懇工部局之華顧問，向局中爲同樣之建議。萬一不能取消，亦斷不能聽其議決修正，免致捐害國權，影響商業。臨穎不勝迫切待命之至。[註一]

總商會即據此函請交涉員交涉：

逕啓者：本月十四日接華商紗布交易所、華商證券交易所、華商金業交易所、上海證券物品交易所連名函稱……到會。查華人住居租界者，無論其爲民事、商事、刑事各種法律，皆係受本國法律之支配，其情形與東西各國人之僑居租界者祇受治於其各該國之法律，事同一例。以已往各種事實證之，如吾國人於租界內設立各種公司，祇須照公司條例，向吾國農商部註冊設立，銀行祇須照銀行則例，受吾國財政部之特許。工部局在其租界以內，依據洋涇浜租界章程第十一款，雖有酌定規例之權，但須不與章程相背。又依據該章程第二十八款，此項章程所載語言，所給權柄，有可疑惑之處，即由各國領事官與中國地方官會同商擬，必俟各國欽差及中國批准方可定規，等語。是工部局所定附律，按之洋涇浜租界章程，權限上如有發生疑義之處，自應仍候中國批准辦理，不得擅自施行。就交易所言之，自民國三年頒布證券交易所法，民國十年頒布物品交易所條例以後，現在在租界內設立之各種交易所，皆已分別向吾國農商部註冊，領有執照。茲工部局如再創設附律，責令各交易所向之領照，受其認可，是顯與租界華人祇受治於本國法令，華人公司祇受轄於吾國農商部之主義不符。工部局之酌定規例，係爲使章程各項更增完善起見，則規定事項固不能超出於原有章程權限之外。工部局治理之權，規定於洋涇浜租界章程第九款內者，共有五項，其內容皆以市政及警政範圍爲限，至於普通商業公司或特種商業公司依照吾國法令及東西各國成例，均應受中央各部之管轄，初無歸市政當局代辦之先例。即按之租界章程第九款，該局亦無可以另定規例之根據。准函前因，相應函請貴署查照上開事理，迅向領團聲明，萬一納稅人特別會議，逕將此案通過，中國國家亦惟有根據洋涇浜租界章程第二十八款，認爲不在該局權限範圍之內，決不承認；並請同時呈報外交部主持一切，向使團爲同樣之聲明，實紉公誼。再，正奉達間，接准貴署爲加微碼頭捐及印刷業註冊事，抄送致領袖領事函稿，具徵關懷商業，顧全主權之盛意，曷勝感佩。查印刷業註冊一事，工部局制定之附律，敝會認爲軼出租界章程範圍之外，其理由與交易所註冊大致相同，前曾電請外交部主持在案。加增碼頭捐事，敝會業已將礙難承認理由，函達顧少川、顏駿人兩公，毅然主持，拒絕批准在案。知關錦注，合以奉聞。並請貴署併案呈部，於萬一此三案通過時，爲拒絕批准，繼續抗爭之準備。[註一]

4. 童工案

最初是一九二二年民國十一年工部局因女青年會哈列森(Miss A. Harrison)對於上海各廠童工狀況問題的注意，於十一月舉行董事會時，對於租界內童工問題有所討論，結果分函上海廠主聯合會(Shanghai Employers' Federation)、華人總商會、華人紗廠聯合會等中外團體，徵求意見。總商會則謂：關於童工年齡限制和工人子弟教育問題，該會已分電北京衆議院、內務部、農商部，請早日通過實施新法令了。[註二]

一九二三年民國十二年工部局組織委員會，着其"考察上海及附近之童工狀態，並提出報告，以該委員會之意，工部局應如何顧及當地情形及一般實際問題，對公共租界內雇用童工之工廠，擬定規程"。該委員會即於是年六月開始工作。[註三]次年七月，該委員會提出報告。該報告本身共分三部：第一部叙述該委員會調查所得關於本埠一般勞工情狀和童工的特殊情狀；第二部在略述關於限制童工和青年工人的國際現狀及香港一九二二年民國十一年童工法規之後，即進而考察公共租界的特殊困難，並批評一九二三年民國十二年三月二十九日中國政府所公佈的童工法；第三部纔是該委員會對工部局所提建議，其大要如下：

一、最低年齡──"工部局應即請得權力，以擬定並實施規程，禁止工廠及實業組織雇用十歲──於規程實施日起四年以內，提高至十二歲──以下兒童。"

二、工作時間──"工部局應請得權力，禁止工廠及實業組織，付十四歲以下兒童，於任何二十四小時內，工作時間超過十二小時，此十二小時內必須包括一小時之休息。""因租界以外尚無限制，立即於租界內禁止兒童夜工，實不可行。"惟"此問題無論如何應由工部局於四年期滿時，再加考慮"。

三、休息日──"工部局應請得權力，以擬具並實施規程，規定租界內工廠及實業組織對其所雇十四歲以下兒童，應至少每十四日給與二十四小時之繼續休息。"

四、捐傷之保護──"工部局應請得權力，禁止工廠及實業組織，雇用十四歲以下兒童於危險無衞之機器，危險之場所，或足以重傷肉體或健康之工作，並封閉雇用此種兒童之工場，以待其改爲安全。"

五、年齡之證明──"(1)定一高度，或高度及體重之標準；或(2)一如香港法規，規定於控訴之時，若無反證，則控訴所關之兒童，如經審判官目察同意，即假定爲低於規定年齡。""工部局應於此二法中，任擇其較合於施政觀點者，採用之。"

六、定議──"(1)'工廠'(factory)一辭之意義，應包括雇用十人或十人以上從事手工之場。""(2)'實業組織'(industrial undertaking)一辭之意義，應包括各種戶外職業，如營造及運輸，惟農業不在其內。"

七、檢查與懲罰──"(1)規程應不僅規定物質之科罰，且於故意重犯之場合，予以監禁之處罰。""(2)工部局應聘有足敷應用之有訓練男女職員若干，以負按照規程施行檢查之責。"[註四]

[註一]　民國十三年四月十五日申報。
[註二]　S. M. C.'s Annual Report, 1922, pp. 247A－249A.
[註三]　S. M. C.'s Annual Report, 1923, pp. 60－61.
[註四]　S. M. C.'s Annual Report, 1924, pp. 66－94.

　　工部局即擬定提案二件,預備提出於一九二五年民國十四年四月十五日舉行的納稅人特別會。提案之一,是通過下列附律一條,作爲附律第三十八條,現有附律第三十八條、三十九條、四十條、四十一條及四十二條各條的號次,均依序推改:

　　一、不得:

　　(A)於工廠或實業組織中雇用十歲以下之兒童,以本附律實施日起四年爲期。

　　(B)四年期滿後,於工廠或實業組織中雇用十二歲以下之兒童。

　　(C)於工廠或實業組織中對十四歲以下之兒童,在任何二十四小時之期間內,工作時間超過十二小時,此十二小時內必須包括至少一小時之休息。

　　(D)於工廠或實業組織中,雇用十四歲以下之兒童,除非以十四日內至少給與繼續休息二十四小時爲條件。

　　(E)於工廠或實業組織中,雇用十四歲以下之兒童,以管理危險無衛之機器,於危險之場所,或從事足以重傷肉體或康健之工作。

　　(F)使工廠或實業組織中所雇十四歲以下之兒童,陷於危險之情狀中,事前並不採取一切必要而合理之預防方法,以保其安全。

　　二、本附律特別規定:

　　(A)"工廠"乃指至少雇用十人,在內爲買賣或營利之目的,或偶然製造物件或物件之一部,或改造,修理,裝飾,完成,或爲合於出賣起見修改物件,而從事手工之場所。

　　(B)"實業組織"包括:

　　1. 採礦所、採石地及其他採礦工作;

　　2. 製造,改造,清潔,修理,裝飾,完成,爲合於出賣而修改,破壞,或拆散物件之工業,或改變材料之形式包括造船,及發生,化成,轉達電力與各種動力之工業;

　　3. 房屋、鐵道、電車軌道、海港、船塢、碼頭、運河、內河、道路、隧道、橋樑、橋道、溝渠、井、電報或電話設備、電氣事業、煤氣工程,或其他建造工程之建造、重造、保全、修理、改造或拆卸,以及爲任何此種工程或建築作準備或打基礎之事業;

　　4. 應有道路或軌道或內河之乘客,或貨物之運輸,包括在船塢、碼頭、與堆棧裝卸貨物,及煤、營造材料、與殘碎物之搬運,惟農作不在此列。

　　(C)凡因違反本附律規定而引起控訴時,如管轄法庭以爲被告所雇之兒童,在被告行爲發生之日,乃未至規定年齡者,則在提出反證以證明之前,該兒童即斷定爲未至該年齡者。

　　三、凡工廠主人或經營實業組織之人,在無論何種合理之時間,均須准許工部局委派之人員檢查其工廠或實業組織之狀況,以便確定其是否遵行本附律之規定。

　　四、違犯本附律者,須科以不過百元之罰金及或不過一個月之監禁。[註一]

另一提案是:

　　授權工部局依據一九二四年七月九日童工委員會報告第三部所述各建議,進行辦理。[註二]

這兩個關於童工的提案,連同印刷附律、增加碼頭捐案、交易所領照案,工部局預備提出於一九二五年民國十四年四月十五日的納稅人特別會,該會因出席人數不足,未能開成。

[註一]　S. M. C.'s Annual Report, 1925, pp. 86-87.
[註二]　S. M. C.'s Annual Report, 1925, p. 87.

5.各提案的打消

一九二五年[民國十四年]四月十五日納稅人特別會流會之後,由納稅人庇亞士等七十六人署名請求,工部局於五月十九日宣布,定期六月二日再開納稅人特別會,討論四月十五日所未能討論的各提案。[註一]同時又聲明關於童工的第二個提案中,加入"斟酌"字樣,成爲"授權工部局依據……童工委員會……各建議,斟酌進行辦理"。[註二]

華人反對更行堅決廣大。五月二十八日,交涉署致函領袖領事云:

> 逕啓者:工部局提議另徵碼頭捐、印刷物附律、交易所註冊三案,本年四月間,納捐人會議之前,准上海總商會等函請提出抗議,曾經聲敍理由,函致貴領袖領事轉知撤銷該三案,勿再提出在案。茲准上海總商會函稱:"工部局又爲此事,召集特別會議,各業團體開聯席會議一致表示反對,並以該三案歷經中國政府提出抗議,聲明否認,工部局不應再開特會交議,應請迅爲交涉,務將該三案即予撤銷"等由。本特派交涉員查該三案歷屆因特別會不足法定人數,未能提出,今工部局又將於同年六月二號續行召集特別會,急求該三案之通過。本特派交涉員意見,即使會議通過,中國國家亦斷不能違反民意,率予批准,徒成懸案,無裨實益,殊爲工部局不取。況該三案歷年迭奉外交部電令,抗議撤銷,茲特再鄭重聲明,相應函達貴領袖總領事請煩按照去年四月間去函所敍理由,迅爲轉知工部局勿再將該三案特別提出,以順輿情。仍希見復爲荷。[註三]

五月三十日,學生在租界內的演講,亦以反對工部局各提案爲題目之一,且有南京路上大屠殺案的發生,另見後述。慘案發生後,六月二日的納稅人特別會仍將如期舉行。華人憤痛交加,誓死反對。上海總商會、上海雜糧公會、上海麵粉公會、上海振華堂洋布公所、上海日報公會、上海通商各口轉運公所、上海洋貨商業公會、上海銀行公會、上海中國棉業聯合會、上海錢業公會、上海華商紗廠聯合會、上海書報聯合會、上海茶業會館、上海紗業公所、上海鐵業公會、上海典業公所、上海紙業公會、上海出口各業公會、上海景倫堂紙業公所、上海運輸同業公會、上海金業公所、上海書業公所、上海五金公會、上海南北報關公所、上海煤炭總公所、上海油廠公會、旅滬潮州糖雜貨聯合會、上海綢業緒綸公所、上海粵僑商業聯合會、上海書業商會、上海木商公所等團體,特聯合發宣言如下:

> 上海公共租界工部局將於六月二日召集納稅外人會議,其議案凡八,第三案至第六案,即(一)增收碼頭捐,(二)印刷物附律,(三)交易所領照,(四)取締雇用童工。吾人對於前三項,無論在法律上,國權上,事實上,均所反對,而對於第四項,則爲有條件贊成。茲以最簡明理由,宣言如下:
>
> 一、碼頭捐 現行徵收碼頭捐之辦法,係於一八九八年由工部局呈請領事團向上海道商定,照貨值抽千分之一。上次工部局提出之議案,擬照稅率收百分之三,今又改爲二十分之一,即百分之五,此中有三問題:(一)現行辦法,係照貨價百兩收捐一錢,如改爲稅率二十分之一,照現在稅率值百抽五計,即二錢五分,在關稅增至價百抽一二‧五,即須六錢二分五厘,商人之負擔,實覺太重──若至此時,即依民國十三年海關稅一千七百五十四萬七千四百兩計,則工部局可得碼頭捐一百三十七萬七千三百七十兩。(二)我國關稅受條約束縛,爲協定的,不能自由增減,工部局此案如果成立,是外僑自治機關,反可自由增加關稅,且閘北南市浦東等處並非租界,貨物上下,須完納租界之碼頭捐,天下不平之事,寧有過於此者!(三)現行之碼頭捐,乃照貨價千分之

[註一] E. C. Pearce and 75 others to S. M. C. April 24, 1925; Municipal Notifiction No. 3374, May 19, 1925.

[註二] S. M. C.'s Annual Report, 1925, pp. 88-89.

[註三] 民國十四年六月二日時事新報。

一，上次工部局提案，擬改爲稅率百分之三，今又提議改爲稅率百分之五，如任其嘗試成功，則將來逐漸遞增，或加之與關稅相等，或竟超過關稅，亦未可知。吾人就此三層研究，認外僑自治機關，無增加碼頭捐之權，實則工部局有權或無權徵收此捐，亦尚屬問題。從前外交失敗之案，一時固難於取銷，然不能許其增加絲毫，固今日之急務也。

二、印刷物附律　查該附律規定大旨，有凡印刷或發行，或主使印刷或主使發行任何報紙、小册、傳單、小招貼以及載有公衆消息、事項、評論、意見等紙類，於印刷或發行之前，未向工部局將姓名、住址註冊，又印刷意在發行或散佈之紙類，而未將印刷者姓名、地址載明其上，以及發行或散佈或相助發行散佈上述之紙類，而未將印刷人之姓名、地址載明者，均得處以三百以下之罰金，或三個月以下之監禁各等語。此中有兩問題：（一）事實上之困難。蓋該附律包括至爲廣泛，如果通過實行，非得業印刷者受其束縛，即寓居租界內之華洋僑民，偶使人印刷或以複寫或油印或打字機製作之件，亦須經過註冊之手續，並須載明印刷人、發行人之姓名、住址於其上，倘遇一忘却註冊或記載，則應受三個月以下之監禁或三百元以下之罰金。然非以印刷爲業者，欲印刷文件，亦必註冊，其事至爲困難。即以印刷爲業者，而必逐件刊明姓名、住址等，恒爲事實所不許。況偶爾忘記註冊，或刊載姓名、住址，便須受刑律處分，將見人人皆在危險中。刑法森嚴，如是之甚！凡我國民，孰能容忍？假使中國政府或地方官廳定一律法律，凡外國印刷之印刷品，非註冊不得在中國發行或散布，不知外人以爲如何？果爾，則外僑若欲在內地僱華人印刷或散布其印刷品，勢必不可得矣。（二）工部局是否有權增此附律？查工部局欲提出此附律，不過根據洋涇浜章程第十一條之規定。然察該條原文，亦僅謂工部局爲便利其執行該章程之目的計，得將原有之附律外，增加或修改之，惟此項設立或修改，須得納稅人特別會議之通過，經領事及北京公使之承認，方能生效；而該章程之所謂目的者，乃以警察、防衛、築路、衛生、募債、徵捐等項爲範圍，而實無與印刷物有關之目的。且印刷附律條文中，規定三個月以下之監禁，三百元以下之罰金，已屬刑律範圍，而非警察兩字所能包括，工部局焉能於該章程目的範圍之外，任意提出法律議案？如果任其嘗試成功，則以後若工部局另定種種刑律，甚至規定斬決鎗決等，又將如之何？吾人研究結果，認外僑自治機關，無權訂此束縛出版自由，侵入刑律範圍之附律。

三、交易所領照　議案第五條主張將附律第三十四條之範圍擴充，加入證券物品交易所於條文。就吾人所知，上海計有中國交易所四家，外人交易所二三家，均係按照中國或該管國之法律註冊。今茲修增附律第三十四條之原意，無非強令現有之交易所，重複註冊。顧其影響所及，殆不止此，實將鼓勵人民紛紛設立相同交易所於同一區域內也。殊不知此項附律，恰與中國法律相違背。查中國交易所法規定，每一區域內，僅准設立同一性質之交易所一家。現查該項附律，工部局原有之權力，業甚廣闊，若復任其增加，則嗣後租界內任何商業，工部局將無不可任意干涉之。租界非殖民地也，照條約與習慣，華人住租界，均適用我國法律。交易所條例爲我國商法之一部分，外僑自治機關，決不應另訂法律代之也。況工部局將來對於交易所規定之章程，與中國法律難保不無異同之處，則吾人將何所適從？

四、取締僱用童工　吾人對於取締童工，不惟不反對，且甚贊成。然有兩點，不能不聲明者：（一）前年我國公布暫行工廠通則，已有幼年工取締之規定，茲摘錄如下：第三條——男子未滿十歲，女子未滿十二歲，廠主不得僱用之。第四條——男子未滿十七歲，女子未滿十八歲者，爲幼年工。第五條——幼年工只能從事輕便事業。第六條——幼年工每月工作除休息時間外至多不得過八小時。第七條——廠主不得令幼年工從事於午後八時至翌日午前四時間內之工作。第八條——幼年工至少應每月給予三日之休息。第十八條——廠主對於幼年工應予以補習教育，並擔負其費用；補習時間每星期至少十時以上。第二十一條、第二十二條、第二十三條均規定危險或有害衛生之工作，不得令幼年工從事工作。此通則所規定者，不能謂不詳盡，而補習教育等之規定，似尤進一步，工部局苟熱心人道主義，而又尊重我國主權者，何不即在租界內實行此通則乎？（二）童工入工廠工作，實為生計所迫，無力生活，無力受教育，故不惜犧牲身體而入工廠工作。此中實含有三個問題，即身體、生活、教育是也。童工工作，固有害於身體，然不能得飽暖生活，不能受教育，其結果之惡劣，將更甚於工作。生活問題，殊不易解決，惟有特許以一部分輕易無危險之工作，在某種限制下，許廠主僱用童工，一面普設義務公學，使不入工廠及受僱工廠之兒童均得受普通教育，實為今日急務。蓋無論何處，均有公立義務學校，惟租界無之，其所設之少數華童公學，程度較高，費用頗鉅，決非工人子弟所能入學也。吾人研究此問題之結果，以為工部局如果熱心人道主義，當一方屬行我國之暫行工廠條例，一方當在租界多設公立義務學校，或撥歲入之一小部分，交納稅華人理事會辦理。

　　五、結論　吾人以為，碼頭捐現時絕無增加之理，至於印刷件附律，交易所領照，在法律上條約上國權上均應完全反對，童工問題，關於人道主義，吾人在原則上極為贊成，不過以為當實行我國公布之暫行工廠通則，且為貧苦兒童謀相當教育，以免游蕩成性，流為盜賊乞丐。說者謂工部局因經濟困難，故欲增加碼頭捐而不顧及童工之生活，竊以為似不盡然。蓋工部局界外築路等事，需費甚鉅，如果經濟困難，又何必出此召怨而不急之務乎？且以一城市之一部，每年收入達六百萬兩，而不提撥分文建設公立義務學校，徒言禁止童工，工作利害恐僅足相抵也。碼頭捐為全國進出口貨商所負擔，且須徵之華界，如移作公立義務學校經費，最為公允。[註一]

六月一日和二日，各團體又以中文及英文合登"一致反對工部局四提案"的巨幅廣告，"希望納稅人到會投否決票"。[註二]

中國國民黨亦發表"反對上海租界工部局侵害中國主權提案之宣言"云：

　　自上海租界工部局定期六月二日重行召集納稅外人特別會議，以表決其屢被反對未得成立侵害中國主權提案消息公布後，上海之中國市民及總商會及各商業團體，即本其歷次奮鬥之精神，起而為保護主權，反抗非法之呼籲與運動。中國國民黨認茲事關係之重大，不僅危害上海華人之出版自由，商業發展，與經濟生活，其影響所及，實使在中國之中國人民，喪失其獨立自主之國民資格與權利，而僑寓中國之外人，又得任意剝奪中國人民之自由，增加中國人民之負擔，事之不平，孰甚於此？今試就此三提案之內容，分別言之。

　　（一）增加賦稅，應由納稅人民之代議機關自行決定，此為東西文明國家之通則。中國關稅受列強不平等條約之束縛，須經各國協定，不能自由增減，已予中國以人民莫大之恥辱與損失。乃中國本國或任何一國所不能變更之關稅，上海外僑設立不許華人參加之工部局，獨能自由增加之！中國在華盛頓會議向列強要求增加本國關稅，幾經爭論，猶不能即得；而上海外僑自治機關之工部局，反能不得中國人民之許可，任意增加與關稅同性質之碼頭捐，其蔑視中國人民主權，與違背世界納稅代議公例，稍明是非公道之外人，當不能否認。

　　（二）言論自由，載在中華民國臨時約法，亦為文明世界國人所公有之權利。中國當不良政府時代，雖亦有出版法之規定，然其效用僅限於國內之一隅，且為人民反對，至其內容更不如今日工部局所提議印刷附律之嚴密苛酷。工部局對於人民舉動之干涉，僅以保護公共治安為限，今印刷

[註一]　民國十四年六月一日時事新報。
[註二]　民國十四年六月一日、二日時事新報。

附律,竟將一切印刷物由報紙書籍乃至傳單及油印字機所複寫之文件,皆加以註冊之規定,違者至處以三個月以下之監禁,或三百元以下之罰金,禁律之廣泛嚴酷,既爲中外所無,而以僅有警察權之工部局制定與執行刑例,其奇特違法更聞所未聞,其用意之不僅在維持治安,更顯然可見。本黨對於國內不良政府所頒布之出版法,既早經否認,促其廢止,對此次上海外僑自治機關違法自定取締中國人民出版自由之印刷律,尤根本反對,認爲工部局污辱中國主權,貽羞世界文明之謬舉。

(三)中國因未收回治外法權,國內之司法行政受外人之干涉與牽制,而寓中國之外僑所享權利,反遠過在中國之中國人民,喧賓奪主,已極可痛心,乃中國政府不能強外僑服從中國法律,而外僑自治機關反欲強中國商人服從工部局之法律,如此次工部局主張交易所頒照,即其一例,中國政府本有交易所法律,因有外人設立之交易所,遂不能統一,今外僑之工部局反欲強中國交易所註冊,是以殖民地待上海租界也。中國猶爲獨立自主之國,我國民豈能忍受?

以上皆就事實與公理立論,絕不爲意氣與感情之言。中國國民黨敢本其黨綱與歷次宣言之精神,正告中國國民與僑寓上海之各國人民及全世界主張正義之人類曰:"己所不欲,勿施於人",爲中國先哲孔子之名言。"己所欲者,亦施於人",爲西方先哲耶穌之名言。中國爲獨立自由平等之民族,以獨立平等自由待人,亦願人以獨立平等自由待己。世有以非法強權侵害其主權與自由者,雖赴湯蹈火,必奮鬥抵抗到底。增加碼頭捐,實行印刷物附律,強迫交易所註冊,爲工部局剝奪中國人民權利,墮落上海外僑人格之非法舉動,中國國民黨願與保護權利不甘亡國之國民,與主持公道自尊人格之外人,共起力爭,以洗世界文明史之污點,以恢復中華民族獨立平等之地位。[註一]

六月二日下午五時舉行的納稅人特別會,於是又因出席人數不足,沒有開成。[註二]

那時以後,工部局才放棄那四個提案,不再提出來了。工部局的注意是轉到了別方面去,因爲"比較重要得多的許多問題,直面着上海中外社會和工部局"了。[註三]

[註一]　民國十四年六月二日時事新報。
[註二]　S. M. C.'s Aannul Report, 1925, p. 89.
[註三]　Kotenev, Shanghai: Its Municipality and the Chinese, p. 115.

己　五卅慘案

一　一九二五年五月三十日的大屠殺

1. 工人和學生的被捕

公元一九二五年_{民國十四年}二月間，上海全市日商紗廠工人，因內外棉株式會社(Naigai Wata Kaisha)第八廠開除工人，不發工資，同情援助，相繼罷工，歷時二十多天，經總商會等調解，廠方承認條件若干款，始行復工。[註一]

參加這一次大罷工的內外棉株式會社所設十個工廠和日華紡織株式會社(Japan China Spinning and Weaving Co., Ltd.)的工廠，都在公共租界西區的勞勃生路、戈登路、麥根路和西蘇州路一帶地方；大康紗廠(Dah Kong Cotton Spinning Co.)和裕豐紗廠(Yu Fong〔Toyo〕Cotton Spinning Co., Ltd.)，在楊樹浦；豐田紗廠(Toyoda Cotton Mill)則在越界道路極司非而路。[註二]據工部局的估計，在豐田和裕豐尚未加入罷工的二月十四日，租界西區和楊樹浦的罷工工人，已有三一、三二八人之多。[註三]

對於這樣廣大的爲要求取消無理虐待的罷工，工部局竭力協助廠方，多方壓迫。工部局當內外棉廠無故開除大批男工的時候，即開始拘捕工人，故釋放被捕工人，亦爲後來罷工所提要求之一。到罷工已經開始之後，工部局破壞工人組織和拘捕工人的工作，尤爲緊張。工部局一方面以閘北工人活動情形，報告中國官廳，並屢次提請運用巡警；另一方面在租界以內和極司非而路，先後拘捕工人多至六十人，提起控訴於領事團和工部局所侵佔着的會審公廨。三月間這罷工被捕的六十人中，四十九人被判罰洋五元至監禁六個月不等，二人交保釋放，六人控訴不成立，三人則仍在拘押中。[註四]

這次復工，工人的要求本來達到不多，只因迫於衣食，無可奈何而已。但工人已由經驗而漸覺悟到團結的必要，乃組織工會，以擁護工人權利。內外棉株式會社各工廠於是又進而取締工會，因之各廠工人從五月初旬起，又先後罷工相争，並要求增加工資。[註五]五月十四日，內外棉第十二廠因工人向廠方要求改善待遇的代表二人被廠方開除，提出質問，又遭印捕痛打，乃一致罷工。五月十五日，廠方藉口存紗不敷，停止第七廠工作，並加派武裝巡捕彈壓。該廠早班工人，未得停工通知，照常入廠，被日人拒絕，交涉結果，工人總算得到五小時工資。晚班工人上工時要求與早班工人同樣待遇，未被接受，講理無用，爭執遂起。廠中日籍職員元木、川村等，突出手鎗發放，工人五六百人逃避不及，重傷十

　　[註一]　上海市社會局，近十五年來上海之罷工停業附錄，頁一六。
　　[註二]　S. M. C.'s Annual Report, 1925, pp. 60－61. North China Desk Hong List, 1925.
　　[註三]　S. M. C.'s Annual Report, 1925, p. 60. 按豐田於二月十五日罷工，裕豐於二月十八日罷工。又近十五年來上海之罷工停業中統計該次罷工的關係職工人數爲三〇八〇〇人。
　　[註四]　S. M. C.'s Annual Report, 1925, pp. 60－61；五卅血案實録；五卅事件(近十五年來上海之罷工停業附錄，頁一六)。
　　[註五]　近十五年來上海之罷工停業附錄，頁一六及一八。

餘人,其中顧正洪傷勢最重,不及醫治而死。[註一]

上海各日報態度既甚可疑,復因環境關係,對於日廠罷工及暴行,僅有幾段殘缺的冷靜的記載。[註二]中國官廳亦未對死傷工人,加以絲毫注意。上海各大學學生,乃有自動發起援助工人的運動。[註三]但學生的援助工人,又爲工部局所深惡。鄰近內外第七廠的文治大學,學生,於五月二十三日出發募捐,救助工人生計,謝玉樹和施文定二人,被普陀路捕房拘捕。學生會派代表要求釋放,被拒;向交涉署請提抗議,亦無結果。五月二十四日,西摩路上海大學學生參與在閘北舉行的顧正洪追悼會,朱義權等四人事畢返校,亦被普陀路捕房拘禁,捕房不僅不准學校保釋,且拒絕探問。[註四]

工人的死傷,學生的被捕,均未爲一般人民所知悉。而工部局提請通過各團體反對多年的印刷附律、增加碼頭捐等擴大權力各案的納稅外人會六月二日開會的日期,又近在目前。[註五]上海學生聯合會乃於五月二十九日大會決議,以七人爲一組,於次日入租界作沿途演講。[註六]

2. 南京路上的赤血[註七]

五月三十日,南洋大學、同濟大學、上海大學等各校學生,均出於自動,[註八]以七人爲一組,攜帶演講隊小旗,陸續出發,在公共租界各馬路演講,[註九]並分發傳單。[註十]各處捕房從上午起,已逮捕學生;到下午,愈捕愈多,分別加以拘禁。[註十一]

南京路上出現演講學生,約在下午二時光景。[註十二]南京路老閘捕房捕頭愛活生(Inspector

[註一]　五卅血案實錄及五卅事件。
[註二]　參閱本市通志社會事業編報告事業。
[註三]　五卅血案實錄;五卅事件;又胡愈之五卅事件紀實見東方雜誌五卅臨時增刊。
[註四]　按文治及上海大學被捕學生,後由捕房以散發傳單擾亂秩序等罪,提起公訴於會審公廨,由襄讞陸仲良審詢,日領田島觀審,六月始審結,判決詞如下:(一)文治大學學生案——“查捕房見證及被告供詞,被告逮捕時,並無反抗,且當時僅三數人,而被告所持之傳單,實係一種募捐啓,並無他種擾亂秩序意思。”(二)上海大學學生案——“按照捕房見證及被告等供詞,被告被捕時並無何等擾亂秩序行爲。現應研究者,即集隊遊行問題。查集會結社,本係臨時約法上賦與人民之自由,結隊遊行亦係集會之一種,倘不逾法律範圍及違反良善風俗,本不負法律上何等責任。惟租界情形,與內地稍有不同。在本廨管轄範圍內之居民,除應遵守中國法律外,並應顧及工部局章程。勿論何種結隊遊行,均應向工部局領照,即婚喪事之執事人等經過馬路,亦須領照。本案被告想係尚未知有本項章程,故未向工部局領照及得其許可。惟按之法律原則,不知章程而誤犯,仍不能免除責任。然究與故犯有別,應從寬具結開釋。”見五卅血案實錄。
[註五]　參閱本編第五篇第七章。
[註六]　五卅血案實錄等。
[註七]　胡愈之在“五卅事件紀實”文中云:“五月三十日午後,上海南京路捕房門前的慘劇,因當時捕房開鎗後,羣衆慌亂逃散,事後捕房又不許中國人在捕房門首觀望,其他證據也全在工部局和捕房的支配下,不容易調查出來,再加英人方面故意隱減種種事實,所以當時真相不易明白。但經會審公廨審判結果,有許多事實已經確實證明,無從改易。”本節所敍,亦僅根據公廨審訊紀錄,南京路商會搜集目擊五卅慘殺者之報告,及申報,新聞報,China Press, North-China Daily News 等報紙紀載。
[註八]　有誣學生演講爲受人指使者,其實不然。根據如下:(一)梁郁華在公廨的供詞云:“我校(上海大學)出外演講者五六隊,均係同學自動的出外演講,並非受所謂俄國人過激派機關指使。且我更不知何爲過激派。此舉純爲愛國運動。”(二)Harry Kingman 投函大陸報云:“Being pensonally acquainted with some of them, I state with conviction, that the students, the great majority at least, prior to the ‘ shooting to kill’ Saturday afternoon, were neither pro-bolshevik nor anti-foreign. They were typical college and preparatory school men and nothing more. ”(China Press, June 4,1925.)(三)五卅以後所捕俄人完全與五卅案無關。公廨審訊時,捕房律師問惠爾格斯三道頭(Sergeant Willgoss)云:“開鎗之後,是否又拘獲俄人五六名?”惠答:“然。”捕房律師又問:“所拘俄人,是否與此案有關?”惠答:“皆無關係,內祇一人因係過激拘押,餘即釋放。”(四)搜查上海大學所得書信傳單,皆與五卅無關。據八十四號西探刑扶司(Reeves)稱,所搜得傳單係分發與電燈公司工人,自來水公司工人,汽車夫,巡捕,勸告罷工的,信函二封,一自德國寄來,一自四川寄來。法庭宣稱:證明此次糾紛之動機,固宜然;但傳單實非動機。又稱:捕房提出信件證據,實係錯誤云云。
[註九]　學生演講並無排外語言及過激思想,其目的有二,如下:(一)因日本內外棉廠鎗殺華工,而喚醒國人,要求華工享平等待遇。梁郁華供稱:“所謂喚醒同胞,抵禦外侮等詞,因日本紗廠將工人顧正洪殺死,故勸同胞團結一致,反對日本人。除反對日本人外,並不反對其餘外國人。”兇手愛活生亦稱:“我當訊演講一人,演講係何性質,彼答係排日。”並謂彼等只係排日,非一概排外。(二)因工部局欲提出印刷附律及增加碼頭捐案於納稅外人會,故以市民資格,警告租界居民。學生所持傳單,多標明“反對印刷附律”,“反對碼頭捐”等字樣。
[註十]　傳單內文字並無激烈言辭,見上註第二項。
[註十一]　五卅事件紀實及五卅事件。
[註十二]　愛活生供稱:“下午一點五十五分鐘時,我到本區辦事。旋在辦公室接一電話,言學生已在南京路、勞合路之間開會。”

Edward William Everson)得報,即率同副捕頭梟爾斯衛爾(Sub-Inspector Shellswell)等出外,對於演講學生,逕行逮捕,[註一]或則由頸後抓住,[註二]或則用繩拴住,[註三]或且用武致傷,[註四]為狀至為凶橫。被捕學生不加抗拒,未被捕者,跟在後面,情願一同被捕;毫無強暴行為。[註五]

　　同樣的事,繼續發生着,南京路、浙江路、西藏路一帶,均有學生逮捕。[註六]三點鐘以後,南京路上,聚集之人增多,終於增加到了大約二千之數,內有學生約二百人。[註七]羣衆均無武器,[註八]態度安靜,向西前進。[註九]學生目的僅係不願被捕者獨受拘捕,[註十]觀衆不過想看究竟。[註十一]

　　老閘捕房捕頭愛活生,呼出捕房內全體巡捕,至少有印捕十一人,華捕十二人,作半月形,環立南京路捕房巷口。[註十二]此巷寬約十五英尺,長一百英尺至一百五十英尺,達捕房辦事處,距街一百英尺

　　[註一]　愛活生在驗屍所供稱:"我係奉令阻止彼等闖入租界。"又供:"Just before two o'clock, he had to break up a demonstration, and at the time arrested three." (North-China Daily News, June 2, 1925.)又供:"復赴西藏路拘獲一執傳單學生。"

　　[註二]　美教士愛迪生(Sidney Raymond Anderson)證言:"二時半由家出外,往永安公司購物,途中並無困難。惟見一西捕拘兩學生經過永安公司門首,西捕由頸後抓住學生。彼等前行,非常安靜。後面有學生五人相隨,並未見何等語言動作。"

　　[註三]　美教士克蘭(John Wesley Cline)證言:"我向西行,至捕房對面,見西捕拘學生兩名,以繩拴住,如捕囚犯。"

　　[註四]　據目擊者李詠生報告:"大慶里口有學生一人,高立演講,餘人在旁站立,執有旗幟兩面,旁衆圍聽者約百餘人。約過數分鐘,見巡捕房內有英捕二三人出來,其勢洶洶,將高立演講者揪下,並旁立學生,均施武力捉進捕房。"又據目擊者李詠生、烏品瑞、魯茂源等報告:"東西兩面俱有巡捕陸續拘獲之人,且有數人面有血汁者。"

　　[註五]　(一)註二愛迪生證言。(二)愛活生在驗屍所供稱:"Just before two o'clock, he had to break up a demonstration and at the time arrested three — 15 others wanted to be locked up with their fellows, which desire he accommodated." (North-China Daily News, June 2, 1925.)"At this occasion, he was followed by a mob of students and sympathisers." (三)據三道頭惠爾格斯言,衆人擁入捕房辦公室者約六十至百人。雖不無紛擾,但並無強暴及抵抗行動,"彼等但欲與被拘者説話",電話亦無阻礙。(四)何飛律師問:"當時學生有無拒捕行為?"愛活生答:"無。"(五)目擊者李詠生報告:"均施武力捉進捕房,此時學生並不抵抗,隨之進去。"

　　[註六]　愛活生供稱:"The same thing happened again, they refused to leave the charge room and they were all locked up. This went on until 2:45 p. m. Bringing small parties from here and there, and breaking meetings up on Nanking, Chekiang and Thibet Roads."

　　[註七]　愛迪生證言:"是時學生約二百人。……迨三句鐘後,所聚之人已有一千至二千之數。……嗣以人愈聚愈多……"愛活生供稱:"當時所聚人衆約有二千,並非皆屬學生,一大部份實係流氓。"又稱:學生之外,係尋常星期六下午上街過路之人。

　　[註八]　愛迪生證言:"學生……手中均無兵器,但有持旗者,並無一人抵抗。……所聚之人……手內皆無軍器或棍棒等物。"公廨訊時,梟爾斯衛爾西捕誣稱見有扁擔一根,司蒂芬(F. C. Stevens)誣稱見竹槓四根,但言語支吾,且難以自圓其説,且公廨問愛迪生:"你曾見竹槓否?"答:"未。"又與證人英律師克威(Arthur Covey)作如下之問答:"你曾見器械或兵器否?""一無所見。""捕房人員言有竹槓四根,形同苦力擔物所用。""我未見。"

　　[註九]　克威證言:"直至此時(三點三十餘分),我可説彼等甚為愉快,當時以為彼等不過張望武裝刼掠之事,除衆皆向西望之外,一切皆如常時,故我以為捕房左右,必有武裝刼掠之事發生。"愛迪生證言:"彼等雖非甚通常之有秩序,彼等將斷絕交通;但除此外,彼等無其他行動。"公廨問愛迪生:"此時羣衆可受約束?"答:"然。"又問:"羣衆前進,有秩序,抑係強暴?"答:"以我所見,並無強暴之舉。彼等實係前進,在後方人推其前進。"

　　[註十]　學生被捕,同伴情願一同就捕,見愛活生供詞。愛迪生投函 China Press 云:"彼學生惟一之野心,僅欲同至捕房,不欲使在馬路演説發傳單而被捕之學生,獨受拘禁而已。"

　　[註十一]　梅律師問愛活生云:"以你供職捕房十九年之經驗,當知一有紛擾,即有中國羣衆聚集。"答稱:"然。"俞茂懷供稱:"在電車內見有二三百人,學生僅十餘名,有被巡捕抓住衣領者,我遂下車觀看,並隨衆人向西行,因我欲知學生究因何事被捕。迨至新新公司處,人已逾千……時我已捲入人叢,隨之前進。至同昌車行門首,站在塔沿上。人甚擁擠,詢其故,以尚有學生在捕房,欲要求釋放耳。旋聞鎗聲無數,我驚而逃,遂被捕。"又愛迪生證言:"三點鐘後,街市漸為擁塞。"官問:"學生擁塞抑非學生者擁塞?"答:"非學生者。"問:"彼等係何種人?"答:"過路之人,見有紛擾,即行加入。"又問:"不過好奇心動往觀之舉?"答:"然。"捕房人員供稱,稱羣衆有刼奪捕房之意。陶希聖在"五卅慘殺事件事實之分析與證明"(東方雜誌五卅臨時特刊)中,除證明羣衆擁捕房尚遠並無襲擊捕房意思等事實外,並謂"捕房人員之證明,不足憑信",因為(A)刼奪捕房之意思,並無客觀證據。(B)羣衆中旁觀者居全額殆將十分之九(二千人中學生只有二百),旁觀者決無刼奪捕房之理由。(C)少數學生在捕房正室百五十呎以外,及武裝巡捕二十七人之前,決無由斷定其有襲取捕房之心。(D)少數學生除小竹桿(按即小旗桿子)外,並無長器,將以何者為刼奪之憑藉?(E)羣衆被推西行,並未擁入巷口,方因擁擠而達巷口之時,何能遽斷其必須衝入?(F)如斷定其有刼奪捕房之意思,必有下列行動始可:(一)經水龍激射或巡捕多人排解,仍猛力衝入巷內;(二)經閉住鐵門,尚有扒牆而入者;(三)經試放空鎗,尚有衝進巷口者。(G)刼奪捕房,將欲何為?尋常人可斷定當時羣衆不至若是之愚。(H)羣衆受傷彈從背入,足證開鎗即逃,並無抵抗之意。尤足證開鎗之時,未有面向捕房取攻擊者。(I)據捕頭稱:羣衆在六十碼外時,彼即命西捕避住一旁,在十碼時,彼即命印捕舉鎗準備,至五碼時,羣衆始絕對不能約束,則其準備放鎗,實在其斷定衆人有襲取捕房意思之前"。

　　[註十二]　愛活生在驗屍所供稱:"我乃率中印巡捕一隊,守於捕房門口。"(申報六月二日)"The Inspector told the Court that he called out all available men at the Station." (North-China Daily News, June 2, 1925.)愛活生在公廨供稱:"我有十一印捕,十二華捕,立於捕房門首。"司蒂芬供稱:"我站在印捕後面,印捕則在捕房門首站立,成半月形。"愛迪生證言:"未開鎗之前,老閘捕房所立巡捕,係半月形。"目擊者李詠生報告:"時巡捕房門口站有印捕兩排,約十餘人,華捕一排,成半月形,外有英捕數人。"

間,有石門,石門下有重鐵門二。巷口皆是街市商店。[註一]副捕頭梟爾斯衛爾、西捕司蒂芬(Stevens)、科爾(Cole)等四人,在南京路驅散衆人,羣衆雖有頭面被毆擊流血的,亦隨巡捕指揮後退。旋因後面人擠,致在前者,不能後退。[註二]但愛活生仍能從容逮捕學生。[註三]乃愛活生不加派巡捕,協同解散,當羣衆在捕房巷外六十碼外時,忽命梟副捕頭等四人避開;該四人回至捕房巷口,愛活生更不用其他解散羣衆手段,亦不給與任何警告,遂令開鎗,[註四]衆巡捕即發放不止,約共四十四響以上。[註五]這是下午三時三十七分的事。[註六]羣衆一聞開鎗,即行散開,故死傷數十人,鎗彈多從背入。[註七]巡捕於開鎗後,仍立馬路中,作再擊狀。[註八]立即移去屍體和重傷者,並"用皮帶澆自來水,將馬路上血跡多堆,完全洗净"。[註九]

據上海學生會法律委員會調查,五月三十日當場斃命及受傷致死者,共有十人,其中三人爲學生,

[註一]　陳佩青曾有二點研究,其第二點云:"今日報載專電云:因多人圍困捕房,故開鎗自衛。但北京未必知上海南京路捕房如何格式。須知上海捕房,四面皆是商鋪,門前甬道至辦公處,約有數十碼之遙,何能圍困?"(見六月九日新聞報)梅律師在公廨詰問三道頭惠爾格斯關於老閘捕房建築形勢,概略如下:問:"有無鎖鑰,可將捕房從巷道關閉?"答:"有一鐵鎖,有一鐵門。"問:"如門已閉,尚有他道可入捕房否?"答:"然,甚易,有一牆,如攜有箱篋或他物,即可扒入。……如係羣衆更易,蓋可援肩而上也。"問:"愛捕頭供稱,彼有印捕十一人,華捕十二人,彼與梟爾斯衛爾、科爾、司蒂芬,此二十七人能退至鐵門後,不用關門,即能固守否?"答:"如後方無阻礙,則然。"問:"如彼等閉門,彼等能立於門後,如有人將欲扒牆,彼等能射擊或禁止其越過否?"答:"然。"愛迪生投函大陸報:"何不令巡捕退入通巡捕房之長巷中? 在該處保護捕房,殊爲易易,如必不得已而開鎗,則可免擊斃無辜之途人"云云(China Press, June 15, 1925.)。

[註二]　愛活生在驗屍房所供稱:"Four men got the crowd as far back as the Town Hall, but the congestion was so great that they could push them no further." (North-China Daily News, June 2, 1925.)"驅至南京路東面,由中西巡捕囑彼等歸去,彼等已向東行,但後面又有大隊到來,致彼等不能向東。"(申報六月二日)愛迪生證言:"巡捕欲將學生驅散,是時學生約二百人,手中均無兵器,但有持旗者,並無一人抵抗。嗣途中人多,要皆好奇心動往觀之輩。迨三句鐘後,我站在老閘捕房對面之電氣材料店門首,路上車輛仍可往來,所聚之人已有一千至二千之數,手内皆無軍器或棍棒等物,當時情形,除去爲人塞外,無他種擾亂秩序之事發現。捕房人員則驅之使散,初尚有效力,嗣以人愈聚愈多,馴至車馬俱不能通行。學生雖欲向東退,但浙江路方面有人陸續而來,並往前推,致在前者不能後退。"又云:由市政廳折回之後,"凡巡捕使用警棍之處,衆皆服從"。又云:"如大衆一心退後,即可退去,否則一人單獨即不能退。"關於流血一點,申報云:"嗣有某捕舉棍將學生毆擊,面部有血。"(六月一日)愛迪生證言:"我見一學生頭面流血,皆係被警棍擊傷。"目擊者匯通電料公司黃鳳瑞亦報告云:"時見適間揮手之巡捕自東面來路人跟隨甚衆,至吾店左近(按即老閘捕房斜對面),似有一片文明國人毆打學生之聲浪,即見形似學生者過我面前,垂頭喪氣,面部被人擊破,鮮血自耳旁流出,左右有人扶持。"

[註三]　愛活生供稱:"即此人,在開鎗以前六分鐘被捕。……"美陪審官問:"你説此事係在開鎗之前?"愛答云:"然,我在開鎗前六分鐘捕彼。"

[註四]　愛活生供稱:"The Crowd turned on the Police here, and handled Constables Cole, Stevens and White and Sub-Inspector Shellswell very seriously ... and as soon the four Police in front got to one side, he gave the order to fire." (North-China Daily News, June 2, 1925.)又稱:"西捕等至距捕房巷口六十碼之處,我高呼令彼等(西捕)向一旁站開。數人避向街上牆旁,數人避向守衛者背後,我即拉出手鎗,指向衆人。西捕進入捕房立於守衛者之後時,羣衆突然衝進自二十碼乃至十碼,方及六呎,即發開鎗命令。"陳韻秋供稱:"羣衆並非欲擁進捕房,係向新世界方面而去,但被巡捕阻止。巡捕與羣衆相隔兩條電車軌道,未曾看見捕房舉鎗向羣衆警告。"愛活生曾在公廨竭力掩飾事實,謂曾舉手鎗及以華英語警告,但舉手鎗能否爲羣衆所見並明瞭其有開鎗意思,華英語警告能否爲羣衆聽得,固置不論,即捕房人員供詞亦足證明其言之不可信,如梟副捕頭供稱:"我此時聞愛捕頭高呼站開一旁,我即趨向捕房東面。其次之命令即'開鎗'。我拉出手鎗,裝上子彈,向衆一擊。"公廨問距離愛活生僅"四五碼"的梟副捕頭問:"你未聞愛捕頭所稱如不後退即將開鎗之語?"答:"一無所聞。"又梅律師問愛活生時,愛稱:"我並未期望衆人可以聽見警告,故舉鎗以表示之,但二千人不能看見。"又稱:"警告之聲在周圍十尺以内者,當可聽見。"陪審官問:"爾警告距開鎗,相隔若干時?"愛答:"約十秒鐘。"審判官問:"在此十秒鐘内,二千人能否退出?"愛活生答:"不能退。"愛迪生投函大陸報云:"何不多派巡捕驅散羣衆? 夫以六名(按實僅四人)之巡捕尚可安然將學生逐退至市政廳前,則以十二名豈不驅散之乎? 何爲留後面大隊巡捕僅以開鎗爲事乎?"又云:"何不以皮帶射水,用是必能驅散羣衆無疑。"克蘭證言:"我未見將事開鎗之任何表示。我之印象乃開鎗時我甚驚訝,我當時以爲彼等係放空鎗。……"公廨問梟副捕頭云:"是日曾否放空鎗?"答稱:"以我所知,未放空鎗。"實則亦未放空鎗。

[註五]　梟副捕頭供稱:"I pulled my gun and shot once into the crowd and the Chinese and Sikhs fired also." 見 North — China Daily News, June 2, 1925. 愛迪生投函大陸報云:"雖鄙人立學生身後不遠,然以人多擁擠之故,未能見開鎗前之實際準備。忽一彈飛出,鄙人乃躍向附近店內,立時又聞排鎗數聲,似一氣開放者。"又在公廨證言:"先開一鎗,我聞聲即從電汽材料店門口跳進店內躲避。既入店,即聞續放,約有五十響至一百響之間。"克蘭證言:"但鎗聲係機關鎗者然,我初猶以爲開空鎗,設若早知有開鎗之舉,我必出而勸解。"愛活生供稱:"44 Shots." 見 North-China Daily News, June 2, 1925.

[註六]　梅律師問愛活生:"汝何時下令開鎗?"答:"三點三十七分。"

[註七]　英國及受工部局影響的醫生某某等欲證明彈從前入者居多,無如事實昭然,非不確定言詞所可搪塞,以掩人耳目。各醫生查驗結果,兹不一一列舉。依學生會死傷調查表,子彈入口處的統計如下:一、受傷者八人中:後面受彈者五人,側面受彈者二人,棍傷刺傷者一人(受傷調查表)。二、受傷者十人中:後面者五人,側面射入者二人,不明者三人(死亡調查表)。

[註八]　愛迪生投函大陸報云:"迨至出外,則南京路中已空無一人,但見鮮血四流,童子及成年之已斃者與垂斃者約十人至十二人,縱橫路中,大隊巡捕仍立在當初原定之處。五卅慘劇,於以閉幕。"目擊者李詠生報告:"待鎗聲平息,復至門首探望,見印捕一排,橫站馬路中,面向西立,舉鎗作再擊狀,華捕一排向東亦然。"

[註九]　魯茂源報告。

餘者均係路人。今據該會調查表,抽出若干項,重列各死者情狀如下:

姓　名	年　齡	籍　貫	職　業	傷在何處	彈從何處入內	死之日期	死之地點
陳虞欽	十七	廣東增城	南洋大學學生	腹部小腸	彈由背射入小腸被穿七洞	五月三十一日下午五時三刻	仁濟醫院
尹景伊	二十一	山東日照	同濟大學學生	背部及右肺	彈由背射入肺	五月三十日下午七時四十分	仁濟醫院
何念慈	二十三	四川彭縣	上海大學學生	背及肺肝	彈由背射入穿過肺肝	五月三十一日下午二時二十二分	仁濟醫院
唐良生	二十二	江蘇	華洋電話局接線生	背及膀胱	彈由背射入膀胱	五月三十日下午八時一刻(一說六月三日)	仁濟醫院
石松盛	二十	浙江上虞	大中華電氣公司夥計	腰腎	彈由腰射入穿破西腎	五月三十日下午七時半	仁濟醫院
王紀福	三十六	浙江寧波	裁縫	子彈射入(胯)〔胯〕下傷入大腸		五月三十日下午八時	仁濟醫院
鄔金華	十五(一說十四)	奉華西郭	學生及新世界西崽	胸及心房	彈由脅射入肺及心房	五月三十日下午五時半	仁濟醫院
陳兆常	十八	廣東新會	東亞旅館廚房	胸部		五月三十日下午	南京路
朱和尚	十六	蘇州望亭	西崽	胸腹部		五月三十日下午	南京路
談金福	二十七	江蘇鎮江	九江路味香居夥計	右臂及胸部		六月九日	仁濟醫院

二　抗爭運動的開展與屠殺和壓迫的繼續

　　五卅慘案的發生,雖在上海公共租界以內,但它所代表的意義至爲重大,所以在五卅慘案以後,全國開展了一個大抗爭的運動。[註一]同時,英日等國軍艦叢集,停泊於沿海沿長江各口岸,兵士登岸。此種軍艦時有調動,難以確切計數,據工部局作爲例子的統計,六月十九日,上海有十八艘,另有四十二艘停泊於沿長江罷工運動影響所及的各口岸,即吳淞、鎮江、南京、蕪湖、九江、大冶、漢口、長沙、宜昌、萬縣、重慶及長江上游。[註二]因之,在上海南京路慘案發生之後的兩個月內,各地都有華人與帝國主義

　　[註一]　中國國民黨上海執行部對五卅慘案的第一次宣言中云:"吾人當知此次上海人民以演講文字乃至罷工,所爭者乃爲保障人權,擁護國威。中華民國人民,非亡國之民,上海英租界非英國之殖民地,英捕房以對待牛馬所不忍用之手段,對待同是人類之華人,是曰無人道。以對待盜匪敵軍之鎗彈,對待赤手無抵抗之學生工人,是曰無公理。以僑寓中國之外人,任意殺戮在中國之中國人民,是曰污辱中國國威,蹂躪中國人權。——此而可忍,孰不可忍!"胡愈之在"五卅事件紀實"文中亦云:"因爲在上海租界,中國人失去了領土權和政治權,因爲在外人統治下,中國人的生命無相當的保障,所以有五卅慘殺的事情的發生。所以五卅事件不能看作只是一種司法事件或局部事件,應當看作是國際政治事件,關於民族全體的事情。又因中國民族,受外國勢力的侵害壓迫,忍至無可再忍,五卅慘殺案發生,才激起民族自覺,引出普遍全國的大反響,所以因五卅事件而起的全國民眾運動,是中華民族要求獨立與生存的大抗爭的開始。"
　　[註二]　S. M. C. 's Annual Report, 1925, p. 65.

者衝突和被虐殺的事件：九江的衝突，漢口、廣州、南京、重慶的虐殺。[註一]

本節所敍，則自應以上海公共租界內狀態和與該租界密切有關的事情爲限。

1. 戒嚴的宣佈

工部局於南京路屠殺華人的五月三十日，萬國商團和巡捕房即行出動。那以後的近十三個星期中，萬國商團和全體巡捕暨二百個以上的特別巡捕，動員未輟。[註二]巡捕房則到九月十六日正午纔恢復常態。六月一日，工部局總辦魯和(E. S. B. Rowe)"奉命"發出戒嚴告示云：

現因時機緊迫，亟應設法維持地方安寧秩序，並爲保護安分居民起見，特頒發以下章程，以示警告，仰各遵照毋違！

（1）不論何人，應注意各事，如左：

一、除因本局允准之外，不准組織或加入行會，或集會，或任何行動，使人成羣結隊，在公路或公共處所。

二、不准在路上或公共處所逗留或閒談。

三、不准演說，或印發，散給或陳獻各種紙張、文書、圖畫、旗幟或他物，或誑告，散布謠言，妄爲報告，以致激起惡感，使大衆驚恐或擾亂秩序。

（2）依照刑律，如有違犯以下罪名者，應嚴行懲辦，計開：

一、侵犯，恐嚇或用武力對待執行公務之官員。

二、撕破或塗抹工部局所發告示文書。

三、以恐嚇手段，或聚集多人，擾害治安。

四、阻礙或以其他行爲妨害大路交通之安寧。

五、以强力或恐嚇手段，阻止郵信電報投遞。

六、恐嚇或損害他人之身體或產業。

七、以武力阻止他人自由行事，或干涉他人合法之集會。

八、阻礙各食物或工業所需各物件之運輸。

九、無故侵入他人家中，逗留不去。

十、倡議罷工者。

（3）每日下午八時起至次晨六時之間，各安分居民，應家居勿出。[註三]

六月四日，工部局又出告示兩道，其一云：

爲保治安民事。照得本局職在維持秩序，保護良民，無微不至，凡曾居界內安分華人，亦同在受保護之列，望爾等各安生業，自由出入租界，毋得聽謠騷擾。本局素以公正保安爲懷，中西待遇一律平等。仰諸色人等遵照！

另一云：

按照上海租界保衛團司令官命令，本局告誡界內中國居民，不得走上及停留在屋頂瓦面上或沿街之洋臺上；不遵告誡者，當自負危險之責。[註四]

[註一]　五卅痛史；五卅事件；五卅事件紀實。

[註二]　S. M. C.'s Annual Report, 1925, pp. 54, 64.

[註三]　民國十四年六月二日時事新報。同日所出英文戒嚴告示，並無上引中文告示中第二項各條，見 S. M. C.'s Annual Report, 1925, p. 63.

[註四]　民國十四年六月六日時事新報。

　　同時,英、日、美、意等國軍艦陸續到滬。艦上海軍,除陸續登岸者外,並在黃浦江、吳淞口檢查來往船隻。六月六日爲止,港內所泊此種軍艦,共有二十二艘之多,在來滬途中者,尚有若干。[註一]

　　到八月二十八日,工部局因"安寧秩序,現已如常",始布告解除所有該局以前所頒布的戒嚴令。總計戒嚴時期,有八十八日之多。[註二]

　　　　華人在戒嚴時期內,不但失去一切自由,而且更失了生活的權利。[註三]

2. 屠殺拘捕佔領學校及其他

　　與戒嚴同時,租界內開展最黑暗,最恐怖的局面。馬路上,滿佈着外國海軍、萬國商團、巡捕、包探,架設着機關鎗、礮。搜查、拘捕和屠殺,成了常事。[註四]

　　六月一日上午九時,"有二人在永安公司附近,見商店一律罷市,鼓掌稱快,即被西捕開鎗,彈中腦部,當場斃命"。同日上午十時半,南京路浙江路口,有羣衆聚觀熱鬧,適五路電車等開到,有人高呼賣票人、開車人速罷工,後又有人向西捕擲石子,西捕即命華捕印捕等開鎗,"鎗聲砰砰,共放二十餘響,均爲實彈",斃二人,傷十餘人。[註五]這便是"六一慘案"。

　　六月二日上午八時,工人十餘名,在小沙渡擺渡,日籍巡捕阻止登岸,施行搜查毆擊,工人正欲分辯,日捕即開鎗轟擊,當場斃二人,重傷三人,輕傷十餘人。[註六]又有華捕在某處鎗斃一人。[註七]下午六時,西藏路、南京路新世界游藝場前,忽有流彈,擊中萬國商團團員乘馬,商團和巡捕即不問情由,開放機關鎗、手鎗、步鎗,向新世界樓上掃射,歷十餘分鐘之久,幸該處是特別警戒區域,來往人稀,僅斃華人一名。事後,在新世界內搜查,並未獲有鎗械,捕去二十餘人,亦非開鎗之人。但新世界便就此被佔,作爲英美海軍陸戰隊及萬國商團的駐紮所了。[註八]

　　六月三日上午,楊樹浦蘭路和韜朋路,又先後發生巡捕鎗擊各一次,一次死工人一名,傷二名,一次死過路學生傅文新一名,傷路人十餘名。[註九]

　　六月四日上午,英美海軍陸戰隊及萬國商團,將西摩路上海大學包圍解散,學生教職員經嚴密搜查後,一律驅逐出外,書籍印刷物全被沒收,宿舍內校具擲出門外,校舍即被佔領。六月五日,開在租界內的大夏大學、南方大學、文治大學、同德醫校及其附設的同德醫院,亦被佔領,學生及教職員一律驅逐出外,作爲駐紮軍隊之用。[註十]

　　六月二十七日,工部局成立宣傳部(Publicity Office)。自六月三十日起,出版中文刊物"誠言",共出二月多。刊物上並沒註出編輯人,也沒有發行機關的名字,"簡直是匿名揭帖",爲帝國主義作忠實的宣傳。每期印一百十萬份以上,遍貼各馬路各電車及各公共場所。[註十一]

　　七月三日下午五時四十分,巡捕房搜查天潼路中華海員工業聯合會上海分會,雖無所獲,仍將工

[註一]　民國十四年六月四日、五日、六日、八日等時事新報。
[註二]　民國十四年八月二十九日申報;S. M. C.'s Annual Report, 1925, p. 74.
[註三]　胡愈之語,見"五卅事件紀實"。
[註四]　民國十四年六月一日以後各報。
[註五]　民國十四年六月三日時事新報;五卅事件紀實;S. M. C.'s Annual Report, 1925, pp. 50, 67.
[註六]　民國十四年六月三日時事新報,及五卅事件紀實。
[註七]　S. M. C.'s Annual Report, 1925, pp. 51, 67.
[註八]　民國十四年六月四日時事新服,及五卅事件紀實。
[註九]　五卅事件紀實及 S. M. C.'s Annual Report, 1925, pp. 51, 67.
[註十]　五卅事件紀實;民國十四年六月六日時事新報。
[註十一]　S. M. C.'s Annual Report, 1925, pp. 50, 67(按"誠言",英文工部局年報稱爲"Read the Truth");民國十四年七月十七日申報。"什麽是誠言",東方雜誌五卅事件臨時特刊(又按,關於"誠言",上海報界曾發生過一點事故,可參閱上海市通志館出版"上海新聞事業之史的發展"第七節第二段"上海報界的恥辱")。

役等十餘名一律驅逐出外,而加以不宣布原由的封閉,派捕管守。全體職員適均外出,故無逮捕等事。[註一]

七月四日下午九時半,楊樹浦公餘里李姓結婚,放爆竹數聲,探捕齊來,捕去賀客張某。此時納涼人三四十人好奇圍觀,附近的美海軍陸戰隊兵士,即行開鎗,十四歲工人蔡繼賢中彈,不及醫治而死。[註二]

至於捕房前後所拘捕之人,共達二百六十人之多,除經警告釋放外,判決罰金、監禁和"逐出租界"不等,最長監禁期爲二年。[註三]

3. 罷課罷市罷工及其他

在另一方面,五卅慘案發生後,全國人民,起而抗爭。上海市民的抗爭運動,最初幾天幾乎全是學生聯合會所主持,六月五日始產生了一個集中的指揮團體,即工商學聯合會,由總工會推出工界代表六人,各馬路商界總聯合會推出商界代表六人,全國學生聯合總會和上海學生聯合會平均分推學界代表六人,組織之。抗爭的方法,一是全市罷課、罷市、罷工,二是向國內外宣傳慘案真相,三是要求政府嚴重交涉,乘機收回已失的租界權利,最後是對英日經濟絕交。[註四]

租界內外各中等以上學校,於慘案發生後,即先後一致罷課,從事抗爭運動。五月三十一日下午,總商會、各馬路商界總聯合會、納稅華人會在天后宮舉行會議,討論援助學生辦法。各馬路商界總聯合會主張即日罷市,爲工人學生後援。總商會抱猶豫態度,經學生再三籲請,會長方積蕃始簽字贊同。各馬路商界總聯合會、總商會及納稅華人會,當晚發出罷市通告云:

> 學生因反對碼頭捐等項,熱心演講,巡捕膽敢持鎗轟擊,立斃學生多名,血流遍地。若不急謀對付,我華人幾無立足之地。自明日起,一律罷市,不達圓滿目的不開市。[註五]

六月一日,公共租界各商店乃一律罷市。

後來,當北京段祺瑞執政府任命特派調查專員,會同公使團所派六國委員,來滬就地交涉,發生破裂[註六]以後,總商會因罷市爲自殺政策,對於外人並無多大損害,於六月十九日議決自六月二十一日起開市;開市後,採取下列各持久的抵制方法:

> 一、抵制英國貨至五卅案解決止;
>
> 二、抵制日本貨至日紗廠案解決後止;
>
> 三、以經濟援助罷工工人。

後因各馬路商界總聯合會反對陰曆端節前開市,又展至六月二十六日開市。開市前,上海總商會、工商學聯合會、納稅華人會等三團體會銜發出宣言云:

> 全國國民公鑒:五卅慘變,無辜同胞,死傷枕籍,凡有血氣,莫不憤慨。公廨判決,已證明曲不在我;政府委員亦宣言彼應負責。奈當局雖竭壇坫周旋之力,而彼猶無認過知非之心;馴至六國委員藉口權限關係,中止談判,併國人最低限度之要求,亦駸以失望。今即移京交涉,若非國民一致表示繼續堅持之精神,以期獲得世界友邦之同情,恐未必能得良好之結果。國中輿論,僉謂罷

[註一]　民國十四年七月四日申報;S. M. C.'s Annual Report, 1925, p. 52.
[註二]　民國十四年七月六日、七日申報;上海日本商業會議所,五卅事件調查書第二輯,頁四。
[註三]　S. M. C.'s Annual Report, 1925, p. 52.
[註四]　五卅事件;五卅痛史;五卅事件紀實。
[註五]　民國十四年六月一日申報。
[註六]　詳本編第三章第一節。

市祇以表示人心,欲求宏濟艱難,宜先別闢途徑;否則在我坐受其敝,而在人並無若何感覺:相持既屬徒勞,積極亦難着手。夫以國民之自力,求公道之保障,遠則有甘地之運動,近則有粤港之先例。自五卅慘變以來,我滬上市民暨全國同胞,亦既風起雲湧,奉行恐後矣;自今以往,更宜固結團體,守此勿渝。一面由外行各業各幫抵制英日貨物,另組機關,嚴訂公約;一面節衣節食,協力輸將,爲停業同胞之助。至於免除非必要之犧牲,即所以蓄養長期折衝之實力;事若相反,而理實相成。所謂別闢途徑,宏濟艱難者,於是乎在。用是議決於本月二十六日先行開市。但同時仍本初志,爲伸張公理,而努力於抵制英日貨與停業工人之援助。途徑雖殊,目的未改。今辛茹苦,長毋相忘;遺大投艱,終期克濟。凡我全國人民,咸有責焉! 謹此宣言,願共勉之!

六月二十六日租界開市,各店門首,均懸白旗,上寫"卧薪嘗膽,永矢勿忘"。[註一]這時,罷工運動,仍在繼續進行中。

罷工運動,亦開始於六月一日,擴大至爲迅疾。凡英日等國人所設工廠和各公用事業服務員,以至海員、碼頭工人、駁船工人、排字工人、洗衣工人、西崽、"阿媽"等無不參加罷工,對於抗爭對方,打擊至爲有力。據總工會六月十三日報告,全市罷工工人已達十五萬六千餘人之多。[註二]

大多數罷工工人的勞動處所,均在公共租界以內。據工部局記錄,租界內罷工人人數及罷工狀態,約如下述。

罷工始於六月一日。六月四日,工部局楊樹浦電氣處中國雇員一、三〇〇人罷工,數日後電氣處斐倫路工廠華工約六〇〇人罷工。六月五日,電話公司中國接線生約四〇〇人,電車公司工人約三二五人,自來水公司雇員工人五〇六人罷工。罷工工人人數,繼續增加。租界以內,六月四日晨,罷工的工人約有七四、〇〇〇人,到六月十八日,增加至八二、五〇〇人。七月一日,罷工工人約有八〇、〇〇〇人。七月六日,電話公司接線生復工。七月二十三日,自來水公司雇員工人復工。七月下半月,西崽、"阿媽"、洗衣工人、排字工人等,大批復工。電車公司工人於七月底復工。但到七月三十一日,罷工工人仍增至九六、〇〇〇人。八月初,罷工工人九六、五〇九人。二六、九二七人於九月一日復工。到九月底爲止,又有五六、二三五人復工。十月中,各日本紗廠工人復工。十月底爲止,工人率已復工,例外絶少,惟海員五、〇〇〇人仍在罷工中。十一月、十二月,罷工才僅爲偶然發生的事了。[註三]

4. 上海各團體的要求條件

六月七日,工商學聯合會發表宣言,宣佈解決五卅慘案先決條件四項,正式條件十三項,全文如下:

五卅慘變以來,我工商學各界,不惜罷工、罷市、罷課,而甘擲此巨大之犧牲,決非盲目之排外,蓋深知其與上海市民之生及中華民族之獨立,均有重大之關係。今兹本會聯合各界人士,鄭重商定,必經對方切實履行,(一) 宣布取消戒嚴令,(二) 撤退海軍陸戰隊並解除巡捕商團之武裝,(三) 所有被捕華人一律送回,(四) 恢復公共租界被封及佔據各校之原狀,認爲有談判之誠意。至於解決此案之正途,本會認爲有必須履行之條件──條件附後。本會確認慘案之發生,一由於治外法權之存在,使無故被殺工人,與被捕學生均不得訴之公道;一由於上海市民權之喪失,致工部局有壓制華人印刷附律三案之提議。是以本會嚴重宣示治外法權之取消與租界市政之收

[註一]　民國十四年六月二十日至二十七日申報。
[註二]　總工會報告。
[註三]　Monthly Reports of Commissioner of Police. 按工部局華捕亦有一部份於六月五日起罷工(六月六日各報)。據工部局發表,華捕一、七三七人中,罷工者二七七人,均爲多服務一年餘的年輕華捕,上海並無家室或利益;至於服務較長的華捕,則幾無一人不忠實的,云云。又罷工者工部局即不與復工(S. M. C.'s Annual Report, 1925, p. 1.)。

回,實爲本會抗争之重心。本會確認五卅惨案之交涉,如不依本會所提條件爲解決之方針,則我上海華人所受壓抑,必將更甚;惨劇之發生,必更繁烈。本會爲上海市民之生存權利,爲中華民族之榮幸獨立,不得不聯合全埠市民,一致誓死力争,不達目的,決不中止。謹此宣言。

一　先決條件

工部局應即速履行以下四事,以表示希望解決此案之誠意:

(一)宣布取消戒嚴令。

(二)撤退海軍陸戰隊,並解除商團及巡捕之武裝。

(三)所有被捕華人,一律送回。

(四)恢復公共租界被封及佔據之各學校原狀。

二　正式條件

(一)懲兇　從速交出主使開鎗及開鎗擊死工人、學生、市民之兇手論抵,並由中國政府派員監視執行。

(二)賠償　因此次惨案所受直接間接之損失,如(甲)死傷者、(乙)罷工、(丙)罷市、(丁)學校之被損害者等項,須詳細查明,酌定賠償額,應由租界當局按數賠償。

(三)道歉　除上述二項外,應由英日兩國公使,代表該國政府,向中國政府聲明道歉,並擔保嗣後不再有此等事情發生。

(四)撤換工部局總書記魯和。

(五)華人在租界,有言論、集會、出版之絶對自由。

(六)優待工人　外人所設各工廠,對於工作之華人,須由工部局會同納稅華人會訂定工人保護法,不得虐待,並承認工人有組織工會及罷工之自由,並不得因此次罷工,開除工人。

(七)分配高級巡捕　捕房應添設華捕頭,自捕頭以下各級巡捕,應分配華人充任,並須佔全額之半。

(八)撤銷印刷附律、加徵碼頭捐、交易所領照案　該三案歷經中國政府聲明否認,嗣後不得再提出納稅人特別會。

(九)制止越界築路　工部局不得越租界範圍外建築馬路,其已築成者,由中國政府無條件收回管理。

(十)收回會審公廨

(甲)民事案　(子)華人互控案,華法官得獨自裁判。領事無陪審或觀審權;(丑)外人控告華人案,領事有觀審權,但不得干涉審判。

(乙)刑事案　(子)外人控告華人者,其有關係之領事,得到堂觀審,但不得干涉審判;(丑)華人互控案,華法官得獨自裁判,領事無陪審或觀審權;(寅)華人犯中華民國刑法或工部局章程,視"丑"項論,且原告名義須用中華民國,不得用工部局。

(丙)檢查處一切職權,須完全移交華人治理。

(丁)會審公廨法官,均須由中政府委任之。

(戊)會審公廨之一切訴訟章程,完全由中國法官自定之。

(己)對於會審公廨一切事權,除與上"甲"至"戊"五項無所抵觸外,均可根據條約執行之。

(十一)工部局投票權案　租界應遵守條約,滿期收回。在未收回以前,租界上之市政權,應有下列兩項之規定。

(甲)工部局董事會及納稅人代表會,由華人共同組織,其華董及納稅人代表額數,以納稅多寡比例爲定額;其納稅人年會出席投票權,與各關係國外人一律平等。

（乙）公共租界外之納稅資格,須查明其產業爲已有的或代理的二層:已有的方有投票權;代理的則係華人產業,不得有投票權,其股票權應歸產業所有人。

（十二）要求取消領事裁判權。

（十三）永遠撤退駐滬之海陸軍。

以上十三條由工商學聯合會委員會議決,如有修改,須得工商學聯合會委員會之同意。上海總工會、上海各路商界總聯合會、中華民國學生聯合總會、上海學生聯合會。中華民國十四年六月七日。[註一]

工商學聯合會的那四項先決條件和十三項正式條件,一面電請外交部向公使團提出,一面向政府特派來滬調查專員提出。未曾加入工商學聯合會的總商會,於六月十日組織五卅事件委員會,該委員會經商議後,將工商學聯合會先決條件及正式條件合併起來,成爲十三條件,於十二日送達交涉署和特派調查員,請向對方提出。總商會的十三條件是:

第一條　撤消非常戒備。

第二條　所有因此案被捕華人,一律釋放,並恢復公共租界被封及佔據之各學校原狀。

第三條　懲兇。先行停職,聽候嚴辦。

第四條　賠償。賠償傷亡及工商學因此案所受之損失。

第五條　道歉。

第六條　收回會審公廨,完全恢復條約上之原狀。華人犯中華民國刑法或工部局章程,須用中華民國名義爲原告,不得用工部局名義。

第七條　洋務職工及海員、工廠工人等,因悲憤罷業者,將來仍還原職,並不扣罷業期內薪資。

第八條　優待工人,工人工作與否,隨其自願,不得因此處罰。

第九條　工部局投票權案:

（甲）工部局董事會及納稅人代表會,由華人共同組織之。納稅人代表額數,以納稅多寡比例爲定額。其納稅人會出席投票權,與各關係國西人,一律平等。

（乙）關於投票權,須查明其產業爲已有的,或代理的,已有的方有投票權,代理的其投票權應歸產業所有人享有之。

第十條　制止越界築路。工部局不得越租界範圍外,建築馬路,其已築成者,中國政府無條件收回管理。

第十一條　撤消印刷附律、加徵碼頭捐、交易所領照案。

第十二條　華人在租界有言論、集會、出版之自由。

第十三條　撤換工部局總書記魯和。

外交部將來對於此案續提之條件,應請保留,合併聲明。[註二]

5. 五卅被捕者的審釋

五卅被捕及受傷者四十九人,内學生四十一人,各界人士八人,被工部局巡捕房控訴於會審公廨。

[註一]　東方雜誌五卅事件臨時特刊附録。按正式條件第十一條,"遵守條約,滿期收回"云云,並非事實。條約並無此種年期之規定,公共租界在法律上僅爲外僑居留區,以法理言,已失主權隨時可以收回。

[註二]　五卅事件紀實。

六月二日，在驗屍所先審一次，六月九日，由審判官關炯、陪審官美國加科布(J. E. Jacobs)，開庭審訊；續審至十一日始告終結。

原告老閘捕房提出的論告是：

騷擾　違反中國暫行刑律第一百六十四條及第一百六十五條。

緣彼曾於一九二五年五月三十日，經該管官廳命令解散後，故意繼續聚集，意圖暴動。

又緣彼於一九二五年五月三十日，與其他未被看管之人，印發足以破壞和平與治安之文件，違反中華民國四年十二月四日所公布之出版法第一百十六條。

原告律師梅蘭(E. T. Maitland)起述案由，說道：

余擬將一切情形之證據，盡量提出於法庭。余擬明示法庭：雖吾人聞此等暴動爲排外，依表面上而言，此等暴動固屬排外性質無疑，而日本紗廠事件，實爲此事之所藉口。……此案表面上爲排外與排日，而實際上則純爲過激主義。……余擬提出證據以證明巡捕在此等暴動中，舉動極其寬和，且極不願開鎗，而開鎗之惟一原因，乃因無論何人已不能用其他方法而維持租界中之秩序。……吾人不應僅念及巡捕開鎗時生命之損失，且須念及倘彼等不開鎗之結果又將何如。第一顯將發生之事，必爲老閘捕房將爲學生與暴徒所奪。……法庭須完全明瞭，假使老閘捕房果入暴徒之手，則南京路全部必皆遭搶刼。……

捕房人員竭力掩飾事實，竭力誣告學生及羣衆，那是當然的事。中西證人五十一人中，有一部分西人及受工部局影響的華人，亦都含糊其詞，希望真相莫明。但正直的西人和忠實的華人，依據目擊或醫治受傷者的情形的證言，再加上被告律師何飛、梅華銓的反復辯詰，被告等的無罪以及五卅慘案的所以爲五卅慘案，終於明白證明。

關審判官的判詞如下：

本案應分兩個問題：（一）對於捕房拘解被告人等，是否有犯罪行爲，應由本公堂訊判；（二）對於捕房開鎗行爲之是否正當，應俟外交當局調查解決。茲本公堂訊得被告人等，大多數係屬青年學生，因日人工廠內工人被殺，在租界內結隊演講，散發傳單，本公堂認爲無欲暴動之意，且拘入捕房時間，均在發生開鎗事件以前；尚有少數被告，訊係馬路駐看閒人。被告等着一律具結開釋，保洋發還。本埠發生此不幸重案，本公堂甚爲惋惜。汝等青年學子，具有愛國思想，宜爲國珍重，力持鎮靜，聽候解決，是所厚望。

美陪審官亦發言云：

如法庭前所聲明，本案中並不訊判巡捕之行爲，亦不涉梅華銓博士辯論中所論之點。法庭之問題爲對於被告人之控告。關於此點，法庭認爲五月三十日，多數中國學生，被告人亦有在內者，開始出發演講，並在老閘捕房附近散發傳單，其目的在抗議日本工廠中殺死華工之事，巡捕曾加制止。學生等均係幼童與青年，法庭信其從始即無暴動之意思；至到案之非學生者，法庭信其係因好奇心或偶然加入羣衆。本此事實，故法庭惟令被告人等具將來恪守秩序之結。

本領事任公堂陪審之職，已經七載，識中國人士甚多，並有多數友人。今茲個人甚覺惋惜者，本案所告之結果，厥爲破裂中外關係之惡感，深望上海人士，以冷靜深思之行動，即時恢復常態也。[註一]

[註一]　會審公廨紀錄。

6. 工部局電氣處的停止給電

一八九三年清光緒十九年工部局收買商營電燈公司,成立電氣處,自行經營電力供給。[註一]工部局歷年在該處投資擴充的結果,到一九二五年民國十四年時,電氣處每日平均電力供給,達九十五萬啓羅瓦特時(Kilowatt hour),其中八十萬啓羅瓦特時是供給中外資本主在租界及其鄰近地帶所設工廠應用的,尤以棉紗紡織廠為主要。[註二]

五卅慘案大罷工開始而又發展之後,英日紗廠,全部停閉,華廠則除極少數微受影響外,仍能照常工作。六月下旬租界開市以後,大罷工仍在極困難的經濟情形下,繼續下去。工部局乃以工人不足,原料缺乏為言,停止大宗用戶的電氣供給,其結果,一方面使開工工廠因缺少電力而停工,增加無工作工人六萬餘人,另一方面使華廠主等因本身利益關係,希望或竟竭力設法中止罷工運動。[註三]

六月二十九日,工部局電氣處向各大眾電氣用戶,即使用其電力的大小各工廠,發出下列通告:

> 敝處際此久延不決之工潮中,仍能以無限制之電力,供給各用戶,維持不輟,諒邀鑒及。惟是此種情形,斷難持久,加以目今天氣炎熱,敝處內有外籍職員,均蒙影響,因此不得不通知尊處,按照所訂供給大宗電力合同中關於罷工項下各款,苟非工潮早日解決,恢復原狀,敝處不得不停止輸電,屆時不再通知。敝處今有出此舉動之必要,極為遺憾,自屬毋庸贅言。至尊處電燈用電,必將盡力供給,俾免無謂之不便與紛擾,此可請台端釋慮者也。[註四]

七月四日,工部局電氣處又發出通告如下:

> 六月二十九日曾上一函,計邀台覽。敝處迫不得已,約於本月六日下星期一正午,將停送貴工業所用電流,際此工潮久延,未能回復原狀以前,勢將不克續送。至尊處電燈用電,當如前函所述,將盡力繼續充分供給。惟有警告者,此項電流不可試用以開駛馬達,否則或將阻礙全部電流供給,而敝處在此工潮中將無以補救也。敝處今日有不得不出此辦法之需要,良用歉憾。一俟能力可及,則當迅行回復無限制之供給,敢為諸君保証。[註五]

各華工廠接得通告後,即開會,請交涉員許沅向領袖領事提出交涉。[註六]七月五日,工部局電氣處割斷大宗電力用戶工廠四十六家電流,其中二十一家為英日工廠,早因罷工停閉,其餘二十五家約三分之二以上均為華廠。[註七]七月六日上午,交涉署得領袖領事復函,略謂工部局重行考慮,仍難展緩停電;同日正午工部局即實行停電,各用電工廠停工,商團巡捕特別動員,工廠區域"戒備"尤嚴。[註八]

紗廠聯合會除致函工部局請保護工廠並注意租界治安外,[註九]並數電政府當局請向使團交涉,並"迅令駐滬軍警長官,設法勸令該電氣處工人,先行上工"。[註十]政府交涉,未有結果,[註十一]七月下旬,

　　[註一]　參閱本編第四篇第八章第七節第一項。
　　[註二]　上海日本商業會議所,五卅事件調查書第二輯,頁二五。
　　[註三]　八月十五日,上海日本紡織同業會臨時大會中,一會員發言云:"我們對於給電問題希望交涉進展,同時也便是中外同業者在約略相同的條件下,希望全部罷工能解決。我們日本人紡織同業會所最希望的,是一般社會以極大的好意促進復工交涉,這定能使電氣處問題的解決,得有良好的影響。企業家對於罷工的解決,心理相同,要希望復業,不能等待工人的自覺,非強制他們復工不可。"見五卅事件調查書第二輯,頁二二五。
　　[註四]　民國十四年七月二日申報。
　　[註五]　民國十四年七月五日申報。
　　[註六]　民國十四年七月五日、七日申報。
　　[註七]　民國十四年七月七日、八日申報。
　　[註八]　民國十四年七月七日申報。
　　[註九]　民國十四年七月十日、十四日申報;Vice-President, Chinese Cotton Millowners Association, to S. M. C., July 7, 1925. - S. M. C.'s Annual Report, 1925, p. 73.
　　[註十]　民國十四年七月七日、十五日申報。
　　[註十一]　民國十四年七月二十三日申報。

上海有關各方面,乃進入電氣處工人先行復工的磋商之中。[註一]九月九日,電氣處罷工工人,"尊重官廳意見,接受總商會的調停","忍痛復工"。[註二]

7. 九七慘案

工部局電氣處工人正式復工前兩日,即九月七日,下午五時半,有工人三十餘人,參加公共體育場九七國恥紀念會,遊行既畢,取道法租界吉祥街、典當街,擬入公共租界,歸小沙渡。至愛多亞路,公共租界西捕阻止前行,工人不懂其言語,遂起爭執,西捕數人,除逮捕數人外,復向羣衆開鎗,羣衆逃避不及,重傷三人,輕傷若干。工商學聯合會、學生會等,召開緊急會議,分電北京段政府、廣州國民政府及各省市各團體,請嚴重交涉及速起援助。租界以內,則又探捕密佈,檢查極嚴。雖五卅慘案尚未了結,而相仿事件又已發生,事態正非不嚴重,但結果,外交部與江蘇省長鄭謙,均以未有死亡,着交涉員不必提出書面抗議,另行就地磋商結束云。[註三]

8. 上海當局與工部局的合作

九七慘案發生時,上海情形已非五卅慘案初發生時可比了。

五卅慘案發生後,六月十三日,奉軍張學良部二千人來滬,維持秩序。[註四]六月二十一日,張部北返,另由姜登選部邢士廉率大軍到來。次日,鄭謙以江蘇省長名義,宣佈淞滬戒嚴,委邢士廉爲戒嚴司令。[註五]七月二十三日,淞滬戒嚴司令部封閉上海工商學聯合會、中華海員工業聯合會俱樂部及洋務工會等三團體,解散上海學生會;[註六]被捕者十五人。繼因各團體呼請,海員俱樂部及工商學聯合會啓封,釋放九人。[註七]九月十八日,淞滬戒嚴司令部奉段政府及鄭省長電令,解散總工會,拘捕職員二人;並限令各工會即日一律自行取消。[註八]九月二十二日,工商學聯合會自行解散;戒嚴司令部禁止集會遊行。[註九]

工部局云:"九月與十月間,中國官廳給與工部局之助力,甚爲滿意。"又云:"十月初奉軍當局限制煽動罷工之命令,在浙江當局統治之下,仍行繼續,且更嚴緊"云。[註十]

三　交涉的失敗

1. 就地交涉的破裂

五卅慘案發生後,北京段政府於六月一日及四日,先後向公使團提出抗議二次,要求保留賠償,釋放被捕學生並制止上海捕房鎗殺華人。段政府嗣即特命新任外交部駐滬特派員許沅、淞滬市區會辦上海總商會會長虞和德,兼程來滬就職,又任命蔡廷幹、曾宗鑒爲特派調查員;公使團亦派英、美、日、法、意、比等六國公使參贊,組織六國委員團,來滬調查真相。六月十一日,段政府發出第三次照會,提出上海工商學聯合會所提先決條件四項,要求停止非常狀態,以便進行交涉。

段政府隨即願意在滬開始談判。蔡、曾二特派調查專員暨六國委員調查團,各經授權就地交涉。六月十三日,許交涉員忽改將總商會提出條件十三項,向對方提出。六月十六日下午二時,中國方面委員蔡、曾、許及省長鄭謙,與使團六國委員,開始正式談判。至六月十八日下午舉行第三次談判時,

[註一]　民國十四年七月二十三日及以後申報。
[註二]　工部局電氣工會復工宣言。
[註三]　民國十四年九月八日、九日、十日、二十九日申報。
[註四]　民國十四年六月十四日申報。
[註五]　民國十四年六月二十二日、二十三日申報。
[註六]　民國十四年七月二十四日申報。
[註七]　S. M. C.'s Annual Report, 1925, pp. 51, 72.
[註八]　民國十四年九月十九日申報。
[註九]　民國十四年九月二十三日申報。
[註十]　S. M. C.'s Annual Report, 1925, p. 52.

六國委員態度忽然改變,拒絕繼續談判,且於當晚專車北返。

就地交涉就此破裂。[註一]

2. 北京交涉的停頓

六月十八日上海談判破裂後,北京段政府於六月二十四日照會公使團,提出上海總商會所提十三條件,並催早日開議。六月二十七日,段政府特派顏惠慶、王正廷、蔡廷幹為專員,辦理滬案及其善後交涉。七月一日,又另組織成立外交委員會,以襄助外交部交涉。

公使團方面,則以各國利害不同,意見不能一致。七月六日,使團多數通過下列三決議,即日以使團名義,訓令駐滬領事團,着即日實行:

一、上海工部局捕房總巡麥高雲(K. J. McEuen)應即免職。

二、工部局董事會應嚴加譴責。

三、發令開鎗之捕頭愛活生,應依法懲辦。

上海方面因工部局不接受,使團命令未曾實行,而英使急電政府之後,英外相張伯倫(Chamberlain)即復電反對使團辦法,令英使設法阻止。同時,又因六國調查委員中法國委員報告書發表於巴黎,為英使所責問,法使辭退滬案交涉責任。對於中國政府催促開議的照會,公使團隨即竭力使之延宕。

八月二十一日,使團通過滬案司法重查,於九月一日照會中國外交部,請派員參加。雖政府與人民,一致竭力反對,拒絕參加,但所謂司法調查,終於自十月七日宣言開庭起,舉行於上海。英、美、日三國司法調查委員,意見不能一致,遂分擬三份報告,送呈使團。

司法重查以後,北京交涉,也便未曾有可說的進行。一九二六年民國十五年一月以後,五卅慘案便只有收回會審公廨這一問題不久單獨進行交涉,而便這收回會審公廨交涉,也沒一個較好的結果。

五卅慘案的外交,便這樣停頓了。[註二]

3. 被難家屬撫卹金的領受

當滬案司法調查開始時,工部局允將捕房總巡麥高雲停職到調查完畢為止。[註三]十二月二十日,麥高雲復職,二十一日辭職,愛活生亦於十二月二十八日辭職。離職後均有養老金。[註四]

十二月二十一日,工部局總董費信惇致函領袖意領德羅西(N. U. C. mm. C. de'Rossi)通知麥高雲辭職事,並附去支票一紙,計七萬五千元,請轉交涉員,撫卹五卅家屬。領袖意領即日轉交交涉員許沅。許交涉員於請示外交部後,即於十二月二十九日,退還支票。[註五]

隔了四年多之後,當一九三○年民國十九年四月十六日納稅華人會舉行代表大會時,主席報告中,有如下段話:

> 五卅慘案,全國憤慨,世界震動,死傷六七十人,此外損失,更不知凡幾。本年初,卹金方面,已由五卅公墓董事會董事虞君洽卿、袁君履登、成君耎春三位,奔走努力,經已解決,計共銀十五萬元,比前原定者,增加一倍。惟賠償損失一層,尚為懸案,猶希外交當局與本屆出席工部局新董事委員,竟其全功。[註六]

[註一]　參閱本通志外交編。
[註二]　同上註。
[註三]　S. M. C.'s Annual Report, 1925, p. 76.
[註四]　同上註,頁七七;ibid., 1926-1936, Pension List.
[註五]　S. M. C.'s Annual Report, 1925, p. 78;民國十四年十二月三十日申報。
[註六]　民國十九年四月十七日申報。

庚　公共租界的最近期

一　一九二七年華人拒繳增捐運動

1. 增加市政捐的決議和當時租界的狀態

　　公元一九二六年民國十五年五卅慘案交涉停頓於北京,尚在官方交涉和民衆抗爭之中的,只有收回會審公廨和工部局加入華董這兩個問題。華董問題,納稅外人會於是年四月,雖有增設華董三人的決議,但上海各團體以其席數的無理限制,不依納稅比例,拒不接受,繼續抗争。[註一]收回公廨問題,至是年八月,江蘇省政府與上海領事團間,亦有改設臨時法院的協議,而這協議的内容,距離公廨的實質的收回,尚甚遙遠,大非多數華人所能滿意。[註二]上海各團體,對於五卅慘案所提要求條件中包含的關於租界各根本問題,既如此懸而未決,而租界當局因國民革命軍北伐的節節勝利,進迫浙蘇,又因國民政府的收回漢口和九江英租界,又竭力進行種種不平常的處置了。

　　一九二七年民國十六年一月三日,漢口英租界以英水兵和義勇隊干涉國民政府下各工團在其貼近空地慶祝新年的演講,刺殺一人,重傷二人。四日,國民政府接受各團體聯席會議決議,派軍隊入駐英租界。五日,當地國民黨聯席會議議決,組織"英租界臨時管理委員會",管理租界各種市政公安事宜,租界捕房撤去招牌,懸青天白日旗。十日,上海公共租界工部局發出佈告云:

> 　　本局見於外埠最近發生之事故,以爲宜發表如下之公開聲明,仰有關人等一體知悉:
>
> 　　一、本局對於黨派政治,既不相關,亦無興趣。
>
> 　　二、故本局已在租界以内及界外工部局道路上,禁止政治集會、示威遊行、不論何種性質之演講或政治宣傳。
>
> 　　三、本局爲治安計,將一如既往,與治理租界接聯地帶之中國官廳,繼續合作。
>
> 　　四、本局將運用其全部活動及手段,以在其治理地帶以内,維持秩序,保護生命財產之安全,並已爲此目的從事於一切必要的保護處置。
>
> 　　五、本局將從嚴鎮壓一切強暴與騷擾,並將絕不躊躇任便採取一切手段,以達此目的。
>
> 　　六、最後,本局以職業的煽動家之活動,警告一切人等。此種煽動家,利用國家之混亂狀態,在此中庸與寬容較平日尤爲必要之際,傳播暴力與階級怨恨之主義。[註三]

　　同時工部局進行組織並非"義勇"(voluntary),而是雇用性質,等於常備軍隊的萬國商團俄國隊。定額二百五十人,不久即行招滿。[註四]又決定在租界界線和越界道路上,裝製鐵絲網,及從事其他軍事

[註一]　詳見本篇第二節"工部局華董的産生和增加"。
[註二]　詳見本篇第三章"從臨時法院到特區法院"。
[註三]　S. M. C.'s Annual Report, 1926, p. 58.
[註四]　S. M. C.'s Annual Report, 1927, p. 4; 1928, p. 8.

設置。[註一]

　　一月下旬起，英、美、法、日等國軍艦，源源來滬，實行以武力"保護"租界。十月初，北京美公使、漢口美領事，奉美政府訓令，分別向北京顧維鈞、漢口陳友仁，提出説帖，請將上海公共租界，圈出戰事區域以外。顧、陳均以上海租界爲中國領土，依土地完整原則，斷無劃本國領土爲中立區的道理，加以拒絕。[註二]二月二十五日，工部局請領事團準備各國海陸軍動員事宜。[註三]各國海陸軍，立即佈防於事前商定，並已設置鐵絲網及其他軍事設備的"防衛線"上，這"防衛線"約從海格路、霞飛路相聯處起，經法華浜到鐵路線，而至梵王渡吳淞江上的鐵路橋，再從此沿吳淞江及租界界線，到楊樹浦周家嘴角。[註四]三月二十一日，國民革命軍佔龍華。工部局將萬國商團及巡捕房全部動員，請各國軍隊上陸，從事租界内部的"防衛"，[註五]並宣告戒嚴，除重申一月十日佈告中第三至第六各項外，又在租界以内及越界道路上禁止：徘徊於道路或公共場所，組織或參加任何集會，遊行示威，及在公共場所作其他足使人衆圍聚的行爲，演説、印刷、出版、傳播或陳列任何文件、圖畫、旗幟等物。[註六]三月二十四日，工部局發表更嚴厲的戒嚴令云：

　　　　本局爲維持租界治安及保護和平居民起見，特發出警告如下：

　　　　一、中國無論何種軍隊、兵士或巡警，均不得進入或逗留於租界以内，或租界所有之各道路上。

　　　　二、除領署人員、登陸助防之海陸軍人員，或經本局正式核准者外，無論何人，不得以任何藉口，穿着制服或其他特別衣服，或佩帶徽章表示任何特殊會社或組織之分子，而出現於道路或任何公共場所。

　　　　三、無論何人，不得以任何藉口，在道路或任何公共場所，攜帶旗幟或其他事物，上寫中外文字。

　　　　四、自上午四時至下午十時，居民均須留家勿出。

　　　　五、凡違反上述警告各項，與巡捕或工部局正式授權維持治安之人員衝突，或僭奪其職權，或有其他種種有礙治安之行動，應即受逮捕。

　　　　上開各條，均須嚴格遵從！[註七]

　　同時，工部局並禁止人民通過租界界線所設鐵絲網，實行斷絶租界與内地間的交通。[註八]

　　四月七日，戒嚴時間始稍縮短。四月九日，租界軍警還越界去搜查大夏大學，擊傷學生、校工八人。五月十日才解嚴。[註九]

　　就在這樣的情勢之中，納税外人會於四月十三日，決議增加市政捐[註十]百分之二，即界内從百分之十四增至百分之十六，越界道路自百分之十二增至百分之十四，定七月一日起實行。華人方面於是展開了廣大的抗爭運動，所抗爭的自然不只是增捐所代表的金錢數目。

　　[註一]　S. M. C.'s Annual Report, 1927, pp. 68 - 71.
　　[註二]　參閱本通志外交編。
　　[註三]　S. M. C. to Senior Consul, Feb. 25, 1927.
　　[註四]　S. M. C.'s Annual Report, 1927, pp. 63 - 64.
　　[註五]　S. M. C. to Senior Consul, March 21, 1927.
　　[註六]　S. M. C.'s Annual Report, 1927, p. 64.
　　[註七]　S. M. C.'s Annual Report, 1927, pp. 65 - 66.
　　[註八]　同上註，頁六六。
　　[註九]　同上註，頁六八；民國十六年四月十日申報。
　　[註十]　市政捐，中文又稱"巡捕捐"、"房捐"。

2. 從交涉到罷市

增捐議決案傳出之後，華人方面即紛紛籌謀對付。納稅華人會進行改組，開會推出四十二人，報請特別市黨部銓定若干人爲委員，以便進行事務。在此項委員會成立之前，曾由該會臨時祕書發表宣言及致函各方，反對加捐。五月二十一日，該會致函總商會，請轉交涉員郭泰祺，請向領事團提出抗議，着令工部局取消成議。郭交涉員據情抗議，並得領事團答覆之後，於六月二十四日致函總商會云：

> 逕啓者：前准大函，以"准上海公共租界納稅華人會函：'工部局公報載納稅西人年會，有加徵房捐二成之決議，務請一致抗爭'等語，函請轉致，設法自行打銷"等由。當以"滬埠年來頻受時局影響，商業凋敝，民生憔悴，際此物力艱難，生活困難，納稅西人會竟有決議，實行加徵房捐二成之舉，似於輿情向背，及社會經濟狀況均未計及。且事關增加市民擔負，事前既絕未徵及華人同意，貿然通過，確與己亥年推廣租界時上海中國當局向領團通告聲明之推廣租界條件，[註一]顯有抵觸。准涵前由，本特派員爲尊重民意，維持公衆利益起見，對於本年四月十四日公共租界工部局公報紀載納稅西人年會議決於七月一日起實行加徵房捐二成一案，特提抗議"等語，函請領袖領事轉致，將前案即行自動撤銷，去後，茲准復："經轉准工部局復稱：'查本局房捐擬由百分之十四增至百分之十六（所稱二成，倘指百分之二十而言，則誤也），此項決議經由本年四月十三日納稅人年會通過在案，至於該會之召集手續，安全按照洋涇浜地皮章程第九條辦理，此次提出加捐之議案，與交付納稅人會議，一切無不率由舊章，此應聲明者也。又查華人納稅會致上海總商會函，謂未得該會同意一語，本局對此，尤難索解。總之，此次加增房捐，中外人等一律待遇，且所加之數每月每元之房租，加徵大洋二分，此項收入係撥充本局常年經費，實爲必不可少之數目。今商業凋零，本局已將各項開支，撙節至最低限度，此固無待本局之贅辭焉。加增二厘之房捐，本局實非所願，亦不得已之舉耳，請予諒解'各等因。本領袖總領事，接准前由，相應函復，即希查照"等由。除由本署積極再予交涉外，相應函達貴會，請煩查照。至應如何繼續進行，尚希公同討論，隨時函告，俾便交涉，爲荷。[註二]

總商會對於工部局答覆，頗不滿意，因即於同日覆函郭交涉員，加以駁斥，請轉致領事團；該函云：

> 逕復者：本月二十四日接准貴署來函，以前請抗議工部局加增房捐案，已得領袖領事復文函達查照，"至應如何繼續進行，尚希隨時函告，俾便交涉"等因。查租界市民，華人實占多數，加增市稅擔負，豈能不徵求華人之同意？工部局復領袖領事文所云加捐手續完全按照洋涇浜章程第九條辦理，並謂華人納稅會致總商會函有未得該會之同意一語，指爲難以索解；不知租界市政制度，在現時組織情形之下，華人雖無正式參加議決市稅之機會，然己亥年推廣租界時，上海當局向領團通告，謂租界內所施行之法律章程，關涉華人者，非經華官允准，不能有效，實爲中外當局間之一種協定，該局之應遵守此項協定，實爲洋涇浜章程同一重要。今該局復文，對於此點，寂然不提，而獨以納稅華人會所云難以索解爲辭，是爲避重就輕，巧於躲閃，蓋亦明知己亥年之成案，不能一筆抹煞也。故今日本案交涉之點，當竭力扼定此一層立論，否則關於租界內華人之權利，毫無保障之可言矣。該局增加房捐，謂爲撥充常年經費必不可少之數，不知該局歷來各項市稅，視昔逐年增進，並無縮減，此有該局報告可稽，斷非虛假。一方稅收遞次增進，而一方又欲加重捐率，此豈市政當局顧全公衆福利之？道該局又謂加增房捐，中外人等一律待遇，試問租界內市民

[註一]　按所謂"己亥年推廣租界條件"，當即指光緒二十六年（一八九九）滬道李光久所出推廣租界告示中"凡干涉華民章程，必先由地方官允而後行"等話。

[註二]　民國十六年六月二十五日申報。

擔負之房捐,華人佔其多數乎?抑西人佔其多數乎?市政當局所收市稅,其用諸公共事業者,如公園等,華人能一律享受乎?抑爲西人所專享乎?市稅之用途,華人能有權過問乎?是中外人民,並未能一律待遇。而增加房捐之結果,其多數又爲華人所負擔,宜其爲羣衆所否認。此均應由工部局就積年之事實,加以反省者也。據以上種種理由,應由貴署再行駁覆領團,聲明否認,是荷。[註一]

另一方面,六月二十三日,工部局發出佈告云:

　　爲佈告事。照得本局徵收房捐,向分兩種:在租界内,納房金百分之十四;在租界範圍外,納百分之十二;兹經當局議決,自七月一日起,各增百分之二,爲成百分之十六與百分之十四。邇來有人專事乘機破壞,故作謠言,煽動民衆,處心積慮,無非使本局行政,頓失信用,破壞中外居民之感情,各界人士,幸勿爲彼等奸計所惑焉。查租界内所有捐稅,華洋人士,一視同仁。駐滬外國軍隊,一切費用,均由各該國政府負責維持,本局毫不過問。故謂外國人在滬享特殊權利,並謂駐滬軍隊由本局代籌經費者,均係讕言,毫無根據。輓近以來,物價高漲,本局與各個人及各機關,均感經濟困難,收入有增加之必要。一九二七年度本局各部預算,既經慎重審查,減無可減,祇得增加百分之二,藉補不足,弗獲已之苦衷,尚希各界垂察。即以增加百分之二論,個人之負擔殊微,例如一華人居住租界内者,每月付房租一十元,房捐一項向納一元四角,七月一日以後,增捐一元六角,每月祇增兩角而已。即中外人士住屋賃金百有五十元,向納房捐二十一元,今後祇增納三元。無論貧富,稅率一概均平,貧者賃屋小,稅金低,富者居廣慶,稅金自大,顧均依照法律之規定,輸納稅課,一切苛捐厚斂,均獲豁免。故雖際兹商景蕭條,各業減色之時,而言增加稅課,似與羣衆心理,大相逕庭。而外人旅滬者,深知租界統治得宜,本局之職殊大,如火警之預防,衛生之設備,以及各種强暴事件之剗除,非經濟充裕,無能爲力,對於房捐增加,均願擔任而無異言。中華人士,除一二不負責任妄事是非之分子外,大多數類皆深明大義,對於公民應盡之義務,必當仁不讓也。彼共產黨徒,對於此次增稅事,傳播謠言,以成其志,各界君子,勿被所惑。至於維持地方治安與社會秩序,務須各盡其能,協助當局,以利進行,有厚望焉。特此佈告。[註二]

同日,納稅華人會召集各團體代表,舉行會議。二十七日,該會分別致函工部局及亦已議決加捐的法租界公董局,說明反對增捐理由;其致工部局函云:

　　逕啓者:兹以最誠懇、最崇尚之敬意及堅決,最嚴重之態度,致書於貴工部局董事會諸執事曰:查此次貴工部局之巡捕捐,自七月一日起增加百分之二,我納稅華人以下列二種之事實,不得不反對,請爲分別陳之:(一)違背己亥協定及立憲通例,未得我華人同意。(二)租界商業,因受鐵絲網重重包圍之影響,而致凋敝不堪,支持爲難。因上述第一項事實,我納稅華人,爲維持國權與公權計,在法理上,不得不反對。因第二項事實,我納稅華人,實在無力增加負擔,在情勢上,我納稅華人當請豁免巡捕捐數月,但爲顧全貴工部局之比照以前預算上支出起見,只得照舊勉力負擔,在事實上,不得不反對。乃貴會不加切實之體諒,反誣我納稅華人反對事實上不應及不能之增加,係出一二共產黨徒煽動,並廣爲刊發事實上足致發生搖亂聽聞之不幸事實一切佈告與傳單,此種失態舉動,而出諸於文明國人士主持之貴工部局,實爲遺憾!至如貴工部局佈告所稱其他各條,我納稅華人均認爲出於挑撥離間,卸責推諉,惟所稱"租界内所有捐稅,華洋人士一視同

[註一] 民國十六年六月二十五日申報。
[註二] 民國十六年六月二十四日新聞報。

仁"云云,則"租界內所有權利,華洋人士是否亦一視同仁?"還望貴工部局切實遵照事實,捫心一問。總之,我納稅華人,現均覺得,不但非八十年前可比,且非數年前可比,國家觀念,權利觀念,已有長足之進步,故現於六月二十三日代表會議之時,已全體一致決議辦法三條:(一)如不增加,照舊額繳納;(二)如須增加,連舊額不付;(三)如遇壓迫手段,惟有採行不得已之必要表示。事關國權及公權起見,相應函達,希煩查照,迅即取消加捐辦法,以維感情,實爲兩便。[註一]

同日下午七時,各馬路商界聯合會開聯席會議,到會代表五百餘人,討論結果如下:

一、通告各路商店,一致拒絕付捐,堅持到底。

二、發貼標語,規定爲:

甲、取消不平等條約!

乙、收回租界!

丙、擁護納稅華人會!

三、各馬路商聯會,自行選出糾查員數人,稽察有無偷付捐稅,及外人有無強制執行情狀,報告到會,以便應付;房客聯合會亦須照辦。

四、公推主席團,向郭交涉員及外交部駐滬辦事處,分頭請願,嚴重交涉,以達市民要求之目的。

五、由本會公請律師,如各商號有遭蹂躪者,由律師代理起訴,要求賠償損失。

六、如有少數人家不幸遭蒙損失時,由全市人民籌款,擔負償還之責,以堅信守。

七、推舉代表三人,參加次日房客聯合會,贊助進行。[註二]

次日下午,納稅華人會又召集房客聯合會,出席各聯合會代表四百餘人,議決一致行動,反對到底,分爲五項如下:

一、各房客聯合會,當各自召集全體會員大會,團結一致,拒絕增加市政捐。

二、依據納稅華人會議決案,實行:

甲、如不增加,照舊繳納;

乙、如須增加,連原額亦不付;

丙、如用壓迫手段,採用必要之表示;

凡我房客,須一致堅決。

三、各房客聯合會致書於工部局,表示反對,并發宣言。

四、各路各里房客未組織者,須速即組織就近房客聯合會,擴大組織,并發給組織徽章。

五、推舉委員二十五人,專辦反對非法增加市政捐接洽事宜。[註三]

各方態度,堅決如此。納稅華人會乃積極進行實行各議決案,於二十八日推派代表,進謁外交當局,請據理抗爭。

七月二日,公共租界華商店鋪,舉行示威運動,一致罷市,並於下午開納稅市民大會。各馬路大小店鋪,除吃食店因有特種關係照常營業外,其餘各店莫不雙扉緊閉,門首貼有上海租界納稅華人會知照休業及開市民大會的通告。工界亦皆停工。工部局於先一日已諭知各巡捕房,加派探捕,梭巡各馬路。早晨起,北站界路,有馬巡若干,往來梭巡。克能海路與北浙江路等要道口,亦添加中西探捕,搜檢行人。南京路、浙江路轉角,亦派多數巡捕,持棍站立兩旁。下午二時,在總商會議事廳,開上海租界市民大會,到納稅華人二萬餘人,總商會內擁擠萬分,至無立足之地,樓上亦立滿,市民羣情憤慨異常。推舉主席團王正廷、馮少山、林祖滒、王漢良、謝福生,司儀王延松,紀錄祕書陶樂勤,總糾察陸鳳竹及糾察等十餘人。首由主席王正廷報告開會宗旨後,由謝福生、馮少山、李公樸、陳德徵、何德奎等,先後演說,皆以團結一致,奮鬥到底相勗。何德奎演詞,對於工部局財政等情形,有所評述,如下:

前日兄弟根據事實來反對增加巡捕捐,一方在使工部局董事無詞以自解說,一方在使國人瞭然於工部局之黑幕,而增進其拒絕加捐之決心。今午工部局董事開緊急會議,不識對於愚見,作何感想。兄弟今日尚有一點新見解,貢獻於諸君。公共租界工部局調查戶口。每五年一次,據一九二五年,即前年秋間調查所得,在公共租界之外國人,合英、美、日、德及其他國計之,共二九、九四七人,而華人則有八一○、二七九人。如以百分數計之,則外人尚不滿市民百分之四。最近工部局未曾調查戶口,無從稽考。但此一年半中,租界人數,當無甚變動也。今華人雖有八十萬衆,而對租界行政,不能過問;吾儕納稅雖多於外人,而工部局從不以歷年開支,用華文公布,故其財政狀況,吾人不得而知之,更無從過問之。諸君猶憶首先發令開鎗,因而引起五卅慘案之巡捕頭愛活生,渠雖於前年十二月去職回英,而工部局則每年給以五百英鎊,值國幣五千餘元。租界總巡捕房麥高雲亦於前年終去職,而工部局則年給以一千五百英鎊,值國幣一萬五千餘元。工部局總辦魯和,亦於去年解職,而逐年仍領恩俸,去年實支一萬五千一百二十兩,今年工部局預算表中,則列為二萬零一百六十兩。夫愛活生、麥高雲、魯和,皆五卅慘案之罪人,揆之法律,重則處死,輕則懲辦,而今則不但逍遙法外,且以吾租界華人膏血蓁養之。是而可忍,孰不可忍! 公共租界工部局之經常收入,向以巡捕捐為最要,其次則為地稅,再次則為各項照會捐,及自來水廠電氣廠營業淨利等等。一九一六年之工部局歲入,總數為三、三三三、一五一兩,去年即一九二六年收入總數,為一○、○九一、九二一兩,十年之間,增漲三倍有奇。工部局書明之加捐理由,為近年物價騰貴,不敷開支,然依工部局之統計報告,近十年來在上海之日用必需品,如魚、肉、水菓、蔬菜、米、煤、麥粉等項之價,平均不過增加百分之四十三。今收入增三倍,而物價僅增半倍,故以物價為理由而增捐,是絕對欺人之談。今地稅加七分之一,工部局預算本年度可多收三九八、九○○兩,租界內巡捕捐加七分之一,工部局預算本年度可多收五二六、○○○兩,租界外之巡捕捐加六分之一,工部局預算本年度可多收六九、○○○兩。工部局一方加捐,一方預備增加巡捕費三六三、六四○兩,以便多練西捕,多備軍械。總之,進款既增,則從新招練西捕固可,即留外國防兵永駐上海,改稱武裝西捕,亦未始不可。蓋武裝警察,即是軍隊之變相,一而二,二而一者也。公共租界工部局,聲言並未接濟外國駐防兵,然一九二六年度之工部局財政報告,有防軍駐處之房租銀五三、三○八兩規元,列於緊急開支項下。具此鐵證,豈能狡辯? 外兵之駐紮上海,在外人視之,以為可以示威,固是志得氣揚,然吾上海華人所受實惠,則英兵强奸華婦而已,外國水兵鷄奸華童而已。倘工部局之歲入增加,則外兵可常駐上海,而强奸鷄奸之事,可以層出不窮。故不但加增巡捕捐應反對,即不納捐之。華人,亦應起而反對。愚意大衆倘能為國體計,為身家計,而堅持到底,定能達取消增捐之目的也。[註一]

繼由納稅華人會臨時執委會提出交議案云:

[註一]　民國十六年七月三日申報。

　　爲交議事,關於反對工部局非法增加巡捕捐及一切捐稅,以其蔑視我華市民公意,及我國國家主權,與不顧市民之負擔力量。兹擬定對付辦法,請一致予以議決:(一)如不增加,照原額繳納;(二)如須增加,連原額亦不付;(三)如用壓迫手段,野蠻待遇,一致罷市,以示決心;(四)罷市以後,靜候國民政府命令解決。以上四種辦法,是否有當,請候公決。[註一]

結果全場一致通過。又通過大會宣言及通告全國的電報各一件;宣言云:

　　查租界工部局仗帝國主義之淫威,不平等待遇之惡例,處處蔑視我華市民之權利如不得參加於市政,侵害我國領土如越界開築馬路,藐視我國政府如擱置抗議不復,近則又復變本加屬,於我國民衆取消不平等條約,打倒帝國主義,收回租界聲浪高唱入雲中,違背洋涇浜章程己亥協定,不徵得我華市民之同意,不經我國官廳之認可,不顧及鐵絲網重重包圍之影響而致凋敝不堪之商情,悍然於七月一日起實行增加巡捕捐二成,其他捐稅一二成不等。兹查其收入,一九一六年經常總收入爲銀三百三十三萬三千一百五十一兩,一九二六年爲銀一千零九萬一千九百二十一兩,已增加三倍。查其支出,其他浪費姑且不論,而闖出五卅慘案滔天大禍業已解職之罪魁愛活生與魯和,前則去年支養老金計銀三千六百七十五兩,今年預算爲銀四千兩,後者去年支恩俸銀一萬五千一百二十兩,今年預算爲銀二萬零一百六十兩,其他如麥高雲與澄來得亦均支有優厚之俸金。試問我華市民以汗血得來之金錢,繳納捐稅,豢養殺戮我國同胞之罪魁,於心甘乎?於心忍乎?從今日起,凡我市民,納地稅者,納房捐者,分類聯合,一致遵照中國國民黨對外政策,在上海租界納稅華人會領導之下,團結起來,站在一條國民外交之陣線上,努力奮鬥,一以擁護中國國民黨之權威,一以崇高南京國民政府之地位,一以達到中國自由平等。現在我華市民對於工部局非法增捐,一致決議採用下列之辦法:(一)如不增加,照原額繳付;(二)如須增加,連原額亦不付;(三)如用壓迫手段,野蠻待遇,一致罷市,以示決心;(四)罷市以後,靜候政府命令解決。我華市民已深知國民革命之必要,中國國民黨爲我民衆之政黨,南京國民政府爲我民衆之政府。在以前軍閥壓迫之下,我華市民尚欲反對非法增捐,要求市民權,反對增加碼頭捐,不得提出印刷附律,向帝國主義進攻,向工部局抗議。今者情移勢易,我華市民膽氣尤壯,我華市民主權觀念尤深,所以我華市民對外政策之大綱,第一步,取消工部局非法加捐,第二步,取消不平等待遇,第三步,收回租界。不達到中國自由平等之目的,再接再厲,義不返顧!特此宣言。[註二]

通電云:

　　南京中央黨部、各省各特別市各級黨部、國民政府、江蘇省政府、各省政府、江蘇特派交涉員、國民革命軍蔣總司令、各指揮、各軍長、各師長、全體將士、暨全國同胞公鑒:上海租界工部局,不得我華市民同意,不經我中國官廳認可,又不顧受鐵絲網重重包圍影響而致衰敝之商情,悍然非法增加巡捕捐二成及一切捐稅一二成不等,並五卅慘案要犯魯和、愛活生、麥高雲、澄來德名爲辭職,工部局仍給以優厚無比之薪金,住居租界之華市民,爲國家主權,爲市民公權,爲經濟實況,爲雪國家恥辱,一致表示反對。今日全租界商店休業一天,對工部局示威,並開租界市民大會,一致決議:(一)如不增加,照原額繳付;(二)如須增加,連原額亦不付;(三)如用壓迫手段,野蠻待遇,一致罷市,以示決心;(四)罷市以後,靜候國民政府解決。爲此電請援助力爭,以達到中國自

[註一]　民國十六年七月三日申報。
[註二]　同上註。

由平等之目的。事關全國主權,專電奉聞。[註一]

並提出下列各口號:

一、實行國民黨對外政策!

二、拒絕工部局非法加捐!

三、中外市民平等待遇!

四、取消不平等條約!

五、收回租界!

六、打倒帝國主義!

七、肅清共產黨!

八、擁護中國國民黨!

九、擁護南京國民政府!

十、擁護納稅華人會!

七月三日下午三時,在公共體育場舉行反對增加巡捕捐全滬房客大會,到二萬餘人,衆情萬分激昂,結果一致通過議案四項:

一、全體房客作租界納稅華人會的後盾;

二、未取消加捐前,不付捐;

三、對方如用強暴手段,則採用必要手段對付之,並宣佈與英經濟絕交;

四、團結房客團體,要求減輕負擔。[註二]

七月五日,工部局開始徵捐,納稅華人會在報上登載如下通告:

一致反對非法增捐。如來徵收捐,一律不付;如有強迫舉動,報告本會。

同時,郭交涉員亦以總商會六月二十四日覆函及上海租界市民反對加徵市政捐代表大會代電內容,轉致領事團,提出抗議云:

本特派員爲順從民意維持公衆起見,對於本年七月一日起工部局實行加徵房捐二成一案,鄭重聲明否認,特提二次抗議,相應函達貴領袖總領事,仍煩查照,先令去函,迅予轉致,將前案刻日自動撤銷,以恤時艱而慰民望,並希速復爲荷。[註三]

3. 收捐與拒付

工部局收捐處人員於七月五日開始出發徵收增捐,對於一部分商號不付捐款,收捐西人即云:"今日先來關照,明日倘不付捐,即將物件搬出。"由各馬路商會報告納稅華人會,請示對付方法;後者即答以"遵守大會議決案,拒付增捐,如將物件取去,可報告本會辦理"。[註四]

可是對於旅館業,情形尤爲嚴重。三新昌記旅館、吳錫楫記旅館、中新宏記旅社、申江協記旅館、仁和公復記旅社、匯中旅社、滬臺旅社、江准旅社、上海旅館、永保久記旅社,聯名致函納稅華人會報告云:

逕啓者:前准貴會代表蒞館傳述,以巡捕捐一項不能照增加數目應付,如有施行野蠻手段情

[註一]　民國十六年七月三日申報。
[註二]　民國十六年七月四日申報。
[註三]　民國十六年七月六日申報。
[註四]　同上註。

事,立即報告核准等因,并發傳單前來,業經遵辦在案。茲於本月五日,據工部局由洋人率領華工數人,來敝館等徵收前項捐款,強迫要照增加數目抽收等語。敝館等答以增加斯捐,係帝國主義單獨主張,未曾徵求華人同意,現正開會反對,全埠一致,敝館亦在堅持之一,原額可付,增則未便照付爲辭。迺該洋人等,勢甚兇橫,難以理喻,最後將敝館等照會擅自取去,再四聲明前情,無從挽回。查照會爲設館惟一之主腦,今因反對增捐,吊銷照會,而封閉末策,難保不接踵實行。該工部局有挾而求,別無他法。事關全局,究應如何抵制,相應將經過情形,聯名據實函達貴會,迅即與租界當局,嚴重交涉發還營業照會,否則因此所受營業上之損失,須由工部局負責賠償。希即迅籌辦法,至紉公誼。[註一]

納稅華人會接到各旅社報告後,即據情函請交涉員嚴重交涉,並舉行特別委員會議,議決緊急處置辦法,發出反對增加巡捕捐辦法通告:

公共租界市民,應一致遵守疊次大會議決案,拒付工部局非法增加之巡捕捐,並應切實履行以下各項辦法:

一、各業即日召集同業公會,決議通告各業,一律停付增捐;

二、各馬路商聯會即日召集會員大會,決議通告各商店,一律停付增捐;

三、如有強迫手段,野蠻對付,立即報告本會,敦請義務律師保護。[註二]

郭交涉員除據情向領袖領事提出嚴重抗議外,並派交涉祕書郭德華,親赴領袖領事署及工部局交涉,聲明:

按照旅館執照規則有房捐須於十四日以內繳付等語,是繳付房捐有十四日之猶豫期間,工部局又何能即日吊銷執照?況且此次增加房捐,並非拒絕不付,實係違背己亥協定,違背華人公意,歷經交涉員提出抗議,情形顯與平時欠款不同,應由工部局切實執行以下三事:(一)即將吊銷之執照,一律發還;(二)在未解決期內,一律停止收捐;(三)所有因吊銷執照而發生之損失,應由工部局完全負責,華方當保留提議權。[註三]

工部局諉爲不知此情,聲明當即查明發還。七月七日晨,收捐處西人,即將各旅館吊銷執照,一一發還。

但工部局收捐並不停止,初則以不付捐即將吊銷執照爲恫嚇,繼以撤消看門巡捕爲威迫,最後竟實行拒發看門巡捕手鎗,及強迫商號停止營業。第一家被迫停業的,是南京路金蘭南腿公司,前後門均派捕看守,所有職員,只許出,不許進,斷絕交通,並限期繳付。納稅華人會即據該公司報告,轉呈郭交涉員,請向領事團交涉:“停止此項非法行爲,否則該公司因藉端勒閉之營業上損失,須由該工部局負責。”[註四]

七月十五日,納稅華人會經委員緊急會議議決,所有該季市政捐,應照舊額請交涉署指定銀行代收,彙交工部局。

七月十八日,工部局發表備忘錄,將於增捐有所聲明解釋,全文分爲二部,一如下:

第一,對於報章等所盛傳之若干謬妄不實引起誤會並不切問題之言辭,本局願加評釋。

[註一]　民國十六年七月六日申報。
[註二]　同上註。
[註三]　民國十六年七月七日申報。
[註四]　民國十六年七月二十一日申報。

一，公共租界存在及治理所據之憲章，名爲地皮章程。該項章程初得中國官廳批准，擬定並公布於一八四五年。一八六九年頒行修訂新章。爾後所有之各項修改，均得中國政府之同意，而章程本身亦由華官始終屬行於上海會審公廨。故該章程在實質上，在效力上，構成一最高級之條約，不僅爲二主權國家間所雙方協定，且中國及與中國訂有條約之各外國，俱爲協定之當事者。據此協定，其當事各列強之人民，所獲權利，不僅得居住貿易於外人租界內，且得設立一市政府，依據若干特定規程而組成行事。此項規程中，規定選舉董事會，規定有相當資格之納稅人，舉行年會，“籌議……經費銀兩”，以舉辦租界治理各事，並“抽收捐款”，對土地房屋“自行估算，以憑收捐”。[註一]

一九二七年預算中規定增加捐率百分之二，係正式提交四月十三日市政廳舉行之納稅人會，得其核准者。故工部局實行嚴格遵照地皮章程正式准行之事，謂爲非法，言實謬妄。又謂工部局違背“協定”，或“不顧增捐不先得華人同意之章程”，此説亦無根據，工部局當然既無此種協定之存案，亦不能發見曾有此種協定之存在。

二，通常所説之第二種妄言，爲華人不得參預租界行政。事實如何，當然人所熟知，得再簡述於下：

一九二六年四月舉行之納稅人年會，曾通過下列議案：

“本會議公意，亟願華籍居民參加租界政府，兹即授權並訓令工部局，着即向有關列強建議，期可早日加入華董三名。”

此項決議，即由工部局經過適當機關，呈達北京外交團，並得其承認，而所建議之華董席數，亦得中國政府及當地官廳之批准。爾時以後，約在九個月前，本局與華人總商會間，曾有關於該問題之正式函件之來往，並時時代表本局，非正式的詢問事情之進行狀態。但至今日，據本局所知，華人社會對於所同意之三席董事之充任一事，毫無舉動。本局願盡力説明者：第一、提議的華董席數，係經與負責的華人商酌，定爲以三席開始第二自一九二六年納稅人通過議案以來，始終渴望能得三華籍同僚之服務。故謂華人不得參與市政，或本局對華人現時不參與市政一層須負責任，實係謬妄。

三，第三種之妄言，在其含義上引起誤解最大，傳述亦甚廣，即所謂租界捐稅百分之七十或七十以上，爲華人所繳云云。

關於此捐稅事宜，誤解過多，應一述其真相。本局經常歲入，以地稅、市政捐或稱房捐、執照費及碼頭捐四者爲主。

本年預算此四者之收入如下：

稅　收	地　稅	市政捐	執照費	碼頭捐	總　計
自華人收入	一、〇五三、六〇〇兩	三、二〇二、八〇〇兩	九六三、五二七兩	二三〇、〇〇〇兩	五、三四九、九二七兩
自外人收入	一、五二六、四〇〇兩	一、八四八、二〇〇兩	四五三、八二三兩	五二〇、〇〇〇兩	四、三四八、四二三兩
總　計	二、五八〇、〇〇〇兩	五、〇五一、〇〇〇兩	一、四一七、三五〇兩	六五〇、〇〇〇兩	九、六九八、三五〇兩

[註一]　此處所引三句，俱見地皮章程第九款，譯文摘自約章成案匯覽中所刊舊譯。

其意即謂：自該四項經常歲入預算總額九、六九八、三五〇兩中，華人約納百分之五十五，外人百分之四十五。

或以每人計算，每一外人約年納本局經常歲入一四五兩，每一華人約六兩六錢。

四，第四種博得廣大信仰、亦最驚人之斷言，爲：外人租界市政之繁榮，係由於華人所繳之捐稅。

真相則如下述。經常歲入得自捐稅等項，專充經常行政費用。其意即謂：每年由此所得之資，即每年用於預算所定之各項事務，以有關租界居民之衛生安全與便利者爲主，各項事務中當然包括本局所掌全部職務。

另一方面，臨時歲入得自公債，絕對專充發展永久而不再發生性質之事項之用。故在此之下，包括爲一切市政目的如道路、橋梁、捕房、醫院、學校、溝渠等等所需土地之費用。

除一九二〇年之英鎊公債及一九二一年之美金公債係無記名式投資者，無從查考以外，本局公債截至一九二七年六月三十日尚未償還者，總數適爲四五、〇〇〇、〇〇〇兩以上。其中扣去約三、〇〇〇、〇〇〇兩在中國政府機關——海關、鹽務機關、郵局——手中，所餘之數由華人承擔者，僅二、六〇〇、〇〇〇兩，而外人則有三九、四〇〇、〇〇〇兩。換言之，外人對於發展租界市政所投之資，較華人所投者，多至十五倍以上。以每人計之，則每一外國居民投資一、三一三兩，每一華人七兩。故外傳云云之絕非事實，至爲明顯。

五，第五種頗爲流傳之說法，爲：上海外國兵士表面上係保護外籍居民，其來也實無異於侵襲，而捐率之增加，即所以應此項外國軍隊之開支。關於此層，本局願提請華居民憶及二年餘前本局曾接上海最有勢力華商中許多人簽字之聲請書，請本局擴展防衛線，包入閘北之大部；最近三月之內，許多華商對於現在上海之外國軍隊所給與之保護，表示深切之感激；有關係之各外國政府已數次明白聲說其所以爲必須遣派軍隊來滬之原因。爲根本袪除此關於該項外國軍隊費用一層之謬妄流言計，本局特聲明以告有關人等：除軍隊所佔房屋豁免捐稅一事以外，全部費用由國庫負擔，其中並無由本局支出之部分。

六，最後，本局不得不提及出現於抗議增捐之言論與文件中之若干不切問題之辭。自此種論調及負責者所表示之抹煞事實觀之，本局無法不作如此之結論，即：增捐之反對，大多出於與所含純粹市政問題不相關聯之動機。此項結論，本局有充分理由，信其邀得許多負責華人之同意也。

第二，本局對於市政捐爲何必須增加百分之二之問題，願約略說明之。

一，中國之賡續內戰及政治之不安，結果使租界當局屢次不得不有採取保護上海中外生命財産之處置之必要。本局不得不在此種性質之緊急處置上，於一九二四年、一九二五年及一九二六年，共費銀四四三、六六八兩之巨。

二，一部分亦由於此同樣的騷擾情態，租界內華人之罪案，有驚人之增長。武裝強盜、誘拐及半政治犯之活動，自使本局焦心積慮。爲應付此項續增之爲惡計，時時不得不增加捕房人員，並倡用比較有效之新設備。故捕房之維持費在全部市政歲入中，今已佔一甚大之數，可於下表中見之：

一九二五年	二、三七二、八五七兩
一九二六年	二、五八二、一五八兩
一九二七年（預算）	二、九四四、二九〇兩

自一九二七年一月一日以來，各捕房區域重大罪案之每月平均數，較上年增加百分之二七一，此事亦得附述於此。

三，一九二七年一月一日會審公廨之歸還發生效力，改設上海臨時法院。以前，公廨所收得之罰款及訟費等，一部分歸之本局，以充本局所設華犯監獄之費用。茲者，在新制度下，並無此種款項，結果，納稅人民不得不增加每年約一五○、○○○兩之負擔。

捕房費用之增漲，前已提及。而其他各種公共服務之經費，亦因一切物價之增漲，而爲數有加。關於此點，得爲提及者，即本局一九二六年付與華籍雇員之薪金一項，計達二、八八五、六四九兩。本年自必不止此數。

到近時爲止，本局得無困難，以相當之利率，借得主要開支所需之資。現下尚未償還之公債，其平均利率，尚不到六厘半。若上海得保持其世界一大商埠之地位，則將來尚需巨大之開支。此項資金之能否獲得，有賴於市政當局信用之能否維持。不斷的政治騷擾，必將降低此間之信用，正如其已降低他處之信用相似。結果，借充主要開支之款，利率定必甚高，而借款利率增高又不得不再增捐稅。故市政當局信用之必須保衛與維持，乃係不得不然之事。凡破壞其在投資界限中之信用之企圖，即無異於犯罪之蠢事——一種出賣中外納稅人利益之叛變。是以本局勸喻租界內之華居民，毋許政治利益或其他動機顛覆一居民近百萬之城市之有秩序的好政府。本局在此時日，負有非常重大之責任，有權希望一切納稅人，不論國籍，給與協助，爲其後盾也。[註一]

納稅華人會即於七月二十日發表文字，駁斥工部局備忘錄所述各點；該文云：

上海公共租界工部局，此次違背己亥協定，侵害我國主權，蔑視華人公意，非法增加巡捕捐界內增七分之一，界外即越界挾收者增六分之一，及其他執照等捐三分之一、二分之一、一倍、一倍以上不等，及新生之雜捐；我納稅華人爲擁護主權，與爲鐵絲網重重包圍而致商業凋敝不堪無力增加之故，表示一致反對，工部局不加考諒，只得拒付，靜候政府交涉取消，在案。而工部局則於威迫勒收，藉端恐嚇，民事訴追，吊回看門巡捕手鎗之種種非法要挾手段之外，於七月十八日發布備忘錄，欲以解脫其非法之事實。我華市民最愛和平，如工部局能將種種非法手段與礮艦政策拋棄，我華市民自然願與爲法理上之討論；否則我華市民亦非易欺者。今將其備忘錄不合法理者，駁議如下：

一、己亥協定："凡界內關於華人之法律與章程，須經中國官廳認可方得有效。"今工部局之增加捐稅，爲關於華人之法律與章程，事前何不請求中國官廳認可？且何不徵得推出領團所認可之華顧問者納稅華人會之同意？其爲非法，顯而易見。該備忘錄未之加入，故意乎？真忘乎？不能武斷。故特提出以爲備忘之備忘。至該備忘錄稱爲"謬妄誤引"，我華市民當以此語還諸著備忘錄者。

二、准華人參與租界市政之空言，實際上並不准許。遠者不必論，即如本年四月十三日在議事廳之集會，全係納稅外人，我華市民無一參加。且其決議，連納稅華人會並未得有通知，而徵其同意。備忘錄反以不准華人參與租界市政之說，謂爲普通之謬論，我華市民只得謂此備忘錄爲善忘錄。

三、備忘錄謂：一九二六年四月間納稅外人常會曾通過下列之議案：據該會之意見，租界之治理，需華人居民參與，並當令工部局向關係國請求，務能早日增加華董三名；且謂我市民對於三華董之位置，毫無舉動，而將我華市民九華董之要求，該備忘錄完全忘去。又謂：租界納稅華人，付捐稅百分之七十以上，係屬普通之謬誤；實則還是該備忘錄之謬誤，因爲華商店之在香港英政府註冊者，華產業家之向領署或外國律師或洋行掛號者[註一]等，其所納捐稅，均歸爲外人者，如核實計算，恐尚不止百分之七十以上。即退一百二十步而言，該備忘錄謂華人納百分之五十五，外人納百分之四十五，則現在外人董事爲九名，當爲每納稅百分之五出一名計，我華市民應出董事十一名，而僅定三名，不知從何法計算出來，還請將"正義公道"加入備忘錄中。

四、該備忘錄謂：外人每年每人付通常捐一百四十五兩，而華人只六兩六錢，似乎華人毫無面子，實則西人所納之數，其大部分爲華人所繳納者，不過假手於外人耳。且華人平民爲多，又多無生產能力之婦孺，而外人則大多爲有生產能力者，并且其薪工極大，即如工部局之雇員，外人有每月至多僅二十五元者乎？生活待遇上既不平等，每人納稅之數，何得相同乎？

五、備忘錄不認上海租界之繁華，係我華人所造成；實則平心一想，外人帶多少錢來，帶多少人來，用力於上海租界之建設？總之，我華市民所希望者，外人當返還我國之領土完整。貪天之功，貪人之功，以爲已有之違心議論，如備忘錄所稱者，實無恥之尤也！至於工部局之公債，我華市民既無參與市政之權，自無承購之義務，且公債須歸還，其歸還之來源，仍將抽諸百分之七十以上之華人捐稅也！

六、該備忘錄第五項謂：外人之供應，除外兵居處免徵捐費外，其餘一切費用，均由各國擔負，與本局絲毫無涉也云云。然就我華市民所知，則一九二六年度工部局財政報告，有防軍駐處之房租銀五三、三○八兩，其他不公開者正不知若干。我華人有一句老話及鐵律："止謗莫如自修。"工部局因欲免除此項疑竇，得我華市民之諒解，惟有撤回該項外兵，請亦加之備忘錄。

七、該備忘錄謂：反對加租之主動力，其大半與真正有關之市政問題無涉。即據此語以推測，則其主動力之小半，工部局亦承認其與真正有關之市政問題有涉者。然我華市民以爲，不但小半，簡直全部。試問：董事僅照工部局捐稅之報告捐稅數應得十一名，而只許三名事實上只成爲點綴，因表決權必常居少數，此關於市政之根本問題也。增加捐稅及一切租界內法律章程，納稅華人無參與表決，此亦關於市政之根本問題也。其他公園之華人不得入，公路之華人不得走，以及其他之設施與權利，我華市民均不得參與及享受，此均關於市政問題也。一言以蔽之，我華市民之反對增捐，爲違背己亥協定，爲非法，爲不徵我華市民之同意，不顧商業因受不必要之鐵絲網重要包圍而致之衰落，亦爲非法；然其背後之意義，完全有關市政問題，且欲求其澈底改良，不平等待遇完全廢止也。

八、該備忘錄謂：工部局之增捐，由於應付：(一)種種保護上之設備如我華市民視爲不必要而阻礙商業之鐵絲網，與外兵之供應；(二)强盜綁匪等等之活躍，而增加巡捕；(三)罰款及訴訟費歸臨時法院收入；(四)物價上漲，薪水警務處支出增加；及(五)欲維持信用。則我納稅華人亦欲補其備忘錄之不足者，有以下六點：(一)不妨礙我國之國民革命，及暗中援助軍閥。(二)放棄侵略主義，以平等待遇我國，尊重我國主權。(三)於不平等條約未取消之前，澈底破除華洋間之隔膜，不平等之待遇，就照百分之五十五捐稅比例，加入華董十一名。以上三點實行，上述之一二兩項之費用，可以減少。(四)依照一九一六年經常收入銀三、三三三、一五一兩，一九二六年一○、○九一、九二一兩，十年之間已增出一倍，而支出方面，則我華市民視爲可省者甚多：巴爾狗不必養，音樂隊不必有，少用坐領鉅薪起碼一百多兩之外人，多用華人，公用汽車及除足以維持公安外其他不必要之軍事設備，可以不要，洋員之牯嶺避暑費取消，最要緊的就是造成中英惡感五卅慘案之罪魁愛活生每年養老金銀四千兩及魯和之恩俸二萬零一百六十兩，與潑來德、麥高雲等坐俸。(五)罰款與訟費固然歸臨時法院直接收入，工部局收入預算上減去銀十五萬兩，但支出預算上會審公堂費用當亦以取消矣，否則不通。（六）要維持信用，則我華市民最聽得進。己亥協定之信用，爲何不維持？將欲公平待遇之信用，爲何不維持？交還越界所築之路之信用，爲何不維持？嗚呼！信用，我華市民正求之不得，然雅不願於欲非法取之於我華市民時講信用，於允許我華市民應得之權利享受時，遂不講信用！威海衛照不平等條約與華盛頓會議決議，早應交還，而今如何？嗚呼，是之謂信用！是之謂備忘錄所稱之信用！[註一]

但收捐形勢，愈益嚴重了。到七月二十三日爲止，北浙江路、九江路、山東路、吳淞路、新聞路、東熙華德路、福州路、四川路、河南路、海寧路、南京路等處醬園、酒棧、錢莊及其他商店，被迫停業者，達數十家之多。[註二]

被迫停止營業各商店，於七月二十三日下午四時，赴市政府及交涉公署請願，陳述被迫經過，請市長黃郛、交涉員郭泰祺嚴重交涉。納稅華人會特根據該會七月二十二日代表大會議決案，公布緊急通告如下：

　　一、納稅華人反對非法增捐，堅持到底。

　　二、凡被工部局橫暴壓迫之各商店，如有巡捕看守，即停業靜候解決。

　　三、聯合被壓迫各商店，控訴工部局。

　　四、所有停業商店之損失，除控訴工部局照數賠償外，由全市納稅華人集款補助，並予以名譽獎勵。

　　以上四條，務祈一致遵守，切實執行，爲要！[註三]

並於次日電呈蔣總司令，函達黃市長和郭交涉員，請求解救交涉。二十五日，該會又決議推陳霆銳、張正學、江一平三律師，暨被壓迫商店代表胡芾之、胡介眉、朱卿堂，會同納稅華人會，於次日午後同赴交涉公署請願，並提出要求條件七條：

　　一、立即制止工部局非法壓迫商店勒迫閉門停業之行動，並恢復已被壓迫商店之營業。

　　二、督促領事團，即時組織領事法院，審理工部局非法行動。

　　三、向工部局追償損失。

　　四、於不平等條約未取消之前，須比照工部局之財政報告百分之五十五，出華董十一名，於一月內解決。

　　五、抗議工部局侵害臨時法院法權。

　　六、要求租界內中外市民之待遇，須一律平等。[註四]

　　七、保留繼續提出要求權。[註五]

這時郭交涉員已向領事團提出嚴重抗議，將納稅華人會及各路商界聯合會先後呈述工部局強迫收捐的種種事實，轉致領事團後，並謂：

　　本特派交涉員得悉之餘，深爲遺憾。查反對增捐一事，既經本特派交涉員提出交涉，復經貴領袖領事於七月十一日復函，正在交涉進行之中，該工部局理應靜候解決，向得抹煞一切，出此強

[註一]　民國十六年七月二十一日申報。
[註二]　民國十六年七月二十一日至二十四日申報。
[註三]　民國十六年七月二十四日申報。
[註四]　民國十六年七月二十六日申報。
[註五]　民國十六年七月二十八日申報。

暴收捐之行動？是否工部局藐視領團，不承其有指揮之權能？此不可解者一。再就法律方面言之，工部局對於浙江實業銀行不付增捐一案，已向臨時法院起訴，自應靜候法院之公平的判斷，何以一面起訴，一面又出種種強迫之舉？此不可解者二。總之，上海一埠，關係列國在華之商務至鉅，且於本國軍事、政治、商業，均占極重要之位置，上海之安寧，既爲中國所禱求，諒亦列國所深盼。是以無論有何難問題發生，應由本特派交涉員與駐滬各國領事，開誠相見，切實互商，無不可以和平解決之理。如以爲交涉稍稽時日，亦應由臨時法院判決遵辦，以期公允。若如工部局之逕行採用強迫手段，致激成醬園弄一帶罷市情形，殊非本特派交涉員所願聞。倘再進一步，更釀成尤爲重要之特別情形，以致不可收拾，不獨中國方面首受其害，即列國方面亦當蒙巨大損失。此項責任，應由工部局完全負擔。相應函請貴領袖總領事查照，嚴飭工部局制止強迫收捐行動，聽候正當解決，至紉公誼。[註一]

各路商聯會亦皆紛紛表示願意犧牲，堅持到底；納稅華人會特印發"告被壓迫停業之商店代表同志"一文，以資策勵。

4. 從調解到抗議下繳付

然而就在這時，納稅華人和工部局，"雙方有人出而調解"。[註二]七月二十六日下午，雙方在聯華總會開第一次談判。二十八日下午，作第二次談判。二十九日上午工部局董事會舉行特別會議，討論雙方所擬調停辦法；開會結果，准予通過，惟内容因"尚未至發表時機"，未曾傳出。

調解人是虞和德，虞和德"與工部局約定，一面請納稅華人會暫取冷靜態度，一面由工部局先使歇業各商號於"二十九日"開業"。[註三]納稅華人會方面，即遵此辦理。工部局則因"巡捕房轉輾商量，手續不及，故遲延一天"，[註四]於三十日撤回巡捕，被迫停業各商店，即照常營業。

事情便由虞和德和工部局繼續協商。納稅華人會對被迫停業各商店分發調查表，調查各店損失，預備賠償。各店類皆甘心犧牲，不願受物質上的損害賠償。[註五]

八月十一日，臨時法院開審工部局控告浙江實業銀行不付市政捐訟案，法院謂：

> 據原告代理律師聲稱，被告人已將訴追之款照付，該訴訟無庸進行云云。本院查本案訟爭標的，既不存在，原告人請求無庸進行，是與撤回無異，自無須加以裁判。惟原告人請求將訴訟費歸被告負擔，被告代理律師既表示反對，應即依照民事訴訟條例第一百另四條，判令原告負擔。[註六]

八月十三日，虞和德復函工部局云：

> 關於工部局一九二七年增加二成稅捐之事，在租界内所有店號，因現在本地市情非常紊亂，及按設鐵絲網等，營業上受極點困難，現余等正在設法勸導，雖在困難之中，務須盡力。工部局華董問題解決時，有資產商人能付二成增加稅，惟尚在抗議中；小商號對二成增加稅，將來亦可照付，但目下正在另籌款項，俾得補足照付。余等冀望工部局能設法將一九二八年預算減少，稅率退至百分之十四，此事已與談及。如此問題實難達到，則應由中國納稅華人推派代表，從長討論。關於工部局華董問題，前雖解決，許華董三人，但現在華人方面要求增加華董，因工部局所收稅捐，我華人佔一大部分。工部局對此問題，亦表贊同，希此問題，即與華人討論，在三個月以内解決，

[註一]　民國十六年七月二十八日申報。
[註二]　民國十六年七月二十九日申報。
[註三]　民國十六年七月三十日申報。
[註四]　虞洽卿致納稅華人會函中語見七月三十一日申報。
[註五]　民國十六年八月九日民國日報。
[註六]　民國十六年八月十三日民國日報。

無論如何不能過六個月。至解決方法,在本星期擬就通告,則下星期六當可完全促現也。[註一]

各路商界總聯合會,則從被迫商店恢復營業的那時候起,即開始進行募集特別捐,名曰"力爭市民權特捐",以爲反對增捐到底,臨時補工部局經費不足的用處。納稅華人會因即致函虞和德,請與工部局有所接洽。

> 逕啓者:各路商界總聯合會,爲三萬元之特捐,日前召集幹部會議,決議非法增捐爲國權與人格起見,萬不可付,情願自動捐募力爭市民權。特捐三萬元,以補工部局預算之不足,並以爲要求華董三分以上之交換金,當即組織特捐委員會,專司其事,定於八月二十四日完竣,兹請先生與工部局交涉:(一)在此期內,不得勒收增捐以免發生誤會;(二)二十四日以後,已付特捐門上貼有紅條紙,或持有特捐收據者,只得收一四;(三)工部局不得妨害勸募進行,以免發生惡感。此外先生如能將交涉所得之具體辦法,關於華董人數,下季捐數,明年減少預算等情見示,則尤便有所遵循。歷來上海華洋交涉,均由先生調解,使華人得到勝利,此後成敗利鈍,亦惟先生是賴矣。相應函達,希煩查照見復爲荷。[註二]

虞和德於八月十六日致函納稅華人會,附抄其八月十三日致工部局函,作爲報告調解情狀,云:

> 逕啓者:工部局加捐一事,貴會既代表市民,力爭免加,商業聯合會亦一再開會磋商,以謀和平解決。查工部局所執增加之理由,謂預算已定,且以指派用途,事有爲難;貴會則以事前並未同意,出而反對:雙方各執,勢將別生枝節。和德竊以市政應需之款,市民應盡義務,本可互相諒解,徒以華董問題久懸莫決,義務權利未能相等,遂致彼此隔閡,發生誤會。現經和德向雙方奔走調和,擬定和平解決之辦法,經商業聯合會之同意,致函工部局強生君,兹將該函錄呈查閱,希即察鑒是荷。[註三]

但工部局仍進行收捐,商店不付,甚至收捐"英人即持蠻"將店員"毆辱"。[註四]然而事情並未有何種開展,到八月下旬,增捐問題終於告了解決。八月二十四日,各商業聯合會及納稅華人會,分別發表宣言、公告等文件四種,如下:

> 一、上海總商會、上海商業聯合會、上海各路商界總聯合會,爲調停納稅華人拒付工部局增捐事宜宣言:"此次工部局本年巡捕捐比前增加二厘,按一成六徵收,激成全租界納稅華人堅決之反抗,其反抗理由,業經納稅華人會迭次宣言,明白表示,在案。在工部局方面,認爲本年預算案,已經決定,不克臨時變動,在納稅華人方面,以華董問題,既未圓滿解決,而決定加捐,尤未得納稅華人之同意,故此抗議之理由,頗爲充足。在此兩方面意見各執之際,本會雖亦同處於反抗之地位,但爲目前解除困難顧全治安起見,乃與工部局協商,兹將雙方顧全之辦法,宣布於左:(一)秋季巡捕捐,爲顧全工部局預算案起見,除原數一成四應照付外,其所加二厘,在抗議之下交付之。(二)此次公共租界徵收市政捐內,實包括籌付預算不足之二厘額外捐。(三)華董問題,現所定之三席,租界內中國市民認爲以人數或捐數計,皆未能滿意,此問題至遲須在本年終一九二七年十二月三十一日之前,籌劃一雙方兼顧,公正無偏之解決辦法。(四)明年即一九二八年一月一日起,工部局之預算案,應設法撙節開支,如萬不得已,必須增加,須與納稅華人代表磋商,方可決定。"[註五]

[註一] 民國十六年八月十八日民國日報。
[註二] 同上註。
[註三] 同上註。
[註四] 民國十六年八月二十日民國日報納稅華人會致虞洽卿函中語。
[註五] 民國十六年八月二十四日新聞報。

　　二、納稅華人會公告："公共租界納稅華人注意！查公共租界工部局，此次因預算不足，徵收'額外捐'二厘，承全體納稅華人，爲堅決拒付之表示。茲工部局已諒解我納稅華人之要求，其交涉情形，已見上海總商會、上海商業聯合會及上海各路商界總聯合會宣言中。茲特通告納稅華人：（一）所有秋季巡捕捐，爲顧全預算案起見，除原數一成四應照付外，其所加二厘額外捐，一併在抗議下交付之。（二）工部局票上蓋有印章，表明一成六之內，二厘爲額外捐之字樣，如無此章，可以正式令其補全手續，然後照付；再此項捐票，須保存，幸勿遺失。（三）收捐人如有失禮之處，可據實報告，以便交涉糾正。以上三項，請納稅華人一致執行，爲荷。"[註一]

　　三、納稅華人會宣言："租界納稅華人會，爲接受拒付工部局增捐調停人宣言，發表宣言云：查此次工部局因欲補預算案之不足，增加房租百分之二之額外捐，如其早徵求華官同意或納稅人認可，原無困難發生，因我華人最愛和平，最講理性。乃工部局不此之圖，置正當團體之抗議於不顧，中國官廳之覺書於不問，甚至溢出法律範圍，章程規定，用武裝強暴脅迫手段，勒收增捐不遂，並壓迫商店閉門，妨礙其營業權。殊不知我納稅華人，其法律思想，其主權觀念，已非八十年前可比，且在高呼取消不平等條約聲浪中，祇知公理爲世界公同之保障，武力似一時之曇花，任何暴行在所不顧。祇知和平抵抗，不願法外示威，此正中國仁義之邦，所以有四千餘年之文明歷史也，幸也工部局知其手段之誤，尚早容納上海商業聯合會、上海總商會、上海各路商界總聯合會代表及本會會員虞洽卿先生之警告，無成見的甘爲協商。頃讀上述三團體之宣言，所述雙方顧全之四項辦法，本會代表納稅華人，完全接受。但第三項華董人數，本會認爲至少現在須暫照工部局發布之備忘錄計算，華人捐稅占全數百分之五十五，則外人捐稅占百分之四十五，而有外董九人，以每百分之五得董事一人之比例計，華董應得十一人，且其權限須中外一律，此應請工部局注意者一。第四項則凡欲增加捐稅，須與納稅華人代表磋商，方可決定，但須經納稅華人大會通過，方稱中外一律待遇，因納稅外人會有此權利也。此應請工部局注意者二。此外如教育，如公園，如醫院，如公共場所，公共娛樂，而爲市政捐所舉辦者，應中外一律享受，其無經費關係者，當即無條件即日實行。此應請工部局注意者三。工部局市政報告，須加用華文一種，俾納稅華人亦得了解工部局之市政狀況，以免中外隔膜，並從即日起先將英文一份，按期送與本會，以備參考。此應請工部局注意者四。最後，本會還請工部局須順應時勢之推移，及華人之趨合，適合環境而爲應付之方。蓋時間乃消耗陳舊思想創造新鮮局勢者也。則與其費九牛二虎之力，謀挽既倒之狂瀾，何如隨機應變，而爲適合環境之共存。此尤應請工部局特別注意者也。總之，我納稅華人爲求中國自由平等而奮鬥，爲採取歐美各國之求自由平等手段而奮鬥，但愛好和平之傳統精神，終不改變絲毫，以保全洋洋大國人民之風度也。特此鄭重宣言。"[註二]

　　四、納稅華人會致工部局抗議函："逕啓者：今日上海總商會、上海商業聯合會及各路商界總聯合會，爲調停納稅華人拒付工部局增捐事宣言所述四項，本會代表全體納稅華人完全接受。除發表本會代表納稅華人具體宣言外，相應代表全體納稅華人，依據上述調停團體之宣言，雙方兼顧之辦法第一項'秋季巡捕捐爲顧全工部局預算案起見，除原繳一成四應付外，其所加二厘，在抗議之下交付之'之規定，函達貴局，抗議繳付二厘之額外捐抗議，至貴局將此項額外捐二厘發還或提交納稅華人追認爲止。希煩查照。"[註三]

[註一]　民國十六年八月二十四日新聞報。
[註二]　同上註。
[註三]　同上註。

但華董問題到次年一月，仍未解決，工部局收取一九二八年民國十七年最初三個月市政捐時，納稅華人便紛紛質問納稅華人會，該會迭次開會，未有決議，二月六日開會時，會場空氣非常緊張，辯論達四小時之久，各路商界總聯合會代表，因其會員督促，質問尤爲切實。討論結果，"爲謀表示合作態度，以試驗工部局於本年三月之前，對於增加華董席數及加入委員等等各問題，是否誠意解決"，議決"對於公共租界內本年春季二厘巡捕捐，在抗議下繳付，通告納稅華人執行"。其通告納稅華人抗議繳付書如下：

> 查去年公共租界內二厘增捐，納稅華人一致反對拒付，繼經三商業團體之調停，工部局表示諒解，本會遂接受調停，宣言抗議繳付，各在案。詎料工部局於收取本年春季巡捕捐時，依然增加二厘，全體納稅華人，憤慨如前，一致拒付。惟對於該局往年之決算及本年之預算，刻正本會推員審查，尚未得其報告，而春季之捐所增二厘，時間迫促，祇得暫在抗議之下繳付，藉以表示合作之態度，至工部局於本年三月前對於增加華董席數及加入委員等等各問題，是否誠意解決，拭目俟之，否則仍當本正義力爭。特此通告，諸希公鑒！[註一]

二月八日，納稅華人會致函工部局總董費信惇，聲明此事：

> 逕啓者：案查一九二八年一月一日至三月三十一日春季巡捕捐之收取，貴局未尊重去年八月二十四日上海總商會、上海商業聯合會、上海各路商界總聯合會調停宣言第四項辦法，引起本會不易對付之困難。且以華董席數等問題未見解決，尤爲憤慨。茲爲表示納稅華人誠意與貴局合作起見，所有公共租界內本年春季巡捕捐所增根據房租百分之二，在抗議之下交付，抗議至該項增捐發還或得本會代表迫認爲止。務請貴局將所有一切懸案及困難，早見解決，在互相自由平等之原則上，共謀福利。相應函達，即希查照，爲荷。[註二]

華董問題，隨即解決；但所得仍僅三席。[註三]所增市政捐百分之二，直到一九三〇年民國十九年七月一日，才始取消，是年四月，納稅華人會舉行代表大會時，主席王孝賚演辭中，有如下的一段話：

> 二厘額外捐，在抗議之下交付，迄今已逾二年。關於二厘額外捐之起原與經過，其所呈露我人心目中之事實，猶有餘痛。蓋抗議下應付權利，爲在法律下不可抗禦之行爲，而爲施行高壓者一種恥辱辦法。本年工部局預算，對於此項二厘額外捐，經我董事與委員及外交當局之交涉，已定於本年七月一日取消。但在抗議下二年所繳付之二厘額外捐，於其發還或得納稅華人同意之前，法律手續，究未完備，工部局當謀其解決之道。[註四]

二　工部局華董的産生和增加

1. 華董三人的參加工部局

一九二五年民國十四年五卅慘案發生，六月六日工部局華顧問會全體辭職，八日工商學聯合會議決交涉條件十七項，計先決條件四項，正式條件十三項；正式條件中第十一項便是：

> 工部局投票權案。在未收回以前，租界上之市政權，應有下列兩項之規定：
>
> 甲、工部局董事會及納稅人代表會，由華人共同組織。其華董及納稅人代表額數，以納稅多

[註一]　民國十七年二月八日申報。
[註二]　民國十七年二月九日申報。
[註三]　經過情形另見"工部局華董的産生和增加"。
[註四]　民國十九年四月十七日申報。

寡比例爲定額；其納稅人年會出席投票權，與各關係國外人一律平等。

　　乙、公共租界外人之納稅資格，須查明其產業爲己有的或代理的二層：己有的方有投票權；代理的則係華人產業，不得有投票權，其投票權應歸產業所有人。

工商學聯合會所提條件，後經未曾加入聯合會的總商會合併、修改，但對於此項"工部局投票權案"，對於甲乙兩項辦法，意見完全一致。

五卅交涉，由就地談判，到移京交涉，均無眉目。所謂司法調查，終於在中國否認反對之下，由建議而成事實。十月十二日，上海方面英、美、日三國委員，在沒有一個中國人出席的情形下，起始開庭"調查"；北京方面，外交部照會公使團領袖荷使，請使團定期開議：

　　一、滬案責任及賠償問題；
　　二、無條件收回會審公廨；
　　三、工部局加華董，以納稅爲標準。

同日，荷使照覆外交部，對於華董問題，給了一個近於兒戲的回答，大意是：

　　滬工部局參加華董事，可表贊同，惟使團提議，須將租界擴充，組織一華洋特別市區，中外合作。[註一]

這問題雖到一九二六年民國十五年二月初還在外交部和英、美、日、法、意五國公使商議辦法之中，但北京方面的交涉，是到此爲止的了。

"然而"，據說，"一九二六年上海外人社會，深明若無華人方面道義的贊助，社會之進步即無由扶裁，故竭盡全力以促華董實現之決心，絲毫未曾動搖"。姑不問事實是否如此，總之，"……工部局不欲使事情趨於複雜，接受一九二〇年民國九年李德立與愛資拉所提之建議……"了。[註二]

這一九二〇年民國九年李德立和愛資拉的提議，如前所述，便是設法修改地皮章程，將工部局董事人數，由九人增至十二人，所增三人即由華籍納稅人充任。這議案將由工部局提出於四月十四日納稅人年會討論的消息，一經傳出，華人大譁。四月八日，上海各公團聯合會發出通告工商學各團體函，發表關於華董問題之意見云：

　　逕啓者：本埠公共租界華人，有納稅之義務，而無享受工部局董事之權利；有義務而無權利，實背權利義務相平等之原則。十餘年來，吾全體華市民，曾不斷的爲華董問題而努力，即僑滬公正之外人，亦常以中外待遇不公而代鳴不平，足見公道自在人心，天下自有公論也。今聞工部局有提出加入華董三人之討論，已引起各團體之注意。敝會認工部局加入華董，本爲天經地義，而華董人數，則尚有研究之餘地。蓋全埠市民，華人占百分之九十幾，納稅款額，亦超出外人數十倍，僅以加入董事三人，豈得爲平？敝會以爲工部局即不能以納稅之多寡爲標準，而平均支配，然至少亦須規定華董佔董事會之半數。尚祈一致主張，共同努力。不特利害攸關，抑亦國體人格之大問題也。敢佈愚忱，幸希鑒察！[註三]

四月十三日，上海總商會又發表"華人對於五卅慘案各大問題之宣言"：

　　五卅慘案之週年紀念，轉瞬將屆，而關於此案之種種重要問題，猶未能圓滿解決。爰將我華

[註一]　民國十四年十月十三日申報。
[註二]　Kotenev, Shanghai: Its Municipality and the Chinese, p. 169.
[註三]　民國十五年四月九日申報。

人之真正態度，鄭重聲明，宣告公衆，以期消泯各方之誤會，並望各大懸案亦得早日完善之解決。

　　一、上海五方雜處，爲中外人民之合作場所，外人應以種族平等之觀念，互相待遇，是以吾人屬望於公平正直之友邦人士：凡政治上社會上種種事件，因謬抱種族歧視之政見，致造成中外人民間之隔閡者，應迅即消除，此種政見，結果如何，徵諸往事，已可概見，無待贅論矣。

　　二、兹以根據於種族平等之重要原則，並知其必能產生良好之結果者，吾人主張：公共租界之納稅華人，應予吾人以絕對的平等地位，並使吾人享有市民固有之權力，勿予歧視，俾得辦理界內市政之進行，互相得益；並以納稅人同等之地位，參加外人納稅人會議，解決一切界內問題。其尚有須鄭重聲明者，則關於工部局之華人代議權及參預市政管理權，我全體華人尤嚴重反對外人對於華董議席之任意支配，故堅決主張代議權之範圍，應以所納稅額實數之多寡爲比例。

　　三、以今日公共租界會審公廨之特殊現象，依然處於本埠領事團勢力支配之下，致華人遭遇屈抑，莫可伸訴。爲此聲明，該公廨應立即無條件交還。且各國迭次宣言完全尊重中國主權，此實爲表示履行之最要步驟。外人如欲證明對華之友誼誠意起見。工部局應就其權力所及，作道義上之贊助，以促進公廨之交還。

　　除上列各項直接關係本埠問題，業已聲明外，吾人更深願五卅慘案未經解決之各重大問題，均得根據公平正義之原則，迅即解決，是所至盼！[註一]

並由總商會會長虞和德致函工部局總董費信惇，附奉宣言，"請以上海公共租界工部局總董名義，於出席四月十四日本埠西人納稅會年時，對衆宣讀"。[註二]

四月十四日納稅人年會的第六議案，即關於華董問題的。除工部局所提創設華董三人的議案，還有甘維露(L. K. Kentwell)提議，露雪臣(Russel B. S. Chen)附議的不指明華董人數須考慮華人納稅額而後定數的修正案。到提出第六案時，原提議人費信惇發言道：

　　今鄙人起立提議一案，於租界歷史上極佔重要位置，其本文如下：

　　"第六案：本會議公意，亟願華籍居民，參加租界政府；兹即授權並訓令工部局，着即向有關列强建議，期可早日加入華董三名。"

　　華人參加工部局問題，近數月內，甚囂塵上。中外居民，頗多以爲此項提議，乃近頃始行發生，其實不然。案件所示，一八六三年即曾有工部局內加入華董之計劃，北京公使團亦已贊成，會因他故，未克實行。嗣於一九〇五年，復有加入華代表之企圖，亦遭失敗。諸君中寓滬稍久，深知近年上海歷史者，諒猶憶及一九一九年華人曾要求工部局議董會中直接代表權，翌年四月，有議案提出於納稅人年會，請其授權工部局，取必要步驟，俾能修改洋涇浜章程，期得華人代表權之實現。嗣本埠領事團，復於一九二三年，向北京使團建議工部局內加入華董事，不幸此議列作改良上海計劃之一端，該計劃既未能實施，而此項企圖亦同歸失敗。當一九二〇年，原提案人李德立君於提出議案時，曾加說明，曰："吾人今日所處地位，乃進化律推演之結果。外間有謂此類提議，起於過分之鼓吹，實不盡然；其所種之根更深於此，實由於華人心理不知不覺之變遷，此乃進步之好現象，吾人須當歡迎者也。務請諸君注意此心理上之根本變遷。其所以變遷之故，實因有種種刺激之原因，如世界潮流之變遷，如西方思想之影響及於華人心理，使其發生反動，如報館、學校之廣播新智識等，皆其重要原因，爲此時華人要求之種子。今者種子既已萌蘗而長成，不復可以毀滅；凡心地明白之人，亦斷作此想也"云云。李德立君之言，雖發於六年之前，與今日情形，實相

[註一]　民國十五年四月十三日申報。
[註二]　民國十五年四月十四日申報該函。

脗合，所以復爲諸君述之。當一九二〇年，工部局議董會一致反對加入華人代表，而該議案亦爲納稅人大多數所否決。但近年以來，外僑輿論已大有變遷。一九二六年之工部局議董會。已一致贊成此項議案。而鄙人亦希望本屆納稅人年會，即不能一致贊成，亦當大多數同意也。近數月來，報紙私人談話，於工部局華代表問題，多所討論，諸君皆一時之選，於贊成與反對兩派之理由，當已飫聞之矣，毋庸鄙人贅言。玆將工部局所以希望諸君通過之理由，撮述一二。諸君皆知華人於租界内之捐稅，出其大部分。而於市政，猶未有發言之權。再，租界内所以有今日之繁盛與富庶者，華人之力甚多，而其未來之發展，又胥賴乎中外人民之好感與協作。加以租界財政問題，年來日感困難，倘欲謀市政之進步，得與租界之自然發展並駕齊驅，不久當另謀生財之道，而即就解決此一問題而論，華人之好感與協作，尤屬切要之圖。今欲博華人之好感與協作，惟有承認其要求市政發言權之正當。至若華董應由何種人物充任，及其充任方法，鄙人此時未便多所論列，但其人必須爲真正界内居民，並在界内有物質之利益，乃根本之要圖。惟是此項人物，欲藉選舉而得之，甚屬困難，此乃中外人士所易知者也。鄙人此時除建議工部局應藉由交涉署獲知華籍紳商姓名外，别無良法。雖然，此項重大問題，惟中政府與公使團有權磋商，今雙方業已在京談判，其内容如何，工部局未有詳細報告，故此時亦未便有所預言，所欲爲者，僅擬將本會對於此案之決議，迅速正式報告中政府與使團而已。設本案得以通過，工部局可以保證，當盡力謀議案中所言，早日實施也。今呈人於公理上既不能拒絶華人有理由之要求，鄙人用敢逕請諸君採用此案，不復有所躊躇，希望諸君一致通過！[註一]

該案附議人史密士亦加説明，略謂：

工部局華代表問題，昔日屢有建議，未能成立，費總董已爲諸君言之。惟今昔時代不同，鄙人素主張華人於公共租界市政上，應有發言權，更自鄙人經商所得之經驗及與華人私交所感觸，深信華人於市政上之勸告與扶助，必能有甚大之價值，增進上海之福利。工部局於斯問題，業經詳慎考慮，故鄙人不復躊躇，逕請諸君通過此案。按照議程，尚有修正案提出，但鄙人對於修正案不甚贊成，想諸君當亦有同情也。[註二]

接着便由甘維露提出修正案，即將原案"期可早日加入華董三名"云云，修改爲"期可早日促成華董之選入工部局，華董人數，應對本居留區内華人所納税額，有適當之顧及"；提案時並加説明云：

第六條本文，及鄙人所提，露雪臣律師附議之修正案，諒諸君皆已詳加研究。此次所以提出修正案之故，實因鄙人與露雪臣律師，詳細研究議案本文後，同覺照議案之言，未必能獲得華人之協作與善感。今試一閲議案本文，其第一句僅表示意見，此外無他物，原文曰："本會議公意，亟願租界内華籍居民，參加租界政府。"其次則工部局請求納税人畀以一種權力與訓令，試問其所請求者，果爲何種權力與訓令乎？則亦向有關列强提議而已。是工部局猶未獲有變更洋涇浜章程之權力，而在外國代表與北京政府未經商定修改章程前，所有關於工部局華董之言，盡屬紙上空談也。其次則爲鄙人所欲修正者，蓋照原文所言，是工部局欲吾人授以規定華人參加方式之權力與訓令也。原文曰："期可早日加入華董三名。"此中規定華董名額，實屬非計，至少將陷工部局於進退維谷之境，蓋從一方面觀之，固如某晨報所言，規定華董三員之意見，爲華人中最優秀而可代表一般人者所能接受，而自另一方面觀之，則華商總商會又嘗明告余輩，全體華人尤嚴重反對外人

[註一]　民國十五年四月十五日申報。
[註二]　同上註。

於華董議席之任意支配也。故為工部局計，不宜使他人有所藉口，加以任意支配之責言。倘將原文修改，"期可早日促成華董之選入工部局，華董人數，應對本居留區內華人所納稅額，有適當之顧及"，則吾人立可博得華人之好感，因此案固不能立刻使華人加入工部局，但華人將謂此中已絲毫不存種族歧視之意。且本案經此修正後，無異向華人保證，吾輩確欲其加入工部局議董會，又欲北京公使團考慮若輩所負擔之捐稅問題也。今無論何種涉及工部局華代表之決議，苟未將租界內華人之眾與其負擔捐稅之重，一為考慮及之，必不能逃純屬任意支配之責言。吾輩中固不乏昧於時代潮流，而以華董額數參酌稅額後，將使中外勢力不敵，馴致外人不復有發言權為慮者。此層實絕不足慮。余信華人並無排斥西人之意，僅欲創一行政制度，俾中外人民，於增進租界福利與興盛上，享有均等機會，而使中外合作之理想，獲有澈底試驗，造成非常之良果。須知華人雅好協調，不欲趨於極端，倘吾人有以使其曉然，苟於納稅與代表權之原則，過分認真，將使外董居於少數，失去中外基於均等機會互相協作之原理，必能有切實易施之計劃，解決此問題也。否則若令華人納巨額稅款，而於市政上不得發一言，實非健全狀態。例如今日之會，吾人一案復一案，依次通過，而未見有華代表佔據一席，代表人發言，於所討論者，加以可否。吾人在此立法，而令華人拱手順受，實不適合新潮流也！[註一]

附議修正案的露雪臣，亦發言贊助：

租界華人，因納稅甚巨，力爭參與市政之權，歷有年所。工部局為補救此種狀況及結好華人計，特提出今案。夫吾人結好租界華人之惟一意志，其道在表示吾人公允待遇若輩之熱誠，及消除種族上歧視之任何徵象，與夫若輩所以為目下在租界中所受管理方法上之不平等。今議案中限定華董之名額，試問草此案者，以何狀態，及依何根據，決定容納華董三名，即足表示吾人結好租界華人之意志？何以不多不少，而限定三人乎？吾人如求向華人表明公道待遇若輩之意，即不當限定人數。如應多逾三人，則吾人將失去所操之市政權，則何不使中外名額相埒，以昭公允乎？若如議案所云，華人當然將起外人徒欲以果餌塞其口之意，故甘維露所提出之條文，實視原案為善。要知今日租界市政，非得華人之充分合作，不能平順進行。吾人既歡迎華人加入會議，而復加以限制，使華人納稅者不能在市政會議中發表意見，實屬不智。今時代已易，吾人宜以新思想應付新局勢，故請會眾贊成修正文！[註二]

繼有格林(Green)者，起立反對修正案，大意謂：

租界本為華官撥給西人居住之所，初一荒蕪不毛地，西人盡力經營，以有今日。惟是時代潮流變遷，華人今日已頗有民治思想，如成都、廣州之改良市政，故吾人應拋棄往日不允華人參加市政之偏見。雖然，集合各種人民，造成國家，集合各種國家，造成世界，外人自有其特性而為華人所不具者，華人亦自有其特性而為外人所不具者，今借外人種種特性以造成上海，必須一貫相仍，繼續為之，諒華人優良分子，亦必完全承認此言。[註三]

費信惇遂聲請表決。結果贊成修正案者只六人，而原案僅一人反對，得以通過。該議決案，於四月十六日，由總董費信惇函呈領事團，請轉呈北京公使團。[註四]

外人社會這一種毫無標準分配華董席數的意見，當然為上海各團體所不能贊同。納稅華人會即

[註一]　民國十五年四月十五日申報。
[註二]　同上註。
[註三]　同上註。
[註四]　S. M. C.'s Annual Report, 1926，p. 60.

積極進行組織"修改洋涇浜北首租地章程委員會"，從事於本問題的根本解決的探索。陳輝德、吳在章、許建屏、陸文中、宋士驤、童詩聞、林炎夫、呂靜齋、李晴帆、鄔志豪、孫鐵卿、項松茂、羅芹三當選修改委員；納稅華人會於四月十六日致函各委員云：

> 逕啓者：查洋涇浜北首租地章程，爲前清滬道與領事團訂定，[註一]華人住居界內，未得享有參與市政權利，實以此項章程無明白規定，致爲外人藉口。民國九年，吾人力爭市民權運動，公同議決提出修正案，卒以格於形勢，未果定議。乃者，五卅慘案，遭受鉅大犧牲，懲往知來，非謀根本解決，難期平等之實現。爰經理事會一致議決，先行組織修改洋涇浜北首租地章程委員會，徵集意見，從事進行。台端被推爲委員之一，用特錄案奉達，即祈察照。俟定期開會，當再另函奉邀。[註二]

各路商界總聯合會，亦推定鄔志豪、王漢良、嚴諤聲、蔣夢芸、張振遠、陸文中、余仰聖、成燮春、虞仲咸等九人爲委員研究修改章程，並函請納稅華人會召集會員大會，討論修改。四月二十日起，各路商界總聯合會的修改章程委員會，開始集會，函聘姚公鶴、馮炳南、謝永森爲顧問，後並請馬良等到會演講。

納稅華人會"爲催促進行五卅交涉"，推代表理事許建屏進京謁外交當局；四月三十日該會先行致電外交部，提出關於華董及會審公廨兩問題的意見，關於華董者如下：

> 民八之際，吾人力爭市民權，結果工部局允設置五顧問，由敝會選任。任職以來，當局既視如贅疣，而顧問以事權不屬，亦無能爲役。五卅案起，全體宣告辭職，雖激於事務，按之實際，固無貴乎負此虛名。迺者，納稅西人年會，議決添設華董三人。各界對此問題，均有宣言，大致應以公平正義之原則，爲平等參與之機會。若由一方任意支配，仍不外反客爲主之成見。敝會查此案必經由使團向鈞部會商，就管見所及，以爲華董人數多寡，尚屬其次問題，先決事項，應使住居界內納稅華人，先得有平等參預市政立法會議之權利，於納稅人開年會時，與西人共同列席決議市政立法事項，並監督市行政其華董之產生，亦依照市制，合法選舉，以確立真正市民代表。否則納稅華人無參與市政立法權利，或以委派之形式，選充華董，則仍僅有虛名，無補實際。應請鈞部對於此案，詳加審核。如華人不得參與市政立法權，無寧完全拒絕。敝會敢代表市民聲明，亦不屑有此無實權之華董也。抑尤甚者，上海自闢埠以來，將近百年，居民日趨繁盛，華人年增納稅額，不得享有市政權利，大抵以洋涇浜章程無明文規定，爲階之屬。根本解決，應先修改此項章程，將中西不平等之處，一律刪除，所謂華董問題，亦即迎刃而解。敝會現正徵集此項章程修改意見，容待日後建議。如蒙大部乘機向使團提出修改辦法，先事預備，將來國權上必能得根本之斡旋，豈獨市民一部分權利已也！[註三]

但不久之後，却即有中外各界領袖，試欲聯絡感情的事。五月十九日申報，在"虞洽卿昨晚歡讌中外各界領袖"這標題下，有如下一段記載：

> 上海總商會會長虞洽卿，昨晚在大華飯店宴請中外各界領袖，列席者有工部局董事長費信惇、董事馬賽（P. W. Massey）、麥克諾登（E. B. MacNaughton）、雷門（V. G. Lyman）、羅（H. B. Roe）、櫻木、麥邊（W. R. B. McBain）、倍爾（A. D. Bell）、總辦強生、祕書長愛特華（S. M.

[註一]　按此項一八六九年章程的訂立及爾後修改，中國官民，均未參與，已見前述。故此處滬道與領事團訂定云云，並非事實。
[註二]　民國十五年四月十七日申報。
[註三]　民國十五年五月一日民國申報。

Edwards)、縣商會長顧馨一(履桂)、朱吟生(得傳)及傅筱庵(宗耀)、陳炳謙、余日章、沈聯芳(鏞)、陳光甫(輝德)、沈燮臣、徐乾麟、徐仲笙、勞敬修(念祖)、戴耕莘、王曉籟(孝賚)、陸伯鴻(熙順)、趙晉卿(錫恩)、吳蘊齋(在章)、徐慶雲、項松茂、顧子檠、王彬彥(棟)、尹邨夫、謝蘅牕、項如松、陳良玉、鄔志豪、林炎夫、余華龍、王漢良、謝福生、潘冬林、徐可陞、蔣桐蓀等四十五人。席半，虞會長起立致詞，略謂："今晚敝人以個人名義，宴請工部局董事、本會會董、縣商會長、華人納稅會及各路商界總聯合會重要分子等，歡聚一堂，實欲使各方有接觸之機會，然後方有聯絡感情之可能。曩者，中外之間，如有隔膜，而隔膜之來源，則因雙方之真相，無從接近，是以種種誤會，時有發生。敝人希望列席諸君，由友誼關係，而有合作精神，租界各項事業，將日趨完美焉。並希望此種集會，每年舉行一次，則一切未來之困難事務，將消滅於無形。謹具杯酒，祝諸君康健!"次工部局董事長費信惇答詞，略謂："敝人代表工部局，深謝虞君盛意。虞君所云，中外時常會晤一節，極表同情。敝人在工部局居職頗久，認爲工部局如能與華人合作，必可使租界居民，加倍得益。惟當時頗有疑問，何爲此種主張，而未見諸實行? 今者，時期已屆，以前之希望，咸可望其實現。工部局與華人，亟宜開誠佈公，可以互相討論研究。至今日華人與工部局合作，實爲董事會同人之公意。虞君主張，每年舉行此項集會一次，於將來發展各項事業上，大有關係，當知上海之改良完備，非僅一人一國之利益，乃全上海居民之利益，所謂大上海主義者不難實現焉。"次各路商界總聯合會會長鄔志豪起立，略謂："虞君於極忙之間，而有此項集會，則其重要可知。希望虞費二君所發表之主張，自今晚起，得以立刻實現。"次工部局強生，亦起立致謝詞，且於虞君主張，亦極表同情云。各人演說，咸由謝福生翻譯，至十二時方散席。

納稅華人會，自五月初起，調查租界內納稅人資格，編造選册，進行第六屆改選事宜。五月二十五日，選舉調查截止，所收調查表，總數不足二千張。八月間，華人方面選出工部局公園委員會華委員三人。九月十七日，各路商界總聯合會開議董會議，表決事項中，有:

一、發表宣言，推文書股起草，內容概略，爲(子)租界一切措施，須本國際平等原則;(丑)請各國僑民，諫勸各該國政府，禁運軍火來華;(寅)外僑來滬經商，同屬商民，同盡納稅義務，即應本合作精神，一切須謀平等;(卯)交還公廨;(辰)伸訴歷年華工所受之委曲;(巳)關稅絕對自由。

二、致函納稅華人會，請停辦改選，從速召集納稅人大會，根本改組。

三、組織委員會，研究納稅會章程與洋涇浜章程，並研究界內納稅人資格之調查方法，以期盡善。當推定委員九人，爲鄔志豪、嚴諤聲、張振遠、蔣夢芸、成燮春、(張)〔陸〕文中、余仰聖、王漢良、虞仲咸。

十二月初，工部局添設華董三人的意見，已得北京外交部及江蘇省當局批准，暫予承受，由上海外交當局，通知領事團查照。

納稅華人會，因交涉員許沅函促規定產生華董辦法，以便選出相當人員，預備出席工部局，於一九二七年民國十六年一月四日下午五時開全體理事會議，討論頗久，認爲事體重大，應推派代表分向各方徵詢意見，以示慎重，並即推定呂靜齋、林炎夫、黃瑞生、馮培熹、鄔志豪等五人爲代表。同時，江蘇交涉公署又致函總商會云:

案准領袖美總領事函稱:"西人納稅會通過之議決案，迭經本領袖總領事面向貴交涉員備述一切，今准領團公意，囑爲轉達，並將納稅會議決案列下:'本會議公意，亟願華籍居民參加租界政府;茲即授權並訓令工部局，着即向有關列強建議，期可早日加入華董三名。'按照洋涇浜地皮章程，本領袖總領事，代表領團，提出議案，應請貴交涉員查照，即由雙方協商，俾便實行，尤盼於最短期間,與領袖方面之委員會晤,討論此項問題,即希察核示復"等由。當經呈請外交部核示,奉中央政府及省政府核准,暫予承受,令飭查照辦理等因,即經函致領袖領事查照。上海市民,自民國八年要求參預市政權,九年間,納稅西人會,始通過組織華顧問加入工部局之議案,旋由納稅華人會選舉理事二十七人,更由理事中選出五人爲出席工部局代表。上年五卅案起,華顧問以辦理僅擁虛名並無實權,因即全體辭職。本年西人納稅會通過工部局加入華董三人,固未能饜市民之望,然大輅始於椎輪,九仞起於平地,暫時姑先予承受,似亦循序漸進之方法。至華董如何產生,亟應規定辦法,以便選出相當人員,爲出席工部局之預備。除分函公共租界納稅華人會外,相應函請貴會查照,協商各方,見復爲荷。[註一]

一月十日,納稅華人會又開理事會,議決仍由上次推出的馮培熹等五代表,應交涉署及總商會之召,前往接洽華董三人案承認與否及產生方法,待與交涉署、總商會接洽後,再行開會決定。十二日上午十一時,納稅華人會五代表面晤交涉員許沅,十五日下午二時,赴總商會接洽。交沙員許沅因該代表等表示"此次選出華董應與英、日、美董平權方可,萬不能照以前五顧問顧而不問之辦法"。[註二]即致函領袖領事挪威總領事亞爾(N. Aall)詢問華董"責任、地位、稱謂、特權"是否與外籍董事相等。領袖領事經轉詢工部局後,即答以完全相等云云。[註三]

一月十六日,各路商界總聯合會登刊啓事,對於其態度,有所暗示:

> 本總聯合會爲聯合各馬路商店力爭市民權而發起,自成立迄今,已歷九年,其間維護國權,發展商業,凡百施爲,昭昭在人耳目。今公廨收回,華董問題亦將解決,本會對於市民,可告無罪。其向抱宗旨,除關於商業切身利害外,其他各個言論,概不預聞。謹布區區,諸希公鑒![註四]

總商會方面,隨即議決將交涉署意旨,分函通告銀行、錢業兩公會,暨廣肇公所、寧波同鄉會等入會團體,請發表意見。一月十七日,納稅華人會開理事會議,討論華董產生方法等,並推定委員五人,從速籌備選舉事宜。十九日,該委員會即開會籌備。二十日,納稅華人會發表"緊要啓事"云:

> 本會對於工部局加入華董問題,曾經發表宣言,披露各報,凡我市民,諒皆鑒察。茲奉交涉公署函詢各節,本會遵循意旨,推舉代表五人,與官廳暨總商會返復討論,以昭慎重。當此國內擾攘之秋,外交上之勝利,似尚有待於異日。與其持格太嚴,徒快一時之論,曷若得寸尋尺,姑循漸進之途?況外交當局,身當其衝,權衡輕重,具有深心,而各方面舍短取長,意見已趨於一致。且於事前聲明,此次加入華董事三人,實係權宜辦法,俟修正洋涇浜地皮章程時,增加名額,並要求關於華人案件,須得三董事之同意。如此不獨市民權有所保障,即中外人之情感,亦可免隔閡之弊。兼籌並顧,莫善於此。茲經大會議決,根據納稅市民表冊,舉行第一次選舉華董大會。倘有選舉資格,遺漏列表者,准於三日內加填到會,以便補發選舉票。定於本月二十九日,即舊曆十二月二十六日投票,至次日上午十二時截止,下午一時開票揭曉。此爲華董參加租界行政之初步,關於市民,利益甚大,務祈一體注意,慎重選舉,俾三華董依法產生,全體市民咸依賴焉!謹啓。[註五]

但各路商界總聯合會、銀行公會、錢業公會等,對於所定選舉日期,均先後表示反對,原因是陰曆年關過近,時局不靖,日期過於匆促,實欠慎重將事。納稅華人會旋即發出緩選通告:

[註一]　民國十六年一月九日申報。
[註二]　民國十六年一月十三日申報。
[註三]　S. M. C.'s Annual Report, 1926, pp. 60 – 61.
[註四]　民國十六年一月十六日申報。
[註五]　同上註。

　　啓者：此次選舉工部局董事事，原定一月二十九日投票，茲據籌備選舉委員會報告，關於選舉各項手續，至爲繁重，恐時間過於匆促，難免疏漏之虞，擬請展期舉行，以昭鄭重等語。經全體理事會議決，展期三星期，准定於二月十九日舊曆正月十八日上午十時在上海總商會議事廳開選舉大會，下午一時起舉行投票，至次日上午十二時截止，下午一時開票爲特登報通告，務請各選舉人持券蒞會，依期投票，是爲至盼！[註一]

　　這時，北伐軍節節勝利，進迫浙蘇。漢口英租界經國民政府收還後，影響所及，上海華董問題，發生變化。公共租界納稅華人會，於二月八日開理事會，議決停止華董三人的選舉，另組臨時委員會，準備與工部局董事，對等磋商租界一切事宜。次日，發表緊要啓事云：

　　聞夫國際問題，惟公理能佔最後之勝利，而外交政策，應隨大勢所趨爲轉移。本會爲界內華人結合之唯一對外機關，凡所設施，純以內順衆意，外應潮流爲標準。此次關於工部局華董問題，本有暫時接受之意旨，原未足屬市民之願望。今英人既有交還租界之提案，則外交上之局勢，當然隨之一變。吾人除聽候政府妥籌收回辦法，俾租界得有正當解決外，應共覺悟，關係華人之權利甚大，一致急起直追，爲政府之後盾，而謀早日之實現。是以特開全體理事大會，經衆議決，剋日組織臨時委員會，與工部局方面協商一切進行事宜，未交還租界前之處理市政辦法。庶還我主權，解除束縛，即以此爲嚆矢。謹啓。[註二]

　　十二日，由理事會議，推定正正廷、虞和德等九人，爲臨時委員會委員。

　　對於納稅華人會這些新的主張和行動，對於這預備跟工部局董事會對等磋商租界一切事宜的臨時委員會，工部局不加理會。工部局只積極從事"保護租界"的設施。五月十日始解嚴。

　　五月下旬，納稅華人會等團體，發動反對四月十四日納稅外人會的增捐決議，同時，法租界當局亦有增捐決議。六月二十三日，公共租界市民代表大會，議決擴大納稅華人會組織，包括法租界納稅華人，定名上海納稅華人會，從事抗捐運動。直到八月下旬，始由虞和德調停，增捐在抗議下繳納，華董問題則於年內解決此中經過，已見前述。

　　增捐問題，那樣暫告解決後，久懸未決的華董問題，仍未轉入雙方接談之中。九月二十一日，納稅華人會臨時執行委員會議決，致函繳捐調停人該會執行委員之一的虞和德，請與工部局交涉，定期談判；原函於次日發出，如下：

　　敬啓者，案查上海商業聯合會，上海總商會，上海各路商界總聯合會調停納稅華人拒付工部局增捐八月二十四日宣言，第三項規定，"華董問題，現所定之三席，租界內中國市民認爲以人數或捐數計，皆未能滿意，此問題至遲須在本年終一九二七年十二月三十一日之前，籌劃一雙方兼顧，公正無偏之解決辦法"等因。現在去本年年底只有三個月餘，似應急速進行，以免臨時貽誤。昨由執行委員會討論，決議請貴委員仍以調人資格，迅向工部局執事討論談判方法，及董事席數，與就職日期，俾得早日使中外合作之誠意，完全實現。惟須重爲聲明者，華董席數，本會暫不主張以人數計，現在僅主張以捐數計，且暫以工部局七月十八日備忘錄所稱，華人捐稅佔百分之五十五計。不以華人實在納捐數計，因實在納捐數係在百分七十以上。查工部局現有外董九名，而其捐稅佔百分之四十五，是百分之五出一人，則華董應出十一名。本會再三考慮，工部局果誠意與華人合作，斷不致不照公道辦理也。務請迅與工部局接洽，於最近期間，開誠談判，圓滿解決。本會以爲因此誠意合作，

　　[註一]　民國十六年一月二十七日新聞報。
　　[註二]　民國十六年二月十日申報。

嗣後市政之進行,當增出不少之便利。相應函達,希煩查照辦理,實爲公便。[註一]

事情還是没有進展。十月二十二日,納税華人會乃發出通告,召集各團體會議:

逕啓者:案查納税華人要求參與租界市政,業已數年,未能如願。本年秋間,因增巡捐事,曾與工部局爭執,經虞洽卿先生出任調停,結果華董問題,於本年年前解決,明年工部局預算,須設法撙節。惟解決華董問題,事繁責重,非羣策羣力,斷難收效。用特定於本月二十六日星期三下午二時,在上海總商會常會室召集重要會議,討論進行手續及其他問題。素念貴會執事,領導衆商,請屆時推派代表二人,出席與議,共商良策。事關全體華人利益,勿却爲荷。[註二]

二十六日開會時,到各團體代表五十餘人。討論結果,決組織籌備改組委員會,將納税華人會嚴密組織後,再進行華董問題。該改組委員會會議結果,將納税華人會選舉及組織,加以改變;決定組織納税華人會代表大會,代表人數規定八十一人,由納税人分選三分之一,各同鄉團體合選三分之一,各商業團體合選三分之一,再由此代表大會,選出執行委員二十七人,辦理會務;工部局董事,亦即由代表大會公選之。繼即照此辦法,通告公共租界内合格納税華人登記,進行改選。十二月二十一日上午十時起,至次日上午十時止,爲投票時間。十時後,即開票。計收到選舉票四六六張,内有廢票七張,選出虞和德、王正廷、宋漢章等代表二十七人。同鄉團體及商業團體,亦由納税華人會分發選舉票,於十二月一日固封送會,次日下午二時開票,計收到同鄉團體選舉票二十二張,商業團體五十六張,前者選出程霖生、樓恂如、孫景西等二十七人,後者選出張子廉、錢龍章、趙南公等二十七人。十二月六日,舉行第一次代表大會,選出虞和德、馮培熹、王孝賚、王正廷等執行委員二十七人,並通過納税華人會暫行章程十五條,討論進行華董問題交涉等事。十二月十日,執委就職,推定王正廷、馮培熹爲正、副主席;後王正廷因事辭職,由虞和德遞補。該會即以其改組成立,呈報中央及省市當局,得其批准備案。

這其間,工部局和華人方面,亦已開始磋商當面問題。十二月一日,工部局總董費信惇函致商界聯會會長虞和德云:

敬啓者:當敝局提出一九二六年四月納税人年會所通過關於敝局中華董之議案時,鄙人之意,有關係者均希望所准之三席,當無過度遲延,即能得人充任。奈此事迄未見諸實行,結果,敝局仍無華董襄助,又將一年。因此,敝人作函相詢,目下能否獲得一特別顧問委員會之服務,以便襄助敝局,辦理關於一九二八年度之預算事宜,該項委員會,應由自身對界内有利益關係之相當合資者三五位任之,以便對敝局經濟上較大之問題,貢獻高見。

鄙人更可奉告者,敝局對此種性質之委員會之臂助,極誠歡迎,且鄙人深信,該委員會之設立,對於有關各方,裨益决非淺鮮也。[註三]

工部局此函,後經納税華人會執行委員會討論,委派委員七人,組織審查工部局經濟委員會,襄助工部局確立次年度預算事宜。十二月三十一日,會長虞和德復函工部局云:

近日納税華人會舉行執行委員會會議時,鄙人曾以十二月一日來函,提請討論。今鄙人以該會會長之資格,敬相奉告,敝會業已委派委員七人,襄助貴局籌立一九二八年度之預算。各委員之姓名列下:貝淞蓀君(祖詒)、李馥蓀君(銘)、秦潤卿君(祖澤)、袁履登君、徐慶雲君、何德奎君及

[註一] 民國十六年九月三十日申報。
[註二] 民國十六年十月二十三日申報。
[註三] S. M. C.'s Annual Report, 1927, p. 80.

黃明道君。以上各位,皆係代表本埠各大營業者。如貴局願得敝委員會之服務,請即將開會之時間及地址,先期賜告,以便轉知各委員。[註一]

一九二八年民國十七年一月九日起,該委員會即開始進行其所被委派職務。

另一方面,對於華董席數應以捐稅爲比例一層,仍繼續進行交涉。一九二七年民國十六年十二月卅一日,納稅華人會發表宣言,聲明二點:市政捐如何繳納,即是否仍照增捐繳納,須於審查工部局預算後決定;及華董名額,須依納稅額分配。一九二八年民國十七年一月十日,納稅華人會致函交涉署云:

案查華董問題,迄今尚未圓滿解決,以致納稅華人殊爲抱憾,而本年工部局之預算,本會已推定貝淞蓀、李馥蓀、黃明道、秦潤卿、徐慶雲、袁履登、何德奎七委員,從事審查。所有本年之巡捕捐(又稱市政捐),如何付法,須俟審查委員會報告後,再行定奪,當於十六年十二月三十一日發表宣言在案。相應檢同宣言一份奉達,至希查照,迅與領團交涉,俾華董依照捐稅比例數,早日加入,實現合作精神。[註二]

交署准函後,即據情轉達領袖領事,請迅予知照工部局查照,早日實行。

"但工部局態度,據官方消息,則仍無異於一年之前,即猶願以三席供諸納稅華人。"[註三]而工部局與納稅華人諒解一節,不久亦即由報紙傳述,見諸事實。

納稅華人會,在總商會和各路商界總聯合會的敦促之下,積極進行華董問題的解決。到三月二十六日,雙方確立諒解。是日,納稅華人會會長虞和德、副會長馮培熹、常務委員趙錫恩、林祖滔、吳在章、審查工部局經濟委員會主席李銘諸人,聯名致函工部局總董費信惇云:

啓者:茲爲解除目前及最近之將來種種誤會與困難及表示願望切實合作起見,特由本會主席虞洽卿先生、審查工部局經濟委員會主席李馥蓀先生,本相互平等之原則,向貴部正式爲下述之提議,以解決現有一切問題:

一、華董席數,須以捐稅比例爲原則,但於現狀之下,爲表示本會誠意合作起見,按照歷次雙方所議過渡辦法,除原有華董三席外,各委員會應加入華委員六席,連華董共爲九席,即日實行。

上述爲暫時之辦法,須於最短可能期間,實行增加華董席數六席。至其六華委員之職權與待遇,自應與其他委員一律。

二、總辦處、警務處及其他各處之上級職員,至少須用華人一名,會辦各處之行政,其各處重要位置,須盡量由華人充任,以表合作精神,並免一切誤會。

三、華人教育委員會,須以華人組織爲原則,華人教育經費須以佔捐稅百分之二十爲標準,但爲避免目前預算上困難起見,除原有定數外,須即規劃最少需要之數,作爲擴充華市民教育之用。華人教育委員會之委員,由本會推舉,現有四華童公學之重要行政人員,爲適應華童教育上需要與增進管理上效能起見,自下學期始,須聘華人。

以上提議三項之內容。務祈察照本會推誠合作之態度,表示接受,則市民之幸福與中外商業上之進步,當靡有窮盡也。相應函達,至希查照,迅予辦理,爲荷。[註四]

同日,工部局總董費信惇,復函納稅華人會會長虞和德云:

[註一] S. M. C.'s Annual Report, 1927, pp. 80–81.
[註二] 民國十七年一月十一日申報。
[註三] Shanghai Mercury Jan. 12,1928.
[註四] 東方雜誌廿五卷七號。

啓者：茲接本日大札，內述本局加入華董，並僱用華人充任上級位置，以及界內華人教育諸問題。至貴主席願望即時加入華董三名之意見，本局甚爲贊同。現重申所議辦理除華董三名外，另選華委員六人，其職權與待遇，與其他委員相同，此事曾與貴主席面談。至大札第三段內所表示之意見，即由華人之切實合作所主張之辦法，按凡事之普通程序，能使本局華董人數，得以增加一節，本局視爲確有價值。關於大札內所述其他各節，如委派華人爲上級職員，及與華人以教育上之便利等問題，本局早已預爲斟酌。但各該問題，於華董未就職前，暫予擱置。[註一]

四月三日，納稅華人會舉行第二次代表大會，對工部局三月二十六日一函，有所決議，旋由該會函達工部局總董費信惇：

逕復者：接准十七年三月二十六日貴局對於同日三項提議之函復，內容業於同年四月三日提交本會代表大會討論，得其議決如下：

一、華董事三席，華委員六席，即行加入貴局行使職務之過渡辦法，代表大會認爲可行。

二、本會之提議華董事席數須以捐稅比例爲原則，且於現狀之下，即根據現有董事總額，在最短期間，須增加華董事六席，貴局復開，依事情之常軌，當使之增加一節，代表大會認爲此項最短期間，至多不得過一年。

三、總轉處、警務處、工務處、財政處、衛生處、消防處及其他各處之上級職員，至少須用華人一名，會辦各處之行政，其各處重要位置，須盡量由華人充任，貴局復開於華董進局辦事之前，尚難進展一節，代表大會認爲貴局應於華董委員加入後，立于協商實行。

四、關於華人教育委員會之組織，華人教育經費之增加，華童公學人員之聘用，貴局復開於華董進局辦事之前，尚難進展一節，代表大會認爲華人教育委員會之組織，及華童公學人員之聘用，應於下學期立即實行，至教育經費之增加，除本屆應爲可能之擴充外，應於下屆會計年度開始時起，實行佔捐稅百分之二十之標準。

總之，租界居民，華人佔絕對多數，其利害關係，最爲重大；嗣後貴局關於租界一切設施，應十分尊重納稅華人代表之意見，以表示切實合作之精神。相應根據本會代表大會對於上述復函內容之議決案，函達貴局，至祈查照施行，爲荷。[註二]

四月十日下午二時，假總商會舉行華董華委選舉，規定選舉必須有過半數代表出席方可舉行，及代表必須親自投票等項規則。結果，貝祖詒、袁履登、趙錫恩三人當選華董；林祖滘、李銘、秦祖澤、黃明道、陳霆銳、錢龍章當選華委員，內黃明道否認當選，於四月十七日補選徐新六充當。

四月十六日，納稅華人會在銀行俱樂部，宴請工部局中外董事及委員，到工部局總董費信惇、副總董倍爾、董事雷門、強森（B. C. M. Johnston）、阿諾爾特（H. Arnhold）、福島、總巡鮑蘭脫（Capt. E. I. M. Barrett）、華董貝祖詒、趙錫恩、袁履登、華委員李銘、林祖滘、秦祖澤、陳霆銳、錢龍章、工部局總辦愛特華、納稅華人會主席虞和德、馮培熹、祕書嚴諤聲、陶樂勤暨謝福生、張爾雲等。暢宴將罷，納稅會主席虞和德起立致詞云：

今夕之宴，辱荷中外董事、委員，與總務長、總辦、總巡諸公，惠然蒞臨、曷勝榮幸！獲聚此中外社會代表於一堂，杯酒聯歡，吾人似見中外合作之花，有欣欣向榮之意，而大上海發展進步，乃無窮盡。滬上五方雜處，儼然世界雛形，吾人種族雖異，而愛好和平，尊崇公道，安居樂業之願，初

[註一]　原函見一九二八年工部局年報，頁七〇。此處即用工部局譯文，見東方雜誌二十五卷七號。
[註二]　民國十七年四月十二日申報。工部局年報中未曾刊佈。

無不同。欲謀此種種,舍人類秉其善意,互相合作外,實無他途。前此雙方,雖以誤會,略有芥蒂,頃已漸歸消滅,撥雲翳而見青天。而目前中外人士合組之工部局,實負此切實合作之使命。鄙意當局如能(一)關於立法行政一切設施,量才錄用,毋存階級或勢力觀念;(二)容納公眾意見;(三)節流制源,務以極細之財,收極大之效;則上海之興,且未有艾。敬具一杯,祝雙方合作,爲此土謀幸福![註一]

繼由費信惇答詞:

今日承虞馮兩君招宴,並得晤見新選出之華董、委員於一堂,曷勝欣幸!惟赴宴時,未曾預備有所發表,刻聆主席之詞,乃不得不臨時思索,略陳一二。上海爲華洋共居之地,各人之思想既有不同,斯主張亦因而各異。工部局處於此等情況之下,欲得一妥善適當之道,思各方面均能滿意,其事亦正不易。當華董問題開始磋商之時,虞主席與鄙人推誠討論,各以其困難之點,互求解決之方,始獲有今日良好之結果。新選出之華董事,對於租界內一切計劃抱有新精神,奮發有爲,自在意中。但天下欲求成功,惟有持以毅力,逐漸進行,蓋欲速則不達,古人早已詔示,鄙人於工部局新董事行將就職之時,敢以一言貢獻,即將來中外董事,應本其互相諒解,互相讓步之精神,以期得完滿之效果。準此以往,則將來之上海,不但永永占世界最大商埠之一,且可執世界最大商埠之牛耳矣。謹述所見,並誌謝忱。[註二]

末由華董貝祖詒演説云:

主席及諸君。今晚能在宴席上,與工部局諸同人聚首,非常忻悦!納稅華人會,今日首先介紹華董委與工部局西人相聚,原應有此一舉,因納稅會有多年之工作,對於中西居民之聯合運動及公眾之利益,素來非常努力。適才主席一番話,鄙人深爲贊成。現當華人參與工部局市政權之始,對於雙方好感的合作,又可開一新紀元。至於本埠將來之發展,鄙人抱有一種絕大之希望,不但因爲現在中西居民有好感之表現,及雙方有誠意的爲公眾謀利益,並因漢口、天津二處之市政,近頗有大發展,此二處之發展,非因華人勢力占優勝,實以中西能雙方合作所致,凡關心津、漢二處之近況者,大概都能明瞭。上海一埠,將來對於國際上之和諧及合作,並非絕對不可能,且可收絕大之效果。根據以上二埠經驗所得,深知關於市政之改良,如果能雙方合作,不受外界之干預,定能有所進步。鄙人感念及此,不勝欣慰。至我等之責任,首先須保障市民之自由,市民之自由有所保障,則將來市政之進步及安寧,尤可抱無窮之樂觀也。[註三]

四月十九日,華董三人到工部局就職,由總商會、銀行公會、錢業公會、各路商界總聯合會、納稅華人會等五團體,事前通告公共租界各商店均懸旗一天,“以示市民熱烈之期望,並祝董委此後之努力”。[註四]納稅華人會并發表下列宣言:

上海租界納稅華人參預市政運動,進行已久,幾經波折,幾許犧牲,至今日始告一小段落。初望既未全侔,公例未能適合,當然未能認爲滿意,但啓端發軔,而求將來之進步,則吾華全體市民,固依事實之所詔示,所謂引企而心許者矣。代表九人,均一時之選,眾望允孚,才猷卓著。惟凡事難於謀始,夫必造基宏固,庶收實效。矧今者之參加市政,往事既之先資,同儕胥爲異籍,羣眾之

[註一]　民國十七年四月十七日新聞報。
[註二]　同上註。
[註三]　同上註。
[註四]　民國十七年四月十八日新聞報該通告。

屬望既熱切而殷勤，事務之措施則盤根而錯節，固知長才就取，自可應付裕如，而同人仍不能不爲代表諸君告，而兼爲租界全體華市民告者，則代表之參預市政，除固有市政設施，自必期其益加燦爛而完善外，而根本所在，尤須注重於本會迭次宣言之期望，代表諸君，務必以公正光明之態度，强毅不撓之精神，逐漸使之實現，義無返顧，期在必行；而爲之後盾者，本會同人與租界全體華市民，固不能不邪許相屬，同負斯職，堅忍奮勉，罔取或懈。值兹肇始，掬誠宣言，凡我市民，其共鑒諸！十七年四月十九日。[註一]

次日六華委亦就職。

到次年四月十七日納稅外人年會時，工部局總董關於過去一年內華董服務，有如下的報告：

去年納稅外人年會舉行之翌日，工部局三華董即就任。華董之視事，殊爲煩苦，其困難外間大約不甚明瞭。蓋租界內之華人，常提出種種不近情理之要求，其有不得不拒絶之者，則彼輩輒以種種方法，表其憤懑也。處今日情勢之下，必急公好義者，始能就華董之任。事有不可諱者，中外之人，對於與全體市民至有關係之許多重要問題，往往意見不能融洽。故華董與外董之擔負，因是不能安逸。所可慰者，上年工部局董事會討論之各事，均出以極和平之態度，遇有意見大相歧異之處，吾人輒委曲求全，故皆能得良好之結果。諸華董才德皆茂，識見遠大。對於中外人民意見背馳之許多困難問題，輒以誠意好感，以求解決。[註二]

2. 華董席數的由三增到五

就在工部局總董，以上引那樣的話，稱讚華董的一九二九年_{民國十八年}納稅外人年會舉行之前若干時日，各團體曾提出增加華董兩席的交涉。特派江蘇交涉員金問泗，綜合各方意見，於四月初致函領袖領事美總領事云：

逕啓者：查華董事參加上海公共租界工部局一事，自去年四月間，由上海租界納稅華人會推選華董事三人，華委員六人，參加後，迄今已屆一年。華董事三席之數，在領事團及工部局方面，自始即認爲一種暫行辦法，欲依事情之常軌，而使之增加；而在本國方面，則自始主張須以華洋人納稅比例爲原則，認爲應於至多不過一年期內，增加華董六席。此項主張，本國方面，迭有切實表示。十六年秋間，工部局增收二厘額外捐事件發生，納稅華人曾於抗議之下，實行繳付，以期增加華董席數之事，可以實現。至去年三四月間，納稅華人會對於此點，則尤鄭重聲明。今華董三人，參加工部局已將一年，在此一年之內，其努力合作之精神，業已充分表現。本特派交涉員，認爲依事情之常軌而論，增加華董席數之舉，現時確有迅予實行之可能與必要；但爲力求避免或有之困難起見，並在保留納稅比例原則之下，敢根據三華董於本年二月十八日所致工部局總董函內所列之提案，即"本會以爲增加華董席數，可以治理公共租界，實爲要務，應即授權工部局，咨商有關係之官廳，於本年增加華董二席，俾其總數可達五席"之提案。用特提議，請由貴領袖領事轉商工部局，依據此項提案之趣旨，於本屆納稅人年會提出本年將華董增至五席之議案，請其善意的考量通過，藉以示中外納稅市民之合作精神。此則本特派交涉員所爲熱烈希望者也。本特派交涉員之爲前項提議，在領事團及工部局方面，或將以無故拘束納稅人，及此時提出年會，恐爲不洽輿情，難期實效爲理由，表示不能接受。但所稱提案，此時既尚未提出，則納稅人年會是否通過，本在不可知之數，豈能預定爲不洽輿情，難期實效，而表示拒絶？況工部局之職權，只以建議爲限，

[註一]　民國十七年四月十九日新聞報。
[註二]　民國十八年四月十八日申報。

則有無拘束納稅人之權,此問題本不發生,似可無庸過慮。反是,若貴領袖領事及工部局方面,能以好意的態度,將前項議案提出於納稅人年會,不但可以表示誠意合作的精神,而納稅人年會經考量以後,若能予以通過,尤可增進中外市民之好感,即抗議形式的繳付二厘額外捐一事,亦可望藉此切實解決。綜此理由,本特派交涉員,用特函請貴領袖領事,迅予查核辦理,並希見復爲荷。[註一]

四月十日,納稅華人會代表大會,選出袁履登、徐新六、虞和德等華董三人,林祖滑、錢龍章、陳霆銳、李銘、秦祖澤、貝祖詒等華委員六人,至於"交涉中應增之華董兩席,俟解決後,再行選舉"。[註二]代表大會並通過議案,對於增加華董案,決"督促進行"。[註三]

但對於請將增加華董兩席議案提出納稅外人年會一事,工部局總董費信惇以爲"時機未至,不洽興情",打銷提案。納稅華人會,乃於納稅外人會舉行年會的上一日,致函金交涉員云:

　　逕啟者:准四月十五日惠復,關於增加華董席數,已蒙提出交涉等由,並致領袖領事函稿兩件到會,該案荷蒙貴交涉員積極進行,曷勝公感!乃工部局總董費信惇先生,不將該案依法提出納稅人年會,僅以個人私見,置我全體華市民公意於不顧,貿然託辭拒絕,全體華市民,心中鬱憤之深,不言可喻,將來如有糾紛,其責任有所歸矣。准復前因,相應再爲函請查照,積極與駐滬領袖領事交涉,消弭因觖望而生之隱患,爲荷。[註四]

四月十七日的納稅外人年會,並未討論到華董問題,而事情呢,也便那麼過去了。

同年冬,華人方面,提出了同樣的交涉。經一九三〇年民國十九年一月六日工部局董事會議決同意後,即編入年會議程中,列爲第六案。

四月十六日,納稅華人會舉行代表大會,選出袁履登、虞和德、徐新六、貝祖詒、劉鴻生等五華董,林祖滑、秦祖澤、陳霆銳、李銘、錢龍章、吳在章等六華委。

同日,納稅外人會舉行年會,討論到第六案增加華董兩席時,工部局總董加以說明云:

　　考工部局董事會內增設三華董之議,猶係一九二六年通過納稅西人年會,隨得外交部批准。但經二年之後,界內華人,始推舉董事,加入工部局。在此二年間,華人代表與工部局代表,幾經磋商,力欲勸誘工部局切實約定嗣後華董陸續增加之時間與席數,工部局不欲受此束縛,曾於一九二八年三月二十六日,致函納稅華人會,正式聲明態度,內稱工部局十分認識,照現擬辦法三席,如得華人完全合作,則在事態之尋常過程中,將可引至華董席數之增加等語。嗣在華董就任時,中外市民間,確有一種了解,即將來華董席數之逐漸增加率,至少有幾成,將視華董之合作程度而後定。及一九二九年,納稅西人年會時,總董曾提及此事,稱華董諸君,皆才德兼具,目光遠大,富有能力,且能誠心解決中外人民見解異趣之種種困難複雜問題,以求增進雙方之協調與好感云云。至於去年一歲中,華董諸君,亦能在此中外雜居,各國利益與目光有時幾至無從妥協之社會間,盡環境之可能,有完滿之合作。余覺爲表示誠心與信用計,吾華宜自行發端,設法增加華董席數。且此事苟能出以自動,而迅予實行,則必較諸彼此論價而後勉允者,大可增進中外之友誼。按工部局增加華董之議,在顧問費唐法官(Hon. Richard Feetham)來滬以前,即已發表,今費唐君對於此等問題之意見,非至繕製報告時,自未便宣布,但亦允余宣稱,渠認本會通過增加華董議

　[註一]　民國十八年四月九日申報。
　[註二]　該會致國民政府外交部電中語見民國十八年四月十三日申報。
　[註三]　民國十八年四月十一日申報。
　[註四]　民國十八年四月十七日申報。

案，於公眾有益。茲謹提議第六案："授權工部局，呈請有關係各國，將華董席數，自三名增爲五名。"……[註一]

旋有麥克唐納(Ranald G. McDonald)者，發言反對，說：此種變更，足以引起野心，甚爲危險，且工部局方面所給與的若干保證，實在是無權給與的，不能約束納稅外人；對於華人各方，攻擊尤多。[註二]結果增設華董兩席一案，便遭否決。

於是增加華董問題，形成僵局。

四月十七日，納稅華人會召集代表，舉行緊急會議，議決否認納稅外人會有權措置華董問題，駁斥麥唐納言論，並拍電及派代表請外交部嚴重交涉。發表宣言云：

> 上海租界納稅華人會宣言云：本會確認上海公共租界納稅西人會，無權討論或決定關於公共租界納稅華人應有之市民權利，根據此項原則，對於本年四月十六日納稅西人會否決增加工部局華董兩人一案，當然無效。特此鄭重宣言。[註三]

並以所選五華董、六華委，正式函知工部局：

> 逕啓者：所有民國十九年至二十年底代表界內納稅華人出席貴局執行公務之華董，業經本國政府行政院外交部令知，准駐華西班牙公使照會，贊成自三席增至五席，於四月十六日，由本會代表大會，選舉袁履登、虞洽卿、徐新六、貝淞蓀、劉鴻生五君擔任，其六席委員，選舉林康侯(祖滑)、秦潤卿、陳霆銳、李馥蓀、錢龍章、吳蘊齋等六君擔任。相應檢同董事、委員履歷，函請查照，爲荷。[註四]

次日，納稅華人會又發表對內宣言：

> 全市市民公鑒：本月十六日納稅西人會越權討論本年度工部局增加華董兩席案，且經葛福萊律師公館英籍律師麥克唐納(按該律師華人向之掛號甚多)狂妄之演説，在場西人，被其鼓動，竟致否決。凡我華人，聞此消息，同深憤慨。本會業於十七日召集代表緊急會議，議決發表正式宣言，確認納稅西人無權討論或決定關於公共租界納稅華人應有之市民權利，根據此項原則，所有納稅西人會否決增加華董案，當然無效，並公推代表虞洽卿、王曉籟、胡孟嘉(祖同)向外交部請願，據理交涉，務達目的。凡此經過，當承鑒察。惟念上海爲中華民國領土，外人仗其帝國主義之勢力，用不當方法，攫奪種種不當得之權利。吾人爲求中華民族之自由平等而奮鬥，其最大之努力，與最後之目的，爲收回租界。而在此項目的未曾達到之前，以租界納稅比例，支配工部局董事席數，實爲至公平至合理之主張。前爲力求避免或有之困難起見，委曲求全，暫先加入三華董，第一步使其增加爲五華董，不圖納稅西人會越權討論，經納稅西人如麥克唐納氏，猶復沿襲其冥頑固執之舊頭腦，肆意攻訐，且致否決。我人受此鉅大之恥辱，當更深切明瞭，惟求最後目的之成功，方能獲得吾華市民權利堅固的保障與享受，而此後破壞租界上中外市民誠意合作之責任，應由納稅西人會擔負。事實昭彰，無可諱飾。本會除當努力使吾人公平合理之主張，得迅速實現外，尤盼全滬華市民，有深刻之認識，爲最大之奮鬥，一心一德，念茲在茲，依正當之軌道，求最後之成功，公理所在，義不他顧。謹此宣言，以當息壤。中華民國十九年四月十八日，上海租界納稅

[註一]　民國十九年四月十七日申報。
[註二]　參閲 S. M. C.'s Annual Report, 1930, pp. 51 - 56.
[註三]　民國十九年四月十八日申報。
[註四]　同上註。

華人會宣言。[註一]

並致電外交部云：

南京外部部鈞鑒：屬會銑日選出上海公共租界工部局華董案，業已電呈備案。不料同日納稅西人年會，越權討論本年度工部局增加華董兩人案，且經英僑律師麥克唐納狂妄之演說，在場西人，被其鼓動盲從，並致否決。全滬市民，異常憤慨，竟有劍拔弩張之勢。屬會爲鄭重計，於篠日召集代表緊急會議，議決發表宣言如下："本會確認上海公共租界納稅西人會，無權討論或決定關於公共租界納稅華人應有之市民權利，根據此項原則，對於本年四月十六日納稅西人會否決增加工部局華董兩人一案，當然無效，特此鄭重宣言。"並公推虞洽卿、王曉籟、胡孟嘉三代表，來部請願，在外交方面，求公平正當之解決。除一面勸慰市民，聽候鈞部主持辦理，並一致誓爲後盾外，敬祈鈞部據理交涉，務達目的，以慰全滬華市民之期望，毋任企禱待命之至！再因此問題發生，致使上海公共租界中外市民之誠意合作，發生破裂，應由納稅西人負其全責，並此鄭重聲明，諸希鑒察。上海租界納稅華人會叩。巧[註二]

同日，外交部長王正廷亦發表宣言：

上海公共租界納稅人會，今竟議決不許華董增加，余實甚覺駭異。查華董名額之增加，前此已取得允認，今乃不願信義，卒由頑固之外人戰勝，是真至爲可怪之事。余極望在一方面，不致因此發生不幸之事實，而在另一方面，尤望明白事理之外人，能設法以力圖補救。中國納稅人兹竟獲如是之否決，恐必將發生嚴重之結果，且必不爲各該關係國政府所贊同。[註三]

四月十九日，當選工部局董事的袁履登等五人，聯名函責工部局云：

逕啓者：案查余等爲上海租界納稅華人會選爲本屆出席公共租界工部局之董事，業由該會於四月十六日通知在案。兹對於四月十七日第一次董事會議，事前未接到任何通知，致不得出席，應予以正式抗議，並保留應有之一切權利，且在必要時，應爲適當之進行。相應函煩查照，爲荷。[註四]

上海各黨部、各路商界總聯合會、國貨維持會等團體，亦均先後發表宣言，一方指斥上海外人的行動和言論，一方表示一致奮鬥，務達最後目的。四月二十二日，上海特別市黨部執行委員會發表宣言：

租界區域，本我國領土，目前雖與外人居留，主權則不應稍蒙損害。工部局董事會允納稅西人之參加，乃基於納稅上平等之原則，特予客僑優越之地位與權利。詎今年納稅西人年會席上，竟有頭腦頑固之英籍律師麥克唐納，妄發荒謬言論，打銷華董增加二席之議案。按根據納稅比例，華董人數，應爲二十席中之十一席，今增加二席，亦僅佔十四席中之五席，是即增四席，亦尚不足比例額數。且此二席之增加，已先得領袖公使之同意，所謂納稅外人會議，僅能討論及決定納稅外人本身事件，其於華董增加問題，何來過問之權？今竟公然討論，武斷否決，喧賓奪主，蔑視華人，是固麥氏之荒謬妄言，迷惑外僑，亦爲帝國主義之野心，謀久假我國領土而不歸，我堂堂中華民國之國權所在，豈甘受帝國主義者之無理排斥，一任我國固有主(義)〔權〕之橫被踩躪？項聞外僑又有召集納稅外人特別會議，藉謀補救之說，更屬欺人之舉。願我公共租界納稅諸同胞，一

[註一]　民國十九年四月十九日申報。
[註二]　同上註。
[註三]　同上註。
[註四]　民國十九年四月二十三日申報。

本初衷,遵奉總理收回租界之遺訓,奮鬥毋懈！本會一面謹當督促政府外交當局,實行革命外交,準備採取合法之積極手段,以保國權,而揚國威,一面當謹率全體同志與同胞,積極奮鬥,以保我市民之正當權利。更望全國民眾,同聲敵愾,誓為外交後盾。謹此宣言。中國國民黨上海特別市執行委員會。[註一]

納稅華人會並以中英文發表如下的駁斥麥克唐納在納稅外人年會演說的文章:

上海公共租界工部局,對於本年增加華董兩席之議案,於本年四月十六日,在納稅外人會討論,經納稅外人麥克唐納氏係萬福萊律師公館之律師,作長時間之演說,在場納稅外人,被其狂言鼓動,盲從否決,中外人士同深惋惜,均認歷年中外合作精神,為之破壞,麥克唐納氏固應負其責任,而在場少數納稅外人,不加深察,遽予通過,亦為其一大原因。

本會對於麥克唐納氏之演說,以其組織混亂,思想陳腐,架造事實,缺乏根據,毫無價值,且即因此演說而促成之結果,於法當然無效,本無駁辯之必要。惟愛護歷年中外合作之精神,不忍一旦為之破壞,或致發生不幸之事實,不得不有一言以為中外市民告。惟本會於駁辯麥克唐納氏演說之前,應將本會之宣言,鈔錄如下,以明本會之立場:"本會確認上海公共租界納稅西人會,無權討論或決定關於公共租界納稅華人應有之市民權利,根據此項原則,對於本年四月十六日納稅西人會否決增加工部局華董兩席一案,當然無效,特此鄭重宣言。"

查麥克唐納氏之演說,其性質為情感者,而非理智者;其作用為破壞者,而非建設者;其結果為使外人困難,而招華人反感者;至其思想,則陳腐不堪,更屬違反時代精神。麥克唐納氏,更自忘其為英人,因而破壞英政府近來對華之外交政策於不顧。該項演說,如在長時間會議中,除認為無採納之價值,不能成立外,本難發生任何之效力,無如公共租界之納稅外人會,其性質類乎一時集合之市民大會,且在場納稅外人,對於該案可稱極大多數無深切之研究,經其一番夜郎自大,目無中國主權,目無中華民族之演說,幾皆忘其身處中國領土上之議事廳內,會外有絕對大多數之中國市民,遂如聾兒之被催眠,發生聾眾心理上必不易免之盲從行為。此實會議制度之不善,否則何以外人輿論,對於該案之結果,均加以嚴重之批評,而主張補救者也?

本會以為,麥克唐納所促成之舉動,不但使公共租界全體市民判為中外兩橛,且使英政府近來恢復華人好感之意旨,受一打擊,誠為界內外人之不幸,亦為英政府之不幸也。麥克唐納氏演說,其攻訐工部局董事之處,與謂提案之由壓迫而來,及其理由之不充分,本會無置辯之責任。至謂華董之謀華人利益,是否贊助上海各路商界聯合會之宣言等語,則本會以為各路商界聯合會之宣言,如係公道之主張,則任何華人,靡不贊助,否則雖欲贊助而為正義所不許。五卅慘案,係由當日工部局主持人濫用職權所致,華董為求合作精神之貫徹,從中斡旋,解決卹金一部分,屬為英人解圍。五卅烈士公墓,五卅烈士家屬自願捐撥卹金二萬元,其餘建築費用由華人捐助而來,此係紀念當日烈士為正義人道而犧牲,於情於理,皆自有故。五卅烈士公墓之建設,華人尚嫌規模太小,而賠償問題,今尚懸而未決,不無遺憾。再排外運動之有無,全視外人是否有非理壓迫華人之處。然華人為有理智之民族,觀華人經麥克唐納氏侮辱演說之結果,而仍和平鎮靜,忍辱負重,以俟公道正義之判斷,足證排外運動之說,全係麥克唐納氏之謟言。且工部局之華董,自係謀華人利益,正如外董之謀外人利益;否則工部局之董事,即應由全體市民,不分國籍,混合選舉,不必事實上規定中國幾席,英幾席,美幾席,日本幾席。然華董是否專謀華人利益,外人是否不專謀外人利益,請一觀工部局之預算,用於外人所享者多乎? 用於華人所享者多乎? 例如教育經費,外人佔多乎? 華人佔多乎? 電氣處之出售,華人均反對,華董爲華人所推舉,自亦以華人之意旨爲意旨。就本會所知,麥克唐納氏爲英人葛福萊律師公館之律師,該律師公館,華人向之掛號者甚多,恐其得有出席納稅外人會之資格,或由華人所造成。今彼得華人之惠,而反嗌華人,對於華人之利益,恣情破壞,實出於情理之外,本會所深爲慨嘆者也。

麥克唐納氏之演說中,謂華董是否能代表華人,其選舉方法如何,其政見如何,立場如何,納稅華人,其數若干,均未知悉云云。以此數語觀之,本會殊爲麥克唐納氏可憐萬分,蓋本會之選舉方法,及納稅人數目,與選舉情形,均披露於報紙,凡識中國字者,靡不知之,麥克唐納氏或以入其國而不知其文字,以致有此言論。夫批評一社會事,須自行留意日常之事實,今麥克唐納氏對於報紙上本會之消息,一概不知,其言論自多成爲造架事實,雖居中國八九十年,亦屬毫無認識,遑論八九年哉?

麥克唐納氏又於其演說中,侈陳政府在印度殖民政策之歷史,以鼓動在場納稅外人自大之心理,益證其頭腦之陳腐,將英政府近來之外交政策,置之度外,且慫恿納稅英人背叛英政府,本會殊爲英政府及其旅滬人民危。蓋麥克唐納氏之言,足使其專謀職業絕無侵略野心之英政府宣言,等於廢紙,同時在國外專謀職業絕無侵略野心之英國人民,其職業地位,有發生動搖基礎之虞,本會殊覺代爲寒心也。

麥克唐納氏引一七九三年亡清乾隆帝致英皇之國書於其演說中,更顯露其排華之思想,並欲藉以運動在場納稅外人,一致爲排華之運動。凡具有侵略野心之外人,每遇華人爲華人求公道正義之主張,抵抗此種外人之壓迫時,輒誣爲排外運動,外人如此排華運動,與排外運動均爲正義與公道所不許者,應有以糾正麥克唐納氏之謬妄。抑尤有進者,乾隆時代爲閉關時代,其思想且爲封建時代之專制思想,不足以代表現在之華人,且此僅爲一種言論,較以近五年五卅、萬縣、沙基三大慘案實施者之殘暴行爲,恐猶是以小巫見大巫也! 本會不念舊惡者,實欲據此慘案,以促如麥克唐納氏之外人,自行反省耳。

麥克唐納氏演說中,雖口頭贊成合作,然其言行實爲破壞中外合作之尤者。其謂外人在誠意合作,華人則否,就本會所知,麥克唐納實爲一最不與人合作者。本會可信,華人向其律師事務所掛號者,斷無時時變動,顧而之他,其誠意與外人合作可知;而麥克唐納氏對於華人應有權利,力謀剝奪,其不誠意與華人合作,又可知。又如跑狗、賭博,爲一種間接造成罪案,破壞治安之毒物,於世界各國均無存在之餘地,中外公正人士,對於跑狗、賭博,均加反對,本會尤加力攻擊,此爲謀公衆利益安全也。而麥克唐納氏心理中,或即認爲與華人不能合作之現象,則推其所謂合作,是否必盡華人而贊助跑狗、賭博之毒物,方得稱爲誠意? 是其合作之解釋,直與盜匪所稱之合夥無異。華人善惡是非之辨甚明,實不敢領教於此種合作之解釋也。且此次工部局董事會增加華董二席之提案,爲中外董事一致之決議,今科克唐納氏實施破壞,世界如有公道正義,焉能任其橫行? 再,麥克唐納氏反對增加華董席數之理由,據其自述,概括五點,本會更應分別駁斥其妄。

其第一點:"此指公共租界爲外人租界,洋涇浜章程係上海外人租界之洋涇浜章程,該章程第二十七條工部局董事會,係上海外人之董事會。"本會以爲在此現狀之下,此指公共租界確爲外人租界,然外人從何處租來? 是否有主人翁在? 其主人翁是否爲華人? 至洋涇浜章程,如僅由外人獨自制定,未取主人翁同意,不能有效;即退一步而論,認爲有效,則第二十七條關於工部局董事會之規定,已於一九二六年根本失其效用。

其第二點謂:"現在增加華董席數之決議,爲無理由與利益,對於工部局局務之進行,與中外納稅人,增加二席華董,有何得益?"本會以爲權利義務平等,凡屬市民,既盡納稅之義務,自應享參與市政之權利,則同樣納稅人,其出席代表之權利,自不應有所偏頗,此即爲增加華董席數之根本理由。至於利益,則增加華董可益收中外合作之效。中外納稅人相互有利,而工部局局務之進行,因中外風俗、人情、文字、言語之隔膜減少,免除誤會,易收迅速平易之功,此爲中外公正人士所公認,並爲工部局董事會之報告所證實。惟不利益者,則因工部局以納稅華人之建議,對於跑狗、賭博之限制,或再嚴重取締爲跑狗、賭博場之發起人耳。

其第三點謂:"增加華董席數之案,無論如何,應待費唐顧問之報告,及負責團體大上海組織之具體計劃發表後,再行討論。且上海特別市南區、閘北之市政如何? 在增加華董席數之前,對於此數點,中外董事何以不詳述之乎?"本會以爲增加華董席數,與將來費唐顧問之報告及負責團體大上海組織之具體計劃,無甚關係,尤與上海特別市南區、閘北市政之明瞭與否,風馬牛不相及。費唐顧問將來之報告如何,恐在今日之費唐顧問,自尚不知;而負責團體之大上海計劃,此負責團體尚在縹渺之中,其計劃更不知何時發現。即使退一步言,麥克唐納氏或以增加華董席數案,與費唐報告有抵觸爲慮,則工部局董事會報告,固明言費唐顧問亦以此舉爲然也。總之,無論如何,將來事究屬將來事,現在事究屬現在事。譬如建竈煮飯,在竈未成而已覺飢餓,吾人是否不謀果腹之道? 費唐顧問之計劃,及所謂負責團體之大上海計劃,猶竈也,猶尚未開始建築之竈也;增加華董席數,猶今日我人受饑,共謀果腹之道也。麥克唐納氏於此常理且不知,難乎其爲曾諳法律之納稅外人矣! 又上海特別市南區、閘北市政,麥克唐納氏自稱在華八九年,早已知悉,何復須工部局中外董事告之者? 直可謂糊塗之至矣!

其第四點謂:"通過增加華董席數一案,係一種詔諛行爲,將爲中國與世界所震異。"本會以爲麥克唐納氏此種言論,全係小兒意見,非具有英國風範之人民所宜出口。增加華董席數,合乎公道之事也,尤爲一種事實所必需之要求,予以通過,僅一舉手之勞,認爲市惠固不通,認爲詔諛更荒謬。麥克唐納氏不知天津英租界之董事,已中英各半乎? 如上海公共租界增加兩華董之詔諛,則如天津者,未知麥克唐納氏更將以何辭形容之? 在麥克唐納氏以爲靳而不予,方非詔諛,實則在本會觀之,鄙吝淺薄之行爲耳。此等恥辱,更覺難以洗刷。麥克唐納氏反對增加華董席數之演說,果已震動市政廳,果然傳遍中國與世界。據本會所知,其所傳遍於世界者,爲麥克唐納氏無現代常識,與納稅外人會中之出席人之盲從而已。是非求榮反辱乎?

其第五點謂:"設增華董席數之案,予以通過,則明後年華人將繼續不絕要求,且將管理租界"云云。本會對於麥克唐納氏之第五理由,直可謂閉門造車矣,增加華董席數,爲收回租界以前之過渡辦法,華人管理租界之實現,不過時間問題,此稍有外交上之常識與政治思想者,類能言之,愚鈍哉,麥克唐納氏之理由也!

臨末,本會將對於該案之態度:(一)對於歷年來之中外合作精神,本會仍竭誠擁護之;(二)增加華董席數,係外交問題;(三)此次之惡結果,係會議制度不善,麥克唐納氏之反對該案,或係出於惡意,但附和舉手贊成麥克唐納氏之主張者,可稱爲絕無成心,不過一時受其淆惑而已;(四)該案之結果,受其困難者爲外人,與有關係國之政府,而在華之公正英人與爲麥克唐納氏所公然反對之英政府當局,本會爲愛和平表示誠意合作起見,當靜視其自動糾正之程度,而於法理範圍內,協助其困難之解除。[註一]

華人如此力爭,結果,租界當局批准納稅外人六十六人的聲請書,於五月二日召集納稅人特別會;

[註一]　民國十九年四月二十六日及二十七日申報。

開會時雖仍有麥克唐納的竭力反對,但終於通過了四月十六日年會未通過的議案。

從這一九三〇年民國十九年起,租界工部局中便有了五個華董,直到如今。[註一]

三　從臨時法院到特區地方法院

1. 臨時法院

A　收回上海公共租界會審公廨暫行章程的內容

一九二五年民國十四年“五卅”慘案之後,無條件收回會審公廨的呼聲,甚爲高響。一九二六年民國十五年北京外交部與公團的交涉,尚無定議,江蘇省政府“欲藉是博滬民之好感”,未得中央政府的授權即進行與上海領事團磋商,而領事團亦“欲以最低限度,使中國博收回公廨之虛名,而彼攘奪之罪惡,可以消泯”,[註二]結果於同年八月三十一日,雙方簽訂收回會審公廨,改設臨時法院的協定九條。[註三]此項協定的內容,可擇要分析於下:

一、法院組織

甲、院長及推事均由江蘇省政府任命之。第一款庚項。

乙、書記官長由領袖領事推薦,再由臨時法院呈請省政府委派,受臨時法院院長之監督指揮。該書記長官,如有不勝任及溺職行爲,院長得加以懲戒。惟於撤換時,須經領袖領事同意。第六款。

丙、司法警察,由工部局警務處選派,但在其執行法警職務時,應直接對法院負責。第四款。

丁、附屬於法院的監獄,除民事拘留所及女監外,均由工部局警務處派員專管,法院僅有監督之權。第三款。

二、領事觀審

甲、凡與租界治安直接有關之刑事案件,以及違犯洋涇浜章程及附則[註四]各案件,暨有領事裁判權國人民所僱華人爲刑事被告之案件,均得由領袖領事派委員一人觀審,該員得與審判官並坐。得中國審判官許可時,該委員得訊問證人及被告。第一款丙項。

乙、凡有領事裁判權國人民或工部局爲原告之民事案件,及有領事裁判權國人民爲告訴人之刑事案件,得由該關係國領事或領袖領事,按照條約規定,派員一人,會同審判官出庭。第一款戊項。

丙、凡初審時經領袖領事派員觀審之刑事案件,上訴時,該領袖領事得另派委員觀審。第一款己項。

丁、凡經由領事派員合同審判官出庭之華洋民事案件,如有不服初審判決時,得向特派交涉員署提起上訴,由交涉員按照條約,約同有關係領事審理。第五款。

三、管轄範圍

甲、關於土地者:——公共租界,租界越界道路上及上海、寶山縣境內,暨黃浦江範圍內外國船隻上。第一款甲及換文附件。

乙、關於事物者:——除照條約屬於領事法庭之案件外,

A　一切發生於公共租界內之民刑案件,均由臨時法院審理。第一款甲項惟判處十年以上徒刑及死刑之案件,須呈請江蘇省政府核准。第二款。

B　在黃浦港範圍內外國船隻上及租界越界道路上海、寶山境內外國人地產上發生之華洋刑

[註一]　按近年來納稅華人會要求再增華董席數未成。
[註二]　梁敬錞:在華領事裁判權論,頁一一三。
[註三]　全文見本編附録“三”之“2”。
[註四]　按即地皮章程及附律。

事案件。換文附件。

　　C　租界界外上海、寶山境內發生之華洋民事案件。換文附件。

　　四、上訴機關

　　甲、臨時法院之外，另設上訴庭。庭長由臨時法院院長兼任。推事由省政師任命之。此上訴庭專辦與租界治安直接有關之刑事上訴案件，及華洋訴訟之刑事上訴案件，但五等有期徒刑以下及違犯洋涇浜章程及附則之案件，不得上訴。第一款己項及庚項。

　　乙、凡經由領事派員會同審判官出庭之華洋民事案件，如有不服初審判決，得向特派交涉員上訴，由交涉員按照條約，約同有關係領事審理。第五款。

　　五、適用法律

　　凡現在適用於中國法庭之一切法律訴訟法在內及條例，及以後制定公布之法律條例，均適用於臨時法院；惟當顧及本章程之規定，及經將來協議所承認之會審公廨訴訟慣例。第一款乙項。

梁敬錞曾指出此項收回會審公廨協定較洋涇浜設官會審章程，尤喪中國法權之點，茲特引錄於下，以見一斑：[註一]

　　洋涇浜章程時代，外人會審之案件，僅能及於五等有期徒刑之刑事案件，且須有一造爲洋人，而今則租界內一切刑事案件，無論其兩造有無洋人，均須外人會審，一也。

　　洋涇浜章程，一切案件均照中國常例訴訊，而今則尚須顧及會審公廨之訴訟慣例，二也。

　　洋涇浜章程，該公廨一切官吏均由我方自由任免，今則書記長官須由領事團推薦，三也。

　　洋涇浜章程，公廨得選差逕提人犯，今則須由工部局巡捕辦理，而法庭並不得設承發吏，四也。

　　洋涇浜章程，凡遇華洋互控之案，均可上訴，今則違反租地章程及其附則之刑事或違禁事件，不得上訴，五也。

　　洋涇浜章程，命案相驗事件，皆由吾國之上海縣或其委員入租界內直接辦理，今則須會同領事團所派委員，始得辦理，六也。

此外，梁又指出：

　　至於限制上訴之規定，及其以兩審爲終審之辦法，顯亂吾國法院之編制。審判官吏受地方政府之委任，死刑及十年有期徒刑之案，受地方政府之核准，顯使地方行政之權力，凌駕於司法之上，失司法獨立之精神，違反近代法治之文化。而領袖領事所派之會審委員，得與審判官並坐之一點，尤爲有清以來不平等條約中所不敢昌言，煙臺條約所力圖限制者，今皆一一明確認定。夫人所矢志收回會審公廨者，將謂恢復洋涇浜章程中所已失之法權也。今並洋涇浜章程而不得守，則收回之謂之何？謂其收回辛亥以後之法權耶？則辛亥所喪失者，由於領團非法之佔據，本非吾之所承認也。謂其收回辛亥前同治後之法權耶？則同治以後所喪失者，由於吾有司之泄沓，在外人非有合法之根據也。……

B　臨時法院的成立與國民黨的抗議

收回會審公廨暫行章程簽訂之後，又組織法律委員會，草定細則。次年，一九二七年民國十六年一月一日，即該章程換文中所定章程開始發生效力的日子，領袖領事挪威總領事亞爾，以會審公廨印件，

[註一]　所謂上海臨時法院者，時事月報一卷一期。

移交給了特派交涉員許沅。會審公廨就此撤廢,臨時法院便由徐維震任院長,而成立了。[註一]

但對於那樣"收回"會審公廨,國人頗爲不滿。當臨時法院成立的那一天,國民黨特發宣言云:

中國之未能收回上海公共租界會審公廨,乃造成一九二五年五卅慘案之一原因。去年當國民黨領導下之北伐軍節節勝利之時,列強各國始實覺中國之不再可欺,相率表示相當讓步。結果,乃開始孫傳芳及其屬下淞滬商埠督辦丁文江、上海特派交涉員許沅與上海領事團間關於收回會審公廨問題之談判。吾人目的,原在爲國收回該公廨之一切主權。然而臨時法院協定乃將外人侵佔該公廨時所得之非法權利,悉予承認,仍置於其掌握之中。

本黨對此,曾屢次指明,並表示本黨之意見,上海各團體亦已提出抗議。所謂臨時法院協定,以是弱點畢露,未付實施。

當此革命軍向東進展之際,外人乃突然將會審公廨移交與萬人痛恨之孫傳芳。外人此舉,目的無他,惟使該法院之一切,均經確實定局,俾本黨失却根據,以作無條件歸還吾國之要求耳。[註二]

C　外領超出章程的侵略

臨時法院成立所根據的章程,是那樣"弱點畢露",從前文已可見一斑。但各國領事對該章程仍不遵守,尚多超出章程的侵略。今舉此種侵略的大者於下:

一、按照章程規定,外領派員觀審,非經推事同意,不得發言訊問。但事實上觀審員不特常有擅自發言訊問之事,且竟擅爲種種處分。如一九二八年民國十七年十二月的宏隆錢莊案,美觀審員當庭擅發諭令,經法院函請交涉署交涉撤還該員,未有效果。所以所謂觀審員的權限,由觀審而侵及於會審,更進而與有直接審判的權力。

二、按照章程規定,工部局所派司法警察,應直接對法院負責,受法院指揮。又,判決無須觀審員同意,即生效力。但事實上,外領所派觀審員對於法院判決,既輒濫用權力,而司法警察又惟觀審員的命令是從,所以法院判決,司法警察往往不予執行,等於無效。如一九二八年民國十七年楊阿三案,捕房聽命於觀審員,不遵法院將被告移送上海地方法院的裁判,却初則加以羈押,後且擅行釋放。結果,臨時法院裁判的能否執行,又以外國觀審員的意見爲轉移。此種違背章程的行爲,雖力經中國方面的抗議,亦毫無效果。

三、按照章程規定,法院院長由江蘇省政府任命之,如因事撤職,外人當然亦不得干涉。但駐滬領事團對於院長盧興原的撤職,竟提出抗議,簡直干涉到法院用人行政了。[註三]

2.　特區地方法院

A　關於上海公共租界內中國法院協定的簽訂

臨時法院成立所根據的收回上海會審公廨暫行章程,施行期間定爲三年,自一九二七年民國十六年一月一日開始實施後,至一九二九年民國十八年十二月三十一日施行期滿。章程第七款規定:"……三年期滿時,省政府得於期滿前六個月,通知提議修正。"當由江蘇省政府於一九二八年民國十八年六月,令上海特派交涉員向有關係國領事聲明:該章程期滿,認爲完全不適用。一方面,另由外交部於一九二九年民國十八年五月八日,照會駐華英、美、法、荷、挪威、巴西六國公使,提議派員討論關於上海公共

[註一]　Kotenev, Shanghai: Its Municipality and the Chinese, pp. 183-188;五卅事件,頁一〇〇。

[註二]　譯自 Kotenev, Shanghai: Its Municipality and the Chinese, p. 188. 該書作者於宣言下加註道:"此種意見爲另一有力織織即上海市民聯合會(Chinese Residents' Association)所完全贊同。"

[註三]　在華領事裁判權論,頁一一七至一一九。

租界審判機關的辦法。乃各國多方延宕，直到一九二九年民國十八年十一月九日，始由上述各國政府所派委員，與我國外交、司法兩方所派委員，開始討論。這時距離臨時法院協定屆滿之期已經迫近，即由我方出席委員趕速進行，年前會商多次，尚少結果。先是，一九二九年民國十八年五月間，司法院曾准行政院咨：“據江蘇省政府呈稱：‘對於臨時法院之管轄權，於暫行章程施行期滿之日同時終止，自十九年一月一日起，應請司法院主持核辦。’”當經司法院咨復事屬可行。即由司法院於一九二九年民國十八年十二月二十九日，訓令司法行政部，轉令該法院聽候改組。一方面，中外委員繼續磋商，到一九三〇年民國十九年一月二十一日爲止，開會已達二十八次，議定協定十條，換文附件八則，經與議各國政府彼此承認，於同年二月十七日始行簽字，並定同年四月一日將臨時法院依新協定實行改組。[註一]

這新協定便是“關於上海公共租界內中國法院之協定”。[註二]茲將協定要點分析如下：

一、法院組織

甲、所設置的地方法院與高等法院分院，各設院長一人。

乙、各該法院各設置檢察官若干員，由中國政府任命之，惟其職權受有極嚴酷之限制。第五條。

丙、承發吏由各法院院長分別派充；惟其職權亦受有限制。第六條。

丁、各該法院之司法警察，由高等法院分院院長，於工部局推薦後，委派之。高等法院分院院長有指明理由，將其免職之權，或因工部局指明理由之請求，亦得終止其職權。司法警察應服中國司法主管機關所規定之制服，應受各該法院之命令及指揮，並盡忠於其職務。第六條。工部局應儘其可行之程度，推薦中國人備充司法警察。工部局並得在所派充之司法警察中，指定一人，由法院院長在院址內酌給一辦公室，凡一切訴訟文件，如傳票、拘票、命令、判決書，由其錄載送達執行之事由。附件第三則。

戊、監獄

A　附屬於前臨時法院之民事管收所及女監，移歸各該法院，由中國主管機關監督並管理之。第七條。

B　租界內監獄，仍歸工部局管理，惟其管理方法，應儘可行之程度，遵照中國監獄法令辦理，中國司法主管機關，有隨時派員視察之權。第七條。

二、管轄範圍

甲、關於土地者——與前臨時法院相同，但租界界外外人私有地產上發生之華洋刑事案件，及租界外四周之華洋民事案件，不在上述土地管轄之內。附件第一則。

乙、關於物者——公共租界內之民刑及違禁案件並檢驗事務，均有管轄權。附件第一則。

丙、屬於人者——與其他中國法院相同。附件第一則。

三、適用法律

所有中國現行有效及將來依法制定公佈之法律章程，無論其爲實體法或程序法，一律適用於各該法院。至現時沿用之洋涇浜章程及附則，[註三]在中國政府自行指定公布此項章程及附則以前，須顧及之，並顧及本協定之規定。第二條。

四、法院行政

甲、一切訴訟文件，如傳票、拘票、命令及其他訴訟文件等，經各該法院推事一人簽署後發生

［註一］　王寵惠、王正廷在中央政治會議報告“改組滬法院會議解決經過”見東方雜誌二七卷四號附錄；梁敬錞：上海租界法院改組會議小史見時事月報二卷三期；改組上海法院之交涉見時事年刊。
［註二］　全文見本編附錄“三”之“3”。
［註三］　按即地皮章程及附律。

效力,即由司法警察或承發吏分別送達或執行。第六條。

乙、各該法院依照各該法院所適用之訴訟程序所爲之一切民刑判決及裁決,一經確定,應即執行。工部局捕房於必要時,遇有委託,應盡力予以協助。第六條。

丙、除依違警罰法,洋涇浜章程及附則處罰之人犯,暨逮捕候訊之人,應在公共租界內禁押外,凡在前臨時法院附屬監獄內執行中之一切人犯,及各該法院判處罪刑之一切人犯,或在租界內監獄執行,或在租界外中國監獄執行,均由各該法院自行酌定。第七條。

丁、各該法院判處死刑人犯,應送交租界外中國主管機關執行。第七條。

戊、各法院沒收之贓物,均爲中國政府之所有。惟沒收之雅片及供吸食或製造雅片之器具,均於每三個月在公共租界內公開焚燬。至沒收之鎗枝,工部局得建議處分辦法,經由各該法院院長轉呈於司法行政部。附件第七則。

五、上訴程序——高等法院分院之民刑判決及裁決,均得依中國法律,上訴於中國最高法院。第二條。

六、外國律師出庭:

甲、關於一造爲外國人之訴訟案件,其有相當資格之外國律師,許其在各法院執行職務,但以代表該外國當事人爲限。關於工部局爲刑事告訴人或民事原告,及工部局捕房起訴之案件,工部局亦得由有相當資格之中國或外國律師,同樣代表出庭。第八條。

乙、其他案件工部局認爲有關公共租界利益時,亦得由其延請有相當資格之中國或外國律師一人,於訴訟進行中,代表出庭,以書面向法庭陳述意見;如該律師認爲必要時,得依民事訴訟法之規定,具狀參加。第六條。

丙、依此規定,許可在各法院出庭之外國律師,應向司法行政部呈領律師證書,並應遵守關於律師之中國法令,其懲戒法令亦包括在內。第六條。

七、協定爭執調解辦法——"中國政府派常川代表二人,其他簽字於本協定之各國政府共派常川代表二人;高等法院分院長或簽字於本協定之外國主管官員,對於本協定之解釋與其適用,如發生意見不同時,得將其不同之意見,送交該常川代表等共同設法調解。但該代表等之報告書,除經簽字國雙方同意外,對於任何一方均無拘束力。又各該法院之民刑判決,判決及命令之本體,均不得送交該代表等研究。"第九條。

關於此項協定較優於以前臨時法院協定的地方,司法院院長王寵惠及外交部部長王正廷在向中央政治會議報告解決經過時,曾有所指出,如下:

一、中國法律之適用　在前江蘇省政府協定時代,臨時法院既有特定之訴訟法,而四級三審之制度,又從未實行。此次協定,既載明中國現在及將來一切實體法及手續法,均成適用,又明定一切案件,依照中國法律,均得上訴於最高法院,是與吾國之司法系統,尚無出入。

二、土地管轄之變更　前江蘇省政府協定,臨時法院之土地管轄,不僅以公共租界爲範圍,即租界外上海、寶山境內外國人地產上所發生之華洋刑事案件,及上海、寶山境內發生之華洋民事案件亦在其內。現時新協定中,則此種訴訟,均依中國訴訟法管轄通則,歸上海地方法院管轄。

三、觀審及會同出庭之撤廢　臨時法院承會審公廨之弊,許外國官員,於特種案件,列席法庭,與中國審判官同坐,甚至自由發言,訊問人證而新協定中,一律訂明撤廢。會同出庭之制本非條約所固有,故其廢除,尚非甚難。而觀審制度,則自煙臺條約之後,各國一律按例,今乃以明文訂明廢止,頗爲可貴。

四、外國書記官長之取消　以前臨時法院既於協定中訂明書記官長爲外人，又須受領袖領事之推薦，而其權限，且甚擴大，自遞呈、分案、交保、執行，無一不經外國書記官長之手。此次新協定，既無此項條文，故此制度亦遂廢除。

五、檢察官及承發吏之設置　以前臨時法院，並無檢察官與承發吏，故關於檢察官與承發吏之職務，均由工部局人員辦理。新協定中，雖對於檢察官之職務，略有限制，但其設置之原則，則已確定，而承發吏之權限，尤與其他法院一律也。

六、判決裁決之執行　臨時法院之判決、裁決，每因外國觀審員拒絶同意，捕房即不予執行，業如前述。此次協定，於此特予訂明，一經確定，即須執行。

七、監犯之管理權　從前租界内監獄，固不由我管理；即其禁押人犯之如何管理，法院亦無過問之權。舊協定中雖有視察委員團之條文，但迄未實行。此次規定，對於監獄之建築物雖因係由工部局出資之故，未允歸我管理，而所有監犯，無論係何國籍，均許送我内地監獄執行，亦不得已中之一辦法也。

八、贓物庫之設置　以前臨時法院没收之贓物，向由捕房處置。此次新協定規定，法院應依中國法律，設置贓物庫，一切没收物品，均爲中國政府之所有。關於鎗枝之處置，雖尚許領團有建議之權，但容納與否，仍完全爲我國之自由也。

九、外國律師之限制　臨時法院時代，凡有領事列席之案件，均須外國律師代表任何方面出庭，且無遵守我國律師章程之義務。此次協定，則規定外國律師僅能代表外國人及工部局，且以外國人爲一造及工部局爲民事原告爲刑事告訴人及捕房起訴之案件爲限；並訂明律師須遵守律師證書登録出庭，及一切懲戒章程。

新協定較臨時法院協定，有這些優越之處。王寵惠、王正廷在同一報告中説過："其未能完全達到我國願望之點，則以上海租界尚未收回，行政權操之於人，形格勢禁，有不能不兼顧事實之處。"徐公肅曾爲指出關於適用法律方面、檢察官職權方面、司法警察方面、外國律師出庭方面及監獄管理方面等不能如所願望之點。[註一]

B　特區地方法院及高等法院第二分院的成立

根據上述關於上海公共租界内中國法院之協定，於協定開始發生效力的一九三〇年民國十九年四月一日，按照協定，成立地方法院及高等法院分院各一所，前者稱江蘇上海特區地方法院，後者稱江蘇高等法院第二分院。江蘇高等法院第二分院直隸於司法行政部，江蘇上海特區地方法院屬高等法院第二分院。由司法行政部任徐維震爲高等法院分院院長，楊肇熉爲特區地方法院院長。同時，又成立江蘇第二監獄分監、特區地方法院看守所和民事管收所各一所。[註二]

上述特區地方法院，因同年八月一日法租界地方法院亦告成立，乃冠以第一兩字，改稱江蘇上海第一特區地方法院。[註三]

C　公共租界内中國法院協定的延長有效期間

前述一九三〇年民國十九年中國與英、美、法、荷、巴西、那威等六國所簽訂的關於上海公共租界内中國法院之協定，第十條規定，自該年四月一日起，繼續有效三年，期滿經雙方同意，得延長其期間。到一九三三年民國二十二年三月三十一日，協定滿期；各簽字國於同年二月八日照會中國外交部，提議自

[註一]　上海公共租界制度，頁一五〇至一五四。
[註二]　梁敬錞：改組上海法院之交涉，及民國十九年四月一日、二日申報。
[註三]　本通志司法編。

該年四月一日起繼續延長協定有效期間三年,經中國外交部部長羅文幹照復同意。[註一]

四　關於越界道路的交涉

1. 淞滬商埠督辦公署時期

一九二五年民國十四年五卅慘案,上海各團體所提交涉條件中有一條是:

> 嗣後工部局不得再在界外築路,其已築成者,應無條件交還中國政府。

但同年六月中旬,上海工商學聯合會又致函警廳、保衛團云:

> 英人侵略中國,不遺餘力,凡有血氣之同胞,莫不憤激。滬西之越界築路,雖迭經人民一致反對,提出抗議,而橫蠻之工部局,仍置之不顧。近據本會調查部報告,北新涇之越界築路,猶繼續進行。敝會除函交涉使請再嚴重抗議外,用特奉函,敬請貴廳團設法阻止,以保國權,是所企盼。[註二]

一九二六年民國十五年五月四日,孫傳芳就任淞滬督辦。軍閥及其政客,這時已感到末路的將到,孫傳芳及上海其他主管官廳,頗想博得民眾的歡心,於是像收回會審公廨交涉的進行一樣,關於越界道路的警權問題,也曾有相當的開展。

五月初,上海報紙即有"本埠中國新長官"將派警巡邏租界越界道路若干處的傳述。[註三]約一個月後,傳述見於事實了。六月十五日,工部局總董費信惇致函領袖領事美總領事克銀漢(Edwin S. Cunningham)云:

> 中國警察在租界界外工部局道路上行使不正當的職權,此種情事,繼續發生,為數愈多,敬祈賜予注意。

> 若干時前,為實行雙方警權之合作政策起見,捕房總巡鮑蘭脫與淞滬警察廳長嚴春陽間,曾經議定,凡中國穿着制服之警察,利用租界界址以外工部局道路,以為來往之計,此事不加反對,惟該警察等,當然不得企圖在該項道路上,行使警察職權。

> 然而不幸此項諒解之精神,未被遵守,中國警察當局一再企圖否認巡捕房之權力,結果捕房之耐心,已受到嚴重之試驗。

> 其中尤以極司非而路及北四川路區域為甚,武裝及非武裝之中國警察,顯然在既定政策之下,現正奉命巡邏於該二區域工部局道路之上。

> 五月二十九日至三十日之夜間,極司非而路、康腦脫路及勞勃生路區域,有若干汽車,在工部局道路上,被梵王渡警察所警官指使下之中國警察,阻停搜查,捕房抗議無效。

> 六月十三日清晨,中國警察約四十名,忽然出現並開始巡邏於靶子路以北之北四川路。捕房對此事件之抗議,結果彼等除七名外均於次日撤回。

> 敝總董因敬奉告:工部局以為此種性質之行動,乃絕端啟釁,而捕房巡捕與當地中國官廳之警察間存在迄今之友好關係,亦必因而破壞不小。

> 敝人因敬請貴領袖領事,迅與交涉員交涉此事,以期現下甚不滿意之事態,得以終止。[註四]

[註一]　民國二十三年中國外交年鑑,頁一七三至一七四。
[註二]　民國十四年六月十六日時事新報。
[註三]　North-China Daily News, May 10, 1926;民國十五年五月十一日申報。
[註四]　S. M. C.'s Annual Report, 1926, pp. 70–71.

　　領袖美領與淞滬商埠督辦公署總辦丁文江及交涉員許沅交涉,結果北四川路崗位撤回各里弄口,
"暫告段落"。[註一]西區越界諸路上,則事態仍有展開。七月十二日工部局總董費信惇又致函領袖美
領云:

　　　　六月十五日奉上一函,請注意中國警察在租界界外工部局各路上行使不正當警權一事,次日
　　接奉復函,謂正在辦理此事。
　　　　敝總董敬行奉告:爾時以來,經細心之考察,發見中國官廳,並不撤回其警察,彼等仍繼續在
　　勞勃生路、霍必蘭路及極司非而路間之白利南路,勞勃生路、極司非而路交叉處,康腦脫路、極司
　　非而路交叉處,及虹橋路、海格路交叉處,行使職權。
　　　　敝總董因敬請貴領袖領事再與交涉員交涉,以期將此事滿意解決。[註二]

　　領袖美領隨即與中國官廳進行交涉。八月一日下午八時,曹家渡六區警署分段派設於各該越界
道路上的警崗,一律撤去。曹家渡商界聯合會一面請由該地保衛團分班出防,以維治安,一面以該處
崗位實開設於上年三月間六區警署成立的時候,而馬路尤應由中國管理,致函上海各路商界總聯合
會,請提請當局交涉。[註三]商總聯會即致函丁總辦云:

　　　　逕啟者:業據曹家渡商界聯合會函稱:"極司非而路自崗警撤回後,商市秩序,雖暫由保衛團
　　維持,但商民居戶,交相詫異,僉謂事關治安,非恢復崗警不可。查極司非而路自靜安寺租界起
　　點,迄聖約翰大學止,命名之由,係在洪楊之前,有英人名極司原名待考者,購地一方,即聖約翰與兆
　　豐花園之地,故該路以其名名之。洪楊亂起,大臣李文忠公行軍至此,令軍工依路放寬開築,以至
　　今日;是該路完全屬國所有,並非工部局出價購築,此其明證者一。又查上年三月間,六區警察署
　　成立之時,即依據管轄權,派設崗位,當時並無異議,此又明證之一。今警署忽有撤回崗警之舉,
　　影響治安,實非淺鮮,為此開會議決,函請貴總聯合會,分電當道,迅予收回路權,並剋日將崗位恢
　　復,以保國權,而維治安"等情到會,據此,查該路完全屬國有官路,理應力爭收回。當此交涉期
　　間,似尤有恢復崗警之必要。且上年滬案交涉,收回越界築路,亦為十七條之一,延而未決,公憤
　　難平。至收回之方,擬請如收回青島馬路成案,不附帶任何條件。查青島各馬路,初由德國政府
　　投資建築,嗣由日本管轄,收回之時,並無條件。今該路既為國土,建築費又大半出諸華人,自當
　　無條件收回。事關國權,理無退讓,據函前因,合亟函請查照。[註四]

　　同時,曹家渡保衛團又以站崗問題,幾與租界華捕,發生衝突。警察廳長嚴春陽令查關於該路歷
史明白之後,乃商承丁總辦,飭令恢復已撤該處崗位,於九月七日下午五時實行。[註五]
　　租界方面,旋由領袖美領,將巡捕房所作關於中國警察在極司非而路所設崗位等報告一件,交與
許交涉員,提出交涉。許交涉員將淞滬警察廳報告復函領袖美領,說捕房報告所列舉的華警崗位,都
非事實,現所有者也不過都是上年五月以前開設的,不過警官有時出巡,不得不橫過租界越界道路,而
曹家渡路權及治安關係,設警尤為當然。[註六]工部局大不為然,總董費信惇於十月二十二日致函領袖
美領云:

　　[註一]　民國十五年六月十八日、二十日申報。
　　[註二]　S. M. C.'s Annual Report, 1926, p. 71.
　　[註三]　民國十五年八月初五日時事新報。
　　[註四]　民國十五年九月八日時事新報。
　　[註五]　民國十五年九月九日時事新報。
　　[註六]　Special Envoy for Foreign Affairs to Senior Consul, Sept. 20,1926.

敝總董敬為奉復：交涉員之函，完全不滿本局之意，蓋其對於中國警察在租界界外本局道路上行使職權之為一種不正當行為，既未與任何承認，而中國警察將來不再如此行使職權一層，亦未給任何保證。敝總董因敬請貴領袖領事再以最著重之言辭，向中國當局提出本局之抗議。

關於交涉員函中所云中國警察不得不橫過本局道路一層，敝總董敬申前言，即本局所抗議者，並非其此種行動，此乃已準備准為便宜之計，亦非中國警察之站崗於警察分所之外，而係彼等企圖以巡邏本局道路，僭奪巡捕房之職權。中國警察自一九二五年來，已如此行使職權，此點與當前問題並無關係，本局以前未提抗議，固係事實，惟此乃本局自該年五月三十日以後，欲盡可能，避免與中國官廳發生衝突之故耳。

最後，敝總董敬行奉告：所抗議之警察，係自下列三分所所派出者，即曹家渡、北新涇及徐家匯；而十月十二日，又發生下述各不正當職權行使之事：

一、三名騎腳踏車，於地豐路、開納路間之極司非而路，彼等聲稱：自下午六時至次日上午六時，每夜巡邏該路等。

二、二名在極司非而路、勞勃生路及白利南路三路之交叉處。

三、四名在白利南路相近之極司非而路。

四、二名在北新涇警察所相近之羅別根路。

五、二名在羅別根路轉角相近之虹橋路。

六、三名在檳榔路、極司非而路間之勞勃生路。[註一]

這時，國民革命軍已早在北征途中；接着，是節節勝利。上海中外當局，在約略相同的恐慌之中，集中注意到別方面去了，於是關於越界道路的交涉，就此沉寂了下去。[註二]

2. 市政府成立以後

一九二七年民國十六年三月，國民革命軍克上海。上海附近發生軍事行動前後，租界"佈防"，及於越界道路區域。七月七日，上海特別市政府成立。九月一日，工部局在虹橋路設立巡捕辦事處，每日下午八時半，以三輪摩托車出外巡查，遇有事故，則報告靜安寺路捕房，加派探捕前往梭巡，到次日天明為度；日間尚未設崗。[註三]上海各路商界總聯合會，乃於九月五日，分函上海特別市政府、特派江蘇交涉公署，六日復致函上海特別市黨部，請抗議力爭；該函云：

虹橋路中段地處偏僻，權屬華界，去年春季，工部局曾有添設捕房擬議，旋經六區警署聞悉，即呈報警廳，一面由廳長令飭徐家匯之六區二分所，北新涇之六區一分所，聯合防護，而工部局設立捕房之動議，即由是而停止。詎日久事弛，切案叢生，我方防護廢棄，彼方得步進步，兼之今春以來，時局變更，盜案增多，無人過問，而工部局醞釀已久，設立虹橋路捕房之事實，突然發現於今日，喪權辱國，莫此為甚。敝會接報，羣情憤激，雖警權之放棄，咎在自取，而外人之侵佔，法所不

[註一]　S. M. C.'s Annual Report, 1926, pp. 73 - 74.

[註二]　按民國十五年(一九二六年)八九月間，曾有商埠公署即將與租界方面談判越界築路案的傳聞。法華鄉徐德良及張琴香曾以田產久被侵佔，呈請商埠公署及交涉署交涉。其呈文刊載於該年九月十六日申報。關於工部局越界築路的某數種情形，雖為眾所深知，但苦缺乏記載。面該呈文所云，剛剛可以作為某一種情形的例證，所以特摘錄於下："竊民人等向住上海法華鄉，以農為業，在上邑二十八保十二圖至七圖之間。祖遺田產二十餘畝有奇，為民人等衣食廬墓之所寄，不料於民國十二年冬季，上海公共租界工部局未經吾國政府之批准，亦未於事前通知產權人，擅在該地開築大西路，遂將民人等在該地所有地畝，圈入路線界內。當時該局懼遭產權人反抗，撥有武裝警察，在該地四週查夜巡邏。果也未及兼旬，大西全路，即在武裝彈壓之下，告厥成功。民人等雖赤手空拳，亦頗思奮起，以圖抵抗；既念稍涉鹵莽，即足釀成國際重大交涉，故願隱忍須臾，冀圖法律上之救濟。厥後當即由民人等具稟上海縣，請求依法交涉，未見效果。今年春間，又曾委託陳霆銳律師，具函該工部局抗議，該局一味推諉，不得要領。所有該地方單，現仍在民人手中，該局屢次飭人前來，請民人等前往該領取每畝二百兩之地價，但民人等始終拒絕之。是民人等在法律上對於該地之所有權，至今完全無缺，隨時有向工部局請求回復原狀，追償損失之權，固不待辯而自明者也。……"

[註三]　民國十六年九月六日民國日報。

容。爲今之計，一方由公安局籌設分所，布置防務，一方由交涉員提出抗議，嚴重交涉，以達撤消工部局臨時所設捕房之目的。主權攸關，務乞一致力爭，國家幸甚，地方幸甚。[註一]

交涉員郭泰祺接函後，除向領袖領事美總領事克銀漢提出嚴重抗議外，並一方派交際科副科長張似旭，分往領袖美領處及工部局，口頭交涉。領袖美領面稱：

> 彼並未聞工部局擬在虹橋路設立捕房之事，當時彼收到譯文後，再向工部局問明情由。若工部局擬在虹橋路設捕房，而致有侵佔中國主權事，則彼當以領袖領事及美總領事之資格，阻止此舉。

工部局方面則謂：

> 上海各路商總聯會報告，甚爲失實。工部局擬在虹橋路添設捕房之事，華人所以有此種誤會者，因一二星期以來，虹橋路上各項竊案甚多，故捕房向某西人空屋，以供一西捕及四華捕之用，以便保護路上汽車，此舉係暫時之辦法，不日捕房擬將此項西華捕召回。[註二]

交涉公署將交涉經過函復商總聯會，該會經常務會議討論後，又函請作更進一步的交涉：

> ……特於本月二十四日，提交常務會議討論，僉謂"敝會前之調查據報，住該處屋內有西捕六名，華捕十二名，當時由六區二分所派警，陪同往實地查明確切。今既有領袖美總領事之制止，並由工部局強森聲明係暫時之辦法，不日捕房擬將此項華捕等召回，各在案。自應更進一步交涉，地處華界，防盜一層，自有中國官廳負責，捕房實不應越界武裝往巡，辱我國體，侵我主權，莫此爲甚。應由交涉公署再提嚴重抗議，限工部局即日將捕撤回"。擬議前情，理合函請貴交涉員依法辦理，以保國土，實爲公便。[註三]

郭交涉員乃又派員與工部局方面交涉，結果工部局認爲虹橋路已"平静無事"，於十月三日下午五時，將該處巡捕撤回，當由交涉公署致函市政府令飭派警前往接防，但仍時有巡捕阻撓，未能充分行使職權。[註四]

一九二八年民國十七年二月二十七日，市公安局五區二分所巡長赴北四川路崇業里拆除工部局所訂門牌，被西捕越界拘至捕房，約五分鐘之久，始行送回。上海閘北房客聯合會、崇業里房客聯合會、閘北民衆保障國權會等，各派代表，紛紛向當局呈請交涉，由郭交涉員向領袖美領克銀漢提出嚴重抗議。[註五]

特別市市長張定璠，表示已會同交涉公署，將進行交涉，解決越界築路一案。而工部局忽又進行修築庇亞士路及其附近各路。各馬路商界聯合會、納稅華人會等各團體，紛紛函電外交部、上海市政府及交涉公署，請設法制止。納稅華人會於三月十九日致函張市長云：

> 敬啓者：頃閱新聞報發表鈞長談話一則，内有鈞府已會同交涉署將開始辦理外人越界築路交涉案件，因外人越界築路一案，目下有亟應解決必要，在法華鄉一帶，外人所築之路甚多，我方倘不速起自謀，則外人更將延長路線，將來交涉，當更爲麻煩，故鈞府之意，擬在最短時間内，將外人越界築路案交涉得一解決辦法，以保主權等因，具見鈞長明察秋毫，洞燭外人心理，擘畫周詳，關

[註一]　民國十六年九月六日及十一日民國日報。
[註二]　民國十六年九月二十日交涉公署復商總聯會函。
[註三]　民國十六年九月二十八日民國日報。
[註四]　民國十六年十月六日及三十一日申報。
[註五]　民國十七年三月十四日新聞報。

懷領土主權,下風遂聽,曷勝忻忻。詎料我方正謀收回外人越界所築之路,而工部局則就今日各報載稱,又僱工多人,將北新涇迤西沿吳淞江畔至屈家橋之馬路,重行修築,並據人云,北新涇之各馬路,亦在同樣修築云云。其預蓄之心理步趨,已爲鈞長所道着,凡我華人聞之,同深詫異。查工部局越界築路,本爲引起五卅慘案之一大原因,現當中英政府敦厚邦交之秋,兩國市民共謀合作之際,工部局應如何表示合法之態度,以免邦交合作之發生障礙,致影響於中英商業之進展,乃不但不將越界所築之路無條件交回鈞府,俾大上海計劃得早完成,反將已抛棄之工程繼續進行,非僅於合作之精神違反,抑且於邦交之原則相背。除電函外交部、交涉員,設法制止交涉收回外,相應函達,至希查照,迅予設法收回。該項工部局越界所築之路,俾得市政統一,大上海計劃早日實現,至紉公誼。[註一]

保障國權會亦發表反對越界築路宣言云:

外人築路所至,皆有變爲租界之可能。其始欺我國軍閥之腐敗,市政之不修,越界築路數十條。自國民政府底定上海以後,始稍稍斂迹。今乘革命軍北伐,不暇兼顧,又將北新涇一帶之馬路十七條重行修築,報紙宣傳,市民憤慨。青天白日之下,視我國如無國,通商大埠之地,視我民如無民,侮辱欺凌,莫此爲甚。竊查大上海計劃,將來必包括吳淞全區,如此則北新涇屈家橋左近,將爲商埠之中樞。外人鷹瞵虎視,已非一日,其前者越界侵略,司馬昭之心,路人皆知,所恨者,賣國軍閥力以壓迫人民獻媚外人爲得計,市民縱有萬分之憤懣,亦祇能作無謂之犧牲,五卅慘案,其明證也。今幸我外交當局,已提起嚴重交涉,據理力爭,凡爲國民,誰不應挺身而起,以作外交之後盾? 況乎商總會呼籲於前,房總會宣言於後,凡屬民衆團體,激昂慷慨,奮發興起,敝會代表閘北之十六公團,專以保障國權爲目的,豈忍坐視? 人心未死,國權猶存,非發揚國民之正氣,不足消弭外人之野心。彰公理以抗強權,合羣力以禦外侮,在此一舉。謹此宣言。[註二]

一九二九年民國十八年四月一日,特別市市長張羣就職。因租界越界道路上時有雙方警權爭執及工部局進行進築交涉,準備根本解決越界道路問題。九月間,雙方曾有一度磋商。[註三]次年六月,以市公安局在租界西區外各馬路行使警權,領袖美領克銀漢向市政府提出抗議,市政府於六月二十日復函云:

前奉大函,敬悉一是。查本市政府對於工部局在界外道路上之各種措施,向認爲於法無據,於理欠當。蓋姑無論工部局所藉口之一八九九年之洋涇浜土地章程,未經中國政府正式核准,即按該章程第二條之規定,亦祇能於限制範圍內,取得購地之權,至於警衛之權,原爲國家最高之權,非他人所得篡取或假定。界外路既屬中國領土,而路線所經各地,又皆在本市區域範圍之內,則本市警察在路上行使職權,自不能視爲軌外或不規則行動,准函前因,相應函復,即希查照。[註四]

七月十五日,巡捕房突然派捕前往,幾乎發生事故。各團體大譁,紛紛呈請外交部及市政府收回租界越界道路,以杜覬覦,納稅華人會特於七月二十八日致函工部局云:

逕啓者:案查越界築路,爲貴局侵害我國主權而無法律根據行動之一種。民國十四年五月三

[註一]　民國十七年三月二十日新聞報。
[註二]　民國十七年三月二十六日申報。
[註三]　民國十八年四月及九月申報。
[註四]　民國十九年六月二十二日申報。

十日之慘案，越界築路亦爲其發生原因之一。路之建築，既無法律上之根據，則路上警權，自無行使之餘地。蓋越界築路，於法必須交回上海市政府管理，而其路上之警權，自應由上海市政府之公安局行使。因之滬西各越界所築之路，其行使警權者，向爲市公安局。詎料貴局突於十五日派捕侵犯市公安局滬西各路上之警權事，幾乎釀成重大之不幸事件。本會不勝遺憾，未便緘默，相應函達，至希查照，除即行糾正此項法外行動，免起重大糾紛外，迅行交還越界所築之路於上海市政府，以示尊重我國主權，而昭合作之誠意，爲荷。[註一]

市政府隨即"積極設法進行，務期達到收回之目的"。[註二]一九三二年民國二十一年一·二八後，乃再由繼任市長吳鐵城特飭市府祕書長俞鴻鈞，繼續積極進行交涉，另詳後文。

附錄　越界築路統計表[註三]

區別	路名	起點	終點	長度(公尺)	寬度(公尺)	管理狀況			交通	水電煤氣來源
						現有門牌	已未徵捐	已未設警		
東北區	北浙江路									租界
	歐嘉路	狄思威路	租界綫	二七四	一二·二	華界租界	已徵	已設	未曾	
	黃陸路	北四川路	江灣路	四五七	九·一	租界	已徵		未曾	租界
	北四川路	租界綫	江灣路	二一三四	約一二·二一八	華界租界	已徵	已設	有電車及公共汽車	租界
	狄思威路	北四川路	租界綫	一一二八	一六·一	華界租界	已徵	已設	通行公共汽車	租界
	寶樂安路	北四川路	江灣路	四五七		租界	已徵	已設	未曾	
	施高塔路	北四川路		五一八	一二·二	華界租界	已徵	已設	未曾	
	江灣路	北四川路	東體育會路	一二二〇	約一八·三	租界	已徵	已設	通行公共汽車	
	白保羅路	北四川路		一四九	約六·七	租界	已徵	已設	未曾	
	赫司格爾路	租界綫	富潤里	一二二						
	哈爾濱路	歐嘉路	租界綫	四〇	九·一	租界	已徵	已設	未曾	
西區	勞勃生路	極司非而路	租界綫	一六〇一	一二·二	租界	已徵	已設	通行公共汽車	租界
	檳榔路	勞勃生路	租界綫	八〇八	一五·二	租界				
	星加坡路	康腦脫路	租界綫	九一五	一五·二	租界			未曾	租界
	康腦脫路	極司非而路	租界綫	九九一	一五·二	租界	已徵	已設	通行公共汽車	租界
	開納路	憶定盤路	極司非而路	五九五		租界		已設	未曾	租界
	白利南路	羅別根路	極司非而路	五五九五	一二·二	東段有租界			北新涇公共汽車由此經過	租界

[註一]　上海租界納稅華人會重要文件——民國二十年四月編印。
[註二]　上海市政民國十九年七月三十一日致納稅華人會函。
[註三]　民國二十年一月上海市政府工務局製"上海租界逐年推廣及越界築路圖"所附。

續　表

區別	路　名	起　點	終　點	長度(公尺)	寬度(公尺)	管理狀況 現有門牌	已未徵捐	已未設警	交　通	水電煤氣來源
西　　　　區	愚園路	白利南路	極司非而路	二三七八	一五·二	租界	已徵	已設	有公共汽車過北新涇鎮	租界
	靜安寺路	租界線	大西路	五〇三	二一·二					
	大西路	海格路	華倫路虹橋路	一三七二三六八九	一八·二二一·二	租界	已徵	已設		租界
	海格路	福煦路	徐家匯路	四〇八五		租界		已設	有公共汽車	租界
	虹橋路	海格路	上青交界處	九七八七	約九·一	華界租界			未曾	租界
	憶定盤路	海格路	白利南路	一七三一	一二·二	租界	已徵	已設	未曾	租界
	地豐路	海格路	極司非而路	九九一	一二·二	租界	已徵	已設		租界
	極司非而路			約二八〇五		華界租界			自曹家渡以東通公共汽車	租界
	羅別根路	虹橋路	白利南路	三七五〇	一二·二	華界		華警		
	華倫路(按即霍必蘭路)	虹橋路	白利南路	二〇一一	一二·二	華界		華警		
	膠州路	租界線	勞勃生路	三二三		租界				
	喬敦路(按即今陸家路)	凱旋路	海格路	一四九七	二一·二					
	安和寺路	凱旋路	喬敦路	一四四八	一八·三					
	哥倫比亞路	虹橋路	大西路	一七八七	一八·三					
	凱旋路	虹橋路	白利南路	二六五五	一八·三					
	惇信路	凱旋路	大西路	一二四一	一八·三					
	法磊斯路	虹橋路	大西路	六九二	一八·三	華界租界				
	林肯路	羅別根路	大西路	四一八六	約·八·三	華界				
	佑尼干路	華倫路	大西路	八七一	約一八·三					
	麥克利奧路	羅別根路	虹橋路	一八一七	約一八·三					有電話綫
	碑坊路	虹橋路	庇亞士路	四〇二四	約一八·三					水電未通
	庇亞士路	碑坊路	白利南路	三六二八	約一八·三					水電未通

五　公園的開放電氣處的出賣和華籍地產委員的產生

1. 公園的開放

　　工部局開闢公園,不准華人入內,華人早就提出開放的交涉──這情形,前文已有提及。[註一]一九二五年民國十四年發生"五卅慘案"。該年度工部局董事會對於開放公園問題曾加考慮,並於一九二六

[註一]　參閱本編丁篇八章五節。

年民國十五年四月十四日納稅外人年會中，表示希望新任董事會能早日解決這問題。四月二十一日，新任董事會開會時，議決邀請華居民三人，與工部局原有公園委員會，會同商妥，將結果提交工部局。次日即由總董費信惇函知上海總商會會長虞和德，請以當選人員相告，以便進行。八月十七日，總商會通知工部局華人代表已定吳在章、馮炳南、劉鴻生三人。九月二十日起中外委員開始會商。[註一] 結果工部局擬就議案提出於一九二七年民國十六年四月十三日舉行的納稅外人年會，請以各公園，准中外人民，依同等條件，入內遊覽。但該會未將該議案通過，謂"非至中國現時之不安定及排外運動停止，本埠情形恢復常態之時"，決不實行開放，而開放之前，又非先得納稅外人會批准不可。[註二]

　　一九二七年民國十六年五月起，又有華人拒繳增捐運動的開展，紛爭三月有餘，始告暫時解決。九月中，交涉員郭泰祺依據納稅華人會的要求，致函領袖領事美總領事克銀漢，請迅令工部局對華人開放各公園。[註三]

　　一九二七年民國十六年未得納稅外人會通過的開放公園的提案，於是又提出於一九二八年民國十七年四月十六日的納稅外人年會了。開會議到這提案時，工部局總董費信惇起立發言云：

> 　　此為近年所議難題之一。今於董事會加入中國人士一節，已有決議，而經圓滿解決，則公園之事，似亦不能再延。上年會議曾有此種議案，惟加入一語，謂須局勢平定之後，再行取決。在反對開納之人，其惟一主張，以為必致下流薈集，而使中外上流見屏於外，但本局嘗慎重研究，倘會眾准許開納，則本局必另行設法，以防流弊。開放公園一事，不僅當從本題着想，亦須顧及其他事件。本局於時事緊急不安之時，每賴北京外交代表之斡旋，照各國代表之意，本埠有若干事件，每為其他廣大事件之阻力，故常冀速為解決。我人在租界內之安全，多因各國之保護，方得於中國擾亂中少得寧靜，則各國之態度，自不容漠然視之，會眾當亦體會敝意。各國既注重中國局面，且從遠處着眼，不若我人之身在局中目光淺近，則其意見，我人亦應顧及，此亦常識所有事也。再者，年來常有有識之士，自遠方來，其所發意見，於我人每少諛詞，於公園問題為尤甚，即各國報紙亦多以上海外人為詬病，於公園問題，尤其如此。我人雖不必全顧報紙之譏評，然亦不宜採取不能容人之態度，或則於本埠之事，自以為意見不謬，非他人所能指摘，又況上海萬國所會，各國人士，各有要求，中國亦然。而公園問題為然。此項要求未可專斷不顧，宜有調和見諒之方，否則和平互好無期，而發達進步亦從而無望。昨年提出此案之時，適值中國各處擾亂，人心憂惑不定，未能從容研究此事，以公道無偏之精神出之，但本局已有言在先，願於去年提此案件，故終至提出，而未有結果，目下則情勢大為見好，排外之心，大都已消，上海今日情形益趨平恒，去年所言遲延之故，在今日無復可言。公園一事之難，在地方之小，中國之人多。本局亦知開納華人，不免稍損公園好處，然為租界之發達與和平起見，鄙人乞會眾犧牲，以求成全。再者，入園章程，必須另定，局董先已議及此端，大概為下列數點：（一）公園有門，用自動機售賣門票；（二）成人入園收銅元五枚或十枚，兒童免收，入學兒童另由本局發給門票；（三）季票每年可收一二元；（四）管園之人，招作特別巡捕，有拘人之權。倘於此外再加一條，將花園中大部分劃作專為兒童與伴姆而設，則開放公園之結果，宜可使人滿意。至於入園章程，自有隨時修改之必要，故擬具如何辦法之處，仍由新董事辦理。今請會眾通過此議案。[註四]

[註一]　S. M. C. 'S Annual Report, 1926, pp. 61 - 62.
[註二]　S. M. C. 'S Annual Report, 1927, p. 81.
[註三]　Special Envoy for Foreign Affairs to Senior Consul, Sept. 8,1927.
[註四]　民國十七年四月十七日申報。

雖然"反對者亦頗有人",但該提案經人補充"自同年六月一日起"開放這一點後,總算通過了。實行公園對華人開放時,開始售票制度,年券每張售一元,零券每次銅元十枚。一九二九年民國十八年六月一日起,零券改售每次銀幣二角,經交涉公署反對無效。

2. 電氣處的出賣

一八九三年清光緒十九年工部局收買商營電氣公司,成立電氣處,自營電氣供給。這是工部局惟一自營的公用事業。公共租界其他公用事業,如自來水、自來火即煤氣、電話、公共交通工具,均經工部局先後特准商營,工部局與此種公司訂約時,保留其查看公司帳目之權,對於自來水公司、電話公司與電車公司,並得於所定期間屆滿時收買之。亦有時,工部局收得公司毛利百分之若干。工部局並得派員參加自來水公司和電話公司的董事會。[註一]

工部局歷年投資於電氣處的資本,爲數頗鉅。故該處事業的發展,甚爲迅速。有"世界一大事業"之譽。自一九一六年民國五年起,至一九二七年民國十六年止,該處逐年盈餘中撥助工部局的款項,共計八、五六○、○○○兩。一九二八年民國十七年該處售電之多,純餘之鉅,及其他一切統計,都能超過以往記錄,爲創辦以來所未見。是年年底,電氣處的狀況如下:投資總額計共三九、四一○、五二二兩,未還債務爲二○、八○一、三○七兩,純益三、一六五、三○○兩。超過預算七四○、○○○餘兩。純益就投資總額論,爲百分之一二.七二;就實用資金論,爲百分之一三.八二。撥助工部局,計二、二○○、○○○兩。該處僱用人員,共外僑三○五名,華人三、一四○名。[註二]

一九二九年民國十八年初、中外報紙盛傳工部局將出賣電氣處,納稅華人會乃於一月三十一日致函工部局總辦愛特華,提出抗議云:

> 逕啓者:連日本埠中外各報,揭載貴局欲將所辦之電氣事業出售,改作私人公司,與電車、電話、自來水公司相等云云,不勝駭異。查地方事業,關於公共利益而含有獨佔性者,歸地方自治機關辦理,乃爲現代之趨勢。本會對於關於公共利益而含有獨佔性之電車、電話、自來水等,期望貴局逐漸收回。而如電氣事業同樣辦理,俾利益普及全體市民。詎料欲將以全體納稅人與用戶共同合作,與三十五年辛苦經營,而有低廉電氣享受希望之電氣事業,售之私人壟斷?本會不得不認此種擬議,爲貴局違反時代精神,置全體市民利益於不顧之謬舉,相應函請貴局查照電氣處爲中外市民全體所有之事業,並非屬於貴局或納稅人所有之正論,根本打銷此項擬議,實紉公誼![註三]

並發表反對出售電氣處宣言如下:

> 查地方之偉大事業,關於一般公衆之利益而含有獨佔性者,不得私營,應由地方自治機關辦理,爲近代自治行政之趨勢,任何人不得否認者也。蓋此種含有獨佔性之偉大事業,如任私營,公益之義必爲營利之心所戰勝,消費者或使用者必受重大之損失。是故此種事業,由私營而收回公有,爲時代精神所許,否則反是。上海公共租界之電氣事業,在五十五年前,原係私營,因財力不充,辦理不善,不足以應市民之需要,而由工部局收買。繼因納稅人之捐稅,使用人之合作,管理人之心力,始有今日之發達,成爲東方公營電氣事業之巨擘。全體人民因此已爲進一步之希冀,所有界內含有獨佔性之偉大事業關於一般公衆利益者,如電車、電話、自來水等,均由工部局收回公營,以合時代精神。詎料日來中外各報紛載工部局有將市民全體所有之電氣事業,出售與私人

[註一] Feetham Report, Vol. I, p. 151.
[註二] Feetham Report, Vol. I, p. 153;民國十八年二月五日及四月七日申報。
[註三] 民國十八年二月二日申報。

壟斷之擬議，本會為全體市民利益計，不得不表示反對。蓋該項電氣事業為全體市民所公用，無論何人或機關皆無出售之權。總之，電氣事業，既歸公營，斷不應再為私有，藉防增價，而所有電車、電話、煤氣、自來水、公共汽車等，應徐圖收回，俾利益普及全體市民。本會用特代表全體市民之主張，運用時代精神之意義，宣言如上，諸希公鑒。[註一]

工部局所組織的出售電氣事業的特別委員會，仍開會進行；該委員會擬定承購條件三十七款，其要點如下：

一、工部局及其後繼者，可將租界內發電、饋電、售電，以及電氣公用事業應有副業如出租或租購電具等之特許專利權，給予私家公司，並照目下其他公用事業公司同樣條件，准其在租界外工部局馬路區域內饋電，惟此項界外專利權，一旦馬路所有權轉移後，工部局不復保障。

二、此項特許係永久的，但工部局於公司承購滿四十年時，得以兩年前預先通知，估價收回；如四十年期滿不贖，則嗣後每屆十年，可以兩年之預先通知，估價收回；其估價則應以承購原價及金本位幣為根據。

三、公司應遵照電氣處現行規例，不直接或間接出售電氣用品。

四、公司應保證其供給電氣狀況，不得劣於現在，並每年於售電總數內，以百分之五，輸納工部局。

五、公司應有適宜之折舊公積金。

六、普通公積金至多不得超過前三年內實支資金平均額之百分之七。

七、股息公積金亦不得過資本總額百分之五。

八、如一年間純盈超過資本總額百分之十，應將超過之半，撥存用戶公積帳，專供減核電價之用。

九、公司接辦第一年內所有損失，其由於承購以前之倒帳而起者，歸工部局負擔。

十、關於植桿敷線事項，公司應享有目下電氣處所享之全權。

十一、現行電價，應認為最高價格，但若因各項原料、工費、營業開銷等成本增加，至令該公司出電成本增加時，則可獲得工部局同意後，酌增電價，但以恢復前定盈餘數目為度。

十二、現有中外僱員照舊錄用，其所享利益及所訂合同，照舊維持。

十三、關於公司產業之估價及納捐事項，悉照電氣處現行辦法，即電線、電杆、電廠等概免估價納捐；又該公司既屬公用事業，以收入報效公家，應免除一切直接與間接稅。

十四、公司於認為必要時，得自定種種章程規則。

十五、工部局當照通例付給電費，並照現行辦法，不准任何公司或私家豎立饋電總線，通過馬路。

十六、現行馬達及其他電具之租費照舊，至於火表，除用戶私有特裝者外，不當改取租費。

十七、決定出售後，公司接收期，應作自一九二九年民國十八年一月一日起。

十八、工部局推派董事及查帳權嗣後再定。[註二]

三月十九日，舉行投標。投標者計有資本團三家；英國梅斯敦資本團（Lord Mestorn's Group）、英國信托會社有限公司（British Trusts Association, Ltd.）及美國及外國電力公司（American and Foreign

---

[註一]　民國十八年二月三日申報。
[註二]　民國十八年三月二十日申報。

Power Co. , Inc.）。美國及外國電力公司出價最高,計八一、○○○、○○○兩,得標。

那其間,總商會等團體屢次函請交涉員提出抗議。江蘇交涉員金問泗接到外交部訓令後,於三月二十一日致函領袖領事,提出抗議云:

> 逕啓者:迭准上海特別市總商會等來函,以"公共租界工部局有出售電氣事宜與私人經營之消息,查電氣係屬公營事業,華人用戶,尤佔多數,萬一售與私人,必有壟斷獨佔之弊,殊與市政前途,影響非淺,請向租界當局嚴重交涉,務達根本取消目的"等因;并奉外交部訓令前因,飭即查照交涉阻止等因。查電氣係屬公營事業,且與租界内華市民之權利有關,如果工部局實行前議,售諸私人,則本特派員萬難承認。特此鄭重聲明。相應函達貴領袖領事,請煩查照轉知工部局,迅予前項擬議撤銷,以維市民利益,並希見復爲荷。[註一]

三月二十三日,納稅華人會致函工部局總董費信惇表示反對云:

> 逕啓者:前以貴局由全體市民捐稅合作所成之公有電氣處,有出售之擬議,因於本年一月三十一日致函貴局總辦,表示反對,請根本打銷此項擬議,未見奉覆;又於三月八日再申前請。並希明白見覆,免生誤會,引起糾紛,妨害中外合作,於三月十一日得三月九日貴局總辦復開"貴會意見將加討論"等語。乃閱三月二十日中外各報,貴局出售電氣處,已於三月十九日投標,是貴局出售電氣處,早有成見,置全體市民公共利益於不顧,本會惟有代表界内人口佔百分之九十五以上,捐稅佔百分之五十五實際尚不止此數,僅據一九二六年七月十八日工部局備忘錄所載。以上之華市民,向貴局作下述之聲明:"上海公共租界所辦之電氣處,係由界内全體市民之捐稅與合作而成,爲公有之獨佔事業,不得私營,如願更變所有權,換言之,即願出售與私人經營,非得代表人口佔百分之九十五以上,捐稅佔百分之五十五以上之華市民機關即上海納稅華人會,之同意,依照法理與正義,根本不生效力。"以上聲明,至希貴局總董查照爲荷。

又發宣言云:

> 查上海公共租界工部局所辦之電氣處係界内華洋市民之捐稅與合作所造成,尤以人口佔百分之九十五以上,捐稅佔百分之五十五以上係根據一九二六年七月十八日工部局備忘錄所言之數,實際連托洋商出面,所納者尚不止此。華市民之捐稅與合作所造成。此種獨佔之公有事業,非經全體市民之同意,以法理與正義言,萬不能有所處置。本年一月三十一日,以工部局有出售與私人經營之擬議,本會鄭重宣言,表示反對。茲於三月二十日據中外各報所載,工部局董事會置全體市民利益與公意於不顧,一意孤行,組會籌賣,公然投標。本會爲代表市民利益與運用時代精神意義計,用向全體市民國人及世界公衆與意圖或實施承買者曰:本會鄭重聲明,上海公共租界工部局所辦之電氣處係由界内全體市民之捐稅與合作所成,爲公有獨佔事業,不得私營,如欲變更所有權,換言之,即欲出售與私人經營,非得代表人口佔百分之九十五以上,捐稅佔百分之五十五以上之華市民機關,即上海租界納稅華人會之同意,依照法理與正義,根本上不生效力。尤希承買者,對於上項聲明特別加以注意,勿枉擲金錢,而取此將成不當利得之電氣處。特此宣言,諸希公鑒![註二]

另由虞洽卿馮少山出名,致電外交部云:

> 查獨佔公有事業,如電氣處等,應由公營,爲總理之遺教,防止列國經濟侵略,爲取得我國自

[註一]　民國十八年三月二十二日申報。
[註二]　民國十八年三月二十四日申報。

由平等等之重要工作，租界之收回，尤爲行將實施之事實。我國對於工部局之出售電氣處，如不阻止，後患之烈，不堪設想。爲此檢呈剪報，電請鈞部速向各國政府聲明工部局之電氣處，無論何國人民或機關承辦，非得鄙會同意，依照法理與正義，根本上不生效力。迫切電陳，迅賜核辦，不勝企盼之至！[註一]

各路商界總聯合會對於工部局出售電氣處，亦表示反對，於同日致電外交部，"事關華人權利，請即照會各國聲明，該電氣處所有權之移轉，非經納稅華人會同意，不生效力"；並致函工部局總董，謂："電氣處爲全體市民之公有事業，係由我絕大多數之華市民之捐稅與合作所造成。任何當局無權出售與私人經營，以故爲特向貴局聲明，電氣處之出售非經納稅華人會同意，法理上不生效力。"[註二]

但四月十七日的納稅人年會，却通過了下列出售電氣處的議案：

授權工部局，將電氣處全部財產，以上海規銀八千一百萬兩，售與並交付美國及外國電力公司，或其所組織之協會或公司，該公司係代表本身及英國同業，即所稱爲國際資本團者；所有售讓辦法，應遵一九二九年特別電氣委員會所擬節略中之條件，及同年三月十九日墨斐氏原名待考代表美國及外國電力公司與英國同業致特別委員會之函件，前述節略，包括給予特許權之各重要條件，業於同年三月二十八日與墨斐氏函件，並經工部局公報發表在案，惟工部局仍得與該國際資本團協議，增訂或修改此項節略及函件，並訂結正式合同一份或數份，將前述條件包括在內。[註三]

費信惇提議該案時，曾有下列一段的發言：

近數月來，報紙及個人間，對於數資本團體欲購電氣事業上之種種問題，似已詳細討論，無有遺漏。而工部局於所有消息亦已儘量公佈。故鄙人今無甚可述處。特別電氣委員會之報告，及其請納稅人接受國際團八千一百萬兩之建議，工部局全部採用，並無保留。蓋租界政治地位之變更，及其變更後對於地方之影響，遲早間總必實現，無可逃免，工部局早已知之。惟其實現之時間，即在納稅諸君意見，當亦大有差異。且今大多數納稅人或仍不願承認此說，亦未可知。惟一旦租界之政治地位永久變更後，必將影響及於商務，中外商人莫不知之。現中國政界及學生界盛唱收回租界，取消領事裁判權，當然認其事即在目前。至各國公使態度，則就上海而言，因所處地位，得自遠遠觀察，完全不爲近世商業自私自利勢力所左右，其目光自能比吾輩遠大清澈，故關於影響租界前途之若干最重要問題，應若何處置，自有較良好之決定。因此租界未來地位，遂處於未定之中。萬一租界政治地位未屆成熟之候，即發生變化，則電氣事業將受何種影響，諸君當能逆覩，毋待贅言；今此問題，當然不能長此漠視，故深信諸君必能與鄙人同意，認目下爲應付此問題最良時機，異日決不能再有如此大好機會。今外間有人指摘工部局，以爲誠欲出售，曷不公開投標？雖然，試略一思索，便知其不可行。蓋工部局若未先取得納稅人同意，便招人投標，然苟無若干具體計劃，則不能徵求納稅人同意；苟不知欲購者所願出價格，又何以能擬成具體計劃？彼能出鉅款以購此廣大事業者，爲數必甚寥寥，故鄙人不信公開投標之後，出價能更高於目下也。況當時局紛擾之秋，欲求電氣事業之順利經營，必需二大條件：一爲保護，一爲有效能的經營。苟無保護之者，必不能維持有效之經營，故二者相輔而行。今於此兩者，能無所缺，但在工部局管理

[註一]　民國十八年三月二十四日申報。
[註二]　同上註。
[註三]　民國十八年四月六日及十八日申報。

之下,誰能保障其現有之保護,可以永久繼續而不變?若能如議出售,則該事業將獲有一切可能之保障。且其辦事效能,即不能勝於今日,當亦不致有遜色。而用户所出電費,當亦可如市辦時同一低廉也。更就財政方面言之,電氣特別委員會曾謂,電氣處未來之財政需要當作本市過重之負債。此語誠然。但若今後保留不售,則至一九四〇年止,所需擴充資本,約共三千六百萬兩。設此款自電氣處盈餘中抵撥其全部或一部分,則此項盈餘本可用於他項有利於納稅人事業者,今將盡移作擴充經費矣。否則,舉債以充之,亦足以減少工部局辦理他項要務時舉債之能力。總之,不問其如何籌集,必將影響於他項市政,可以斷言。反之,則出售之後,納稅人可解除擴充經費之負擔。近日報紙來函欄中,多有稱電氣處之盈餘,可以減輕捐稅者,不知近年電氣處撥助市庫之款,不過當市庫總收入百分之九;況將市營事業之盈利以代捐稅,亦無異一方向用户取較高之代價,而一方用盈餘名義以還之也。至若出售之後,則新董事會將立即考慮減輕捐稅問題,先以一部分用於償付公債本息,餘款便可應付今後財政問題。例如邇來盜匪猖獗,警力極須擴充,而此項擴充之費,其數目實非普通收入所能勝任。又例如中國當道現不允以垃圾堆積華界,勢須另籌處置方法,或將建築焚燒之廠,其費亦須二百萬兩。總之,在今後五年内,警務、火政、醫院、學校、菜市、監獄、碼頭、溝渠及馬路放寬等,所需資本開支,共需一千五百萬兩,皆可由售價内開支至於市營公用事業,是否真正有益於市民,抑須蒙暗中損失,亦正難言。故勸諸君不必膠於市有市營較利於市民之成見也。再者,出售之後,於經常收支預算上,立見其利,因目下所到償付本息之款,幾可全移作別項市政之用矣。且照特許專利權條件,將來公司售電收入,當以百分之五報效市庫,數年之後,其數額當亦可與一九二八年預算内電氣處所撥盈餘相埒也。至於電氣處人員,出售後,亦可不受影響。茲謹提議第六案。[註一]

工部局進行出售電氣處的事宜,終於成就。賣價八一、〇〇〇、〇〇〇兩,議定由承購公司,自一九二九年_{民國十八年}一月一日算起,分五年付清。該承購公司,即美國及外國電力公司或所謂國際團(International Group),另組一新公司,作為其輔助公司,經營上海租界電氣事業,此即所謂上海電力公司(Shanghai Power Company)者是。

所以現在公共租界當局,沒有一種公用事業是自營的。

3. 華籍地產委員的產生

工部局地產委員,係根據一八九九年四月_{清光緒二十五年二月}經公使團批准實施的地皮章程第六款甲、第六款乙等款的規定,對於公斷讓出公地決定償價等事,擁有最後裁決的權力。委員三人均係外籍。[註二]歷年來,納稅華人會曾屢次要求加入華委員,均遭拒絕。到一九三一年_{民國二十年}納稅華人會稟請政府交涉,工部局華董亦竭力主張,工部局董事會始於十一月十一日會議時,議決華人得選出地產委員二人,與原有三外委員合成五人,惟須得次年納稅外人會通過。一九三二年_{民國二十一年}四月十三日納稅外人年會討論此事時,雖多反對和修改的意見,但下列議案終於多數通過。

> 本會以為,地產委員中應增加華委員二人;今即授權工部局,著呈請有關列強,以期獲得地產委員之增加華委二人。[註三]

經各關係方面磋商結果,決定該二華籍地產委員,其一由納稅華人會推選,惟地主或地主代表不

[註一]　民國十八年四月十八日申報。
[註二]　關於地產委員的職權及產生方法等另詳本編壬篇。
[註三]　S. M. C.'s Annual Report, 1932, p. 2.

得當選,其另一由上海房產業主公會(Shanghai Realty Owners' Association)推選。第一屆華籍委員爲納稅華人會選出的陳霆銳和華地主推出的馮炳南二人,於一九三三年民國二十二年十一月九日就職。[註一]

[註一]　S. M. C. 's Annual Report, 1932, p. 2.

辛　公共租界與一・二八戰爭

一　九一八以後的租界治安

1. 華人不安的開始

公元一九三一年民國二十年七月初萬寶山慘案發生,交涉又久無結果,上海各界組織反日援僑會,公佈處置日貨辦法,實行檢查日貨。九月十八日,東北河山,又開始慘遭變色,上海乃紛紛成立抗日救國會,從事對日經濟絕交及援助東北義勇軍的工作。同時,在公共租界及其虹口越界道路一帶,駐滬日軍,有"示威遊行"及"架設機關鎗"等行動。九月二十八日上海市商會特開會員代表大會,對於租界當局容許日軍從事非常行動一節,有所決議,函請納稅華人會向工部局交涉;納稅華人會乃於十月二日致函工部局,提出質問云:

逕啓者:案准上海市商會函開:"查本會爲暴日破壞國際公約,以武力侵佔我遼吉,本月二十八日下午二時召集全體會員代表大會,議決要案有十餘件之多,其中有'日海軍陸戰隊在滬特區內虹口靶子場及嘉興路橋等處,架設機關鎗,及武裝軍遊行示威,應請納稅華人會責問工部局董事會,任其橫行不法之理由'一案,討論之下,僉以暴日在本市區域竟敢架設機關鎗,武裝遊行,顯示一種敵對行爲,租界當局竟熟視無覩,任其愈演愈烈,萬一激成事變,咎將誰屬?一致議決請由貴會向工部局董事會詰問在案。相應錄案函達,務希查照辦理,爲荷"等因。准此,查:

(一)在現狀之下,本界地位與性質貴局當甚明瞭。

(二)日本以軍隊侵入我國東三省,其行動之不法,凡有維持世界和平與商務之職責者,誰不認爲憾事?

(三)日本海軍陸戰隊率而登入本界遊行示威,姑不問其是何作用,事前當由貴局之請求或許可,否則貴局當已根據本界地位與性質,早經制止。

(四)五卅案件之發生,原因何在,貴局當猶在記憶之中。

(五)設近來日本海軍陸戰隊在本界內之此種行動,貴局不根據本界之地位與性質,予以制止,則被其敵視者援例行事,貴局是否一律待遇?

(六)再因茲發生不幸事件,貴局是否負責?事關本界安全,特請注意!

准函前因,相應函達,希煩查照,制止日本海軍陸戰隊之登陸,爲荷![註一]

對於納稅華人會的這一封信,工部局未與答復。同時,日艦繼續來滬,到十月七日,港內外艦二十二艘中,日艦有七艘之多,尚有在調遣來滬之中的。而納稅華人會前函所提出的租界中的特殊狀態,亦有繼續發展之勢。工部局董事會開會討論之後,由總裁費信惇於十月七日商領袖領事美總領事克

[註一]　上海租界納稅華人會重要文件;民國二十年十月二日時事新報,頁一至二。

銀漢,要求日領注意治安,並告以居住租界的日僑生命財產,由租界當局負責保護,租界以外,由中國當局負責保護,云云。[註一]十月八日,特區市民大會舉行抗日救國會緊急代表大會,議決案中有關租界的,一爲函領袖領事"注意日本暴行",又一爲推派代表向工部局聲明,"應嚴予取締""日人無故在租界搗毀標語傳單"。該會致領袖美領克銀漢函云:

> 逕啓者:上海公共租界全體華市民,正當中國各省水災,奔走求救之際,日本突然出兵,侵佔東北之遼寧、吉林各要地,慘殺中國軍民,刼奪中國軍用財器,自九月十八日起,迄至於今,日甚一日。又復派遣多艘海軍戰艦,緊迫中國各處領海。又遣派多數飛機,在東北各要地拋擲炸彈,炸死人民甚多,燬壞建築物無算。此種行動,非僅違背國際公法,破壞東亞和平,實爲空前絕後之暴舉也。乃者,上海公共租界上,屢見日軍武裝在市內遊行示威,使華市民感受殊常之驚怪,而日人又挾同巡捕到處扯毀華市民所貼之愛國標語,如此使公共租界上之華市民感受異常不安。惟公共租界負有維持秩序之當軸,對日本軍民之反常行動,絕未加以制止。但日人野心,世界人所共曉,萬一發生不幸事故,以至傷害人民,損害財產,乃至於破壞公共租界秩序治安時,其責任問題,正非微細。我華市民當此駭怪萬狀之時,除派代表向工部局請求外,特請貴領袖領事察核主持一切,並希見復,至紉公誼。[註二]

市民聯合會代表錢龍章、蔣信昭、邱良玉、余華龍等四人,於十月九日,依照大會決議,備函到工部局去訪晤總裁費信惇,提出要求兩點:

> 一、工部局爲維持租界市民治安起見,應立即設法制止日軍上陸,在租界武裝佈防,示威挑釁。
>
> 二、華市民一切愛國運動,工部局應設法保護,不應干涉。
>
> 以上兩點,爲目前最切要問題,請即允許並負責具函答復。

當由工部局總裁費信惇作如下的口頭答復:[註三]

> 近日中日兩國,因發生糾紛,遂致華市民憤激萬分,從事愛國運動,而同時日僑及日軍復意氣用事,在界內示威等,實爲不幸。工部局責任所關,正在鄭重處置此項困難問題。惟工部局係各國公共市政機關,不能偏袒何方,僅能在職權之內,盡力保護界內各國市民之安全,此應請華市民鑒諒。
>
> 關於日軍登陸在租界武裝示威行動一事,工部局亦頗注意。惟工部局限於章程,無權可以限止,無能力可以干涉。故除請領袖領事轉告日當局注意,勸其勿再有此行動,免起意外誤會外,並用種種方法,勸告日領事及日軍領袖,注意界內治安。現雖無具體答復,然據私人消息,確知日軍在滬僅有七百餘人,經各方之交涉,結果頗佳,不久即有停止一切示威行動之可能,其尚未抵滬之日軍,亦不致登陸。故上海治安,可保無慮,可請界內外市民安心。
>
> 關於界內華市民之愛國運動,如在法律範圍以內,工部局絕對不加干涉;惟恐有軌外行動,則工部局應付爲難,因日僑亦有公園代表多批,曾來局要求取締,且由日領事村井君正式來函交涉,並提出侮辱國體證據,此點應請華市民以後注意。惟本人當立即再告警務長,對於合法愛國運動等,不加干與。本人及各國友人,對於此次華人涵養工夫,深爲欽佩。如果能長此恪守範圍,則最

[註一]　民國二十年十月八日時事新報。
[註二]　民國二十年十月十日時事新報。
[註三]　同上註。

後必能得世界各國之同情,故願華市民永久注意此點。

總之,工部局對於日軍示威行動等,雖無權力可以干涉,惟已盡力設法勸告。今又承諸代表到局陳述,自當益加勉力,設法勸止。前日中日及各國董事,亦曾會商界內治安問題,結果頗佳。故預料當不致有意外糾紛發生。惟各國市民,亦應體諒工部局之地位與權力,同心協力,維持界內之安全,則各國市民同受其惠。

2. 北四川路一帶的暴動

十月十一日下午一時,日僑組織的各馬路聯合會及實業同志會,在租界所管越界道路北四川路日本尋常高等小學校,舉行居留民大會,校旁派有大批日本海軍陸戰隊武裝佈崗,禁止華人往來。二時許散會後,日僑二千餘人,三五成羣,向北至虹江路北四川路口,扯下華人救國宣傳標語並衝入附近一帶中國商店,將門窗所貼救國標語,全部撕毀。同時,有武裝日本海軍陸戰隊若干名,乘一鐵甲碳車,駛停北四川路虹江路口;日僑密佈路口,手持木棍,遇有華人,即行痛毆。北四川路靶子路以北一帶商店,乃相率閉門,暫停營業。待大批捕探遣派到達,日僑始被驅散,商店旋亦開門營業。[註一]

十月十五日下午十時許,十一時許,日僑數人或十數人,攜帶兇器,屢次在靶子路以北北四川路一帶,撕毀商店標語,或毆傷無辜華人。[註二]次日上午,市長張羣乃派祕書長俞鴻鈞往訪工部局總裁費信惇,要求"其充分以合作之精神,保護租界華市民,並制止日人之一切野蠻行為;蓋吾國民眾,激於義憤與愛國心,所以揭貼標語,一致抗日,此種舉動,於法律上並無越軌之處,乃日人一再挑釁,顯圖引起重大糾紛,工部局責職所在,應即嚴厲取締"。費信惇當表示:"工部局對於日人挑釁,業已盡力制止,並函請日領約束僑民。此外增派警捕,隨時彈壓,亦已實行。工部局對於此項嚴重之事態,已竭盡其維持治安之可能。惟希望中國民眾務持鎮靜,並勿有激烈而引起日人惡感之圖書標語,致增加糾紛"云。[註三]二十日,納稅華人會亦再度致函工部局云:

逕啟者:前於十月二日,以日本海軍陸戰隊自由登陸示威,函請貴局制止。乃日本近來既不以國際聯盟會為應尊重之組織,自更不以貴局為可以尊重之機關,此所以日本海軍陸戰隊任意繼續登陸而到處橫行,日本僑民糾眾實施擾亂以破壞公共秩序也。不過在貴局立場,應以費唐法官所稱美之安全與法治為重,當以整個的警權行使,維持安寧與秩序。貴局如容忍日本僑民之糾眾橫行,與日本海軍陸戰隊之自由登陸,而不謀一根本制止之有效辦法,則貴局頗示人以警權之分割與無力,將使界內居民計維有自謀正當保衛之道,並協助貴局制止日本軍民之橫暴行為。事關界內安全與法治,相應函請貴局明白示知,能否有力制止該項警權之被割,以便應否別謀維持安寧與秩序之積極有效方法,為荷。[註四]

3. 日貨檢查員的被捕與被控

另一方面,工部局巡捕房對於抗日救國會工作人員,在租界內執行職務時,每有拘捕情事。該會特於十一月十九日函請納稅華人會請工部局制止干涉云:

逕啟者:查近來工部局巡捕房,對於本會工作人員奉命在界內行使職務時,往往擅自拘捕,並解送法院等情事,影響會務前途,至深且鉅。要知本會成立以來,專以抗日救國為宗旨,受全市民眾所付託,事關愛國運動,任何國人,皆有愛國心腸,未便任意摧殘。況本會檢查員執行檢查職

[註一] 民國二十年十月十二日時事新報。
[註二] 民國二十年十月十五日時事新報。
[註三] 俞鴻鈞對華東社記者談話,見民國二十年十月十八日時事新報。
[註四] 上海租界納稅華人會重要文件,頁一三至一四。

務，均照本會定章，佩有證章及職員證，並粘有本人相片，以資識別；檢查手續亦照規定程序，依次執行，疊經登報公告通知在案，自成立迄今，未有擾攘治安情事。該巡捕房等對於上項舉動，良用遺憾。相應函請貴會主持公道，轉函工部局轉飭各捕房不再發生上項情事，以重邦交而維會務，至紉公誼。[註一]

二十二日，抗日救國會職員葛雲亭等四人，在寧波路查封十全十美牌紗布時，又被捕房拘捕，解送第一特區地方法院，依據刑法三百四十六條強盜罪起訴。二十五日末次審訊時，被告葛雲亭等供稱：

> 我等在抗日會辦事，全係義務，今因愛國而受此結果，實至堪痛心！

被告律師余華龍於答辯中云：

> 若抗日會爲不合法之機關，中國官廳早已加以取締。再查抗日會，凡在中華民國領土之內，幾完全有抗日會之組織。即報紙上大半均記抗日會會務情形，豈捕房律師從未見之耶？而捕房此次對於四被告之起訴，乃係取締我人民之愛國運動，實屬可慘之事。本來中國亦有軍隊，可以抵抗日本，乃政府初持鎮靜不抵抗態度，繼則謂靜俟國聯解決，致東四省領土全入日人之手。最近中央委員蔡元培先生亦有國難會之組織，豈人民不能有抗日會之組織？何乃捕房既不取締日人之暴行，反取締我愛國運動？殊屬不解。再查被告將原告貨物車去，給正式收據，何得而謂強盜？故本案實不能成立，應請宣告無罪。

被告另一律師陳霆銳亦爲辯答云：

> 抗日會之組織，實因日本不顧國際公法，國際信義，而侵入東省，政府之如何對付，(固)〔姑〕不置論，而人民亦須有以自救自衛之方法，乃組織抗日會，實行對日經濟絕交。政府亦明知此爲人民自救自衛而團結，並不加以取締，何庸捕房越俎代謀？至強盜罪之成立，必須具有條件，乃捕房律師祇根據刑法三百四十六條後半段加以辯論，而忘其前半段。按前半段規定意圖爲自己或第三人不法所有，而被告等取締原告貨物，係送抗日會，則並非爲自己所有，而抗日會僅代爲保存，若原告能提出證明扣存貨物確係國貨，抗日會自必發還，則又非第三人不法私有。今捕房不能證明大慶號之貨物爲被告或抗日會各委員朋分，竟貿然以強盜罪起訴，殊深痛恨。應請駁斥捕房之訴，宣告無罪。

當由庭長宣判：

> 葛雲亭等四人，共同以強暴脅迫使人行無義務之事，各處罰金二十元，如易判監禁，以三元折算一日，各予緩刑二年；上訴期內，各交三百元保。

案件審結以後，忽有四五十人聚於法庭之外，欲與捕房律師爲難，結果由捕房派來中西巡捕，護送該捕房律師出法院而去。[註二]

4. 巡捕的被毆被殺和店鋪的被毀

一九三二年民國二十一年一月二十日上午二時半，日僑四五十人，往三友實業社縱火焚燒，損失甚巨。三友實業社係鄰近租界，在公共租界東區邊界之外。縱火日僑分兩路由租界出發，途中遇巡捕即拔鎗開放，斃華捕一人，傷華捕二人，並拆毀報警亭，將華捕鎗械等拋入河中。日僑亦傷三人，其中一人後因傷畢命事後，工部局警務處處長賈爾德(F. W. Gerrard)發出命令云：

[註一]　民國二十年十一月二十日時事新報。
[註二]　民國二十年十一月二十六日時事新報。

爲令知事。查得今日清晨,有日本浪人一隊,攻擊殷翔港警亭內之第三〇二九號華捕,並將工廠一所縱火。當時華捕七六五號周潤生被浪人攻擊殞命,本處長無任哀悼。查該華捕因聞警赴援,突被暴徒攻擊,雖竭力抵禦,卒以衆寡不敵,當場殞軀。進攻暴徒內有三名,因華捕防衛受傷,已送醫院醫治,其中一名現已身死。今該華捕死於非命,其親屬所受之創痛,本處長深表同情,並當竭力設法懲辦兇犯,此則可向全部華捕保證者也。深望各處以鎮靜,照常服務,此後設有報復警員行動者,自當特別保護;且深盼本處人員仍能維持其固有之高尚紀律及其自重心也。仰各知悉遵照爲要。此令。[註一]

駐滬日總領事則往訪工部局總董麥克諾登,對於所發生事件,表示深切的憾意,並說明關於死傷巡捕撫邮金一層,容後彼此再商,行兇人則將採取必要辦法,加以懲罰云。[註二]

同日下午一時,日僑在文監師路日本人俱樂部開居留民大會。散會後,羣赴日總領事署請願,繼又往北四川路底日本海軍陸戰隊本部請願。羣衆手執行桿、木樻或國旗、標語旗,沿路高呼口號。待過靶子路沿北四川路向北進發時,情勢愈形緊張。交通阻塞,車輛不通。路旁商店貼有標語者,即用武器擊毀櫥窗玻璃等物,商店紛紛閉門,過路的一路電車及公共汽車各一輛均打碎玻璃,電車司機並被毆受傷。捕房西籍人員一名被日僑打傷。過路華人,亦有被打受傷者。捕房得訊後,派去警備車兩輛,探捕佈滿街頭。五時後,商市始稍恢復。日本海軍陸戰隊,擎鎗立汽車上,往返巡遊。工部局又於晚上調派萬國商團俄國隊在途梭巡。[註三]日總領事又往工部局表示遺憾。[註四]

出事後,華人大憤,各團體紛紛開會,籌商對付。納稅華人會於二十一日分電國民政府行政院,"希設法派遣得力警隊,協助工部局,維持治安",及上海市長吳鐵城,謂"查區內百萬居民,我華人在九十五萬以上,利害關係,更爲密切,現在區內工部局之警力,似不足維持治安,爲特電請鈞長,可否設法派遣得力警隊,協助該局,以維持治安,俾界內居民之生命財產,得有安全之保障";[註五]之後,又於二十二日致函工部局云:

> 逕啓者:據報本月二十日上午二時半,暴日僑民由其海軍陸戰隊之掩護,縱火焚燬三友實業社工廠,並膽敢不服貴局巡捕之彈壓,殺死巡捕一人,重傷巡捕二人,又於同日下午三時聚衆數百,搗毀北四川路、老靶子路各商店事情,本會對之,不勝憤慨。查暴日於所統治之朝鮮人民,對我國僑居該地之人民任情殺戮數千,而不負責任,已失其現代國家之資格;於去年九月十八日始,故造事實,違犯國際盟約、九國約章、非戰公約,武力侵入我國遼寧、吉林二省要地,在國聯會日使芳澤保證不擴大軍事行動約言之下,又復進佔黑龍江,侵入錦州,窺視熱河,霸佔北寧鐵路,蔑視他國利益,此種野蠻而失人性之行爲,更爲現代國家所不應有。或以事在東北,僑民居本界之各國人士亦未能目觀,認爲暴日之野蠻,斷無如是之甚。今則如何? 貴局之警務人員,任情殺傷,界內之治安任情破壞,其心目中尚有貴局之存在乎? 本會以爲貴局係界內居民所公有,暴日之侮辱貴局,破壞治安,正即侮辱本界居民,破壞本界居民之治安,則界內居民,能不坐而不問? 本會想貴局應必有維持治安之能力,或不須外力之協助,相應函請貴局充實警力,以便維持治安,並希即復,以應急迫,爲荷。[註六]

[註一]　民國二十一年一月二十一日各報。
[註二]　S. M. C.'s Annual Report, 1932, p. 15.
[註三]　民國二十一年一月二十一日各報。
[註四]　S. M. C.'s Annual Report, 1932, p. 16.
[註五]　上海租界納稅華人會重要文件,頁一四至一五。按此處所引電文,原書脫印二十餘字,依報紙所載補入。
[註六]　同上註,頁一五至一六。

北四川路一帶直接受毀商店,於二十一日召開十七區、二十五區市民聯合會會員大會,二十二日,依照議決案所推定代表,備函往見工部局總董麥克諾登。該函列述對工部局要求各點如下:

敝會以事關切膚,責無旁貸,故於二十一日召集大會,議決三點:

一、請貴總董負責勒令日領事署履行懲兇賠償,並正式向本路各商店道歉。

二、貴總董對於治安方面如有不逮,敝會所組織之義勇軍,皆各商店正式商人,與萬國商團處同樣地位,擬請貴總董允許敝會義勇軍協助巡查,並求准許自備鎗械,而商店亦得自備手鎗一支,以防不測,所有鎗械,概請免除執照等費,倘有疏虞,敝會願負全責。

三、以後如再發生同樣事件,商民為生命財產計,祇有全體自動免除各捐,留作自衛經濟之用。

以上三點,已由大會議決,除備正式公函呈報外,特由大會公推代表王劍鍔、陳九峯、邢民一面謁請示。

該會代表等當由工部局總裁費信惇接見,後者表示云:

租界治安,已商得各國領事同意,以最受訓練之軍隊,出防維持,必要時,海軍亦可登陸,故對租界治安,毫無問題。

對於所提自衛等問題,始終未有任何表示。[註一]工部局旋又於二十八日,以書面答復該市聯合會,亦僅云:

接貴會一月二十二日之公函,又接見貴代表等談話,敝工部局對於治安問題,已有充分預備,請轉貴會會員,安心營業可也。[註二]

特區市民聯合會總會亦於二十三日派代表王肇成、陳斌輝二人,往見工部局總裁費信惇,提出二點:

一、工部局以後能保證日人不再有同樣暴行在租界發生否?

二、工部局是否維持治安,力量單薄? 如然,應特許市民義勇軍置備鎗械,武裝協助。

費信惇的答復,與前一日對於北四川路代表的,大意相同。

同日,日艦五艘到港,在來的還絡繹不絕。[註三]縱火焚燒三友實業社及向巡捕行兇的日僑,有七人自首,旋由日領押回長崎審訊云。[註四]

5. 民國日報的被封

一月二十日日僑焚燬三友實業社,又在北四川路搗毀店鋪的事情,上海各報均有記載,作為國民黨正式黨報的民國日報,卻於刊出該項記載之後,二十二日下午五時,接得駐滬日本海軍陸戰隊本部派由中尉土山廣端交去的通牒式信一件,內云:

民國日報主筆先生台啟。係貴報本月二十一日發行第二張"日浪人借陸戰隊掩護"之記事,與事實完全相違,故意破壞本陸戰隊名譽者也。於此對貴主筆嚴然要求下列之四項矣:

一、主筆來隊提出公文陳謝;

[註一]　民國二十一年一月二十三日各報。
[註二]　民國二十一年一月二十九日新聞報。
[註三]　民國二十一年一月二十四日新聞報。
[註四]　S. M. C.'s Annual Report, 1932, p. 16.

二、揭載半張大的謝罪文；

三、保證將來不再發生此種事情；

四、罷免直接責任記者。

明二十三日午前五時爲限，要求答復，若不承認，莫怪也。昭和七年正月二十二日午後五時，日本海軍陸戰隊。[註一]

二十六日下午三時，民國日報館又接工部局"勸告停版"的通告，同時即由工部局武裝西捕印捕將該報營業、編輯、機器各部鎖閉，次日，本埠華文報紙出現"民國日報館緊要啓事"，云：

昨據公共租界工部局通知："現因本埠形勢緊張，工部局董事會勸告貴報停版"等語。本報自即日起，暫行停版，特此布聞。[註二]

一·二八戰爭開始以後，在三月二十九日忽有工部局允許民國日報"啓封"的消息，"但所謂啓封，係指其房屋而言；若報紙復刊，須另向工部局請求，俟得允許後，始可發行"，云云。[註三]

二　租界的"防衛"和戰爭的開始

1. 戒嚴的宣告

民國日報被封的時候，中日在上海的外交形勢，已愈趨緊張。初，日總領事村井對於一月十八日發生於馬寶山路的所謂"日僧事件"，曾於一月二十日下午向上海市政府提出抗議，並要求市長正式道歉，立即拘捕兇手，賠償傷者醫藥費，及立即解散一切抗日團體等四事。二十四日，該日領向市長聲明，對於所提要求，如不在相當時期內答復，或答復而不滿意，則日本政府保留採取必要行動的權利。二十五日，日領復聲明限二十八日答復；二十七日又限二十八日下午六時滿意答復。[註四]

工部局"鑒於緊急有加"，於二十六日，於各衝要處所，築造鐵絲網等障害物。[註五]二十七日日本駐滬海軍當局遣派代表一人，以下列一函送達工部局：

日帝國海軍業已決定於租界內採取下列各步驟，如中國當局不實行撲滅反日運動，敝方欲知，關於此事，貴局願自行行動，或願得日帝國海軍之協助。

一、封閉華人市商會內之抗日會總部及上海西部曹家渡之抗日會檢查處。

二、過止反日招貼及反日宣傳之傳佈——商店櫥窗內之一切反日招貼及飾物，均包括在內。

三、歸還封存之日貨。

決定實行上述各事之時間，容再通知。[註六]

此種情勢，由租界"防衛委員會"(Defence Committee)開會加以考慮。"該委員會係組織於一九三一年民國二十年下半年，以處理各外國駐防軍司令官間，及駐防軍司令官與工部局軍警間，關於共同防衛上之調合行動與合作，並爲共同防衛計，以劃分公共租界及其貼近地帶爲數區，各區之司令官應負責協助捕房，在各該區範圍以內，維持治安，保護生命財產。委員會包括在上海美、英、法、意及日本各國軍隊之司令官員，暨麥克諾登將軍彼於一九三二年二月六日辭職萬國商團團長與警務處處長。"[註七]

[註一]　民國二十一年一月二十三日時事新報。
[註二]　民國二十一年一月二十七日時事新報。
[註三]　North-China Daily News, Mar. 30, 1932.
[註四]　參閱本通志外交編及沿革編。
[註五]　S. M. C.'s Annual Report, 1932, p. 17.
[註六]　自英文轉譯，見 S. M. C.'s Annual Report, 1932, pp. 16-17.
[註七]　S. M. C.'s Annual Report, 1932, p. 17.

二十七日"防衛委員會"開會時,出席會議的日本代表應允,如有所行動,當於二十四小時前通知該委員會主席美國駐防軍司令弗萊明(Brigadier Fleming)。此項通知,於次日,即二十八日上午七時三十分送達。"防衛委員會"乃於同日上午九時三十分開會,正式決議,建議工部局自是日下午四時起宣告戒嚴。工部局董事會即於同日正午十二時開臨時會議,一致通過宣告戒嚴,下列布告即於同日下午張貼租界各處:[註一]

　　爲佈告戒嚴事。照得本局根據法定權力,特自一九三二年一月二十八日即星期四下午四時起,宣告戒嚴,並即採取必要辦法,以維界內安寧秩序,合亟佈告通知,此佈。[註二]

關於戒嚴,後來於戰爭開始之後,工部局"鑒於當前一般的緊張狀態",[註三]又於二月一日佈告緊急辦法若干條,如下:

　　爲佈告緊急辦法事。照得本局業經宣佈戒嚴在案,茲爲維持界內安寧秩序起見,合再佈告如下:

　　一、自一九三二年二月一日即星期一起,除巡捕房,防軍及工部局特許之人員外,凡屬居民,自夜間十時起至次晨四時止,概須留居戶內,不得外出。

　　二、凡屬居民

　　(甲)不得在路上或公共處所逗留;

　　(乙)非經工部局之書面允許,不得組織參加任何集會遊行,或有集衆於公共處所之行動;

　　(丙)不得在路上或公共處所演說,印刷或散佈文字、圖畫、旗幟等件,或有希圖引起公衆警惶,或破壞治安之其他行動。

　　三、除巡捕房及防軍人員外,非有工部局執照,不得攜帶任何鎗械或武器。

　　四、倘敢故違本佈告任何規定,妨礙本局捕房及其他授與特權之人員,或篡奪其職權,或破壞界內治安秩序者,立即拘究不貸。

　　五、本局現正竭其全力以維持治界內之安寧秩序,及生命財產之安全,仰界內居民,一體週知,各安生業。此佈。[註四]

2. 應急委員會的組織

一月二十八日正午十二時,工部局董事會開會議決宣告戒嚴之後,即行着手組織各種應急委員會(Emergency Committees),於當日下午組織完成,計有:

　　一、人力委員會(Man Power Committee)　凡人民自願義務服務,均由該委員會分配,派往各委員會或各部,從事各種必要工作。委員爲白賽德(A. Bassett)、推勒安(C. S. Taglor)、華特(A. K. Ward)。白賽德任主席,華特爲書記。

　　二、分配營房及遷徙委員會(Billeting and Evacuation Committee)　該委員主要職務,是各預備"防衛軍"營房及從事隨時發生的必要救助工作。委員爲史巴克(N. L. Sparke)、弗爾特(F. H. Forde)、勞根(Col. M. H. Logan)、馬騰(G. E. Marden)、麥格里克(N. C. Macgregor)、雷文(F. J. Raven)、德萊(H. Terai)、衛金生(H. V. Wilkinson)、金斯勃列(S. C. Kingsbury)。史巴克任主席,金斯勃列爲書記。

[註一]　S. M. C.'s Annual Report, 1932, p. 17.
[註二]　民國二十一年一月二十九日各報。
[註三]　S. M. C.'s Annual Report, 1932, p. 20.
[註四]　民國二十一年二月一日各報。

三、經濟、食品、燃料及運輸委員會（Economic，Food，Fuel and Transport Committee）　該委員會建立與輪船公司的合作關係，協助工業組織的工作進行，便利米及其他食品的運入租界並統制其價格，出清吳淞江及各碼頭，以便各主要商品的運輸，以及監察各小菜場和一切食品供給來源。委員爲卡納（J. W. Carney）、馬歇爾（R. Calder Marshall）、依凡萊（A. Eveleigh）、岡本（O. Ohamoto）、馬騰、柏爾斯德拉（V. J. Palstra）。卡納任主席，柏爾斯德拉爲書記。

四、宣傳委員會（Publicity Committee）　該委員會主持宣傳及情報事宜。委員爲珊遠（G. Burton Sager）、貝爾（A. D. Bell）、海萊（J. C. Healey）。珊遠任主席，海萊爲書記。

五、協調委員會（Co-ordination Committee）　各委員會的活動的協調以及困難的解決，均由協調委員會主持之。委員爲工部局總董、各處處長、各應急委員會主席或委員以及各“防衛”軍代表。

各應急委員會設辦公處於工部局内。戰爭開始後，活動幾無停止，直至戰爭結束。戰爭結束後，“預備營房及遷徙委員會”仍繼續從事救助難民，“經濟、食品、燃料及運輸委員會”亦協助關於恢復常態的事情云。[註一]

3．商團巡捕及英美意“防衛軍”的出動

另一方面，在一月二十八日正午十二時舉行的工部局董事會議之後，萬國商團和巡捕房即奉命準備出動，[註二]商團俄國隊於奉命四小時後即開往其所負“防衛”責任的地點，六小時内整個商團和巡捕房都完全出動了。[註三]

工部局於當日下午四時光景，致函領袖領事美總領事克銀漢，報告戒嚴和出動商團、巡捕的事情，並要求立即接洽各國軍隊的登岸，負責“租界内部防衛”事宜。[註四]領袖美領因即召集領事會議，請求各關係國領署當局，將工部局的要求，轉致各該國海軍司令官，以便各司令官斟酌情形，採取適當行動。[註五]

也是在下午四時光景，日本總領事通知領事團，説該總領事已得上海市長的答復，認爲滿意，所以原定用以實現日本要求的步驟，已不欲實行云云。下午六時，日本海軍陸戰隊的一個軍官，到工部局面告這同樣的消息。[註六]

各國“防衛軍”，也和萬國商團及巡捕房一樣，開始出動。英軍、美軍在當日黃昏之時，已先後“出防”其所負責的區域。意軍則到次日才出動的。[註七]

4．日軍的“防衛”租界和揭啓戰幕

上述的萬國商團、英軍、美軍、意軍以及後述的日軍，所負責的“防衛”區域，是一九三一年民國二十年下半年組織的“防衛委員會”，早於事前劃分好了的。萬國商團的“防衛”區域，包括租界中區的全部，北區的一部分，和西區的一小部分，即吳淞江南梅白格路、馬霍路以東，及吳淞江北、北河南路以西的地段。美軍負責“保衛”租界西區，東自梅白格路、馬霍路，西迄膠州路及租界界線。從膠州路及租界西界以西，到滬杭甬鐵路，南至海格路、安和寺路，這越界道路區域，除了租界西界以西到聖約翰大學

[註一]　S. M. C.’s Annual Report, 1932, pp. 20 and 32–33. 按各應急委員會組織的消息，似至二月五日始見於中文報紙，且似有戰爭開始後才組織的語氣，實則並不如此。
[註二]　同上註，頁一七。
[註三]　同上註，頁四九及九六。
[註四]　同上註，頁一七至一八。
[註五]　一九三二年一月二十八日領袖美領克銀漢復工部局總董麥克諾登函，見 S. M. C.’s Annual Report, 1932, p. 18.
[註六]　S. M. C.’s Annual Report, 1932, p. 18.
[註七]　同上註。

那一段吳淞江沿岸的地帶,由意軍擔任"防衛"外,都是英軍所負責。劃給日軍的"防衛區域"最大,在租界以内,包括北河南路以西的租界北區和整個東區,在租界以外的那一段,包括西至福生路、淞滬鐵路,北迄虹口公園北界,西界自虹口公園東北角到哈爾濱路巡捕房。[註一]

一月二十八日下午十一時,日本第一遣外艦隊司令官發出宣言兩件,致上海市長及公安局長,於十一時二十五分送達。該宣言一則聲明希望將中國軍隊撤退至鐵路以西並撤消閘北方面一切"敵對的"防衛設施,一則説明劃歸日軍在租界内維持秩序的區域内,凡認爲在急緊狀態中執行職務時所必要的行動,均將採取云云。[註二]

日本海軍陸戰隊及日本武裝便衣隊,隨即開始沿北四川路,向西沿靶子路到北河南路,向北對淞滬鐵路出動,實行租界的"防衛計劃"。[註三]下午十二時,市公安局接到了日軍"向華界進攻"的報告,[註四]一·二八戰争便這樣開始了。

三　租界在戰争時期的狀態

1. 租界作爲日軍進退根據地

如上所叙,日軍在開始實行租界的所謂"國際防衛計劃"(International Defence Plan)時,便"向華軍進攻"。工部局華董虞和德、徐新六、劉鴻生、胡祖同、袁履登等五人,乃於一月二十九日,具函二封,一致工部局總董麥克諾登提出嚴重抗議,一致領袖領事美總領事克銀漢請急制止日軍"破壞公共租界中立"的行動;二函措辭大致相同,今録其致總董麥克諾登函於下:

> 逕啓者:據報日本海軍陸戰隊已於一月二十八日夜半,自租界内出發,對於我國駐軍,實施戰争之行爲,其危險範圍之如何擴大,不可預必。查本局爲維持界内安全,嚴保中立態度起見,經昨日議決,宣告緊急狀態,而以虹口一帶所有維持安全之責任,委之日本軍隊。兹日本進行上述戰争行爲,竟以其所擔任維持安全之區域,用爲戰争行爲之發動處。此種舉動,實屬破壞上海公共租界之中立,應由本局急予制止,並令其負破壞中立之責任。爲特提出嚴重抗議。[註五]

納税華人會也於三十日致函工部局,有更進一步的責難和意見的提出,原函云:

> 逕啓者:日本軍隊對於國際公約公法,已視同廢紙,早於去年九月十八日侵佔我國遼寧、吉林兩省各地以後,在在可以證明。爲防患杜漸起見,於日人在界内迭次暴動,本會曾連續不絶警告貴局,並表示在貴局事實上未能充分維持治安之際,本會有法協助,詎料貴局對於此種警告,視爲無足輕重,且聲明"界内治安,絶對不成問題"。而今如何?貴局當知所悔矣!日本陸戰隊破壞貴局中立地位,將界内虹口一帶,作爲軍事之策源地,進攻我國閘北駐軍,業經我國董事抗議在案。本會爲領土主權計,爲居民利益計,對貴局提出抗議:
>
> 一、爲何不嚴守中立,執行維持中立必要辦法? 如:
>
> (甲)解除界内日本軍民之武裝;
>
> (乙)制止日本軍隊之戰事行動,例如日本在歐嘉路等處之開掘壕溝,勞勃生路等處日本紗廠内之屯駐軍隊;

[註一]　S. M. C. 's Annual Report, 1932,中"Defence Areas"略圖, 及 First Report of the League of Nations' Shanghai Committee, Shanghai Evening Post and Mercury, Feb. 10, 1932.

[註二]　First Report of the League of Nations' Shanghai Committee.

[註三]　S. M. C. 's Annual Report, 1932, p. 19.

[註四]　吳市長民國二十一年一月二十八日飭日領及各領事抗議書。

[註五]　民國二十一年一月三十日新聞報。

（丙）不許日本軍隊在界內登陸。

二、爲何既無維持安全之能力，不就近請由中國當局派兵協助？在本會觀察，最近之以前及現在，祇有此法足以掃除破壞上海世界商場之危險，蓋陸地上日本軍事行動如能完全制止，其空海之軍事行動，盡利害相關者之力量，必能制止。

三、現在界內全體居民之生命財產，均在日本軍隊破壞之中，殺人放火，日有數起，此皆由不遵本會意見，姑息養奸而起。

四、曾有一次董事會，未經通知華董出席，而日董則否，顯見有所偏袒，自行不守中立，更使日本狐假虎威。

事機既迫，稍縱即逝。上海之安全，上海之繁榮，上海人之生命財產，皆係於此一剎那間。貴局如與我國當局合作，果所願也；否則我國政府與人民，爲維持世界和平與繁榮，與國際公法公約之效力起見，已下積極奮鬥到底之決心，而我上海全體居民，尤已抱死中求生之志，惟有採用種種正常辦法，以維持界內之安全，並以完整我國之主權。相應函達，希煩查照，即予施行，並見覆爲荷。[註一]

同時，開戰以後，日軍"動則由租界衝出，敗則退入租界"，租界成爲日軍的"護符"。特區市民聯合會，特於二十九日下午，推派代表四人，往訪工部局總裁費信惇，説明那種情形"實屬破壞租界和平中立之本初意旨"，"應請即予採取有效辦法以抑制"。[註二]次日，各大學學生抗日救國聯合會、總工會、郵務職工會，暨市民聯合會，均先後推派代表，往訪工部局負責人員。各大學學生抗日救國聯合會代表提出責問三點：

一、租界既稱中立區，爲何容日海軍陸戰隊作戰事根據地？進由租界發動，退亦以租界爲護符。

二、工部局爲何將形勢扼要之虹口區，歸日軍防守，在在予以便利？似此租界當局顯有袒護日軍之嫌。

三、日軍隨處投擲炸彈，租界當局迄今未聞採取任何有效方法制止。

總工會和郵務工會代表，表示意見云：

一、希望工部局本過去好感，制止日人在租界內之軍事行動；

二、不准日海軍在租界內登陸；

三、吳淞江以北一帶，不能交付日軍警衛。

市民聯合會代表，則提出下列三點，請工部局注意：

一、日軍以租界爲護符，進攻華軍，而工部局不加阻止，已屬失職，今華軍爲正當防衛，制止日軍暴行，但華軍或有根本消滅日軍軍事行動而追逐至租界內，工部局不得加以干涉，暨發生異議；

二、曹家渡華人保衛團鎗械，爲商團會同捕房，越界繳械，須即予發還；

三、日人及日軍在漢壁禮路、北四川路，每日深夜持械向華商行刼，請工部局注意及負其責任。

市政府於三十日，特向工部局提出抗議云：

[註一] 上海租界納稅華人會重要文件，頁二至三。
[註二] 民國二十一年一月三十日時事新報。

逕啓者：查自本月二十八日夜，日本軍隊進攻閘北以來，迭次攻擊時，均以租界區域爲根據地，與貴局所稱嚴守中立之主旨不符。乃貴局對於日本軍隊破壞租界中立之舉動，未聞有任何制裁表示，殊深詫異。相應提出抗議，請煩查照，迅予設法制止，並希見復，爲荷。[註一]

同日，市商會亦致函領袖領事美總領事克銀漢，提出抗議云：

逕啓者：案查公共租界爲我國與各友邦人民劃定之通商區域，在性質上既非一國所能獨擅，則各友邦領事，自應恪守兩國通商條約，於維持界內商民治安以外，並應顧及駐在國友誼關係，不得予任何國以軍事上之便利，與駐在國爲敵對行爲，此實爲條約上及國際法上應有之義務。就上海之日本海軍陸戰隊而論，自該國向上海市政府提出最後通牒而後，已成對峙形勢，立於戰爭狀態之下。日本雖爲公共租界內之一分子，照通常事理而論，有協助維持界內治安之責任，然不應不顧及當時嚴重情勢，將與中國防區毗連最緊要之段，讓歸日軍駐紮，致予以進攻中國軍隊之便利。蓋此項軍隊防區支配辦法，係各國公同議定，非友邦之同意，則日本軍隊斷不能擅自將租界內最緊要之地點，移於其支配之下也。

非特此也。當一月二十九日日本海軍陸戰隊進攻中國軍隊未能得手之後，重行退入租界，此時各友邦所採手段，以國際通例而論，祇有兩種：（一）不許其重行退回租界；（二）解除武裝，予以收容。蓋此時之日本軍隊，已非復爲協同維持租界治安之一員，而爲中國敵對者之一方，彰彰甚明。公共租界欲維持其中立之地位，不得不採此適宜之處置。乃公共租界當局，事前既將其界內最緊要之一段，讓歸日軍駐紮，事後復容許其整隊退回租界，爲重行進攻之準備，此種措置，顯然違反公共租界中立之性質，妨及各友邦與中國友好之關係。敝會等不得不代表上海全市中國商民，向貴領事對於友邦此項舉措，提起抗議，併請租界當局暨各國駐滬艦隊，採取中立地位應有之措置，將駐在租界內之日軍，速予解除武裝，以維治安，至爲公企。[註二]

上海律師公會亦於二月一日分函英美領事暨工部局，提出抗議云：

逕啓者：此次日兵以壓迫我國之意思開來上海，而上海領事團及公共租界工部局，竟將虹口區域劃歸日兵防守，實已鑄成大錯，使公共租界失却中立之精神。日兵得此防區，竟用爲進攻我國領土之根據地，已使虹口區域完全喪失其爲公共租界一部分之歷史的地位。我軍防守將士，爲行使其正當之職權，對於向我進攻之軍事策源地，當然得施行其視爲必要之措置。本會暨全市民衆，均願與公共租界當局繼續並增進其友好之精神，切望公共租界當局於最短期內，採用有效力方法，根據此種危險，使公共租界全區不容留對我國敵視之武力，匪惟公共租界繁榮之幸，亦爲中外民衆永遠友好之基。經本會執監聯席會議，一致議決，推吳經熊、陳霆銳兩會員，分向英美各國駐滬領事暨工部局負責諸君，道達此意等因，議決在案。特此函達，敬希查照施行，並請見復，爲幸。[註三]

上海市政府暨各團體這樣紛紛向租界當局抗議，而租界狀態却未見改善。市政府乃於二月三日，再度向工部局提出嚴重抗議云：

逕啓者：查關於公共租界容許日本軍隊以租界區域爲攻擊軍隊之根據地一節，本府業經向貴局提出嚴重抗議，未蒙見覆。在過去數日間，復又疊據報告，日本海軍陸戰隊，屢次武裝通過租

[註一]　以上俱見民國二十一年一月三十一日時事新報。

[註二]　民國二十一年二月一日新聞報。

[註三]　民國二十一年二月二日新聞報。

界，以達滬西，及其他種種軍事行動，危及本國人民之生命財產。而租界當局，雖經宣言中立於先，復經本府抗議於後，尚復予以優容，尚未見切實制止，殊爲詫異。相應重提抗議，並嚴重聲明所有因此而發生之一切責備，當全由租界當局負之。請煩查照見復，爲荷。[註一]

南京外交部對於日軍憑藉租界爲軍事根據地一節，本已於一月三十一日照會英美公使，提出抗議，嗣得上海市政府電告，乃於二月五日再向英美公使提出嚴重抗議：

爲照會事。據上海市政府三日電稱：“日軍攻擊中國軍隊，仍依租界爲根據地，連日日軍武裝通過租界，開赴滬西及其他地方，增重我軍之顧慮，已向公共租界工部局提出抗議”等語。查公共租界方面，聽任日本憑藉該租界作軍事行動之根據地，業經本部於一月三十一日照請迅電貴國駐滬領事及軍事長官，勿再任日軍利用租界地位，攻擊中國管轄之區域在案。乃據上述三日報告，該公共租界當局，仍任日軍武裝通過租界，開赴滬西等地，增重中國軍隊之顧慮，殊屬不合。相應再行照請貴公使，迅即查照一月三十一日去照，嚴予辦理，並見覆爲荷。須至照會者。[註二]

工部局方面，則在總董麥克諾登二月六日答復吳市長抗議的信中，聲明對於日軍行動不負責任云：

接奉一月三十日及二月三日大函，內開：“工部局容許日本軍隊，以公共租界爲攻擊中國軍隊之根據地，未見切實制止，因此破壞租界中立而發生之一切責任，由工部局負之”等因。

查公共租界之中立或類乎中立之情形，或有存在，惟僅由在租界享有政治或其他利益之各國，締結公約或協定，以造成之。故租界之此種中立，亦惟各該國始能維持而擔保之。

日本亦爲其中之一國，故日本武力在租界內之一切行動，自應由日本政府單獨負責，而與工部局無關。相應函復，幸希查核。

連日事務紛繁，致稽裁答，歉甚。[註三]

2. 租界成爲華人被辱被捕被虐被殺的處所

一月二十八日午夜日軍開始“向華界進攻”以後，未曾得逞，節節退敗。[註四]敗退時縱火焚燒的北四川路奧迪安影戲院附近一帶的華人住宅商店，既因日方阻止，租界救火車不能往救，聽其延燒；[註五]而所謂“作爲公共租界一不可缺少部分”的虹口，[註六]也便完全爲日本所佔領，所統轄。[註七]工部局巡捕軍械被繳，停止職務的執行；[註八]虹口捕房、狄思威路捕房和哈爾濱路捕房，完全成爲虛設的維持治安機關。[註九]馬路上，架着日本的機關鎗和大礮，[註十]驅馳着日本海軍陸戰隊的

[註一]　民國二十一年二月四日新聞報。
[註二]　民國二十一年二月七日時事新報。
[註三]　S. M. C.'s Annual Report, 1932, p. 20.
[註四]　民國二十一年一月三十日各報。
[註五]　民國二十一年一月三十一日時事新聞“日人擲彈縱火”的紀載中，有這樣的話：“昨日下午陸續由北四川路退却時……日僑民等……出而相助，於下午三時，將奧迪安影戲院毗連之民房，用木柴汽油等縱火焚燒。時風勢甚勁，至三時三十分，將奧迪安及相連之房屋四所，悉付一炬。因有日人阻止，致救火車不能駛往灌救云。”
[註六]　"as an integral part of the International Settlement." — Shanghai Evening Post and Mercury, Feb. 1, 1932.
[註七]　二月一日 Shanghai Evening Post and Mercury 曾用這樣的標題："Japanese Control of Hongkew Seen As Complete Occupation."
[註八]　民國二十一年二月三日工部局致領袖美領函，全函另見後文。
[註九]　民國二十一年二月二日 Shanghai Evening Post and Mercury 記載虹口情形，有這樣的話："巡捕房都已關門。是奉總巡捕房命令關的。……虹口捕房裏整夜住着一隊能幹的警務人員，但他們奉命不得離開捕房。狄思威路捕房和哈爾濱路捕房，形勢相同。駐在虹口的公共租界警力，已經縛住了兩手。"
[註十]　民國二十一年二月三日新聞報云："據確息，昨日軍在老靶子路吳淞路架置大礮三尊。"二月一日的 Shanghai Evening Post and Mercury 亦云："一枝機關鎗橫架在百老匯路上……"二月二日又云："一支機關鎗架在天潼路北四川路轉角，描準了郵政局的屋頂。"

鐵甲車和汽車,[註一]日本海軍陸戰隊和持有鎗械或其他武器的日本人民,把持交通,任意射擊,刺死或毆打,拘捕華人,[註二]又用強闖入華人家宅店鋪,拘人切物。[註三]甚至租界萬國商團日本隊員,亦參加拘捕殺戮華人。[註四]　華人因之死傷失蹤或備受虐待者,不可勝計。[註五]

二月一日,市商會乃致函工部局,請准華人得無限制攜帶鎗械,以便減少慘禍;原函云:

> 逕啓者:查日本海軍陸戰隊自一月二十八日在閘北向中國軍隊挑釁以來,所有日本寓滬之商人,多組織便衣隊,私藏鎗械,向中國良善市民,肆行屠殺,或將其人私行綁刦,暗中處死,生命財產,因之喪失者,不可數計。字林西報(North-China Daily News)所紀日本便衣隊兵在界內之暴行,及華人受害之情形,恐不足盡其十分之一。然即此一端,已足證明日人蔑棄理性,仇殺華人之舉動。雖據稱有數處被美兵查見,立時予以制止,然日本寓滬商民,人數眾多,其活動範圍,又至爲廣泛,隨時隨地,對於華人肆其仇殺,斷非僅恃少數在界內巡邏之友邦兵士,所能預防。租界當局對於此等日本人攜帶鎗械組織便衣隊之行爲,既無取締式肅清辦法,則界內中國市民,惟有亦許其無限制自由攜帶鎗械,不受貴局通常規則之拘束,以便於日本便衣隊仇殺華人時,得起而自衛。如果貴局萬一不能接受此議,則無異容許日人有隨意屠殺華人之權,其事變之重大,恐有不忍言者,諒非貴局對於界內居民一視同仁之本旨也。

> 再界內警察,係受貴局之管轄,以維持治安爲職務,如欲參預其本國戰事,即應將警察職務即行解除。乃自閘北戰事發生以後,租界內之日籍警察,類多與便衣隊取同一之行動,實違其對於貴局應守之紀律,而予華人以絕大之威脅。惟所以造成此種現象者,實因貴局於此次事變之際,竟將華捕鎗械悉數收繳,而日捕鎗械則仍許攜帶之故。是以敝會之意,以爲貴局對於界內日籍警察亦應將其所攜鎗械,速即一律收繳,方爲正辦。

> 務希查照,即日分別辦理,是爲至企。[註六]

二月三日,市商會又致函工部局,抗議按照"國際防衛計劃"不在日本"防衛區"內的北山西路和北河南路,何以亦讓歸日軍:

> 逕啓者:日兵佔據租界要區,爲進攻中國軍隊之根據地,侵犯租界中立,租界當局毫不予以制止,迭經敝會向貴局嚴重抗議,在案。茲查此項侵犯中立情形,貴局非惟不予以制止,且日益聽其

[註一]　民國二十一年二月二日,Shanghai Evening Post and Mercury 亦云:"汽車裝了日本海軍,架着機關鎗,拿着自動手鎗、刺刀,來回巡邏靶子路。不曾點燈的日本鐵甲車在百老匯路上開着……"

[註二]　民國二十一年一月三十一日時事新報云:"自北四川路前各橫路如吳淞路、天潼路、蓬路、崑山路等,俱由日浪人維持交通,阻止華人通行。該日浪人俱臂繞紅白條臂章,手持不倫不類之長鎗,駁殼手鎗或木棍等,至海寧路止,一概阻止華人向北。"又云:"昨日下午四時十五分,北四川路海寧路口,日浪人數名,突向華人開鎗射擊。"又云,"記者……馳抵崑山花園口,以日浪人(即青年自衛團)放鎗示威,無法前往調查。"又云:"現日軍在北四川路一帶蠻橫不法,慘無人道,達於極點。居民被刺死鎗斃者,達七八十人之多,其屍身均被滅迹。"Shanghai Evening Post and Mercury 云:有一屋中,三華人被日軍鎗斃,四人被拘捕,毆辱交加,架上車子而去。二月一日云:"日本海軍,在公濟醫院(Shanghai General Hospital)前面一個微笑軍官的指揮之下巡邏於乍浦路蘇州路轉角及禮查飯店(Astor House)角上。日本便衣隊手持大飲器、斧柄、棒球棒、竹桿、日本刀和自動手鎗,手鎗拿得比一個六個月大的嬰孩還要大意,在每一條馬路角上,來回巡邏……"二月二日又云:"文監師路、密勒路、閔行路、乍浦路……由隨便運用軍器的便衣隊巡邏着。"並附帶提出一個問題:"究竟這些便衣隊從哪裏得到軍器的呢,這對於租界巡捕房是一個萬分重大的問題。這些愛國好戰的日本人民,看來沒有一個,或者至少只寥寥幾個,有攜帶軍器的執照的。"

[註三]　參閱民國二十一年一月三十一日時事新報"日軍擄殺商民",該會民國二十一年一月十二日及十六日致工部局函,上海租界納稅華人會重要文件。

[註四]　萬國商團日本隊員,身穿制服,於一月二十九日,在靶子路北四川路轉角刺殺華人,且爲捕房人員目視。——Shanghai Evening Post and Mercury, Jan. 30, 1932.

[註五]　民國二十一年一月五日外交部照會日公使云:"據上海市政府電稱:日海軍陸戰隊在公共租界一部暨越界築路地段,以及閘北其他地點,將中國市民,妄加逮捕,擅處私刑,或加殺戮,據報至今受非法監禁者尚有數百人等語。"民國二十一年二月七日時事新報。二月二日 Shanghai Evening Post and Mercury 謂:"死傷確數,永不得知。事實上,虹口一帶華人死傷之總數,將永無可知。"

[註六]　民國二十一年二月二日新聞報。

進展,聞之實堪駭異! 蓋北山西路與北河南路,當初畫定防線時,本另派軍隊駐守,並非歸日本管轄,乃日軍於進攻閘北未能得手之後,爲軍略上之便利計,將該兩段防線,亦一併佔據,而原有駐紮該兩段之軍隊,貴局竟亦許其讓防。是日本爲便利其侵略計,在租界以内,任所欲爲,無復絲毫限制。各國公共之商場,不啻變爲日本之要塞,實開租界未有之紀錄,損及貴局之尊嚴與地位,而貴局非惟不取有效之措置,且事事曲徇其要求,此則敝會爲界内華人生命財産之安全計,不得不向貴局再行提起嚴重抗議,應請貴局另派軍隊布防,令佔駐之日本軍隊速行退出,此爲貴局保全其條約權利惟一之職責,無可推辭。

　　至蘇州河一帶裝置鐵絲網,其結果祇有置難民於絶路,無所逃避,而於制止日軍之侵入,毫無益處,蓋日軍既已在界内充分發揮其軍事權威,則鐵絲網之裝置,非限制日軍,而適以限制難民。事之輕重倒置,無逾於此。應請貴局將此項裝置,速予拆除,俾遇有警急時,界内人民,得以逃避,不致倉猝受阻,貴工部局爲顧全人民生活計,應毫不猶豫,立即允其所請也。[註一]

接着,市商會又向工部局提出:

　　凡日人居民有私藏兇器,專以殺害華人爲事者,應研究澈底肅清辦法,不得令其再有一人潛伏或容留界内。且公共租界並非日本軍事佔領地,不能任其濫施軍政制度,妨害中立區域市民之生命也。[註二]

納稅華人會亦於二月五日致函工部局,請"實行中立",並將被難居民救出危險區域,云:

　　逕啓者:虹口一帶,自經日軍作爲攻擊我國閘北防軍之戰事根據地後,所有該地居民,慘遭日軍之虐殺、酷刑、毒打、濫拘,爲數不知凡幾,而且到處放火,焚燬房屋不可計及。此種蠻行,正在繼續不已。查日軍之蠻暴,本會一再向貴局警告,勿予輕視,而貴局未能善爲佈置,任日軍以中立地帶,施行戰事行動,使納稅居民,生命財産,均失安全之保障,可謂鑄成大錯。事發之後,又不採取緊急處置,實施中立辦法,更屬放棄應盡之責任。姑不談法律,即以道德言,貴局應迅採種種有效辦法,一面實行中立之辦法,一面將所有被難居民,救出危險區域,遷入安全地帶。日軍之蠻暴,已屬世界所不容,天人所共憤,不可再予姑息,自貽慼戚。相應函請查照辦理,爲荷。[註三]

租界當局方面,對於日本軍民在虹口行動,則僅提出抗議。二月二日,"防衛委員會"向美總領事、英總領事及意代領,抗議日本海軍陸戰隊在別國"防衛區"内的行動,違犯曾經日帝國海軍陸戰隊司令官同意的一九三一年民國二十年"防衛計劃"協定中的規定,即:

　　並經同意劃分公共租界及其鄰近爲數區,各區司令官應負責協助巡捕房,在各該區界限以内,維持法律與秩序,以保護外國人生命財産。

及

　　防衛委員會之進行,不得損傷任何防軍司令官與其本國駐在領事或海軍當局間開磋商之權,亦不阻過其獨立的行動。惟彼須告知防衛委員會之主席。

所抗議的行動,包括"日軍以超出安全所必要之比例,駐屯於工廠之内,及在劃歸他國軍隊之區域内,

[註一]　民國二十一年二月四日新聞報。
[註二]　民國二十一年二月五日新聞報。
[註三]　上海租界納稅華人會重要文件,頁一六。

積極巡邏"。[註一]英、美、意、等國"防軍"司令官,亦以同樣抗議,致送日本當局。[註二]

對於這被抗議的問題,工部局董事會於二月二日開會時,提出討論;結果於次日由總董麥克諾登致函領袖領事美總領事克銀漢,請嚮日本當局抗議日軍在其"防衛區"內外的若干種行動,云:

敝總董得知,防衛委員會對於日本海軍陸戰隊在非歸彼等之區域內之某些活動,不顧經彼等司令官同意之防衛計劃規定一事,業已向英總領事、美總領事暨意代領,提出抗議一件,敝總董敬向貴領袖領事提及此項抗議。

鑒於日軍爾種活動對於租界和平與秩序之嚴重打擊,以及有關各防區平民之禍患與危險,工部局對於防衛委員會之抗議,給與其最強的贊助,敝總董敬以其請對此事向適當日本當局提出最緊急陳辭之請求,奉達貴領袖領事。

敝總董並願請貴領袖領事注意日本武裝軍隊及武裝人民在租界北區、東區內之活動所引起之無上嚴重情態,彼等在該二區內之行動,結果使各種公眾服務均告停頓,居民恐怖萬狀。敝總董並願特別提及下述之事實,即捕房人員暨司閽巡捕已被用強繳去軍器軍火,並被阻止執行職務;火政處人員當執行職務,穿着制服之時,已被阻過攻擊,而關於食物與醫院工作之進行,因日本海軍及平民之巡員與步哨之障礙,已經歷絕大之困難。

敝總董因敬請貴領袖領事,迅即嚮日本當局陳辭,促其必須即行停止干涉工部局行使各種職務,並儘可能協助工部局恢復巡捕房與萬國商團在影響所及各區內維持法律與秩序之職務。[註三]

工部局總董的這一封信,由領袖美領召集領事團臨時會議,於二月四日上午加以討論,一致議決贊助工部局所提意見,即由領袖美領克銀漢具名,於同日正午致送下列一函與日總領事村井:[註四]

敝領袖領事敬轉奉工部局總董一九三二年二月三日來函,工部局在該函中,對於貴領事二日以前自某某等領署人員所收到之防衛委員會之抗議,給與其最強的贊助。此外,該局又請注意日本武裝軍隊及武裝人民在租界北區、東區內之活動所引起之無上嚴重情態,彼等在該二區內之行動,結果使各種公眾服務均告停頓,居民恐怖萬狀。該局請嚮日本當局陳辭,促其必須停止干涉該局行使各種職務,並儘可能協助該局恢復巡捕房與萬國商團之職務。

有關之敝同僚,願贊助工部局之意見,並希望貴總領事向適當日本當局,提出必要之陳辭,以使市政職務重歸於正當有權之市政人員。登陸軍隊乃不增強巡捕與司閽之現有地位,並給予公認之市政人員以在戒嚴時期有效執行職務所需之保護,而竟干涉巡捕與司閽,此絕非敝同僚暨敝領袖領事所理解者也。[註五]

領袖領事發出這封信的同日下午,據報紙紀載,工部局董事會曾開特別會議,之後,工部局與日本海軍當局並有所商協,巡捕房得"逐漸"恢復虹口警權云。[註六]次日,即二月五日,虹口某數處,已有西捕出動的消息。[註七]同時,日總領事發表關於虹口區域"維持法律與秩序"的聲明云:

[註一]　該抗議書及所謂"防衛計劃"協定全文,始終未有發表。以上云云,俱係譯自 S. M. C.'s Annual Report, 1932, p. 21.
[註二]　S. M. C.'s Annual Report, 1932, p. 21.
[註三]　S. M. C.'s Annual Report, 1932, pp. 21 - 22.
[註四]　領袖美領克銀漢民國二十一年二月五日致工部局總董麥克諾登函,見 S. M. C.'s Annual Report, 1932, p. 22.
[註五]　S. M. C.'s Annual Report, 1932, p. 22.
[註六]　China Press, Feb. 5, 1932.
[註七]　民國二十一年二月六日新聞報。

　　一月二十八日夜間日本海軍與中國軍隊衝突之暴發所造成之緊急狀態,因數百有組織之中國武裝便衣人方面之破壞的活動,即時引起租界北東二區之一般的,及日本居民最衆之虹口區域之特殊的,混亂狀態。

　　此恐怖情勢之發生,確係殊爲遺憾之事,惟在當時存在之情形之下,關於工部局捕房及其他公衆服務人員之行動爲被捲入驚恐之中而絕端急於從事自衛者所相當阻礙一層,並非絕不可解也。但悉工部局巡捕房暨火政處人員,在某些種場合,似自動暫時停止其服務者。

　　事情之狀態,不容不在極短時期,擬具辦法,以維持秩序。

　　即以此意爲懷,日本海軍當局急急乎發出緊戒命令,停止日本民團活動,同時經與工部局日籍董事暨日本公團代表磋商之後,會同工部局實行辦法,努力恢復前述各區內之常態。

　　結果,工部局巡捕房業已恢復職務,各該區內各重要地點,均由日本海軍、捕房西籍人員暨萬國商團得力守衛。

　　因常態之恢復,文監師路及虹口其他若干道路上之中國居民,正逐漸重行營業。[註一]

二月七日,日總領事村井答復領袖美領克銀漢二月四日一函云:

　　本月四日關於公共租界維持和平與秩序之大函敬收,日本在滬海軍司令官,經敝領將大函內容致達之後,請敝領奉告貴領袖領事,彼絕無干涉工部局捕房執行職務之意,彼抑且不勝樂意與捕房合作,並給與最可能的助力,以維持公共租界之和平與秩序,工部局捕房與日本海軍當局,以前無滿意聯絡,事屬遺憾,惟似爲緊急時期所不可避免者。然當情勢改善,敝領相信,雙方將實行密切合作也。[註二]

但所謂虹口常態的恢復,事實上,仍是十分渺茫的事。北四川路靶子路以南一帶,捕房人員已能出巡,但靶子路北方仍被日軍作爲防線,集中海軍陸戰隊於此。租界北部各越界道路,特別是靶子路以北的北四川路,"日本當局仍持全權"。[註三]而華人的被拘捕,被毆辱,被搜查,仍繼續不已。[註四]

　　爲嚮日本當局交涉關於日本軍民所拘捕居住公共租界內的"華人及他國人民"的釋放事情,領事團派組"國際調查委員會"(International Investigation Committee)。[註五]該委員會於二月八日開始在工部局內辦事。日領署當局送交華人一一七人到會,據云其中五二人爲難民,六五人爲"暗中放鎗嫌疑犯"。難民當即釋放,至於"嫌疑犯",該會本擬經過調查,解送第一特區地方法院,[註六]惟於次日得日領署通知,謂"不欲向特區法院提出控告",因亦即釋放。[註七]不過這一一七個華人僅是二月三日一天所拘捕的,"二月三日以前及以後被捕華人,日本領署當局迄未給予任何消息"。[註八]而華人被捕被殺等禍患,仍繼續不已。市商會因於二月十一日致函工部局,請速設法制止日軍的某種行動云:

　　逕啓者:項據敝會監察委員聞蘭廷君來會報告,據逃出之難民報稱:匯山碼頭一帶,日兵仍

　　[註一]　S. M. C. 's Annual Report, 1932, pp. 22–23. 按此聲明中關於捕房及火政人員自動暫時停止職務一語,曾因日報刊登,遭工部局一九三二年二月八日"正式"否認,工部局曾對記者聲明:"巡捕房不能執行職務。火政處在虹口區之救護工作因日本海軍當局之要求而停頓,救火員亦不能執行其平常職務。"(China Press, Feb. 9, 1932.)

　　[註二]　S. M. C. 's Annual Report, 1932, p. 3.

　　[註三]　"Hongkew Under S. M. C. But Far From Normalcy", China Press, Feb. 9, 1932.

　　[註四]　North-China Daily News, Feb. 13, 18, 19, 1932.

　　[註五]　China Press, Feb. 10, 1932.

　　[註六]　China Press, Feb. 9, 1932.

　　[註七]　民國二十一年二月十日新聞報。按內中有一人已在拘所死亡,故釋放者實爲六四人。

　　[註八]　China Press, Feb. 9, 1932.

在繼續大批殺戮華人,請再致函工部局,切實設法阻止,等情。查日軍對於非戰鬥員之平民,肆行殺戮,實爲國際戰爭法規所不許,而此種殺戮慘劇,又多發現於貴局治理區域以內。貴局對於住居界内之市民,凡有足以妨礙其生命財產之安全者,應不問其是何國籍,以最大之努力,爲切實之保護,此實貴局無可逃避之職責。此次日軍在上海向中國挑戰以來,界内華人,被日軍所拘捕虐殺或生死不明者,迄今已不知其數,而日軍此種暴行,尚續演不已。貴局除組織委員會,將被日軍凌虐垂斃之華人百數十人予以救出外,對於日軍續演之暴行,迄今尚未得切實防止之方法,此殊足令界内市民,憂憤不能自已者也。貴局應知,界内市民以華人爲最多,此次所受慘禍,亦以華人爲最鉅,而我國軍隊又因被免與日軍衝突,以致糜爛地方之故,並未開入租界,執行自衛,則界内華人之如何不被日兵肆行殺戮,貴局實不能不負惟一之責任也。相應函請貴局,務須立即採取嚴峻而有效之行動,俾日軍得中止其虐殺行動,實爲至企。[註一]

甚至租界中區的主要馬路上,亦發現不平常的現象。二月十二日,納稅華人會致函工部局云:

逕啓者:准上海市特區市民聯合會函開:"頃據報稱:'本日午後四時許,南京路有日兵車三輛,每車約二三十人,全部武裝,且持鎗作瞄準狀,由東向西,疾駛而去。至五時許,又見空車五輛,車端各立有日軍二人,持鎗作瞄準狀,由東向西而去。一時羣情憤激,人心惶恐'等情到會。查公共租界係中立區域,何以任令日軍武裝通過?且其勢兇惡,易啓各方誤會,萬一不幸發生糾紛,咎將誰屬?似此情形,日軍之有意破壞租界中立性,已爲不可避免之事實,租界當局倘再無嚴重表示,則界内納稅居民之生命財產,將何從保障?敝會謹代表特區市民,提出緊急抗議,應請貴會即予轉達公共租界工部局,對於日人租界内之軍事行動,應即加以制止,勿漠視納稅華人之生命財產爲無足重輕也,即希查照辦理,爲荷"等因。因准此,查日軍憑藉虹口亂竄,已使貴局警權完全失其效力,如再任於南京路橫行,其擾亂之程度必更甚於虹口等處相應函達,希煩查照,迅予設法制止,以免界内安全更無保障,爲荷。[註二]

二月十五日下午半時,又"有日兵二車,路經南京路冠正帽店,時有華人數十名,圍首該店門首,聚觀玻璃窗上之各種戰報,日兵忽無故向觀衆開鎗一響,彈中西面之玻璃窗,當被擊碎,路人驚而四散,幸未傷人"。[註三]

二月十八日上午七時五十分,四川路福州路口的交通部上海電報局被炸,彈中二樓屋脊,毀玻璃窗百餘方,傷過路華人。[註四]

虹口方面,狄思威路巡捕房是直到三月四日才開始執行職務,華人得於是日起,向捕房領取通行證,到那區域内去。[註五]

3. 租界天空日機飛翔

日本軍用飛機,飛翔於租界天空,華人紛紛向工部局提出抗議。但工部局因中國飛機,亦在租界天空飛翔,竟以十分曖昧而奇特的地位,欲對中國施以與對日相類似的交涉。工部局總董麥克諾登於二月六日致函領袖領事美總領事克銀漢云:

逕啓者:飛機在租界天空,作戰鬥、探視及示威飛行,伴有極大危險。

[註一]　民國二十一年二月十二日新聞報。
[註二]　納稅華人會重要文件,頁十七。
[註三]　民國二十一年二月十六日時事新報。
[註四]　民國二十一年二月十九日時事新報。
[註五]　民國二十一年三月四日各報。

此種飛行，不僅在緊張如目下之時期，使居民恐怖莫名，且飛機所引起之火患及現正以大數墮入租界之投擲物，在如此擁擠而又遍地難民之社會中，滿布生命與財產之最嚴重的危險；而炸彈墮入租界，裝載炸彈之飛機擊落於租界以內，結果尤足發生慘禍。

日本飛機，在上星期中，不顧致達於日本當局之請求，常飛行於租界天空。敝總董因敬請貴領袖領事，嚮日本及中國當局迫切陳辭，停止足以危及租界居民生命財產之任何活動。[註一]

工部局此種意見，得各關係領事的贊同。[註二]領袖美領克銀漢於二月八日分函日本總領事村井及上海市長吳鐵城。其致日本總領事函云：

茲奉上二月六日工部局總董來函副稿一份，該總董在該函中云，因日本軍用飛機，在租界天空，作探視、示威及戰鬥飛行，租界生命與財產危險，居民恐怖。

諸有關敝同僚願贊同工部局總董之意見，促使貴總領事注意，該項飛機繼續飛行於租界天空，足以發生嚴重之結果。諸領事同時並希望貴總領事說服貴國軍事當局，停止一種必不能避免租界生命財產危險可能之習常事情。

諸領事願敝領袖事提及，同樣意見亦正提出至中國關係當局，以期說服該當局停止其軍用飛機在租界天空飛行。[註三]

領袖美領致吳市長函云：

逕啓者：頃接工部局總董二月六日來函，內開：“日本軍用飛機在租界上飛行，作探視、示威與戰鬥等作用，危及租界內生命財產，且使居民恐怖”等由。現將原函抄錄附上。敝署有關係同僚，意欲贊助工部局總董之意見，並將該董之意見，轉達敝日本同僚，勸告軍用飛機在租界上飛行之嚴重，並希望敝日本同僚轉請日本海陸軍當局，停止此種行動，因此種行動常有危害租界內生命財產之可能也。本領袖領事請貴市長轉達上述意見於中國海陸軍當局，請其停止軍用飛機在租界上飛行，至為公荷。[註四]

吳市長於二月十日加以駁復：

逕啓者：頃准貴總領事二月八日大函，以“日本軍用飛機在租界上飛行，作探視，與示威與戰鬥等作用，危及租界內生命財產，將轉告日本海陸軍當局停止此種行動，並請轉達中國海陸軍當局，停止軍用飛機在租界上飛行，至為公荷”等因。准此，查租界內領空主權，本我國所固有，且向來並未放棄，故我國飛機之在租界上飛行，自不能受任何之干涉。惟本市長對於全市內人民生命財產之安全，亦彌深關切，自當體諒來函意見，轉達本國軍事當局，斟酌辦理。抑尤有應鄭重聲明者，如租界當局容許或不制止日本飛機繼續在租界上飛行或通禍，則我國軍隊為自衛計，向之射擊所發生之一切結果，本國政府不能負責。相應函復查照。[註五]

二月十一日，一日本飛機飛行租界時，有炸彈一枚中麥根路永安紗廠，死華工六人，傷華工十四人。日海軍司令野村向租界方面表示遺憾，並聲明該炸彈因飛機“機械方面的毛病，偶然墮下”，云云。[註六]

[註一]　S. M. C.'s Annual Report, 1932, p. 25.
[註二]　領袖美領一九三二年二月九日復工部局函，S. M. C.'s Annual Report, 1932, p. 26.
[註三]　S. M. C.'s Annual Report, 1932, p. 26.
[註四]　民國二十一年二月十一日新聞報。
[註五]　同上註。
[註六]　民國二十一年二月十二、十三日中西各報，及 S. M. C.'s Annual Report, 1932, p. 26.

二月十七日，日總領事答復領袖美領二月八日一函云：

關於日本軍用飛機飛行租界之本月八日大函，敬收。

大函內容已如命奉達日本有關當局，得有回答云：業已嚴令日本飛行人員，停止飛行租界，此事將來自然不再繼續，除非爲防衛租界及保護日僑生命財產所絕對必要。[註一]

這個回答，領袖美領以爲"不是無條件性質的保證"，[註二]而實際上，所謂日機"爲防衛租界"而飛行租界一層，租界當局自應不再沈默，却終於沈默。

日本軍用飛機，於是繼續飛行於租界天空。[註三]

4. 租界碼頭日軍登陸

日本運滬軍隊及援軍，均利用租界碼頭，從容登陸，準備攻擊華軍。二月六日，市長吳鐵城特向工部局提出抗議如下：

逕啓者：查關於日本海軍利用租界區域爲攻擊華軍之根據地一節，迭經本市長向貴局提出嚴重抗議，並促請制止，在案。現據確報，昨日有大隊日軍抵埠，係在租界登岸，登岸後即散佈租界各處，爲攻擊華軍之準備，而危害本市之治安，乃貴局猶復加以優容，殊難索解。相應重提抗議，請煩切實考慮，採取有效方法，嚴加制止。實紉公誼。再，據報，一二日內，復有大批日軍來滬，並希注意，勿得任其在租界登陸，以維持貴局嚴守中立之宣言，免重貽本國人民之誤會，爲荷。[註四]

同日，納稅華人會亦函工部局，請採有效辦法，加以制止。

接着，上海各團體救國聯合會，代表上海市商會、銀行公會、總工會、各大學教授聯合會、納稅華人會、律師公會、國民救國會、上海地方維持會、學生聯合會、憲政促成會、民治協會、婦女大同盟等八十餘團體暨三百萬居民，於二月十日，對工部局提出最後抗議云：

逕啓者：上海工部局爲世界各國住民共同組織之團體，如會員國中有一國國民有破壞工部局安寧秩序之行動時，則工部局當行使其職權，或以道德之方法，或以勢力的方法，矯正此種不守秩序，破壞社會之行爲，絕不能推諉，更不能袖手旁觀。今次暴日利用公共租界爲其軍隊之根據地，連日進攻華方，均由租界出發，敗後仍遁入租界，使中國軍隊不能自由掃蕩其暴力，市內秩序亦無法恢復，中外居民之損失，固無論矣，而工部局團體之組織秩序，亦根本破壞無遺。我滬上三百萬居民直接間接所受之損害尤大。茲由本會八十餘團體代表上海市民三百萬人，特向貴處提出最後之抗議如下：

一、公共租界所駐軍隊，應限於中立國，其態度祇能防護界內治安，不能向界外施行攻擊，所謂軍事行動之日軍，應即日掃數驅出。

二、以後日軍來華，決不能容許其再在楊樹浦方面之租界內登陸，敗退後，亦不能退避於租界。

以上兩項，務望即日實行，並請迅復爲荷。[註五]

[註一]　S. M. C.'s Annual Report, 1932, p. 27.
[註二]　領袖美領一九三二年二月十八日致工部局函。
[註三]　參閱民國二十一年二月十九日、二十日、二十七日及三月二十一日等各報。
[註四]　民國二十一年二月七日新聞報。
[註五]　民國二十一年二月十一日時事新報。

二月十三日,日本援軍到滬,通知"國際防衛委員會",將由租界匯山碼頭登岸。[註一]同日,日本領署人員往訪工部局總董麥克諾登,面致聲明書一件,如下:

　　一、日本軍隊,在原則上,將不儘多駐屯於租界以內,但當軍隊剛抵埠後,一部分不得不暫時住宿於租界之某處,租界區域以內北至匯山碼頭之日僑住宅及日有房屋,即將作此用處。

　　二、此項軍隊,在住宿於租界內之時期中,必須(甲)有步哨放在營房之入口處,(乙)使巡兵來回巡邐,以維軍紀,(丙)採取情形所必需之自衛步驟,如中國暗中放鎗之人或武裝平民憤激。

　　三、上述各點,茲先通知租界當局。同時,日本軍事當局願聲明,彼等絕無干涉或阻礙工部局捕房執行職務之意,彼等抑且十分願意,於需要搜查或逮捕中國武裝平民或暗中放鎗之人之場合,與捕房當局相合作。[註二]

日本援軍隨即由匯山碼頭登岸。同時尚有日軍繼續來滬的消息。南京外交部得報後,即於二月十四日照會英美公使,提出下列抗議:

　　爲照會事。關於上海公共租界方面聽任日本利用該租界爲軍事根據地事,業經本部於一月三十一日,二月五日及六日照會制止,並聲明租界因此發生事故,中國不負責任。二月十日准復稱:"本國政府已訓令駐東京大使,促請日政府令行上海日本軍事長官,不再利用公共租界爲根據地,攻擊中國管轄區域。"並謂"來照內容,係本國政府及關係國政府之所共同關心而繼續考慮者,本公使敢爲保證"等因。乃據報告,日軍一萬數千名,於十四日晨,在公共租界內各碼頭上岸,另有大批日軍於十五日可到;是證日本政府蔑視貴國政府之忠告,而公共租界方面,仍以該租界庇護日軍,任其以租界爲根據地,攻擊中國軍隊。中國政府特再鄭重聲明:爲因上海日軍繼續攻擊中國管轄區域,中國軍隊實行正當自衛,致租界內發生生命財產之損失時,中國政府不負任何責任。除照會英國公使外,相應提出嚴重抗議,照請貴公使即本貴國政府關於此事之趣旨,查照上述本部迭次去照,從速嚴予制止日軍以該租界爲根據地,攻擊中國軍隊,並禁止日軍在該租界碼頭上岸,免滋糾紛,並盼見復,爲荷。須至照會者。[註三]

但照會以後,日軍仍在租界碼頭上岸。二月二十四日,吳市長又照會各國領事,提出抗議:

　　逕啓者:查關於日本軍隊利用租界區域爲攻擊中國軍隊之根據地一節,迭經本市長函達貴總領事並其他各國總領事,提出嚴重抗議在案。乃迄今租界當局雖有願意維持中立之表示,但仍未聞採取任何有效辦法,以制止日本軍隊之破壞租界中立,危害中外人民生命財產之行爲。連日以來,日本援軍,又屢在租界當局優容之下,由虹口登陸,爲攻擊中國軍隊之根據。甚至日本旗艦,亦繼續停泊虹口附近,利用租界之掩護,發號施令,以攻擊我國軍民,雖明知各國船舶及其他產業,必因此而蒙軍事之影響,亦所不恤。本市長暨本國軍事當局,對於租界內中外人民財產之安全,本極關懷,惟處此情形之下,本市長不得不重提抗議及嚴重聲明,所有關於租界當局不能制止日本軍隊利用租界區域爲攻擊中國之根據地所發生之一切結果,本國政府概不負任何責任。再爲安全計,本市長請貴總領事、貴領事通飭住居於戰區附近或日軍駐在地附近之貴國僑民,設法遷避,及轉知貴國海軍當局,勿將軍艦及其他船舶停泊於日軍根據地附近,爲荷。相應函達查照。[註四]

[註一]　S. M. C.'s Annual Report, 1932, p. 27.
[註二]　同上註,頁二八。
[註三]　民國二十一年二月十六日時事新報。
[註四]　民國二十一年二月二十五日時事新報。

二月二十五日,外交部又致英、美、法、意公使或代辦照會云:

　　爲照會事。項據報告關於傳稱中國軍隊礮擊公共租界內各地點一事,貴國駐滬總領事聯同其他各國領館長官,向本國地方當局提出抗議。查中國政府對於公共租界居民之安寧,因此所受之危險,雖誠爲惋惜,但無論所稱之礮擊,來自日方抑或來自本國方面,本部長有不能不鄭重聲明者,即:此種狀態,本國殊難負責,本國政府業經迭次指明日本軍隊完全不顧公共租界特殊之地位,而以該租界爲根據地點,俾軍隊得以登陸,向本國管轄地帶內之本國無辜市民及軍隊,肆行不當之攻擊,本國政府對於此種侵略行爲,既不得不予抵抗,以維護國家之榮譽與生命,則因此種抵抗對於公共租界所發生之一切損害,其責任應由大半賴公共租界爲其侵略行爲發動地點之方面負之,此節業經本國當局向有關係國通告,在案。中國政府現據報告,近數日來,又有日本軍隊開抵上海,並再有多數援軍,正自日本開拔,本部長玆特請貴公使(代辦)立即採取必要步驟,防止日軍在公共租界登陸,並利用該租界爲軍事行動之根據地點。本部長並請貴公使(代辦)用最有效方法,使公共租界爭鬥之狀態,不致仍然存在。誠以公共租界附近流血之爭鬥,該項狀態,使之然也。所熱切希望者,即公共租界當局,勿再使日軍繼續利用該租界以犯違反國際公法及人道之罪惡也。相應照會貴公使(代辦)查照辦理爲荷。須至照會者。[註一]

二月二十八日,日本到滬援軍,仍在租界匯山碼頭上岸。[註二]三月一日,中國軍隊開始退第二防線。[註三]

5.工部局對於租界地位的聲明

戰爭開始以後,因租界方面種種事實,上海中國官廳及人民團體,紛紛向工部局提出抗議。工部局乃於二月十五日發表下列關於租界地位,特別關於中立問題的聲明:

　　因關於公共租界在此最危急時期與列強之關係一層,一般人心中似存有許多誤會,故希望總裁提交工部局之下列意見,對於澄清時局,或具若干效果。

　　此種誤會之大部分,顯然大半由於一般居民在區別中立國(Neutral State)與得稱之爲規定中立國(Neutralized State)間所遭困難而起。

　　無論就何種意義而言,公共租界非一獨立國家,但該租界有某某種獨一無二之性質,乃使其在某某方面,足與一獨立國家有類似,而有正當理由,試將近代國際法內所稱"中立"字樣加以解釋,並將中立國與規定之中立國明晰區別。

　　所謂中立國者,即出於自擇而不加入戰爭之國,易詞言之,中立國之行動,係出於自願,而不爲外來之勢力或脅迫所左右。

　　"中立"字樣之適用範圍較廣中立之狀況,可宛似爲人工造成,此種造成中立之辦法,謂之"規定中立"。

　　國家之規定爲中立,或由於通例,或出於條約,所謂通例者,其意義爲默認,或爲以此種默認爲基礎之慣例。

　　國家之經規定爲中立,其所欲達之目的,或恒非完全相同,但常有一種欲達之根本目的,即保護不受毗鄰各國之侵犯或攻擊是,爲毗鄰各國之全體利益起見,此種辦法,就大體而言,經認爲得策。

[註一]　民國二十一年二月二十六日時事新報。
[註二]　民國二十一年二月二十九日時事新報。
[註三]　參閱本通志沿革編。

經如是規定爲中立之國家，不僅預定此種國家不加入其毗鄰各國所有之戰爭，抑且預定此種國家之自身不爲戰爭之主體。

規定之中立國，其行動自由經受此種限制，所得之報酬，爲使該國得有保護不受毗鄰各國之侵犯。

比利士、瑞士以及盧森堡，皆爲經由條約而爲規定中立國之例證。

大概各國皆可坦然承認，本局歷屆董事會，皆恪守公共租界爲一中立區域與中立國相類似之原則，且從未使該租界捲入界內居民所屬各國間一切戰爭或國際糾紛之漩渦。

關於公共租界之地位，研究其或能爲規定中立區與規定中立國相類一層，事非如此簡單。

上文業經指明，規定之中立國，僅由通例或條約造成，無論何人，倘以爲公共租界業經在界內有政治上或其他關係之各國，訂立條約而造成爲一中立區，其主張能否成立，實堪懷疑。究竟公共租界是否業由通例，或換言之，業由各該國默認或同意，或根據是項默認或同意之慣例，而成爲一規定之中立區，或爲各該國政府不能意見一致之問題。

設爲辯論計，假定公共租界業經各該國規定爲中立區，則於必要之時，其應負協力禁阻任何一國武裝軍隊破壞該中立區之責者，乃爲各該國，而非工部局。

與租界中立之複雜問題有密切關係者，爲各外國政府所派來滬各軍隊之地位問題。

公共租界之外僑社會，自有租界以來，業經按照"自衛公例"（The Law of Self‐Preservation），要求有自行保護，以抵禦外來攻擊及內部紛擾之權，並於中國遇有內戰，以致危及租界之政治上及土地上之完整時，常維持一武裝中立之態度。

業有多次，當界內軍警不足保護租界以抵禦任何中國政黨或軍閥或徒黨之以兵力或暴徒攻擊時，經請得某數外國之海陸軍援助。

有若干外國海陸軍隊之在界內登陸，顯係爲保護各該國人民之生命財產。但在實際方面，知實行保護各該國人民之最佳辦法，爲由各國軍隊，按照預定保護全部租界之計劃或方法，並商得各國軍隊司令官之同意，在統一指揮之下，聯合行動。

此種情形之下，有殆不能否認者一層，即至少有若干外國，經以協定，創立並維持公共租界之中立局面，以抵禦中國政府或政黨或徒黨之任何武力或侵越之行動，爲勢將損害租界之政治上或土地上之完整者。是項中立局面，其範圍是否即此而止，或爲一爭論問題。

此項有限制之公共租界中立局面，其創立與維持，純爲防禦起見，且從不爲攻擊中國或任何他國起見。

在一九三二年一月二十八日宣布戒嚴數月以前，駐滬各國軍隊司令，連日本司令在內，曾協定一種純屬防禦性質之防守公共租界計畫，該計畫並未計及在實行之時，中日兩國之間，將有一種戰爭之實況。

照此計畫，租界之外週，劃分爲區，每一國軍隊，撥歸一指定之區，分別擔任防護各該區之責。

日本軍隊之派遣來滬，爲保護該國人民，北區有多數日僑以及廣大之日本利益，故日本司令，自然望將北區撥歸日軍。

各國軍隊之分防各區，工部局不負任何撥派之責。

將日本軍隊撥歸北區，純爲防務起見，其意在公共租界全體之保護，與將其他各區之撥歸其他各國軍隊，根據正確切相同，倘日本軍隊有超越防務計畫所定純粹防務之外而有作爲，則不能使租界當局，亦不得使他國駐滬軍隊司令，負其責任。

關於此層，尚有應記憶者一端，即工部局對於列強之軍隊，並無任何威權或管轄權，故對於各

該軍隊之行爲，不能負任何責任，蓋此項軍隊，對於工部局並不直接負責，惟僅對於各該國政府負責耳。[註一]

工部局發表了這一聲明書以後，上海華人團體始有所悟，乃直截提出“應即請地主國政府，速行盡保護租界中外居民生命財産安全之責任”的要求；納稅華人會於二月二十六日致函工部局云：

逕啓者：准上海市民聯合會、上海各路商界聯合會會銜函開：“此次日軍亂滬，憑藉租界作戰，我國軍爲尊重中立慣例起見，不予進擊，殲滅蠻橫，實以深信工部局及各有關係防軍，在今日情勢之下，自力足以實行中立辦法，以保護界內中外人民生命財産之故。項該工部局總裁費信惇釋明中立區意見，使吾國政府人民，恍然大悟，租界並無實在之中立性質，僅虛有其託辭耳。且該釋明意見公然明白表示，此次日軍破壞界內之安全，工部局不負責任，有關係各友邦之防軍，亦不負責任，由是言之，界內日軍儘可任意橫行，因工部局與各有關係友邦之防軍，亦無可如何之故，豈非界內中外居民之生命財産，均失所保障乎？豈非公共租界成爲世界上最無保障，最爲危險之區域乎？本會心所謂危，相應函請貴會速函工部局，並請該局速轉有關係各友邦政府，於此實際狀況之下，應即請地主國政府速行盡保護中外居民生命財産安全之責任，爲荷。”准此，查貴局發表解釋，聲明公共租界之實際地位，毫無隱飾，表示界內安全，以種種法律上與事實上之關係，絕難負責維持，意思之間，日軍應負破壞安全之責任，具見貴局態度光明，絕非橫蠻之日軍可比。不過此種安全，究應想一切實維持之方法，免被無紀律日軍之根本完全破壞，則在法律上及事實上保護界內中外居民財産之安全，地主國實責無旁貸，否則八十八年來之國際貿易樞紐，必崩潰無遺。本會對於上述兩會之意見，殊有贊同之必要，准函前因，相應函達，希煩查照，急速進行，以免再失時機，爲荷。[註二]

對於此種要求，一方面雖明知“公共租界非一獨立國家”，而另一方面却又念念於所謂“租界之政治上及土地上之完整”的租界當局，不會加以理會，自是意想中事。甚至中國第五軍欲派四十個儀仗兵，經過公共租界一部分地方，去參加爲中國捐軀的美義士蕭德上校（Lieut. Robert Short）四月二十五日虹口飛機的葬儀，這要求也未能實現。[註三]

四　租界的恢復常態和處置善後

1. 從罷市到開市

一月二十八日午夜日軍“向華界進攻”，二十九日上海市商會發出緊急通告，三十日全市商店一律

[註一]　S. M. C.'s Annual Report, 1932, pp. 28-30. 此處譯文，第一二兩段，爲編者補譯，其餘抄自上海租界納稅華人會重要文件，頁一〇至一三，惟經校對原文，偶有改正。並爲依原文分段。

[註二]　民國二十一年二月二十八日新聞報。按關於公共租界中立問題，徐公肅曾發表“上海事件與上海公共租界之中立”一文，見中華法學雜誌第三卷第三四號合刊，闡明租界歷來中立，並無條約或國際公法的根據，其結論爲：“上海公共租界之所謂中立，實爲一種特殊狀態，且於領土所屬國之主權，有絕大之妨礙。至此次日本軍隊根據公共租界，攻擊吾軍，固得謂爲破壞租界之中立；然日軍之得以駐兵，蓋即藉口於保護租界之治安，維持租界之中立。日本當局曾公然明白申明：此次舉動，其目的在對於所決定佔據區域內之多數日本僑民，加以保護；遇必要時，此種手段，實可包括在防衛公共租界計劃範圍以內（原註：見國際聯盟調查滬案委員團第一次報告書）。是一·二八之禍變，實由於日人藉口維持公共租界之中立局面所造成。故日人根據租界，攻擊吾軍，吾人固當反對；而上海公共租界歷來嚴守之所謂中立，國權所關，亦不應表示贊同也。”

[註三]　民國二十一年四月二十九日，日本軍人慶祝“天長節”。在虹口公園舉行閱兵式，發生韓人擲彈死傷日本文武官員事。五月六日，Shanghai Evening Post and Mercury 發表署名 Against Annexation 者的通信，內云：“我們大多數應該在日皇生日慶祝之前告訴日本人，説那樣一個示威，在此地上海，在這時候，是絕端不聰明的。總之，這不是確確實實的日本地方。如果領事團覺得必須拒絕允許中國派第五軍儀仗兵通過公共租界之一部分地方，參與爲中國捐軀的那個外國飛行家的葬儀，那麼爲什麼日本人不想想，以數千日本兵士，在公共租界各馬路遊行而到虹口公園舉行一次軍事大示威，這對中國人影響如何？四十個儀仗兵（他們的軍器中裝或不裝軍火）會危及整個公共租界。數千兵士遊行於虹口，因爲没有人説個不字。”

"罷市禦侮"。銀行業公會、錢業公會、交易所聯合會、航業公會,"公同集議,決於二十九日起,停市三天,以表哀痛"。[註一]銀錢業繼又續罷三天,二月四日始行開市。[註二]

工部局初則不以罷市爲然。[註三]繼則欲設法恢復市面。[註四]但租界某種狀態,繼續開展,爲華人所大不滿,租界市民因提出要求"非達目的,寧願犧牲一切,決不開市";該項要求經納稅華人會於二月十二日函達工部局:

逕啓者:准南京路商界聯合會、市民聯合會一區分會會銜函開:"頃據本路商店會員來會面稱此次上海事變,因公共租界工部局有便利日方軍事行動之事實而起,以致商業停頓,爲特召集緊急會議,一致議決三項條件,如左:

一、須日兵完全退出上海;

二、工部局須收回租界警權,並追查失蹤居民,爲納稅人盡保障安全之義務;

三、上列兩項條件實行後,工部局須負責制止日僑,不得借詞挑釁,並不再有慘無人道之野蠻舉動。

爲貫澈主張,爲求生存,非達目的,寧願犧牲一切,決不開市。希煩轉知工部局,採取有效辦法,俾可早日恢復,共謀福利,爲荷"等因。准此,查此次日軍亂滬,事實上由於日軍得有租界之便利而起,任何人所不能否認,本會與各公團迭函貴局迅採有效辦法,迄未執行,殊爲憂慮。設長此遷延,恐上海之繁榮與中外人之利益,直接間接均爲日軍所毀滅矣。准函前由,相應函請查照,迅即辦理,爲荷。[註五]

三月一日,南京路永安公司、先施公司和新新公司開業。[註六]三月二日,各路商界總聯合會和特區市民總聯合會,聯名宣言繼續罷市,以消極抗議日本軍事行動,並喚起工部局方面收回租界警權及充分保護租界中國居民。[註七]

嗣各路商界總聯合會、市民總聯合會及法租界商界總聯合會等三團體,於三月二十七日聯席會議,決定四月一日開市。三月三十日該會等推派代表,往晤工部局總裁費信惇,接洽保護開市辦法,其致費信惇函云:

逕啓者:自一月二十八日日本駐滬領事於接受上海市長滿意答復後,日軍又於深夜背棄信義,舉兵肆暴,不獨閘北軍民爲其礮火之對象,即租界市民亦受拘捕、毆殺、侮辱之慘劇,雖英美官吏,男女僑民,竟皆不免。後且刱捕房蹂躪行政,致使中西巡捕,俱在解除武裝反常威脅之下,失卻行使職權之自由。於是貴局艱苦建樹,維持治安威權,八十年來租界光榮之歷史,深陷不幸之遭遇,全市納稅華商,痛受環境壓迫,閉門停業,以待援救,屈指時計,已將兩月。今日虹口警權,雖漸恢復,而危險狀態,依然存在,此非協助貴局增加警備,不足以致安寧。敝會等有鑒於此,業已勸令全市會員,於四月一日冒險開市,抒其奮鬥之精神,以求全作之實力。惟開市以後,虹口區域之華商,是否能安然營業,是否能絕無危險,鑒於前事,未敢自決。茲特推舉蔣君毅、瞿振華、周輔璋三君爲代表,提出下列之建議,請貴局分別示復,蓋是項建議果能實行,不但現在華商之顧慮

[註一]　民國二十一年一月三十日各報。
[註二]　一·二八時期的上海金融界,見大晚報"上海通"週刊五二期。
[註三]　民國二十一年一月二十九日時事新報記者詢問工部局對於罷市的意見,總裁費信惇"表示既有義勇軍維持市面,不應罷市"。見一月三十日該報。
[註四]　民國二十一年二月十二日時事新報。
[註五]　民國二十一年二月十三日時事新報。
[註六]　North-China Daily News, March 2, 1932.
[註七]　China Press, March 4, 1932.

可息,即含有國際關係之工商業,亦可得一充分發展之基礎也。建議五項如下:

一、請貴局對於虹口區域各商店,須遵重納税義務下之權利,設法使日兵從速撤去,並予以充分之保護,俾各商店得安全開市,對於其他區域,亦爲同樣之注意。

二、請貴局在日兵尚未撤退之前,對於日兵駐巡地點,須增派中西巡捕崗位及萬國商團,以防止可虞事變。

三、請貴局尊重納税華人義務下之權利,對於納税華人所受損害,妥籌辦法。

四、請貴局對於被日軍拘禁尚未釋放之市民,須盡力救之出險。

五、請貴局妥籌足以應付反常局勢,保護全市中外納税人安全之警備計劃,關於此點,敝會等站於納税人應與貴局共負合作責任之立場,願充分貢獻意見,請貴局先將組織防軍委員會經過歷史及現在施行之組織法與章程,詳細抄示,以資參考。[註一]

三月三十一日,各路商界總聯合會、市民聯合會及法租界商界總聯合會,會銜發出"爲長期抵抗忍痛開市公告",云:

　　爲公告事。查日兵雖仍犯境,而政府已下抵抗之決心,工部局亦積極恢復警權,上海市社會局又以設法開市爲訓,因於三月二十七日聯席會議,決定於四月一日忍痛開市。除呈復政府,發表宣言,並請工部局保證治安上絕不發生恐怖問題外,特此公告。[註二]

四月一日,除虹口外,租界商店均開市。

2. 戒嚴的撤消

戰爭開始後,虹口方面,工部局不僅捕房和火政處停止職務的執行,而且工務處亦停止工作一個多月,[註三]所設學校,除愚園路西童女學(Public School for Girls, Yu Yueu Road)和地豐路西童男學(Junior School for Boys, Tifeng Road)兩校仍繼續上課外,其餘各華童中小學及北四川路的公立暨漢璧禮西童男學(Public and Thomas Hanbury School for Boys)、文監師路西童女學(Public School for Girls, Boone Road)、榆林路西童女學(Public School for Girls, Yulin Road)和文監師路的漢璧禮西童女學(Tomas Hanbury School for Girls),均經停學,[註四]所設醫院中,靶子路外僑隔離醫院(Isolation Hospital for Foreigners)、海寧路華人隔離醫院(Isolation Hospital for Chinese)、海能路精神病院(Mental Hospital)、海能路華捕醫院(Chinese Police Hospital)、[註五]吳淞路印捕醫院(Indian Police Hospital)、蘇州路外僑肺病施診所(Tuberculosis Clinic)暨吳淞路維多利亞看護院(Victoria Nurses' Home)[註六]也都遷徙。[註七]

三月一日,中國軍隊開始退守第二防線。三月四日,狄思威路區域開始開放。三月七日,工部局設立的各學校開學。[註八]三月十二日起,"自夜間十時起至次晨四時止"的戒嚴時間,改爲自夜間十一時半起至次晨四時止。[註九]三月三十一日上午四時起,完全取消"所有居民人等,於規定鐘點内,概須

[註一]　民國二十一年三月三十日申報。
[註二]　民國二十一年四月一日申報。
[註三]　S. M. C.'s Annual Report, 1932, p. 210.
[註四]　S. M. C.'s Annual Report, 1932, p. 251.
[註五]　同年十月,該醫院與印捕醫院合併,遷入華德路新屋,稱爲"工部局巡捕醫院"(Municipal Police Hospital)。
[註六]　今已遷大西路。
[註七]　S. M. C.'s Annual Report, 1932, pp. 128, 166–171.
[註八]　S. M. C.'s Annual Report, 1932, p. 32.
[註九]　工部局佈告四一九七號。

留居戶內”的戒嚴限制。[註一]六月十三日,始宣告解嚴。[註二]但“滬西豐田紗廠、同文書院、滬東楊樹浦日華內外棉各廠,及虹口各地,因屬日軍區域內,仍戒嚴如故,猶未恢復原狀”。[註三]

3. 捐稅的減免

二月十一日,正當虹口成爲恐怖世界的時候,上海特別市黨部以下列一函致送與市商會、市民總聯合會、納稅華人會,對於華人繳稅事,有所指示:

　　逕啓者:查上海公共租界之市政機關,本爲各國住民共同之組織,故一切市政建設、警備、消防、教育、衛生等各項行政經費,莫不取給於中外住民之稅捐,而尤以我華人所納之稅額,占工部局收入之大部。衡以權義相等之義,租界當局,應負有維持公共秩序保障市民安寧之絕對責任。今日軍憑藉租界,襲擊閘北,對於界內華人,視爲仇敵,恣性殺戮,飛機炸彈,到處拋投,遂致市廛印墟,生靈塗炭,租界北區一帶,暗無天日,已成無政府之狀態,而租界當局,尚熟視無覩,袖手旁觀,其放棄職守,歧視國人,實已無可爲諱。我租界市民,年納巨萬之稅捐,今仍遭殺身之禍,破產之危,齎寇兵而資盜糧,於義更有何取? 此就權利義務言,應即停稅者一也。

　　自日寇侵襲以來,轉瞬兩週,雖連遭挫敗,尚復增兵不已,戰線既經擴大,戰禍勢必延宕。今商已罷市,工多失業,社會機構,支解無遺,尚何餘力再付稅捐? 此就經濟能力言,應即停稅者二也。

　　上海本爲繁華之都市,今已成瓦礫之沙場,我工商界數十年辛苦之經營,尚不值日兵一朝之破壞,人道滅絕,公理掃地,即今後再圖復興,亦奚能保不爲帝國主義者所摧殘? 人存隔岸觀火之心,我遭焦頭爛額之慘,又何必悉索敝賦,竭澤而漁? 此就商業前途言,應即停稅者三也。

　　租界既爲中立之區域,軍警復爲國際性質,則日本之單獨行動,必爲租界當局所特許,否則以一國之關係,任其破壞國際中立之地位,今公共租界配置防區,以日兵任虹口一帶,且聽其驅逐巡捕,佔據捕房,縱火殺人,造成慘劇,可知日兵之所爲,租界當局,實應負其連帶之責任,非有相當救濟之方法,自不宜再繳稅捐,自貽伊戚。此就公理人情言,應即停稅者四也。

　　今租界各區,瘡痍遍地,救死扶傷,已苦不給,而本季巡捕捐又將徵收,哀我市民,何以堪此! 本會茲特提議,租界當局,如不將日兵及日本浪人驅逐出境,並仍任日兵在租界登岸,則我人一切稅捐,惟有概行停繳,以資扼注。此非故意構怨於人,蓋亦弱者不得已之自衛權利也。貴會爲商民、市民、納稅人之代表團體,休戚相關,應請從長討論,決定辦法,隨時見復,以便一致進行也。[註四]

納稅華人會則“觀察現在局勢,非納稅人與工部局之爭執問題,實爲一種國際關係與能力問題”。[註五]同時,納稅華人亦有個別致函納稅華人會的,或則“函請即日通告全體市民,在日軍未退出租界以前,暫行停付捐稅,以示權利義務之均衡”,[註六]或則提議“緩”繳捐“稅”,以“促工部局迅即履行應盡之絕對責任,冀以最有效之斷然處置,遏止日兵在界內之作戰計劃”;[註七]納稅華人會“對於此種請求,必復以此係能力問題,並非意旨問題”。[註八]

[註一]　工部局佈告四二一二號。
[註二]　S. M. C.'s Annual Report, 1932, p. 32.
[註三]　民國二十一年六月十四日時事新報。
[註四]　民國二十一年二月十二日時事新報。
[註五]　納稅華人會民國二十一年二月十三日復市黨部函。見上海租界納稅華人會重要文件,頁二二。
[註六]　葉家興民國二十一年二月十三日致納稅華人會函。
[註七]　王持平、錢立羣、陳仲達民國二十一年二月十四日致納稅華人會函。
[註八]　納稅華人會民國二十一年二月十四日復王持平等函。

三月四日,工部局恢復狄思威路區域"警權"。四月一日,租界商店宣告開市。虹口一帶,工部局開收市政捐即房捐或稱巡捕捐。納稅華人會於四月一日,以虹口納稅華人對於工部局收捐的意見,及收捐情形的報告轉達工部局時,有如下的表示:

> 查此次日軍犯滬,破壞租界中立性,虹口一帶市民,更因貴局之無力維持該處一帶治安,不能享受納稅義務下之權利,以致遭受空前浩劫,流離遷移,損失無可勝計。在此期間,居住且不可能,遑言營業? 同時貴局崗巡,亦均撤退,是自本年一月至三月即稱爲春季者,直接受戰事損害區域之巡捕捐,自應一律豁免。此外,各區形勢上雖較和緩,實際上則商業完全停頓,經濟週轉,在此非常時期,感受特別困難,亦屬事理之常。嗣後貴局收捐,應秉和緩態度,予以時間上之通融,至收捐人員,亦以多用華人爲宜,庶言語不致誤會,感情不致隔膜。統希察照辦理,並乞示復爲盼。[註一]

四月十一日,納稅華人會舉行第十屆第一次代表大會,對於市政捐問題,有所決議,並於次日函達工部局云:

> 逕啓者: 此次日兵犯滬,商民居民,損失浩繁。蘇州河以北,受害更甚。本會曾函貴局,表示豁免市政總捐,以資救濟,迄未見貴局函復,並有所公告,殊爲系念。查蘇州河以南,雖經開市,然營業蕭條,不堪言狀,金融週轉維艱,可想而知。蘇州河以北,因日兵尚未撤退,商店大都不能或不敢復業,其與居民之日用所需,已虞無以爲繼,捐稅之出,何來應付? 本會特於四月十一日提交納稅人大會討論,詳加研究,僉謂: 工部局爲納稅人之工部局,所有該局費用,自應由納稅人負擔,納稅人之生命財產,被日兵蹂躪,果已人人皆知,而工部局以地位與職權關係,亦成爲被蹂躪者,亦不可不予諒解。現在納稅人之經濟能力,既因日兵之破壞行爲,已臻難於負擔捐稅之程度,而工部局更因緊急狀態之費用增加,預算之均衡亦已爲日兵之戰事運動所間接破壞,僵局已成,非從長計議,斷不能逃出破產之境; 因此公共決議: "蘇州河以北之市政總捐,暫行停止收取,此外亦應顧及納稅人之經濟能力,其最後決定與損害賠償之要求,均交本會執行委員辦理"等因。相應函達,希煩查照。倘貴局如有兩全辦法見示,以資參考,尤所盼禱。[註二]

繼又因虹口納稅華人報告,甫行遷還,"收巡捕捐人即跟踵而來",且"其勢洶洶",該會向工部局重申暫停收捐之請。[註三]

工部局乃停止收取市政捐及執照捐約二星期。[註四]五月中,工部局公告關於受戰事影響特重各區內的減免捐稅辦法。[註五]該項辦法如下:

> 北區及東區:
>
> 　甲、華籍納稅人:
>
> 　　坐落北虹口捕房區域內之房屋——免繳二個月。
>
> 　　坐落嘉興路、匯山及楊樹浦捕房區域內之房屋——免繳二個月。
>
> 　　坐落匯司捕房區域內之房屋——免繳一個半月。
>
> 　乙、其他納稅人,免繳限制如甲項,應視各個情形定之。
>
> 中區及西區:

[註一]　民國二十一年四月二日申報。
[註二]　民國二十一年四月十三日申報。
[註三]　民國二十一年四月十七日申報,納稅華人會致工部局函。
[註四]　S. M. C.'s Annual Report, 1932, p. 319.
[註五]　民國二十一年五月十一日申報。

一律不減。

各區：

某種特殊情形，應與以較上開更爲寬容之待遇者，各視其情形定之。凡坐落租界界址以內而劃在防線以外之房屋，及因軍事行動結果受損之房屋，均歸此類。

無論何種情形，最高額數，不得超過免繳三個月。[註一]

依此辦法，要求免繳捐稅的請求，約有四四、七二〇起，經工部局考核准免的，共計三九〇、五九〇兩。這是工部局財政所受的直接影響，此外，工部局產業的發展受阻，以及空屋的多得反常，那是間接的影響了。[註二]

五 關於租界問題的提出和探求解決

1. 越界築路交涉的積極進行

一・二八戰爭及其前後，租界的所謂"國際防衛計劃"，其"防衛"區域包括租界北界以外的諸"工部局道路"，及西界以外的一部分"工部局道路"，前者屬日本軍隊"防衛"，並於實施"防衛"時，揭開了戰爭的序幕，後者歸英國軍隊"防衛"：均見前述。

關於英軍越界"防衛"一層，市政府曾於戰爭開始後，函請英總領事白利南(Sir J. F. Brenan)轉函英國軍事當局，加以制止。英總領事旋於二月五日復函，說那是"臨時辦法，經情形准許時，即可停止"云云。但五月五日中日停戰協定簽定之後，該項越界"防衛"的英軍，仍不撤去，市政府乃又於六月十一日致函英總領事白利南請他從速轉函撤退云：

逕啓者：查關於貴國軍隊越界佈防一案，前經本府函請貴總領事轉函制止，旋於二月五日奉貴總領事復函，係屬臨時辦法，經情形准許時，即可停止，在案。現在上海停戰協定成立，日方軍隊次第撤退，時局已告平靖，本府警力儘可維持地方治安，所有本市境內各國僑民生命財產，本府應負完全之責。茲查滬西喬敦路相近哥倫比亞路及白利南路、凱旋路西兩處，均尚有貴國軍隊留駐，應請貴總領事轉致貴國軍事當局，迅將以上兩處軍隊撤退，以重主權而敦友誼。相應函達，即希查照，並盼見覆，爲荷。[註三]

六月十三日，租界解嚴，租界越界道路上和租界以內各外國"防衛車"，除日軍外，均經撤退。[註四]

同時，租界在其西區越界道路上，且有修築路面等事，經該管公安局分所查明，具報市政府，市政府於五月十二日向工部局提出抗議云：

逕啓者：案奉市長交下市公安局呈一件，內稱："據六區二所報稱：'查一月二十八日中日發生戰事後，租界工部局乘我政府無暇顧及路權，遂在各路偷修，並派武裝英兵保護，阻止通行，計在安和寺等路裝設電燈桿五根，該東西兩端新鋪煤屑，喬敦路西至鐵路東，新鋪煤屑兩里許，裝設電燈桿十四根，海格路、福開森路西端新築木橋一座，喬敦路中原有木橋一座已被拆除，河浜亦已填平，凱旋路上水浜亦被填平三分之一以上，各路均已偷築竣工，理合將偷修各路情形，報請鑒核。'等情，前來，理合備文呈報，仰祈鑒核。"等情。據此。查上開各路，在租界範圍以外，該局未得本府核准，擅自鋪蓋各路路面，並填平河浜，築卸橋樑，裝設電桿，殊屬妨害主權。相應提出抗

[註一] S. M. C.'s Annual Report, 1932, pp. 33－34.

[註二] 同上註，頁三一九。

[註三] 民國二十一年六月十二日申報。

[註四] 民國二十一年六月十四日申報。

議，即煩查照，轉飭注意，並希見復，爲荷。[註一]

而一・二八戰爭後，整個租界越界道路問題，亦即由市政府積極努力交涉。交涉情形如下：

民國二十一年四月，市政府與工部局各派代表二人，開始非正式之磋商，即以雙方所提之方案爲討論之根據。經過數月之久，始經雙方代表同意，擬定臨時辦法，分別呈請上峯核准。該項臨時辦法，現尚未至公表時期，惟大體上，於遷就事實之中，仍以願全國家主權爲主旨。

上項臨時辦法，工部局方面，因日方表示異議，以致無法正式簽訂。嗣經各方磋商，漸次接近，故上海市政府方面，現仍繼續努力進行其交涉工作，以期此關係國家主權之越界築路問題，從速圓滿解決。[註二]

2. 從租界安全問題的探究到創設自由市的企圖

一・二八戰爭的經過，關於公共租界方面，在某一部分中外人民的頭腦中，留下了一個所謂安全與繁榮被破壞的問題，於是有探求解決的意思。

納稅華人會於一九三二年民國二十一年四月十一日舉行代表大會時，主席徐寄廎的開會致詞中，説及所感租界安全將時有可慮一層，云：

本屆之代表大會與民國十七年之代表大會，在本會歷史上，與上海之市史上，有同樣之特別重要。十七年之代表大會，爲本會史上第一次代表大會，其任務選舉第一屆董委加入公共租界工部局，而造成市史上一新記錄；本屆之代表大會，其任務則爲於法於理之中，維護上海爲日兵直接間接所破壞勢將絕滅之繁榮。在現在獨立國家中，依法依理，本不應有租界之存在，惟租界地位既非現代所成，則其歸還，自應有過渡期間，雖不能謂須數十年，然五年十年之期，亦或爲我人所容許，蓋劇變固不如演化也。與租界有關係之人士，於租界安全常慮爲人破壞，且積極阻止其破壞，所以八十八年間，其中立性確能維持，吾人可深信，外人方面，甚至我邦人士，亦莫不以租界爲較爲安全之區域。惟自一月二十八日晚十一時二十五分起，迄於今尚未一定之時，此種租界安全之信任心，完全被外來之軍隊所破壞，此外來之軍隊，非主權國之軍隊，而爲與租界有關係之各國中之一國，即日本之軍隊，此果非吾人所能料及，恐更非日人外有關係之人士所能推想而知。從此可知世事無常，人事靡定，禍變常出於成見之外。不過在日人去年九一八日晚，藉詞用兵襲我遼、吉、黑之後，上海方面已寓亂機，本會防微杜漸，一再函告工部局預爲防備，吾人重要之證據，爲日軍曾以工部局拘留汹湧之日海軍陸戰隊之故，而佔領虹口捕房，經道歉了事。是知日人對於租界之地位，顯無尊重之意，則此次之租界爲作戰根據地，即使有關係國之防軍充分，亦屬無能爲力；如其不信，請讀費信惇總裁於租界中立性之説明，該説明謂租界非國家，無主權，故中立性之破壞，工部局不能負責，負責者係各有關係國之政府。此種説明，我人認爲極合法，極合理，尤極合事實。然而租界之事實如此，而所以維持安全之方法如彼，八十八年來之安全，能不破壞者，實僥倖耳，殊非人謀。凡有關係之人士，迄今當能覺悟，蓋租界之有關係者，非止一國，設有一國在今日以租界爲作戰地，而工部局無力抵抗，各有關係國之防軍，即使能力足以抵抗，在未奉本國政府之命令前，亦不敢動，而各關係國之政府，又以關係深淺，親善各別，且絕不願爲我國領土內彈九之租界而與破壞戰，如是推測，租界之安全，誰可保證其不時有搖動之虞哉？由上述觀之，本屆之代表大會，實負有重大之使命。吾人當竭盡智能，從法從理，從事實，用和平奮鬥精神，謀所以

[註一]　民國二十一年五月十三日申報。
[註二]　據市政府稿，見民國二十四年上海市年鑑，頁二四。

維護安全，使垂盡之繁榮，不致再被破壞，且謀所以復興之道。[註一]

四月十三日，上海市民總聯合會、各路商界總聯合會、各區分會暨轉運、報關、銅鐵、機器、呢絨、工廠、古玩、繡業等同業公會及救國十人團聯合會等百餘團體，以中文及英文，發表下列宣言，對於以後租界安全的維持，有所主張云：

一九三二年的上海歷史，在今日以前，已有了無數頁的悲慘紀錄，這些悲慘紀錄，不但使上海的現在中西納稅人都受着直接或間接的損害和痛苦，並使管理上海市政的工部局成爲此悲慘紀錄中的被害人，而租界八十八年來的繁榮市場，亦因是痛遭浩刼。上海租界納稅華人會已於昨日在我們納稅華人投票委託之下，接受了委託，擔任了製造今後上海歷史的責任。今日以前的悲慘紀錄，我們雖已無法使之消滅，但是對於受損害受痛苦之中西納稅人，被害的工部局，以及痛遭浩刼的上海繁榮市場，却不能不用合法合理的精神，爲維護與復興的奮鬥。因此我們不得不在過去的教訓中，尋出一條奮鬥途徑來。誰都不能否認，所有最近悲慘紀錄的製造者，是奉行日本對華政策的日本軍人，他們因欲完成對華政策，便不惜八十八年來上海中西納稅人心血所造成的上海繁榮市場，不顧現在上海中西納稅人的痛苦，以及管理市政工部局的地位，毅然破壞中西納稅人所共有的繁榮市場。誰都知道，一月二十八日以前的在滬日本軍人，是租界防軍委員會中之一員，是受了工部局的付託，負有維護租界治安的責任，現在事實告訴我們，這負有維護租界治安責任的日本委員，不獨拋棄了責任，并且躬自破壞治安，於此我們不能不責備上屆工部局的董事會，他們虧負了中西納稅人，錯誤了他們的付託。我們真要責備上屆董事會嗎？我們知道，他們在付託的時候，並無惡意，我們不看見上屆總董麥克諾登少將的事後奮鬥，雖然種種奮鬥並未在過去期間發生效果，但是平心靜氣講，應該承認他們已盡了相當責任。上屆董事會已把未完的責任，已移交給本屆董事會了。我們要維護與復興勢已垂危的上海繁榮，應該直接督促華董，間接督促西董，負起責任來。在另一方面，我們鑒於過去的教訓，應當直接喚起納稅華人，間接喚起納稅西人，來盡力協助董事會，擁護中西納稅人所有的工部局。因爲中西納稅人，是現在租界的主人翁，租界所受的過去空前浩劫，固然有許多納稅人責備董事會，責備工部局，但是中西納稅人也不能不同負責任。所以今後維護與復興勢已垂危的上海繁榮，不獨董事會應該負責，納稅華人會的代表大會應該負責，凡是住在租界範圍以內的中西納稅人，都應該共同負責。我們就過去事實看，知道破壞繁榮，悲慘的主角，是奉行日本對華政策的日本軍人，但是請這位主角演劇的是誰？目擊這位主角離開了法治精神的尊嚴、互助、合作的原則，維護治安的戲目單，獨表演中西的納稅人所不願看不喜歡的悲劇，而無法阻止的，又是誰？在這兩個問句之中，我們可以舉出一個答案來，是過去歷史遺漏下來的組織防軍委員會的組織法。上海領事調查團說，防軍委員會主席無權指揮委員，費信惇總裁說工部局無權干涉防軍委員會，他們都受了以前遺留下來的防軍委員會組織法的束縛了。試問：這種束縛應否解放？這種組織法是否現在還能適用？是否在事實證明他不適用後，還能繼續使用？凡是贊成以法治精神爲工部局行政基礎的中西納稅人，承認中西互助合作，足以發展上海繁榮的中西納稅人，一定都覺得不適用的。防軍委員會組織法，確有修改的必要。違背中西納稅人願望，刼奪工部局政權，侵略中西納稅人權利，和破壞上海繁榮的防軍委員，有剝奪其以後聯防權的必要。我們爲着上海繁榮，爲着中西納稅人的共同幸福，站在納稅人立場之上，主張修改防軍委員會組織法，剝奪以後日本軍隊的聯防權。在這主張之下，我們已決定盡力奮鬥，選擇合法合理的途徑，以盡維護與復興

［註一］　民國二十一年四月十二日申報。

勢已垂危的上海繁榮的需要。我們希望接受我們的委託的代表大會，切實盡他們的責任，更希望今天集會的納稅會中的納稅人，以及公正的日本人，對於我們的主張，表示熱烈的同情，也起而組織大會來研究今後防軍委員會組織法，和解決今後租界內的聯防問題。[註一]

外人方面，像在每次上海發生重大事變之後一樣，種種撒野的議論和計劃，幾乎都提了出來：從推廣租界[註二]起，到國際法院的設立，上海非軍備區域的劃出，以及自由市的設立。[註三]

對於設立自由市計劃，市政府發言人曾痛加駁斥，以爲"直接破壞中國主權，不僅上海而且全國忠實人民，永不贊同"。[註四]納稅華人會特發宣言云：

上海公共租界八十八年來，各有關係者，以爲其安全之破壞者，必係我國之軍隊，所以各有關係之軍隊，得邀請駐紮，獨對於我國之軍隊，不許進入租界，否則解除武裝。實則此種局面，有思想之政治學者，早已認爲安全上極爲危險者也。租界之無主權，非一國家，而爲我國領土，許友邦商民經商居住之區域，以嚴格之法理言，其保護安全之責任，應屬諸我國，乃以有關係國之成見在胸，又以歷來偶然得到中立狀態，鍥而不予變更現狀。實則各關係國間之關係，決不一成不變，因是利害問題有衝突之發生。設有關係國之一國，恃其兵力之強，運輸之便，僑居之多，事實上視洋涇浜地皮章程如廢紙，用所謂保障佔領之法，將界內市政機關一律佔領，發號施令，在此種種之狀態之下，工部局果更無法以爲抗拒，各有關係國防軍，未得政府的命令，固不得抵抗，即已得便宜行事之命令，以親善之各別，各有關係國間之態度，未必一致，礮火之下，全境必成灰燼。此非公共租界，實爲類似之巴爾干半島乎？瞻望前途，不寒而慄。吾人以爲，欲使此八十八年中外人士所造成之繁榮，勿再被破壞，且有復興而進展之望，計惟有使主權國家，盡其現在獨立國家應盡之職務。至於自由市之主張，直爲侵略之迷夢，美國之反對，吾國人士實認爲合法合理之舉也。特此宣言，有關係者，祈鑒諸！民國二十一年四月十二日。[註五]

市商會繼亦特函各國駐滬商會云：

逕啓者：敝會於報端見有英僑協會致函各國商會，請其贊同下列議決案：向中國政府表示意見，切言召集圓桌會議之必要，俾可由世界各大國，議決此項及其他問題，等語。敝會查其附列之議決案所指爲近今衝突與爭端之原因者，一、爲特區法庭，二、爲界外築路之管理權，三、爲武裝兵隊駐於上海及上海週圍區域，並稱：苟非上述懸案同時解決，則近今上海之中日爭案，不能得永久滿意之解決，等語。敝會以爲此種論調，見之於一團體之議決案，殊可駭詫，蓋以邦交言，則英國對於中日兩國，同爲友邦，斷無專令日本一方滿意之理；如祇顧日本一面之滿意，則中日爭端，潛伏於無形，勢必愈久，而禍機愈烈。以商業關係言，則此等重大問題，自應顧及駐在國商民之公意，何以事前從未一徵同意，而專以日本之意志，日本之利害爲從違？所謂駐在國商民之公意者云何？當本年二月，日軍侵犯淞滬，戰事正烈之際，其時彼國外務省官員，曾有劃天津、青島、漢口、上海、廣州五處爲自由市，永不駐中國軍隊之議，冀以試探各國輿情。其時，敝會發表宣言，嚴詞駁斥，以爲一國軍隊之配置，斷無受他國之容喙者。而各國對於日本外務省之提議，亦大都嗤之以鼻。由是日方遂諉爲此項意見，僅係該官員私人之提議。由是觀之，則日本今日所倡之上海

[註一]　民國二十一年四月十四日申報；China Press, April 13, 1932.

[註二]　"Wang Warns Settlement Can't Expand," China Press, March 29, 1932.

[註三]　The China Digest, Vol. XXVI, No. 338, Special Political Number. China Press, Shanghai Evening Post and Mercury, April to June, 1932.

[註四]　China Press, April 10, 1932.

[註五]　民國二十一年四月十三日申報。

自由市,特當日戲劇中之一幕而已。日本之倡導上海自由市,其用意有二:一、以東三省既歸其
壟斷之中,各國對於東三省商業,一落千丈,欲以此爲市惠之地;二、淞滬戰事,牽連數月,各國在
上海之商業,受損甚鉅,欲以此見好於各國,爲自贖之計。敝會於此,敢忠告於諸友邦之前者,在
華僑商希望商業之增進,上海商市之安全,固屬人同此心,心同此理,但須以公道正義爲基礎,不
須別求策略。蓋四萬萬民衆之好感,即對華商品最有效之推銷員,保護上海商市最安全之壁壘
也。各國對華商業,自日本強佔瀋陽以後,較之從前,突飛增進,此種事實,彰明較著。日本既不
勝其嫉妒,遂提出自由市一層,冀各國之羣起交涉,以爲陰肆離間之計。何也?蓋日本既強奪我
東三省,又限制我上海主權,當然爲中國民衆所疾首痛心。然東三省之事,係日本一手所造成,上
海自由市之議,則日本倡於前,各國應於後,中國民衆必以其疾視日本之心理,轉移於各國,此日
本外交政策第一步之成功,而英僑協會亦未免受其愚者也。此次淞滬戰事爆發之原因,一、可謂
由於彼國海軍軍人好大喜功,欲追隨陸軍軍閥之後,以上海爲其征服地,此觀於彼國外務省迭次
非正式之宣示,謂上海事件一任海軍人員之機宜處置,即足以證明該事件之真相;二、既以東三省
爲其生命綫,又欲把持長江商業爲其營業綫,而上海無一日本專管之租界,可爲根據,遂欲藉此造
成一種機會。分析言之,當日戰事之動機,如此而已。故上海駐兵,決非此次戰事爆發之真因。
以排貨言,上海此類對日抵制,先後已有九次。以駐兵言,上海四週之有中國軍隊,由來已久,並
不自去年爲始。何以歷來均能相安,而此次則突然爆發乎?故一經推究,英僑協會所列之三問
題,均於上海中日之衝突無關。至於界外馬路,特區法庭,則於日本更了無關係,日本報紙亦素不
注意於此也。各友邦如欲保對華商業之安全,首宜協助中國,使東三省事件,有良好之解決,則中
日一切葛藤,自然杜絕,不獨上海之和平秩序可以保全,即對華全部商業,亦必有所增進。如果此
層一時不能辦到,亦宜遇事出以銳敏之觀察,立於不偏不倚之地位,勿爲日本虛詞所眩惑。須知
上海附近此次經過三十四日之大戰,而中國軍隊從未侵入租界一步,甚至日本以租界爲根據地,
而中國軍隊亦復置之,不予追擊,則此次保障租界之安全,祇須向日本索一切實保證而已。不此
之圖,而欲限中國軍隊之駐紮,此種不公不恕之辦法,當然爲敝國所不接受。各友邦何故棄其對
華之好感,而爲日本分謗乎?是以英僑協會之議決,在各國對華商業上立論,實不應輕予贊同。
敝會敢代表全市華商,致其忠告,尚希察核![註一]

該會並由代表大會決議,發表下列宣言:

日本自上年九月十八日佔據遼瀋以後,肆其兵力,兼併吉、黑,擁立傀偏,謀以關東三省,置於
變相的日本領土之下,其於手自署諾之華盛頓之九國公約,早已視同廢紙。考近來該國要人,屢
次有圖謀修改該約之表示,明知美國嚴正表示在前,各友邦亦未必隨聲附和於後,於是雙管齊下,
先從長江方面牽率友邦,造成一共同破壞九國公約之局面,則日本屆時提出修改九國公約之議
案,可望其得心應手,順利通過。此種佈置,吾人不得不佩其手段之辣,用意之工。其計維何?即
近日喧傳一時之上海自由市是已。日人擬議中之上海自由市,吾人一爲解剖,不過由獨裁之南滿
鐵道會社,擴大爲國際共同組織之南滿鐵道會社,於中國版圖以內,添一非驢非馬之變相獨立國,
使其於日本包辦之滿洲國以外,復有一國際包辦之上海自由市,與之遙遙相對,則日本之包攬東
北,議改九國公約,庶幾振振有詞,不患外人駁斥。故現在擬議中之上海自由市與日本擁立之滿
洲國,其區域之大小廣狹,固有不同,然論其妨礙中國領土完整、主權完整之一點,則兩案性質,同

[註一]　民國二十一年五月二十八日申報。

一尊重，實毫無可以軒輊之處。中國爲圖生存起見，爲謀自衛起見，我固不能容忍九國公約之破裂，使日人得以安然坐享其在東三省所造成之局勢，即當時召集華盛頓會議各友邦暨共同署名於該約之各友邦，亦羣認該公約爲維護遠東均勢，消弭世界大戰之一線命脈。自九一八事變以後，日本早已視該約爲眼中之釘，必不願再受日人之愚，助其一臂之力，共同摧殘，以造成爲虎附翼之局面。非特此也，各友邦在華商人，誠然政治關係較淺，而商業關係較深，其於擁護九國公約之精神，或不覺其有十分需要，惟本會於此敢重言聲明者，各僑商在華經商，對於門戶開放之原則，固表深切之歡迎，然須知門戶開放之基礎，必建築於中國領土完整、主權完整之上，庶開放乃有實際。試以東三省今日之局面爲比例，日人亦一再向外商表示其開放，然中國之領土主權已被其剝奪無餘，而各僑商在該地之商業，亦遂一落千丈，深感壓迫，是各僑商爲自身利益計，以擁護九國公約，尊重中國主權，爲得乎？抑助成日本謬舉，破壞中國主權爲得乎？勿謂上海情形與東三省不同，自由市之議，如見諸事實，各國可共嘗一臠，須知日本以其距離之近，兩國人民習尚之同，工場移植之易，事事易佔優勝，近年來上海入口貿易，日本已駸駸直上，幾奪英國首席之位置，其他諸國更望塵莫及。至於租界上所樹之勢力，則根深蒂固，年盛一年，證以此次淞滬戰事，日本軍人在租界內獨往獨來之氣概，幾取英美數十年來苦心經營之地位而代之。是則上海自由市辦成，徒爲日人增長勢力，使其添一第二之青島，第二之大連而已。語云：採得百花釀蜜後，爲誰辛苦爲誰忙？吾友邦僑商，奈何至此猶不覺悟乎？故本會謹以會員大會之議決，爲下列之宣言：一、日人上海自由市之擬議，爲牽率友邦，共同破壞九國公約之一種策略，本會誓領導全市商民，斷然反對；二、此項擬議，足祇能造成日人在滬壟斷商業之機會，削弱各友邦在華商會之地位，爲利人利己計，應幡然覺悟，與中國商人，出以同樣反對之決心；三、日人對華商業，比較上固有種種優點，然同時亦有不可磨滅之弱點，爲各友邦僑商所萬不容忽視者，則該國以歷來對華侵略之結果，其感情破裂已至極度，故該國力謀將各友邦僑商牽入漩渦，使華人以對日之心理，普遍對待各國，則該國商業上之弱點，自然消除。希望各僑商能識破此點，與華商合作。[註一]

從這些文件中，亦可見這所謂上海自由市的企圖，在外僑社會中的開展，是到了怎樣一個狀態了。

[註一]　民國二十一年六月十九日時事新報。

壬　公共租界治理現狀

一　納稅外人會

1. 組織

公共租界的治理制度既無條約根據，[註一]亦且違反國際公法原則，[註二]其大部分僅根據地皮章程，小部分則毫無根據。[註三]而地皮章程的並無束縛中國的效力，尤素爲中外純正學者所共見。[註四]下文根據地皮章程分析納稅外人會和工部局的組織和職權，僅爲明瞭租界實際的治理狀態起見罷了。

納稅外人會係由住居公共租界內納稅外人直接組織的會議，通常即稱納稅人會（Ratepayers' Meeting）。納稅外人會會員資格，規定如下：

"此等發圖議事之人，[註五]必所執產業地價計五百兩以上，每年所付房地捐項，照公局[註六]估算計十兩以上各執照費不在此內，或係賃住房屋照公司估每年租金計在五百兩以上而付捐者。"章程第十九款。

2. 會議類別

納稅外人會議，分爲兩種：

［註一］　條約規定，見本編乙篇，僅爲限制外僑在五港口居住貿易的地界而已。

［註二］　中國在其領土之一部分的租界以內，已失去其領土主權（eminent domain or territorial sovereignty），"上海工部局乃一國際組織之獨特無二之例，在其並無土地管轄之區域內，行使行政權力"（R. S. Gundry 語）。工部局亦曾公然聲言所謂"租界政治上及土地上之完整"。

［註三］　如租界擁有與常備軍並無分別的萬國商團俄國隊，拒絕中國軍隊入界，採取所謂"武裝中立"等處置，以及阻止中國對界內華人行使徵稅等職權，凡此種種均爲超出地皮章程規定中之尤著者。

［註四］　地皮章程歷次改訂經過，均見前文。清光緒二十三年（一八九七年）修改一八八九年地皮章程時，工部局曾以原章"迄未得中國政府正式承認"爲慮（Mun. Council to Senior Consul, July 7, 1897）。民國十八年（一九二九年）六月，工部局副總辦鍾恩（J. R. Jones）曾作地皮章程備忘録，以爲地皮章程的效力，根據於下列三端：（1）爲納稅外人所通過；（2）爲各領事及中國地方官所通過，並經北京各國公使批准；（3）中國政府放棄批准權利。鍾恩又引清光緒二十五年（一八九九年）滬道李光久所出推廣租界布告中"照定章辦理"等言以爲地皮章程及附律的法律地位，從此力量大增（按李道台該布告中尚有"凡干涉華民章程，必先由地方官允而後行"等語，曾爲納稅華人於一九二七年〔民國十六年〕。拒納增捐時所應用，工部局說是並無成案可稽）。鍾恩意見爲費唐所力主，亦以爲清光緒二十五年（一八九九年）李道布告所云，足使以前對於章程度效力可以置疑之處，從此即無存在餘地（Feetham Report, Vol. 1, pp. 61, 63 - 67）。這是工部局方面的意見。美國哈佛大學教授赫特生（Prof. Manley O. Hudson）曾於民國十六年（一九二七年）來滬研究公共租界情況，對於地皮章程所下結論是："現行地皮章程應認爲曾經地方下級官員同意，上級政府之受束縛，僅由於默許而已。"（International Problems at Shanghai, Foreign Affairs October, 1927.）一九二九年（民國十八年）太平洋國際學會，討論該章程，結論亦爲："歷次章程，以一八九八年公布現仍沿用者爲其結晶，有時曾得中國地方官之批准，但其法律效力，以中國政府默認其長期施行爲主。誠如某君所云，治理之法律根據，自始即欠完備，至今尤屬不足。"（Summary of Round Table Discussions, Problems of the Pacific, 1929.）此種不足，實甚重大。"條約者條約也，故惟條約產生法律義務，創造法律地位"（O. L. Hsia, Studies in Chinese Diplomatic History, p. 61.），而"章程係履行條約之細則，當不超出條約之範圍，尤不能創造權利"（徐公肅：上海公共租界制度，頁一八四至一八五）。地皮章程之效力問題，於此可見。惟一九三〇年（民國十九年）"關於上海公共租界內中國法院之協定"第二條，則規定"至現時沿用之洋涇浜章程及附則，在中國政府自行制定公布此項章程及附則以前，須顧之"。六國公使致外交部關於該協定聲明保留的附件中，又云："We further reserve the right to object to the enforcement in the International Settlement of any future Chinese laws that effect or in any way invalidate the Land Regulations or Byelaws of the International Settlement or that may be considered prejudicial to the maintenance of peace and order within this area."（Feetham Report, Vol. 1, pp. 200 -201.）至此，情形始有不同。

［註五］　按即納稅人。

［註六］　按即工部局。

一、年會（Annual Meeting）　年會每年舉行一次，舉行時間規定不得遲於四月二十一日，[註一]其所會議事項，計有四端：

1. 通過預算。

2. 通過待徵捐稅：

"各國領事官，又於正二月內宣示，限二十一天齊集眾人，會同籌議舉辦上開各項事宜之經費銀兩，並准此會內齊集之人，執業租主、有關者、離境給據代辦之人亦在內。將抽收捐款及發給執照等事，按後開規例各條辦理。議定施行。"章程第九款。

3. 通過決算：

"公局因一切收進付出帳目，應行請人查閱，俟奉各執業租主公共議定允准，故於請人查閱之後，即將清帳刊呈眾覽，所有執業租主核准公局帳目一事，係於各領事官照章所請年會即第九款之每年公會之時舉行。"章程第十二款。

4. 選舉地產委員一人：

"此外委員地產委員一人，應由有關議事人會，[註二]以決議選出之。"

至於決定人數，則並無規定。

二、特別會（Special Meeting）　特別會是臨時因特別事故召集的會議，故亦稱臨時會。特別會的召集手續，有效出席人數，會議情形及會議事項等，章程中規定如下：

"凡遇酌啟公會議事之時，即可由有約各國領事官或一位或數位，或房地執業租主，例得有關議事者，必滿二十五人寫立允單，方可舉行。隨時訂期邀請赴會，以便公同商議與租界內大眾相關之事，所訂之日，所議係因何事須先期十天宣示。此特會之例也。特會議事之時，租界各執業租主，統計人數，如到場者極少，須有三分之一，凡房屋地基執業租主例得議事有關者，或自己到場，或離境出門給據與人代辦者，均在此數內。而到場之人如已有大半書允，則所議定之事，未經到場之有關議事人，悉當照行。當赴會議之時，如有領事在場，即以在任較久之領事官爲會中首領，如無領事官在場，則於例得有關事諸位之中，公推一人須允行人數在大半以上，爲此次議事會首。凡照此章，在公會議定允行之事，倘係章程內未經提及與大眾攸關者，會首必將此事報明各領事官，等俟其酌定批准之後，方可施行。但事既經議定，限十天後方將領事官批示宣出，倘有人以爲與其自己產業有礙，可於此十天限內，呈請領事官核辦；若既滿兩月，已經領事官將批准示諭宣出，眾人必當遵行。"第十五款。

"局董照章酌定之例，[註三]除專指局內及所用上下人等事件，必奉有約各國領事官、駐京欽差或其中已有大半位數批准，及特請眾位執業租主[註四]齊集會議應允，方可照辦。"第十一款。[註五]

所以納稅人特別會議的職務是：一、"商議與租界內大眾相關之事"，二、"批准"工部局董事所定的附律。

總上所述，可知納稅外人年會和特別會的區別，可分項指明如下：

一、召集時期　年會須於每年四月二十一日或以前舉行，特別會則臨時召集，並無一定時期。

二、召集方法　年會由領事團或過半數領事，於事前二十一天內召集之。特別會則由領事一人或數人，或納稅人二十五人提議，召集之；所訂日期及所議何事，須先期十天公告。

[註一]　見下引章程第九款。
[註二]　按即納稅人會。
[註三]　規律，亦即附律。
[註四]　按實指納稅人。
[註五]　按款中"眾位執業租主……應允"，"應允"云者，查英文原章實即"批准"。

三、會議時的主席　年會時的主席,章程未有明文規定,實際上由到會納稅人推舉領事或納稅人,經會衆通過者充任。特別會主席則規定,如有領事在場,即以在任較久的領事爲主席,如無領事在場,即由納稅人公推一人,經多數會衆通過,充當之。

四、開會法定人數　年會並無法定人數規定。特別會則須有三分之一納稅人出席,包括缺席者的代表人在內。

五、討論事項　年會討論事項,已如上述,爲通過預決算待徵捐稅,及選舉地産委員一人。特別會討論事項,亦如上述,一爲商議與租界內大衆有關事宜,一爲批准工部局所定附律;前者範圍幾廣無限制,超出章程規定事項以外,如歷年關於華人參政一事須經其討論,加以表決,即是一例。

六、議決的效力　年會討論事項,均經章程明白規定,故其決議,無須得上級機關的批准。特別會的討論對象,可以廣無限制,故對於未經章程提及與大衆有關的事宜,須由主席報明領事團得其批准,方可施行,領事批准後二月內,納稅人有提出反對的權力,過期即作爲有約束效力。

3.權力

納稅外人會議,通常被認爲監督工部局的機關,工部局行使權力,須對該會負責。故權力至爲廣大。茲爲清楚起見,更依據章程規定,將其權力分類敍述如下:

一、關於財政的權限　對於核准預決算及捐稅等事,該會有絶對權力。

二、關於公用地的權限　納稅人會得"將地段劃歸公局管轄",章程第六款。且"應有……更大之權,俾取得土地,以建築新路,延長並加寬舊路,擴張公共營造及衛生設備已佔之地基"。章程第六款甲。而"此項照常讓出既作公用之地,除齊集各執業租主有關人等公同會議核定,允准將該地給回原主收回之外,不得由原主自行任意收回"。章程第六款。

三、關於選舉的權限　"凡辦事公局[註一]之董事,應由各執業租主及有關議事人……會議……選舉。"章程第十款。地産委員一人,亦由該會選舉。

四、關於立法的權限　納稅人會對工部局所擬附律,有批准權力。

五、關於任用的權限　工部局職員任期在三年以上者,該職員的委派和薪給,概須經納稅人會核准。章程第二十四款。[註二]

4.兩種特殊制度

納稅人會議的出席,有兩種特殊制度,即:

一、複票制(Multiple Voting)　一人得投數票,如一方代表其個人住宅納稅的資格一方又代表其商業組織。納稅的資格章程第十九款僅規定"每一洋行中所發,不能過一鬮"章程第十九款。罷了。

二、代投票制(Proxy)　納稅人離開地方,得給據與人,代表出席會議。章程第九款、第十五款及第十九款。

　　[註一]　按即工部局。
　　[註二]　從上面的分析,可知納稅人會對於租界治理,具有何種幾乎決定的權力。但納稅華人並無參與該會議的權利,當民國十五年(一九二六年)租界納稅華人力爭參與租界政務的時候,納稅華人曾堅決表示:"……華董人數多寡,尚屬其次問題,先決事項,應使住居界內納稅華人先得由平等參預市政立法會議之權利,於納稅人開年會時,與西人共同列席,決議市政立法事項,並監督市行政。……如華人不得參與市政立法權,無寧完全拒絶!敝會敢代表市民聲明,亦不屑有此無實權之華董也!"(見民國十五年五月一日民國日報所載四月三十日致外交部電)但所謂華人參政,至今僅有華董五人而已。

二　工　部　局

1．組織

公共租界的行政機關，是工部局（Shanghai Municipal Council, S. M. C.）中文舊章稱之爲"公局"，"辦事公局"，有時間亦被叫作"公董局"。該局自一八五四年清咸豐四年成立以來，內部組織，由簡而繁，由總而分。

局中董事（Members of the Council or Councellors）初僅五人，繼增至七人、九人、十二人，一九三〇年民國十九年起，爲十四人。工部局重要行政，都取決於董事組織的董事會。其產生方法及職權行使等，詳後文。董事會每二週或三週舉行會議一次，平時如遇重要公文，均分送各董事批註意見。董事會設總董即董事長或主席（Chairman）一人，副總董即副董事長或副主席（Vice-Chairman）一人，均由董事中互推之。總董爲會議時主席，並爲對外代表。所有董事均另有別種營業，不能常到局辦事，其職位爲名譽的，不支薪給。

但工部局待理事端既多，性質又甚複雜，故於董事會之外，另設顧問委員會（Advisory Committees）即中文舊章稱爲"分局"者若干。委員會的數目，並無一定，有一部分是經常設立的，也有爲某一特殊問題而隨時設立的。工部局遇有某問題發生，通例先由該問題性質所屬的委員會加以討論或研究，以結果貢獻於董事會，備其採納施行。各委員會所辦何事，全由董事會調度限定，不得超出。委員人數及會議時的法定人數，亦均由董事會酌定章程第二十三款。初時，委員會爲數甚少，僅三四個，以即由董事組織爲通則；繼則委員會數目增加，委員類皆向局外聘任，惟於每一委員會中參加董事一人至二三人不等。委員除一二有給者外，均爲名譽職。一九二八年民國十七年華董三人參加工部局，同時即有華委員六人加入工部局；各委員會中，其餘經聘任加入者若干華人，不在其內。[註一]

至於日常事務的執行，則由所僱公務人員辦理，自總裁總辦以下，因事務性質不同，設立各處，分頭辦理。此種分處數目，逐漸增加，亦有設而又廢的，如電氣處因出賣而消滅是各處現狀，另見後述。

在上述行政系統之外，尚有對於某種情形下的地產賦有最後裁決權力的所謂地產委員的特殊組織。

2．董事會的產生和職權

工部局董事會董事人數，向依國籍分配，至於分配的此多彼少，並無相當理由，只是武斷的（arbitrary）罷了。一九三〇年民國十九年以前，英籍董事向來佔最大多數。工部局成立以後，美僑每年至少有一人。一八七三——九一四年清同治十二年—民國三年間，幾乎每年都有德僑一人。一八七九年清光緒五年至一八八八年清光緒十四年間，常有法籍或丹麥籍董事一人。一八九〇年至一九一四年清光緒十六年—民國三年，董事九人，分配爲英七、美一、德一。一九一四年民國三年末，以歐戰關係，德籍董事被排出，繼以俄籍者。一九一六年民國五年始有日籍董事。一九一六年民國五年至一九一八年民國七年，董事計英六、美一、俄一、日一。一九一八年民國七年末，俄籍董事亦以其本國革命關係，失去地位。一九一九年

[註一]　民國二十二年（一九三三年）所設委員會，共十二個，如下：（一）警備委員會（Watch Committee），委員八人，華人佔三席。（二）工務委員會（Works Committee），委員六人，華人佔二席。（三）財務委員會（Finance Committee），委員七人，華人佔二席。（四）衛生委員會（Health Committee），委員八人，華人佔二席。（五）銓敘委員會（Staff Committee），委員六人，華人佔二席。（六）公用委員會（Public Utilities Committee）委員六人，華人佔二席。（七）交通委員會（Traffic Committee），委員六人，華人佔二席。（八）學務委員會（Board of Education），委員九人，華人佔四席。（九）音樂委員會（Orchestra and Band Committee），委員五人，華人佔一席。（十）圖書館委員會（Library Committee），委員七人，華人佔二席。（十一）房租估價上訴委員會（Rate Assessment Committee），委員五人，華人佔一席。（十二）電影檢查委員會（Board of Film Censors），委員九人，華人佔二席。

民國八年後，除了一九三〇年民國十九年僅有一人外，美籍董事常是兩席。一九二七年民國十六年日籍董事，增至兩名。一九二八年民國十七年加入華董三人，兩年後，增至五人。現在工部局董事十四人，分配爲華五、英五、美二、日二。

董事候選人的資格，見於章程規定，即：

"其堪充董事者，必名下所付房地各捐，照公局估，每年計五十兩上各執照費不在内，或賃住房屋，照公局估每年租金計數一千二百兩而付捐者。"第十九款。

其選舉方法，亦均有章程規定，可作如下説明：

一、定期選舉──"有約各國領事官，或其中已有大半位數，於西曆每年之正二月初旬，擇定日期必於兩禮拜之前宣示於衆，按照後開章程，選舉辦事公局之董事。"第九款。

二、提出候選人──"凡例得議事有關之各西人兩位，可保舉一照章合式之人，充作公局董事，一作正保，一作副保，繕立保單，簽名爲據，並取具該人願充董事之字據，於擇定會選董事之期七日以前，必送交公局經理(Secretary)或所委專辦此事之人接收。"第十八款。

三、刊佈候選舉人名──值年董事"於收單(票)限滿之次日，將所保之人名，登記清册，宣示懸榜於大衆共見之處，並刊入西字新聞紙内"。第十八款。

四、舉行投票──"倘屆期而保充董事之名數，已過九位，則值年董事得派兩人，專司其事，在擇定會選董事處所，接收各執業租主按包括有關人之關單即選舉票，公局所派之兩人，執有房地執業租主例得議事入公會發關者姓名清册，於各有關人親到場者，按册給以一單單上係被舉待補董事之各位姓名，俾在單内聽其將情願具保之人名，用單圈出，勿逾額定九員之數，簽字爲據，即將此單封送置於公局特爲此事而設之箱内。從擇定選舉董事之日起，至次日截止。係接連兩天，第一天早十點鐘起，至午後三下鐘，次日早十下鐘，至午後三下鐘止。"第十八款。

五、開票──"立由公局另行特派兩人，開箱查看，將單内關保最多之九位檢出，此九位即可定爲值年董事。"第十八款。

六、候選人恰在額限内之辦法──"倘係充員數恰在額限内，或九員以下，或五員以上。即毋庸如此，此指給單、簽字、圈名、置箱等事而言。逕於接收保單限滿之次日，宣示於衆，懸榜登報，已足定值年局董之位矣。"第十八款。

七、候選人不足額之辦法──"若所保員數，較少不足五位四人以下亦於收單限滿之次日，由值年董事將册載有關人名，刊入日報，至選舉之日，特啓一會，赴會到場之有關人，或發關或另有別法，酌添董事，以符額限極少須有五人，[註一]此數人即定其爲值年公局董事。"第十八款。

八、補選缺額──"公局值年董事，遇有一二位缺出，其數不過三員，即由現任值年董事公同會議照從衆例行，以補其缺；倘空缺多至三員以上，則選舉所缺董事補任之事，必全照第十八款辦理。"第二十款──本條規定，即董事有權推選缺出之董事。

至於華董的產生方法，與外董不同，所採選舉方法，係間接的，先有選舉團(Electoral College)的組織，由此選出華董──納稅華人會選舉規則第一條云：

"公共租界納稅華人會，所有出席工部局之代表，董事及委員由本會代表大會選舉之。"

該會代表大會的組織，見該會章程第七條，規定如下：

"代表大會代表設八十一人，由會員[註二]公選三分之一，同鄉、商業兩團體各選三分之一。"選舉華

[註一]　現事實上已改爲十四人。
[註二]　按即納稅華人會會員。

董時,須有代表三分之二的出席,當選人須得出席半數以上的票數,當選人不足額則就得票較多的被選人,按照缺額,加倍決選,以選至足額爲止。[註一]

選舉代表權利的獲得,須有下列資格之一:

甲、所執產業地價在五百兩以上者;

乙、每年所納房捐或地捐十兩以上者;

丙、每年付房租在五百兩以上,而付捐者。上海租界納税華人會章程第三條。

被選舉爲代表,亦即被選舉爲華董的資格,除了須有:

甲、年付房地各捐在五十兩以上者,

乙、年付房租一千二百兩以上而付捐者。上海租界納税華人會章程第四條。

這二者之一以外,尚有“住居公共租界五年以上”的限制。上海租界納税華人會選舉出席工部局代表規則第二條。

董事選出之後,其進行可作如下說明:

就職日期——新董事就職日期,總在納税外人會年會之後,年會時“公局任事將滿之董事,其帳目照第九、第十二款經人查閲,在年會核准報銷之後,即行交卸,新董事上任接管”。第二十一款。

選舉總董——“新董事接任後,於第一次會議,即公同選舉二位爲會者,一正一副,以一年爲期。凡會議之時兩位會首,倘不在場,即由各董事自推一人,權代其任。”第二十一款。

董事會議——“凡赴會議,極少須在三人以上,方可定議施行。”第二十二款。“董事會議之時,倘有事須公商者,或允或否,兩邊鬮數,各得其半,則儘有會首鬮之一旁是從。”第二十二款。即主席有決定票(Casting-vote)。

董事任期——總董董事均任期一年第二十二款,連選得連任。

工部局之職權,依章程規定,可分述如下:

一、關於市政設施的職權——得(甲)興造租界以內各項應辦工程及常年修理之事;(乙)租界全境應行妥當整治清净,設立路燈,儲水,灑地以免塵污,開通溝渠;(丙)設立巡查街道巡捕;(丁)籌備公局所需公用基地房屋或租或買事宜;(戊)築新路及擴大路面等。第九及第六款。

二、關於財政的職權——“將照章捐項抽取,及已存捐款,存候照例支用。”“倘有不遵章付捐者,即由局董投該管官署控追,並將欠捐人房地,扣留作抵,或抄取貨物器具,拍賣抵償。”同款。

三、關於公用地的職權——(甲)推廣開築馬路路線,得由公局擬定;第六款。(乙)新路或推廣路之工程費,路旁執業人負擔之數,由公局定之。第六款內。

四、關於使用人員的職權——“公局因照此章程辦事應行委派僱用之上下人等,計若干名,均歸公局核定,所須月支工費,由公款支付,並可酌定規例,以便管束此等人,或任用或辭退,悉聽公局主裁。”第二十四款。並得設立委員會,即分局見二十三款。及派地委員一人。見第六款甲。

(五)關於立法的職權——“該局董有隨時另行酌定規例之權,以便章程各項,更增完善,並可將酌定規例增改停止,但不能與章程相背,須俟批准宣示以後,方可施行。局董照章酌定之例,除專指局內及所用上下人等事件,必奉有約各國領事官、駐京欽差或其中已有大半位數批准,及特請衆位執業租主齊集會議,應允,方可照辦。”第十一款。[註二]又得制定取締建築物之規條。第三十款。

(六)關於訴訟之權——工部局具有訴訟人能力,得爲原告或被告第二十七款,其爲被告時不受一國

[註一]　選舉規則第三、四、五條。
[註二]　按款中“應允”云云,英文即係“批准”。

法庭管轄,而由另行組織的"領事公堂"(Court of Consuls)裁判之。[註一]

以上所述各職權,是工部局權力所在,亦即其職務所在。此外該局職務,尚有:

(一)開呈公款帳册——"公局酌將公款,照新開應行支付之帳,以備與大衆有益有用而支付者,不得逾年會核准或特會核准所開支付之數。每年現任董事將滿之時,必將一年中經手收進付出各項款,目開載清册,呈候衆覽,此清册於年會定期之前十天宣示。"第二十五款。

(二)調查選舉人即納税人——"凡例應有鬮者,均名列清册,存於公局,由局内辦事人於西曆十一月初一日起,從速查覈,將應行增減之數,照公局酌定,[註二]宣示於衆。"第十九款。

工部局的行政責任,可説明如次:

一、對納税外人會負責——工部局之支出,不能超過納税外人會通過的預算,第九款。決算亦須納税外人會通過,第十二款。其他特別事項之設置,亦須得納税外人會之批准。第十五款。

二、責任不歸於本人——"凡公局董事等項人,及遵奉公局指示之董事經理人、勘工人、巡捕頭與另行僱用之上下人等,所辦事件,寫立合同,實係遵章照辦,如因此有被控面索之事,其責任決不歸於經手之本人。"第二十六款。"惟將應受之責任,專歸於公局之産業。"第二十七款。

此外工部局行政又受領事團及公使團的監督,如(1)工部局與華官交涉,須由領事等轉達;[註三](2)每年由領事團召集納税人會議,遇必要時,得召集臨時會議,由領袖領事主席;(3)納税人特別會通過的特別事項,"倘係章程内未經提及與大衆攸關者,會首必將此事報明各領事官等,俟批准之後,方可施行";第十五款。(4)制定附律,必須得領事團及公使團批准,方能生效;章程第十一款。(5)被控告時,由領事團組織的領事公堂審判,均爲領事團或公使團監督工部局行政之處。

3. 地産委員的産生和職權

至於地産委員的設立,始於一八九九年四月清光緒二十五年二月經公使團同意實施的地皮章程第六款甲、第六款乙等款的規定。其人數、産生方法及職權等,如下:

一、人數及産生方法——"地産委員應由三人組織之,依下列方法指派:其一人由公局於每年一月十五日以前指派,其一人由租界註册業主出捐在每年十兩以上者,於選舉局董之日,在公局内發鬮舉出之。有權出鬮之業主二人,得於選舉日一星期前,向公局指出候選人姓名,屆選舉日,公局應將候選舉人姓名,在局内揭曉,如所指名者只有一人,應即以該員爲委員,無須發鬮。此外委員一人,應由有鬮議事人會即納税人會,以決議選出之,有鬮業主二人,得於會議前一星期,向公局指出候選人姓名,公局應將候選人姓名與會議議程,同時公告之;如並無依法指名之人,應在會議席上提議附議,選舉之。"章程第六款甲。一九三三年民國二十二年起,加入華委員二人,其一由納税華人會選出,另由一華地産業主公會選出,已見前述。故地産委員現爲五人,外人三,華人二。

二、資格限制——"凡公局有俸人員,不得被選爲地産委員。"章程第六款。

三、任期爲一年——"委員三人,均應於有鬮人年會之次日就職,並於次屆年會後離職,但有懸案應待其處理完成者,不在此限。"同上。

四、出缺的補充——"在一年中如有缺出,應由原指派該出缺委員者指派或選舉,補充之。如有必要,得召集有鬮人臨時會。"同上。

[註一]　參閲本編丁目五項。

[註二]　按即酌定如何宣示爲宜,參看英文章程。

[註三]　民國二十年四月二十二日申報載:"外交部長爲謀上海租界發生交涉案件,迅速結束起見,業已責成本市市政府直接向工部局交涉,較爲便利,如非地方案件,仍外部與駐華各公使辦理,聞已咨請市政府查照矣"云云,是則略有變更矣。

五、職務——甲、公斷讓出公地事件,決定償價,當:(A)工部局建築或擴充馬路,有關租地人或業主有何陳述或要求,即由地產委員斟酌決定;章程第六款甲。(B)界外當局欲收買界內地基建築鐵路時,由地產委員估價,"但所付償價應於地產委員按照公平市價所定者外,加給百分之二十五"。第六款乙。

乙、公斷路旁執業人,應分擔築路工程費,"若此項執業西人,對於公局所定其個人所應支出之部分有不服者,於分擔數目公告後三個月內,有權陳訴於地產委員,地產委員應斟酌因修築新路所增漲之利益,並將陳訴基地銜入馬路之多少,與鄰近地基比照觀之,且應斟酌此項基地之特殊形狀,及此外一切情形,而裁決此項陳訴,並應依其所認爲公平者承認或減少公局所定之分擔數目"。第六款丙。

丙、工部局所定關於建築物的章程或規例,"須提出於地產委員,徵求意見,但地產委員不得否決"。第十三款。

六、費用——"地產委員公費,應由公款內支出,委員薪給或由公局按其服務所需時間酌定,或預定之。"第六款甲

如上所述,地產委員的權力很大,其裁決是最後的。

三　工部局各機關概況

1. 總裁辦公室和總辦處

工部局董事會下面的最高有給人員,即中譯舊章所謂"公局經理人"者,初爲總辦(Secretary)(中文舊譯,又稱祕書或書記),設總辦處(Secretariat)。一九二五年民國十四年總辦之上,設總務長(Commissioner-General),嗣原任總務長告退,即裁撤總務長一職,另設總裁(Director-General),經一九二九年民國十八年二月聘費信惇任之。一九三一年民國二十年四月,總裁的英文名稱 Director-General 改爲 Secretary-General。

所以現在公共租界的實際行政首領是總裁。總裁下面的總辦處,是工部局各處的清理機關(Clearing house),各處之間事務上的接洽,以該處爲中介。工部局的文件告白,通常均由該處出名公佈。重大事項,則須呈請總裁核奪,或再由總裁呈報董事會請示意見,然後辦理;董事會或因事屬專門性質,須經特殊研究或考慮的,即將它提交該專門委員會,其研究或考慮結果經董事會核准,然後交付辦理。

總辦處組織,逐漸擴大。現有總辦一人,副總辦(Deputy Secretary)一人,合辦(Assistant Secretary)二人,及以下其他職員若干人。會辦二人,中日人各佔其一。中籍會辦的設置,係出於華董的提議,經外董同意,聘何德奎充任,何會辦於一九三一年民國二十年六月三日就職。

茲將一九二五年民國十四年至一九三三年民國二十二年總務長辦公室或總裁辦公室每年開支,及一九〇六—三三年清光緒三十二年—民國二十二年總辦處每年開支,分列二表,附錄於下:

A　總務長辦公室或總裁辦公室歷年開支表

年　　份	開支(單位:兩)	佔經常收入之百分率
一九二五(民國十四年)	二九、〇五五・六一	・三〇
一九二六(民國十五年)	四〇、〇一〇・六六	・三九
一九二七(民國十六年)	三八、三四三・一二	・三四

年　份	開支(單位：兩)	佔經常收入之百分率
一九二八(民國十七年)	四五、〇九三·五二	·三七
一九二九(民國十八年)	三四、六二二·五四	·二七
一九三〇(民國十九年)	四六、五二四·二一	·二九
一九三一(民國二十年)	五一、一九〇·七四	·三〇
一九三二(民國二十一年)	四四、八四八·八三	·二七
一九三三(民國二十二年)	四五、三六五·八七	·二六

B　總辦處歷年開支表

年　份	開支(單位：兩)	佔經常收入之百分率
一九〇六(光緒三十二年)	一二三、一五八·一四	六·六〇
一九〇七(光緒三十三年)	一三六、六七九·四七	六·八九
一九〇八(光緒三十四年)	一四七、四三〇·四五	六·一三
一九〇九(宣統元年)	一六一、七六四·六七	六·四二
一九一〇(宣統二年)	一三一、八四〇·五七	五·一六
一九一一(宣統三年)	一三〇、五五六·五五	五·〇四
一九一二(民國元年)	一四一、七四八·五八	五·一八
一九一三(民國二年)	一四五、四七五·六二	五·〇九
一九一四(民國三年)	一五六、四五一·二七	五·三三
一九一五(民國四年)	一六四、五六四·五三	五·四〇
一九一六(民國五年)	一六五、八三一·五一	四·九八
一九一七(民國六年)	一六六、三八八·五二	四·八二
一九一八(民國七年)	一八六、一一七·七二	四·八二
一九一九(民國八年)	二一五、一九三·二八	四·八七
一九二〇(民國九年)	二七七、四一一·五四	五·七五
一九二一(民國十年)	三二〇、八一四·七三	五·三八
一九二二(民國十一年)	三四七、三〇三·三六	五·一八
一九二三(民國十二年)	三六九、一五三·〇四	四·九七
一九二四(民國十三年)	四〇四、四二六·四三	四·八〇
一九二五(民國十四年)	四五三、四四二·八八	四·七一
一九二六(民國十五年)	四八三、三〇八·七二	四·七二
一九二七(民國十六年)	五一四、三三九·一三	四·六二
一九二八(民國十七年)	五一七·七五三·一五	四·二七
一九二九(民國十八年)	五四一、三五八·五七	四·一七
一九三〇(民國十九年)	六二七、八四〇·六四	三·八七
一九三一(民國二十年)	七八二、六六七·一二	四·五九
一九三二(民國二十一年)	二八〇、二三〇·七四	一·七二
一九三三(民國二十二年)	三〇五、九六九·六八	一·七七

隊別	國籍	成立年月	定額		一九三一年十二月三十一日之人數 現役		一九三二年十二月三十一日之人數 現役及後備隊		一九三三年十二月三十一日之人數 現役及後備隊"甲"		後備隊"乙"		一九三三年十二月三十一日總計	
			官佐	其他各級	官佐	其他各級	官佐	其他各級	官佐	其他各級	官佐	其他各級	官佐	其他各級
司令部	各國				一二	一〇	二八	一〇	一四	二五			一四	二五
上海輕騎隊	英	一八六二年一月	五	一一〇	四	一〇六	七	七一	三	六九			三	六九
美國騎兵中隊	美	一九二三年九月	五	一一〇	五	八四	五	六六	四	五七			四	五七
上海野礮隊	英(一)	一八七〇年七月二日	四	八〇	四	四一	四	四八	四	四一			四	四一
上海輕礮隊	斯堪狄納維亞(二)		四	八〇	三	五八	五	六三	四	五九		二	四	六一
上海工程隊	英	一九〇九年六月十五日	八	四四	七		七	三〇	八	三四			八	三四
鐵甲車隊	英	一八五三年	八	六九	三	一二四	九	一二〇	八	一一〇		三	八	一一三
"甲"隊	英(三)	一八五三年	五	一二〇	三	五三	四	八〇	三	六二		一二	三	七四
"乙"隊	英	一八五五年四月八日	五	一二〇	三	九四	二	七四	三	二八			三	二八
美國隊	美	一九〇六年一月十七日	五	一二〇	四	一〇二	四	一〇二	六	一〇八			六	一〇八
葡萄牙隊	葡	一九〇六年二月二十六日	五	一二〇	四	一〇〇	五	一〇〇	四	七六		四二	四	一一八
日本隊	日	一九〇〇年七月六日	五	一二〇	五	一〇五	五	八〇	五	九七			五	九七
中華隊	華	一九〇七年三月三十日	五	一二〇	五	一三〇	七	一四五	七	一六四			七	一六四
上海蘇格蘭隊	英	一九一四年十二月十日	五	一二〇	三	八四	四	九四	四	八四		一	四	八五
猶太隊	猶		五	一二〇	三	三二	四	一〇一	三	六五			三	六五
俄國聯隊司令部	俄		四	一六	四	七	四	△二四	三	＊三一			三	三一
第一隊(常備)	俄	一九二七年	四	一二〇	三	一一七	二	一〇八	三	九五			三	九五
第二隊(常備)	俄	一九二七年	四	一二〇	三	一一六	二	九〇	三	九二			三	九二
第三隊(義勇)	俄		五	一二〇		七〇	三	一二五	三	九一		一〇	三	一〇一
第四隊(常備)	俄	一九三二年	四	一二〇	三	八九	三	八九	三	九一			三	九一

續　表

隊別	國籍	成立年月	定額 官佐	定額 其他各級	一九三一年十二月三十一日之人數 現役 官佐	現役 其他各級	一九三二年十二月三十一日之人數 現役及後備隊 官佐	現役及後備隊 其他各級	一九三三年十二月三十一日之人數 現役及後備隊"甲" 官佐	現役及後備隊"甲" 其他各級	後備隊"乙" 官佐	後備隊"乙" 其他各級	一九三三年十二月三十一日總計 官佐	總計 其他各級
菲律濱隊	非	一九三二年二月一日	五	一二〇			五	九八	五	八二			五	八二
美國機關鎗隊	美	一九三二年八月一日	四	六〇			二	二五	二	二四			二	二四
美國後備隊	美	一九三二年八月一日	五	一二〇			二	四三	三	三一		一二	三	四三
運輸隊	各國(四)	一九三二年八月一日	五	七八			三	三〇	三	五二	三	四	三	五六
通信隊	各國(五)	一九三二年八月一日	八	一二二			二	二四	七	三二			七	三二
譯員隊	華	一九三二年十月一日	三	一二〇			三	五二	三	三〇			三	三〇
防空隊	〇	一九三二年十月一日	四	六〇			二	五二	四	五二			四	五二
公學見習生隊六					一三	二四八	一	四八	一	四七			一	四七
軍醫	各國				四		一六		一六				一六	
牧師	各國						六		六				六	
官佐後備隊甲	各國				三二				一一				一一	
官佐後備隊乙	各國				三	一七					三四		三四	
特別後備隊						二九						七〇		七〇
總計					一二九		一九一	一九四三	一五六	一八二九	三四	八六	一九〇	一九一五

附註（一）内有德人一分隊。
　　　（二）丹麥人、荷蘭人及瑞士人。
　　　（三）内有斯堪狄納維亞人一分隊。
　　　（四）英人、德人、奧人、意人及捷克人。
　　　（五）同上。
　　　（六）公學見習生隊不列入一九三二年全國人數之内，但在一九三二年動員期内，該隊員共成一分隊，"克盡厥職"。
△包括材料股下士及運輸開車人十五名在内。
＊包括材料股下士及運輸開車人二十二名在内。

2．萬國商團

　　萬國商團(Shanghai Volunteer Corps)，中文又稱義勇隊。一八五三年_{清咸豐三年}即有英國商團的成立。一八七〇年_{清同治九年}商團歸工部局指揮。自此以後，商團屢經擴充改組，屬隊繼續增加，但亦有中途解散者，如海關隊於一九〇〇年_{清光緒二十六年}成立，於一九二七年_{民國十六年}解散。中華隊，其前身爲華商體操會，是一九〇五年_{清光緒三十一年}大鬧公堂案發生之後，虞和德、胡寄梅、袁恒之等所發起組織，試辦一年後，要求加入萬國商團爲中華隊，經工部局允准，訂立章程，由發起會長簽定：人數自五十名至一百名；隊員須"體面商人，與政界無關係，而體格健全者"；每人須有殷實商保，隊長須先由西人充任；鎗械鎗刺，不得帶回，用前領取，用後歸庫；等項。一九〇七年三月十七日_{清光緒三十三年二月初四日}，中華隊入團約章簽定，隊員計八十三人。

　　最堪注意的，是萬國商團中的俄國隊，有三隊並非"義勇"，而是僱用性質，等於各國正式軍隊。該三隊先後成立於一九二七年_{民國十六年}及一九三二年_{民國二十一年}上海在非常狀態中的時候。其間，隊員定額，曾有增減。

　　由各隊組成的萬國商團，歸商團司令官統領。自一九〇三年_{清光緒二十九年}以來，商團司令官係由工部局與英國陸軍部訂立契約，借用該國陸軍常備軍官充任，惟一九一五—二〇年_{民國四—九年}，因歐戰關係，另由義勇軍官充任。

　　茲將萬國商團最近組織等項，列表於下：

　　至於商團訓練，則分整隊遊行、射擊、行軍進行及野營等項。整隊遊行，每兩星期舉行一次。射擊練習，有虹口公園旁邊的靶子場。射擊比賽，分月賽及年賽二種。行軍進行訓練，每年舉行三次；全團每年由駐華英軍司令官或其代表檢閱一次。野外紮營每年舉行一次。

　　茲將萬國商團自一九〇六—三三年_{清光緒三十二年—民國二十二年}每年開支，列表附錄於下：

年　份	開支(單位：兩)	佔經常收入人之百分率
一九〇六(光緒三十二年)	四八、五〇五·三九	二·六〇
一九〇七(光緒三十三年)	三二、五五二·一四	一·六四
一九〇八(光緒三十四年)	六七、一九八·三八	二·八〇
一九〇九(宣統元年)	三八、一〇二·七七	一·五一
一九一〇(宣統二年)	四七·三六一·六九	一·八五
一九一一(宣統三年)	四四、七一七·五九	一·七三
一九一二(民國元年)	四五、六八二·六八	一·六七
一九一三(民國二年)	四五、九三九·九四	一·六一
一九一四(民國三年)	五五、七〇一·一五	一·九〇
一九一五(民國四年)	五七、一二一·八一	一·八七
一九一六(民國五年)	四六·三六二·八八	一·三九
一九一七(民國六年)	五四、七三〇·七九	一·五八
一九一八(民國七年)	四五、四七一·〇三	一·一八
一九一九(民國八年)	五五、七七八·七二	一·二六
一九二〇(民國九年)	五三、〇五八·三四	一·一〇
一九二一(民國十年)	二一四、〇七三·九一	三·五九

年　　份	開支(單位：兩)	佔經常收入人之百分率
一九二二(民國十一年)	二○一、一七七‧八二	三‧○○
一九二三(民國十二年)	一五四、四三五‧五七	二‧○八
一九二四(民國十三年)	一二八、四六五‧九○	一‧五二
一九二五(民國十四年)	一三九、○三五‧三九	一‧四五
一九二六(民國十五年)	一二八、一五三‧九四	一‧二五
一九二七(民國十六年)	一五一、四○七‧九一	一‧三六
一九二八(民國十七年)	一六五、四五七‧五九	一‧三七
一九二九(民國十八年)	三二三、八七九‧六五	二‧五○
一九三○(民國十九年)	三六六、六七○‧四三	二‧二六
一九三一(民國二十年)	四五一、八九一‧一三	二‧六五
一九三二(民國二十一年)	四○○、一二三‧三六	二‧四五
一九三三(民國二十二年)	四八○、九五六‧二二	二‧七九

3.警務處

警務處(Police Force)原譯巡捕房，是工部局各機關中規模最大的組織。設管理處(Administration)，處長[註一]駐於此，總攬警務處一切行政事宜。全租界分警區爲四，設總辦事處(Central Office)，副處長主之，負責各區警務。各區轄有巡捕房若干，設有高級警官一人，稱爲區長(Divisional Officer)，受副處長節制，負責各該區事務。各區又設有高級偵探一人，稱爲區偵探長(Divisional Detective Officer)，會同各該區區長，辦理事務，其職務爲聯絡並監督刑事偵查的工作，保管各該區罪案的册籍，並負責監督依照總巡捕房內管理刑事特務股(Crime and Special Branches)的副處長的命令，則實行偵查罪案的工作。

刑事特務股是罪案偵查總部，凡關於偵查罪案的一般控制，罪案登記的核對，經登記罪案的最後處置，各警區間偵查工作的聯絡，以及偵探工作的一般控制，均由管理刑事特務股的副處長，代表處長辦理之。該副處長與上述主持各警區警務的副處長，充分合作，以避免巡捕與偵探間的衝突。

管理刑事特務股的副處長，還直接節制下列各股：總巡捕房特別偵緝股(Headquarters Special Detective Staff)、客寓稽查股(Boarding House Section)、指印檢驗股(Finger Print Bureau)、鎗械執照股(Arms Licensing Section)、鎗械辨認股(Arms Identification Section)、鴉片檢查股(Narcotic Section)、攝影股(Studio)及犯罪方法研究與罪案登記股(Modus Operandi and Crime Record Section)。該副處長尚有特別偵緝人員若干，用以直接偵查重大案件及繁複案件。

此外，尚設有特務股(Special Branch)、材料股(Stores Department)及車務股(Traffic Department)等。特務股由幫辦處長管轄，受管理刑事特務股的副處長節制，掌理政治及警務的情報工作，並維持公共租界探捕與法租界及公安局探捕間的聯絡事宜。該股的政治情報工作，又分爲下列七組：情報組(Intelligence Section)、華人組(Chinese Section)、交際組(Liaison Section)、外僑組(Foreign Section)、印人組(Indian Section)、翻譯組(Translation Section)及電影檢查組(Film Censorship Section)。材料股由股長控制，與財務處處長接洽行事。車務股由幫辦處長直接向處長負責，主持之，其職務除發給車輛執照等尋常工作外，並監督車務方面的起訴案件，處理一般車務問題；各捕房負責實行各該管區

[註一] 警務處處長(Commissioner of Police)中文昔稱捕房總巡。

域內的控制交通工作。

　　警務處的職權，均握於西籍最高職員手中。華人在該處所佔最高職員，爲幫辦處長一人，始設於一九二八年民國十七年四月，其職務爲助管理各區警務的副處長辦事，充任者是姚曾謨。[註一]

　　茲將一九三三年民國二十二年十二月三十一日警務處實在人數，列表於下：

職別＼國籍別	西　籍	日　籍	印　籍	華　籍
處長（Commissioners）	二			
副處長（Deputy Commissioners）	二			
幫辦處長（Assistant Commissioners）	八	一		一
督察長（Superintendents）	一七	一		六
助理督察長（Assistant Superintendents）				二
正巡官（Chief Inspectors）	八			三
正探長（Detective Chief Inspectors）	二	一		三
巡官（Inspectors）[註二]	三三	四	二	七
探長（Detective Inspectors）	一二			七
副巡官（Sub-Inspectors）[註三]	五六	七	四	二九
副探長（Detective Sub-Inspectors）	三五	一		三〇
巡長（Sergeants）	一八六	三五	八七	一九四
探目（Detective Sergeants）	六二	五	一	一四五
試用巡長（Probationary Sergeants）	七三			
巡士（Constables）		一八三	五一一	三、〇三八
探員（Detective Constables）		一四	二	一八六
共計	四九六	二五二	六〇七	三、六五一
額外人員	二〇	一	三四	七一八

　　同日該處警力分配如下表：

部分別＼國籍別＼職別	處長	副處長	×辦處長	督察長	助理督察長	正巡官	巡官	副巡官	正巡長	巡長	試用巡長	印籍及代理巡長	巡士	總計
管理處　西	二	一	一			一	一							
日														
印														
華											一	一	一三	

[註一]　一九三四年（民國二十三年）又升任副處長。

[註二]　"巡官"中文舊稱"捕頭"。

[註三]　"副巡官"俗稱"三道頭"。

續表

部分別	國籍別	處長	副處長	×辦處長	督察長	助理督察長	正巡官	巡官	副巡官	正巡長	巡長	試用巡長	印籍及代理巡長	巡士	總計
緝捕股及特務股(罪案偵查總部)	西		一	一	四		一	四	一三		一九				
	日							一			二				
	印								一				二		
	華				一	一	一	三	五		二一			一九	
各警區（總辦事處）	西	一		五	七				二		二	四			
	日			一	一										
	印													一	
	華	一		五	一									一	一三
各警區（†甲區）	西						三	六	一八		三九	一八			
	日								一		一			二	
	印							一	一	一	一九		三	一三一	
	華						三	一	一○		八六		一○	七六四	
各警區（†乙區）	西							一	一○	一五	五六	一八			
	日							一	二		六			三七	
	印								一	一	二三		七	一一六	
	華							一	三	一七	八○		一五	七九九	
各警區（†丙區）	西							二	六	一六	五○	一二			
	日								二	二	一五			七三	
	印								一	一	一八		三	一○八	
	華							一	一	一八	八九		一一	八○七	
各警區（†丁區）	西							二	六	九	二七	一一			
	日								一	二	一三			五七	
	印								一	二	一一		四	六四	
	華							四	八		四九		四	五六	
武裝後備隊（總辦事處）	西									一					
	日														
	印														
	華														
武裝後備隊（後備隊）	西				一				二		一二	三			
	日										二			一○	
	印										三		二	二○	
	華										五		一六	一○三	
武裝後備隊（教練隊）	西							一	二		一	*三			
	日														
	印										一			三	
	華							二		三	二		一	*九五	

續　表

部分別	國籍別	處長	副處長	×辦處長	督察長	助理督察長	正巡官	巡官	副巡官	正巡長	巡長	試用巡長	印籍及代理巡長	巡士	總計
車務辦事處	西			一	二			二	四		六	一			
	日										一				
	印													一	
	華										一				一一
法庭及律師辦事處	西				一			三	一		七	二			
	日														
	印														
	華													二五	
材料儲藏及轉運處	西				一		一	一	一		三				
	日														
	印														
	華										一				
特務股辦事處	西							一							
	日														
	印														
	華													一	
馬巡	西							一			一				
	日														
	印									一					
	華														
在長假中者	西							二	七		二五	一			
	日								一		一			一八	
	印									一	五		二	四六	
	華														
總計	西	二	二	八	一七		一〇	四五	九一		二四八	七三			四九六
	日		一	一		一		四	八		四〇			一九七	二五二
	印							二	四	八	八〇		二三	四九四	六〇七
	華			一	六	二	六	一四	五九	四	三三五		五八	*三、一六六	三、六五一

備註

† 包括捕房偵探人員及車務處人員。
* 包括新募人員計西人二名華人七十一名。

甲區所轄捕房[註一]	老閘捕房	中區捕房		
乙區所轄捕房	新閘捕房	静安寺捕房	戈登路捕房	普陀路捕房
丙區所轄捕房	虹口捕房	匯司捕房[註二]	狄思威路捕房	嘉興路捕房
丁區所轄捕房	楊樹浦捕房	匯山捕房	榆林路捕房	

[註一]　民國二十三年(一九三四年)新設成都路捕房。
[註二]　匯司捕房,西虹口捕房(West Hongkew Police Station)。

又,該處所有軍械件數如下:

軍械名稱	湯姆孫礮	騎鎗等	連發手鎗	手　鎗
件　數	三五	五二九	六七七	四、五○七

工部局所設各監獄,亦由警務處處長負責管理事宜。計有華德路監獄(Ward Road Gaol)、廈門路監獄(Amoy Road Gaol)及童犯感化院(Reformatory)等三所。華德路監獄,爲監禁華犯而設。廈門路監獄監禁外僑罪犯[註一]。管理監獄人員的組織如下:

西籍人員		印籍人員	
典獄長	一人	看守長	五人
副典獄長	一人	看守中士	二六人
典獄主任	一人	看守伍長	一○人
典獄	二人	看守員	一七九人
助理典獄	四人	廚夫	八人
正看守員	一○人	華籍人員	
代理正看守員	三人	看守副巡官	二人
看守員	一三人	看守巡長	四人
助理看守員	二一人	代理看守巡長	一二人
代理女看守長	一人	看守員	一四二人
女看守員	二人	總獄監	二人
印刷員	一人	獄監	一八人

至於警務處開支,至爲浩大,且竟至超過經常收入三分之一以上者,歷來頗受論者指斥。茲將該處一九○六—三三年清光緒三十二年—民國二十二年各年開支,列表於下:

年　份	開支(單位:兩)	佔經常收入之百分率
一九○六(光緒三十二年)	四一一、八三八‧八六	二二‧○七
一九○七(光緒三十三年)	五一九、四二五‧四七	二六‧一九
一九○八(光緒三十四年)	六八四、六四二‧○五	二八‧四八
一九○九(宣統元年)	七三八、二七六‧三六	二九‧二八
一九一○(宣統二年)	七七四、一三○‧九八	三○‧三○
一九一一(宣統三年)	八六八、九○九‧四五	三三‧五五
一九一二(民國元年)	八六三、四二五‧五○	三一‧五八
一九一三(民國二年)	九○○、五八二‧五四	三一‧五一
一九一四(民國三年)	九二○、七九一‧四四	三一‧三八
一九一五(民國四年)	八八○、七○六‧二四	二八‧八七
一九一六(民國五年)	八八二、二五五‧八二	二六‧四七
一九一七(民國六年)	九五五、○四○‧二○	二七‧六四
一九一八(民國七年)	一、○八八、三七八‧九一	二八‧一七
一九一九(民國八年)	一、三一九、四一三‧三九	二九‧八五

[註一]　廈門路監獄於民國二十四年(一九三五年)撤消,所監禁西犯,於是年九月十五日全數遷入華德路監獄旁的新建築內。

年　份	開支(單位：兩)	佔經常收入之百分率
一九二〇(民國九年)	一、五六六、九三五・四九	三二・四九
一九二一(民國十年)	一、六四四・七四二・一六	二七・五九
一九二二(民國十一年)	一、七〇九・四七六・八七	二五・五一
一九二三(民國十二年)	一、八六四、三三二・二一	二五・〇九
一九二四(民國十三年)	二、〇四二、一〇四・四二	二四・二二
一九二五(民國十四年)	二、三七二、八五七・二四	二四・六七
一九二六(民國十五年)	二、五八二、一五八・七三	二五・二四
一九二七(民國十六年)	三、〇一七、九九四・三二	二七・〇八
一九二八(民國十七年)	三、二九四、八三一・七〇	二七・一八
一九二九(民國十八年)	三、九九三、八九八・〇七	三〇・七八
一九三〇(民國十九年)	五、八〇〇、七四八・一一	三五・七八
一九三一(民國二十年)	六、八八五、一七〇・一一	四〇・三四
一九三二(民國二十一年)	六、五一二、三九〇・一二	三九・八〇
一九三三(民國二十二年)	六、八二四、二七八・七〇	三九・五五

4. 火政處

火政處(Fire Brigade)設處長一人，總理該處事務。截至一九三三年民國二十二年年底爲止，該處設有火政分處六處及火政分所三所，即：中央火政分處，虹口火政分處，楊樹浦火政分處，新閘火政分處，靜安寺火政分處，西蘇州路火政分處；天潼路火政分所，梵王渡火政分所，周家嘴火政分所。

該處經與海關協定，由該處供給官員一人，隊員十人，充任海關救火艇人員，以備水上船隻消防之用。該處並自備救火艇二艘，裝有最新式的滅火機械。關於公共租界與法租界及市區救火聯絡一層，曾經諒解，即凡遇一方救火隊馳至火警地點，而此地點係在其所管區域相近之處，則應一面進行滅火，一面立即通知該管發生火警地帶的火政當局。

該處設有工廠一所，製造並修理救火機械，其所製機械大半係經特別設計以適應當地需要者。

除救火工作外，該處並查驗及試驗有防火設備的房屋及街上公共龍頭，以助消防。

一九三一年民國二十年一月，該處成立救護部(Ambulance Service)，現分急救及醫院二股(Emergency Branch and Hospital Branch)，辦有救護車輛，載送病人。

火政處一九三三年民國二十二年十二月三十一日職員計數，如下列各表：

外籍職員

職　員	額定人數	實在人數	逾額人數	缺額人數
處長	一	一		
副處長	一	一		
第三處長	一	一		
第四處長	一	一		
區長	二	二		

續 表

職 員	額定人數	實在人數	逾額人數	缺額人數
分處長	六	六		
助理分處長	一一	一〇		一
處員	三〇	二七		三
機師	一	一		
工場主任	一	一		
工場副主任	一	一		
助理機師	一	一		
視察員	一	一		
助理視察員	二	二		
會計主任	一	一		
助理員				
材料股主任	一	一		
主任事務員	一	一		
共計	六四	六〇		四

望警亭職員

職 員			額定人數	實在人數	逾額人數	缺額人數
監察員	二		二六	二六		
望警人員	外籍一六	二四				
	華籍八					

華籍職員

職 員	額定人數	實在人數	逾額人數	缺額人數
事務所及材料處職員	二四	二四		
救火夫	四六〇	四六〇		
救火車司機及救火艇員役	七二	七二		
工匠	七一	七一		
候警室職工	三五	三五		
華語教員	五	五		
急救股救護車司機	六	六		
醫院股救護車司機	六	六		
醫院股救護車之看護人	一〇	一〇		
共計	六八九	六八九		

　＊該項職員中有西籍職員二人

練習生	額定人數	實在人數	逾額人數	缺額人數
華籍練習生	一五	九		六

義勇後備隊　隊員一八人,全係西籍。

該處自一九〇六一三三年_{清光緒三十二年一民國二十二年}各年開支,統計如下:

年　份	開支(單位：兩)	佔經常收入之百分率
一九〇六(光緒三十二年)	二九、二三〇・六六	一・五七
一九〇七(光緒三十三年)	三〇、二九五・〇五	一・五三
一九〇八(光緒三十四年)	四八、九九七・八六	二・〇三
一九〇九(宣統元年)	四七、五一三・三一	一・八八
一九一〇(宣統二年)	五四、六九〇・五二	二・一四
一九一一(宣統三年)	四九、九九〇・八九	一・九四
一九一二(民國元年)	五五、五七九・四五	二・〇三
一九一三(民國二年)	七六、五〇五・〇七	二・六八
一九一四(民國三年)	六九、八五六・四〇	二・三八
一九一五(民國四年)	七七、三一四・〇五	二・五三
一九一六(民國五年)	一一八、二六二・九〇	三・五五
一九一七(民國六年)	八七、四五〇・五一	二・五三
一九一八(民國七年)	一〇六、四七六・八九	二・七五
一九一九(民國八年)	一一八、四一四・六四	二・六八
一九二〇(民國九年)	一六七、四一九・九八	三・四七
一九二一(民國十年)	二三五、二九〇・八六	三・九五
一九二二(民國十一年)	二五六、九四二・四一	三・八四
一九二三(民國十二年)	二九六、八一七・六三	四・〇〇
一九二四(民國十三年)	三八四、〇六三・七八	四・五六
一九二五(民國十四年)	四二一、九〇〇・四二	四・三九
一九二六(民國十五年)	四一四、一三一・〇八	四・〇五
一九二七(民國十六年)	四五一、七二八・九五	四・〇五
一九二八(民國十七年)	四六二、二五三・六五	三・八一
一九二九(民國十八年)	五〇〇、三四九・〇一	三・八六
一九三〇(民國十九年)	六三四、八五七・五〇	三・九二
一九三一(民國二十年)	七二八、六〇三・七一	四・二七
一九三二(民國二十一年)	七四六、七九一・五九	四・五七
一九三三(民國二十二年)	七九〇、三〇一・〇九	四・五八

5. 衛生處

衛生處(Public Health Department)亦設處長一人,主理該處事務。該處分下列五部:

一、行政部(Administration)　該部掌理日常行政事宜,辦理往來函牘,管理收支,編製生死統計,登記外僑患傳染病與死亡人數,管理並監督工部局各公墓。

二、化驗室(Laboratories)　設化驗室三個:

甲、病理化驗室(Pathological Laboratory)　該室專管傳染病症的鑑辨,水料、牛乳、冰淇淋的化驗,牛痘漿及其他注射品的製造,及鼠疫的檢驗。

乙、柏司德檢驗室(Pasteur Institute)　該室專爲防瘋狗症及製造特種注射劑而設。

丙、化學化驗室(Chemical Laboratory)　該室化驗水料、牛乳、煤氣、尼古丁、食品、飲料等。

三、醫院部(Municipal Hospitals)　該部管理衛生處所主辦的醫藥與看護事宜。工部局辦有下列各醫院:

甲、外僑隔離醫院(Isolation Hospital for Foreigners)

乙、華人隔離醫院(Isolation Hospital for Chinese)

丙、外僑神經病院(Foreign Mental Hospital)

丁、外僑肺病療養院(Foreign Tuberculosis Sanitorium)

戊、巡捕醫院(Municipal Police Hospital)

己、華德路監獄醫院(Ward Road Gaol Infimary)

庚、童犯感化院醫院(Reformatory Clinic)

辛、廈門路監獄醫院(Amoy Road Gaol Infirmary)[註一]

該部除管理上述各醫院外,並監督各區看護及助產工作,辦理外僑肺病及花柳病的診治工作。

工部局除自辦醫院外,並每年撥款補助私立各醫院,以辦有成效並能協助維持租界內衛生者爲合格。

四、衛生部(Sanitation)　該部工作爲:調查傳染病及消毒,華人死亡的證實及登記,預防天花,防阻鼠疫,滅除蚊蠅,領有執照及其他房屋的查驗,公衆衛生的教育和宣傳,陳訴事件的調查,以及妨害公衆事件的滅除。設有衛生分處若干處,以實行上列各項工作。

五、食物牛乳及菜場部(Food, Dairies and Markets)　該部檢查牛乳棚及食品店,監督公私立屠宰場及菜場,工部局設有屠宰場一所,菜場十七所。

茲將該處自一九○六─三三年_{清光緒三十二年─民國二十二年}各年開支,列表附錄於下:

年　份	開支(單位:兩)	佔經常收入之百分率
一九○六(光緒三十二年)	九○、七五七‧四八	四‧八六
一九○七(光緒三十三年)	一二○、三一四‧一八	六‧○七
一九○八(光緒三十四年)	一三四、三八五‧三二	五‧五九
一九○九(宣統元年)	一八一、六七九‧三八	七‧二○
一九一○(宣統二年)	一六七、四三五‧九一	六‧五五
一九一一(宣統三年)	二○、八三三‧四五	八‧一四
一九一二(民國元年)	二○、八六八‧八一	七‧七一
一九一三(民國二年)	一七八、九五七‧○七	六‧二六

[註一]　廈門路監獄於一九三五年(民國二十四年)撤消,監獄醫院亦廢。

年　份	開支(單位：兩)	佔經常收入之百分率
一九一四(民國三年)	一八七、九八四·二一	六·四一
一九一五(民國四年)	二〇八、〇〇八·五〇	六·八二
一九一六(民國五年)	一五八、一六八·七二	四·七五
一九一七(民國六年)	一六八、五六八·二〇	四·八八
一九一八(民國七年)	二三八、三三三·六三	六·一七
一九一九(民國八年)	二九一、九九九·一四	六·六一
一九二〇(民國九年)	三九四、二〇五·七五	八·一七
一九二一(民國十年)	四三六、七二三·七〇	七·三三
一九二二(民國十一年)	五〇六、八八七·九八	七·五七
一九二三(民國十二年)	五三〇、八二一·一八	七·一四
一九二四(民國十三年)	六七六、八一五·〇二	八·〇三
一九二五(民國十四年)	七一一、四六八·六五	七·四〇
一九二六(民國十五年)	七八七、六九六·六三	七·七〇
一九二七(民國十六年)	八八〇、一六七·五一	七·九〇
一九二八(民國十七年)	八五六、〇七九·〇一	七·〇六
一九二九(民國十八年)	八四四、五二七·八〇	六·五一
一九三〇(民國十九年)	九九七、五六一·五三	六·一五
一九三一(民國二十年)	一、三二八、七二〇·三八	七·七八
一九三二(民國二十一年)	一、三九九、三三〇·八五	八·五六
一九三三(民國二十二年)	一、三五八、四〇六·六六	七·八七

6. 工務處

工務處(Public Works Department)設處長一人，下分左列各股：

一、行政股(Executive Branch)　綜理工務處行政及往來函牘。

二、土地測量股(Land Surveyor's Branch)　繪製正式地圖，辦理公共租界一般測量工作，製備圖樣，商洽"收租"地，以放寬及延長馬路，或為其他市政用途，並估計地價，以為抽稅的根據。

三、建築工程股(Structural and Architectural Branch)　辦理一切工部局房屋、橋樑、堤岸等的設計，製圖與建築，以及工部局一切現有房屋、橋樑及堤岸的維持與修理。

四、房屋審查股(Building Surveyor's Branch)　查覈居民所提呈一切新造房屋及改造與擴充原有房屋的圖樣，發給執照；查驗上列各項工程的進行，領有執照房屋，及不安全與未經認可的建築物等。

五、道路工程股(Highways Engineer's Branch)　管理現有道路街巷的修理、維持與清潔事宜，建造新路，收集及處置垃圾。一九三三年民國二十二年年底，工部局管理的道路，其長度及狀況如下表：

區別 路別	中區共長 英里數	北區共長 英里數	東區共長 英里數	西區共長 英里數	共計 英里數
用碎石鋪面之路	二・八六三	七・三一二	二三・七八三	三四・八四五	六八・八〇三
用水泥三合土鋪面之路	〇・五一九	〇・五九一	〇・六二九	〇・三一九	二・〇五八
用地瀝青三合土鋪面之路	一三・〇七一	一一・一四四	九・四九二	一七・七二三	五一・四三〇
用石塊鋪面之路	四・六三九	五・八八一	二・三二七	一・一二八	一三・九七五
用木塊鋪面之路	〇・九六六				〇・九六六
未經鋪面之路		〇・三八三	一七・二一四	二七・一八〇	四四・七七七
共計	二二・〇五八	二五・三一一	五三・四四五	八一・一九五	一八二・〇〇九

六、溝渠股(Sewerage Branch)　管理主要及附屬各溝渠的設置與維持事宜,並主辦所設各污水處置所,污水化驗工作由主任衛生化學師(Chief Sanitation Chemist)監督辦理之。

七、工場股(The Workshops Branch)　管理工部局所有車輛機器的維持與修理及一切器械工程,並檢查電梯及汽鍋。

八、公園及空地股(Parks and Open Spaces)　管理工部局各公園、空地及路旁樹木。

九、會計股(Accounts)　掌理全處會計事務。

工務處的開支,在工部局各機關中,除警務處外,是爲數最大的。茲將該處自一九〇六—三三年清光緒三十二年—民國二十二年各年開支,列表於下:

年　份	開支(單位:兩)	佔經常收入之百分率
一九〇六(光緒三十二年)	五〇四、三九八・二三	二七・〇二
一九〇七(光緒三十三年)	五五五、五九〇・八〇	二八・〇一
一九〇八(光緒三十四年)	五六九、八三四・三〇	二三・七二
一九〇九(宣統元年)	五八四、四八五・二五	二三・一八
一九一〇(宣統二年)	五七二、三九九・五二	二二・四〇
一九一一(宣統三年)	六〇九、三〇一・七四	二三・五三
一九一二(民國元年)	五七九、九二二・〇二	二二・二二
一九一三(民國二年)	六〇六、六一三・四二	二一・二三
一九一四(民國三年)	七〇五、一三三・二六	二四・〇三
一九一五(民國四年)	七四六、四九七・九一	二四・四六
一九一六(民國五年)	八〇〇、九五六・九二	二四・〇三
一九一七(民國六年)	九七一、七八一・五六	二八・一三
一九一八(民國七年)	一、〇五八、三四八・六〇	二七・三九
一九一九(民國八年)	一、一八〇、九一八・〇九	二六・七二
一九二〇(民國九年)	一、二八六、〇〇七・一七	二六・六六
一九二一(民國十年)	一、三五九、七三三・七九	二二・八二
一九二二(民國十一年)	一、八三一、〇九二・五三	二七・三三

續　表

年　份	開支(單位：兩)	佔經常收入之百分率
一九二三(民國十二年)	一、九二〇、四八九・四三	二五・八五
一九二四(民國十三年)	二、〇八〇、九三一・三二	二四・六八
一九二五(民國十四年)	二、三八八、六四〇・二八	二四・八三
一九二六(民國十五年)	二、六五七、九一六・〇八	二五・九八
一九二七(民國十六年)	二、六八五、一五三・四五	二四・一〇
一九二八(民國十七年)	二、四二四、二八一・一一	二〇・二〇
一九二九(民國十八年)	三、二一九、〇五九・二四	二四・八一
一九三〇(民國十九年)	四、一五二、五三七・〇一	二五・六一
一九三一(民國二十年)	四、一五〇、四〇八・七二	二四・三二
一九三二(民國二十一年)	三、八五四、一一一・四二	二三・五六
一九三三(民國二十二年)	三、八八八、五三八・一二	二二・五三

7. 學務處

學務處(Education Department)設處長(Superintendent of Education)一人，由西人充任。近始有華人教育股的設立，置華人教育股股長(Chinese Education Officer)，由華人充任，計劃工部局所設各華人小學的設施事宜。

工部局於一九二八年民國十七年以前，關於華人教育，僅設有中學四所，並無小學。至是年，始在臨時房屋內，設立小學三所。現有小學五所，最近五年學生人數如下：

校　別＼年別	一九二八年（民國十七年）	一九二九年（民國十八年）	一九三〇年（民國十九年）	一九三一年（民國二十年）	一九三二年（民國二十一年）	一九三三年（民國二十二年）
匯山路小學	八七	三八三	四三二	四五五	四四八	三五六
愛而近路小學	七八	二八五	四一二	四七八	五〇四	五五五
新閘路小學			三〇三	三七六	五六四	六七八
華德路小學					六〇八	六八三
荆州路小學						六一九
總計	一六五	六六八	一、一四七	一、三〇九	二、一二四	二、八九一

工部局華人中學，現亦有五所，最近五年學生人數如下：

校　別＼年別＼創立年份	創立年份	一九二八年（民國十七年）	一九二九年（民國十八年）	一九三〇年（民國十九年）	一九三一年（民國二十年）	一九三二年（民國二十一年）	一九三三年（民國二十二年）
華童公學	一九〇四（清光緒三十年）	四〇七	四四二	五一一	六四八	六九九	七四〇
育才公學	一九一〇（清宣統二年）	四〇八	四一四	四三三	四六二	四七一	五〇一

續 表

年別 創立年份 校別		一九二八年 (民國 十七年)	一九二九年 (民國 十八年)	一九三〇年 (民國 十九年)	一九三一年 (民國 二十年)	一九三二年 (民國 二十一年)	一九三三年 (民國 二十二年)
聶中丞公學	一九一四(民 國三年)	三六二	四〇六	四四一	四七二	五〇六	五四二
格致公學	一九一七(民 國六年)	三二六	四六一	五〇六	五〇八	五二六	五三一
華人女 子中學	一九三一(民 國二十年)				一二四	三〇三	三一四
總　計		一、五〇三	一、七二三	一、八九一	二、二一四	二、五〇三	二、六二八

至於工部局所設西童學校,現存六所,最近五年學生人數如下:

年別 校別	一九二八年 (民國 十七年)	一九二九年 (民國 十八年)	一九三〇年 (民國 十九年)	一九三一年 (民國 二十年)	一九三二年 (民國 二十一年)	一九三三年 (民國 二十二年)
漢璧禮西童男學	一九九	一九〇				
西童公學	二五二	二五一	*三八八	四一四	三八六	三七九
西童小學	一三二	一一三	一六八	一七二	一八五	一八九
愚園路西童女公學	三九八	三九五	四二二	四三八	四四九	四五六
文監師路西童女公學	一八八	二〇八	二〇九	二三九	二一七	二一九
榆林路西童女公學	八三	九七	九〇	八七	九二	八三
漢璧禮西童女學	二五八	二三六	二一二	二三三	二四七	二六〇
總計	一、五一二	一、四九〇	一、四八九	一、五八三	一、五七六	一、五八六

* 兩校歸併時之總數

除自設學校外,工部局對於私立學校亦給與補助費,惟私立華人學校的補助費,則到一九三二年民國二十一年才開始的。茲將一九三二年民國二十一年及一九三三年民國二十二年工部局給與中外學校補助費,列表比較於下:

校　別	一九三二年(民國二十一年)			一九三三年(民國二十二年)		
	現款補助 銀兩數	減免市稅 銀兩數	兩項合計 銀兩數	現款補助 銀兩數	減免市稅 銀兩數	兩項合計 銀兩數
華人學校	八一、二五〇	二三、五一九	一〇四、七六九	九九、二五〇	一九、七五二	一一九、〇〇二
外僑學校	七七、〇〇〇	二〇、七〇五	九七、七〇五	一〇一、二五〇		一〇一、二五〇
總計補助銀兩	一五八、二五〇	四四、二二四	二〇二、四七四	二〇〇、五〇〇	一九、七五二	二二〇、二五二

工部局並自定所謂"教育政策",一九三一年民國二十年曾發表其修正教育政策,要點如下:

一、"本局所定教育政策之宗旨,在爲公共租界內居民之子弟,及直接或間接納稅者之兒童,設備相當之教育機關,而不問就學者之國籍。但非謂設備是項機關之責任,由本局或應歸本局單獨擔負。

本局對於各國僑民團體、會館、慈善或宗教機關、或有相當資格之個人所設學校,一致歡迎。"

二、"前項學校如經設立,其效率之標準確稱滿意,但因經費不足,顯有爲難者,本局當設法補助,俾得增益其服務社會之效能。"

三、"本局當繼續供給及維持局中所設各校,以教育中外兒童。"

學務用費,中外不均,尤以學生數目爲比例而分析時,關於此層,華人歷來頗多發言。又,補助費總數雖華人學校稍多於外人學校,但以受補助學校及其學生數目比較而觀,仍多可議之處。茲將一九〇六—三三年清光緒三十二年—民國二十二年工部局每年學務方面的開支,列表於下:

年　　份	開支(單位:兩)	佔經常收入之百分率
一九〇六(光緒三十二年)	二八、五三九·二四	一·五三
一九〇七(光緒三十三年)	三三、八七八·〇七	一·七一
一九〇八(光緒三十四年)	三二、八一九·六四	一·三八
一九〇九(宣統元年)	三九、二六七·九〇	一·五五
一九一〇(宣統二年)	四五、三七八·三九	一·七七
一九一一(宣統三年)	四六、五一九·〇五	一·八〇
一九一二(民國元年)	五六、六二〇·八〇	二·〇七
一九一三(民國二年)	六九、三一四·〇八	二·四三
一九一四(民國三年)	九三、四七六·四二	三·一八
一九一五(民國四年)	一一四、九五七·三一	三·七七
一九一六(民國五年)	一四三、〇三二·九二	四·二九
一九一七(民國六年)	一五七、二一四·六三	四·五五
一九一八(民國七年)	二〇五、一九四·一二	五·三一
一九一九(民國八年)	二六六、八〇一·三〇	六·〇四
一九二〇(民國九年)	三三〇、八二二·九四	六·八六
一九二一(民國十年)	三七七、七九六·六二	六·三四
一九二二(民國十一年)	四〇三、四七三·五四	六·〇二
一九二三(民國十二年)	四〇八、三六四·九二	五·五〇
一九二四(民國十三年)	四四四、六七二·〇六	五·二七
一九二五(民國十四年)	五〇五、九四七·四三	五·二六
一九二六(民國十五年)	五〇三、七九六·九八	四·九二
一九二七(民國十六年)	五四六、三一〇·〇〇	四·九〇
一九二八(民國十七年)	五六四、四三六·九七	四·六六
一九二九(民國十八年)	五八三、三七七·三〇	四·五〇
一九三〇(民國十九年)	七四五、一〇二·八六	四·五九
一九三一(民國二十年)	一、〇四八、七七九·〇七	六·一四
一九三二(民國二十一年)	一、三八四、〇九〇·〇〇	八·四六
一九三三(民國二十二年)	一、六二三、四九〇·〇〇	九·四一

8. 財務處

財務處(Finance Department)掌理工部局全部財政事宜,設處長(Treasurer and Controller)一人,

主持之。

工部局每年度收支，必先編製預算表，以爲出納之憑。預算表係財政稅務及上訴委員會負責編製。該委員會將下年度各項經常費與臨時費彙集成表，作成草案，送交各處參酌，經增減妥貼後，送交財務處，該處再送總董，提出納稅外人會年會通過。

工部局臨時收入，最主要者爲發行公債，以遇市政改良及建設等臨時支出。經常收入，充經常行政費用，其來源分爲：

一、地稅(Land Tax)　依土地估價(Assessed Value)抽收，地價由工部局每三年估計一次。

二、市政捐(Municipal Rate)　中文又稱房捐、總捐、或巡捕捐，依估計房租(Assessed Rental)抽收，常因估計超出實際房租，發生爭執。工部局越界道路上，亦收市政捐，稱爲特捐或特稅(Special Rate)，工部局歷年所收特捐，已見前文"越界築路及其管轄"章。

三、碼頭捐(Wharfage Dues)　關於碼頭捐的徵收，交涉屢生，曾見前述。一九三一年民國二十年四月二十八日，上海市市長張羣與江海關訂定"徵收及分配碼頭捐規約"，於同年五月一日開始實行。[註一]該約以一年爲期，期滿後，似未另訂新約。

四、特別廣告捐(Special Advertisement Rate)　於一九一四年民國三年開徵。

五、執照捐(Licence Fees)　各領照事業的捐款。

六、局產收入(Rent of Municipal Properties)　工部局產業出租收入等，以小菜場租金爲主要。

七、公用事業收入(Revenue from Public and Municipal Undertakings)　自來水公司、自來火公司、電車公司、公共汽車公司、電力公司等的特許權使用費(Royalty)等。

八、雜項(Miscellaneous)　如出賣貯藏物收入等。

茲將一九〇六—三三年清光緒三十二年—民國二十二年工部局各年經常歲入，列表於下，市政捐一項包括"特捐"在內。

關於執照捐收入，其一九一四——三三年民國三年—二十二年的分類詳情，見下表：（兩以下四捨五入）

[註一]　該規約全文如下：第一條，所有外洋進口貨物，除貨幣外一律由江海關，按照民國二十年進口稅則內，進口稅百分之一徵收碼頭捐。第二條，所有外洋進口貨幣，每關平銀一千兩，徵收碼頭捐三錢。第三條，除第二條貨幣外，所有碼頭捐，均照舊以海關金單位計算徵收。第四條，所有出口往外洋，及往來通商口岸貨物，碼頭捐一律免徵。第五條，嗣後每年所徵之碼頭捐，不得超過以前各年最高數目，海關對於此項收入之預測，僅能以金單位稅則，及收數爲根據，至匯兌上之漲落，則無從知悉及控制，現經雙方協定，以自民國十九年四月一日至二十年三月三十一日間，所收碼頭捐金單位數目(其整數爲金單位一百十二萬二千元)爲標準。第六條，本規約自民國二十年五月一日起實行，有效期間爲一年(如有第七條情形者，不在此例)，除屆時業經另商妥洽繼續有效外，逾期即行作廢。第七條，海關可隨時通知停止徵收此項碼頭捐，並無須說明理由，第六條所述本規約之有效期間，應受本條限制。第八條，本規約期滿後，如續訂新約時，應以本規約爲根據。第九條，在續訂一年期內，碼頭捐捐率，應由江海關稅務司根據可以收入之最高數目，以及本口進口稅預計數目，當時進口稅則稅率，及過去十二個月內實收數目，加以計算，現所規定，按照民國二十年進口稅率百分之一之捐率，即係用上法計算而得。第十條，海關將保留碼頭捐總收入百分之七‧五，作爲徵收費用。第十一條，海關對於徵收之碼頭捐，按照左列辦法，登記分配：(甲)根據銀行收稅處報告，徵收碼頭捐金單位數目，並折合規平銀數，分別登記。(乙)徵收金銀之碼頭捐，另行登記。(丙)徵收碼頭捐款，按季分配如左：(一)海關於所徵碼頭捐總數內，提支百分之七‧五。(二)停泊公共租界碼頭船隻，所載貨物碼頭捐款，應撥交公共租界工部局。(三)停泊法租界碼頭船隻，所載貨物碼頭捐款，應撥交法租界工部局。(四)停泊浦江中流船隻，所載貨物碼頭捐款，應照下列比例分配：上海市政府百分之四十；公共租界工部局百分之四十；法租界工部局百分之二十。(五)停泊本港界內，其他處所船隻，所載貨物碼頭捐款，應撥交上海市政府。(六)現經上海市政府與公共租界工部局雙方議定，擔保法租界工部局每年所得數目，爲規平銀每月十五萬兩，如照第三條及第四條分配結果，法租界工部局應得碼頭捐款，短於擔保數目時，應以每季規平銀三萬七千五百兩作爲計數根據，其不足之數，由上海市政府與公共租界工部局所得數目內，平均撥付，反之如超過每年規平銀十五萬兩，或每季規平銀三萬七千五百兩時，其超過之數，應按年或按季，平均分撥與上海市政府及公共租界工部局。(七)上海市政府擔保每月撥交海港檢疫處二千元，此項數目折算成規平銀數目後，應由江海關稅務司每季自撥交上海市政府數目內截留，並按照向來辦法，轉交海港檢疫處。(八)所有碼頭捐款，照上列第一條至第六條分配辦法，所得金單位數目，應折合爲規平銀數，分送有關係之各機關，至徵收此項捐款時，所有金單位與規平銀折合率之變動，海關概不過問。第十一條，本規約由上海市市長，與江海關稅務司會同商訂，所有以前訂立關於碼頭捐之合同，概予取銷，如上海市市長對於碼頭捐事項，與其他方面另有訂立合同等事，除本規約內所規定者，海關概不承認。本規約定於民國二十年五月一日起實行，至民國二十一年四月三十一日，一年期內認爲有效。

年份	地稅 稅率	地稅 收入	市政捐 捐率 界內	市政捐 捐率 界外	市政捐 收入 華式房屋	市政捐 收入 洋式房屋	特別廣告捐	碼頭捐	執照捐	局產收入	公用事業收入	雜項	經常收入總計	經常支出總計	經常支出佔經常收入之百分率
一九〇六	千分之五	四〇〇,四五〇·八五	華房百分之十洋房百分之八	百分之五	五〇四,四二七·八七	三二五,五二一·七一		二〇三,七四一·九四	三九八,四七七·三六	三三,八〇一·三七			一,八六九,三〇一	一,六四八,三四二	八八·一八
一九〇七	千分之六	四五〇,三三〇·一四	百分之十	百分之五	五五〇,〇八二·〇七	三五六,〇二八·一五		一七三,二五七·五三	三九四,七〇四·七六	四一,九八四·九〇	五六,三〇七·八〇		一,九三八,一八三	一,六一〇,三三七	八一·一三
一九〇八	千分之六打八折	六八五,一〇二·五四	華式房屋最初三月百分之十後與洋式均爲百分之十二	百分之六（華式房最初三月之百分五）	六四〇,二八二·六二	四六二,一一一·六〇		一五七,九五七·〇四	三九一,三五七·三四	一〇,八〇三·一二	一八,四八〇·七〇		二,〇二六,六三六	一,九六五,六五六	八二·一七
一九〇九	千分之六打八折	六八八,〇二六·四三	百分之十二	百分之六	六七三,七三九·一七	四八一,六六一·六〇		一七六,三三六·〇一	四二一,八二一·八二	四一,五九八·四八	二五,九二九·七七		二,五〇五,三二〇	二,一〇一,〇二三	八三·三
一九一〇	千分之六打八折	六八二,三三四·五六	百分之十二	百分之六	六六二,一〇一·一四	四九九,二〇〇·一八		一七九,三三八·八九	四四六,一五一·六八	四五,四〇八·二九	二九,三五九·二九		二,五〇五,〇二三	二,二〇,一五六	八六·一
一九一一	千分之六打八折	六九〇,九九九·五七	百分之十二	百分之六	六七九,八七〇·八五	五〇八,〇九七·三三		一八〇,七七二·二三	四四五,四四〇·〇〇	二〇,二六三·九九	七三,九三〇·九九		二,八九七,八八五	二,七四九,六一一	九〇·六

續　表

年份	地稅		市政捐				特別廣告捐	碼頭捐	執照捐	局產收入	公用事業收入	雜項	經常收入總計	經常支出總計	經常支出佔經常收入之百分率
	稅率	收入	捐率		收入										
			界內	界外	華式房屋	洋式房屋									
一九一二	千分之六打八五折	六七一、五三九·八七	百分之十二	百分之六	七一六、八四七·八七	五四一、八五一·四七		二〇四、二八一·四九	四九四、六〇八·一八	七五三、八二二	三九七、七八四		二、七三四、五三一	二、三六七、七一	八六·七八
一九一三	千分之六打八五折	六七四、七九·一〇	百分之十二	百分之六	七三九、四二六·五九	五五九、二四五·三二		二一五、二四四·七一	五三五、〇九六·八六	六六八、八三	六九五、二一〇		二、八五〇〇、六三	二、四八、三八二五九	八六·九二
一九一四	千分之六打八五折	六七八、〇六六·六七	百分之十二	百分之六	七三〇、六三六·六六	六二三、二四一·二五	九四·九五	一八九、三六一·八二九	五八二、〇五七·九五	七三七、八八	七四、六〇四五		二、九三八、一五七	二、七〇二、八九三	九二·〇二
一九一五	千分之六打八五折	六八二、四〇四·七五	百分之十二	百分之六	八四三、六三五·九五	六九二、〇五二·七二	六一〇·四五	一二三、二八八·四二七	五九一、二九一·六六	九〇、六六五	八〇、九四七		三、〇一七、七六	二、七七二三〇	九一·八
一九一六	千分之六打八五折	八八六、一七六·三三	百分之十二	百分之六	九一八、六四七·三三七	六〇八、八七六·二六四	八、三三一·二三	二〇七、〇〇〇·四七	九六三、〇三九	一七三、六五四三四	一七三、六五四三四		三、三三五、二七六	三、九三五五二〇	八七·八七
一九一七	千分之六打九二五折	八三六、二七八·六五	百分之十二	百分之六	九五〇、六三三·三三	六二四、八八一·四二四	一、三三一·八七	二〇三、三九四·三〇	一〇七、四五三四	一、六一九六五	一、六一九六五		三、四〇二、七七五	三、五九七三六一	九七·五
一九一八	千分之六	八八一、四六七·四〇	百分之十二	百分之六	九九二、三六五·七五	六五二、三五·八七	一、四一五·一五	一九六、二一〇·七六	一、九三三六	四九、〇四三	四九、〇四三		三、八六七、八七	三、五九九、一九	九七·三〇

續　表

年份	地稅 稅率	地稅 收入	市政捐 捐率 界內	市政捐 捐率 界外	市政捐 收入 華式房屋	市政捐 收入 洋式房屋	特別廣告捐	碼頭捐	執照捐	局產收入	公用事業收入	雜項	經常收入總計	經常支出總計	經常支出佔經常收入之百分率
一九一九	上半年千分之六下半年千分之七	一，〇五三，五九〇·五六	上半年千分之十下半年千分之十四	上半年百分之六下半年百分之七	一，二二二，〇二八·二五九	一，八一一，〇四五·九七	一三，二二〇·四〇	二六，二八五·八四	五五九，二四四·〇三	一一，〇七八·七〇	三八〇，八二一·七七		四，一九九，一四七·一	四，五六八，九七·四五	一〇三·三七
一九二〇	千分之七	一，〇五六，四一〇·〇五	百分之十四	上半年百分之七下半年百分之十二	一，二七四，六八·六九	一，九一二，二三九·三一	一四，一七六·三六	三六，三九七·〇二	六二七，五六六·六四	一六，七八三·二二	四五七，一〇六·二〇				
一九二一	千分之七	一，三二八，六一·七九	百分之十四	百分之十二	一，三三四，一一〇·一一	一，六四八，六八·八〇	一三，三二一·三五六	三七，四七八·五一一	七二二，〇二二·三三	七八，七八四·一五	八四八，八六二·一三	一五，七一六·一〇	五，九〇六，二七一·七[註一]	五，六三一，九一九·八八	九四·一八
一九二二	千分之七	一，三九八，〇三·一四〇	百分之十四	百分之十二	一，四七三，一一三·七〇	一，八六六·〇七〇	一三，五〇三·〇七	三七，九三四·四五	八二一，二五三·二〇	一九，二九三·〇一	八二八，五二九·一五	一五，〇三二·〇四	六，七〇五，八二一·二[註二]	六，四五三，五一九·九六	九六·三一
一九二三	千分之七	一，五九八，五〇三·〇三	百分之十四	百分之十二	一，五六三，二四九·四六	一，七六一，〇六八·五〇	一五，五二七·八一	四二，七三六·二五	九二〇，〇二三·七〇	一八〇，〇五三·二〇	九〇〇，四五〇·四〇	一二，三七一·〇	七，四三九，八〇五·〇[註三]	七，〇二三，七三九·九	九四·九三
一九二四	千分之七	一，五九七，六四〇·四三	百分之十四	百分之十二	一，七四〇，二九·〇八五	一，八二一，三五·一〇五	六，四二〇·六二	四二，八六二·三〇	一，〇六三，二一八·五五	一八九，一七六·〇四	一，一九，六五一·四	二，二七八·一三	八，四三〇，八一一·三[註四]	七，六三九·三九	九四·五

[註一]　其中已減去上年不足六，四一二·三八兩。
[註二]　其中已加入上年剩餘三〇九，三八七·八二兩。
[註三]　其中已加入上年剩餘二二六，〇〇八·〇四兩。
[註四]　其中已加入上年剩餘四〇三，〇八七·六四兩。

續表

年份	地稅 稅率	地稅 收入	市政捐 捐率 界內	市政捐 捐率 界外	市政捐 收入 華式房屋	市政捐 收入 洋式房屋	特別廣告捐	碼頭捐	執照捐	局產收入	公用事業收入	雜項	經常收入總計	經常支出總計	經常支出佔經常收入之百分率
一九二五	千分之七	三，一七七，〇六九·二七	百分之十二四	百分之十二二	二，〇四三，五三五·〇四	一，九六三，二六·二四	六三，二〇	四六二，七四九	一，一三九，一·〇〇	三，二〇〇，五七八·一	一，一七，三一二·九	一三，一七七，六一	九，六一九，九六·五三[註一]	九，四八八，二九二·九二	九八·六
一九二六	千分之七	三，一六三，一二三·九〇	百分之十四	百分之十三	二，二一六，九七三·一四	二，〇三二，八一·三七	七七，一九〇	六一六，三三四·一	一，二七，四五·四〇	二，二一二，八〇·七	一，五一，三二五·三	四二，五四一	一〇，二五三，五〇四·八八[註二]	一〇，二五四，八二一·一二	一〇〇·三
一九二七	上半年千分之七 下半年千分之八	二，三三一，八一〇·一一	上半年百分之十四 下半年百分之十六	上半年百分之十二 下半年百分之十四	二，五六二，九三五·三五	二，二一三，九三五·二五	二，五四一，八四	四，九九二，九六四	一，七九，四八·四四	二，三七，六四九	一，八五，七六七	六九，七四七	一一，四三九，四六·八[註三]	一一，一三六·一六	一〇五·一一
一九二八	千分之八	三，九三四，〇三二·一〇	百分之十六	百分之十四	二，五一，二九三·二八五	一，五四，四四〇·五	一，六四，二〇	六〇二，七〇	一，五六，四四八·四四	二，三二〇，七八	一，九〇，二六·九	八八，二二四	一二，二三七·九八[註四]	一二，〇三九，二三·二	九五·二六
一九二九	千分之八	三，九四三，〇三七·〇二	百分之十六	百分之十四	三，〇九二，八七七·一七	二，六一七，一七·七	一九，五六九	六，六四，九六三·〇三	一，六，九·九六	一，三二，八五·九	一，〇四，七二·七一	七，八〇八，五	一二，九七四，八九六·四六[註五]	九，四〇六，〇五二·五	七二·六

[註一]　其中已加入上年剩餘四六七，五六七·〇五兩。
[註二]　其中已加入上年剩餘一三一，四九三·六一兩。
[註三]　其中已減去上年不足一八，二九七·七三兩。
[註四]　其中已減去上年不足五九，五一七·三四兩。
[註五]　其中已加入上年剩餘五〇一，六〇三·九七兩。

續　表

年份	地稅 税率	地稅 收入	市政捐 捐率 界內	市政捐 捐率 界外	市政捐 收入 華式房屋	市政捐 收入 洋式房屋	特別廣告捐	碼頭捐	執照捐	局產收入	公用事業收入	雜項	經常收入總計	經常支出總計	經常支出佔經常收入之百分率
一九三〇	上半年千分之八下半年千分之七	二,七四九,二四四.四四	上半年百分之十六下半年百分之十四	上半年百分之十四下半年百分之十二	三,〇四七,八七七.四四	二,九〇六,七七八.七五	一六,二三三.五	七四八,三三五.六三	一,七四〇,一七七.八七	二,五六二,三三二〇.四	一,一四三,四七八.一八	六四,五二九.八八	一六,三一四,三七〇.一一[註一]	一三,二四三,二四〇.一四	八五.九
一九三一	千分之七	三,八七六,八五一.四二八	百分之十四	百分之十二	三,〇三三,四一〇.二〇	三,〇三〇,一二三.六五	一二,二六三.五	七四五,三四八.二八	一,九九六,三七一.七	二,七五〇一.七八	一,四五,二二六.一	四一六,八〇二.一一	一七,〇六六,〇五二.三三[註二]	一六,七五,九四八.〇〇六	九七.九四
一九三二	千分之七	三,八六九,一二八	百分之十四	百分之十二	三,二三九,八二一.〇五	三,二三〇,一四二.一五	一九,五〇七	七二二,七三	一,九四一,七〇九	二,三六一,六〇九	一,二三五,〇.一七九	七五四,一一.五	一六,五四,六四[註三]	一六,八四八,五三三[註四]	一〇〇.三三
一九三三	千分之七	四,三二一,八〇七.〇六	百分之十四	百分之十二	三,三九九,四二.二	三,二〇八,一〇.四二	二,三六,三五〇.二六	三,四五〇八.二六	一,二五,一〇五	一,二八二二,七.二八	一,四五二.九四	五,八三.九一四	一七,二三,六八〇.二[註五]	一七,六三〇.二六[註六]	七二.七六

[註一] 其中已加入上年剩餘三,五三四,八二九.九四兩。
[註二] 其中已加入上年剩餘二,二七,五六七,五五七兩。
[註三] 其中已減去因一二戰爭減少之收入三〇.五九〇.七六兩,並加入上年剩餘三五一,五〇六.一七兩及一般準備金撥給一,二三五,〇〇〇.〇〇兩。
[註四] 其中包括劃歸學務預算一,三八一,〇九〇.〇〇兩。
[註五] 其中已減去上年不足五三,四八〇.二九兩並加入一般準備金撥給一,五〇〇,〇〇〇.〇〇兩。
[註六] 其中包括劃歸學務預算一,六三三,四九〇.〇〇兩。

關於執照捐收入，其一九一四—一九三三年〔民國三年—民國二十二年〕的分類詳情，見下表(兩以下四捨五入)：

項別＼年份	一九一四(民國三年)	一九一五(民國四年)	一九一六(民國五年)	一九一七(民國六年)	一九一八(民國七年)	一九一九(民國八年)	一九二〇(民國九年)	一九二一(民國一〇年)	一九二二(民國一一年)	一九二三(民國一二年)
旅社及酒店	一七，三八七	一七，五三四	一八，八二五	一八，四一七	一六，五九四	一五，四〇三	一五，八八〇	一七，八〇五	一七，七七三	二一，九〇六
出售外沽飲洋酒業	一九，二八四	一七，七七七	二一，七九六	三三，八三六	三三，七二二	二四，三〇〇	二七，〇〇〇	二九，〇〇八	三〇，一六二	三一，一八一
彈子房	五六二	五五八	五二六	四八五	四二四	五五七	六二〇	五七〇	六一四	五三七
菜館										三〇，二四四
外國食品店										七四一
華人總會	三，一七五	三，五一三	四，〇三八	四，〇四二	四，〇九六	五，〇九六	四，四〇〇	四，一七九	四，一七九	四，三二五
華人寄宿舍	一，三七九	一，三六三	一，二四六	一，三五八	一一，二五〇	一一，二二二	一二，四五七	一二，〇〇三	一三，八〇三	一四，〇四五
外僑寄宿舍							五二六	五五六	五三六	六三二
華人酒店	二九，六一九	三一，二三五	三三，四二一	三五，三六六	三五，六九	三五，五二二	三七，二五八	二五，〇八四	二五，〇八四	二六，九六八
啤酒及麥酒業							二，九二七	三，〇九三	二，九四九	一四，〇四七
茶樓	九，二九〇	九，八一六	一五，八五〇	一六，九九五	一六，一一四	一六，六四三	一五，四〇三	一四，八八一	一四，四七	七，〇〇七
水菓店及賣攤		四六〇	四六五五	六，四六二	六，二七四	六，八四三	七，一二五	七，四二五	七，四五	五六，三二二
食物叫賣擔	五，七〇二	五，五一一	五，五八五	六，六八四	四，三二〇	六，一一五	六，八三七	八，一四	八，三六	一〇，五四四
外國戲院	九，〇二九	九，二四五	九，二一二	六，六八四	四，三二〇	六，一一五	八，八〇五	八，八〇八	八，八〇八	九，二五二
中國戲院		九，〇二九	九，二二	八，七四	八，八七六	八，四二八	八，五〇八	八，四七〇	八，四七〇	九，二四九
其他娛樂場						三，〇九三	三，〇三七	二，九四八	二，九四九	三，七四九
妓院[註一]	二一，三〇四	二三，二一八	二三，九六八	二六，二九	二八，七四六	三一，八八一	三〇，六二三	二六，〇九一	六，三四	三九三
當舖	一二二，六二四	一三七，二九〇	一八〇，六六六	二六，二九	二八，七四六	三一，八八一	三〇，六二三	四三，七三	四三，七〇九	四二，八五三
鴉片烟店	一二二，六二四	一三七，二九〇	一八〇，六六六	四五，三九〇						
兌換店							六，八五〇	九，三八二	九，三五八	九，二二九
烟店							一二，五一一	一七，〇四九	一七，〇四九	一七，三二〇

[註一]　Brothel.

續　表

年份＼項別	一九一四（民國三年）	一九一五（民國四年）	一九一六（民國五年）	一九一七（民國六年）	一九一八（民國七年）	一九一九（民國八年）	一九二〇（民國九年）	一九二一（民國一〇年）	一九二二（民國一一年）	一九二三（民國一二年）
金舖銀舖	五,三四八	五,六五五	五,七九七	六,〇四一	六,一四六	六,五一九	六,四五三	一,三四三	二,六七一	三,六四八
貨船	一,〇九九	一,一〇七	一,〇八七	一,〇九五	一,二三五	一,二一六	六,四五三	六,八一〇	六,八〇五	六,八四三
渡船	二,四〇四	二,三五三	二,〇八七	二,〇九五	一,二三八	一,一一六	一,〇七三	一,〇七〇	一,八一四	一,二八〇
小汽船	五,〇二〇	二,三五三	二,九四二	三,二〇五	三,二三五	三,六四四	三,九七八	四,二七五	四,二七七	四,二四七
中國船	四,〇二〇	四,八六八	四,九三九	四,二六八	四,二二六	四,五四七	四,六六八	四,四四九	四,八〇八	四,六九二
舢板	一,一一一	一,一一一	一,二三八	一,〇〇〇	八七七	九四三	一,〇一五	九八八	九二七	八四九
自用馬匹及馬車	一三,〇九一	一二,八〇〇	一二,九四七	一二,一九四	一一,四一九	一〇,四八〇	九,五七七	八,七九八	八,七九八	九,一八五
馬房馬匹馬車	二〇,七九七	一五,七五五	一三,〇四〇	一二,一四五	一二,一三六	一二,〇九三	一三,四九七	一四,〇四二	一四,九四三	一四,九〇七
汽車及汽車行	一六,六一九	二〇,一九七	二五,二〇二	三〇,二二六	三九,六二一	五一,二五九	八〇,六〇五	一二七,八四九	一六八,四六九	一九二,四五七
汽車註冊費										
自行車										
手車	二六,二二六	二八,四九七	二八,二六七	三〇,四四六	三一,四四〇	三六,八七〇	四一,九四九	四六,八七六	五三,四八二	六〇,六七六
自用人力車	四四,〇二二	四〇,七二七	四五,七四八	四八,五〇九	五三,〇九四	五七,七一二	七四,一六七	九一,六六二	一一三,〇六八	一〇九,四二四
公用人力車	一五,一〇七	一五,〇〇〇	一二,九二七	一三,七〇二	一三,八八二	一三,九八〇	一三七,八〇八	一三八,一一一	一三八,一一一	一三七,七〇五
轎子	二六八	二二六	二〇四	一八〇	一三六	一三〇	八一	八一	七七	八二
小車	四四,二七〇	四〇,七二七	四四,八〇〇	四八,〇五〇	四八,三〇〇	五二,〇四〇	五四,三〇〇	七三,〇八二	七三,〇八〇	七四,一九七
軍火	二,七五〇	一,七五五	一,五〇〇	四〇五	三〇〇	三〇〇	三一〇	三一〇	二九〇	三八〇
狗	一,七三六	二,九五五	二,九五五	三,七七二	三,六〇三	六,八〇九	七,五三九	六,八八二	五,九五七	五,三八六
書寓 [註一]										
雜項								一,一二九	三,一四六	三,四〇七
總計	五八二,〇五八	五九八,〇二三	六五一,五七〇	五五四,六三二	五二一,四六四	五五九,二三四	六二七,六五六	七二一,〇二三	八二一,二二五	九二〇,〇二四

[註一]　Sing Song House.

續表

項別＼年份	一九二四（民國一三年）	一九二五（民國一四年）	一九二六（民國一五年）	一九二七（民國一六年）	一九二八（民國一七年）	一九二九（民國一八年）	一九三〇（民國一九年）	一九三一（民國二〇年）	一九三二（民國二一年）	一九三三（民國二二年）
旅社及酒店	二八,四八四	三〇,八八一	三一,四六三	三五,七九三	四四,九八五	四七,〇〇八	四三,七九四	五三,〇四九	六二,三〇〇	七〇,八二〇
出售店外沽飲洋酒業	三一,四二五	三一,二四八	三一,五一二	三四,〇六二	三五,八二二	三四,二七五	三二,九七五	三二,八二五	三一,一二五	三一,一七八
彈子房	五七七	六〇七	六一八	四九八	五一六	五五一	五七九	六〇九	六九二	八五七
菜館	二一,三二七	二一,六九七	二三,六六二	三〇,二〇九	三八,五四六	四〇,〇三三	四一,九七九	四四,六六七	五一,〇六〇	六〇,七八〇
外國食品店	七九一	九九三	一,一三二	一,二二七	一,五三五	一,六二七	一,七三七	一,九三四	一,九八六	二,〇七八
華人總會	四一,〇八三	四,六九二	四,七七九	五,〇〇四	四,九五八	四,三二四	三,八五四	三,八二九	三,三三八	二,一〇六
華人寄宿舍	一四,五三三	一四,六九三	一五,一七〇	一八,七八九	二三,三二六	二四,四二三	二四,七八八	二五,三二二	三,七二二	四,二四七
外人寄宿舍	六七六	六五二	六四〇	五四〇	九六二	九七七		二,〇五五	一,七七六	二,四四七
華人酒店	二八,三三九	二九,三七六	二八,三九五	三九,四六六	四七,四〇一	四九,〇一二	五〇,四六二	五九,六〇	六五,四一七	六六,七八二
啤酒及麥酒業	二一〇				三二一	一,一三三	一,一七	一,六七五	三,三四六	二,八九二
茶樓	一四,六八二	一四,八一一	一六,〇九八	一六,六六六	一七,四六一	一六,七三七	六,六五〇	六,四〇四九	一,九九二八	一,五七一
水菓店及攤	六八,五二一	六,八九四	六,八八〇	七,〇八三	六,九〇三	六,七三四	六,八八六	六,六六三	六,九五三	六,五七七
食物叫賣攤	六三,六四四	六,四二九	六,九三二	七〇,一三五	七三,〇七二	七〇,九四七	七一,六二三	九四,〇二三	八七,三三五	九,一〇〇八
外國戲院	一〇,二二一	一〇,二三四	一六,五五一	一六,六九〇	一八,一八六	二一,二〇四	三三,三三九	二八,九三〇	二六,三三〇	二一,一七八
中國戲院	九,五八三	八,二六四	一二,五九三	一〇,七六二	一二,二二七	一二,九三六	一四,三四八	一三,〇四三	一二,三八〇	一二,〇三〇
其他娛樂場	三,六九六	三,四三七	五,六九八	七,八八七	一〇,七九九	一二,二八四	一三,八五四	一三,三三七	一三,〇三六	一六,四八六
妓院	二一〇									
當舖	四一,一七〇	四三,七五七	四八,六二一	四八,八七四	五二,三〇一	四九,九三〇	六一,三五八	五二,四〇五	四八,六二六	五,一九三
鴉片烟店										
兌換店	九,〇三三	九,三三九	九,七一一	一〇,四〇二	一〇,九五二	一一,三五七	一一,三九〇	一一,二六	一一,二五〇	一二,七八三
烟店	一七,五八三	一七,八五三	一八,六六四	一九,一一一	二〇,一三七	二〇,五三七	二〇,三〇七	二一,〇六八	二一,二九八	二二,三二三
金舖銀舖	二,六二一	二,五三六	二,五三〇	二,三三七	二,三三七	二,二一二	三,一五七	二,一七	三,〇三五	三,〇〇二
貨船	六,九九〇	六,六〇一	六,九四五	七,一一五	七,六一八	七,六六六	七,八〇六	七,九五	八,八六四	八,一六八

續表

項別	一九二四（民國一三年）	一九二五（民國一四年）	一九二六（民國一五年）	一九二七（民國一六年）	一九二八（民國一七年）	一九二九（民國一八年）	一九三〇（民國一九年）	一九三一（民國二〇年）	一九三二（民國二一年）	一九三三（民國二二年）
渡船	一二五	一二七	一,二六六	一,三一一	一,三一一	一,三一一	一,二四〇	一,二五九	一,二四九	一,二八一
小汽船	四,四〇七	四,八二二	五,三八四	五,四四一	五,四三三	五,四九七	五,七二五	五,五五二	五,五五二	五,八八九
中國船	四,六五八	四,四六三	四,〇八九	四,三三七	四,三六六	四,二九六	四,〇六七	四,一九三	四,三七三	三,九八七
舢板	八一〇	七三〇	七一一	七一五	七五一	七五七	七四一	八二七	七五六	八〇三
自用馬匹及馬車	八,六一四	七,七八〇	六,三八三	五,一八三	四,四三六	三,六三〇	三,二七三	三,〇六四	三,〇六四	二,二九二
馬房馬匹馬車	一三,六八五	一三,三七七	一二,七七四	一一,六八三	一〇,八九八	九,八三〇	八,二〇六	五,六〇二	五,六〇二	五,〇八八
汽車及汽車行	二二,三三八	二六,三四八	三三,二一九	三八,八六八	四二,二九八	五〇,〇三七	五七,二二四	六六,二三〇	六六,二三二	七一,七九八
汽車註冊費										
自行車	七三,六八九	一四,二三〇	二一,四〇四	二三,三五六	二五,三六六	二九,〇三六	四六,二四七	五〇,八六一	六五,四〇八	六三,〇七三
手車	一二四,二八九	七七,七七五	八九,一七三	七九,八〇〇	八七,三三九	九九,九七三	一〇一,一六七	一二六,三九一	一二六,三九一	一四一,七八四
自用人力車	一九八,二一九	一四〇,〇〇九	一七〇,七〇六	一八九,五三二	二一一,一六三	二二一,五二三	二三三,二三〇	二六四,三〇三	二六四,三〇三	二八一,二五四
公用人力車	七三	一七三,七一六	一七〇,七〇六	一七三,六〇六	一七二,三三六	一七一,四〇〇	一七二,七一四	一七三,六六九	一七三,六六九	一七一,八一八
轎子	七三	五六	三七	二一	一二					
小車	七〇,八三三	六六,九三一	七〇,二二三	六一,四〇六	六五,二〇七	六六,六九〇	六四,九三一	六〇,三八二	六〇,三八九	五三,〇五九
軍火	七五四	三,〇六六	四,二七八	六,二〇一	一〇,三〇四	一二,二八〇	一四,二二七	三,八九〇	三,八九四	三三,八九四
狗	五,六三四	五,〇〇八	四,六六六	五,〇五〇	九,〇〇五	九,六六七	九,六四二	六,九九一	六,九九六	七,九九六
書寓	二七,〇二九	二七,〇二九	三三,七〇〇	四一,八一八	五八,二六六	四六,五六七	四七,五六四	三九,五三五	三九,五三五	三九,六七五
雜項	九,一五七	四,五二三	六,六六九	四,二〇〇	四,六七〇	七,八一二	一〇,〇四〇	一二,七二八	一二,七二八	一四,〇一〇
總計	一,〇六三,二一九	一,二一二,一八九	一,二八九,七五六	一,三八七,九四〇	一,五二三,一二〇	一,六二六,一一二三〇	一,七七四,一七八	一,九二五,一六七	二,〇八一,二六七	二,〇八七,五二五

至於財務處本身歷年開支,則爲:

年　　份	開支(單位:兩)	佔經常收入之百分率
一九一○(宣統二年)	四九、五六○·六三	一·九四
一九一一(宣統三年)	五五、三七八·五九	二·一三
一九一二(民國元年)	五九、五六八·五七	二·一八
一九一三(民國二年)	六三、八四二·六○	二·二三
一九一四(民國三年)	七二、四八五·一○	二·四七
一九一五(民國四年)	六九、八七二·九一	二·三○
一九一六(民國五年)	七二、一一一·六○	二·一六
一九一七(民國六年)	七二、六五六·八三	二·一○
一九一八(民國七年)	八四、○二五·七六	二·一七
一九一九(民國八年)	一○三、五七九·八三	二·三四
一九二○(民國九年)	一三八、八六五·九七	二·八八
一九二一(民國十年)	一六四、四七五·一一	二·七六
一九二二(民國十一年)	一六六、一七五·二八	二·四八
一九二三(民國十二年)	一八七、四三○·六六	二·五二
一九二四(民國十三年)	二○六、三八六·七一	二·四五
一九二五(民國十四年)	二三○、三八八·一四	二·三九
一九二六(民國十五年)	二四六、三三八·○六	二·四一
一九二七(民國十六年)	二六五、○九三·四五	二·三八
一九二八(民國十七年)	二七五、五四七·○六	二·二七
一九二九(民國十八年)	二五四、六八八·七九	一·九六
一九三○(民國十九年)	二九四、七二四·五三	一·八二
一九三一(民國二十年)	三四八、二一七·六五	二·○四
一九三二(民國二十一年)	七七四、四七○·四四	四·七四
一九三三(民國二十二年)	七六一、九八九·六一	四·四二

9. 音樂隊

音樂隊(Orchestra and Band)於一八八一年清光緒七年經納稅外人會通過由工部局接管,但實際的監督工作却由一委員會掌理,該委員會的組織爲工部局董事二人,法租界公董局董事二人及有音樂興趣的納稅外人約三人;至一九○○年清光緒十六年始直接受工部局管理。

該隊現由隊長(Conductor)指揮,每年假座各大電影院舉行星期日交響樂會(Sunday Symphony Concerts)、特別音樂會(Special Concerts)等若干次,票價頗昂;夏季並在梵王渡公園舉行露天音樂會,在外灘公園、梵王渡公園及虹口公園舉行軍樂會,外灘公園及虹口公園的軍樂會,聽者免費。

音樂聽樂初每次平均僅數百人,現雖較多,亦僅一千數百,華人尤佔其中極小數目,而該隊每年開支,頗爲可觀,最初若干年竟超過工部局全部學務費用,近又有多至二十萬餘兩者。中外人士因此項極少數人的享樂費成爲納稅者共同的負擔,歷來頗多發言,主張取消該隊。茲將該隊一九○六—三三年清光緒三十二年—民國二十二年每年開支,列表於下:

年　份	開支（單位：兩）	佔經常收入之百分率
一九〇六（光緒三十二年）	二九、八〇〇·七九	一、六〇
一九〇七（光緒三十三年）	四四、〇一一·一六	二、二二
一九〇八（光緒三十四年）	四一、三一九·七〇	一、七二
一九〇九（宣統元年）	四二、二七四·七七	一·六八
一九一〇（宣統二年）	四五、六三六·二五	一·七九
一九一一（宣統三年）	四九、六二一·五一	一·九一
一九一二（民國元年）	五〇、七九三·八九	一·八六
一九一三（民國二年）	五六、八五七·六九	一·九九
一九一四（民國三年）	五一、六三〇·九八	一·七六
一九一五（民國四年）	五〇、九一一·八六	一·六六
一九一六（民國五年）	四九、九六二·七六	一·五〇
一九一七（民國六年）	四三、九三七·九七	一、二七
一九一八（民國七年）	四八、九〇四·四七	一·二六
一九一九（民國八年）	四五、四六〇·一二	一·〇三
一九二〇（民國九年）	七四、五九三·二五	一·五四
一九二一（民國十年）	九九、一〇七·九一	一·六六
一九二二（民國十一年）	一〇二、九二五·三〇	一·五四
一九二三（民國十二年）	一一五、四八一·五五	一·五五
一九二四（民國十三年）	一二〇、二八八·五三	一·四三
一九二五（民國十四年）	一四一、七三二·五〇	一·四七
一九二六（民國十五年）	一二九、七九八·一五	一·二七
一九二七（民國十六年）	一三七、九四六·三四	一·二四
一九二八（民國十七年）	一二九、八〇三·四八	一·〇七
一九二九（民國十八年）	一四二、一三一·三六	一·〇九
一九三〇（民國十九年）	一六二、九三四·八六	一·〇〇
一九三一（民國二十年）	二〇二、八四〇·八〇	一·一九
一九三二（民國二十一年）	一六九、八〇七·三七	一·〇四
一九三三（民國二十二年）	一八三、四七五·四一	一·〇六

10. 公衆圖書館

公衆圖書館（Public Library）初名"上海圖書館"（Shanghai Library），爲西僑私立，一九一三年民國二年工部局接收管理，設主任（Librarian）一人主持之。藏書本來幾乎全是西文，以小説爲主，其餘則爲歷史遊記等。一九三三年民國二十二年四月，嚴諤生捐贈中文書三千八百册，這纔有了一點中文藏書的基礎。

該館於一九三三年民國二十二年五月一日遷入南京路二十二號以後，分爲三部：

一、公共閱報室（The Reading Room for the General Public）　其中備有各種定期刊物及新聞紙，

入覽免費。

二、訂閱圖書人閱覽室(The Reading Room for Subscribers) 其中除雜誌及新聞紙外,備有各種參考書,訂閱圖書人始可入内。

三、圖書室(Book Room) 藏書等均在其内;室後爲兒童閱書處及工作室。

一九三三年民國二十二年該館訂閱圖書人共有六〇〇人,其中外僑五三五人,華人僅六五人。同年出借與訂閱人的書籍共六〇、七九二册,其中五四、一二一册爲小説類。

兹將工部局歷年撥給該館的開支,列表於下:

年　　　份	開支(單位: 兩)	佔經常收入之百分率
一九一三(民國二年)	一、七九一、六三	・〇六
一九一四(民國三年)	二、三二六・三九	・〇八
一九一五(民國四年)	二、四七七・〇六	・〇八
一九一六(民國五年)	二、三一三・一〇	・〇七
一九一七(民國六年)	二、〇一一・八〇	・〇六
一九一八(民國七年)	三、二〇八・三七	・〇八
一九一九(民國八年)	二、七四五・七七	・〇六
一九二〇(民國九年)	二、八八一・六三	・〇六
一九二一(民國十年)	四、一九七・四六	・〇七
一九二二(民國十一年)	四、八六〇一二四	・〇七
一九二三(民國十二年)	八、二九九・六五	・一一
一九二四(民國十三年)	八、四一二・五三	・一〇
一九二五(民國十四年)	五、六九〇・三六	・〇六
一九二六(民國十五年)	五、九〇〇・一一	・〇六
一九二七(民國十六年)	六、一九三・八四	・〇六
一九二八(民國十七年)	五、九九七・七八	・〇五
一九二九(民國十八年)	六、四〇三・五四	・〇五
一九三〇(民國十九年)	七、八〇〇・〇〇	・〇五
一九三一(民國二十年)	九、四一六・〇〇	・〇六
一九三二(民國二十一年)	九、五五二・四四	・〇六
一九三三(民國二十二年)	一〇、一二一・一四	・〇六

11. 華文處

華文處(Chinese Studies and Translation Office)組織本極簡單,一九三〇年民國十九年年初僅設處長一人,下設翻譯一人及文牘一人而已,嗣始迅速擴充。該處現分兩股:

一、華語教授股(Chinese Studies) 該股爲教授工部局外籍職員學習華語而設。

二、翻譯股(Translation Office) 工部局所接一切華文函件、各新聞紙論説、規則章程、布告、執照條例、報告、統計等,均由該股翻譯。英文工部局年報(Annual Report of the Shanghai Municipal Council)及每週刊發的工部局公報(Municipal Gazette)的譯成中文,亦屬該股工作,前者始於一九三

○年民國十九年,僅爲節譯,後者始於一九三○年民國十九年十月八日,交由納稅華人會分發。

兹將該處一九三○—三三年民國十九—二十二年各年開支,列表於下:

年　份	開支(單位:兩)	佔經常收入之百分率
一九三○(民國十九年)	三○、一七二・三四	・一九
一九三一(民國二十年)	四九、九七八・八九	・二九
一九三二(民國二十一年)	五三、四九一・三四	・三三
一九三三(民國二十二年)	六一、三八一・六○	・三六

12. 情報處

情報處(Press Information Office)成立於一九三一年民國二十年年末,設處長(Press Information Officer)一人,西人充任,下設中、日主任(Chinese and Japanese Press Officers)各一。該處將工部局各項消息,以書面供給本埠華文、英文、日文、法文、德文及俄文新聞紙及通訊社通信員,此外並供給著作者特種論文所需材料,及自作論文寄往中國及外國報館。[註一]

兹將該處歷年開支列表於下:

年　份	開支(單位:兩)	佔經常收入之百分率
一九三一(民國二十年)	六、四三九・○五	・○四
一九三二(民國二十一年)	三九、四二九・四一	・二四
一九三三(民國二十二年)	三九、二一九・四一	・二三

附錄　工部局房地產統計 民國二十三年(一九三四年)

名　稱	編檔號數	册地號數	領事館註册號數	面積(畝數)
總辦公處	T一九三二	中一六八	五七及五九	二四・二七六
商團				
靶子場	T四五八一	北	*五七保等及未註册之地	二三七・二八八
總司令寓所	T三二○六	西	五六六二及二五五八(美)	二・九四九
火政處				
虹口分處	T一六二三及二○六三	北一一五一	八三三九及一三八九五	四・二一一
周家嘴分處(基地)	T二八一七及四二七五	東六五一○	*七三六七及(美)一七九八	五・四七六
匯山分處	T四四○五及*T四三三四	東一九二三	*五七八五及五五九七	三・○○○
楊樹浦分處及火政處宿舍	T二○三、二二四一及四六五○	東五○二七	九七三、三七五九(美)二五八三	一三・一八七

續　表

名　稱	編檔號數	册地號數	領事館註册號數	面積(畝數)
愛文義路宿舍	T一八二〇	西四四二	七四二六	一·二〇五
静安寺分處	T三六九〇	西	*三八八七*六二九七及九七二三	四·九二七
宜昌路分處	T九二九及四二五九	西四九三一	*四五六三及七六四二	二·七二〇
梵王渡分所	T一五六八	西	六九八六	〇·三三三
新聞分處	T一二七六	*西四二〇	*四二〇五	一·五一〇
警務處				
中央捕房	T三三九六及四八七四	中一七四	五九六至七(日)	三·九九一
老閘捕房	T一六八	中六二一	一七二二	六·九七二
廈門路監獄	T三三六〇	*中五七二	*五五五	一九·一四四
虹口捕房	T七一	北一〇六八	一一五七	七·〇七一
印捕宿所	T一九一七	北	五二五保	二·三二三
匯司捕房	T一九一一及五一二二	北五四五	二三四五及六一八六	四·六三九
華德路監獄及巡捕醫院	T一四三八、二四〇四、二七六一、三〇二五、三〇六四、三〇八一、三一〇〇、三一六四、三三二二、三五四七、三六一二、三八六四、三九二三、四二九八及四六九七	東一九七〇	一九五三、二二八四、二八九二、二八九五、三九三二、七三九三、七三九六、七五五九、九二一〇、九九六八、一一六九〇、一二〇六八至九、一二〇七〇、一二五四六、一二七六九、一二七八〇、一二八三九、一三二二八及一三二三七	六二·七〇八
監獄宿所	T四五四七及四九五八	東一六四一	一三八八七、(法)二一〇及二四五	五·〇八六
嘉興路捕房		*東四七九	*三六四九	二·六一七
楊樹浦捕房	T二八六九、三〇四八、三二一〇、三二九八、三五八二、四〇六六、四二七四及四九二五	*東六五一〇	*一〇九八二、*一一四五二、*一一五〇三、*一一八二六、*一二一八八、一二三八〇、一二五一四、(日)六七八及*七〇三	一一·九〇〇
匯山捕房印捕及華捕宿舍	T三一〇五	東一九九九	一九五四、二〇七八及一〇二一〇	一·七七四

名　稱	編檔號數	冊地號數	領事館註冊號數	面積（畝數）
人力車檢查處	T四九八一	東一四二〇	二二八五* 二三三四	二・六四九
匯山捕房	T一四五〇	東二〇〇〇	二二六一	二・八一三
匯山巡士宿舍	T四四〇五及四三三四	* 東一九二三	二八九三、* 五五九七及 * 五七八五	三・五一六
榆林路房及後備隊之房屋	T三六一九及三七五〇	東三九二九	一二五二五、一二八二三及三一九四（美）	六・八八二
静安寺捕房	M一二〇甲	西		六・八八六
卡德路巡士宿舍	T四〇八	西一一八〇	一六七二	一・三六九
成都路捕房	T五〇八四	西一九六五	三三九(美)	一二・三九六
成都路巡士宿舍	T四九八〇及五〇八三	西一九九五	（英）一三五四八及（美）四〇六〇	三・六六九
戈登路捕房訓練所及犬舍	T三〇八二、三三〇二、三四五九、三七七五、四二七三及四三三〇	西三八四〇	三七八五、四七〇六、五七五五、一〇五九六、一二〇七三、一三二六六及一三八八二	二七・五六〇
普陀路捕房	T四四四七	西五四三一	* 一三三六九	三・七九八
新閘捕房	T一二七六	* 西四二〇	* 四二〇五	六・八二〇
衛生處				
福州路分處	T二〇五一及四四八九	中六七〇	八二九〇及一三一七七	〇・一九三
漢口路分處	T二四	中二五四	* 七四	〇・三一一
北四川路分處	T四五〇三	北	* 五三〇保	〇・三三八
七浦路分處	T四七九八	北四〇二	一三三四六	〇・三一五
松潘路分處	T四七三二	* 東六八五八	* 二六六四	〇・三五六
通州路分處	T四九三六	東八五三	* 二一九五	二・三六七
華盛路分處	T四五九九	* 東三九七三	* 二三〇六	〇・七九五
麥根路分處	T六三〇	* 西三五二二	* 一〇二〇	一・〇二〇
醫院				
宏恩醫院(由工部局保管)	T三七三四、三八九二、四〇四四及四〇六七	西	二四八七、一一三二六、一二六五一、一二六八一及（瑞士）二四	二九・三四〇
宏恩醫院	T四七四四	西	一三五九一	〇・七五一
隔離醫院	T一六二三及三七五一	* 北一一五〇	五八六及 * 四二八七	四二・二九九
華人隔離醫院	T一六二三	* 北一一五〇	* 四二八七	八・四四〇

名　稱	編檔號數	冊地號數	領事館註冊號數	面積（畝數）
神經病醫院	T二一五五	*北九七九	*二七六五	三·六〇〇
神經病醫院(基地)	T五〇三九及五〇四三	*西六一〇一	*一三五三六、一三五三七、及(美)*三八六二	二六·三七七
莫干山療養院	T一六九六、二六五二及三一二四			四一·六五二
看護婦宿舍	T二一五五	*北九七九	*二七六五	九·七八四
虹橋路癆病療養院	T四八四九	西	未註冊	二一·二八一
維多利亞看護婦宿舍	T四〇五二及四四六〇	西	五八六六及一三四六三	七·九六七
西區熱病醫院（基地）	T五〇二四、五〇二八、五〇三九及五〇四三	*西六一〇一	一〇七〇一、一二二六〇、*一三五〇八、一三五三三、一三五三四、一三五三五、*一三五三六(美)三八六〇、*三八六二、*三八六三、三八七八、(法)二一七八及比一二一	二四·六六三
菜場				
福州路	T四二〇二	中五三八	二三四	三·六九四
北京路	T四三八七	中二九八	三一八	二·五六五
愛而近路	T三七七六	北五三四	三九四八	三·一七一
虹口	T一八五〇	北一〇七〇	一五二五及一九六七	九·九三九
北福建路	T三五六二	北三八六	一一五七四	二·二七七
伯頓路	T二二二〇	北六七六	八六四八	·四二八
東虹口	T四九三六	*東八四五	*二一九五	一·七七六
涼州路	T三一六三	東六四二〇	一一七九八	二·一五三
遼陽路	T四六九〇	東三六一七	一三五四六	二·三〇五
平涼路	T四四〇六	東三一九五	一二〇七一	二·四〇〇
宋埠路(基地)	T三五六三	東六四九四	*三一三一(美)	三·〇二一
松潘路	T四七三二	東六八五八	二六六四	二·七二二
齊齊哈爾路	T六〇九九	東五七八二	一一六五七	二·三三二
匯山		東一九七四	*三四二七	三·四二一
梧州路	T二一五三	東三七一	八四四八	一·一五〇
楊樹浦	T一九二五	東二七五七	七二二二及七五五四	〇·八三三
小沙渡路	T四八〇六及四八二七	五七三〇	一三七一九及一一五六(日)	二·六二六

續　表

名　　　稱	編檔號數	册地號數	領事館註册號數	面積（畝數）
馬霍路	T 二四三二	*西一六二〇	*五一九五	一・八七八
新聞路	T 五一三〇	西一〇五八	一三二六〇	五・八五六
工部局屠宰場	T 三六二八	東三三〇	*四九四四及*五四三二	一二・八七八
屠宰場處置廠	T 三六二八	*東三一九	*四九四四	三・〇七〇
肉市及冷藏所	T 三六二八	東三三二	*四九四四及*五四三二	三・九〇五
宰豬場	T 四五九九	*三九七三	*二三〇六	〇・九三四
平涼路宰豬場（基地）	T 二六五五、三八二〇、四一〇五、四一〇七、四五〇八、四八三八及五一〇五	東五四二一	九二二三、九六〇一、九六〇二、一二六二四、一二九五一、一三九七〇及（美）四〇三七	九・三八九
墓地				
山東路	T 二四	二五一	七四	八・三五七
靜安寺	T 一四四九	西二五八〇	二一七九	六一・〇八五
虹橋路	T 二九八八、三一〇八、三七三六、三八四五、三九一四、四〇七〇、四〇九五、四一八一、四七九七、四八三九及四八九二	西	八四三二、八七九二、一一三〇一、一一九九、一二三二五、一二四七六、一二四七七、一二四七八、一二四七九、一二五〇八、一二五三六、一二五八六、一三九九二、一三九九三、（美）三二六九、（法）二八三二及（法）三三二八	一二八・七七六
回教徒	T 一七一四	法租界	*八一三	二・七八七
八仙橋	T 一七一四	法租界	*八一三	四五・四六三
浦東	T 四一七九		一八一	一六・二〇八
軍人				四・三六一
工務處				
怡和路棧房及匯山公用碼頭	T 一八三六	東二三七二	四五〇七	一五・四六〇
楊樹浦公用碼頭	T 四四三七		（日）*二三七	一八・七五八
棧房				
蘇州路棧房及工場	T 三三六〇	*中五七二	*五五五	五・〇七二
北河南路	T 九一九	北六九一	四四四四	三・二四五
斐倫路	T 一六二三	北一一五三	*一三八九四	四・一六八

名　稱	編檔號數	册地號數	領事館註册號數	面積(畝數)
安東路	T四四三七	*東二五三〇	(日)*二三七	一二・〇〇〇
倍開爾路	T四三八六	*東二六八〇	*六〇三四	〇・二二〇
水泥出品場	T四〇〇二及四一六八	東七三八五	一二〇八〇及三三九〇(美)	七・四一三
狄思威路	T三六二八	東三二〇	*四九四四	三・一四五
東虹口	T四九三六	*東八四五	*二一九五	二・八八二
東區	T二八六九、二八一七、三〇〇五、三〇一五、三〇九一、三二一〇、三二六三至四、三五二五、三五七〇、三五八二、三五八九、三五九六、三六四八、三六四九及四九二五	東六五一〇	七三六七、一〇三三八、*一〇九八二、一一三七七、一一三七九、*一一四五二、一一五二一、一一五三六、*一一八二六、一一八二七、一一九四五至六、一二〇四九、一二〇五〇、一二〇八四、一二一八七、*一二一八八、一二一九九*一五九九(美)、一七九八(美)、二六四三(美)及二七四三(美)	七二・五四五
東區垃圾焚化所	T四三八八、四八七八及四九一三	東一四〇五	二三三七、一三六〇八及一三七六〇	五・一三六
蘭路	M四六六甲	東五一六〇		五・〇七〇
沙涇路及梧州路	T二二九〇	東四三一	二二九四	六・二七二
楊州路棧房	T四一〇六及四四五七	*東五四二一	九二三五及一三四六七	二・五六三
戈登路	T三九一二	西四三三五	*七五五三	〇・八一九
戈登路	T三九一二	西三九四八	*七五五三	三・二七〇
麥根路	T六三〇	西三五二二	一〇二〇	一・三九三
派克路家宅垃圾棧房	T四五一七	西六六五至六	三〇五〇及六六一(美)	一・四四三
檳榔路	T四〇〇五、一九九四及四三二九	西四四三一	*二二七三、二六三八、三六九二、*七五五〇及一三二二四	三・〇九七
檳榔路垃圾焚化所	T一九九四、四〇〇五及四六八二	西四四三二	二二七三、四六二〇、五五一三、七五五〇、七五五一及*一三〇六二	五・一五二
新聞	T二三七三及四九八八	西八六二	九三四九及二五九(日)	一九・六一四

續　表

名　稱	編檔號數	册地號數	領事館註册號數	面積(畝數)
蘇州河	T九二九	西四九三二	*四五六三	一‧三九〇
霍必蘭路(華倫路)	T四四九二	西	八四一六	四‧七一〇
工務處工場	T三四九七	東一三一八	四二三八	一二‧四四五
通州路宿舍	T四九三六	*東八四五	二一九五	一‧二五〇
海格路附近之排水河浜	T五四八	西二六〇一		〇‧一一九
園地				
外灘岸地		中		
華人公園	T二二九	中		六‧二一六
外灘公園		中		二七‧九七八
預備公園		中		四‧二一一
蘇州河岸地		中		
虹口公園	T五一五六	北	*五八保	二六五‧三〇七
崑山路方場	T一一三八	北八九八	二二二〇	九‧五三六
鄱陽路公園	T三五二七、三五七四、三六五一、三六五二、三六五三、三六八六、三八七六、四一六一、四四一三、四四一四、四七三六及五〇二三	東六三九九及六四〇二	一二一九〇、一二二三一、一二二三二、一二二三四、一二二五四、一二二五五、一二二八八、一二二九〇、一二三六一、一二三六二、一二三六五、一二三六六、一四〇一九、一四〇二〇、一四〇二二、一四〇六五、(法)一七三四、一八一〇、二四八八、三四七四、三五一六、(日)六一四及未註册之地	三二‧八三七
舟山公園	T二三一五	東二三三〇	九二四五	五‧四六九
匯山公園	T三四九六	東三七〇〇	*三一三六	三六‧六〇八
南陽路兒童遊戲場	T二七二四	西二八〇三	三〇三四	五‧四八八
膠州公園	T四六二〇、四六二二、四六三五、四六五七、四七三三、四七七九、四七八九、四九一七、四九六四、四九八六及五〇五九	西六一一四	一一三〇七、一三一四九、*一三五〇八、*一三五三六、一三七二七、一三七六三、一三七八六、一三七八七、一三八五一、一三八九六、一三九四四、(美)三八六一、*三八六三、(法)二三二一、(日)九二九、九三五、九三八、*九八五、一〇一八、一一三八、一一五四及未註册之地	四五‧四六七

名　稱	編檔號數	册地號數	領事館註册號數	面積(畝數)
梵王渡公園	T二一三〇、二三〇一、三四七五、三九二〇、三九八〇、四〇〇三、四〇二八、四一三二、四二三一、四二九六及五〇七九	西	四〇二〇、四八七八至九、七五〇八、一二六五七、一二六六八、一二三五八、一二三六三至四及二一七(意)	二九一・四一三
苗圃				
虹橋路	T四八四九	西	未註册	一五・〇九七
虹橋路	T四八四九	西	未註册	七〇・二八二
平橋石礦	M三六八			一五五・〇〇〇
污水處置所基地				
中區	T四五八一	北	*五七保	一三・八九三
東區	T二八〇六、三〇四六、至四三三九	*東六五六五	一一〇八七、一一五六二、(法)三二三三、三二三四、三二三五及三二四八	五五・五一一
東區抽水站基地	T三〇九四	*東五四二一	一一六九六	〇・四六一
東區抽水站基地(倍開爾路)	T四三八六	*東二六八〇	*六〇三四	〇・二〇〇
東區抽水站基地(鄧脫路)	T四〇〇四	東八七二	一、一七八八	〇・三九〇
西區抽水站基地	T三一二七	西	一一四八〇	一・三一八
西區抽水站基地	T二八七二	西	八九四三	一・七九五
西區羅別根路總會	T二七〇一	西	未註册	四・五八一
西區	T二七〇四、三五一四及四四三六	西	一一八九九及未註册之地	四八・八八五
廁所及小便所				
盆湯弄	T一二二一	中三六八甲	五七五四	〇・一二八
福建路	T一七四九	中四五二癸	七三六一	〇・〇六三
山東路	T二四	中二四九	*七四	〇・〇五七
文監師路(篷路)	T四六六	北四二〇	未註册	〇・〇四四
頭壩路	T三一二	北八一四	六四九(美)	〇・二六九
斐倫路	T一六二三	*北一一五三	*一三八九四	〇・一二五
海寧路		北七二五	未註册	〇・〇八九
熱河路(基地)	T四一九五	北八八	一一〇八〇及未註册之地	〇・一六一
甘肅路	T四三七甲	北一二〇	未註册	〇・〇一七

名　稱	編檔號數	册地號數	領事館註册號數	面積（畝數）
北浙江路	T 三五四八	北一五〇	三三二八	〇·〇九九
北江西路	T 四〇六二	北六四五	七七五九	〇·一二〇
北山西路	T 二〇六五	北五六八	八三六〇	〇·〇七九
北山西路	T 四四九一	北三七二	一〇一六三	〇·一〇九
北揚子路		北一〇〇八	未註册	〇·〇六六
熙華德路		北一〇六三	未註册	〇·〇四五
天潼路	T 四九五一	北二六一	一三八五六	〇·〇三五
倍開爾路	T 四三八六	*東二六八〇	*六〇三四	〇·〇八二
東百老匯路	T 三八三	東六三一	二〇九三	〇·二〇九
兆豐路	T 二〇六二	東一二二	八三二六	〇·〇七二
齊物浦路	T 二四七一	東五六七九	*一六二九（美）	〇·〇四一
齊物浦路	T 二六五五	東五四二二	*九六〇二	〇·〇六五
大連灣路	T 二六一一	*東一五四五	*一〇〇一四	〇·〇二八
鄧脱路		*東一一〇〇	*一二九〇〇	〇·〇六一
狄思威路	T 三六二八	東三三五	*五四三二	〇·一〇二
東熙華德路		東一〇〇	未註册	〇·〇三〇
東有恒路（基地）	T 四〇三一	東二一二	一二五六八	〇·〇七〇
東有恒路	T 二三七四	東一四一七	九三七一	〇·〇九九
格蘭路（基地）	T 四四六九	東六四四八	九五七二	〇·一六七
華記路	T 三二〇	東五七四	二〇〇六	〇·一七六
近勝路	T 二二五九	東二七三三	九〇四六	〇·二一〇
崑明路		東一一四八	未註册	〇·〇七二
蘭路	T 一七一二	東五〇五〇	七一七六	〇·一五五
奉天路	M 一〇五三	*東四八七	*二三一八	〇·〇九四
平涼路	T 二〇八八	東二七六九	八二九九	〇·一〇二
周家嘴路	T 三七三八	東一九六	一二四八二	〇·二二一
龍江路	T 一六一五	東四〇八〇	七〇三九	〇·〇五〇
韜朋路	T 一二三〇	東三一八三	五八六四	〇·一六四
塘山路		東六九六	一四〇三三	〇·一一〇
齊齊哈爾路	T 四七一九	東五七三八	九三八八	〇·二七八
通州路	T 四九三六	東八四二	*二一九五	〇·一三二
匯山路	T 四二八六	東二〇四四	五三四六	〇·二〇九
匯山空地		東二三六三	未註册	〇·一三六
渭南路	T 四八五七	東七三七九	一一五八〇	〇·〇八三

名　稱	編檔號數	冊地號數	領事館註冊號數	面積(畝數)
威妥瑪路	M 六八四	東四二二〇	*五一五一及*五三七四	〇·〇七七
華盛路	T 四七〇一	東二九八七	二四〇五	〇·〇七三
梧州路	T 一七三一	東四三七	七二五七	〇·二五七
鴨綠路	T 一八二八	東二一八	七五八五	〇·〇二八
楊樹浦路	T 二九九八	東七六八一	一五八九(美)	〇·二〇〇
楊樹浦路		東六四三六	未註冊	〇·一五八
岳州路(基地)	T 三八四三	東九一四	一二五二九	〇·二〇六
愛文義路	T 四四九〇	西一一四	二六六七	〇·〇五〇
海格路	T 二六〇八	西二五九六	一〇一三二	〇·〇六四
静安寺路	T 三一八九	西二六〇二	未註冊	〇·一四五
卡德路	T 一七一六	西三〇二三	七二五〇	〇·一三三
昌平路	T 四一九九	西四二九八	一一九二二	〇·一九二
成都路	T 六四四	西五四七	三七五一	〇·一二三
戈登路	T 四〇八三	*西四四六一	一二三二八	〇·〇八七
戈登路		西二九一一	未註冊	〇·〇一六
小沙渡路	T 四五三二	西三三五〇	三〇九三	〇·〇七四
赫德路	T 一七一七	西二七三一	*三二六二	〇·一二五
赫德路	T 三七九四	西二四七一	五八六八	〇·〇五四
麥根路	T 三九一二	*西四三三五	*七五五三	〇·〇六八
馬霍路	T 二四三二	*一六二〇	*五一九五	〇·一七〇
馬崎路	T 一七四五	西四三八六	七二九一	〇·〇六七
梅白格路	T 六〇五	西二九八	三五三一	〇·〇五六
派兒路	T 六四三及七五三	西三九二	三七五〇	〇·一九〇
檳榔路	T 四六八二	*西四四三三	*一三六〇二	〇·一二〇
新聞路	T 六八三	西五九九	三七九三	〇·一四四
池浜路	T 四八八二	西九九四	一三七二五	〇·〇八八
威海衛路	T 四四九三	西二二八三	一〇三五九	〇·〇五六
學校				
格致公學	T 二一六四	中六八七	九三一	九·七四九
華童小學(克能海路)	T 八三九	北五〇三	三〇三	一二·五四六
公立暨漢璧禮西童男學	T 二七三五及四五八一	北	*五七及*五八保	二六·七〇七
公立暨漢璧禮西童女學	T 二一五五	*北九七九	*二七六五	一〇·三七〇

名　稱	編檔號數	册地號數	領事館註册號數	面積（畝數）
華童公學	T 二五五五	北	八六七保	九·八五七
華童小學（荆州路）	T 三九七六	* 東二二三一	* 四五三九、* 八〇一七及 * 八九八八	一二·六八五
華童小學（匯山路）	T 四四五九	東二三二八	七五九六及八〇一八	六·三八二
聶中丞公學	T 三九七六	東二二三一	* 四五三九、* 八〇一七、八〇九八及 * 八九八八	一二·六八五
育才公學	T 一八五二	西九二四	七五五五及七六一七	九·五〇六
西區西童女學	T 三六九〇	西	* 六二九七	二〇·一五六
西區西童公學	T 三六九〇	西	* 六二九七及 * 一一九三六	一〇·九三七
華童小學（新閘路）	T 四三二七	西三二七六	二五八八	九·三八二
華人女子中學（新嘉坡路）	T 四八一八及四九三五	西五九七〇	（日）五八三、* 七〇二、* 八三七、八三九、* 一一六一及未註册之地	一四·九七九
餘地				
山西路	T 四四六八	中二六七	四〇九	〇·一九〇
文監師路（蓬路）及乍浦路	T 一一五九	北八九九	二〇〇七	九·九九五
文監師路（蓬路）及密勒路	T 二一六	北一〇四五	一五二六	三·五〇六
北浙江路	T 三二一八	北二四四	五八二八	〇·〇一〇
天潼路	T 四九三一	北三七六	一三七〇四	〇·二五六
七浦路	T 四一九五	北八八乙	未註册	〇·〇三八
倍開爾路	T 四三八六	* 東二六八〇	* 六〇三四	〇·一五七
齊物浦路	T 二四七一	東五六八〇	* 一六二九（美）	九·四五三
齊物浦路		東五四四二	一二八二六	〇·七五六
齊物浦路	T 四八七二	東四〇〇一	一〇四五四	〇·〇〇二
錦州路	T 三七九〇	東六五三三	未註册	〇·〇二四
大連灣路	T 五一二〇	東一七一四	一三九九八	〇·一九四
大連灣路	T 四一〇三	東一五四一	五七八四	〇·〇六三
狄思威路		東一五〇	一四〇三〇	〇·一九〇
東有恒路	T 四〇三一	* 東二一二	* 一二五六八	〇·一三三
汾州路	T 四四〇六	東三一九四	* 一二〇七一	〇·〇八五
和龍路	T 三五六三	東六四九五	* 三一三一（美）	〇·〇三六
近勝路	T 三四二八	東二七八九	一五一九	〇·〇一一

續　表

名　稱	編檔號數	册地號數	領事館註册號數	面積(畝數)
如皋路	Ｔ四三五四	東三四六	一三〇七二	〇・一八九
荆州路	Ｔ四三五三	東一八五一	九六三六	〇・〇六五
梁山路	Ｔ二八七六	東六六七二	一四九四(美)	一・九九五
梁山路	Ｔ四六九八	東七〇八〇	一一四八一	〇・一七八
遼陽路	Ｔ三八三二	東一七四六	一二五八三	〇・〇三五
眉州路	Ｔ三七三五	東七一七三	一一八七七	〇・〇〇七
茂海路	Ｔ四四四〇	東一六〇二	一三二六七	〇・〇六七
寧武路	Ｔ三八六五	東六五三一	一二五六二	〇・三六〇
寧國路及周家嘴路	Ｔ四三一四	東七一四八	三五二五(美)	二・一一六
平涼路	Ｔ四九二四	東六五一三	一一〇〇〇	三・二七九
平涼路	Ｔ四三五五	東三九四五	一三一九三	〇・一六五
平涼路及威妥瑪路	Ｔ四六〇一	東三九四八	未註册	〇・〇〇二
平涼路及威妥瑪路	Ｔ四六〇一	東三九八六	未註册	〇・〇〇二
周家嘴路	Ｔ四〇三二	東二〇九	一二七三二及未註册之地	〇・一三三
周家嘴路	Ｔ二六一一	＊東一五四五	＊一〇〇一四	〇・三八八
周家嘴路	Ｔ三九三七	東一五四七	一二〇四及一二〇五(美)	〇・一八〇
周家嘴路	Ｔ三二〇九	東三七七〇	一一四二八	〇・四一四
周家嘴路	Ｔ三二〇九	東三七七一	一一四六〇	〇・〇一三
周家嘴路	Ｔ二九〇九	東三七七三	一一二九四	〇・二三〇
周家嘴路	Ｔ三〇四七	東三七七五	一一六〇四	〇・三四〇
周家嘴路	Ｔ三七一五	東五九八〇	一一六〇八	〇・〇八五
周家嘴路	Ｔ三七一六	東五九八一	一一六〇九	〇・〇一八
周家嘴路	Ｔ三三七二	東六六〇四	一一九四七	〇・五三四
周家嘴路	Ｔ三二五三	東七一六八	九一一九	〇・六五七
周家嘴路	Ｔ三二五三	東七一七一	九四一七	〇・八八七
周家嘴路	三三七四、三六〇〇、三九〇八、三九二二、四一三八至四一三九	東六三二一	一二〇七四、一二二〇八、一二三八四、一二三八五、八五至八六(瑞士)	七・三五五
周家嘴路	Ｔ三四二〇	東六五〇五	一二一一三	一・六八〇
周家嘴路	Ｔ三五七一	東六〇八七	一二一五六	二・四八七
周家嘴路	Ｔ三五七二	東六〇八九	一二一八五	〇・〇六四
周家嘴路	Ｔ三五八五	東六〇九六	一二二〇七	〇・八六〇

名　稱	編檔號數	册地號數	領事館註册號數	面積（畝數）
周家嘴路	T 三五九八	東六〇九四	一二二〇四	〇・四〇二
周家嘴路	T 三五八四及三八七八	東六一〇三	一二二〇五及一二二九八	二・〇七二
周家嘴路	T 三八三〇	東六一一〇	一二二九七	〇・〇六八
周家嘴路	T 三八四四	東七一四五	一二五九二	〇・七六六
周家嘴路	T 四〇四七	東七一四六	一二八七二	〇・九二〇
周家嘴路	T 四〇四八	東七一四七	一二八七三	〇・三八八
周家嘴路及西安路	T 四七四五	東一八九	一三六九三	〇・一一七
周家嘴路及西安路	T 四七四六	東一九七	一三六九四	〇・〇一七
周家嘴路及桂陽路	T 三五八三、三五九九及四七二〇	東六三〇四	一二二〇三、一二二〇六及一二三一四	一・四七三
周家嘴路及涼州路	T 三五八七、三六〇一及三六一一	東六〇九五	一一九八八、一二二一八及一二二二一	二・四六九
周家嘴路及南部路	T 三五八六及三八四〇	東六一〇四	一二二一九及一二二九九	〇・五九六
周家嘴路及平涼路	T 三六〇二及四七二一	東六三〇五	一二二二〇及一二三一五	〇・二五四
周家嘴路及平涼路	T 三八四二	東六三〇二	一二三五二	〇・三一八
鄱陽路	T 三五七三	東六四二五	一二一八九	〇・七八三
鄱陽路	T 三六八六	東六四二一	一二三六〇	〇・六九七
鄱陽路			未註册	〇・一六〇
鄱陽路及桂陽路	T 三六五四及四一六〇	東六四三五	一二二三〇及一二二八九	一・〇八七
三姓路		東六八〇八	一四〇二一	〇・三五二
宋埠路	T 三八三三	東六四七二	一二六八九	一・三四二
宋埠路	T 四八五三	東六五五〇	未註册	〇・六四八
騰越路	T 三五二七	東六四一二	一二二五六、一二二五七及未註册之地	〇・七〇六
騰越路	T 三七一九	東六三五三	一二二二九	〇・〇一一
騰越路	T 四一五八	東六四六五	一二二二八	〇・三二〇
騰越路	T 三八六七	東六四〇九	一二二九一	〇・〇三六
匯山路	T 一二五一	東三六一〇	三〇三九	一・二八八
匯山路	T 三四九六	東三五七五	＊三一三六	三・一八一
渭南路	T 三九六一	東七一七二	一二五九〇	〇・六九〇
渭南路	T 五一三一	東七五〇四	一四〇一七	〇・五六三
梧州路		東二五八	未註册	〇・〇三五

名　稱	編檔號數	册地號數	領事館註册號數	面積(畝數)
楊樹浦路	T四二八四	東六〇六七	四〇五九	四·三二九
楊樹浦路	T四四三七	東二五二〇	(日)*二三七	三一·二五〇
楊樹浦路及安東路	T四四三七	東二五三〇	(日)*二三七	一三·〇六五
榆林路	T三八二八	東三九一八	一二二七三	〇·〇六七
愛文義路	T四一三四	西一七四	一六八五	〇·一〇一
愛文義路	T四七一六	西三〇九〇	一三六四五	〇·〇〇三
愛多亞路	T三二〇七	西一六八四	四六七三	〇·〇二五
昌平路	T五〇三〇	西三九六二	一三一二二	〇·一六八
昌平路	T五〇三〇	西三九六一	一三一二三	〇·〇五四
長沙路	T三八〇三	西一四六	一二五〇五	〇·一五八
昌平路及延平路	T四六二〇、四六二二及四六三五	西六〇九二	(英)*一二四一一、(美)*三八六三、*三八七九、四一九三及(日)*九八五	一·七三九
小沙渡路	T三七六二及四二二二	西五八一三	一一九九八及一二一四二	〇·六六二
戈登路	T三一〇六及四〇八三	*西四四六一	三六六四及*一二三二八	〇·一五二
戈登路及澳門路	T四六〇〇	西四七六五	五五八二	〇·一〇三
大西路	T四二九二	西	七一九二、一二三一八至九、一二三二〇及一二八四五	一八·六六一
大西路六三號	T二七〇〇、二七一一、二七五二、二八三六、二九一七、三一〇一、四一三一及五〇六一	西	八九八二、九四一四、九四一五、九五〇一、九五三六、九六八二、九六八七、九七二六、九七三一、九七九六、九八二九、一〇九七九、一一一三七、一一六六五、一二九七五、(美)二七九四及未註册之地	六四、三八七
大西路及静安寺路	T四二六九	西	一〇八〇〇、一〇八〇二及一〇八〇三	二五·一八一
霍必蘭路(華倫路)之大西路	T三〇〇〇	西		〇·〇一九
赫德路	T四一九一	西三三一六	一二一五三	〇·〇三〇
赫德路	T四九六五	西六〇二六	一二六八二	〇·一七九
赫德路	T三七六一	西六〇二七	一二三二七	〇·〇六七

名　稱	編檔號數	册地號數	領事館註册號數	面積（畝數）
赫德路	T四八一八	西五九六九	（日）*八三七、*八三九、*八五〇及未註册之地	九‧九三〇
虹橋路	T三五三八	西		〇‧〇七一
極司非而路	T三一六八	西	七六四（美）	〇‧〇〇二
喬敦路（今陸家路）		西		〇‧二〇五
喬敦路（今陸家路）	T三九〇六	西	三二六七（美）	〇‧九二一
荔浦路	T二七二七	西六〇一九	一〇六七〇	〇‧四二四
荔浦路	T五一四七	西六〇一八	七三六〇	〇‧一七九
林肯路	T三五一三	西	未註册	〇‧九一五
林肯路		西	未註册	〇‧〇〇五
麥根路	T三九一二	*西四三三五	*七五五三	〇‧八一九
庇亞士路	T三三四七	西	未註册	〇‧二一三
西摩路	T四七一二及四八四四	西五二四〇	九六八四及一三七九〇	一‧五五六
西摩路	T四七一二及四八四四	西五二四一	九六八五及一三七九一	〇‧二七〇
西摩路	T四八七七	西四一七八	一三八二四	〇‧七〇四
西摩路	T四八七六	西四一七九	一三六五五	〇‧二〇五
新閘路	T二八三八	西二七〇二	三一七八	〇‧〇二〇
新閘橋路	T三〇八四	西六九五	四五三三	〇‧〇一六
地豐路	T三六九〇	西	三八八七、*六二九七及*一一九三	二四‧六三一
定興路	T五一五一	西一〇一	六四一二	〇‧二一五
東京路	T三四二九	西四二三〇	*一八六九（法）	〇‧一六二
東京路	T三四二九	西四二三一	*一八六九（法）	〇‧〇八二
東京路	T四八六〇	西三五六四	一三七一八	〇‧一七七
霍必蘭路（華倫路）	T二一二九	西	八一四四	〇‧一八八
西蘇州路	T一八四九	西四七二四	三二八五	〇‧五〇〇
西蘇州路	T二一〇一	西六七二	五〇三	〇‧一六二
延平路		西六一一二	一四〇六二	〇‧〇九八

＊僅爲册地之一部分。

癸　結　　論

　　“上海乃在華外人之主要表現，凡公正坦白之人，無一得否認：上海之政策，爲一種始終如一的侵犯中國主權之政策。”[註一]上海公共租界的設置，用意本在限制外僑的居住權和租地權，[註二]不得謂爲特權的給與；[註三]然而限制無效，抑且變質，終於形成國際間一種最畸形的制度。“租界内各國僑民之法律地位，從未明定，租界與各國政府間之關係，絶不明白，而租界工部局對中國政府之地位，尤爲奇特無疑。故上海公共租界，難以一個字或幾個字（phrase）説明之。”[註四]所謂“一獨立自治國”（an independent, self-governed Republic），所謂“國中小國”（petit etat dans l'etat）究竟從某數點上説，不能完全説明公共租界内部及對外的複雜性，同時，從另一些點上説，又不能完全顯示公共租界問題根本上的簡單性，只不過略有外表上的近似罷了。

　　有若干人，往往頗善於以所謂自治，來標榜公共租界事實上的狀態。然而外僑在中國領土的一部分上實行自治，或者中外人民在中國的領土的一部分上實行自治，即使全是實情吧，也總是一句嚴肅的笑話，或許順口悦耳，無奈不容稍加思索。而況事實上，所謂自治，原只是一種自知或不自知的幻覺，有意或無意的謊騙。“上海公共租界當局，對於來到上海之外僑，無一不表示歡迎，爲其平等之公民，惟華人當然例外，此乃顯見者。”[註五]而租界實際治理的比設想尤爲過分的“寡頭政治”（obligarchy），亦爲衆口所同斥。[註六]

　　外僑在上海居住和租地，久已不限定於租界範圍以内，故法律上的上海公共租界，其設置原意既已全失，其繼續存在亦絶無必要。而那實際上的畸形制度，尤應撤消，以中國對其領土應有的主權，還諸中國。若干外人，或則爲撒野的心思所愚蒙，企圖租界的更形變本加厲，[註七]或則抱定“死硬主義”（die-hardism），力説租界主權的不可歸還中國，[註八]或則裝出僞善者的模樣，在不否認若干事實之下，以深謀的巧妙，有意維護租界的長久存在。[註九]然而歷史的巨輪，終究不是極少數人所可阻擋其前進。今日的中國既非數十年前的中國，亦不是十數年前的中國。中國今日雖處於嚴重的患難之中，但在極

　　[註一]　Arthur Ransome, Chinese Puzzle, p. 177.
　　[註二]　徐公肅、丘瑾璋：上海公共租界制度，頁一五七至一六〇。
　　[註三]　Jean Esarra, Detroits et intérêts des strangers en Chine, p. 69.
　　[註四]　C. L. Hsia, The Status of Shanghai, p. 121.
　　[註五]　同上註，頁一二五。
　　[註六]　M. de Jesus, Historic Shanghai, p. 249；H. F. MacNair, China's International Relations and Other Essays, p. 145；Views of Representatives of the Missionary Community in the Settlement, Feetham Report, Vol. II, p. 21；T. F. Millard, China, Where It Is Today and Why, p. 310. Millard 稱公共租界的治理爲“大班寡頭政治”（Taipan Obliorchy），並爲“大班”作如下之解釋：“大班者洋行之總經理也。大商號、銀行及輪船公司之大班，與其總公司相隔，遠在中國，故具有非常的勢力與權能。彼等對其屬員及雇員，操縱自如，爲西方各國所不常見。”The Status of Shanghai 及上海公共租界制度的作者，亦具相似的觀察。
　　[註七]　參閲信夫淳平：International Law in the Shanghai Conflict.
　　[註八]　可以 Rodney Gilbert 及 H. G. W. Wordhead 爲代表。前者在其所著 The Unequal Treaties 及 What's Wrong with China 二書中，有許多與本問題直接或間接有關的話。後者是一向以專寫代表某種對華態度的評論而著名的新聞家，特別是“一・二八”時期 Shanghai Evening Post and Mercury 上他在 “One Man's Comment” 欄中發表的文章，將爲讀者所永難忘記。
　　[註九]　最巧妙者當推費唐，參閲 Feetham Report，特別是其中 Port V, Chapter IV.

堅苦中奮鬥以求國際上自由平等的努力,未曾稍息,並已獲得世界的同情。"租界主權歸還之日,必然來到。"[註一]這不是可以辯論的問題,而將是事實本身的證明。

[註一] Dr. J. G. Schurman (one time U. S. Minister to China), A Speech on May 22, 1924.

附　　錄

一、人　口

1. 歷年華洋人口比較表(一八六五年——一九三〇年)

年　　份	華　人	外　僑	總　　計
一八五五(咸豐五年)	二〇、〇〇〇	二四三	二〇、二四三
一八六五(同治四年)	九〇、五八七	二、二九七	九二、八八四
一八七〇(同治九年)	七五、〇四七	一、六六六	七六、七一三
一八七六(光緒二年)	九五、六六二	一、六七三	九七、三三五
一八八〇(光緒六年)	一〇七、八一二	二、一九七	一一〇、〇〇九
一八八五(光緒十一年)	一二五、六六五	三、六七三	一二九、三三八
一八九〇(光緒十六年)	一六八、一二九	三、八二一	一七一、九五〇
一八九五(光緒二十一年)	二四〇、九九五	四、六八四	二四五、六七九
一九〇〇(光緒二十六年)	三四五、二七六	六、七七四	三五二、〇五〇
一九〇五(光緒三十一年)	四五二、七一六	一一、四九七	四六四、二一三
一九一〇(宣統二年)	四八八、〇〇五	一三、五三六	五〇一、五四一
一九一五(民國四年)	六二〇、四〇一	一八、五一九	六三八、九二〇
一九二〇(民國九年)	七五九、八三九	二三、三〇七	七八三、一四六
一九二五(民國十四年)	八一〇、二七九	二九、九四七	八四〇、二二六
一九三〇(民國十九年)	九七一、三九七	三六、四七一	一、〇〇七、八六八

　　附註：表中外僑人數，一八六五年(清同治四年)包括鴉片船上及浦東之外僑在內；一八七九年(同治九年)及以後均將越界道路，或連同船上及浦東外僑居民，一併計算在內。並觀後列各表，即可明瞭。

2. 華人戶口省別增減比較表(一九〇〇年——一九三〇年)

省籍別＼年別	一九〇〇(光緒二十六年)	一九〇五(光緒三十一年)	一九一〇(宣統二年)	一九一五(民國四年)	一九二〇(民國九年)	一九二五(民國十四年)	一九三〇(民國十九年)
江蘇	一四一、八五五	一六九、〇〇一	一八〇、三三一	二三〇、四〇二	二九二、五九九	三〇八、〇九六	五〇〇、五七六
浙江	一〇九、四一九	一三四、〇三三	一六八、七六一	二〇一、二〇六	二三五、七七九	二二九、五五九	三〇四、五四四
廣東	三三、五六一	五四、五五九	三九、三六六	四四、八一一	五四、〇一六	五一、三六五	四四、五〇二

續　表

年別 省籍別	一九○○（光緒二十六年）	一九○五（光緒三十一年）	一九一○（宣統二年）	一九一五（民國四年）	一九二○（民國九年）	一九二五（民國十四年）	一九三○（民國十九年）
安徽	四、三二○	七、四二二	五、二六三	一五、四七一	二九、○七七	二六、五○○	二○、五三七
山東	一、三七九	二、八六三	二、一九七	五、一五八	一○、二二八	一二、一六九	八、七五九
湖北	二、○二一	四、七四四	三、三五三	七、九九七	一一、二五三	一四、八九四	八、二六七
河北	二、四六九	四、六七四	四、六二三	七、二一一	一六、二五九	一五、八○三	七、○三二
湖南	三七八	一、二六六	六八○	二、七九八	二、九四四	七、○四九	四、九七八
江西	九○五	二、六五九	一、四八八	五、三五三	七、二二一	一○、五○六	四、四○六
福建	二、一八四	三、三五八	二、一三四	五、一六五	九、九七○	一二、四六四	三、○五七
河南	二二四	七七三	八三二	二、四八一	三、六六二	七、○四九	二、○二七
四川	三○一	一、二三五	九七二	三、二四四	三、五五一	六、六九四	一、一三五
廣西	一七二	六一九	五八七	一、四六四	一、二一三	三、七四六	二二四
山西	三七三	七八五	七○四	二、一三五	一、九二九	五、○○二	一七七
雲南	二五	六○二	四○七	一、○二五	五八四	三、五三八	一七二
陝西	五一	六八八	六三○	一、四二四	九三二	三、五四七	一六七
貴州	五一	七二三	四六九	九四四	四六九	二、四二二	一四四
甘肅	二○	三九三	五一六	九二六	六八六	二、○七三	一九
東三省及其他					一○四	一一○	一五一
總計	二九九、七○八	三九○、三九七	四一三、三一三	五三九、二一五	六八二、四七六	七二二、○八六	九一○、八七四
在洋行西人屋舍工廠工作者	一○、三八四	一二、四五八	二五、六四六	三三、一六八	四六、五二五	六三、七三○	六○、五二三
合併總計	三四五、二七六	四五二、七一六	四八八、○五	六二○、四○一	七五九、八三九	八一○、二七九	九七一、三九七

3. 華人戶口區別增減比較表(一九〇〇年——一九三〇年)

區別 \ 性別 \ 年別	一九〇〇（光緒二十六年）	一九〇五（光緒三十一年）	一九一〇（宣統二年）	一九一五（民國四年）	一九二〇（民國九年）	一九二五（民國十四年）	一九三〇（民國十九年）
中區 男性	七〇、九三五	七三、二〇五	七五、三四三	八四、二八〇	八八、四二五	八九、七六八	九〇、七〇九
中區 女性	二七、五一三	二八、三九三	三〇、〇五〇	三三、三六五	三五、四七一	二〇、八七〇	二〇、八二六
中區 兒童	二六、五三一	二七、二二四	二八、二六八	三一、九六四	三三、一六〇	二三、二二三	二二、二三〇
中區 總計	一二四、九七九	一二八、八二二	一三三、六六一	一九四、六〇九	一五七、〇五六	一三三、八六一	一三三、七六五
北區 男性	四二、六四五	五六、三六八	五八、五三二	六九、〇〇一	七九、四二九	七五、五三二	八〇、二三六
北區 女性	二四、六三〇	三七、九三九	三九、五八七	四四、二二二	五三、〇五七	四四、〇九五	四六、八一七
北區 兒童	二五、八三一	四〇、九二一	四一、六八九	四八、三五九	五八、五九五	五〇、二二一	四九、七八五
北區 總計	九三、一〇六	一三五、二二八	一三九、八〇八	一六一、五八一	一九一、〇八一	一六九、八四八	一七六、八三八
東區 男性	三三、四〇六	四一、三九四	四八、三八〇	六九、八九八	八七、四八〇	一一四、〇九〇	一五〇、〇一二
東區 女性	一九、八〇四	二五、〇〇〇	三一、七六一	四六、二三二	六七、二三二	八六、一八三	一二三、五九八
東區 兒童	一八、六八六	二五、二〇三	三〇、九三〇	四八、〇二九	七五、四一四	九〇、二五二	一〇一、九四五
東區 總計	七一、八九六	九一、五九七	一一一、〇七一	一六四、一五九	二三〇、一二六	二九〇、五二五	三七五、五五五
西區 男性	二六、四三八	四一、五五〇	四四、九二〇	六一、〇〇九	七七、九二三	九〇、七九六	一一六、三四三
西區 女性	一五、九四七	二七、一〇〇	二八、五二六	四一、八一四	五二、七一九	六三、九三四	八九、四六八
西區 兒童	一二、九一〇	二八、四一九	三〇、〇一九	四二、二二九	五〇、九三四	六一、三一五	八〇、四二八
西區 總計	五五、二九五	九七、〇六九	一〇三、四六五	一四五、〇五二	一八一、五七六	二一六、〇四五	二八五、二三九

區別	年別性別	一九〇〇（光緒二十六年）	一九〇五（光緒三十一年）	一九一〇（宣統二年）	一九一五（民國四年）	一九二〇（民國九年）	一九二五（民國十四年）	一九三〇（民國十九年）
四區總計	男性	一七三、四二四	二一二、五一七	二二七、一七五	二八四、一八八	三三三、二五七	三七〇、一八六	四三七、三〇〇
	女性	八七、八九四	一一八、四三二	一二九、九二四	一六五、六三二	二〇八、四七九	二一五、〇八二	二八〇、七〇九
	兒童	八三、九五八	一二一、七六七	一三〇、九〇六	一七〇、五八一	二一八、一〇三	二二五、〇一一	二五三、三八八
	總計	三四五、二七六	四五二、七一六	四八八、〇〇五	六二〇、四〇一	七五九、八三九	八一〇、二七九	九七一、三九七

4. 華人住在中北東西各區居民在洋行西人屋舍或工廠工作住在界内村莊及未列號或未估價之小屋船户居民人數增減比較表（一九〇〇年——一九三〇年）

區別	年別性別	一九〇〇（光緒二十六年）	一九〇五（光緒三十一年）	一九一〇（宣統二年）	一九一五（民國四年）	一九二〇（民國九年）	一九二五（民國十四年）	一九三〇（民國十九年）
中區	男性	六二、六四八	六六、一七五	六六、三〇九	七七、六二七	八一、七七五	七八、八八〇	八七、六一六
	女性	二六、七三九	二七、六二五	二九、二九二	三二、七四七	三四、九八七	二〇、二三二	二〇、六五一
	兒童	二五、七六三	二六、五〇七	二七、三九六	三一、〇四九	三二、六三七	二二、〇八〇	二二、一二一
	總計	一一五、一五〇	一二〇、二八九	一二二、九九七	一四一、四二三	一四九、三九九	一二一、一九三	一三〇、三八八
北區	男性	三八、三九〇	五三、〇六四	五三、四一九	六一、八六六	七〇、九二四	六五、五六〇	七五、七九一
	女性	二三、一六四	三七、二四〇	三八、二八九	四二、五九八	五一、〇八六	四二、〇二七	四三、一八三
	兒童	二五、〇二七	四〇、〇九五	四〇、七九四	四七、〇九八	五七、〇四〇	四八、五九九	四九、一八三
	總計	八六、五八一	一三〇、三九九	一三二、五〇二	一五一、五六二	一七八、〇五〇	一五六、一八六	一六八、一五七
東區	男性	二七、一七七	三〇、八七三	三六、二八八	五七、八五〇	七六、一八五	九八、五九七	一三七、三五三
	女性	一六、六六九	二〇、七一〇	二五、〇一六	三八、七五四	五八、一七八	七四、九九六	一〇八、五一六
	兒童	一七、一三九	二二、〇二六	二六、九六六	四二、三五二	六六、六〇〇	八六、四一七	九九、二五五
	總計	六〇、九八五	七三、六〇九	八八、二七〇	一三八、九五六	二〇一、三七五	二五九、五九八	三四五、一二四

續　表

區別	性別＼年別	一九〇〇（光緒二十六年）	一九〇五（光緒三十一年）	一九一〇（宣統二年）	一九一五（民國四年）	一九二〇（民國九年）	一九二五（民國十四年）	一九三〇（民國十九年）
西區	男性	一六、一九七	二七、八八九	二八、五五八	四八、四〇六	六二、九二三	七五、一六〇	一〇九、四五一
	女性	一〇、六三四	一八、九二八	二〇、一〇五	三二、四九四	四四、四九五	五四、四八九	七九、七一八
	兒童	一〇、一六一	一九、二八三	二〇、八八一	三二、三七四	四五、二三四	五五、四六〇	七八、〇三六
	總計	三六、九九二	六六、一〇〇	六九、五四四	一〇七、二七四	一五二、六五一	一八五、一〇九	二六七、二〇五
在洋行西人屋舍或工廠工作者	男性	七、五九五	八、五七四	一七、一〇五	二一、〇一五	二八、二〇八	三七、九〇二	二七、〇八九
	女性	一、九二七	二、一六六	五、六一五	七、五〇四	一二、六一二	一九、八一九	二八、六四一
	兒童	八六二	一、七一八	二、九二六	四、六四九	五、七〇五	六、〇〇九	四、七九三
	總計	一〇、三八四	一二、四五八	二五、六四六	三三、一六八	四六、五二五	六三、七三〇	六〇、五二三
住在界內村莊及未列號或未估價之小屋者	男性	一一、九二六	一六、〇七七	一五、四九四	一五、三二八	五、一三八	三、一六一	
	女性	七、九五〇	一〇、七一八	一〇、五〇四	一〇、二五七	五、七〇二	二、八二二	
	兒童	三、九七七	一〇、七〇八	一〇、四四四	一一、一八七	九、三八六	四、三九八	
	總計	二三、八五三	三七、五〇三	三六、四四二	三六、七七二	二〇、二二六	一〇、三八一	
船戶居民	男性	九、四九一	九、八八三	一〇、〇〇二	八、〇九六	七、六九二	一一、二二八	
	女性	八一一	一、〇四五	一、一〇三	一、二七八	一、四一九	六九七	
	兒童	一、〇二九	一、四三〇	一、四九九	一、八七二	一、五〇一	二、〇四七	
	總計	一一、三三一	一二、三五八	一二、六〇四	一一、二四六	一〇、六一二	一四、〇八二	
各項總計	男性	一七三、四二四	二一二、五一七	二二七、一七五	二八四、一八八	三三三、二五七	三七〇、一八六	四三七、三〇〇
	女性	八七、八九四	一一八、四三二	一二九、九二四	一六五、六三二	二〇八、四七九	二一五、〇八二	二八〇、七〇九
	兒童	八三、九五八	一二一、七六七	一三〇、九〇六	一七〇、五八一	二一八、一〇三	二二五、〇一一	二五三、三八八
	總計	三四五、二七六	四五二、七一六	四八八、〇〇五	六二〇、四〇一	七五九、八三九	八一〇、二七九	九七一、三九七

5. 歷年界內及越界道路外僑戶口國別增減比較表（一八六五年——一九三〇年）

國別＼年份	一八六五（同治四年）	一八七〇（同治九年）	一八七六（光緒二年）	一八八〇（光緒六年）	一八八五（光緒十一年）	一八九〇（光緒十六年）	一八九五（光緒二十一年）	一九〇〇（光緒二十六年）	一九〇五（光緒三十一年）	一九一〇（宣統二年）	一九一五（民國四年）	一九二〇（民國九年）	一九二五（民國十四年）	一九三〇（民國十九年）
英吉利人	一,三二二	八九四	八九二	一,〇五七	一,四一三	一,五七四	一,九三六	二,六九一	三,七一三	四,四六五	四,八二二	五,三四一	五,八七九	六,二二一
日本人		七	四五	一六八	五九五	三八六	三五〇	七三六	二,一五七	三,三六六	七,一六九	一〇,二一五	一三,八〇四	一八,四七八
俄露斯人	四	三	四	三	五	七	二八	四七	三五四	三一七	三六一	一,二六六	三,七六六	三,四八七
美利堅人	三七八	二五五	一八一	二三〇	二七四	三二三	三二八	五六二	九九一	九四〇	一,三〇七	二,二六四	一,九四二	一,六〇八
葡萄牙人	二五	一〇四	一六八	二八五	四五七	五六四	七三一	九七八	一,三三三	一,四九五	一,三二三	一,二三〇	一,三一一	一,三三二
德意志人	一七五	一三八	一二九	一五九	二一六	二四四	三一四	五二五	七八五	八一一	一,一一五	二八〇	七七六	八三三
法蘭西人	二八	一六	三一	四一	六六	一四	一三一	一七六	三九三	三三〇	二四四	三一六	二八二	一九八
波蘭人												八二	一九八	一八七
意大利人	一五	五	三	九	三一	三二	八三	六〇	一四八	一二四	一一四	一七一	一九六	一九七
西班牙人	一〇〇	四六	一〇三	七六	二三二	二二九	一五四	一一一	一四六	一四〇	一八一	一八六	一八五	一四〇
丹麥人	一三	九	三五	三二	五一	六九	八六	七六	一一二	一一三	一四五	一七三	一七六	一八六
希臘人	七	三	二	四	九	五	七	六	三六	三六	四一	七三	一三八	一二一
瑞士人	二二	七	一〇	一三	一七	二二	一六	三七	八〇	六九	七九	八九	一二一	一二五
捷克人												六五	一二三	一〇〇

續　表

國別＼年份	一八六五 (同治四年)	一八七〇 (同治九年)	一八七六 (光緒二年)	一八八〇 (光緒六年)	一八八五 (光緒十一年)	一八九〇 (光緒十六年)	一八九五 (光緒二十一年)	一九〇〇 (光緒二十六年)	一九〇五 (光緒三十一年)	一九一〇 (宣統二年)	一九一五 (民國四年)	一九二〇 (民國九年)	一九二五 (民國十四年)	一九三〇 (民國十九年)
挪威人	四	三	四	一〇	九	三二	三五	四五	九三	八六	八二	九六	九九	一〇四
荷蘭人	二七	五	五	五	二一	三六	一五	四〇	五八	五二	五五	七三	九二	八二
朝鮮人											三〇	四六	八九	一五一
拉特維亞人												四三	八八	一〇六
羅馬尼亞人									一二	一五	一六	四七	六九	五四
瑞典人	二七	八	一一	一二	二七	二八	四六	六三		七二	七三	七八	六三	八七
奧地利人	四	七	七	一三	四四	三八	三九	八三	八〇	一〇二	一二三	八	四一	八八
匈牙利人												八	二七	三七
愛沙尼亞人											一八	四七	三五	三七
比利時人		一	三	一	七	六	一一	三二	四八	三一	一〇八	三〇	三四	三二
土耳其人				三	四	一八	三三	四一	二六	八三	五	九	三三	三三
巴西人					四	三	四	三	八	七	三九	八	二七	一二
波斯人					一	一		二	六	四九	五	七	二〇	四八
亞美尼亞人												六	一三	三四
利蘇尼亞人													一二	二八
敘利亞人													一二	二二
塞爾維亞人													一一	一二
芬蘭人													一〇	四

續表

年份＼國別	一八六五（同治四年）	一八七〇（同治九年）	一八七六（光緒二年）	一八八〇（光緒六年）	一八八五（光緒十一年）	一八九〇（光緒十六年）	一八九五（光緒二十一年）	一九〇〇（光緒二十六年）	一九〇五（光緒三十一年）	一九一〇（宣統二年）	一九一五（民國四年）	一九二〇（民國九年）	一九二五（民國十四年）	一九三〇（民國十九年）
亞拉伯人	四									一四		二	七	一
阿根廷人													四	三
祕魯人	一			一									四	三
智利人			二		二								二	
南斯拉夫人														九
埃及人										一一	八	二二	一	一二
布加利亞人											二	一		八
菲律賓人														三八七
蒙特尼格羅人											二			
委內瑞亞人									七					
伊剌克人														五六
印度人				四	五八	八九	一一九	二九六	五六八	八〇四	一,〇〇九	九五四	一,一五四	一八四二
馬來人						二八	三二	一五七	一七一					
墨西哥人	一													四
其他	一	一五五		五三	八九	三	二七〇	一七	一一	九	一三	一八	一一	六
總計	二,三二七	一,六六六	一,六三三		三,六六三	三,八二一	四,二四四	六,六七四	一一,九七	一三,三六	一八,一九	二三,三〇七	三九,九四七	三六,四七一

6. 歷年界內與越界道路外僑戶口分計表(一八四四年——一九三○年)

年　　份	租　　界	越界道路	總　　計
一八四四(道光二十四年)			五○
一八四九(道光二十九年)			一七五
一八五五(咸豐五年)			二四三
一八六○(咸豐十年)			五六九
一八六五(同治四年)	二、二三五		二、二九七
一八七○(同治九年)	一、五一七	五二	一、六六六
一八七六(光緒二年)	一、五八一	四四	一、六七三
一八八○(光緒六年)	一、九七四	一六四	二、一九七
一八八五(光緒十一年)	三、二八六	三三○	三、六七三
一八九○(光緒十六年)	三、三八○	三八九	三、八二一
一八九五(光緒二十一年)	四、一七四	四四一	四、六八四
一九○○(光緒二十六年)	六、五五七	八○	六、七七四
一九○五(光緒三十一年)	一○、六三九	五○五	一一、四九七
一九一○(宣統二年)	一二、○五一	一、二六○	一三、五三六
一九一五(民國四年)	一五、七○九	二、五三二	一八、五一九
一九二○(民國九年)	一九、七四六	三、六六一	二三、三○七
一九二五(民國十四年)	二二、八五○	七、○九七	二九、九四七
一九三○(民國十九年)	二六、九六五	九、五○六	三六、四七一

附註：表中有若干年,總計數字,不等於租界外僑或租界及越界道路外僑之和,其多出之差數,爲浦東外僑或浦東及鴉片船上之外僑。又一九○○年(清光緒二十六年)越界道路外僑人口大減,其原因爲上一年租界大推廣,越界道路大部分劃入租界界址以內。

二　地　皮　章　程

1. SHANGHAI LAND REGULATIONS

(1845)

Reg. I: — On merchant renting ground, the local officers and the Consul must in communication with each other define its boundaries, clearly specify the number of Pco and Mow, and put up stone land-marks; where there are roads or paths these land-marks must be placed against the fence, so as not to occasion obstruction to passengers; and upon such land-marks will be plainly engraved how many feet outwards the real boundary lies, the Chinese must report the transaction at the offices of the Intendant of Circuit, and of the Magistrate and Haebang Shanghai in order that they may address their high officer there-upon; while the merchant will report to the Consul so that it may be put on record. The deed of the lessor renting out the land and that of the lessee acknowledging such rent, will be executed in the form of indenture, and presented to be examined and sealed, when they will be respectively given into the possession of the several parties, in order to establish good faith, and to prevent encroachment and usurpation.

Reg. II. — There was originally a large road along the bank of the river from the Yang-King-

Pang northwards which was a towing-path for the grain junks, and which subsequently could not be kept in repair from the sinking away of the bank. Since, however, that portion is now rented out, all the renters must repair and replace the road, so that persons may pass to and fro. Its standard width must, however, be two chang five chin of the Cae-ton Custom House measure, so as not only to prevent from crowding and pressing one against each other; but likewise to serve as a preventive against the washing of the high tide upon the houses. After the road shall have been completed, the officers and men who urge on the grain junks, as well as the respectable trademen, will be at liberty to walk along it; but idlers and vagrants will not be permitted to spy about there. With the exception of the merchants' own cargo and private boat no other small boats of any description will be suffered to stop or anchor at the jetties off the merchants' private lots, lest it should lead to an opening for causes to quarrel; but the Custom House guard-boat will as usual cruise about there as occasion requires. Upon these jetties the said merchant will be permitted to erect gateways or railings, for the purpose of opening and shutting pleasure.

Reg. III. — It has been determined that four large roads, leading out to the river from east to west, should be reserved in the grounds rented by the merchants for public throughfares, viz:

One north of Custom House;

One upon the Old Rope Walk;

One south of the Four-lot ground; and

One south of the Consulate lot.

A road running from north to south was also to be reserved on the west of the former Ning-po Warehouse. The standard width of these, with the exception of the Rope Walk, which was originally two chang five chih of the Custom House measurement in width, must be two chang of the government land-measure, not only to give space and room for passengers but likewise to prevent the calcination of fire. Jetties must be publicly constructed upon the beach, where these roads out to the river, each to be of the same width and as the road to which it pertains, for the convenience of landing and shipping off. Arrangements must likewise be made for reserving two roads south of the Custom House, on the north side of Kwei Whapang and of Allune's Jetty, when he land shall have been rented there. Should it be necessary to make other new roads besides these, they must be also determined upon by the Authorites in communication together. Should the roads, which are already rented, and the price of which have been previously paid by merchants, become injured or destroyed, they will be repaired by the renters of the lots adjoining, and the Consul will hereafter get all the renters publicly to consult together to contribute equally toward them.

Reg. IV. — Government roads have hitherto existed in the grounds at present rented by the merchants; but as numerous persons will now be passing to and fro, it will be apprehended that disputes and brawls may take place, and it will therefore be determined that another straight road two chang in width, shall be made for a throughfare to the westward of the river and upon the small canal, commencing north, at the public road on the south side of the ice house, adjoining the military working sheds, and ending south. On the west side of the Letan (Red Temple) on the bank of Yang-

King-Pang; but the ground must be definitely rented, and the road completed, and measures must be taken by the Authorities on communication with each other, to ascertain clearly what roads ought to be changed, which notice will be given by proclamation; and passengers must not be obstructed before the new road shall have been completed.

On the south side of the military working sheds, leading eastward to the jetty, at the Towpa Too Ferry, there has hitherto been a public road, which must be made two chang wide for the convenience of passengers.

Reg. V. — If the lot rented by the merchants there has originally been Chinese people' graves, these the renters must not trample down or destroy. Should cases happened where the graves require repair, the Chinese will be at liberty to acquire the renters thereof, and repair them themselves.

The established period for sacrificing and sweeping at the tombs are seven days before and eight days after (total, fifteen days), at the Tsing Ming term, about April 5th; at the summer solstice, one day; five days before and after the 15th of the 7th month; five days before and after the first of the tenth month; and five days before and after the winter solstice. The renters must not offer them any hindrance, which would offend their feelings, nor may the individuals who sweep and sacrifice cut down trees, nor dig away earth for laying it on their grave from any spots distant from the said graves. The total number of graves in the lots, as well as the family names to which they belong, must be distinctly entered into a list, and henceforth they must not again inter any more in the said lots. Should Chinese, who are owners of the graves, wish to remove them and inter the bodies elsewhere, they will be at liberty to follow their own convenience.

Reg. VI. — The period at which merchants rent ground being various, some early, and others late, a merchant must, after he shall have settled the price of the ground, make such known to the neighbouring renters, in presence of whom, with the wieyuens, Tepaou, and an officer of the Consulate, the boundaries will be publicly defined, so as to avoid confusion and mistake.

Reg. VII. — Some of the merchants in renting land have paid equal deposit money and yearly rent, others a high deposit and low rent, making uniformity hitherto impossible. They must now increase the deposit at the rate of ten thousand cash for every one thousand cash of armual rent reduced, and over and above the sum then added to the deposit money, pay a fixed annual rent of fifteen hundred cash for every mow of ground.

Reg. VIII. — As regard the receiving of the annual rents by the Chinese: Every merchant that has negotiated for the rent of land must first reckon up the rent due for the old days of the old days of the current year's rent, and pay it off with the deposit money, when the deed of lease acknowledging the rent, and that of the lessor renting out the land, will be drawn up, sealed and delivered, after which the period of paying the annual rent will be definitely fixed for the fifteenth day of the twelfth month of each Chinese year; on which day the next ensuing year's rent will be paid in full by the renters. When the time for receiving the rent arrives, the Superintendent of Customs will address the Consul ten days before the day fixed, who will tell all the renters to pay their accounts on that day, into the hands of the Government Banking-house; that establishment will give the receipts to the renters, and then pay out the sums to the owners of the ground, upon the authority of their rent books, clearly inserting there in the payment made, so that the books may be ready for examination and comparison, and false and frudulent claims prevented.

Should a renter pass the period fixed and not pay his rent, the Consul will deal with according to such of his country's laws as to rent defaulters.

Reg. IX. — After merchant shall have rented land and built thereon the merchant on his part alone on reporting the same may cease to rent his ground, when the deposit money will be restored to him, but the original owner will not be permitted at pleasure to cease renting to him, still less may they make any further increases in terms of the rent. Should any merchant not wish to reside upon the lot rented by him, transfer the whole to other party or should he take his land and subject part of it to others, the rent of such land (with the exception of the seal or rent of the house newly built thereupon, and the expenses of filling up and adding of the earth, etc. , which he will negotiate himself) may only be transfered at its original rate upon which no increase may be made, so as to prevent persons trading in rent of land for the sake of gain, which would give the Chinese occasion for complaint. In either of above cases, a report must be made to the Consul, who will address the local officers, and they will together place it on record.

Reg. X. — After merchants shall have rented land they may build houses for the residence of their own families and dependents, and the storing of lawful merchandises; they may erect churches, hospitals, charitable institutions, schools, and houses of concourse; they may likewise cultivate flowers, plant trees, and make places of amusement. But they must not store contraband goods, nor fire off muskets or guns at unseasonable periods; still less may they fire balls, or shoot arrows, or act in such a disorderly manner as may endanger or injure people, to the terror of the inhabitants.

Reg. XI. — Should any persons die, the merchants will be at liberty to convey and inter them according to the funeral rites of their country, within the boundaries of the merchants' burying ground. And the Chinese people must not offer any obstruction, nor may they destroy and break up the graves.

Reg. XII. — Merchants renting ground, as also those renting building, within the boundaries to the north of the Yang-King-Pang, must in concert together, build and repair the stone and wooden bridges, keep in order and cleanse the streets and roads, put up and light street lamps, establish fire engines, plant trees to protect the roads, open ditchers to drain off the water, and hire watchmen. The Consul will be requested by the various renters to urge the propriety of assembling together and publicly consulting about and contributing towards the necessary expenses incurred thereon. The hire of the watchmen will be equitably settled by the merchants with the people, while the names and surnames of such watchmen will be reported by the Tepaou and Seaoukea to the local officers for examination. The Regulations regarding the watchmen will be laid down, and the head men to be especially responsible for them appointed by the Authorities in communication together. Should gamblers, drunkards, and vagabonds commit disturbances, and injure among the merchants, the Consul will address the local officers, who will adjudicate such cases according to law, as warning to all. If any barriers be hereafter erected, they must be determined upon and defined by the Authorities in communication together, according to the circumstances of the ground; and after they shall have been erected, the periods of opening and shutting them will be made known in a proclamation, and likewise publicly notified, in English by the Consul. They must be such as are convenient to both parties.

Reg. XIII. —The value of the houses and land on the south side of the new Custom House being higher than that of those on the north side, in order minutely to ascertain what the amount of such value ought to be, it will be necessary, as in the Regulations for levying duty upon a valuation, for the local Authorities and Consul in communication together, to appoint four or five honest and upright Chinese and English merchants, to take the prices of the houses, the rent of the ground, the expenses of removal, and the labour of raising ground, and make an honest and equitable valuation thereof, so as to maintain justice and fairness.

Reg. XIV. — If individuals belonging to other nations should wish to rent ground and build houses, or rent houses for residence or storage of goods, within the boundaries of the ground north of the Yang-King-Pang, set apart to be rented to English merchants, distinct application must first be made to the English Consul, to know whether such can be acceded to as to prevent misunderstandings.

Reg. XV. — The merchants who now repair hither being more numerous than formerly, and there being still persons who have not yet settled for lots of ground, measures must therefore be taken by the Authorities in communication together for successively renting additional land to them whereon to build houses and reside. The native inhabitants of the said quarter must not rent to each other, nor may they again build houses there for the purpose of renting to Chinese merchants, and hereafter when English merchants rent land, the number of mow must be defined; each family may not have more than ten mow, so as to prevent those who first arrive from possessing broad large lots, while those who come subsequently have small and narrow ones. After land has been settled for, the not building houses suitable for residence and storage of goods thereon will be a contravention of the Treaty, and it will then be proper for the local Authorities and Consul in communication together to examine into the matter, and take such land and allot it to some other party to rent.

Reg. XVI. — Within the boundaries of the ground north of the Yang-King-Pang, the several renters may publicly build a market-place, so that Chinese may carry daily necessaries thither and send them. Its position, and all rules for the management thereof, must be determined by the local Authorities and Consul in communication together, merchants must not build such on their own account nor may they build house for renting to, or for the use of Chinese. Should the several renters hereafter wish to set up head boat-men, or head coolies, they must request the Consul in communication with the local Authorities, to determine upon the necessary regulations, and appoint them within the North Hwangpoo division.

Reg. XVII. — Should any persons open shops for sending eatables or drinkables, etc., within the boundaries determined upon, or for the purpose of hiring out to Foreigners to lodge or temporarily reside in, the Consul must first give them a license, for the purpose of exercising scrutiny, after which they will be permitted to establish them. If they disobey, or are guilty of irregularities, then a prohibition will be laid upon them.

Reg. XVIII. — Within the boundaries above determined upon, inflammable building must not be erected, such as straw sheds, bamboo houses, wooden houses, and such like. Merchandises likely to endanger or injure individuals must not be stored up, such as gunpowder, saltpeter, sulphur, large quantities of spirits, and such like. The public roads must not be encroached upon nor obstructed, as by erecting scaffaldings for the purpose of building, causing caves of houses to project and heaping up goods for any length of time upon them, and such like; and individuals must not be inconvenienced, as by the heaping up of filth, running out of gutters on the roads, causelessly creating voice or disturbance, or such like. The object of all this is to render houses and property insurable, and to afford lasting peace and comfort to the mercantile community. If gunpower, saltpeter, sulphur, spirits, and such like articles, be brought to Shanghai, a place must be fixed upon by the Authorities in communication together, within the boundaries, and yet distant from the dwelling and warehouses, for the storage thereof, and to prevent carelessness.

Reg. XIX. — All who rent ground and build houses, or who let out houses and hire dwelling or warehouses, must annually, on the 15th day of the 12th month, report the number of mow which they rent, the number of rooms which they have built, and the persons to whom they have rented them during the past year, to the Consul, who will communicate the same to the local Authorities, to be placed on record for reference. If there be any sub-letting, or letting parts of houses, or transfers of land, such must also, as they occur, be reported, to be placed on record.

Reg. XX. — The original cost, and subsequent expenses for repair, of the roads, jetties, and now to be erected gateways, must all be made up from the contributions of the renters who have first arrived here, and who live in their vicinity. Individuals who may hereafter successively arrive, as well as the renters who have not at present contributed, must all likewise subscribe their proportion, to make up the deficiency, so that the use of them may be available to the public, and that wrangling may be prevented; and the several contributors will request the Consul to appoint three upright merchants to deliberate upon and determine the amount to be subscribed by them. If there be yet a deficiency, the contributors may also publicly resolve to levy a portion upon goods landed and shipped, which will go to make up the deficiency. In either case, however, they must wait until they have reported it to the Consul, and obtained his decision, when they will act in obediences to it. The receipt, care, expenditure and accounts of the funds, will be altogether superintended by the contributors.

Reg. XXI. — Individuals belonging to other nations renting grounds, building houses, renting dwelling-houses, or renting warehouses for storage of goods, or temporarily residing within the boundaries of the ground north of Yang-King-Pang, set apart to be rented to English people, obey all these Regulations, so that peace and harmony may be perpetuated.

Reg. XXII. — Hereafter, in all these matters newly determined upon, in accordance with Treaty, should any corrections be requisite, or should it be necessary to determine upon further Regulations, or should the meaning not be clear, or should new forms be required, the same must always be consulted upon andsettled by the Authorities in communication together. If the community publicly decide upon any matter, as soon as it shall have been reported to the Consul, and determined upon by him and the local Authorities in communication together, it can then be carried out in obedience thereto.

Reg. XXIII. — Hereafter, should the English Consul discover any breach of the Regulations above laid down, or should any merchant or others lodge information thereof, or should the local Authorities address the Consul thereon, the Consul must in every case examine what way it is a breach of the Regulations, and whether it requires punishment or not; and he will adjudicate and punish the same, in one and the same way as for a breach of the Treaty and Regulations.

Dated Taou Kwang, 25th year, 11th month, 1st day. November 29th 1845.

(True Translation)

W. H. Medhurst

Interpreter, Shanghae Consulate

2. LAND REGULATIONS

(1854)

I. Boundaries and limits defined — The boundaries of the Land to which these Regulations apply are — 1st., Those defined in the Land Regulations settled and agreed upon by Cap. Balfour, H. B. M's Consul, and Kung-Moo-Kew, Intendant of Circuit, on the 24th day of September, 1846, and further defined in the agreement entered into between Rutherford Alcock, Esq., H. B. M's Consul, and Lin Intendant of Circuit, on the 27th day of November, 1848, and set forth in the copy hereunto annexed of the original map attached to the said agreement; and 2nd, Those described in a proclamation issued by Lin, Taoutae, bearing date the 6th day of April, 1849, in consequence of an arrangement entered into between His Excellency on the one part and M. de Montigny, the Consul of France, on the other part, for the assignment of a space within which French subjects should be at liberty to acquire land, and build residences, etc., — an arrangement subsequently approved and confirmed by their Minister of France, M. de Forth Rouen, and the Imperial Commissioner, Seu, such boundaries being as follows: to the South the canal which extends round the wall of the city from the North-Gate; to the North the Yang-King-Pang; to the West the Temple of Kwangte and the bridge of the family Tchou; to the river Hwangpoo from the Hwank-Kwan or Canton Consoo-house to the mouth of Yang-King-Pang, within the boundaries defined in the map above refered to, under the first head are certain sites, namely, the New Custom-house, the Naval Dock-yards, and the Temple of Rewards, together with the Land set apart for the use of H. B. M.'s Government know as British Consulate site, which are excepted from municipal control, as well as any land hereafter to be settled or acquired by the Government of France or of the United States of America — but the consulate site and land acquired as above shall bear their share of the Public burdens.

II. Mode of Acquiring Land — Any person desiring to rent Land or purchase houses from the Chinese proprietors within the said limits, must first apply to the Consul or Consular Agent of his nation, officially and in writing, or if there be none appointed, to Consul of any friendly power, clearly specifying by plan, the locality, boundaries and number of Too together with the measurement in Mow, Fun, and Le, of the said Land, and the said Consul or Consular Agent will thereupon enquire whether any impediment exists to its settlement by reason of previous negotiation or application by third parties or otherwise; and the said Consul or Consular Agent will enquire from the other Foreign

Consuls whether such impediment exists on the part of any other Foreigner; provided always that if such impediment do exist, then and in such case a reasonable time shall be allowed the first claimant to set for the said Land or Houses; and the failing to do so within such reasonable time, shall be considered and held as a virtual surrender of such prier right of settlement, and the same shall revert to the Foreigner next applying or notice to that effect being given his Consul, and no good cause shown why it should not revert as aforesaid.

III. Final Settlement and Title Deed. — It has been ascertained that no impediment as aforesaid exits to the renting of the Land by reason of propriety of claim aforesaid, the party interested may settle with the Chinese Proprietors the price and conditions of sale, and will then report the transaction to his Consular Representative and lodge with him the Chinese Proprietor's agreement or deed of sale in duplicate, accompanied by a plan clearly marking the boundaries; which the said Consular Representative will transmit to the Intendant of Circuit for examination. If the sale be regular the Deed will be returned to the Consul sealed by Intendant of Circuit, and the purchase money can then be paid. If there are graves or coffins on the land rented their removal must be a matter of separate arrangement, it being contrary to the custom of the Chinese to include them in the arrangement or deed of sale.

IV. Deed of Agreement or Sale in Tripricate. — The Deed of Agreement or Sale aforesaid having been completed, and the purchase money paid, His Excellency the Intendant of Cuircuit will forthwith on official report of the same, issue a Title Deed in Triplicate in the form already determind upon; and in all cases when title deeds are issued to Foreigners the Intendant of Circuit will send a notice thereof to the Consular Representatives of England, France and United States of America at Shanghai, to enable them to keep a complete Register of the Land rented by Foreigners within the said limits, and enter the lot in its proper place on a map to be filled at the offices of the said Consulate for reference.

V. Land Surrendered to Public Use. — It is clearly understood and agreed to, that land heretofore surrendered by the various Foreign Renters to public use, such as roads and the beach grounds of the rivers within the aforesaid limits, shall remain henceforth dedicated to the same uses; and as new lots are acquired such parts thereof as are beach ground shall be held under and subject to similar uses, and due provision shall be made for the extension of the lines of Roads at present laid down as means of communication in the settlement. To this end the Committee of Roads and Jetties appointed by the Residents within the said boundaries will at the beginning of each year, together examine the map, and determine what new lines of Road are necessary, and land subsequently required to be rented shall only be granted with the proviso expressed or understood, that the renter shall surrender the beach ground aforesaid, if any, and the land required for such roads, and in no case shall land surrendered as aforesaid, either heretofore or hereafter be resumed; or shall any act of ownership be exercised over the same by the renters thereof, notwithstanding, they shall pay the Chinese Government Ground Rent reserved thereon provided always, that no act of appropriation of dedication for Public uses of the said beach ground or ground for Roads other than those said already defined, shall contrary to the will or interests of such individual renters, in any case be sanctioned or held lawful under these regulations.

VI. Boundary Stones to be Placed — When land is rented stones having the Number of the lot distinctly cut thereon must be placed to define the boundaries therefor under the supervision of the Consul applying for the Chinese Local Authorities. A line will be named for the boundary stones to be fixed in the presence of an officer deputed by the Consul, of the Tepaou of the district — the Chinese proprietors and the Renter, in such manner that they may not interfere with the lines of road, or the boundaries; or in any other way give cause for litigation and dispute hereafter.

VII. Chinese Land Tax. — There is an assessed Annual Rent or Land Tax reserved to the Chinese Government on all land rented by Foreigners within the said limits at the rate of 1500 cach per Mow; the period of paying this rent is fixed for the fifteenth day of the twelfth month of each Chinese year, on which day the next ensuing year's rent is payable in full and in advance by the renter; the Intendant of Circuit will address the several Consuls ten days previous to the period, who will direct the respective Renters to pay the amounts due on their lots to the Government Banker, who will thereupon receive for the same. Should a Renter pass the period fixed, and not pay the reserved rent, the Intendant of Circuit will request the Consul under whose jurisdiction the defaulter is, to recover the same.

VIII. Transfer of Lots. — The interest in a lot shall always be held in land and equity to reside in that person in whose name the title of record appears, and no title shall pass unless the deed is lodged for record within three days from the date of the conveyance. Within said limits no Chinese Proprietor shall erect new houses or sheds so near to the residences or places of business of foreigners as to endanger them in case of fire, and if he does the Intendant shall abate the nuisance. No Chinese shall open a place of public entertainment within said limits North of the present site of the Consulate of the United States and South of the Soochow Creek, without the consent of majority of the Consuls alluded to herein, under the penalties hereinafter provided against maintainning a nuisance.

IX. Extent of Lots and Usages to which Applied — Straw sheds, bamboo or wooden houses, or buildings of inflammable kinds shall not be erected on the settlement, nor shall contraband goods, or merchandise likely to endanger life or cause injury to individuals, such as Gunpowder, Saltpetre, Sulphur, large quantities of Spirits and such like be stored in the premises of any individual, under the penalty of $25 for the first offence, and $25 for each succeeding offence, and for each Twenty-four hours the nuisance shall remain. If articles of this nature be brought to Shanghai, a place must be fixed upon by the Authorities in communication together, and if such location be within the boundaries, it must be sufficiently distant from the other dwellings and warehouses to prevent allrisks of damage thereto. The public roads must not be encroached upon or obstructed as by Scaffolding for the purpose of building, Timber Logs, Stones, Bricks and building materials beyond the time essential for the completion of the work, or in such manner at any time as shall block upon materially interfere with the throughfare; or by projecting caves of houses or gate or door steps or entrances; — by the heaping up of good; for any length of time and the like, under the penalty of $5, for each Twenty-four hours they shall remain after a notification by the Road Committee or Consular Authority to remove them. Individuals must not be inconvenienced by the accumulation of filth, running out of Gutters upon the roads, firing of Guns, causelessly creating noise or disturbance, ferocious riding or driving, or leading horses up and down the chief thoroughfares for exercise; or by any act coming legitimately within the meaning of the term nuisance, under the penalty of a fine of $10 on conviction of each of said offences. All fines shall be recovered before the Consul of the nation to which the party offending belongs, or if there be no representative of the nation of the party in Shanghai then they may be recovered before the Chinese Authorities at the Port.

X. Roads and Jetties Assessment on Land and Wharfage. — It being expedient and necessary that some provision should be made for the making of roads, building public jetties and bridges and keeping them in repair; cleansing, lighting and draining the settlement generally, and establishing a watch or police force, the Foreign Consuls aforesaid shall at the beginning of each year convene a meeting of the renters of Land within the said limits, to devise means of raising the requisite funds for these purposes; and at such meeting it shall be competent to the said Renters to declare an Assessment in the form of a rate to be made on the said Land, or Buildings, and in the form of wharfage dues on all goods landed at any place within the said limits; and to appoint a Committee of three or more persons to levy the said rates and dues, and apply the funds so realized to the purposes aforesaid, or in such manner as may be agreed and determind upon at the said meeting; and to that end the said Committee shall be empowered to sue all Defaulters in the Consular Courts under whose jurisdiction these may be; and in case any one or more of the said Defaulters have no Consular Representative at Shanghai, then the Intendant of Circuit shall upon application of the Road Committee transmitted through the Foreign Consuls, recover from for Land assessment or Wharfage dues, and pay the same to the said Committee; moreover at such yearly meeting the accounts of the Committee for the past year shall be laid before the assembled Renters for their approval and sanction. It shall also be competent for the Foreign Consuls, collectively or singly when it may appear to them needful, or at the requisition of the Renters of Land, to call a public meeting at any time, giving ten days notice of the same, setting forth the business upon which it is convened, for the consideration of any matter or thing connected with the Land; proviced always such requisition shall be signed by not less than five of the said Renters, and that it set forth satisfactory ground for such request. The Resolution passed by a majority at any such public meetings on all such matters aforesaid shall be valid and binding upon the whole of the renters of Land within the said limits if not less than one third of them are present. The Senior Consul present at such meeting shall take the Chair and in the absence of a Consul then such Renter as the majority of voters present my nominate. If renters of land in public meeting assembled as herein provided, decide upon any matter of a municipal nature, not already enumerated, and affecting the general interests, such decision shall first be reported by the Chairman to the Consuls, for their joint concurrence and approval, without which approval officially given, such Resolution cannot become valid and binding upon the renters as a body.

XI. Cemeteries for Foreigners, Chinese Graves, etc. — Within the said limits land shall be set apart for Cemeteries for the interment of Foreigners according to the rites of their respective religions or countries. In no case shall the graves of Chinese on land rented by Foreigners be removed without the express sanction of the families to whom they belong; who also, so long as they remain unmoved, must be allowed every facility to visit and sweep them at the established periods, but no coffins of Chinese must hereafter be placed within the said limits, to be left above ground.

XII. Sale of Spirits or Liquors, Opening of Public Houses, etc. — No Foreigners or Chinese shall sell spirits or liquors, or open a House of entertainment within the said limits, without a license to do so from the said Consuls or the majority of them and if the party be Chinese also from the Intendant of Circuit, and upon good and sufficient security given for the maintenance of order in their establishment.

XIII. Breach of Regulations. — Hereafter should one of the Foreign Consuls discover a breach of Regulations or should information thereof be lodged with him, or should the local Authorities address him thereon, he shall in every case within his jurisdiction summon the offender before him, and if convicted, punish him summarily, either by the imposition of a Fine for breach of Treaty Regulations, or in such other manner as may seen just. Should any Foreigner who has no Consular Authority at Shanghai commit a breath of the said Regulations, and in such case, the Chinese Chief Authority may be appealed to, by any one or more of Foreign Consuls to unhold the Regulations in their integrity, and punish the party so infringing them.

XIV. Provisional Change. — Hereafter should any corrections be requisite in these Regulations, or should it be necessary to determine on further rules, or should doubts arise as to the construction of, or powers conferred thereby, the same must be consulted upon and settled by the Foreign Consul and Intendant of Circuit in communication together, who shall equitably decide thereon, and submit the same for confirmation to the Representatives of their respective countries in China, and to the Chinese Imperial Commission managing the affairs at the Five Ports.

The Consuls referred to in these Regulations are Consuls of Powers having Treaty with China.

3. 上海洋涇浜北首租界章程[註一]

第一款　定立地方界限此係特指後開兩段地方而言

其一段係於道光二十六年八月初五日西曆一千八百四十六年九月二十四日上海前兵備道宮、英領事官巴會同議訂租界章程內所指之地方，該地界限嗣於道光二十八年十一月初二日即西曆一千八百四十八年十一月二十七日經上海前兵備道麟、英領事阿復行推廣，詳細議定，繪圖列說，以憑遵守。

又一段係於光緒十九年五月十三日即西曆一千八百九十三年六月二十六日中國地方官與各國領事官所派之員，會同商訂上海吳淞江北首虹口地方之租界，今特開列於後：

其界綫起首之處，係在蘇州河即吳淞江北岸，即二十七保及二十五保交界地方，立第一號界石。由此處朝北直綫至西穿虹濱，立第二號界石。再由此處朝東，從相連第二號界石之第二副號界石起，沿西穿虹濱南岸，至第三號界石，即在錫金公所之東南角。再由此處直綫向東北至第四號界石。再由此處直綫向北至第五號界石，即在相近界濱地方。再由此處，沿向外之彎弓式綫，至第五副號界石。再由此處向東直綫至第六號界石，即在界濱南岸，齊北河南路之西邊。再由此處向東，穿過北河南路，沿寶山上海兩縣之界線，立第七號、第八號、第九號界石。其第九號界石係在美國領事署註冊第五百九十九號地之東北角。由第九號界石起，向東直線至第十號界石，即在美國領事署註冊第五百六十一號地上，係在操鎗路[註二]東盡之北邊，相連吳淞路地方。再由此處從相連第十號界石之第十副號界石

[註一]　按即一八六九年(清同治八年)地皮章程之中譯文，係轉載約章成案匯覽。
[註二]　按操鎗路應作靶子路(Range Road)。

起,直綫向東北至第十一號界石,即在英國領事署註册第一千八百八十五號地上。再由此處,從相連第十一號界石之第十一副號界石起,直綫向東南至第十二號界石,即在虹口港之東岸。再由此處直綫向東至第十三號界石。再由相連第十三號界石之第十四號界石起,直綫向東南至第十五號界石,即在美國領事署註册第六百十七號地上。再由第十五號界石相連之第十五副號界石起,直綫向東北至第十六號界石,即在周家舍村莊相近東盡之處。再由相連第十六號界石之第十七號界石起,直綫向東南至第十八號、十九號界石,其第十九號界石係在圓通寺前小濱之東岸。再由相連第十九號界石之第十九副號界石起,直綫向東南至第二十號界石,即在馬風濱之北岸。再由相連第二十號界石之第二十一號界石起,直綫向東南至第二十二號界石,即在西薛家濱村莊之東北盡處。再由相連第二十二號之第二十三號界石起,直綫向南至第二十四號界石,即在相近英國領事署註册第一千九百五十三號地之東北角。再由相連第二十四號界石之第二十五號界石起,直綫向東南至第二十六號、二十七號、二十八號、二十九號界石,其第二十九號界石係在相近英國領事署註册第一千九百十一號地之東北角。再由相連第二十九號界石之第三十號界石起,直綫向東南至第三十一號、三十二號、三十三號、三十四號界石,其第三十四號界石係在徐家宅村莊北首,楊樹浦港之西岸。再由此處沿楊樹浦港,至黃浦江。再由此處,沿黃浦江,至蘇州河口。再由此處,沿蘇州河北岸,至以上所言起首之處。

　　至第一段界限內,有不歸公局^[註一]管轄者,特開於後:一、江海北關;一、春申君廟已廢;一、英廷擬作公用之地即英公館地址;^[註二]一、凡與中國立有和約各國或現在或將來或租賃或置買,專作爲國家公用之地;然英國領事公署地址並海關,與以上所載置用之地,於衆所應完之項,應付之捐,亦一體責成交納。

　　第二款　租地之法

　　凡在所定租界限內,有人欲向中國原業戶租用基地,置買房屋產業,必須遵照中國與各國所立約章條款辦理。

　　第三款　租地應辦事宜如何方爲完善及立契之法

　　凡永遠租地之事,如查無關礙,方准願承租者與中國原業戶商定價值等事,稟明該管領事官,在署中呈出中國原業戶所寫永遠出租契據二紙,係屬一式,繪圖一紙,畫出地形,詳載四至。領事官即據以轉送上海道衙門,以備查考。查明所租之地,事俱妥當無礙,即由道署加蓋印信,移還給執,該地價值即可照數付清。若所租基地內,有墳墓厝柩等情,或遷葬,或搬讓,必須臨時商辦,因中國例,此等事節不寫入永租契據之內故也。

　　第四款　租地須掛號入册即典押亦須報明入册

　　凡遵照以上例章,置業立契,事竣之後限一年內,^[註三]由該租主持赴該管領事官衙門內,報明入册掛號;以後如有典押各情,亦須於一月內赴該管官署,報明入册備考。

　　第五款　轉契亦須掛號

　　凡轉租基地,須在該契掛號之領事衙門內呈明,其得主亦須赴該管領事衙門呈請掛號,並由領官通知公局。

　　第六款　讓出公用之地

　　凡在租界以內,已經執業租主各西人讓出作公用之地如道路漲灘之類,嗣後仍照前遵行,專作公用,不另作別用;即將來置買新地內,如有漲灘,亦必憑照此章,讓作公用,以資執業。因須預籌推廣開築租界通行往來之路,由公局於西曆每年新正,查勘地圖,將應作新開馬路處所,公同會議擬定,公局係租

　　[註一]　按公局即工部局。
　　[註二]　按英公館即英領事署。
　　[註三]　按一年內應作一月內。

界之內執業租主及有關准議事之西人照章公同會議選派設立以辦事者,所有關議章程設局章程均見於後。凡遇此後轉租之事,基地內如有續漲灘地及應開作道路之地,必由承租者照章讓作公用,以便執業。此章係議定衆所共知自應遵照之執業章程。此項照章讓出及已作公用之地,除齊集各執業租主有關人等公同會議核定,允准將該地給回原主收回之外,不能由原主自行任意收回;至此項已經議出作爲公用之地,尚有應完年租,雖仍由原主照繳,但不能藉此希圖管業。除照上載各項外,如有佔用漲灘馬路等地作爲公用情事,必先經該執業租主應允,方可施行,決不能以援引此章爲詞。各執業租主會同關議,將地段劃歸公局管轄之後,公局即將擬在該地方作公用公路等處,出示通知,倘有早在該地方置有產業之有約各國商民等,因公局示內所云公用公路之處,有所辯論,限十四天內,投該管領事官具呈稟明,或自己專函通知公局,以便設法調處。若照領事官意見,未能妥協,即任聽公局將管轄該地方之責推辭,此事即作爲罷論。租界內執業租主有關議事人亦在內會議商定,准其購買租界以外接連之地,相隔之地,或照兩下言明,情願收受西人或中國人之地,以便編成街路及建造公花園,爲大衆遊玩怡性適情之處,所有購買建造與常年修理等費,准由公局在第九款抽收捐項內隨時支付。但此等街路花園,專作公用,與租界以內居住之人,同沾利益,合行聲明。

第七款　立分界石碑

凡租地四至,必經中國官員、該管領事督率辦理,豎立分界石碑,將編成號數,用英、漢文字合寫,刊刻明白確實。預訂日期,屆時由該管領事官派人傳同執業租主、亨者、地保、原業戶等偕往,查與道路界限均無違礙,方准將各界石碑豎立,以免將來因此爭論,致啓訟端。

第八款　限期完納年租

凡中國業戶租與西人之地,尚存有應完年租,限於每年十二月十五日,預將明年地租,全行照完。倘有遲延及抗欠等情,即由上海道函致該管領事官,向執業之西人追繳。

第九款　抽收馬路碼頭房地以及各項之捐

租界地方,必當預籌治理,以資妥善。一、設立辦事公局;一、興造租界以內各項應辦工程及常年修理之事;一、租界全境應行妥當整治潔凈,設立路燈,儲水灑地,以免塵污,開通溝渠;一、設立巡查街道巡捕;一、籌備公局所需公用基地房屋或租或買事宜;一、籌措公局應行延請僱用之辦公上下各項人役,月支工費。因舉辦以上所開各事,需用銀兩,或應行借支,或另行措辦,有約各國領事官或其中已有大半位數於西曆每年之正、二月初旬,擇定日期必於兩禮拜之前宣示於衆,按照後開章程,選舉辦事公局之董事,各國領事官又於正、二月內,宣示限二十一天齊集衆人,會同籌議舉辦上開各項事宜之經費銀兩,並准此會內齊集之人,執業租主有關者離境給據,代辦之人亦在此內。將抽收捐款及發給執照等事,按後開規例各條辦理。議定施行。凡議行之事,或大衆全允,或大半已允者,均可從而行之。亦准將地基價值,房屋租金,自行估算,以憑收捐,但他捐須與房捐相準,地捐照所估時值地價抽收,房捐照所估每年應收租金抽收,總之,地捐如係抽一兩,則房捐所抽不得過二十兩,餘俱仿此類推;並准抽收貨捐,租界內之人,將貨物過海關,或在碼頭上起卸貨物,下船轉運,均可抽捐,捐數多少,照貨之價值而定;但貨價每一百兩,捐不得逾一錢,又准其隨時酌量情形,抽收各項之捐,以備舉辦上項各事宜需用經費。

第十款　會同選舉公局董事

凡辦事公局之董事,應由各執業租主及有關議事人,照第九款會議,按後開章程,選舉董事,員數多不得過九位,少不得逾五人,以便將照章捐項抽收,及已收捐款存候照例支用,並章程內一切應辦之事,均宜切實遵行,以資妥善。故該董事選充之後,即當給以全權,辦理捐款收支等事;倘有不遵章付捐者,即由局董投該管官署控追,並將欠捐人房地扣留作抵,或抄取貨物器具拍賣抵償,以重捐項。

第十一款　公局董事酌定規例

照章將公局董事選舉妥當之後,凡已經批准附入章程以後規例[註一]內一切權柄勢力,並規例內議歸局董應辦之事,應得之物,均全給與公局值年之董事及將來接辦之後任;該局董有隨時另行酌定規例之權,以便章程各項更增完善,並可將酌定規例增改停止,但不能與章程相背,須俟批准宣示以後,方可施行;局董照章酌定之例,除專指局內及所用上下人等事件,必奉有約各國領事官、駐京欽差[註二]或其中已有大半位數。批准,及特請衆位執業租主齊集會議應允,方可照辦。凡特請衆租主會議日期,須先期十天宣示,並將因何事會議之處聲明。

第十二款　查閲帳目

公局因一切收進付出帳目應行請人查閲,俟奉各執業租主公同會議允准;故於請人查閲之後,即將清帳刊呈衆覽,所有執業租主核准公局帳目一事,係於各領事官照章所請年會即第九款之每年公會之時舉行。

第十三款　控追欠捐

倘有人不肯付捐,即照此章所抽之各項捐款。及不肯遵繳罰款,即後附規例內各犯例之罰款。即由公局或所委之經理人投該管官署控追,俟奉准後,按律施行,以便將欠捐追回。若欠捐人係屬貨主無從查尋,或係在該管官員所轄地界以外,或係查無領事管束之人,則公局俟奉地方官批准後,即將該貨即應完各捐之貨有不付、延遲等情。扣留備抵,或另行設法將欠捐追回,若查係房地業主,即酌取產業若干,以足抵欠捐之數爲止。

第十四款　追繳規例內罰款

凡違背後附規例內應罰各款,或不付執照費,公局均可投該管官署呈控,該管官員查明屬實,即飭犯例之人遵繳,或付出罰款,或存項充用。並飭將訟費付出,即公局控追犯例人罰款,所費之項或云堂費也。均由該員量行辦理。至按此章之現在已定,將來酌定。規例內一切罰款等項,均登記簿上,以資充裕,而便照章支用。

第十五款　特會議事

凡遇酌啓公會議事之時,即可由有約各國領事官,或一位,或數位。或房地執業租主例得有闗議事者必滿二十五人,寫立允單方可舉行。隨時訂期,邀請赴會,以便公同商議與租界內大衆相關之事,所訂之日、所議係因何事,須先期十天宣示。此特會之例也。特會議事之時,租界各執業租主,統計人數,如到場者極少須有三分之一,凡房屋地基執業租主例得議事有闗者,或自己到場,或離境出門給據與人代辦者,均在此數內。而到場之人,如已有大半書允,則所議定之事,未經到場之有闗議事人,悉當照行。當赴會議事時,如有領事官在場,即以在任較久之領事官爲會中首領,如無領事官在場,則於例得有闗議事諸位之中,公推一人須允行人數在大半以上。爲此次議事會首。凡照此章在公會議定允行之事,倘係章程內未經提及,與大衆攸關者,會首必將此事報明各領事官,等俟其酌定批准之後,方可施行。但事既經議定,限十天後方將領事官批示宣出,倘有人以爲與其自己產業有礙,可於此十天限內,呈請領事官核辦。若已滿兩月,已經領事官將批准示諭宣出,衆人必當遵行。

第十六款　墳墓

租界以內,應行專擇合宜地方,爲西人建造墳墓之需。至西人所租地基內如有中國原業户墳墓,非與商允,不得擅行遷去,所有未遷之墳墓,亦准原業主隨時前往查視,屆期祭掃,總之,租界以內,不准再行於地基上埋棺厝柩。

[註一]　按"附入章程以後規例"之"規例",即係地皮章程附律。
[註二]　按各國駐京欽差,即係各國駐華公使。

第十七款　違背租界章程

凡違背租界章程[註一]者，經人或地方官員報知該管領事，傳案查實，即行議罰。或由領事自辦，或係飭人代辦，均可。其例有二：罰錢之數，不得過三百元；監押之期，不得逾六個月；倘應另行發落，亦可酌辦。若查係無領事管束之人有違章情事，公局稟由領事官數位或一位函致中國地方官商辦，以冀保全此章程之權力，而將犯例者罰懲。

第十八款　保舉公局董事

凡例得議事有鬮之各西人兩位，可保舉一照章合式之人此章見後充作公局董事，一位作正保，一位作副保，繕立保單，簽名爲據，並取具該人願充董事之字據，於擇定會選董事之期七日以前，必送交公局經理人或所委專辦此事之人接收。即於收單限滿之次日，將所保之人名登記清册，宣示懸榜於大衆共見之處，並刊入西字新聞紙内。倘屆期而保充董事之人，名數已過於九位，則值年董事即派兩人專司其事，在擇定會選董事處所，接收各執業租主之鬮單。公局所派之兩人，執有房地執業租主例得議事入公會發鬮者姓名清册，於各有鬮人親到場者，按册給以一單單上係被舉待補董事之各位姓名，俾在單内聽其將情願具保之人名，用筆圈出勿逾額定九員之數，簽字爲據，即將此單封送置於公局特爲此事而設之箱内。從擇定選舉董事之(目)〔日〕起，至次日截止，係接連兩天，第一天早十點鐘起至午後三下鐘，次日早十下鐘至午後三下鐘止。立由公局另行特派兩人，開箱查看，將單内鬮保最多之九位檢出，此九位即可定爲值年董事。倘保充員數，恰在額限内，九位以下，或五員以上。即毋庸如此，此指給單、簽字、圈名、置箱等事而言。逕於接收保單限滿之次日，宣示於衆，懸榜登報，已足定值年局董之位矣。若所保員數較少，不足五位四人以下，亦於收單限滿之次日，由值年董事將册載有鬮人名刊入日報，至選舉之日，特啓一會，由赴會到場之有鬮人，或發鬮，或另用別法，酌添董事，以符額限極少須有五人，此數人即定其爲值年公局董事。

第十九款　公局赴會議事

凡在租界居住之西人，執有產業，或自己出名，或做經理，洋行之東家出名須將名下應付各捐項付清，准在選舉董事及各公會議事之時發鬮，並特聲明，此等發鬮議事之人，必所執產業地價計五百兩以上，每年所付房地捐項，照公局估算計十兩以上各執照費不在此内，或係賃住房屋，照公局估，每年租金計在五百兩以上而付捐者。屆會議事件時，惟持有此等離境出門因病未到者之特書託辦字據人，方准代其鬮議。其堪充董事者，必名下所付房地各捐，照公局估算，每年計五十兩以上各執照費不在内，或係賃住房屋，照公局估，每年租金計數一千二百兩而付捐者，方爲堪充董事合例之人。凡照章應行有鬮之人，每一洋行中，所發不能過一鬮。凡例應有鬮者，均名列清册，存於公局，由局内辦事人於西曆每年十二月初一日起，從速查核，將應行增減之數，照公局酌定，宣示於衆。

第二十款　選補公局董事員缺

公局值年董事，遇有一二位缺出，其數不過三員，即由現任值年董事，公同會議照從衆例行，以補其缺。倘空缺多至三員以上，則選舉所缺董事補任之事，必全照第十八款辦理。

第二十一款　公局董事任事限期

公局任事將滿之董事，其帳目照第九、第十二款經人查閱，在年會核准報消之後，即行交卸，新董事上任接管，直到自己經手收付帳目經人查閱，會同核准報銷之後，即交與後任接辦。所有新董事接任後，於第一次會議；即公同選舉二位爲會首，一正一副，[註二]以一年爲期。凡會議之時，兩位會首倘不在場，即由各董事臨時自推一人，權代其任。

[註一]　按所謂租界章程，即此地皮章程。
[註二]　會首一正一副，即總董與副總董。

第二十二款　董事會議

董事會議之時，倘有事須公商者，或允或否，兩邊鬮數各得其半，則儘有會首鬮之一邊是從。會議之時人各一鬮，惟會首則當此際另有一鬮可發，兩邊鬮數各半，將會首之另鬮隨意添入，則此一邊即較多一鬮矣，故從之。凡赴會議事，極少須在三人以上，方可定議施行。

第二十三款　局董分任各專責成

公局董事應辦事件內，酌有交與分局[註一]辦理，更覺妥善者，隨時在董事內分派設局幾處，委辦何事，全歸公局任便調度，分局辦事不得出公局分所當爲之外，分局會議人數極少，亦由公局酌定。

第二十四款　委派辦事上下人等

公局因照此章程辦事，應行委派僱用之上下人等，計若干名，均歸公局核定，所需月支工費，由公款支付，並可酌定規例，以便管束此等人，或任用，或辭退，悉聽公局主裁。除特會公同議准之員缺薪費外，其餘人額缺，不得逾三年。

第二十五款　開呈公款帳冊

公局酌將公款照所開應行支付之帳，以備與大衆有益有用而支付者，不得逾年會核准或特會核准所開支付之數，每年現任董事將滿之時，必將一年中經手收進付出各項款目，開載清冊，呈候衆覽，此清冊於年會定期之前十天宣示。

第二十六款　公局董事等人被控其責任不歸於本人

凡公局董事等項人，及遵奉公局指示之董事、經理人、勘工人、巡捕頭，與另行僱用之上下人等，所辦事件，寫立合同，實係遵章照辦，如因此有被控向索之事，其責任決不歸於經手之本人；至公局應用之款，核准之項，無論由何人經手支付，指董事、經理人、勘工人、巡捕頭等項而言。均在公局照章抽收捐款銀兩而支用。

第二十七款　控告公局

公局可以做原告控人，亦可以被人控告，均由公局之總經理人出名具呈，或用上海西人公局出名具呈，尋常之人與人結訟所有經官訊斷究追等事應享之權利，公局亦一體享受，毫無區別，公局若係被告，所受被告責任，亦與尋常之人不殊，惟將應受之責任，專歸於公局之產業，不與經手之各董事及經理人等相干。凡控告公局及其經理人等者，即在西國領事公堂投呈控告。係於西曆每年年首有約各國領事會同公議，推出幾位，名曰領事公堂，以便專審此等控案。

第二十八款　增改章程

此項章程，將來如有更改增添，或所載語言所給權柄等項有可疑惑之處，即由各領事官與中國地方官會同商擬，必俟各國欽差及中國國家批准，方可定規。

第二十九款　解明稱謂

此章程以上所稱執業租主，出捐人等字樣，均照第十九款，指有鬮例得議事人而言，然或字樣雖同而按之義意各別者，仍就本字所稱爲斷云。

上海洋涇浜北首西國租界田地章程後附規例[註二]

第一條　管理溝渠

凡照以上章程所定租界之內，一切公用之溝，或係陰陽溝，或在街道上下面，以及需要工程物料，

[註一]　分局即委員會。
[註二]　按即一八六九年（清同治八年）地皮章程附律之中譯文，係轉載約章成案匯覽。

無論係在此章頒行之時已成之溝,及將來擬造之溝,造溝經費是否出自公局,或出自他人等情,均專歸公局一體管理。

第二條　造溝之權

公局隨時查勘應行築造街衢下面之總分溝道,或挖水池,或立水閘,或淘修深通,或安設機器等工程,以便將租界內各處積水污穢妥實疏泄,倘有將溝應接通別條街道者,不拘是何街道,均可穿過,務須小心酌度,庶不致損及產業。若果與人家私產有礙,即自行照數賠償,應賠多少之數,請公正人斷理,或由受捐之人照章控追。凡因完全上載各工程,勘有必得穿通人家已經圈進之地,或另項之地,皆屬可行,但須由公局酌定一合宜日期,將此事欲造各溝工程穿通此家地基之事預先知照地主,捐及地主或租主產業,照例償銀。公局可將溝逐段通接,直到各河內,以暢出水,或將溝中污穢各物,妥為設法運出,就便堆積,售與種田人或另行銷用,但不得礙及地方與取人憎惡。

第三條　推廣溝渠

凡歸公局管轄一切大小之溝,隨時可往勘辦,增大、修改,及用全、半圈式各做法;倘查有無用應廢之溝,便可拆去,或竟行填塞,但此做法總不得礙及地方,取人憎惡。

第四條　擅通公溝

凡人私造之溝,未經奉有公局准據,擅行接通於公局管轄之一切地溝者,即應致罰不得過一百元;而此溝應行重造等處,悉聽公局所指示之做法而行,需用工料費用,仍由本人私造溝擅通公溝之人照付,不付即照控追償銀例行。

第五條　造屋於溝面必有公局准據

凡欲造屋開溝,其基地之下如有公局管轄之大小各溝,必奉有公局所給准據,方可在溝面上造屋砌溝;如有在此租界章程已經批准頒行之後犯此例者,即由公局將犯例人所造之房溝拆去,其拆去公費仍向該犯例造作之人索取,不付即照控追償款之章辦理。

第六條　各溝做蓋

租界內一切大小之溝,無論公私,均要做蓋及各項妥善之法,勿使穢惡氣味四散溢出,所做溝蓋應由公局做,或由地主自做。

第七條　支應造溝工費

公局造溝通溝常年修溝等項工費,均由第九款章程所抽捐項內開支。

第八條　造屋必先築溝照局示而行

凡有人在租界內蓋造房屋或舊屋翻新,必須先築泄去污水之溝一條或數條溝,並報知公局,由勘工人即打樣兩人將應用何法築造,需用何項料物,溝身之大小寬窄,與地面相距之深淺,以及高低平側之勢,逐一聲明,以便將屋下積水妥為宣泄之處,呈報公局飭知該業戶即造屋人遵辦。若業主已將蓋房屋及翻造之事報知公局,而勘工人不即據呈轉報,過十四天定限,准由該業戶任便開工,一如無此通知公局之定例者。凡新造翻造各屋所砌泄水之溝,若於該屋基地週圍一百尺英尺以內有公局砌造及合理而用之溝,應如何接通之處,全聽公局指示;倘該屋基地百尺內並無公用各溝,則將所砌之溝,即接至一有蓋之陰井內,或至別處不在屋基下面,其距各屋遠近,均照公局指示,須適中合宜之處。倘造屋翻新砌溝之人,不遵此例,每罰鍰不得過二百五十元。凡租界內房屋,無論在此例頒行以前所造,以後所造,若無地溝,及通至公溝之溝不足與該屋及附近地方宣泄污水,如房屋四週一百尺英尺內有公局所造與合理可通之溝,一經公局勘工人呈報公局,即行函致該業戶租主,酌定限期,令其速砌地溝一條或數條溝,以資宣泄,所有需用料物,如何做法,及其大小、深淺、寬窄、平側等處,均照勘工人原呈而辦;接受局示延置不理,即由公局酌量訂期,將此項工程自行砌作,該業戶租主如不付出所用工費,即照章向索控追償銀例行。

第九條　勘視馬路

租界內凡馬路及一切公用之路，坐由公局勘工人查視，所有經理道路責任，及常年勘路人責任構柄，悉專歸公局承認。

第十條　開通道路

凡此章頒行之前已有之公路，及將開出之公路，所有經營修理等事，均歸公局承認，至鋪砌當中大路兩邊小路所用一切石料物，以及因修路而用之房屋器具等項，亦悉歸公局經管。

第十一條　修工塞道

公局當與工造作之時，如選溝、修溝、拆溝、鋪路等工程。所有該處坐落地方街道，可以暫時阻塞，不准往來行走，惟兩邊附近居人步行出入，概不攔阻。

第十二條　私修街道

公局管轄之街道，其中間兩旁已經鋪砌之磚石等項料物，如有擅自取去，及私行改動者，除由公局允許及執有准據外，即行照罰，以二十五元為限，至所改動移易之料物，每一方尺罰不得逾一元。

第十三條　煤氣管水管歸公局更動

凡遇公局照章辦事時，酌將租界道路內煤氣燈、自來水等管，佈置安設，應高應低，或別行修理改動處，斟酌情形，隨時函致該公司即設各管子之主人，令其從速就便遵辦，但所示做法，不得與其產業常有損礙，如水不通暢、煤氣阻塞不能燃點之類。所需修改工費，及賠補損傷產業等項銀兩，悉由公局在照章抽收捐款內支付。該公司等奉到公局函飭，抗不遵行，或無故延遲，不將各管子照指示做法者，即由公局自行酌辦，但不能因此損其產業，致令水阻氣塞，需用工費仍向該公司等索取，不付即照控追償款例行。

第十四條　房屋須有水落

凡有人住屋，係向外迎街者，若未造水落一名攔漏，經公局查出，專函知照，限令十四天內，按屋之寬窄做成水落，或接至隣舍之水落，或與附柱之直管子相承，務使瓦面簷前之雨水，不致淋及行人、濺地濡濕為要，並須時常修理，倘逾限不遵，即行罰鍰，每天不得逾十元。

第十五條　街上堆積材料特置照燈

凡人在街上堆積各項材料造屋材料等項，或於街心控坑者，無論是否係照公局指示而行，必由該人自行出資，於適中合宜之處，妥設一燈，從日落燃點至天明為止，並打一竹笆，以資圍護，均俟工竣撤去。物料搬完，坑已填平。如不遵照設燈打笆者，每事以罰念五元為限，罰鍰以後仍不照辦者，計日議罰，每一日不得過十元。

第十六條　堆料挖坑久延之罰

凡租界街道內此等造屋材料，各項料物，或所挖深坑，除在需用期內耽延尚合情理之外，如有無故遲延，任意堆挖，不肯搬開填平者，每事以罰念五元為限，既罰之後仍未遵辦，即計日罰鍰，不得過十元。所有呈出堆料挖坑實係尚在需用限內憑據之責任，歸於該本人。

第十七條　修整房屋

凡房屋坑洞及迎街等處，因失於修理，並不編籬圍護，致與大眾行人有危險妨礙者，公局可自行修整，編籬圍護，其工費由原業主照付，不付則公局照控追償款例行。

第十八條　潔淨租界地方

公局將租界內所有公路及兩邊行人往來走道，隨時打掃，灰塵垃圾，收拾乾淨，一齊挑去，並將租界一切房屋內之灰塵垃圾等物，酌與人家方便合宜之時刻，掃清挑去，至廁所陰井等處，隨時前往倒空，妥為滌洗乾淨。

第十九條　公局可代人打掃

如有人因此章將房屋前面行人往來走路處所打掃乾淨之責任,向公局商酌,並訂明時日,公局即可代其照章打掃,以資潔淨。

第二十條　失修房屋

凡租界內房屋牆壁,如有失修傾側倒塌,致與行路及鄰近居人等有違礙情形,一經公局勘工人即打樣人勘明,即函知該管領事,由領事官飭知該業主或現住租戶,將此等房屋牆壁迅行拆卸翻造修理,酌定限期,照勘工人所指,妥爲繕治,如不遵飭辦理,或該業主及租戶無從尋覓,即由公局立將此等房屋牆壁拆修翻造,或全辦,或酌辦,隨時核定,所需工費,仍由該業主(租戶)照繳。

第二十一條　追繳工費

倘在租界以內,尋見第二十條內載該業主租戶,即由公局向其索取工費,如有抗欠遲延等情,該管領事官接收公局函呈後,繕給諭單,准照將產業作抵之例理償。

第二十二條　業主不見工費如何追償

倘在租界以內,第二十條內載該原業主租戶無從尋覓,或所置產業不敷抵償,公局即刊印(繕寫)告白,粘貼於該房牆、基地之上人所觸目之處,並刊入新聞紙內,以便告知該業主(租戶)云,限念八天後,將此等房地拍賣,所得價銀抵還已支工費,或將房料酌量售去若干,計足抵所用之工費而止,所有拍賣各項價銀補足工費,如有餘下之銀,存候原主具領,倘拍賣之後仍不足抵,其控追欠項找數之權,與控追欠項全數之權,仍屬無異。

第二十三條　伸出街道各項

凡各式房屋,有門前天窗,沿街洋臺,各式天篷、臺階、石坡、門窗、百葉窗、牆壁欄干、籬笆,或各項招牌,或橫或直,或木或鐵,或攔街懸空伸出等項招牌。沿街售物置攤或高攤、低攤。等項,伸出街外,攔阻街道,與行人致有一切違礙不便之處,均可由公局飭令全行搬開,酌加修拆,該房屋租戶等人奉到飭知單據,限十四天遵辦。如延不遵辦,每事以罰十元爲限,並由公局自行拆修搬開,所需工費仍可向索。倘不付出,即照控追賠補之例而行。所有攔阻街道各事,若由房東所爲,租戶可將已付之各項工費,在房主每月租金之內扣還清楚,合行聲明。

第二十四條　攔塞街道

凡有人將各項貨物,蓋房材料,屯積公路之上,致將行人走道攔阻者,每二十四點鐘,以罰十元爲限,至次日由公局函知原主,貨物主材料主管工人均在此內。倘查無下落,即可自行將各項貨料搬去扣留,俟繳回所用工費之後,給還原主具領,如不照繳工費,公局可按控追賠項之例辦理。公局所扣各項貨料,俟酌定合理限期已滿,亦可售去,抵補應得工費罰款,如有餘賸銀兩,存候給還。所蓋房屋,如查與公路有礙,需用欄杆、板壁、木架等項,以便妥加圍護,而免妨及衆人者;如該屋主有抗延不做等情,即由公局代做,所需工費,開賬向其索取。

第二十五條　打掃街道

凡租地租房之人,應將房屋前面行人走路之處,遵照公局指示,隨時打掃乾淨,其四面之溝及陰井等泄水處所,亦須淘治通暢,並將垃圾灰塵等項污穢,掃除乾淨,如不遵辦,以罰五元爲限。凡房屋租戶名下應行承受責任,如有零間分租情事,不與分租之戶相干,仍向原出租之戶是問。

第二十六條　挑除垃圾污穢

公局酌定一與人家方便合宜時刻,事專挑倒廁所便桶穢水污物而設,決不能稍有逾越。公局將所定時刻出示通知以後,倘租界內有挑倒污穢之人,出於限定時刻之外者,又無論何時,有人將所用運物,各式車輛桶具等項,並不設蓋,或有蓋不足適用,致臭氣四散,污穢傾溢者,又有人於挑倒之時,任意傾潑者,又有無心傾潑而不肯洗清掃淨者,計每事所罰,極多不得過十元。倘真正犯例之人無從尋覓,即向管車輛桶具之人是問。

第二十七條　挑除坑穢

凡房地業主租户,均不准在地坑等項處所,將污糞穢水及令人厭惡之物堆積,經公局給示以後,逾四十八點鐘尚不挑倒乾淨,或將陰井坑廁内污水任其滿溢浸泛,致附近居人憎惡,以及收養豬豚等事,每事以罰十元爲限。被罰後仍不迅速悛改,計日照罰以二元爲限,並由公局將此等污穢坑廁陰井等項,自行挑治潔淨,以免大衆憎嫌。因做此等工程,及承僱夫役,按照合理時刻,進人家住屋趁便工作者,所需費用,仍向犯例之人索取。不付,則照控追賠款之例而行,此項銀兩公局先向租户索償,倘無從尋覓,可向地主追討。

第二十八條　不許久堆污穢各物

除在田場外,不准將馬、牛、豬各棚糞穢等物,在公局所不准之地方堆積,以七天爲限。若數逾一噸之多,則以兩天爲限。公局給函飭知以後,必於二十四點鐘内搬去,倘不搬去,即行充公,由局管業,自行或飭令承僱夫役搬去售賣,售價歸公支應。或將搬開工費,仍向該房地業主租户索取,不付,則照控追賠款例行。

第二十九條　查視地方污穢二十九款三十款三十一款内如有醫士字樣即係指此條所載之數等人

租界内堆積污水糞穢等物,經人一係住租界内,公局請延查視地方,保人身體平安、精神爽快之醫士;一係住租界醫士,内科二人,或外科二人,或内外科各一人。專函報知,云與人精神身體有礙,公局經理人即通知該物業主或住該處之人,限令二十四點鐘内全行搬開。如不遵辦,即行充公,由公局管業,飭承僱工役,搬開售去,售價歸公。至搬開工費,仍向物主等索取,不付,即照控追賠款例行。

第三十條　查視房屋污穢

醫士等函知公局,云租界内房屋全間或一角有污穢不潔情事,致與租户及鄰近之人精神身體大有險礙,或云將此屋修整粉飾,方免臭氣四達,瘟疫叢生,又云有陰並溝坑廁失修,與附近之人身體精神有妨,公局即函致該物主,云將此房屋等項,在酌定時刻内,照所指做法迅辦。有抗延者,每日以罰十元爲限,並由公局自行僱役將房屋粉飾,淘井通溝,挑倒坑廁等事辦竣。所需工費,照控追賠款例行。

第三十一條　禁止取人憎惡等事

凡租界内有人開設鎔鍊五金、製造蠟燭、肥皂等廠,宰殺燒賣各牲骨肉作坊,豬圈、廁所、水坑、牛馬糞堆及一切製作售賣等場,經醫生等查視,有與衆人精神身體妨礙危險等情,函告公局,公局即投該管官署,呈請飭禁,該管官查實,即傳知該物主等停止。或查有更改防備最好之法,而未經仿用者,由該管官酌給限期,令其遵照,如不遵者,即行罰辦。

第三十二條　阻止打掃街道工役之罰

凡所租房地在租界以内,經公局僱定工役專司打掃,如有人不肯遵照,向其任意攔阻者,每次所罰,不得過二十五元。

第三十三條　危險貨物

租界以内,如有人建造茅棚、竹屋及積草堆柴易引火災房屋,又堆積犯禁貨物與人性命有害者,如火藥、燄硝、硫磺之類,又應行限止蘑積堆放數目不能逾額之煤油、火酒、石腦油及各種易燃易轟之煤氣、藥水等物,均不准行。倘有犯者,第一次以罰二百五十元爲限,第二次以下,不得過五百元,並可將該貨物充公支用。如有將以上各貨運進租界内者,須報明公局,由經理指示堆放處所,庶免災傷;不遵則罰以二百五十元爲限,倘再延不遵辦,計日而罰,以一百元爲限,均由公局投該管官署控追。

第三十四條　執照費

租界以內,如有人開設衆所遊玩之處,如唱曲所、戲館、馬戲場、各打毬場、彈琴所、酒店,令人沈醉之藥、食肉各鋪,宰牛所、馬房等,或出賣各酒、令人醉藥、肉食等物,出租船、車、馬車各具,在公局碼頭裝貨卸貨自置出租之船各等項生意,均捐取公局所給執照,方可開設。此項執照,倘係給與西國人,須由領事官畫押。公局可任便定立執照條例,向捐執照人索取各式保單,亦有時酌量情形,無須執照保單者。所有各執照捐銀之數,按年會議定而行,倘犯此例,每一次所罰,不得過一百元。

第三十五條　不准嚷鬧

凡租界以內,如有人施放大小洋鎗,或無故任意大聲嚷鬧,乘馬驅車到處疾馳,或在街上溜馬,及不合情理惹人厭惡等事,每事議罰,不得過十元。

第三十六條　車上點燈

無論何項車具,均於日落後一點鐘起,至天明前一點鐘止,在車上燃點明燈,不點燈之罰,極多不得過五元。

第三十七條　不准身帶利器

租界以內,無論何人,不得身帶利器行走,大小洋鎗、刀、小札刀、棍上有鐵皮包者皆作凶器論。除各領事官公局特行允准及水陸員弁團練兵穿號衣之兵丁公出外,如犯此者,罰以十元爲限,或押一禮拜。或作苦或不作苦工。攜鎗打獵者不在此例。

第三十八條　巡捉犯例人

凡公局僱用及臨事時喚令幫助之人,租界以內如巡見犯例人,不知其名姓而拘捉者,無庸執持信票,即憑此例而行,迅速至該管官署。

第三十九條　違犯官示

凡以上所言與人有損有礙可憎可惡諸事,倘不照官示而行,遵限停止更改者,即於限滿之後,計日行罰,不得過二十五元。凡犯例人之罰查係僱工,即向其主人行罰。

第四十條　規例

凡事照常例係取人厭惡,致被控告有責任者,不能援引此例,以爲所行合例,而冀推卸。

第四十一條　罰款追繳之法

此條例內罰款充公等項,如未指明如何追繳之處,可在該管官署控追,該管官查實,即飭犯例人照付,並酌令繳出堂費及公局控告之費。

第四十二條　頒給條例

此條例刊印後,如有例應議事人向索,即由公局經理人照給,不取分文,並取一本懸於公局門首及大衆共見之處。

4.上海新定虹口租界章程[註一]

第一條

所定之界,應立界石,石上鑿華英文字,以示分劃清楚,並另繪一圖備考。所立界石,均有數目:第一號在吳淞江北岸官地,准其永遠豎立,該地一方,工部局每年情願照繳年租。第六號在界濱南岸,即北河南路西首官地,與一號界石事同一律。至於他處界石,立在洋商華民地上者,如係華民之產,已允永遠租與工部局,每年租洋五元,由工部局付與地主以及地主之後裔,或轉買該地之地主。倘工部局

[註一]　按即一八九三年(清光緒十九年)推廣舊美租界章程,係轉載約章成案匯覽。

與地主將該一方地租洋歸一次總付清結,亦可商辦;若係洋商之產,由工部局與洋商自行商辦。

第二條

倘工部局欲築公路穿過華人產業,則須於動工之前,預先商議購地及搬遷房屋或墳墓之在路線上者。

第三條

華人墳墓,若非其家屬自行允准,不得動遷。

第四條

凡築公路,不能穿過義塜。

第五條

不論何條通潮之港或河道,向來所有者,工部局願不填塞;如用填塞,須先與地方官商議方可。

第六條房捐

一切向來所有住宅,因係華人原業戶之產,並係華人原業戶居住,現在並不收捐者,又一切新舊房屋,在華人原業戶地上,離馬路或應築之路較遠,並無利益可得者,工部局情願概不收捐。

第七條地捐

凡虹口租界內耕種之田,倘常爲華人原業戶之產,工部局願不收捐。

第八條

吳淞江不在美租界內,水利之事,歸中國地方官經管。所有北岸岸線,將來應由地方官與美領事工部局員,會同劃定,以後修建駁岸,不得填築線外。工部局如在吳淞江添造橋樑,同現在所造之橋一律,不能再低。倘在北岸建築碼頭,亦不得填出河外,淤墊河身,有礙水利。

天后宮廟及毗連之屋,係款接出使大臣經過上海時之用,均不歸工部局節制。又以下所開虹口各廟,係載在北京部册,工部局願不收捐。

計開:三官堂,下海廟,魯班殿,天后宮,淨土菴。

5. LAND REGULATIONS AND BYELAWS NOW IN FORCE
LAND REGULATIONS
I. — BOUNDARIES AND LIMITS DEFINED

The boundaries of the land to which these Regulations apply, are: —

1. — Upon the North: — The Soochow Creek from the Hsiao Sha Ferry to a point about seventy yards west of the entrance thereinto of the Defence Creek, thence in a northerly direction to the Shanghai-Paoshan boundary, thence floolwing this boundary to the point where it meets the Hongkew Creek and thence in an easterly direction to the mouth of the Ku-ka-pang.

2. — Upon the East: — The Whangpoo River from the mouth of the Ku-ka-pang to the mouth of the Yang-king-pang.

3. — Upon the South: — The Yang-king-pang from its mouth to the entrance thereinto of the Defence Creek, thence in a westerly direction following the line of the northern branch of the Great Western Road, and thereafter along that Road to the Temple of Agriculture in the rear of the Bubbling Well village.

4. — Upon the West: — From the Temple of Agriculture in a northerly direction to the Hsiao Sha Ferry on the Soochow Creek.

And they are more particularly defined by boundary stones fixed in position and by plans prepared and signed under the direction of the special deputies of H. E. Liu, Viceroy at Nanking, and of the Shanghai District Magistrate, together with the Chairman of the Municipal Council for the year 1899.

Within the boundaries defined and above referred to under the first head are certain sites, namely, the New Custom House and the Temple of Rewards, together with the land set apart for the use of H. B. M. 's Government, known as the British Consulate site, which are exempted from Municipal control, as well as any land hereafter to be settled or acquired by other Governments having treaties with China for Government purposes only; but the British and Foreign Consulate sites, the Custom House and any lands acquired as above, shall bear their share of the public burdens and Municipal taxes.

II. — Mode of Acquiring Land

Any person desiring to rent land or purchase houses from the Chinese proprietors, within the said limits, shall do so in accordance with the provisions laid down in the Treaties of Fereign Powers with China.

III. — Final Settlement and Title Deeds

It having been ascertained that no impediment exists to the renting of the land, the parties interested may settle with the Chinese proprietors the price and conditions of sale, and they will then report the transactions to their Consular Representative, and lodge with him the Chinese proprietor's agreement or deed of sale, in duplicate, accompanied by a plan clearly marking the boundaries. The said Consular Representative shall then transmit the same to the Intendant of Circuit, for examination. If the sale be regular, the deeds will be returned to the Consul, sealed by the Intendant of Circuit, and the purchase money can then be paid. If there are graves or coffins on the land rented, their removal must be a matter of separate agreement, it being contrary to the custom of the Chinese to include them in the agreement or deed of sale.

IV. — Registration of Land and Charges Thereon

All such conveyances or leases of land, so purchased as aforesaid, shall within one month from the time of the completion of the sale be registered in the office of the Consular Representative of the perchaser; and all chargs by way of mortgage, whether of a legal or equitable character, shall also be registered in the like manner, and within one month of their execution.

V. — Transfer of lots, When to be Registered

All transfers of land shall be made at the Consulate where the deeds are registered, and also be registered at that of the vendee or assignee, and notice of the same shall be lodged by the Consul with the Municipal Council.

VI. — Land Surrendered to Public use

It is understood and agreed that land heretofore surrendered by the various foreign renters to public use, such as roads and the beach grounds of the rivers within the aforesaid limits, shall remain henceforth dedicated to the same uses; and as new lots are acquired, such parts thereof as are beach ground shall be held under and subject to similar uses; and due provision shall be made for the extension of the lines of roads at present laid down as means of communication in the Settlement. To this end the Council appointed by the Land Renters and others entitled to vote on the terms and in the manner hereinafter mentioned within the boundaries referred to, will at the beginning of each year examine the map, and determine what new lines of roads are necessary; and all land subsequently rented shall only be rented on the terms of the renter surrendering to the public use the beach ground aforesaid, if any, and the land required for such roads; and in no case shall land so surrendered, or which shall now be dedicated to the use of the public, be resumed, except with the consent of the proper majority of Land Renters and others who may be entitled to vote as aforesaid in the public meeting assembled, nor shall any act of ownership be exercise over the same by the enters thereof, notwithstanding any payment by them to the Chinese Government of any ground rent. Provided always, that no act of appropriation or dedication for public uses of the said beach ground, or of ground for roads, other than those already defined, shall, contrary to the will of the renters thereof, in any case, be sanctioned or held lawful under these Regulations. On the admission by vote of public meeting of any tracts of land into the limits of the Municipal authority, the Municipal Council shall give notice of all roads and public properties which they intend to set aside in the general interest; and should any citizen or subject of a treaty power, who may previously have acquired land within such tracts, object to any part of the reservation thus notified, he must, within fourteen days after the issue of the notice, wain his own Consul or the Municipal Council of his objection, in order that steps may be taken to adjust the claim. Provided always, that in the event of a failure to effect such adjustment on terms which may appear reasonable to the Consul, the Council shall have the option of declining to accept jurisdiction over the proposed annexation, which consequently cannot take place. It shall also be lawful for the Land Renters, and others who may be entitled to vote as hereinafter mentioned, in public meeting assembled, to purcease land leading or being out of the Settlement, or to accept land from foreign or native owners upon terms to be mutually agreed upon between the Council and such foreign or native owners, for the purpose of converting the same into roads or public gardens and places of recreation and amusement, and it shall be lawful for the Council from time to time to apply such portion of the funds raised under Article IX of these Regulations, for the purchase, creation and maintenance of such roads, gardens, etc., as may be necessary and expedient. Provided always that such roads and gardens shall be dedicated to the public use, and for the health, amusement and recreation of all persons residing within the Settlement.

VIA. — LAND FOR PUBLIC ROADS.

It being expedient that the Ratepayers should have fuller power than they at present possess for acquiring land for new roads, extension and widening of existing roads, extension of lands already occupied by public works and for purposes of sanitation, it is hereby agreed that they shall have the following powers in addition to, and not in substitution for, those possessed by them under Regulation VI and the powers shall be exercised in the manner following: —

In case the land required for such public purposes shall have been acquired by foreign renters before the publication of notice that the plan referred to in that Regulation is open to inspection or shall remain in the hands of the the native owners the proprietors shall for three months after the publication of such notice have the right to protest in writing and, in person or by proxy, to appear and to bring evidence before the Municipal Council to show cause why such proposed roads extension and widening of roads or extension of the public works or establishment of sanitary buildings or works should not be made or undertaken, and the Council shall hear and decide the matter.

After the said period of three months from such publication and in case such protest be over-ruled and in case such foreign renters or native owners as the case may be are unwilling to surrender to such public uses the land so required, then the Municipal Council may after the expiry of four months and within one year from the publication of notice of such plan apply to the Land Commissioners, to be appointed as hereinafter mentioned, and the said Land Commissioners shall, after hearing the parties, and calling for evidence determine the compensation (if any) to be paid or given for the land so required and for the buildings (if any) thereon and in respect of any tenancy of the said land and buildings respectively, taking into account the increase or decrease in value of the remainder of the property, and surrender of the land (notwithstanding the restrictive words contained in Regulation VI) on the terms of the award and finding of the Land Commissioners, shall in case of need, be enforced by the Court or Courts having jurisdiction over the owners and occupiers of the land.

The Land Commissioners shall be three in number and shall be appointed: one by the Council not later than the 15th January in each year; and one by the registered owners of land in the Settlement who pay taxes of Tls. 10 per annum or upwards, and who shall vote by ballot at the Council Office on the same days as those appointed for the election of Members of Council. Any two land owners qualified to vote being entitled to nominate candidates for the position by sending the names to the Council one week before the election takes place, and the Council shall cause the names of all such nominees to be exhibited in the Office on the day of the poll. If only one name be suggested then that person shall be the Commissioner without a poll. The third Commissioner shall be elected by resolution of a Meeting of Ratepayers. Any two Ratepayers qualified to vote being entitled to nominate candidates for the position by sending in the names to the Council one week before any Meeting of Ratepayers; and the Council shall cause the names of all such candidates to be published with the notices of motions for the Meeting. Should no name be duly sent in any qualified canditate may be proposed, seconded and elected at the Meeting.

All three Commissioners shall go into office on the day after the Annual Meeting of Ratepayers and go out of office on the day after the next Annual Meeting, except as to matters then pending before them which they shall have power to complete.

No one who is a salaried official of the Council shall be eligible as a Commissioner.

Vacancies occurring during the year shall be filled by appointment or election by the party who appointed the Commissioner whose place shall have become vacant — a Special Meeting of Ratepayers being called if necessary.

The Commissioners shall make their award within a month from the time they are applied to or within such time as they or a majority of them may extend it to.

The expenses of the Land Commissioners shall be defrayed out of the Public Funds, the fees of the Commissioners being either regulated by the Municipal Council in accordance with the time engaged on the duties, or fixed beforehand.

VIB. — Railways.

In the event of the Imperial Railway Administration or any other duly authorised person or corporation desiring to acquire land by compulsory purchase in the Settlement for the purpose of constructing a railway the said Administration, person or corporation shall deliver to the Municipal Council a plan of the line shewing the land required and shewing the manner in which Public Roads are to be dealt with, and whether they are to be crossed by bridges or on the level, and giving such other information as will enable the Council to see how public rights will be affected, and if the Municipal Council signify their approval of the scheme the said Administration, person or corporation shall be entitled to acquire the land in the same manner and subject to the same conditions as those under which the Municipal Council acquire land for public purposes. Provided that the compensation awarded shall be the fair market value of the property acquired to be ascertained by the Land Commissioners with an addition of twenty-five per cent for compulsory sale and such further sums as the Court may determine to be the amount of damage (if any) caused to the remainder of the property by severance or otherwise and the amount of the damage (if any) sustained by the owner or occupier for loss of business, expenses of removal or other like causes.

VIC. — Construction of new Roads

When the Council shall have acquired any land for the purpose of making new roads (which expression shall include extensions of any existing roads) and shall consider it expedient in the public interest to make up any new road under this regulation over such land they shall before proceeding to do so insert at least once in a daily newspaper published in Shanghai in the English language a notice of their intention so to do and give a similar notice to the foreign renters (if any) of the land fronting, joining, or abutting on such proposed new read. And shall forthwith cause to be prepared plans and sections of such new road and a detailed estimate of the cost of levelling, paving, metalling, sewering, culverting and completing such new road and such plans, sections, and estimates shall be deposited for public inspection in the office of the Surveyor of the Council. And the foreign renters (if any) of the lands immediately fronting, joining, or abutting on such new road shall for the period of three calendar months after the giving of such notice have the right to protest in writing and in person or by proxy to appear and bring evidence before the Council to show cause why such proposed new road should not be made and the Council shall hear and decide such matter.

After the said period of three calendar months shall have elapsed and in case such protest (if any) shall have been over ruled, the Council may after four and within twelve calendar months from the giving of such notice as aforesaid proceed to level, pave, metal, sewer, culvert, and complete such new road and not more than two-thirds of the total cost and expenses properly incurred by them in so doing shall be paid by those persons who shall at the time of the giving of such notice be and those who shall afterwards become foreign renters of land immediately fronting, joining, or abutting on such new road — but so that the aggregate number of such foreign renters on either side of such new road respectively shall not pay more than one-third of such total cost and expenses in such proportion as the Council may determine. Provided that any such foreign renter dissatisfied (as regards the amount payable by him) with the apportionment as settled by the Council shall during a period of three calendar months from the date of the first publication of such apportionment, have a right of appeal therefrom to the Land Commissioners who shall be entitled to take into consideration the degree of benefit accruing by reason of such new road to and the depth of frontage of the land in respect of which such appeal is made as compared with adjoining lands and also the irregular or peculiar shape of such land and all other circumstances of the case and shall determine such appeal and (as regards the appellant and the lands in respect of which the appeal is made) affirm or reduce the apportionment settled by the Council as they shall consider just.

When the Council have incurred expenses for the repayment whereof or any part whereof any foreign renter is made liable under this regulation in respect of any premises, such expenses may be recovered from any person who is the foreign renter of such premises for the time being, and until recovery of such expenses, the same shall be a charge on such premises, and in all cases where it may be necessary to recaver such share of such costs and expenses from any foreign renter, the certificate of the Council for the time being, or if the matter is referred to the Land Commissioners for the time being the certificate of such Land Commissioners shall be conclusive evidence as to the amount payable by such foreign renter.

VII. — BOUNDARY STONES TO BE PLACED

When land is rented, stones having the number of the lot distinctly cut thereon, in English and Chinese, must be placed to define the boundaries thereof, under the supervision of the Consul applying for the land, and of the Chinese local authorities. A time will be named for the boundary stones to be fixed, in the presence of an officer deputed by the Consul, of the Tepaou of the district, and of the Chinese proprietors and the renter, in such manner that they may not interfere with the lines of road, or the boundaries; or in any other way give cause for litigation and dispute hereafter.

VIII. — CHINESE GOVERNMNENT LAND TAX, WHEN PAYABLE

The annual rent on all lands leased by foreigners reserved to the Chinese Government, shall be payable in advance on the 15th day of the 12th moon of each year. And all rent in arrear and unpaid on that day shall be recoverable in a summary manner, on the complaint of the Intendant of Circuit in the Court of the Consular representative of the defaulting renter.

IX. — ROADS AND JETTIES, ASSESSMENT ON LAND AND HOUSES, RATES, DUES AND TAXES. CONSULS TO FIX DAYS FOR ELECTION OF COUNCIL.
CALLING NEETING OF RATEPAYERS

It being expedient and necessary for the better order and good government of the Settlement that some provision should be made for the appointment of an executive Committee or Council, and for the construction of public works, and keeping the same in repair; and for cleaning, lighting, watering, and draining the Settlement generally; establishing a watch or Police force therein; purchasing and renting lands, houses and buildings for Municipal purposes; paying the persons necessarily employed in any Municipal office or capacity, and for raising money when necessary by way of loan or otherwise for any of the purposes aforesaid, the Foreign Treaty Consuls, or a majority of them, shall during the month of February or March in each year, and so early in the same as possible, fix the day for the election of the Executive Committee or Council, in manner hereinafter provided, giving fourteen days' notice of the same, and shall also during the said months give notice of a public meeting to be held within twenty-one days of such notice, to devise ways and means of raising the requisite funds for these purposes; and it shall be competent to such meeting duly assembled, or a majority thereof, including proxies for absent owners of land, to impose and levy rates and issue licences for the purposes mentioned in the Bye-laws, and to declare an assessment in the form of a rate to be made on the said land or buildings; provided always that the proportion between the tax on land, and on houses or buildings, shall not exceed one-twentieth of one per cent, on the gross value of land to one per cent, on the annual rental of houses; and it shall also be competent to the said meeting, or a majority thereof as aforesaid, to impose other rates and taxes in the form of dues on all goods passed through she Chinese Custom House by any person or persons resident within the said limits, or landed, shipped, or transhipped at any place within the said limits; provided the said rates or taxes levied in the form of dues shall in no case exceed the amount of one-tenth of one per cent. on the value of the goods so passed, landed, shipped or transhipped, and in such other forms as may appear requisite and necessary for the purposes aforesaid.

X. — LAND RENTERS AND OTHERS TO APPOINT COMMITTEE OR COUNCIL

And whereas it is expedient that the said Land Renters, and others entitled to vote, on the terms hereinafter mentioned, in public meeting duly assembled, under and in accordance with the provisions of the preceding article, should appoint in the mode hereinafter provided an Executive Committee or Council, to consist of not more than nine nor less than five persons, for the purpose of levying the rates, dues and taxes hereinbefore mentioned, and applying the funds realized from the same for the purposes aforesaid, and for carrying out the Regulations now made. Be it further ordered that such Committee, when appointed, shall have full power and authority to levy and apply such rates, dues and taxes for the purposes aforesaid, and shall have power and authority to sue for all arrears of such rates, dues and taxes and recover the same from all defaulters in the Courts under whose jurisdiction such defaulters may be, and shall also have power to enter and distrain on lands and tenements, and to seize and sell goods in respect of which rates, dues and taxes are in arrear or unpaid.

XI. — COMMITTEE OR COUNCIL HAVE POWER TO MAKE BYE-LAWS

When in pursuance of these Regulations the abovementioned Committee or Council shall have been duly elected, all the power, authority and control conferred by the Byelaws now sanctioned and annexed to these Regulations, and all the rights and property which by such Bye-laws are declared to belong to any Committee or Council elected as aforesaid, shall vest in and absolutely belong to such Committee or Council, and to their successors in office, and such successors as are duly elected; and such Committee shall have power and authority from time to time to make other Bye-laws for the better enabling them to carry out the object of these Regulations, and to repeal, alter, or amend any such Bye-laws, provided such other Bye-laws be not repugnant to the provisions of these Regulations, and be duly confirmed and published; and provided also that no Bye-laws made by the Committee under the authority of these Regulations, except such as relate solely to their Council or their officers or servants, shall come into operation until passed and approved by the Consuls and Ministers of Foreign Powers having treaties, or a majority of them, and the Rate payers in Special Meeting assembled; of which meeting, and the object of it, ten days' notice shall be given.

XII. — AUDITING ACCOUNTS

And whereas it is also expedient that due provision should be made for the auditing of the accounts of the said Committee, and for the obtaining the approval and sanction of them by the Ratepayers in public meeting duly assembled. Be it ordered that the result of the said audit shall be made known, and the said sanction and approval shall be made at the Annual Public Meeting convened by the Consuls as hereinbefore mentioned.

XIII. — SUING DEFAULTERS

And it is further ordered that it shall be lawful for the said Committee, or their Secretary, to sue all defaulters in the payment of all assessments, rates, taxes, and dues whatsoever, levied under these Regulations, and of all fines and penalties leviable under the Bye-laws annexed to them, in the Consular or the Courts under whose jurisdiction such defaulters may be, and to obtain payment of the same by such means as shall be authorized by the Courts in which such defaulters are sued. Provided that in case the Committee or Council shall be unable to discover the owner of goods in respect of which assessments, rates, dues or taxes are in arrear or unpaid, or whose said owner shall be beyond the jurisdiction of the Consular or judicial authorities, or where any one or more of the said defaulters or owners, shippers or consignees of goods refusing to pay, have no Consular representatives at Shanghai, the said Committee shall, with the consent of the Local Authorities, be at liberty to detain and sell such portion of the goods, or use such other means as, with the consent of the Local Authorities, may be necessary to obtain such payment of such assessments, rates, taxes, dues, fines and penalties or in respect of land or house assessment, to distrain on the land or houses to such extent as may be required to satisfy such assessment or dues.

XIV. — RECOVERY OF PENALTIES UNDER BYE-LAWS

Be it also further ordered that any penalty or forefeiture or fees on licences provided for in the Bye-laws framed under the authority of these Regulations, and imposed in pursuance of such Bye-laws, may be recovered by summary proceedings before the proper Consular or other authority, and it shall be lawful for such authority, upon conviction, to adjudge the offender to pay the penalty or incur the forefeiture as well as the costs attending the conviction, as such authority may think fit. All fines and penalties levied under these Regulations and the Bye-laws framed and to be framed under them, shall be carried to the credit of the Committee in diminution of the general expenditure authorized by the provisions of these Regulations.

XV. — CONSULS MAY AT ANY TIME CALL MEETING OF LAND RENTERS AND OTHERS

Be it further ordered that it shall be competent for the Foreign Consuls, collectively or singly, when it may appear to them needful, or for the electors, provided not less than twenty-five agree in writing so to do, to call a public meeting at any time, giving ten days' notice of the same, setting forth the business upon which it is convened, for the consideration of any matter or thing connected with the Municipality. And all Resolutions passed by a majority at any such public meeting, including proxies for absent owners of land, on all such matters as aforesaid, shall be valid and binding upon the whole of the said electors, if not less than one-third of the electors are present or represented. At such meeting the Senior Consul present shall take the chair, and in the absence of a Consul, then such elector as the majority of voters present may nominate. In all cases in which electors in public meeting assembled, as herein provided, decide upon any matter of a Municipal nature, not already enumerated, and affecting the general interests, such decision shall first be reported by the Chairman to the Consuls, for their concurrence and approval, and unless such approval be given, such Resolution shall not be valid and binding. Provided always that a term of ten days shall elapse between the date of the Resolution, and the signification of approval by the Consuls, during which time any person considering himself prejudiced in property or interests by the Resolution, may represent his case to the Consuls for their consideration. After the expiration of the term of two months the Consular approval, if signified, shall be considered binding.

XVI. — CEMETERIES FOR FOREIGNERS, CHINESE GRAVES.

Within the said limits, lands may be set apart for Foreign Cemeteries. In no case shall the graves of Chinese on land rented by foreigners be removed, without the express sanction of the families to whom they belong, who also, so long as they remain unmoved, must be allowed every facility to visit and sweep them at the established period, but no coffins of Chinese must hereafter be placed within the said limits, or be left above ground.

XVII. — BREACH OF REGULATIONS

Hereafter, should information of a breach of these Regulations be lodged with any Foreign Consul, or should the local authorities address him thereon, he may in every case within his jurisdiction summon or cause to be summoned the offender before him and, if convicted, punish him or cause him to be punished summarily, either by fine not exceeding three hundred dollars, or by imprisonment not exceeding six months, or in such other manner as may seem just. Should any Foreigner, who has no Consular authority at Shanghai, commit a breach of the said Regulations, then and in such case the Chinese chief authority may be appealed to by the Council, through one or more of the Foreign Consuls, to uphold the Regulations in their integrity, and punish the party so infringing them.

XVIII. — NOMINATION AND VOTING FOR COUNCIL

It shall be competent to any two persons, being Foreigners, entitled to vote, to nominate any duly qualified person for election as a Member of the Council, and all such nominations shall be sent in, in writing, with the signature of the proposer and seconder, as also the written assent to serve of the candidates proposed, at least seven days before the day appointed for the election, to the Secretary or other officer appointed by the existing Council to receive such nomination.

On the day after the expiration of the time allowed for sending in such nominations, as aforesaid, the existing Council shall cause a list of the Ratepayers proposed for election to be advertised in the public journals, and shall likewise cause such list to be exhibited thenceforward, until the day of election, in the Council Room and other public places.

On the day appointed for the election, should the number of Ratepayers proposed for election as councillors exceed nine, two officers appointed by the existing Council for the purpose shall attend at the place appointed for the election, to receive the votes of the Ratepayers. These officers shall be provided with a list of all the Ratepayers duly qualified to vote, and shall give to each such Ratepayer as may be present and may require it, a voting card or paper containing a list of the Ratepayers proposed for election. The voter shall then mark on such voting lists the names of any number of persons, not exceeding nine, for whom he intends to vote, and shall deposit the list signed by himself with his own name so marked, in a closed box provided for the purpose of receiving such list.

The poll shall remain open for two consecutive days, from 10 a.m. to 3 p.m., at which hour on the second day the poll shall be closed. Immediately upon the close of the poll two scrutineers appointed by the Council shall without delay proceed to open the box or boxes examine the voting lists, and declare the names of the nine Ratepayers who have the greatest number of votes, and who shall thereupon be considered duly elected as the Council for the ensuing Municipal year.

Should the number of names proposed for election be exactly nine, or less than nine and more than four, it shall not be necessary to have a poll; but, on the day after the expiration of the time appointed for sending in nominations, the existing Council shall advertise and make known the names of the nine or lesser number of Ratepayers proposed, and they shall be considered to be duly elected as the Council for the ensuing Municipal year.

Should the number of names proposed for election be less than five, then on the day after the expiration of the time appointed for sending in nominations, the existing Council shall advertise and make known the names of the condidates at a meeting of the Ratepayers to be held on the day appointed for the election, at which meeting the Ratepayers present shall proceed to elect, either by ballot or otherwise, as they may then decide, as many more Ratepayers as may be requisite to make the number before proposed up to five at the least, and such five or more Ratepayers shall be considered duly elected as the Council for the ensuing Municipal year.

XIX. — ELECTION OF COUNCIL AND QUALIFICATIONS OF VOTERS AT PUBLIC MEETINGS

Every foreigner, either individually or as a member of a firm, residing in the Settlement, having paid all taxes due, and being and owner of land of not less than five hundred taels in value, whose annual payment of assessment on land or houses or both, exclusive of all payments in respect of licences, shall amount to the sum of ten taels and upwards, or who shall be a householder paying on an assessed rental of not less than five hundred taels per annum and upwards, shall be entitled to vote in the election of the said Members of the Council and at the public meetings. Provided always that the proxies of Ratepayers only who are absent from the Consular District of Shanghai, or are prevented by illness from attending shall be admitted to vote at such meetings. And no one shall be qualified to be a Member of the said Council unless he shall pay an annual assessment, exclusive of licences, of fifty taels, or shall be a householder paying on an assessed rental of one thousand two hundred taels per annum. Provided always that this clause shall not entitle any firm to more than one vote.

A list of persons duly qualified to vote according to the Regulations to which these Bye-laws are appended shall be kept at the office of the Council and such list shall be revised and corrected by the Secretary of the Council on the first day of December in each year, or so soon after as may be convenient, and published for the information of the public in such manner as the Council for the time being shall think proper.

XX. — Vacancies

In case of a vacancy or vacancies occurring during their tenure of office, the existing Council shall have the power to fill up such vacancy or vacancies by the vote of the majority of the Council, providing such vancancies do not exceed three in number.

Should the vacancies exceed three, an election of the whole number of new Members who have not been originally elected shall be called in the manner previously provided for by Article XVIII.

XXI. — Tenure of Office

The Council shall enter upon their office as soon as the accounts of the retiring Committee shall have been audited and passed at the Annual Meeting mentioned in Articles IX and XII, and shall remain in office until their own accounts have been duly audited and accepted, and their successors assume direction. At their first meeting the new Council shall elect a Chairman and Vice-Chairman, who shall hold office for one year. In their temporary absence, the members present at any meeting of the Council shall elect their Chairman for such meeting.

XXII. — Questions and Quorum

On all questions in which the members of the Council present are equally divided in opinion, the Chairman shall have a second or casting vote. Three members of the Council shall constitute a quorum for the despatch of business.

XXIII. — Committees

The Council may from time to appoint out of their own body such and so many Committees, consisting of such number of persons as they shall think fit, for all or any of the purposes wherein they are empowered to act, which in the discretion of the Council would be better regulated and managed by means of such Committees; and may fix the quorum of such Committees.

XXIV. — Officers

The Council may from time to time apoint such officers and servants as they think necessary for carrying out these Regulations, and fix the salaries, wages and allowances of such officers and servants, and may pay the same out of the Municipal Funds and make Rules and Regulations for the government of such officers and servants, and may discontinue or remove any of them from time to time as they shall think fit. Provided always, that no officers shall be appointed for any longer period than three years, unless the said appointment, together with the salary appertaining thereto, be sanctioned by a public meeting of the electors duly convened.

XXV. — Funds

The Council shall administer the Municipal Funds for the public use and benefit, at their discretion, with due regard to the Budget passed, provided they do not exceed the sum voted at the Annual Meeting, or any Special Meeting called to vote expenses, and a statement shall be drawn up by them at the end of each year for which the Council has been elected, shewing the nature and amount of the receipts and disbursements of the Municipal Funds for that year, and the said statement shall be published for general information, at least ten days previous to the Annual Meeting hereinbefore mentioned.

XXVI. —Persons Acting in Execution of these Regulations not to be Personally Liable

No matter or thing done, or contract entered into, by the Council, nor any matter or thing done by any member thereof, or by the Secretary, Surveyor, Superintendent on Police, or other officer or person whomsoever, acting under the direction of the Council, shall, if the matter or thing were done, or the contract entered into bona fide for the purpose of executing these Regulations, subject them, or any of them, personally to any action, liability, claim or demand whatsoever; and any expense properly and with due authority incurred by the Council, Members, Secretary, Surveyor, Superintendet of Police, or other officers or person acting as last aforesaid, shall be borne and repaid out of the rates levied under the authority of these Regulations.

XXVII. — Council How to be Sued

And be it further ordered that the executive Committee or Council may sue and be sued in the name of their Secretary for the time being or in their corporate capicity or character as "Council for the Foreign Community of Shanghai," and such Committee, Council or Secretary shall have all the rights and privileges which private complainants have, to recover and enforce judgments obtained by them, and shall also incur the obligations which private defendants have in proceedings at law or suits in equity commenced against them, provided that the individual members of the Council or their Secretary shall not be personally responsible, but only the property of the Council, and all proceedings against the said Council or their Secretary shall be commenced and prosecuted before a "Court of Foreign Consuls," which shall be established at the beginning of each year by the whole body of Treaty Consuls.

XXVIII. — Amendment of Regulations Hereafter

Hereafter should any corrections be requisite in these Regulations, or should it be necessary to determine on further rules, or should doubts arise as to the construction of, or powers conferred thereby, the same must be consulted upon and settled by the Foreign Consuls and Local Chinese Autorities, subject to confirmation by the Foreign Representatives and Supreme Chinese Government at Peking.

XXIX. — Land Renters and Ratepayers to Mean "Electors"

That the words "Renters of Land and Ratepayers," wherever they occur in the foregoing Regulations shall, where not otherwise indicated by the connection in which they occur, be taken to mean Electors entitled to vote according to the terms of Article XIX.

XXX. — Buildings

The Council may from time to time make Rules with respect to the structure of walls, foundations, roofs and chimneys of new buildings for securing stability and the prevention of fires, and for purposes of health, with respect to the sufficiency of the space about buildings to secure a free circulation of air, and with respect to the ventilation of buildings, with respect to the drainage of buildings, to waterclosets, earthclosets, privies, ashpits and cesspools in connection with buildings, and to the temporary or permanent closing of buildings or parts of buildings unfit for human habitation, and to prohibition of their use for habitation. And they may further provide for the observance of such Rules by enacting therein provisions as to notices, as to the deposit of plans and sections by persons intending to construct buildings, and as to inspection by the Council, and the Council may remove, alter or pull down any work begun or done in contravention of such Rules or of any Bye-law of the Council. Provided always that no such Rules shall come into operation until they have been submitted to the Land Commissioners for their opinion, though they shall not be subject to their veto, and until six months after publication.

BY-LAWS ANNEXED TO THE LAND REGULATIONS

I. — CONTROL AND MANAGEMENT OF SEWERS AND DRAINS

The entire control and management of all public sewers and drains within the limits of these Regulations, and all sewers and drains in and under the streets, with all the works and materials thereunto belonging, whether made at the time these Regulations become valid or at any time thereafter, and whether made at the cost of the Council or otherwise, shall vest in, and belong to the Council.

II. — POWER TO MAKE SEWERS AND DRAINS

The Council shall from time to time cause to be made under the streets such main and other sewers as shall be necessary for the effectual draining of the town or district within such limits, and also all such reservoirs, sluices, engines, and other works as shall be necessary for cleaning such sewers, and if needful they may carry such sewers through and across all or any of the streets, doing as little damage as may be, and making compensation, to be determined by arbitration, or recoverable in the manner provided by these Regulations, for any damage done; and if for completing any of the aforesaid works it be found necessary to carry them into or through any inclosed or other lands, the Council may, after reasonable notice, carry the same into or through such lands accordingly, making compensation as aforesaid to the owners and occupiers thereof, and they may also cause such sewers to communicate with and empty themselves into the river, or they may couse the refuse from such sewers to be conveyed by a proper channel to the most convenient site for collection and sale to agricultural or other purposes, as may be deemed most expedient, but so that the same shall in no case become a nuisance.

III. — POWER TO ENLARGE AND ALTER SEWERS AND DRAINS

The Council may from time to time as they see fit, enlarge, alter, arch over and otherwise improve all or any of the sewers vested in them; and if any of such sewers at any time appear to them to have become useless, the Council, if they think fit to do so, may demolish and discontinue such sewers, provided that it be so done as not to create a nuisance.

IV. — PENALTY FOR MAKING ANY DRAIN FLOW INTO A PUBLIC SEWER

Every person, not being employed for that purpose by the Council, who shall make any drain into any of the sewers or drains so vested in the Council, shall forteit to the Council a sum not exceeding one hundred dollars; and the Council may cause such branch drain to be remade, as they think fit, and all the expenses incurred thereby shall be paid by the person making such branch drain, and shall be recoverable by the Council as damages.

V. — No Person to Build Over any Public Sewer

No sewer or drain shall be made, or any building be erected over any sewer belonging to the Council without the consent of the Council, first obtained in writing; and if after the passing of these Regulations any sewer or drain be made, or any building be erected contrary to the provisions herein contained, the Council may demolish the same, and the expenses incurred thereby shall be paid by the person erecting such building, and shall be recoverable as damages.

VI. — Sewers and Drains to be Provided with Traps

All sewers and drains within the limits of these Regulations, whether public or private, shall be provided by the Council, or other persons to whom they severally belong, with proper traps or other coverings or means of ventilation, so as to prevent stench.

VII. — Expense of Maintaining and Cleansing Sewers and Drains

The expense of maintaining and cleansing all sewers, not hereinbefore provided for, shall be defrayed out of the rates and taxes to be levied under Article IX of these Regulations.

VIII. — Drainage

No new building shall be erected nor shall any old building be rebuilt until arrangements shall have been made and approved whereby the land forming or to form the site thereof shall be raised to such a height having regard to the centre of the nearest public road as the Municipal Council may require and all alleyways leading to or adjoining such buildings shall be raised and drained by the person building to the satisfaction of the Municipal Council, and whoever shall commence to erect any new building or to rebuild any old building and who shall fail to comply with the provisions of this Bye-law shall be liable for every such offence to a fine not exceeding two hundred and fifty dollars, and it shall be lawful for the Municipal Council to stop any such building or rebuilding until the provisions of this Bye-law have been complied with.

No new building shall be erected not shall any old building be rebuilt without such drain or drains constructed of such dimensions and materials and at such level and with such fall as may appear to the Municipal Council to be necessary and sufficient for the proper and effectual drainage of such building and its appurtenances, and if a public sewer or a sewer which the Municipal Council are entitled to use be within one hundred feet of any part of the site of such building, the drain or drains so to be constructed shall lead to and communicate with such sewer in such manner as the Municipal Council may direct, or if no such sewer be within that distance, then the last-mentioned drain or drains may at the option of the person building, communicate with and be emptied into the nearest of such sewers or into such covered cesspool or other place as the Municipal Council may direct; and whoever shall erect any new building or rebuild any old building or construct any drain contrary to this Bye-law shall be liable for every such offence to a fine not exceeding two hundred and fifty dollars, and if at any time the Municipal Council shall discover that any building whether built before or after the passing of this Bye-law is without such a drain or drains as is or are sufficient for the proper and effectual drainage of the same and its appurtenances and if a sewer of the Municipal Council or a sewer which they are entitled to use be within one hundred feet of any part of such building, they may cause notice in writing to be given to the owner or occupier of such building requiring him within reasonable time as shall be specified therein to construct and lay down in connection with building one or more drain or drains communicating with such sewer of such materials and dimensions at such level and with such falls as shall appear to be necessary and if such notice be not complied with the Municipal Council may, if they think fit, do the works mentioned or referred to therein and the expenses incurred by them in so doing if not forthwith paid by the owner or occupier shall be defrayed by the Municipal Council and such expenses shall be recoverable from the owner of the building as damages.

Fourteen clear days before it is intended to commence the erection of any new building or the rebuilding of any old building a block plan of the land showing the buildings to be erected thereon shall be submitted to the Municipal Council for their approval. On such plan there shall be clearly markep:

a. The intended height of the land compared with the centre of the nearest public road.

b. The position and dimensions of all drains and sewers already constructed or intended to be constructed in connection with such buildings.

c. The position and dimensions of all intended firewalls.

d. The height above the roadway and the width of all intended projections into or over any public road.

Within fourteen days after the said plan shall have been submitted to the Municipal Council the latter shall signify to the person submitting such plan their approval or disapproval with reasons expressed generally for any disapproval of the same, and no building operations shall be commenced until the Municipal Council have signified their approval of the said plan, it being understood that in the event of the Council failing to express either approval or disapproval with reasons as above within the above-named period all parties shall be at liberty to proceed as if no such approval were required.

VIIIA. — BUILDING

When a notice plan or destription of any work is required by any Rule made by the Council to be laid before the Council, the Council shall, within fourteen days after the same has been delivered or sent to their Surveyer, signify in writing their approval or disapproval with reasons expressed generally for any disapproval of the intended work to the person proposing to execute the same.

Where the Council incur expenses it or about the removal if any work executed contrary to any Rule, the Council may recover the amount of such expenses either from the person executing the works removed or from the person causing the works to be executed at their discretion, in the same manner as they may recover penalties under the existing Bye-laws.

For the purposes of Regulation XXX the re-erecting of any building pulled down below the first floor, or of any frame building of which only the framework is left down to the first floor, or the conversion into a dwelling-house of any building not originally constructed for human habitation, or the conversion into more than one dwelling-house of a building originally constructed as one dwelling-house only, or the increase in height of the walls of a building, shall be considered the erection of a new building.

The Council may in making any Rule under Regulation XXX prescribe the fine with which the contravention thereof shall be punishable, but so that such fine shall not exceed for any one offence the sum of twenty-five dollars or in the case of a continuing offence the sum of ten dollars for every day during which such offence is continued.

The Council may also fix the fees to be charged to the persons who submit plans and specifications under the provisions of the Rules.

IX. — COUNCIL TO BE SURVEYORS OF HIGHWAYS

The Council, and none other, shall be Surveyors of all highways within the aforesaid limits, and within those limits shall have all such powers and authorities, and be subject to all such liabilities, as any Surveyors of highways are usually invested with.

X. — MANAGEMENT OF STREETS AND THE REPAIRS THEREOF TO VEST IN COUNCIL

The management of all the public streets, and the laying out and repairing thereof on passing of these Regulations, or which thereafter may become public highways, and the pavements and other materials, as well in the footways as carriage ways of such public streets, and all buildings, materials, implements, and other things provided for the purpose of the said highways, shall belong to the Council.

XI. — COUNCIL MAY STOP UP ANY STREET PENDING CONSTRUCTION OF A SEWER

The Council may stop any street, and prevent all persons from passing along and using the same for a reasonable time, during the construction, alteration, repair or demolition of any sewer or drain in or under such street; so long as they do not interfere with the ingrees or egress of persons on foot to or from their dwellings or tenements.

XII. — PENALTY ON MAKING UNAUTHORIZED ALTERATION IN STREETS

Every person who wilfully displaces, takes up or makes any alteration in the pavement, flags or other materials of any street under the management of the Council, without their consent in writing, or without other lawful authority, shall be liable to a penalty or fine not exceeding twenty-five dollars and also a further sum not exceeding one dollar for every square foot of the pavement, flags or other materials of the street so displaced, taken up or altered.

XIII. — COUNCIL MAY ALTER SITUATION OF GAS OR WATER PIPES.

For the purpose of these Regulations, if the Council deem it necessary to raise, sink or otherwise alter the situation of any water pipe or gas pipe laid in any of the streets, they may from time to time, by notice in writing, require the person or persons to whom any such pipes or works belong, to cause forthwith, as soon as conveniently may be, any such pipes or works to be raised, sunk or otherwise altered in position, in such manner as the Council direct; provided that such alteration be not such as permanently to injure such works, or to prevent the water or gas from flowing as freely and conveniently as before; and the expenses attending such raising, sinking or altering, and compensation for every damage done thereby, shall be paid by the Council out of the rates and taxes levied under these Regulations.

If the person or persons to whom any such pipes or works belong do not proceed forthwith, or as soon as conveniently may be alter the receipt of such notice, to cause the same to be raised, sunk or altered, in such manner as the Council require, the Council may themselves — but then at the costs and charges of the person or persons to whom the pipes or works belong, such costs and charges to be recoverable in the same way as the penalties enacted under these Bye-laws — cause such pipes or works to be raised, sunk or altered, as they think fit; provided that such works be not permanently injured thereby, or the water or gas prevented from flowing as freely and conveniently as before.

XIV. — WATERSPOUTS TO BE AFFIXED TO HOUSES OR BUILDINGS

The occupier of every house or building in, adjoining or near to any street, shall within fourteen days next after service of an order of the Council for that purpose, put up and keep in good condition a shoot or through of the whole length of such house or building, and shall connect the either with a similar shoot on the adjoining house, or with a pipe or trunk to be fixed to the front or side of such building from the roof to the ground to carry the water from the roof thereof in such manner that the water from such house or any portico or projection therefrom, shall not fall upon the persons passing along the street, or flow over the footpath, and in default of compliance with any such order within the period aforesaid, such occupier shall be liable to a penalty or fine not exceeding ten dollars for every day that he shall so make default.

XV. — PENALTY FOR NOT LIGHTING DEPOSITS OF BUILDING MATERIALS OR EXCAVATIONS

When any building materials or other things are laid, or any hole made in any of the streets, whether the same be done by order of the Council or not, the person or persons causing such materials or other things to be so laid, or such hole to be made, shall at his own expense cause a sufficient light to be fixed in a proper place upon or near the same, and continue such light every night from sun setting to sun rising, while such materials or hole remain; and such person shall at his own expense cause such materials or other things and such hole to be sufficiently fenced and inclosed until such materials or other things are removed, or the hole filled up or otherwise made secure; and every such person who fails so to light, fence or inclose such materials or other things or such hole shall for every such offence be liable to a penalty or fine not exceeding ten dollars for every day, while such default is continued.

XVI. — PENALTY FOR CONTINUING DEPOSITS OF BUILDING MATERIALS OR EXCAVATIONS AN UNREASONABLE TIME.

In no case shall any such building materials or other things or such hole be allowed to remain for an unnecessary time, under a penalty or fine not exceeding twenty-five dollars, to be paid for every such offence by the person who causes such materials or other things to be laid, or such hole to be made, and a further penalty or fine not exceeding ten dollars for every day during which such offence is continued after the conviction of such offence, and in any such case the proof that the time has not exceeded the necessary time shall be upon the person so causing such materials or other things to be laid, or causing such hole to be made.

XVII. — DANGEROUS PLACES TO BE REPAIRED OR INCLOSED

If any building, or hole or other place near the street be, for want of sufficient repair, protection or inclosure, dangerous to the passengers along such street, the Council shall cause the same to be repaired, protected or inclosed, so as to prevent danger therefrom, and the expenses of such repair, protection or inclosure shall be repaid to the Council by the owner of the premises so repaired, protected or inclosed, and shall be recoverable from him as damages.

XVIII. — Cleansing Streets

The Council shall cause all the streets, together with the foot pavements, from time to time to be properly swept and cleansed, and all dust and filth of every sort found thereon to be collected and removed, and shall cause all the dust, ashes and rubbish to be carried away from the houses and tenments of the inhabitants of the town and district within such limits, at convenient hours and times, and shall cause the privies and cesspools within the said town or district to be from time to time emptied and cleansed in a sufficient and proper manner.

XIX. — Council may Compound for Sweeping Footways.

The Council may compound, for such time as they think fit, with any person liable to sweep or clean any footway under the provision of these Regulations, for sweeping and cleaning the same in the manner directed by these Regulations.

XX. — Ruinous Buildings.

If any building or wall be deemed by the Surveyor of the Council to be in a ruinous state, and dangerous to passengers or to the occupiers of the neighbourhood, such Surveyor shall immediately make complaint thereof to the Consul of the nation of the person or persons to whom the building belongs, and it shall be lawful for such Consul to order the owner, or in his default the occupier (if any), of such building, wall or other thing, to take down, rebuild, repair or otherwise secure to the satisfaction of such Surveyor within a time to be fixed by such Consul, and in case the same be not taken down, repaired, rebuilt or otherwise secured within the time so limited, or if no owner or occupier can be found on whom to serve such order, the Council shall with all convenient speed cause all or so much of such building, wall or other thing, as shall be in a ruinous condition and dangerous as aforesaid, to be taken down, sepaired, rebuilt or otherwise secured, in such manner as shall be requisite, and all the expenses of putting up every such fence, and of taking down, repairing, rebuilding or securing such building, wall or other thing shall be paid by the owner or owners thereof.

XXI — Expenses of Removal of Ruinous Buildings.

If such owner or owners can be found within the said limits, and if on demand of the expenses aforesaid, he neglect or refuse to pay the same, then such expenses may be levied by distress, and the Consul, on the application of the Council, may issue his warrant accordingly.

XXII. — When Owners of Ruinous Buildings cannot be Found.

If such owner cannot be found within such limits, or sufficient distress of his good and chattels within such limits cannot be made, the Council alter giving twenty-eight days' notice of their intention to do so, by posting a painted or written notice in a censpicuous place on such building or on the land whereon such building stood, and by giving notice in the local newspaers under the head of "Municipal Notification," may take such building or land, sell the same by public auction, and from and out of the proceeds of such sale may reimburse themselves for the outlay incurred, or the Council may sell the materials thereof, or so much of the same as shall be pulled down, and apply the proceeds of such sale in payment of the expenses incurred in respect of such house or building; and the Council shall restore any overplus arising from such sale to the owner of such house or building, on demand; nevertheless, the Council, although they sell such material for the purpose aforesaid shall have the same remedies for compelling the payment of so much of the paid expense as may remain due after the application of the proceeds of such sale as are herein before given to them, for compelling the payment of the whole of the said expenses.

XXIII. — PROJECTIONS OF HOUSES TO BE REMOVED ON NOTICE.

The Council may give notice to the occupier of any house or building to remove or alter any porch, verandah, shed, projecting window, step, cellar, cellar-door, or window, sign, sign-post, sign-iron, show-board, window-shutter, wall, gate, or fence, or any other obstruction or projection erected or placed against or in front of any house or building within such limits, and which is an obstruction to the safe and convenient passage along any street; and such occupier shall, within fourteen days after the service of such notice upon him, remove such obstruction or after the same in such manner as shall have been directed by the Council, and in default thereof shall be liable to a penalty or fine not exceeding ten dollars, and the Council in such case may remove such obstruction or projection, and the expense of such removal shall be paid by the occupier so making default, and shall be recoverable as damages. Provided always, that in the case in which such obstructions or projections were made or put up by the owner, the occupier shall be entitled to deduct the expense of removing the same from the rent payable by him to the owner of the house or building.

XXIV. — OBSTRUCTION OF STREETS.

Every person who shall obstruct the public roads of footpaths, with any kind of goods or building materials, shall be liable to a penalty or fine not exceeding ten dollars for every twenty-four hours of continued obstruction, and after the first twenty-four hours notice shall be given by the Council to the owner of the same, or the person using, employing or having control over the same, or in the absence of any such person, or inability on the part of the Council to discover such owners and persons, then it shall be lawful for the Council to remove and retain the same until the expense of such removal shall have been repaid, and the Council may recover the expense of such removal as damages; and the Council may after the lapse of a reasonable time sell the same, holding the balance (if any), after payment of penalties, expenses, and costs, to the use of the person entitled to the same. And it shall be competent to the Council to charge for hoardings or scaffoldings which it may be found necessary for the safety of the public to place round buildings in course of erection, interfering with the public highway, should the owners or others refuse or neglect to provide the same.

XXV. — CLEANSING STREETS.

All occupiers of land and houses shall cause the foot pavements in front of their houses to be swept and cleansed whenever occasion shall require, after the receipt of notice served upon them, and they shall also cause to be swept and cleansed all gutters, surface drains in the front, side or rear of their premises, and remove all accumulations of soil, ashes, or rubbish; and every such occupier making default herein shall for every offence be liable to a penalty or fine not exceeding five dollars, and for the purpose aforesaid when any house shall be let in apartments the person letting the same shall be deemed the occupier.

XXVI. — CONVEYANCE OF OFFENSIVE MATTER.

The Council may, from time to time, fix the hours within which only it shall be lawful to empty privies or remove offensive matter within such limits, and when the Council have fixed such hours, and given public notice thereof, every person who within such limits empties or begins to empty any privy, or removes along any thoroughfare within such limits any offensive matter, at any time, except within the hours so fixed, and also every person who at any time, whether such hours have been fixed by the Council or not, use for any such purpose any utensil or pail or any cart or carriage not having a covering proper for preventing the escape of the contents of such cart, or of the stench thereof, or who wilfully slops or spills any such offensive matter in the removal thereof, or who does not carefully sweep and clean every place in which any such offensive matter has been placed, or unavoidably slopped or spilled, shall be liable to a penalty or fine not exceeding ten dollars, and in default of the apprehension of the actual offender the driver or person having the care of the cart or carriage employed for any such purpose shall be deemed to be the offender.

XXVII. — STAGNANT POOLS.

No person shall suffer any offensive waste or stagant water to remain in any cellar or other place within any house belonging to or occupied by him or within or upon any waste land belonging to or in his occupation with such limits, so as to be a nuisance, and every person who shall suffer any such water to remain for forty-eight hours after receiving notice of not less than forty-eight hours from the Council to remove the same, and every person who allows the contents of any privy or cesspool to overflow or soak therefrom, to the annoyance of the occupiers of any adjoining property, or who keeps any pig or pigs within any dwelling-house, within such limits, so as to be a nuisance, shall for every such offence be liable to a penalty or fine not exceeding ten dollars, and to a further penalty or fine not exceeding two dollars, for every day during which such nuisance continues; and the Council may drain and cleanse out any stagnant pools, ditches or ponds of water within such limits, being a nuisance, and abate any such nuisance as aforesaid, and for that purpose may enter, by their officers and workmen, into and upon any building or land within such limits at all reasonable times, and do all necessary acts for any of the purposes aforesaid; and the expenses incurred thereby shall be paid by the person committing such offence, — or occupying the building or land whence such annoyance proceeds, and if there be no occupier, by the owner of such building or land, — and shall be recoverable as damages.

XXVIII. — ACCUMULATION OF REFUSE.

If the dung or soil of any stable, cow-house or pig-stye, or other collection of refuse matter, elsewhere than in any farm yard, be at any time allowed to accumulate within such limits for more than seven days, or for more than two days after a quantity exceeding one ton has been collected in any place not allowed by the Council, such dung, soil or refuse, if not removed within twenty-four hours after notice from any officer of the Council for that purpose, shall become the property of the Council, and they, or any person with whom they have at the time any subsitting contract for the removal of refuse, may sell and dispose of the same, and the money thence arising shall be applied towards the purposes of the Council, or they may recover the expense of such removal from the occupier of the building or land as damages.

XXIX. — CERTIFICATE OF THE OFFICER OF HEALTH.

If at any time the Officer of Health or it for the time being there be no Officer of Health, any two Surgeons or Physicians, or one Surgeon and one Physician residing within such limits, certify under his or their hands to the Council that any accumulation of dung, soil or other noxious or offensive matter, within such limits, ought to be removed, as being injurious to the health of the inhabitants, the Secretary of the Council shall forthwith give notice to the owner or reputed owners of such dung, soil or filth, or to the occupier of the land where the same are, to remove the same within twenty-four hours after such notice; and, in case of failure to comply with such notice, the said dung, toil or filth, shall thereupon become vested in the Council, and they, or any person with whom they have at that time contracted for the removal of all such refuse, may sell and dispose of the same, and the money thence arising shall be applied towards the purposes of the Council, and they may recover the expense of such removal from such occupier or owner in the same manner as damages.

XXX. — HOUSES TO BE WHITE-WASHED AND PURIFIED.

If at any time the Officer of Health, or if for the time being there be no Officer of Health, and two Surgeons, or Physicians, or one Surgeon and one Physician, residing within such limits certify under his or their hands to the Council that any house or building within such limits is in such a filthy or unwholesome condition that the health of the inmates or of the neighbours is thereby affected, or that the while-washing, cleansing or purifying of any house or building, or any part thereof, would tend to prevent or check infectious or contegious disease therein, or that any drain, privy or cesspool is in such a defective state that the health of the neighbours is there by affected or endangered, the Council shall order the occupier of such house or part thereof, to white-wash, cleanse and purify the same, and the owner of such drain, privy or cesspool to amend the condition thereof, in such manner and within such time as the Council deem reasonable; and if such occupier or owner do not comply with such order he shall be liable to a penalty or fine not exceeding ten dollars or every day's neglect thereof, and in such case the Council may cause such house or any part thereof, to be white-washed, cleansed and purified, or the condition of such drain, privy or cesspool to be amended, and may recover the expense thereof from such occupier or owner in the same manner as damages.

XXXI. — COUNCIL MAY ORDER NUISANCES TO BE ABATED.

If any candle-house, melting-house, melting-place or soap-house, or any slaughterhouse, or any building or place for boiling offal or blood, or for boiling or crushing bones, or any pig-stye, necessary house, dunghill, manure heap, or any manufactory, building, or place of business within such limits be at any time certified to the Council by the Inspector of Nuisances, or Officer of Health, or if for the time being there he no Inspector of Nuisances or Officer of Health, by any two Surgeons or Physicians, or one Surgeon and one Physician, to be a nuisance or injurious to the health of the inhabitants, the Council shall direct complaint to be made before the Consul of the nation of the person by or on whose behalf the work complained of is carried on, and such Consul shall enquire into such complaint, and may, by an order in writing under his hand, order such person to discontinue or remedy the nuisance within such time as to him shall appear expedient. Provided always that if it appear to such Consul that in carrying on any business complained of, the best means then known to be available for mitigating the nuisance, or the injurious effects of such business, have not been adopted, he may suspend his final determination, upon condition that the person so complained against shall undertake to adopt within a reasonable time such means as the said Consul shall judge to be practicable, and order to be carried into effect for mitigating or preventing the injurious effects of such business.

XXXII. — OBSTRUCTION OF SCAVENGERS.

Every occupier of any building or land, within such limits, and every other person who refuses to permit the scavengers employed by the Council to remove such dirt, ashes or rubbish as by these Bye-laws, they are authorized to do, or who obstructs the said scavengers in the performance of their duty, shall, for every such offence, be liable to a penalty or fine not exceeding twenty-five dollars.

XXXIII. — BUILDING OPERATIONS.

No person shall undertake any building operations whether temporary or permanent; or undertake any structural alterations or repairs to any building or structure or any work involving the placing of ladders in any Municipal road or alley; or erect any straw or matting shed, bamboo or other buildings of a like nature; or undertake any building on any creek or remove mud from any creek or foreshore; or open up any Municipal road or alley; or erect any fences, hoardings, signboards or other structures, abutting on any Municipal road or alley; or erect any matsheds, sunshedes, lamps or other structures in such a manner as to overhang any Municipal road or alley; or undertake the landing of any building materials at any Municipal pontoon, jetty or road; in each or any of the above cases within such limits without a permit first obtained therefor from the Municipal Council.

Any person offending against or infringing any provision of this Bye-law or any condition appearing in any such permit as aforesaid shall be liable for every offence to a fine not exceeding one hundred dollars or in default of payment to imprisonment for a period not exceeding one month or to any such other peralty as shall be prescribed by the law to which such person is amenable.

XXXIV. — LICENSED OCCUPATIONS.

No person shall keep a fair, market, Chinese club, lodging house, music hall, theatre, cinematograph, eating house, or other place of refreshment or public entertainment, hotel, tavern, billiard, bowling or dancing saloon, brothel, pawnshop, Chinese money exchange or cash shop, Chinese goldsmith's or silversmith's shop, dairy, laundry, bakery, slaughterhouse, livery stable, public garage, pen for eattle, pigs, sheep or goats; or sell or keep a shop, store stall or place for the sale of clothing, wines, spirits, beer or other alcoholic beverages, or any noxious drugs and poisons, proprietary or patent medicines, butcher's meat, poultry, game, fish, fruit, ice, vegetables or other foodstuffs, tobacco, lottery tickets or chances in lotteries, or hawk a goods; or keep for private or public use, or let ply or use for hire any launch, sampan, ferry or other boat, any horse, pony, mule or donkey, any motor car, motor bicycle, or other motor vehicle or, carriage, cart, handcart, ricsha, sedanchair, wheelbarrow or other vehicle or drive any tramcar, motor vehicle or horse-drawn vehicle; or pull any ricsha or keep or have in his possession any dog, within such limits without a licence first obtained from the Council and in the case of foreigners countersigned by the Consul of the nationality to which such person belongs. In respect of such licences the Council may impose such conditions and exact such security as the nature of the particular case may require and charge such fees in respect therefor as may be authorized at the Annual General Meeting of Ratepayers. And any person offending against or infringing any provision of this Bye-law shall be liable for every offence to a fine not exceeding one hundred dollars and a further fine for every twenty-four hours' continuance of such offending or infringing not exceeding twenty-five dollars or to any such other penalty as shall be prescribed by the law to which such person is amenable.

XXXV. — DANGEROUS MATERIALS.

No person shall keep, store, sell or manufacture any firearms other than those used solely for sporting, volunteer or police purposes, or any dangerous or inflammable materials namely those which on account of fire or explosion may endanger life or property, such as gunpowder and similar nitrate mixtures, dynamite, blasting gelatine, celluloid, carbonite, nitro-cotton, smokeless powder, cordite, picric acid and similar nitro-compounds, chlorate mixtures, fulminates, fuses or ballistics of any description used in assosiation with explosives, ammunition, fireworks, benzine, and other very volatile or inflammable coal tar products, petrol, gasoline and other very volatile or inflammable petroleum products, acetylene, calcium carbide, yellow phosyhorus, saltpetre, sulphur or any material containing any of these as an ingredient so as to form a dangerous material, or other dangerous of inflammable materials to a greater quantity than may from time to time be set out in a Municipal Notication; or carry on any dangerous or hazardous trade within such limits without a licence first obtained there for from the Municipal Council and in the case of a foreigner counter-signed by his consular authority.

And person offending against or infringing any provision of this Bye-law or any condition appearing in any such licence as aforesaid shall be liable to a fine not exceeding three hundred dollars or to imprisonment for a period not exceeding three months, or to both fine and imprisonment to the above extent on to any such other penalty as shall be prescribed by the law to which such person is amenable.

XXXVI. — TRAFFIC REGULATIONS.

Any person who shall wilfully disobey any reasonable regulation which shall have been authorized by the Municipal Council for the governance, control, direction or facilitation of traffic within such limits or on any Municipal road or alleyway outside such limits, shall be liable to a penalty or fine not exceeding twenty-five dollars; and any person in charge of any vehicle or animal who shall drive or move such vehicle or drive or ride such animal recklessly or negligently or at a speed or in a manner dangerous to the public, and any person who shall Causelessly creat any noise or disturbance, or wilfully cause any obstruction to traffic, or commit any act which may legitimately come within the meaning of the term nuisance, shall be liable to a penalty or fine tot exceeding one hundred dollars or in default of payment to imprisonment for a period not exceeding one month or to any other penalty as shall be prescribed by the law to which such person is amenable.

XXXVII. — CARRYING ARMS.

No person, except naval or military officers of any Treaty Power, Diplomatic and Consular Officers, Officers of the Council duly authorized, and members of the Volunteer Corps when in uniform or on duty, shall under any pretext carry or convey within such limits any firearms other than those used solely for sporting purposes, other offensive or defensive weapons, ammunition or explosives, without a licence or permit first obtained from the Municipal Council.

Any person offending against or infringing any provition of this Bye-law shall be liable to a fine not exceeding three hundred dollars or to imprisonment for a period not exceeding three months, and in every case the firearms, offensive or defensive arms, ammunition or explosives so carried or conveyed may be forfeited to the use of the Council or to any such other penalty as shall be prescribed by the law to which such person is amenable.

XXXVIII. — TRANSIENT OFFENDERS.

It shall be lawful for any officer or agent of the Council and all persons called by him to his assistance, to seize and detain any person who shall have committed any offence against the provisions of these Bye-laws, and whose name and residence shall be unknown to such officer or agent, and convey him, with all convenient despatch, before his proper Consul without any warran or other authority than these Bye-laws.

XXXIX. — PENALTY FOR DISOBEDIENCE OF ORDERS OF CONSULS.

If any such nuisance, or the cause of any such injurious effects as aforesaid, be not discontinued within such time as shall be ordered by the said Consul, the person by or on whose behalf the business causing such nuisance is carried on, shall be liable to a penalty or fine not exceeding twenty-five dollars for every day during which such nuisance shall be continued or unremedied after the expiration of such time as aforesaid.

XL. — BYE-LAWS.

Nothing in these Bye-laws contained shall be construed to render lawful any act or omission on the part of any person, which is or would be deemed to be a nuisonce at common law, from prosection or action in respect thereof, according to the forms of proceeding at common law, nor from the consequences upon being convicted thereof.

XLI. — PENALTIES TO BE SUMMARILY RECOVERED.

Every penalty or forfeiture imposed by these Bye-laws made in pursuance thereof, the recovery of which is not otherwise provided for, may be recovered by summary proceedings before the proper Consular representative, and it shall be lawful for such Consular representative, upon conviction, to adjudge the offender to pay the penalty or forfeiture incurred, as well as such costs attending the conviction, as such Consular representative shall think fit.

XLII. — PUBLICATION OF BYE-LAWS.

These Bye-laws shall be printed, and the Secretary of the Council shall deliver a printed copy thereof, to every Ratepayer applying for the same, without charge and a copy thereof shall be hung up in the front, or in some conspicuous part of the principal office of the Council.

三　法　院　章　程

1. 洋涇浜設官會審章程

一、遴委同知一員,專駐洋涇浜,管理各國租地界內錢債、鬥毆、竊盜、詞訟各等案件,立一公館,置備枷杖以下刑具,並設飯歇。凡有華民控告華民及洋商控告華民,無論錢債與交易各事,均准其提訊定斷,並照中國常例審理,並准其將華民刑訊管押,及發落枷杖以下罪名。

二、凡遇案件牽涉洋人必應到案者必須領事官會同委員審問,或派洋官會審。若案情只係中國人,並無洋人在內,即聽中國委員自行訊斷,各國領事官無庸干預。

三、凡爲外國服務及洋人延請之華民,如經涉訟,先由該委員將該人所犯案情移知,領事官立將應訊之人交案,不得庇匿。至訊案時,或由該領事官,或由其所派之員,准其來堂聽訟;如案中並不牽涉洋人者,不得干預。凡不作商人之領事官及其服役並僱用之人,如未得該領事官允准,不便拿獲。

四、華人犯案重大,或至死罪,或至軍流徒罪以上,中國例由地方正印官詳請臬司審轉由督撫配定奏咨,應仍由上海縣審詳辦;倘有命案,亦歸上海縣相驗,委員不得擅專。

五、中國人犯逃外國租界者,即由該委員選差逕提,不用縣票,亦不必再用洋局華巡捕。

六、華洋互控案件,審斷必須兩得其平,按約辦理,不得各懷意見。如係有領事管束之洋人,仍須按約辦理,倘係無領事管束之洋人,則由委員自行審斷,仍邀一外國官員陪審,一面詳報上海道查核。倘兩造有不服委員所斷者,准赴上海道及領事官處控告復審。

七、有領事之洋人犯罪,按約由領事懲辦;其無領事之洋人犯罪,即由委員酌擬罪名,詳報上海道核定,並與一有約之領事公商酌辦;至華民犯罪,即由該委員核明重輕,照例辦理。

八、委員應用繙譯書差人等由該委員自行招募並僱洋人一二名,看管一切,其無領事管束之洋人犯罪,即由該委員派令所僱之洋人,隨時傳提管押;所需經費按月赴道具領。倘書差人等,有訛詐索擾情弊,從嚴究辦。

九、委員審斷案件及訪拿人犯,須設立一印簿,將如何拿人,如何定斷緣由,逐日記明,以便上司查考,倘辦理不善,或聲名平常;由道隨時參撤,另行委員接辦。

十、委員審斷案件,倘有原告捏砌訴詞,誣控本人者,無論華洋,一經訊明,即由該委員將誣告之家,照章嚴行罰辦,其罰辦章程,即先由該委員會同領事官酌定,一面送道核准,總期華洋一律,不得稍有偏袒,以照公允。

2. 收回上海公共租界會審公廨暫行章程

一、(甲)江蘇省政府就上海公共租界原有之會審公廨改設臨時法庭除照條約屬於各國領事裁判權之案件外,凡租界內民刑案件,均歸臨時法庭審理。

(乙)凡現在適用於中國法庭之一切法律(訴訟法在內),及條例,及以後制定公佈之法律、條例,均適用於臨時法庭,惟當顧及本章程之規定,及經將來協議所承認之會審公廨訴訟慣例。

(丙)凡與租界治安直接有關之刑事案件以及違犯洋涇浜章程及附則各案件,暨有領事裁判權約國人民所雇華人爲刑事被告之案件,均得由領袖領事派委員一人觀審,該員得與審判官並坐,凡審判官之判決無須得該委員之同意,即生效力,但該委員有權將其不同意之點,登載紀錄;又如無中國審判官之許可,該委員對於證人及被告人,不得加以訊問。

(丁)所有法庭之傳票、拘票及命令,經由審判官簽字,即生效力。前項傳票、拘票及命令,在施行之前,應責成書記官長編號登記。凡在有領事裁判權約國人民居住之所執行之傳票、拘票及命令,該關係國領事或該管官員,於送到時應即加簽,不得遲延。

(戊)凡有領事裁判權約國人民或工部局爲原告之民事案件,及有領事裁判權約國人民爲告訴人之刑事案件,得由該關係國領事或領袖領事,按照條約規定,派官員一人會同審判官出庭。

(己)臨時法庭之外另設上訴庭專辦與租界治安直接有關之刑事上訴案件,及華洋訴訟之刑事上訴案件。其庭長由臨時法庭庭長兼任。但五等有期徒刑以下,及違犯洋涇浜章程與附則之案件,不得上訴。凡初審時領袖領事派員觀審之案件,訴時該領袖領事得另派委員觀審,其權限及委派手續,與初審時委員相同。至華洋訴訟之刑事上訴案件,亦照同樣辦法,由領事易員出庭。

(庚)臨時法庭之庭長、推事,及上訴庭之推事,由省政府任命之。

二、臨時法庭判處十年以上徒刑及死刑案件須由該法庭呈請省政府核准,其不核准之案件,即由省政府將不核准理由令知法庭,復行訊斷,呈請省政府再核。凡核准死刑之案,送交租界外官廳執行,租界內檢驗事宜,由臨時法庭推事,會同領袖領事所派之委員執行。

三、凡附屬臨時法庭之監獄,除民事拘留所及女監當另行規定外,應責成工部局警務處派員專管,但一切管理方法,應在可以實行範圍之內,遵照中國管理監獄章程辦理,並受臨時法庭之監督。法庭庭長應派視察委員團,隨時前往調查,該委員團應於領袖領事所派委員中加入一人,如對於管理人犯認有欠妥之處,應即報告法庭,將不妥之處,責成工部局立予改良,工部局警務處應即照辦,不得遲延。

四、臨時法庭之傳票、拘票、命令,應由司法警察執行,此項法警由工部局警務處選派,但在其執行法警職務時,應直接對於法庭負責。凡臨時法庭向工部局警務處所需求或委託事件,工部局警務處應即竭力協助進行。至工部局警務處所拘提之人,除放假時日不計外,應於二十四小時內送由臨時法庭訊辦,逾時應即釋放。

五、凡經有領事派員會同審判官出庭之華洋民事案件,如有不服初審判決之時,應向特派交涉員署提起上訴,由交涉員按照條約,約同有關係領事審理,但得交原審法庭易員復審,其領事所派之官員亦須更易,倘交涉員與領事對於曾經復審案件,上訴時不能同意,即以復審判決爲定。

六、法庭出納及雙方合組委員會所規定之事務,應責成書記官長辦理,該書記官長由領袖領事推薦,再由臨時法庭呈請省政府委派,受臨時法庭庭長之監督,指揮管理屬員,並妥爲監督法庭度支;如該書記官長有不勝任及溺職之行爲,臨時法庭庭長得加以懲戒,如遇必要時,經領袖領事同意,得將其撤換。

七、以上六條,係江蘇省政府收回會審公廨之暫行章程,其施行期限爲三年,以交還會審公廨之日起計算。在此期內中央政府得隨時向有關係之各國公使交涉,最後解決辦法,本暫行章程當即廢止。如三年期滿,北京交涉仍無最後解決辦法,本暫行章程應繼續施行三年。惟於第一次三年期滿時,省政府得於期滿前六個月通知,提議修正。

八、將來不論何時中國中央政府與各國政府交涉撤消領事裁判權時,不受本暫行章程任何之拘束。

九、本暫行章程所規定交還會審公廨辦法之履行日期,應由江蘇省政府代表與領袖領事另行換文決定之。

中華民國十五年(即一千九百二十六年)八月三十一日在上海簽字。共計中英文各四份,均經對照,文意相符。

3. 換文

爲照復事。本年十二月三十一日接准貴領袖總領事照會,內開:"照得一九二六年八月三十一日所訂定之收回上海會審公廨暫行章程第九條,本領袖總領事茲准各國總領事囑,向貴特派委員提及一九二七年一月一日爲交還會審公廨履行日期,並請貴特派委員將對於該章程內逐條雙方了解下列各節,備文照復確認,是爲盼切。"等因。准此,本特派委員等確認:茲經雙方了解,本協定中"Court"一字,中文應作爲"法院",不作爲法庭。

茲經雙方了解,會審公廨已往判決之效力,不因第一條甲項所規定臨時法院之成立,而受任何影響,所有此項判決均認爲有效,並爲最終之判決。但民事案件有左列情形之一者不在此例:(甲)上訴權曾經保留,而判決尚未執行者;(乙) 缺席判決尚未執行者。以上兩類案件,得按臨時法院之訴訟程序,提出上訴,或請求復審。

雙方又經了解,江蘇省政府當令至交還之日爲止,所有會審公廨之判決,及自交還之日始,所有臨時法院之判決,與本身其他各法院之判決,完全一律有效。

茲經雙方了解,臨時法院之職權,照第一條甲項所開包含左列三項: (甲) 在黃浦港範圍内外國船隻發生之華洋刑事案件;(乙) 在外國人地產上,包含工部局道路之在租界區外上海寶山兩縣境内者,所發生之華洋刑事案件,但此種了解,對於將來關於此項道路狀況之談判不得妨礙;(丙) 租界外上海寶山境内發生之華洋民事案件。

雙方並經了解,法國租界及公共租界兩會審公廨之管轄權限,仍照一九〇二年六月二十八日之臨時協定劃分。茲經雙方了解第一條丁類文中之"不得遲延"一語,當與各項條約之規定作同樣之意義。

茲經雙方了解,第一條丙項及己項所指之公共租界附則包含在交還之日有效之各附則及嗣後之附則,當照例通知中國官廳,以備臨時法院存查。關於第一條之戊項,茲經了解,凡刑事案件被告爲無領事裁判權約國人民而告訴人爲有領事裁判權約國人民者,歸臨時法院審理,由法院延請第三國領事官員一位,蒞庭觀審。

茲經雙方了解,爲與中國其他法院之司法程序力趨一致起見,第一條己項(五等有期徒刑以下不得上訴)之規定,在會審公廨交還之第一年内,暫緩施行,以資試辦;一年期滿,此項規定是否施行,得由臨時法院決之。關於第一項庚項,茲經雙方了解,臨時法院及上訴院之院長及推事姓名於任命時,照例通知領袖領事。

茲經雙方了解,第二條所規定十年以上徒刑案件須臨時法院呈請江蘇省政府核准一節,在會審公廨交還之第一年内,暫緩施行,一年期滿,是否施行,由省政府決之。

茲經雙方了解,凡華人民事案件,於公廨交還時,在審理中或已列於待審單内者,照左列辦法處理之: (甲) 凡案件中有一造延有外籍律師出庭列在記錄者,列於一特別待審中者,其列名之律師,只許在該案件之初審出庭,以交還公廨後十二個月内爲限,在此期内此類案件,均須結束,但案件之性質有必需延長此項期限者,法院亦得便宜延長之;(乙) 凡無外籍律師出庭之案件,均照臨時法院普通程序辦理。

茲經雙方了解,除前節之暫時許可出庭外,凡有領事官員與中國法官列席之案件,其初審及上訴,均許外籍律師代表任何方面出庭。茲又經雙方了解,凡上海工部局爲告發人之案件,及凡有領事裁判權約國人民爲原告無領事裁判權約國人民爲被告之民事案件,外籍律師得代表任何方面出庭。茲經雙方了解,關於第八條之末句,如領袖領事欲提出更改,江蘇省政府亦將予以同樣之待遇各節,並訂於民國十六年一月一日爲接收上海會審公廨履行日期。相應照復貴領總領事查照爲荷。須至照復者。

4. 關於上海公共租界内中國法院之協定

第一條　自本協定發生效力之日起,所有以前關於在上海公共租界内設置中國審判機關之一切章程、協定、換文及其他文件,概行廢止。

第二條　中國政府依照關於司法制度之中國法律章程,及本協定之規定,在上海公共租界内,設置地方法院及高等法院分院各一所。所有中國現行有效,及將來依法制定公佈之法律章程,無論其爲實體法,或程序法,一律適用於各該法院。至現時沿用之洋涇浜章程及附則,在中國政府自行制定公佈此項章程及附則以前。須顧及之,並須顧及本協定之規定。

高等法院分院之民刑判決及裁決,均得依中國法律,上訴於中國最高法院。

第三條　領事委員或領事官員出庭觀審,或會同出庭於公共租界内現有中國審判機關之舊習慣,在依本協定設置之各該法院內,不得再行繼續適用。

第四條　無論何人,經工部局捕房或司法警察逮捕者,除休息日不計外,應於二十四小時內,送交依本協定設置之各該法院處理之,逾時不送交者,應即釋放。

第五條　依本協定設置之各該法院,應各置檢察官若干員,由中國政府任命之,辦理各該法院管轄區域內之檢驗事務,及所有關於適用中華民國刑法第一百零三條至第一百八十六條之案件,依照中國法律,執行檢察官職務;但已經工部局捕房或關係人起訴者,檢察官無庸再行起訴。至檢察官一切偵查程序,應公開之,被告律師並得到庭陳述意見。

其他案件在各該法院管轄區域內發生者,應由工部局捕房起訴,或由關係人提起自訴,檢察官對於工部局捕房或關係人起訴之一切刑事案件,均得蒞庭陳述意見。

第六條　一切訴訟文件,如傳票、拘票、命令及其他訴訟文件等,經依本協定設置之各該法院推事一人簽署後,發生效力。

即由司法警察,或由承發吏依照下列規定,分別送達或執行:

在公共租界內發見之人犯,經各該法院之法庭調查後,方得移送於租界外之官署。被告律師得到庭陳述意見,但由其他中國新式法院之囑託者,經法庭認明確係本人後,即得移送。各該法院依照在各該法院適用之訴訟程序所為之一切民刑判決及裁決,一經確定,應即執行。工部局捕房於必要時,遇有委託,應盡力予以協助。

承發吏由各該法院院長分別派充,辦理送達一切傳票,及送達關於民事案件之一切文件;但執行民事判決時,承發吏應由司法警察會同協助。各該法院之司法警察員警,由高等法院分院院長於工部局推薦後委派之。高等法院分院院長有指明理由,將其免職之權,或因工部局指明理由之請求,亦得終止其職務。司法警察員警,應服中國司法主管機關所規定之制服,應受各該法院之命令及指揮,並盡忠於其職務。

第七條　附屬於上海公共租界內現有中國審判機關之民事管收所及女監,應移歸依本協定設置之各該法院,由中國主管機關監督並管理之。

除依違警罰法、洋涇浜章程及附則處罰之人犯暨逮捕候訊之人,應在公共租界內禁押外,凡在公共租界現有中國審判機關附屬監獄內執行中之一切人犯,及依本協定設置之各該法院判處罪刑之一切人犯,或在租界內監獄執行,或在租界外中國監獄執行,均由各該法院自行酌定,租界內監獄之管理方法,儘其可行之程度,應遵照中國監獄法令辦理。中國司法主管機關,有隨時派員視察之權。

依本協定設置之各該法院判處死刑人犯,應送交租界外中國主管機關執行。

第八條　關於一造為外國人之訴訟案件,其有相當資格之外國律師,在依本協定設置之各該法院,許其執行職務,但以代表該外國當事人為限。關於工部局為刑事告訴人或民事原告,及工部局捕房起訴之案件,工部局亦得由有相當資格之中國或外國律師同樣代表出庭。其他案件工部局認為有關公共租界利益時,亦得由其延請有相當資格之中國或外國律師一人,於訴訟進行中,代表出庭,以書面向法庭陳述意見,如該律師認為必要時,得依民事訴訟法之規定,具狀參加。

依本條規定許可在上述各該法院出庭之外國律師,應向司法行政部呈領律師證書,並應遵守關於律師之中國法令,其懲戒法令亦包括在內。

第九條　中國政府派常川代表二人,其他簽字於本協定之各國政府共派常川代表二人,高等法院分院院長,或簽字於本協定之外國主管官員,對於協定之解釋與其適用,如發生意見不同時,得將其不同之意見,送交該常川代表等共同設法調解,但該代表等之報告書,除經簽字國雙方同意外,對於任何一方均無拘束力,又各該法院之民刑判決、裁決及命令之本體,均不得送交該代表等研究。

第十條　本協定及其附屬換文,定於中華民國十九年四月一日即西曆一九三〇年四月一日起發生效力,並自是日起,繼續有效三年,屆期經雙方同意,得延長其期間。

中國　徐　謨(代表外交部長)

巴西　第安斯(代表巴西代辦)

美國　雅克博(代表美國公使)

英國　許立德(代表英國公使)

那威　葛隆福(代表那威代辦)

和蘭　赫龍門(代表和蘭代辦)

法國　甘格霖(代表法國公使)

中華民國十九年二月十七日西曆一九三〇年二月十七日在南京簽字

附　　件

爲照會事。查本日簽訂關於在上海公共租界內設置地方法院高等法院分院之協定,兹將雙方委員所了解各點,開列如下,請貴部長照覆證實:

(一)兹經雙方了解,依本協定設置之各該法院,對於上海公共租界內之民刑及違警案件,並檢驗事務,均有管轄權。其屬人管轄與其他中國法院相同,其土地管轄與上海公共租界現有中國審判機關相同;但(甲)租界外外人私有地產上發生之華洋刑事案件,及(乙)租外四周之華洋民事案件,不在上述土地管轄之內。

(二)兹經雙方了解,公共租界內現有中國審判機關,與法租界現有審判機關,劃分管轄之現行習慣,在中國政府與關係國確定辦法以前,仍照舊辦理。

(三)兹經雙方了解,工部局儘其可行之程度,應推薦中國人於本協定設置之各該法院備充司法警察員警。又經雙方了解,高等法院分院院長,依照本協定第六條之規定所派充之司法警員,就其中工部局指定之一員,在院址內配給一辦公室,凡一切訴訟文件,如傳票、拘票、命令、判決書,依上述本協定條款之規定,應送達執行者,爲送達執行起見,由該員錄載其事之法律上地位之談判,不因本協定而受任何影響或妨礙。

(六)兹經雙方了解,公共租界內現有中國審判機關存放中國銀行之六萬圓,中國政府應予維持,作爲依本協定設置之各該法院之存款。

(七)兹經雙方同意,依本協定設置之各該法院,應依中國法律設置贓物庫,凡法院没收之贓物,均爲中國政府之所有。又經雙方了解,没收之鴉片,及供吸食或製造鴉片之器具,均於每三個月在公共租界內公開焚燬。至没收之鎗枝,工部局得建議處分辦法,經各由該法院院長轉呈於司法行政部。

(八)兹經雙方了解,自本協定發生效力之日起,所有公共租界內現有中國審判機關之一切案件,均由依本協定設置之各該法院,依各該法院適用於訴訟手續辦理。但華洋訴訟案件,儘其可行之程度,須依接收時審判程度賡續進行,並於十二個月內辦結之。此項期間,依各案情形之需要,各該法院之法庭得酌量延長之。

本部長對於上開各點之了解,照予證實。相應覆請查照爲荷。須至照會者。

右照會

大英國欽命駐華全權公使藍

大美國特命駐華全權公使詹

大法國特命駐華全權公使瑪

　　大和國駐華代辦傅

　　大巴西國駐華代辦蘇

　　大那威國駐華代辦歐

　　中國　徐　謨(代表外交部長)

　　中華民國十九年二月十七日

四　上海租界納稅華人會

1．上海租界納稅華人會章程

　　第一條　本會由上海租界納稅華人所組織,故定名爲租界納稅華人會。

　　第二條　本會爲發達租界之自治,謀公共之利益與平等之待遇。

　　第三條　凡住居公共租界內之納稅人有下列資格之一者,皆得爲本會會員,有選舉代表大會代表之權:

　　甲　所執產業地價在五百兩以上者。

　　乙　每年所納房租或地捐十兩以上者。

　　丙　每年付房租在五百兩以上而付捐者。

　　第四條　凡本會會員住居公共租界五年以上有下列資格之一者,除第三條之選舉權外,並得有被選爲代表及執行委員之資格:

　　甲　年付房地各捐在五十兩以上者。

　　乙　年付房租一千二百兩以上而付捐者。

　　第五條　本會會員,有第三條之資格者,年納會費銀二元,有第四條之資格者,年納銀十元。

　　第六條　本會設代表大會,互選執行委員,討論重大案件,及執行委員交議事件。

　　第七條　代表大會代表,設八十一人,由會員公選三分之一,同鄉商業兩團體各選三分之一。代表之任期一年。

　　第八條　代表大會,每季開會一次,以代表三分之一出席爲法定人數;代表大會臨時會,經執行委員或全體代表三分之一以上提議,召集之。

　　第九條　本會設執行委員二十七人,由代表大會選舉,任期一年,連舉得連任;候補執行委員九人,以次多數充之。

　　第十條　本會設正副主席各一人,常務委員三人,由執行委員互選。

　　第十一條　執行委員常會,每半月一次,以委員三分之一之出席爲法定人數,如遇有特別事件,得隨時開臨時會。

　　第十二條　本會代表或委員,有事不能出席會議時,須具函委託其他代表或委員代表之,但同時一人不得代表二人。

　　第十三條　本會經費,除會員年費外,由商業同鄉團體之補助費,及特別捐充之。

　　第十四條　本會辦事細則另定之。

　　第十五條　本章程經代表大會通過施行,並呈官廳備案。如有未妥之處,經代表大會到會人數三分之二爲議決,得修改之,但修改意見當須於大會半個月前提出。

2．上海租界納稅華人會選舉出席工部局代表規則

　　一、公共租界納稅華人所有出席工部局之代表(董事及委員),由本會代表大會選舉之。

　　二、凡住居公共租界五年以上,有下列資格之一者,得有被選舉爲上述代表之權:

甲、年付房地各捐在五十兩以上者，

乙、年付房金一千二百兩以上而付捐者。

三、本會代表大會須有(八十一)代表三分之二之出席，方得舉行上述代表之選舉。

四、被選舉人須得出席半數以上之票數，方得當選爲上述之代表。

五、當選人不足額時，須就得票較多之被選人，按照缺額加倍決選，以選至足額爲止。

六、選舉上述之代表，用雙記名連記投票法。

七、選舉人應注意之事項：

(一)須親身出席投票；

(二)須用本會發給之選舉票；

(三)須寫明被選舉人姓名；

(四)須寫明選舉人之姓名。

八、本規則由代表大會通過施行。

3. 上海租界納稅華人會歷年會員人數出席工部局代表及委員表

屆　次	年　份	會員人數	出席工部局代表 (顧問及董事委員)	理事及改組 後之執行委員				附　記
第一屆	一九二一年 (民國十年)	一、二七三	華顧問 余日章 謝永森 宋漢章 穆湘玥 陳輝德	秦祖澤 袁履登 陸文中 陳輝德 陳則民 袁近初 錢永銘	田樹霖 王正廷 穆湘玥 徐靜仁 朱賡石 鄔挺生 伍朝樞	朱成章 周渭石 謝永森 潘作楫 俞國珍 史量才 吳寄塵	宋漢章 虞和德 余日章 聶其杰 勞敬修 包志拯	前九名爲第一 任次爲第二任 末爲第三任每 屆改選九人以 補第一任滿任 之缺但滿任者 仍可當選
第二屆	一九二二年 (民國十一年) 四月二十六日	一、三五八	華顧問 陳輝德　宋漢章 謝永森　謝湘玥 許鑑平	穆湘玥 潘作楫 朱賡石 鄔挺生 伍朝樞 王正廷 秦祖澤	余日章 謝永森 俞國珍 史量才 吳寄塵 張慕曾 方積蕃	陳輝德 聶其杰 勞敬修 包志拯 宋漢章 王才道 虞和德	徐靜仁 陳則民 袁近初 錢永銘 許鑑平 袁履登	宋王袁秦虞五 理事係滿任而 復膺選者
第三屆	一九二三年 (民國十二年) 六月十日	一、三八一	華顧問 宋漢章 許鑑平 聶其杰 余日章 羅泮輝	俞國珍 史量才 吳寄塵 張慕曾 方積蕃 朱賡石 謝伯殳	勞敬修 包志拯 宋漢章 王才運 虞和德 余日章 吳在章	袁近初 錢永銘 許鑑平 袁履登 簡玉階 袁舞初 羅泮輝	鄔挺生 伍朝樞 王正廷 秦祖澤 徐乾麟 聶其杰	
第四屆	一九二四年 (民國十三年) 六月二十九日	一、五三五	華顧問 許鑑平 羅泮輝 吳在章 宋漢章 袁履登	宋漢章 王才運 虞和德 余日章 吳在章 史量才 趙南公	許鑑平 袁履登 簡玉階 袁舞初 羅泮輝 呂靜齋 林炎夫	王正廷 秦祖澤 徐乾麟 聶其杰 盛炳紀 項松茂 馬玉山	張慕曾 方積蕃 朱賡石 謝伯殳 周伯堯 宋士驤	理事史量才辭 職

續　表

屆　次	年　份	會員人數	出席工部局代表（顧問及董事委員）		理事及改組後之執行委員				附　記
第五屆	一九二五年（民國十四年）十二月六日	一、二三七			簡玉階 袁舞初 羅洴輝 呂靜齋 林炎夫 袁履登 黃瑞生	徐乾麟 聶其杰 盛炳紀 項松茂 馬玉山 許鑑平 陸文中	朱賡石 謝伯殳 周伯堯 宋士驤 宋漢章 李晴帆	余日章 吳在章 史量才 趙南公 虞和德 張心撫	本屆因五卅慘案延至十二月選舉華顧問辭職理事史量才辭職
第六屆	一九二六年（民國十五年）七月十日	二、四四六			盛炳紀 項松茂 馬玉山 許鑑平 陸文中 趙錫恩 王顯華	周伯堯 宋士驤 宋漢章 李晴帆 馮培熹 張秉鑫 王正廷	史量才 趙南公 虞和德 張心撫 徐新六 潘明孫	呂靜齋 林炎夫 袁履登 黃瑞生 謝三希 沈田莘	
第七屆	一九二七年（民國十六年）改組十二月六日執委產生一九二八年（十七年）四月十日董委產生	二、四六三	華董事 貝祖詒 袁履登 趙錫恩	華委員 林祖滔 李銘 秦祖澤 陳霆銳 黃明道 錢龍章 徐新六	虞和德 袁履登 林祖滔 陳霆銳 項松茂 樓恂如 嚴諤聲	馮培熹 宋漢章 鄔志豪 徐慶雲 李祖虞 林俊保 孫元方	王孝賚 陳輝德 吳在章 孫梅堂 史量才 沈田莘 陸鳳竹	王正廷 趙錫恩 王省山 沈鏞 唐紹儀 陸費逵	華委員黃明道辭職改選徐新六繼任
第八屆	一九二九年（民國十八年）四月十日	二、三七二	華董事 袁履登 徐新六 虞和德	華委員 林祖滔 錢龍章 陳霆銳 李銘 秦祖澤 貝祖詒	馮培熹 嚴諤聲 胡鳳翔 趙南公 陳輝德 王延松 榮宗敬	王孝賚 石芝坤 陸鳳竹 吳在章 趙錫恩 錢永銘 顧子槃	鄔志豪 陸費逵 成燮春 張一塵 徐慶雲 徐寄廎 孫元方	孫梅堂 項松茂 方積蕃 宋漢章 史量才 裴雲卿	
第九屆	一九三○年（民國十九年）四月十六日	二、三九九	華董事 袁履登 虞和德 徐新六 貝祖詒 劉鴻生	華委員 林祖滔 秦祖澤 陳霆銳 李銘 錢龍章 吳在章	王孝賚 石芝坤 趙錫恩 嚴諤聲 袁近初 陳輝德 史量才	陸費逵 成燮春 沈田莘 褚輔成 張一塵 俞希稷 李伯涵	徐寄廎 江一平 屠開徵 胡熙生 孫元方 謝仲復 陸鳳竹	朱得傳 胡鳳翔 葉薰 烏崖琴 方積蕃 胡祖同	本年起增加華董二人
第十屆	一九三一年（民國二十年）四月十日	三、二○三	華董事 袁履登 虞和德 徐新六 胡祖同 劉鴻生	華委員 陳霆銳 李銘 吳在章 林祖滔 秦祖澤 錢龍章	徐寄廎 褚輔成 劉鴻源 王漢良 張一塵 張橫海 吳經熊	王孝賚 袁近初 沈田莘 史量才 王延松 徐永祚 董振龍	胡鳳翔 余華龍 嚴諤聲 曹志功 錢承緒 竇輝庭 鄔志豪	陸費逵 虞仲咸 李伯涵 金潤庠 謝仲復 屠開徵	

屆　次	年　份	會員人數	出席工部局代表 （顧問及董事委員）		理事及改組 後之執行委員				附　記
第十一屆	一九三二年 （民國二十一年）四月十一日	三、九〇六	華董事 虞和德 袁履登 徐新六 劉鴻生 胡祖同	華委員 林祖潛 陳霆銳 錢龍章 貝祖詒 郭　順 吳在章	褚輔成 余華龍 曹志功 馮培熹 金潤庠 陳濟成 汪維英	張一塵 徐寄廎 王漢良 裴雲卿 奚玉書 聞蘭亭 董振龍	史量才 沈田莘 石芝坤 虞仲咸 鄔志豪 徐永祚 袁近初	王孝賚 胡鳳翔 張橫海 陳　介 王延松 李伯涵	
第十二屆	一九三三年 （民國二十二年）四月十二日	四、四六五	華董事 徐新六 胡祖同 袁履登 虞和德 貝祖詒	華委員 林祖潛 郭　順 吳在章 江一平 俞希稷 陳濟成	胡鳳翔 王漢良 王劍諤 馬君碩 沈田莘 金宗城 徐文照	張一塵 奚玉書 金潤庠 褚輔成 孫秋屏 王延松 陳炳輝	余華龍 王孝賚 許楷賢 徐寄廎 劉鴻源 史量才 孫元方	曹志功 虞仲咸 張克倫 成燮春 蔡洽君 盛振爲	

五、巴黎和會中國代表提案之一——歸還租界

　　自一八四二年八月二十九日中英訂立江寧條約，其第二條准英國人民寄居廣州、福州、廈門、寧波、上海五處，貿易通商無礙，而外人在中國居住貿易之權利，始確實規定。次年又爲便於實行起見，又訂續約，其第七條規定於通商各口，由地方官知會領事，指定地畝房屋，專備英國人民之用。

　　他國亦與中國訂立相類之約，其人民亦獲相類之權利。

　　自一八四二年以後，五口之外，又增開多處，其中亦有劃定專界，備外人居住貿易者。

　　此等通商各口之專界，即所謂租界者也。各處租界，每由一國單獨享受，而有租界多處，如天津、漢口是也。上海之英美兩國租界，於一八五四年令併爲一，改稱公共租界。惟法租界仍爲獨立。

　　租界之地，仍爲中國領土，其外人之執有地產者，仍須繳納地稅於中國政府，與中國人民無異。惟治理之權，則或屬於承受該租界之國所派領事，或屬於納稅外國人民所選舉之工部局，凡租界利病所關，皆歸其管理，并發布命令，以維持租界秩序，又繳收捐稅，以備地方費用，及建造公用房屋，修築道路，雇用巡警之用。

　　租界內之人民，中國人居其多數，租界之收入，亦大抵出諸中國人民，然除鼓浪嶼一處之工部局得由地方官派委員參與工部局事務外，其他處租界工部局之選舉，中國人不得與焉。上海公共租界，中國人民居全數百分之九十五，而只有各商團所舉之中國值年董事三人，僅備顧問之用。

　　各租界大抵爲商業繁盛之區，中國對外通商之進步，以各租界之功爲多，而人民之受其益者亦不淺，而各租界之外國官員每爭索權力，以致損害中國主權，阻害中國內政。

　　舉一事以言之。中國人民居住租界者，中國政府不得施其裁判之權，即如中國地方官欲於租界之內拘捕中國人民，則須先得該租界之外國領事官許可，在公共租界者必先得領袖領事官許可，若該中國人與任何外國商行或家族有關係者，又須先得該商行或家族所屬國領事官之許可。租界之內華人互控之案，雖與外人利益毫無關係，仍須由會審公廨審斷，其外國會審員不特從旁視察，且實握判決之權。中國人有因案逃避於租界者，中國官非先請租界外國官許可，發出拘票，則無從拘捕。

　　租界雖爲中國領土，而中國軍隊不得經過，是租界之外國官長，已不認中國之主權。

此種專享權利,不啻於一國之內,另設一國,於領土所屬國之主權,大有妨礙。此等情形,實非當日創設者之意料所及。一八六三年四月八日,英國外相洛塞爾子爵訓告英國駐北京公使布魯斯云:"英國租界內之地,自係中國領土,毫無疑義,中國人民不能因居住租界之故,遂得免其履行天然之義務。"是年,駐京各國公使會議決定上海公共租界改組之原則如下:

(一)關於領土之權限,必須由各國公使,直接商之於中國政府。

(二)此項權限,以純粹地方事務,暨道路警察及地方所需之捐稅爲限。

(三)中國人非實係外國人所雇用者,須完全歸中國官管束,與在內地無異。

(四)各國領事官仍各自管束其人民,工部局官長只能拘捕違犯公安之罪人,向其所屬之中外官長控訴。

(五)工部局中須有中國董事,凡一切有關中國居民利益之措施,須已諮詢,得其同意。此等原則,至近年始行廢弛。

推廣租界之案,亦層出不窮。租界居民漸增,則要求中國政府,准其推廣,顧以領事官及工部局之權限甚爲廣泛,每爲所擬推廣界內之居民所反對。中國政府自不能無所懷疑,外人不諒,每有怨言。

推廣租界之案,不特足以傷中外之感情,亦往往引起各國彼此間之爭執,一國要求推廣租界,他國亦援例要求,每有兩國利益不能相容,則彼此之感情,爲之大傷。

租界由工部局治理之權,遂爲近年所訂新闢租界之條約所許,其從前劃定外人居住管理之各地,則並未授與此種權限,不過拘於租界章程,爲中國地方官與各國領事官所同意者而已。

茲姑不論其權限之所由來,總之,今日已無維持此項獨立工部局之必要。昔中外交通之始,人民尚未相習,故以劃分外人專用地界爲便利,而此等專界,每在郊野之區域,則又不得不設立一種地方組織,以維持該處僑民之秩序,如此則可免中外人民之齟齬,而領事官行使其條約所定之保護管束事宜,亦較爲便利。

然昔日分居之必要,今不復存,即如長沙、南京等處,並無外國租界,而中外人民,相安無事,即租界內中國人民甚多,亦未聞與外國人相衝突之事也。

中國近來於地方自治,大有進步,如租界收回,儘可擔負切實治理之責任。以北京地面之廣,而地方行政,皆從新法,中外人民,無不翕服;又如天津、漢口之德奧租界,自一九一七年中國宣戰收回自治之後,亦未聞有非議者。

現在租界治理之辦法,亦非享受通商權利所不可無。二十年來,中國於鼓勵國際商務之政策,推行無間,不特於條約上增設通商口岸多處,然在內地自闢商埠,以便外國通商,即如濟南等處,外人須服從中國地方及巡警章程,與中國人無異,行之亦無弊病。此類商埠雖係新闢,而外人來者日多,漸成繁盛商區。

中國政府因以上所列理由,深望各國現有租界者,允將租界歸還中國,中國亦願與各國商議辦法,以保障各口外人租用地面之權利。

在實行歸還以前,中國政府願租界內治理章程,稍加修改,俾中國居民可得平允之待遇,亦可爲最後歸還之準備。此項更改之處,與有約各國人民之權利,毫無損害,臚舉如下:

(一)中國人民在租界內得購置地畝,與外國人民無異。

(二)中國人民居住租界者,得有選舉工部局董事及被舉之權。

(三)租界外之中國主管法庭所發之傳拘票及判決,應在租界內執行,不由外國官長審理。

(四)凡租界內華民互控案件,不得由外國會審官參與審斷。

六　上海各馬路商界總聯合會建議租界市政改進意見書

——一九三〇年（民國十九年）三月十四日致工部局顧問費唐

費唐先生執事：

　　溯自文旆蒞滬，就公共租界工部局顧問之職，吾國社會，莫不以爲此舉係計劃如何延長公共租界之運命，妨害我國統一主權運動之早日成功。繼讀執事發表與工部局往來文件，雖略悉執事之地位如何，然仍懷疑，未能釋然。證以工部局徵集吾國團體及個人意見之佈告，登載已近匝月，應者寥寥，其故可以深長思也。今得上海租界納稅華人會轉告執事託爲徵集意見之事，方悉刊報徵集華人意見，並非出於形式，似有誠意接受之跡象，則代表全上海商店之本會，似不可無一言以爲執事告。惟以執事所欲徵集者，未有指定範圍，本會遂亦就全體會員一般之意見，一併奉陳，乞鑒察焉。

　　（甲）立即無條件完全收回租界，爲吾國人士一致之願望。

　　（乙）在租界未收回之前，上海公共租界行政，應有改進之必要，分述如下：

　　租界市政之政權，僅操於佔人口絕少數之外人手中，在佔人口百分之九十五以上之我國居民，無平等參與之權，此應改進者一。

　　市政立法機關，極不完備，因每年納稅西人僅舉行例會一次，類乎市民大會，時間至多不過三四小時，對於每年之市政報告與預算決算及市民進行計劃，斷難爲詳細之討論。本會以爲，嗣後應設一常任市議會，主持市政立法事宜，中外納稅人，依照納稅數額之比例，各舉議員若干人，以組織之，年開會若干次，庶於市政之立法，有相當之完備。至工部局之董事會，僅爲執行委員會，無預於立法事宜。此應改進者二。

　　在常任市議會未設之前，所有提交納稅西人年會討論之每年報告與預算決算及各種議案，應同時提交納稅華人會討論，以合法理，此應改進者三。

　　工部局董事之席數，即不依人口爲比例，至少應依納稅額爲比例。現華董雖有三席，即將增爲五席，但與稅額比例，相去甚遠。退一步言，僅照工部局一九二七年七月十八日發佈之備忘錄計算（實際上由華人交納而由外人出面，尚不計算在內），華人所納佔總稅額百分之五十五，外人佔百分之四十五，則華董與外董席數之比例，當爲十一與九。此應改進者四。

　　工部局之高級職員，全爲外人，於經濟上，因薪金、津貼、川資等支出加多，足使納稅人增加負擔，於行政上，因言語、文字、風俗、習慣之不同，增加許多不便與隔膜。嗣後須聘用華人充當高級職員，須用華文記述各種文件、報告、公函、布告，庶經濟可以節省，行政免除隔膜。此應改進者五。

　　工部局辦事人員，現在利用上述之隔膜，發生許多弊竇，如救火隊之趁火打劫，工程處之刁難挑剔，衛生處之吹毛求疵，警務處之包庇欺壓，其所以如此，無非企圖財帛，如向上級告發，均以查無實據了事。欲去積弊，須一面延用華人充當高級職員，庶上下之情得通，一面須對職員嚴加訓練。此應改進者六。

　　工部局之經費，實有用之不當之處，如在租界以外興築許多馬路，徒增華人惡感，反致界內馬路有失修崎嶇之處。此應改進者七。

　　治安方面，就報告記載，上海一埠，綁票盜竊等案，統計上要佔首席，而其警察之分配，則多有畸重畸輕之處。嗣後於警務上，應特別注意，足以造成罪惡根源之賭博機關，如跑狗場等，及深夜娛樂機關，如跳舞場等，均應禁絕，尤宜與市公安局及法租界統一防務，切實合作，庶罪犯無逋逃之藪，而警務亦無互相卸責之弊。此應改進者八。

　　工部局對於華人教育,殊欠重視。就預算上觀之,華人教育費祇及全部教育經費三分之一。就人口上言之,華童校數殊爲過少。且四華童公學之管理主持,均操在外人之手,於兒童心理及文字應用,均多隔膜。圖書館之書籍,全爲西文,尤使華人無閱讀華人書籍之機會。再,華童三小學,定議在前年,迄今西區仍未開辦,推廣增設,置之度外,所擬建築二所之校舍,所需經費,本年預算僅列四分之一。嗣後華人教育經費,應特別擴張,華人教育經費至少應佔工部局全年收入百分之二十,期其小學教育普及,以提高市民智識。華人教育應統交華人教育處主持管理,校長悉用華人,教員除外國文外,均以華人充之。此應改進者九。

　　租界衛生設備,對於華人極不完備,如醫院一項,華人人口雖八十萬以上,而醫院爲數無幾,西人則便利殊多。此應改進者十。

　　租界市政,表面上殊爲可觀,但考其內容,實與現代市政相去尚遠,可謂甚不完備,即如戶口一層,實無嚴密之清查及詳細之統計,以致綁匪盜賊等多以租界爲窟。此應改進者十一。

　　以上數條,不過舉其熒熒大者,特爲執事陳之。至於工部局設施,固有可觀之處,但對時代爲進步者,則一切設施自應隨時代以進步,設使故步自封,對於華人之願望,置諸不問,而於世界最新之制度,不加採用,非特合作難期,所有之繁榮不能繼長增高,恐現存之繁榮,亦有失墜之虞,故以一般之意見奉陳,至希查照爲荷。

參考書目錄

(一) 條約、章程、文件、報告、報紙

國際條約大全。

和約彙抄。

籌備夷務始末。

清季外交史料。

U. S. Foreign Relations, 1863, 1899.

Further Papers Rel. Rebellion, 1863.

Parliament Papers, China, No. 3, 1864.

Blue Book, China, No. 1, 1900.

Archives du Consulat Francaise (Shanghai), 1853 – 1862.

約章成案匯覽。

上海洋涇浜北首租界章程及後附規例(商務書館出版中英文對照本)。

Land Regulations and Byelaws for the Foreign Settlements of Shanghai, North of Yang-King-Pang. (1870)

Land Regulations and Byelaws, with Alterations up to 1884.

Land Regulations and Byelaws, with Alterations up to 1898.

Report of Committee to Revise the Land Regulations As per Resolution Passed at a Special Meeting of Rate Payers on 18th June, 1874 (1875).

Land Regulations Together with Draft of Proposed Municipal Regulations and Byelaws of 1881 (Printed in Peking, 1882).

申報(清同治十一年至民國二十五年)。

新聞報(民國四年八年十年十一年十四年十六年十七年二十一年)。

時事新報(民國十年十四年十五年十六年十七年十八年二十一年)。

民國日報(民國十四年至十八年)。

North-China Herald, 1852, 1854, 1866, 80th Anniversary Edition.

North-China Daily News, 1905, 1925, 1926, 1932.

North-China Sunday News, June 1, 1930.

China Press, 1920, 1925, 1932.

Shanghai Mercury, 1928.

Shanghai Evening Post and Mercury, 1932.

Annual Reports of the Shanghai Municipal Council, 1865 – 1935 (71 Vols.).

Minutes of Council Meetings, 1865, 1866, 1905, 1906.

Municipal Gazette, 1912, 1913, 1915, 1922, 1935.

Special Report on the Delimitation of the Boundaries of the American Settlement at Shanghai (1893).

Memorandum on the Settlement Extension (1912).

Report of the Hon. Mr. Justice Feetham to the Shanghai Municipal Council (4 Vols.).

上海租界納稅華人會重要文件(民國十八年四月編印至二十四年四月編印)。

上海市財政局業務報告(民國十八及十九年度合編)(碼頭捐規約)。

(二) 編著書籍

周鯁生：不平等條約十講。

劉彥：被侵略之中國。

漆樹芬：經濟侵略下之中國。

曾友蒙：中國外交史。

吳頌皋：治外法權。

梁敬錞：在華領事裁判權論。

法權討論委員會：列國在華領事裁判權論。

郝立興：領事裁判權問題。

孔昭焱：上海法權問題。

唐慶增：中美外交史。

江恒源：中國關稅史料。

T. Z. Tyau, Treaty Obligations between China and Other States.

M. T. Bau, The Foreign Relations of China.

C. L. Hsia, Studies in Chinese Diplomatic History.

H. B. Morse, The International Relations of the Chinese Empire.

W. W. Willoughby, Foreign Rights and Interests in China.

H. F. MacNair, China's International Relations and Other Essays.

V. K. Wellinhton Koo, The Status of the Aliens in China.

F. E. Hinckley, American Consular Jurisdiction in the Orient.

Jean Escarra, Detroist et intérèts des estrangers en Chine.

S. J. Hoang, La Propriétè en Chine.

H. B. Morse, The Trade and Adminstration of the Chinese Empire.

T. F. Millard, China, Where It Is Today and Why.

A. Ransome, Chinese Puzzle.

K. S. Latourette, The Development of China.

R. Alcock, Capital of the Tycoon.

R. Gelbert, The Unequal Treaties.

R. Gelbert, What's Wrong with China.

Robert Fortune, Three Year's Wanderings in the Northern Provinces of China.

W. S. Wetmore, Recollections of Life in the Far Fast.

Problems of the Pacific, 1929.

今井嘉幸：支那國際法論。

同治上海縣志。

上海縣續志。

夏雪：中西紀事。

袁陶愚：壬寅聞見紀略。

徐愚潤：上海雜記。

姚公鶴：上海閒話。

樓桐孫：租界問題。

中央黨部宣傳部：收回租界運動。

徐公肅丘瑾璋：上海公共租界制度。

王臻善：滬租界前後經過概要。

王揖堂：上海租界問題。

王士杰：收回上海租界問題。

D. W. Smith, European Settlements in the Far East.

C. L. Hsia, The Status of Shanghai（及譯本"上海租界問題"）。

M. de Jesus, Historic Shanghai（及程灝譯：上海通商史）。

G. Lanning and S. Couling, The History of Shanghai.

A. M. Kotenev, Shanghai：Its Mixed Court and Council.

A. M. Kotenev, Shanghai：Its Municipality and the Chinese.

F. L. Hawks Pott, A Short History of Shanghai（及岑德彰譯：上海租界略史）。

J. W. Maclellan, The Story of Shanghai.

J. D. Clart, A Short History of Shanghai.

Shanghai by Night and Day (Shanghai Mercury).

Shanghai, 1843 - 1893, The Model Settlement：Its Birth, Its Youth, Its Jubilee（Shanghai Mercury）.

Maybon et Fredet, Histoire de la Concession Française de Changhai.

植田捷雄：支那租界論。

The Shanghai Riot of 18th December, 1905 (North-China Herald, 1906).

Shanghai and the Rebellion. (North-China Herald, 1914)

上海罷市救亡史(民國八年七月中華國貨出品社刊印)。

五卅事件臨時增刊(東方雜誌社)。

五卅血案實録(學生會)。

五卅痛史(北京晨報社)。

五卅事件(開明)。

五卅痛史(國際問題研究會)。

五卅慘史(上海和平救國社)。

五卅烈士事略(非賣品刊印者不詳)。

五卅兇手之供狀(譯本)。

The Nanking Road Tragedy(中華書局)。

五卅事件調查書(上海日本商業會議所)。

Publicity Bureau of the 19th Route Army, Japanese Invasion and China's Defence.

The Shanghai Bar Association, Information Opinion Concerning the Japanese Invasion of Manchuria and Shanghai from Sources Other Than Chinese.

信夫淳平: International Law In the Shanghai Conflict.

上海事變誌(上海日本居留民團)。

Shanghai Volunteer Corps, 1853 - 1914 (North-China Daily News, 1914.).

The History of the Shanghai Volunteer Corps, 1853 - 1922 (North-China Daily News, 1922).

上海萬國商團中華隊之二十年(民國十四年一月華隊公會刊印)。

Souvenir of the Jubilee of the Shanghai Fire Department (North-China Daily News, 1916).

上海市社會局,近十五年來上海之罷工停業。

民國二十三年中國外交年鑑。

上海市通志館,民國二十四年上海市年鑑。

North-China Desk Hong List, 1925.

(三) 重要雜誌文章:

郭子鈞:領事裁判權制度下之在華外國法院(東方雜誌二十八卷十五號)。

論美國設裁判所於上海並先考察英國在上海設裁判所之原起(東方雜誌第三年第八期轉載)。

丁榕:上海公共租界之治外法權及會審公廨(東方雜誌十二卷四號)。

陳霆鋭:收回會審公廨問題(東方雜誌二十二卷十四號)。

梁敬錞:所謂上海臨時法院者(時事月報一卷一期)。

梁敬錞:上海租界法院改組會議小史(時事月報二卷三期)。

王寵惠、王正廷:關於上海租界內中國法院協定之報告(法律評論七卷二十七號)。

王宗旦:收回上海法租界會審公廨之研究(東方二十七卷十一期)。

武堉幹:上海的土地問題(新生命月刊一卷四期)。

金重威:上海租界界外馬路問題(外交月報三卷六期及四卷三期)。

馬吉甫:上海公共租界之地稅與房捐(中國統計二卷二期)。

丘瑾璋:費唐報告之批評(世界雜誌二卷五期)。

H. B. Morse 作,之學譯:中國境內之租界與居留地(東方雜誌二十五卷二十一號)。

姚公鶴:上海空前慘案之因果(東方雜誌二十二卷十五號)。

朱懋澄：駁英外相張伯倫對滬案之演說詞(東方雜誌二十二卷第十六號)

徐公肅：上海事件與上海公共租界之中立(中華法學雜誌三卷三四號合刊)。

Foriegn Affairs, October, 1927.

W. R. Carles, Some Pages in the History of Shanghai, 1842－1856 (A paper read before the China Society on May 23, 1916).

E. C. Pearce, How Shanghai Is governed (An address delivered before the Shanghai Civic League on Oct. 26, 1920).

The China Digest, Vol. XXVI, No. 338, Special Political Number.

古川邦彦：上海共同租界法概觀(支那研究十九號)。

植田捷雄：上海越界道路問題(日文上海週報八九二至八九三期)。

第三編

上海歷史

下

第二特區——法租界

本編整理説明

　　本編原稿中無"凡例"。

　　從現有資料來看,董樞是原定的本編編纂者。關於董樞其人,留存史料極少。我們只知道他可能畢業於上海震旦大學,曾經在法租界公董局任職多年。[①] 他通曉法文,20 世紀 30—40 年代初曾經翻譯出版多種翻譯小説、政論文,發表學術論文和科普作品若干,後失去蹤跡。[②] 上海市通志館成立之後,董樞被聘爲編纂部兼職的特約編纂。任職期間,專攻法租界研究,曾經在《上海市通志館期刊》、《上海研究資料》、《上海研究資料續集》上發表了許多關於法租界的專文。胡道静回憶,因對董稿不滿意,柳亞子另起爐灶。[③] 關於董樞承編部分的接手人現無定論。從存稿的校改痕跡及行文風格來看,該編係由多人合作,共同完成。

　　當然董樞的工作仍然有部分被本編所吸納。他發表在《上海市通志館期刊》上的《法租界的發展時期》、《上海法租界的多事時期(下)》兩篇文章大部分內容被本編有關部分吸收,他的關於法租界市政、公用事業、公董局內設機構的文章被編入本編"附録"。

　　本編原稿情況比較特殊。

　　"甲　總説"和"乙　法租界的誕生"兩部分,同時留存有初校樣、二校樣、三校樣。其中初校、二校樣稿上均有校改痕跡,但三校樣沒有經過校改,説明本編三校樣可能是上海市通志館在抗戰爆發後、通志館中止前得到的最後一批校樣。

　　"丙　太平軍和小刀會"、"丁　法租界的長成"、"戊　法租界的發展"和"己　民國時代的法租界"四部分爲初校樣。

　　"庚　結論"和"辛　附録"兩部分未排出校樣,後者爲《上海市通志館期刊》剪報稿,前者爲手寫稿。

　　除上述排印稿外,本編還留存了"甲"、"乙"、"丙"、"丁"、"戊"、"己"等六部分的底稿,其中約 2/3 爲手寫稿,1/3 爲《上海市通志館期刊》剪報稿。

　　與其他各編中僅有排印稿的情況不同,本編除了排印稿齊全之外,還留存了占全編篇幅 3/4 的手寫及剪報稿,這對於整理工作來説極爲有利。因此,本編以排印稿爲底本,再據手稿校勘,糾正較多訛誤。原排印稿中發現有十餘處漏排的,少者數字,多者數句,現已補正。原稿中發現有數處年份記載錯誤,或民國紀年與西元紀年的換算錯誤,如應爲民國十六年,誤爲民國六年,現均予以改正並用校勘

---

　　① 胡道静《關於上海通志館的回憶》,參見虞信棠、金良年編《胡道静文集·序跋題記　學事雜憶》,上海人民出版社 2011 年版,第 329 頁。

　　② 《申報》中華民國三十年四月四日報導《法公董局翻譯董樞昨遭槍殺》中稱:法公董局印刷所翻譯福建人董樞,字肖涵,年四十二歲。早年畢業震旦大學,充任翻譯已十有九年。1941 年 4 月 3 日中午,在回家路途中被人暗殺。上海市通志館的董樞的某些情況與其極爲相似,但其留下的個人資料太少,無法據此完全肯定兩人爲同一人。

　　③ 胡道静多次提及此事。他在《柳亞子與上海市通志館》、《上海市通志館、〈上海市通志〉及上海史料之搜集保存者》、《關於上海通志館的回憶》等三篇文章中都提到此事。參見虞信棠、金良年編《胡道静文集·序跋題記　學事雜憶》,第 286、306、329 頁。

符號標示。原稿中發現數處注釋符號順序錯誤,均予以校正。

　　原稿目錄中部分有第三級標題,部分無第三級標題。其中有第三級標題者有的在正文按標題分節,有的集中在第二級標題下排出。爲全書統一體例,該第三級標題未列入目錄。

本 編 目 錄

甲　總　說

一　法租界的起源及其設立的用意

這是一個例外：一個戰敗國，除了應對戰勝國訂定喪權辱國的條約以外，竟還要對第三國同樣地屈服。我國在鴉片戰役失敗以後，和英國訂約外，還和美、法等國訂約，便是這樣一個例外。上海法租界即從這種"例外"中產生。

考我國和法國最初的條約，是公元一八四四年十月二十四日_{清道光二十四年九月十三日}所訂的黃埔條約。依此約第二款的規定，原只是"凡佛蘭西人家眷可帶往中國之廣州、廈門、福州、寧波、上海五口市埠地方，居住貿易"；[註一]而明禁其不得進中國別口貿易。至於此約第二十二款，則爲准許"佛蘭西人按照第二款至五口地方居住，無論人數多寡，聽其租賃房屋及行棧貯貨，或租地自行建屋建行，……地方官會同領事官酌議定佛蘭西人宜居住宜建造之地"。[註二]

此"地方官會同領事官酌議定佛蘭西人宜居住宜建造之地"一語，遂成爲上海法租界建立的大憲章。

到了一八四八年_{清道光二十八年}法國政府派了敏體尼（Montigny）來上海，爲駐滬的第一任領事官。至一八四九年四月六日_{清道光二十九年三月十四日}遂由分巡蘇松太兵備道_{以下簡稱滬道}麟桂的佈告而創立了法租界。

按我國當初設立租界之意，原在於限制外人在國境內的居住權，以便防範，所以就當時的情勢言之，實因文物、典章、語言、宗教乃至於日常生活的一切習慣，中外人民皆絕無相同之點，果使雜居聚處，既勢所不能，苟欲拒之域外，又力有未逮；今日所謂"萬惡租界"者，確爲應當日的情形和事實上的需要而產生，一方固爲求我國管理上的便利，一方又爲謀外人生活上的安全。查當時耆英上奏道光帝的摺中，有"於綏夷懷柔之中，存防微杜漸之意"，[註三]亦可見那時的外交環境和交涉苦心了。

所以我們應該注意：所謂租界也者，乃爲中國閉關時代的特殊產物。

二　就法律點觀察下的法租界

租界的定義，依樓桐蓀在租界問題裏所說，係爲"中國政府租與外國商民居住貿易之地界也。凡依條約或依中國法令於國境內劃定某一地段爲外人居留之區域，允許外人在此地段內有租地建屋及居住之權；則此地段，即謂之租界。"[註四]

依此定義以觀，則中國所給與租界內外人的權利，只是個居住權而已；但因領事裁判權的規定等

[註一]　黃月波等編：中外條約彙編，頁七三。
[註二]　同上，頁七四。
[註三]　樓桐蓀：租界問題，頁二。
[註四]　同上，頁三。

緣故，乃使外國領事漸漸取得租界中的一切管理權了。

上海的法租界，具有何種法律性質，法國人的見解，大旨如下：

在一八六三年四月三十日清同治二年三月十三日法租界的租地人大會，時有一位寶順洋行(Dent & Co.)職員盧海勞(Loweiro)忽發奇問：法租界(Concession Francaise)這名稱，是何意義？

此時主席大會者，係法國總領事莫泊桑(Mauboussin)氏，對此問題，倉卒之間，竟不知所應，只好自認不能答覆；因爲他已經將法租界的現階段情形，送請法國政府鑑定了。

但是當時會場中人，對此答案自然不能滿意，由是乃議論紛起，發言盈庭，各欲對於法租界下一個定義或解釋，終於由大會通過了一個斷語，説是：

> 法租界建立的由來，和法國領事在界內具有權威的原因，實因爲法國對於此塊地盤，常加以‘保護’的緣故。[註一]

在一八八二年清光緒八年時，因利名即雷米洋行(Remi de Moutigny)與公董局間發生外灘碼頭地產權的爭執問題，乃由利名洋行經理人德夷勞(Teillol)聘有法律名家，鑑定法租界的地位；而此位法律家當時曾發表鑑定詞如次：

> 所謂法租界者，其土地仍屬於中國之所有，這是因爲：
>
> （一）根據條約的規定，依着中國人對於法國所有的這一塊土地，正式稱之曰：“法租界。”可見在條約和稱呼上，始終脱不了一個“租”字。
>
> （二）法租界內應行的章程，是要得到法國外交部——非殖民部——的同意，方才可以施行。
>
> （三）中國人的訴訟，是由中國審判官按照中國的法律以判斷之。
>
> （四）中國當局的逮捕狀，可在法租界內執行，而中國當局且可來發生犯罪地點的法租界，執行檢查。
>
> （五）法租界須繳納地稅於中國政府，就是法國在滬的當局，也要照納的。
>
> （六）在一八六三年清同治二年時，法國駐滬代理領事車利漢摸(Cheviey Rameau)曾以法國總領事莫泊桑的名義，發表宣言説：“法國政府和法國領事署，從來未有把法租界看做法國土地的野心。”——此宣言見於梅言(Mayes)所著的條約港口(Treaty Ports)書中。
>
> （七）中國海關可在法租界內執行職權。
>
> （八）法租界並不須向法國納稅，而法領署反須向中國政府納稅。
>
> 因是之故，所以法國對於法租界，並未有土地權，而法國在法租界所有的權利，只是個“保護權”和“警察權”而已。[註二]

在一九一一年清宣統三年時，蒲石(Bourgeat)律師以法租界公董局法律顧問的資格，發表有“法租界的黃浦漲灘研究”一文，其中對於法租界的性質，頗有發揮，內容除痛斥法人卜都(Bottu)一八九九年五月二十七日光緒二十五年四月十八日在中法新彙報(Echo de Chine)所説的，“法租界”係中國政府贈與法國爲“殖民地”爲無稽外，對於利名洋行所聘法律家謂法租界乃爲法國“保護國”的議論，亦認爲不足以解釋複雜性的法租界的法律地位。

依蒲石的意見，法租界確爲中國的土地，因爲一則中國海關可以在法租界內行使職權；次則法租界內各地主，連法國領事署在內，均應向中國政府繳納地捐。但是在此中國土地的法租界內，却由法

[註一]　Maybon et Fredet, Histoire de la Concession Francaise, p. 270.

[註二]　Telge, Droits de Frontage du Ruai de France, pp. 23－24.

國行使其主權;因爲在法租界無論就行政方面和警務方面言之,法國的主張,均得以充分行使,凡是有關於界内的法令,均由法國當局發施之。

此種富有矛盾性的在中國地界行使法國主權的法租界性質,即蒲石律師亦不能解釋之,故其結論謂:

> 這是在國際公法上一種"混成"的制度,一個不能用普通觀察來形容的制度,一個分割主權的制度,這主權的若干部分,由中國自己保留下來,而另有若干部分,乃讓與法國,由法國政府來代中國政府行使這職權了。
>
> 由這一點所能引出的國際法上結論,便是在法租界内有時須遵守中國法律,有時須遵守法國法律,法租界的主權,不能依一種特殊的條款來規定其誰屬;法租界的性質,實應分析各項條約,和外交妥協(即既成事實)方能確定之。[註一]

依上述的各法國人見解觀之,則法租界——也和其他租界一樣——并無法律的立脚點,殆無可諱言:所謂租界者,一般言之,實不過依附些條約的曲解,和依靠着既成事實的顯示就是了。[註二]

三　法租界史的編製法

自一八四九年四月六日_{清道光二十九年三月十四日}滬道麟桂一張佈告以來,上海法租界成立迄今,已有八十餘年的歷史了。但是關於法租界歷史的書,以編者所知,却只有梅蓬(Maybon)和弗來台(Fredet)所著的法文本"上海法租界歷史"。至於中文本則除了稍可供參考的張志瀛所著"法領政略表"以外,實在似無他書了。

以將近百年的史料,整理起來,所可以參考的書籍,單只有這兩種,[註三]而且法文本的"上海法租界歷史"僅僅只一八七五年_{清光緒元年}爲止,至於中法文合璧本的"法領政略表",則確如其自序所述,係"就道光戊申年_{按即一八四八年道光二十八年}法國派駐上海各領事有成案可稽及後……所親見之者,第其先後,詳其年月,將各領事與繙譯官姓名職銜一一標列"而已,對於法租界本身的歷史,固毫無所敍及。

由此可見本編上海法租界,實是在參考材料極度貧乏之下,所勉强完成的創作,其在編製上所遇的困難,也可想而知了。

猶幸在法公董局方面,自成立迄今,遞年均有年鑑並有若干特種報告書的發表,而僑滬的法國人,也歷有定期刊物——像上海新聞(Le Nouvelliste de Shanghai 1870—1872),進步(Le Progses, 1871—1872),上海差報(Le Cornier de Shanghai, 1873),遠東差報(Courier de l'Extrême Orient, 1887),中國通訊(Messager de Chine, 1896—1897),亞東法報(Revue de í Extrême Orient, 1901),中國國民集誌(Revuenationale Chinoise, 1929),真理(La Verité, 1931),旅華法國商務總會公報(Bulletin Commecial d'Extrême Orient, 1915)等,和日報——像上海迴聲報(L'Echo de Shanghai, 1885),中法新彙報(L'Echo de Chine, 1895—1917),法文上海日報(Le Jounral de Shanghai, 1927),等等的發行,頗可供作參考資料。

不過關於這種出版物,不惟斷篇零簡,而且在收集上,在瀏覽上,尤其不容易呢。

[註一]　Bourgeat, Etude sur les terrains d'allusion du Whangpou de la concession Francais, Q14.
[註二]　Roger Labonne, Le Tapis vert du Pacifique 一書中謂上海法租界之爲法國殖民地,在法律上毫無根據。
[註三]　直到最近,又有兩種關於上海法租界的法文本新書出現,一爲法公董局財政訟事處處長譚鵠啼(L. des Courtils)在一九三四年(民國二十三年)所發表的"上海法租界"(La Concession Francaise de Shanghai),一爲法國人李山醫師(Dr Richer)在一九三六年(民國二十五年)所發表的"上海法公董局醫務處"(Le Service Médical de la Municipalité Francaise de Shanghai)。不過,(送)〔這〕兩本新書,一爲研究上海法租界的法律立場,一(倨)〔爲〕評驚法公董局的醫務組織,所以在史料上省起來,可以取材的地方,仍是很少的。

　　至於中文出版物方面，更是可謂之絶無僅有，除了申報新聞報以外，其他可用的參考資料委實不多。

　　所以本編"法租界"所採用的材料，除初期的，依據梅蓬和弗來台所著法文本"上海法租界歷史"以外，幾全靠着法公董局歷年所發表的年鑑爲正宗，一面更旁及於他種法文書報，像江南傳教史(Histoire de la Mission du Kiang-nan)中法新彙報(L' Echo de Chine)等，至於中文書方面，則在法領政略表，及申新二報之外，仍復力求徵用他書，以期在本編中不失去我國人的立場。

乙　法租界的誕生

　　遠在中英鴉片戰爭以前，法國方面，即由各地的商會爲首，鼓起很强烈的興論，以推進其與中國正式發生商務關係的運動。公元一七七六年清乾隆四十一年法國即已在廣州設有領事署；但自一八〇一年清嘉慶六年以後，因原任領事錦霓（Guigues）離職，并未留有後任；而此領事一缺，遂以暫行空懸。[註一]

　　在雅片問題發生後，法國政府乃於一八三九年九月十日清道光十九年八月初三日派薩那夷（Challaye）爲廣州領事；一八四二年四月清道光二十一年三月法國又派二等炮艦嘆唎哦哪（Erigone）號載有真誠尼（Jancigny）上校及謝西耳（Cécille）少校來遠東——按真誠尼係法國駐澳門代表，謝西耳係嘆唎哦哪艦長——以就近觀察中英戰爭的形勢，和研究怎樣利用這些新形勢，而取得法國商業上的利益。[註二]

　　一八四二年清道光二十二年間，嘆唎哦哪炮艦遂開進吳淞，在草鞋峽江面，停泊十餘日，以注視英國的軍事行動，但深爲英人所不悦；而謝西耳且因英軍不許其隨行戰役，乃改乘民船，前往南京以參觀所謂江寧條約的簽訂。[註三]

　　真誠尼抵華後，賴有薩那夷之仲介，乃與我國當局發生關係；且在一八四三年七月十五日清道光二十三年六月二十八日和兩廣總督簽訂有中法二國條約的草案；……但在一八四二年九月二十一日清道光二十二年八月十七日受命而來的法國正式領事拉地蒙東（Ratti Menton）恰於是時到任，竟認真誠尼爲越權行事，而此約草案，遂以作廢。[註四]

　　在中英戰爭正酣時，我國在事諸大官頗主以夷攻夷之説；故亦曾召真誠尼及謝西耳入廣州面議，但以其"所言同仇助順，語不真切"，乃以作罷。迨至和議既成，真誠尼又派有沙厘昌時忌（Hermi de Charski）來，以"願助修臺鑄礮爲詞，請委員赴澳，與之面議"；當經兩廣總督祁墳，派廣州府易長華、同知銅麟前往，但仍以其"所言多不可靠"而罷。[註五]

　　中法外交談判，雖屢遭失敗，但法國的各地商會，對於中國，却益增其關心；而法國政府方面，亦深知欲與中國成立正規的外交關係，特派正式使團來華擔任交涉實爲唯一的方法。……自江寧條約的訂立消息傳出後，乃益促起法國當局的決心；故遠在中美望廈條約訂定以前，法國對於特使的派遣，是早已決定了。[註六]

　　一八四三年清道光二十三年間，法國奇袥（Guizot）內閣乃派了喇莩尼（Lagrené）做特使，攜有敏體尼（Montigny）等十六人來華——其中計有：參贊二人，隨員四人，祕書一人，醫生一人，新聞記者一人，

────────────

　　［註一］　Maybon et Fredet, ibid, p. 3. 據但燾：清朝全史下卷，頁六七所載，則在一六六〇年（清順治十七年）法國已有商船來廣東；至一七二八年（清雍正六年）在廣州并設一商館；一八〇二年（清嘉慶七年）始建立領事旗；但於一八〇三年（清嘉慶八年）因與英國戰，乃取下；後至一八二九年（清道光九年），中國曾承認其管理本國商人，得置如大班式之領事，然一八三二年（清道光十二年）時，尚不見廣州有法國之領事旗。
　　［註二］　Serviere, Histoire de la Mission du Kiang-nan, p. 48.
　　［註三］　Serviere, ibid, p. 50；近代中國外交史料輯要上卷，頁一三六；王之春：國朝通商始末記卷十一，頁四。
　　［註四］　Maybon et Fredet, id. , p. 4.
　　［註五］　近代中國外交史料輯要上卷，頁一三七。
　　［註六］　Maybon et Fredet, id. , p. 4.

財政專家一人，關稅專家一人，翻譯一人，商家代表四人──其人選全是由法國內閣精細研究過的。[註一]

在一八四三年十一月九日_{清道〔光〕二十三年九月十八日}法國內閣總理兼外交部長奇祚，發有訓令，指示刺萼尼特使以對華交涉的方針；此訓令略謂：

江寧條約完結了中國與大不列顛帝國的戰爭，同時也深刻的變化了中國與基督徒國家的關係，僻處中國南方一隅的廣東，乃爲惟一可以通商的口岸。在廣東須經過許多繁重而昂貴的仲介手續，付過許多苛酷的稅款，擔負許多麻煩的運費，始能得到些交易的機會。雖因滿清政府排外政策而引起許多困難與障礙，但終於在廣東一隅，每年營業總數，即就中英戰爭以前計算，已達五萬萬佛郎之巨，但其中五分之四，乃爲英國人的生意。

現在又給英人以許多新便利，除廣東外，英人的輪船和商業，又得到中國中部的四個口岸，即廈門、福州、寧波、上海自由通商了。同時在那些地方，又可設置領事，得受中國官廳平等的待遇。尤以廣東出口的香港，能使英國商家立即享受很重大很迅速的效果。

雖則大不列顛專使，只簽訂關於其本國利益的條約，但英國政府絕不猶豫，宣佈按照璞鼎查（Pottinger）的主義，決不爲其本國謀商業利益的獨佔；在另一方面，中國政府也常表示願以其被英國所奪取的諸多利益，公平分給一般外人。本年七月間，中國政府所公佈的關稅稅率，即其一例。

因之，和中國交易，每年已達六七千萬法郎的美利堅合衆國，在南洋富有殖民地的荷蘭，以至普魯士、比利時等，都跟蹤英國所開闢的途徑，欲在中國開闢新市場，以圖推銷商品。

我國國王，并非時至今日，始注意於中國海面須保護我們政治上商業上的利益。自從中英開戰以來，我國已派有許多兵艦，巡視中國海面，同時我國兵艦，并負有偵察軍事行動的特殊任務。及至知悉和平已恢復時，便決定派遣艦隊至中國。此艦隊爲二等艦二艘，三等艦三艘所組成。以此艦隊，表示我們法國的權威，此後并將常駐中國。

并非現在我們和中國的商業關係，已需用如此重大的軍備，實際現在和中國的貿易，每年尚不到二百萬法郎，我們法人嗜好上與他國略有不同，不能消費許多中國茶葉以及其他物品，但我們可在中國許多市場中，賣去我們工業上的出品，像毛絨、沙線，和巴黎的產品或將兼賣些酒。

爲我國各大商家來日貿易便利起見，非如他國所得的一樣得到同樣平等待遇不可。所以我國和中國政府訂立通商和好條約，一如英國的江寧條約，乃爲必不可少之事。

以上爲訓令中的總論部分，其下則訓示刺萼尼進行的方針：

我國國王陛下所以便決定派一高級外交官至中國：因爲你的才幹和經驗，尤以你在希臘國公使任內的勞績，得使國王選定了你。我相信國王的信任心，定能以你的任務內成績，證明其無誤。

你的努力，乃在使法國的商業和航業，能得到和英國相同的利益。一八四二年八月二十二日的江寧條約，是承認英國在中國五口通商的權利，以及設置領事和享受平等待遇的法益。但此江寧條約，所定者僅爲一般的原則而已，我們須應用一下才好。今英國公使已巧妙地成功了這應用的手段，從和平條約簽字換文之後，英公使即與欽差大臣耆英訂立關稅章程和通商條約。此商約於很公道的標準之下，規定關於一切引港的服務，關員的監督，船主的義務，頓稅的繳納，進出口貨的稅率，關司的檢驗，關稅的徵收，度量衡的單位，海難的辦法，商品的運輸，領事的待遇，中國

─────────────────

[註一]　Maybon et Fredet, id. , p. 4.

人和英國人的爭訟，軍艦的泊駐，以及船鈔的保證等等。

　　所以法國商業，照英國一樣，附在英國商業裏好了；至於英國商約上其他特殊之點，除非在你的旅行期中，事實上發見不適於我們的特別需要，須加以修改外，你儘可照英國辦法好了。但中國政府自己願意，或因你的要求，而允許法國商船能進出新開的四個口岸，允准法國能在那些商埠設立領事，允許給我們如給與英國的許多利益，允許容納你的一切特殊要求時，如無正式條約保證，你的任務的目的，却還不能算完全達到。你的目的的達到，全在中法能訂立一種友好通商的條約。訂了條約後，中國便受着我們的束縛，正如受着英國束縛一樣。

　　設立領事之事，或爲你的提出要求之一，此事將被中國人視爲具有政治性質的，但照英國商約規定，大不列顛領事對於其治下的國民有警察權，并有權與聞華英人民的訴訟，且爲執行此項職權起見，各通商口岸，英國有常駐兵艦一艘之權。中國欽差或將提出同樣方案，因爲照他們的意思，兵艦的存在，是保持華洋人士關係的最好方法。但你對於此條須將那義務的性質，設法變爲合理的應得權利才好。你將毫不遲疑，添加此條，如屬必要時，儘可提出要求。因我們在中國如不照英國在各通商口岸駐泊兵艦，將不會享受和英國相同的全部利益。我們有了這條做保障，我們隨時均可應用。如你不能在各通商口埠，各駐一艦，即可選擇足以發展法國商業之一二埠，常駐兵艦，以便擔當鎮（攝）〔懾〕我國國民服從領事權威的任務。

　　你依我所希望的而成功了，和中國政府簽訂最適當最有利益的商業與航業的條約時，你的任務却還未終了。你應明瞭第一步成功之一，該是使我國大商人和工業家正確認識中國的商法，使我國農工產品，如何可在中國市場中推銷，以及採辦何種華產，由我國船隻運歸，以供同胞應用。[註一]

喇萼尼奉了政府訓令，便帶了兵艦三艘：西蓮納（Siréne）號，亞奇麥得（Archimiéde）號，費多利歐斯（Victovieuse）號於一八四三年十二月十二日_{清道光二十三年十月二十一日}離法國巴來斯德（Brest）港來華，旋於一八四四年八月十三日_{清道光二十四年六月三十日}到澳門；約經過兩個月的交涉，遂於同年十月二十四日_{九月十三日}在廣州黃埔江面亞奇麥得艦上，簽訂了中法商約，至一八四五年八月二十五日_{清道光二十五年七月二十七日}在澳門正式換文。[註二]

黃埔條約共有三十六款，其中最重要者爲第二款及第二十二款；此兩款，實爲建立法租界的一顆種子。

第二款及第二十二款原文如次：

　　第二款

　　自今以後，凡佛蘭西人家眷，可帶往中國之廣州、廈門、福州、寧波、上海五口市埠地方居住貿易，平安無礙，常川不輟。所有佛蘭西船在五口停泊貿易往來，均聽其便。惟明禁不得進中國別口貿易，亦不得在沿海各岸私買私賣。如有犯此款者，除於第三十款內載明外，其船內貨物，聽憑入官，但中國地方官查挐此等貨物，於未定入官之先，宜速知會附近駐口之佛蘭西領事。

　　第二十二款

　　凡佛蘭西人按照第二款至五口地方居住，無論人數多寡，聽其租賃房屋及行棧貯貨，或租地自行建屋建行。佛蘭西人亦一體可以建造禮拜堂、醫人院、周急院、學房、墳地各項。地方官會同領事官酌議定佛蘭西人宜居住宜建造之地，凡地租房租多寡之處，彼此在事人務須按照地方價值

［註一］　Maybon et Fredet, ibid, pp. 5 – 7.
［註二］　Maybon et Fredet, ibid, pp. 9 – 10.

定議,中國官阻止內地民人高抬租值,佛蘭西領事官亦謹防本國人强壓迫受租值。在五口地方,凡佛蘭西人房屋間數,地段寬廣,不必議立限制,俾佛蘭西人相宜獲益,倘有中國人將佛蘭西禮拜堂、墳地觸犯毀壞,地方官照例嚴拘重懲。[註一]

黃埔條約簽訂後,剌萼尼即行北上,至廈門、福州、寧波、上海四個新闢的商埠視察;剌萼尼至上海後,即覺上海和廣州相同,大有可圖的。他在報告奇祚的信裏説:

> 上海的地位,比較福州、廈門、寧波更爲優勝;我國貨品凡合於廣東者,無不合於上海;至於我們所欲購的貨物,像生絲、綠茶之類,均可於上海低價購得之;關於這件實地考察的報告,已由各商務專門委員詳細另呈了。……

> 依我在華北所遇見的法國商人之意:中國人的政策,是要把外人的商業集中於廣州、上海兩地,因知此兩地,無論如何,均不能阻止外商營業的萌芽;在此兩地,自然之力,可以協助商務的繁榮;這樣,華人雖極不願,但亦無可如何的![註二]

剌萼尼的任務畢後,遂於一八四六年一月十一日清道光二十五年十二月十四日趁亞奇麥得兵艦回國了。現在的上海法租界裏,有一條喇格納路和一個喇格納小學,即是紀念他的。法國政府因剌萼尼使命成功之後,便決定取消廣東領事署,特在中國設一常駐公使署,和在上海設一副領事署,派敏體尼爲上海第一任領事。

當法國任命駐滬第一任領事的時候,此時的上海,英國所設的領事署,已逾三年,而英租界之成立,亦已二年了。

這已是一八四八年清道光二十八年了,上海仍是像沙漠一樣的冷靜,據法人格納比愛海軍中將(Jurier de la Graiseie)在他的"中國旅行記"(Voyage en Chine de la Cavelte la Bayonnaise),和胡伯萊男爵(de Hübner)在他的"世界週遊記"(Promenade autour du Monde)所載:則那時上海的單調和平凡,真是怕人;一般地面,都是禿無樹林,而幾乎大半浸於水中似的潮濕;大部分的地面,都爲農田,中間縱橫着河浜和泥溝;更夾以墳墓、糞坑,混雜其間,愈顯出其醜態了。

但在新成立的英租界方面,則已有西式的建築,漸臻美化;據當時一個天主教耶穌會何士(Roze)神父説:那時英租界的房子,不惟是洋樓,簡直是皇宮,猶如在個沙漠中間,長個茂林出來一樣。[註三]

至於未來的法租界,在那時,恰是英租界和上海縣城間的一塊緩衝地;有幾座中國式房子,散佈其間,而那地面,則沼澤縱橫;在靠近黃浦灘方面,更爲污泥的斜坡,坡上蓋有已被水衝壞而且已極陳舊的破屋,臨江一帶,每年更受水勢和潮汐的影響,沖刷成碼頭式的土層。是以此時的洋涇浜南岸,雖以旁靠租界和城內的關係,仍極其黯淡而污濁,但在商業上,却頗有相當的活動。[註四]

此時上海的外國人,英人、美人、丹麥人、葡人、比人……都有;至於法國人,則在敏體尼到上海時,已有一個名叫法國人亞杭來(Aroné)在滬,寓在一家旅館中經商。……[註五]

敏體尼是於一八四七年五月二十日清道光二十七年四月初七日離開法國哈佛(Havre)港,趁土圭賭蘭(Duguay Tronin)號到新嘉坡,繼又乘加拉牌(Carabé)號到上海;那時已是一八四八年一月二十五日清道光二十七年十二月二十日了。敏體尼因急於來滬到任,所以并不在澳門等待法國第一任駐華公使佛虎恩(Forth-Rouen),具領其到任的國書。因此之故,敏體尼來滬時,只有"私人的資格";所以在晉謁我國

[註一]　黃月波等編:中外條約彙編,頁七三、七四。
[註二]　Maybon et Fredet, ibid, pp. 11－12.
[註三]　De la Serrière, Histoire de la Mission du Kiangnan, p. 121.
[註四]　Maybon et Fredet, ibid, p. 15.
[註五]　Maybon et Fredet, ibid, p. 4.

官廳時，要請英國領事阿利國(Alcork)代爲引見。[註一]

敏體尼本非外交家，原服務於海軍，因於一八四三年清道光二十三年曾以祕書資格跟剌萼尼來華的緣故，便做了上海領事。敏體尼是時年已四十三歲，身材強壯，富有毅力，容貌聰明，而性情粗暴，但能充分客氣，且有極活潑的性質，凡與他接近的人，都很容易被他懾服。

此時適逢美國領事，以在英租界內升掛美國旗事件，爲英國領事所干涉，因此敏體尼便決定於英租界外，尋覓領事館的地點。

敏體尼到上海後第三天，便向天主教堂趙主教，租了一座坐落在英租界地域外的房子做領事署，此領事署即在洋涇浜與上海縣城中間，每年租金是四百元。館址面積頗大，包含有現在的天主堂街、老永安街、朱葆三路等處。敏體尼是在一八四八年四月清道光二十八年三月初才升起法國旗來。

敏領事在最初數月間，所管者無非教案而已，但是他的慾望，却不在此。迨至一八四八年七月清道光二十八年六月末，恰有法國商人雷米(Remi)來滬，給敏體尼以一個歷來所祝願的機會。

雷米原在廣東經商，已有六年之久，所售商品，爲鐘表及酒。他一到上海，立刻懇請領事署，要求租地；而在一八四八年十月十七日清道光二十八年九月二十一日法領署的譯員吉利克高斯基(Keey Konski)亦提起要求説：

> 領事先生：
>
> 爲着英法二國起有糾紛時，保護我個人的安全起見；爲着減縮支出，以期我這一些的繙譯薪水，得在上海穀用起見；爲着避免我那所住的房屋，時受英國人追索凌辱起見，我謹要求你，領事先生，准許我利用機會佔領些上海法國人專用的地域。
>
> 我所要求的地域，領事先生，是在黃浦灘和洋涇浜旁，直至外洋涇橋迄法領署以及靠城墻爲止；我所要造的房屋，是西向一堆民房，北達洋涇浜，東近黃浦灘，南迄現在的肉莊一帶。[註二]

但是吉利克高斯基却并不推進此項要求，而竟讓其權利於雷米了。

雷米便於一八四九年一月五日清道光二十八年十二月十一日提出正式書面要求説：

> 領事先生：我很希望得在你治下，租些地面，起造商行，所以特來求你恩准我可向地主接洽，并請更由你即向中國官廳交涉，以便戰勝我所預計的抵抗力，而期望得到合於情理的條件。
>
> 我所需要之地，是在北達洋涇浜，西至森林工場；至於東南兩方，我尚不能切實指定，但依我的希望，總想沿着河浜，伸張得越遠越妙。"[註三]

敏體尼却已於一八四八年八月六日清道光二十八年七月初八日正式向滬道提出照會要求説：

> 大法蘭西國領事敏體尼爲照會事：
>
> 按據中法永遠友睦通商條約第二十二條，凡法蘭西人至五口地方居住，無論人數多寡，聽其租賃房屋及行棧貯貨，或租地自行建屋建行；法蘭西人亦一體可以建造禮拜堂、醫人院、周急院、學房、墳地各項。地方官會同領事官酌議定：法蘭西人宜居住宜建造之地，凡地租房租多寡之處，彼此在事人，務須按照地方價值定議，中國官阻止內地民人高抬租值，法蘭西領事官亦謹防本國人強壓迫受租值。在五口地方，凡法蘭西人房屋間數，地段寬廣，不必議立限制，俾法蘭西人相宜獲益……等語。今本大法國領事官，因據屬民呈請租地之要求，并據上述條約之規定，所以曾研

[註一]　Maybon et Fredet, ibid, p. 24.
[註二]　Maybon et Fredet, ibid, p. 406 No. 1.
[註三]　Maybon et Fredet, ibid, p. 27 註三及 p. 406.

究過應借的地點；此地點本領事已選得在洋涇浜的右岸，由城邊鄉村起，一直至將來所需要的地點止。因此本領事請求貴道台照着別國人的同樣待遇，即便指定上海法租界的範圍，並派公證人，爲法商雷米洋行原稱利名洋行估定其所要購的地皮的價值。請你即便派人會同雷米氏前往察看地方，劃定四界。夏末的時候，是惟一宜於營造的時期，今此時期將快到了，因此請貴道台即速發令，以免廢時悮事。"[註一]

此敏體尼所選的地界，即爲其日常寓居的所在，他覺得此段地界有許多好處，第一是交通便利，因此地三面臨着可以航行的水道；東面是黄浦江，北面是洋涇浜，南面是城河浜，在運輸上是很值得重視的。其次便是泊近於商業中心點；因自好久以來，上海的繁榮，有些失去重心，漸趨有利於英租界的方面；但是商業的中心，仍在城内。所以依敏體尼的意思，傍着城邊，立下租界，便是很妙的手段了。何況他更曉得，此時別國的領事，也正懷着同樣的鬼胎，他更覺得有趕快下手的必要。

敏體尼於提出此項照會後，便寫信向駐在廣州的法國公使報告説：

> 我想這事當不至有任何困難，而在若干日内，我希望在上海方面，可有兩家法國的地主，因爲法商亞杭來洋行，也曾向我表示，要在‘法租界’起造房屋的。[註二]

在敏體尼初到上海時，滬道是滿洲人咸齡；迨至一八四八年三月清道光二十八年二月間改由吴健彰署理。[註三]

吴健彰原是廣東行商，由捐班出身，升任上海道台；爲人深通洋務，英語極佳，但是素對洋人不滿；不過因有條約在先，對於敏體尼的照會，雖不歡迎，但亦無可如何。只好於一八四八年八月十六日七月十八日覆文敷衍。

慢慢的進行，枝節的糾葛，真使敏領事等得皺眉。冬天已漸迫近，事情還是依然，他又於八月十七日七月十九日用哀的美敦式抗議書，催吴道台答覆；吴道隨於七日後覆文説：已轉知江蘇巡撫和上海知縣了。

滬道吴健彰恰在此時奉到調任命令；因爲忿恨敏體尼的强硬態度，便於卸印日，故意回封信給敏體尼説：他能在英租界内劃一段地盤給法國人，但須敏領事先去討英領的許可。

敏體尼接到此信，氣得真跳起來，便立覆一信説：

> 爲照覆事，貴道台本月二十六日的信收到了；我敢在此嚴重宣言，此封回信，實等於將貴道台前此的諾言，一舉推翻。從前的來信均在，可以作證，由此次回信看來，足以證明貴道台對於實行讓給大法國所得自天朝的條約上神聖權利，缺乏誠意與善意；因此，這事的結局，應當由閣下個人負責，無關後任道台之事。本領事仍將用貴道台名義，進行此事，并將立即申報我法國駐華大臣及法國政府，求其向北京朝中，對你攻擊。如貴道台不速將此事恢復原狀，則本領事正義的控訴和激烈的抗議，將使你得到應得的責罰。

> 貴道台未免太不客氣；你對我大法國的代表提議，要將屬於英國的地盤給我嗎？我大而且强的法國，是依據條約上的規定，來向中國天子，求借一段地盤，但並非向英國借啊。若我可以向此位尊貴而高尚的英領事情商，則並没有需要惹動你貴道台了，總之，此事并非個人間之事，乃是一個强國在要索一件權利，你該對此强國負責的。

[註一]　Maybon et Fredet, ibid, p. 28.
[註二]　同上註。
[註三]　同上註。

……依據着法律、正義和公理，我再求你道台，實踐你前幾封信中的話；我立等着你的回覆。不然，我真要迫不得已去申詳了。且在此最短時間內，法國公使將坐巴容利（Bayonnaise）號軍艦北上，我想他也要感覺到你如此對我大法國的無禮！[註一]

新任的滬道，却是旗人麟桂，原由科甲出身，生得身材高大，態度威嚴，爲人甚爲客氣；就由他手裏斷送了一片法租界土地！

雖然官廳易於屈服，而民氣却不易於對付，雷米氏所要租的地皮的地主，却要求極貴的代價。當上海知縣將此價目送到法領署時，敏體尼又叫起來了。

原來雷米氏所要租借的地皮，是坐落在洋涇浜沿岸，就是現在天主堂街的東角，此地面積約有十二畝，地上已建有四十六間的平房，還堆着一百多具的棺材，此外還有六七(顆)〔棵〕矮樹和兩間公廁。此地是分屬於十二家地主的；他們每畝地皮要租價三百兩，每間房子要一百兩，每具棺材要五十兩，矮樹要二百兩，公廁要四百兩。[註二]

依敏體尼的意思，法領事署的地點是和雷米氏所要的地方相連着，但是在從前只用八十千錢一畝租來的；因此敏領事又引用通商條約第二十二條向麟道抗議説：

> 凡地租，房租多寡之處，彼此在事人務須按照地方價值定議；中國官廳應阻止內地民人高抬租值。

討論價錢，已經論到十二月十一月初了，忽然有一天，滬道衙門裏派了一個委員來説：中國地主一齊回絶了，都不肯出租；敏體尼便大怒通知麟道説：

> 貴道台委員所説的話到底是什麼話？ 老實説：我的國民是有起造房子的緊急需要，我今真不能再等了，我請貴道台給我明白説，我國人民，依着條約，可以不可以租到地皮呢？ 不然，我的屬民自己會寫信告訴我的上司，使我受罪。
>
> 貴道台往南京以前，已經應許我，下個嚴屬的命令，使我大法國人民能得到所要求的正當權利。我信貴道台是有權力下這命令的；因爲中國皇帝已允准租地給法國及其他簽約國人民居住了；如此，中國皇上自然一定有聖旨，着他官員執行讓給租界的手續，所以貴道台一定有權去強迫百姓借地和懲罰不聽命的人。
>
> ……因此我要求貴道台，早些完結這冗長而討厭的事件；請你在一禮拜內，就給我出一張關於租界問題的告示，并要下道命令給地主們，飭他們照我所定的公道價錢出借。
>
> 我信任地專誠等待你大人對我表示着情誼的新證據。[註三]

麟道便急派人安慰敏體尼説：這都是他委員傳話的錯誤（按敏領事與麟道交誼最厚，在其往來函中，有情投意合，堪稱莫逆等語）。[註四]

敏體尼因更進一步；他一方面感謝麟道的盛意，一方面還迫麟道早些發表關於指定法租界區域的佈告。他以爲如此便容易對付地主了。

此種告示的文字，經過麟道和法領署的譯員，長時間的討論，第一張告示原稿由麟道於一八四八年十二月十三日清道光二十八年十一月十八日提出；敏體尼對於內容，大加反對。他要一句一句推敲着，他要修改許多的文字。他在一八四九年三月二十日清道光二十九年二月二十六日報告公使館説，他所以如此

[註一]　Maybon et Fredet, ibid, p. 31.
[註二]　Maybon et Fredet, ibid, pp. 31－32.
[註三]　Maybon et Fredet, ibid, p. 32.
[註四]　張志瀛：法領政略表，頁四二。

苛求的緣故,是因那些文字,有好多處不十分恭敬尊貴的法國大國民。

在我國方面,麟道正在積極威迫中國的地主;在雷米洋行方面,也爲趕快成功計,暫時對於傍着洋涇浜一塊的空地少租一點。此項租讓便於一八四九年一月八日清道光二十八年十二月十四日成功。共計租地二畝三分八厘五毫,每畝租價一百六十千錢,另加一千五百文的稅費。總計此次雷米氏所費租價共四百五十七元另三千七百五十八文。

此次租地交涉,經過八個月之久,其中雖經許多曲折,可是到此,第一個地樁已打定了,法租界的雛形,已經具備。

至於那告示,文字上往返修改,直到一八四九年三月中旬清道光二十九年二月下旬才弄好;延至四月六日三月十四日方由中法兩國簽字換文。此告示便由麟道發出實貼。

此張告示實是上海法租界的大憲章,同時也算是法租界正式誕生的證明書。

告示內容是這樣:

> 監督江南海關兼管銅務分巡蘇松太兵備道加五級紀錄八次麟
>
> 爲曉諭事:照得上海與大法國通商,昨准大法國領事府敏以道光二十四年九月經欽差大臣兩廣總督部堂耆等會同欽差全權大臣喇議定大清國會同大法國永遠友睦通商,奏奉兩大國上諭允准,平和約內載:凡法蘭西人按照第二十二款至五口地方居住,無論人數多寡,聽其租賃房屋及行棧貯貨或租地自行建屋建行;法蘭西人亦一體可以建造禮拜堂、醫人院、周急院、學房、墳地各項;地方官會同領事官酌議定:法蘭西人宜居住宜建造之地。凡地租、房租多寡之處,彼此在事人,務須按照地方價值定議;中國官阻止內地民人高抬租值,法蘭西領事官亦謹防本國人強壓迫受租值,在五口地方,凡法蘭西人房屋間數,地段寬廣,不必議立限制,俾法蘭西人相宜獲益,倘有中國人將法蘭西禮拜堂、墳地觸犯毀壞,地方官照例嚴拘重懲等語,久經各國遵行在案今大法國人尚無租住之地,應即會勘等因。隨經本道會同大法國領事府敏,勘定上海北門外,南至城河浜,北至洋涇浜,西至關帝廟褚家橋,東至廣東潮州會館,沿河至洋涇浜東角,註明界址,倘若地方不敷,日後再議別地,隨至隨議。其所議界內地,憑領事府隨時按照民價議租,謹防本國人強壓迫受租值,如若內地民人違約昂價,不照中國時價,憑領事府向地方官飭令該民人等遵行和約前錄之條款。至各國人如願在界內租地者,應向該國領事府商明辦理,毋違特示![註一]
>
> 道光二十九年三月十四日示。按即一八四九年四月六日。

法租界是成功了!

此番成功也許是敏體尼能深悉中國官僚心理的緣故。敏體尼嘗對人說:和中國人應該要敢做敢爲,才有力量(Avec les Chinois, il faut oser pour pouvoir.)。[註二]

敏體尼曾在一八四九年五月五日清道光二十九年四月十三(說)〔日〕寫信報告法國外交部說:

> 中國官是三年一任的,官都是用錢買來的,所以他們便使盡聚斂法子,以求翻本;他們只怕一件事,就是怕攪出亂子,給政府難受,終於釀成他們革職的原因。因此當人家攻擊他個人,尤其當人家要拖着他,要使他們來(負責)的時候,他們便常肯屈己從人了。[註三]

這幾句話,真是寫盡我國官僚的心理!

[註一]　Rev. P. Hoang, La Propriété en Chine, p. 175.
[註二]　Maybon et Fredet, ibid, p. 31.
[註三]　ibid, p. 29 及註 5.

我國雖肯自甘讓步,但尚有旁觀者干涉的人呢。此人就是美國領事葛列司活(Gris Wold)。

當法租界範圍的規定發表以後,美領事便向法國和我國政府提出抗議。抗議書的第一段説:指定租與法國人的地界,是早於一八四六年七月十四日_{清道光二十六年閏五月二十一日}許給美國前任領事了。末段更説:中國是個獨立的國家,若是把一塊一塊土地,分給此國或那國的國民,讓他們在那裏享有管理的特權,此種制度是不能容忍的。

此抗議書中,有一段最有精彩的説:

> 譬如説,上海有五十國領事,每國領事都得到有英國領事所得的一樣大的租界;若是在廣東、廈門、福州、寧波都照樣辦去,請問怎樣找到這許多的地方來做租界呢? 此種外國領事專轄權的特權,在歐洲是沒有一國肯容忍的,這是一種謬誤的原則,結果一定是不好的。[註一]

經此抗議以後,敏體尼便受他的上司駐華公使佛虎恩的訓斥:但是敏領事,如何肯平白承受此種有功受罰的責難;因於一八四九年五月二十三日_{清道光二十九年閏四月初二日}回信公使辯駁:

> 我僥倖已同你面説過好多次了,這也不是我的脾氣,這也不是我的嗜好,去做人家所不叫我做的事情,尤其是去設法脱離我長官監督的事情;請你恕我再向你説:公使先生,我是盡心誠意志願服從你長官的權威,而且具着熱誠和忠心來為你服務,我是你誠樣而忠實的屬員。

> 我們相隔的距離,也要求你考慮着;你沒有和別國公使同樣的差船,所以交通的不便,問題解決的遲緩,都是一種事實,足以阻礙上海和使館工作的一致;何況此間所辦的事件,都是緊急的,都是富有現在性的。就説此番租界的事件罷,當我們的國民雷米來向我要求租借地產的時候,我自然要按照着通商條約第二十二條,照會中國官廳了。在當時已有多人傳説,美國和比國領事都正在進行要得洋涇浜做租界呢。這時我已通知過你的,我如何能眼看法國,雖有領事在此,還須落在人後,得不到一些兒利益呢。我深信這是忠臣應做的事,因此便硬幹下去,討回法國的權利:而且同時我也將我的舉動報告過你呢,這都是有信件作證的,所以我已讓你有實行監督的可能了,你又任我怎樣辦去,因此我就用你的名義來辦理,這還有什麼錯處呢?[註二]

但是美國的抗議,終於由巴黎和華盛頓方面沉壓下來,到了一八六三年六月間_{清同治二年五月初}上海美租界劃定時,已成為不了了之的懸案了。

法租界終算是成立了。此時全上海的法國人,截至一八五〇年_{清道光三十年初}止,統共只有十個人,就是敏體尼領事、他的母親、他的老婆、他的兩個女孩、領事館裏翻譯吉利克高斯基、商人雷米和他的二個職員;還有個商人亞杭來,他是住在英租界的。[註三]

[註一]　Maybon et Fredet, ibid, p. □.
[註二]　Maybon et Fredet, ibid, p. 38.
[註三]　id. , p. 39.

丙　太平軍和小刀會

一　法租界對於前期太平軍的態度

太平天國初起時，在上海外僑方面對於這進展迅速的"革命軍"，起初原加以很有趣味的注意，到了南京失守，方漸漸有些怕起來。滬上的國際的商業，在一八五二年(咸豐二年)末一切的貿易，都漸已衰退，貨品因以堆積；據當時的估計，存於貨棧中的商品，至少價值有二千萬英磅以上。[註一]

在一八五三年一月二十一日咸豐二年十二月十三日敏體尼領事向其公使署報告信上也說：

> 英美的商人，自若干星期以來，對於貨物之難於脫手，都在作不平之鳴！現在不惟棉布和呢布，銷路都不佳；就是鴉片，價錢也由每箱五百六十元，大跌至三百九十元和四百元。

> ……我們法國在上海的地位，現在很是孤立；所以我應該引起你的大注意，求你准為我在去年十一月二十四日之請，趕快派個軍艦來！……我以現在孤立的地位，將不能擔負任何的責任；而且尚有"許多的中國文人和商人"，對於法國之沒有軍艦來滬都表示不安；他們到不怕太平軍，因為已預料其將不至來到上海；而他們所最怕的，都是本埠無數的土匪。[註二]

在一八五三年一月二十七日咸豐二年十二月十九日敏體尼又寫信向法國外部報告說：

> 在上海，最可怖的謠言，仍在繼續傳佈中，城中的富戶，不停地要求我們那天主教神父懇我調兵船來滬。因為據他們說若是法國有軍艦在這兒，一定能阻止在此時極其眾多的匪徒和流氓的擾亂的。[註三]

果然敏體尼的要求，終於獲到了滿意：法國賈西義(Cassiru)軍艦，於一八五三年三月十五日咸豐三年二月初六日到滬了。同日我國道台吳健彰，便以江蘇撫台的名義向敏體尼要求其派遣賈西義艦，往南京助防；而敏領事則答謂：

> 抱歉得很！……我單以領事的資格，是不能有此獨裁的權能；我應向我的上司請示的。[註四]

敏體尼繼又與新到的賈西義艦長巴拉士(de Plas)少校商議；而討論的結果，則均以為應採取極端審慎的態度，而宜以保護法國僑民安全為急務。

至三月十六日二月初七日敏體尼引帶了巴拉士進謁吳道台，而吳道仍以派遣賈西義艦往南京為請，但敏體尼則答稱：

> 巴拉士少校所處的地位，與我相同；而在未奉有上司命令以前，是不能有所行動的！但為對

[註一]　Maybon et Fredet, Histoire de la Concession Francaise de Shanghai, p. 45.
[註二]　Maybon et Fredet, id., p. 45.
[註三]　id., p. 45.
[註四]　id., p. 46.

於吳道台個人，表示同情起見，則願於上海方面遇有危險時，賈西義軍艦可以接受自道台以下的上海中國官吏，乃至其家屬人等，來到艦上避難。[註一]

過了若干日後，吳健章來賈西義艦上回拜時，仍以赴援南京爲請；但終於不得要領而罷。

敏體尼對於自己所採取的態度，常向他的上司蒲步龍（Bourboulon）公使，提出報告；而蒲公使乃於三月三十一日二月二十〔二〕日自澳門回訓說：

> 你對於道台求援之請所表示的答覆，我是完全贊同的；我對於巴拉士少校的態度，也極其讚許的。當我調了賈西義艦赴滬時，原與約定這艦的任務，是爲保護上海的領事署和天主教神父們的生命和財產，而一切的保護辦法，是應包含於完全中立範圍之中的。但是此項的中立，在我看起來，與巴拉士所擬的准許道台避難的辦法，却並非不能相容的；雖然此位道台，是富有排外思想；但是我們此種寬大的表示，却極其適合於現在的環境。我並且想：如甲必里時歐斯（Capicievse）軍艦，此時亦可到滬，那到可以派遣二艦之一赴南京，在必要時亦可以准許南京的中國當局，逃來艦上避難。
>
> 兹爲補充你的情報起見，我特通知你：美國公使，曾多次向我表示：他要嚴格保持着中立；至於英國方面，雖或有所干涉，但完全是爲商業上利益着想；我們在中國的商業利益，並不及英美的重大，則較之他國，似乎保持中立，尤爲穩健的政策，而在實際上，也更合於公平的便利。[註二]

這些就是在南京未爲太平軍攻下以前，法國在華當局所擬守的中立態度。

到了太平天國定鼎南京以後，以太平軍的信仰基督新教，乃與法國的天主教，迥不相同；而法國的駐滬當局，以受了神父們的包圍，其中立的態度，乃逐漸轉變了。

在討論上海安全問題時，敏體尼曾和英國領事阿利國（Alcock）發生爭執。敏體尼說：

> 當一個合法的政府，來向我們求助時；那麼，我們便不應該遲疑去參加。因爲一方是革命政府，雖還沒有劫掠的行爲，却也並未取得任何政治上的權利；至於另一方面，則爲已與我們訂有和平友誼條約的政府。我也很曉得中國的現政府，對於我們，常是不懷好意，到底我們迄今還不能尋出中國違犯條約的證據；所以我想：既然我們租界的防守，也要兼顧及於城內；那麼我們和美國領事，要共同出一張强硬的佈告，通知中國人民，示以我們的堅決意志，要阻止滬埠的劫掠且願以一切的方法，協助本地當局，以排擊和取締，無論用何種名義以侵略上海的一切武力。這樣我們便可以安定上海的人心，而且可使搬家者停止，閉店者重開，不良的份子，更自不敢冒昧來滬，而我們也可在上海一埠，威嚴的成立了强國的政權！[註三]

但是阿利國答謂：

> 我也很了解這種辦法的長處；⋯⋯但是太平軍和滿洲政府，既成爲雙方的交戰團體，則我們殊有恪守嚴格中立態度的必要，而且這個現政府，是個再壞不過的政府；或且有了新政府之後，我們能希望（護）〔獲〕到較良的待遇的；所以我們還應該等待看。[註四]

然而敏體尼却又稱：

> 法國的尊嚴，不能容許我們靜待着訂有友好條約的國家的失敗，而還要希望可以利用其不幸

[註一]　id. , p. 47.
[註二]　id. , p. 47.
[註三]　id. , p. 53.
[註四]　同上註。

以自肥；在此未獲有我上司的訓示以前，我仍可以毅然宣說：似此的中立政策殊與我法國傳統的忠信主義不相容；如果我遵守這樣的中立政策，我的政府也定不贊可。而況，總而言之，這並非任何的干涉，而不過是在等待我的長官訓示以前，我們所該採取的自衛辦法罷了。[註一]

在同年四月十五日三月初八日敏體尼致其外交部政務處的報告，有云：

> 凡是認識中國，尤其是了解中國國民性的人，都該悟到：只須列強一些示威，便可以壓止了這局部的反亂運動——我所稱爲"局部"者是因爲此次革命的嘗試，民衆對之似乎甚爲冷淡；但觀太平軍所經過的各省，不旋踵即爲滿洲皇軍所收復，便可以知國民革命的解釋，殊不符於當前的事實了——所以若使當時在上海的一二艘軍艦，上駛南京；則兵威的赫臨，已可使中國皇軍，重整其勇氣而叛徒且可以迅速嚇潰了。但是，列強等卻完全無所行動；因此乃令使素無紀律的匪羣，逐漸組織起來，且更而染上了政治的色彩；這樣，恐將有好多年，陷中華帝國於無政府式的內戰中；因而更將使任何國的外僑，在中國的僑居，雖非不可能，但至少實成爲極其不安定而極其危險了。

> 到底部長先生，請你恕我自由表示這個意見；現在的情勢，好似狠適宜，以使我們歐美各國，乘機伸足於這龐大的帝國，而獲得在其國內自由通行權。現在危殆中的中國政府，正在屈辱地哀求着和牠訂有條約的列強來協助；而此類要求的結果，可不是正好迫使中華帝國開放其京都的城門，以令我們的全權公使，獲有在此北京設立正式使署的機會吧？

> 總而言之：訂立條約後十年的經驗，已是充分證明了，列強如欲增進其對華的未來關係，實應獲有更優異保證的必要；而現在的局勢，可不是很有利於獲得此種保證而不會遇有任何的困難了嗎？

> 我求你：部長先生，饒恕我之擅作此想；而我這思想的來源，原是由於目擊那中國國內的大小事變和陰謀，乃因以獲得的經驗呵！[註二]

敏體尼雖力謀協助清軍，但終以孤掌難鳴而作罷；太平軍遂攻下了南京、鎮江，……上海亦爲之大震；由是市面恐慌大增，而商店之倒閉者日益多，銀元漸少，即必需品的食糧，也有斷絕之慮；因此在滬的外僑，乃亟於開會，力圖自保了。

同年四月十二日三月初五日全體外僑大會時，敏體尼也以法領的資格前往列席。

此(今)〔會〕係由英領阿利國主席，而其會議目的，則爲採取防禦的新辦法。敏體尼到會後，却發覺了所有防禦的工事，只限於英租界，而不及於法租界，因此便聲明不參加了，但是，阿利國即答以法租界可有賈西義艦爲護符！……[註三]

英法二領的意見不合，於此可以見其一班！

到了六月十日五月初四日，敏體尼終於趁了賈西義艦離滬以返國休假，而由愛棠(Edan)承其遺缺，現在法租界內由南陽橋至大世界有條路名叫"敏體尼"蔭路，便是用以紀念開創上海法租界的功臣的。

二　法租界對於小刀會的態度

在小刀會戰爭的時候法租界幾乎變成戰場，所以牠的地勢，應得預先說明。

在一九一五年填塞了變成現在愛多亞路的洋涇浜做成了那時的英法兩租界的天然分界線。在此

[註一]　id., p. 53.
[註二]　id., p. 410.
[註三]　id., p. 56.

浜上,架有三座中國式的橋;第一座是石製的二洋涇橋,通達到現在的老永安街,地方更遠朝北些便是三洋涇橋,可以通達到老北門大街;再遠些就是鄭家木橋,通達現在鄭家木橋街,此橋是木做的。沿洋涇浜,又有岔出朝東的小路,達到老北門大街附近的福建會館,便是現在的公董局的原址,另有一條小路,朝南岔出,離城内北門四百五十公尺左右,便是美國的基督教監理會和浸禮會的房屋。北門和三洋涇橋附近,建有許多中國舊式小屋,此種屋後,有些小園庭,外用竹籬圍着。園庭之外,一望都是荒地,亂堆着棺木、秃樹、亂草、潴水。……

　　向東便是黃浦江;沿黃浦,蜿蜒着一條小路,朝東伸去,直達城邊的大東門和小東門,這便是現在法租界外灘的原址,另有一路和此小路平行的,伸向西去,逕至洋涇浜旁邊的福建會館,這便是現在天主堂街的原址;還有一條橫穿的,與洋涇浜平行的路,這就是現在公館馬路的原址。

　　朝西方面,老北門大街便做了法租界極端的界線,但照麟道台告示所規定,則法租界還要伸遠,要伸到現在的敏體尼蔭路。此敏體尼蔭路,當初原爲洋涇浜的一條支流,到一九〇〇年才填塞,在那時,却有兩座木橋,(駕)〔架〕在此流上面,通往鄉間。

　　朝南那一面,法租〔界〕的範圍,也沒有敏體尼領事當初所要求的那樣大;由黃浦江起,至城邊東門止,還未曾屬於法租界的管轄;至一八六一年時,才將十六舖一帶,包括入法租界的區域。[註一]

　　當時的法租界——按在此時,一般外人,連法國人在內,都尚不敢號稱法國租界,而僅名之曰:法國人居留區(Quatien francais)——距麟道台佈告創立以來,已有四年了,而界內仍一片荒漠,并沒有什麽外人,來要求購地的,而此時的法國人在法租界內的利益,只是江南天主教會和雷米——利名洋行的地盤而已!

　　天主堂的地盤,係爲廣大的不規則多角形,自南徂北約爲二百五十公尺,自東徂西約爲三百公尺;在其地盤内,有田野,有花園,還有若干建築物,而法國領事署的房屋,即是向趙方濟主教借寓的。

　　雷米——利名洋行的地產,係靠近洋涇浜一帶,面積約爲五〇×七〇公尺,而在現在的天主堂街附近處,更造有住宅和棧房。[註二]

　　除了這兩處法國人房產之外,餘下的法租界地盤,完全爲空地、殯舍、墳墓、……而中國的貧民,更雜處其間,内以福建人和廣東人爲最多;……在一八五三年八月二日咸豐三年六月二十八日愛棠領事致他的公使署報告有云:

　　　　我近還;向道台抗議:斥其在洋涇浜一帶,維持公安不力;而更惡意他容許了賭場、鴉片館、妓院等,侵入"法國人居留區"内營業,以致在這區中造成了要不得的人底巢穴。[註三]

　　果然,這閩粵人民,便是小刀會主動人,而一舉便佔領上海縣城了。

　　一八五三年九月八日咸豐三年八月六日早晨,法租界的外僑,便聽説:上海縣城已於昨晚入於"叛徒"之手了!原來是粵人劉麗川、閩人陳阿林等之自動起義,而並非太平天國的進攻。

　　這劉林等一般人,原是三合會或小刀會的份子,來以打倒滿清爲目的;在滬起事之後便有了許多外人,英、法、美、丹麥、馬萊、馬尼剌以及澳門人等來參加,而此小刀會的服裝,是以紅色爲主,舉凡徽章、腰帶、頭巾,皆成赤化,所以當時外人,尤其爲天主教神父們、都稱小刀會爲紅軍。[註四]

　　當日小刀會在縣城起事的情形,據天主教梅德爾神父在一八五三年九月十四日八月十二日信内説:

　　[註一]　id. , p. 61.
　　[註二]　id. , p. 62.
　　[註三]　id. , p. 63.
　　[註四]　de la Servière, Histoire de la Mission du Kiangnan, p. 267.

九月八日八月初五日極早我來到大東門口時,遇有一堆人,飛脚狂奔,沿途大呼快逃;在他們的後面,却跟着一批人,全身被紅,手執刀鎗。……我連忙下轎去看,因爲見了城門大開,我便冒險進城,但也不遇任何抵抗;察得這些握有武器的人,都是閩粵和本地人;……他們起事時間,是在九月七日八月初五日上午三時,佔入縣城之後,上海知縣袁祖惠在赴文廟祭祀的途中,被人刺死;至於道台吳健彰,則以其亦屬於三合會會徒之故,爲粵人所免死;迨後,則吳道由其兩個美國友人哈爾博士(Docter Hall)和斯蜜德(Cal de catt Smith),設法使之化裝爲店員,手執破雨傘,縋城而遁。[註一]

小刀會佔城後,城內的秩序,不久亦即陸續恢復;但是靠近城邊的法租界,却甚恐慌了!
此時駐劄上海的法國領事愛棠,曾在一八五三年九月十四日報告公使館以此夜的恐慌道:

九月七日夜間十一點半鐘,忽得到中國人傳來的消息說:會匪要来攻擊雷米(利名)洋行了!我就立刻通知雷氏,一面派兩個路過上海的法國人,帶上全付武裝,到雷家去防守;一面更派了斥候兵,通知英國領事署和英國防軍司令部;果然不到一刻鐘,英國海軍便派了一連的陸戰隊,帶着兩尊大礮來到雷米氏房子傍邊的洋涇浜橋上警戒着。[註二]

愛棠領事本人,也接受了英國連長費次浦那(Fisboune)之請棄了領事署,來陸戰隊中露營過夜;到了次晨,愛棠回署時,則發現有許多小刀會中人已來,在法領署和雷米(利名)洋行間中國房屋中,過了一夜,第二夜亦是如此,但也並無大礙。

愛棠於力謀保護法租界之餘,且謀兼及於徐家匯董家渡和浦東張家樓的天主堂,而令各處的教堂,都掛起法國旗來。[註三]

到了九月末八月初清廷便紛紛調兵來滬平"亂",在黃浦江上的兵船,不下六十多號,包圍着大小東門和董家渡方面;至於陸軍方面,則列營於吳淞江一帶以達於西門。

圍城戰爭開始了,法租界以地勢的關係,乃使其中的領事署、雷米(利名)洋行、天主教堂,都受有流彈;而在天主堂迤西一帶的美國基督教會的房屋,更成爲雙方的戰鬥中心點。

這個戰鬥,計在一八五三年九月三十日八月二十八日、十月一日八月二十九日、三日九月初一日、四日九月初二日、五日九月初三日、八日九月初六日、九日九月初七日、十二日九月初十日屢次舉行,結果清軍均遭失敗;由是乃放棄西北面的攻勢,而改向東進,因此肇起十一月十日十月初十日舉火焚燒法租界南邊至小東門外一帶民房的事件。但對於作戰方面仍是無補的。

清軍方面,尚不以燒燬了小東門外一帶爲已足,更欲將自法租界南邊起至洋涇浜附近止的鄉村也付之一炬,因此愛棠領事乃於十一月十三日十月十三日派了繙譯斯密德(Smith)向吳道台提出抗議表示:"因爲火災已到了最遠的限度,如若超過了,便足以組成對於外人房屋的真實威脅;所以中國當局若再有放火的嘗試,則將遇英法聯合武力立刻嚴勵的取締。"由是焚燬之議,乃以中止。[註四]

對於小刀會方面,法國當局的態度,已漸強硬;十二月二十一日十一月二十一日上午四時,有兩個中國(藉)〔籍〕的天主教傳道人,往董家渡天主堂之際,在小東門爲小刀會所逮捕,擬處死刑,事爲天主教神父所知道,便遣人向城內當局謂:

［註一］　id., p. 268. 據 Hennès 軍艦艦長 Fishbounre 日記所載,此時的吳健彰,猶如"小狗"求救般的可憐。
［註二］　Maybon et Fredet, id., p. 66.
［註三］　id., p. 67.
［註四］　id., p. 75.

如這兩個中國人，不予釋放，則法國軍艦上的水兵，將親至來要人呢！[註一]

小刀會當局，便立即解放此兩個中國天主教徒，……但愛棠尚不認爲滿意，又向小刀會提哀的美敦書：限定於十二月二十六日十一月二十六日十時以前，要將那"虐待"天主教徒的軍官，送領事署內法國旗杆下，受筆五十板！否則法國軍艦即將轟城。

愛棠又於十二月二十四日十一月二十四日通知英美等(同)〔國〕領事説：我之所以驟用哀的美敦書的手段者"蓋爲使將來貴國等僑民進城時，免再有所危險！"同時，愛棠並請當時泊滬的法國軍艦高貝(Col ber)號預備一切有効的干涉。

此哀的美敦書消息傳出之後，留滬英僑方面，大爲震驚，羣請英領阿利國，出而轉圜，……但是劉麗川，却已屈服了！在限期未到前，他已派十名無武裝的兵，送來小東門的守官，并且附函，代求寬恕。但是愛棠却使之在高貝艦陸戰隊前，向領事署中的法國旗，三跪九叩；然後又由法國水兵，導送至小東門。[註二]

法國利用天主教的野心，也頗爲小刀會中人所洞悉，因而亦頗欲利用宗教政策，以與法國人求妥協，在愛棠一八五四年五月二十九日咸豐四年五月初三日致法國外交部的報告説：

有個福建首領林阿福，來對我説：他願偕其所屬三千人，同進天主教；因爲劉麗川已受教於英人麥華陀(Medhusst)，陳阿林也受教於美人加郊愛比(Cabouiss)呵！[註三]

愛棠終於請他們逕向常在城內往來的天主教神父們，接洽去了。

此時吳健彰道台，又復重出——因而引起了劉麗川分向英、法、俄、葡萄牙、普魯士、漢堡等國領事的抗議——力助旗人吉爾抗阿，再行攻城，戰事的中心點乃漸移於法租界內的福建會館(即現在所稱爲大自鳴鐘的麥蘭捕房原址)和四明公所。雙方勢均力敵，作戰有長久化的趨向；由是乃由法國公使蒲步龍，出而擔任調停。

法使蒲步龍是於一八五三年十一月初咸豐三年十月初，趁高貝號軍艦到滬，繼又改乘原留滬的賈西義(Cassini)號軍艦往南京，進訪太平天國的當局，至十二月十二日咸豐三年十一月十八日又返上海；在蒲氏此次來滬時，清軍已與小刀會進行讓受城池的談判，但終於破裂。

一八五四年一月咸豐三年十二月，蒲步龍又提出和議，但劉麗川却極其反對屈服，而英人信仰中立，也深以法人爲多事；在二月十一日咸豐四年正月十四日字林西報有篇社評載：

我們要記着：法國在遠東方面，并沒有商業的利益，而其天主教的政策，也沒有使法國的軍艦，在太平洋上有甚重大的用途；至於此次的中國革命運動，尤爲天主教耶穌會神父們所反對，所以很明顯的很不客氣地他們便對之採取了敵對的態度；而且這般神父，方在極力包圍本地的法國當局，這次蒲步龍往南京時，便有許多神父們跟隨着，便可以知天主教神父對於政治上的意味了。因此我們要極其留心，極其注意地，去避免一切各國聯合的干涉，以致小刀會退出，而讓清軍入城；因爲這樣便足以延長中國民衆的痛苦，且給予清軍以暴行的機會，最近清室皇軍收(後)〔復〕，廈門時的野蠻行動，便是一個例證，我們要曉得：一切對於雙方交戰團體的仲裁和(幹)〔斡〕旋，便都是放棄中立的表示；現在法國和英國，實在太少共同的利益，以從事於聯合的政策，而來解決中國的大革命問題呢！[註四]

[註一]　id. , p. 79.
[註二]　id. , p. 79.
[註三]　id. , pp. 72－73.
[註四]　id. , pp. 82－83.

　　蒲步龍的干涉政策失敗後,乃於一八五四年二月四日咸豐四年正月初七日趁了高貝號重迫澳門使署,而上海法租界方面,此時便暫没有法國軍艦爲護符。

　　此時小刀會與清軍的戰争,又復熱烈起來;失了護符後的法租界,所受到的危脅,并非來自法人所深惡的小刀會,却爲其所欲助的清軍,而且以天主堂爲尤受危脅呢!

　　一八五四年二月二十三日咸豐四年四月二十六日愛棠忽受了天主教趙方濟主教的訪問;趙方濟以戰慄的情狀,持了天主堂重要的簿籍,來訴説:在前夜間,清朝所屬的川勇,要作搶掠董家渡天主堂的嘗試,嗣經趙方濟向上海縣交涉無效,再由愛棠向滬道抗議又無效;終於乃由愛棠向英領借兵往董家渡天主堂看守,方才無事。

　　同年三月十七日二月十九日吴健彰以清軍屢次攻城失敗,乃謀以法租界爲其作戰根據地,遂趁着法國并無軍艦在滬的機會,向愛棠提出强硬要求説:

　　　一將法租界的法領事署移到英租界去。

　　　二將雷米洋行也移往英租界去。

　　　三將洋涇浜上的二洋經橋石橋拆去。[註一]

同時却允許了愛棠和雷米的搬家津貼費。

但愛棠不允所請,駁覆説:

　　　根據一八四四年條約第一二三條,法國人的所有權,是不可侵犯的,并據同約第二十二條的規定,法國租界的取得,是正當的。……

　　　……國旗的尊嚴,要禁止我放棄原有的館址;而且我如此做了,未免有悖於對雙方嚴守中立的義務……至於洋涇浜拆橋問題,這是與英國領事職權上,也有關係的。[註二]

　　爲要拖帶英、美兩國加入交涉意見,愛棠便將自己和道台往來的函件,抄送給英國和美國領事看;是時,英國領事阿利國(Alock),雖在生病,但還寫信給吴道台説:

　　　拆去二洋涇橋,在戰略上是没有用場的;因爲我將以英國領事的資格,來阻止在橋上架炮或其他軍事上的設備。[註三]

至於美國領事麥菲(Murphy)却回信給愛棠説:

　　　若是法租界不是法國人所專有的話,那麽,我就可以採取一切防衛的辦法。[註四]

　　此時忽發生一種謡言,説是愛棠領事被吴道台收買了;同時,英國領事也要想拆橋了,由是他就派副領事威委瑪(Wade)來和愛棠商量拆橋的問題。愛棠一定不肯,他説:

　　　證明我中立的關係,保持我國旗的威嚴,打消我受道台運動謡言的必要,都禁止我離開領事署;你們不要把此種態度,看做是可笑的勇氣,我的意志是要照理辦事的;叫我離開領事署無異叫我做逃兵;而惟有維持領事署,才是保護我們的條約權利和我們僑民的利益。

　　對於拆橋問題,愛棠更説:若是由你們拆了二洋涇橋我就要向你們抗議,若是你們讓道台來拆橋

　　[註一]　id. , p. 88.
　　[註二]　id. , p. 88.
　　[註三]　id. , p. 88.
　　[註四]　id. , p. 89.

我也將向你們抗議的。[註一]

後來愛棠連將石橋改作木橋都不肯，而反勸英領不要怕小刀會，防備清軍的暴行。果然英美聯軍終於和清軍發生衝突，因而釀成著名的"泥城之戰"(The Battle of Muddy Flat)。

泥城戰役以後，各國外僑爲着聯防起見，乃實行水兵登岸政策，而法國軍艦高貝號，於四月十七日三月二十日到滬，亦加入軍事連鎖，由是英美兩軍，乃布防於西北方，以防清兵，至於法國陸戰隊則駐防洋涇浜南岸，其佈置計分三個汎地。第一汎便在黃浦灘對着高貝艦的碇泊處，第二汎是在法國領事署，第三汎則在法商雷米(利名)洋行。

到了一八五四年六月八日五月十三日，英全權公使鮑林(Bowring)及英海軍上將史透林(Stirling)到滬；史上將在新嘉坡時，即已致函駐防滬瀆的英艦恩康透(Encounte)艦長哩凱來姆(O'Callagbou)，斥其泥城之役作戰的悖理；此時，向南京訪問太平天國的美國公使麻克類(MacLane)，也已回滬，他對於水兵登陸侵犯中國土地主權的事件，亦不表同情。

六月十五日五月二十日，美使乃在寓中，及英、法、美三國領事會議，討論結果，意見顯分二派：一派爲法領愛棠和英領阿利國，主張維持軍事連防佈置的現狀；一派爲美使及其領事麥菲(Murphy)，主張撤除陸上的聯合警備。由是愛棠乃提議："要求三國協力壓迫城內的小刀會退出！"但麥菲則駁謂："在一八五三年末，法使蒲步龍已對此調停失敗了！"到底愛棠卻又稱："現在時勢已變，城內小刀會的大首領林阿福，已率衆出走；所餘者，僅有劉麗川、陳阿林等，儘可以嚇之使逃，在必要時，亦無防聯合使用武力……"爭論至此，迄無結果而散。[註二]

到了次日——十六日五月二十一日阿利國忽通知愛棠說：史透林上將已與鮑林公使商定撤退陸上的警衛，並再由各領事們，另籌護僑的方法。於是，愛棠乃覆稱：

> 在一方面，縣城已自九個月以來，陷於閩廣匪徒的手上；但在另一方面，則毫無紀律而號稱官軍的匪兵，乃環繞於城外；處在中間的外僑，遂成爲雙方的炮靶了……

> 爲着保護公安起見，所以才有三國軍事(運)〔連〕防的計劃，而此種的軍事聯防，雖屬非法，實所必需；因爲若英、美、法三國防汎取銷了，但是戰爭的劇場，勢益迫近租界，而法國人的居留區，將眞成爲不可居留的了！……那麼怎樣辦呢？只有兩個法子罷：或是逐去雙方交戰團之一，或是遷徙了外人居留地，但若遷徙居留地，便等於放棄了流過寶貴的血而得來的上海，所以只好行使第一個方策了；然而又當逐去那一個的交戰團體呢？我們的政府，既與清廷訂立有條約，我們自然有權利和有權威來對清室的敵人說：你討厭了我們：你滅絕了我們的商業，你危害了我們僑民的生命；你的革命，已有九個月的歷史了，在我們看起來，是毫無政治的意味的，所以我們用不到遵重你的權益，你退去罷！[註三]

愛棠覆了這封覆函之後，又於那天晚上，遇見了史透林，仍以驅逐小刀會出城爲請；過了幾天之後，英使鮑林乃通知愛棠說：經英美二國在滬當局會議以後，現已決定：由三國各派軍事長官一人，入城力勸劉、陳接受調停，以期在最好條件之下以退城。

果然，七月五日，英艦恩康透號艦長啞凱來姆、法艦高貝號艦長鮑特恩(Bandiean)、美艦凡召利亞(Vandalia)號艦長蒲柏(Pope)偕同英法譯人威妥瑪(Wade)和斯密斯(Smith)入城接洽，但以等待過久，乃留書抗議而去；嗣經小刀會覆函解釋，乃又於七日入城，受有隆儀招待，但是三國代表並未提有

[註一]　id., p. 90.
[註二]　id., p. 102.
[註三]　id., p. 103.

讓城之議,而僅提中立宣言一紙,以求小刀會遵重租界的中立權并出示曉諭部下,無得提械侵入外人的租界。

勒迫小刀會讓城之議,原爲愛棠所主張,今忽有此變局則他之不愉快,亦不知了;在他的一八五四年九月七日咸豐四年閏七月十五日致法外部的報告,有云:

> 這是需要一個解釋的;但是關於此種想不到的突變,阿利國對於强有力的軍人行動無能糾正,而我也没有權利去向鮑林和史透林質問;我之所以益深不歡者,便是要騙使法國的艦長,去參加這樣的行動呵!……[註一]

法公使蒲步龍也接到了愛棠的報告,他乃於一八五四年七月二十六日咸豐四年七月初二日覆文説:

> 我雖無疑於這對小刀會表示中立的宣言,是由於各國駐滬當局的共同意緒,但以我個人的意見,則對於是種政策,殊難贊同;照我看來:若是和中國訂有條約的三國政府,果願與清廷,在最近期内,成立較滿意的關係,那就應該多少放棄了這個嚴格中立的態度吧! 以三國代表歷來在南京方面所受到的待遇看來,究竟該傾向同情於那一個交戰團體,似也無庸我來明説罷!

至於英國方面,所以對於小刀會表示緩和而引起法國不歡的緣故:原來此時,美國已强迫日本開埠通商,因此鮑林和史透林二人,便不欲在滬,多所生事,而亟謀赴日訂約了。[註二]

關於小刀會約束的布告文字,原係約好,在未張貼以前,是須先得外國駐滬當局同意的;文稿數易之後,史透林乃認爲可用,遂將布告原文送給愛棠,愛棠隨即到高貝艦上,和法艦長鮑特恩商量,兩人研究之下,便覺得此告示的内容僅禁止攜械經過洋涇浜的北岸,而法租界恰坐落在洋涇浜的南岸。

愛棠連忙趕向英國海軍司令抗議,史透林也肯再向劉麗川商量,修整此告示中的大字,幾番轉折,迄無效果。

因此,英、法兩方便生了很深的意見;後來公共租界工部局要徵收法租界地捐的時候,愛棠便借題發作了。他在一八五四年八月三十一日咸豐四年閏七月十八日回信給英工部局説:

> 我相信貴局要徵收法租界的土地税,自然是要使得法租界内的法國人,也享受到與住在洋涇浜北岸的納税人同樣的利益;不過我現在是迫不得已要對貴局説明,法租界内的法國人,已有了特殊的地位了。七月十四日小刀會匪的告示,是只保障洋涇浜北岸的不可侵犯,而並不顧到南岸的事;法租界和英租界合併的條約,是已經簽訂了,爲什麽還可以使我們受一個除外的處分呢?若是我代法國人承認了分擔納税的義務,貴局有没有什麽權利回敬他們呢?[註三]

是時,逃難的華人,都紛紛走入洋涇浜北岸的英租界;因此,英租界内的中國居民,在戰前只有五百多人,戰後,竟多至二萬人。至於法租界方面,華人幾全逃完,小刀會兵便乘機入法租界,自由持鎗往來;法租界在此時,已成爲小刀會的"市場"了,雖有法艦高貝號,泊在黄浦江面,却也無如之何。

到了一八五四年八月咸豐四年七月間法國海軍少將辣呃爾(Laguever)帶了貞德(Jeamed One)號軍艦到滬;清軍首領吉爾杭阿,雖見有外僑屢次的中立布告,但却已看透了法國人的心理,而認定法租界方面,法國的利益和清室的利益,在若干範圍内,有共同之點,便力謀與法國人接近了,九月二十五日八月初四日法公使蒲步龍亦來滬,由是吉爾杭阿乃正式向法使求助。

法國在滬當局果然予以接受,乃即禁止小刀會提械闖入法租界,并驅逐住在法租界内而和小刀會

［註一］　id.，p.105.
［註二］　同上註。
［註三］　id.，p.107.

貿易的一般商人；更自十月九日起築起一條高十二英呎寬三英呎的長墻，以阻斷法租界和城內的交通。[註一]

　　此墻是由清軍派出工人，在法海軍保護之下築成的，由城邊北門築起，延至福建會館——就是法公董局的舊地，再蜿蜒折向西北，轉東到三洋涇橋；至此法國中立態度，已突變爲幫助清軍傾向了。此時僑居上海的英美人，對於法國態度的突變，很不贊成；一八五四年十一月四日咸豐四年九月十四日字林西報社論批評説：

　　　　我們相信在此地政争中，無論任何干涉，除了是爲中國的利益，或人道的理由以外，都是不可以的；數月以來，法國既允許城內的小刀會徒，自由通過，而且住居於法租界中就是暗示着，若無任何人更取攻勢，大家尚是遵守傳統的中立；經過了一年的容忍，法國人的態度又變了；一座圍墻將在法兵保護之下，由清軍建築起來，截斷城內外一切交通。……法國人有没有如此行動的權利呢？ 此種行爲確是顯助清軍的表示，不過在會匪和法軍方面，自幾個月來，都没有（偏）〔煽〕動任何足以危害外僑的暴行，而此次却由外國人去破壞現在的狀態，豈不可惜！ 何況此種行動，是負一種重大的責任，實在並無絲毫改善現狀的希望；我們曉得英美兩國軍官，都拒絶參加此次的事件；蒲步龍公使現在趕快改悔他所做的事，還不太遲呢，他要想到此事是要使全體外僑冒險的。[註二]

　　果然在小刀會方面自不忍受這種的待遇；他們自十二(日)〔月〕十月十四日三日處，時向清軍突擊；另一方面，則在離法國園幾百公尺的地方，築起炮位來。

　　這炮位的用處，并非敵視法國，不過是利用法國圍墻罷了。原來這個炮位，是依靠法國圍墻爲屏蔽使得在黄浦江上的清軍兵船，如欲破壞這炮位，則其流彈勢必侵入法租界了。因此法國海軍少將辣呃爾不肯容忍此項防禦工事，他於十二月六日十月十七日叫愛棠領事勸城內會兵自行拆除此項工事。但小刀會也不肯屈服。由是辣氏乃於十二月九日十月二十日派水兵來强拆，雙方因之正式開火，結果擊斃法國水兵一名。

　　從此法國海軍便天天炮轟城內，破壞了許多民間建築物；同時更由愛棠照會吉爾杭阿，告以法軍與清軍，雖同爲一個共同目的而進攻，但法國人却願保留其軍事行動的獨立。一面更通知小刀會説：

　　　　此次炮戰争，並非法國挑動的；……現在法國海軍司令的意思，是要你們小刀會自動退出上海縣城；否則要用武力驅逐；……（按法人曾許小刀會：如肯讓城，則願輸送之往臺灣。）[註三]

　　此種公然干涉我國內戰的行動，先受法國公使蒲步龍的反對；他於一八五五年一月十九日咸豐四年十二日初三日訓令愛棠説：

　　　　因受小刀會兵攻擊而自衛，這是可以的；但是更進一步，限期叫小刀會兵撤退，我們的海軍司令並没有考慮到他所處的地位了。若是小刀會不肯屈服，則他所用以實行恐嚇的武力，有點不轂用罷。據你的報告書面看起來，你在協助辣司令進行此事的，好像并没有勸他注意到此點；我想此種疑慮定會自然地到你心上來，這是你的本分向他勸説幾句謹慎的話，以免他擔負了超出他能力的責任。你今如此消極辦事，我很抱歉要向你説：你應分擔他所辦事件的責任！[註四]

　[註一]　id. , p. 112.
　[註二]　id. , p. 115.
　[註三]　id. , p. 121; de la Servière, Histoire de la Mission du Kiangnan, p. 286.
　[註四]　id. , p. 122.

收了法國哀的美敦書的小刀會,還想託英、美領事來調解;但是,終被所回絕,而法國海軍方面更於十二月十三日+月二+四日起調艦運兵,積極作戰。

同日,愛棠更公函致英國領事說:

> 今天十時,我到洋涇浜北岸三洋涇橋,看見那裏我們所公建的圍墻,已被小刀會兵弄倒了已好幾天,你還沒有表示重造的意思。並且我還看見在浜上已搭有跳板,有許多從城內出來的商人和苦力,當着英國哨兵前,在板上來往着。……

> 此種交通的容許,先生,在法國軍隊和城內流氓宣佈敵對行動以後,很有重大的不合規則的意味,實是違反我們兩國聯合一致的精神;我所以不得不盡此痛苦的本分,來喚起你的嚴重注意。

英國人自然是不肯承受此種抗議的;第二天,代表英人輿論的字林西報,便有一篇社論批評法國自取其敵,其結論更有云:

> 我們希望法國騎士道的榮譽,不至於因此次轟斃許多無辜而點污了罷,不至於因流了許多法國水兵的血而褪色了罷,實在依我們看起來,此次法國發動的理由,是很不公道的。[註一]

一八五四年二月十四日+月二+五日辣呃爾以小刀會積極抵抗,乃令愛棠通知各國領事,宣布開始圍城。

到了一八五五年一月六日咸豐四年十一月十八日辣呃爾又實行攻城了。是日上午六時,法國領事署方面兩尊礮,又向城內北門轟擊;同時法國水兵二百四十名,分做兩縱隊:一隊預備由轟開的城墻缺口進攻,一隊預備由北城門攻進。

仗着大礮的威力,兩隊的水兵都已攻進城內;但是小刀會的兵,仍奮勇抵抗;經過了四小時的惡鬥,法國水兵終於敗退,死了軍官三個,士兵七個,傷了有三十多個。

愛棠領事,痛心於此次軍事的失敗,便在一月十四日十一月二十六日向英美領事提出抗議,斥其縱容國人,協助小刀會,以抵抗法軍;一面更於一月九日十一月二十一日通告法僑說:

> 法國人的血,已爲公義而神聖的利益,在上海縣城上流去了;此班博愛的犧牲者,爲他們自己的尊嚴而奮鬥,勇敢的戰死了。你們都應曉得,他們是爲保護外僑全體利益而向那一班中國強盜和外國流氓作戰的;他們今要用以生命換來的代價,向所親愛的祖國,和所護衛的宗教,以及一般的同胞,要求一座紀念碑。此碑是用以追思他們的功績,和表示我們的感恩。此種神聖的本分,是該由在中國的全體法國人來完成。[註二]

發了通告以後,便進行募捐,起造紀念碑了。此碑在當時,原設在公館馬路後面的法國總會西偏;過二十多年之後,租界逐漸發達,無地可容,此碑便移往現在的八仙橋法國公墓內。

清軍方面,對於此番戰爭的結果,自然是表示惋惜和弔唁;至於戰勝法人的小刀會,也知難於長期抵抗,便託英美領事來調停,但卒無甚結果。

法國敗後幾天,愛棠奉到了蒲步龍公使一道訓令說:

> 對於如此痛苦,如此設想不到的突發事件,自然是很難壓制我們的悲傷!我們要平心靜氣計劃着怎樣犧牲,才可得到成功的代價。但爲求我們的判斷,不至於環境關係,而有錯誤起見,就應

[註一]　id. , p. 124.
[註二]　id. , p. 129.

該不要用情感,而要用平穩的理智和反省,去估定這種已成事實的結果價值。在這一點上,我無疑地要説:這一月六日所發生的不幸事件,……實是由於一般在中國的外國人都自以爲有絕對的、卓絶無上的優勢,這一種普通觀念所貽誤的。現在應該由此悲哀的經驗——不幸此經驗,却由我們首先來嘗試——去教訓歐洲人説:中國人,在堅固的城墻掩護之下,爲他們的生命而奮鬥的時候,尤其……握有新式的武器,和受有作戰的訓練的時候,確是一個不可輕視的敵人! 這就是你所説的:我們攻擊上海縣城所受的失敗,是含有重大的教訓給世界全人類的![註一]

城内的小刀會,在嚴密的重重包圍之下,發生了重大的饑荒;文廟和城隍廟,天天都有兵民在那裏鬧米荒,便不得已於二月十七日咸豐五年正月初一日終告失敗而潰逃了(劉麗川乃戰死,陳阿林則避入公共租界某美國人家,後又逃往香港)。

清軍爲紀念法國人的勞積起見,便將被法國海軍大炮所轟開的城墻缺口,不加修理,另闢了一座城門,取名新北門;到了民國元年(一九一二年)拆城的時候,還將此城門上的石楣,送交法公董局保存起來。法國人受了此次瘡深痛劇的大虧,不免遷怒到英國人袖手旁觀的態度;愛棠曾寫信向他公使訴説道:

> 在我國和英國聯盟條約簽訂以後註:按此時恰是英法聯軍進攻俄國克里美的時候。英國的海軍,竟在上海公共危機當前的時候,脱離了我們! 這是很充足的理由,叫我們也脱離了公共租界工部局的管理。此種聯合,我們並不見得利益,只見得利害罷了。當我想到了此種英格蘭撒克遜的民族,在此上海公共商場中,人數比我們多,利益比我們大,而選舉法又是以票數爲比例的時候,當我更想到各方所發生不同的論見,各人所崇奉互異的宗教,各報所發表敵對的言論和英美領事對於我們公正中立態度的不理解;我真不能自制要去承認在將來時候,我們實有採取幾項預防辦法的必要;最妙的辦法,自然是法租界的獨立和自治。[註二]

關於法國所以對小刀會用兵的原由,并非懼怕其能侵害法租界;在泥城戰役前一天——一八五四年四月二日咸豐四年三月初五日——愛棠曾在徐家匯向阿利國説道:

> 小刀會是不足怕的,因爲你們的買辦和僕歐,都參加着革命,他們都認識我們的力量的;至於道台所統的那一班的匪兵,全由山賊或海盜烏合而成,他們或當不識相而有大膽的行動呵![註三]

法國駐滬當局對於小刀會之有所干涉,是全受天主教神父們包圍的結果。

在(Tai-ping Revolution)——倫敦一八六六年版——上説:

> 在三合會五衆佔領上海的時候,僑滬的歐人團體中,顯有重大勢力對抗的分野;這個對抗的形成,初原爲祕密,後乃逐漸成爲奸譎的;原來是由於天主教耶穌會神父們敵對陰謀的結果! ……駐在上海的法國領事和法海軍領袖,他們倆都受了神父們的愚弄,而爲其所收買了! ……他們都幫助着清室皇軍,而將三合會逐出了上海的縣城;他們這樣做法,是一些公道和理智的影兒都沒有呵! 這確是天主教耶穌會神父們,決定了上海的法國當局對於中國革命軍的行動;而此種行動,實是一個政治上的錯誤呵![註四]

這不惟是英國人,有此見解,即是法國人,對此是亦有同感的。

[註一]　id., p. 418.
[註二]　id., p. 119.
[註三]　id., p. 91.
[註四]　de la Servière, Histoire de la Mission du Kiangnan, p. 292.

在法國駐華代辦公使古式(Couays)侯爵所著的(Souvenir)——巴黎一九○○年版——書上也説：

我們優良領事——(指愛棠)——的豪俠幻想，和那班天主教耶穌會神父的熱衷誘勸，乃以欺騙了辣呃爾中將呵！一月六日的敗衂，是一種大失敗，而這失敗，并不是在我們的榮譽方面，因爲我們的水兵，曾經奮勇地很鬪過；到底却是在我們的勢力方面，因爲此次的大敗，不免會影響到我們的勢力吧！[註一]

在滬法軍之向小刀會進攻，其并非爲法國的利益而作戰，即法使蒲步龍亦深知之，故在其一八五五年三月四日致愛棠的訓令中，亦曾切責及之；并且，在巴黎方面，法國政府亦以辣呃爾在一月六日咸豐四年十一月十八日之後爲輕舉妄動，而迫令退職；在辣氏丟官後，中國江南傳教的天主教神父們——尤其爲梅德爾神父——却常與他通訊，而報告以因法國的俠義用兵的緣故，乃大便利了他們的傳教業呢。[註二]

三　法租界對於後期太平軍的態度

在一八五七年咸豐七年至一八五八年咸豐八年間，英法聯軍之役以後，英法二國乃決將他們的公使署，先移到上海，以俟遇機再遷設到北京。

法國既決將其使署遷到上海，乃由其外交部長凡利威斯忌(Walewski)向法皇拿破侖第三提議，擬將上海領事署移設廣州，而將上海的領事事務，歸由使館兼理，但如使館遷往北京後，則上海的領事署仍當復設。

此時法國駐滬領事，原由敏體尼於一八五七年六月七日咸豐七年五月十六日返任，但因其妻驟病，乃又於六月十九日五月二十八日離滬，而仍將其領事職務，交由愛棠代理。

所以，儘在法國使署設在上海的時，愛棠仍繼續其代理領事的職務，至一八六一年三月咸豐十一年二月上旬間使署遷京爲止；雖在當時的法國外交年鑑上，并没有愛棠的名字；到底愛氏却奉有蒲步龍的特派，而實際上負有管理法租界的使命。[註三]

當英法聯軍正在上海集中，預備北上攻津的時候，太平軍粉碎了江南大營的清軍，乃乘勝南下，以進迫上海；狃於倚賴外力而戰勝小刀會的清廷在滬官吏，至是遂反向英法二國領事求救！

目的在保護上海的既得權利底英法當局，深恐內戰之禍延及滬埠，乃由法使蒲步龍和英使布魯司，於一八六○年五月二十六日咸豐十年四月初六日發有聯銜布告如下：

上海是一個和各國通商的口岸，本埠的商民和在這兒營業的外人，都有很大的商業上的關係。所以若是上海變做內戰的舞臺，商業上一定會受到嚴重的影響；無論是外國人或是本地人他們的利益，原只希望安靜地去經營他們的正當職務；一旦遇了戰爭，自然會受到不可避免的重大損失了。因此，本公使等，商好了英、法兩國的在華派遣軍總司令，着由當地的海陸軍當局，採取因時局所需要的辦法，以保護上海的居民，向搶掠殘殺的行爲作戰，阻止一切市內的暴動，和抵抗一般外來對本埠的攻擊。[註四]

此項布告，據法蒲隆五月二十九日四月初九日所記的，是於"二十六日實貼於兩租界及上海縣各城門，更有若干份，交由道台，送往內地分發，且有送至蘇州者⋯⋯"關於當時上海清吏對於法文求援的

[註一]　id. , p. 293 註 5.
[註二]　de la Servière: ibid, p. 294.
[註三]　Maybon et Fredet, op. cit. , p. 189.
[註四]　id. , p. 193.

情形,在愛棠五月二十六日四月初六日及二十七日四月初七日致法外部的報告,則謂:

> 五月二十三日四月三日道台吳煦與上海知縣同來要求,藉助法軍;二十五日四月五日城內紳士們亦來領署,請求愛棠轉懇法軍領袖,派兵佔領縣城,或至少佔據若干要點;二十六日,道台又命銀行家泰記來表示願擔任法軍佔城的一切經費。[註一]

愛棠乃求法將蒙島朋(Mautav bau),親與中國當局會面;果然二十七日四月初七日蒙氏遂即接見中國官紳,而英國陸軍上校卡思克尼(Gas Coigre)及海軍大慰鐘思(Joves),亦奉了英使布魯司之命,前來參加。

會議結果:乃決派了法軍二百名,駐防董家渡,英軍則守衛城西——以防蘇州一路的來敵。至於法租界,係由二百名準備赴津伐清的法國炮兵,暫當防禦之任。

到了六月三日,上海吳道知道了蘇州陷落的消息,乃又寫信給法將蒙島朋說:

> 現在長毛得了蘇州,就快到崑山了;只須一二天以內,他們一定會趁着夜間,焚掠上海附近一帶的。因此我求你會同英國軍隊,前往剿辦,只須你們前進一步,他們便自會退去的。[註二]

因有了此封的求援的信,蒙島朋將軍便謀組成英法聯軍,以進援蘇州,但終爲英使布魯司所拒絕。

正在此時,兩江總督何桂清避兵來滬;他原與法國公使蒲步龍約定六月八日四月二十四日下午一時,作個私的會晤,但何督竟失約不來,因而大觸蒲步龍之怒,遂始終不願與何氏會面了!

此時,在上海城內方面,據六月二十八日五月初十日到滬的法國全權大使葛羅(Cros)所記載則已有"許多連的英法聯軍,佔守城牆上若干處炮台,然而人心仍是恐慌!"除了城內駐兵之外,英法聯軍更派有五六百人,駐守滬北江灣和徐家匯附近一帶,以防南路。[註三]

但是,葛羅却不贊成如此辦法,他說:

> 在上海內,保護我們的生命財產,這原是個必須採取的辦法;但是,把我們的實力,推及內地,以向太平(洋)〔軍〕進攻,則不是我們的職份了。

因此之故,英法的聯防,乃限於上海附近;由陸軍上校福爾(Favre),率領三百人防駐城內——內有二十五人,係派駐徐家匯。又由英軍上校卡思克尼率領九百人,防守縣城和英租界。至於城門,亦由聯軍守衛,法軍則擔任東門和北門,英軍則擔任西門和南城了。一面更在西南隅的城樓,起造瞭望台,以窺測太平軍的行動。

到了七月末六月間愛棠方面已收到由蘇州發來的太平軍將來上海底警告信;既而八月一日六月十五日太平軍已達蔡家灣,焚燬了天主教的孤兒院,至十八日七月初二日更進展至徐家匯,佔領了天主教耶穌會神父的住所爲大本營,自是之後,太平軍時攻上海城,但終均爲英法聯軍所擊退。

太平軍之進迫上海,據說是應外人的邀請,而英領米杜斯(Meadous)尤表同情於太平天國,但是愛棠則極力反對之;在其一八六一年二月八日咸豐十年十二月二十九日致法使署的報告,曾謂:"米杜斯曾警告道台,如中國當局繼續其暴政,則外人將改投入太平軍的懷抱了!"

然而愛棠則認爲:"此種態度,非正直的外交官所應有!"[註四]

太平軍退離上海後,英法聯軍亦由北京戰勝清軍而凱旋返滬;法國海軍乃分爲兩部,一部分駐交

[註一] id., p.194.
[註二] 同上註。
[註三] id., p.195.
[註四] id., p.200.

趾支那,一部則駐留中國,由卜羅德(Protet)上將統率之。至於陸軍,則調上海者,計有前鋒兵第一百零一團,輕步兵第二營,炮隊兩列,工兵一連,由高山蒙島朋(Cousine Nonsaubar)上將,爲之統率;共計此時留滬的法國兵,總達二千人。

此時的法租界,勢難統容這樣的大批軍士;由是愛棠乃請滬道設法,而清吏亦即容允:因此,法軍乃分駐在東門外黃浦灘旁的潮州會館,董家渡天主堂附近,嗣後更進駐於城內城隍廟的茶園,以及徐家匯等處。自一八六二年同治元年起,陸軍更以兵工築路,由法租界直達徐家匯,計長有八公里半,是爲法租界越界築路的起源——此路即今之徐家匯路。[註一]

太平軍自前次進攻上海不利退去後,李忠王曾留書通告英法駐滬軍事當局,示表:不久還將復來!果然,在一八六一年一月初咸豐十年十一月底下旬太平軍又有進迫上海附近之訊;一月六日十一月二十六日愛棠乃偕特來求援的道台,同往見蒙島朋將軍,請其救助危急的寶山縣;蒙島朋雖告以中立,但却許以推廣外僑自衛的範圍。因此,愛棠乃致信英領,請其發起會議,以討論推大自保區域的事件;但米杜斯則以有害英商利益爲辭,拒絕所請;到底法國海軍方面仍派有二百六十名水兵,進攻吳淞,以保護其兵站,蒙島朋更於四月十八日咸豐十一年三月十九日致函愛棠説:

> 請你安慰道台,太平軍不會進迫吳淞了;因爲這一點,也好像徐家匯一樣,是由我們來保護;至於寶山則有城墻爲保障,自易守禦,而且有法國兵在吳淞,也可以給與寶山守兵以精神上的援助,以禦進攻的太平軍呵![註二]

到了四月三月間太平軍又進迫滬南,城內的紳士,又復大起恐慌,乃又進求愛棠,請法軍保護浦東,而愛棠亦即爲轉達於其海軍當局法海軍少將,卜羅德乃於九月八月間派有名叫巴斯掛(Paxel)的爲代表,前往正在迫進浦東的太平軍處,告以不許侵入外人防區;一面更在董家渡方面,悉力佈防起來。

迫至一八六二年初咸豐十一年十二月初,李忠王在浙江大勝之後,又謀攻滬;……此時太平軍已迫近上海,虹口一帶已發現了忠王的兵,有兩個英國水兵,竟在虹口被擄;過了幾天,才放回,帶來忠王一信;此信大意是説:"現在浙江方面,已經解決了,本忠王就要到上海來了,我們已得到蘇州和杭州,現在又需要得上海了;所以我特通知你們,不要管我們和滿州韃子的戰事! 如此,我們還好商量可以讓你們自由營業;但若你們仍是執迷不悟,你們就將要後悔了;我的軍隊已到嘉定,你們的回信,可以送到這裏來,以速爲妙。"英法軍事領袖,接到此信便在英領署內開了一次聯席會議;英將何伯(Hope)提議公覆一信,但法領愛棠,則以所擬的覆信,内容只言及上海,而未兼及吳淞、董家渡、徐家匯等處,故認爲應置之不覆。但經討論結果,據説:係議決用布告的形式答覆之;至於此覆文的内容,依天主教神父勞艾吓(royer)的日記所載,則爲:[註三]

> 這是已經好久了,我們歐洲人曾對你們的南京天王説過:我們要保全上海的! 若是你們要來嘗試,我們倆就要宣戰了。在此時,我們却不只在上海或上海附近和你們周旋呢。

由是在法租界方面,乃積極採行種種防衛的辦法;如:入夜九時後,舉行宵禁,不許無照通行;遇有緊急時,斷絕交通,禁止無照運械;拘捕嫌疑犯;不許船隻靠岸;嚴禁燃放邊炮,逮捕流氓乞丐,等等;而據愛棠在其一月二十二日咸豐十一年十二月二十三日信中所述,則謂:法領署乃成爲軍事大本營,海軍事務局、警察辦公處、市政廳、常備法庭等,實集中了一個最複雜的行政機關了。

[註一]　id. , p. 209.
[註二]　id. , p. 204.
[註三]　id. , p. 208.

在上海一帶,以週圍均爲太平軍所佔有,乃漸感有糧食的恐慌——據說只有十五日之糧了,而逃難來滬者,依愛棠估計,總達一百萬人以上呢!

由是法海軍少將卜羅德,乃向英軍協商,謀使太平軍遠離上海,但何伯仍以尚有所待辭之,因此,法陸軍上將蒙島朋,乃授意於其炮隊上慰莫特策(Taidif de Moidrey)組織中國炮兵,設練習營於徐家匯。[註一]

關於法租界的防守,依當時法軍的佈置,特由租界造成一路,以達徐家匯——即現在的徐家匯路,并在徐匯鎮上,建成礮台二座,置礮六尊;至於董家渡,則由租界沿黃浦灘建一長達三千八百公尺的碼頭路以達之,并爲置礮二十尊,而洋涇浜及護界河(Defaua Creeds)間亦置礮三尊,和防兵二十名。

二月十三日同治元年正月十五日卜羅德更在法領署內,召集會議,英法當局均列席:

第一項　美租界和英租界應由英國兵防守,法租界和上海縣城應由法國兵防守,至於北門和附近城墙一帶,應由英國兵防守。

第二項　法國兵共有九百名,內三百名爲別動隊,一百名爲預備隊。美國兵共有六百五十名。內三百名爲別動隊,另有五十五名的陸戰隊和二百名的水兵,來當預備隊。

第三項　警戒的信號,是要在警急的區域內,每隔一分鐘,放兩次號礮的。

第四項　在兩租界內部,應由巡捕和義勇軍採取一切的辦法,維持治安。至於城內,則由各國領事,叫道台擔負治安的責任。

第五項　道台的兵,應負有守城的任務;但是在未通知領事以前,不得出動。

第六項　掌握船隻進出咽喉的吳淞,應由英、法兩國海軍防守;而且如情形上許可,陸軍也要來助防的。[註二]

除了以上大項辦法,還有兩個問題,原列在會議裏的;此兩問題即:是否越境進攻太平軍? 和應否與清軍合作? 當時均未解決,然而英法兩國的軍事領袖,對於太平軍的敵愾,却已有默契了。

到了三月初二月初,英法援軍漸集,而法租界方面,遂於三月三十一日三月初二日,法軍乃舉行大示威的遊行,而英特萊所編的中國礮兵隊,亦隨其後;示威直達至徐家匯,迫近太平軍的營盤。自是以後,英法輒輪流有示威之舉;既而更以示威以演成軍事行動,向上海附近的太平軍進攻。

當時,法軍攻勢的實力,計有海軍步兵二連,滬埠所屬的陸戰隊全部,英特萊所組的中國礮兵等,而英軍且更多的;雙方聯合向王家宅、七寶、周浦、嘉定、青浦,……攻至高橋,卜羅德乃戰死!卜羅德既死,英法兩軍漸形不能合作,幸而此時忠王李秀成,亦因南京危急,退兵防守,上海方面便解嚴了。

至於法國卜羅德少將陣亡以後,自有一番哀悼的榮哀,迨至一八七○年,法國僑民更爲他立了一個銅像;此像現尚在麥蘭捕房院中;在銅像後面座上,刻有數行中國字道:

表揚大法國水師提督卜公羅德,暨水陸各帶兵員弁,并水陸各兵於咸豐五年至同治元年間,不分畛域,在中國助勦逆匪,臨陣捐軀,永誌弗諼![註三]

[註一]　id., p. 209.
[註二]　id., p. 211.
[註三]　卜羅德銅像石座背面的紀載。

四　太平軍和小刀會對於法租界的影響

海關的攫取

太平天國佔據南京時,上海進出口貿易,大受打擊,一切賣買停頓,棧房積貨日多。各國商民,都去見他們的領事說:因中國政府無力平亂而生的結果,是不該由外僑承受的;所以應將關稅暫時免除,至平常狀態恢復時為止。恰在是時,上海縣城為小刀會所佔領;新關的房屋,亦被燒燬;中國官吏,自道台以下,一律逃去。此時海關已顯然是取消了。

但是清政府,此時正在與太平天國作戰,軍用浩大,如何肯准取消海關;因此便向各國公使交涉,由各公使令行各領事遵約行事。英、美領事奉到此令,便決定叫他們的商民,將關稅繳到領事署;所約關稅可用現銀或用四十天的期票。

此時,吳健彰道台,已帶了一枝水師到上海,第一件便注意到海關問題,就想要在前被小刀會拆毀過的海關舊址,重行設關徵稅;但是英國領事不肯,(籍)〔藉〕中立名義推辭說:

> 因為我們的兵力不敷用,所以不能對付會匪。若是租界上設了海關,則此一片殖民地,將要變做戰場;那時,外國人的生命和財產,一定都很危險的。[註一]

吳道台乃不得已將海關暫設於現在外灘公園傍江處一隻船上;但是時,英、美領事仍行代徵關稅如故。

至於法國領事的態度,又是一樣;他接到吳道台需索關稅的照會後,就回信說:

> 大法國代理領事官愛棠,為咨復吳道台事:貴道台的照會已收到了,并已細心研究過牠的內容。

> 此照會中有一點不適用於法國領事方面的;因自由中國人自己手裏燬除去海關以後,我並沒有代徵過一些兒的稅:本領對於貴國金庫,並不負有應納關稅的義務。

> 至於來信中第二部分關於選定一二間房子,來做水上的海關,以代舊有的關署問題,我想這是還可以接受的一種徵稅辦法;不過,此與我所要談的海關本身的問題,完全無關。

> 海關的稅務,並非絕對的稅,到底卻是有條件的稅;欲徵此種稅,到要先盡一個義務。商人們付了稅,是為要求保護安全的,因此,在政府方面,收稅以後,是要給他們保護安全的利益,作為稅收的代價。就是為要保持此種相對的義務,所以才設了領事。

> 因此,本領事,一方面固負有監察我商民非法偷稅的任務,一方面亦當注意到條約上所許給商人的保護利益,有沒有被海關當局所蔑視。

> 此次不幸事件的發生,我誠認為很可悲悼的,合法的當局竟至陷於一種不能行使保護職權的狀態! 貴道應該諒解,本領事是不能不盡第一個的本分,來偏重我所有特殊關切一方面;此方面,擔着與前同樣的義務,一些沒有補償;但在他方面,卻不能供給一些兒的保護權利。

> 所以,我是很抱歉要向貴道台宣佈說儘在上海未建有足以保護我國商民的營業、財產、生命的正當政府以前,我就要放任我國商船,進口出口,不納關稅。[註二]

此時住滬的外人,正鬧着要把上海變成自由市;此封法國領事的照會,發表以後,自然博着全體外僑一致的贊可。

[註一]　id., p. 139.
[註二]　id., p. 140.

此種不規則的狀態,到底不能長久;英、美、法三國領事,終於議定了,由我國聘任客(鄉)〔卿〕來管理江海關的事務。三國領事遂各派一人：英國所派的名威妥碼(Vade),美國所派的名卡爾(Carr),法國所派的名史密斯(Smith),和吳道台訂下協定,大意是說：

> 現在海關監督所感到最大的困難,是在於不能聘到具有清廉、勤慎和懂得外國文的海關人員,來擔任切實遵行海關的章程和條例;惟一適當的方法,是在要聘請外僑,由道台選派,以便補救受人指摘的缺點,和充實些切實而值人信仰的工作。[註一]

此種新制度是由一八五四年七月十二日咸豐四年六月二十日起實行的;但在七月六日六月十四日英、美、法三國領事已發有會銜佈告說：

> 下面簽字的,是和中國訂有條約的列強所派的領事,現據吳道台五月九日的覺書,通告所屬僑民,一體知照,現在海關制度,暫行改組,添設稅務司的機關,以期改善現狀;爲望一切進出口輪船公司的代理人,務自本月十二日起,各向蘇州河海關遵約納稅。

> 兼海關監督吳道台,已通知下列簽字人說：他已決定要利用外人的協助,來進行關於照常收稅的條例,關於舞弊與違避的取締,和關於嚴懲偷稅的辦法;凡一切的船主和輪船代理人,各該爲自己的利益着想,注意遵守海關現行或將行的各種章程。

> 凡在本月十二日還停在本埠的輪船,都應該遵照稅務司的命令,和遵守海關的章程。[註二]

> 英國領事阿利國
> 法國領事愛　棠
> 美國領事克寧漢

洋涇浜地產章程爭執

一八五三年六月末咸豐三年五月底下旬,英國領事阿利國通知各國領事：要和美、法領事,在上海租界內,組織一個統一的行政機關,由界內各地主,選出董事會來執行。

法國領事愛棠於七月一日五月二十五日收到這封通知書,大覺躊躇,便向蒲步龍公使請訓。二十四日六月十九日蒲公使回訓大意是說：

> 因爲我們政府,並沒有不許別國僑民來購買一八四九年所創立的法租界土地的野心,也不願在大不列顛政府表示自由主義前顯出思想落伍的態度;所以願助成此種可以避免許多人所有的國際間嫉妬,和減輕友邦代表困難的處置。但是以現在而論,我們的犧牲,雖然不大,然而總是個單純無償的喪失。[註三]

但是蒲步龍尚附有保留,就是此事須得法皇政府的同意方能正式有效。

一八五四年七月十一日咸豐四年六月十七日,英、美、法三國領事,召集三租界的地主會議,當場通過實行新定洋涇浜地產章程,同時並選出董事五人,組織公共工部局,以統一租界行政。

恰在是時,忽有一種重大事件發生。這是什麽事件呢? 請看一八五四年八月七日七月十四日愛棠寫給法艦高貝艦長的信,便可知道了：

> 我們對於城内的小刀會匪,真是處於萬難容忍的地位!

> ……你受了英國海軍司令的招請,會同美國海軍司令,向劉麗川要求發出一張和清軍所發的

[註一]　id. , p. 142.
[註二]　id. , p. 143.
[註三]　id. , p. 147.

同樣佈告，禁止他轄下的會匪，攜（搶）〔槍〕經過外人住居的區域；此種區域，是包含英、法兩租界的。

　　英國海軍司令史透林，經過數度修正的底稿以後，終於接受了最後的底稿，送給你看，你便來通知我了。當我們在高朋號船上討論此事時，你我都完全同意，認定此項佈告的結構是顯然懷有惡意的，很侮辱我們的。因爲此佈告的內容，並未說及我們的地界；好像上海沒有法國人的財産，也沒有法國的領事署，也沒有法國兵防守似的！禁止會兵入境的地點，是只限於洋涇浜北岸；如此自然是我們受虧了，是我們丟臉了；他們把洋涇浜南岸法租界的所在地除外了；此是對我們高（明）〔朋〕號船上水兵所盡的義務，加以一種蔑視；可憐我們水兵都白受了防禦的痛苦！

　　此日，你恰因有點不舒服；你便叫我代表你向史透林說：不可能的！我們斷不肯接受如此的保證，因爲牠只能滿足我們三方要求的一部分；并且若是贊許此種行動，就是確認此佈告中所有侮辱法國的詞句。

　　是時，英國海軍司令對我說：此種佈告，雖是很不完美，但他却有贊成的意思；因爲所希望的目的，既已大半達到，若要求個更完備的，恐怕總有些困難。

　　我在司透林司令這一篇談話裏，就可看出會匪對於我們存有敵對的心思！但是，無論如何，我總不能答應人家對於會匪的惡意，反給以寬大的恩典，甚至於容許他們得到侮辱我們的機會，我因此曾固執說：法國的地界，既由我們勇敢的水兵勤苦防守，自然也要包含在英國人和美國人所守的區域的，共同防衛，不許攜有武器的中國人進內。

　　史透林便應許我，再向劉麗川試行交涉。

　　在我與他談話時，已預料到此次交涉定無成績了；果然，艦長（長）先生，我既很抱歉來通知你，英國領事剛來同我說：經過長時間向劉麗川積極商量；但是劉君已宣佈，他並不預備禁止士兵持（搶）〔槍〕經過法租界！

　　此事既已算是完結了；艦長，此事很是重大，對於我們國家的威信大有關係，你一定要將此事詳情報告我們的海軍司令。我們受會匪的虧也不少了，此事更侮辱我們到極點；我希望要懲戒他們一下……

　　三國海軍的聯合，義務上是很不平均的：若有一種暴力專向英、美兩方攻擊時，我相信你定是積極幫助他們的，但是在此事上看起來，我很惋惜地發覺到人家這樣容易允許了會匪侮辱我們的事實，則遇着有事的時候，很難希望我們三方面的切實合作。[註一]

就是爲了此事，所以合併租界的通告，才發出兩星期，愛棠便想另生問題了。

當時，公共租界工部局總董開(Kay)，曾發出通知書給各國領事說：

　　租界內各地主，各應在七月二十六日以前，將他們的地産價值，報告工部局；不然，就要由工部局派出公證人估價！[註二]

愛棠便回一封信給英國領事說：

　　在工部局章程未得我法國公使承認以前，我將寬免法國僑民，到工部局報告地價的；至於我呢，我在未得我的長官命令以前，是不能簽認的。

　　我趁此機會，向你聲明一句：我們現在的狀態，是和合併租界的初意，不大相合的。最近有一

[註一]　id. , p. 149.
[註二]　id. , p. 150.

天晚上我坐轎子到你的租界去，但實際上却不能進去呢！我今天才親眼看到，法租界居民的需要，是毫不在於管理英租界交通人員的心中；我和我國的人，……我説這話是很對不起的——竟被逐出外國團體之外了。

我相信此事是與你無關的，但是，此種顯分畛域的狀態，再繼續下去，我想你該是第一個要説：我是很不公道的，還要叫法國人去擔負那不許他們進入的公共租界內的義務呢。[註一]

至八月三十一日閏七月初八日愛棠又覆一封信，給工部局總董説：

我對於你的要求，延遲答覆了，總董先生，此是我近來太忙的原故；并且也因爲我要將你的要求，在胸中細細考慮一下。

我對於你的善意，總董先生，是絲毫沒有疑義的；當你來託我調查法國人民地捐的參考資料時，你一定也想要給法國人享受到洋涇浜北岸一般納稅人所得的同樣利益。若是我沒有需要説明法租界所處的特別地位，我早就願意供給你此種材料了。

你該記得，總董先生，在七月末時，英美法三國的軍事當局，曾向城內的小刀會首領，要求發出佈告，禁止會徒侵犯租界的交涉罷。你現有了此張布告的譯文在手，應該已見到了其中的内容，牠只保證了洋涇浜北岸的不可侵犯；對於洋涇浜南岸，一字不提；以至這些土匪自以爲不必尊重南岸的法國的領事館和法國人的財産所在地了。

此種奇怪布告的取得，還要法國軍艦高朋號來相幫，這真是難懂！此是法國人顯然受虧的不平等待遇。

你是總董先生，無論就個人的品格或大家的公舉而論，正正當當的一位上海全體外國人的代表，所以我應向你訴明：人家太使我們處於過分侮辱的地位了。在會議到殖民上的利益，和商量到統一我們戰線的法子，我總沒有和同僚反對過的；所以我也拋棄成見，協助組成新式的海關，簽認合併租界的協定；就是法國軍艦，也從沒有推辭過公共防禦的任務。

可見萬不能因這合併租界的事情，反使我們受到此次排斥的處分……

你該了解我了，總董先生，我只將關於你的轄下的事情訴説一番；還好，我們的海軍司令今已來滬了，還可以補救些……

因爲你們的軍事當局既已公開的把法租界除在雙方戰鬥團體不可侵犯的防區以外，我以我現在只顧我國民自己的地位了。哼！比方説，我承認了我國人都願意分擔此種公共的義務，不過你有什麽東西報酬呢？你有沒有派兩三個巡捕來到法租界裏駐防過？請你自己想想看！[註二]

有好多的人，以爲法國人退出公共租界，是在一八六二年同治元年法公董局成立時；實則法國領事在簽訂合併租界協約十五天以後，就提出異議了。至一八五五年春季咸豐四月底五月初時法租界已在實際上獨立了；愛棠曾於那年三月一日咸豐五年正月十五日寫信通知英美領事説：

工部局發出通告，招請三國領事參加十三日的會議，討論要否維持或取消此工部局與其所屬的巡捕房；我現特來通知，請你不必等我來參加。

八個月以來的經驗告訴我：各領事，按着各個政府所付予的職權，是不能兼任管理外人的行政機關；尤其此種機關，是由選舉來的，有牠的巡捕房做護符的，……你該了解，這是我的本分要使我的行爲合理化；所以我以爲不必用投票的法子來表決維持或取消我所認爲根本非法的工部

[註一] id., p. 151.
[註二] id., pp. 151－152.

局,而且此工部局的行動是含有危險性的。[註一]

在此時,愛棠領事的態度,是已得有他的公使贊可了;一八五四年十二月二十四日咸豐四年十一月初五日蒲步龍曾呈報法國外交部長說:

> 所希望的利益既不能得到,那麼就應該老實不客氣不批准如此不平等,如此違反我們利益的協約罷。[註二]

因此英、美、法三國公使所簽訂的公共租界工部局章程,形式上雖還存在着;但在實際上照約實行,却(乘)〔剩〕有英美兩國了;愛棠此時還宣言說:

> 我呢我並不承認此種章程,牠對於我和我的僑民,並沒有什麼正式權力的。

是時公共租界方面正鬧着要把上海變成自由市的運動;因此對於法租界當局不守洋涇浜章程的事件,無暇干涉;如此放任的結果,便給法租界確定了分定的(牠)〔地〕位。[註三]

創設巡捕房及其他

自從小刀會覆亡以後,法租界內的情形便大變了。當戰事劇烈的時候,小刀會將附近北門一帶的房子,一律拆去;清軍也將北門邊的鄉村,都除掉了,連東門外的草屋,也都燒燼;法國兵也跟着將城邊一羣房屋,破壞淨盡。就是土地的本身,因起築圍牆的關係,通通翻攪;因此法租界內的許多建築物,竟在數月中,一齊成平地。如此倒造化了法國人! 因爲此後,法國人收買地皮就便易得多了。

經過了小刀會大亂以後,購買地產的投機,大形發達。當時法租界的地產道契形式如下:

> 立永遠結租地契趙甲錢乙同到
>
> 大法國領事府台前,情願將自己二十五保六圖能字圩號內基地共計○畝○分○厘○毫絕租於天主堂永遠管業;三面言定,共作時值價規銀○兩正;彼時銀地兩交,各無反悔;其地自絕租之後,任憑新業主自用或出租或絕租,與趙錢等毫無干涉;每年新業主須出納租錢○○千文,常年至十二月中,預付來歲租錢,以抵完糧之用;此係兩相情願,各無異言,恐後無憑,立此絕租契,存照。
>
> 計開東至○西至○南至○北至○
>
> 絕租趙　甲
> 錢　乙
> 地保某
>
> 大法國欽命駐劄上海甯波署理本國事務領事府愛:
>
> 本領事查趙甲錢乙等,實係該地之主,必能租賣自專;且所定議價銀,俱能得當,是以諭令趙甲錢乙等,并請天主堂司鐸,各自畫押;復查該地價銀交清收清,故亦親筆書押,并移請大清欽命二品頂(載)〔戴〕江南海關蘇松太道兼署江蘇布政使司布政使吳蓋印爲憑。
>
> 領事印
>
> 咸豐十一年四月初七日立
>
> 道印[註四]

[註一]　id. , p. 159.

[註二]　id. , p. 160.

[註三]　id. , p. 161.

[註四]　Rev. P. Hoang: La Propriété en Chine, p. 179.

一八五六年咸豐六年時愛棠開始召集法租界的第一次地主大會，籌畫起建外洋涇橋的經費。此橋長有六十九英尺，闊有三十英尺，全橋是用石造成的。後來此橋就變成爲愛多亞路的外灘。

因此次會議，才稍稍知道法租界内外國人佔有地的面積，共爲一百八十五畝，依照當時估價，只值十六萬零六百元！[註一]

經此會議以後，愛棠便更進一步，又在一八五六年六月咸豐六年五月組織巡捕房。

初愛棠只僱三個外國巡捕，日夜巡邏法租界；經費方面，就照着英租界的辦法，請求上海道津貼。此時道台仍爲吳煦，應允每月津貼三百元。此項津貼，直自一八五六年七月咸豐六年六月付起，至一八五七年三月咸豐七年二月才停止。

一八五七年三月十一日咸豐七年二月十六日愛棠又召集了一次地主大會，以求籌捐建設法租界的經費。列席的地主，十三家中，只有六家出席，他們卻先起來反對設立巡捕房。

這個説：“巡捕有甚用處呢？每家地主，既然都有了他的看夜人；我自己一年來雇用中國人做看門，已費用一百多塊錢了。”

那個説：“我的地產四面有圍墙的，我也不需要看門人，更不需要什麼巡捕！”

還有一個説：“我已雇有三個人，來守看我的竹籬和界石了。”

大家都説：“巡捕人數太多，實是無用；若是真的要用牠來替中國的防兵，那麼費用又一定太貴了。”

另一個又説：“只是那些開店的商人才受着巡捕保護的利益，因爲此等商人正需要巡捕來保護他們動產的，還是由他們擔任此項巡捕的經費罷。”[註二]

經此一番辯論以後，終於通過了兩案：

第一案愛領事所有代墊的各項建設經費，應由界内各地主公同攤還；以後如有地主要用巡捕時，用當另行討論。

第二案組織一個管理道路委員會；所有道路修理的費用應由界内全體地主納捐。

由是巡捕房暫時取消了。

但至一八五七年十二月間咸豐七年十月底十一月初江浙一帶大饑荒，法租界内的治安，很受着影響。因此當時的法領事又於十二月九日十月二十四日和二十二日十一月初七日召集二次地主大會，終於決定再設巡捕房。是時巡捕只有十二名。……

至一八五九年三月三日咸豐九年正月二十九日又創設了一警務法庭，由領事署裏祕書米羅（Merlo）任正審官，翻譯李梅（Levraire）任副審官。而新任的法捕房捕頭甘萊得（Keumeth）亦得陪審。

一八六〇年咸豐十年英法聯軍和我國宣戰的結果，便訂下了天津條約。此約第三十五條，便播下了法租界會審公廨的種子。[註三]

第三十五條説：

> 凡大法國人有懷怨挾嫌中國人者，應先呈明領事官，覆加詳核，竭力調停。如有中國人懷怨大法國人者，領事官亦虛心詳核，爲之調停。倘遇有爭訟，領事官不能爲調停，即移請中國官協力辦理，查核明白，秉公完結。

[註一]　Maybon et Fedet：ibid, p. 165.
[註二]　id. , p. 168.
[註三]　ibid, p. 179.

此時的法租界,總而言之,一切都是渺小,尤其在與英租界相較之下;商業方面,亦只有雷米(利名)洋行一家爲最大的。所以當時法國政府原認上海是個海軍根據地,不惟在租界內設個大煤棧,而且更在吳淞,設立更大的兵站呢。

丁　法租界的長成

一　第一次擴張

　　法租界四至：依照一八四九年四月六日道光二十九年三月十四日麟桂道台諭示，是南至城河，北至洋涇浜，西至關帝廟褚家橋，東至廣東潮州會館；但當時全上海的法國人，連領事一家人在內，僅有十個人，所以小刀會佔領上海縣城時，法國人的勢力，南北兩方因限於河浜不能發展，東面亦只達舟山路附近，西面只達老北門大街。一八六〇年咸豐十年時，法租界人口日漸增多，遂向東西兩方推廣；此時，界內已築有法外灘路，公館馬路，天主堂街，紫來街，吉祥街，老北門大街，新永安街等路了。

　　人口的急劇增加，地產的投機狂熱，漸漸喚起租界區大小的注意；愛棠(Edan)領事因此便向吾國上海兵備道，提出矯正租界界線的交涉；於一八六〇年十二月十一日咸豐十年十月二十九日呈報法國公使說：

　　　　應報告的，我現已要求道台，將法租界延長至小刀會所燒燬的鄉村荒地；北〔門〕一帶荒地，現已被富有危險性的廣東幫和福建幫佔爲巢穴了。爲預防將來一切的困難起見，我決意擴張法租界一直擴至潮州會館方面（即洋行街），誤把福建會館作爲法租界的極端，此是從前的過失。照一八四九年敏體尼(Nontigny)領事與麟道台所議定的：原說是潮州會館，我現已將此意向道台說明。[註一]

蒲步龍(Courbonlon)公使就於一八六一年一月七日咸豐十年十一月二十七日回訓，令愛棠乘機要求擴張租界：

　　　　我想在現在的情形之下，你應向上海當局要求：延長我們的租界，一直到小東門旁邊才行。[註二]

此時上海道台仍爲吳(熙)〔煦〕，對於此項擴張租界的要求，即於一八六〇年十二月二十日咸豐十年十一月初九日駁斥說：

　　　　根據衙門檔案：一八五五年咸豐五年時，貴領事和上海知縣與海防廳所協定的法租界邊界，只達到天后宮北面，所以此案已屬解決。法租界自不能延長到更遠些。……

　　　　現在，是很難叫我再提及此事例；但你說：現今新來的法國人，都沒有地皮可買，倒是真情，爲顧念我們的良好交誼起見，我願熱誠地代你設法，使你滿意。我現已曉諭民眾，并已派屬員會同上海知縣，去檢定地段，另由地保傳喚地主前來，大家一切都可用和平手段解決；但尚有一困難，即天后宮附近一帶地皮，很適合於商業上的應用，所以地價極貴，你在上海已久，應知此段地帶，

　　[註一]　Maybon et Fredet, Histoire de la Concession Francaise, p. 233.
　　[註二]　ditto.

不能和其他僻静地方相比。……

至於天后宮所在地的地主，大概都是廣東人和福建人，他們不僅不肯出賣；就是賣了，也没有人肯在賣契上簽名；還有那邊的小衙門和海關辦公處，是屬於國家的產業，不能讓給的。[註一]

愛棠收到此照會後，自知一時無推廣租界的機會；乃於一八六一年二月八日咸豐十年十二月二十九日具報蒲步龍公使説：

我原想把我們的租界，推廣至小東門的城河浜；但當前我遇有困難，萬不能得到切實的權利；與其將許多要求一齊提出，結果得不到什麼，不如等待將來的機會罷。我已將此事放在心上，一遇適當機會，我自會從新努力，以滿尊意；依據條約：我們的租界本可依着需要而擴張的；所惜者：却是我們的地皮太多，而来此經商的法僑仍太少呢！[註二]

擴張租界的交涉，至此乃暫告一段落；但是矯正租界界線的交涉，却終於成功。愛棠在四月二十九日發有報告説：

法租界現已延到法定區域的極邊了——就是到了前受兵焚的村地上，而邊界的界石，也已正式設立了。

因此矯正的結果，中國又失地達五十一畝半了！……而縣城的新北門和法租界的新開河便是造於此時。[註三]

迨至一八六一年五月二十五日咸豐十一年四月十六日愛棠忽奉到巴黎外交部訓令説：

你定已知悉：法國皇家郵船公司，已和財政部約定：得在印度支那方面，專管運輸郵件的權利；此事已蒙皇上核准，只待立法院的同意。

因有主要航線，要聯絡上海，所以郵船公司，很想在上海埠内，得到充分的地盤，以供起造寫字間、碼頭、棧房和其他在營業上需要的房屋；依照該公司的意見：地盤面積至少要達二平方公畝的，至於碼頭的方向，設備的大略，函内附有該公司的計畫書，請參照！[註四]

此時法租界内的地皮，已全被外國商家買空，但法國外交部的訓令，是要在法租界沿江一帶，攤出三十畝的地皮，給法國郵船公司應用，那是如何找得到呢？而且法國外交部長杜茀萊(Touvenel)更有訓令説：

我希望最近時間内許多英國人購買法租界地產的交易，不至妨害法國人將來的利益，尤其是現在郵船公司的要求，更不能輕視的；總而言之：我請你立刻採取你所認爲適當的辦法，以便儘在可能的範圍，努力實現該公司總經理所定的計劃！在必要時，你儘可中止一切地產所賣買，待此問題得有確實解決時再説；并可將那已賣給別國外僑而未經中國當局核准的地產，一律收回！[註五]

此項嚴厲訓令，似是由前任領事敏體尼所鼓動出來的；原來敏氏此時正在巴黎，而法郵公司總稽查，乃向之訪問滬上的情形，而敏體尼乃提有一八六一年五月二十日的報告；以深懷醋意的態度，攻擊

[註一]　ibid, p. 234.
[註二]　ditto.
[註三]　ditto, p. 238. 但據"法領政略表"則"新開河"係造於同治五年(1866)與"障川門"同時開闢的。
[註四]　id. , p. 239.
[註五]　id. , p. 240.

愛棠,同時更爲自己宣傳説：其在滬時,已設立有法租界公董局了。[註一]

奉到此訓令後,愛棠殊覺爲難,因爲一切地産的交易,無論法國人或別國外僑買去,都是在法領事署裏登記過,才發生效力的;現在叫愛棠取消這些交易,無異表明登記的無效,以“重然諾”自負的愛棠,如何肯這樣辦呢?

他終於不肯奉命! 一八六一年七月二十五日咸豐十一年六月十八日乃呈覆外交部説：

> 我現在正在積極替法國皇家郵船公司,尋一郵航的地盤,我并已在吳淞黄浦江旁,留下一千八百五十平方公尺的地給該公司。[註二]

此段吳淞地皮,原是從前法國海軍的碼頭。

但杜莆萊部長,却不贊成他如此辦理;乃於那年十一月八日十月初二日嚴屬回訓説：

> 你在進行上的第一步結果,使我有些驚異;想你對於法國皇家郵船公司所要求的目的,或有誤會;前信我已説及：法公司總理的意思,是要在董家渡的黄浦灘旁,得到三十畝左右的地皮,預備做碼頭的。我現在不曉得你所説的一千八百五十平方公尺的吳淞地皮,是否合於這個條件? 是否能使該公司中意? 總之：此段吳淞地皮,第一是不够用,其次是又需另設第二法租界,如此就要將法公司的辦事處,分較兩處地方,這是何等不便! 我現在特別請你注意：我用最顯明的態度,請你在公事上萬不要離開本部五月二十五日訓令的原則;此外,我想在北京公使館方面,或尚能幫助你,得在上海獲到兩公畝的新租界,以供法公司應用。[註三]

此訓令最後的一段,却正合愛棠擴張租界的願望,原來他已於一八六一年七月十一日咸豐十一年六月初七日以法郵要地案經過的情形呈報北京蒲步龍公使並説：

> 就現在的情形而論：恐怕只有一個補救辦法了! 就是要設法求得小東門外一帶的地皮,來做我們租界的延長線。
>
> 你從前對我所説的擴充租界計畫,現在已到實行期;但是現任的上海道,對於百姓,是一點權威都没有的;因太平軍漸已迫近上海了。道台既不能承辦此事,所以最好要向北京恭親王方面去進行,叫他下諭給撫台、道台,即可將小門外一帶地皮,執行割讓;在必要時,亦可使駐滬的法軍,實行進佔,和前次矯正租界界線時一樣。……公使先生,務乞寬(東)恕我領事應管的事情,還要托你出來干涉,幫我擴張租界的地面;但求你了解此次交涉的重要,助我覓得符合外交部意思的解決辦法,那就好了。[註四]

蒲步龍公使核准愛棠領事的説帖,就和恭親王去洽洽;於八月十日七月初五日逕行照會總理衙門説：

> 現(今)〔今〕本國定意設立火輪船公司大行,從本國瑪爾色耶理按即馬賽 Marseilles 海口到中國上海海口,附搭過客公文書信等件,以與英國所有十數年前火輪船公司大行,並驅爭先,想似與貴國無不得各樣益處。因此,該公司行欲在上海租地一塊,蓋造房屋,爲煤貨及各色船料等棧;惟前由本國領事官會同上海道定議,法國可租地界太窄,今無地基可交該大行租買,所以領事官請上海道將本國所有已定租界,加與廣闊,以自縣城出小東門隔壁直通黄浦之小河沿爲可租地南至之界。詎上海道不允照辦,領事官據情禀報前來;本大臣無法,只得照會貴親王請煩妥辦。本大臣

[註一]　id. , p. 240 附註 1.
[註二]　id. , p. 241.
[註三]　id. , p. 242.
[註四]　同上註。

查此事原非細務,辦與不辦,本皆甚有關係;惟將和約第十款,詳細查核,即知和約之意,是謂地方官不能說無地可租,法人即當他去;蓋第十條言明:凡法國人房屋間數,地段寬廣,不必議立限制等語;可見無地可租,即宜就已定之界,量為推擴。至於原地主肯不肯出租,均得由地方官勸諭辦理,否則第十條所載,只是無用空言!且更不能說法人租地,恐上海人或至受害,查十五年前上海地價,不過十金一畝,今則一畝之地,五六百金,尚難定價,何至有受害之處?此外專請貴親王細閱本大臣所附送地圖,并為審度上海現在時勢,諒不能不深曉。與其將此一塊地,留屬閩廣匪人巢穴,不如租與本國商人,安居貿易;蓋想貴親王無不知:咸豐三年,閩廣會匪佔據上海縣城,即從此一塊地起事;去秋蘇州大股賊匪犯上海城,亦係此處大幫勾結串引之故。因此,本大臣想地方官能將此一塊地盤踞之人驅逐盡淨,鏟平其地,得早一日即上海早好一日。但本大臣心知如此辦法,殊非易事,亦未必一時即能辦妥;所以論及現今本國火輪船公司行之事,本大臣只請貴親王,飭令上海地方官設法,立即在本國未定可租之地與已經定議可租之界外,接連附近之處,指明一塊沿河之地,至多約三十四畝一塊,無得就延出租與本國火輪船公司行應用。至其租值,若原地主所欲太多,公司行所出太少,必由上海道會同本國領事官商議,公平酌中定價,兩面均須遵行,究竟兩面皆有益處。惟現在最要者,應由上海道速行出示曉諭百姓,言明將法國可租之地,以自縣城出小東門隔壁直通黃浦之小河沿為南至之界,俾本地人民均得知悉,可也。[註一]

此照會發出後第三日總理衙門便覆文說:

接閱照會:得悉貴國欲在上海租地一節,本爵查和約第十條內開:法國人至通商各口地方租賃房屋,或租地自行建屋建行,中國官阻止內地民人高抬租值,法國領事官亦謹防本國人強壓迫受租值等語。今貴國欲租上海縣城出小東門隔壁直通黃浦之小河沿地三十餘畝,并令地方官出示曉諭,將來貴國可租之地,自上海縣出小東門隔壁直通黃浦之小河沿為南至之界,俾地方民人知悉;業經行文江蘇巡撫,迅速酌量辦理。[註二]

由是蒲步龍遂於四月十七日三月十四日令知愛棠說:

法租界的南面,可以延長到小東門外隔壁的河浜,一直到黃浦江一帶的沿地了。[註三]

同時他並附寄恭親王發給江蘇巡撫的諭令叫愛棠面交道台,迫其立刻執行。

愛棠奉到此訓令後,便即迅速遵辦;隨於一八六一年十月二十九日咸豐十一年九月二十六日更照會吳道台說:

大法國駐劄上海寧波代理領事愛棠為照會事:

照得中國政府恭親王與法國特派駐華公使蒲步龍,已在北京的好:將法租界的邊線延長到上海縣城小東門外的隔壁,直通黃浦江之小河沿地,概行劃入法租界的;上海各地方官,應立刻就此延長地帶內,沿著南市黃浦灘傍指定三十四畝的地皮,供給法國皇家郵船公司應用等因。查貴道台業已出示曉諭民眾,一體週知,以免有人反對法國人在此段新租界內所有獨得的權利在案。同時,你曾准我的請求,派有委員會同領事館的翻譯官,公使館的武隨員和郵船公司的代表,前往勘查三十四畝的地面;但據此次勘查所得;覺得此段新租界的地勢,很不規則,總計面積只有六十八畝左右,而在此狹小地面,還有好多地方,被城河浜和黃浦灘所侵佔,中間且夾有兩條平行的道

[註一]　據北平檔案保管處寄來檔案。
[註二]　同上。
[註三]　id., p.243.

路；爲此，我便決定將此新闢的租界，一起留給法國郵船公司應用；現除着該公司駐滬代理人，立將此六十八畝的地價與房價，一起繳到領事館，以便隨時進行收買外，還要求貴道台從速採取下列辦法：

一　按照以前協約的原則，規定地價和房價的數目。

二　命令地保將各家地主的名字和契據以及各戶地產的廣袤，一齊開單報告。

三　令知縣備好拘票，以便隨時拘捕抗命的地主。

此項辦法我們兩要忠實執行，務使我兩在北京的上司得以滿意。

至於我國道台的推廣租界布告，其日期係爲一八六一年十月三十日咸豐十一年九月二十七日[註一]，但在實際上却已先期貼出了，內容爲：

爲出示曉諭事：案奉欽差大臣薛札：准總理各國事務衙門咨：本衙門據大法國欽差布　照會內稱：本國欲在上海租地一塊，蓋造房屋，請飭令上海地方官指明一塊沿河之地，至多約三十餘畝，其租值由上海道會同領事官商議，公平酌中定價，並出示曉諭百姓，俾本地人民均得知悉等因。本衙門查條約第十款內開：

大法國人至通商各口岸，租賃房屋或租地自行建屋建行，中國官阻止內地人高抬租值，大法國領事官亦謹防本國人強壓迫受租值等語。今大法國欲租上海縣城小東門隔壁直通黃浦之小河沿地三十餘畝，如果於地方無礙，即飭秉公辦理，抄錄原照會移咨查照酌辦等因，准此；札道查明詳辦等因。並准法領事伊　照會：請將該處基地如何議租之處備復，並祈出示曉諭該處地主，一體讓租，以使豎立界石，衆商議租等因前來。除經節次札飭上海縣，查勘地勢情形，示諭地甲，會同各業主秉公議定價值，分別出租，毋任抗延外，合行示諭。爲此，示仰各地甲業主人等知悉：現在法商租用該處基地，係奉欽憲札飭辦理，各該業主應即趕緊會同地甲秉公議定價值，立據出租，毋得高招藉延；至法商亦毋稍仰勒，以昭公允，其各凜遵，毋違！特示。

咸豐十一年九月二十五日示[註二]

法租界的第一次擴張是成功了！

同開闢租界時一樣，法國人此次擴充租界，也遇到一種阻礙：有些英美人，竟已先和小東門外一帶的中國地主們，直接進行購地交涉，還有些膽大的，竟已在那段地面上，豎起界石。

愛棠領事因此曾和英美領事大大交涉一番。

一八六一年八月二十一日咸豐十一年七月十六日愛棠致英國領事麥根(Markham)照會說：

我無限的抱歉，先生，收到了你的信，才曉得昨天早上由法國巡捕取去的界石，是屬於貴國人民所有的地產，而且已在大不列顛帝國領事署註冊了。

自然的，這是一種痛苦的事實，先生，現有多數中國上等人民，來本領事署控告說有許多的外國人，毫無顧忌，任意侵略他們的地產，此種外僑都以爲只須實際上占領該地或在該地面上豎立界石，便算有合法的所有權了。

此種越權的行爲，已有好多次了；我所以才注意到執行積極的監察，尤其留神到凡在法國勢力範圍內的地面，所有未經本領事同意而擅立的非法界石。[註一]

[註一]　id., p. 243 附註 4；但據同書 p. 433 則爲十月二十九日（陰曆九月二十六日），又據法公案局的 Textes foudamentaux Concement l'etablimement de la Concession Francaise de Shanghai，亦爲十月二十九日（然陰曆却爲九月二十五日）了。

[註二]　ditto.

[註一]　Maybon et Fredet, id., p. 428.

一八六一年十一月二十日咸豐十一年十月十八日愛棠又照會美國領事史密斯(L. G. Smith)說：

  你十九日的信收到了；你和我說美僑克宵漢(Cunningham)因在法新租界地產上有好多的界石，被人取去，所以提出抗議。……

  我已通知過你了，先生，恭親王殿下已和法國公使大人約好了：將小東門外約有六十多畝的地皮，專讓給法國政府開辦郵船公司之用；此項協約，并已由撫台、道台和知縣通知各方面了。

  所以除了此約執行人——法國領事之外，無論誰都不能依法干涉該地的取得權；根據此項原則，先生，我不能承認任何人有購買該地或在該地上豎立界石之權，我并也曉得已有許多人，曾私下恐嚇過地保，要他來助成此項購地的工作；但是我相信此位有榮譽的克銀漢先生，定不會做此種違法的行為，我只可惜他不免受了仲介人的騙；克君雖是善意的，但他還沒有得到而且也不能得到中國官廳的道契，所以你的抗議，是沒有理由而不合法的。[註二]

法國郵船公司買地的進行！就此一貫成功，地價是每畝一千兩，房價是每間四十兩，總計購買二十二畝地皮和二百零二間平房，連捐稅在內，共費銀三二〇〇四兩，隨後又陸續添買了十二畝，總共買得有三十四畝。此外又另在吳淞舊法國海軍碼頭，買了六畝。法國當局費了許多力量，買得了偌大的地皮，而法郵船公司到後卻不要了，另在法外灘路上起造一座公司辦事處，至於這一段地皮，便歸巴黎匯兌銀行(Comptoir d'Escompveàe Paris)和胡塞洋行(Russell et Co.)分別承受。

但是法租界黃浦灘的岸線，卻因此延長了六百五十公尺，法租界的面積，也擴大至五十九公頃。

至於此次擴張法租界的交涉，一經蒲步龍公使和恭親王接洽便即成功者，據日人稻葉君山所著的"清朝全史"說："實為清廷報施法國代勦小刀會之功，乃在其居留地旁特加以上海市與小東門河間之郊外地，雖曰狹小，然實今上海法租界沿江七百碼之良好埠頭也。"[註三]

此時——一八六二年中葉——上海法租界的法僑，共有一百來人，內有九個女人，六個家庭外，尚有些天主教神父，人數亦約百人，但是幾於全部都住在租界以外；至於法領事署的組織，計有愛棠領事夫婦二人，翻譯祕書一人，學習翻譯書記一人而已！又在滬營業的法國商行，共有九家，另有瑞士商或德意志商八家，亦在法領署內登記；當在法國保護下的商業進口貿易，每年已可達八千萬佛朗呢。[註四]

二　公董局的創設

1. 董事會的前奏曲——2. 董事會的誕生——3. 初期的公董局工作

在一八六〇年咸豐十年英法聯軍以後，中國海岸，尤其為上海一帶，因中外交通的頻繁，外輪和外艦上逃兵潰役日多，乃與華人組合而成為國際海盜團，日常為害於租界。在一八六一年二月間，法租界某旅館中曾破獲有一羣盜黨，計普魯士(藉)〔籍〕三人、英吉利(藉)〔籍〕三人、意大利(藉)〔籍〕二人、瑞典藉一人、美利堅藉二人，……已可見當時法租界治安的不寧了！[註五]

[註二]　id., p. 429.
[註三]　清朝全史卷下, p. 110.
[註四]　Mayhon et Fredet, id., p. 245.
[註五]　id., p. 251.

法租界治安的維持,在一八五六年六月間,已由愛棠創設有巡捕房,……迨至一八六二年初,法租界內的巡捕共有十八人,此數自難以應付當時紛亂的環境,故自一八六一年咸豐十年始,法租界內即有組織民團的規劃,而此時適又逢法國遠征軍的離滬返國,因以益覺有亟行成立民團的必要。

在一八六一年一月十三日咸豐十年十二月初三日愛棠在其領事署召集私的會議,立即決定了民團的組織,其組織法如下:

第一條——凡僑寓上海的法國人和法國所保護的人,聯合起來,組成一個民團,以便遇有必要的場合,即能供給其協助於公共利益的保護。

民團組織,法應以多數的投票法通過之。

第二條——此項民團由其自身利益所組織,應常依公共的目的而行動,而對於任何外來的勢力或干涉,常使維持有其自主的權能。

第三條——全體法國人和受法國保護的人,均不願孤立行動,而但願各盡其互助的力量,以供公共的防衛,所以僉願在必要的場合,各自供獻於奉有一般治安任務的國家長官的支配和使用。

第四條——民團願以平等待遇,招待一切願加入團內而接受其組織法的人。

第五條——民團的組織,係分排編列,而其組織方法,應由一組委員會核決之。

排的番號,應由此委員會核定之,所有各排人數,概應平均編配。

第六條——民團應由一位受大多數(數)推選之司令指揮之。

每排均應有排長及副排長各一人,亦用選舉法推定之。

第七條——凡屬於特殊利益的問題,民團司令應與各排長及滬上各防軍司令計論之;如民軍司令出缺時,則應由各排長公推一人代理之。

第八條——無論任何排,雖在緊急時,均不得無故持械集合,但應立即報告司令,由其通令各排長知悉。

第九條——凡在危急的場合,一切集合,均應在法國領事署廣場上行之;但司令另有其他辦法者,依其辦法。

第十條——軍械及軍裝,應由各團員自由處置之。

第十一條——各排長間,各應互握有該各排長簽字的民團組織法一紙。[註一]

一月十四日十二月初四日愛棠又召集一個公開會議,此組織法乃即通過;當時招收有團員五十名,乃選定了皮少耐(Buissonnet)為司令,米拉(Meynard)、傅齊(Vauche)、高羅士(Kroes)為排長,白霞(Berard)、里羅(Nineaud)、龍德(Londe)為副排長——此民團遂成為上海法租界的義勇軍鼻祖了。

但是,未幾上海四週,以和平的恢復,和長江沿岸的開埠。市面情勢又趨好轉,而法租界乃益進於繁榮,由是愈益感到有設立市政機關的必要了。

在一八五七年三月十一日咸豐七年二月十六日愛棠召開了第二屆的地主大會,已有道政委員會的組織,由華定(Warden)及皮少耐擔任委員;……至是愛棠又想設立市政機關——公董局了。

法租界和公共租界的合併事件,延至一八六〇年咸豐十年時已有三四年之久了,此項問題還是擱着,沒有解決。

一八六〇——一八六一年間,公共租界工部局及英美領事,又將此事提起向愛棠要求踐約,在法

[註一]　id.，p. 252.

租界內施行洋涇浜地產章程;工部局總董,且更進一步,逕於一八六一年四月間直接向蒲步龍公使提出要求了。

蒲步龍公使知道事已至此,毋庸再行敷衍;便於一八六一年六月二日咸豐十一年四月二十四日訓令愛棠説:

> 我已細心考慮了你最近給我的報告,英美兩國的領事,公共租界的工部局,都來挾迫你以求洋涇浜的地產章程,得在法租界內施行;如此看來,你現在所處的地位,的確是困難了。但依我的理想,現在收回法租界權利的時期,是已到了;不過按照你前次向我説的法租界實有需要獨立和自治政制的理由,殊不足以壓服工部局和英美領事的抗議,因爲他們所堅持的理由,是要你履行你所簽訂合併租界的原約,所以他們斷不能了解你的意思。
>
> 你誤會了! 實在關於此約,你以地位的關係,是不負有什麼責任的;因爲此洋涇浜地產章程,也曾經過法蘭西,英吉利和美利堅三國公使簽字的;所以關於執行此項章程問題,該由我個人負責;因此我命令你,向英美兩國領事及公共租界工部局説:"我在一八五三年所簽訂的合併法租界協約,不能得到我法國皇帝陛下的批准,所以是項協約,因此失效,而洋涇浜地產章程關於法租界部分,從此已成具文了。"你還可以説:"我們也很願意在法租界內施行洋涇浜地產章程,但應以不礙及領事的行政權爲度。"你更可以和英美領事會訂一切辦法,以求維持羣衆的利益和公共的治安,但關於執行方法,是要完全握在你手裏才好;如此,我們租界獨立的權利,便得明白確定,你將來可以不遇任何困難,便能達到租界上最好的保安辦法。[註一]

奉過此訓令後,愛棠便蓄意創設一個和公共租界工部局相似的市政機關,以辦理法租界內的市政;因此他便分別向法國外交部和北京公使館請訓。

經過了多年的沉寂,公共租界工部局爲何到此時又來舊事重提呢? 原來此時公共租界內正鬧着改組工部局的計劃,英國領事的意見:是要由公共租界全體的居民,公選一人,請由中國政府任命他做公共租界的常任工部局局長;至於一般外僑的意思:是要將上海變成自由市,由四個和中國最有關係的國家(即英、法、美、俄)保護牠,市內的公務員,應由界內的住民,就此四個國家的僑民中,平均分選出來辦事,而受租界內華洋地主大會的節制。

照此辦法,如果法租界獨立存在,定會阻礙是項計劃的實現;所以無論如何,除了惟一的公共租界工部局以外,其他任何外僑自治機關,一概不能容忍。

此時公共租界方面,改組辦法的第一步,已在進行;一八六二年三月三十一日同治元年三月初二日公共租界,地主大會,已決定將虹口區域併入英租界了。……

英國領事將此擴張租界的事件,通知愛棠時,愛棠已奉到法公使的回訓,核准創設一個管理法租界市政的機關。既有此項訓令在手,愛棠就於五月十三日通知英領麥華佗(Medhurst),麥領事便於十五日回信説:

> 這是我完全同意的:此種機關自然是能夠爲你轄下的地方辦理許多的事體,并且還能對於中國地界及一般外人居留地,盡了許多義務;但是關於此事的法律方面,那就請你恕我不能和你同意了! 因爲這是完全違反了各條約國領事所簽訂的洋涇浜地產章程的,此項章程,從未經過修改或廢止,所以我應將此事報告工部局,讓工部局自己依照在特殊情形之下,採取一切有利於全體

[註一]　id., p. 254.

外國人租界的辦法。[註一]

於是愛棠便乘機發表一八六一年六月二日咸豐十一年四月二十四蒲步龍公使所給他的訓令了,他於六月六日出覆英國領事説:

> 你承認了設立此種機關的用處以後,却又以爲此種機關,是違反各條約國領事所簽訂的洋涇浜地產章程了。……

> 因你這幾句話,先生,迫得我要將法國欽命駐華全權公使蒲步龍所發的命令,抄給你看!

> 蒲公使説:"我命令法國駐滬領事去答覆各國領事和公共租界工部局説:我在一八五三年所簽訂的合併法租界協約,不能得到我法國皇帝陛下的批准;所以是項協約,因此失效,而洋涇浜地產章程,關於法租界部分,從此已成具文了。"根據此項蒲公使的話,先生,已足解釋和證明我此次設立法租界市政機關的正當,此項機關是在我法國特權管轄之下的地界内,執行政務的,我相信牠定能供給切實的扶助,以完成租界内最好的保安辦法,上海在現在已有重大安全的需要,就再添設一個協助機關來幫助公衆幸福,也是大家所很願意要達到的目的。[註二]

同時愛棠又將此信另録一份,送給美國領事熙華德(Seward),並附上一函,略説:

> 此種市政機關,是因現在情形的需要而設置的,牠是在牠的適當慾望範圍内,爲公衆的幸福而服務。[註三]

過了幾天,愛棠又於六月二十一日具報蒲步龍説:

> 數日來我正自欣喜我所手創的公董局,已在積極進行,漸次成功了;此次英國領事温和的抗議,倒引起了他自己的不快;因我已將我們皇上不批准洋涇浜地產章程的話,正式通知他了,他現在還想和我會商合作辦法。[註四]

從此法租界創設公董局的運動,便進行順利無所阻礙了。

一八六二年四月二十九日同治元年四月初一日法租界裏公佈了一道領事的命令説:

> 本令末端簽字人謹向住居於新舊兩法租界的人民報告:兹爲法租界内謀秩序安全和公共幸福起見,特創設一公董局,由董事五人組成之,此五人都受有全權的委任,以處置和管理一切關於租界内的事體。

> 　　　　　　　　　　　　　　　　　　　　　　　　　法國領事愛棠簽[註五]

同日即有五個法國人收到下列的委任信,此五人便是:

徐密德　Schmidt——百貨商

皮少耐　Buissonnet——絲　商

米　勒　Meynard——酒　商

馬里開　Manignet——絲　商

法　查　Fajard——絲　商

委任信内容如左:

[註一]　id., p. 256.

[註二]　同上註。

[註三]　同上註。

[註四]　id., p. 257.

[註五]　id., p. 258.

先生：

我謹通知你：我已任命你做法租界的公董局董事了，請你自五月一日起，即便就職！

我請你明天下午三點鐘就到我領事館來會見你的同僚，以便大家協商關於執行職務的一切辦法。"[註一]

至五月五日四月初七日愛棠又召集一次界内地主大會，以便替五個新董事向地主們介紹。此次大會的紀録，真可算是法公董局的産生身份證明書了；其内容如下：

一八六二年五月五日下午兩時，法租界全體的地主奉欽命領事召集之令，在領事館内集合，以便會見五月一日由領事任命的五位公董局新董事。

主席愛棠領事

紀録李梅(Lemaire)翻譯官

出席五位新董事十家大地主

首由主席報告開會宗旨：我因遵奉欽命公使訓令，根據法定管轄法租界的特權，所以在五月一日發令組織公董局董事會，自有公董局以後，所有爲秩序衛生和公共幸福所需的經費，概應由市政捐税擔任。

主席繼續發言：此次公董局的創設，是因租界内中外居民人數非常增進，所以已成爲一種需要和義務，住民既已如是擁擠，因此各種防備的方法，自然也很有迫切的急需，而況以鄰界工部局的關係，設立我們自己的公董局自更覺必要，不過以此重大的責任只由五個董事來擔負，恐怕有些不夠！

某地主起立發言，公共租界工部局董事會是每年改選一次的，我們怎樣？

主席答説：我們的董事會，任期是兩年；公共租界工部局的工作，雖有好多地方值得稱美，但我不願意採取此種違反我們獨立地位的原則。第一理由：便是不該忘記英法兩租界的市政機關，是根據兩種不同基礎而成立的；在法租界方面，英國的法令和警察都沒有效能的，我們公董局的行政權力，是只能行使到法國臣民身上的，至於大多數外國僑民，如英人，美人等，凡是在法租界内備有地産的，一概沒有抗議我們獨立減少我們權利的餘地，他們都只能享受我們自由主義的利益；我相信我們此次的創設是會得到一般受法國管轄的地主們，像我國同胞似的，一致忠實擁護。

此時五個新董事：皮少耐、米勒、法查、徐密德、馮利開，一齊登上講台，由米勒發言説：在座的地主們，對於公董局董事會的組織，如有任何反對意見，儘可自由提出；兹爲避免阻礙自由輿論起見，我們五個人請先退席。

五董事退席後，并無一人提出反對或異議的意見，所以自此時起，法租界的公董局便算是合法正式成立了。董事會的威權和職務，是已公開莊嚴地經大衆承認了。

主席愛棠簽

紀録李梅簽[註二]

迨至五月九日四月十一日此五位新董事便在法領署内舉行第一次的創立會，積極進行工作。

A　局務的建設

公董局董事會成立後，便在法領署開了一次組織會議，選出皮少耐爲總董，米勒爲副總董，徐密德

[註一]　id., pp. 258 – 259.
[註二]　id., pp. 259 – 260.

爲司庫兼總辦;但是以後的會議,俱在總董或副總董家中開議的,因爲公董局還沒有局址的緣故。

公董局的前身,只有一個巡捕房機關和一個道路委員會,此時巡捕房的辦公處,是設在天主堂街一條小衖裏,地點很是狹隘,自然不能用爲市政辦公的場所,因此頗覺有自建房屋的需要了。

一八六二年六月四日_{同治元年五月初八日}常會決定：購買一畝半至二畝地皮,以便起造一座大廈,安置巡捕房、議事廳、總辦間、華洋監獄、等等;此項地皮,即時由領事館找到,是坐落在法租界的中心點,廣達十七畝三分五厘二毫,地價共値一萬七千另五十兩,另加四千四百六十七元九角一分的雜費。

初産生的公董局,財政上是擔負不起如此的重價,由是便發行第一次的公債了;公債總額爲五千六百五十兩,期限兩年,年息一分,抵押品即爲新買來的地産。

過了一年,才開始進行建造,由英國工程師開里威德(Hnewitt)打圖樣,由中國工頭魏榮昌(譯音)承色,工費統計三萬九千兩。

公董局房屋的建設工程,是在一八六三年七月一日_{同治二年五月十六日}開始,至一八六四年八月十日_{同治三年七月初九日}大部完竣,董事會便將總辦間、巡捕房、議事廳、等等,陸續搬進;迨至一八六五年一月_{同治三年十二月}全部工程落成,即成爲以前公館馬路上普通人所稱爲大自鳴鐘的建築的。

公董局的辦公場所,雖已造成,但當時認爲内部工程,非常不佳;據一八六五年二月二十一日_{同治四年正月二十六日}該局工程師報告説：

> 房屋所用木料,質料劣腐,只須一點兒壓力,門窗壁椽便會發現龜裂,而且兩翼房屋的建築,更是不堅!……此種工程,急須一番普遍的修理,繞可應用,因其頹壞狀態,會引起許多的損害。[註一]

一八六五年三月_{同治四年二月}間乃開始第一次的修理工作,其後歷經維護,却用至將近七十年了,方繞(折)〔拆〕除。

局址建設後,公董局便即進行整頓内部的工作;自此時起,法租界的市政便分成三部辦理：第一爲市政總理處,即總辦間;第二爲公共工程處;第三爲警務處,即巡捕房。在公董局初成立時,總辦一職,原由司庫兼任;自一八六四年六月一日_{同治三年四月二十七日}起,始聘奧特門(Ortmans),爲第一個有薪給的總辦。此時總辦的職權,是：

（一）管理董事會的文牘報告案卷等。

（二）監察道路和公有紀念物。

（三）收取一切賦税房捐地捐月税等。

（四）指揮局内寫字間的工作。[註二]

至於公共工程處,則聘第伯來(Dupré)爲工程師,警務處則委龍德(Londe)爲總巡。

此外關於建築的工程,如道路方面,則新闢有甯興街,麥底安路,鄭家木橋街,福建路,大沽路,磨坊街,寧波路等;并延長公館馬路,法外灘路,自來火行東街和西街等;橋樑方面：則建有東新橋等,並將鄭家木橋,改建石橋;他如疏濬洋涇浜,設立自來火行,起造碼頭,並在八仙橋購買墳地,等等,都在開始進行,不過是具體而微罷了。

一八六三年一月_{同治元年十一月}間,法租界内又開設法國郵政局,法國皇家郵船公司。……同年更決定進行建設領事館。

法國領事館的地址,及於一八六三年七月十二日_{同治二年五月二十七日}購定的;計有面積四畝九分三

[註一]　id., p. 271.

[註二]　id., p. 285.

厘八毫,每畝作價十萬兩,延至一八六四年七月九日_{同治三年六月初六日}才由法商雷米(利名)洋行承建,標價計銀六萬零六百六十六兩六錢六分,至一八六七年五月_{同治六年四月}春間始完全落成,乃成爲第一次的法外灘路和公館馬路間巍峨雄偉的建築物。後至一八八四年初,法領署房屋已形欹側,乃於一八九四年初實行翻造,至一八九五年六月新署落成,方是現在的法國領事署。[註一]

B　巡捕房的改組

巡捕房的設立,是在公董局以前,但組織上不甚健全,所以在公董局初立時,已備受指摘了。

此時巡捕房中計有捕頭三人,巡捕十八人,典獄一人,書記一人,交通督察員一人,華(藉)〔籍〕僱員五人;在那時全班捕役,都是紀律毫無精神頹喪,原因由於法租界財政不佳,時常欠薪的關係,他們都自然要向居民身上儘量剝榨了。

自一八六二年六月一日_{同治元年五月初五日}起,巡捕房劃歸公董局管轄,因此董事會便想乘機整頓;但是大多數的巡捕,起來反抗,於六月四日_{五月初八日}開始罷巡,結果終於革除許多巡捕才了結。

過了幾天,董事會便委龍德(Londe)做總巡了。

這龍德原在一八六〇年隨法國派遣軍來上海的;退伍以後,便居留在法租界內開一小旅店營生,至此乃承董事會的青睞,榮任巡捕房的第一任總巡。

董事會發表委令後,又發出一道訓令,規定總巡的職權:

(一)指揮全班巡捕;

(二)監督交通督察員;

(三)監視收捐員;

(四)巡察道路碼頭路燈以及其他有關市政的事件;

(五)檢舉罪案。[註二]

至七月二十五日_{同治元年六月二十九日},董事會又議決將捕頭人數,添至四名,巡捕人數,添至二十名。

但是經過了一年的嘗試,董事會發覺龍德對於職務,漠不關心,辦公時間,很是短少,因此巡捕精神,很受影響。

此時法租界的名譽很不好。秩序的不佳,安寧的缺乏,賭博場,妓館,酒排間,待合室,佈滿了全租界,許多過境的水兵,駐防的軍人,都喜歡來法租界冶遊,因此日常發生紛擾搗亂和傷風敗俗的事件。

公董局裏董事們,看不過眼,便決定要從法國去聘請警務人材;所聘的名賈羅里(Galloni),是法國高斯島人,於一八六三年八月十日_{同治二年六月二十六日}到上海就職;來滬時,還帶了一班島上同鄉,備充巡捕之用。

新總巡賈羅里,原是退伍的軍人,在法國曾做過國有鐵路頭等特別委員的;他到上海後,立即表現其個性! 兇頑,粗暴,虛華,庸劣,……在訂立雇傭契約時,他即已充分表現干求的態度了。

公董局雇他的契約,是在此年九月初間訂定的,約內容許他:

(一)管理巡捕房的全體職員;

(二)徵取關於警務方面的稅收像罰款贓物等;

(三)發給租界內的住居證和通行證;

(四)調查商店照會事件。[註三]

[註一]　法領政略表,pp. 71–75.

[註二]　id., p. 263.

[註三]　id., p. 283.

　　初時董事會，還以爲賈羅里這人，不過是脾氣不好罷了；但是不久也就覺到並非如此簡單。

　　世界上擔任城市治安的警察，總不會有比此時的法租界巡捕房更形醜惡的；職權的濫用，非法的拘捕，違例的徵求，不公的處罰，更加上一切的暴行，差不多是無論什麼罪惡，都有了！由是各方忿恨的呈訴，不平的抗議，一齊都來了；不單是由私人方面來的，而且是由中國官廳，輪船管帶，英國和美國的領事，公董局內的人員來的；但是賈羅里還自誇耀：能威服這一班人呢。

　　後來法領事白來尼蒙馬浪（Brenier de Montmoran）曾在一八六五年六月十四日同治四年四月二十八日報告法國外交部説：

　　　　這班由巴黎選送來的巡捕，竟都是無賴之徒；他們來中國的目的，竟是完全要想設法發財的，他們一到上海立即表現出害羣的態度，惡劣的個性，他們不但不能維持法租界的良好治安，反而自己顯現着不道德的壞現象。[註一]

　　挨到一八六三年十月十二日同治二年八月三十日董事會，又奉到法領事館的咨文説：

　　　　有一個中國官，帶了兩名兵，攜着本領事正式簽字的引渡狀，來到巡捕房裏提取犯人；誰料賈羅里，不惟不肯交犯，反而將犯人放走了，一面更將中國官吏拘留；拘留兩三句鐘後，才予釋放，并警告説：自此以後，中國官廳如再有提犯的公事，不該向領事署或公董局辦交涉，要向他一個人交涉！[註二]

　　到此地步；董事會便萬難再忍了；因此立刻召喚賈羅里來問話。

　　賈羅里在初訊時，還是遮遮掩掩，態度自若的回答着；但是後來因此事證據明確，萬難隱蔽，便索性傲然沉默下來，一聲不響。

　　董事會立刻開會，當場通過一個議案説：

　　　　該總巡不盡本分，維持捕房的良好秩序，反而闖下許多禍事，紊亂巡捕房的組織，罪狀業已證實，應予免去本職；所遺之缺，着由安段禮接充。[註三]

　　安段禮（Antoine）原是法國派遣軍炮兵隊的副官，曾得過軍事獎章的，現在奉了董事會的召喚趕到會場，即時宣誓就職，志願努力從事。

　　由是董事會便下令召集全班巡捕，到公董局庭前來集合，聽候訓話；巡捕們到齊了，副總董米勒便出來宣讀此次決議案的紀錄。

　　此時法租界的巡捕，大半是賈羅里同鄉高斯島民組成的；他們一聞此令，立時嘩噪。……但是米勒仍沉着地宣布説：

　　　　這個命令是要在各區巡捕房實貼的，誰敢不遵此令，馬上遣送回國！[註四]

　　這句恫嚇的話，果然在大多數巡捕中發生了相當的效力，但總不能把一時的紛擾平壓下去，因爲賈羅里在法租界內，認識不少開咖啡館的和開肉莊的法國人，他們都是退伍軍人出身，從前在非洲駐防軍內同事過的，所以大家便公發了一份請願書，自稱以法租界主人翁的資格，要求維持賈羅里的職務；書中並公然攻擊董事會此番所取的辦法，是粗暴的、專斷的和感情用事的行爲。

　　賈羅里如此爲己的宣傳和對董事會的辱罵，結果是毫無所用的，他終於被迫下船回國去了；但此

　　［註一］　id. , p. 283 附註 4.
　　［註二］　id. , p. 284 附註 1.
　　［註三］　id. , p. 284.
　　［註四］　ditto.

班高斯島派的巡捕,勢力還存在着,要經過好多年清捕運動,至一八六九年同治八年時,方才斥革的斥革,解僱的解僱,完全肅清了。

幸而新任的總巡安段禮,是個能幹的人;他雖遇有當前的危難,但頗能挾着毅力和良心,來盡他的職分。

C 稅收的交涉

公董局未成立以前,法租界的稅務,是沒有一定標準的;原則上中國人的房捐,抽收百分之八,外國人的房捐,則並不收取,其他如賭捐,妓捐,船捐,等等,都由巡捕房自定捐例,隨便徵收,一無根據。

迨至董事會組成後,便在一八六二年五月九日和七月二十五日同治元年四月十一日及六月二十九日兩次會議中,決定了初步標準如下:

(一)華人房捐　每年百分之八(以租值計)

(二)外人房捐　每年百分之○五(以租值計)

(三)地捐　每年百分之○二五(以估價計:黃浦灘至天主堂街間每畝估值二千兩,天主堂街至老北門大街間每畝估值一千兩,老北門大街迤西各地每畝估值三百兩。)[註一]

至於其他工商業的營業稅,董事會也照例徵收;但是此時中國官廳尚有在法租界內抽收中國人民捐稅的權力,所以法公董局要想叫界內的華人盡量納稅,自然有先行取消中國官廳在租界內徵稅權的必要。

此事,當時便由法國事向道台談判交涉,到一八六三年四月初間,終於得到上海道台發出佈告;大意是說:

> 此後中國官廳,不再向住在法租界的中國人民抽收任何捐稅,雖是華人自動樂捐,亦不收受。……但為顧全海關的利益起見,道台衙門中的委員,可蓋封印於貨棧的門栓,以便禁止貨物無照出棧。[註二]

惟在中國方面,滬道反須津貼公董局每年四五千兩,以為巡捕房的維持費;又道台方面,雖有上述的告示,但實際上仍是繼續向法租界內的中國人民照常徵收多種的捐稅。董事會便在一八六三年六月十三日同治二年四月二十四日常會時,通過議案:願將法租界稅收總額,提出百分之三十,送給道台,作為取消其在法租界內抽收中國人民捐稅的條件;但隔了幾天,經過詳細核算之下,覺得應送道台的稅額約有十萬兩以上,……因此就在六月二十五日五月初十日常會中修改此案,只願將法租界內的房捐總收又提出百分之十,送繳江海關銀號。

此項交涉,由法領再向道台進行;過了幾時,莫泊三(Mauboussin)領事就通知董事會說:

> 道台好像是在預備放棄向在法租界中國人民徵稅的權利,不過每年要由公董局給他一份相當數目的金錢。[註三]

通知過了以後,便沒有什麼消息了;如此經過了三個月。

挨到九月二十二日八月初十日了,公董局忽然又收到一封莫泊三領事的信:

> 我和道台已在六月三十日五月十五日訂好一種協約,定於七月一日五月十六日實行;照此約規定:法租界內的收稅權,是專讓與公董局,但有一個條件,就是要將房捐的收入和道台對

[註一] id., p. 262.
[註二] id., p. 268.
[註三] id., p. 277.

分，因此我決將房捐稅額加倍起來，以期你們的收入，不至於受影響，請你們就自本季起奉行此項協約。[註一]

奉到此封公文，董事會大爲驚愕；便在九月二十五日八月十三日特開非常會議，當場通過議案説：

　　奇怪！領事遲到現在纔來通知我們，叫我們就在本季實行，那裏能夠？……

　　本董事會鑒於在原則上，中國官廳承認不再在法租界内徵收中國人民的捐稅，原爲本協約的基本精神，也就是公董局和他平分房捐收入唯一的目的；鑒於雖有此約，中國官廳仍是每天抽收各種的稅，一切進出租界貨物食料，……都却要按例徵稅；鑒於此種狀態的延長，實等於中國官廳，要在法租界週圍設立稅關，此是顯然違反本協約的原則；所以決定，本協約既爲中國官廳在事實上所打銷，因此應根本無效，宣告作廢。

　　公董局更不能依照本協約第三和第四兩條辦理；因爲我們向來的目標，原欲阻止中國官廳干涉法租界的事件，所以自不能容許有兩個中國官員，有權幫助規定房捐的稅率；公董局的尊嚴，不能容忍道台有權命董事會向他報告稅收的賬略，只該由本董事會發表一篇關於會計上的忠實宣言就够了。[註二]

一八六三年六月三十日的法租界徵稅協約，遂被董事會所推翻；莫泊三領事只得再向道台另行交涉。

最初：上海道吳煦，於一八六三年六月二十三日同治二年五月初八日原向法領要求説：

　　我要委派兩個委員前來法租界内執行監察事務，并協助巡捕房捉拿流氓和其他具有危險性的人；此兩委員是直屬於本道台，不受巡捕房的節制，也不服領事署的管轄。[註三]

至六月二十四日五月初九日又提出要求説：

　　根據本道與英美領事所訂的協約第一條：本道台有權委派委員兩人，會同外國的工部局進行調查房捐的情形和規定應徵的稅率。[註四]

延至六月二十七日和二十九日兩日五月十二日和十四日道台更要求將租界内的稅收，改做中國人民自動的捐輸軍餉，并宣言説：

　　在租界内徵稅，此是惟一的籌餉辦法，以供剿匪的軍需；貴領事可以相信：我們所收的稅，全用以維持和平與安寧。[註五]

因此莫泊三領事才肯答應道台派員來協定房捐的稅率，而成功了一八六三年六月三十日的稅約。自此約爲公董局的董事會否決以後，莫泊三只得再向道台另議，説是中國違約。

吳道台乃於一八六三年十月六日同治二年八月二十四日加以駁斥：

　　根據協約第五條的規定，中國官廳承認不在法租界内徵稅意思，是説：在此協約實行時，中國官廳從此不再另徵新稅，至於現在租界内所徵的稅項，僅是絲綢稅，廣布稅，洋貨稅，綿絨稅和防務稅，當前的難題，是在於第五條的文字欠佳，須要改正如下："中國官廳除原有舊稅外，不再在租

[註一]　id. , p. 277.
[註二]　id. , pp. 277 – 278.
[註三]　id. , p. 278.
[註四]　ditto.
[註五]　id. , p. 278 註 3.

界內另添別稅,也不增加舊稅。"[註一]

此時適值莫泊三肝病大發,旋於十月二十八日九月十六日逝世。

繼莫泊三而任領事的名薛貝利(Chevrey-Rameau),他經手於十一月二十三日十月十三日又與道台訂立協約,內容大略如下:

第一條:房租的估價和房捐的數額,應由道台的代表和公董局的董事會,會同協定,但收稅的職權,應僅由公董局擔任之。

第二條:房捐應按季徵收,稅率定為百分之十六,道台衙門與公董局各得其半。

第三條:公董局的用度,無論如何,不受中國官廳監督。

第四條:房捐賬簿應用複式簿記,另抄一份送交道台。

第五條:此後無論如何,房捐稅率概不增加。

第六條:公董局須將道台應得款項,按月送存江海關銀號。

第七條:房捐既已設立,道台應從此放棄向法租界內中國住民徵收新稅的權利,即舊有捐稅的種類和數額,亦概不得增加。

第八條:房捐的徵收,應俟江蘇全省平靜後,即行停止。

第九條:本協約自一八六三年七月一日同治二年五月十六日起實行。[註二]

薛貝利領事將此約送交公董局,並於十一月二十五日同治二年十月十五日附一解釋信:

我曉得了,總董先生,進行收稅的事,是有重大困難的;我了解了你對於加重租界內中國住民的負擔,表示不滿,是很有理由的;但是現在有什麼法子呢?此是要待解決的中國官廳在租界內收稅權問題,此問題到現在還沒有相當的解決辦法。[註三]

董事會雖不滿意於此項協約,但終於十二月十日十月三十日常會中通過了;一面并組織委員會,擔任修正稅務的標準。此種委員會是由道台代表,董事會代表,公董局特派收捐員,和三個住在法租界內的中國紳士組成的;該會於一八八四年一月二日同治二年十一月二十三日正式辦公,至一月二十日十二月十二日便開始徵稅。

但是協約的本身,又發生問題了!

一月二十三日十二月十五日有中國收稅員三人,正向法租界內某中國酒店徵收五百兩的新稅,法捕房即加以逮捕,并在各該員身上抄出收條和公文。

董事會捉住藉口的機會,便急於二十六日十二月十八日開會討論,當時即通過議案:

法租界內中國住民受盡各種壓榨,不能繳付公董局的捐稅了,更不能付出公董局所代道台徵收的房捐,……道台既已故意違犯諾言,本董事會自不得不宣布此項協約無效作廢,以後如有中國官吏再來法租界內徵稅,自應一種加以拘捕。[註四]

至二月十日同治三年正月初三日董事會又發表一宣言:

本董事會鑒於中國官廳,至今還不能說明他的屬員不規則行動的原由,所以通告全體居民,本會對於去年十一月二十三日所訂協約上的義務,從此解除,中國住民的房捐,從此只抽百分之

[註一] id., p. 279.
[註二] id., pp. 279 - 280.
[註三] id., p. 280.
[註四] id., p. 285.

八，全歸公董局收入。^[註一]

經過多時交涉而成功的協約，如此便爲公董局片面取消了。

公董局方面：既已排除中國官廳徵稅權的障礙，財政方面，從此便大有起色；該局第一年一八六三年三月三十一日_{同治二年二月十三日}的決算：收入項下僅有銀二萬零三百七十八兩一錢六分，另洋四萬六千一百十四元五角八分，支出項下僅有銀一萬九千三百七十三兩八錢二分，另洋四萬四千三百七十三元四角二分；至第二年一八六四年四月三十日_{同治三年三月二十五日}決算時，收入項下已有銀十萬零三千四百五十一兩八錢九分，支出項下亦達十萬零一千三百八十三兩六錢四分了。

此時法租界內日進繁榮，住民亦漸增多，據一八六五年三月二十一日_{同治四年二月二十四日}法公董局第一次調查戶口的報告：計有華人五萬五千四百六十五人，內男人三萬六千一百五十五名，男孩二千五百四十名，女人七千一百六十五名，女孩一千六百零五名，船戶八千名。至於外僑：亦有四百六十名，內法蘭西人二百五十九名，英吉利人十九名，德意志人四十二名，美利堅人六十四名，土耳其人十四名，荷蘭人十二名，比利時人三名，奧地利人十名，希臘人十六名，葡萄牙人十四名，意大利人七名，統計法租界內共有中外住民五萬五千九百二十五人。^[註二]

三　領事館和公董局的第一次的內訌

1. 衝突的導火線——2. 前哨的接觸——3. 正面的肉搏——4. 戰後的餘波——5. 內訌的影響

法租界初成立時，法國駐滬領事實爲法租界內惟一的實際上的行政官；自一八五五年_{咸豐五年}以後，法租界內居民漸多，同時各種建設工作，需要甚殷，此時領事尚有專斷獨行的權柄，但財政上負擔太重，迫着法領事要求界內地主的經濟協助，因此地主們便取得了參政權；於一八五六年_{咸豐六年}間成立了法租界道路委員會，及至愛棠領事因外交事務過多不能兼顧界內市政事件，同時也要給界內的地主們以更大的參政權，所以便在一八六二年_{同治五年}創設法租界公董局。

公董局在草創時期，和領事館的職分權利義務，都沒有清晰的規定，但在暗示中，好像承認董事會是行政的機關，地主大會是立法的機關，有權監督行政，核定預算，以及與聞租界內各種重要的問題。

法領事方面，自愛棠領事離任後，繼之者爲莫泊三，薛貝利，葛多（Godeaux）三領事，皆因資望未孚，在任不久的緣故，對於新成立的董事會，多取放任的態度。

至於董事會方面，因自愛棠領事以來，已漸取得相當權力；嗣後更對於警務財政工程上各事件，獨斷逞行，除了外交一些問題外，并不需要領事的協助，因此便養成"我是法租界上惟一主人翁"的觀念。

當時在公董局董事會中，最有勢力的，只有徐密德和米勒兩人，其他董事，不是老實無用，便是很少到會的；所以只讓他們兩人活動，裁決，指揮，其中尤以徐密德最爲弄權。^[註三]

權自一八六二年起至一八六四年止_{同治元年至同治三年至}，領事館和公董局間尚無糾葛發生，但自一八六四年十二月二十二日_{同治三年十一月二十四日}新來的領事白萊尼蒙馬浪到任起，情形便不同了。

白萊尼蒙馬浪是一位子爵，在上海領事時，年已五十一歲；將門的後裔，一進外交界便做高官；他

[註一]　ditto.
[註二]　id. , p. 297.
[註三]　id. , p. 308.

秉承着祖上遺傳的貴族氣概,和他要好的人,說他是人格尊嚴;和他仇怨的人,便說他是傲慢狂放。

馬浪領事以其高貴身分,來到上海,自然不滿意於領事地位的無形減削,董事會職權的非法提高。

建築領事館時,馬浪即已憤恨到徐密德所管理的雷米(利名)洋行地皮售價太高,後來徐密德又要求法國外交部償還雷米(利名)洋行自一八五五年至一八六四年咸豐五年至同治三年間所借與領事館舊屋的房租,馬浪便嚴厲拒絕,且從此設法少與見面;徐密德對於領事如此顯露的侮辱,自然萬分氣憤。他曾在一八六五年十二月九日同治四年十月二十二日寫信去罵馬浪:

> 你到上海來的時候,先生,沒有一個人比我更熱心招呼你的;……爲什麼自從有八個月以來,你總這樣或那樣地,托詞明白地對我表示缺少同情心呢。[註一]

對於米勒,馬浪也和他結有仇怨;因爲米勒有個夥友名叫薩貝來(Chapelle),以販賣鴉片事件,爲華官所辱,曾託馬浪領事向中國政府,要求賠銀數十萬兩,馬浪置之不理。

在雙方如此的情態之下,自然要從無事生小事小事化大事了。

一八六五年五月一日同治四年四月初七日領事館內,又開了一次地主大會,出席者計有二十六權,代表五百八十五畝的地產,馬浪演說:

> 我對於董事會的熱誠和忠勤,表示欽仰;但是他所包攬的工作,未免太多;不過我們的所在地還是個未開闢的地方,一切都要從新做起,所以在別處可以說是熱衷過度,但在這裏又覺得是勢所必須了,……關於設立自來火行的問題,董事過於越權,擅將公董局的局址抵押,作爲該行股東的官利保障;我對此事是保留有取締權的。……至於封禁賭場事件,現在英租界已給我們以先例,自要想個方法,來彌補賭稅的;最可能的辦法,自然是另增新捐,不過增捐的結果,定使大家普遍增加負擔,所以我想下次開會,也要請房客及其他住民同來出席;公董局得了更大多數人的協助,自必更加穩固,同時我們也可避免許多人的評隲。[註二]

此番演說以後,會場裏便議論紛紜;米勒因得徐密德的附議,立時提出對案:

> 這是不關政治問題的;董事會原是地主們的代表,擔任運用地主所出的自動捐款,以謀大家的利益;所以不能容許在大會裏外國或中國房客,有出席之權;並且外國房客計有四十五人,每年僅付稅銀二百六十九兩,至於地主僅有三十五人,每年卻付稅銀三千五百兩,若是容許納稅少而人數多的房客出席大會,豈不犧牲納稅多而人數少的地主的利益?……至於取銷賭稅問題,也要請大會等到新稅辦法決定後再議。[註三]

馬浪領事立刻起來反駁:

> 地主擔負的稅額,每年僅有二千兩,但是房客單就華人而論,每年已有二千五百兩了,……至於賭稅,自當待新稅成立後才好取銷。[註四]

大會即在此紛亂中散會,預算案還沒有表決。

延至五月二十三日四月二十九日再開地主大會,在此會中馬浪所提議的房客參政案,被地主們以三十二票對七票否決;至於預算,同時提出兩案:(一)另加新稅,(二)不加新稅,但要求道台每年津貼的法租界碼頭,捐六千兩;大會採取了第二案的預算。

[註一]　id. , p. 309 註 4.
[註二]　id. , p. 294.
[註三]　id. , p. 295.
[註四]　id. , pp. 295 – 296.

議到取銷賭税一案時，多數地主要求領事向道台交涉，要求中國政府賠償法租界封閉賭場的損失，……馬浪領事雖然説過許多"這是做不到"的話，但是終於屈服接受。

至此馬浪便提出一件議案：

> 現在公董局的董事人數太少，我擬添派馮克惠（Franqueville）和李梅（Lemaire）兩人爲董事，請求大會同意，[註一]

米勒的代表薩貝來，起立反對，他説：

> 領事無權指派董事，此權是應專屬於地主們的。

馬浪便引一八六四年四月三十日同治三年三月二十五日大會議事紀錄，駁斥道：

> 此種領事指派權，從有公董局以來，沒有人異議過，到了今日自無抗議的餘地。[註二]

會場中秩序紛亂了！

領事館和公董局兩方面已入於短兵相接的時期。

一八六五年六月十日同治四年五月十七日董事會根據巡捕房總巡報告，公函爲馬浪領事，提出抗議：

> 總領事先生：
>
> 今天在我們常會中，安段禮總巡提出你所發的定於六月十二日封閉各賭場的命令。
>
> 我們對於你所給安段禮的命令，很感覺到痛苦；因爲你在前次大會中，曾承認待中國官廳履行若干手續後，方可決定封閉賭場，而且你也曾應許將此項手續，通知我們的。
>
> 在另一方面，你還曾宣布關閉賭場問題，是很重大的，自不能在一兩天之內定奪，所以我們看見你此番並不通知我們而逕下了這道命令，不能不表示駭愕。
>
> 現在關於執行封閉賭場的種種手續，既未辦好，我們請你，總領事先生，不該見怪我們，要是我們對於此事和你不合作呵。[註三]

同時徐密德等更往領事館質問，馬浪答復説：

> 道台已答應了我所要求的，封閉賭場自然就要執行了；……並且我本要召集你們來談論此事的，不幸得很，此種請柬竟至遲延未發。[註四]

此時徐密德便想大幹一下，不過恰值米勒不在上海，董事會中温和份子佔了優勢，因此就於六月十五日五月二十二日公函馬浪説：

> 所有誤會，既然因請柬遲發而起的，那末請貴領事立將本會十日的信作爲無效罷！

在未接此信以前，馬浪早已預備決裂了；他在一八六五年六月十六日同治四年五月二十三日呈報公使館説：

> 我也寫信給各董事，向他們解釋誤會；若是他們不肯聽話，我的解散董事會的命令，却已預備

[註一]　id. , p. 310.
[註二]　同上註。
[註三]　id. , p. 311.
[註四]　同上註。

好了！[註一]

至六月二十四日閏五月初二日又開了一次地主大會，由馬浪報告與道台交涉津貼賭稅的函件；但在會中又由薩貝來提出討論領事指派董事權問題，結果大家不歡而散，意見從此越發深刻了。由是領事館和公董局便互相掣肘，兩不相下，尤以蔡俄(Chaignean)事件，最爲顯著。

蔡俄本一窮苦軍人，退伍後便在法租界內開一旅舍；一八六四年同治三年時因爲公董局築路的緣故，曾損害到他的旅舍，他便要求賠償損失費一千五百元；但是董事會不准，蔡俄從此就不納捐稅，董事會自然便控告他；自一八六五年四月起到六月止同治四年三月起到閏五月止公董局向領事法庭遞了無數的訴訟狀，要求處辦蔡俄，終於毫無回音；到了六月三十日閏五月初八日徐密德竟擅用自己的名義，下令巡捕房，封閉蔡俄的旅舍。

蔡俄便往領事署求救了；馬浪立即公函公董局說：

法國駐滬總領事署，是上海法租界惟一的行政機關，公董局對於執行事件也應同別的住民一樣，前來向本領事請願；……董事會的董事，不過是管理員，並不能代表一種權力，所以毫無利用公家實力的理由，我已正式下令給巡捕房總巡，停止執行你們所下的命令。[註二]

董事會終於讓步了，但是一方面仍向領事法庭催促，馬浪只冷然答復說：

我這裏還有許多案件要先審，公董局的案件，待輪到時，再說。

董事會方面鑒於此次指揮巡捕的失敗，便於八月十日六月十九日常會中通過一件議案：

副總董米勒提議：茲爲避免總巡對於本會和對於總領事義務上衝突起見，擬請用書面命令，規定他們職務，使他不得違背本會一切的議決案。[註三]

此項命令於九月三十日八月十一日起草通過，十月三日八月十三日巡行令仰總巡遵照，但並不通知領事館。

至十月四日八月十五日馬浪領事忽然收到道台所退還的在法租界內經法捕房捉拿而逕送至兵備道衙門的兩個中國犯人來，當時大覺駭異；因照平常規則，凡在法租界內捉到的犯人，要先送至領事館，再由領事具函述明原由，送請道台核辦的；現在既遇有此事發生，便即先傳總巡安段禮問話，安段禮就將董事會的命令取出，指明令內第十二款：

公董局的總董，可以下令拿人，規定審判程序。[註四]

馬浪此時真是憤怒極了！他立刻就寫信給董會，斥其濫用職權，情節重大，並限其收回命令，速向領事館謝罪。

董事會連一個字都不回覆。

八天過去了，到了十月十二日八月二十三日早晨，上海各外報上忽登有法國董事會定於十九日八月三十日在公董局召集租界內地主大會的通告，這就算是董事會給與馬浪領事的回信了。

事實上是無可挽回了，馬浪領事即於是日，公佈解散董事會的命令：

法國特派駐劄上海總領事：

―――――――――――

[註一]　id.，p. 311 註 3.
[註二]　id.，p. 313.
[註三]　id.，p. 315.
[註四]　id.，p. 314.

案據前任領事愛棠一八六二年四月二十八日命令説："上海法租界公董局董事會的職權是由於法國總領事所付與。"

案據愛棠領事一八六二年四月二十九日通函與徐密德，皮少耐，米勒，馬里開，法查五人説："我委任你們做法租界公董局的董事。"

案據一八六四年四月三十日地主大會議事紀錄稱："代理總領事葛多也曾加委董事數人，而得到大會的同意。"

鑒於各董事對於此項委任，并無抗議，反而欣然接受，所有謝函，現均在領事館檔案内保存，足資參考。

鑒於各董事在接受委任時，并無反對的事實。

照得現任的董事會竟於十月二日未曾通知本領事，逕行令飭法捕房的總巡，自稱得有不應有的職權，企圖搞亂外交和治安。

照得本領事曾於十月四日函請董事會，前來與本領事商洽，收回前項成命。

照得該董事會對於此信竟是置之不覆。

照得該董事會今日在報端所登之通告，竟請地主們不在平常會所……領事館内開會。

照得此次召集地主大會，事先並未通知本領事，則該董事等如此行爲，不惟盡反前例，而且更違犯了一七八一年三月間欽定法律第三十二條的規定；因按此條法律，未得領事同意的一切集會，概應禁止。

照得該董事會業已多次濫用職權，即如未經地主大會同意，而擅將局址抵押充作自來火行保障股利之用，亦其一例。

照得現任董事不惟人數太少，而且尚有常不在上海者，以致有時竟以兩個董事，指揮一切的事實。

職是之故，本領事除保留有權在十月十九日下午二時於本領事館内召集的地主大會席上，另述別種緣由。

根據一七七八年的聖旨、一八五二年七月八日和一八五八年五月十八日的法律所給與本領事的權力。

本總領事宣布解散現任的董事會，所有該會董事，如：

皮少耐——總董

米勒——副總董

徐密德——司庫

巴郎 Baron

李梅 Lemaire

應自即日起一律停職。[註一]

發表此道命令後，馬浪更下一嚴令，着總巡安段禮封閉公董局的門户，無論何人，不准進内，如有反抗，得用武力。

十月十九日的大會，除了被解散的董事不到外，三十九家的地主，出席者至有三十二家之多，參觀的人，更爲擁擠。馬浪宣布開會後隨即發表一篇忿激的演説：

[註一]　id., pp. 314–315.

諸位先生：我今天並不是要求你們對於我的行爲，加以贊可；因爲這事是我應對我的上司負責的，但今天我是要把公共的利益，交還你們的手中。……

因爲這一班舊董事，偏想僭奪他們所不該有的職務，若是此種權力給他們取去，那一定是公共的危機，而對於中國官廳，關係上尤爲不合。……

這一班人只能在十幾天間隔中，開過一次董事會，而且有許多是要離開上海好幾個月的；何況此會，還未得中國官廳的承認，怎好將專斷的職權，交付他們呢？怎好將巡捕的武力，交由此種毫不安定的人指揮呢？諸位先生，你們但看董事會中互相攻訐的事實，就可曉得若將此種大權，交付董事會，上海法租界，將永遠在內戰中過日子了！……

人家都說："巡捕房的餉銀，是由公董局發的，所以董事會該有指揮巡捕的權力。"但倘然照這樣的說法，則軍隊中的軍需官，該比將校更有權柄指揮軍人了；并且在實際上，關於市政方面，巡捕房是完全服從公董局指揮的。……

所以我用最忠實的態度，從新申明：我總不願阻止各位地主先生，怎樣去管理你們在法租界內的利益。……

在另一方面，人家還誣說本領事，要想壟斷一切的政權；但是此種責難，好像是該送向前任的董事方面去，方是更合理些；他們以市政管理員的資格，意要取得行政機關的權威，明天他們還要索取司法權了！這確是此種人的毛病，他們要漸漸地提高自己的權能，終於自信了他們就是一切，他們也代表一切了！若是將最高的警務權，歸由公董局董事會節制，那麼法國駐華的領事，還有什麼權威呢？比方英國領事，現在公共租界中有什麼職務呢？他只是代他的工部局去向道台方面盡些傳達的責任罷了！老實說：領事官在中國，是還有別的任務呵。

現在且不談政治的問題，也不必唱什麼高調；本總領事已經是確實表同情於自由主義的思想，所以才提倡各房客也有參政的權利。……但是前任董事會副總董米勒，他只曉得對自己寬大，而對此種自由和優待的辦法，却反抹去事實，極端反對呢。[註一]

經此長篇演說以後，大會中自沒有人對於此次解散事件提出異議，嗣又討論一番臨時委員會的職權問題，就由馬浪領事提出各委員名單：

摩　黎　Morel

第　桑　Tyson

白　那　Bernard

唐　特　Dent

漢百利　Hanbury

亞　南　Allen

懷德華　Whitthal

馬　雪　Massais

徵求大會同意，法公董局董事會臨時委員會就此成立了。[註二]

被解散的董事會各董事，此時真是異常狼狽了；他們並未防備到如此的壓迫，自以爲是少不得的人物，而且看透了上海方面的法國人，歷來並不喜歡多事的；所以，他們當初原想光明正大地辭職了，同時並已算到人家一定會挽留他們。……突然的解散，頓使他們的計劃都成畫餅！而十月十九日的

[註一]　id. , pp. 316-317.
[註二]　id. , p. 318.

大會,更是給他們一個致命傷,但是他們還不屈服,還要消極抵抗。

以摩黎爲主席的臨時委員會,已在進行工作了;但是所有的公文簿記,都在舊董事會手裏,無論是軟誘硬迫,徐密德終是不理,而且動身到日本去了;延致一八六六年一月同治四年十一月他方才回到上海來,領事法庭便傳訊他和米勒。

此時他們還想引用民事訴訟法第三六八條來辯護,要求移轉審判管轄;但馬浪恰是這領事法庭的庭長,自然批斥不准,而且經於一八六六年二月二日同治四年十二月十七日宣判:勒令交還案卷,處罰每人五百佛郎,並即當庭加以扣押;……終於在二月九日十二月二十四日實行將各項文件交代清楚。[註一]

但是徐密德和米勒,還不肯罷休;他們都不肯繳納公董局的捐稅,……到底退職的董事,總敵不過現任的總領事,終於兩人都弄到破產才完結。

一八六六年三月六日同治五年正月二十五日公共租界的地主大會在英國領事署中開幕,首由主席美國領事熙華德(Seward)發言:

> 雖然好幾年以來,法國總領事總沒有來公共租界出席地主大會,英國和美國的領事,也沒有出席法租界的地主大會;不過我總喜歡希望兩租界能夠合併起來,兩個工部局能夠合而爲一。[註二]

至三月二十一日二月初五日字林西報又有一篇論文説:

> 馬浪領事和他政敵訌爭的事實,更足證明洋涇浜兩岸確有應用同一法典——洋涇浜地產章程——的需要,若是各國外僑產權所在地的法租界,是由法國領事隨意任命一個董事會去管理,而同時也可隨意解散此董事會,那麼法租界內地主的惟一希望,是在於承認應用公共租界的法典了。[註三]

此時英國領事文蔡斯德(Winchester)更託大不列顛駐巴黎的大使,向法國外交部提出要求説:

> 法國領事對於駐在法租界的英國臣民,實行保護國的制度,這是不對的;……最好還是合併租界,而且合併了才合於保全中國領土完整的原則。[註四]

當時法國外交部正成立一個滬案善後委員會(主席爲葛羅男爵),進行製定法租界公董局的組織章程;此項交涉文件到部,便由該會答辯道:

> 我們是有理由:主張我們租界內現行的市政制度,是更合於尊重中國土地宗主權的原則;在我們租界內,是以領事代表法國人,對中國當局負責,而中國政府當初原將此管理法租界的權柄,讓給法領事的;中國當局對於法國的領事,可以毋虞其越權,因爲他是代表一個有約國的政府,對於條約,是要忠實遵守的;反之,如英美兩國工部局的市政制度,領事們只好站開,以便實行自治制度的主義,此種團體,對於中國政府,並不受有任何條約的限制,自然要傾向到獨立的慾望,和逐漸蠶食中國的土地宗主權,因爲牠是一種公衆行動,而并沒有負責的個人。[註五]

經此駁斥後,英美兩國領事兼併法租界的計劃才告中止;此時已是一八六六年四月末同治五年三月中旬了。

[註一]　id. , p. 320.

[註二]　id. , p. 321.

[註三]　ditto.

[註四]　id. , p. 323.

[註五]　同上註。

四 公董局的改組

1. 公董局第一次組織章程——2. 公董局第二次組織章程——

法國外交部的滬案善後委員會,雖然決定反對合併租界的提議;但關於公董局組織章程的編制,不得不採取寬大和溫和的精神,以對付一般非法籍的外僑,冀免寓在法租界內英國住民的反抗,而且更希望寓在公共租界內的法僑,也能得到均等的優遇。[註一]

到了一八六六年七月九日同治五年五月二十七日該會所製定的公董局組織章程,業已到滬,便由馬浪總領事函達公董局董事會臨時委員會主席摩黎知照了;此項章程全文,在一八六六年七月十四日同治五年六月初三日字林西報上公佈,內容如下:

法國特派駐上海總領事案奉法國皇帝陛下政府外交部大臣之訓令,合將下列章程公佈週知,并定於本年九月一日施行,在未實施以前之時期內,如有或種事件發生時,本總領事保留有提早施行本章程之權。

第一條:上海法租界公董局董事會,應由法國總領事和由選舉而來的四個法(藉)〔籍〕董事、四個外(藉)〔籍〕董事組成之。

董事會的任期爲兩年,每年改選半數。

在第一次選舉以後之董事會,應以抽籤方法,規定應行改選的次序。

凡死亡或辭職的遺缺,應與任滿的董事缺,同時補替。

第二條:一切法國人以及其他外僑,凡年在二十一歲以上,而合於下列三項條件之一者,均得爲選舉人。

(一) 擁有法租界內地產,而執有正式契據者。

(二) 租有法租界房屋全部或一部,而年納租金一千法郎以上者。

(三) 居於租界內歷有三個月以上,而每年進款達四千法郎以上者。

第三條:總領事按年開列和修正選民表,并召集選舉人大會。

選舉的結果應由董事會檢查之。

第四條:凡年在二十五歲以上而合於下列三項條件之一者,均得爲被選舉人。

(一) 擁有法租界內的地產而年納稅金二百四十法郎以上者。

(二) 在法租界內年納租金四千法郎以上者。

(三) 居於法租界內而每年進款實達一萬法郎以上者。

凡任滿的董事均得再被選。

第五條:投票法爲不記名的。

選舉應用連名投票法,選舉人名單內的人數,應以法國人與其他外僑平均爲準。

法(藉)〔籍〕候選人以得票最多者當選,外(藉)〔籍〕候選人亦以得票最多者當選。

經總領事會,同道台指定的中國紳士或商董一人或數人,如得董事會認爲適當時,可以顧問資格,出席董事會議。

第六條:董事會僅得於總領事召集時開會。

[註一] ditto.

但如有半數董事用書面請求時,亦須開會。

總領事於認爲必要時,得隨時召集開會。

第七條:董事會的主席——總董——依法應由總領事兼任。

董事會應有副總董和財政委員各一名,由董事會各董事中每年互選之。

議事的裁定應以大多數處決之,如贊否兩方票數相等時,則總董的票,應有最優權。

第八條:總領事有權停止或解散董事會,但應立即呈報法國外交大臣及駐華領使。

董事會停會期不得超過三個月,如係解散時,則選舉大會應在董事會停會日起六個月內召集之。在董事會停會期間,總領事應急任命一臨時委員會以代之。

第九條:公董局董事會議定下列事件:

(一)公董局收入和支出的預算。

(二)公董局各項捐稅的稅率。

(三)納稅人納稅義務的分配。

(四)請求免捐或減捐的事件。

(五)徵收捐稅的方法。

(六)公董局產業的購進賣出交換和租賃。

(七)開築道路和公共場所計劃。起造碼頭浮橋橋樑河道以及規定路線市場菜場宰牲場公墓等事件。

(八)改善衛生和整頓交通的工程。

(九)公用地產的徵收——徵收的辦法應由該地主之該管國領事會同法國總領事協定,所徵收地產之償全額,如上述兩國之領事,不能妥協時,得在各國領事中公舉一人爲第三者公斷人;凡關於公董局與界內地主或納稅人有困難發生時,概應由駐滬各國領事團開會公斷之。

(十)路政和衛生的章程。

(十一)其他由總領事交議的事件。

第十條:董事會決議案,非經總領事明令公佈,不得執行。

凡關於前條(一)至(六)項各事件的決議案,總領事應在八日內令准執行。

總領事得以附有理由的裁定,拒絕董事會關於前條(七)至(十一)各項事件決議案的執行,但應立即呈請法國駐華公使核准,此項決議案應即中止執行至公使館的回訓到日爲止。

第十一條:董事會的會議得爲公開的;至於非公開的會議,得以董事會的特准,總領事的許可而公布之。

第十二條:公董局應擔負關於道路、給水、路燈的行政服務,以及管理局有不動產,執行公用工程,製繪地冊圖,規定稅收表和徵收賦稅;公董局并擔任控追遲緩納稅的納稅人。

公董局的總辦由董事會任用之。

董事會經總領事贊可後,得任用局中各機關的職員,並得停止或免除各該職員的職務。

第十三條:總領事應有擔負保持租界內秩序和公安的任務。

由公董局擔負經濟上供給的巡捕房,應專受總領事的指揮,總領事得委派停止或革除巡捕房各職員的職務。

第十四條:凡違犯路政章程的訟案,應由公董局代表裁判之;但得上訴於總領事署。

凡違犯警務章程的訟案,應由總領事或總領事的屬員裁判之。

凡控追遲延納稅的訟案,應由公董局的收捐員向領事法庭控告該納稅人。

第十五條：如前條三項訟案的被告，爲非法國人，而該被告不服前條規定之審判官的裁判時，則應立即送請原該管法院審判之。

第十六條：無論任何外國法院或審判官，如非得法國總領事之核准，與其所轄下巡捕房之協助，不得出票在法租界內拘捕各該管之外人。

第十七條：總領事得於認爲需要時，并經徵得公董局董事會的同意後，召集全體非常大會，一切選舉人以及住在租界內無選舉權的法國人和外國人，均可出席，以便例外提出關於公共利益的問題而徵詢其意見。

第十八條：如遇有總領事出缺或公出時，所有本章程規定賦予總領事的權威，概應由代理總領事代行之。

　　附註

本總領事并保留於諮詢公董局臨時委員會及當地外僑紳董後隨行任何所認爲必要之修改，以期符合於本總領事對於本國政府所付之重任。

自現在起至本月二十五日止，當製定選舉人名單，發交公董局，經由臨時委員會審查後，各人均得取閱。各選舉人得在一八六六年八月十日以前，備具選舉或被選舉資格證明文件，提出異議，是項文件與異議，應向公董局臨時委員會提出，并應由該會審查之。

選舉的日期，以及投票選舉公董局董事的詳細方式，待後另行公佈。

一千八百六十六年七月十一日——總領事白萊尼蒙馬浪子爵。[註一]

據此章程看來，公董局的董事會，從此降爲諮議的機關，而非行政的官廳了；所有地主大會，一切的職權，完全取消。僅換得選舉董事的權利，但是董事會一經選出之後，便脫離了納稅人的監督，而受着總領事更嚴密的監管了。

此項組織章程正式公佈後，便助引起英美領事的抗議；到了是年九月初七月底普魯士的總領事也來抗議，語調更爲强硬。

馬浪接到了各國領事抗議後，遂於九月十八日八月初十日呈報法國外交部說：

對於新近公佈的法租界公董局組織章程，英吉利、美利堅、普魯士各國領事，都先後提出抗議了；他們的抗議書，都帶有相當溫和的口氣，而獨以普魯士領事德登堡（Tettenborn）的態度，最爲不客氣；因爲他不單是對我提出抗議，而且將這抗議全文，統在報上發表了。……

我雖然採用置之不理的態度，但是因爲第一次的選舉期近了，我很怕他們來乘機搗亂，所以我想應該要應許他們，對於公董局組織章程第十六條——就是這一條最難得到他們的同感——可以加以臨時的諒解。

——本月十五日，他們曾約我去開會，我自欣悅地去過了；在會中他們頻頻問我這第十六條所包涵的意義，到底是怎樣？我對於他們在會議時所提的議案，當時都不敢就承認，我想這是應該的要先得到部長大人和公使大人的核示才行，我很相信關於此事，儘能得到鈞部大力的協助呵。[註二]

此時在正式公事上，上海各國的當局，自然不肯承認這所謂法租界公董局的組織章程，而當時各國所最反對者，的確爲章程中第十六條，關於在法租界內逮捕外僑的規定。

[註一]　id., pp. 325–327.
[註二]　id., pp. 439–440.

馬浪總領事雖遇着當前的困難,但照例執行章程的規定,進行編製選舉人的名單。

第一次選任的公董局董事會,遂於一八六六年九月二十八日_{同治五年八月二十日}舉行選舉;當時計有選舉權的人一百六十名,選出:

摩　黎　　Morel

費　郎　　Fearon

懷德華　　Whitthall

摩利耶　　Mornnior

芽　得　　Yates

德　利　　Théric

達　多　　Dato

麋　鹿　　Millot

於九月二十九日_{八月二十一日}正式就職,此時馬浪總領事忽發表聲明説:"在未得有法國政府新訓令以前,他願意暫時放棄董事會的主席權和解散權。"因此董事會遂推定摩黎和費郎二人爲第一任正副總董,而由馬浪加以正式委任。[註一]

外國各領事的抗議,雖不足以阻礙公董局市政事務的進行,但爲保護外僑的協調起見,不得不求各國政府間的諒解;經過一年半接洽的結果,法國總領事馬浪終於一八六八年四月十四日_{同治七年三月二十二日}公布那經各國領事和駐北京代表團所贊可的法公董局組織新章程。

一八六八年四月十四日_{同治七年三月二十二日}馬浪總領事又發佈命令説:

法國特派駐上海總領事

案奉法國皇帝陛下政府外交部大臣之訓令,合將一八六六年七月十一日所公佈之上海法租界公董局組織章程,修正如下,仰各週知,此令!

第一條:上海法租界公董局董事會,應由法國總領事和由選舉而來的四個法(藉)〔籍〕董事四個外(藉)〔籍〕董事組成之。

董事會的任期爲兩年,每年改選半數。

凡死亡或辭職的董事遺缺,應與任滿的董事缺,同時補替。

但遇有董事的人數,減至半數時,則應即行添選,以補死亡或辭職的董事遺缺。

第二條:一切法國人,以及其他外僑,凡年在二十一歲以上而合於下列三項條件之一者,均得爲選舉人。

(一)擁有法租界内地産而有正式契據者。

(二)租有法租界房屋全部或一部而年納租金一千法郎以上者。

(三)居於法租界内歷有三個月以上而每年進款達四千法郎以上者。

第三條:總領事按年開列和修正選民表,并召集選舉人大會。

選舉的結果應由董事會檢查之。

第四條:凡年在二十五歲以上的選舉人,均得爲被選舉人。

凡任滿的董事,均得再被選。

第五條:投票法爲不記名的。

選舉應用連名投票法,選舉人名單内的人數,應以法國人與其他外僑平均爲準。

[註一]　法公董局 1866—1867 年年鑑,p. 24.

法(藉)〔籍〕候選人,以得票最多者當選,外(藉)〔籍〕候選人,亦以得票最多者當選。

經總領事會同道台指定的中國紳士或商董一人或數人,如得董事會認爲適當時,可以顧問資格出席董事會議。

第六條: 董事會僅得於總領事召集時開會。

但如有半數董事用書面請求時,亦須開會。

總領事於認爲必要時,得隨時召集開會。

第七條: 董事會的主席——總董——依法應由總領事兼任。

董事會應有副總董和財政委員各一名,由董事會各董事中每年互選之。

議事的裁定,應以大多數處決之,如贊否兩方票數相等時,則總董的票應有最優權。

第八條: 總領事有權停止董事會議,但應立即呈報法國外交大臣及駐華領使,該公使於認爲必要時,得宣告解散董事會,惟應奏請法皇御核。

董事會停會期不得超過三個月,如係解散時,則選舉大會應在董事會停會日起六個月內召集之,在董事會停會期間,總領事應急任命一臨時委員會以代之。

第九條: 公董局董事會議定下列事件:

(一)公董局收入和支出的預算。

(二)公董局各項捐稅的稅率。

(三)納稅人納稅義務的分配。

(四)請求免捐和減捐的事件。

(五)徵收捐稅的方法。

(六)公董局產業的購進賣出交換和租賃。

(七)開築道路和公共場所。計劃起造碼頭浮橋橋樑河道以及規定路線市場菜場宰牲場公墓等事件。

(八)改善衛生和整頓交通的工程。

(九)公用地產的徵收。

(十)路政和衛生的章程。

(十一)其他由總領事交議的事件。

第十條: 董事會決議案,非經總領事明令公佈,不得執行。

凡關於前條(一)至(六)各項事件的決議,案總領事應在八日內令准執行。

總領事得以附有理由的裁定,拒絕董事會關於前條(七)至(十一)各項事件決議案的執行,但應立即呈請法國駐華公使核准。

此項決議案應即中止執行,至公使館的回訓到日爲止。

第十一條: 董事會的會議,得爲公開的;至於非公開的會議,得以董事會的特准,總領事的許可,而公布之。

第十二條: 公董局應擔負關於道路、給水、路燈的行政服務,以及管理局有不動產,執行公用章程,製繪地冊圖,規定稅收表和徵收賦稅,公董局並擔任控追遲緩納稅的納稅人。

公董局的總辦,由董事會任用之。

董事會經總領事贊可後,得任用局中各機關的職員,並得停止或免除各該職員的職務。

第十四條: 凡違犯路政章程的訟案,應由公董局代表裁判之,但得上訴於總領事署。

凡違犯警務章程的訟案,應由總領事或總領事的屬員裁判之。

凡控追遲延納稅的訟案,應由公董局的收捐員向領事法庭控告該納稅人。

第十五條:如前條三項訟案的被告爲非法國人,而該被告不服前條規定之審判官的裁判時則應立即送請原該管法院審判之。

第十六條:按照法國總領事和別國的代表,所訂立切實互惠協約的規定,凡有由別國司法官廳所發的逮捕狀,判決書,扣押令等,而應在法租界內執行者,除有緊急情形外,概應預先咨知法國總領事或巡捕房總巡,該總巡常應派出所屬巡捕一名或多名,會同持有逮捕狀判決書的人,前往執行,遇有必要時,并應實力援助。

第十七條:總領事得於認爲需要時,并經徵得公董局董事會的同意後,召集全體非常大會,一切選舉人,以及住在租界內無選舉權的法國人和外國人,均可出席,以便例外提出關於公共利益的問題,而徵詢其意見。

第十八條:如遇有總領事出缺或公出時,所有本章程規定賦予總領事的權威,概應由代理總領事代行之。[註一]

此項章程確定公佈以後,遂由法國、英國、美國、俄國、德國各公使,在北京於一八六九年九月二十四日同治八年八月十九日簽訂一種關於洋涇浜兩岸租界內施行兩工部局章程的協定如下:

一八五四年七月八日所公佈的工部局章程和洋涇浜地產章程,已由大不列顛、美利堅、法蘭西各國領事,遵奉所屬全權公使的訓令,爲增進上海全體外僑管理上的安全和鑒於管理埠內許多居民的法律和命令,在經驗上已證明此種章程,不適用於應付緊急的事件,因此各國領事奉英國、美國、法國、俄國和德國公使的核准,在一八六六年三月間召集的地主特別會議中,修改前項章程,並經徵得各國政府正式同意。

但是在此時期中,因法國政府分離運動的結果,法公董局的章程便於一八六六年七月間公佈其後又由法國總領事於一八六八年四月十四日修正此項章程,現在洋涇浜的南岸法國租界中,正式施行,所以前述的洋涇浜地產章程修正文,僅在洋涇浜北岸公共租界中發生效力。

因此下列簽字人,爲避免延擱時期而發生安全上的危險結果起見,現在暫代我們所屬的政府,宣佈一八六八年四月十四日公佈的法租界公董局章程和一八六六年三月間修改的公共租界地產章程,應自一八六九年十一月一日起在洋涇浜的兩岸界內,具有法律權威,應即嚴格施行。

所以我們要將此項議定書,飭仰上海各該國領事即行公佈兩工部局章程,俾象週知遵照。

一八六九年九月二十四日訂於北京

英公使　Alcock　簽

俄公使　Reyfus　簽

德公使　Williams　簽

美公使　Butzon　簽

法公使　Rochechouart　簽[註二]

[註一]　Maybon et Fredet, id. , pp. 329－330.
[註二]　id. , p. 331.

五 領事館和公董局的第二次內訌

1. 沙伯綸時代——2. 葛多時代

自馬浪總領事以後歷傳達伯理(Thiersant)和梅讓(Mejean)兩領事,而至沙伯綸(Chappedelaine)伯爵又幾有解散董事會事件的發生。

沙伯綸伯爵是於一八七二年六月十日同治十一年五月初五日執行代理總領事的職務,此時公董局董事會的組織係爲摩黎(Morel)總董,傅貝(Forber)副總董,麥昂(Maignon)、斯多達(Stodard)、華成(Voisin)、愛美利(Aymeri)、茄勒(Galle)、惠羅喀(Whelock)等爲董事;沙氏履任之後,即對此董事會表示不滿,他曾於一八七二年六月二十日同治十一年五月十五日報告法國外交部説:

> 在最近幾時來,因前任總領事的疲勞和病態,乃對於董事會的越權和選舉人的叫囂,不能加以强硬的抵抗,遂以容忍的緣故,致養成了董事會跋扈的傾向了。

沙伯綸乃以憤激之餘,預備作戰,勢將親出而主席董事會的會議,而採取一切抵抗的方法,……領事當局和市政機關間又即有內訌的暴發了。

幸而此時新任的法國駐華公使曹華(Geoffroy),適於六月十二日五月初七日到滬,乃以一封很冷淡的公函,飭其勉抑憤懷,和衷共濟,因此之故沙伯綸只好自認爲"不能受人所了解的"了。[註一]

并且沙伯綸的代理總領事時期,也只有三個月,便移交於新任總領事葛多(Godeaux)了。

A. 煙館女堂倌事件

葛多爲人温恭文雅素習禮儀,與上海道辦理交涉無不中節。一八七二年間滬道沈秉成以法租界內各煙館雇用年輕婦女,伺候各煙客,引誘年輕子弟,有傷風化,乃與葛多函商禁止。

但是公董局方面,却以税收的關係,拒絕封閉之請;……由是乃有上海的地方紳士公向領署禀告,葛多遂竟行令飭巡捕房,封禁有十六家不遵令的煙館,而並不以此事通知公董局董事會。

董事會總董摩黎對此大不滿意,便謀向葛多總領事提出嚴重的抗議,斥其侵越董事會的職權,但是其他諸董事以不願與領事署生事,且以摩黎爲人素來弄權,乃不與之合作,而摩黎遂不得不辭職了;董事會乃另舉茄勒(Galle)博士爲總董以代之。

葛多封閉雇有女堂倌的煙館以後,深得中國官紳的稱頌,當時華人并有贈送萬民傘的盛舉。[註二]

B. 董事會選舉事件

一八七三年五月十一和十二兩日同治十二年四月十五十六兩日以茄勒主席下的董事會,任期屆滿乃又舉行選舉;而選舉的結果,乃有雷化(Levoy)當選,而雷化的名字,原是不列於被選人的名單內。

董事會方面雖接有兩起對此次選舉非法的抗議,但仍置之不理,而仍認爲合法;但在葛多總領事方面却認爲非法,乃竟呈報法國駐華公使請令解散董事會。

此次領事署和公董局的爭執,實關於法租界市政組織章程條文的解釋,所以很爲重要;此時的法國公使仍爲曹華,乃於七月末閏六月初回訓,主張放任既成的事實,但是保留將章程條文的解釋,應俟法外交部裁定。

這次領事署方面,算是失敗了!……新的董事會,遂於七月二十四日閏六月初一日成立了。

[註一] id., p.358.
[註二] 法領政略表,p.31.

　　但是董事會却不自爭氣，終於因內亂而夭折了，原來是因太古公司要在法外灘起造碼頭問題而引起的。

　　在董事會中，華成(Voisin)以總董的資格，極力反對此議；然而代表天主教首善堂的阿美利神父(P. Aymari)，以董事的資格，對(於)〔此〕表示贊同，討論結果；華成的提案，竟以四票對二票的少數而遭否決了，由是華成與其同志麥昂(Maignan)辭職離會，而董事會乃舉了雷化爲總董以代之。

　　但是此種事件，却引起法租界中外僑激昂的輿論，華成更向領事署方面，運動召集選民特別大會，是會果在一八七三年十二月二十二日同治十二年十一月初三日開成，計出席者有一百十四個選民代表，而華成的不准太古公司在法外灘起造有蓋碼頭的提案；竟獲到八十五票對二十九票的多數，阿美利、雷化、馬金陶等三人，乃不得已而辭職，而董事會只剩有魏落克一人了。

　　由是董事會乃即進行重選，而一八七四年一月三日同治十二年十一月十五日選舉的結果，舊的董事，又復被選，華成等反對黨，自然仍不肯合作，於是在一月二十三日十二月初六日又復舉行補充選舉；而被選的三人，却爲放黃(色)〔包〕車生意的薩里埃(Charris)、殖民地飯店店主的蔡昂(Chaignean)和素不知名的茹柏(Juvet)，因此三人的出身低微，雷化等乃羞與爲伍，不承認此選舉爲有效，而選定雷化爲總董，阿美利爲副總董，馬金陶爲惟一的董事。

　　葛多總領事，自然不准他們這樣的顯然違法，乃力迫之反省，更以解散手段相威脅；由是三人也自知無幸，不敢抵抗，便一齊自動總辭職了。

　　葛多乃亦使那被人輕視而未能就職的三個被選人，也行辭職——這屆的董事會，便是在實際上等於被領事署所解散的了。

　　於是在是年三月十日同治十三年正月二十二日又舉行了一次的選舉，計選出有華成、麥昂、安納金(Hennequin)、愛華的(Ewald)、希處(Hitch)、梁志(Lang)，此董事會乃於三月十三日正月二十五日正式成立。[註一]

　　此次領事署與公董局的糾紛，結果仍歸諸總領事方面勝利，所以葛多總領事很是滿意，他於一八七四年三月十七日正月二十九日寫信報告法國駐華公使署說：

　　　　人家都說這屆董事會的組織，是從所未有的最好的董事會呵。

六　四明公所的第一次血案

　　　　1. 肇釁的原因——2. 流血的經過——3. 善後的處置

　　在一八六一年咸豐十一年時法租界內有兩個最大的殯舍，一個就是福建會館，坐落於現在法公董局的所在地，於一八六二年六月間同治元年五月間爲公董局董事會所收買去的；一個是四明公所，坐落在當時法租界的南端，此處地皮，據說已於一八六一年十二月十二日咸豐十一年十一月十一日由寧波同鄉會賣給愛棠領事的兄弟維多(Victor)了，所以維多曾以地主的資格，接受了公董局在他的地皮上開闢八里橋路(即西新橋街)寧波路和西貢路(即自來火西街)的路線。

　　到了一八六三年九月間同治二年八月間，愛棠領事調任天津，因此他的兄弟維多便寫信給上海法領事莫泊三說：

　　　　　　———————————————
　　[註一]　Maybon et Fredet, id. , pp. 363－366.

爲着不能續付地價的緣故,願意放棄四明公所地皮的所有權。

同時寧波同鄉會,也通知法領,請求承認恢復所有權,但法領事方面對於此項請求,並不答覆,因爲按照條約,中國人是不能在租界內有土地所有權的。[註一]

後至一八六二——六三年間同治元二年間四明公所便由英國防軍(Belootchees)所駐劄,至一八六四年同治三年方開拔回國,從此以後寧波同鄉會便重行占有此地,一面付清地捐,實際上已恢復了地主的資格;到了一八六八年三月間同治七年二月間法公董局更允道台的咨請,豁免四明公所一切的捐稅。[註二]

至一八七四年一月二十七日同治十二年十二月初十日寧波同鄉會風聞法公董局將實行築路的計劃,遂向公董局提出請求說:

> 現聞貴局所定的寧波路和西貢路兩路線,要橫穿四明公所的墳墓,據我們看起來,這是很褻瀆的事件;因爲照這樣築路,一定要在死者身上通行車馬,將使亡人陰靈不安,所以本會特來懇求變更路線;如有因此變動而需要的經費,本會並願分擔,本會絕非欲與貴局爲難,但求祖宗葬地,不至受辱,死者屍骨,毋須擾動,那就好了。

函末簽名的人爲劉麟書、劉咸森、趙立誠、張斯臧、葛繩孝、洪振麟、李源、周大廩、方義章、莊兼仁、王鎮昌。[註三]

此信送到公董局時,適值董事會糾紛時期,遂無結果。

未幾,寧波同鄉會又稟告法領事館說:

> 現聞有人要求我們起棺改葬——實在我們的公所和我們鄰近的同仁堂不同,因爲同仁堂所收葬的屍骸,大概從馬路拾來的,不問省(藉)〔籍〕,隨便掩埋,將來自然無人向其索棺,至於我們所葬的,全得寧波同鄉,不是朋友,便是親戚,若是要移地改葬,定要混亂;將來人家來向我們尋棺材時,教我們怎樣應付呢?而且公所中棺木極多,大部分也都朽腐了!……

> 在我們的墳墓上造路,也並非絕對必需的,因爲在一方面已有了馬路,而在另一方面,還有一個城河浜,可供交通之用;因此我們特求總領事先生,阻止開築此等道路,以免我們遷葬的麻煩,我們寧波府六縣的生者和死者,都永遠感德了。[註四]

一八七四年四月七日二月二十一日公董局董事會,便因此項問題,特開會議,終於議決駁覆四明公所的要求;那時的董事會總董是華成(Voisin)擔任,他於四月十七日三月初二日寫信報告總領事葛多(Godeaux)此案議決的經過道:

> 我謹收到你三月二十四日的信和四明公所要求停築寧波路和西貢路的呈文。……

> 我謹前來報告:總領事先生,董事會已於四月七日常會議決:不准四明公所的請求,一定要維持寧波路和西貢路的路線。

> 因爲開築寧波路和西貢路一案,並非新近提出,乃是在一八六三年所定,且從彼時以來,這兩條的路線,已於法租界地圖上繪明了。

> 准許了取消或改變通到徐家匯去的路線,那麼公董局也要取消了別的路線,因爲各路,多半是在許多墳地上建成的。

[註一]　id. , p. 370 註 2.
[註二]　id. , p. 371.
[註三]　法公董局 1874 年年鑑,p. 3.
[註四]　Maybon et Fredet, id. , pp. 371 - 372.

　　　　至於四明公所呈文内,所具的理由,董事會對其敬奉祖先的觀念,自當表示相當敬意,但不能放棄了歐洲和文明,並須顧到衛生問題的;因此公董局曾將埋在租界中的法國水兵的屍身,遷葬於租界外的八仙橋去。……

　　　　所以公董局不能改變寧波路和西貢路的路線,但願意幫助四明公所遷移棺木,遷至離開市場的清靜地方。[註一]

同日華成更將此項決議案,通知四明公所。

迨至四月二十七日三月十二日寧波同鄉會,又遞一禀帖給法國總領事説:

　　　　寧波旅滬全體同鄉敬呈葛多總領事大人:請求從新考慮公董局的議決案。

　　　　我們前已禀請法國歷任駐華公使和駐滬總領事,請求維持四明公所的墳地,永遠完整,我們的呈請已蒙核准,所以公董局允免我們一切捐税,且給我們以證書,豎定我們地界的界石。

　　　　去年董事會忽然決定要在我們墳地上開築道路,而且他給我們的覆示中,好像是説:我們的要求,是可以考慮的,不過以後是要與董事會直接交涉的。

　　　　從此時後,我們又收到董事會總董的一封信,内説這些路線,早已劃定,現在不能變更。

　　　　我們現謹報告:四明公所的墳墓,是遠在設有租界之前,設立已逾一百多年,所葬棺木,自然極多,若在此墳地上開築道路,死者骸骨定要分離折碎,而受交通上的褻瀆,死者的陰靈,不能享受寧靜,則其子孫,對於如此侮辱,何能忍受?

　　　　我們在前次呈中已説過了:倘然有絕對的必要,開築一條自東到西的路,那麼請將此路在離開十呎左右的地方開闢,所有一切的起造費用,我們同鄉會情願擔負,這是一種調停雙方最妙的辦法。

　　　　我們現在聯合請求總領事大人,鑒核民衆的意見,務將此事重行考慮,并令公董局修改設計,以期路線可以另闢,本所墳地得維持完整,則死者獲安,生者亦當感荷於無窮了。

　　　　附呈兩件公文如左:

　　　　(一)同治元年三月即一八六二年四月愛棠領事口頭通告:"本領事奉法國公使諭令准將四明公所的墳地,視爲神聖不可侵犯的地點。"

　　　　(二)同治七年三月初八日即一八六八年三月三十一日公董局免税單:"董事會奉上級機關飭知,准如道台之請,豁免四明公所一切賦税,爲此合行通告,儘在該項地產保留有神聖性質期内,准予豁免一切賦税。……"[註二]

葛多總領事接到四明公所呈文的第二天,便公函公董局總辦説:

　　　　我請你在總董和副總董公出期内,爲避免不幸的糾紛起見,下令中止執行四明公所墳地的路政工程,俟至董事會重行考慮此問題後再説。

同時他并令飭巡捕房總巡,制止此項築路工程的進行。

過後幾天,總董華成回來了,就於五月二日三月十七日去見總領事報告説:"董事會當再於五月七日三月二十二日開會。"同時并説:"我們董事並沒有執行寧波路和西貢路工程的意思,而且預算上也並無餘款可撥,不過公董局既是此路正當的主人翁,自然不肯變更既定的路線,董事會現已不求移遷墳地,但

―――――――――――――

[註一]　id., p. 372.
[註二]　id., pp. 373－374.

欲掘出屍骨,至於執行上的手段,也不願激起民衆的公憤。"[註一]

經過此番談話以後,葛多便在那夜八時又公函華成説:

> 我已收到你的四月十七日的信了,你對我説董事會不同意於接受四明公所對於中止開築寧波路和西貢路的請求。
>
> 寧波同鄉會的會員也知道你的決議案,又遞一呈文到我這裏來,請求放棄或修改此路的計劃;據他們説:若是必要開築寧波路,就請將此路離開十呎左右,以便穿過沒有埋棺的地點,至於一切因路線變更而需要的費用,該會都情願擔負;但是西貢路據該公所主管人口頭報告:延長此路到城河浜旁是沒有什麼大用場的,因爲那邊並不是人煙稠密的區域,而且也可由別的路線達到徐家匯的,所以並不是爲着公共真實的利益,而驚動葬在該處公所內死人的安靜。
>
> 因此我求你,總董先生,務將此項問題,再行付交你的同僚協議,要考察到是否公共利益的理由,實足以超過一切的抗議,而必須將此路不加修改,逕行開闢,或是可以允納四明公所的請求,能將延長西貢路的計劃放棄,并將寧波路的路線移遠些。……[註二]

同日四明公所方面,更派紳商多人,請求於次日面謁華成;但次日——五月三日——恰是星期日,華成託辭不見,因此會見日期,便順延至五月四日星期一了。[註三]

一八七四年五月三日_{同治十三年三月十八日}上午七八時左右,華成親到四明公所的墳地上踏看,租界中在上半天,一切都平常而安靜。

但是到了下午,却就發生變化了。……

一八七四年五月三日_{同治十三年三月十八日}星期日下午四時半,公共租界方面救火鐘響了,同時在鐘樓上,更高竪法國旗,表示法租界方面發生火災,兩租界的救火會都趕到了,但是……不是火災,法租界是在起革命。

原來經過了上半天相對的平靜,一到下午一時左右,四明公所附近便漸漸地集合許多人來,但是尚無任何敵對的動作。

至二時半後,有一巡捕在自來火行東街至西新橋街間的公館馬路一段,漫步巡行時,突然有一羣中國人,從後趕上,將此巡捕打倒,盡力搏擊起來。……[註四]

據申報一八七四年五月四日_{同治十三年三月十九日}記載,當時突變的經過道:

> 先是一點半鐘,四明公所寧人麕集,時四明公所雙扉緊閉,門前望者,立者,仰而語者,三百餘人;啟釁之由,一粵妓駕小車由西門來,路出四明公所,寧人惡法人,并及該妓,妓喚法捕迴護,捕往辯別是非時,一片聲喧,喝打巡捕,捕出刀擬人,嚇使散去,即有一短衿年四十餘者,手奪捕刀,脚起中捕,捕抱頭竄去,時已兩點餘矣。捕轉捕房,由小東門微捕至,捕陸續至,寧人知與己爲難,愈聚愈衆,該處中一馬路路旁站立閑人,四明公所門前約五六百,管理街道之法人門右距四明公所約數十步,亦有三百餘人;三點許,法人站在樓上,誡勿聲喧聚集,寧人隨將石塊向樓上擲去,法人出鎗,而人聲愈鬨,法人開鎗,一短衣年五十餘,髮已斑白,中鎗彈洞胸,血流被體,死矣!又有一人受傷倒地,斃人空地離四明公所約數百步,門前站立之人,如潮湧,如山崩,趨前去看,三點逾一刻,已聚有千五六百人,法人既斃華人,大衆即趕赴法人住所拆屋,繼稱:"火之爲妙!"鄰近馬

[註一]　id., p. 375.
[註二]　id., pp. 375 – 376.
[註三]　id., p. 376.
[註四]　id., p. 377.

路，堆有稻草，即取草燃火燒法屋外竹籬，並酒桶木器各件，火勢上燃，隨即熄滅，報警鐘樓望有火起，英界之滅火龍車聲轔轔赴場救援，時餘火不燃，火龍既到，不煩灌救，觀望片時，已四點鐘，候逾一刻，法巡捕已佩刀出，趕逐閒人，僅響一鎗，華人拽步如飛，獲小經紀一人以去，走散人衆，以華人被獲，乘勢復回，但以法巡捕俱腰刀手鎗，莫敢援救，法捕十六名，前八名後八名，押該人向捕房去，陳司馬首到屍場，團聚人衆，羣向陳公聲訴斃一人，傷一人，獲一人去，一片聲響，振耳欲聾，陳公搓手，衆擁公行數十步，公去。當火法人屋時，鄰有英國婦女名麥尼連者，屋被石盡碎，門窗戶牖玻璃，至如齏粉，婦傷頭面，血汪汪然，抱一孩未週歲者，走沿路，搖手作華語曰："我是英人！我是英人！"衆聞言止步不追，婦得逃避，英捕押滅火車到，以火毋須救，乃為婦搬取物件，約十餘擔，衆不攔阻；家具搬走，上海縣來，法界會審之張司馬亦到，衆環繞聲訴，如陳司馬狀；張司馬去，上海縣亦去，一前一後，兩轎同赴捕房，大自鳴鐘已交六點一刻矣。時捕房門首，觀者如堵，而屍場上又火斃人之屋，衆將木料舉火，使勢上燃。……時已漸黑，火光照耀，儼如白晝，界上之自來火燈，皆被路人擊碎，……法捕又排班出，響一鎗，人衆在火光中，互相殘踏，又斃一人矣！……計燒去房屋四十餘間，計西人屋宇三間，華人屋宇租住西人者十餘間，餘均華人租住華人者。……凡諸變亂，四明公所董事，未預聞也。[註一]

此時法國當局，以事起倉卒，頗覺手足無措，巡捕房總巡，首先下令撤退站崗巡捕，集中於公董局方面，他自己便親往領事館請訓；葛多總領事就下令，不准穿有制服的巡捕，插足於羣衆集聚的地方，因此法租界迤西區域，便完全暫時放棄。

公董局方面巡捕，已集中，行路法人，受羣衆攻擊的，都向公董局躲避，至三時半，住在自來火行東街管理街道的法人白司泡(Percebois)，跑到公董局報告說羣衆正在攻擊他的家庭，要求巡捕去救援。副總巡因此又往領事館報告請訓，但葛多總領事仍不准巡捕離開公董局，因爲他已向道台請求制止了。

此時捕房總巡，雖奉有不許出動的明令，但不肯遵守；終於帶了幾個巡捕，向羣衆集合處開鎗衝鋒，趕到白司泡家中，撲滅了羣衆所放的火，又轉到公館馬路來，……此時領事館中得悉情形，立即嚴令他們，仍退回公董局內。

過了五時了，住在公共租界中的總董華成，纔來到公董局；困在局裏的法人，自然都要向他責難，這個說：一切的法僑都將被殺！那個說：連公董局，都要燒掉！華成終於跑到領事館去了。

他見總領事要求，令水兵登岸……但是葛多對他說："不宜和羣衆衝突，凡事要以謹慎爲主。"經過一番劇烈的爭論，華成便宣佈說："既然這樣，且讓巡捕們守護公董局，我們一切外僑，一齊都到領事館，求領事保護！"

葛多總領事被逼，只得同意召集古勒柏萊(Coulenvre)艦上的水兵上岸，一面並向公共租界商團求援。

因爲雙方激昂辯論的稽延，便又挨過了一點多鐘的時期。

此時已是七點鐘多了，一隊密集的羣衆，已向公董局包圍，拔去鐵柵的木框，向散佈在園中的法人，投磚擲石，局內的巡捕，卻並不敢還擊。

七點一刻時，公共租界的捕頭班福(Penfold)，帶了一小隊的巡捕，也趕到了，便約同法租界的巡捕，出發救火，但是安段禮總巡，因總領事屢有不准出動的嚴令，不敢答應，班福見情形如此，便帶了一班人回去。

[註一]　從申報館抄來。

　　華成又跑到領事館去討救兵，但葛多總領事已接得上海知縣的報告，知道羣衆已漸次散開，因此不准華成的請求。

　　但是過了幾時，領事館中望見滿天火光，依然未熄，便派了二十名的水兵來至公董局。此時已是八點鐘，羣衆早已散盡。

　　十時後，道台衙門所派的兵隊，開至法租界，駐紮公館馬路一帶。[註一]

　　革命的民衆運動完結了，外僑方面只有幾個人受傷，但在中國人方面，却有六人爲刀鎗所擊斃，傷者不計其數！

　　翌日是五月四日三月十九日華成又於早上七時，在公館馬路上，遇見了葛多，便在街中爭執起來：葛多要董事會立刻取消對於四明公所一切的決議案，以便通告民衆，免除暴動的口實，但華成却主張強硬對待，以爲在暴動未平靖以前，不得議到此種原則上的問題；而且現在讓步，好像告訴中國人說：欲達到對付外人的目的，是要用武力和抵抗，不要用和平和禮讓。

　　兩人爭論的結果，就約定在那天下午四時，再開一次董事會。

　　華成回家後，便想拉攏公共租界加入合作，因此往訪工部局的總董，和其他的紳士，但是他們都不願表示正式的意見。

　　五月四日三月十九日并無意外的事件發生，因此董事會便在下午四時開會，正在討論此案時，忽有人前來報告：葛多總領事已於上午十一時左右，發出佈告：通知民衆，法總領事已將董事會對於築路的決議案取銷。當時董事會便通過一個抗議案，託華成向總領事提出交涉。

　　華成遂於五月五日三月二十日函總領事署：

　　　　我謹收到你五月三日命我次日召集董事會的來信，我當日即已口頭答應。

　　　　今天五月四日董事會，已如期開會，所有議事紀錄，我已送交領事署。

　　　　現在我很駭愕地聽到你一方面既命董事會繼續討論這寧波路和西貢路的問題，一方面又發出佈告，把此問題逕行處決！

　　　　據報紙記載，你大問董事會的意見，逕自裁決此事，且應許四明公所在四週空地上，不經公董局核准，即行建築圍墻。

　　　　自然的，你已決定取銷董事會的議決案，不過務請注意，總領事先生，按照章程規定，你應用書面預先通知我們的。

　　　　我和各董事，對於你並無公文通知我們，都很奇怪，若因現狀的關係，上級行政機關忘記了平常的禮節，這還可說得過去；但是關於起造圍墻問題，董事會實不能容忍此案的關係人自由行動。[註二]

　　五月六日三月二十一日葛多回信說：

　　　　我已停止董事會決議案的執行，現在諸凡要待北京法國公使訓令，到後再說。[註三]

　　延到五月十五日三月三十日總領事的佈告原文，還未送交董事會，華成又向葛多催索道：

　　　　根據五月六日來信，你通知我說：你因爲董事會的議決案，足以危及公共的治安，所以認爲應有停止執行的必要，你更對我說：四明公所的管理人，并沒有起造圍墻，不過只是要想用竹籬圍繞

　　[註一]　Maybon et Fredet, id., pp. 378–379.
　　[註二]　id., p. 381.
　　[註三]　id., p. 382.

他們的墳地。

你雖有許多的消息通知我,但是董事會經我向他們報告以後,尚以爲到今還不曉得你和中國官廳及寧波同鄉會的首領,怎樣處置,本局路權的事件。……董事會至今還沒有收到你所出的佈告,所以很希望你能够抄一份佈告交交本會。

關於起造圍墻問題,我該應通知你:現據局員精確的報告,自昨天以來,他們已開築磚墻了:因此我特用公董局的名義通知你,本局保留有權反對凡非經其同意而出讓任何權利的一切協約。

總領事的佈告,終於送交公董局參閱了,此項佈告内容如下:

法總領事署示:

爲剴切曉諭事:照得本總領事自駐劄上海以來,凡在本國租地界内商民,無不準情保護,兹因謠言有説:本國欲拆四明公所房屋者,有説本國欲取該公所地開築馬路,傷及義塚者,皆係無賴之徒,訛傳煽惑,兹據四明公所董事等稟請改築等情,并准蘇松太道照會暨上海縣來文,請順輿情各等因。本總領事當經勸諭公董局,議改前説,毋庸傷及該公所房屋,并不得傷動該義塚墳墓,非但不築馬路,並傳知四明公所董事,速築圍墻,以清界限,而免疑惑;正欲出示,詎知有無知愚民,并不候覆,輒敢糾衆滋鬧,深屬可惜,爲此示諭界内商民人等知悉,爾等各安居樂業,切勿輕信謠言,切切特示!

一千八百七十四年五月四日　　　法國總領事葛多

同日上海道台沈秉成也接連出了三張告示説:

爲曉諭事:查四明公所塚地,請免築馬路一事,前據寧波董事周大廩、趙立誠等,來道具稟,即經照會法總領事,飭令法公董局照辦在案;雖未接准覆文,曾據委員傳述葛總領事之言:因法董他往,俟回滬商辦等語,現在葛總領事深明中國情形,以四明塚地歷年久遠,葬棺極多,一經開築馬路,難免傷損,自必飭局停止,以全善舉;四明董事休戚相關,曾赴葛總領事稟懇,亦經允辦各在案。自應靜候商辦,何得藉端滋事,爲此,示仰寧波商民人等知悉!自示之後,務須各安本分,謹守法規,不得輕信謠言,妄生事端,致干提案,究懲不貸,毋違,切切特示!

爲曉諭事:昨日法國租界房屋火起,華人聚觀甚衆,本道當即派印委各員,帶領兵勇撲救彈壓,在户之寧波商民人等,應即各安生業,各守本分,照常貿易,倘有造言煽惑人心藉端生事者,即係不法棍徒,定即拿辦,合行曉諭,爲此示仰軍民人等一體遵照,毋違特示。

爲曉諭事:查四明公所地址,既已不築馬路,並傳知寧波董事,趕築圍墻,以清界限,業經本道面晤法總領事,商定由法總領事葛,出示曉諭,諒已週知。華洋交涉事件,凡在商民,均應聽候官斷,毋得自鬧;此後如再有無賴之徒,不聽地方官約束,捏造謠言,煽惑衆心,甚至鬧鬨爭毆,定當盡法嚴辦;本道不忍不教而誅,合再剴切曉諭,爲此,示仰商民人等,一體知悉:爾等各有身家,應知法紀,務須及早省悟,各安生業,切勿仍蹈前轍,致罹法網,本道志切愛民,不憚諄諄告誡,其各凜遵,無違,特示![註一]

A　外僑的輿論

佈告實貼以後,在外人方面,反動很烈,字林西報於五月五日三月二十日評論説:

洋涇浜北岸的住民,對於現在的爭執點,並不完全同情於法公董局董事會;這路線,實在無任

[註一]　各布告均由申報館抄來。

何的需要,因造路而致華人受損,卻是實在的,若是早早讓步,或早些表示可以讓步的意思,至少定可避免許多的糾紛;現在對着亂民暴動,而表示讓步,實是造成一種危險的先例;……葛多的行動,只是鼓勵中國人相信,以後如有交涉,達到目的最妙的法子,就是用武力解決。[註一]

通聞西報(Shanghai Evening Courier)在同日也有評論説:

法國領事投降式的佈告,侮辱了全體的外僑;現應通知中國人説:在英租界或美租界裏,他們不能討到同樣的便宜。

法國人方面,自然更不高興;對葛多領事大加攻擊,並於五月九日三月二十四日公發傳單説:

曉得全體的法國人,從此不能再叨現任的法蘭西代表的保護,所(有)〔以〕我們很抱歉,總領事先生,對你違反公衆輿論和利益的行爲,要加以抗議。

六月三日四月十九日字林西報更有一段紀事説:

有一天,爲着一宗平常的事件,有個外國人對中國兵説:"應該要叫法國巡捕來幫忙。""呵,他們不敢來的。"一個華兵答説,"現在是我們負責,他們不敢干涉到我們,他們是請我們來保護的!"[註二]

中國軍隊,駐紮在法租界,這是法國人最痛心的事件,所以董事會便在五月八日常會時議決,咨請總領事,要求從速調開中國兵;結果,中國軍隊終於在五月十一日三月十六日退出法租界,但尚留有一小分隊,保護四明公所。

至於葛多領事方面,他受了由董事會領導下的駐滬法僑的攻擊,自然也忿激異常,遂於五月二十八日四月十三日向法國外交部聲訴道:

按着法租界的歷史,自從有了董事會以後,領事署和公董局,竟形成了對峙的情勢,差不多是連續不斷地在紛爭着;隨便那一個領事,隨便那一些董事,他們總是永遠相持着,原因是由於董事會不願服從領事的權威,而且反要想壓服了領事,譬如此次四明公所的事件,在攻擊我的傳單中,董事會的總董,不想他的總董職務,原是由我委任的,竟也在單內簽名,同來侮辱我。

倘然此種不快意的行動,單由總領事來承受,這還是不要緊的,但是五月三日民衆激變的暴動,可以證明了,這是對於法國政府一種實在的威嚇,而足以擾亂我們整個的外交政策的。

上海法租界董事會組織分子的選擇,的確非常困難,譬如將現在的董事會,實行解散,或是他們自動辭職,無疑地人家卻不能組織成一個更好的事董會,所以上海的法公董局,實是法國的一種永久的危險物;但是從另一方面看來,若竟取消這董事會,則納稅人又將有拒絕納稅的運動發生,而使市政的進行,陷於停頓了。

那麼,有什麼方法來解決目下的困難呢? 恐怕只有一種吧;便是放棄了法租界的分立,而求合併於公共租界,這樣可以避免了一般外人對我們的敵意,而且更合於在遠東方面歐美列強聯合一致的精神。[註三]

B. 懸案的解決

董事會因不服總領事的裁定,便於五月十二日三月二十七日向北京法使控告,法國公使曹華

〔註一〕 Maybon et Fredet, id., p. 383.
〔註二〕 id., pp. 385–386.
〔註三〕 id., p. 441.

(Geofroy)於同月二十日四月初七日回批説：

經過本月三日的不幸事件以後，就現在情形看来，你的呈文，只能作爲一種參考資料，用以估定我們所有讓步的價值。

至於撤回讓步一層，你該曉得這是不可能的事，因爲這是會引起第二次的革命的。當然，在暴動時屈服了，是件很可恨的事；但是誰敢再激起第二次的民衆運動，以求恢復原狀。此事原應受着理智支配，在適當時期中，就接受了四明公所合理而又合法的要求，我覺得很奇怪。你們董事，既知中國人對於墳墓問題，是何等注重，你們既不怕激起民變，到現在還要説到什麼面子問題呢？

最可痛恨的，便是你們董事會，偏將寫給總領事的信，擅在報上發表，我相信等到脾氣發過之後，你們該是最先要追悔無窮吧。[註一]

到了五月三十一日四月十六日葛多總領事更寫封很短的信，通知董事會説：

法國公使確定了取銷董事會所有延長寧波路和西貢路的議案。

第二天六月一日四月十七日華成就用董事會的名義，寫信到北京説：

董事會已收到你五月二十二日的回訓，現在敢請注意：雖以高貴法庭和卑賤罪人的間隔，一個審判官總不當只聽一面的控訴，而便行裁判的。

按照公正的意義，董事會幾乎要想到你公使大人，只肯迴護政府的官員，對於其他寃抑，儘可置之不理。

董事會當初將本案經過情形呈報大人時，原不想得個公平的判斷，但只望你在此許多（擋）〔檔〕案中，能够看出在上海的法國人的公共利益。

到現在我要痛苦地代表董事會向你説：我們的無能，斷不足以擔任重大困難的市政事務，而且葛多總領事，在在加以阻撓，恐怕將來還有其他不幸的事件發生。

兹爲避免此項恐慌起見，擬請總領事按照公董局章程的規定，實任董事會主席，直接指揮董事會就好了。……

總之，照現在狀態看来，董事會……只有避開——董事會本想早早總辭職，所以延遲至今者，全是怕在此暴變以後的恐慌時期中，突然的決裂，很爲影響到行政上的進行。[註二]

曹華公使接到此信後，就於六月十七日五月初四日回訓説：

我由葛多方面收到了你六月一日的詳細報告，同時也收到你對我判斷此案而表示不平的信。

請你注意：我並沒有下過什麼判詞，也沒有判訊過什麼訟案，我實在不能談及法律的問題，因爲我手邊并沒有關於此案的文卷，而且我也不願意説到法律，因爲此項問題，只有些理論上的利益。……到底，從本分上講，是要顧到我們在中國一般普遍的利益，所以我只能只願注意到兩點，第一點便是公董局所取的手段，是不合（事）〔時〕宜的，因爲有許多無可爭辯的權利，都要因着不可抗力的緣故，而放棄。第二點便是你對總領事，在信件上和在報章上的攻擊，是個很可惋惜的事件。

你應該懂得：除了個人問題以外，尚有租界上的公共利益問題，所以很希望你能會同領事館

[註一]　id. , pp. 386–387.
[註二]　id. , p. 387.

繼續努力你的犧牲工作，以圖補救當前的大難；我並更希望再三勸你激發愛國心和良心的呼籲，不至於終成空話。[註一]

曹華公使除痛斥董事會妄動外，一面仍於五月中旬三月底四月初向中國總理衙門交涉賠償問題，恭親王就於五月二十一日四月初六日照會駁覆道：

> 有華人六名已被外人火器擊斃，若不緝獲兇犯，審判處死，則何足以鎮人心而平民忿？殺人者死，此種法律，中外一例！

此時法人適有事(須)〔於〕越南東京，所以巴黎外交部便於一八七四年五月二十九日同治十三年四月十四日電飭曹華，不許多生枝節，因此交涉停頓，成爲懸案。

到了一八七五年一月同治十三年十二月董事會還想請求法國公使，承認他在原則上有權延長寧波路和西貢路(即自來火行西街)，此時北京法使，已由何處爪(Rochechouart)代辦，他只是勸告董事們靜待，因此華成等便於三月二十三日光緒元年二月十六日常會中通過了信任法公使館全權交涉的議案。

過了四年後，即一八七八年八月間光緒四年七月間白萊尼蒙馬浪做駐華公使時，此案才告解決；由中國政府賠償三萬七千六百五十兩，其中除有七千兩是由被擊死的中國人家屬收領外，餘款都歸外僑承受，公董局也領得一千二百三十五兩六錢七分。

中國政府償付賠款，却附有兩個條件：第一條是公董局須放棄築路的計劃，第二條是四明公所及其附屬地，應當永久免除一切捐稅。

公董局即受此兩項條件，但要求從此四明公所內不再掩埋新屍。[註二]

[註一]　id., p. 388.
[註二]　id., p. 390.

戊　法租界的發展

一　中法戰爭時代的法租界

一八八四年二月光緒十年正月，法國武力侵略越南的進行，益形尖銳化；我國以宗主權的關係，竭力交涉，無效，遂至宣戰。

法國政府派海軍中將古拔（Courbet），於是年七月光緒十年六月帶領東京艦隊，攻擊我國福州、基隆等處；更進而封鎖揚子江口，以截斷我國南北的聯絡線。[註一]

此時上海方面，因法艦游弋海面，吳淞一帶戒嚴；兩江總督曾國荃奉命來滬，與法使巴諾德（Patenotre）議訂條約，未成，仍回南京辦理防務去了。

到了八月光緒十年七月，清廷據按察使陳湜的奏請，諭飭滬道邵友濂：在吳淞口，用船載石填堵中泓，以防敵船混入。但是駐滬各國領事，均以堵口有礙商務與水利，商請停止；并謂：

> ……如中國必行此舉，須寬留活口二十五丈，以便輪船往來。

嗣經酌定：中漲丈尺，留寬十八丈，至多不過二十三丈。當時便即照會各國領事查照。

上海知縣黎光旦，亦奉命舉辦民團。城廂地段，除北市租界外一律舉辦；至鄉鎮辦團者，計有老閘、新閘、洋涇鎮、引翔港四處。民團經費均歸自籌。[註二]

對於法租界，按照戰時國際公法，我國原有收回的權利；法人方面也想到這一步，所以法國駐滬的總領事李梅（Lemaire），曾於一八八四年九月十一日光緒十年七月二十二日寫信給當時在假期中的法捕房總巡皮諾（Binos），勸他不要再來上海。

> 公董局遵照我的提議，曾打電報給你，叫你不必首途來滬，只宜在法國聽候新訓令。
>
> 你該不會不曉得罷，我想，現在因我國政府和中國外交上紛擾的狀態，而使我國僑華的全體同胞，隨時都有離開這地方的必要；只要中國當局一紙明令，我們就都該走開！……在此情形之下，我看你還是謹慎些不要離開法國罷。而且在上海租界內，因受國際的影響，有許多中國人，都搬出界外了，以此公董局的收入，也大為減少；在此時期，我們實有屬行緊縮政策的必要；而界內的巡防事務，刻由白德勞（Berthelot）君擔任指揮，也儘够了。[註三]

但是清廷却並不乘機收回租界；一八八四年八月二十七日光緒十年七月初七日上諭說：

> 沿海各省總督巡撫，其各嚴飭所屬地方官及帶兵員弁，對於敵國商民，仍應一體保護；凡該法國官吏、商民、傳教師等，如願留居我國，各安生業者，仍予一視同仁，照常保護；其有干與軍事者，

[註一]　清朝全史第四册。
[註二]　上海縣續志卷一三。
[註三]　法公董局年鑑 1884 年。

一經發覺,應按國際法重辦。[註一]

法國代辦公使謝滿祿(Semalle)於八月二十一日七月初一日午時,哀的美敦書期滿後,已向我國取得護照,下旗來滬,而將在華的法國利益,付託俄國公使代管。所以我國上海道邵友濂,遂託俄國駐滬領事,來接營法租界。

此時法國駐滬總領事李梅,也已調往越南做統監,遺下總領事署的職務,是由班蘭絲(Collin de Plancy)代理。

因此,俄國駐滬領事李定(Reding)乃於一八八五年二月十七日光緒十一年正月初三日公函班蘭絲說:

> 上海中國當局,最近曾向我表示:希望俄國政府,按照保護住在中國其他各埠法僑辦法,再來保護本埠的法國全體僑民。

> 我對於此事,也曾請示於駐在北京的俄國公使博白傅(Popoff),也曾與太平洋艦隊總司令克龍(Crown)上將商量,他們倆都以為這樣的辦法,可以解除一切任何糾紛的原因,而且在將來更可維持你們租界的秩序。

> 但當道台未用公文確定他的口頭請願以前,我殊不願採取任何的決定;呵,剛纔滬道邵友濂來函證明了,我所以特將原信附上。

> 你看:滬道的意思,是盼望法會審公廨,應即歸我指揮,而且更希望用俄國的國旗豎立於你的領事署上,以代原有的法國國旗。

> 在我看來,這樣臨時辦法的採行,確有重大的利益:因此,我很希望你表示些高見。

法國代理領事班蘭絲隨於同日,即行覆文說:

> 我趕急熱誠地奉覆:我已收到你今天所給我的信了。關於俄國政府和中國當局商洽了切實保護滬上法僑和預防法租界發生糾紛的協定,我對於此約,完全同意,誠願依你所指示的意向照辦可也。

> 所以,自明天,二月十八日正月初四日起,俄國的國旗應在我的領事署和公董局等處豎起來!至於會審公廨,在你未派出你領事署的人員,實任審判職務以前,應請暫時仍由發德(Huart)君擔任,代表你列席審判罷。[註二]

同時,班蘭絲并即函達公董局董事會總董奧利和(Oriou)說:

> 茲敬在信內附上:俄國領事今天所寄給我的信以及我所給他的覆信原文;請你將此項往來公文,通知董事會全體董事們。[註三]

此種法租界換旗儀式,舉行以後,界內除了時有中國兵經過因而與巡捕稍有衝突以外,差不多完全無事,所以巡捕房總巡於一八八四年光緒十年年終提出報告云:

> 有若干中國將官,帶了兵隊經過租界時,幹下許多暴行,本年十二月二十六日光緒十年十一月初十日中國海軍士兵,且與巡捕發生衝突,我方巡捕因以受傷者四人,內有兩人受傷最重。[註四]

[註一]　Cordier, Histoire des Relations de la Chine, Vol II.
[註二]　法公董局年鑑 1885 年。
[註三]　同上。
[註四]　同上,1884 年。

至一八八五年光緒十一年年終，又提出報告云：

> 在今年上半年間我們雖處於戰爭狀態的擾攘中，但是人民方面都很平靜；僅有些流氓。尤其是那些逃兵，來紊亂我們的治安；然而這原爲界內常見的事件![註一]

因此，法租界公董局董事會，仍照常於一八八五年四月二十二日光緒十一年三月初八日在法國代理領事班蘭絲領導之下，舉行改選；一切市政上的事務，更自照常進行。

至於滬上法僑和本國通信的方法，因爲我國既與斷絕國交，法國郵船自不便昂然進口，因此自法來華的郵件都寄在吳淞口外的大戢山，而由法外灘的氣象報告台，遇有郵船到日，便即掛出信號，教法僑設法往領函件。

一八八五年六月九日四月二十七日李鴻章與法使巴諾德商訂的中法和約成立，戰爭狀態遂以解除。上海法租界各機關，亦於六月十四日五月初二日卸下保護式的俄國旗，而恢復了三色的法國旗。[註二]

法國旗剛剛竪上不到數小時，不料又要下半旗了……

原來法國遠東艦隊總司令古拔，已於六月十一日四月二十九日死於澎湖島附近巴依耶（Bayard）戰艦上；此項消息即於十四日五月初二日傳到上海，法國人乃於十六日五月初四日早晨九時，在洋涇浜天主堂舉行追悼；法領班蘭絲，曾將那天追悼的情形，於十八日五月初六日呈報法國外交部說：

> 法蘭西的三色旗，剛在我總領事署的旗竿竪起來時，我便接到海軍少將雷師貝（Lespes）的電報，報告海軍中將古拔在六月十一日四月二十九日死於澎湖島的凶訊。這個想不到的消息，很痛苦地刺載了我們這兒的同胞；我們對於遠東艦隊總司令，都有深切的崇拜心。這種感傷的情緒，當我們看見"搜索號"巡洋艦進口時，桅上掛着半旗、帆上帶着喪號的時候，更覺得黯然欲涕了！

> 立刻，領事署和公董局各機關，同時便都下了半旗，而我更正式通函領事團，報告我國海軍的喪事，……他們沒有一個例外，也同時下了半旗，連停在黃浦江上的一切軍艦和商船，一齊都下半旗，同表哀悼。

> 我們的同胞，曾經好多次表示，等到戰爭狀態終止以後，古拔中將凱旋上海時，要開個盛大的歡迎會……這個願望，現在是永無實現的可能了；我爲俯順輿情起見，便擬舉行追悼大會，以紀念我們艦隊總司令，而表示我們對於他的死亡的哀痛。

> 我因此便與公董局董事會總董維爾蒙（Vouillemont）商量——維爾蒙這人是最富有愛國心的人——我們終於決定在六月十六日五月初四日早晨九時，舉行個莊嚴的彌撒。註：即天主教式的祭禮。

> 就是因爲這個緣故，駐滬海軍少將里歐尼耶（Rieumier），原定於那天前往大戢山接受法國海軍部所發來的訓令，便延遲了二十四小時後才啟行。此時，大家一律總動員，以籌備大典：耶穌會的天主堂，頓時改觀了；堂內外一齊掛上黑紗，國旗，和死者的徽章。

> 十六日五月初四日上午九時，一隊隊的人羣，都向教堂聚集。內有意大利和西班牙的公使，領事團的全體，大家穿着軍服，都應我的招請而來，坐在追思台的左邊；至於公董局的董事和公務員，以及英國、美國、日本軍艦上各軍官，則列坐於追思台的台邊。教堂門前站有法國水兵四十名，法國巡捕十二名，擎鎗向來賓致敬。

> 此次追悼典禮，雖因我們是在上海，力量很少，但我們已盡我們的可能，使禮節極爲隆重偉大，所以當時凡是在座的人，都有熱烈的感動。所有用費，原定由大家釀資公攤；但是公董局方

[註一] 法公董局年鑑 1885 年。

[註二] 同上。

面,却願意獨任經濟的義務;同時,董事會更決定製就花圈和花冠,送請里歐尼耶少將攜往巴依耶戰艦上,以作古拔柩旁的裝飾品。

　　我求你,部長大人,將法租界公董局此次忠誠協助的事實,儘量告知海軍部長,那我就感德無既了。因爲此事全靠董事會總董維爾蒙氏的贊襄,方使我的追悼計劃有實現之可能:他命令公董局全部員工總動員,幫助神父們佈置教堂的喪儀,他更擔任了此次追悼會一切的費用;所以我若能得到鈞部的允准,用政府的名義來申謝他,那我便是最有幸福的人了! ……[註一]

現在法租界內,有一條自福煦路穿過巨籟達路,而至蒲石路的古拔路,是法公董局在一九一三年民國二年間開築,用以紀念那個艦隊司令的![註二]

二　四明公(段)〔所〕的第二次血案

　　1. 大風雨的前夕——2. 進一步的壓迫——3. 實際行動的進展——4. 慘案發生的過程——5. 慘案的解決——

一八七八年八月十二日光緒四年七月十四日法公董局董事會,雖接受了馬浪公使(de Montmoram)對於一八七四年五月三日同治十三年三月十八日四明公所第一次血案的解決辦法,却附有條件説:

　　除要求公使盡力照顧法租界的利益以外,還請代向中國當局提議,嗣後應嚴禁四明公所寄厝棺木! 董事會對於此點,因其有關租界上的衛生,不得不非常注意。[註三]

到了一八八五年九月光緒十一年八月中法戰爭完結後,法公董局又要挾戰勝的餘威來干涉四明公所的丙舍;當時法國駐滬代理總領事班蘭絲,曾於十月二日八月二十四日將交涉的經過,函覆董事會道:

　　依照你九月二十一日八月十三日來信的願望,我已寫信給道台,向他聲明:四明公所現厝有二千一百具棺木,對於租界內的衛生,當有危險的影響!

　　邵道台剛纔回信給我説:他已下令調查此事,并派遣委員到四明公所,和所董們商量改善辦法。[註四]

到一八九〇年光緒十六年夏,上海附近發生虎列拉疫症,法租界當局便又指摘四明公所的寄柩了。公董局董事會總董薩坡賽(Chapsal)於八月二十三日七月初九日致函法領事曹登(Jordan)説:

　　公董局對於四明公所棺柩的堆積提出抗議,已經有好多次了!

　　呵! 現在,在這公所內又有許多的屍棺堆寄着;當此時疫流行的過程中,租界邊沿有了這類穢物的存在,的確是公共衛生上一種長期的威嚇。

　　我所以迫不獲已,要用公董局董事會的名義,對於這在歐洲各國斷難容忍的現象提出抗議,用特請你,將這抗議的意旨,轉達中國當局,求他們嚴令所屬,立將四明公所內的棺柩,大行掃除;并應在該公所的房屋和空地上,實施絕對消毒辦法,不得延誤!

[註一]　法公董局年鑑 1885 年。
[註二]　同上,1913 年。
[註三]　同上,1878 年。
[註四]　同上,1885 年。

我趁此機會,并敢提議:前項所說消毒的實施,應在法租界當局監視之下執行之!……[註一]

曹登領事,隨於八月二十五日七月十一日覆信說:

收到了你的八月二十三日七月初九日關於四明公所寄柩事件的來信後,我就於昨日,率同公董局醫生白朗(Blonc)博士,親到該丙舍內覆勘。

我們完全視察過那堆有一千多具的棺柩。……

據白朗博士的意見,這種寄柩,是對於公共衛生上并無任何的危險。白朗博士將此項意見,製成報告,呈署備案,我特將此報告抄下一份送上。

那麼,報紙上對於此點所表示的恐慌,自然是誇張過度了。據我個人看來——我的意思,雖不是一定值得人家來附和——我也以爲那棺柩蓋得很牢固,而其內部屍身,且已先用生石灰浸過。我穿過了堆柩的迴廊,却一點兒都聞不到臭味。

我這種感想,與前三天剛視察過四明公所的公董局工程師巴浪登(Blondin)完全符合。

就這樣情形看起來,總董先生,我以爲還是依照白朗博士的意見,不必提起足以激變的問題;而且近來因華官越權的事件,被我們檢舉了好幾次;依此看來,中國當局對於你所要求的(激)〔徹〕底解決辦法,不見得會輕易肯答應罷![註二]

附有一八九〇年八月二十四日七月初十日白朗報告書如左:

爲報告事:辱承鈞座詢及,四明公所的寄柩所,對於法租界衛生上,有無危險後;我就到那公所裏視察過。

在那裏,有一千多具的棺柩,在露天陳列於一排殯舍中。我查得這些棺木都很完好,並無腐爛的液汁流出,也没有窒素的瓦斯發生;這些特殊現象,是由於那棺柩的厚密,并由於本地人很留心地將屍身浸過了生石灰。而且該處的房屋,空氣很流通,內部亦整理得頗爲清潔,地面也打掃得很乾净;我在那裏一些兒找不到潮濕的地方。

照此情形看來,我想這種殯舍,當不至於對於公共衛生上,發生重大的危害。[註三]

曹登領事的回信去後第二天,薩坡賽却再來信反駁說:

我收到了你昨天的信——關於四明公所堆柩問題的回信,和白朗博士的報告;這樣看起來,好像在如此狹小的地方,堆有一千具多的棺木,而對於公共衛生上,却無任何的危險!

我對於優秀份子像白朗博士其人所發表的意見,是有最大的信任心的;到底,我很抱歉地要說:他雖然很詳細解釋:在我們鄰地上有了一千多具的屍身,是絶無妨害的;可是我却不表同情!

所以,我們維持着本月二十三日七月初九日用法租界公董局董事會名義所致你的抗議,我現只要求你照着我的意思辦理好了。

至於你所給我說的:因爲有些特別的理由,所以不能容許你向中國官廳接洽清除四明公所的棺柩問題;但是不能因爲這樣,便得使董事會負有經管義務的公共衛生問題,略過不談;而且這問題,就我的意思看來,在現在,是應該超過一切呢。[註四]

[註一]　法公董局年鑑 1890 年。
[註二]　同上。
[註三]　同上。
[註四]　同上。

這一次，領事署方面屈服了；曹登乃於八月二十七日七月十三日回信説：

　　我收到你八月二十六日七月十二日的來信：表示要維持董事會八月二十三日七月初九日對於四明公所堆棺事件的抗議。

　　雖然爲着我在八月二十五日七月十一日信中所述的理由，我對於你要緊急地請求領事干涉的意思，認爲不合時宜，并不贊同；但是爲尊重你第二次用董事會名義請願起見，我用特通知你：我現在照你所説的意見，向中國當局，試行協商。

　　我一收到了前途的覆音，自會來通知你的。[註一]

曹登領事向我國道台交涉此案，竟得着異常的順利，八月三十一日七月十七日即收到道台聶緝椝的照會。略云：

　　我已派會審委員葛，向四明公所所董接洽，以便從速採行必要辦法，而使法租界公董局董事會得以滿意。[註二]

由是曹登便將此照會函知董事會説：

　　前幾天，我曾照你的意見，將四明公所事件；向道台有所交涉；現已收到道台覆文，合特摘録送上，請你參閲罷。[註三]

董事會得了這個消息，遂於九月十日七月二十七日開會，通過一個決議案説：

　　仍應由總董向領事商量，請其會同中國官廳，研究清除現在存在四明公所內棺柩的辦法。[註四]

在一八七八年八月光緒四年七月間，我國政府允許付出一八七四年五月同治十三年四月間第一次四明公所的血案賠款時，原附有兩個條件：

　　第一條──公董局應放棄建築寧波路和西貢路（即自來火行西街）的計劃。
　　第二條──四明公所和牠的附屬地，應免除一切公董局的捐税。

此兩條件，是經由公董局董事會於一八七八年八月十二日光緒四年七月十四日特別會議通過承認的。[註五]

到了一八九七年光緒二十三年公董局董事會又舊事重提，於五月二十五日四月二十四日常務會議時，由總董白爾（Bard）提議道：

　　查西貢路和寧波路，始終未能按着租界上路線計劃圖，實行全線開築；現爲着交通上需要起見，殊有延長該兩路之必要；至少亦須使現成的兩段路，得相連貫。

當經董事會議決：對於總董的意見，表示贊同；應即向該有關係之地主，開始談判，以達此公用之目的。[註六]

此是第一步的進攻。

――――――――――――――――

［註一］　法公董局年鑑 1890 年。
［註二］　同上。
［註三］　同上。
［註四］　同上。
［註五］　同上，1878 年。
［註六］　同上，1897 年。

一八九七年十一月九日_{光緒二十三年十月十五日}董事會又轉到衛生問題,通過了一宗議案說:

> 董事會議決:請求領事,採行必要辦法,在公董局管理章程中,加入一條:禁止在租界沿邊,堆寄棺柩。

此條規定,在公共租界行政章程裏,已有過了;而現在工部局正在採用方法,以期切實施行此項條例。

> 董事會爰認為在法租界內實有採行同樣辦法之必要。[註一]

駐滬法國總領事白藻泰(de Bezaure)核准董事會的請求,即於一八九八年一月六日_{光緒二十三年十二月十四日}發布命令:

> 為令遵事:茲按照法租界公董局組織章程第七條的規定,照准公董局董事會一八九八年十一月九日_{光緒二十三年十月十五日}的決議案:凡在租界的沿邊,嚴禁棺柩的厝寄。
>
> 自一八九八年一月一日_{光緒二十三年十二月初九日}起,巡捕房總巡,務儘在六個月內,執行完竣本項命令。[註二]

這六個月的限期,原是給四明公所起遷棺柩,送還甯波之用。

此是第二步的進攻。

一八九八年五月十一日_{光緒二十四年閏三月二十一日}董事會竟想徵收四明公所全部地產,於是又通過一宗議案說:

> 白爾總董提議:現應具函請求法國總領事,利用一八四四年十月二十四日_{道光二十四年九月十三日}中法通好條約第二十二條與一八四九年四月六日_{道光二十九年三月十四日}麟道台佈告所賦予的職權,執行徵收地冊第一八六號及第一九一號的地產。[註三]

這第一八六號及第一九一號地冊上的不動產,就是四明公所的所在地。

此是第三步的進攻了。

公董局董事會按照上述五月十一日_{光緒二十四年閏三月二十一日}決議案的規定,乃於五月十八日_{閏三月二十八日}函達領事署說:

> 法租界公董局董事會,願意起造一所學校和一座醫院,而找不到相當的地位,所以特來請求你應用一八四四年十月二十四日_{道光二十四年九月十三日}中法通好條約第二十二條與一八四九年四月六日_{道光二十九年三月十四日}麟道台佈告所賦予的職權,令仰四明公所當事人知照,本公董局有需要第一八六號及第一九一號地冊上的不動產,此項地產應即實行徵收!
>
> 本公董局特在銀行中存有下列款項:
>
> 第一八六號地產共有十四畝四分八厘,每畝估價二千五百兩,計銀三六二○○兩。
>
> 第一九一號地產共有二畝另七厘,每畝估價二千五百兩計銀五一七五兩。
>
> 　　　　　　　　　　　　　　　　　兩號地產統共計銀四一三七五兩。
>
> 凡能呈出正確的業主契據者,都能領受此款。[註四]

[註一]　法公董局年鑑 1897 年。

[註二]　同上,1898 年。

[註三]　同上。

[註四]　同上。

法國總領事白藻泰批准此項公函後,便在五月二十三日四月初四日發出命令說:

法蘭西駐劄上海總領事勳五位白藻泰爲令遵事,照得一八九八年五月十一日光緒二十四年閏三月二十一日法租界公董局董事會議決:開始執行徵收地冊第一八〇號第一八一號第一八六號及第一九一號的不動產,合行發令如左:

第一條:地冊第一八〇號第一八一號第一八六號及第一九一號的地主,應即前來本法國總領事署,證明其執業契證。

第二條:自本令公佈日起,各該地主應在八日內前來證明其執業契證。

一八九八年五月二十三日光緒二十四年四月初四日於上海。白藻泰簽。[註一]

此令於六月一日四月十三日由公董局總辦馬來貝(Malherbe)轉給四明公所主管人。

延至六月十日四月二十三日,公董局總辦,更奉董事會訓令,寫信通知四明公所,飭其遵照五月二十三日四月初四日法總領事命令,前往總領事署祕書處,呈驗地冊第一八六號及一九一號的執業契證。六月二十一日五月初三日四明公所代表回信說:"並無此種契據可驗。……"[註二]

因此,公董局又於七月一日五月十三日公函四明公所說:

你於六月二十一日五月初三日報告你沒有法租界地冊等一八六號及第一九一號地產契據的信,我已收到了。

你們四明公所中人,佔據此第一八六號及第一九一號地冊的不動產,已有多年;現據你說沒有任何契據的,所以我特來通知你,本公董局遵照條約的規定,要向法國總領事,索回此地的所有權,以供完成若干公益事業之用。此項公益事業的設備,尤其有利於中國民眾的;因爲就是要設學校一所,教育中國青年;醫院一座,治療華籍貧民;屠宰場一處,供給全上海居民衛生的肉食。……

法國總領事現已核准本公董局的請求;所以本局自今日起要實行接管地冊第一八六號及第一九一號的產權。

所有應付的償金,應由法國總領事和中國政府商好,交與應得此款的人。[註三]

後六月底五月中起,法領白藻泰已向道台蔡鈞交涉轉移產權的手續,七月十五日五月二十七日白藻泰更送一封哀的美敦式的照會,到道台衙門,要求飭令四明公所讓地;但蔡道台外迫強權,內憂民氣,無法處置,終於逡巡不決,法方便決定出于直接行動了。

至於法國政府的態度,當白藻泰發令禁止法租界沿邊堆厝棺柩的時候,巴黎外交部長哈樂駝(Hanotaux)曾於一八九八年三月二十九日光緒二十四年三月初八日有訓令到滬說:

因爲鑑於一八七四年同治十三年所發生的不幸事件,我想應該勸你,對於此次的問題,是不要離開謹慎才好。

最要緊的便是要避免一切足以惹起上海中國民眾反感的行動。[註四]

但是,法國政府雖有此項賢明的訓令,而事態仍不免於擴大。

[註一]　法公董局年鑑 1898 年。
[註二]　同上。
[註三]　同上。
[註四]　Cordier, Histoire des Relations de la Chine, Vol III.

A. 中法新彙報的紀載

據一八九八年七月十八日光緒二十四年五月三十日中法新彙報,敍述當時事變的經過道:

> 七月十六日五月二十八日晨五時,白藻泰總領事親往公董局的各董事家中,報告蔡道台仍不肯讓法國人佔有四明公所的土地。過了一會,法領署遂開會議,各董事及偵察號軍艦艦長均出席;即時議決採行斷然的手段。

> 偵察號軍艦的陸戰隊,就帶了一座大炮,全隊登岸,向四明公所出發。上午六時左右,四明公所的圍墻,便被打開三處;陸戰隊遂即進內佔領,同時并向着城內西門警戒。

> 此時看熱鬧的人,漸聚漸多;有幾國外國人,也混在中國人叢中,一齊向着墻倒處觀望。正在擁擠中,忽有二外人與華人衝突,立時嘩鬧起來。……守在四明公所內的陸戰隊遂急遽出來,用刺刀衝鋒,當時便殺死了兩個中國人,而且還傷了許多人!

> 法租界的外僑義勇軍乃立刻動員;上午八時便實行戒嚴,租界內頓現戰時狀態。

中國人被法國兵鎗殺的惡耗,此時已傳遍了全上海,便有許多血氣暴(燥)〔躁〕的人,竟向一般外國人尋仇起來,因此就和巡邏的義勇軍,衝突了多次;這紛擾直繼續至夜間。

> 許多路燈,都被石頭打碎,法租界全入黑暗狀態;……一夜就此混沌地過去了。

> 到了七月十七日五月二十九日早上六時左右,偵察號軍艦艦長德思耶(Texier)已上岸至法領署中候令出發,白藻泰自己也於七時騎馬出巡。此時,十六鋪街中,正是上市的時候,華人麕集,法國水兵便用救火龍頭,向人叢噴水,秩序立時大亂;有些人因太擁擠了,急於逃避,又奔向法軍警戒線。法艦長德思耶乃下令開鎗,打死四五個中國人。……同時并用霰彈炮,向人羣中連續射擊! 可憐此時的中國人,只在一陣慘叫中,一齊逃散;中鎗着炮踐踏而死者,不可勝數;屍身佈滿市場。

> 此時已是六點鐘了;十六鋪屠殺的消息,已風傳全上海;四明公所方面因此又有些人集中起來;駐守的法水兵於是又開鎗射擊民衆;當時即有四五人飲彈而亡!

> 從此時起,義勇軍便分道出巡,凡是華人即行殺戮,一時公館馬路,自來火行街,……都有華人的屍身發現。

> 是日下午二時後,法艦馬可波羅號(Maco Polo)更派百五十名水兵上岸。

> 此時上海知縣黃承暄已帶了四明公所的主管人,向法領事白藻泰交涉;……當時法租界內中國商店已一律罷市,大家正集議抵制法貨,要和法國人經濟絕交了。

> 到了晚間九時,終於由知縣和法領約好,法方停止軍事行動,華方由知縣佈告安民,照常開市。善後的處置,應由江蘇藩台來滬辦理。

在糾紛的時候,法方當局除由軍人屠殺以外,還有巡捕幫同捉人;只在十七日一天,中國人被捕的有十多人。這些俘虜,都送到會審公廨審判,判決各重杖五十棍,枷號三個月。[註一]

B. 申報的記載

又據一八九八年七月十八日光緒二十四年五月三十日申報,記載當時屠殺的經過云:

> 法租界公董局欲將西門外四明公所改造學堂,醫院,及宰牛場;甬人士之寓滬者,堅不允從。前日清晨,法人調兵,毀去義塚圍墻,以致甬人不服;入晚,法界各甬人所開店鋪,一律閉門。游手

[註一]　中法新彙報,1898 年 7 月 18 日。

好閒之徒，乘間煽惑，將公館馬路一帶電光燈，用石擊燬，即東洋車之轔轔而過者，亦不許點燈；以至洋涇浜迤南，無殊黑暗地獄！僑居是處者，莫不驚惶失措，至英界及城中；亦有數家至姑蘇等處者。舟車之價，幾倍於平時。公館馬路大自鳴鐘對面恒豐烟紙店，突有匪徒闖入，攫去錢十餘千文及紙烟等貨；捕頭謝爾諾（Farno）見勢已危急，多派中西各捕，帶刀擎鎗，按段巡緝；英界捕頭恐有匪徒攔入界內，亦派印捕赴三茅閣橋，帶鈎橋諸處，擎鎗攔阻，不准過橋。江海關道蔡觀察恐禍患難平，派出滬軍營六人，乘馬巡行，通宵不絕。是日公所中，發出傳單二紙：一約於明晨十下鐘時，在安仁里集議；一約凡屬甬人，一律停止貿易。昨晨西門外同仁輔元堂分局左近，有法巡捕及法水師看守，不許人向西行走，而往觀者，仍蜂屯蟻聚，嘈雜喧嘩；旋有流氓雜入甬人中，遙擲磚瓦，法兵立即開鎗轟擊，致斃四人；某姓女郎，在門內曉妝，驀被飛彈所傷，家人异送仁濟醫院求治，醫以受傷過重，恐難治癒，却之；泊异回，即氣絕！公所一帶，駐有法水師八十名。午刻江海關道蔡觀察乘馬車至洋務局商辦此事；恐中途有人滋鬧，帶有護勇四十名。先是前日晚間，觀察發出六言示諭多張，分貼法界，其文曰：

> 照得四明公所，早年圈入法界，彼此長久相安，自來保護藉賴；
>
> 祇因欲辦善舉，苦於界內地隘，因此法公董局，欲將塚地租買，
>
> 叠爲爾等調停，另覓一地以代；無如福建義塚，早經遷移界外，
>
> 因此籌辦爲難，猶思保全無礙。昨午事機轉急，通宵會議不懈；
>
> 原思展限寬期，今將圍墻拆壞；知非紳民所願，亦係出於無賴！
>
> 本道煞費苦心，始終難代化解！趕即稟明上憲，一面諭董商辦。
>
> 爾等務顧大局，切勿逞思圖快；須知僅取一隅，并非公所全塊；
>
> 設使一朝僨事，貽禍國家堪畏；特此諄諄告諭，以免自貽後悔；
>
> 倘有無業匪徒，藉端簧惑置喙，定必按名嚴拿，照章重辦不貸。

午前法兵正在開放排鎗，適德康質鋪左近，福星馬車行某馬夫，提壺購水，一彈飛至，中厥要害，立即倒斃於血泊中；菜市街口某烟館女郎，亦中彈而斃，迨至鐘鳴十下，蔡觀察率黃大令至密采里（西餐館名）與各官再三商議，白總領事允暫緩四十八點鐘定奪。傳聞各國領事，以目前時勢佔危，易致釀成巨禍，咸勸法人，將此事作爲罷論，特未知能如願以償否。至南市，則各信局概係甬人所設；前晚十點鐘，彼業董事接得傳單，即約齊商號，一律停班。此外甬人店鋪，計裏咸瓜街，目施相公弄迤北；外咸瓜街，自如意弄口；裏馬路，自大馬路迤北，直達十六舖陸家石橋，一律閉門罷市。不逞之徒，遂結聚成羣，擁至小東門外法捕房，拋磚擲石，亦有拾西瓜皮拋入門窗者。捕房中人，急調兵嚴加扼守，并在十六舖新橋上置炮一尊，橋北則有法兵擎鎗鵠列。既而遊民愈聚愈多，并有非甬人而冒作甬人者；法兵遂放鎗擊之，遊民見勢不佳，紛紛逃避。洽興街泰仁發麻袋店某甲，不及趨避，以致胸有受傷。又有乙丙二人，各受彈丸倒斃。新太平弄及機猫弄二處新馬路中華茶樓，係甬人某丁所開，昨晨不肯閉門，被衆甬人所知，羣起將玻璃擊毀。午前十點鐘許，黃大令深恐若輩乘機肇禍，特派差役率同通班彈壓遊民，十六舖地甲則率同雜役及巡防局丁，將十六舖橋把守。城中甬人所設各店，亦紛紛閉門矣。午後黃大令發出六言告示，貼於四明公所一帶，其文曰：

> 四明公所一事，業經迭次會議，公所似可保全；塚地尚須另計；
>
> 爾輩寧幫人等，應聽官紳調理，切勿逞忿滋事，各宜安分守己；
>
> 至於事外閒人，萬勿觀看擁擠，設或爭鬥誤傷，乃是自取咎戾！
>
> 素知寧幫人等，俱能深明大義，國家柔遠爲懷，務當仰體此意；

本縣志在為民,此心毫無偏祖,不憚苦心諄諄,其各一體遵諭。

聞英界安仁里方銘記主人,即公所總董,昨晨鐘鳴十下,甬人士之不期而至者,約有數百人;捕頭聞之,急派中西捕役若干名,前往巡彈,直至午夜始散。寓滬西商團練,恐事起倉猝,不及提防,爰於午後三下鐘時,至泥城外齊集;并知照救火會中人,預備洋龍及皮帶車之類,亦有備無患之意也。……傍晚蔡觀察復出示云:

四明塚地一事,自有寧紳集議,

爾等各幫商民,本屬事不干己,

務各趕速解散,聽候秉公辦理;

倘敢抗違聚鬧,定必重干咎戾!

並傳諭各城門,務於八下鐘時扃開,不准再開;及九下鐘,法人即禁止界內居民,不准在馬路中來往。聞有法國兵艦三艘,聞警後,由日本來滬,以衛本國商民。又傳聞法總領事與蔡觀察商議,欲將十六舖南新築馬路,或西門外,或八仙橋西三處地方,劃一處讓與法人推廣租界,則法人允將四明公所仍還甬人;未識觀察何以處之也。[註一]

A. 法方意外的滿意

(一) 法報的態度

一八九八年七月十八日_{光緒二十四年五月三十日}中法新彙報社評說:

七月十六日_{五月二十八日}真算是一天愉快的日子呵!頭一個便是公董局的愉快;他以不可動搖的剛毅態度,來表示要維持所有權和收復公產的決心;其次便是上海法僑們的愉快:他們終於眼見前時柔弱的恥辱,得以滌雪了;最後便是大法國的愉快:她有忠勇的水兵和陸戰隊,在倉卒之中,仍能維繫秩序,保持權威。……

……狂妄的華人,還想嘗試一八七四年_{同治十三年}的方略,希望能得到同樣的成功;可惜時機已是過去了,前昨兩天熱烈的待遇,該使他們有些醒悟罷。普通的中國人,都很深心而顧到實利的;經過此番教訓之後,或可使他們放棄叫囂示威的行動了;因為那是一定得不到什麼效果的。[註二]

(二) 公董局的酬庸

流血慘案過後兩星期,白藻泰總領事遂於七月二十九日_{六月十一日}向公董局董事會提出論功行賞的辦法:

關於改進巡捕房華洋職員的待遇,我想,你們也該同我一樣,很表同情於這班西捕和華捕;他們以渺小薪水的代價,忠誠地來擔當困苦的任務,而且有時還擔當許多的艱險!近來幾天的不幸事件,證實了我們能夠在無論任何場合,靠得住地倚賴我們的巡捕房。

所以希望董事會於下屆常會時,提出這個問題,且給以一種滿意的解決。[註三]

同日白藻泰更提出具體的酬勞辦法:

在前一封信中,我已提出那值得注意的我們巡捕的境遇改善問題;現在想到七月十六日和十七日所發生的事件,我更覺得這是我的本分,該向你們董事會進言,請給西捕和華捕以半個月薪

[註一]　申報,1898 年 7 月 18 日。

[註二]　中法新彙報,1898 年 7 月 18 日。

[註三]　法公董局年鑑 1898 年。

金,作為特別獎賞,以慰勞他們在法租界恐慌時期的過程中,所表示的忠誠。

對於捕房中特別出力的人員,我更希望能各給以一個月薪金的特別獎賞,應得此項獎金的,我謹指名保舉如次:

謝爾諾(Farno)代理總巡──熱誠奮公,夙夜匪懈。

禮胡(Leroux),胡賽(Rousset),賈爾凡(Calver),雪底兒(Saultier)四個軍曹──他們以沉着勇邁的精神,防守住小東門捕房,而使租界免受亂黨的侵略。

雷村估(Lejoucour)中士──偵察暴民行動,朝夜勤防。

洗勞巴(Silua)繙譯──努力從公,不辭勞苦。

以上各人,除請你們辦理上述的物質獎勵外,更要傳令嘉獎,因為,這是誰都曉得,我們的巡捕確是值得稱讚的。[註一]

董事會得函後,遂於八月三日六月十六日常會時,由總董白爾提議:

為答覆總領事的盛意起見,擬請將:

代理總巡謝爾諾的薪金,加至每月二百兩;

全體西捕,各加薪水十兩;

全體華捕,各加薪水一兩;

中國領班包探徐安寶(Siampao 的譯音),由每月三十兩,加至每月四十兩。

此後各西捕的年功加俸并應規定優待辦法如下:

服務五年後,加六兩;

服務十年後,加十二兩;

服務十五年後,加二十兩;

服務二十年後,加二十五兩;

以上加薪,應自一八九八年八月一日光緒二十四年六月十四日起實行。[註二]

此項提案,自然得到董事會全體的擁護,在鼓掌聲中通過了。

此外,董事會并決定,另給巡捕房全體華洋人員,以半個月至一個月的特別賞薪。

B. 我方的忍痛結束

(一) 四明公所所有權的確認

自七月十六十七兩天五月二十八二十九日接連屠殺以後,法租界內,商人罷市,勞動罷工;……法方也漸起恐慌,願望我國官吏出來調停。……

擔任此案善後的藩台聶緝槼,終於七月二十日六月初二日自蘇州來滬;即於次日往訪白藻泰,進行交涉。

最初,我國要法當局擔負此次血案的責任;但法方反說是我們官廳故意放任民眾示威而發生的。因此,責任問題,只好暫擱。

藩台於是勸我國商民讓步了:牠於七月二十二日六月初四日發出安民佈告,法租界的商店,便從是日起一律復業;秩序漸漸恢復了。

此案交涉,拖延甚久,直至一九〇〇年一月光緒二十五年十二月第二次擴張法租界時,才告一段落。

[註一] 法公董局年鑑 1898 年。
[註二] 同上。

爲了保全四明公所一塊墳地,我國政府竟不惜放棄面積達一千一百十二平方公尺,即七十五公畝的土地,讓法租界擴張至兩倍半大;而法國當局回報我國的,却只是對於四明公所所有權的承認;當時,法國外交部長德拉加瑞(Delcasse)曾對我國駐法公使發表以下的宣言:

> 坐落法租界內的四明公所地皮,可以准予維持,這是一種例外的辦法;因爲這個辦法,是違反一八四九年四月六日道光二十九年三月十四日上海道台的佈告,和一八五八年六月二十七日咸豐八年五月十七日和約第十條所規定的。現在法國駐滬總領事署,可以將此地皮的正式執業證,發給該四明公所。[註一]

(二) 寧波路的貫通

至於闢路問題,也經公董局董事會總董,與我國兩江總督代表,議妥諒解辦法。在一九〇〇年十二月二十日光緒二十六年十月二十九日董事會常會時,乃通過此案:

> 關於貫通尚未開築的寧波路一段問題,本董事會議決,對於總董寶昌(Brunat)與兩江總督代表,所議定放寬寧波路和八仙橋街西段的諒解辦法,予以同意。
>
> 根據此項諒解的規定,四明公所方面應作下列讓步:
>
> (一) 沿寧波路一帶,直至該所墳地北首,讓出一段寬達十英尺的地面。
>
> (二) 沿八仙橋街(即今愛來格路)東段一帶,直至該所墳地南首,自城壕溝連達跨及徐家匯大路(即今民國路)圍墻之一段地面,亦行讓出。
>
> (三) 此後,寧波路應仍照從前圖上所定的路線,全部開築。
>
> 公董局方面,願擔任將以前武力破壞該所墳地的圍墻和大門,代爲出費建還之。[註二]

築路的問題解決後,法總領事白藻泰於一九〇一年一月十七日光緒二十六年十一月二十七日函賀公董局說:

> 經過了長時間和兩江總督及上海道台的代表談判以後,我們已約好了,應由道台發令,飭四明公所各所董,逕同法公董局接洽,以便在貫穿該公所的基地上,開闢寧波路;並將該所墳地,讓些出來,以供放寬沿着公所旁一帶的道路。
>
> 我是很榮幸地確實看見了你們能夠從四明公所代表方面,得到了一切公董局所熱望的:例如由四明公所出費穿通寧波路,整理徐家匯路的路線;放寬西江路(即今霞飛路),八仙橋街的路面等等。
>
> 我特來恭賀你會得到這樣的成績;因爲這樣可以完結了自好多年以來公董局和四明公所的一切糾葛。[註三]

(三) 墳柩的遷移

此外尚有墳地和厝柩的問題。四明公所方面,鑒於一八七四年同治十三年慘案的流血,和一八七八年光緒四年總理衙門與法國馬浪公使商訂調解辦法的敷衍,早知在法租界內,不容久有墳柩的存在。遂於一八八二年光緒八年訂立運柩還鄉的辦法;一八九四年光緒二十年又在朱家橋置地三十畝,建造殯舍三十餘間。……迨至一八九八年光緒二十四年第二次血案發生,當時所董方繼善、嚴信厚、葉成忠、沈敦和以及工界沈洪賚等,出而挺身力抗;終因國勢荏弱,着着失敗;雖以一九〇〇年光緒二十六年擴張租界的

[註一]　Cordier, Histoire des Relations de la Chine, Vol III.
[註二]　法公董局年鑑 1900 年。
[註三]　同上。

條件，換得明定地權，重造圍墻的協定；但關於墳柩問題，仍由該所自動於一九〇三年_{光緒二十九年}在日暉港購地三十畝有餘，建造土地祠、辦事室、寄柩所，共二百餘間，以爲尾閭之用；……所以四明公所到現在還能在法租界屹立着。^[註一]

三　第二次擴張租界

1．越界築路的嘗試——2．法方陰謀的醞釀——3．對華交涉的進行——4．英國干涉的經過——5．法人輿論的憤懣——6．英法妥協的成功——7．擴張範圍的劃定——8．我方換文和佈告——9．擴張後的餘波

法租界越界建築的第一條路，便是徐家匯路。此路於一八六〇至一八六二年間_{咸豐十年至同治元年間}由法國用軍工築成的。以後在我們外交上曾發生許多的麻煩。

迨至一八七四年_{同治十二年}公董局董事會總董皮少耐（Buissonnet）飭令路政稽查那家瑞（Lagacé）越出界外，在八仙橋一帶鄉村購置六十多畝的地皮，作爲法僑埋骨之所；這就是現在葛羅路法國墳山的起源。^[註二]

到了一八八八年_{光緒十四年}公共租界的越界築路，已由其墳山路（即今龍門路），伸入未來的法租界墳山路（即今麥高包祿路），法公董局遂依樣葫蘆，在當時法租界的極西邊線周涇浜上，造橋築路，越入我國土地，而達公共租界的墳山路；當時此路號爲公館馬路的延長線，即今愷自邇路的東段；此爲法租界越界築路的第二條路。^[註三]

上海法租界的地勢，在迤東靠黃浦灘一段，因受洋涇浜、城河浜的限制，是很狹長的；所以由東到西的路，只有公館馬路和寧興街。公館馬路既已越界延長，寧興街遂亦於一八九二年_{光緒十八年}越界而伸展了。

一八九二年一月二十六日_{光緒十七年十二月二十七日}董事會通過開築寧興街延長線時，曾説：

查得這條新路，實爲法租界向八仙橋一帶發展的必不可少的出路；因爲現有的公館馬路延長線，交通上已形擁擠不堪，確是已經不够用了。此次計劃的成功，是幸得天主教首善堂住持孟神父（Meugniot）願以教會的地面，不索報酬送與本局，以便開築自周涇浜（Defence Creek）至坟山路（Cemetery Road）的寧興街延長線新路（即今華格臬路東段）；此路主權，是完全屬於本公董局的。

此爲法租界越界築路的第三條路。^[註四]

法租界迤東迤北兩處，既已無擴張餘地，自然向西南方面侵略了。在法租界西偏，既已越界築路；在其南偏，自西新橋街至周涇浜間，也於一八八九年_{光緒十五年}築有長達一百三十八公尺的路，名曰八仙橋街——即今愛來格路東段。^[註五]

在四明公所第二次血案發生以前，法租界當局，早已蓄有擴張租界的野心了。一八九六年_{光緒二十二年}初，上海領事團已提出擴張公共租界和法租界的要求；一八九八年三月四日_{光緒二十四年二月十二日}法

[註一]　上海縣續志卷一三。
[註二]　Maybon et Fredet, id. ,二編第四章第三節。
[註三]　法公董局年鑑 1888 年。
[註四]　同上，1892 年。
[註五]　同上，1889 年。

總領事白藻泰,又用正式公文,向道台蔡鈞提出擴張法租界的交涉。

此項交涉,當時雖未有相當結果;但法人方面,領事署和公董局間,且更進而協以謀我。

一八九八年五月十二日_{光緒二十四年閏三月二十二日}法領白藻泰通函總董白爾説:

> 法國駐滬總領事通告法租界公董局董事會總董白爾知悉:兹擬在吳淞,開創法國租界,合請全體董事,對於此點利益,表示意見。^[註一]

董事會遂於一八九八年六月一日_{光緒二十四年四月十三日}常會,依照白爾的提案,通過一致的意見:

> 董事會查得在吳淞開創法租界的事件,確有利益,可以表示同意;不過將來吳淞法租界的市政局,和上海法租界的公董局,應作爲兩個獨立機關,不得混淆。^[註二]

一八九八年六月二十二日_{光緒二十四年五月初四日}常會時,董事會又決定致函白領事,請他從速進行擴張租界的交涉:

> 據本局衛生視察員費亞(Vial)六月十七日_{四月二十九日}呈稱:

> ……查徐家匯路法租界邊緣一帶,有一極大糞坑,深度約達三十公尺上下;離此路旁二公里處,還有一較小糞坑;西門石橋旁,更有一齷齪不堪的糞坑。……

> 在我視察所及的界外各里弄中,都是些穢濁破陋的建築物,益以骯髒的死水,和堆積的垃圾,在在都足以發出令人掩鼻的臭味。

> 總説一句,在那兒,并沒有清道的機關;就是這徐家匯路的浜和界西的河來收受此大鄉村全部的垃圾!所以這西面的河自西門起,直至我們的租界邊止,包含有一層厚而且污的粘泥!

> 我們寧興街的延長線,也同徐家匯路一樣,有着很大的危險;因爲城北一帶的道路,也與西門的鄉村,同樣污穢;在那裏,一大部分的路上,常川堆有垃圾,而且還有許多的草棚!……

> 至於公館馬路延長線至坟山路一帶也是同樣的不清潔;路右有許多的潴水,路左有許多的馬棚獸欄,此外尚設有一宰牲場,因而引來許多野狗,臭穢逼人!

> 總而言之,八仙橋一帶的鄉村,是會常川發出一種令人聞而作三日嘔的臭味!

> 并據本局工程師邵祿(Chollot)同日呈稱:

> ……現在租界旁迤西一帶,有兩個會發生疫病的中心點:一是在公館馬路延長線上的宰牲場,一是在徐家匯路上西區捕房迤南幾百公尺的西門鄉村;這兩處都該立刻加以消毒才行。

> 這些地面雖在一個可厭惡的不潔狀態中,但居民總不肯清除垃圾;人類與牲畜,都擠在那醜惡腐臭中蠢動!

> 現在已是將近熱天了,瘟疫,這可怕的災難,已是在我們的門外了;到底有沒有方法可以排除這常有的,可怖的,如此逼近我們的危險呢?

> 我覺得只有一個方法:便是將此西鄉一帶地方,正式移歸我們管轄;所以現在,爲保全我們的健康起見,即須趕快要求將此西鄉地面,併入我們的租界内。……

> 據此,合行函請總領事,必需要用全力,以達我們所切望的目的。^[註三]

自四明公所第二次血案發生以後,法人趁着藩台聶緝槼、道台蔡鈞誠惶誠恐以求保全四明公所,而平民忿之際,遂將醞釀好久的擴張租界的願望,作爲具體的要求而提出。

[註一]　法公董局年鑑 1898 年。
[註二]　同上。
[註三]　同上。

當時法方當局所要求擴張租界的範圍,指定十六舖迤南新築馬路一帶、上海縣城西門外一帶、法租界迤西八仙橋一帶、浦東一部分、吳淞一部分。[註一]

此項提議,我國當局,竟於一八九八年七月二十四日光緒二十四年六月初六日在原則上予以同情;僅僅提出保全四明公所墳地爲對案。

法國政府乃即於七月二十五日六月初七日接受我方對案;但同時并提出兩項新保留如次:

一、此次擴張租界,應爲無條件的讓與。

二、此後四明公所墳地上,不得再掩埋新屍或停厝棺柩。[註二]

但此時我國北京政府,因受英國的干涉,態度遂轉爲曖昧。法國駐華公使畢盛(Pichon)眼看情形不好,遂急與巴黎外交部長德賈洒(Delcassé)商定,逕於九月二日七月十七日和我國訂定四項諒解原則如下:

一、擴張租界的確定。

二、四明公所土地所有權的維持。

三、四明公所內不得掩埋新屍,或停棺柩;即原有舊墳,亦應陸續起送回籍。

四、在四明公所地面上,得開築交通上所需要的道路。[註三]

至一八九九年六月間光緒二十五年五月間法總領事白藻泰,與我國兩江總督的委員,將應行擴張的租界界址,祕密議妥,訂成節略存案。

此時歐洲方面,英法兩國正因非洲的埃及問題,中國的廣州灣和九龍問題,揚子江流域的勢力範圍問題,發生權利衝突的齟齬;所以反對此番擴張法租界最力的,不是主人翁的中國,却是大不列顛帝國。

一八九八年九月十七日光緒二十四年八月初二日英外相薩里貝利勳爵(Lord Salisbury)先向我國駐英公使提出抗議:反對將英國臣民的地產所在地,劃入法租界的擴張地域內。我國公使便將此意電告上海道台,囑其留心交涉;凡是有關英人所有權的事件,都要先和英領協商。

自然的,駐滬英領事,對於擴張法租界的事件,更是認爲具有危險性的,正在極力反對。

北京方面,英國駐華公使麥唐納(Sir C. MacDonald),更於九月十三日七月二十八日照會法國駐華公使畢盛說:

我聽見法國又要求擴張上海法租界了!所要求的範圍,含有浦東一平方英里的土地;查此項地皮,是屬於英國人的所有權,英籍地主們,是很不喜歡受法公董局管轄的。倘然法國駐滬總領事白藻泰,要固執地要求此片浦東地皮,將來或許會發生許多糾紛。但此段地方,若非專屬於法租界,而歸於公共的市政機關所管轄,那就沒有什麼人提出反對了。……[註四]

法公使畢盛隨即答覆說:

……我對於現在的情形,尚没有接到正確的報告,我馬上就發令調查了;希望調查所得,能使我們兩國滿意![註五]

[註一]　申報,1898年。
[註二]　Cordier, Histoire des Relations de la Chine, Vol III.
[註三]　Cordier, id.
[註四]　中法新彙報,1898年。
[註五]　同上。

一八九八年十二月十日光緒二十四年十月二十七日英外相薩里貝利電知麥唐納公使説：

　　你要再三努力向華政府要求：迫他駁回法租界擴張的交涉；但是要他接受公共租界的擴張，因爲在公共租界擴張區內，我們將特許法國人在那兒買地呢。……[註一]

同日，倫敦政府又發電訓令北京使署説：

　　……大不列顛帝國是不能容許法國在上海再得有一塊劃歸法公董局專管的地盤；現在且讓我英國直接向法國交涉英人的所有權問題罷。

　　……你要向總理衙門通知説：若不預先同我們接洽好了，而竟將英人產權的所在地讓與法國時，我們是要抗議的。若是中國保持着照顧英人利益的態度，我們自然也要表示援助的；反之，就要引起我們的忿恨了。

　　……中國政府爲什麼不能徵收四明公所的地產，將此義塚讓與法國人呢？這也怪不得法國人要抱怨了！[註二]

迫至十二月二十一日十一月初九日英國外交部逕請海軍司令部，派了兩艘兵船到南京，協助兩江總督劉坤一，抵抗法國的要挾；……過了幾天，薩里貝利更要求加派第三艘軍艦來華。

十二月二十三日十一月十一日總理衙門通知英使麥唐納説：

　　現在只有兩項辦法：其一便是中國拒絕對法國讓步時，英國政府能否實力援助我中國？其二便是英國可否同意於下列兩種的調停辦法：

　　第一種是照着法國自己所修改的擴張租界方案，即不包含浦東和英人地產所在地的區域，作爲法租界擴張的地盤。

　　第二種是除了英人產權所在地外，照原要求的方案，概准讓作法租界的擴張地；但以在法租界內，應奉行公共租界的章程爲條件。[註三]

此照會發出後第二天，英國外相薩里貝利便覆電北京使署：

　　擴張公共租界，便已足給法國人以一切商業上的需要了。若是再給法國人一塊新的專管租界，而并不給別國同樣的專管租界，我看中國政府是沒有這樣的權利罷！……總之，無論怎樣的調停，英國政府是絕對不肯容忍任何的英人地產，要屬於法國人的行政管轄的。

　　……駁回這封照會罷！我們寧願在物質上援助中國政府！[註四]

接到這樣回文，總理衙門就發電往倫敦，訓令駐英公使，逕向薩里貝利要求：將此案移歸英法兩國政府直接交涉。

已是一八九九年新年光緒二十四年十一月底了，此時在倫敦忽得北京電傳：中國政府已接受了法國要求擴張租界的修正案；除外人的不動產所在地外，一律充爲法國租界！

薩里貝利立即於一月三日光緒二十四年十一月二十二日通電北京説：

　　大不列顛帝國政府絕對不願考慮此項的辦法；因爲一則在實際上，英國臣民的地產，仍歸諸法國政府的權威之下；二則中國讓與法國以此種的專管區，而同時却不讓與別國以同種的權利；

[註一]　中法新彙報，1898 年。
[註二]　同上。
[註三]　同上。
[註四]　同上。

三則此種辦法,違反了中國政府不割讓揚子江流域與任何一國的諾言。

……你要對中國政府聲明說:若是他接受了此種的辦法,他便侵害了我英國的權利。

……我已另請海軍大臣加派兵艦來上海了![註一]

英使麥唐納,除遵令提出聲明外,并於一月五日十一月二十四日報告倫敦說:

美國公使也用書面提出抗議了;他反對任何租界的擴張,他尤其反對因此擴張租界的結果,致使美國人的產權所在地會隸於法國或別國專轄之下。[註二]

一月十八日十二月初七日英相張伯倫(Chamberlain)更在越排漢敦(Wolrerhampton)地方,發表談話,表示對法強硬的態度。

一八九九年一月二十日光緒二十四年十二月初九日路透社倫敦電訊說:

英閣員張伯倫答覆國會中越排漢敦的議員說:英國和法國糾紛的一端,現已消滅;法國已將擴張上海法租界的要求撤回了。[註三]

果然法國是在讓步了;在一八九八年十二月五日光緒二十四年十月二十二日法公使畢盛即已令行上海法總領事白藻泰,注意下列三要點:

第一點:凡是在英國領事署註冊的地產執業證,應與在法國領事署註冊者有同樣的效力。

第二點:法公董局的組織章程應經法國駐華公使批准後方可施行。

第三點:凡是英國人所有的地產,都應在英國領事署內註冊。[註四]

迨至一八九九年初光緒二十四年年底,白藻泰領事更與兩江總督劉坤一中止談判擴張法租界的交涉。前此法國人,早已放棄了十六舖新築馬路一帶,上海縣城西門外一帶,浦東和吳淞方面各地盤的要求;而現在連擴張法租界到八仙橋的要求,也同時已停頓起來,一方面反實行幫助擴張公共租界的進行!

到口的肥肉,中途受阻而不能下咽,法國人此時的不快意,可想而知了。

一八九九年三月十五日光緒二十五年二月初四日,代表法人輿論機關的中法新彙報在時論中說:

法租界——我偏要說:這是法國專有的租界——是一個擁有六萬居民的城市。根據最近的統計:人口的密度,是每公畝住有五百二十五人的。至於英租界,每公畝不過住有三百四十三人罷了。所以法租界現在要求擴張,與一個成年人要求換去他孩時的衣服是同樣的有理而自然。一個大城市的市政機關的政務,是愈演而愈複雜;每天爲着健全地進行起見,是需要更多的地盤和資力的。從前執行徵收四明公所的對象,是爲什麼呢? 可不是要找到一個必要的場所,用以起造醫院和學校嗎? 那麼人家有什麼原因來攻擊法國是有侵略的野心呀?

……實是呢,人家所據以阻止法租界擴張的理由,也正可以用來反對公共租界的擴張;若是中國當局簡簡單單地以下面便當的話,答覆英國說:"你要求擴張些租界,以供外國人居住麼? 到底,我們前所給你外人專用的租界,現在倒有五分之四是中國人住着呢! 你把你所原有的放棄了,又來要求你所沒有的嗎?"這樣,倒要請教公共租界的工部局總辦,該是怎樣答駁才好呢。[註五]

[註一]　中法新彙報,1898年。
[註二]　同上。
[註三]　同上。
[註四]　同上。
[註五]　同上。

　　當環境惡劣的時候,在上海方面,白藻泰總領事不惜將已談判好了的擴張租界計劃,中止進行,以圖緩和英人的空氣,終於得與英總領事締結保證八仙橋一帶外人墳墓不可侵犯的特約;在北京方面,畢盛公使更勾結俄羅斯駐華公使,聯合拒絕擴張公共租界的承認,以搗亂公使團行動的一致;在巴黎方面,自然更竭力向英國政府,施行諒解運動;所以擴張上海法租界的事件終於成功。

　　一八九九年十二月三十日光緒二十五年十一月二十八日中法新彙報有一段新聞説:

　　　　我們收到自北京來的一封電報,報告公使團已承認我們租界的擴張。就是因這個緣故,法蘭西和俄羅斯的公使才一齊追認了公共租界的擴張。

　　　　……現在除由上海的領事署和公董局,應執行各種手續以外,人家可以説:擴張法租界的事件是已成為事實了。

　　　　……好呀! 我們現在應該謝謝鄰居英國人先生,因為他們在此番情形之下,表示良好的態度。當然,這是不應該忘記的,此次擴張法租界問題的解決,是全靠英國態度的突變;……英國公使已願撤回對於擴張法國租界的作難了。……

　　　　……不過,經過如此困難而成功的當前,我們更應感謝為排除英國阻擋的障礙而努力奮鬥的人們;這便是我們駐北京的公使畢盛和駐上海的總領事白藻泰了。……但是,我們錯了,在此成功的當兒,原不應再提起兩國糾紛的舊恨的。[註一]

　　英法妥協的事實果於一八九九年十二月光緒二十五年十一月間實現了;當時英國除自動撤回抗議外,并由其外交部於十二月二十二日十一月二十日向法國駐英大使署提出關於上海和漢口兩處法租界擴張的覺書:

　　　　大不列顛帝國政府,對於上海和漢口法租界任何的擴張,都願予以諒解;但在各該擴張區內,對於英國臣民的土地所有權,務要嚴格履行下列的條件:

　　　　一、一切有關於英人產權的文件,概應在英國領事署中註冊。

　　　　二、公董局的一切章程,在未施行於英國臣民以前,概應先得大英國駐北京公使的同意。

　　　　三、凡經英國總領事認為有效的英人產業證,法方當局亦應認為有效。[註二]

　　法國駐英大使剛本(Cambon)接到此封覺書後,隨於一九〇〇年一月十五日光緒二十五年十二月十五日覆文説:

　　　　我謹收到大部去年十二月二十二日的覺書,內容對於上海和漢口法租界擴張辦法有所指示。

　　　　我國政府,已經收到我的報告,茲特命我來通知你:我們對於你的來文所述三點,完全表示同意;但是,將來英國的租界,如有擴張時,則在各該擴張區內,對於法國同胞的土地所有權,亦應履行下列的條件:

　　　　一、一切有關於法人產權的文件,概應在法國領事署中註冊。

　　　　二、工部局的一切章程,在未施行於法國同胞以前,概應先得大法國駐北京公使的同意。

　　　　三、凡經法國總領事認為有效的法人產業證,英方當局亦應認為有效。[註三]

　　一八九六年三月二十五日光緒二十二年二月十二日美國駐華公使鄧拜(Dendy),曾以公使團領袖的資

[註一]　中法新彙報,1898 年。
[註二]　Cordier, ibid.
[註三]　Cordier, id.

格,向總理衙門正式提出擴張上海英法兩租界的要求;同年十一月十月中,又提出關於擴張法租界地域的具體辦法:

法租界所應擴張的地址,包含:

黃浦江左岸的董家渡鄉村。

八仙橋一帶地面──其範圍係在跑馬廳現在法租界邊線,至新墳山(New Cemetery)間。

此外并應議定的:

一、承認徐家匯路爲法租界的所有物。

二、公共租界所擬築的自跑馬廳至徐家匯路的新路,其在跑馬廳至法租界的一段路,除公共租界有所特殊規定外,應視爲屬於法租界所有權的路。[註一]

一八九八年光緒二十四年間英法發生齟齬,公共租界所要求擴張的區域,竟要兜出法租界西偏,包圍起來,使牠無從發展了!既而一八九九年五月光緒二十四年四月中,公共租界擴張成功;據當時兩江總督的通告:公共新租界竟南達八仙橋旁,侵入了法租界的後路。法國駐滬總領事白藻泰,便與上海道台余聯沅嚴重交涉,終得有所修正;而且更進一步,於一八九九年六月光緒二十六年五月間竟獲與兩江總督所派委員,議妥應行擴張的法租界新界址,訂成節略存案。[註二]

據此節略內容所載,法租界的新界址,是:

北至北長浜(就是現在的愛多亞路西段)。

西至顧家宅,關帝廟(就是現在的呂班路北段及白爾部路)。

南至打鐵浜,晏公廟,丁公橋(就是現在的蒲柏路,白爾路,麋鹿路)。

東至城河浜(就是現在的民國路西南段)。[註三]

節略訂好後,法領白藻泰遂於六月二十五日五月二十九日函報法國外交總長德賈洒:

我起初原要求更須得有董家渡一部分,和徐家匯路迤西幾百公尺的地面;但是經過多次長時間商談以後,我覺得關於此兩地點,我將遇有最大的抵抗力呢!

至於西門一帶,我們的新界址,原應擴張至製造局斜橋爲止;但我到過那些地方,視察以後,覺得我們擴張到那邊,并無鉅大的利益。所以,我在原則上應許中國當局,可以在西門有自由進行之權。

因爲我如此好意的緣故,使得八仙橋以西的界址交涉,在雙方諒解上,得有異常的便利。

此外,關於徐家匯路──我們對於此路所經過的交涉,已有三十年的歷史了──中國現在確定將此路讓與我們;從此我們便有權在該路上建設巡捕房,和徵收經過該路的車輛捐了。[註四]

一八九九年十二月二十八日光緒二十五年十一月二十六日總理衙門收到法國畢盛公使照會說:

照得推廣上海法國租界一事,前由兩江總督遵奉貴署札訓,派委各員,已於本年五月間,會同本國駐滬總領事商洽,并將界址議定,如節略內所開;惟因是時英法兩國,爲此得有齟齬,故本大臣札行該總領事,祇將面訂合洽語詞,作爲存案,姑暫不論,一俟英法兩國國家友誼商議投機後,方能立據畫押。茲兩國已有成議,并據大英駐京大臣聲言,由該公使照知貴王大臣,其先於推廣

[註一]　Cordier, id.
[註二]　Cordier, id.
[註三]　Cordier, id.
[註四]　Cordier, id.

法國租界所有作難之處,全行撤回;且各國駐京大臣於昨日公會,議定將已由滬道出示曉諭推廣公衆租界及照上提界址推廣法國租界,均允准行;蓋前者各國駐京大臣,已將推廣兩租界事宜,連絡同辦,並於一八九六年十一月_{光緒二十二年十月}間照請貴署一併辦理在案。爲此相應照會貴王大臣查照,並請迅速訓知兩江總督,將所有委員會同法總領事議定各節批准,并轉飭滬道遵照施行可也。^[註一]

總理衙門接到此封照會後,遂於一九〇〇年一月十二日_{光緒二十五年十二月十二日}照覆畢盛公使說:

> 光緒二十五年十一月二十六日准照稱:上海推廣法國租界一事,英國所有作難之處,全行撤回;各國駐京大臣公會,議定均予准行;請知照兩江總督,將所有委員會同法總領事議訂各節批准,轉飭遵照。并准英國竇大臣,日國葛大臣,先後照稱前因到本衙門,查法國推廣租界一事,本衙門尚未接准南洋大臣咨報委員議定情形;現准照稱前因,除由本衙門電致南洋大臣速飭委員,查照原議界址,與貴國總領事妥商議結,仍俟覆到,即行照知外,相應先行照覆貴大臣,轉飭該處總領事,與委員妥速商辦可也。^[註二]

是時兩江總督派有委員俞貞祥和洋顧問福開森(Ferguson)來到上海,協助道台余聯沅進行劃界事宜。

余道台奉令後,即行會同福開森顧問等,與法領白藻泰,議定新擴張租界內,應通用公共租界擴張到虹口區的辦法:

一切公共團體的田地和屋宇,以及公墓,河浜,概應保全;所有勅建的廟宇,國有的業產,外人的墳墓和甬道,均不受法公董局的節制。白藻泰一一應允,隨即要求余道台立即發出一張擴張法租界的佈告。

余道台遂於一九〇〇年一月二十七日_{光緒二十五年十二月二十七日}頒布告示說:

> 欽命二品頂戴監督江南海關分巡蘇松太兵備道兼管銅務加十級紀錄十次余,爲出示曉諭事,照得上海洋涇(濱)〔浜〕南首租界自道光二十九年三月十四日西曆一千八百四十九年四月六日前兵備道麟會議定章後,通商惠工,地方日臻富庶至。咸豐十一年九月二十五日西曆一千八百六十一年六月二十九日經前兵備道吳會同前駐滬法總領事伊,將租界推廣至小東門外直河爲止。嗣於光緒二十四年二月十二日前兵備道蔡任內准駐滬法總領事白,照請推廣,會議未定。茲本道蒞任並奉南洋大臣兩江督部堂劉檄,委隨辦洋務福、隨員余來滬隨辦。當查上海商務日盛,租界地段不敷,應由本道督委商明,妥議推廣。即經督同福余兩員會商駐滬法總領事白,議定界址,均有四至可稽。惟前立租界歷經會定章程並有推廣虹口租界續定新章,凡華民房產、業田、墳墓、河道各等利權均在章內,應得保護。此章早經刊行,且懸掛大衆共見之處,家喻戶曉,一律遵行。現在拓界情事相同,除照案札飭上海縣會同福余兩員暨法工部局辦理工務總司查照議定,推廣租界四址,繪圖立石,並照會駐滬法總領事白查照外,合亟出示曉諭,爲此示仰商民人等一體知悉。自示之後,凡在新拓租界內,除敕建廟宇及中國國家公用之地並原有之各國公共墳塋連通墳塋馬路,均不歸法工部局管理外,其餘一切事宜,概照定章辦理,毋得違誤,切切特示。

> 計開推廣法租界四至:

> 一　東至城河濱止;

[註一]　從北平外交部檔案保管處抄來。
[註二]　同上。

一 西至顧家宅及關帝廟濱止；

一 南至丁公橋、晏公廟濱、打鐵濱止；

一 北至北長濱即公共租界止。

光緒二十五年十二月二十七日示。[註一]

此佈告公佈後，一九〇〇年一月三十日光緒二十五年十二月三十日白藻泰遂公函公董局：

我謹向你報告：經過長期的在北京和在上海談判以後，江蘇省最高當局已應允擴張法租界，所有擴張的條件和界址，都在道台的佈告中說明了，我特附上佈告譯文一件，請你參閱。

……現已與本埠當局和南洋大臣兩江總督的代表約好，貴局何時得便，即可於何時接收此項新地盤。所以我要請你即便訓令局中各機關的長官，着他們預備必需的手段，以便得於三月一日，實行佔領。

……至於外僑墳墓和甬道的問題，兩江總督的洋顧問福開森先生，可以供給你以懇切的扶助，以期達到一種使貴局能得到滿意的處理辦法。[註二]

法租界第二次擴張成功了！

一九〇〇年光緒二十五年以前的法租界，全界的面積，只有一千零二十三畝（據上海縣續志爲七百四十三畝），約合六十九公頃，新增租界的面積，却有一千一百十二畝（據上海縣續志爲千畝有奇），約合七十五公頃。新舊兩租界合併起來共有二千一百三十五畝，約合一百四十四公頃；比前時增多了一倍有餘的地盤！[註三]

A. 對英的交涉

一八六五年同治四年時，公共租界越界建築的坟山路，已伸入八仙橋方面的新坟山（New Cemetery）至一九〇〇年一月光緒二十五年十二月法租界擴張成功，八仙橋坟山路的一段，劃入法新租界的範圍。當時除由駐滬的法領和英領公訂有八仙橋外人坟墓不可侵犯的特約外，更由法租界公董局與公共租界工部局商洽劃在法新租界內英人所築的坟山路問題。

雙方交涉至二月光緒二十六年正月間，遂由公共租界工部局總辦勃朗（Bland）於二月十日正月十一日函達法公董局：

……鄙人茲奉命致函貴局，陳明關於最近劃在法新租界內的坟山路（Cemetery Road）將來管理問題。

本局董事會核議昨日貴局董事會總董所提及關於此項問題的談話意見以後，現已議決：準備放棄坐落在公共租界邊線至外國坟地間的一段坟山路的管理權；但附有條件如次：

一、法租界公董局應將此路的路燈和巡捕，維持良好，以保全公共交通的便利。

二、公共租界工部局有權於有人要求時，派出巡捕及商團，爲服務出喪儀仗之用。并得享有其原來在該路上的一般權利和特別利益。

三、凡領有公共租界照會的人力車及其他各車，均應准其在此路上通行，不另加納附稅。

本工部局深信如此辦法，定能使貴公董局有所滿意也。[註四]

自然的，法租界公董局對此提議欣然同意了。

[註一] 法公董局小册子。

[註二] 法公董局年鑑 1900 年。

[註三] 同上。

[註四] 同上。

坎山路的問題解決後,法公董局遂於一九〇〇年三月一日二月初一日正式接收新擴張的全界,又於五月一日四月初三日起開始徵收新租界內的捐稅了。[註一]

B. 對華的交涉

四明公所第二次的血案,雖非擴張法租界的惟一原因,但確是促進了法租界當局要挾擴張的機會;所以那時我國當局,爲亡羊補牢計,對於新劃租界內的棺柩問題,不能不有再三的注意。

此次交涉遂由洋顧問福開森出面了。

經過數度的接洽以後,法領白藻泰,遂於一九〇〇年五月十一日四月十三日,以書面覆文致福開森說:

> 關於昨天我們的談話,和本年四月十四日的通函中,所述及新租界內厝寄棺柩問題;我現能給你保證說:此項厝寄,可以容忍至將來在此素鮮人煙的區域,有所新建設時爲止;到了那時,應由法公董局裁定施行適當的禁例。
>
> 這是要預先說明的;如果遇有時疫發生時,則該處厝寄的棺柩,得由法公董局發令取締勒遷之。[註二]

同日,白藻泰總領事,另函通知董事會總董寶昌道:

> 關於新擴張租界內的厝寄棺柩問題,我已於今日照會兩江總督的委員福開森君了;茲謹將照會抄本附上。
>
> 我請你將此中內容,通知董事會各董事罷。[註三]

我國的洋顧問福開森,接得白藻泰來文後,即稟明道台,隨於五月十六日四月十八日函覆說:

> 我欣幸地收到了你十一日寄來關於四明公所和法租界的堆柩問題的照會;我已將你的來信,送與道台核閱過,他特託我來向你道謝盛意。
>
> 我也將此信的內容,電知南京兩江總督了。[註四]

白藻泰得函後,又即函達法公董局說:

> 我於本年五月十一日所寄上的函,想你已收到了。茲再寄上兩江總督委員福開森的來信抄本一件,請貴董事會查照備案。[註五]

C. 劃界的經過

一九〇〇年三月一日二月初一日早晨九時三十五分,法租界公董局,法國總領事署,和中國道台衙門,都派有代表,同至公董局會齊,偕往擴張條約的界址,勘明界線;擬於分界之處,下埋界石,蓋以鐵板,覆以沙泥,附以劃分地圖并所訂條約爲憑。

公董局工程師邵祿,當日亦親自到場,繪製界址圖說,以備呈報董事會之用。但是日履勘結果,除東限於黃浦江,北限於洋涇浜,南限於城河浜外,在法新租界迤西一帶,坟塚縱橫,荒草遍地,勘測至爲難於執行;而華方代表,尤爲奉行故事,稍視即去,故尚須日後再行勘定。

法租界推廣後,西區地域遼闊,宵小衆多;公董局方面,已決定添僱多量的本地巡捕,以資防守。

[註一]　法公董局年鑑 1900 年。
[註二]　同上。
[註三]　同上。
[註四]　同上。
[註五]　同上。

此外并聞徐家匯路一段的警務,已由華方允可,讓歸法租界巡捕房兼轄;用是法公董局已決定:(遄)〔遴〕往法國招聘警務專門人員備用,并且近來法國軍隊,由北京天津等處返滬者漸多;治安的問題,是暫時尚不會就感到恐慌的。

法租界捕房,已自三月一日起,於華法交界之處,添設位崗各守界線;按照法公董局與上海縣所訂協防辦法,彼此遵守。

法租界的衛生機關,已決於日內派員,前往八仙橋一帶,施行初步消毒工作了。[註一]

四　庚子聯軍時代的法租界

一九〇〇年六七月間 光緒二十六年五六月間 北京、天津的義和團,已經清廷正式認為義民,實行向各國使館和教堂,採取敵對的態度。此時上海全境,謠言蠡起,英、法、德、日各國,調集兵艦,進泊浦江,聲言保護租界,道台余聯沅遂照會各國領事,飭知各帶江官,約束水手人等,勿任遊行界外,以免生事。[註二]

此時,端王載漪用事,深信拳民,極力主戰,遂矯詔全國,殺戮外人;但兩湖總督張之洞、兩江總督劉坤一抗不奉詔,長江一帶,成為半獨立的局面。

一九〇〇年六月二十六日 光緒二十六年五月三十日 上海領事團,因法領白藻泰的倡議,召集緊急時局會議,劉坤一即派余道台等前去列席;當時便議決一種臨時協定,就是歷史上所謂東南互保條約。

至於法租界內,公董局董事會已在一九〇〇年六月二十日 光緒二十六年五月二十四日 議決創設防務委員會,並推選:

寶昌(Brunat)總董

格洛克(Clarke)董事

薩坡賽(Chapsal)董事

卜除(Bottu)法僑義勇軍司令

為委員,同時并劃定此委員會之職權如次:

　一、有與董事會同樣的能力。

　二、有採取緊急決議,便宜行事的任務。

　三、有撥用公款的權利。

此外更決定進行購買軍械,充實防兵等事。[註三]

迨至七月四日 六月初八日 ,董事會又以我國排外風潮方盛,對於捕房華捕,不甚放心,遂決定僱用越南東京的民團來滬協防。[註四]

此種僱用越捕的議案,遂由法領白藻泰執行。越南總督杜美(Doumer)也自欣然同意,派了二十九名越捕,攜帶全付武裝,趁法國郵船公司愛來斯德西蒙(Ernest Simons)輪船到滬;同時,越南政府的民政司卜羅里(Broni)并有信致法領白藻泰說:

　　現有二十九名東京越捕,定於一九〇〇年七月二十七日 光緒二十六年七月初二日 搭乘法國郵船公司的便輪,馳往上海服務,謹此函請查照。

[註一]　法公董局年鑑 1900 年。
[註二]　上海縣續志卷一三。
[註三]　法公董局年鑑 1900 年。
[註四]　同上。

這班越捕是由越南政府派往上海協防的。

按照總督的憲意，該捕等的餉銀，仍應由東京財政負責的，但其例外津貼，如米飯鹽茶等項，則應請上海法租界公董局擔任。

白藻泰得信後，隨於八月三日七月初九日函知公董局總董寶昌說：

兹奉上印度支那總督府民政司來信抄件一封，即希轉達各董事一體知照爲荷！

董事會遂議決：規定按月津貼每名越捕伙食洋九元，另外津貼法籍隊長每月洋六十元。并請總領事用法租界住民名義，向越南總督杜美申謝其贊助租界防務之盛意！[註一]

這是上海法租界巡捕房雇用越捕的濫觴。

此時法租界內的中國人，受法國人嚴重的監視，連搬家的自由，都受了限制。……

由是界內各商家領袖，都紛向寶昌總董交涉，要求法公董局照着公共租界工部局一樣，發給一種"保護證卡"（Carte de Protection）以便移居自由。

寶昌遂帶同各代表，於八月十六日七月二十二日出席董事會，提出此項要求；當時便得董事會的同意准發證卡一萬張。證卡上面寫的是：

照得防衛法租界辦法，前經通告各會館主管人，以及諸色人等，一體知照在案；兹據……會館聲請：查有本地人……前來請求移居許可證，合代轉呈等情；查該……移居之請，核得尚無不合，應予准發本證卡爲憑；凡執有本證卡者，并准由法租界巡捕房，於必要時，應在可能範圍內，予以保護，此證！[註二]

及至戰事完了，各國公使於一九〇〇年十二月二十二日光緒二十六年十一月初一日所提出條件十二款，經我國於一九〇〇年十二月二十七日光緒二十六年十一月初六日全部照允，是爲辛丑和約。[註三]

此約內第十一條，有設立黄浦河道局按即濬浦局之規定；其詳細條文，訂入第十七附件內。是項附件全文發表後，法租界公董局便以界內的法國人名義，提出反對；旋於一九〇一年九月二十日光緒二十七年八月初八日向法國外交部長德賚加賽（Delcassé）申訴：

承部長先生對於上海法租界常川的愛護，爲此海外的僑民，請您注意於本年九月七日與中國政府所簽訂和約第十七號附件的內容。

自從好多年以來，我們的鄰人，曾用盡一切的努力，以圖消滅此揚子江口法國一塊土！我們的敵人對於我們租界之具有法國的特權，深懷妬忌，設法將這法租界合併入那所謂公共租界內。

幸而歷任的領事，與法租界內紳商合作的結果，故此一塊土，至今還能保留法國專有的性質。

如今將和約內第十七附號件簽訂了。是將我們所有既得的權利，一律銷除；這是足以成爲一種危險與違法的先例。危險云者，因爲此是授人以攻擊的新藉口；違法云者，因爲一個國際委員會實不該管轄到法租界的事件。

上海的法文報紙，業已盡量暴露了此項附件的不公和非法；但是對於危險一點，尚未加以指摘，以免我們敵人，斥爲無病呻吟。

在此等情形之下，所以我們經全體市民大會決定，特提出不合法數點，懇請鈞座加以注意。

[註一]　法公董局年鑑 1900 年。
[註二]　同上。
[註三]　國際條約大全卷二。

　　我們對於設立濬浦局的利益是承認的；我們對於因設立此局而需用的經費，是願分擔的。我們所嚴重抗議的，是因此第十七號附件的條文，實足以危害法租界市政機關的財政，而使法國在遠東的商業利益，陷於絕地！

　　在起草此附件條文的時候，好像忘記了法租界的存在！因爲公共租界的制度，是由於洋涇浜地產章程而來；今此附件的根據點，即依這洋涇浜地產章程，所以只好適用於公共租界。至於法租界，是照公董局組織章程辦理的，其性質完全獨立，該附件竟毫不顧及！

　　所以此第十(第)號附件，是絕對不合於公董局組織章程的；一旦實施以後，是直將法租界獨立精神，化爲烏有？

　　爲此，我們希望部長先生，採取我們的建議，運用最高的勢力，以修改此附件全部或一部的條文。[註一]

原來法公董局所以反對此第十七號附件者，是因該件第四條云。

　　該局應任之員，開列於後：
　　甲　上海道　（華人一名）
　　乙　海關稅務司　（或爲英人一名）
　　丙　各國領事中公舉二員　（英人一名非英人一名）
　　丁　上海通商總局中由董事公舉二員　（英人兩名）
　　戊　由各行船公司及在上海吳淞或黃浦之各口岸所有每年進出船隻頓數逾五萬之各行商公舉二員　（英人二名或英人一名德人一名）
　　己　公共租界工部局一員　（英人一名）
　　庚　法國租界工部局一員　（法人一名）
　　辛　各國在上海吳淞或黃浦之各口岸如每年進出船隻頓數逾二十萬頓者由該國家特派一員（內應爲英人一名華人一名美人一名德人一名日人一名法人一名）[註二]

　　依法公董局的計算，濬浦局十六名董事之中，英人可佔八名之多；其餘則非英人約四名，華人二名，法人亦僅爲二名；權利不均，所以反對！

　　此外尚有第十二條之職員問題，二十二條之引水問題，皆認爲將被英國人所專利，使法國人得不到絲毫好處；……其他如第十二條之水道問題，第十五條之碼頭問題，第二十四條之司法問題，第二十八條之徵收地產問題，更認爲有礙法租界的主權，均在反對之列。[註三]

　　不過公董局的抗議，送至法國之後，此附件已成爲國際條約，自難遽改；所以並無若何結果。

　　和平條約簽訂後，戰爭狀態，隨即完全終了，由越南總督府派來上海協防的越捕，遂被公董局於一九〇一年三月間光緒二十七年正月二月間遣送回籍。至於法租界正式任用越南人爲巡捕，要到了一九〇六年十二月十二日光緒三十二年十月二十五日方才由董事會決定招僱的。[註四]

[註一]　法公董局檔案。
[註二]　同上。
[註三]　同上。
[註四]　法公董局年鑑 1900 年。

五 領事館和公董局的第三次內訌

1. 一九〇七年四月三十日事件——2. 一九一二年六月十日事件

自一八六五年十月十二日同治四年八月二十三日馬浪總領事(Uowmamand)解散了一次公董局董事會之後,依着一八六六年七月十一日同治五年五月二十九日及一八六八年四月十四日同治七年三月二十二日上海法租界公董局組織法的規定:法國駐滬總領事原是依法具有主席董事會和解散董事會的權能;但是馬浪總領事於一八六六年九月二十九日同治五年八月二十一日第一屆選任董事會成立時,却發表聲明說:

在未得有法國新訓令以前,願意暫時放棄董事會的主席權和解散權。[註一]

因此之故,董事會乃互選其正副總董,而由總領事用公函付給他們以正副主席的權柄。

這樣的辦法,自一八六六年同治五年以來,迄於一九〇七年光緒三十三年歷屆董事會,均奉行弗替。但到了一九〇七年四月三十日光緒三十三年三月十八日,忽有解散董事會事件的發生,而由當時的總領事巨籟達(Ratard)委任臨時行政委員會,並自行其主席權。

此次解散的動機,是因為在一九〇七年光緒三十三年屆董事會中,四個法國籍董事,如寶昌(Bwnot)董事,則於是年二月末正月中返國;蒂羅(Tillo)總董則於四月末三月中返國;而亨利奧(Henriot)董事也即將離滬;所以在一九〇七年五月光緒三十三年四月以後,公董局董事會的組織,除有一百個多(Narttsoud)董事是法籍以外,其餘白郎德(Blount)、祁齊(Ghisi)、葛羅(Gro)、格洛克(Clorke)等都是非法籍的外籍董事了。

因為非法籍董事在董事會中佔到絕對的多數,而當時的法租界却正在建設着電車、電燈、自來水、監獄、學校、救火會等事宜,所以巨籟達總領事,便出以斷然的行動,而於一九〇七年四月三十日光緒三十三年三月十八日公佈命令說:

法國總領事佩帶榮譽勳章巨籟達為令遵事:照得法租界公董局董事會蒂羅總董確定返國,並於一九〇七年呈有辭職書在案;照得該董事會寶昌董事業已確定返國;照得亨利奧董事亦將返國;鑒於現在法租界中,正在討論緊要問題,如進行電車,改組自來水、監獄、電燈、救火會,設立學校等,實必須有法籍充分份子,以代表討論此等事宜;茲核據一八六八年四月十四日公董局組織章程第八條之規定,發令如次:

第一條,現任法租界公董局董事會應即停止,並按上述組織章程同條之規定,立即呈報巴黎外交部和北京法國公使署核辦。

第二條,由法國總領事主席之下,組織臨時市政委員會,以遵照上述一八六八年四月十四日組織章程全文之規定,擔任管理法租界政務。

第三條,前條所規定創設之臨時市政委員會,人選組織如下:

巨籟達——主席

格洛克——副主席

白郎德、祁齊、葛羅、百多、竹夷(Thuy)、貝郡祿(Bmdolleire)、查桑(Jasson)為委員。

[註一] 法公董局年鑑 1866 年。

第四條,着公董局總辦擔任以此令通知各臨時市政委員遵照。[註一]

在一九〇七年五月二日光緒三十三年三月二十日臨時市政委員會舉行成立會的時候,由巨籟達親自主席,并發宣言說:

感謝諸位應命而來參加臨時委員會的組織,以管理法租界的政務。……按着一八六八年組織章程的規定,殊不能發起新選舉,而因現在所宜討論的問題的重要性,必須有充分的法國份子來參加市政會,所以乃不得不中止董事會的職權,而另組臨時市政委員會以代之。[註二]

巨籟達總領事此次之解散董事會,實爲愛國心所驅使,可無疑義;但是當時代表上海法僑輿論的中法新彙報,却還尚有微辭。該報在五月三日三月二十一日社評上說:

此次總領事命令的動機,是因爲有三位法國董事已經或應該離開上海,而因此之故,乃使法籍份子不能充份參加重要的討論,以處置進行電車和改組自來水等緊要問題。

我們對於此種意見,雖也贊同;不過,在我們真起來,却以爲這些重要的問題,似更宜由納稅人選舉而來的正式董事會來解決,實較之以命令强設的臨時委員會,更有權威。

依我們的所信,人家可能很容易達到如此的結果,即如勸舊的董事辭職,那就可以進行新的選舉。

但是我們現在希望一俟北京法國公使宣告解散舊的董事會以後,便可以立即在短期間進行新選舉,而無須等一八六八年四月十四日組織章程第八條所規定的最高期間六個月後的再行選舉。

果然到了六月二十一日五月十一日法國駐華全權公使巴貝斯(Bapst)發令說:

核閱一九〇七年四月三十日法國駐滬總領事巨籟達宣布上海法租界公董局董事會停職的命令;核閱一八六八年四月十四日法租界公董局組織章程第八條的規定;核閱一九〇七年六月二十一日外交部長核准解散董事會的命令;鑒於巨籟達總領事停止董事會執行職〔務〕的理由,確實有予以解散的必要;發令如次:

現經停止職務的上海法租界公董局董事會,應即解散! 着由上海法國總領事擔任進行召集選舉大會,以便按照一八六八年四月十四日組織章程第八條第二節之規定,選舉新董事。[註三]

巨籟達總領事奉令之後,便於七月二日五月二十二日下令飭於十日六月一日進行選舉,而新的董事會遂在七月十七日六月初八日成立。當選的董事,計有道達爾(Dowdall)、亞克門(Arkermann)、白多(Berthoz)、賈爾牙(Gaillard)、祁齊、葛羅、達打實(Tavares)、竹夷。……但是此時忽有若干選舉人,反對亞克門以電車電燈公司總理的資格而當選,領事署和公董局之間乃又有意見發生。然而到了後來,"終以不願再生內戰而見笑於華人"[註四],乃由董事會於八月二日六月二十四日舉行特別會議,確定了亞克門的被選爲有效。……這可算是前任董事會被解散以後的餘波了。

自一九〇七年光緒三十三年新董事會成立以後,其主席權仍由各董事互選一人執行。這樣一逕沿習至一九一〇年五月末宣統二年四月下旬止,并無異動。

在一九一〇年宣統二年初間,董事會的主席和副主席是亨利奧和格洛克二人。迨至是年五月四(日)

[註一] 法公董局年鑑 1907 年。
[註二] 同上。
[註三] 同上。
[註四] 同上,p. 213, René Tillot 1907 年 8 月 1 日信中之說。

〔月〕間享利奧因事返法;此時新任的法國總領事是喇伯第(La Batie),他即於一九一○年五月三十日宣統二年四月二十二日起,自行主席董事會的會議;其間他雖因暑假赴日避暑,但亦派有代理總領事惠德(Feit)以執行董事會的主席權。

嗄伯第總領事曾於一八九三年光緒十九年及一九○五年光緒三十一年與一九○七年光緒三十三年間短期代理過三次總領事的外票,至一九○九年十二月十六日宣統元年十一月初四日乃正式受任總領事之職。他於到任後,即以命令加委當時董事會的總董麥地((m)〔M〕adier)以主席權。在一九一○年宣統二年初,公董局董事會選出時,他也曾照例付給當時的總董亨利奧以主席權。

自一九一○年五月末宣統二年四月下旬因亨利奧之返法,嗄伯第收回了董事會的主席權以後,至一九一一年一月十六日宣統二年十二月十六日新董事會成立會時,嗄伯第遂即正式宣佈:

> 我無意於以主席權委託於任何人,我願自己執行公董局組織法所規定的主席。[註一]

因此之故,是屆的董事會,乃僅選出百多爲副總董,而總董則由嗄伯第自行兼領。

在一九一一年宣統三年間的董事會議,除有若干次係由副總董百多暫行代主席外,均由嗄伯第親自主席,而平安無事的過去了。迨至一九一二年一月宣統三年十一月新的董事會成立,嗄伯第仍願維持其主席權,而百多亦再受選爲副總董。

考嗄伯第爲人,和藹可親,意氣和平;[註二]但終與一九一二年民國元年屆的董事會發生意見,竟至發令解散之。當時的形勢之險惡實更有甚於一八六五年同治四年馬浪總領事之役。

在一九一○年及一九一一年宣統二三年間,嗄伯第間或有不來主席董事會者,這却多因爲其赴日本或北戴河避暑的緣故,而且每年董事會的議事紀錄上,批明"閱,准"(Vuetapprouué)字樣;但是到了一九一二年民國元年屆嗄伯第總領事却是間歇地來主席董事會了,惟對於董事會的議事紀錄,仍是批着"閱,准"。

一九一二年民國元年屆董事會的組織,計分爲工務委員會、財政委員會、學校委員會等,而財政委員會的人選爲百多、白米塞(Permeze)(法籍董事)和直牙(Dyer)、費孟斯(Hermann,非法籍董事)。在一九一二年民國元年三月二十五日的董事會,白米塞乃以財政委員的資格,受各董事的委託,研究節儉公董局各機關的電話費用。

據中法新彙報一九一二年民國元年六月十四日的記載,因白米塞對於巡捕房方面的電話,加以節制,乃侵犯及於總領事對於法租界警務的統制權;以此之故,嗄伯第遂於四月三日,召集董事會特別會議,發言説:

> 我重覆説,我總不許他——指白米塞——也不許其他任何人繼續這樣的玩意兒;我是決定了清算這個事件,……儘在我做上海總領事的時候,我將極力反對人家來欺侮巡捕房和巡捕房的大頭腦。[註三]

此時任巡捕房總巡者爲麥蘭(Uallet)。

此次的非常會議終於在大騷動之下,大家不歡而散;而領事署和公董局間敵對的形勢乃以成立。

自是之後,嗄伯第竟不願再來主席董事會了;而對於四月十五日的董事會議事紀錄,嗄總領事雖

[註一]　法公董局年鑑 1911 年。
[註二]　法領政略表,pp. 69,103.
[註三]　中法新彙報,1912 年 6 月 14 日。

亦批准,但關於巡捕房的冰炭津貼,却批明保留。

在董事會方面,對於巡捕房的經濟問題,自不免時有歧視態度的表現,因此雙方嫌隙,遂以益深。

一九一二年民國元年五月二十日董事會,曾討論及法總領事奉法公使所交來的法國海軍願以若干軍火出售於公董局,以供防衛法租界之用的提議,而竟議決拒絕此請。且對於巡捕房總巡五月四日所提關於供給巡捕和義勇軍軍火的報告,竟令公董局總辦加以補充批語,因此乃益以激怒嘣伯第總領事了。

在一九一二年民國元年五月二十一日董事會的財政委員會,對於巡捕房的零用帳問題,又通過有議案說:

> 各逼巡捕房的日用帳簿,應於每月由總巡檢查後,送交公董局總辦,以便清帳,而後再於稽查月帳時提呈此帳簿於財政委員會。

對於財政委員會這個的議案,嘣伯第曾有批語說:

> 本總領事的意見是,更將規定爲應將各區巡捕房的帳單按月由總巡查核之後,送交財政委員會;因爲本總領事良恐若是董事會決議了,這是應該要送交公董局總辦以便清帳時,那就將要發生事實上的困難:就是公董局總辦將因此以爲有權可以監察巡捕房的支出了;而此監察權實在是僅屬於財政委員會的。[註一]

對於董事會之飭令公董局總辦在巡捕房總巡的五月四日軍火供給報告上,加以補充批語的事件,嘣伯第總領事又於一九一二年民國元年六月三日,向董事會提出覺書說:

> 本總領事對於公董局董事會之飭令公董局總辦,提出關於法租界武裝同志所需的軍火供給問題的報告,深爲驚異,因爲這個問題早已由巡捕房總巡處理過了。本總領事所最不了解者,厥爲董事會何以偏將一個機關長官的報告,交由另一機關長官去審查。這樣辦法,只能激起各機關間的軋轢和不合作,而引起紊亂。董事會若有異議提出,或對於補充的材料有所吹求,那麼至少他儘可以向總領事或麥蘭總巡本人詢問好了。

> 本總領事是負有租界治安全責的惟一的人,可以解決凡有關於防衛租界的問題。就此次情形說來,本總領事將巡捕房總巡的報告,交與董事會時曾通知公董局總辦唐彈(Dantin)謂我們沒有充分的子彈,供打靶之用;所以如董事會肯答應,便應該由法國外交部之仲介,向陸軍部按年批購更多量的軍火。故董事會對此只須在財政問題方面,加以考慮就得了。

> 本總領事茲向公董局提議:每年要向陸軍部購辦三萬發的子彈。[註二]

董事會奉到了此覺書之後,即於是日(六月三日)開會,表示抵抗,說:

> 董事會對於總領事以用以表示其意見時所採用之形式,不勝警愕! 因爲這個問題原該在董事會議席上討論之。

> 董事會以爲巡捕房總巡以及公董局的任何其他機關的長官,并無理由可因其所提出與租界安全和市政經濟同時有關係問題的報告受着公董局總辦的批語,便即發怒,而公董局總辦的行爲實受有董事會的命令,和遵照公董局各機關管理章程的規定。

> 關於義勇軍所需的軍火,董事會議決在考查價格,和其他關於購辦情形後,自行直接購買之。

[註一]　法公董局年鑑 1912 年。
[註二]　同上。

但是這個若是做不到的話，則應要求將一九○九年三月二十二日的部令加以修改，而公董局每年所需的三萬發子彈，應向軍部請求購買之。[註一]

對於嚕伯第所給與一九一二年民國元年五月二十一日財政委員會議事録的批語，董事會也并不加以尊重，他在六月三日的董事會議時仍通過決議案説：

董事會閲悉了總領事的批語以後，但仍贊同財政委員會的意見，爰議決准如該委員會所提議案的辦法，凡巡捕房的零用帳單，應如公董局的其他機關一樣，送交公董局總辦，以便清帳，而財政委員會對此保留有監察權。[註二]

董事會又爲嘲弄總領事計，更在六月三日的議席上，另通過關於擴張租界的議案説：

鑒於現在的局勢，和公共租界謀在其越界築路上獲得新地盤而採取的態度，董事會以爲擴張法租界的要求，應即立刻正式提出，爰議決應向法國總領事申明此意。[註三]

在此次的會議席上，董事會更議決有取締電燈、自來水等事，而表示其不妥協的態度；而領事署和公董局之間形勢，乃更形惡化了！

嚕伯第總領事對於一九一一年民國元年六月三日的董事會議事紀録，自是深表不滿，他在那議録上批説：

我批准一切決議案，但是應除開了：

（一）關於巡捕房的財政監察權問題；

（二）關於租界防衛的統制權問題；

（三）關於有政治性質的擴張租界問題。

我更對於與電光、電車、自來水等有關的董事會決議案，表示充分的保留。[註四]

到了此時，領事署與公董局兩方感情完全破裂；已入於正式宣戰的狀態！

果然，一九一二年民國元年六月十日，嚕伯第終於公布了停止董事會職權的命令：

法國駐滬總領事嚕伯第：

照得在法國總領事和法租界公董局董事會之間良好的親善，和相互的信任，實爲必不可少的。

照得自若干時以來，此次的親善和信任業已不復存在。

照得在多次之場合，現任的董事會，屢有表示似對於巡捕房總巡有執拗性的敵視，而就一般言之，尤對於巡捕房有所歧視，而巡捕房原僅屬於總領事的管轄呢。因該董事會行動的方式，殊易激起各機關間的不合作，而使巡捕房總巡在指揮其部屬上損及權威。

照得依該董事會最後之議事録以觀之，則對於總領事本人亦缺敬意。

照得就此情形，則租界的行政殊難由現任的董事繼續管理之，而尤以在現在的情勢，總領事和公董局間更不宜有鬪爭狀態的成立。

核閲一八六八年四月十四日法租界公董局組織章程的規定，

發令如次：

[註一]　法公董局年鑑 1912 年。
[註二]　同上。
[註三]　同上。
[註四]　同上。

第一條，現任之法租界公董局董事會，立即停止職權，并即按章，將此情由呈報巴黎外交部及北京法公使署。

第二條，一個臨時市政委員會應即從速組成，由法國總領事主席之下，按照一八六八年四月十四日組織章程的規定以管理法租界。[註一]

由是，一九一二年屆選任的董事，如：賈米耶(Camera)、直牙、愛利(Ellis)、費孟斯、麥地、百多、巴除蓮(Patmel)、白米塞，均受停職的處分。而另由嘞伯第總領事委任：亞旦(Ardain)、達得(Dard)、道達爾(Dowdall)、柴桑(Jassan)、美吔(Meger)、查節得(Shadgett)爲臨時委員以代之，并指定亞旦爲副總董。

此臨時市政委員會，乃於一九一二年民國二年六月十四日成立。

領事署和公董局正式開戰後，代表上海法僑輿論的中法新彙報，在六月十五日有篇社評説：

在着此次糾紛的本身，對於此事衝突的人物，我們殊不願有所多談。這并不是我們感覺有若干困難來表示我們的意見，在實際上，我們原有率直質的癖性，但是因着黨派的關係，和黨同伐異的思想，近來突發生於法僑之中，所以我們乃不得不採定獨立而公正的態度；以保持些有永遠的中立，而免也捲入政爭旋渦中呢。這種態度，我們一定要保全牠，因爲這是對於我們同胞是一個特殊寶貴的態度，以保持中立的輿論。

真實的理由是很簡單，若是我們是在法國，在着法國人的中間，那麼我們將毫無忌憚以公然加入某黨或某派，光明正大地正式作戰。但是在這兒，我們自認我們實感有一種説不出苦痛的情感，我們實不能將我們的困難爭議和苦難在一般外人嘲弄眼光之前，儘情暴露和宣傳起來！因爲這般外人，正在極其熱衷以注視我們的過失和缺點呢！

總説一句話，我們是"家醜不可外揚"的，我們對於鄰人怎樣關切的表示，都是不樂意承受的。

中法新彙報對於當時外報的攻擊，也極盡其保護法國人立場的能事，在六月二十一日該報對於大陸報謾罵的態度，曾有社評斥説：

在一篇批評法公董局的政潮(攔)〔欄〕內，前日大陸報曾以某非法籍董事的口吻，對於一九一二年民國元年四年三日的董事會議有所表示，而其所表示的言辭，我們殊羞爲之轉述，因爲不願將其穢詞污入本報讀(著)〔者〕之目。

大陸報所載的罵詈吾人，言之污口，我們殊不相信曾表示過忠誠和擔負過責任的董事會，用如此下流的口吻，來作其政爭理由的辯護。

總而言之，我們以法文報的資格，是有本分來向這個以外報爲仲介，而逕對法國政府代表若是侮辱的詈詞表示抗議。因爲無論是如何有理的寃屈，總不該當用若是的手段來從事政爭的下。

在董事會方面，受到了停職的命令，便自以爲身受選民推舉以來，實有向選民報告經過，以求公斷的必要，由是乃於六月十四日，在中法新彙報上，披露一個通告説：

本通告末簽字的人，是法租界公董局董事會而被法國總領事嘞伯第於一九一二年六月十日所停職的董事。玆欲向選民報告，以卸其所受委託的責任，并願請求選民公選法國總領事與董事會現在的糾紛。爲此爰請各選民於一九一二年六月十七日下午五時半在法公董局禮堂舉行集會。

[註一]　法公董局年鑑 1912 年。

此通告發表後,中法新彙報却於六月十六日發表一篇消息謂:

在上海字林西報上有一個英僑投函,請求其住在公董局的英人,在明天選舉大會時,切勿投票,其所持的理由蓋爲,若是對於已停職的董事會投信任票,那就是對於法國總領事表示不信任;若對於法總領表示信任時,則又是不信任董事會了。所以在法租界居住的外僑,最好是不投票,以免得兩方面不討好。……

但是到了六月十七日那一天,參加這納稅人大會的却仍是極多。在六月十八日的中法新彙報中,曾有詳細記事説:

因受公董局董事會召集以解決其停職問題的納稅人大會,已於昨晚五時三十分,一如吾人所預料者,在法公董局的禮堂中舉行集會。

爲着很自然的防衛起見,禮堂以内,是完全惟有納稅人才可以進入的。但是堂外走廊附近一帶,有一輩好事的人散佈着,由着敞開的窗牖,人家儘可以看到裏面大會議論的一切詳情。

差不多有一百三十個人,應召來會,而此一百三十個人,顯然是擁護被停職董事們的選民呵。我們曾憶得在一九一二年一月十六日進行選舉本屆董事會時,法租界内原共有四百三十八名的選民,但投票者只有二百三十八人;而現屆董事所得的票數是約在一百零七票與一百九十九票之間。

法籍和非法籍的選民人數,差不多是相等。在講台上七個董事——第八個爲費孟斯,此時不在上海——全體出席。

到了五時四十分,由百多董事發言,請大會選舉主席,當時便推定薩波(Chapean)上台,隨即由薩主席宣布正式開會。

首由百多發言,用法文宣述此次糾紛的經過,繼再由爰利發言,用英文申述一過,此時已到了六時三刻了。

那二位董事訴説以後,乃由主席宣讀決議案一件,其文曰:

……上海法租界納稅人,奉有被一九一二年六月十日總領事命令所停職的董事會之召集,舉行大會,兹經聽到事實的報告和檔案的文件以後,爰議決對於被停職的董事會,表示惟一而完全的信任心!

此項決議案,乃用不記名投票法付表決,經查票之後,核得結果如次:

出席人——一百三十人。投票者——一百十四人。贊成者——一百十一票。反對者——二票。無表示者——一票。棄權者——十六人。

繼又由白米塞董事提議追加決議案如下:

……納稅人大會又議決發電給法國外交部,表示納稅人的意向,請其立即下令舉行選舉。

此項追加決議案,遂即用舉手法通過了。

在場出席的納稅人,對於領事署與公董局衝突的事實和決議案的通過,并無異議,由是乃於七時正散會。

納稅人大會開會時,被停職的董事會,已於一九一二年六月十五日爲法國外交部所解散了,據中法新彙報六月二十五日的記載,有謂:

人家可以注意解散董事會的部令,日期是爲一九一二年六月十五日,這解散的命令,在巴黎收到了總領事所發的停職命令以後而發出,可謂爲期極短了。那麽,六月十七日納稅人大會所議決發出的致外交部的電報,可謂無的放矢了。

　　至於此次解散命令,所以迅發的原因,原來是由於領事署和公董局糾紛的事件檔案,早已於本年四月間送由北京轉到巴黎的!

董事會既遭正式解散,而繼其後者,厥爲選舉新董事會問題。對於這個選舉被解散的董事會,自然有利其從速舉行,以爲捲土重來之計。所以在六月二十七日中法新彙報曾有一項記載說:

　　我們並沒有願意去預測此次總領事與董事會間的糾紛之如何正式了結,不過我們應該向讀者報告,被解散的董事會特求我們更正一個事實:

　　果然我們以前曾說過,未來的選舉將不能在今年十二月以前舉行,這是說錯了,原來依一八六八年公董局組織章程第八條所規定的六個月日期,是爲最高的限期,而政府當局方面儘可在此期未過去以前,舉行新的選舉。

　　這是可能的,在收到檔案以後,外交部長大人,或可俯從納稅人的願望,不要一定等到了六個月再來舉行新選舉吧。

在着預備選舉的前夜裏,被解散的董事們,自然極力作反對領事署和巡捕房的宣傳,以求其再獲當選。在六月二十日,中法新彙報上曾載有某董事演說的片段說:

　　在一九〇六年,巡捕房經費爲九萬六千四百三十兩三錢三分;在一九〇七年,其經費則增爲十萬五千六百三十四兩七錢二分;在一九〇八年,則又增爲十三萬二千六百三十四兩八錢七分;在一九〇九年,又增爲十三萬四千七百三十七兩五錢五分;在一九一〇年,又增爲十六萬二千四百九十六兩七錢六分;在一九一一年,則爲十五萬七千二百五十八兩三錢六分;在一九一二年,又(又)增爲十六萬九千五百三十兩二錢了。

　　你們看:自一九〇六年至一九一二年間,法租界並未增多有一寸的地盤;但是巡捕房的經費,卻差不多是加倍了;而此項經費,實佔有公董局支出四分之一以上呢。我們爲深切研究此問題計,可以試問法租界的罪案,可因此預(真)〔算〕經費的增加而有所減少了麼? 到底,我們在此,一定會得到一個很高傲的答案,便是,治安問題是不關納稅人的事!

但是新董事會的選舉,終於挨延到一九一二年民國元年十二月十日才舉行,而前被解散的董事會,全體前來競選,結果竟行大勝;在十二月十日選舉時,計登記的選民有四百六十二名,投票者則有二百十人,而被解散的八個董事均得有一百五十票以上;計開:

愛利得一百九十四票

百多得一百八十一票

費孟斯得一百七十九票

巴除蓮得一百七十六票

麥地得一百七十五票

直牙得一百七十四票

賈米耶得一百六十一票

白米塞得一百五十三票[註一]

舊的董事會變成新的董事會之後,中法新彙報在十二月十二日,有一篇社評說:

[註一]　法公董局年鑑 1912 年。

　　公董局董事會的選舉，是在極其宵靜中舉行的；這在今年春間政變激烈時，人家所預料不到的。至於選舉的結果，人家諒都曉得了：就是被總領事命令停職和被外交部長命令解散的董事會，竟獲全部再被選；并無任何人反對，而且得有極大的多數。

　　至於投票的人，雖較之今年一月十六日為少——計為二百三十八人與二百十人之比——但是當選董事所得的票數，却增加了許多，……而平均起來，各董事所得之票，約為一百七十四票。

　　最後就選舉人的品格以觀之，則參加投票者，實以法國人為多，而非法籍的外僑，則反多棄權；而且廢票亦僅有五張而已。

　　這就是十二月十日選舉的特徵，殊值得我們加以注意的呵！……

　　那麼選民們已決將前被領事署當局所趕出的董事，又送入了公董局，而其結果又將怎樣呢？從前所以激起解散董事會的理由，現後仍然全部一在，而這些理由，並不能因有臨時市政委員會受理了租界幾個月之後而消滅；那麼總領事先生，將要再來一次解散董事會嗎？抑或竟年長的被選董事，召集新董事會，以便互選總董，更再由總領事署授以主席的權嗎？

　　我們因不具有先知預測的能力，所以只好自認愚陋，對於領事署當局的意見和新董事將來的態度，真是一無所知呢。

　　不過，我們可以決言：無論是怎樣的解決法，在總領事方面，實陷於進退維谷之境呢！

但是總領事嚙伯第終於順從選民的意旨，早於十二月十一日，致函與年長的被選董事賈米耶，囑其召集董事會，而新的董事會遂於一九一二年民國元年十二月十二日正式成立，并經選定百多為總董，愛利為副總董。

百多受選為總董後，嚙伯第即於十二月十三日，寫信給他説：

　　總董先生：

　　據昨日賈米耶以年長被選董事的資格，來函報告：董事會已選定了你和愛利，擔任法租界公董局董事會正副總董的職務。

　　我謹來通知你，我即將簽定一通命令，追認董事會的選舉，而授你以董事會的主席權。

　　因為我即將告假返國了，所以這個主席權，如我的後任人不願收回的話，則仍應由他再行授權的。

　　我很希望，總董先生，領事署和公董局間的通常關係，從此可以恢復；為着得有你的合作起見，我敢請你到領事署來，與我商談這個事情罷。[註一]

果然，嚙伯第總領事之所以願於屈服，只因為他即將返將之故，他於一九一三年民國二年一月十日下午三時，趁法郵船亞馬遜(Amozone)號離滬，返往馬賽(Mauseille)；當時送行的人，只有些巡捕房和領事署的人員以及其私人的朋友而已。

至於總領事的職權，則已於一九一三年民國二年一月九日，交卸與甘世東(Kahn)新總領事了。

甘世東到任後，即於一月十三日，出席董事會，由百多發言，表示歡迎，并請合作，而總領事即乘機收回董事會的主席權了。

自一九一三年民國二年以後，董事會的主席權，均由總領事自行兼(愛)〔受〕的。[註二]

[註一]　法公董局年鑑1912年。
[註二]　(九)但在1919年11月初至1920年9月間，曾由貝利董事受總領事的委任而為董事會主席。

己 民國時代的法租界

一 民國時代的法租界

A. 法人築路的努力

在一八六一至六二年間清咸豐十一年至同治元間太平軍進迫上海時,法國駐滬防軍以防衛租界并須保護徐家匯的天主教耶穌會神父的關係,乃用軍工由縣城西門外沿方浜橋築路而至徐家匯鎮,是名爲徐家匯路;此路在法軍撤退以後,乃於一八六三年清同治二年歸由法公董局經管維持——因是乃以成多年來徐家匯路的長期交涉歷史。[註一]

此徐家匯路的交涉至一九〇〇年清光緒二十六年法租界二次擴張時,乃暫告有一段落;即將法人所造的徐家匯路分成兩段:自西門外方浜橋至斜斜一段(即現在方斜路),其警權歸於華方,但其路政修理權,却仍由法方保留之;自斜橋沿羅家灣至徐家匯鎮的一段,則完全歸於法方所有,法公董局在該段路上有警察權、路政權、抽捐權等。

中國保全此方斜路一段的代價,則爲允許法方自當時的法新租界西南角顧家宅起,由法公董局自行購地,越界築路,以達徐家匯!……法公董局乃因此以造成有吕班路。(當時計寬達十五公尺餘,長達一千三百五十公尺。)

據中法新彙報一九一四年民國三年六月六日所載,越界築路的動機是由於一九〇〇年光緒二十六年義和團事變,法國軍隊到滬過多,法租界内容納不下;當時法軍原想入駐公共租界,但是英人要以法國軍隊歸入英軍的指揮爲條件,談判無結果而罷。因此,法總領事白藻泰(Begame)和法公董局總董寶昌(Bmnat)商議:將法軍駐紮在華界盧家灣徐家匯等處。爲要維持法租界和法軍駐紮區的軍事交通起見,便在華界築起道路來;但是以有條約上的限制,遂不得不採取迂迴的戰略,利用一八六〇年咸豐十年中法續約第六條。[註二]……"并任法國傳教士在各省租買田地建造自便"的規定,以天主教神父能有在華界購地的自由,又恰好此時有位金神父(Pere Robert)任公董局董事,對於中國民情,甚爲熟悉,所以就由其用宗教上的地位,以進行在華界買地事宜,歷年築成下列等處的路線:

一九〇一年光緒二十七年時,法租界外西南一帶,法公董局越界所築的路就多起來了:

一、寶昌路,即霞飛路,此路寬有一八·二九公尺,長達四千零零六公尺。

二、善鐘路,此路寬有一二·二公尺,長達九百五十公尺。

[註一] 參閱本通志外交編"法租界越界築路交涉"。
[註二] 國際條約大全下卷。

三、聖母院路，此路寬有一二‧二公尺，長達五百七十四公尺。

綜計越界築路經費，共達二萬七千九百八十七兩；而且竟在盧家灣購地一百五十二畝，預備起造巡捕房。[註一]

一九〇二年光緒二十八年時，法公董局又新闢：

一、華龍路，長二百二十公尺。

二、寶建路，長一千四百公尺。

三、杜美路，長八百八十公尺。

四、畢勛路，長八百五十公尺。

五、薛華立路，長六百公尺。

六、軍官路，即陶爾斐斯路，長二百三十公尺。

綜計越界築路經費：在修理項下，計八千二百七十一兩；創造項下，計八千四百三十三兩；裝飾項下，計四千一百八十八兩。[註二]

一九〇三年光緒二十九年時，雖然沒有開造新路，但越界所築各路，均一律大加修理，維持費達二萬二千四百八十五兩。[註三]

一九〇四年光緒三十年時，越界所築各路，大部均行舖石！

一、寶昌路舖石五百七十公尺；

二、善鐘路舖石七百十二公尺；

三、寶建路舖石五百公尺；

四、畢勘路舖石九百二十一公尺半；

五、聖母院路舖石一千四百五十八公尺。

連同修繕延長各路經費，計達二萬零零四十三兩。[註四]

一九〇五年光緒三十一年時，修整越界築路的經費，也達一萬一千五百八十六兩。同時，徐家匯路的巡捕房也已成立。[註五]

一九〇六年光緒三十二年時，進行舖砌徐家匯路等處的石路，計有三萬五千平方公尺的面積，費用達一萬二千五百二十七兩。[註六]

一九〇七年光緒三十三年時，法公董局所造成的界外馬路，竟達二萬五千三百九十公尺的長度，其中二萬一千一百二十七公尺，已是舖石了；此外尚新造有：

一、巨籟達路，二千三百六十公尺；

二、福開森路，一千零四十五公尺；

三、姚主教路，四百五十公尺；

四、金神父路，一百零三公尺。

綜計越界築路經費，為一萬八千四百八十四兩七錢九分。此時法租界的電車也開始向界外馬路侵入了。[註七]

[註一]　法公董局年鑑 1901 年。
[註二]　同上，1902 年。
[註三]　同上，1903 年。
[註四]　同上，1904 年。
[註五]　同上，1905 年。
[註六]　同上，1906 年。
[註七]　同上，1907 年。

一九〇八年光緒三十四年時,修理界外馬路費爲八千八百八十四兩。[註一]

一九〇九年宣統元年時,修理費爲一萬一千八百四十七兩。此時法租界的電車,已達到徐家匯鎮了。[註二]

一九一〇年宣統二年時,雖尚沒有新造界外馬路,但是舊有的路,加以舖石的,約達一萬平方公尺,用費達九千六百七十兩。[註三]

一九一一年宣統(二)〔三〕年時,修理費仍達一萬零五百九十二兩,此時寶隆路,即亞爾培路,已在開築,薩坡賽路也延長到界外來了。[註四]

一九一二年民國元年時,開始建築環龍路;此路當時寬有一二•二公尺,長達二百三十七公尺,此外還有祁齊路、福履理路,同時在開闢修路費亦達一萬零八百四十六兩。[註五]

一九一三年民國二年時,法公董局又在界外開築賈爾業路、恩理和路、古拔路等,修路經費爲一萬七千五百兩。[註六]

一九一四年民國三年上半年時,又在顧家宅公園團圍新築辣斐德路、馬斯南路、高乃依路、莫利愛路等,界外馬路的修理路費達一萬八千二百六十六兩。[註七]

B. 華方抵制的醞釀

自一九〇〇年至一九一四年光緒二十六年至民國三年十五年中,法人利用我國官吏的昏瞶,努力於界外築路,毫無阻礙;……但在一九〇九年宣統元年却有上海縣漕河涇區董唐錫瑞,上書松江府知府,痛論法人越界築路之害:

> 查電車路線已抵徐家匯,該鎮南市,外人新建,平橋十分堅固,純是預備電車行駛式樣。如果展該或南繞漕河涇鎮,或逕達龍華鎮,均未可知;察閱地勢,二處逼近而毗連,尤宜注意。
>
> ……法人推廣南路車線,關係不僅上華婁三邑,即滬嘉鐵路,亦受其扼吭,外人勢力所及,主權盡失,利害攸關!遠之備證膠濟贖路一案,近之取鑒漢口修路一案,種種交涉,稍縱便逝,前車既覆,後軫方道,閒嘗默察其得尺進尺之機心,真欲如俄國東清路線管轄旁地之例,以處吾蘇,則其覬覦利源,不獨在區區三吳流域而已,實在江浙全省皆受其影響,亦即中國通國將受其影響者也!
>
> ……伏恩仁憲,羣生攸賴,甘雨隨車,迅即轉稟道憲密札各轄地方州縣,諭飭各國董保;自後凡遇外人交涉田房地產,須經本圖董保互相稽查,若非通商口岸,照約不准租售;或經會大局憲,切實察勘,稟請道憲衙門,酌核飭辦,方轉道契,以昭詳慎,而保利權,設遇地販與外人苟合,亦當不致挽回無術。[註八]

當時的松江府知府,雖然也將此書轉飭上海縣,查禁地販賣國的行爲,但不過是官樣文章而已,而且也太遲了。

至一九一二年民國元年一月間,上海交涉使,對於法公董局抽收越界築路旁邊中國人的房捐,也曾提出抗議但是當時法方却答覆說:

[註一] 法公董局年鑑 1908 年。
[註二] 同上,1909 年。
[註三] 同上,1910 年。
[註四] 同上,1911 年。
[註五] 同上,1912 年。
[註六] 同上,1913 年。
[註七] 同上,1914 年。
[註八] 申報,清宣統元年五月十三日。

並非要抽收房捐，只是要求住戶們樂助些罷了！[註一]

A. 法方的策略

一九一二年民國元年六月三日，法公董局董事會在常務會議中通過一案，說：

> 本董事會鑒於現在的情勢和公共租界當局積極擴張的態度，爰議決要求法國駐滬總領事立刻正式提出推廣法租界的交涉。[註二]

法總領事嚙巴第(Dejean de la Batie)接到公董局要求後，恰值董事會因事解散，此案遂暫時擱置不提。

延至一九一三年民國二年，始由法公使康德(Comtg)正式向我國外交部提出上海法租界外馬路的警察權問題。外交部隨即飭令上海交涉員查復去了。

法使康德以此事既已移滬調查，遂於一九一四年民國三年二月一日親來上海，採訪法方紳商的意見。當時法租界的行政機關和各團體自然都是極力慫恿，并供給一切可資交涉藉口的材料。康德到滬巡察了十天，至二月十一日方回北京，催促外交部早日解決此案。

在康德北上那一天，中法新彙報有一篇社論道：

> 康德先生已在回北京的途中了。
>
> ……在留滬和我們盤桓時期中，我們法國公使定得有一種絕好的印像，而我們僑民全體也很欣幸和此卓越的外交家晤談。
>
> ……我們對於公使這次的光臨，是認為值得欣賀的事實；因為康德先生，打破了歷來傳統的習慣；從前的公使是老守在北京使館裏，僑民要想見他的面，也像四萬萬中國人，要想見他們皇帝那樣的困難。
>
> ……康德先生詳細考察了法租界，他訪問公董局的各種設備、各處學校、各家工廠，……他看出在此中國的一塊土地內，法人巨大的勢力，法兵熱血的犧牲；法國僑民一年一年地在增加着，此次考察照他的談話中看起來，是含有研究的圖樣和(擋)〔檔〕案，以求創造適應我們租界(研)〔所〕需要的機會。
>
> ……所以此次康德公使的旅行，對於我們僑民方面，一定會有幸福的結果。須知康德氏旅行的目的，並不僅要親來考查上海法人的事業而已，并要來和中國當局清理好多年來界外馬路行政上畸形狀態的懸案。
>
> ……康德公使來滬考察，之後便回京與外交部積極交涉，務使中國屈服而後已；一面更作避免推廣租界名義的宣傳。[註三]

一九一四年民國三年七月十三日申報北京專電說：

> 法使署稱：上海徐家匯地界合同，將於十四日宣布。并否認實在推廣租界之說，且謂：此僅規定界外各路週圍地方之警權(反)〔及〕管理權；因諸路已歸法捕房管理，中法警察，若不相助為理，則常易令罪犯逃出法網云。[註四]

同月十四日，中法新彙報，正式發表了交涉解決的消息，并附加評論道：

[註一]　法公董局年鑑 1912 年。
[註二]　同上註。
[註三]　中法新彙報，1914 年 2 月 11 日。
[註四]　申報。

在今年二月初，旅滬法僑招待康德公使的時候，我已說過了：我國最高外交代表來滬考察的目的並不單要與本埠的法人會晤，實在是還有中法兩國間許多的懸案，要待康德自己來此解決的。

⋯⋯在這許多懸案中，最使法國政府費心注意的，自然是推廣租界的問題了。

⋯⋯這界外馬路的地方，定是處於一種最奇怪的形勢之下。此地方是中國的，行政上也應該屬於中國政府的管轄，但是法公董局卻在那兒築有道路，設有水電，費了許多的錢，去做建設的事業，使那一帶地皮的價值，高漲起來；從前只值一百兩一畝的，現在漲到一千兩至二千兩一畝了。而且該處馬路的治安，也由公董局的巡捕來維持的。

⋯⋯所以在實際上，中國政府對於此地是有治權而無治力，至於法國當局，對於此地雖沒有治權，而事實上卻反有治力！

⋯⋯此種狀態實是一種很可笑的違反邏輯的現象，難道讓牠這樣長久下去嗎？所以無論在彼方或在此方，都有利益去解決了牠。我們勤奮的總領事甘世東(Haston Kahn)，爲此曾經很巧妙地和中國當局開始談判了，當時兩方面都表示願早日解決此案的誠意；而且康德公使正和中國政府疏通好了。

此項交涉，到今日已算解決了；雙方的協定，已在幾月以前簽字了；不過公開發表還未到時期呢。[註一]

B. 華方的應付

當法人要求劃清警權交涉緊張的時候，上海鎮守使鄭汝成接到大總統袁世凱的電令道：

推廣租界，事關交涉，尤須採取輿情，應由執事參預，會同警察督辦薩鎮冰、交涉員楊晟等妥爲商辦，主權邦交，均應顧全。[註二]

此時，已是一九一四年民國三年二月中旬了。

鄭汝成得電後，以當初華法界線，並未劃清，西門外一帶，應歸華界管轄，各地方的地圖，尚未測繪，所以便商由薩督辦轉飭各屬警區趕快測繪詳圖，備作交涉的資料，一面又以前次推廣租界，係由前清上海道辦理，當時究竟如何定議，自有調查舊案的必要，因此又向上海縣知事洪錫範處調閱案卷了。

經此一番調查以後，才覺得在一九〇〇年光緒二十六年法人要求推廣租界時，曾由上海道與前駐滬法總領事約定，准了寬放租界至方浜橋及南陽橋北塊爲止，所有方浜橋迤南，由西門外至斜橋一帶馬路，法人永遠不得藉詞要求推廣，曾經稟呈兩江總督和江蘇巡撫咨行外交部立案，并由法總領事與上海道訂立華洋文合同在案。後來法人開築呂班路，因有民田八畝有零，必須劃入該路，當時便由法領議定作爲租用，每年由法人償給華人租地費銀八十餘兩，亦有案卷可查。至於在西門外安設電車軌道，亦經上海道和法領事議妥，作爲借地安設。現在又來要求推廣西門一帶爲租界，實與原案不符，自屬萬難承認。[註三]

但法人要求推廣來勢洶洶，中央既有顧全邦交的決心，上海當局自也未便過於反對，因此官方便議定：除了方浜橋至斜橋及肇周路一帶，前已約好，永遠不得推廣，萬難通融外，其餘所要求的地點尚可變通辦理，以敦睦誼。但此次繼續推廣法租界，應爲有條件的，方合互惠的公理。

由是鄭汝成、薩鎮冰、楊晟等，協議了多次，才定下推廣租界條件的原則如左：

[註一]　中法新彙報。
[註二]　申報，民國三年二月十五日。
[註三]　申報，民國三年二月十六日。

一、租界定章向不准中國軍隊執持鎗械經過；此次續放界址以後，須准中國軍隊，持械通行，無論何時，均不先期知照，捕房不得出而攔阻。……至於洋人車隊，經過華界，則仍須由領事先期知照，以便中國軍警沿途照料保護。

二、中國官吏向來派探至租界拘捕人犯，例必先行知照捕房，會同協拿；……此次續放租界以後，遇有案犯逃匿租界時，得由華官派探自行查拿，不必先期通知捕房。……至於捕房派探至華界拘捕人犯，仍應照會華官，命警協緝，不准擅行拘捕。

三、公堂裁判權，從此亦須改正：須由華官會同判斷，領事不得獨斷。

四、嗣後華洋人等，犯有案件，不得歧視，因爲歷來華人犯案，外人必多苛待，而洋人犯案，則必設法庇護；此等辦法，殊爲不公，自應一律辦理，以昭公允。[註一]

當時上海紳商方面，也由洪知事召集開會，實行採取輿論的意見。全體士紳自然都不贊成法人推廣租界的要求，打算用些正當的理由去對付；萬一不達目的，也應縮小推廣的範圍，至多只好開於至呂班路一帶爲止。[註二]

經過了多次的會議，便擬好說帖，呈交楊交涉員去了。說帖的內容大略是：

一、華兵得以自由通過租界；
二、華探得在租界內自由逮捕人犯；
三、法公董局須擴充華董名額；
四、非道契地不得征收地捐；
五、垃圾、糞船、碼頭不得靠近華界；
六、法人使用華民畝須給相當之價值，並須於三個月前預行通知。[註三]

A. 華方屈服的原由

在北京方面，既有上海官紳輿情做後盾，好像是很有拒絕法人要求的理由吧；但是……卻終於屈服了，原來這是袁世凱政府對付國民黨人的一種手段。

一九一四年民國三年七月十六日，外交總長孫寶琦以交涉經過情形，呈報大總統袁世凱道：

查上海法租界外馬路劃清警權一事，民國二年七八月間法國駐京公使康德，曾送照請本部，商量該處中法警察權問題，當經飭令駐滬交涉員詳查聲復；迨至本年春間，法使復頻來確辦；本部以調查外馬路一帶，外人於購得地面上修造之路，既星棋布星羅，建築之多，亦已連阡盈陌，外人因警權管轄問題，地方時起糾葛，法使所請，有未能終輅之情。又因比年以來，亂黨出沒租界，倚爲護符，雖經官府指名索交，而外人輒以國事犯爲辭，不允拿解，以致任意妄爲，無復顧忌；今法使既陽以劃清警權爲名，而陰行擴充租界之實，計不如因勢利導，承認其已闢之路，歸法國警察管轄，而於界內藏匿之亂黨，要求其分別驅逐拿交，以清亂源，而弭隱患；因飭特派員楊晟酌度規情，博採輿論，就近與法駐滬總領事商議合同條款，呈部核奪，一面由本部與法使晤商取締亂黨辦法，以期迅速蔵事。以上各節業經寶琦面陳鈞座，當蒙嘉納。[註四]

外交部既抱着憑藉外力清除國民黨員的宗旨，所以於核准上海法租界界外馬路劃分警權協定之

[註一]　申報，民國三年二月十九日。
[註二]　申報，民國三年七月二十日。
[註三]　同上。
[註四]　外交部檔案。

後,即行換文,和法使康德,規定驅逐國民黨員的(協)〔辦〕法。

一九一四年民國三年四月七日,外交部照會法公使康德道:

為照會事:照得上海法租界外馬路劃分巡警權限一事,業經駐滬特派交涉員楊晟與貴國總領事甘世東協商訂定十一款,經本部核准,電令簽字。茲因關於國事犯辦法,用特聲明四款:

一、凡在法租界外,或外馬路區域外,違犯重罪或輕罪之國事犯,而藏匿上敘兩地方之內者,一經中國政府指明,即行逐出該地段之外。

二、如遇有在法租界內或外馬路區域內,違犯國事性質之重罪或輕罪者,應即通知法領事官查照,其手續應按現時之成約及習慣辦理。

三、凡在法租界外及外馬路區域外,違犯普通律之華人而逃避於上敘兩地方者,雖牽連國事在內皆應按照,一千八百五十八年六月二十七號之中法條約三十二款所訂之手續,將該犯交與中國地方官。

四、法租界及外馬路區域內,不得用為陰謀內亂反抗中國政府之根據地,亦不得為亂黨之逋逃藪。如有上項情事,法國警察,應嚴行設法查辦拘禁或驅逐出界。

以上四款,業經逐次彼此商明,相應照會貴公使查照見復備案,以資永遠遵行,須至照會者。[註一]

同日,法公使康德即行照覆道:

為照覆事:上海法租界外馬路區內整理管轄一事,今准照稱,業經滬領與特派交涉員,定有章程,於今日在上海簽字,并將貴總長與本公使商議妥協之國事犯辦法,開列前來:

一、凡在上海法租界外,或外馬路區域外,違犯重罪或輕罪之國事犯,而藏匿上敘兩地之內者,一經中國政府指明,即行逐出該地段之外。

二、如遇有在法租界內,或外馬路區域內,違犯國事性質之重罪或輕罪者,應即通知法領事官查照,其手續應按照現時之成約及慣例辦理。

三、凡在法租界外及外馬路區域外,違犯普通律之華人,而逃避於上敘兩地方者,雖牽連國事在內,皆應按照一千八百五十八年六月二十七號之中法條約第三十二款所定之手續,將該犯交與中國地方官。

四、法租界及外馬路區域內,不得用為陰謀內亂反抗中國之根據地,亦不得為亂黨之逋逃藪,如有上項情事,法國警察,應嚴行設法查辦拘禁,或驅逐出界。

以上款項,雙方意見,均歸一致,自然毫無疑義,在本公使所悅已極,故向貴部再行奉聞也;須至照會者。[註二]

交涉成功,警權擴大,法人方面,自然是所悅已極了!

至於照會中所提及的一八五八年咸豐八年中法條約即英法聯軍北犯時所訂的天津條約,此約第三十二條的內容如左:

凡大法國兵船、商船、水手人等逃亡,領事官及船主知會地方官,實力查挐解送領事官及船主收領。倘有中國人役負罪逃入大法國寓所或商船隱匿,地方官照會領事官,查明罪由,即設法拘

〔註一〕 人文月刊第一卷第九期。
〔註二〕 人文月刊第一卷第一期。

送中國官,彼此均不得稍有庇匿。[註一]

外交部與法使館換文聲明後,即於四月九日函知上海楊交涉員道:

　　密啓者,上海法租界外馬路警權問題,前據呈送與法領議定之草章十條,經本部詳加修正,迭與法康使往返磋商,幸尚就範;并於外馬路內華人訴訟,另增一條,該使亦經照允,業於六七等日,詳電執事查照改正,即與法使簽訂在案,查外馬路區域,法人實早接有管理之權;此次法使提出條件,明爲要求避去拓展租界之名,以劃分警權爲主旨,本部熟思審處,與其深閉固拒,徒託空言,執若因勢利導,力籌補救,并以既名清理警權,即不同於普通租界,故於華人訴訟問題,在該區域內,特設分庭,專理其事;其他緝匪交犯各節,尤爲租界內最困難之交涉,亦經商允康使,另定辦法四條,彼此用照會聲明作據。其西門外沿城馬路至斜橋一段,本爲法兵所築(即前名爲徐家匯路的一段),兹因肇周路讓與一半,固令其將該馬路交還;舉數十年來此路交涉之難端,一旦復我舊物,永斷葛藤,想地方紳民,亦當滿意;即條件更正各節,亦較普通租界章程迥不相同,兹將修正條件,暨本部與法使來往照會,反另訂辦法四條之法文原稿一件,函送執事密存備案可也。[註二]

B. 警權協定的簽字和公布

根據上海軍政當局和地方士紳的意見,經過外交部和交涉署的修改,與法公使及法總領事往返磋商之後,才簽訂關於法租界界外馬路的協定十一條。

此項協定於一九一四年民國三年四月八日由我方交涉員楊晟與法方總領事甘世東正式簽字,其內容如下:

　　大中華民國外交部特派江蘇交涉員兼上海觀察使楊晟,大法國駐箚上海辦理總領事事務總領事甘世東,奉中華民國外交部及法國駐京使臣訓令:爲中法兩國敦輯睦誼起見,擬將上海法租界以西之地址,北自長浜路,西自英之徐家匯路,南自斜橋徐家匯路沿河至徐家匯橋,東自麕鹿路肇周路各半起至斜橋爲止,經兩面磋商,議歸入法國警察之內。蓋上文所指地址內,外國居民甚多,所有馬路,悉爲法公董局購地開築,并時行修葺,作爲公董局產業;其安設路燈,創立巡捕房,分派巡捕,設立電軌、自來水、煤氣、電燈等,各種經費,至今全歸該公董局一體擔任。職是之故,決定將上文所指定界內地段,以後專歸法公董局管轄。兹擬條約十一條如左:

　　一、麕鹿路及肇周路,以一半歸法國公董局管轄,以一半仍歸中國管理;其巡查事務,悉遵民國路現已通行之章程,中法巡警兩相和衷辦理,各有稽巡之權。

　　二、中國前築肇周路,自麕鹿路起,所有用去之經費,由法公董局賠償一半,并將西門外自方浜橋迤南至斜橋,所有前經法國鋪修之馬路,交還中國,不必貼費;惟須將該路隨時修理,俾電車通行無阻。

　　三、法國通徐家匯馬路,及法租界各路,中國軍隊,中國婚喪儀仗等,儘可通行出入,惟須先時通知法巡捕房,以便無礙交通。

　　四、上海交涉員,或觀察使,同法國總領事議定:擬選出中國紳董二員,專與法公董局會辦華人住居法租界及外馬路各事。

　　五、住居法租界,及外馬路之中外人等,所有應納中國政府地稅,悉歸法公董局主任代收繳納;若以後中國他處華人田賦有增加問題,法租界及外馬路華人田賦,亦一律增加。

[註一]　國際條約大全下册。
[註二]　人文月刊第一卷第九期。

六、法租界及外馬路華人耕種之田地、住居之房屋,及平等人家之各產,法公董局永不抽房捐、地稅,及他種類似之捐,以及人頭稅。

七、中國業主、房主,欲用自來水、煤氣、電氣等,在以上指明界內者,始有完納地稅房捐於公董局之責,其執有道契之地,不得視爲華人產業。

八、華人所有法租界及外馬路墳墓,無業主本家允准,萬無遷移之責,各家仍可自由聽其掃祭,於爲衛生起見,此約批准以後,所有華人棺柩,祇准在界內掩埋,不准浮厝;如有特別情形,須暫爲殯寄者,應得公董局之批准。

九、法租界及外馬路與英界交界事宜,由法公董局與英工部局直接商辦。

十、中國政府所派定上海法租界會審公堂之中國審判員,亦有權審問在外馬路區域內中國人之民刑訴訟;是以在此區域內,特立一廨所,爲該員執行審判事項之用。

十一、以上條約,經中華民國外交部,會同法國駐京使臣,於批准後,三個月後,始生效力。[註一]

此約簽字後第二天,楊晟即行呈報外交部道:

爲呈報事,上海法租界馬路案,奉大部初六日初七日兩次電令,業將遵辦情形,先後由電復呈在案。隨於本月初八日午後四時,將條款十一條遵電示各節,比較法領送到(擇)〔譯〕文,詳審更正,據向駐滬法領事署,互訂簽字蓋印,并將附呈地圖,一律會印存查。因查照初六日鈞電列舉條次,核與本署前呈條約底稿原文,序次不相符合,故知此次電列,係指大部與法使商定之條款十一條而言;項奉初八日鈞電,已在簽字蓋印之後,至擬添二十字係在未奉初六日鈞電以先,法領持條文來商,無憑較核。按來文:"華人棺柩"下,作"不得在租界內掩埋厝寄,如無公董局批准,禁止華人再設停柩殯舍"等語,按照漢文文義,實於地方民情不便,是以依據法文意義,切商法領當面更定二十字,簽字時即照添改二十字繕用,法領并無異議。設廨一節,蓋籌極佩,惟區區之意,以爲舊日租界,法人儼已視若殖民領土;因此次外馬路案,公董局得以參入華董辦理全租界華人之事。中國軍隊儘可通行出入,惟須先時通知無俟其允否之規定,即與法兵登岸過境等視。又中國地稅加增,租界內華人一律遵行各節,租界之名義復明,法人殖民領土之觀念,顯已打消。我居此時,似宜因利乘便,就外馬路而牽入舊租界,將外馬路與舊租界併爲一談。會審公廨爲領事裁判權所係,目下尚無撤銷之機會。竊以爲由我建廨設官,華洋訴訟,照章領事會審,華人案件,則無論舊租界外馬路,皆當申明早堂晚堂權限,據洋涇浜設官章程,歸入議收公堂案內辦理,較爲直截;是否仍候鈞裁。如鈞部以此爲然,即請電示,由晟用照會與法領商明立案,不必於此次合同,有所更易也。若華洋文解釋一層,晟特就定約向例附陳,鈞部權衡至當,謹聞命矣。擬合將簽字條款華法文各一份,會印地圖一張,備文呈請察核備案施行。再該項條款地圖,照式共備四份,除呈送外,本署及法領署各存一份,另一份由法領呈送駐京法公使,合併呈明。[註二]

條約簽字後三個月,實行之期已屆,外交部遂電令交涉員,商承江蘇巡按使,將關於法租界界外馬路的協定,即日公佈。

法總領事甘世東爲想增加法國民衆歡喜起見,要求定於七月十四日法國民主國慶日公布;我方同意,遂於一九一四年民國三年七月十四日由滬海道尹兼外交部特派江蘇交涉員楊晟發出告示實貼。

　　[註一]　外交部檔案。
　　[註二]　同上。

C. 條約的執行和影響

條約公佈以後，雙方原約定在第二個月——八月十四日——執行劃界的手續；此時恰值歐洲大戰發生，法國也捲入大戰的漩渦，因此延期到九月十四日才執行。

當日劃界的情形，據申報所載，計有三種手續如次：

一、會勘界線——華界工巡捐局，法租界公董局，彼此派員，按照推放條約，勘明界線；即於分界之處，下埋界石，蓋以鐵板，覆以泥沙，附以劃分地圖并所訂條約爲憑。

二、增設崗警——華界淞滬警廳，法租界捕房，各於分界之處，添設崗位，各守界線，按照華法巡警協助辦法，彼此知照華警廳、法捕房遵照。

三、繪具圖說——上海工巡捐局，淞滬警廳，自奉楊道尹飭知推放修約後，彼此會同辦理劃界手續；此項圖說，已呈報楊君核辦。[註一]

法租界公董局與我方官廳辦清劃界手續後，便按照條約第九條的規定，向公共租界工部局進行整理兩租界交界事件的交涉，至一九一五年民國四年四月中旬方才解決，當時兩租界的當局，訂有換文式的協定內容如次：

一、法公董局總董去函——……目下推廣公共租界問題，將次解決，僅候納稅人贊成與北京外交團批准而已，鄙人前爲公共租界與法租界公共界線，及坐落大西路南面與徐家匯路東面之產業管理事件，與執事面談一切，今敢追述及此，對於大西路及徐家匯路重申前議如下：

（一）將來警務照愛多亞路特別之辦法，由兩局協商進行。

（二）道路由兩局合出經費維持之。

（三）長浜填平後，大西路可照兩局原議，首尾寬七十英尺；此路工程，由法公董局自行籌款成之。

（四）大西路南面、徐家匯路東面，居民所用之電氣與自來水，向由公共租界供給；今爲居民利便起見，擬仍照舊例辦理，以法租界之電氣自來水，可以供給該境用戶爲限。

（五）將來該問題如須變更，應由法公司與公共租界營業處，直接協商，打定樹立電桿，埋設自來水水管之最後辦法。

（六）一俟公共租界推廣合同簽定後，坐落法租界推廣區域內之大西路南面、徐家匯路東南之產業，向來納捐於公共租界者，應歸法租界照章收捐。……[註二]

二、公共租界工部局總董覆函——……鈞函所載辦法，殊合敝局之意；惟公共租界推廣合同，非經最後批准，此項辦法，未便實行，大西路及徐家匯路之現狀，亦未便變更。[註三]

法租界的界外馬路警權劃清以後，我國民眾所得到的便是在公董局董事會中，由法方聘請陸伯鴻、吳馨二人爲華董，代表民眾利益說話；和在薛華立路建一會審公堂，便利華人的訴訟而已——此會審公堂於一九一四年民國三年十二月由法公董局招工建築，至一九一五年民國四年九月十七日落成。

反之，界外馬路的華人，在未訂約以前，房捐僅付百分之八，與外國人同等待遇，且是自動樂捐性質；到了訂約以後，房捐便和舊租界內住民一樣，驟增至百分之十二，且含有強迫的性質，而外國人却

[註一]　申報，民國三年九月十四日。
[註二]　申報，民國四年四月十六日。
[註三]　同上。

仍納捐百分之八！並且西門外一帶的貧苦民衆,均遭驅逐,所有草屋皆被拆除,一時頓有二千多名的中國人,無家可歸！

但輿論方面,對於此案的解決,却不怎樣激昂,在公佈條約那一天,申報上僅有短短的疑問式的雜評道：

> 推廣法界合同,已宣布矣；則收回公廨權問題之發表,亦必不遠。夫推廣租界行政權,所謂我之報酬人也；收回公廨管理權,所謂人之報酬我也。我之報酬人者如此；則人之報酬我,又將何如？

> 昨報京電謂：外交司法兩部,辦接收公廨事甚力,意要派遣華讞員權,完全屬我；又華人案件,全由華官審判；此殆我責人報酬之要點,外人其許我乎？[註一]

從此以後,法公董局管理權所及的地方,連同舊租界計算,共達一千另十五萬平方公尺的面積；自法外灘至徐家匯鎮,最長距離,竟達八千七百八十公尺；比一九〇〇年光緒二十六年第二次推廣後的租界,增多了七倍的地盤,比一八四九年道光二十九年當初的租界,竟增多了二十倍的地盤了！

二　公董局的第二次改組

1. 改組經過情形

法租界公董局董事會的組織自一八六五年同治四年改變以來,一概都按照一八六六年七月十一日同治五年五月二十九日及一八六八年四月十四日同治七年三月二十二日所公佈的組織辦法。

此項組織法,雖經過一九〇七年十二月二十八日光緒三十三年十一月二十四日、一九〇九年十二月二十四日宣統元年十一月十二日、一九一五年民國四年一月一日、一九一九年民國八年一月十五日和一九二六年民國五年十一月十二日迭次的修改；但是大致無差,五十餘年來傳統地奉行着。

在一九〇七年光緒三十三年和一九一二年民國元年時董事會雖遭兩度的解散；但對於公董局的組織法並無大變更,不過自一九一三年民國二年起,由一八六六年同治五年以來被馬浪領事所放棄的董事會主席權卻由甘世東總領事收回了——但在一九一九年民國八年十一月至一九二〇年民國九年九月間,曾一度由董事貝利任主席。

一九一五年民國四年至一九一九年民國八年間,因歐戰的關係,董事會乃由選舉制改爲委任制；不過這些委任的臨時委員會只是臨時的罷了。

一九二七年民國十六年春間,國民革命軍佔領了湖南、湖北、江西、福建、浙江,漸漸地迫近上海了。在此時,正值聯俄容共時代,中國國民黨厲行反英的運動,因而收回了漢口英租界。

上海方面,此時自是風聲鶴唳,而法國人乃亟謀保守租界的對策；管理法租界的公董局董事會,遂成爲問題了。

一九二七年民國十六年一月六日,有一署名"選舉人"的投函中法新彙報説：

> 若是我的記憶力不壞,好像貴報曾在不久以前試猜過下屆公董局董事會候選人的名單；不過這是很有益地要告訴你,下次選舉,即使要舉行,一定會包含許多使人想不到的意外……

> 是不是要改變選舉法呢？……在官方未有任何消息發表以前,我們還是不要過分批評吧。

但是,這恐怕在租界的歷史中,是頭一次見到呢？在此選舉的前夜,會有這樣的安靜！[註二]

[註一] 申報,民國三年七月十五日。
[註二] 中法新彙報。

　　果然是大有變動了。一九二七年民國十六年一月七日，公董局董事會召開一個非常會議，由主席梅理藹領事，提出那齊亞總領事一封公文說：

　　　　總董先生：

　　　　因着一般局勢及此局勢所引起的特殊責任底緣故，所以法租界的四位董事選舉，暫時將不舉行──原有的四位董事任期，應在一九二七年民國十六年一月二十三日完畢。

　　　　我奉有訓令：遵照公董局組織章程第八條之規定，設置一個市政臨時委員會，各民族的團體，大規模參加之；我將不久可以趕快對你說知這委員會的組織。

　　　　我求你通知董事會中各位董事：我要個別向之商談此事；并對之重新表示：我對彼等的常川合作，甚為感謝，而此合作，殊使我自到滬以來，便利了許多的工作。

　　　　我表示希望：能在臨時委員會內，可求其以經驗之所得，來作儘現在情況所需要的幫助。

至一月八日的中法新彙報，更發表有領事署的覺書道：

　　　　鑒於一般的狀態，和因此狀態而引起特殊責任的緣故，下屆公董局四名新董事的選舉，現時將不舉行。

　　　　法蘭西總領事已奉有訓令，按照公董局組織法第八條的規定，決任命一種臨時委員會，以廣大的各民族團體的代表組織之；所有委員名單，不久就可發表。[註一]

至一月十五日，法總領事那齊(Naggian)發表委員令了，新任的臨時委員計有十七人，便是：

Basset	白散洋行大班
Besonis	中法銀行行長
Blum	鳥利文洋行大班
Chaslot	永興洋行大班
Dyes	交易所經紀人
Leloucg	東方滙理銀行行長
Lion	利榮洋行大班
陸伯鴻	華商電車公司總經理
陸崧侯	南市工巡捐局局長
吳宗濂	前駐意公使
Schwyges	上海總會會員
Hesidas	美孚洋行大班
Sigaut	法國郵船公司大班
朱炎	中法工業專門學校校長
Vesdies	工程師
魏廷榮	法租界商團司令
Wilhinson	湯笙查帳局會計師

有五位中國人來參加法租界市政，這真算是破天荒了。[註二]

明令發表後第二天，舊董事逖百克大律師(deu Pac de Maissoulies)投函中法新彙報，通告各選舉

　[註一]　中法新彙報。

　[註二]　法公董局年鑑 1927 年，p. 3.

人道：

　　由選舉而來的法租界公董局董事會，現已全由領事官任命的臨時委員會代替了。

　　最近領事署中所發表的關於一九二七年選舉人名單的命令，并沒有預言到此次非常的手段！此次明令，僅在通常的選舉前數日發表，使得我沒有機會再請求被選；我的任期，却該在一月二十三日才滿。

　　我自一九二五年一月，以超然派的資格，和單純市政的政見，在七百五十三人投票之中，受五百七十三人的擁護而被選；就職以後，我常承認獨立的意志和自由的行動，應是高出於一切，以指導我完成市政的任務。

　　我相信此種方針，已受到你們的贊許，我自不應改易了牠；而且這是很合於我們法國人最純净的傳統觀念的。

　　現行的市政制度，只是臨時性質吧。一到了可能的時期，我將再求你們，和前時一樣，舉我來參加市政；我按着良心說話：在前二年之中，我確盡我的力量，代法租界籌謀最好的利益。[註一]

迨至一月十七日下午五時，臨時委員會正式開幕了。

那齊總領事發表開幕詞道：

　　諸位先生：

　　我們現在於需要十分小心的情境之下集合了；我第一件的注意，便是向你們感謝，肯在此非常的時機中，參加臨時委員會的工作。在此時期，私人和公共的責任，都每天加重起來，在此時期，領事方面，以責任愈形嚴重的緣故，所以需要你們絕對的信任。

　　我相信，應該感謝前董事會所完成的事業，當想到你們所應盡的未來任務的時候，可以說將來的成績，或許從外面看起來，是比較減色些吧；因爲，在此困難的時候，各處已有許多的根本問題發生了，我們所以更要表示是個謹慎的行政官，專志致力於租界中緊急的需要才行，我們今天在座的，都是在社會上辦事的人，一定會決心於本埠市政上，勵行賢明而經濟的政策，以應隨時的需要，尤其是目下環境的需要。

　　我們很喜歡招待我們華籍的同僚；他們人數是更多了，因爲法國政府已決定要與中國代議士以相當的位置，藉以符合我們寬大的政策，所以自現在起，此項章程，就要實行了。

　　我們希望，以此種合作，會得到一切最好的成績。

　　我們的目的，實在於要表示我們的章程，是很輕巧的，以適合現在的狀態，同時也很强靭的，以期不至於弄弱了法租界市政的政權；在此租界內，應該不分國籍，不問派別，都要堅決的來維護公共的治安和各人的利益。

　　總之，在座的人是法國人、外國人和中國人，都有連帶關係的利益；此種利益的發展，只能由法租界中一切願守良好秩序的居民，在各個團體範圍內，於協調和親善的空氣中，合作起來。

　　這樣，先生，就是我職務上的榮耀了；幸得你們的忠誠，而成功了此次的集合，在此委員會內，有許多互異民族的代表，各具有同樣的善意，大家聯合起來。

　　本具有樂觀的天性，我對於在座諸位先生，以及將爲你們的會議主席的梅理靄（Meyries）先生，已有將來的絕對信任心了，我相信這是一定能够獲得你們的有效合作，以求法租界最大的

幸福![註一]

公董局的改組成功了。

關於此次改組的動機和對象,一九二七年民國十六年一月十八日的中法新彙報有一篇半官式的説明道:

中國反英的運動,在不知不覺之間轉變爲排外的運動了,在四川、湖北、湖南方面已攻擊到美國人,在福建方面也侵犯到日本人了。此種運動在不久的將來,定要對付一切的外人呢。有許多在好久以前已放棄治外法權的外人,也要來參加這種運動,以求討好於中國人,而使別的外國人陷於困難的地步。

法國政府願以任何的代價來保護在華的各租界的宣言,當使廣東的政府和他所雇用的搗亂人,有些顧忌罷;但我們最靠得住的安全保障,是在於各個有關係的政府,準備聯合起來,以護衛他們的僑民。此種聯合,恐怕是不能實現的,若是沒有漢口方面可悲的事變;因此事變,使得在巴黎,在倫敦,在華盛頓,和在東京的機會主義者,眼睛睜開起來了。

住在法租界內的中國人,原只要求安寧,希望那些廣東或北方的丘八太爺離開些;他們都願依靠法蘭西來保護,所以法國,爲證實和他們合作的誠意起見,便在暫代董事會的臨時行政委員會中,多添了三名的華董事。

有許多人到報館中來,問平時的董事會和這行政委員會,到底有什麽分別?我們很喜歡給他們一個所需要的説明。

在我們現在過程中所遇的擾亂時期,而形成了一個行政委員會,這是我們政府照顧租界利益最好的證據,因爲他要暫時更直接地來管轄租界。此行政委員會所以和普通的董事會不同的地方,就在於這臨時的性質,和對於法國政府的直接關係。

行政委員會,也好比法國的省參事會;省參事會正當的定義,便是各省所設的行政議會,而兼有行政訴訟的職權;牠的管轄區,實聯有省、縣、市的行政範圍。(法共和歷八年雨月二十八日的法律。)

并不如若干選舉人所想像的,用行政委員會來代理董事會,并不含有壓迫的性質;這不過是時局的結果,所以要有政府及民衆的代表更切實的合作。

行政委員會,是要儘在可能範圍內,避免採取一切足以使下屆董事會負擔責任的辦法的。

有了一個行政委員會做靠山,法租界內法國和中國的群衆,可以相信:此委員會遇有需要的時候,能够即在當地採取一切普通董事會所不能採取的裁定,并可以不經仲介逕得與陸軍和海軍的當局,直接接洽,這在一個通常的董事會是做不到的。此種便利,在一般公安上看起來,是有巨大的價值的,在法國和中國的群衆方面,也該有表示服從和鎮靜的本分。[註二]

當時中國方面,對於此次法公董局的改組,好像並無若何反感,在一九二七年民國十六年一月八日,申報上僅登有聲明式的新詞道:

法總領事鑒於時局變化,亟宜保護界內民衆;週來又因謠諑繁興,因此對於此次法租界公董局選舉華法董事,均暫緩舉行。在此期內,爲整頓法租界市政計,并將組織一臨時委員會;該會會員於討論市政時,完全處於平等地位。法公董局向有華董兩人,現擬再繼續增加,俾法當局與全

[註一] 法公董局年鑑 1927 年,p. 5.
[註二] 中法新彙報,1927 年 11 月 18 日。

租界居民之感情，愈加發展，於保護居民亦愈盡力云。[註一]

2. 組織章程的公布

一九二七年民國十六年一月二十四日下午五時法公董局臨時行政委員會第二次常會時，主席梅理靄發表那齊總領事給公董局的信道：

主席先生：

我謹向你報告：我奉到了外交總長的命令，公董局的組織章程第一、第二、第三、第五、第六、第七、第九、第十、第十二和第十三條都要修改，而且還附加一個議事章程。

我在一月十五日已將此項新章程用命令公布了；原文附在這裏，請你和你的同僚參閱吧。[註二]

一九二七年民國十六年一月十五日第七號領事命令是：

我，那齊，法國總領事，勳五位，

依據一八六八年四月十四日法租界公董局組織章程的規定；

依據一九○七年十二月二十八日、一九○九年十二月二十四日、一九一五年一月一日、一九一九年一月十五日和一九二六年十一月十二日修改前項章程各命令的規定；

遵照法國駐華公使轉奉外交總長的命令，飭行修改法租界公董局組織章程第一、二、三、五、六、七、九、十、十二、十三各條，和補充董事會議事章程的規定；

公布下列法租界公董局組織章程和董事會議事章程如左：

一、法租界公董局組織章程：

第一條：上海法租界市政的主體，是由法國駐滬總領事和依照下列條件規定的市政董事組織之。

法國董事四人，專由法籍選舉人選出之；該選舉人的名單，應登記於另一選舉表內。

外國董事四人，專由至少三種國籍以上的外國選舉人分選出之；該選舉人名單，應登記於另一選舉表內。

中國董事三人（其中二人，應按一九一四年四月八日的協約銓選之）；并另加法國董事三人。此項中法董事，都由法國總領事任命之。

法國總領事，於呈准北京法國公使後，并能任命一個或數個董事，在中國人或沒有治外法權的外國人中銓選之，以補充前項第四段所定的人數；在此場合，總領事還能任命相等的法國董事人數以補充之。

無論是何種方式選出的，無論是屬於哪一個國籍的，一切的董事，都有同等權力，出席會議，實行表決權。

由選舉而來的董事，任期定爲兩年，期滿一律改選。凡民選的董事死亡或辭職時，其缺額應俟各董事任期滿時，一齊派代；但總領事於認爲必要時，得逕行委任新董事，暫時補充死亡者或辭職者的遺缺。

凡各董事離滬達八個月以上者，缺席會議至半數以上者，總領事得認其爲自願辭職。

第二條：得爲選舉人者：

[註一]　申報。
[註二]　法公董局年鑑 1927 年。

　　一切法國人和一切享有治外法權的外人，年在二十一歲以上，負有法租界納稅之義務，不受本條第三段所規定之限制，而且具有下列三項條件之一者：

　　一、在法租界或其附屬地內，占有地產，而有正式契證者；

　　二、在法租界或其附屬地內，租有一部或全部之房屋，月納租金四十兩或五十兩以上者；

　　三、在法租界或其附屬地內居住已有三個月以上，而每月收入達銀一百二十五兩以上者。

　　凡法國人，雖不住在法租界并不具有上列三條件，但如已在法國總領事署登記，而在選舉的前年，曾參加法租界義勇軍工作者，亦得為選舉人。

　　不得為選舉人者：

　　一、法國總領事署的職員，法總領事本人除外；

　　二、現任海陸軍的軍官；

　　三、一切巡捕之受有公董局薪俸者，但如該捕擁有地產，合於本條前段所規定者，得予例外。

　　第三條：法總領事按第一條第一段第二三行之規定，製就選舉人名單，每兩年校正一次，并至遲應於前任董事滿任二個月後，召集選舉人大會。

　　對於選舉人名單上一切錄名或除名的異議，應儘在舉行選舉日前向總領事提出之；總領事得於召集各關係人問話後，逕行裁決，不許上講。

　　選舉的效果，應由董事會審查之；關於被選資格問題，應由董事會在總領事的實際主持之下，開特別會議審理之；所有決定辦法，得呈請北京法國公使以行政式修審裁決之。

　　第四條：凡選舉人年在二十五歲以上者，得為被選舉人。但：

　　一、公董局受薪之公務員與警務員，

　　二、公董局包工、董事會董事、與公董局訂有包工契約或承辦公用事業之公司中經理或職員，均不得為被選舉人。

　　凡現任之董事，於任期內，參加前項所規定之競選者，得視為自願辭職，應即派代。

　　遇有疑義時，此問題應依第三條第三段所規定之審查被選資格辦法而解決之。

　　凡任滿的董事，得再被選舉。

　　被選資格的規則，得應用於由總領事任命之董事。

　　第五條：投票應用不記名法。

　　選舉應用連名法；凡應選的法籍董事和外籍董事，各應分別另票選出之。

　　兩項董事的選舉票上應書明應補董事的缺額。

　　凡法籍候選人得有法籍選舉人的票數最多者當選董事；如票數相等時，年長者得有優先權。

　　凡外籍候選人，得有三個國籍各異的選舉人的票數最多者，當選董事；如票數相等時，則年長者得有優先權。

　　選舉的日期和形式，由總領事以命令規定之。

　　第六條：董事的會議，應僅由總領事召集之。

　　凡有半數董事用書面請求時，總領事應即召集會議。

　　總領事於認為必要時，得隨時召集之。

　　總領事得規定通過收支預算表的會期。

　　第七條：總領事應為董事會的當然主席，總領事得派一領事署中職員，代行主席職權。

　　董事會每年應由各董事中，互選一副主席。

一切議案,均以多數表決之;如贊否票數相等時,主席的票得有優先權。

第八條:總領事有權停止董事會的集議,但應立將其裁定辦法報告外交總長和北京法國公使;法公使於認爲必要時得宣布解散董事會,但應呈報政府批准。

停會期間,不得延逾三個月。遇有解散時,選舉大會應於董事會停職六個月內召集之。在此期內,總領事應迅即任命一臨時委員會,代行董事會職務。

在外戰或內戰的時期內,或在有足以妨礙租界內秩序和公安的事變時,則董事會的停會或解散的期間,得儘在此事變期內延長之。

第九條:董事會得討論下列各問題:

一、公董局收支預算表;

二、公董局稅收的定額;

三、捐稅的分配法;

四、審查減捐或免稅的請願;

五、捐稅收取的方法;

六、購入、讓出、交換或租賃公董局公產;

七、開闢道路和公共場所,起造碼頭、堤岸、浮橋、河道,放寬道路,設置公所、菜場、宰牲場、公墓;

八、清潔和交通的工程;

九、徵收公用地產;

十、路政和衛生的章程;

十一、其他由總領事提出交由董事會討論的問題;

董事會的會議,應按照後列會議章程舉行之;該章程應爲本項章程之一部。

第十條:董事會的決議案,非得有總領事命令核准,不能執行;該命令應於董事會認可該次會議記錄後,至遲八日內,應即發表之。

如各決議案中有一議案,足以影響租界秩序與政務時,總領事得以具有理由之裁定,拒絕發令執行,但應呈報北京法國公使;該決議案,應即停止執行,至公使館回訓至時爲止。

第十一條:董事會的會議,得爲公開的;其非公開的會議,得以董事會特殊之決定,經總領事之贊可,而公布之。

董事會討論常年收支預算表之會議,除有大多數董事反對外,應常爲公開的。

第十二條:上海法租界得有法律上法人的資格;因此可以法定的機關,按照本章程規定的辦法,得有占領、買賣、借貸、控訴之權。董事會有管理路政,流通與分配水量,路燈,經理局產,執行公益工程,製造地册,修製稅則,收取歲入之行政權;并得控追納稅人遲緩納稅之權。

主席對於公董局的公務員,有任免監罰之權。

公務員的任免,應以總領事明令行之。

公董局的公務員的銓選,應以法國同胞爲限。

只有主席得代公董局簽字;主席得將簽字權委由公董局總辦代行之。

第十三條:總領事應負有租界上維持一切秩序和公安之責。

巡捕房經費,雖由公董局擔任,但應專屬領事署指揮;總領事得任用、停止,或罷免警務人員的職務。

如董事會拒絕通過巡捕房所需的經費時,總領事除即呈報北京法公使外,有權逕將該經費列入預算。

第十四條：凡違紀路政章程的案件，應由董事會的代表審判之；不服時可上訴於總領事。

凡違犯警務章程的案件，應由總領事或總領事署的職員審判之。

關於追控延遲納稅的案件，公董局的收稅人，應傳納稅人到領事法庭。

第十五條：如第十四條所規定三種訟案的被告爲非法國人，而不服該條所規定裁判的法權時，應即送還該管審判及裁判。

第十六條：按據法國總領事和其他列強代表所訂精確互惠的協定，凡由外人法院或法官所發的逮捕狀、判決書、扣押令等，應在法租界內執行者，除有非常急迫外，應先知照法總領事，或巡捕房總監。該總監應派轄下的一個或數個探捕；隨同來人同往執行，并予協助。

第十七條：總領事於認爲有用時，并徵得董事會同意後，得特行召集一切選舉人，或住在租界內全體無選舉權的法國人和外國人開特別大會，以便徵取其對於一般利益問題的意見。

第十八條：遇有法總領事公出或缺席時，本章程所規定的總領事應有的職權和威力，應逕屬代理總領事。

二、法公董局董事會會議章程：

甲　議事日程

第一條：董事會會議的議事日程，應由主席規定之。

議事日程包含：

一、一切有關於公董局組織章程第九條第一段第一至十行的事件，而經主席決定列入議程者；

二、一切有關於前述的事件，而經董事之一，在三日前請求列入議程者；

三、一切由總領事交議的事件。

第二條：凡未經公董局組織章程第九條第一段第一至十行叙及的事件，僅得由總領事提出，方可列入議事日程。

第三條：如公董局組織章程第九條第一段第一至十行所舉事件之一，足以激起秩序或公安問題時；則此事之秩序或公安問題，應先由總領事按照該章程第十三條之規定解決後，方可列入議事日程。

但是：

甲　凡非經總領事核准開設的公共娛樂場所，而該場所的稅額和關於秩序及公安的問題，非經規定後，董事會不得議及徵收該場所的稅務；

乙　凡有發給公共娛樂場所照會的請求，非俟總領事核准該請求人在法租界內開設，并規定關於秩序和公安的辦法後，董事會不得考慮之；

丙　凡關於公路交通的議案，非經總領事核准該路之交通和截斷以及取締各問題後，董事會不得考慮之。

第四條：凡關於已在公董局組織章程第九條第一段第一至十行叙及的事件，而未經列入議事日程者，經董事會公認爲絕對緊急，并商承總領事同意後，亦得討論之。

乙　討論法則

第五條：一切的事件，概應由主席向董事會提出之。

提出後，各董事得請求發言。

第六條：表決用點名法用之，并應在議事紀錄內叙明贊成者何人，反對者何人。

丙 分組委員會

第七條：董事會得於年初或年中，就各董事中，指派委員會，擔任研究專門的某事或某種事。

董事會得為研究特定事件起見，添聘非董事加入委員會。

第八條：各委員會應擔負研究董事會所提交的專門事件的職務。

各委員會的議事日程由董事會定之。

第九條：各委員會沒有決定案件的權力；所有討論的結果，應移交董事會作為專門意見的參考。

丁 議案執行

第十條：董事會議事的紀錄，應書面註明出席各董事對於紀錄贊成或反對。

第十一條：受主席管轄和監督的公董局各機關，於總領事按照公董局組織章程第十條令准執行後，應負執行董事會議案的任務。[註一]

此項公董局的組織法，在一九二九〔年〕民國十八年二月五日曾經過一次的修改如下：

第一條第二節：法國總領事，於呈准北京法國公使後，并能任命一個或數個董事，在中國人或外國人……除去"沒有治外法權的"數字。

第二條第一節：得為選舉人者：一切法國人和"享有治外法權"的外人，改為"屬於未曾放棄治外法權國家"的外人。

第五條末段添加：……"如候選的人數不超過應選的缺額時，則該候選人應得宣告當選，無庸另行投票。"[註二]

此項組織法，除在一九二九年民國十八年，有所更動外，至今還是公董局的大憲章，奉行弗替；而臨時委員會到今已有十年了，却仍是臨時着；其所以能無盡期地臨時下去，就是根據此項章程第八條末段的規定。

3. 華人參政的招款

A. 納稅華人會

法租界的納稅華人會，組織於一九二七年民國十六年一月十二日下午八時；牠的前身，是法租界商業總聯合會。[註三]

經過兩個多月的籌備組織，才於三月二十四日，通過組織法如下：

第一章 總綱

第一條：本會由上海法租界內，擔任納稅義務之市民公同組織，故定名為法租界納稅華人會。

第二條：本會以增進自治能力，發揮自治精神為宗旨。

第二章 會員

第三條：界內市民，凡每年所納捐稅在十元以上者，皆得加入為本會會員。如有下列行為之一者，不得為本會之會員：

甲 不識文字者；

乙 營業不正當者；

丙 曾受刑事處分者；

[註一] 法公董局年鑑 1927 年。

[註二] 法公董局市政法規第一部。

[註三] 申報，民國〔十〕六年一月十三日。

丁 剝奪公權者。

第三章 經費

第四條：本會經費，應向當局撥給公款；在未領得以前，由會員公同分擔之。其分擔之辦法暫定下列三種：

甲 特捐：每次在五十元以上。

乙 月捐：由一元至二元。

丙 年捐：由二元至六元。

以上三種會費，均由本人自行認定。

第四章 理事

第五條：凡住居界內，熟悉社會情形之本會會員，年納捐稅在五十元以上者，得有被選為本會理事之權。其被選資格，在未開選舉大會前，由本會印發之。

第六條：本會按照會務情形，得設置名譽理事若干人，資格如下：

甲 通達界事，提倡教育，辦理公益，為社會所共見者；

乙 通曉外國文語，向來熱心公益者；

丙 精通政治、市警各種專門學識，願為社會盡力者；

丁 文學優美，擘劃精詳，願為本會臂助者。

合於上列資格之一者，雖無第五條之規定，亦得在本會理事會成立後，經理事會公決備函聘請之。

第五章 理事之任期及組織

第七條：本會理事暫定二十七人，由全體會員選舉大會，照理事資格表，用雙記名連舉法選舉之。每年改選三分之一：例如第一屆選出之理事，分為甲乙丙三組，以抽籤法定之。甲組任期一年，乙組任期二年，丙組任期三年。

第八條：本會設理事長一人，副二人，出席法公董局董事若干人，各科理事若干人，均由理事互選之；任期一年，連選得連任；遇有缺席時，由理事會再行互選補充之。

第六章 理事會之職權

第九條：

甲 對外之職務：

一、有向法公董局委員會，建議興革事項之責任；

一、對於界內市民，有維護指導之責任；

一、對於界內市民，爭執興訟事項，有調解公斷之責任；

乙 對內之權限：

一、有接受區內市民建議諮詢各事件之權；

一、對於會中經濟，有籌劃、支配、保管之權；

一、對於會內聘任職員，有監督進退之權。

以上各事，由理事會議決後，由理事長配置分別執行之。

第七章 會議

第十條：本會會議之種類：

甲 年會：每逢陽曆四月舉行一次，召集全體會員會議之；會議時，由會眾公推一人為主席。

乙 常會：每月五日，舉行一次，召集全體理事會議之；會議時，以理事長為主席。

丙 職員會：每星期一舉行一次，由分任各部職務之選任職員會議之。

丁 臨時會：無定期，由理事長視爲必要時，以理事會名義召集之。

第八章 附則

第十一條：本章程應行修改增刪之處，由理事會定之。

第十二條：本會議事細則、辦事規程，由理事會參酌情形定之。[註一]

組織法公布後，遂於七月三十日成立理事會；十一月十七日發出告市民書道：

法租界全體納稅華人台鑒：權利義務，係相對的，而非絕對的；市民現既盡納稅之義務，當然應享參預市政之權利，西諺所謂"不出代議士，不納捐稅"，誠至理名言，慨乎其言之也。我市民之寓居於法租界者，於茲有年矣，法公董局之全部捐稅收入，大半爲我華市民所輸將，我華市民盡納稅之義務，而無參預市政之權利，揆諸情理，豈謂得乎。近來華市民要求參政權之呼聲漸高，而法當局爲俯順輿情起見，爰聘請吳宗濂等五君加入公董局爲委員，此不可謂非差強人意之事。姑不論五華委員在公董局中之職權爲何，而其由當局聘任，非出於市民所公選，是則美中不足，不無遺憾耳。同人等有鑒於斯，用是集合同志，組織納稅華人會，以增進自治能力，發揮自治精神爲宗旨，所有一切工作經過，諒已爲各界市民所深悉。同人等數月來之不辭勞瘁，不避艱難，係完全爲全體市民福利而努力，絕無私利觀念，或於任何方面有所愛惡於其間。本會向當局提出，除原有五華委員外，再添三華董六顧問最低限度要求，迭經往返磋商，已有相當之決定。……[註二]

從此以後，法租界納稅華人會，便成爲代表法租界的民意惟一機關了。

一九二八年民國十七年五月十日，納稅華人會經在上海市政府登記備案。……

B. 華董事和華顧問

一九一四年民國三年時，我國放棄了八百七十八公頃地面的警權，僅僅換得兩個華董，而且是"專與法公董局會辦華人住居法租界及外馬路各事"的，實際上並無出席董事會議事的權利。

國民革命軍的聲威，到底遠勝於袁政府"敦輯睦誼"的政策，在武裝勢力尚未達到上海時，法公董局的董事會便已改組由不得出席董事會的華董二人，驟增爲得出席臨時委員會的華董五人了。……納稅華人會便於此時應運而產生。

以努力華人參政權爲職志的納稅華人會，一九二七年民國十六年四月間，即已向法當道提出增設民選三華董和六顧問的要求了；延至七月初，法方以增加二厘房捐問題，容納納稅華人會的主張，該會遂七月廿五日選出：

張寅、杜鏞、程祝蓀、於子冰、尚慕姜、吳亮生、魯廷建、沈仲俊、朱聲茂等九人，爲法公董局臨時華董顧問作爲正式參政的準備。[註三]

不斷地努力，納稅華人會終於在一九二七年民國十六年十二月間得到法總領事的允許，推舉一位民選的董事，出席於公董局，以代替一九二七年民國十六年四月一日病故陸崧候董事的遺缺；並另選八位顧問，備供法總領事署的諮詢。

此一位華董，當選的是張寅，遂由法代總領事梅理靄於一九二八年民國十七年一月九日明令委任了。至於八位顧問，當選的是：

杜鏞、金立人、尚慕姜、程祝蓀、朱聲茂、貝在榮、吳亮生、魯廷建諸人，均於一九二八年民國十七年二

[註一] 申報，民國〔十〕六年一月十三日。

[註二] 申報。

[註三] 同上。

月八日,在法領事署中就職。[註一]

迫至一九二九年民國十八年五月四日,納稅華人會又有增加董事的要求,并請將法領事署的顧問改做公董局的顧問,正在交涉的時候,恰好華董吳宗濂於七月三日辭職了,法總領事柯格霖(Kochlin)遂諸納稅華人會和商業總聯合會選舉代替人。

一九二九年民國十八年七月四日,杜鏞當選爲法公董局的華董,法領署遂於七月十七日第一一〇號明令發表委任了。[註二]

經過多次的折衝和請願,法租界當局終於一九三〇年民國十九年十月三十一日,確認民選華董事的原則,飭令納稅華人會追認現任的五位華董并加推九位專門顧問,參加法公董局的各組委員會。

一九三〇年民國十九年十一月十八日,法租界納稅華人會,遂正式追認:

朱炎、陸伯鴻、魏廷榮、張寅、杜鏞代表該會出席法公董局爲華董事。并同時選定:尚慕姜、程祝蓀、金立人、李應生、張驥先、龔靜岩、金廷蓀、戴春風、岑德彰代表該會出席法公董局各組委員會爲專門顧問。[註三]

各華董和各顧問當選後,均於十二月二十日正式就職,表示接受代表的意思。[註四]

一九三四年民國十九年十二月三十日法公董局董事會常會時,法總領事柯格霖報告説:

　　……除了五華董之外,還要另委九個由納稅華人會推定的專門顧問自一九三一年起,將就此九位專門顧問中指定三位,出席於工務委員會和教育委員會。……[註五]

三　公董局華員大罷工

1. 罷工的動機

A. 公董局方面的觀察

自一九二八年民國十七年以來,法商電車公司工會,在首領徐阿梅指導之下,極力活動的結果,漸漸影響到公董局的方面。[註六]

一九三一年民國二十年四月間,工會中激烈份子,對于公董局的職工,更有露骨的宣傳;延至七月二日,煽動成功了,公董局中的職員和工人,都實行罷工。[註七]

七月六日,罷工發生的第五天,公董局董事會開會,當時由兼董事長法總領事柯格霖提出報告説:

　　查該怠工風潮,事先並無何項要求到局;突于七月二日,起于廠務處,繼則蔓延本局所屬各機關。計截至本日止,本局各處工作情形如下:

處　所	人　數	在　工　者	怠　工　者
市政總理處	一七三	一〇	一六三
公共工程處	一三三五	〇	一三三五
其他各處	四五二	二三九	二一三
共　計	一九六〇	二四九	一七一一

[註一]　申報。
[註二]　法公董局年鑑 1929 年。
[註三]　新聞報,民國十九年 12 月□□□。
[註四]　(原闕)。
[註五]　(原闕)。
[註六]　法公董局年鑑 1931 年。
[註七]　同上。

怠工的職工,尚未將要求提出;將來俟其提出時,當將本局所擬答覆條件,一併提交核議。[註一]

一九三一年民國二十年公董局年報中巡捕房政治部的工潮報告道:

在一九三一年間,法租界罷工日數共爲二萬八千三百日,其中倒有一萬五千五百日是公董局華員的罷工,可見本年的工運,是飽含有反法的性質了。

十月二十日,江蘇高等法院第三分院判罰了法商電車公司工會的首領徐阿梅,以十年又六個月的徒刑,才恢復了一般工人思想上的安靜。[註二]

B. 職工會方面的立場

公董局的華人職工會,在罷工後第六天,即七月七日,曾發出宣言,報告罷工的原因道:

全國父老兄弟姊妹(均)〔鈞〕鑒:竊同人等處法帝國主義淫威壓迫之下,歷年來所受種種痛苦,匪言可喻! 同人等有鑒于斯,曾于十八年冬,組織法工部局同人友誼會,并呈報市民訓會,暨各黨政機關,准予備案在案。奈彼帝國主義,兇悍成性,毫不自覺,肆其恐嚇慣技,解散同人友誼會;同人等處其積威之下,無力反抗,惟有忍氣吞聲,任其所爲。不意彼帝國主義者,以吾工友爲可欺,反變本加厲;平時謾罵毆辱,視爲常事,扣薪革職,行同兒戲。遇有工友染病在身,輒以庸醫妄投,草菅人命;有事請假者,即雙倍扣除工資! 近復延長工作時間,減少固有工資;同人等誰無父母,誰無子女,一家數口,嗷嗷待哺,值此生活程度,日高一日,生計頓陷入絕境,是可忍孰不可忍! 尤有進者,世界各國勞工,莫不規定以八小時爲限,惟法帝國主義,仍强迫九小時工作,以上種種,不足述其萬一! 同人等爲自身解除痛苦計,不能再事沈静,曾以和平方法,提出改良待遇條件,向法當局懇商,屢受斥責;同人等忍無可忍,迫不得已,於七月二日,全體職工,相率怠工,仰期其立時覺悟,一切不難迎刃而解;乃法帝國主義,仍固執成見,不稍諒解,毫無接受之誠意。同人等職責所在,深知發生此事之不幸;然爲種種所迫,實逼出此一途,區區苦衷,諒在各界明鑒之中,尚望各界同胞,主持公道,予以援助,隨時指導是幸![註三]

2. 罷工的經過

A. 衝突的開始

(一) 初步的組織

一九三一年民國二十年七月二日上午七時半,法租界公董局廠務處的工人,已在開始工作了,據説此時適有兩個工人,因爲有事告假,廠長冷凍(Rainteau)便要扣他們的工資,由是全廠工人,便羣起援助,開始罷工。

最初罷工部分,不過是廠務處中的工人;所以第一步的組織,很是簡單,僅有:

一、交涉委員會:擔任和局方交涉條件的任務,委員十五人。

二、糾察科:嚴妨破壞罷工,維持秩序。

三、密查隊:制止反動份子的搗亂。[註四]

到了七月四日,公董局中的公共工程處、市政總理處、衛生救濟處、花園種植處、無線電台,等等的職員和工人,都表示同情,大部參加罷工;因此組織方面又擴大了,以容納新加入的職工的工作。

[註一] 法公董局華文公報第一年第二十號。
[註二] 法公董局年鑑 1931 年。
[註三] 申報,1931 年 7 月 7 日。
[註四] 申報,1931 年 7 月 4 日。

七月五、六兩日，經過了兩次的開會、終於議決成立：

一、臨時委員會：分文牘、交際、會計、總務各科辦公，委員三十人。

二、臨時審查條件委員會：擔任修正要求的條件，委員五人。

三、糾察隊：查察私掃垃圾事件。

七月八日，更因交涉上的需要，推定了：

一、負責代表團八人，進行解釋條件的工作。

二、籌備委員會七人，進行建設華人聯合的團體。[註一]

到此時，華員團體的組織，已漸形成；而交涉也漸上軌道了。

（二）垃圾的掃除

在華員開始罷工的時候，法租界內的住民，最感痛苦的，自然是垃圾的問題了；何況那時又值炎夏的時候呢。

公董局的當局也覺得責任所在；因於七月六日會議時發表宣言說：

　　本董事會經將各方面所受怠工之影響，加以考察後，特請界內各居民，對於是種情形，宜持以鎮靜，則本局受益匪鮮矣。更望各居民，各本公民之義務，同表合作之精神，在人行道上，掃除污積，力求清潔，務將各種穢物，燬埋於私家園地內，以減路中垃圾，免礙公共衛生；本局徐家匯路以及貝勒路衛生處，儲有消毒藥水，凡屬界內居民，儘可前往領用也。[註二]

代表法租界民眾利益的納稅華人會，也於接到職工交涉會的請願函後，覆信要求先行恢復垃圾的工作道：

　　逕啟者：案據貴職工會來函，內開各節均悉。貴職工等為平民服務，素來克盡厥職，此次不幸發生交涉，必有不得已之苦衷，惟時值夏令，應以清除道途，掃盪穢物為急務；誠恐市民不察，易起誤會，為此勸告貴職工，迅即復工，以維安甯。一面由敝會函告各董，向法公董局臨時提議，以保公安外，并函咨法公董局，調取職工收支簿冊到會，以便根據事實，進行一切手續。恐勞注意，特先函覆；此復法公董局職工交涉委員會。[註三]

七月七日，法文上海日報也發表一種消息道：

　　在等待着調停將次成功的時候，公董局除不用武力外，將盡他的能力所及，進行清除垃圾的工作。[註四]

同時，公董局華董兼納稅華人會會長杜鏞，亦向交涉委員會提出要求，請其自動執行清除垃圾的工作。

停止清除垃圾的工作，原是職工們罷工惟一的武力；但是各方既有懇切要求的熱誠，局方又有極力進行的準備，臨時執行委員會，終於決定了自動敦勸工友，清除馬路上堆積的垃圾，以保全法租界市民公共的衛生；但如一星期內，不能全部圓滿解決時，仍要繼續怠工，堅持到底的。

果然，七月八日，臨時委員會於九時起，派出垃圾馬達車十輛，垃圾馬車二十輛，每車支配工友十名，車上滿貼着："為顧全市民衛生起見，敦勸工友，自動清除垃圾，此告！"的文字，向着小東門、南陽

[註一]　申報，1931 年 7 月 8 日。
[註二]　法公董局華文公報第一年第二十號。
[註三]　申報，1931 年 7 月 5 日。
[註四]　Journal de Shanghai.

橋、霞飛路、徐家匯路⋯⋯各處出動了。

B. 交涉的進行

(一) 工方提出的條件

(1) 第一次條件

當罷工初起時,職工方面,即已推派代表,攜帶呈文,向市黨部、社會局⋯⋯請求援助了。

七月二日七時許開始罷工,要求改良待遇的條件,亦即於當日提出,內容如下:

　　一、廠長虐待工人應革職;

　　二、應承認法工部局職工會,并月給津貼銀五百兩;

　　三、年底應給雙薪一月工資;

　　四、中外節日,應一例休息,工作者一律雙薪工資;

　　五、工人工作,每日八小時,職員每日工作六小時,餘時照所得工資計算,星期六下午休息;

　　六、工資每年一律加二成;

　　七、去年所未加之工資,應一律補給,米貼同樣補給;

　　八、工資每一兩,計大洋一元四角計算,不得更動;

　　九、每年應一律給假一月,不得扣除工資;

　　十、職員工資,最低每人銀五十兩,工人最低銀三十兩,檢查員每月應津貼車馬費銀十五兩;

　　十一、工人患病,准休假,不得扣除工資,并不准無故開除職員及工友,倘有開除者,應給退職金五年;

　　十二、凡職員工人滿一年者,退職時應給退職金二個月,多則類推;

　　十三、僱用短工者,應照長工計算,工資待遇與長工同;

　　十四、無故被開除之工友,應一律復職,工資補給;

　　十五、工作不得限制人工及日期;

　　十六、寒天下雪,工人工資應給雙工。[註一]

此項條件提出後,交涉兩天,無甚結果,風潮越發擴大了。

(2) 第二次條件

七月四日起,公董局中全體的職工,也來一律參加了;罷工的指揮上,頓增不少勢力,因此於擴充組織範圍以外,又成立了審查條件委員會,重新提出條件,內容如下:

　　第一條:法公董局董事會承認本局華人職工會之組織;自該會成立日起,公董局應按月津貼銀三百兩,并且借給相當會址。

　　第二條:為公董局辦事上利益計,局中上下級職員,須有十分親愛之表示,絕對不得有不公平及有惡意之行為;如有故意違犯上項規定者,該負責人,應受處分,該項處分,無論施於歐籍職員或華籍職員,均應依照本局行政章程之規定辦理。所有華洋職員之糾紛,應由本局督辦,商得華人職工會之同意解決之,冷凍及台勒毛德兩法人,實為此次罷工之負責者,應即革職,或至少降調。

　　第三條:凡本局職工無論長工短工,年底各應賞俸金一全月,其服務未滿一年者,依該職工在職時間之月數計算之。

[註一] 申報,1931年7月3日。

第四條：各休假日概須給假，該休假日單由公董局定奪，并須徵求職工會之同意，若因工作上之需要，一部分之正式職工，有必須在休假日工作者，該職工等於該工作日應得雙薪，其數目依下列之公式表計算之：

（一）按日計算者：$\dfrac{月俸數目}{30} \times 2$

（二）按時計算者：甲、職員：$\dfrac{月俸數目}{30 \times 6} \times 2$

乙、工人：$\dfrac{月俸數目}{30 \times 8} \times 2$

短工工人之日俸，應與公共租界工部局同等；短工工人在休假日工作時，應依平常日薪工數目雙倍之。

第五條：職員每天工作六小時，工人八小時，星期六下午及星期日休息，如有需要時，可在以上規定時間外，及星期六下午或星期日及休假日繼續工作，惟須依第四條之規定，按時計之長短，照給雙薪。

第六條：自本年七月一日起，本局華人全體職工，應照現俸增加二成，以後應照薪俸表之規定，按年至少遞加二成。

第七條：在七月份內，應即擬就本局華員職工薪俸表，表內註明各該職工薪俸之最低及最高數目，該表應自本年七月一日起實行；該表擬就後，應先徵得華人職工會之同意，方為有効，若本局舊職工現在所得薪俸，超過表中所定者，不得減薪，惟各職工之現薪，不及表中所定最低限度者，應即依其限度，并其服務年數照加。

第八條：自本年七月份起，本局華人職工之薪俸，應改用銀元發給，并應以大洋一元四角作銀一兩計算。

第九條：在可能範圍內，并於不妨礙公務進行之時期，本局華人職工，每年中可得有十五天之假期，該假期可作一次或數次請求之；凡本局華人職工，在一年中未曾依上項之規定，請求休假十五日者，得於次年合併請假三十日；凡本局華人職工，服務滿五年者，得請假三個月，薪俸概須照給，并須預先付清。

第十條：凡華人職工，因公務上有奔走之必要者，應自本年七月份起，每月至少應得津貼車馬費大洋八元。

第十一條：凡本局正式華人職工與其家屬有疾病時，概須受本局醫生免費診察及住院或外科手術等之權利，凡本局華人職工如欲就醫時，須向該管高級職員，索取診視證，并將該證面交醫生，該醫生應在證上，批明病狀及病假日數，送還發證之高級職員，由該職員彙呈督辦處備案；凡在病假期內，薪俸概須照付；上項患病職工，經醫生證明可以繼續工作者，仍須返局照常工作，局中不得扣除彼就醫時間之工薪；若職員或工人病重，不能前往就醫時，該醫生應親到病家診視，并定明給假日數；凡短工無論在工非在工期內，概有免費受本局醫生診察之權，惟在工之短工工人，在病假期內，可以照常領薪。

第十二條：自本年十月一日，應組織華人職工儲金會，其組織章程應與本局現行西人儲金章程相同；在儲金會未成立前，凡本局正式華人職工，在職時間滿六個月以上者，無論為被革，因病，或年老退職，或自動辭職，應依其最後一月之月薪計算，給以自任職以來，所應得薪金總數百分之五之退職金。其公式表如下：

$$末月薪金 \times 服務時間 \times 0.05$$

在儲金會成立後,前項規定之退職金,應依上列公式表照算,轉帳入儲金會中之各該職工個人帳內。

第十三條:凡華人職工,無論其爲長工,或短工,凡有遇險之可能者,公董局須依法國法律之規定,代保工險。

第十四條:本局短工、苦力工人之工資,應與公共租界工部局所規定者一律,并依原則上每天照付一次;凡於次日無須用及短工工人者,應於頭一日早晨,先行通知。

第十五條:凡參加此次罷工之全體職工,不得借故革退;凡短工工人在罷工期內之工資,應一律照給。

第十六條:本局工人所有工作,概由工頭支派,并限定日期;凡工人在限定工作時間內,被另派他項工作者,應將該時間記明另補。

第十七條:公董局督辦處,與華人職工會,依本篇要求條件之精神,在三個月內,合訂本局華人職工辦事章程;該章程於得兩方同意後實行。[註一]

此項條件提出審查後,就派專員二人,於七月二日晚六時,送往公董局董事會董事長法總領事柯格霖親收。同時另派專員二人,攜同樣本,送往納稅華人會會長杜鏞親收,以便進行調解。

納稅華人會會長杜鏞接受了調人的責任,遂於七月八日召集局工兩方,在他的公館中開會。

(二) 局方答覆的條件

一九三一年民國二十年七月八日上午十時,杜公館中的調解會議開幕了,局中派有代表二人,工方派有代表八人出席。

當日,局方提有要求對案十七條:

第一條:法租界公董局董事會核准本局華人職工聯合會之組成,但該會章程應得董事會之批准;自該會成立日起,公董局給與每月津貼洋二百元,并免費供給該會相當會址。

第二條:爲公董局辦事上利益計,局中上下級職員,須有十分親愛之表示,絕對不得有不公平及有惡意之行爲;如有故意違犯上項規定者,該負責人,應受處分;該項處分,無論施於歐籍職員或華籍職員,均應依照本局行政章程之規定辦理;所有華洋職員之糾紛,應由本局督辦,審明雙方情由後裁決之;華人方面,得攜同聯合會代表一人出席候訊;凡因重大過失而應革職者,應由本局督辦以公正無偏之態度查明事由後宣布之。

第三條:本局正式職工年底賞薪,應爲半個月,依該職工常年在職時間比例之,但不得超過一百元。

第四條:休假日單,由公董局核定之;爲公務上需要一部分之正式職工在休假日工作者,則該職工應依下列公式領薪:

一、在星期日及在休假日工作者:$\dfrac{月俸數目}{30} \times 1\dfrac{1}{2}$

二、在工作日另加工作數時者:

甲 職員:$\dfrac{月俸數目}{30 \times 6} \times 1\dfrac{1}{3}$

[註一]　聯誼社檔案。

乙 工人：$\dfrac{月俸數目}{30\times 9}\times 1\dfrac{1}{3}$

三、在星期日及休假日工作數時者：

甲 職員：$\dfrac{月俸數目}{30\times 6}\times 1\dfrac{1}{2}$

乙 工人：$\dfrac{月俸數目}{30\times 9}\times 1\dfrac{1}{2}$

第五條：職員與工人之每日工作時間，不加更改，即：

職員：每日工作六小時，但得因其公務上之需要，延長至七小時，不另給額外酬金。

工人：每日工作九小時。

休息：星期六下午及星期日。

遇有緊急需要時，得於規定時間，星期六下午、星期日、休假日繼續工作，按照第四條之規定算給額外酬金。

第六條：自一九三一年七月一日起，全體正式華人職工，概加工資一成。

第七條：公董局製定華人正式職工薪俸表，註明最高最低薪額，於一九三一年十月一日起施行之；以舊職工之薪額，超過表中所限者，不得減削；如其薪額，不及表中最低限度者，應即加至最初級。

第八條：自一九三一年七月一日起華員之薪俸，應以銀元計算；兌換率定爲大洋一元四角，作銀一兩。

第九條：按照中國勞工法即工廠法之規定，核准正式職工假期，凡正式職工服務一年以上五年未滿者，最初七天假期之薪資，可以照給；凡正式職工服務五年以上者，最初十天假期之薪資，可以照給。

第十條：本局規定應得公務上車馬費之職工名表；該費額自一九三一年七月份起，酌定爲每月六元。

第十一條：凡正式職工，願就醫者，得受免費診察；是項辦法，不適用於其家屬；各正式職工欲就本局醫生診治者，應向該管長官領取診視證，隨時該證交與醫生，該醫生應在證上批明病假日數，并將該證送還原發證長官以便彙呈督辦；凡經核定之假期，薪資照給；凡職工就醫診視後，經認爲可以工作者，其就醫時間之薪資，可以不扣，但此項寬容，只以一次爲限；如正式職工因病不能就醫者，本局醫生親往其家診視，并定明病假日數。

第十二條：自一九三一年十月一日起，組織正式華人職工儲蓄會；其組織章程，與上海工部局華員儲蓄會同之。

第十三條：關於工作上遇險問題，應依中國勞工法即工廠法之規定辦理之。

第十四條：各短工、小工、苦力之工資，與上海工部局同；凡次日不用及短工者，先一日早晨通知之。

第十五條：如本次罷工得和平了結，而并無毀物傷人之事發生者，則凡參加此次罷工之人，概不革退；在同樣保留之下，如能於七月八日早晨起，四十八時之內復工者，則各正式職工在罷工期內之薪資，概不扣折。

第十六條：包件工作之限期，由工頭支配之；如在包件工作時間內，另有額外工作者，概准記明備補。

第十七條：管理正式華人職工章程，由公董局製定之；華人聯合會於核製此項章程時，得呈具

意見；此章程應與薪俸表同時即一九三一年十月一日施行之。[註一]

C. 調解的成立

雙方提出條件後，經過杜鏞和市黨部所派代表許也夫極力調停之後，結果各自讓步，訂立妥協條件如下：

第一條：法租界公董局董事會核准本局華人職工聯合會之組成，但保留有批准該會章程之權。

自該會組成起，公董局給予每月津貼洋四百元，并免費給予相當場所，以供該會會址之用。

第二條：爲公董局辦事上利益計，上下級職員須有十分親愛之表示，絕對不得有不公平及有惡意之行爲。

如有故意違犯上項規定者，該負責人，應受處分。

該項處分，無論施於歐籍職員或華籍職員，均應依照本局行政章程之規定辦理。

一切華洋職員之糾紛，應由本局督辦，審明雙方情由而解決之；華方得有聯合會代表一人，陪同出席候訊。

凡因重大過失而應革職者，由本局督辦以公正無偏之態度，查明過失事實後，宣布革職。

第三條：正式職工之年終賞薪，應爲一個月薪金。

第四條：休假日期表，由公董局訂定之。

如公務上需要一部分之正式職工在休假日及星期日工作者，該職工應依下列公式，領受酬金：

一、在星期日及休假日工作者，應得酬金如下：$\dfrac{月俸數目}{30} \times 2$

二、在工作日或在休息日另行工作數小時者：

甲 職員：$\dfrac{月俸數目}{30 \times 6} \times 2$

乙 工人：$\dfrac{月俸數目}{30 \times 8} \times 2$

第五條：每天工作時間：

甲 職員：在原則上，每天工作時間應爲六小時，但依公務上之需要，得延長至七小時，不另給酬。如每天工作超過七小時者，每多作一小時，依照第四條之規定加給雙薪。

乙 工人：在每星期六日內，每日工作八小時，共計四十八小時。

如遇緊急需要時，得在上定時間外，星期日及休假日，繼續工作；各該時日之額外工作，應按第四條之規定，算給酬金。

凡在公務上應不斷進行工作之工人，由華人工頭，分派輪值。

第六條：自一九三一年七月一日起，正式華人職工，應普加薪俸一成一分即百分之十一。

第七條：公董局於一九三一年九月一日製就正式華人職工薪俸表，註明最高及最低數額，自一九三一年十月一日起實行之。

如舊職工之薪額，超出上述薪俸表限外者不得減削；如其薪額不及所定薪俸表之最低額者，應即加至最初級。

[註一]　聯誼社檔案。

第八條：自一九三一年七月份起，華員薪水應以銀元計算之；兌換率定爲大洋一元四角作銀一兩。

第九條：按照中國勞工法即工廠法之規定，核准正式華員假期。

凡正式職工服務滿一年以上者，假期最初十天之工資，可以照給。

第十條：公董局製定爲公務上而應領車馬費之職工名表，該費額酌定爲每月六元，自一九三一年七月一日實行之。

第十一條：凡正式職工，願就醫者，得受免費診治；此項辦法不適用於其家屬；凡正式職工欲就本局醫生診治者，應向該管長官，領取診病證，隨將此證交與醫生，由該醫生，批明病假日數後，送還原發證長官，以便彙呈督辦；凡經核定之病假期內，薪資照給。

凡職工就診後，經認爲可以工作者，就診時內，不扣薪資；但爲防弊起見，此項寬容，每月以一次爲限。

如某正式職工，因病不能就醫，本局醫生親往其家診視，并定明病假日數。

第十二條：自一九三一年十月一日起，組織正式華人職工儲蓄會；公董局津貼公款，應等於職工抽存之款額，即照每月薪額，抽貼各百分之五。

第十三條：關於工作上遇險問題，應依中國勞工法即工廠法之規定辦理之。

第十四條：短工、小工及苦力工人，按照上海工部局所定之薪額，每星期發薪一次。

凡於次日無須用及短工工人者，應於先一日早晨通知之。

第十五條：如本次罷工得以和平解決，而并無毀物傷人情事者，概不因參加此次罷工而有任何斥革情事。

在同樣保留之下，而能自七月八日早晨起四十八小時以內復工者，各正式職工罷工期內之薪資，概不扣折。

第十六條：所有包件工作，概由華人工頭支配工作限期。

在限期內，如有另派其他工作者，應將該時記明另補。

第十七條：管理正式華人職工之章程，由公董局製定之。

在起草時，華人聯合會得呈具意見。

該章程應與薪俸表同時即一九三一年十月一日施行之。

　　　　　　　　　　　　局方法總領事：柯格霖（Koechlin）

　　　　　　　　　　　　　調解人：杜　鏞

　　　　　　　　　　　　　　　　許也夫

　　　　　　　　　　　　　　　　高鵬程

　　　　　　　　　　　華方職員代表：劉志剛

　　　　　　　　　　　　　　　　邱高岡

　　　　　　　　　　　　　　　　孫珊海

　　　　　　　　　　　工人代表：彭全福

　　　　　　　　　　　　　　　王耀根

　　　　　　　　　　　　　　　楊梧岡

　　　　　　　　　　　　　　　潘文卿[註一]

［註一］　法公董局年鑑 1931 年。

此項條件之外,公董局董事會七月八日的常會時,另附有保留二項:

一、本局原可扣折罷工期的薪資;因爲公用事業的罷工是違法的。不過,本董事會認定華員或許沒有算到此次罷工是違法的罷;到底將來若是於同樣情形之下又發生罷工時,則罷工期内的工資,當予照扣。

二、本局是負有租界内行政之責的,所以要立刻研究相當的方法,以期社會上所必不可少的事務,無論在何種情形之下,常能保持着。[註一]

此項勞資妥協條約,是於七月八日上午進行交涉,八日晚間即行簽定,九日下午起,便即繼續復工了。

3. 事後的餘波

A. 華人聯誼社的成立

罷工剛完結以後,公董局的職工,便按照妥協條約第一條,着手成立華人聯合會籌備處,推定籌備委員七人,進行組織團結的工作。

經過將近一個月的籌備以後,由華人聯合會籌備處蛻化而來的華人聯誼社,終於在一九三一年民國二十年八月九日正式成立了。[註二]

在籌備時,公董局方面,即已按照妥協條約第一條第二款的規定,指定徐家匯路二百七十七號的局有房屋作爲會所。

八月九日上午八時,在公共體育場開全體會員大會,當場通過會章和產生復選代表;十日下午,又開全體代表大會,選出正式執行委員十五人,候補執行委員五人,正式監察委員七人,候補監察委員七人。

聯誼社正式成立後,遂即公布章程如左:

第一章　總綱

第一條:本章程根據社會團體組織規則訂定之。

第二條:本社定名爲上海市法租界公董局華人聯誼社。

第三條:本社以聯絡情感,交換智識,協助服務,保障及增進既得之利益爲宗旨。

第四條:本社暫設社所於徐家匯路二百七十七號。

第二章　社員

第五條:凡服務於法租界公董局之華人,均得加入本社。

第六條:社員入社,須經下列入社手續:

一、本社社員二人之證明,并經執行委員會之通過;

二、填寫入社志願書;

三、繳納社費。

第七條:有左列情形之一者,不得爲本社社員:

一、違背三民主義之言論及行動者;

二、褫奪公權者;

三、患神經病者。

[註一]　法公董局年鑑 1931 年。
[註二]　申報,1931 年 8 月 12 日。

第八條：社員應享之權利如左：

一、選舉權及被選舉權；

二、提出議案及表決權；

三、罷免或彈劾執行委員之權；

四、本社所舉辦各項事業之利益。

第九條：社員應盡之義務如左：

一、遵守本社章程及決議案；

二、擔任本社所指派職務；

三、繳納社費；

四、按時出席會議。

第十條：凡社員有不遵第九條各項義務之一者，輕則予以警告，次則停止其應享之權利，重則除名出社；前項除名之懲處，須經社員三分之二以上之同意。

第三章　職員

第十一條：本社設執行委員十五人，候補執行委員五人，監察委員七人，候補監察委員三人；前項職員，由社員大會，或代表大會選舉之，以得票最多數者當選，并以次多數者爲候補。

第十二條：執行委員，組織執行委員會，并互推常務委員五人，組織常務委員會，處理日常事務；執行委員會之權責如左：

一、對外代表本社；

二、執行社員或代表大會之決議；

三、召集社員或代表大會；

四、接納及採行社員之建議。

第十三條：執行委員會之下，得設總務、組織、訓練、宣傳、交際各科，其主任均由執行委員互推兼任之；各科之下，更得視各科事務之繁簡，酌分數股，辦理一切事宜；各股主任，由執行委員會選任之。

第十四條：執行委員，任期以一年爲限，連選得連任之；但不得超過兩年。

第十五條：本社如遇特種事項，經執行委員會通過，得組織特種委員會。

第四章　會議

第十六條：常務委員會，每星期開常會一次。

第十七條：執行委員會，每兩星期開常會一次；但遇緊急事項，得臨時召集之。

第十八條：社員大會，或代表大會，每年舉行一次；但執行委員會認爲必要時，或經社員三分之二以上之請求，得臨時召集之。

第十九條：左列事項，須經社員或代表大會之決議：

一、變更章程；

二、經濟收支之預算，及收支決算之承認；

三、基金之設立，管理之處分；

四、社內公共事業之創辦。

第五章　經濟

第二十條：本社以下列各項收入爲社費：

一、社員入社費；

二、社員月捐；

三、社員待別捐；

四、自由捐款。

第廿一條：社員入社費一元，苦力減半，於社員入社時繳納；月費每月徵收一次，小工一角，大工二角，工頭及職員三角。

第廿二條：本社如遇特別事故，須向社員籌特別捐時，須經社員大會三分之二以上之同意徵收之。

第廿三條：凡熱心扶助本社，自由捐款者，無論多寡一律歡迎。

第廿四條：本社財產狀況，每六個月向社員報告一次；各社員有十分之一以上之連署，得選派代表查核之。

第廿五條：本社經濟存放及提出，須執行委員半數以上，會同總務科主任，共同具名蓋章，負責辦理之；其銀行之規定，由執行委員會取決之。

第廿六條：本社經濟，除少數款項，以五十元爲限，存放會計股，以便日常開支；其整數之款項，應存放於執委會通過之銀行，非有正當用度，不得提取。

第六章　附則

第廿七條：本章程經社員或代表大會通過後，呈奉主管機關，核准施行之。

第廿八條：本章程如有未盡事宜，經社員或代表大會，決議修改，呈請主管機關核准備案。[註一]

此項章程公布後，因爲要得到中國黨政機關的核准備案，所以直延至九月間，才按妥協條約第一條第一款的規定，送請法公董局批准。

但是，因爲九月四日事件的發生，使局方有所藉口而拒絕討論該章程了，至於中止供給妥協條約第一條所許的津貼，更是當然的結果。

B. 九月四日的事件

在籌備組織華人聯誼社時，華員內部，即已起了內訌，一部分職工，已不願參加了；及至聯誼社成立後，參加的社員，又覺得自身組織不健全，而同時局中又有裁員減政的醞釀，於是不能不想到聯合外力，備有困難時共同奮鬥。

第一步聯絡的對象，自然是法商水電公司的工會了；雙方在同樣目的之下，接洽自易成功，聯誼社的執監會，終於和法商水電公司工會的理監事會，於八月二十三日下午，在魯班路的會所中，開成聯歡會。此會宗旨，說是：

因爲係同在法帝國主義勢力之下而奮鬥，故有聯絡之必要；而別無其他之作用！[註二]

聯盟告成以後，華人聯誼社遂不能不受九月四日事件的拖累了。

事件的經過是這樣：

一九三一年民國二十年九月三日上午十一時，法租界華成路慎餘里五號高姓家，因接取電火，向法商水電公司雇用工人三名，前往工作，當時工人除攜帶一切應用工具以外，并肩帶長竹扶梯一隻，靠於五號後門狹弄內。高家隔壁四號中住有甬人李根發和他的妹妹阿娥。阿娥年方十七，略具姿色，那天

[註一]　聯誼社檔案。
[註二]　申報。

剛從市中買些煤球返家,及至弄口,被扶梯阻着歸路。由是阿娥便向工人商量讓過,但是工人竟乘機調笑,并取污泥投在阿娥面上,而且還掌擊她的面頰！阿娥哭了起來。同弄的鄰人,聞了哭聲出來,都抱不平,不問情由,將那工人飽打一頓。[註一]

因眾寡不敵而被打的工人,工畢返廠,至下午五時許,就帶了五十幾個同伴,趕到阿娥家中將她的哥哥根發毒打一頓,並將雨衣奪去。李根發有個朋友莊子發,看見一個工人將根發的雨衣奪去,便暗暗尾隨在後,一直跟至八仙橋附近,眼看那工人,步上全安茶樓,便連忙向嵩山路(即葛羅路)捕房報告。[註二]

捕房得報,即派探捕往拿;……恰好此時,公董局的一部工人,正在樓上搖會,看見捕房要拿法商公司的工人,便羣起抵抗,但是終於被拘去了三個人。[註三]

眾工人見三人被拘去,便即集合同伴百餘人,齊去嵩山路捕房門口請願,要求立時釋放,捕房也就答應了。不幸事有湊巧,正在被捕的三工人放出時候,李根發剛坐汽車前來驗傷;工人們見李下車,便又上前毆打,連彈壓的探捕,都被打傷了！結果,當場捉住了七個人,其中公董局的工人倒佔了三個！都被第二特區地方法院,以公然妨害公務罪,判處徒刑。[註四]

那天晚上,公董局的工人便和法商水電公司的工人,在魯班路會所中,開了一個聯合大會,討論到十時三十分,終於決定從下一天起,一致大罷工,以求恢復被捕七工友的自由。[註五]

正在這時,法捕房卻已派了越捕來封閉徐家匯路二百七十七號的聯誼社社址了！[註六]

社中的主幹,曉得此次風頭不對,便在那夜下半夜二點鐘,派了三個代表,來到薛華立路總巡捕房,向政治部主任解釋誤會。經過一點鐘的談話,三代表終於宣布,公董局的工人,不願與法商水電工人合作,明日一定照常上工了。[註七]

果然,九月五日,公董局的工人,都按時來局,照常工作,一切都安靜而平穩。[註八]

C. 悲慘的結束

(一) 公董局的大裁人員

一九三一年民國二十年七月二十五日,距罷工結束的日期,剛有半個月,法總領事柯格霖,發出改組公董局各機關的命令,給公董局督辦和巡捕房總監道:

> 為令遵事:照得本局中西職工全體加薪,及預算表內有數項收入短少之結果,殊使本局經濟有入不敷出之虞;茲為減少本局經濟困難計,合亟令仰該督辦該總監,即便遵照,採取緊縮政策,除必需之費用,及萬不可免之工程外,一切開銷,概須節省,并仰該督辦該總監,即日務將本局所屬各機關,實行改組,儘在可能範圍之內,將本局所屬職員工人等,屬行裁減,切切此令！[註九]

七月二十八日的董事會,更通過一議案道:

> ……仰本局督辦暨捕房總監,應儘在本年八月份內,擬就改組本局所屬各機關辦法呈核。如有應裁機關之主管人員,現經告假回法者,應即立行知照,勿庸來華,以省往返靡費。嗣後所有必

[註一]　申報。
[註二]　同上。
[註三]　同上。
[註四]　同上。
[註五]　Journal de Shanghai, Septembie 6, 1931.
[註六]　ibid.
[註七]　ibid.
[註八]　ibid.
[註九]　法公董局華文公報第一年第二十二號。

需工程，概應招商承包，以資撙節！[註一]

公董局的幹部，奉到總領事的明令和董事會的決議案後，隨即着手編製改組的辦法，提交財務委員會審查。

財務委員會，經過九月十一日、十四日、十六日三次會議的詳查攷慮以後，才決定提出下列的裁員辦法：

應裁人員數目表

部　別	洋　員　人　數			華　員　人　數		
	現有人數	改組後人數	應裁人數	現有人數	改組後人數	應裁人數
一、督辦辦公室	一	一				
二、市政總理處	三三	二九	四	一七二	一四二	三〇
三、其他各處						
醫務處	二	二		一七	一七	
天文台及無線電台	一〇	八	二	二一	一七	四
火政處	九	九		一七〇	一五〇	二〇
法國學校	一八	一八		一六	一四	二
中法學校	一四	一四		二九	二九	
宰牲場	二	一	一	一六	一六	
衛生處	一二	一二		八〇	七四	六
庶務處	三	三		一	一	
種植處	四	二	二	一二四	七五	四九
四、公共工程處	六五	五八	七	一三三五	一二〇六	一二九
五、警務處	一八九	一七四	一五	一六三八	一六三八	
共　　計	三六二	三三一	三一	三六二〇	三三八〇	二四〇[註二]

此案提出後，經董事會九月二十一日常會通過，隨即發表，定於年內執行。

當初，局方對於裁員的執行，原也頗費躊躇；而十一月四日的事件，卻成為一個嘗試的機會。

十一月四日，是西人跑馬香檳賽的日子，公董局之廠中工人，便要求放假半天；據說：往年都有放假的，但局方以此日不在規定假期之內，批駁不准，並且發出告示說：

今日下午，如不工作者，概須革職！[註三]

不知道是故意還是誤會，那天下午，有許多工人不進廠上工了！局方便於九日下令，斥革職工三十一人，被革的工人，自然趕急到聯誼社去報告了。

聯誼社遂於十一日召集會議，派人向局方交涉，無效，再請市黨部交涉，也無效！無可奈何，只好宣傳說：

全體工友，即本互助精神，一致作最有力之援助！……如此次交涉，再無結果，當照聯席會決

[註一]　法公董局華文公報第一年第二十二號。
[註二]　法公董局華文公報第一年第二十六號。
[註三]　申報，1931 年 11 月 12 日。

議，取一致行動，以謀總解決！^[註一]

可是宣傳只是宣傳，事實上未見一些行動，局方遂於十二月一日，遵照董事會十一月三十日的決議案，實行大批裁員，統計裁去二百十七人。

（二）聯誼社的自動解散

公董局實行裁員後，華人聯誼社的聲勢，越發渙散了；自身既無力量，只好向市政府、市黨部、華董事等處請願，作爲惟一援助失業社員的辦法。

自九四事件以後，既失去法公董局所許的津貼；一一四事件，又失去社員的信仰，按章繳費的人，自然是沒有幾個了；聯誼社的經費，因此發生恐慌。

迫至一九三二年民國二十一年六月間，聯誼社實行改組，選出了第二屆執監委員會，但是經濟方面的創痕，終於無法補救。而且當初組織時，規（規）〔模〕頗大，用費甚多，徐家匯路的社址（彼）〔被〕封以後，又須出資另租房屋，到此益覺不可收拾，由是不得不屈服了！

一九三二年民國二十一年九月十八日，聯誼社二屆執監會發出啓事，徵求全體社員的意見道：

> 同人等受命以來，本應如何黽勉從公，努力發揚社務，以副全體社員付託之重。無如事多掣肘，經費艱窘，以致毫無建樹，且虞隕越。內則職員催發積欠，外則房主迫索房租，常務委員尤爲首當其衝，應付殊感困難。竊念經濟爲社會之命脈，巧婦實難爲無米之炊，衆擎易舉，集腋成裘，凡我社員，應深體斯旨而共襄艱鉅；乃一再催繳會費，通告開會，終如石沈大海，雁杳漁沈，長此因循，實非至計！迫不得已，惟有徇職員聯名請求，商請法公董局督辦，給資遣散全部職員，退租臨時會所，將木器文件等，封存徐家匯路二七七號本社原有會所，以待將來請法公董局核准改組。誠恐社員事後責難，用特鄭重登報公告，自露佈日起，期以三天，如有反對上項辦法，須將挽救社務大計方針，及解決經濟應急辦法，切實書面送會，勿尚空言，無補實際，否則只有依前法實行！事關重要，謹希注意，瀝陳困難，諸祈亮鑒！^[註二]

此項啓事發表後三星期，仍無一個社員理睬，由是聯誼社的當局，不得不作進一步的表示了。

果然，一九三二年民國二十一年十月六日，聯誼社常務委員會，又發出緊急通告說：

> 爲通告事：查本社前因經濟無着，致債權人催發積欠，曾經於本年九月十八日，登新聞報封面啓事，徵求意見，及公布料理債務方法在案。兹奉法公董局督辦命：關於資助七百念元，料理債務部分，已經同意。據云：須由本社具書證明實行解散，即空銜名義，亦不許存留；惟待六個月後，再由督辦核准，另行組織俱樂性質之團體等語。兹因事關重大，未便擅自決定裁答；爰定於本月七日（即星期五）下午六時，在小西門少年宣講團舉行全體社員緊急大會，以便公決。倘該時集會不成，無從議決，以致經濟無着，至爲債權人逼迫而解散本社及取銷名義等情，當作本社全體社員默認；事後社員中不幸有以走狗賣會行爲相毀謗者，鵬程等概不負責，更不置辯；時迫勢促，用特鄭重聲明；事關重大，務祈注意，准時出席公決爲要，特此通告！^[註三]

聯誼社從此壽終了！計距成立時，只有一年零二個月！

[註一]　申報，1931 年 11 月 13 日。
[註二]　新聞報，1932 年 9 月 18 日。
[註三]　新聞報，1932 年 10 月 6 日。

庚　結　論

　　上海第二特區——法租界的歷史，自開闢以至華員大罷工，敘述至此，可以告一段落。但因材料的缺乏、範圍的限制、能力的薄弱，其罣漏之弊，在所難免，這是想來誰都會預料得到的。

　　就這編法租界史看來，我們所得的印象，即覺得八十多年的過程中，上海第二特區的史實中，充滿了中法民族鬥爭和法領事署與公董局衝突的情景，這兩個特點，足值申說。

　　一八七四年同治十三年和一八九八年光緒二十四年四明公所兩次的血案發生。一考血案發生的原因，實爲法公董局徵收地冊一八〇號、一八一號、一八六號及一九一號的地產；至其結果，則爲一九〇〇年光緒二十六年法租界的第二次擴張——擴張了一一一二畝。這是中法鬥爭的血痕。

　　一九一四年民國三年法租界第三次擴張，名義上雖爲"劃清警權"，實則袁世凱爲要驅除寓居法租界的國民黨人，而擴張法租界了。而且第二三兩次所擴張之地盤，較之當初創設和第一次擴張時，竟多出將及二十倍。

　　就在現在看來，造成租界繁榮的，全是我國人，此則誰都不能否認的——據一九三三年民國二十二年的人口調查報告，法租界內居民，共有四十九萬六千五百三十六人，其中我國人竟佔有四十七萬八千七百五十五人，而外僑則僅有一萬七千七百八十一人罷了。

　　最可痛心的，便是因國內政治的不安定，自好久以來，租界已成爲我國貪污土劣的遁逃藪；而租界當局對於我國之惡化份子偏反歡迎；至於對內地貧苦人民之逃生來滬的，則加以拒絕——法租界公董局規定：黃包車執照，每年限發一萬八千六百張；小販執照每年限發三千五百張。黃包車夫名額登記規定三萬四千人。

　　法租界至一八六二年同治元年方有公董局的設置。但自此以後，領事署和公董局間時有衝突的發生，其最著者，爲一八六五年同治四年事件、一八七二年同治十一年事件、一八七四年同治十三年事件、一八八三年光緒九年事件、一九〇七年光緒三十三年事件、一九一二年民國元年事件等——除了一八六五年同治四年、一九〇七年光緒三十三年、一九一二年民國元年事件是爲内部職權的衝突以外，其餘如一八七二年同治十一年、一八七四年同治十三年、一八八三年光緒九年的事件都是爲對華外交而起紛糾。

　　法國總領事署方面，對於法租界的政事，也深感麻煩；在一八七四年同治十三年時，總領事葛多，曾有放棄法租界的獨立，以加入於公共租界，藉得免去這種麻煩的建議。

　　一八七四年五月二十八日同治十三年四月十五日葛多致法國外交部領事指揮處的公函中，曾説：

　　　　在法租界的歷史上，自有公董局擔任市政事務以後，這總是，公爵先生，成爲無間斷的董事會和總領事間之糾紛。無論是那一任領事，無論是那一位董事，這種不協妥，總是常常存在着；其理由都是因公董局不肯服從領事署當局的管轄，而且反欲駕凌總領事之上！

　　　　如果這樣局勢，僅僅引起總領事署方面的不愉快，那倒也不要管牠，到底這種局勢——譬如五月三日四明公所事件，便是一個例證——已成爲足以威脅法蘭西政府的一個真實危險了；因爲公董局的舉動，實可以妨害法國對華政策，而發生巨大的不幸！……

　　那有什麼法子可能解決這個困難呢？我只見到一個方法，公爵先生，那就是放棄分立制度……而將我們的租界合併於公共外人居留地就是了。[註一]

　　實際上，僑居上海的法國人，多(數)〔屬〕商賈階級，究以營利爲目的；其對於租界的繁榮，很少有久長的大計，然對於侵畧我國，則較其政府更爲急進——四明公所的兩次血案，便是事實的明證。而且公董局這個機關，未嘗得到我國政府的承認———一八八三年三月二十六日光緒九年二月十八日法國總領事荔來次(Flesch)曾以“公董局未得當地政府的承認”，向公董局董事會聲明，而使當時各董事全體辭職。[註二]

　　自一九二七年民國十六年一月十五日，法公董局的組織章程完全改變以後，法國駐滬總領事署乃得以統制公董局，而局中的董事會遂變爲委任的諮議機關，自此以後，法租界的情況，究竟改善了許多。

　　關於我國收回租界的問題……因爲租界的成因和演進實無法理可言，而確是一種事實的表現。故收回租界，在法理上，委實毫無問題；但若求其實現，則亦有待我國人事實的表現。而且處此世界，國際風雲日急，世界地圖當不難使之變色，又何況一區區租界呢！

[註一]　Maybon et Fredet, Histoire de le Concession Francaise, p. 441.
[註二]　法公董局年鑑，1883 年，pp. 20－26.

辛　法租界編附錄

第一　沿　革

（一）法租界市政沿革

甲　第一時期——領事專政時代

子　敏體尼領事（Montigny）

上海法租界創立於一八四九年四月六日_{道光二十九年三月十四日}，當時法租界的面積，不及五十公頃；全上海的法國人，除傳教師外，只有十個：即第一任法領事敏體尼自己，和他的母親、他的女人、他的兩個女兒，他的書記吉利高費斯基（Klecz Kowski），以及商人雷米（Pémi）和他的兩個夥伴畢德（Bidet）、愛棠（Edan），另一住在英租界的商人亞福來（Aroné），就是了。所以草創時代的法租界，實在談不上什麼政治的；領事所管的只是些教案，以及其他零星的事件而已。

丑　愛棠總領事（Edan）

經過五年的任期，敏體尼便請了長假，於一八五三年六月十日_{咸豐三年五月初四日}回國去了；繼其任者，爲愛棠領事。

此時法租界中，只有六個法國人：領事署中，只有愛棠自己和他的書記斯密德（Smith），商業上只有雷米洋行的雷米本人，和他的三個夥伴。領事署中另用了三個中國人：一個抄寫，二個通譯。

是時太平天國已建都於南京，劉麗川等也佔領上海縣城，所以自一八五三年至一八五年_{咸豐三年至五年}間，法租界已入於軍事的時期，實無市政之可言。

迨至小刀會於一八五五年二月十八日_{咸豐五年正月初二日}放棄上海縣城後，法租界解嚴，江浙一帶避難的人，漸漸羣集租界；同時因爲英法聯軍進攻北京，法租界頓成爲法方軍事的重心，增進不少法國的勢力，愛棠便趁此時，實行建設市政的事業；在他手中造成的，計有法外灘一帶的馬路，租界內各小街中的油燈。經此一番整頓，地價自然騰高，地主的數目，也增多了。

此是法租界初創時領事專政的時期；計自一八四九年四月六日_{道光二十九年三月十四日}設立租界起，至一八五六年一月十九日_{咸豐五年十二月十二日}止，統共六年零九個月。

乙　第二時期——地主參政時代

愛棠領事於一八五六年年初_{咸豐五年年末}時，因爲要計劃在法租界外灘和英租界外灘的洋涇浜上，搭造一座溝通兩界的橋樑，同時因爲合併租界問題，和英方發生意見，不便向公共租界工部局要求物質上的資助，而領事署中又無許多餘款可供應用，愛棠便於一八五六年一月十九日_{咸豐五年十二月十二日}召集第一次地主大會，請求捐款了。當時法租界內的地主，計有：

天主堂——四十八畝二分七厘〇毫

雷米（Rémi）——三十畝八分〇厘三毫

皮少耐（Buissonet）——十畝八分二厘八毫

貝處(Bussche)——二十九畝〇分〇厘七毫

斯密德(Smith)——六十一畝一分九厘二毫

康羅禮(Conrrolly)——九畝八分四厘三毫

華定(Warden)——四畝三分六厘一毫

貝勞(Beale)——三十畝九分九厘三毫

查米桑(Jamiesson)——三畝五分六厘八毫

古德(Coutts)——九畝五分九厘二毫

亞當桑(Adamson)——十畝四分六厘一毫

勞克(Lockant)——〇畝九分〇厘〇毫

共計一百八十四畝九分一厘八毫

破天荒的地主大會開成後，就當場議決：凡是坐落外灘和洋涇浜附近的地產，每畝抽銀八兩五錢；凡是離得遠些的地產每畝抽銀五兩五錢。此橋終於在一八五六年三月二十五日咸豐六年二月十九日造成了，費洋二千元左右。

到了一八五六年十一月二十七日咸豐六年十月三十日愛棠又召集第二次地主大會；但是地主中到會的人很少，無結果而散。

延至一八五七年三月十一日咸豐七年二月十六日下午四時半，此第二次地主大會，方才開成功；十三家地主之中，出席的有七家。

此次大會的成績，就是推定華定(Warden)和皮少耐(Buissonet)兩家地主，組織道路委員會，而愛棠所創的巡捕房，却暫時被此會打銷了。至於修路的經費，每家限定最多按年五十元。

一八五七年六月咸豐七年五月間，敏體尼又回任到上海來；他於十二月九日十月廿四日召集了第三次地主大會，要求恢復巡捕房的組織。但是，衆地主意見不同，經過了辯論以後，才決定組織一個審查委員會，由皮少耐(Buissonet)、斯密德(Smith)和惠伯(Webb)三人，擔任委員，編制報告。

十二月二十二日十一月初七日，又開了第四次地主大會，終於決定恢復巡捕房。

一八五九年十二月二十六日咸豐九年十二月初三日，又開第五次地主大會討論擴大和整理外灘的問題。

一八六一年一月十三日咸豐十年十二月初三日，愛棠又召集第六次地主大會，因以成立了法租界的民團。

自一八五六年一月十九日咸豐五年十二月十二日，至一八六二年五月一日同治元年四月初三日，前後共開六次地主大會，計時六年零四個月，此是地主參政的時代。

丙　第三時期——公董局時代

子　委任的董事會

一八六二年同治元年起，由領事委任的董事會名單如左：

斯密德(Schmidt)總辦　　　皮少耐(Buissounet)總董　　　米勒(Meynard)副總董

巴郎(Baron)　　　　　　馬里開(Maniguet)　　　　法郎克(Franqueville)

法查(Fajard)　　　　　李梅(Lemaire)

當時公董局組織法，尚無明文規定；事實上，董事會是委任的，擔任執行市政的職務。至於地主大會，據當時不成文法的規定，職權約如左列：

一、追認董事會人選；

二、監督董事會行政；

三、討論預算草案；

四、決定一切界務重要問題。

至於領事,只是處於指導的地位和辦理外交的案件。

初期的公董局內部組織,計分爲市政總理處、公共工程處、警務處和醫務處。

市政總理處第一個總辦是奧特門(Ottmans),他於一八六四年六月一日_{同治三年四月廿七日}到任,於一八六六年二月二十六日_{同治五年正月十二日}去職。

公共工程處第一個的工程師是巨潑來(Dupré),他是於一八六四年十月十五日_{同治三年九月初三日}入局。

警務處是產生於公董局之先;第一任的總巡是耿納德(Kernetts),後來繼任的有斯賓納地(Spinetti)、格來蒙(Kleinent)、龍德(Londe)、賈羅里(Galloni)、安唐納(Antoine),在此時期,警務是屬於公董局董事會管轄的。

醫務處第一任的醫生是馮洒(Uassaes)和竹不剷(Duburquoy)。

在第一任的總董事會任期內曾開了三次地主大會:

第一次是在一八六三年四月三十日_{同治二年三月十三日}午時開的。這次開會的結果是:

一、通過委任巴郎(Baron)做董事,以代替馬里開的遺缺。

二、通過董事會所提出的決算案:截至一八六三年三月_{同治二年正月}末止,收入銀二萬零三百七十八兩一錢六分和洋四萬六千一百十四元五角八分,支出銀一萬九千三百七十三兩八分二厘和洋四萬四千三百七十三元四角二分;對除外尚餘銀一千零零四兩三錢四厘和洋一千七百四十一元一角六分。

三、組織調查地價委員會,由法查和巴郎兩人,擔任委員。

第二次是在一八六四年四月三十日_{同治三年三月廿五日}召集的,此次通過的議案是:

一、起造法租界碼頭問題;

二、創製地册號碼問題;

三、通過一八六四年_{同治三年}預算問題;

四、增加巡捕人數問題;

五、聘任有給職的總辦問題;

六、贊可皮少耐、斯密德、米勒、巴郎四董事聯任問題。

第三次的地主大會,是開於一八六五年五月一日_{同治四年四月初七日},出席者二十六人,代表五百八十畝的地產。此會的結果因爲總領事和董事會業已發生內訌,大家不歡而散。

第四次大會,又於五月二十三日_{四月廿九日}召集了;當時總領事提出委任法郎克(Franqueville)和李梅(Leamaire)爲董事,便即有人反對;大會總於無甚結果而散。

後來於六月二十四日_{閏五月初二日}七月十七日_{閏五月廿五日}又召集了第五次和第六次的地主大會,討論財政問題,但也都無甚成績。

此後董事會便遭解散,委任式統治的時期,因以終了;計自一八六二年五月一日_{同治元年四月初三日}就職起,至一八六五年十月十二日_{同治四年八月廿三日}解散止,前後約共三年有六個月。

丑　有憲章控制下的公董局

壹　一八六六年七月十一日_{同治五年五月廿九日}組織法下的董事會

(一)第一次委任臨時委員會

委任的董事會解散後,代之者爲委任臨時委員會,計有委員八名,即:

摩　黎(Morel)總董　　　　　帝　桑(Tyson)　　　　　白　那(Bernard)

當　德(Dent)	漢貝利(Hanbury)	亞　男(Allen)
淮得奧(Whitthall)	馬　洒(Massais)	

計法人共三名,而其他外國人反占五名之多,此是外僑得有法租界參政權的開始。

此委員會經過一八六五年十月十九日_{同治四年八月三十日}的地主大會通過後,遂即就職:直至一八六六年七月十一日_{同治五年五月廿九日}公董局董事會的組織法公佈後,方纔解散。

（二）第一屆選任董事會

一八六六年九月二十八日_{同治五年八月三十日}法租界中開始第一次的選舉會,選出:

摩　黎(Morel)	費　杭(Fearon)	淮得奧(Whitthall)
莫禮埃(Momrier)	雅　得(Yates)	得　利(Therie)
達　多(Dato)	糜　鹿(Millot)	

八人組織第一次的選任董事會,於一八六六年九月二十九日_{同治五年八月廿一日}正式成立。

自此時起,總領事自願暫時放棄董事會的主席權,所以便由董事會自己互選摩黎爲總董,費杭爲副總董。

（三）第二屆選任董事會

一八六七年五月十九日_{同治六年四月十六日}法租界內又舉行第二次大選,選出:

波禮費(Bonneville)	那此馳(Nachtrier)	糜　鹿(Millot)
達　多(Dato)	愛美利(Aymeri)	雅　得(Yates)
馬　洒(Massais)	高　恩(Groom)	

八人爲董事;又由各董事互選波禮費爲總董,那此馳爲副總董。

貳　一八六八年四月十四日_{同治七年三月二十二日}組織法下的董事會

（一）第三屆選任董事會

一八六八年四月十四日_{同治七年三月二十二日}公董局的新組織法,由馬浪總領事公布;而一八六八年五月二十八日_{閏四月初七日}選出的董事會,即依照此法而成立。

被選的董事八人,爲:

波禮費(Bonneville)	那此馳(Nachtrier)	馬　洒(Massais)
高　恩(Groom)	麥　昂(Maignan)	傅　貝(Forbes)
亞何斯(Arosenius)	愛美利(Aymeri)	

同時,波禮費和那此馳仍被舉爲正副總董。

（二）第四屆選任董事會

第四屆的選任董事會,是於一八六九年五月三十一日_{同治八年四月二十日}組成的,當選董事者,爲:

波禮費(Bonneville)	傅　貝(Forbes)	麥　昂(Maignan)
亞何斯(Arosenius)	高　恩(Groom)	愛美利(Aymeri)
狄富禮(Duforest)	馬爾丹(Martin)	

波禮費又當選爲總董,傅貝爲副總董。

（三）第五屆選任董事會

一八七〇年五月三十日_{同治九年五月初一日}第五屆的選任董事會組織成立,當選的董事如下:

糜　鹿(Millot)	傅　貝(Forbes)	愛美利(Aymeri)
高　恩(Groom)	馬爾丹(Martin)	亞何斯(Arosenius)
摩　黎(Morel)	華　成(Voisin)	

此後董事會在選舉時，因委託投票問題，而發生紛擾；一到選舉揭曉後，則自一八六六年同治五年同時連任五年董事早已成爲敵人的麇鹿和摩黎，却一齊當選。麇鹿在會中有三個黨羽，摩黎也有三個黨羽，旗鼓本是相當，不過麇鹿因此次當選時得票比較多，因此他便當選爲總董，傅貝仍當選做副總董。

（四）第六屆選任董事會

一八七一年四月三十日同治十年三月十一日第六屆選任董事會成立；董事八人爲：

摩　黎（Morel）	傅　貝（Forbes）	麇　鹿（Millot）
愛美利（Aymeri）	華　成（Voisin）	麥　昂（Maignan）
斯多達（Stoddard）	惠羅喀（Wheelock）	

此屆總董却輪到摩黎，傅貝仍舊當選爲副總董。

（五）第七屆選任董事會

一八七二年五月三十日同治十一年四月廿四日第七屆選任董事會又告成立。

摩　黎（Morel）	傅　貝（Forbes）	麥　昂（Maignan）
斯多達（Stoddard）	華　成（Voisin）	愛美利（Aymeri）
茄　勒（Galle）	惠羅喀（Wheelock）	

八人當選爲董事；摩黎和傅貝兩人，仍被推爲正副總董。

（六）第八屆選任董事會

一八七三年五月十一和十二兩日同治十二年四月十五十六二日，法租界又舉行選舉會，選舉揭曉後，計有：

華　成（Voisin）	斯多達（Stoddard）	雷　化（Leroy）
麥　昂（Maignan）	馬金駝（Mackintosh）	愛美利（Aymeri）
惠羅喀（Wheelock）	茄　勒（Galle）	

但是當選董事的雷化的名字，原不列於選舉人的名單内，因此總領事葛多（Godeaux）認爲無效，但是董事會却徧說是有效的。兩方爭議不決，終於將案件送到北京請法公使裁定。

延至七月末，法公使回訓：暫准有效，餘待外交部訓令解決。因此第八屆董事會便於七月二十四日閏六月初一日組成；推定華成爲總董，斯多達爲副總董。

此次董事會方面，確獲勝利，但是到十月八月間，因太古洋行要求在法外灘起造有亭屋式的碼頭一案，華成便以總董的資格，提議召集地主大會，公決此項重大的問題。

但是愛美利董事提出反對，要求即由董事會核准太古洋行的請願；結果以四票對二票的多數，通過了此項的對案。

華成立即辭職，董事會遂推舉雷化做代理總董。

此時法租界中議論譁然，總領事葛多准華成要求，於十二月二十二日十一月初三日召集選舉人非常大會，討論太古洋行的碼頭問題，終於以八十五票對二十九票的大多數，推翻了董事會的原議，各董事便一齊辭職解散，第八屆的董事會，就此終了。

（七）第九屆選任董事會

一八七四年一月三日同治十二年十一月十五日法租界中重開選舉會：前屆辭職的各董事：

| 雷　化（Leroy） | 愛美利（Aymeri） | 惠羅喀（Wheelock） |
| 馬金駝（Mackintosh） | | |

又復當選；同時當選的敵黨：

| 華　成（Voisin） | 麥　昂（Maignan） | 茄　勒（Galle） |

三人便一致不肯就職;葛多總領事遂下令重行補選三缺。

　　新任的董事四人,便於一月九日十二月廿一日,開特別會議,反對葛多的補選計劃,但是終於無效。

　　一月二十三日十二月初六日再重開選舉大會,當場選出:

華　成(Chavrier)　　　　陳　咢(Chaignean)　　　　呂　復(Juvet)

來補充,但是新董事會又於二月三日開會,藉口選舉違法,拒絕新當選的三董事的參加,而且竟行推定雷化爲總董,愛美利爲副總董。

　　總領事葛多自然不肯核准這樣辦法的;遂以解散的恐嚇,脅迫董事會屈服;……結果,董事會乃自動全體解散。

　　三月三日同治十三年正月十五日,法租界內又開第三次的選舉會;這一次當選的董事爲:

華　成(Voisin)　　　　安納金(Henneguin)　　　　麥　昂(Maignan)

埃華德(Ewald)　　　　希　處(Hitch)　　　　梁　時(Lang)

糜　鹿(Millot)　　　　禮蒙尼(Lemonnier)

八人於三月十三日正月二十五日正式組成,推定華成爲總董,安納金爲副總董。

　　(八) 第十屆選任董事會

　　一八七五年四月二十日光緒元年三月十五日第十屆的董事會選出:

華　成(Voisin)　　　　安納金(Henneguin)　　　　希　處(Hitch)

雷　化(Leroy)　　　　斯各脫(Scott)　　　　先　門(Seaman)

糜　鹿(Millot)　　　　麥　昂(Maignan)

八人;華成和安納金仍被續選正副總董。

　　四月二十七日三月二十二日,董事會議決:"自本屆起,以後每屆董事會的任期,應至按年十二月三十一日止。"所以此屆的董事會任期比較短少,因爲以前都應在次年三月間才滿任。

　　(九) 第十一屆選任董事會

　　一八七六年二月二十三日光緒二年正月二十九日,第十一屆的董事會開創立會,出席的董事爲:

雷　化(Leroy)　　　　麥　昂(Maignan)　　　　巴　德(Bade)

希　處(Hitch)　　　　梁　時(Lang)　　　　糜　鹿(Millot)

狸　斯(Rice)　　　　華　成(Voisin)

八人;華成和雷化當選爲正副總董。

　　(十) 第十二屆選任董事會

　　一八七七年一月二十六日光緒二年十二月十三日第十二屆的董事會組成了,計有:

梁　時(Lang)　　　　傅　貝(Forbes)　　　　安納金(Henneguin)

盧費埃(Louvier)　　　　糜　鹿(Millot)　　　　費　萊(Vinay)

華　成(Voisin)　　　　狸　斯(Rice)

盧費埃當選爲總董,安納金爲副總董。

　　(十一) 第十三屆選任董事會

　　一八七七年十二月十八日光緒三年十一月十四日,法租界中又舉行年例的大選;除開按章原有留任的董事:

安納金(Henneguin)　　　　糜　鹿(Millot)　　　　費　萊(Vinay)

以外,新當選的董事爲:

巴　郎(Baron)　　　　平濟利(Bluntschli)　　　　梁　時(Lang)

皮少耐（Buissonet）　　　　　傅　貝（Forbes）

五人；麋鹿當選爲總董，安納金爲副總董。

（十二）第十四屆選任董事會

一八七八年十二月十七日_{光緒四年十一月二十四日}舉行第十四屆的選舉大會後，新當選的董事們，便於十九日開成立會；當時的董事會：

皮少耐（Buissonet）

平濟利（Bluntschli）　　　麋　鹿（Millot）　　　費　萊（Vinay）

布處曼（Buschmann）　　　禮斯德（Lester）　　　惠　來（Wheeley）

巴　郎（Baron）　　　　　皮少耐（Buissonet）

麋鹿被推爲正總董，平濟利爲副總董。

至一八七九年四月十六日_{光緒五年三月二十五日}董事會又加聘：

貴爾福（Goinlloud）　　　德爾奧（Teillol）

爲董事，擔任一八七九年_{光緒五年}份下半年的工作。

（十三）第十五屆選任董事會

一八八〇年一月六日_{光緒五年十一月二十五日}選出，一月九日_{二十八日}集會的第十五屆的董事會成立了，計有：

麋　鹿（Millot）　　　　布處曼（Buschmann）　　惠　來（Wheeley）

白登部（Buttenbourg）　　貴爾福（Gouillourd）　　禮斯德（Lester）

麥布處（Myburgh）　　　維爾蒙（Vouillemond）

八人；維爾蒙當選爲本屆總董，禮斯德爲副總董。

（十四）第十六屆選任董事會

第十六屆的董事會是於一八八一年一月七日_{光緒六年十二月初八日}選舉，而於一八八一年一月十日_{十二月十一日}召集的。會中包羅有：

亞丁達（Artindale）　　　麥布處（Myburgh）　　　白登部（Bettembourg）

貴爾福（Gouilloud）　　　寶　昌（Brunat）　　　克　明（Cumine）

杏　禮（Reiners）　　　　維爾蒙（Vouillemond）

維爾蒙仍當選爲總董，麥布處爲副總董。

（十五）第十七屆選任董事會

一八八一年十二月三日_{光緒七年十月十二日}，便選出一八八二年_{光緒八年}份的董事會了；此第十七屆董事會即於十二月七日_{十月十六日}成立，董事當選者如下：

亞丁達（Artindale）　　　維爾蒙（Vouillemond）　　寶　昌（Brunat）

克　明（Cumine）　　　　平濟利（Bluntschli）　　薩坡賽（Chapsal）

禮斯德（Lester）　　　　孟義奧（Meuguiot）

此屆寶昌當舉爲總董，平濟利爲副總董。

（十六）第十八屆選任董事會

一八八三年一月十一日_{光緒八年十二月初三日}選出的第十八屆董事會，於一月十八日_{十二月初十日}開成立會了；當選董事的有：

平濟利（Bluntschli）　　　薩坡賽（Chapsal）　　　孟義奧（Meuguiot）

寶　昌（Brunat）　　　　莊德生（Jantzen）　　　斯各脫（Scott）

維爾蒙（Vouillemond）　　禮斯德（Lester）

維爾蒙和平濟利仍當選爲正副總董。

至一八八三年三月二十九日_{光緒九年二月二十一日}，大部分董事，忽因徐家匯路安設電報線接通天文台問題，和當時的法國總領事費斯處(Flesch)發生咀唔，一齊辭職；董事會遂於四月十三日_{三月初七日}實行改選。

新當選的董事：

道達那(Dowdall)	莊德生(Jantzen)	奧利和(Oriou)
斯各脱(Scott)	德爾奧(Teillol)	奇　晜(Guieu)

和前任未辭職的禮斯德、孟義奧兩董事，於四月十九日_{三月十三日}開成立會；當時推定奧利和爲總董，禮斯德爲副總董。

（十七）第十九屆選任董事會

一八八四年_{光緒十年}屆的董事會，正在應改選期內，適遇代理總領事耶郎得和正式總領事李梅交代時候，以此選舉期便遲延到一八八四年五月五日_{光緒十年四月十一日}才舉行，當時的董事會是由：

奧利和(Oriou)	斯各脱(Scott)	德爾奧(Teillol)
奇　晜(Guieu)	孟義奧(Meuguiot)	莫利斯(Morris)
道達那(Dowdall)	高　坡(Cooper)	

組織，於五月七日_{四月十三日}正式成立推定奧利和爲總董，道達那爲副總董。

（十八）第二十屆選任董事會

一八八四年_{光緒十年}屆的董事會，任期到一八八五年四月_{光緒十一年三月}中才完滿，所以第二十屆的董事會，在一八八五年四月二十二日_{光緒十一年三月初八日}舉行選舉，至四月二十三日_{三月初九日}正式成立；董事人選如次：

薩坡賽(Chapsal)	高　坡(Cooper)	哈　林(Harling)
孟義奧(Meuguiot)	利　高(Rieco)	斯各脱(Scott)
維爾蒙(Vouillemond)	莫利斯(Morris)	

總董和副總董，則推定維爾蒙和斯各脱擔任。

（十九）第二十一屆選任董事會

一八八六年一月七日_{光緒十一年十二月初三日}舉行第二十一屆的選舉會；揭曉後遂於一月十一日_{十二月初七日}開成立會，當時出席者爲：

寶　昌(Brunat)	薩坡賽(Chapsal)	高　坡(Cooper)
哈　林(Harling)	梁　時(Lang)	孟義奧(Meuguiot)
維爾蒙(Vouillemond)	莫利斯(Morris)	

此屆則由維爾蒙和高坡當選正副總董。

自一八六五年_{同治四年}以來，每屆的董事會，都設有財政委員會和工務警政委員會，分組辦公，由八董事分半擔任工作。一八八六年一月十四日_{光緒十一年十二月初十日}，法租界中創辦法文書館了；因此董事會便於二月十一日_{光緒十二年正月初八日}議決添設學校委員會，推定莫利斯和薩坡賽兩董事擔任委員。

（二十）第二十二屆選任董事會

一八八七年一月十日_{光緒十二年十二月十七日}選出的董事會，於一月十三日_{十二月二十日}開成立會；當時的董事係爲：

薩坡賽(Chapsal)	寶　昌(Brunat)	福　能(Fournel)
梁時(Lang)	惠羅喀(Wheelock)	哈　林(Harling)

孟義奧(Meuguiot)	莫利斯(Mouis)	

此屆正副總董,則由薩坡賽和莫利斯擔任。

（廿一）第二十三屆選任董事會

一八八八年一月九日_{光緒十三年十一月二十六日}選出的第二十三屆董事會於一月十二日_{十一月二十八日}正式成立;當日出席的董事,計有:

薩坡賽(Chapsal)	福　能(Fournel)	哈　林(Harling)
高　坡(Cooper)	馬勒伯(Malherbe)	孟義奧(Meuguiot)
莫利斯(Morris)	惠羅喀(Wheelock)	

而薩坡賽和莫利斯仍當選爲正副總董。

（廿二）第二十四屆選任董事會

一八八九年_{光緒十五年}的董事會於一月九日_{光緒十四年十二月初八日}選出後,遂於一月十四日_{十二月十三日}集會,計有:

寶　吓(Bois)	寶　昌(Brunat)	薩坡賽(Chapsal)
高　坡(Cooper)	福　能(Fournel)	麥　邊(McBain)
孟義奧(Meuguiot)	莫利斯(Morris)	

八董事出席,當場推定薩坡賽和莫利斯爲此屆正副總董。

（廿三）第二十五屆選任董事會

一八九○年_{光緒十六年}屆的董事會,是於一月八日_{光緒十五年十二月十八日}選出,一月十五日_{十二月二十五日}集會的;當時的董事爲:

薩坡賽(Chapsal)	寶　吓(Bois)	寶　昌(Brunat)
高　坡(Cooper)	福　能(Fonrnel)	麥　邊(McBain)
孟義奧(Meuguiot)	莫利斯(Morris)	

由薩坡賽擔任總董,莫利斯擔任副總董。

（廿四）第二十六屆選任董事會

一八九一年_{光緒十七年}屆的董事會,名單如下:

薩坡賽(Chapsal)	寶　吓(Bois)	麥　邊(McBain)
孟義奧(Meuguiot)	寶　昌(Brunat)	高　坡(Cooper)
福　能(Fournel)	莫利斯(Morris)	

此屆的董事會是於一月十二日_{光緒十六年十二月初三日}選出,一月十五日_{十二月初六日}開成立會;由薩坡賽和莫利斯爲正副總董。

（廿五）第二十七屆選任董事會

一八九二年光(赭)〔緒〕十八年屆的董事會是由:

寶　昌(Brunat)	寶　吓(Bois)	格洛克(Clarke)
哈　同(Hardoon)	麥　邊(McBain)	孟義奧(Meuguiot)
里　果(Ricco)	薩坡賽(Chapsa)	

八人組成,於一月六日_{光緒十七年十二月初七日}選出,一月十二日_{十二月十三日}開成立會,推定寶昌爲正總董,寶吓爲副總董。

（廿六）第二十八屆選任董事會

一八九三年_{光緒十九年}屆的董事會,是經過一月十日_{光緒十八年十一月二十三日}和二十四日_{十二月初七日}兩

次選舉,方纔選出。揭曉後董事遂於一月二十六日_{初九日}開成立會,出席董事如下:

奧利和(Oriou)　　　　寶　吓(Bois)　　　　格洛克(Clarke)

哈　同(Hardoon)　　　麥　邊(McBain)　　　孟義奧(Meuguiot)

維爾蒙(Vouillemond)　里　果(Ricco)

奧利和被推爲正總董,寶吓爲副總董。

(廿七) 第二十九屆選任董事會

一八九四年_{光緒二十年}屆董事會,是於一月八日_{光緒十九年十二月初二日}選出,一月十五日_{初九日}集會的;名單如下:

奧利和(Oriou)　　　　寶　吓(Bois)　　　　格洛克(Clarke)

哈　同(Hardoon)　　　孟義奧(Meuguiot)　　維爾蒙(Vouillemond)

麥　邊(McBain)　　　里　果(Ricco)

奧利和仍當選爲此屆總董,寶吓爲副總董。

(廿八) 第三十屆選任董事會

一八九五年一月七日_{光緒(緒)二十年十二月十二日}選出董事會後,一月十日_{十五日}即行成立了;董事八人名單如次:

奧利和(Oriou)　　　　格洛克(Clarke)　　　哈　同(Hardoon)

孟義奧(Meuguiot)　　維爾蒙(Vouillemond)　凡來德(Wright)

麥　邊(McBain)　　　瑞　孫(Seisson)

奧利和和格洛克仍當選爲此屆正副總董。

(廿九) 第三十一屆選任董事會

一八九六年_{光緒二十二年}屆董事會組織如左:

奧利和(Oriou)　　　　格洛克(Clarke)　　　孟義奧(Meuguiot)

麥　邊(McBain)　　　蒙　東(Moudon)　　　凡來德(Wright)

哈　同(Hardoon)　　　維爾蒙(Vouillemond)

此屆董事會是於一月六日_{光緒二十一年十一月二十二日}選出,一月十三日_{十一月二十九日}集會,仍推定奧利和和格洛克爲正副總董。

(三十) 第三十二屆選任董事會

一八九七年一月十一日_{光緒二十二年十二月初九日}選出的董事會組織如左:

格洛克(Clarke)　　　白　爾(Bard)　　　　布處曼(Buschmann)

孟義奧(Meuguiot)　　蒙　東(Moudon)　　　金何伯(Robert)

凡來德(Wright)　　　哈　同(Hardoon)

此屆董事會是於一月十八日_{十二月十六日}集會,推定白爾爲總董,格洛克爲副總董。

(三一) 第三十三屆選任董事會

一八九八年_{光緒二十四年}屆的董事會;是於一月五日_{光緒二十三年十二月十三日}選舉,一月十七日_{二十五日}集會,董事名單如左:

道達爾(Dowdall)　　　白　爾(Bard)　　　　哈　同(Hardoon)

孟義奧(Meuguiot)　　蒂　羅(Tillot)　　　　凡來德(Wright)

布處曼(Buschmann)　金何伯(Robert)

白爾被選爲總董,道達爾爲副總董。

（三二）第三十四屆選任董事會

一八九九年一月十八日光緒二十四年十二月初七日選出的董事會，是於一月二十四日十三日開成立會，當選的董事爲：

布處曼（Buschmann）　　　格洛克（Clarke）　　　吉　勞（Girault）

金何伯（Robert）　　　凡來德（Wright）　　　蒂　羅（Tillot）

孟義奧（Meuguiot）　　　哈　同（Hardoon）

蒂羅和格洛克，當選爲此屆的正副總董。

（三三）第三十五屆選任董事會

一九〇〇年光緒二十六年屆的董事會，是於一月十七日光緒二十五年十二月十七日選出的，名單如次：

薩坡賽（Chapsal）　　　寶　昌（Brunat）　　　吉　勞（Girault）

哈　同（Hardoon）　　　金何伯（Robert）　　　布處門（Buschmann）

格洛克（Clarke）　　　寶　吓（Bois）

八人遂于一月二十二日十二月二十二日開成立會推定寶昌爲總董，格洛克爲副總董。

此屆董事會的分組工作，除原有的工務警政委員會、財政委員會、學校委員會以外，并另添一醫院委員會。

（三四）第三十六屆選任董事會

一九〇一年一月八日光緒二十六年十一月十八日選出的董事會，組織如左：

薩坡賽（Chapsal）　　　奧居丁（Augustin）　　　布處曼（Buschmann）

寶　昌（Brunat）　　　格洛克（Clarke）　　　杜　萬（Dowler）

哈　同（Hardoon）　　　金何伯（Robert）

董事會選出後，遂於一月十一日十一月二十一日成立，推定寶昌爲總董，格洛克爲副總董。

（三五）第三十七屆選任董事會

一九〇二年光緒二十八年屆的董事會，組織如下：

寶　昌（Brunat）　　　薩坡賽（Chapsal）　　　白朗德（Blount）

布處曼（Buschmann）　　　奧居丁（Augustin）　　　格洛克（Clarke）

杜　萬（Dowler）　　　金何伯（Robert）

寶昌和格洛克當選爲正副總董。

（三六）第三十八屆選任董事會

一九〇三年光緒二十九年屆的董事會，是於一月十三日光緒二十八年十二月十五日選出，一月十五日十七日集會，董事名單如下：

薩坡賽（Chapsal）　　　奧居丁（Augustin）　　　白朗德（Blount）

寶　昌（Brunat）　　　馬　多（Marteau）　　　金何伯（Robert）

格洛克（Clarke）　　　杜　萬（Dowler）

仍由薩坡賽和格洛克擔任正副總董。

（三七）第三十九屆選任董事會

一九〇四年光緒三十年屆的董事會，組織如左：

寶　昌（Brunat）　　　白朗德（Blount）　　　格洛克（Clarke）

祁　齊（Ghisi）　　　享利奧（Henriot）　　　金何伯（Robert）

蒂　羅（Tillot）　　　馬　多（Marteau）

此屆董事會於一月十九日光緒二十九年十二月初三日選舉，一月二十一日初五日集會，仍推定寶昌和格洛克擔任正副總董。

（三八）第四十屆選任董事會

一九〇五年光緒三十一年屆的董事會，計有：

薩坡賽（Chapsal）	格洛克（Clarke）	祁　齊（Ghisi）
享利奧（Henriot）	巴除蓮（Paturel）	蒂　羅（Tillot）
白朗德（Blount）	馬　多（Marteau）	

八人於一月九日光緒三十年十二月初四日選出，一月十二日初七日集會，推定享利奧和格洛克擔任正副總董。

（三九）第四十一屆選任董事會

一九〇六年光緒三十二年屆的董事會，爲：

寶　昌（Brunat）	白朗德（Blount）	格洛克（Clarke）
祁　齊（Ghisi）	享利奧（Henriot）	巴除蓮（Paturel）
蒂　羅（Tillot）	馬　多（Marteau）	

八人所組織於一月九日光緒三十一年十二月十五日選舉，一月十一日十七日開成立會，享利奧和格洛克仍被推爲正副總董。

（四十）第四十二屆選任董事會

一九〇七年一月八日光緒三十二年十一月二十五日選舉，一月十日二十七日集會的董事會，組織如下：

寶　昌（Brunat）	白朗德（Blount）	祁　齊（Ghisi）
享利奧（Henriot）	葛　羅（Gro）	百　多（Marthoud）
蒂　羅（Tillot）	格洛克（Clarke）	

蒂羅爲總董，格洛克爲副總董。

迫至四月下旬光緒三十三年三月中旬蒂羅、寶昌、享利奧三董事相繼辭職，當時的駐滬法國總領事巨籟達（Ratard）便於四月三十日三月十八日下令中止董事會的集會，下令委任：

巨籟達（Ratard）爲總董	格洛克（Clarke）爲副總董	白朗德（Blount）
祁　齊（Ghisi）	葛　羅（Gro）	貝郡祿（Bruchollerie）
百　多（Marthoud）	竹　夷（Thuy）	查　桑（Jasson）

七人爲臨時委員，組織行政會，管理法租界的市政。

延至六月二十一日五月初十日法公使巴貝斯（Bapst）下令實行解散前任董事會，并令即應重行選舉，因此一九〇七年七月十日光緒三十三年六月初一日又復行選舉新董事會。

選舉的結果，新董事會遂於七月十七日六月初八日開成立會，組織人員如下：

道達爾（Dowdall）	亞克門（Ackermann）	白　多（Berthoz）
賈爾牙（Gaillard）	祁　齊（Ghisi）	葛　羅（Gro）
達打實（Tawares）	竹　夷（Thuy）	

白多當選爲總董，道達爾爲副總董。

（四一）第四十三屆選任董事會

一九〇八年光緒三十四年屆的董事會，爲：

道達爾（Dowdall）	白　多（Berthoz）	竹　夷（Thuy）
愛喀得（Eckardt）	祁　齊（Ghisi）	葛　羅（Gro）
麥　地（Madier）	賈爾牙（Gaillard）	

八人於一月二十二日光緒三十三年十二月十九日選出，二十四日二十一日集會，仍推定百多和道達爾爲〔正〕副總董。

(四二) 第四十四屆選任董事會

一九〇九年宣統元年屆的董事會，是於一月二十六日宣統元年正月初五日選出，二十八日初七日集會的；組織如下：

道達爾(Dowdall)	賈米耶(Camera)	直 牙(Dyer)
愛喀得(Eckardt)	足 當(Jourdan)	百 多(Marthoud)
麥 地(Madier)	巴除蓮(Paturel)	

麥地和道達爾當選爲正副總董。

(四三) 第四十五屆選任董事會

一九一〇年宣統二年屆董事會名單：

格洛克(Clarke)	直 牙(Dyer)	愛喀得(Eckardt)
享利奧(Henriot)	巴除蓮(Paturel)	白米塞(Permezel)
賈米耶(Camera)	百 多(Marthoud)	

享利奧爲總董，格洛克爲副總董；選舉期爲一月十八日宣統元年十二月初八日成立期爲一月二十九日十九日。

自一八六八年同治七年以來，公董局組織法上，雖有總領事爲董事會當然主席的規定；但實際上都由董事會自行推定總董和副總董爲主席，而每屆正副總董選出後，當時的總領事都發有委託代行主席職權的委任信，給當選正副總董以法定的權力。但自此屆起，法總領事嘲伯第(La Batie)趁享利奧離滬，竟行收回此權，自行主席。

(四四) 第四十六屆選任董事會

一九一一年宣統三年屆的董事會是於一月十二日宣統二年十二月十二日舉行選舉，而於一月十六日十六日集會的，出席者爲：

總領事那巴地(La Batie)	格洛克(Clarke)	賈米耶(Camera)
直 牙(Dyer)	費 開(Figuet)	百 多(Marthoud)
巴除蓮(Paturel)	白米塞(Permezel)	愛喀得(Eckardt)

八個新當選的董事，而百多當選爲副總董，主席仍由嘲伯第總領事自兼。

(四五) 第四十七屆選任董事會

一九一二年民國元年屆的董事會，是於一月十六日辛亥年十一月二十八日選出，十八日三十日集會，出席者爲：

總領事那巴地(La Batie)	賈米耶(Camera)	直 牙(Dyer)
愛 利(Ellis)	費孟斯(Hermanns)	麥 地(Madier)
百 多(Marthoud)	巴除蓮(Paturel)	白米塞(Permezel)

八董事并推定百多爲副總董，正總董仍由總領事那巴地兼領下去。

此屆董事會除分組工務、財政、學校、醫院各委員會以外還添設市政和衛生兩項小組委員會。

迨至六月十日，董事會忽因巡捕房問題，被總領事那巴地解散，另委：

亞 旦(Ardain)	達 得(Dard)	道達爾(Dowdall)
柴 桑(Jasson)	美 吔(Meyer)	查節得(Shadgett)

組織臨時委員會，并指定亞旦爲副總董。

（四六）第四十八屆選任董事會

一九一三年民國二年屆的董事會，是提前於一九一二年民國元年十二月十日選舉，十二日集會的，出席的董事有：

賈米耶（Camera）	直　牙（Dyer）	愛　利（Ellis）
費孟斯（Hermanns）	麥　地（Madier）	百　多（Marthoud）
巴除蓮（Paturel）	白米塞（Parmerzel）	

并推定百多爲總董，愛利爲副總董。但自一九一三年民國二年一月十三日新任的總領事甘世東（Gaston Khan）就職後，董事會的主席權，遂由甘領收回了。

（四七）第四十九屆選任董事會

一九一四年民國三年屆的董事會，組織如下：

百里圖（Bridou）	直　牙（Dyer）	愛　利（Ellis）
時遲取（Friedrichs）	齊詩耶（Jeziersik）	麥　地（Madier）
巴除蓮（Paturel）	白米塞（Permezel）	

於一月十三日選出，十五日集會，推定麥地爲副總董；總董的職權，仍由甘世東領事自兼。

此屆董事會，分組有工務警政委員會、財政委員會、學校委員會、醫院委員會以外，還添設衛生委員會。

（四八）第二次委任臨時委員會

自一九一四年民國三年歐戰發生以後，法租界公董局遂按照組織章程第八條的規定，由法總領事甘世東於一九一五年民國四年一月六日委任：

冰　得（Binder）	直　牙（Dyer）	愛　利（Ellis）
賈爾亞（Gaillard）	柴　桑（Jasson）	齊時耶（Jezieroki）
利　榮（Lion）	巴除蓮（Paturel）	

八人組織臨時委員會。此委員會，自一九一五年民國四年一月二十七日成立以後，至一九一九年民國八年二月十五日才解散；當初原由甘世東爲主席，至一九一五年民國四年九月二十日，遂由那齊（Naggiar）領事代行主席，一九一七年民國六年四月十六日起，改由魏爾登總領事爲主席。至於臨時委員人選，亦有相當更動，計先後辭職者爲愛利和冰得兩人，當時派代者爲斯皮門（Speelmann）和賈那齊（Gallagher）二人。

（四九）第五十屆選任董事會

一九一九年民國八年屆的董事會，是於三月四日舉行選舉，選出：

冰　得（Binder）	賈米耶（Camera）	達　得（Dard）
直　牙（Myer）	法　洛（Fano）	貝　利（Le Bris）
賈那齊（Gallagher）	利　榮（Lion）	

八人於三月六日集會組織了財政監理委員會、公共工程委員會、學校委員會、人事委員會、衛生委員會、醫院委員會、花園委員會和地產委員會；主席的職權，由總領事魏爾登（Wilden）兼理，故此屆董事會，并不選定正副總董。但至十一月初，則又委任貝利董事爲總董。

（五十）第五十一屆選任董事會

一九二〇年民國九年的董事會，爲：

直　牙（Dyer）	薩　波（Chapeaux）	達　得（Dard）
法　洛（Fano）	貝　利（Le Bris）	巴拉得（Platt）

施惠瑞（Schwyzer）　　　　　賈那齊（Gallagher）

八人於一月十五日選出，十九日集會，推定貝利爲總董，直牙爲副總董，但是在一九二○年民國九年九月半後，主席的職權，仍被黎昌領事收回自兼了。

（五一）第五十二屆選任董事會

一九二一年民國十年屆的董事會人選如下：

薩　波（Chapeaux）	直　牙（Dyer）	法　洛（Fano）
麥　彝（Mailly）	馬　旦（Marthin）	巴拉得（Platt）
斯皮門（Speelmann）	達道呀（Tartois）	

於一月十二日選舉，十四日集會，推定直牙爲副總董。

自此屆起，董事會的主席，由總領事魏爾登派副領事拉拔的（La Prade）代行職權，造成領事署中委派代理總董的先例。

（五二）第五十三屆選任董事會

一九二二年民國十一年一月十七日選舉而一月十九日集會的董事會，當時出席者爲：

薩　坡（Chapeaux）	直　牙（Dyer）	貝　利（Le Bris）
麥　彝（Mailly）	馬　旦（Marthin）	作　伯（Shoop）
斯皮門（Speelmann）	杜那禮（Tulasne）	

此屆仍由魏爾登總領事派委拉拔的代行董事會主席職權，并仍由直牙擔任副總董的職務。自此屆起，分組委員會只有六種：財政、工務、學校、衛生、地產、醫院各委員會，至於銓敍和公園委員會，則已取銷。

（五三）第五十四屆選任董事會

一九二三年民國十二年的董事會，是於一月十七日選舉，二十二日集會，人選如下：

薩　坡（Chapeaux）	直　牙（Dyer）	貝　利（Le Bris）
薛禮塘（Sheridan）	達多呀（Tartois）	杜那禮（Tulasne）
斯皮門（Speelmann）	施惠瑞（Schwyzer）	

仍由拉拔的領事代行主席，直牙爲副總董。

（五四）第五十五屆選任董事會

一九二四年民國十三年屆董事會的選舉是於一月十六日舉行，至二十一日始行集會，出席的董事爲：

薩　坡（Chapeaux）	直　牙（Dyer）	法　洛（Fano）
貝　利（Le Bris）	施惠瑞（Schwyzer）	薛禮塘（Sheridan）
達道呀（Tartois）	斯皮門（Speelmann）	

由總領事魏爾登派貝利爲總董，由董事會推舉直牙爲副總董。

（五五）第五十六屆選任董事會

一九二五年民國十四年屆董事會是於一月二十三日選出，二十九日集會，人選如下：

薩　坡（Chapeaux）	逖百克（Du Pac de Marsoulies）	直　牙（Dyer）
貝　利（Le Bris）	施惠瑞（Schwyzer）	薛禮塘（Sheridan）
斯皮門（Speelmann）	法　洛（Fano）	

此屆由代理總領事梅理靄（Meyrier）主席，由直牙繼任副總董。

（五六）第五十七屆選任董事會

一九二六年民國十五年屆的董事名單：

白　散（Basset）	巴　倫（Blum）	薩　坡（Chapeaux）
逖百克（Du Pac de Marsoulies）		直　牙（Dyer）
施惠瑞（Schwyzer）	薛禮塘（Sheridan）	魏金生（Wilkinson）

此屆董事會是在一月十九日選出，而於二十五日集會，當時推定施惠瑞爲副總董，并按照常例，組監理、工務和園林、銓敍、學校、衛生、地産、醫院各組委員會；仍由梅理靄代理總領事執行主席的職權。

至四月二十三日，那齋總領事到任，特准一九一四年中法協約所規定的華董：

陸伯鴻　　　　　　　陸崧侯

出席董事會，這算是破天荒的舉動。

（五七）第三次委任臨時委員會

自一九二七年民國十六年起，法租界公董局的選任董事會中斷，改用委任的臨時委員會，一月十五日，那齋總領事所任命的臨時委員名單如左：

白　散（Basset）	白　尼（Bernis）	巴　倫（Blum）
薩　洛（Challot）	直　牙（Dyer）	萊　勃（Leboug）
利　榮（Lion）	陸伯鴻	陸崧侯
吳宗濂	施惠瑞（Schwyzer）	薛禮塘（Sheridan）
升　哥（Sigaut）	朱　炎	魏志榮（Verdier）
魏廷榮	魏金生（Wilkinson）	

并由總領事指定梅理靄領事爲主席，各臨時委員中并互推定施惠瑞爲副主席。

此臨時委員會，自一九二七年民國十六年誕生以後，至今還存在，不過委員人選，稍有更動罷了。

迨至一九三三年民國二十二年屆法公董局的臨時委員人選爲：

法國總領事梅理靄（Meyrier）（主席）

法國領事哥亞發（Coiffard）（代主席）

施惠瑞（Schwyzer）（副主席）	勞　逸（Lloyd）	穆　理（Moulis）
素凡乃（Sauvayre）	魏廷榮	杜　納（Donnè）
馬　索（Mazot）	陸伯鴻	利　榮（Lion）
朱　炎	魏金生（Wilkinson）	張　寅
白　爾（Bar）	巴　倫（Blum）	齊　致

并另分組織委員會如次：

（一）工務委員會

施惠瑞	勞　逸	穆　理	素凡乃	魏廷榮

（二）財政委員會

法國總領事	杜　納	馬　索	陸伯鴻	勞　逸

（三）教育委員會

利　榮	朱　炎	魏金生	素凡乃	張　寅

（四）衛生委員會

白　爾	巴　倫	利　榮	齊　致

（五）交通委員會

杜　納	張　寅

（乃）〔六〕醫院管理會

魏理和（Velliot）　　　　　　　查金諾（Jacquinot）

（七）地產委員會

穆　理　　　　索凡乃

（二）公董局各機關沿革

甲　督辦辦公室

自一八六二年同治元年公董局成立後，直至一九二八年民國十七年上半年止，局內的行政最高長官，是爲總辦，即董事會的祕書。近因法租界日益繁榮，僅有祕書性質的總辦，殊覺艱於應付，乃設督辦。

一九二八年民國十七年七月九日，公董局臨時行政會常會時，主席梅理靄（Meyrier）領事提議：

> 公董局各機關的指揮權，原屬於總辦；但以租界繁榮日增月盛，頓使各機關的地位，漸趨重要，殊有添設督辦一缺，以指揮市政總理處以下各機關的必要。

督辦和總辦的職權，亦經當時常會規定：

> 督辦的權威，是在對於公董局所屬的各機關執行實際而有效的管轄權。

> 總辦的權威，是在於督辦監察之下，管理市政總理處的事宜，並於董事會主席直接監督下，檢查金錢的用途。[註一]

乙　市政總理處

一八六二年五月一日同治元年四月初三日公董局成立時，董事會推定徐密德（Schmidt）董事爲總辦，專管局中財政。迨至一八六四年同治三年初，市政事務漸繁，董事會遂將局內組織，分爲三大機關：第一個便是市政總理處，其他爲公共工程處與警務處。是年六月一日五月初五日董事會委任奧特門（Ortmans）爲第一任有薪給的總辦；並於同年九月十日八月十七日規定總辦的職權如次：

> （一）管理董事會的文牘、報告、案卷等。

> （二）監察道路和公有紀念物。

> （三）收取一切賦稅、房捐、地捐等。

> （四）指揮市政總理處寫字間的工作。[註二]

自一八六五年同治四年公董局董事會改爲選舉制以後，市政總理處的組織，漸形擴大，至一八六八年同治七年時除總辦外，已添設會計和收捐員四五人。及至一八七一年同治十年，當時任總辦者爲薛費杭（Severans），以侵吞公款事發，受革職處分，市政總理處屬下的祕書科、捐務科、會計科因此大行改組，同時更附設醫務股、馬棚股和施醫股等。但至一八八〇年二月光緒六年正月間又發現總辦高沙德（Caussade）舞弊的事實——侵吞公款至一千七百零八兩八錢九分之多。當時董事會便於是年三月二十二日，決定任用華人胡兆隆爲買辦，專管局內的銀錢的進出。[註三]

一九一七年民國六年以前，市政總理處政簡人少，內部並不分科辦事；自一九一八年民國七年起始分祕書、會計、捐務等機關。至一九二七年民國十六年另添設財務科，旋於一九三二年民國二十一年改稱爲財務訟事科；同年又添設金庫，由買辦執掌之。至於出版科原爲印刷所之化身：印刷所之設，係因一九〇九年三月五日宣統元年二月十四日公董局決定發行法文公報，同時又因與法興印書館發生齟齬，遂於一九〇九年十二月二十日宣統元年十一月初八日決定開辦。印刷所於一九一〇年六月宣統二年五月間正式成立

[註一]　法公董局年鑑 1928 年。
[註二]　Maybon et Fredet, Histoire de la Concession Francaise.
[註三]　法公董局年鑑 1865 年、1871 年、1880 年。

後,原作爲公董局附屬機關之一;迨至一九二七年_{民國十六年}初起,移入市政總理處管轄,至一九三一年_{民國二十年}三月九日始有華文公報之發行,自一九三二年_{民國二十一年}裁員改組時起縮小爲出版科。[註一]

現在市政總理處的組織員數目,計爲:

祕書科	洋員九人	華員二十四人
財務訟事科	洋員一人	華員六人
會計股	洋員三人	華員三人
捐務股	洋員十八人	華員七十一人
金庫股		華員十六人
出版科		華員連工人二十二人
共　計	洋員三十一人	華員一百四十二人[註二]

丙　附屬各機關

法公董局初創時,內部的行政制度,計分爲三大處:即市政總理處、公共工程處和警務處。至一八九三年十二月十一日_{光緒十九年十一月四日}公董局財政委員會以局中任務漸繁,原設三大處,殊難包容許多的新事業,因此便提議添設"附屬各機關",專爲安置不屬三大處的公務;一八九四年_{光緒二十年}時,附屬各機關,計有:

自來水處

電燈處

電話處

醫務處

天文台

慈善處內又含有:

救火會

中法學校

公債處[註三]

迨至一八九七年_{光緒二十三年}又添設"義勇軍",一九〇三年_{光緒二十九年}又添設"宰牲場",一九〇五年_{光緒三十一年}又添設"衛生處",一九〇八年_{光緒三十四年}法國學堂成立,救火會改組,由是中法學校與救火會兩機關,脫離慈善處而獨立。嗣後,一九一〇年_{(宜)〔宣〕統二年}添設"印刷所",一九一八年_{民國七年}添設"庶務處",一九一九年_{民國八年}添設"種植處",一九三一年_{民國二十年}添設"司法顧問處",一九三二年_{民國二十一年}添設"華童小學"和"法國小學"。……[註四]

截至一九三三年_{民國二十二年}爲止,除自來水和電燈已包與法商水電公司,電話已包與上海電話公司,公債事務已移歸市政總理處內財務處辦理,義勇軍劃歸警務處管轄,印刷所移入市政總理處接辦改組爲出版科外,公董局的附屬各機關,尚有十二個;其名稱與職員數額,列表如次:

[註一]　id.

[註二]　法公董局華文公報第一年第六十一期。

[註三]　法公董局年鑑 1934 年。

[註四]　id.

機關名稱	洋員數	華員數
醫務處	二	一八
氣象台、無線電台	一四	二二
火政處	三九	一一四
法國公學	一九	一五
中法學校	一四	二九
華童小學	○	二六
法國小學	五	○
宰牲場	一	一九
公共衛生救濟處	二二	六四
庶務處	二	一
種植培養處	三	七二
司法顧問處	二	七
共　計	一二三	三八七[註一]

　　子　醫務處

　　一八五六年咸豐六年巡捕房初創時,恰值英法聯軍集中上海,因此在滬設有海上病院。租界巡捕的醫務,亦由海上病院所包辦。及至天津約成,聯軍撤退,該病院因此消滅。法捕房遂聘任該病院醫官海軍軍醫正巨保怪(Duburquoy)為醫師,成立醫務處。[註二]

　　一八六二年同治元年公董局成立後,醫務處劃歸市政總理處管轄;辦理市政總理處、公共工程處和警務處的醫務;至一八六五年同治四年後並添設病房和施醫處。

　　一八九四年光緒二十年起,醫務處始脫離市政總理處管轄,列入附屬機關獨立進行,以至今日。[註三]

　　丑　氣象台和無線電台

　　(1) 氣象台

　　一八七三年七月同治十二年六月徐家匯天文台成立。[註四]

　　一八八二年光緒八年時,我國招商局以航行上安全的需要,求得兩江總督核准,沿徐家匯路一帶徧植電桿,以通達徐家匯的天文台,藉得氣象的報告。

　　公董局董事會因此亦於一八八二年十二月二十一日光緒八年十一月十二日決定,在法外灘洋涇浜旁,建造氣候報告電台,設立子午時辰球,並請託法國總領事茀來次(Flesch)向我國道台交涉,求得在徐家匯路布設電報線路的權利。

　　經過茀領事數度的談判,我國邵友濂道台,以招商局已得有兩江總督的諭帖,核准在先,遂即拒絕公董局的要求;董事會接得法領失望的回信後,仍以徐家匯路為法國軍隊在一八六一年咸豐十一年所建成,歷年經由公董局糜費鉅款修理,不能放任招商局擅在該路設置電桿為理由,再求總領事努力交涉期達成功目的。

[註一]　法公董局華文公報第六十一期。
[註二]　Maybon et Fredet, ibid.
[註三]　ditto.
[註四]　ditto.

局中公函去後五十餘日，領事署才於一八八三年三月二十六日光緒九年二月二十七日回信說：

　　爲滿足你們本年二月五日第二次的要求起見，我曾兩度往訪邵道台，請他收回當初表示拒絕的成命；但是抱歉得很，他終是固執己見；這是我於今年一月二十六日已經對你們說過的了。

　　不過關於此事，我不免要請你們對於一八八三年二月五日來函的措詞特別注意一下。你們說："法公董局對於招商局在未得本董事會同意以前，擅在法國的徐家匯路安設電桿，只好提出抗議了。"照這句話看來，公董局董事會好像要採取一種與其實際職權絕不相符合的態度了！你們要曉得，公董局既未得當地政府的承認，自不能對於此地當局，提出任何抗議，而使法國民主政府來擔負責任，所有關於國際性質的問題，只有國家代表方有處置的權能！

董事會以要求既歸失敗，復受領事教訓，總董維爾蒙（Vouillement）遂即首先辭職而各董事也都相繼辭職，董事會遂遭改選。[註一]

一八八三年四月十九日光緒九年三月十三日新董事會組成後，徐家匯天文台主任神父台齊文（Dechevrens）寫信到公董局說：

　　以上海如此重要的埠頭，若設置一個氣象台，校定時刻的標準，是很有重大利益的。如公董局願意擔任建設並維持此種的氣象台，則只須購置一具天文鐘和一付子午鏡就好了；此兩具天文儀器只須三千兩左右，而其維持費，每年有三百兩也就夠了。[註二]

新董事會的總董恩利和（Oriou）接得此信後，特於四月三十日三月二十四日召集非常會議，決定創辦，氣象台於是成立。

氣象台成立後，遂劃歸市政總理處管轄；其與徐家匯天文台通訊的方法，既因我國官廳的反對，不能用電報，乃用人力奔走，傳遞報告；但未幾租界內電報事業發達，招商局以常有利用天文台報告的機關，遂與公董局的氣象台、徐家匯的天文台，接通電話。

一八九四年光緒二十年後，氣象台脫離了市政總理處的直轄，獨立進行，列爲附屬機關之一；而自一九一六年民國五年後，更得有無線電台的幫助，組織益臻完備，以迄于今。[註三]

氣象台現在辦公時間，係自早晨八時半至入夜九時爲止。

（2）無線電台

法租界的無線電台是歐戰的產生品。

一九一六年民國五年一月間，由法國外交部向法國無線電（Radio-Electrigue）公司，收買顧家宅公園的無線電台；其收買條件爲：

　　一、所有設備和機械，應自一九一六年民國五年一月一日起，全歸公董局所有，其代價爲二萬五千兩。

　　二、公董局願將該台收入百分之十，報効公司，報効期以二十五年爲限。

　　三、公董局以後如願擴大該台組織時，公司應幫助局方進行之。

　　四、公司應代公董局僱用專家台長一人。

　　五、公司應代公董局向瑞士京城盤諾（Berne）無線電公會註冊，敍明係報告時刻及

[註一]　法公董局年鑑 1883 年。
[註二]　同上。
[註三]　同上，1894 年。

氣象。[註一]

　　無線電台正式成立後,乃作爲氣象台的一部,列入公董局的附屬機關內,名之曰特務營業課 (Service particulier d' exploitition),由法國海軍管理之。

　　一九一八年民國七年九月間,無線電台漸次改良完成,遂能直接接收法國里昂(Lyon)來電。法公董局董事會臨時委員會,於一九一八年民國七年十月八日在法總領事署開會,議定分發來自法國的新聞,其辦法如次:

　　　　一、報費每月定爲洋二十元正。

　　　　二、送報以送到定戶家中爲原則,但各定戶亦得於早晨八時三刻以後,派人到法總領事署取報。

　　　　三、無線電的接收,得因天氣的關係而中斷;故公董局不負每日必能發報之責。[註二]

　　一九二一年民國十年二月十三日,又開始接收法國波多(Bordeau)的商電,組織益臻完備。

　　迨至一九二六年民國十五年二月一日,公董局遂將法國來的新聞電報,讓與安南的太平洋通訊社專利;而一九二六、七年間,又添設有汶林路和福履理路的新電台;且自一九二八年民國十七年春季起,更形擴充,一九二九年民國十八年間,更改用六百五十公尺的電波。

　　法租界的無線電台的呼號爲 FEZ—EFZI—8ZW—8XX,其電力爲五百至七千華特,計有長波台一,短波台三。[註三]

　　寅　火政處

　　一八六三年同治二年時,法租界內僅有手抽水龍機一具,遇有火警時,便臨時召集工人幫助。

　　至一八六六——六七年同治五六年間,巡捕房總巡安段禮(Antoine)才提出要求說:

　　　　火警時,一部分巡捕要擔任救火工作,以致對於許多趁火打刼的強盜,深覺有難於防禦的苦痛;而且這些火警大半由強盜放火圖謀搶刼的。所以器械方面,定須改良,而同時救火義勇隊的組織,更不可緩。[註四]

　　公董局接到此種提議後,便組織委員會,討論此事,並首先捐洋五百圓,一面更募集三千多金,購辦那時所稱爲最新式的幫浦(Pompe)。

　　新式手抽救火機,於一八六九年三月同治八年二月間到滬。同年五月十七日四月初六日,救火隊正式成立;自願擔任救火員的,共二十九人。

　　救火隊成立後,遂加入於公共租界的火政處(Shanghai Fire Department),法租界定爲第三火政區,救火隊番號爲第六隊。

　　迨至一八七五年八月光緒元年七月界內人口漸增,火警日多,方向美國購買第一架汽力救火機。[註五]

　　法租界的救火隊自加入公共租界後,公董局每年須津貼公共租界工部局一千兩左右;嗣是此款屢有增加,至一九〇七年光緒三十三年時,常年津貼金已增至五千兩。一九〇七年一月光緒三十三年十二月間公共租界工部局又要求公董局將此項津貼費加倍至每年一萬兩,而法公董局卒拒絕之。由是公共租

　　［註一］　法公董局年鑑 1916 年。
　　［註二］　同上,1918 年。
　　［註三］　同上。
　　［註四］　Maybon et Fredet, ibid.
　　［註五］　ibid.

界工部局遂於一月二十五日十二月十二日函復公董局謂：

　　……因爲一九〇七年的預算，兩租界火政的經費，常年需要四萬兩；現在據平常的統計，有四分之一的火災是發生於法租界之內，所以法公董局實有負擔四分之一——即一萬兩——經費的義務……。公董局既不答應增加經費，我看還是解除前約，由洋涇浜兩岸的當局，各自經管火政的組織罷。[註一]

公董局董事會接到此種哀的美敦式覆函後，即於五月二日三月二十日決定組織委員會，審查組織的可能和方法，並推定：

格洛克（Clarke）	董事
祁　齊（Ghisi）	董事
查　桑（Zasson）	董事
麥　蘭（Mallet）	捕房總巡
白　蒂（Berthet）	救火隊隊長

爲委員；於五月十七日四月初六日起開始工作。

經過數次討論之後，董事會於五月二十二日四月十一日通過另組救火會的原則，定於一九〇八年一月一日光緒三十三年十一月二十八日實行獨立，與公共租界脫離關係，但在一九〇七年光緒三十三年份內願依工部局的要求，津貼銀一萬兩爲限。至六月五日四月二十五日，董事會遂決定招用：

　　義勇救火員二十人，

　　捕房巡捕十人，

　　工人二十人。

並將救火站分設五處：

　　一爲中央站，地點在大自鳴鐘公董局內；

　　二爲東站，地點在小東門捕房內；

　　三爲公館站，地點在領事署內；

　　四爲西站，地點在嵩山路捕房內；

　　五爲顧家宅站，地點在顧家宅駐防軍營內。

此外並添置汽力救火車兩具，和許多梯架，籌備經費，約需銀二萬五千兩之譜，而每年經常費，則定爲八千餘兩。

救火會的組織，雖經決定；但以運貨稽遲，人才缺乏，一九〇八年光緒三十四年以前，不及完成改組；董事會遂於一九〇七年十一月二十二日光緒三十三年十月十七日再向工部局商量延期解約。[註二]

至一九〇八年五月一日光緒三十四年四月初二日法租界的救火會，方始成立，並選出：

　　薩坡（Chapeau）爲上尉隊長

　　麥地（Madier）爲中尉隊附

　　何錫（Rozier）爲少尉隊附

　　白賽仲（Boissezon）爲祕書

並分設救火站於：

　　公館馬路大自鳴鐘旁，

[註一]　法公董局年報 1907 年。

[註二]　id.

嵩山路捕房旁，

新開河附近。

至一九一八年民國七年又添設寶建路救火站。[註一]

　　一九二九年民國十八年二月十八日愛多亞路江南大旅社發生火災，法租界的救火會救護不力，遂不得不求援於公共租界的救火會前來協助，纔得控制火勢！自此次後，法總領事便組織查辦委員會，以：

施惠端(Schwyzer)

白　倫(Blum)

高　則(Cochet)

魏志仁(Verdier)

夏侯魯(Arnout)

爲委員，追究此次事實的經過和原因。

　　迨至三月十一日，總領事柯格霖(Koechlin)始將查辦結果，提出董事會報告：

　　一、關於器械方面，應添置高梯，並改良其他一切用品。

　　二、關於人員方面，應廢除義勇志願制度，而改用有薪給之專任人員，作爲公董局附屬機關之一，並應自一九三一年一月一日起即當實行。[註二]

　　因此當時董事會，便決定採用此項報告，並即推定：

施惠瑞(Schwyzer)	副總董
白　倫(Blum)	董事
高　則(Cochet)	董事
魏志仁(Verdier)	公董局督辦
薩　坡(Chapeau)	救火會少校司令
買　納(Mayue)	救火會上校隊長
夏侯魯(Arnout)	公董局代理總辦

組織改組救火會委員會，即日進行研究。

　　此委員會遂於六月二十七日和七月十日兩次開會，擬定將救火站分爲三處，計爲：

嵩山路總站；

新開河東站；

寶建路西站。

至於人員方面，除應設之火政處處長，應向巴黎火政機關聘請外，其他消防洋員，應即在本埠，大僱俄人，而器械更應多所添置，以應巍樓崇屋發生火災時之用。[註三]

　　一九二九年民國十八年七月十七日，董事會決定採用是項議案，而改組救火會的大綱，遂以確定。

　　經過一年多的進行，至一九三〇年民國十九年十一月間，籌備完竣，董事會遂於十一月二十四日，下令將救火會於一九三〇年民國十九年十二月三十一日解散，從此"Le Torrent"——即救火會的會名，意譯爲"瀑布"——的名稱，便成爲歷史上的名詞。

　　救火會解散後，公董局即組成火政處以代之；除雇有許多有俸給的消防員外，並仍採用志願救火

[註一]　id., 1918.

[註二]　id., 1929.

[註三]　id.

員爲預備隊，以便遇有非常事變時，便於動員之用。

由是火政處遂於一九三一年_{民國二十年}一月一日正式成立，列爲公董局附屬機關之一。^[註一]

卯　法國公學

一九〇七年二月二十一日_{光緒三十三年正月初七日}，法國駐滬總領事巨籟達(Ratard)，公函公董局稱：

> 在一九〇六年七月十四日和在一九〇七年一月一日演説的時候，我曾向法僑宣言，在上海法租界内定要開辦一法國學校，以教育我國男女幼童的。……
>
> 現在上海的英國人、德國人，甚至日本人、葡萄牙人都在設立學校了。……
>
> 我們法國僑民，自一八九四年以來，依領事署的登記，幼童已增至一百二十八人，開了學校自有學生就學。……而且還不止此呢，許多與法同文的民族，如比利時、瑞士等國小孩，都會來就學的；此外還有拉丁系的民族，像意大利、西班牙，也都有前來研究的可能，就是盎格魯薩克遜的民族，或都能來請教法文的。……
>
> 總之這是實際上絕對的需要，我們要避免使我國小孩，在別國學校讀書，以後失去國民性起見，實有創辦法國學校的必要。^[註二]

董事會接到此函後，即於二月二十七日_{正月十五日}決定移交學校委員會審查，而巨籟達總領事隨於四月三十日_{三月十八日}解散董事會，此事遂以停頓。

一九〇八年十一月_{光緒三十四年十月}間，上海法僑中有三十一人聯名呈報總領事署説：

> 僑寓上海的法籍家長，特來向你表示要公董局開辦一個市立法國學校的希望。到現在止，我們子女的訓育，是只有靠着外國學校不完備的教法來補救，我們漸漸覺到兒童喪失國民性的恐慌！……
>
> 在上海法租界内，雖也有一個公董局開辦的學校，但是此校只好算是巡捕的補習班罷了，因爲校中功課膚淺得很，其最大目的是爲向本地人推廣法文勢力的一種機關。……
>
> 現在我們的學童，一天一天增多；所以我們求你令法公董局，至少先開辦一個法國小學。^[註三]

巨籟達據呈後，即於十一月二十日_{十月二十七日}向公董局董事會提出具體計劃謂：

> 至於最合我們僑民需要的學程，是要先辦小學一所，内分三部：
>
> 第一部爲八歲以下的幼稚園，男女兼收。
>
> 第二部爲初級小學，專收八歲至十二歲的學童，男女生分別授課。
>
> 第三部〔爲〕高級商業小學，兼收十五歲以下的男女生；其課程爲商法大綱、速記學、打字學、文牘、會計、英文等；得使我們小同胞，於畢業後，即可在遠東商業上，得一位置，而無須返回，再求深造。^[註四]

由是董事會乃於十一月二十七日_{十一月初四日}推定：

麥　　地(Madier)

德調益(de Thuy)

兩董事組織法國小學籌備會，尋找相當校址。

[註一]　id., 1931.
[註二]　id., 1907.
[註三]　id., 1908.
[註四]　id.

一九〇九年三月宣統元年二月公董局遂向英法地產公司(Anglo-French Land Investment Co.)購到霞飛路地册第六九〇一至六九〇三號十二餘畝的地皮，進行建築，並向越南方面，聘請法國教員。

經過二年多的籌備和建設，法國小學終於一九一一年九月二十五日宣統三年八月初四日正式開課，由梅雲鵬(Maybon)擔任校長，且附設校務改進委員會，該會以法國總領事、公董局董事、校長、學生家長代表組成之。[註一]

一九二七年民國十六年三月十四日，法國學堂遷入環龍路十一號拍球總會的舊屋內；其原有的霞飛路校址則移作駐兵之用。

同年九月十九日，董事會以自一九二〇年民國十九年秋季以後已經大行改組，一切課程，概照法國中學辦理，遂即呈准法國外交部長，將法國學堂升格，名爲“法國公學”，至今仍之。[註二]

辰　中法學校

一八八六年一月十四日光緒十一年十二月初十日法公董局董事會討論預算時，薩坡賽(Chapsal)董事發言稱：

> 現在土著巡捕，不懂法文，於服務上很有妨礙，而且有時對於傳遞命令和消息，竟至成爲不可能；似此對於法文之不了解，貽誤甚大；何況言語不通，更有使中西捕難於接近之勢；是以公董局對兹困難，理應設法解決，故向本地人推播法文的知識，實屬刻不可緩之舉；爰敢提議創辦法文義務學校，以溝通華法的情感。[註三]

由是法租界的中法學校——當時號爲法文書館——遂以決定開辦，由董事於局內預算慈善救濟費項下，年撥銀六百兩創辦之。

二月十一日光緒十二年正月初八日董事會更選出：

薩坡賽董事(Chapsal)

莫利斯董事(Morris)

杜納德神父(Touruade)

組織監管學校委員會；又於二月二十六日光緒十二年正月二十三日決定租定公館馬路第六十三號房屋爲校址，招收學生一百名，此外尚另設有巡捕學習法文夜班，每晚六時起授課。學校章程乃如下列：

第一條——公董局法文學校，完全爲義務性質。

第二條——凡屬身家清白的子弟，均得按照下列條件，致入本校。

第三條——一切收革學生之權，概屬於教育委員會；但如遇有重大而緊急之原因時，各教員得暫令學生退出學堂，一面迅應報告委員會。

第四條——每生均應具有住在法租界之舖保一名，用書面擔保該生遵守下列規程：

（一）各生除星期日外，應常於每日上午九時至十一時半，下午一時半至四時，準定到校。

（二）各生如在一個月內，無故曠課至五日以上者，應予革退。

（三）凡學生經本校革退，或在年終以前自動中途退學者，該生家長或其保證人應賠償本校學費六元正。

第五條——各生應尊敬師長，不得吐屬粗野，並應注意於衣服和身體的清潔；凡犯有經委員會認爲應予譴責之行爲者，均得組成革退的理由。

[註一]　id., 1909.
[註二]　id., 1927.
[註三]　id., 1886.

第六條——各生對於本校所借之書本，均應留心使用；如發見有重大不經意時，應令賠償書價。

第七條——各教員於認爲有益時，得准予學生攜書回家溫習。[註一]

中法學校開成後，法國政府和社會，都表示滿意，一八八六年六月七日光緒十二年五月初六日法總領事愷自爾(Krazer)公函公董局謂：

外交部長來文說：他已向教育部長報告，上海法租界公董局，近於一月十四日決定開設學校，免費教授中國人誦讀法文；因此教育部長便託他來叫我向你恭賀此美好計劃的成功，和將來的影響。……

個人方面，我是很快樂，將我們共和政府滿意的表示，傳知你們！我乘此機會請你就各生中，選呈最好和最壞的功課各六本，以便轉報教育部鑒核。[註二]

一八八六年七月十日光緒十二年六月初九日巴黎法文協會秘書長也致函上海法總領事署謂：

外交部近來有公文到我們會中，報告你在上海傳播法國文字的經過；爲着避免抵觸北京朝廷嚴禁傳授法語的明令，你所以一到中國，便在上海法租界內，開辦義務小學校，以教中國人用法文來做寫算的工具；法文協會的董事會，得到這項消息後，特表示熱烈的滿意；爰敬向你恭致祝詞，並且託你代向公董局董事會致意。[註三]

中法學校自此年益發達，經費亦與年俱進，至一八八八年十二月十三日光緒十四年正月初二日公董局且決定派遣學生兩名赴法留學，至一八九〇年十二月光緒十六年十一月間返國。[註四]

迨至一八九二年二月九日光緒十八年正月十一日，董事會公布管理中法學校教員章程如左：

（一）在上課前一刻鐘——即上午八時四十五分，下午一時十五分——每班教員應在課堂中，監督學生預備功課。

（二）在上午九時正及下午一時半正，即應開始授課。

（三）各教員於上課時間內，不宜片刻離開學生；如有外客來訪，應由門房回絕之。

（四）任何教員不得未經請假，擅自曠課；且應與校中當局商准請人代課，其代課費之酬勞，由該教員擔任之。

（五）凡教授法文之教員，每星期應上兩次教彼研究法文之課。

（六）各教員應於每星期一上午八時半齊集校長室，討論分配學生分數，並聽受校長訓話。

（七）凡有違犯上列各點之一者，按月應予扣薪。[註五]

中法學校初設時，原係完全義務性質，連書本都不要錢的；自一八九二年光緒十八年以後，便開始收費；其始先納英文課費，繼則納紙張費、書本費——自一八九九年五月三十一日光緒二十五年四月二十二日決定將校址自公館馬路遷入天主堂街後，便以支出增加之故，規定照收學費，每月大洋一元正。[註六]

當中法學校初設時候，原由天主教耶穌會神父擔任管理校務；但至一九〇九年四月十六日宣統元年

[註一]　id. , 1886.
[註二]　id.
[註三]　id.
[註四]　id. , 1888.
[註五]　id. , 1892.
[註六]　id. , 1899.

二月二十六日董事會以天主堂街的校址，租值過昂，延期困難，遂決定遷移，耶穌會的神父，因遷地以後，兼顧爲難，遂向法總領事舉薦瑪利亞會修士以自代；此議經公董局董事會於八月三日六月十八日議決通過，與瑪利亞會會長魯意米芝納(Louis Michel)訂成協定如下：

（一）中法學校應分三級：初級四班，中級及高級各一班；並應有修士五人，教授法文。

（二）學費每月二元。

（三）公董局擔任供給修士住所，及學校內一切經費。

（四）公董局並擔任供給修士教員，每十年來回法國旅費各一次。

（五）學校的管理應由：

法國總領事

董事會代表

修士校長

組織委員會執行之。[註一]

至於遷校問題，董事會初欲將該校移入公董局後面舊有的電燈廠，繼則又欲附設之於法國學堂內，後又欲利用四明公所房屋；終以阻礙橫生，都不成功，乃決定在八仙橋捕房後面南首，起造校址；但未造以前，中法學校已先於一九一一年四月末宣統三(月)〔年〕四月初遷入寶昌路——即霞飛路——尚賢堂暫行上課。[註二]

迨至敏體尼蔭路的巡捕房遷往盧家灣後，遂於一九一二年民國元年四月招工建築，旋於一九一三年民國二年五月一日完工，五月十五日下午四時開幕。

中法學校遷入敏體尼蔭路新址後，照常進行，以迄於今，現在該校規定的章程，內容如左：

一、本校宗旨，專爲中國諸青年子弟，有志研究法文者，授以普通文規，及各等應用科學。

二、本校課程之組織，分高中、初中及高初二等小學校四級制，高初二等小學，每日讀國文三點鐘，他項漢文科亦在內，讀法文三點鐘；高小班本應三年畢業，升至本校初中班，惟此項年限，不能劃一，均視該生程度高低及其成績優劣而爲之伸縮。初中班每日讀法文五點鐘，國文一點鐘；至中等班時，各項科目均以法文教授，一學年行大考一次，其得畢業文憑者，即升入本校高中班。法文及中文畢業禮，以及頒發獎品，每在一學年終大考之後。全體舉行年考之外，每學期又有學期攷試。每月亦有每月考試，所以判定諸生之勤惰，及學業進步與否。高中所授各項科目，與法國諸中學課程同式，至少二年畢業，其得本班之畢業文憑者，能直入大學院。

三、除以上四年級正科外，本校又設甲乙丙三年級特別班，即通稱插班，專爲十五六歲左右諸青年，具有初中資格，中文亦清順暢達，而有志再研究法文者，方可編入此班。本級課程與初中班略同，每日讀法文五點鐘，國文一點鐘。

四、高初二等小學學費，全學期洋十六元；其餘初中及各特別班學費，全學期洋二十元；應於開學日一次繳足，否則不錄。本校特有優待辦法，如每學年或每學期之結考，因該生甚勤學故，得爲本班中之第一或第二名，來年或下學期開學升班時，免納學費。由本校初中班畢業，升入高中者，得免納學費；但在高中班時，因品學不及格或有他項關係者，每學期宜繳足學費洋二十五元。其有自他校來而欲考入本校高中班者，每學期當繳學費洋二十五元。

[註一]　id., 1909.
[註二]　id., 1911.

五、學生家長(特指學生之父)在法工部局各機關,因有職業故而得該局總辦或總巡持函求減費者(即十二元),如一學年後,該生因品學不及格,或有他項關係,學費亦應繳足。各班學生既繳學費後,無論有何事故,當學期未終而中止者,本校不負退還責任。

六、高中班一三年級課程,除教授各科法文課外,又兼授英文、簿記、速記及打字四科;又別班學生,如欲學習打字者每月應另繳費三元。

七、凡學生之不得本校高中畢業文憑者,本校長不負為之薦事之責。

八、學生之欲來本校肄業者,宜合以下資格:(一)年齡至少足十歲,(二)清白傳家,(三)品行端方,(四)體態強健,無有殘疾,(五)付足學費,(六)投考合格。

九、本校不設膳堂及住宿所,專收走讀學生。故凡由遠路而來校肄業者,日用一切自行酌備。

十、授課時間之分配,即早晨八點半始,至十一點半;其中有一刻鐘之休息。午後自一點一刻始至四點鐘止,其中亦有一刻鐘之休息。

十一、校中放假日期如下:(一)星期日。(二)中國慶辰。(三)暑假期自陽曆六月底至八月底,正足兩月。寒假期約數星期。(四)外國慶辰,如復活節之次日、升天節、降臨節之次日、諸聖節、聖誕節等。(五)每逢授課日之星期三及星期六下午兩半日以外,如遇有特別情由,本校校長商於校董,亦可給假;惟學生則一概不得擅自要求。

十二、學生既於本校肄業,均當有一住法租界中之妥實保人,另立保單以資憑證;如有偽立保單,查無店鋪字樣者,立即將該生革除。

十三、一月內如無故而缺課三日者,亦將該生列入革除之數,使實有要事:如因疾病等,不能到校者,其父兄或保人應親來校中報告情由代為請假;如因路遠不便到校,則用函件直陳情由而請假亦可,惟為免學生之暗中舞弊,於箋端當有該生家長之簽字或圖章,不然遲之三日,亦將以無故而缺課判斷之。

十四、一學年未終因故革除,或中途而自行退學者,其父兄或保人應繳洋六元,以充罰款。

十五、一學年既滿,學生仍欲來校續讀者,須於下學期開學後,另換新單。又凡於年終攷試成績,一無可取者,即將該生除名。

十六、學生中有屢犯校規,或怠惰性成,經校長三番訓飭而終不悛者,或更有犯重過,為己為人而有大害者亦立即革除。

十七、惟有校長一人,依每班學生程度,酌定課堂中所教授之書籍;為方便起見,校中均特備出售書籍、做簿及各文具。學班內之他項文具,如筆墨紙張等,皆由學生自行備辦,至於課外之書籍,若報章,非有校長簽字者,一概不准帶入校中!

十八、既屬學生,應以守校規為要務,故對家庭及校中各長輩,須謹隨訓誨,而謙恭從命,不特為滿子弟之天職,亦宣立德之美志,對窗友同人宜相敬相愛,不准欺弱凌小,對校中公物宜善自照顧,以重公德,此外對一己則應勤修學業,勿荒勿怠。如衣著冠履,以及書籍做簿等,宜常持以淨,不徒求人前雅觀,抑於衛生亦有大益。

十九、學生如有缺課,本校素以函件法通知該生家長,所以使家庭與學校互相聯絡起見,如此雙方督率子弟,則更易於勤學習業,而免曠恈光陰。

二十、招考手續:

一、招考新生專以國文,算術,及各科常識為重。

一、學生中具有中學資格,能作二三百字以上之論說者,可考插班;其餘祇能考入初等班。

一、投考學生，須帶本人四寸半身照片一張。[註一]

己　華童小學

華童小學係由法總領事署法國公益慈善會所建設。

創立華童小學的法國公益慈善會，係於一九二七年民國十六年十二月十六日奉法總領事署第一四八號署令而告成立，現有理事十五人，而以法總領事爲理事會的主席，我國陸伯鴻氏，亦爲會中理事之一。該會經費，則以抽收跑狗場和回力球場的賭稅爲大宗。

一九二二年民國十一年白俄饑民，由華北流浪到滬者日多，法公董局遂於呂班路一四七號仁愛會內，設有平民施食處(Soupe populaire)廣行補救；至一九二九年民國十八年間，法國公益慈善會與公董局合作，組織救濟俄僑家庭協會(Organisation Francaise d'assistance aux familles Russes)，會所仍在仁愛會內，供給俄僑衣食，有病則送諸醫院，且代爲介紹職業。一九二九年民國十八年六月十五日，爲補助白俄婦女便於工作起見，更於呂班路萬宜坊九十四號，設一託兒所(Creche frauco Russes)專收六歲以下幼童，一切待遇，均免費。

一九二九年民國十八年間法國公益慈善會又與天主教耶穌會合作；在廣慈醫院內，起建隔離病院(pavillon d'isolement)一座，於一九三一年民國二十年五月十五日開幕。此外該會并在海格路、勞利育路間購地一方，計劃起建貧民醫院，並附設瘋人院、百斯篤研究院、施藥院等等；但現均未實現。

迨至一九三〇年民國十九年方有華童小學的計劃；一九三一年民國二十年五月間，開始在薩坡賽路上，由賴安工程師(Leonord & Ueysseyr)建築校舍，年終落成。[註二]

華童小學的開辦，原定於一九三二年民國二十一年二月間；不幸是年恰值一·二八的戰事，該校淪爲駐兵之區，所以直至秋季方始開學。

開學以前，公董局董事會即於七月四日常會中，決定該校的章程：

第一條——本校以小學教育課程，教授中國兒童，即授以各種必需之常識，及必不可少之道德修養，以期造成中華民國良好之公民爲宗旨。

第二條——本校全部規程，概係遵照中國政府之法令辦理。

第三條——甲 學生請求入學時，務須呈閱驗體證書一紙，以資證明其有入學之體格。此項證書，得由曾在法租界登記之醫生簽發之；或由本局施醫處醫生免費發給之。

　　　　　乙 本校祗收六歲以上十四歲以下之學生，各學生概須經過考試，以便分級。

第四條——學生務各恪守本校一切章程。凡有犯大過，及品行惡劣不堪造就，與身體過弱之學生，概予革退。

第五條——學生須得有及格之平均分數，方准升級，如須留級時，務必得有特許，方准繼續肄業。

第六條——甲 學生衣服，務須質樸清潔，遵照衛生規則。

　　　　　乙 學校中一切人員，如教員、學生、傭役等，概須接種預防天花痘苗；但如已經種痘未滿一年而有證書者，特許免種。

　　　　　丙 凡患有傳染病之學生，應即住家施行隔離方法；該生停學期間，應爲十六日至三個月，按照情形而定。學生病愈返校時，應呈驗爲其診病之醫生所給與之證書一紙，以資證明全愈。

[註一]　中法學校章程。
[註二]　Journal de Shanghai, Septembre 5, 1932.

丁　如經查明有傳染病發生於多數子弟之家庭時，則該家長應接受勸告，毋遣其尚未患病之子弟入學，以免傳帶病菌到校。

第七條——本校修業期限，定爲六年；在第四年終了時，本校得發給初級小學畢業證書與考試及格之學生；在第六學年終了時，本校得發給高級小學畢業證書與畢業考試及格之學生。

第八條——本校學費，計一二三四學年級生，每期四元正；五六年級學生每期六元正；此項學費概須預繳，無論如何，概不退還。此外一二三四〔學〕年級生尚須另繳二元，五六學年級生尚須另繳三元，以資購買書籍及課程應需品之用；此項書籍費，每學期終了時，有餘退還，不足追補。

第九條——各學生家長務須儘在可能範圍以內，使其子弟繼續入學，至六年畢業爲止，幸勿中途輟學。[註一]

一九三二年民國二十一年九月五日十二時半，華童小學正式開幕；當時由法總領事梅理靄（Meyrier）用法國公益慈善會的名義，將校舍移交公董局管理，並致辭道：

這是我所熱烈願望的，法租界的中國住民，對於本校的訓導兒童，該是完全滿意了罷；這樣可以表示法國的當局，對於他們是何等照拂了呵！[註二]

華童小學第一任校長爲胡文耀，在法國公學校長高博愛（Grobsois）監督之下，指揮全校的事務。校中初次招生計收四百二十三名，將來可擴至一千名左右；一切課程，除外國語一科應用法文外，其餘概依中國法令辦理。

現在華童小學有十二條的訓育標準道：

一、在家孝父母，在校敬師長。

二、幫助父母整理家事，養成耐勞習慣。

三、兄弟、姊妹、同學、朋友均宜和愛互助。

四、年長學生應照管年幼同學。

五、衣服須整樸，飲食須清潔。

六、他人之物，不得擅取，且愛如己物。

七、切勿吐痰於地，切勿塗污牆壁、桌椅、書籍、衣服。

八、地上如有紙屑、果殼即宜收拾。

九、父母、師長之教訓，須切實奉行。

十、言語、行動須有禮貌；不得出言粗俗，更不可罵人。

十一、言語須誠實，不可欺騙他人。

十二、待人應如待己。[註三]

午　雷米小學

法國小學係爲白俄僑童而設立。

當初在法國公學內，原設有俄文班，以補助一般流落上海的白俄僑童的教育。至一九三二年民國二十一年七月四日，公董局董事會根據教育委員會的提議，決定裁撤此班；一面請法國公益慈善會，設法收容這班的俄文生。

[註一]　法公董局華文公報第二年。
[註二]　Journal de Shanghai, Septembre 5, 1932.
[註三]　傳單。

法國公益慈善會,乃於金神父路、福履理路轉角,開辦法國小學一所;於十二月一日開課,專收俄籍學生,尤其爲容納法國公學俄文特班的學生。

該校現僅容一百六十名的學生,法國公益慈善會正計劃在他處建設較大的俄童學校,所以此法國小學僅屬臨時性質。

法國小學(現改名爲雷米小學)與華童小學相同,開辦費雖由法國公益慈善會付出,而經常費却概由公董局負擔的。[註一]

未　宰牲場

一八八〇年光緒六年時,法公董局即有與公共租界工部局合辦宰牲場的擬議;迨至一八八二年光緒八年公董局與工部局以爭議場所的地址而停頓。至一八九一年光緒十七年時,宰牲場的問題,又重行提出;公董局擬將場址設於寧興街。但工部局仍復固執場址須設於虹口;此議遂又形中止。[註二]

一八九三年三月一日光緒十九年正月十三日公共租界的虹口宰牲場自行開幕;由是法租界公董局乃向天主教首善堂,購得南洋橋附近地皮一方,計有八畝另三厘,共值六千六百兩;此地在一八九三年八月七日光緒十九年六月二十六日交易成功。[註三]

直至一九〇一年十月二十三日光緒二十七年九月十二日公董局董事會方才決定招商起造場屋;一九〇三年光緒二十九年初,場始落成,至三月一日二月初三日乃正式開幕;當時公布宰牲場章程如次:

第一條　凡在法租界内,不得於局有宰牲場外,執行宰殺畜生,以供公共食品。

第二條　除有特殊核准外,各宰牲場應在下列時間,開放給各屠戶使用:

　自十月一日至五月三十一日——早上八時至晚間六時。

　自六月一日至九月三十日——早上六時至晚間九時。

第三條　凡經認爲有適當技能之創子手,方准其執行宰殺畜生。

第四條　各畜生於宰殺或出口前,應留居局有畜棚至少二十四小時以上。在此寄居期内,其臥蕈草料由局方供給;但其芻秣,仍由該牲主人擔負。本局無論如何,不負留居畜棚之牲死亡或遺失的責任。

第五條　下列稅額,應按照到場之畜牲種類,分別徵收之:

稅收名稱	大　牛	羊　類	小　牛	豬　類
宰殺費及寄居費	85 分	10 分	25 分	20 分
附加稅	10 分	5 分	5 分	20 分
寄居費及檢查費	75 分	5 分	20 分	
洗濯費	2 分			

第六條　檢查員於認爲不能供給良好牲肉之畜牲,得禁止其宰殺;凡經宰殺之牲,其肉應由檢查員驗印方准發售,如有經檢驗後,認爲不佳之肉,不准取離宰牲場。

第七條　凡在法租界内,不得運輸未經法國宰牲場驗印之肉類,但公共租界工部局宰牲場所出之肉,或經本局董事會特准之肉,得予除外。

第八條　各肉經驗印後,才准離開宰牲場。凡在法租界内或外馬路等處運輸之肉類,務各蓋

[註一]　法公董局年鑑 1932 年。
[註二]　同上,1880 年。
[註三]　同上,1893 年。

以白布一方,送肉之車夫,不得坐於其所輸送之肉類上。所有宰餘殘渣,應即自宰牲場中清出,而放之於有蓋之垃圾箱內。

第九條　法租界牛肉或豬肉莊主,應各備有本局之營業執照。此項營業執照,應由本局市政總理處,核據警務處總巡及肉莊檢查員之報告後,免費發給之。

第十條　凡設在法租界內之各肉莊,不得陳列或發售非在本局宰牲場內宰殺之肉類。

第十一條　各肉莊均應當心保持清潔狀態。每日應將在內之牆壁地面,以及割肉陳肉之凳檯,用大水冲洗之。

第十二條　各肉莊工人,亦應保持絕對清潔;並不得在莊內食宿住居。該莊亦不得經營其他業務。

第十三條　各肉莊、菜場等檢查員,以及擔任監察肉業之巡捕,有權隨時自由進出肉莊,及其他售肉場所,以便檢察本章程之執行。

第十四條　凡有違犯本章程者,每次應由法院判處以一兩以上,二百兩以下之罰金。如有過犯時,則此項罰金,得照最高額加倍;並得由該管法官判處犯者以肉刑或監禁。^[註一]

在宰牲場初成立時,原由檢查員獨立管理,作爲公董局經營的公用事業之一;至一九○五年_{光緒三十一年七月}衛生獸醫處成立,宰牲場乃劃歸該處管轄;後至一九一一年_{宣統三年}間,又離衛生處而獨立,列爲公董局附屬機關之一。^[註二]

宰牲場現行的管理章程,是於一九二九年_{民國十八年}八月六日董事會核定,而經法國總領事第一二四號命令公布的,內容如下:

第一條　凡在法租界內,不得在局立的宰牲場以外,宰割任何畜類,如牡牛、牝牛、大牛、小牛、大羊、小羊、牝羊、牡羊、豬等。

第二條　每日執行宰殺時間規定如左:

夜間——牛　自晚七時至晨六時。

　　　　豬　自晚零時至晨六時。

日間——其他畜生:自午十二時至晚五時。

凡星期日及休假日辦公時間僅至上午十一時止。

第三條　凡非商業上或事務上所需的人,絕對禁止入場;凡酒醉者,衣服不潔或不整者,概禁入場;凡入場之人,經認爲有上列情狀者,立予逐出。

第四條　凡欲宰殺牲畜或割肉發售者,須得總稽查之核准,方准下手。

第五條　凡經公董局認爲合格的劊子手,應於公務上需要時,協助稽查員,執行驗割嫌疑肉類;劊子手如有不守局章或違背洋員公務上的命令時,其資格得予取銷。

第六條　在宰牲場內嚴禁有一切其他營業或販售。

第七條　凡易於腐敗的肉屑,嚴禁放置於宰牲場內;及場中的畜棚內。

第八條　嚴禁以貨品與任何器具,擁塞場內的引道、大廳、穿弄、走廊等,並不得在指定的場所以外,濯洗獸肉,更不得將垃圾物置諸指定場所以外。

第九條　嚴禁損壞場內物件,塗寫場內牆壁與門户,劃削場內木壁與木具。各僱主應負賠償其備人所有損壞物件之責任。

[註一]　法公董局年鑑 1903 年。

[註二]　同上。

第十條　凡有不端或傷害風化之行為，以及對於畜牲，施行無謂之慘酷行為，除應按律受罰外，並得暫時或永遠禁止其入場。

第十一條　凡送至宰殺廳的畜牲，務須緊加桎梏。嚴禁引不加桎梏之畜牲入宰牲場。各肉莊主人，如有牽引畜牲不留心者，應負發生一切意外之責任。

第十二條　水牛、黃牛及幼牛，均應於未刺血以前，即行毆殺。但猶太人供祭祀用之小牛，得予例外。至於小牛與羊應於上架後立行屠殺，以免其受無謂的痛苦。

第十三條　每畜牲經宰割後，其殘肉應即運出發售；至其腹內肝腸等，亦應出清；其血應傾入特定之桶內，並應按日清洒之。

第十四條　凡進場宰殺之人，應對於一切用具留心使用，如損及該具時，應負賠償全責。

第十五條　各工具(如捲揚機繩索、四脚檯、小車機案，等等)之修理，以及房屋之維持，均由公董局負擔之。

第十六條　凡有損壞場中用具者，應即賠償；如有故意弄壞者，應按違警律治罪。

第十七條　非在宰牲場內指定之場所，不准宰殺任何畜牲。

第十八條　　無論如何，公董局不負寄居在宰牲場畜棚內各畜生之死亡或遺失的責任。……[註一]

申　公共衛生救濟處

自一八九六年光緒二十二年起，法租界公董局醫務處，即附設有衛生處，不過只在暑季四個月中服務而已。一八九七年十一月光緒二十三年十月中，公董局與記洛獸馬醫生(Keylock & Pratt)訂約，包辦法租界衛生事務；迨至一九〇三年三月一日光緒二十九年二月初三日包辦。而自來水的化驗，則由公共租界工部局衛生試驗所擔任。

一九〇五年二月光緒三十一年正月間，公董局聘請法國(Alfort)國立獸醫學校畢業生巴治好(Patrigeon)以後，驗獸事務，遂即收回自辦。三月一日正月二十六日巴治好就職，隨即購備化驗儀器及化學藥品，及至六月五月間，向董事會提出說帖，要求擴大宰牲場和市場的組織。[註二]

一九〇五年八月二十二日光緒三十一年七月二十二日董事會批准巴治好說帖，並公布衛生獸醫處組織法如次：

第一條　衛生獸醫處應擔任取締家畜衛生，稽查肉品和其他一切食物，視察菜場，監視分類營業等等。

第二條　衛生獸醫處應由法租界公董局獸醫指揮之；該處長應遵崇公董局之命令，管轄宰牲場的稽查員和華職工；凡一切關於專門的說帖，應呈由總辦轉呈總董；凡一切關於行政的問題，應商得總辦同意後，呈報董事會；至於支付命令，概由總辦發行，而收入則應由該處辦理之。

第三條　公董局所採取之衛生辦法，應立即送達警務總監，咨其下令取締違章。

第四條　所有違犯衛生章程之事實，應由各有關係之機關，報告警務總巡，執行處罰。

第五條　衛生獸醫處處長，隨時有入食物店舖，及分類營業商店，與罹疫人家，執行稽查之權。總之，該處長得求巡捕協助，以執行本局章程所規定之衛生辦法。凡按照本條而採取一切辦法時，均應以最審慎、最溫和態度處理之。

第六條　如衛生獸醫處處長下令在某處消毒時，則應派出所需人員，在獸醫監督之下，執行

[註一]　法公董局年鑑 1928 年。
[註二]　同上，1905 年。

消毒。

　　第七條　細菌化驗室任務，應由公董局獸醫專管之。

　　第八條　化驗水質事務，應由董事會總董提出，繼由獸醫自行取水化驗之。

　　第九條　化驗牛乳事務，應歸入視察食物一類，並應由獸醫提取樣品化驗之；從此巡捕房不復管此任務。

　　第十條　此後巡捕房勿庸監察租界內菜場或商店所售食品之質料，僅應查核該食品有無經過驗印。

　　第十一條　如遇有獸醫病假或公出時，董事會自能設法以管理檢查菜場事宜；而宰牲場之檢查員，應即代理檢查宰牲場內事務。[註一]

　　衛生獸醫處組成後，遂於一九○五年_{光緒三十一年八月初三日}正式進行，至一九一一年_{宣統三年}遂簡(間)稱爲衛生處；並由一正式醫生里古(Ricou)爲處長。

　　自一九三○年_{民國十九年}十月七日以後，又改名爲公共衛生救濟處，現在處內分設機關如下：

衛生取締處

衛生巡路隊

清潔特務隊

驅癆組

除穢組

防疫組

衛生化驗室

施醫處

防疫汽車隊

牙醫室[註二]

　　西　庶務處

　　公董局的庶務處，是於一九一八年_{民國七年}開始設立的。

　　庶務處所管的事務，是關於公董局和領事署間的事情，以及其他不關於公董局各機關所辦的事情。所以庶務的人員，多係領受公董局的俸給，而身在法總領事署工作者；例爲：

教授公董局和法國駐防軍官讀英文的教員

在董事會議事時擔任記録的速記員

公董局駐法通訊員

專門顧問員[註三]

　　戌　種植培養處

　　自一八六二年_{同治元年}公董局成立以後，園藝事務，即已與路政並重，列爲公共工程處內機關之一，歷年逐漸擴大。

　　一九○八年七月一日_{光緒三十四年六月初三日}董事會開始計劃顧家宅花園的建築，至一九○九年六月_{宣統元年五月}間落成，八月初_{六月中}開放。當時的公園章程內容如次：

[註一]　法公董局年鑑 1905 年。

[註二]　同上，1910 年。

[註三]　同上。

第一條　嚴禁下列的人和物進入公園內：

(1) 中國人——但照顧外人小孩或侍候外人的僕役，特准入園，爲其主人服務。

(2) 酒醉的，或衣衫不潔的外人。

(3) 一切車輛——無論其爲馬車、人力車、脚踏車等。

第二條　入園的狗務須有人牽帶，並須加上口罩。該狗如有損壞花木，其主人應負賠償損失的責任。

第三條　嚴禁在花壇、草叢、林藪上行走；採取鳥巢；折除花卉；損害幼樹、草芝與公用的椅凳等。(父母或看顧的傭人，應監督幼孩，遵奉本條規定。)

第四條　草地得供爲公共遊戲之用，無論何人，概不得擾亂該處遊戲的設備。

第五條　凡違犯本章程者應予嚴懲。公董局保留有權發給入園券與華人。[註一]

一九一七年民國六年三月十七日，我國宣布和德國斷絕邦交的結果，霞飛路上的德國花園(Otto-Meusen Garden)，遂於三月二十六日，爲法租界當局所沒收。公董局董事會乃於六月十一日決定將此霞飛路四百七十四號的德國花園開放，任人進內遊覽；當時規定開放時間如下：

自四月十五日至十一月十五日止——早八時至夜十二時。

自十一月十五日至四月十五日止——早八時至晚八時。

但是中國人仍是沒有權利進園的。[註二]

一九一九年民國八年初，公董局聘有園藝專家褚梭蒙(Jaussaume)到滬，大行整頓種植事務；董事會乃於九月二十二日，決定將園藝事務與工程處分離，自一九二○年民國九年起，另設公園種植處，作爲附屬機關之一，直接由市政總理處指揮之。

一九二五年民國十四年十二月二十三日，董事會決定開辦貝當路公園，至一九二六年民國十五年五月間，與霞飛路、白賽仲路、麥琪路三角地花園，同時成功，隨即開放。[註三]

一九二七年民國十六年國民革命軍到達上海後，公共租界的各公園，因此開放了"華人與狗，不准入內"的門禁，法租界公董局董事會也於一九二八年民國十七年四月十六日，認定有改善辦法的必要，由是就推舉：

施惠瑞(Schwyzer)

利　榮(Lion)

魏廷榮

組織特別委員會，討論修改顧家宅公園的章程。

迨至六月十八日，新章程起草完竣，遂由董事會通過施行，其內容如次：

第一條　僅准執有常年遊覽券之人，入顧家宅公園內遊玩；此券計費一元，應向公董局捐務處捐領之。

第二條　此券祇限本人使用，不得轉借或頂售；是券應在公園門口，聽受公董局所派人員的檢驗。

第三條　十二歲以下的幼童，准予免票入園，但應由成人攜帶之。

第四條　公衆均須由指定之園門進園，即在各該門口，聽受當值人員驗券。

[註一]　法公董局年鑑 1909 年。

[註二]　同上，1917 年。

[註三]　同上，1928 年。

第五條　公園每日開放時刻，規定如下：

自四月一日至九月三十日晨五時至夜十一時半。

自十月一日至三月三十一日晨六時至夜九時。

但公董局仍保留有停止開放之權。

第六條　嚴禁下列的人和物進入園內：

(1) 小販，

(2) 乞丐，

(3) 衣衫不潔的人，

(4) 患有傳染病的人，

(5) 狗（即罩有口套及有人牽帶者，亦不准入園）。

(6) 一切車輛（但嬰孩車、殘疾人用車、嬰孩脚踏車，以及穿有制服巡捕所乘之脚踏車除外）。

第七條　祇有三處草地與湖濱週圍，准許孩童遊戲和羣衆散步。

第八條　在公園內，嚴禁有任何妨害他人之舉動。

第九條　嚴禁行走於花壇，林上，採取花卉；損害草木；猱登樹巔，採折鳥巢；破壞公用椅凳；以及釣魚或獵獸。並嚴禁在園內舉行網球、足球、籃球等球戲；但經公董局特准者，不在此例。

第十條　凡紙屑及各殘物，槪應擲入園中垃圾箱內。

第十一條　嚴禁在園中舉行任何之演講或示威。

第十二條　凡入園遊覽人，如有傷身失物，以及受害情事，公董局槪不負責。

第十三條　凡違犯本章程者，應處以五角以上，五十元以下之罰金。

第十四條　凡看園人及巡捕，均有拘辦違章人之權。公董局董事會有隨時修改本章程之權。[註一]

此項新章程於六月二十六日由法總領事署第七十一號命令公布，由是顧家宅公園於七月一日開放"華人入園"的門禁。

一九三一年民國二十年七月二日公董局華員大罷工以後，局內各機關遂即大行裁員解組，而公園種植處乃自一九三二年民國二十一年起縮小爲種植培養處，以迄於今。

一九三三年民國二十二年起，法公董局的顧家宅公園遊覽券改稱爲法租界內各公園遊覽券，從此法租界內各公園，槪許華人納費人內：凡是(化)〔花〕了一塊錢買年券的人，可以隨便進界內任何公園了。[註二]

亥　司法顧問處

在一八五九年咸豐九年時公董局尚未成立，敏體尼領事便已創設了一個"違警罪裁判所"（tribunal de srinple police），每日早上十時在領事署內開庭，審判由初設的巡捕房交來的違警犯。

裁判所的推事，是以領事署的書記米羅（Merlo）爲審判長，而輔之以繙譯李梅（Lemaire）和總巡剛納德（Kenneth）。由該總巡爲原告，審明罪情之後，情節重的送交中國官廳處罰，情節輕的便只罰款了事。而罰款所得，則充作巡捕房的經費。

法租界的違警罪裁判所於一八五九年三月三日咸豐九年正月二十九日開始組織，同月三十一日二月二十

七日正式成立。[註一]

至一八六五年同治四年以後,按照天津條約第三十五條規定,道台自己或道台代表,每遇有我國人和法國人於商業上發生訟案,便趕往法領事署中會審。但在租界中我國人所犯的違警、抗捐等罪,以及民事案件,却由法領事個人獨審! 至於重罪,才送還中國官廳究辦;而中國官的逮捕狀,如非經過法國領事的簽押,却總不能在法租界內拿人!

至一八六九年一月同治七年十二月間,上海洋涇浜設官會審章程,已因得英國、美國、德國的認可而成立;但是法國却不肯同意。據一八六九年八月十八日同治八年七月十一日法國外交部訓令上海總領事館說:

> 公共租界會審公堂的協定第一條說:"……如中國人在民事和商事上華洋訟案爲被告時,中國的審判官得按照中國法律,單獨判決。……"我國政府不能承認如此公然違反條約的規定! 但因有最惠國待遇條款的關係,法國可得需索中國所給予別國的利益,而對於相互的義務,因爲未經法國承認,所以不能接受。[註二]

在此交涉時期內,法租界的公廨,也已出世了。一八六九年四月同治八年三月間,由法國領事直埃桑(Thiersant)與上海道台議定一協約,規定由道台派一委員,每星期應三次到法國館事館,協同法領代表會審華洋訟案。此後凡屬法租界居民的案件,無論民刑輕重,一概由道台和領事,以對等地位會同審理。

法租界公廨的第一次開庭,是在一八六九年四月十三日同治八年三月初二日。[註三]

當時法公廨的內容據一九一四年民國三年五月九日上海的時事新報調查報告說:

一、組織

我國委員一人在清季時由道台委派,經法總領事承認後,會同法副領事辦理會審事務,至民國以後,則由江蘇都督委派。

二、權限

華洋訴訟以及華人刑民訴訟,均由委員會同領事審訊;華洋案件,由領事會同委員分別傳訊;刑事案件,由捕房起訴;民事案件,由委員自行核稟分別准駁,批示傳訊,統由法領事會審,此英法租界之所以異也。

三、章程

洋涇浜設官章程十條,法領雖未承認,委員仍依據通行。

四、訴訟

清光緒二十七年四月二十四日,即一千九百零二年六月初十日,由駐滬各領事議定權限章程,照會滬道照辦,至今依據辦理。其內容如下:(一)華洋訴訟如被告爲中國人,均按照中律辦理。(二)民刑訴訟,均按中律辦理。(三)刑事命盜重案,清季均歸上海縣訊理;民國成立,命案已磋商就緒,仍解地方檢察廳核辦。

五、逮捕

(一)違警案件,由捕房逕行逮捕,解案審訊。(二)傳提各票,計分三種:(甲)傳提本租界人證之票,由委員印行,法領簽字後,隨即發行。(乙)傳提英租界人證之票,由委員印行,法領簽字

[註一]　Maybon et Fredet, id.
[註二]　id.
[註三]　id.

後，再由領袖領事簽字；或被告係別國用人，仍須送由該管領事簽字，方可發行。（丙）內地傳提各票，由委員印行，法領簽字後，仍須由委員加函，送請交涉員核准用印簽字後，再行送請內地檢察廳，或該管地方官，協同辦理。（丁）傳提人證，逮捕罪犯等事，均由捕房派探辦理。查法廨設立之始，委員由會捕局委員兼理，有線勇十餘人，凡遇傳遞等事，均以委員派勇，會同法捕房包探辦理。嗣於光緒二十二年，經滬道將會捕局裁撤，委員無勇可派，法廨僅有委員一人，又無吏役人等，以致逮捕全權，均歸捕房之手。按法廨遇有舊案，如原告稟追，或自己提訊，由中西官飭知捕房，再由捕房捕頭用四傳單飭探持單往傳，寫明限期，飭令到廨候訊；如或抗傳不到，無論原告被告，當於下次到案時，罰金一元充公。又按法租界關於國事犯事件，已於民國三年由外部與駐華法使改訂條約，其大要如下：

（一）內亂犯確於中外居民受害者，一經在法租界中緝獲，訊明後，即送交內地中國官廳審理，惟不得違背法律上之手續。

（二）租界內人民，中國官廳不得無故指爲內亂犯。

（三）對於內亂犯之審理，仍須領事會訊；倘證據不足，仍立時取消。

（四）法捕房對於內亂犯，有協同緝獲之責任。

六、經費

（一）委員薪水，前清由道庫撥發；民國成立之初，由領袖領事於滬道移交款內撥發。此外並無別項經費歸政府籌撥者，所有公堂用費，以及捕房押犯糧食等項，均由罰款項下動支。（二）罰款向歸法領經手收支，公堂經費亦由法領設法籌撥，華官向不過問。

七、相驗踏勘

相驗等事，清季歸上海縣辦理；民國則由委員邀請檢察廳會同法領驗勘。

八、律師

（一）華洋訴訟，兩造均准用律師辯護。（二）刑事案件，不准律師辯護。（三）民事案件，款項在一千兩以上者，兩造得延律師辯護。（四）律師必須通法國語言，方准到堂（辨）〔辯〕護。

九、拘留

（一）民事被告及人證，均羈留總捕房。（二）刑事人犯未定案者，分拘於各捕房；已定案者，發往盧家灣牢監收押。（三）女犯拘押捕房女所。

十、刑具

清季公堂向用笞杖枷號；自光緒三十二年奏飭停刑之後，即將笞杖停止，枷號仍相習沿用；民國成立，委員會商得法領同意將枷號一併廢除。從前刑事犯，向係跪審，民國成立，亦將跪審除去。

十一、上訴

（一）上訴案件，清季以滬道爲上級機關；凡有上訴案件，由道台會同法總領事審訊；民國成立尚無上級公堂，現由委員與法領商明：如有上訴案件，暫將公堂判決之案停止執行，俟上級公堂成立，再行呈請核辦。

十二、堂費

民事訴訟，按照原告所控之數，每百元收堂費二元；俟判決後，由公堂準酌情形，斷令兩造遵繳。該款由法捕房經收，彙繳法領，撥充公堂經費。（此項章程，係民國二年，仿照公共公廨辦法，由法領商請委員核定。）

按華商錢債案在洋千元以下者，仍照向章辦理；若在千元以上者，須由原告先將堂費繳存公堂，俟訊斷後，堂費應歸何人繳出，再行核奪。

　　按批示存法中央巡捕房，訴訟人可向領取。[註一]

以上所述，都是法公廨訴訟沿革情形。至於法公廨的統屬問題，以我華民的司法權，原是前由我國道台給予法總領事的，所以會審公廨是直屬於法領署的一個機關；但是自始以來，囚糧的經費，却由公董局擔任，而以罰款收入和囚徒苦工作抵。

至一九〇九年九月宣統元年七八月間，討論起造盧家灣總巡捕房時，同時亦議到建設新監獄；因爲大自鳴鐘捕房內，囚犯人數的激增，董事會終於十二月九日十一月二十七日以四票對一票的多數，通過在薛華立路靶子場起造監獄。

案經決定以後，遂於一九一〇年六月二十日宣統二年五月十四日指定包商，於七月十五日六月初九日開始工作，至一九一一年七月二十四日宣統三年六月二十九日落成，十月八日八月十七日正式開幕。自一九一二年民國元年起，監獄內的人員薪俸，和一切的零用添置，概歸公董局擔任。[註二]

一九一三年民國二年十二月二十九日，法總領事甘世東在公董局董事會提議說：

　　警務處和會審公廨的預算上攪混，實有許多不便；應自一九一四年一月一日起，將法公廨的收入和支出，列入法租界預算表內爲宜，凡屬法公廨的支出，像法官薪俸、審判用途，概應公董局金庫代付；而其一切收入，像訴訟費、罰款，亦概由公董局金庫代收之。[註三]

此案遂經董事會通過；法領甘世東隨即交出法公廨歷來的餘款，由公董局支配。

迨至一九一四年民國三年四月八日，我國與法租界當局，劃清越界築路警權的協定成立，公董局乃按照該約第十條，在薛華立路建一會審公堂，於一九一五年民國四年九月十七日正式落成。

會審公堂離開領事署而歸公董局擔負經濟責任以後，係作爲警務處屬下的一種機關；直至一九二〇年民國九年一月起，會審公堂始列爲公董局附屬機關之一，但監獄却仍屬巡捕房管轄。[註四]

一九三〇年民國十九年二月十七日，我國收回公共租界臨時法院的協定，在南京簽字；而法租界的公廨，已於一月二十七日，由總領事甘格林下令改組，內容如次：

　　第一條　自一九三〇年一月二十七日起，關於刑事的訴訟，無論是初審，或覆審，概由中國審判官獨訊，不必會審。該項訴訟，由自訴人或由警務處總監代表受害人提出控告。但領事署得派委員一人，以代表有法租界公安上責任的法國當局，出席旁聽；并得以此資格表示意見。

　　第二條　但關於華洋訴訟之刑事案件，如係法國人，或法公董局爲原告時，或巡捕房總巡因租界內治安關係而爲原告時，則該案無論是初審或覆審，仍應由一中國審判官協同法國會審官聯合審理之。是項會訊法庭亦得與聞租界內居民交保之事。

　　第三條　在此過渡時期內，凡在一九三〇年一月二十七日尚未審結之案，概准維持舊例。

　　第四條　凡在會審公堂註冊之律師，均得在華洋刑庭出席辯護；凡經公董局中國法官認可之中國律師，或經在會審公堂登記之各律師，均得在中國刑事庭，隨帶繙譯，出席辯護。

　　第五條　法租界會審公廨對其他案件的管轄權，仍應按照一九〇二年七月二日條約的規定辦理之。[註五]

　[註一]　商務印書館：上海指南。

　[註二]　法公董局年鑑 1913 年。

　[註三]　同上。

　[註四]　同上。

　[註五]　Journal de Shanghai, Fevrier 18, 1930.

我國對於法租界的司法權，原是自一九〇二年光緒二十八年以來，即有收回的準備；一九二〇年民國九年華府會議，我國亦提案要求；至一九三〇年民國十九年公共租界臨時法院收回，更行積極向法方交涉，終於一九三一年民國二十年七月二十八日，與法國訂定收回法公廨協定，由我方於七月三十日公布全文如下：

第一條　自本協定發生効力之日起，現在上海法租界內設置之機關，即所稱會審公廨，以及有關係之一切章程及慣例，概行廢止。

第二條　中國政府依照關於司法行政之中國法律及章程，在上海法租界內，設置地方法院及高等法院分院各一所；各該法院，應有專屬人員，並限於該租界範圍，行使其管轄權。

第三條　中國現行有效及將來合法制定公布之法律章程，應一律適用於各該法院；至租界行政章程亦應顧及之。

第四條　各該法院，應設置檢察處；其人員由中國政府任命之。此項檢察官，辦理檢驗事務，並關於適用刑法第一百零三條至一百八十六條之一切案件，依照中國法律執行其職務；但已經租界行政當局或被害人起訴者不在此限。檢察官偵查程序應公開之，被告得由律師協助，其他案件在各該法院管轄區域內發生，應由租界行政當局起訴之。一切刑事件，均有蒞庭陳述意見之權。

第五條　一切訴訟文件及判決，須經上述法院推事一人簽署後，發生效力；一經簽署，應即分別送達或執行。

第六條　凡在租界內逮捕人犯，除休息日不計外，應於二十四小時送交該管法院；逾時不送交者，應即釋放。

第七條　任何人犯非先經該管法院庭訊，不得移送於租界外之官廳；被告得由律師協助；但由其他中國新式法院囑託移送者，經法院認明，確係本人後，應即移送。

第八條　租界行政當局，一經要求如何協助，應即在權限範圍以內，盡力予以此項協助，俾二法院之判決，得以執行。

第九條　各該法院院長應分別委派承發吏，在各該法院民庭執行職務；承發吏送達傳票，及其他訴訟文件，但執行判決時，應由司法警察偕行；遇有要求，司法警察應予協助。

第十條　司法警察，連警員在內，由高等法院分院院長於租界行政當局推薦後委派之。高等法院分院院長，得指明理由，自動或因租界行政當局之聲請，終止司法警察之職務。司法警察應服中國制服，應受各該法院之命令及指揮，並盡忠於其職務。

第十一條　附屬於本協定第一條所指公廨之拘禁處所，嗣後應完全歸中國司法當局管理；各該法院，於其管轄權限內，得決定將在上述拘禁處所正在執行之人犯，仍令其在該處所內繼續執行，或移送於租界之監獄；各該法院對於本院判處監禁之人犯，亦可指定其監禁處所；但因違犯中國違警罸法或租界行政章程而被處罰者，不得拘留於在租界外之拘禁處所。凡判處死刑之人犯，應送交鄰近之中國官廳。

第十二條　法國籍或外國籍之律師，得在二法院出庭；但須依照中國法規，持有中國司法行政部發給之律師證書，並須遵守關於律師職務之中國法律及章程，其懲戒法令亦包括在內。上述法國籍或其他非中國籍之律師，以承辦非中國籍為當事人一造之案件，並以代表該當事人為限。租界行政當局為原告人、告訴人或參加人，或已提起刑事訴訟時，不獨得延請中國律師，並得延請法國籍或其他國籍律師；租界行政當局遇有認為有關租界利益之案件時，得經由律師以書面陳述意見，或依照中國民事訴訟法參加訴訟。

第十三條　中法兩國政府，各派常川代表二人，如遇關於本協定之解釋，或其適用，發生意見不同時,高等法院分院院長,或法國駐華公使,得將其不同意見,交請該代表等共同商議。但該代表等之意見,除經雙方政府同意外,並不拘束中國或法國政府;又各該法院之命令判決,或裁決,不在該代表等討論之列。

第十四條 本協定及附屬換文,其有效期間自一九三一年七月三十一日起,至一九三三年四月一日止;如經中法兩國政府同意,得延長三年。本協定在南京簽訂,中法文各兩份;該中法文本,業經詳細校對無訛。中華民國二十年七月二十八日,西歷一八三一年七月二十八日,徐謨、吳崑吾,代表中華民國外交部長。賴歌德(Lagarde)、甘格林(Koechlin),代表法國駐華公使。

附件

大法國特命駐華全權公使韋為照會事:查本日與貴部長簽訂關於上海法租界設置中國法院之協定,請貴部長對於下開各點予以同意之證明:

(一)凡屬於本協定第一條所指定公廨之房屋及其動產,連同文卷及銀行存款,應一律移交於二法院。

(二)高等法院分院院長,就司法警員中租界行政當局之一員,在院址內撥一辦公室,以便錄載一切司法文件:如傳票、拘票、裁決及判決書之事由。

(三)租界行政當局,應儘其可行之程度,選擇中國人薦充為司法員警。

(四)中國政府據法國政府之推薦,委派顧問一人,不支俸金,關於租界監獄制度及其行政,該顧問得向中國司法當局陳述建議及意見。

(五)凡本協定第一條所指公廨所為之判決,除已經按例上訴,或尚得按例上訴外,均有確定判決之效力。

(六)凡依照本協定規定屬於二法院之管轄案件,於本協定生效之日尚未審結者,應即移交各該法院;各該法院應在可能範圍內,認為以前訴訟手續,業已確定,并設法於十二個月內,將上述案件判決之,但遇有必要時,此項期間得延長之。

(七)凡按照中國法律沒收或判罪時所扣留之物,應存於二法院院址內,由中國政府處分之;鴉片及與鴉片有關之器具,每三個月應於租界內公開焚燬;至關於鎗械之處置,租界行政當局得建議辦法,經由各該管法院院長轉呈中國政府。

相應照請查照見覆為荷!須至照會者。右照會大中華民國外交部長王。西歷一九三一年七月二十八日,賴歌德,甘格蘭(代表法國駐華公使)。

大中華民國外交部長王為照復事:接准貴公使來照關於本日簽訂關於上海法租界內設置中國法院之協定,茲本部長特向貴公使聲明:對於來照所開各點表示同意,予以證實:

(一)凡屬於本協定第一條所指定公廨之房屋及其動產,連同文卷及銀行存款,應一律移交於二法院。

(二)高等法院分院院長,就司法警員中租界行政當局之一員,在院址內撥一辦公室,以便錄載一切司法文件:如傳票、拘票、裁決及判決書之事由。

(三)租界行政當局,應儘其可行之程度,選擇中國人薦充為司法員警。

(四)中國政府據法國政府之推薦,委派顧問一人,不支俸金,關於租界監獄制度及其行政,該顧問得向中國司法當局陳述建議及意見。

(五)凡本協定第一條所指公廨所為之判決,除已經按例上訴,或尚得按例上訴外,均有確定判決之效力。

(六)凡依照本協定規定屬於二法院之管轄案件,於本協定生效之日尚未審結者,應即移交各該法院；各該法院應在可能範圍內，認爲以前訴訟手續，業已確定，再設法於十二個月內，將上述案件判決之；但遇有必要時，此項期間得延長之。

（七）凡按照中國法律沒收或判罪時所扣留之物，應存於二法院院址內，由中國政府處分之，鴉片及與鴉片有關之器具，每三個月應於租界內公開焚燬；至關於鎗械之處置，租界行政當局得建議辦法，經由各該管法院院長轉呈中國政府。

相應照復查照爲荷！須至照會者。右照會大法國特命駐華全權公使章。中華民國二十年七月二十八日，徐謨、吳昆吾（代表中華民國外交部長）。^[註一]

法方亦於七月三十日，在上海法文日報，公布上列同樣文件；但比我方却多了三種附件，其內容如次：

附件一

大法國特命駐華全權公使章，爲照會事：查本日與貴部長簽訂關於上海法租界內設置中國法院之協定，本公使茲特與貴部長保證法院得有完全享用協定內第一條所指定房屋之權，該屋係坐落於地冊第二〇二六號，計有面積一畝九分八厘六毫正。該法院并得完全享用地冊第二〇二七號計有七畝四分八厘三毫之地皮，以供監獄之用。茲特附上劃明該兩地界限與位置各圖樣，相應照請查收爲荷！須至照會者。右照會大中華民國外交部長王。西歷一九三一年七月二十八日，賴歌德，甘格蘭（代表法國駐華公使）。

附件二

大法國特命駐華全權公使章，爲照會事：查本日與貴部長簽訂關於上海法租界內設置中國法院之協定，本公使茲特明白聲明：是項協定，無論如何，不得搖撼消滅法國與其屬民所得自條約協定，及習慣上現尚有效之權利，且本公使并代表法國政府保留有權反對在法租界內施行有違背行政規章與習慣，以及有妨礙界內秩序治安之一切法律、章程與決定。相應照請查照爲荷！須至照會者。右照會大中華民國外交部長王。西歷一九三一年七月二十八日，賴歌德，甘格蘭（代表法國駐華公使）。

附件三

大法國特命駐華全權公使章，爲照會事：查本日與貴部長簽訂關於上海法租界內設置中國法院之協定，本公使茲特向貴部長報告：法國政府業經按照協定換文第四項之規定，指派大律師杜格（D'Hooghe）爲顧問；相應照請查照爲荷！須至照會者。右照會大中華民國外交部長王。西歷一九三一年七月二十八日，賴歌德，甘格蘭（代表法國駐華公使）。

法租界的會審公廨，被我國收回了！公董局董事會遂於七月二十八（會）〔日〕開會，由法總領事甘格林主席報告道：

本租界法公廨，將被中國政府收回，自今年八月一日起改組爲中國法院；其組織制度，與公共租界大致相同。查該法院，係定名爲上海第二特區法院，內包含有地方法院及高等法院兩種，現按此項新制，有創設法租界律師一職之規定，而該律師之職分，實負有兩種任務，職責頗爲重要：一面於本公董局爲訴訟之當事人時，既須代表本局出庭辯護；一面又須在若干情形內執行檢察職權。茲經呈准法國駐華公使，委派杜格（D'Hooghe）爲法租界律師，并須增聘中國律師二人至四

人,及書記等職員以組織司法顧問處。……[註一]

這就是司法顧問處產生的經過。

丁　公共工程處

在法公董局未成立前,法租界中即已有道路委員會的存在,擔任界內一切建設事宜。這種委員會原於一八五七年_{咸豐七年}間,由愛棠領事和地主華定(Warden)與皮少耐(Buissounet)所組成,實開法租界內有產階級參政的先聲,而具有公董局的雛形了。[註二]

到了一八六二年_{同治元年}公董局成立,公共工程處乃與其他公務機關,同時設立了。因當時租界區域狹小,故僅用有工程師一人,嗣後陸續添有監工、清道員等。[註三]

一九〇〇年_{光緒二十五年}租界二次擴張了,而且同時水電的企業,也由公董局包辦,因此在公共工程處的下屬,便添設了供電處和給水處兩個機關。[註四]

迨至一九一四年_{民(年)〔國〕三年}法租界的越界築路交涉成立,警權所及的地址,大過原有租界二十倍以上;因此建設工程,年有增加,而公共工程處的機關,越發顯其重要性了。[註五]

自是以後,法租界公董局的公共工程處,所分設的機關,遞年有所增進;截至一九三一年_{民國二十年}止,該處的組織如下:

一、路政處

二、廠務處

三、建築處

四、水電處

五、丈量處[註六]

迨至一九三一年_{民國二十年}年底,因華員罷工的關係,而有大行改組公董局各機關的舉動;首受其衝者,厥為工程處,在當時全局被裁的華員人數二百四十名之中,公共工程處的華人,竟佔有一百二十九名! 因是工程處的組織,乃不得不大行改組了。[註七]

據一九三一年_{民國二十年}九月二十一日董事會所通過的組織法,公共工程處的組織,計分為四科三室十八股二組,其名稱如次:

一、總務科

總工程師辦公室

副總工程師辦公室

副工程師辦公室

二、管理科

文牘股

丈量股

執照股

堆棧股

[註一]　Journal de Shanghai, Juillet 30, 1931.
[註二]　Maybon et Fredet, ibid.
[註三]　ditto.
[註四]　法公董局年鑑。
[註五]　同上。
[註六]　同上。
[註七]　華文公報。

會計股

三、技術科

營造股

機械股

路政股

四、工務科

甲、修繕工程組：

運輸股

馬務股

清道股

修料股

善路股

修造股

路燈股

乙、監督包工組：

電機股

建築股

築路股[註一]

戊　警務處

　　法租界警務處的設立，實在公董局之前；在一八五六年四月咸豐六年三月小雛形的巡捕房，先已成立了，而公董局則在一八六二年五月同治元年四月方始創設呢。[註二]

　　在公董局初創後，巡捕房原劃歸其管轄的；迨至一八六五年同治四年公董局的董事會，因與法總領事衝突，而遭解散；由是在一八六六年同治五年及一八六八年同治七年所公布的公董局組織章程中，乃明白規定：巡捕房應直屬於法總領事的管轄，而公董局僅成爲籌餉的機關了。後來一九一二年民國元年公董局的董事會，又以警權事件，而遭解散，又至一九一四年民國三年時，法租界的警權，擴張至越界築路各處，法租界的警務處越發成爲獨立的機關了。[註三]

　　法租界巡捕房，以直屬於領事署的關係，自初立以迄現今，很少有變動；茲將其現組織的概況詳述如次：

　　按警務處的組織，計分八科，爲：

科　別	法籍人員	俄籍人員	華籍人員	越籍人員
總務科	四			
文計科	四	一	八	三
政事科	八	四	六六	
警捕科	九九	三二	八一二	五〇三

[註一]　華文公報。
[註二]　同上。
[註三]　法公董局年鑑。

科　別	法籍人員	俄籍人員	華籍人員	越籍人員
治安科	二六	七	一○八	一
法警科	四		二五	
查緝科	一		四	
俄捕科		一二五		
共　計	一四六	一九六	一一四三	五○七

按右表政事科下,附設有搜索隊;警捕科下,附有分區捕房六所,即:

麥蘭捕房

霞飛捕房

小東門捕房

福煦捕房

寶建捕房

貝當捕房

等是。此外尚有特別巡捕、俄籍義勇隊、交通股、電影檢查股,等等。

又治安科下,則附有司法檢正處、照相字跡處等。

另外尚附設安南學校一所,專爲教育安南巡捕子弟之用的。[註一]

(三)法租界公用事業沿革

甲　自來火

子　法商自來火行

一八五六年咸豐六年時法租界在愛棠總領事統轄之下,馬路上已有煤油燈。迨至一八六四年同治三年公共租界內英商自來火行成立,法公董局即與該公司開始談判,要求在法租界裝設煤氣燈,以代煤油燈。但新創的大英自來火行,却以火管不足,要等英租界布置完備後,方能顧及法租界爲辭,竟拒絕法公董局的請求,使法人不得不自謀建設一個自來火行。

一八六四年十二月十日同治三年十一月十二日由公董局董事米勒提議,斯密德和巴朗附議,招集三萬兩資本,於十二月二十三日十一月二十五日組成,十二月三十一日十二月初三日和公董局訂約,保證自來火行有百分之八的利益,此自來火行遂於一八六五年一月十六日同治三年十二月十九日在法領事署註册,正式宣告成立,推定米勒爲經理,斯密德爲董事長,奧特門爲祕書,巴朗和皮少耐爲董事,……總之公董局的董事會,全體都兼任自來火行的董事就是了。

法租界自來火行成立後,界中的煤氣路燈,遂於一八六六年八月十五日同治五年七月初六日開始放光。

後至一八七○年同治九年法公董局董事會,以前任董事對於自來火行的待遇,有保證利益的規定,未免過優,遂決定進行修改;交涉至一八七○年七月一日同治九年六月初三日雙方改定條件如左:

一、前約取銷,自來火行以後不得請求保證利益。

二、煤氣價額,應自每立方公尺一角七分減售至一角五分;洗燈費額,亦應自銀一千兩減至五百兩,自一八七○年四月同治九年三月實行。

[註一]　華文公報。

三、公董局繼續准許自來火行，自一八六四年十二月三十一日同治三年十二月初三日起專利二十五年。

四、公董局應擔任購買股票一百六十股，以便自來火行還債之用；公董局得派一董事，爲自來火行的管理員。

一八八二年八月光緒八年七月末，法公董局應允公共租界的上海電光公司（Shanghai Electric Light Co.）在天主堂街安設電桿，後又於九月二十五日八月十四日允許該公司在法租界內營業，因此引起法商自來火行激烈的抗議；公董局卻於九月二十八日八月十七日答覆説：

> 電燈的應用，是住民私家的需要，煤氣燈的應用，是公董局的需要，這是與自來火行的專利，不相矛盾的。

實際上，法商自來火行自成立以來，主要的顧客，只是公董局一家而已；且因合約的關係，定價不得不特別低廉，因此歷年來，都是虧累，至一八八二年，上海電光公司勢力侵入法租界後，自更難立足。

自一八八二年末起，法商自來火行，本有改用電燈，以應時代需要的擬議，但終以經濟困難，未能實現其計劃。

至一八九一年三月三十一日光緒十七年二月二十二日專利期滿後，公董局又以價目比較便宜的關係，改用英商自來火行的煤氣；因此，頓使法商自來火行，不能立足，遂即進行清理，於一八九二年三月三十一日光緒十八年三月初四日正式宣告解散。

丑　英商自來火行

一八八八年五月光緒十四年四月間，法商自來火行，提出要求自一八九一年三月三十一日光緒十七年二月二十二日起續約專利十年；此時法租界內，又有一家"新上海電氣公司"（New Shanghai Electric Co.）勢力侵入，已在招商局金利源碼頭裝設電燈；英商自來火行亦來要求專利；因此公董局董事會，便於一八八八年六月二十六日光緒十四年五月十七日議決，將此案發交財政委員會詳加考慮。

財政委員會，於八月二十三日七月十六日將英法兩家自來火行的價額，比較之下，法商自來火行的煤氣價，實比英商自來火行的煤氣價貴過兩千一百零二元六角之多；遂向法商要求減價，但是終於無效，因此公董局便決定將法租界的路燈問題，招商投標，競價承辦了。

一八九○年一月三十一日光緒十六年正月十一日開標時，計有：

法商自來火行

英商自來火行

新上海電氣公司

當邦佛斯東公司（Thompson-Houston Electric Co.）

雷得磨禮移公司（Sautter-Lemomric Co.）

愛迪生電氣公司（Edison Electric Co.）

六家前往投標，董事會於二月五日正月十六日即以電燈設備，需價太昂，決定放棄電燈計劃；繼於二月二十八日二月初十日會議，又以法商自來火行，每一立方公尺的煤氣，索價一角，而兩英商自來火行一立方公尺的煤氣，只需七分，兩者相差太鉅；隨即決定使用英商自來火行的煤氣，與該公司議定專利合約五年，條件內容如左：

> 第一條：上海法租界公董局許可英商上海自來火公司，得在界內現有和將有之公路上，以及公董局所有各房屋內，專利包辦煤氣燈五年，自一八九一年四月一日光緒十七年二月二十三日起算。
>
> 第二條：公路上路燈，可以應用現有者，其燒耗費量，應以每盞燈消用煤氣三英呎又十分之七

計算之;關於路燈數目,不得減於現有二百十盞之數。如有數盞煤氣燈,其消耗煤氣之數量,高過上列規定者,則其消費應依局方與行方兩工程師,會同核算之。凡在公董局所屬房屋之煤氣燈耗量,概依煤氣表計算之。

第三條:煤氣最高價,定爲每一千立方英呎,費洋貳元;無論公董局公用,或界內居民私用,售價概應一律。如英商自來火行,在本約有效期內,允許公共租界工部局或居民,照現價減削時,亦應在法租界內,作同樣之削價。

第四條:自來火行所供給之煤氣,應加以相當的澄淨,以便馬路上每盞煤氣燈,各得有十燭光之光度,自來火行并應備有必需的器具,以便檢查廠中煤氣質料;檢驗煤氣之舉,應由公董局提出要求,并由局方與行方兩工程師會同執行之;執行時間,以天黑不及一小時者爲宜,如經檢驗後,核得煤氣質料不佳時,除非此項缺點,實由於不可避免的情形外,自來火行應擔負賠償責任,其應賠數目,由專家核定之。

第五條:一切現在供用的器具,如燈、柱、管、線、等等,以及其他附屬品,概爲公董局所有。一切修理維持用費,亦應歸由公董局擔任。

第六條:道路上之煤氣燈器具,係屬自來火行所有,其修理維持各費亦應由行中擔負之,自來火行并應供給煤氣表,且應維持修理之。

第七條:凡埋設煤氣管的工作,概應先得公董局特准,方可執行。但如遇有緊急或意外情事,則自來火行得立即開始開掘工作,惟應先期報知法租界總巡捕房。法租界與自來火廠通管地方,應分三處。

第八條:自來火行,於擔任埋管設燈工作之外,并應擔負修路工費。是項修路工作的執行,應由公董局工程處擔任之,而歸自來火行出費,其費額以每翻路一英呎,應納費洋五分計算之。如有須在沿橋上,埋設總管時,公董局應予自來火行以一切必要的便利。

第九條:凡在路面或路中裝設煤氣器具之工作,應依公董局之意志或用或不用自來火的工人。自來火行但得有權用自己工人,執行接火及檢驗工作。

第十條:如公董局願任自來火行工人,執行上列工程時,則接收該工程的任務,應由局中工程師負責。

第十一條:凡由自來火行執行裝設以及一切其他工程的工資,應由行中估價開單,送請公董局工程師核認之。

第十二條:凡經局方工程師接收後的工程,自來火行完全中止負責;其保護各費,概由公董局擔負之。

第十三條:自來火行擔認備有充分之器具,以供公董局和法租界住民點燈的需要。

第十四條:自來火行應擔負中斷煤氣供給之責,但經專家認爲不可抗力者除外。

第十五條:自來火行應按照公董局所訂時刻,燃熄公路上各煤氣燈。

第十六條:公董局所定之燃熄煤氣燈時間,得依局方之便利,隨時更改之,但煤氣燈應燃時間之總數,不得減少。

第十七條:自來火行得有十五分之從容時間,執行法租界內之燃熄煤氣燈工作,但無論如何,行中應備有充分人員以便迅速按規執行。

第十八條:凡有延時燃燈,先時熄燈情事,如此項不規則情事并非不可抗力所致,而延時先時的時間,超出十五分鐘以上者,則自來火行應負賠償責任,其應賠數目,應由公證人核定之。

第十九條:自燃燈時起,供給法租界中區的煤氣,應至少有二公分的壓力;但自來火行,得自夜半起，減去三公厘左右的壓力。

第二十條：自來火行應擔負路燈清潔的責任；所有燈罩，應至少每星期洗刷一次；其桿柱開關，應至少每月塗油一次。是項工作，以及燃熄維持路燈各費，應由公董局按月每盞燈津貼自來火行洋一角五分。

第二十一條：每盞煤氣燈，應各編有號次，由巡捕房擔任查察其是否光亮；凡有不合之處，各巡捕務應指明號數，詳加報告。

第二十二條：公董局所負煤氣燈之燃費，應由自來火行開單，以便公董局於月終時付清之。

第二十三條：公董局所讓與自來火行的專利營業，僅限於公路上與公董局內之煤氣燈；法租界內私人用燈，儘可應用其他方法，不必專用該行之煤氣燈。

第二十四條：在本合約有效期間內，公董局得利用煤氣燈作種種試驗，以便決定約滿後，應用何法燃燈之用，但此項試驗，應以暫時爲限，所有應用煤氣，由公董局償還之。

第二十五條：如在公董局和自來火行間，發生關於合約上之爭執時，此爭執若不在一個月內解決，則此問題應在十四日以內交由雙方公選的一公證人裁決之。如雙方不能在十四日內同意選定公證人時，則應各推一公證人合決之；如兩方公證人，不能同意裁決時，則應由該兩公證人，公選一第三公證人最後裁定之；雙方各應遵從上列各公證人裁決的辦法。如爭執問題，應由兩方各推之公證人裁判時，若一方在十四日內，不推出其公證人，則另一方所推之公證人，得爲代定一公證人而合同裁決之；如該兩公證人意見不合時，則亦應由其互推一第三公證人裁決之；雙方各應遵從上列各公證人裁定的辦法，所有公證人公斷用費，概應由該公證人裁定，着由兩方遵照辦理。

公董局代表薩坡賽（Chapsal）簽
英商自來火行蒲東（Purdon）簽

此合約於一八九〇年九月二十六日光緒十六年八月十三日簽訂，繼於十月十五日九月初二日由公董局董事會通過。

至一八九三年光緒十九年時，電燈的利益，日益明顯，英商自來火行遂於四月十日二月二十四日要求在法租界一部分的路上試用電燈，同時新上海電氣公司（The New Shanghai Electric Co.）亦於五月一日三月十六日提出在法租界試燃電燈的要求。

迨至一八九四年一月初光緒十九年十一月底公共租界工部局電氣處的勢力，侵入法租界，在界內供給私人應用的電燈，公董局亦不加以干涉，但以將來法租界設有電廠時，得以三個月之預告，請工部局撤回一切電氣設備。

因時代的變遷，科學的進步，煤氣燈遂漸爲人所指摘；公董局董事會遂於一八九四年光緒二十年痛斥英商自來火行腐敗之餘，更下了應用電光的決心。

公董局和自來〔火〕行的專利合約，原定於一八九六年三月三十一日光緒二十二年二月十八日滿期的，公董局雖已於一八九五年四月一日光緒二十一年三月初七日決定採用自營電燈廠的計劃；但以設備需時，遂於一八九六年四月十五日光緒二十二年三月初三日由總董奧利和，與自來火行約定延長舊約至一八九六年年底。是年十二月二十一日十一月十七日雙方又將原約，延長至一八九七年三月三十一日光緒二〔十〕三年二月二〔十〕九日。

公董局方面創設自營電燈廠的進行，非常積極，終於在一八九七年五月二十四日光緒二十三年四月二十三日開始放光，六月一日五月初二日完全完備，七月十四日六月十五日正式代替煤氣燈了。

但是英商自來火行仍保留有在法租界營業權，至今不變。

乙　自來水

子　英商自來水公司

一八七九年光緒五年時公共租界英商自來水公司,開始組織;法租界公董局的董事會,於一八七九年十一月十八日光緒五年十月初五日常會,即決定請其在法界中,埋設水管,供給水量。經過一八八〇年二月二日光緒五年十二月二十二日和十一月十八日十月十六日兩次交涉後,便由法公董局董事會總董維爾蒙,與英商自來水公司大班馬格尼奧(MacLeod)訂立合約三十六條,內容如左:

第一條:自來水公司得在法租界內,自費安設水管,經營自來水企業。

第二條:自簽字日起,公司得在法租界內,專利經營水業十三年。

第三條:公司如以變賣、轉讓,或其他的手續,移交第三者接辦時,則本約當然作廢。

第四條:公司得在法租界各公路中,埋設大小水管,以及各項給水應用器具。

第五條:本約約期滿後,而不續約時,公司應將大小水管拆除,并將道路修好。

第六條:公董局有權收買法租界內之大小水管及各水具,其買價應由雙方各派一公證人會同裁定之;如雙方公證人意見不合時,應合選一第三公證人,全權裁決。

第七條:公司擔任供給法公董局所需的水量,每五千英國加侖(即二萬二千七百公升),售銀一兩為限。

第八條:安設水管水具的工作,應在一八八三年三月三十一日光緒九年二月二十三日以前完竣,公董局各機關的給水,亦應於此時告成,但離開公路有五十公尺的公廁,則在例外。如有延遲情事,則每遲一月,公司應賠償公董局五百兩;但遇有不可抗力者除外。

第九條:公董局核准公司在法租界內接通水管,以為上海縣城給水之用;但該水管,應并受本約各條之節制。

第十條:公司應俟儘量供給法租界公董局各機關水量完足後,方可供給上海縣城用水。

第十一條:所有安設水管、開掘溝渠,等等,除本約第二十、第二十一、第二十二、第二十三各條所規定外,應概由公司擔負之。

第十二條:在開溝時期內,應由公司擔任一切維持交通的設備,如:起造橋樑、跳板、圍柵,等等;并應遵守警務章程辦理。凡有因節日、婚喪儀仗,或公安上之需要,須將材料移動,溝渠填塞者,所有工作,概應由公司擔任。公司并應擔負賠償因其工作而使地主、房東、房客、諸色人等所受之損失;無論如何,不得卸責於公董局。但公董局所交與公司任用之圍垣、支柱,如有發生危險時,局中工程師得令公司出費,採行維護安全辦法,公司不得異議。

第十三條:公司應負抽水工作之經費,并應對第三者擔負一切因水害而受之一切損失。

第十四條:凡在安設大小水管、水具以後,而進行修理公路、馬路、碼頭、人行道、橋樑等工程,概應由公司出費,在公董局工程師監督之下執行之;惟公董局工程師有接收公司所修竣道路工程之權。

第十五條:除顯明之損壞,應由公司修理堅固外,公司并應細心搜索漏水或塞水之處,立加修理,以期給水不至受何影響,而至有所間斷。

第十六條:公司於每次接得漏水報告後,立應開始搜索滲漏處,以期發現,即行修理,但如查得并無漏水情事時,則所有查費,應償還公司,藉杜誣告。

第十七條:如公司於接得一起或多起關於漏水湧路,或盈溝的報告時應即派出充分工人,以便在距警告二十四小時之內,即行修好。如修理工程,未能在二十四小時之內完好者,則公司應立即在路上,建立保安設備;或將陷阱填滿,或在溝旁設立圍柵,夜點亮燈,并派人看守之;所有費用，概歸公司擔任。一切修理，概應在接到報告後二十四小時內，開始工作，繼續不斷。如不在此時間內，開始工作，或已開工而中止者，則公司每延停一天，應處罰金五十兩正。

第十八條：非先有公董局核准，公司不得在法租界內擅自執行修理、取水，或其他水管上之工作，如有違犯時，應即查明紀錄處罰公司銀一百兩正。

第十九條：公董局用水，應分兩種：

第一種——公用機關給水，如宰牲場等。

第二種——洗路用水，救火用水，公廁用水。

第二十條：供給第一種用水，應用量水計，所有給水器具，以及安設工費，概由公董局擔任。

第二十一條：人行道下洗路或救火之自來水龍頭，應有九十五具，安設於雙方約定之場所。

第二十二條：所有購買或安設前項器具各費，概歸公董局擔任。

第二十三條：公廁中水管數目，應由公董局工程師指定，所有購買及安設用費，亦概歸公董局負擔。

第二十四條：洗路所需水量，應由雙方各派代表，組成評議會議定之。

第二十五條：救火所用水量，應按開放水管時間之長短計算之。

第二十六條：公廁應用水量，既有定額，應照水管數目計算。

第二十七條：水管內水壓力，不得較水管兩端距離最遠之數，低過三倍的氣壓。

第二十八條：用水費額，應每月結算一次。

第二十九條：公司應負水流中斷之責，公董局應負因其錯誤而使水政妨礙之責。雙方應負賠償之數目，應由專家公證人核定之。

第三十條：每次在局有的洗路或救火水具有所修理時，則修理費額，應有公董局工程師會同公司代表議定之；是項修費，另帳開列，按月一付。

第三十一條：公司應擔任洗路龍頭、救火龍頭，以及公廁龍頭清潔之責；各處龍頭，應每星期檢查一次。

第三十二條：每具水管，應各編有號碼；公董局工程師應負有稽查水管善良運用之責，遇有損害，應即通知公司，該公局應立即修理之。

第三十三條：自來水應用兩水管，引入法租界，每管應須粗大，以便供給充分水量。兩管穿過洋涇浜時之距離，應等於兩橋的距離為標準。

第三十四條：所供給之水，概應完全濾清，并須排去一切穢物。

第三十五條：每六個月應將水化驗一次，其化驗費雙方各半分擔之。

第三十六條：凡供化驗之水樣，應在離管最遠之極端，或在任何經公董局工程師指定之一點抽取之。

一八八〇年十一月二十三日光緒六年十月二十一日訂於上海。

此約訂成後，英商自來水公司，遂即積極進行安設水管工作，終於一八八二年十月三十日光緒八年九月十九日全部安設完竣，乃更進一步，和公董局協商水量給價問題。

經過三年多的交涉，雙方才決定將給水定價，分作兩部分：第一是供給公董局各機關的用水，每年估定為銀三千兩。按月攤付。第二是供給民間用水，由公董局就所收房捐統額中，抽出八分之三付款。

交涉解決後，公董局又與自來水公司，於一八八五年十一月二十三日光緒十一年十月十七日訂定附約如左：

第一條：公董局擔任按照所收房捐稅額，抽出八分之三，按年付與自來水公司。

第二條：是項房捐，係按照房租總額，抽稅百分之八計算。

第三條：應付與自來水公司之八分之三水費，應於每年三月三十一日、六月三十日、九月三十日、十二月三十一日付清之。

第四條：公董局保留有權在租界內，於一八八〇年合約第二十一條所規定九十五具龍頭之外，增設任何數量之取水龍頭、救火龍頭、公廁龍頭等等。

第五條：公董局擔任儘在其能力範圍內，阻止在租界內龍頭取水發售，或運往界外，以及糜費水量情事；但公董局對於前項情事，不負賠償責任。

第六條：一八八〇年合約，除第七、第二十一、第二十四、第二十五、第二十六、第二十八各條，在本附約實行期間，應行作廢外，其他各條，仍應有效。

第七條：自來水公司應用建在公路上之龍頭，供給全租界居戶，以及公董局各機關，所需用水。

第八條：自來水公司保留有權應用特殊水管，供給私家用水，并得售水與工廠、軍艦，以及凡不列在第七條所規定之各項用途。

第九條：無論晝夜，給水不得間斷，但遇有不可抗力者可以除外（按照一八八〇年第二十九條之規定）。

第十條：本附約時效定為三年，公董局得於約期滿後，或即解除本約，或遷延至一八八〇年約期為止；但自來水公司不得於一八八〇年合約終了期（即一八九三年十一月二十三日）以前，要求解約。

第十一條：本附約應自一八八五年十二月一日光緒十一年十月廿五日起，開始施行。

第十二條：如公董局決定於三年後，按照本約第十條規定，解除本約，則一八八〇年原約，全體各條，恢復有效。

維爾蒙（Vouillemond）簽

馬克羅（MacLeod）簽

迨至一八八八年二月光緒十三年十二月公董局董事會更決定將界內馬路各處自來水龍頭，亦託由英商公司保管修理；雙方往返磋商，至八月七日六月三十日又訂定合同如左：

第一條：自來水公司擔任更換租界現有之水管龍頭，另照該公司在公館馬路和老永安街轉角所設之新式龍頭以代之；并應善為保管。其保管費第一年每具銀十五兩，以後每年按具銀五兩正。

第二條：如因暴動，或戰爭，或凍冽而致水管損壞者，不在平常修理之列，另行協商。

第三條：本合同應自一八八八年八月一日光緒十四年六月二十四日起實行；其有效期間，與公董局和自來水公司所訂之給水合約期間同。

第四條：更換界內現有龍頭之工作，應在一八八八年九月十五日光緒十四年八月初十日以前完竣；本合同發生效力六星期後，以至裝設新龍頭時止，所有界內現有龍頭，應由自來水公司，善為保管，除本合同第一條所規定者外，不另取費。

第五條：修理龍頭的通知，應由公董局工程師令行自來水公司遵照；公司於奉令後，即應呈報收到明令。

第六條：公司奉到公董局工程師修理命令後，應於奉命時起儘二十四小時以內，迅速進行工作。

第七條：如有延遲執行修理工作時，公董局當再令仰自來水公司，飭知：如在二十四小時內，尚未動工者，則局方得逕代行修理，一切責任，概由公司擔負，所需經費，應在應給與公司之保管費內扣除。

第八條：修理費額，應自一八八八年九月三十日光緒十四年八月廿五日起，每季一付；自來水公司開來之發票，應附有公董局工程師簽字之接收工程單，方可照付。

第九條：如公董局對於自來水公司之修理龍頭工程，有所不滿，或對於公司之執行本合同，認爲未合時，該公司如對於公董局之指摘，表示不服，則應將事件提交雙方各推一位之公證人處決。如兩公證人的判決，有利於公董局時，則局方有權解除本合同，但應在一個月以前，通知自來水公司。如兩公證人意見不合時，則雙方應合選一第三公證人，最後裁定之。凡有必須公證人公斷時，則所有公斷用費，應由敗訴者擔負之。

薩坡賽（Chapsal）簽

馬克羅（Mcleod）簽

一八九三年十月二十六日光緒十九年九月十七日英商自來水公司，以專利合約當於是年十一月二十三日屆滿，遂要求改訂新約，由是法公董局董事會就派出寶吓（Rois）、哈同（Hardoon）、奧利和（Oriou）、維爾蒙（Vouill emond）四董事，組織研究委員會，擔任交涉之責。

雙方交涉至一八九四年一月間，自來水公司提出新約的基礎，要點如：

一、每五十英國加侖的水，售銀一兩。

二、在入界之處，設一單獨水表，除私家用度外，所耗水量，概由公董局擔任。

但公董局方面，以爲入界水管，每有漏水情事，若一切概由局方擔任，未免糜費過鉅，要求仍照前例，以實用實銷爲是。

公司方面，遂提議：請用 Deacon 水表，以測漏水數量，但據局方工程師邵祿（Chollot）觀察結果，認爲不切實用，仍要求以實用實銷爲新約基礎。

雙方自一八九三年十一月起，至一八九四年四月止，往返交涉，相持不下，公董局乃於一八九四年四月二日光緒二十年二月二十七日決定中止談判，要課公司以捐稅；公司方面，終於讓步，以公董局每日用水約五萬六千三百八十五加侖爲標準，計算水價，公董局亦願承認如此辦法，形勢始漸緩和。

不料自來水公司，於一八九四年七月二十四日光緒二十年六月二十二日強硬堅持，要求保留當初原約第九、第十兩條，關於華界南市給水的規定，公董局亦於一八九四年八月二十日光緒二十年七月二十日決議拒絕華界給水的條文，交涉遂終於八月三十日七月三十日宣告破裂。

雙方雖然沒有了續約的可能性，但仍聲明，暫時維持現狀。至一八九五年十一月二十八日光緒二十一年十月十二日自來水公司與我國道台訂好城內給水的協定，遂又來向法公董局商量，假道小東門裝置水管，通入華界的辦法；但終爲法方所拒絕。

法公董局雖然不許自來水公司，假道給水與華界，但却在華界董家渡，購買基地建設水廠！

丑　公董局自辦自來水廠

法公董局董事既不願和自來水公司續約，當然是預備自辦水廠。

一八九五年二月四日光緒二十一年正月初十日董事會，總董奧理和報告：

現在有一機會了；董家渡方面，有一寬逾八十畝以上的地皮，可以九千兩左右買到的。據有經驗的工程師的意見，此地是顧宜於建設水廠的。

董事會遂一致通過購買此地。

經過相當的接洽,此段沿着黃浦江的地面,遂於是年七月二十二日六月初一日交易成功,地價共計銀九千九百六十八兩。

但此地段坐落華界,法人原無購買權力;因此便將此案由領事向我國政府進行交涉。最初,此案由呂班(Dubail)總領事交涉,因不得要領,遂將原案送往北京法使署。迨至一八九七年光緒二十三年間,白藻泰(Bezaue)總領事到滬,竟於四月二十二日三月二十一日令飭公董局,先行佔領董家渡的基地;又經過幾度強硬的交涉,中國方面,終於由滬道讓步,在一八九七年七月十三日光緒二十三年六月十四日發給執業契與法公董局,又於同年九月十五日八月十九日和法領事白藻泰訂定條件如下:

一、中國當局得從城內造成一橋,直達金利源碼頭。

二、公董局得在華界新碼頭,埋設水管。

三、中國當局,願在董家渡,讓出一段地面,供公董局軋石廠之用;但得隨時收回之。

董家渡地產的所有權問題,既經解決,公董局董事會遂於一八九七年二月二十一日光緒二十三年九月二十六日會議決定,向匯豐銀行借款二十六萬兩,進行起造水廠事宜;并於董家渡碼頭處,築成一路,通達水廠的地方,定名爲白藻泰路,作爲越界築路之一。

在一八九八年七月十五日光緒二十四年五月二十七日會議時,公董局董事會即已決定不買英商自來水公司現有的水管,因此便於八月三日六月十六日派了邵祿工程師赴歐另行訂買了。迨至九月三日七月十八日公司又重申前議,要索水管價三萬五千兩。但局方只允一萬五千兩,雙方堅持不下之際,公司又提議從一八九八年十二月一日光緒二十四年十月十八日起,法界水費加倍,糾紛益見重大;最後由法公董局派出金何伯(Robert)和魏萊得(Wright)兩董事,和自來水公司面商,終於決定請在福州馬尾船政局的法國工程師,簽定法(祖)〔租〕界現有水管的價格,和利用的方法。

此時恰有一巴黎美術工程學校畢業工程師Vouiller經過上海,遂由當時的法領高勞德(Claudel)趁便請他鑒定,經他於一八九八年十二月十二日光緒二十四年十月二十九日正式認定,可以利用英商自來水公司原有的水管,供爲法租界將來水廠之用;因此法公董局遂決定照公司的定價三萬五千兩,收買全部地下水管,一面并即召回派往歐洲購辦水管的邵祿工程師;同時公司提高水價之議,亦遂無形取銷。

法租界自來水設備工程,自從一八九八年三月光緒二十四年二月間動工,至一九〇二年一月十一日光緒二十七年十二月初二日始正式完竣;當時便與英商自來水公司,訂就臨時辦法如下:

一、自一九〇六年二月一日光緒三十二年正月初八日起,公董局正式擔任法租界內給水事宜。

二、在此日前,公司應贊助公董局作給水之嘗試;於指定時日內,關閉水門,以便試驗。

三、公董局擔任界內給水責任後,公司仍應保留埋在吉祥街水管之水,以防不測。

四、關於此項協定之詳情,應由公董局工程師,會同公司代表面訂之。

公董局於接辦自來水後,遂於一九〇二年四月十日發表定水章程如左:

第一條:凡有前來訂購自來水者,公董局當按其要求時日之先後,核定執行給水設備。

第二條:凡來定水者,概應向法公董局水務處接洽。

第三條:水之供給,或用或不用水表;凡不用水表者,應照房租金額百分之五算值;其應用水表與否,應由公董局核定。

第四條:現有的設備,公董局於認爲適當時,得改裝水表,用戶不得反對。

第五條:在公路上,於每具水管之首,裝一閉水龍頭,以鎖鎖之。另一龍頭,則裝於水表出口處,以便隔絕而利稽查。房內之龍頭,應用公董局水務處所發各式之鎖鑰以啓閉之。

第六條：一切公路各水管之裝設與修理，概由用戶出費，託公董局水務處承辦之。用戶爲該水管之物主，故應擔負保存責任。如公董局認爲有修理或維持該水管或龍頭之必要時，用戶不得反對動工；且如遇有漏水，或損壞情事時，應即報告局方。

第七條：用戶應指定一可接通水管入屋之處。

第八條：水表由公董局免費供給並維持之。局方得隨時察看該項水表。各用戶不得擅行修理水表，或更換位置，凡水表非用久而損壞者，其修費應由用戶擔任；各用戶應負有保護水表之責。

第九條：水費以每耗一立方公尺之水，收費大洋一角，按水表計算之。

第十條：如未裝有水表者，則其水費，應按照舊約，即按房租金額百分之五計算之。

第十一條：水費每月結算一次，於結算後，十五天内，即應付清，至於按照房租抽費辦法，亦應按月付清，如因水表損壞，無從計算耗水數量者，則應按去年此時或今年平均所耗之水量計算之。

第十二條：裝設或修理水管工竣後，即開帳單送達該用戶，各用戶應儘於一個月內付清之。

第十三條：如有新增水管設備時，該新工程應俟原有水費一律付清後，方許動工。如不按照上定時期，照常付款者（無論該欠款爲修理費或耗水費），給水應即停止，并得追訴該欠戶。

第十四條：本約不因用戶死亡而解除，而應由其繼承人繼續之。惟房屋如有易主時，則本約應即解除。如舊用戶不將房屋易主情事，告知公董局時，則所有水費，仍惟舊用戶是問。

第十五條：如有房屋易主時，則所有水管水具，應即移交新屋主，由其繼續負責。如解除原約，停止給水時，則接通公路之水管，應即拆斷，龍頭并加封閉。如因用戶不付水費，致將給水中斷時，則用戶在未付清水費以前，不得收回其水管；但公董局得將該水管讓與新用戶，而以代價抵償所欠之水費。

第十六條：水壓之變動，水管中之留有空氣，或臨時中斷給水情事，各用戶不得藉端向公董局索付賠償或控告之。至於或因水凍，或因修理水管與水池，或因機器損害，或因其他原故而停水者，公董局皆不負責任。

第十七條：各用戶得自由任用屋內水管，設備一切，但如有水管發生障礙時，則應對第三者負一切賠償責任，至於屋內水管，如有發生漏水情事，無論在可見處或不可見處，皆應歸用戶負責。

第十八條：各用戶不得使用或置備和公董局同式之開放龍頭鎖鑰。

第十九條：各用戶非先商得公董局同意，不得改裝原有水具設備；并不得反對局方檢閱或察看水表。

第二十條：嚴禁藉詞，或假託名義納賄於公董局之給水人員。

第二十一條：凡違前列規章者，應由公董局公務員察看實在，製具報告，以便呈控法院并得按照違章辦法，由公董局或法院判定罰款。

寅　法商水電公司

法租界公董局自辦自來水廠成功後兩年，即一九〇四年光緒二十九年時，界內需水，日見增加，公董局工程師邵祿，乃於一月二十一日十二月初五日提議：請在華界建造第二號母水管；此議經工務委員會審查一年餘始認爲可行，董事會遂於一九〇六年六月二十七日光緒二十二年五月初六日議決即日動工。此項水管係自董家渡白藻泰路築起，經過縣城馬路，以至斜橋、徐家匯路、呂班路，終達於霞飛路，長約五千四百公尺。

此項水管雖在極力進行，……但公董局所辦水廠、電廠，實際上成績腐敗，歷屆董事會，備受種種痛苦。

一九〇七年一月間,法國里昂職工會代表毛里勞(Moninot)商請公董局准予承包自來水事。此時董事會,已因自來水廠的維持和發展,需用很大的資本;又以電燈電車事業已於一九〇六年,包與法商電燈電車公司承辦,成績還好,因此決定亦將自來水事業出租,并推出格洛克和祁齊兩董事,組織特別委員會,討論此事。

一九〇七年十月九日_{光緒三十三年九月初三日}董事會以又接有兩家請願接辦自來水呈文,遂決定於十月十七日_{九月十一日}在上海外報上,發表公開招標廣告如下:

　　爲通告事:本公董局兹願招商承租自來水業務,其條件如左:

　　一、在若干時期內,承包法租界及越界築路各處的自來水;凡有前來請求給水者,該承包人均須有以應之。

　　二、一切投標函,務須明白確定,不得附有條件。

　　三、所有投標函,概須於本年十一月三十日_{十月二十五日}以前,呈交公董局總辦間。

　　四、凡欲知其他詳情者,仰逕向局中總辦接洽可也。

仰各週知,此佈!

及至開標日,計有:

英商自來水公司

沙利昂及格西〔亞〕洋行(Charignon, Caiss, es Co.)

法商電車電燈公司

三家前來投標競爭,但至一九〇八年二月十一日_{光緒二十四年正月初十日}提出具體設計的,只剩有電車公司和沙利昂洋行兩家了。董事會遂將是項設計,交與專家馬多氏(Marteau)審查。

三月七日_{二月初五日}董事會討論得標人選時,董事八人之中,投法商電車電燈公司票者四人;投沙利昂及格西亞洋行票者亦有四人;因此決議案遂未能成立。

迨至三月十日_{二月初八日}沙利昂及格西亞洋行竟向法總領事署控告,指斥公董局與董事會,不將標函文件,全數交與專家馬多氏審查,顯有偏私之弊。……

董事會接到總領事通知後,總董白多斯(Berthoz)便於三月十五日_{二月十三日}迴避主席職權,一面更發出聲明反證并無偏私之處;……同時,法總領事那巴地(La Batie)更進而要親自來主席董事會,以便公平解決。

沙利昂及格西亞洋行,自知既與公董局發生竟見,將來即使得標,條約上困難一定很多,遂於三月十八日_{二月十六日}自動通知法總領事,撤回了競標權。

因此,法領已無親自主席董事會的需要,白多斯總董,乃於三月十九日_{二月十七日}復職。

到此地步,法商電車電燈公司,已成爲惟一的投標人了。

一九〇八年三月二十日_{光緒三十四年二月十八日}董事會遂以五票贊成,二票棄權,通過了接受法商電車電燈公司的標函。

法商電車電燈公司,自一九〇六年_{光緒三十二年}向公董局承包了法租界的電車和電燈的事業,至此又得承包自來水了。

雙方於一九〇八年五月一日_{光緒三十四年四月初二日}訂定合約二十三條,內容如下:

第一條:前提

一、案奉一九〇七年一月十六日_{光緒三十二年十二月初三日}董事會決議案開:"董事會願將自來水的器具和營業,讓與能供給合理條件和充分保證的商家承包。"此案經由當時的駐滬法國總領事核准在案。

二、案奉一九〇七年一月三十日_{光緒三十二年十二月十七日}董事會決議案開："董事會僅願將自來水業務出租,並非完全出賣。"此案亦經當時法總領事核准有案。

三、案查因一九〇七年十月九日_{光緒三十三年九月初三日}董事會決議案之規定,并經總領事之核准,自十月十九_{九月十三日}至二十五日_{九月十九日}在上海各報登有通告(見前)。

四、案查一九〇七年十一月三十日_{光緒三十三年十月二十五日}所收到各標函。

五、案奉一九〇八年三月二十日_{光緒三十四年二月十八日}董事會決議案開："法商電車電燈公司的標函,應予接受;但應由該公司接受公董局董事會所定的承標合約。"此案業經法總領事核准。

第二條：雙方的名義和資格

茲由下列雙方代表,訂定合約如次：

一、上海法租界公董局(下文簡稱"公董局"),由其總董白多斯(Bathoz)代表之。

二、上海法商電車電燈公司(下文簡稱"公司"),由其駐滬經理古昔愛(Coursier)代表之。

第三條：合約的對象

一、公董局依本約之規定,讓與公司承辦現有之上海法租界給水業務,以及其他列於本約第七條所述之各業。

二、公董局并許公司得在新舊法租界,與越界築路專利經營家用、工業用、局方用,或公有事業用之給水業務。

三、該項專利之解釋,係以局方按照本約,不得應允任何他人或他公司,在局有之公路下,佈設任何水管以利售水之謂。

四、凡自界內公路上自來水龍頭所取之水,不得用以發售,或運入華界或公共租界;所以每人取水,應以足供個人用度為限。

五、公司方面,應保證日夜無論何時,不斷給水,以供新舊法租界或越界築路內之個人、家庭、公用、局用的需要。

六、由本約給予公司之權利,并不包含有個人,或公董局內部設備水務之專利。

七、公司不得於未得局方同意以前,將此承租專利之水業,轉讓與其他財團、其他會社,或其他個人。

第四條：承租期限

本項承租與專利,應自一九〇八年五月一日_{光緒三十四年四月初二日}起,讓與公司包辦五十年。

第五條：公董局收回自辦的權利

一、公董局得於五十年期滿後,以兩年前之通知,收回一切該時所有之給水設備與工具。

二、如公董局施用此權時,則應在收回後六個月內,付還公司以下列第十七條所規定之"新工程"及"大修工程"帳下的欠款。

三、公董局并得有權於本約訂定二十一年後,以兩年前之通知,廢除租約,以及本約所附着之權利,并即收回該時給水之設備與工具。其收回條件如下：

甲　公董局於收回後六個月內,付還公司下列第十七條所規定之"新工程"及"大修工程"帳內的欠款。

乙　公董局并應同時付還公司下列津貼金：

第二十一年後,十七倍之年金。

第二十八年後,十四倍半之年金。

第三十五年後,十一倍之年金。

第四十二年後,六倍又四分之三之年金。

四、年金計算法,係以最後三年每年淨收入平均計之;除去下列第十七條所規定之"新工程"及"大修工程"帳內欠款百分之四,餘數即爲年金。

五、如公董局,施行解約權利後,尚欲另行招商承包時,得能便宜行事;但如現在專利公司的標價與別家同樣時,則該公司得有優先權;惟如解約之原因,係由公司錯誤所致者,則不在此例。

第六條:保證書

一、公司應以十萬法郎,存放上海東方匯理銀行,作爲履行本約的保證金。

二、是項保證金應於約滿日,或經公董局收回日,發還公司收領,但如該公司犯有第二十三條所規定之罰則而未經將罰款繳呈者,則應扣留之。

三、是項保證金,應作爲付給一部或全部公司所該公董局之雜費與賠款。

第七條:設備的租讓

一、由本約所規定,公董局應讓與承租人現有的設備,計包含有:

(一)董家渡引水工廠與水池灑水機、水塔、局有房屋及住宅、機房及其附屬品。

(二)連絡工廠和水塔的總水管。

(三)水塔。

(四)現有一切水管,以及路上或公共場所一切水具。

(五)工廠及其附屬地的地產。

(六)西捕房的水具機房地面。

二、該項地面,得由公董局另行指定其他地產以代之。

三、是項一切設備,應詳細開單,附入本約。

四、前第(五)項所指定的地產,得由公司利用爲發展必要的設備。

五、但該地產之各部分,現尚未經水務處應用者,得暫由公董局移作其他用途;但不得礙及水業發展,公董局并担認不將此地轉租他人。

六、如公司需要此段地產時,則應通知局方;公董局不得藉詞不准公司利用此地,作爲發展與改善水業之用。

七、如將來黃浦西岸新定路線時,公董局應負有起造新碼頭之義務,是項碼頭與其附屬地面,仍應由公董局支配之;并得自用或租人應用,聽其自便,但不得礙及公司取水的工作。

第八條:棧中器具

一、現存棧中的給水器具,經列入清單,按照雙方協定價值,由公司收買之。

二、如雙方對於若干器具之價值,未能協定時,則雙方應協同舉出檢定人估定之。

三、如雙方不同意於合舉一檢定人時,則可各舉一檢定人;該兩檢定人如意見上仍有未合時,則應合選一第三檢定人處決之。

四、價目議定後,應由公司於檢定人裁定日起,或雙方議定日起,三個月內付清之。

五、租約期滿後,或在解約時,則該時所有棧內之應用水具,應按本條上法之規定,由公董局購償之。

六、該時價目,應於檢定人裁定日起,或雙方議定日起儘在三個月內,付還公司收執。

第九條:報效金

一、公司應以報效名義,無酬給水於:

（一）公用事業：如澆洒道路及公共場所、救火用水、路旁自來水龍頭，及公廁。

（二）局有各房屋與營造工場。

二、以上兩項給水，應以每年三十六萬立方公尺水量爲標準。

三、界內居民如在十萬以上者，則每增一人，是項水量，應每年增多兩立方公尺。居民的人數，應依局方最近正式戶口調查報告計算之：是項戶口，係包含舊租界、新租界，及越界築路的居民。

四、凡供公用事業應用之水量（即本條一節（一）項所指者），應由公司用水表計算之；但不得碍及公用事務。

五、凡供局有房屋及工場應用之水量，應按照下列第十條所規定之水表計算之。

六、此外公司並應於每季終了時比例其總收入之數，以下列報効金，繳納公董局：

自第一年至第十年間，百分之二厘半。

自第十一年至第三十年間，百分之五厘。

自第三十一年至第五十年間，百分之七厘半。

第十條：售水

一、凡供水與公董局，超出第九條所限定以外者，則局方應於年終時，按照最高價每立方公尺三錢半之價額，償與公司。

二、公司應擔認售與居民之水價最高額，應限定爲每立方公尺七錢半爲準。

三、但公司認爲適當時，得自由按照租界內現定之水價，與用戶訂定特約。

四、公司並得低減更廉之水價，以供非家庭應用之用途。

五、水表應由公司出租或出賣之；該表租費，應呈請公董局核准之。

六、用戶得有選用公司所有各項水表之權；此項水表式樣，應先呈請公董局核准之。如局方有要求公司改換式樣時，則雙方應協商之。

七、水表選定後，應由公司檢過蓋印，方可應用；該水表應常由公司保持善良運用狀態，至於運用準確合規與否，則應由公董局於認爲適當，令飭檢查之。

八、如該水表係屬於用戶所有時，則其安設，得由私家工人執行之，而應由公司加澆鉛印。

九、如房東欲自裝屋內水管時，亦應照此規定辦理。

十、總之，凡各水表，概應使公司或公董局所派人員，易於稽查。

十一、公董局保留有權，隨時派人，查驗一切水表。

十二、嚴禁用戶於公司未行派人前往澆鉛以前，擅自修理或移動水表。

十三、如公司自願將上列水價減低後，旋欲將水價提高時，則雖非加價至前定之價率，亦須先向公董局具呈理由書，得有董事會核准後，方可以六個月之預告而提高之。

十四、上列水價，得以公董局與公司雙方之同意修改之。

十五、公司應將售水價率與章程呈請公董局核准；該價率及章程須先得董事會同意後，方可施行。

十六、公司應按照上列或後來續定之價值，無限制給水。

十七、但用戶如係一工業廠，需用多量之水者，則公司有權，限制供給至每廠每日一百立方公尺之水量爲限。

第十一條：水質

一、公司所給之水，無論供公路或個人之用，概須質佳堪飲，透明清潔，無臭無味。

二、水中所含細菌,在原則上,不得超過每立方公分四百簇之數,但如所吸之黃浦江水,其微菌總數,每立〔方〕公分水量,含有八千簇以上者,得予例外。

三、總之,清水方法,應使所吸水內之微菌,提清至百分之九十五爲度。

四、取水應用汲引法,取水之處,應擇江中最清潔之水面,公董局得隨時要求,雙方會派代表,協同選定清潔之水面。

五、公董局得令局內化驗室,在局中醫師長監察之下,執行任何次數之核定水內微菌數。如所含菌數,超出每立方公尺四百簇時,除前項所規定之保留外,或經認爲水質不佳外,公董局得限令公司立行改良此項缺點,否則應按照下列第二十二條之規定處罰之。

六、如遇有爭執時,則該水質應由雙方選定之兩公證人查驗之;如兩公證人意見不合時,得另選一第三者核定之。

第十二條:設備的修繕和發展

一、公司應發展現有之設備,以應法租界及其附屬地之個人或公家繁榮的需要。

二、公司應擔認執行下列工程:

(一)修理濾水池——此項工程,應在一九〇八年九月一日前完竣。

(二)將兩澄水池改爲濾水池,或起造一新濾水池。

(三)改造現有之濾水池。——下列兩項工程,應自一九〇八年五月一日起,三十個月內完竣。

(四)另備一第三串水幫浦,其吸水力,應至少等於現有者。

(五)另建一第三焗爐,其能力以能供用者爲度。

(六)修理現有的水管。——以上(四)(五)(六)三項的工程,俱應在一九〇八年五月一日後兩年內完成之。

(七)起造第二水塔一座,其容水量應爲七百五十立方公尺;其高度應與現有之水塔同;建築地點,由公董局指定併供給之。

(八)另建總水管一條,貫通新水塔、吸水廠,及舊水塔。——上列(七)(八)兩項工程,應向中國當局核准安設總水管之日起,由公司在三年內完成之。

(九)按照下列第十三條之規定,推廣水管佈置。

三、公董局擔認要求法國總領事,向中國當局進行交涉,以期獲得在華界添設總水管之權利;公董局并願盡其能力所及,以求此項水管得能直接貫通吸水廠及新水塔,但不能擔保成功。

第十三條:水管線路

一、公司應隨舊租界、新租界或越界築路住民之需要,發展給水線路布置。

二、凡在上列地點洋房內之居民,如有給水需要時,公司應在接到要求六個月以內,按照第十條之水價或將來規定之水價,供給用水。

三、但此項給水之要求,如有添埋水管之必要時,則該用戶應對公司保證,每月用水,至少可達一百五十立方公尺。

四、如用戶不付公董局之捐稅而經局方通知斷水者,公司可以中止給水。

五、公董局有權要求公司,在公路或公共場所之有水管地點,免費供給各式給水器具,以供公用。

六、但是項設備,應記入簿記之"新工程"帳內(參閱下列第十七條)。

七、尤其爲一百公厘口徑之救火龍頭,務須安設於公董局指定之地點;公司擔認自一九〇八年五月一日起，儘六個月內，添設二十五具之救火龍頭，再儘另六個月中，又添設至三十具救火龍頭。

八、公董局以後并得要求另行添裝同樣之龍頭，但以不須礙及普通水管線路為限。

九、如公董局要求裝設水具，而棧中適缺此貨時，則公司得在自要求日起，儘六個月以內供給之。

第十四條：工程執行

一、在未執行各項工程以前（譬如上述第十二及十三兩條所指定之工程），公司應先擬一設計與估價，呈請公董局核准之。

二、公董局於核閱所用材料之品質，與工業專門之設備後，得在認為應行改善之點，飭令遵行，但第十二及十三兩條所規定之工程，其費用不得超過一百萬佛郎。

三、如遇緊急時，公司得逕執行必要之修理，但應在二十四小時內，呈報公董局。

四、無論何種情形，公司概應於完工時，將所執行之工程，與所耗費之款目，詳確統計報局。

五、公董局對於各項工程與設備，常得施行監察職權。

六、應俟公董局認可各種工程計劃後，該項工價方可列入下列第十七條所規定之"新工程"與"大修工程"帳內。

七、私家埋設水管之工程，不受本條規定之節制。

第十五條：公路上工程

一、公司非先呈報公董局核准，不得在公路上舉行開掘；局方於認為適當時，得駁斥之。

二、但如有緊急時，則公司可以不先報局，逕自動工；以後如不受局方反對時，仍可繼續進行。

三、但在此場合，則公司應立即報告捕房，并應在二十四小時以內，向公董局提出理由書。

四、關於此項開掘工作，公司常應按照捕房命令進行，并應採取一切適當保安辦法。

五、填坑及封土之責任，應由公司擔負之。

六、所有餘土之清除，及路面之重造，概應由公董局執行，而公司應按照以下列價目之費。

石子馬路——每平方公尺銀五錢正。

水泥人行道——每平方公尺銀九錢正。

舖石馬路及人行道——每平方公尺銀二錢正。

七、總之，若公董局如有另用他種方法舖造馬路或人行道之路面時，則上述之價目，應行改訂，以期符合局中造路之成本。

八、一切埋在公路下之水管，至少應深達六十公分；但有特殊情形而經公董局特許者，得予例外。

九、如因起造新陰溝，而使公董局有要求遷移水管之必要時，公司應即免費代移；但此項遷費，應列入簿記中之"新工程"帳內（參閱第十七條）。

第十六條：維持設備

一、一切現有或將來之設備，連房屋在內，概應由公司隨時維持全部完好。

二、公董局得隨時監督是項維持狀態。

三、但公廁之清潔與衛生，應由公董局維持之。

四、如設備狀態，經認為不佳時，則公司應在接到公董局正式通知後一個月內，進行修理或更換；否則公董局可以逕行代修，而着由公司出費。

五、如所需之材料，有欠缺時，則上述之限期，得延長至四個月。

六、董家渡沿黃浦西岸之界線，係屬公董局所有，應由其自行修理。

七、如遇有緊急時，及爲保衞設備起見，公司得執行必要之工程，以資維持或防衞該地，但應立即通知公董局，經局方認爲適當時，即得收回，自行繼續工作。

八、所有經公司代墊之款，公董局應於接到帳單後，即行付還之。

九、在黃浦岸旁現有建築物(即已列入清單者)之維持，應由公司擔負之。

第十七條：會計

一、爲預備於約期滿後，公董局收回水業，或先期收買便利起見，公司應在簿記上，另立兩項特帳：一曰"新工程"一曰"大修工程"。

二、新工程帳，應分爲三種，即：

(一)房屋與水池。

(二)水管。

(三)機器及五金建築物。

三、所有改造公董局所讓與之設備工程經費，以及後來改進或擴大此項設備之工程經〔費〕，概得記入此帳借方。

四、每年應就該帳借方總額，依照下列之百分比提出爲準備金，記入貸方。

(一)房屋與水池——百分之一。

(二)水管——百分之二。

(三)機器及金屬建築物——百分之三。

五、所有性質特殊，情節重大，不能視爲普通修理之修繕或擴大各工程經費，概應記入"大修工程"帳內借方。

六、每年應就該帳借方總額，提出百分之五，作爲準備金，記入帳內貸方。

七、無論任何數(日)〔目〕凡非經按照前述第十四條之規定，先得公董局同意，概不准記入上列兩帳之借方。

第十八條：現有合同

一、公司擔認繼續遵守公董局與用戶及職員所訂之合同，直至約滿日爲止；但此合同不得自承租日起，超逾三年。

二、但公司應常遵守公董局在一九〇二年與英商自來火公司所訂之合約，如有不履行時，應歸其負責。

三、公董局如施行解約職權時，亦應繼續遵守公司所訂之合同，至滿期爲止，但附有保留如下：

甲、關於職員者，其合同最遲應限至解約後三年爲止。

乙、關於商業上或工業上給水之合同，最遲應限至解約後三年爲止。

丙、公司於接到公董局解約通知後，不得再訂超出解約期之任何合同；但得有公董局同意者例外。

四、如解約係由公司過失而致者，公董局無留用公司中任何職員之義務。

第十九條：監察

一、公董局有權監察一切水務進行。

二、監察應推及於：

(一)經公董局核准之工程執行(參閱上列第十四條)。

（二）水之質料（參閱上列第十一條）。

（三）給水與售水於個人或公董局之行爲。

（四）公司會計上之總收入與"新工程"及"大修工程"兩項之帳目。

三、公司應供給公董局所派人員以必須的便利，俾易執行監察。

第二十條：捐稅

一、公司應與其他納稅人同樣納稅。

二、中國對於董家渡產權所抽之稅，應由公司擔任之；但該處將來之碼頭應由公董局支配之。

第二十一條：意外損害

一、公司對於因其行爲、物件，或用人所造之對人或對物各種損害，無論是何情形，俱應負責。

二、公司應證明此項損害係由不可抗力所致，方可卸責；如該損害，係所有權者在其產業範圍內，以設備不佳而肇起時，公司亦不負責。

第二十二條：解約原由

一、如有下列情形之一，則其解約應視爲由公司過失之所致。

（一）如非因不可抗力，而致給水普遍中斷，竟達六小時以上，且在一個月中接連發生五次以上者。

（二）如非因不可抗力，而水業停止達十四小時以上者。

（三）如公司延欠公董局之捐款或罰款，或維持費，超出所繳保證金半數以上者（參閱上列第十六條）。

（四）如公司倒帳、清理，或解散者。

（五）如公司不遵公董局之勸告，拒絕履行第三、第十、第十一、第十三、第十四及第十五各條之規定者。

（六）如公司不遵上列第十九條之規定，拒絕公董局施行監察權者。

二、但關於上述第十一條公司所應負之責任，公董局應在本約簽字日起，十三個月以後，方可施行解約權。

三、在此時期未滿以前，公董局僅可要求水質，能與現在所存者同樣爲準。

四、且應俟上列第十二條所規定之工程完竣後，公司方負有無限給水之責任。在此工程未竣以前，公司僅應按照公董局所讓與現有設備之能力，儘量給水。

五、施行上述解約辦法，應由公董局用書面警告，掛號送達公司經理；該警告書應同時含有罪狀之宣布，與限在十五日內具辯之飭示。

六、逾此期後，如公司并不具辯，或具辯之理由，經局方認爲不充分者，則公董局得儘量施行上述之解約權利。

七、公董局董事會對於本條所採取之決議案，應用議事紀錄摘要，或總領事命令，示達公司知悉。

第二十三條：罰則

一、凡犯有下列過失者，公司應受處罰：

（一）如公司不在上述第十四條限定日期內，完成該條所規定之工程者，則每延遲一日，公司應賠公董局銀二十五兩正。

（二）如該延遲日期，竟逾六個月以上者，則公董局得按照第二十三條之規定，宣布公司過失而解約之。

（三）如有普遍停止給水，至逾兩小時以上者，則公董局得按每次停水，處公司以一百元以下之罰金；但公司如能證明停水，係屬不可抗力所致者，得予免罰。

二、公司有權在某段地點，中斷給水，以便檢驗或修理，但應先得公董局同意，且應在一定時間——最好是夜間——舉行之。

三、公司應設法使此項停水，得在緊急時——譬如火警時——立即修復之。

一九〇八年五月一日光緒三十四年四月初二日訂於上海。

公董局 Berthoz 簽

公司 Courser 簽

丙　電燈與電車

子　電燈

法租界的電燈事業，在一八八二年八月光緒八年七月間，即有上海電光公司（Shanghai Electric Light Co.）在界內設備輸電線路，供給私人應用的電光。至一八九四年光緒十九年初，公共租界工部局電氣處的勢力，亦復侵入，取得電氣的營業權一部分。

一八九五年四月初光緒二十一年三月公董局據工程師邵祿之設計報告，即已決定在局後空地，自行建設電燈廠，供給界內公用機關和公路的電光。繼於四月二十二日三月二十八日委任法國建設部燈具材料保管員勞登（Looten）在法定購機器和僱用電機師。

公董局與英商自來火行所訂契約，原於一八九六年三月三十一日光緒二十二年三月十八日期滿，但以局方電機設備，尚無期限，因此至一八九五年九月九日光緒二十一年七月二十一日又決定將原約延長了一年。

一八九六年三月光緒二十二年二月初，公董局才選定供給發電機的廠家，而在上海的廠屋，便亦招工承造。一八九七年一月，法國電機師卜濟耶（Brochier）到滬，電燈廠設備，亦於五月末完竣，遂於六月一日五月初二日正式放光，七月十四日六月十五日舉行成立典禮。

公董局設立電氣處後，除公路上和機關內自用電燈之外，還可供給界內私人應用；因此便把各英商的電燈營業權取銷，自行專利，并訂有購電價目如下：

（一）白熱燈：——每盞十六燭光電燈，全年收費銀十兩正。

　　　　　　——用電表者，每度銀一分六厘正。

（二）弧光燈——每小時銀五厘正。

丑　電車

一八八一年七月光緒八年六月間，上海怡和洋行，向法租界公董局要求設備電車事業；法公董局因此曾於該年八月一日六月十八日召集全租界納稅人大會，聽取對於設立電車的意見；結果在九十三人中，贊成設電車者五十三人，反對者四十人，遂確定在法租界預備電車交通的原則。

一八九七年九月末光緒二〔十〕三年九月初復有比商狹軌鐵路公司（Compagnie generale des railwayd des voies tioite），提出在法租界內開辦電車的要求；那時法國的當局，原想和公共租界合辦電車事業，所以將案擱下。同年十二月間，又有法商里昂遠東工業建設公司（Syndicat Syorenais de Construction Iudus Arielle Estreme Orients）亦有同樣要求，但也遭擱置。

一八九八年三月二十四日光緒二十四年三月初三日公共租界工部局和法租界公董局合組一個電車設計委員會；由公共租界派兩名董事，法租界派一名董事，連同兩局的工程師組成之。

此委員會，於五月三十一日四月十二日提出設計報告，內容大意如下：

一、電車營業的線路，應定爲三路：第一路應自外灘公園起，沿英外灘、法外灘，以至於中國外灘。第二路應自南京路外灘起，直至於靜安寺路。第三路應自滬淞車站起，以至華界西門。

二、電車行駛，應用天線。

三、軌道間隔，定爲一公尺；車輛寬度，定爲二公尺半。

四、車行速度，每小時不得超出八碼，而於轉彎處，尤須留意。且須每三輛車必留一輛供給外人用。

五、專利公司應將總收入百分之幾，報効兩局；過十五年後，兩局有權按該公司最後七年之營業平均收入爲標準，備價收回。

六、電車經過地點，其路面應用經兩局核准之舖石方法。

七、應將上項各規定，通知美國、英國、法國、比國、德國各商家，招其前來投標。

此項報告發表後，公共租界工部局以爲應照法定軌道辦法，軌道的間斷，應定爲一公尺四公寸四公分；但法租界公董局則以一公尺四公寸四公分的軌道，需費太昂，電車車資，恐不能民衆化，還是採用一公尺的間隔爲宜。結果遂由雙方各行其是。

一八九九年十月四日光緒二十五年八月三十日下午四時，公共租界工部局和法租界公董局，在江西路二十三號開聯席會議，審查年來所收到各國工業廠家的計劃書；查得當時計有六家：

法商立興洋行

德商聯合電氣公司

比商狹軌鐵路公司

法商里昂會社

美商上海電車會社

英商英國電輪公司

前來競標；經兩局的工程師審查之後，僉認美商上海電車會社，計劃最好，條件亦佳，遂將其計劃書，在十月七日九月初三日字林報上公布，并於十月十七日九月十三日召集兩租界全體選舉人大會，徵求同意；但經過長時間的辯論之後，終於爲大會所否決。據說因爲此時選民，大多數爲英人，而大家要將此項企業，留給英商專利。

此案既經否決後，法國總領事巨籟達遂於一九〇一年六月十六日光緒二十七年五月初一日致信公董局說：

公共租界選民大會，既已決定將電車企業，留給英商包辦；那麼我們應該馬上研究一個法商包辦的計劃來對付；而且我們新近擴張租界，自然須建築馬路。築了馬路，總要引誘人家來居住才行，而應用便利交通的方法，確是達到繁榮的惟一手段。

此時法國的廠家，遂即大形活動，計在一九〇〇年至一九〇一年間，有：

格蘭蒙公司(Grammont Cie)

浦海工廠(Usiue Bouhey)

支羅德公司(Girault v Cie)

德福萊洋行(Ihevenet)

都來競爭設計，爭求專利；公董局遂於一九〇一年十月二十三日光緒二十七年九月十二日決定聘請法國甲等橋道工程師布新艾(Bousigues)擔任起草電車設計。

但此時，忽有法商公共汽車公司提出在法租界內專利運輸的要求；同時公共租界工部局，因爲新核定了布魯氏電氣工程公司(Burce Electrical Engineering Co.)的計劃,又有伸入法租界開闢電車道的擬議;惟結果皆爲公董局所拒絕,且遂於一九〇二年十二月十八日光緒二十八年十一月十九日令行局中工程師,製定法租界及越界築路等處的電車招標合同。

一九〇三年三月光緒二十九年二月初,招標合同草好後,三月十六日二月十八日法總領事署中,便組成調查委員會,核定線路和招標法。

至十一月九日九月二十一日開標時,計有:

巴黎德福萊洋行

巴黎潘西虹洋行

廣東巴爾生洋行

三家前來投標,經局中審查和考慮以後,公董局選定巴黎潘西虹洋行得標。

但是潘西虹洋行卻於一九〇四年二月一日光緒二十九年十二月十六日提出修改標約的要求,而公董局方面,以受總領事的催促,和要與公共租界爭先完成電車計劃起見,遂於九月二十九日光緒三十年八月二十日開一特別會議,通過各項修正之。

十萬佛郎的保證金,因此時日俄突然宣戰,遠東空氣不佳,潘西虹洋行終於拒絕繳納,該約遂至宣告作廢。

至一九〇五年五月九日光緒三十一年四月初六日比商國際遠東公司(Compagnie Internationale Extrênre Orient)提出承包法租界的電車電燈企業的要求,同時并提出計劃書,請求先建兩路的電車;第一路自洋涇浜外灘起沿法外灘,直至小東門捕房;第二路由法外灘,沿公館馬路、西江路、寶昌路,而達善鐘路。

同年八月八日七月初八日公董局也提出對案,規定兩路電車的路線,和將來發展的計劃如下:

一、第一路由小東門起沿小東門路,法外灘,公館馬路,坎山路,西江路,寶昌路,而達徐家匯路。

二、第二路由寶昌路起,沿着呂班路,以至徐家匯路。

三、將來應發展者,爲自洋涇浜起,經過東新橋街,甯波路,徐家匯路,以至城內西門和斜橋,一面并應自寶昌路起,沿善鐘路,以達公共租界的徐家匯路。

是項對案,終於一九〇五年十二月八日光緒三十一年十一月二十日爲比商公司所接受;而十萬佛郎的保證金,亦於同日存入東方匯理銀行;雙方關係,遂以正式成立。

公董局和比商國際遠東公司,乃於一九〇六年一月二十四日光緒三十一年十二月三十日訂定合約;而現在的法商電車公司,遂以誕生。

寅　電燈電車合約的內容

一九〇六年一月二十四日光緒三十一年十二月三十日公董局遂與比商東方國際公司,訂定法租界電車電燈專利合約如左:

第一章　一般的總論

第一條　前提

一、按照一九〇五年五月三日光緒三十一年三月二十九日東方國際公司駐滬總代表呈達上海法租界公董局的函件。

二、按照一九〇五年八月八日光緒三十一年七月初八日公董局董事會所規定承包電車電燈的公司,應接受的主要條件底決議案(此案經得法國駐滬總領事核准有案)。

三、按照一九〇五年十二月八日光緒三十一年十一月十二日東方國際公司駐滬總代表,接受公董局一九〇五年八月八日光緒三十一年七月初八日所規定主要條件的覆信。

四、按照一九〇五年十二月八日_{光緒三十一年十一月十二日}東方匯理銀行所給十萬佛郎保證金的通知書。

五、按照法國駐華公使核准在法租界行駛界外車輛的訓令。

第二條　雙方的名義和資格

六、茲由：

（一）上海法租界公董局（下文簡稱公董局）；

（二）不魯塞比商東方國際公司（下文簡稱公司）；

雙方議定本項合約。

七、無論現在或將來一切之談判，雙方均應派有正當之全權代表。

第三條　合約的對象

八、公董局准許公司接受：

甲　在法租界內及越界築路各處，包辦電車事業。

乙　在法租界內及越界築路各處專利電光及電力交通事業。

一切條件應行規定如下：

第四條　應組織的公司

九、公司雖得有上列第三條所規定的專利權，但不得自行經營之。公司應按照公董局所讓與之條件，轉讓於在最近期內即在法國創立之股份有限公司。此公司將來應承接公董局所按照本項合約，讓與東方國際公司之各項權利。

十、此公司應屬於法國的；所有物質上之組織與公布，均應按照法國法律之規定。

十一、且此公司董事會之董事，應大多數為法國人。

十二、此公司在上海的機器，應認為該公司執行本項合約之主要所在地，凡遇有雙方爭執而未能以友誼或公斷的辦法解決時，則應由上海法國領事法庭裁判之。

十三、公司應於上海辦事處，任命一籍隸法國之經理，負有司法上全權之能力。

十四、非經先得公董局之同意，公司不得將本約所許之權利，轉讓於任何金融團體，或其他公司。

十五、如公司在歐洲發行股票時，則在上海亦應公開發行之，其待遇應與在歐洲者同。

十六、公司有權參與其他營業，及參加在中國或在他地其他公司之組織。

第五條　專利期限與收買權

十七、上列第三條所規定之事業，其專利權應自開業日起，限定為五十年。

十八、公董局得於五十年期滿時，以二年前之預告，收買電車電氣之固定或活動的一切設備與器具。此項收買，應由公董局按照公證人所估定當日之時價，付還公司。關於公證人之選出，應由雙方各推一人擔任之；如兩公證人不能同意時，則應合推一第三公證人裁定之。

十九、公董局并得有權，於開辦二十一年後，收買公司之一切設備與器具；其辦法如下：

甲　公董局應付公司以按照公證人所估定之一切設備價值。

乙　公董局并應付公司以下列規定之津貼：

二十一年後——一年利金之十七倍。

二十八年後——一年利金之十四倍半。

三十五年後——一年利金之十一倍。

四十二年後——一年利金之六倍又四分之三。

二十、年利金之算法,係以最後三年之淨收入平均額,除去依公證人所定設備價額百分之四,所餘者即爲年利金。

二十一、如公董局施行收買權後,仍欲將此事業,招人承包時,則公司仍得有優先承包權。

第六條　保證金

二十二、公司應以十萬佛郎,存放於巴黎東方匯理銀行,作爲履行本合約的保證金。

二十三、此項保證金應於下列第二十八款所規定之路軌開業後,全數發還公司。

二十四、如有本約第五章所規定之場合發現時,則該保證金應由公董局沒收之。

第二章　關於電車的條款

第七條　電車附帶的專利

二十五、公司得有在法國管轄下之道路,利用電車軌線,專利一切載客裝貨之公共交通。此項專利得推廣至軌道兩旁外二百公尺之遠。

二十六、如公司願在現定軌道外,另闢其他軌線時,公董局應按照本約之規定核准之。

二十七、如公董局欲另立新線時,則應按照本約之規定,先與公司接洽。但如遇公司拒絕時,則公董局與他人商設之,惟應尊重軌道兩旁二百公尺專利權之規定。

第八條　電車軌路

二十八、公司應立即按照本約附圖之紅線,建築軌路;此路應自城邊小東門,延至小東門路、法外灘、公館馬路、坟山路、西江路、寶昌路,以至於徐家匯路。

二十九、此路最遲應在一九○八年一月一日_{光緒三十三年十一月二十八日}起開辦。

三十、另建一線,接連法外灘,由洋涇浜、天主堂街,以達於公館馬路。

三十一、圖內黃線之路,已得公董局核准,公司可於認爲必要時即行開築之。此線爲:

甲　橫穿南北之線,自洋涇浜起,經過東新橋街、甯波路、西新橋街,以達於縣城西門。

乙　延長此橫線以達於斜橋。關於此線,如有須中國官廳諒解之必要時,則公董局當盡其全力,以期達此目的。

丙　另造一線,從寶昌路,經過善鐘路,以達於公共租界之徐家匯路。

第九條　電車軌道

三十二、電車兩軌之距離應爲一公尺。

三十三、軌道之重量,應爲每長一公尺,稱重四十五公斤,以砂石爲底而平舖於石子馬路上(即於法租界現有之馬路上)。如公董局將來更換舖築馬路方法時,公司亦應同樣維持其所擔任之馬路部分。

三十四、凡路面寬達十二公尺以上者,准予設立雙軌。如路面寬度,不及十二公尺者,則雙軌之設,應先得公董局同意。

惟如路面已有規定之寬度,而若干部分,可寬達十至十二公尺者,且路長有五十公尺者,則應准設雙軌。

三十五、公司應擔任軌道兩旁五十公分地面之修理費用,并應於公董局要求時,即行修理之。

三十六、掃路洒路之責,仍歸公董局擔任。

三十七、公董局應將現有之橋樑,修理堅固,使能勝電車駛過之重量,公司應付還局方此項用費。

三十八、如新闢有電車開駛之路線,而在該路上,有建設橋樑之必要者,所有公董局代爲堅固工程,以勝電車駛過之工費,應由公司償還之。

三十九、如有電車軌道,應在未鋪石之路上設置時,則公董局於設軌後,即行鋪石,而公司應償還軌道旁鋪石之費。

第十條　電力

四十、推動車輛方法,係用五百至六百弗打之直流電,上掛天線,下通軌道。

四十一、在市內,給電線應設在地下;在市外,給電線可設在空中。

四十二、凡撐架電車線之桿柱,應全用金屬品製成之。

四十三、如有電流中止時,公司得用另一電線,以通電車。

第十一條　車輛

四十四、公司駛行之車輛,應先得公董局認可;至於車內電燈、警鈴等,亦須同樣辦理。

四十五、車外不得標貼任何商業之廣告;但得標裱慶節或娛樂之招貼,以吸引乘客。

第十二條　車資

四十六、車座分為頭二兩等;如有掛車時,則其車之一,得專供為某等之用。公司并得備有只有某等之專車。

四十七、在同一車內作惟一方向之行程,公司應按照下列價額收費:

甲　頭等:

每一公里半以下者	五分
每一公里半至三公里者	十分
第三公里至五公里者	十五分
每五公里以上者	二十分

乙　二等:

每一公里半以下者	三分
每一公里半至二公里者	四分
每二公里至二公里半者	五分
每二公里半至三公里者	六分
每三公里至四公里者	七分
每四公里至五公里者	八分
每五公里以上者	九分

右價係以大洋百分之一為一分。

四十八、公司應免費運載穿有制服之郵差、電報差,及公董局巡捕,惟每車以乘兩人為限;公司并應發給免票十二張,交由公董局支配。

四十九、運貨之費額,應由公司與公董局以後商訂之。

五十、所有車資定價,得因公司或公董局之要求,雙方會同改訂之。

第十三條　鄰界交換行車規定

五十一、公董局核准公司,得與鄰界訂定交換行車之適當協定。

五十二、鄰界之車,駛入法租界時,應與法商之車,受同樣之取締。車上執事人員,應於法律上認為法商公司所僱用之人員。

五十三、公司應與鄰界之公司,商訂公平分配收入辦法。

五十四、公司所應得之收入,應認為該項電車營業收入之總額。

五十五、公司應於每週末,將此項聯合營業收入總數,及其所應分得之款,呈報公董局。

五十六、公董局得於是項聯合營業開辦十年後，要求修正分配收入辦法。

第十四條　報効金

五十七、公司應以報効金名義，以電車營業總收入二十分之一，繳納公董局。是項收入包含：

甲　本約第五十三、五十四、五十五、五十六各條規定之聯合營業所得之收入。

乙　界內專利營業之收入。

丙　公董局所核准之車內廣告費收入。

以上所列之報効金，應每季繳納一次。

第十五條　行車

五十八、公董局會同公司，訂定管理行車章程，及最高速度，等等。

五十九、如遇有暴動或佈防時，則公司之一切車輛，應全由公董局支配，以供運兵輸械之用。

六十、公司并應允許公董局之請，在夜間代之運輸工程上之材料。

六十一、因此項特殊運輸而應給公司之酬費，由雙方協定之。該費額應包含運費成本、材料消耗，及公司所應得之正當利益。

第三章　關於電氣部分之條款

第十六條　專利權

六十二、公司有權在法國勢力範圍內，沿途裝設天線或地線，以供輸送電流之用；但電話與電報應予除外。

第十七條　接收局有電廠

六十三、公司收買局有之電廠，以及其固定或活動之設備，與公路上電燈電線等，共計價額二十二萬五千佛郎正；惟附有保留如下：

甲　廠屋與廠地，仍屬於公董局所有，最遲當於一九〇八年一月一日光緒三十三年十一月二十八日收回之。

乙　棧房中所有器具，須另給價收買；但電燈替換料之屬，可無須另行給價。

六十四、棧房中之材料，公司應與電廠，同時收買，其價目應於接收時，雙方協定之；如有爭執，應由公選之公證人核定之。

六十五、公司最遲應在一九〇七年一月一日光緒三十二年十一月十七日接收局有之電廠。

六十六、購價應分兩次付清之：第一次最遲在一九〇六年三月一日光緒三十二年二月初七日付清，第二次應在接收廠棧前付清。

第十八條　電費

六十七、公司應無限供給公路及公共場所之電光，每度收費銀七分正。

六十八、公司并應供給公董局各機關之電光，每度亦收費銀七分正；但限至六萬度為止。逾此限度以上者，每度收費銀一錢一分正。

六十九、領事公館及其辦公處之給電，亦照公局董各機關每度計銀七分計算；但以三千度為限，逾限則每度收費銀一錢一分正。

七十、對於私人之給電，應以每度銀一錢四分收費，接電表計算之。此項費額，得依下列辦法，改訂如左：

甲　凡用戶耗電至每月五十兩以上者，得減價百分之五。

乙　凡用戶耗電至每月一百兩以上者，得減價百分之十。

此外公司并得按燈每月收費，但其費額應先得公董局之同意。

七十一、凡用戶僅備一電表，而十六支燭光之電燈，竟有一百五十盞以上者，則公司得按燈每月徵維持費銀七分正。

七十二、設備線路與儀器，應按照現行之辦法；但公司得與公董局商洽後改訂之。

七十三、在接收舊廠以後，未建新廠以前，現定之裝費計銀八分與一錢六分，仍應繼續遵行。凡非供電燈用之電流價目，應由公司商同公董局另定之。

七十四、所有電費價目，得因公董局或公司之請求，另行訂正之。

第十九條　線路與路燈

七十五、公司得於認為必要時，自費更改或添置線路。

七十六、公司應自費供給并裝置公董局所飭設之馬路上各電燈；并應於必要時，修理或更新之。

七十七、除路燈所耗之電流外，公董局應付與公司：

甲　每盞弧光燈，無論是何光度，按月銀五兩正。

乙　每盞白熱燈無論是何光度，按月電費銀四錢正。

七十八、電氣線路及燈具，應屬公司所有視為其所有材料之一部。

七十九、公用之電光，應另設與其他給電隔離之線路，并應另裝一特別電表於廠中，記明耗電度數。

八十、新電廠應備有較舊的局有廠更強之電力；公司應自費改善路線、電器，及公私設備，與現有電線。

八十一、公董局派一專員，擔任通知公司，某段地界，應於某時開始燃燈。

八十二、法租界全界，以及越界築路，最遲應於一九〇八年一月一日以前，一概通用電燈。

第四章　一般處置

第二十條　路上工程

八十三、公司得開路掘濠，按設線管，以供給電之用；但應儘先與公董局代表接洽後，方可動工。公司并應採取一切必要辦法，以防意外，且應大舉進行工作。

第二十一條　意外之責任

八十四、公司應擔負因其業務而發生之意外責任；凡對於電報電話等所加之損害，均應負責。

八十五、公司應繳納二萬五千佛郎於公董局，作為移動徐家匯天文台電磁儀器之費用。

第二十二條　房租與捐稅

八十六、公董局以十六鋪菜場房屋，租與公司；每月租銀五十兩，按季一付。此項租賃應於約滿日，或公董局收回設備日為止。

八十七、公司在法租界所有之地產，應按照公董局所規定之地捐額，繳納地捐。

八十八、至於房捐，則應以廠址所在地，於未拆房屋以前所徵收者為標準；但此捐每月不得超過五十兩。此項辦法，僅適用於公司所具以發展業務之固定的或活動的一切設備。

八十九、其他各稅，公司概准免繳。

第二十三條　現有合同與職員

九十、公司承認繼續公董局與電燈處職員所訂之僱傭合同。

九十一、如公董局於移交公司接收以前，欲翻新舊約，或訂定新約時，則應通知公司，以便其得與聞約內文字，或參加議定之。

九十二、公董局方面，於施行收買權時，亦承認公司所訂之合同，但附有保留如次：

甲　該項職員合同,應於收買日起,兩年內期滿。

乙　所有工業上,或商業上之契約,應於收買日起,三年內期滿。

丙　公司於接到公董局收買通知書後,非先與公董局商得約內文上之同意,不得訂立延至收買期後之新約。

第五章　罰則

第二十四條　罰款

九十三、如電車或電燈,停止服務,達一小時以上者;則公董局得處罰公司,每次罰金四十元正。但如公司能證明此項停止,係不可抗力所致者,准予免罰。

九十四、如非僅暫時停止,而實為持久之中頓時,則該問題應依第二十七條之規定解決之。

第二十五條　沒收保證金

九十五、公董局得以下列原因與情節,自行宣布解約,收回專利權。

甲　如本約第四條所規定之新公司,非屬法國籍,或其董事會非由大多數之法籍人所組成時。

乙　如公司不在規定期內,即最遲至一九〇六年十月一日_{光緒三十二年八月十四日}開始動工程時;或最遲在一九〇七年一月一日_{光緒三十三年十一月十七日}以前尚未接收局有電廠時。

丙　如公司不在規定期內,即最遲在一九〇七年一月一日_{光緒三十二年十一月十七日}以前,完成工作時。

丁　如公司延期兩季以上,不繳報効金時。

九十六、公董局於施行上述罰則時,應以掛號信送達公司經理,宣布公司違抗犯約之罪狀,并限其於十五日內,具呈辯明書到局。如逾此期,公司尚未呈辯,或其所辯明者,經公董局認為未充分時,則局方得逕行宣告解約。但關於乙、丙兩節之情形,公司得證明為不可抗力所致,要求延期。

九十七、公董局董事會對於此事之決議案,得以法定之議事紀錄摘要,或於必要時,以領事命令,送達公司遵照。

第二十六條　清理

九十八、如公司自動或被官廳宣告清理時,則所有之專利讓與權,當然返歸公董局。

第二十七條　停止交通

九十九、如電車及電燈之業務,非因清理手續,而至長期停頓時,則公司應與公董局商洽,在最短期內,立行復業之辦法。

一千九百零六年一月二十四日_{光緒三十一年十二月三十日}訂於上海。

公董局代表 Heviot

公司代表 Tadot

卯　無軌電車和公共汽車

法商電車公司和公董局訂立上述合約後,積極進行鋪軌工作,終於一九〇八年二月_{光緒三十四年正月}間,開始正式通車了。

後至一九二五年_{民國十四年}十二月十四日,公司又與公董局訂有開辦無軌電車和公共汽車的合約如左:

第五節無軌電車和公共汽車:

公董局核准公司,在舊租界內,開駛三線無軌電車,自北迄南,與現有之公共租界無軌電車

線,接合交通,經過線路如下:

一、自吉祥街達江西路。

二、自鄭家木橋街至福建路。

三、自敏體尼蔭路至徐家匯路,經過藍維藹路、辣斐德路、菜市路。

開駛此三路日期,應自一九二六年民國十五年八月間開始;而其車輛形式,應與公共租界所用者同。

公司更應擔任:

一、按照一九○六年一月二十四日光緒三十一年十二月三十日、一九○八年五月一日光緒三十四年四月初二日、一九一四年民國三年二月二十日及三月六日數次合約之規定,繳納總收入百分之五之報効金。

二、繳納每輛車經行一碼遠之季捐大洋二分正。

三、於開駛無軌電車六個月後,即應開駛兩線公共汽車。

四、將此兩線公共汽車,駛行法租界西部各處,其經過路程,俟後另定之;此線終點,在原則上,應在愛多亞路,當由公董局向公共租界工部局商訂車行愛多亞路北沿辦法;但應納之公共租界交通報効金,應以英商公共汽車公司所繳納者爲準;而公司應與該英商公司,自行接洽其他營業辦法。

五、在起始開駛五年內,不納公共汽車之任何報効金於公董局;即無軌電車之每碼交通報効金,亦准減爲大洋一分正;俟至五年以後,再行議定捐章。……

果然,一九二六年民國十五年八月一日起,無軌電車遂發現於法租界,一九二七年民國十六年二月一日起,公共汽車亦實行開駛了。

丁　電話

子　沿革

一八八○年光緒六年時,法租界公董局火政和警務的通訊法,還應用電報符號。至一八八一年六月二十六日光緒七年七月初一日大北電報公司,遂提出在法租界安設電桿,經營電話的要求;公董局當即核准,并於十一月三十日十月初九日與之訂成合約如左:

公董局董事會副總董米勃(Myburgh)與大北電報公司經理黑蘭(Hellande)訂定合約如左:

一、公司得在法租界內,以及越界築路等處,於公董局指定場所,架設電桿電線,以通電話。

二、公司應於每年七月一日繳納公董局報効金一次。此項報効金,應以每五百公尺電話線,抽銀一兩計算;但供公董局用之電話線除外。

三、在開始設備時,電桿得用木製;但以後應用鐵桿,隨時更新之。

四、無論如何,電線轉(灣)〔彎〕處,距地不得低過十六英尺,穿過公路處,不得低過二十英尺。

五、電線粗度,不得小過第十二號線。

六、每於穿過馬路處,電線應堅結於絕緣器上,各路旁端連結處,并應澆鉛。

七、公司任何電線,概不得裝設於離開現有電報線三英尺內之處;無論該電報線屬於公董局與否。

八、如電線發生意外或損壞,足以危及公共治安時,則公董局有權割斷電線,除去損壞器具,以及採取其他認爲必要辦法,而一切費用,概由公司擔任之。

九、公董局有權檢查一切經認爲危險或不穩之電線;如經核明果屬危險時,則有操行所認爲適當之辦法,而一切費用,均由公司擔任,惟須於七日前,預先書面警告公司。

十、公司非經於三日前預先書面請求公董局而得其核准者,不得移動或更換任何電桿。

十一、公司應於奉到公董局所飭移動之電桿時,凡現時或將來,可以妨害交通而礙及公眾者,即行移設。

十二、在本約有效期內,公司應代公董局免費安設電線,其材料應照成本向公董局核算之。

十三、一切電線,在裝設時,或在裝設後,均應由公董局工程師監視之;惟公董局不負一切意外責任。

十四、公董局有權,於三十日前,通知公司更改或取銷,或增加上列之規定;無論如何,本約不得成為危及公共治安之原由。

十五、如按前條之規定,本約被取銷時,則公司應於三個月內,拆除電桿電線,并恢復該地面原狀。

十六、公司得以九十日前之通知,并將電桿電線(折)〔拆〕去,以及恢復地面後,向公董局宣告本約作廢。

未幾,上海華洋德律風公司、仁記洋行羅塞公司(Russele),都來要求在法租界設桿通話,也都得到同樣的允許;後至一八九二年光緒十八年又有中國日本電話公司,加入營業競爭。

在此時期,電話原為自由營業之一,并無專利;至一九〇〇年光緒二十六年時,其他公司,漸歸淘汰,僅餘上海華洋德律風公司,公董局遂於一九〇〇年十二月五日光緒二十六年十月十四日與之訂有合約如下:

一、關於天文台者:

第一條:公董局所自備之器具、線路、桿架,無酬報移交公司應用。

第二條:公司應代裝置電話新線,而不得礙及舊線之應用。是項裝設,應代公董局免費為之,但公董局以後每年應津貼公司之天文台電話費銀四十兩,旗號台電氣費銀二百兩正。

第三條:一切電話電氣設備,以及線路、桿架等,概歸公司所有;但公司於中斷或停止服務時,則公董局得沒收上述設備與器具,以期天文台與信號台之電話服務,不至中斷。

二、關于公董局各機關者:

第一條:公司應向公董局收買現有之局中電話用具,其價值應照時價計算。

第二條:公司得利用公董局現有之線路,其所有權仍屬公董局。

第三條:公司以後應代公董局設備新線路,其費用至多暫估定為二百二十兩,至於每年電話費,應定為銀九百十兩正。

第四條:一切線路、桿架、器具等,概屬公司所有,如公司中斷或停止服務時,則可拆除一切線具,惟須於六個月以前,通知公董局;而公董局亦得向公司收買一部必須之線具,以期電話事業,不至中止。其買價應由雙方各派代表合議定之。

此後因上海華洋德律風公司服務滿意之結果,公董局遂於一九〇九年一月二十一日光緒三十四年十二月三十日及一九二五年民國十四年十二月三十一日,兩次與之訂立合約,許其專利租界內之電話企業,直至一九三〇年民國十九年該公司解散時為止。

一九三〇年民國十九年八月間,上海電話公司成立,遂與公董局訂立專利合約,直至現在還遵行着。

五　合約

上海電話公司成立後,於一九三〇年民國十九年八月五日與公董局訂定合約如左:

上海法租界公董局董事會臨時委員會(下文簡稱公董局)、上海電話公司(下文簡稱公司):

鑒於一九〇九年一月二十一日_{光緒三十四年十二月三十日}法公董局與上海華洋德律風公司,所訂自一九〇七年四月一日_{光緒三十三年二月十九日}起,專利電話企業三十年之成約;

鑒於一九二五年_{民國十四年}十二月三十一日公董局與德律風公司所修訂之新約;

鑒於德律風公司自一九〇八年六月十五日_{光緒三十四年五月十七日}以來,經已按照前約,開辦電話企業在案;

鑒於德律風公司經按一九二五年_{民國十四年}十二月三十一日合約第十四條之規定,商得公董局同意,將一切企業,以及一切專利權,概讓渡於上海電話公司;

鑒於公董局已與德律風公司雙方約定,廢除一九二五年_{民國十四年}十二月三十一日成約,而代以現在之新約,由新公司承受之。

鑒於公司業已註冊,并已組織成立;其目的以得繼續辦理電話線以及其他通話辦法;并求得與各國、省、市……等當局,以及私人、公司……等等訂立合約,以實現其營業之目的。

按照此上列各點之規定,雙方約定如左:

一、約文解釋——在本約內,所稱之"租界",係指明凡一切在現在或將來所屬於公董局管轄之地盤或道路而言。其所稱之"公董局",係指現在之上海法租界公董局董事會臨時委員會,以及將來之正式董事會而言,其所稱之"工具",係指凡一切線路、管盒、桿柱,以及屬於開辦電話用途之器具而言。

二、專利權之確定——公董局確定公司,有權繼承上海華洋德律風公司根據一九〇九年一月二十一日_{光緒三十四年十二月三十日}及一九二五年_{民國十四年}十二月三十一日之合約,所得之一切專利權。公董局并宣言放棄對於上海華洋德律風公司所應得之賠償費。

三、專利權界說——公董局准許惟該公司,有權購進、起造、維持、利用、推廣在租界內之電話業務。公董局并隨時核發該公司執照,准其在租界路上或地下開濠、造屋、佈線、設桿,以及其他有關於電話業務之工作,并及各項工程;但公司於未得公董局書面核准以前,不得逕行動工。公董局有權於每次發給執照,附加工作方法與時間,以及其他對於公安上之取締條件;無論任何工作,凡足以阻礙交通者,概須先得公董局同意,方可執行。公董局承認在本約有效期間,除火政、警務、防衛上之警鈴外,不另私裝任何電話,并不准私人或其他公司在租界內有私裝電話之行為。但公董局儘可有權與其所屬各機關,應用通話方法。公董局并得有權,隨時按照本約第二十五條之規定,向公司收買某段電話自辦,或另包他人承辦之;但此項業務,不得在物質上礙及公司營業。在本約有效期間,公司得在租界內兼營其他業務,但不得專利之;且應於開辦前,報知公董局。所有此項附業之收支,務須會計獨立。公司不得視此副業為電話之附屬品而自行專利;惟公董局得將電話副業包與公司專利;但附有兩條件如下:

一、該副業費率,應按照本約之資金報酬額計算之。

二、一切起造、維持費用,不得有礙於本約目的物之電話。又該副業之專利合約,應由公董局按照本約之普通原則而規定之。

四、業務之進行——公司應在租界維持最好之電話業務,并應在合理範圍內,利用現代之最新發明物,并應在執行工程上,隨處留意,期合於美術,實用而經濟為要。公司并應於一九三一年_{民國二十年}三月三十一日以前,在租界內設一總分站,以後并應隨線路之增加,依話務之需要,隨時增添新站,以便在租界內得有頭等之獨立電話業務,且應取銷加徵租界邊界處,即離開電話站有二碼半處,特費之例。所有線路,應連接於公共租界及華界。如公董局認該公司在某時期有不切實遵行本約各條之義務時，則得立按下列第二十八條之規定，交由公證人公斷，是否有違約之處。如在某時期，有三分之一之用戶，對於公司業務，有所指摘時，則公董局得於核准該項控訴後，交付公證人公斷之。如公司執行其業務，多所缺點，而未合本約，尤其未合本條之規定時，則應給以期限，飭令改善。如逾限後，公司仍不遵約，不能銷減指控各節時，則公董局得按下列第二十條之規定，以書面通告公司，解除本約。至於上述期限，在本約有效期內，不得超過十二個月。

五、推廣電話業務及於界外——除公共租界外，公司非得公董局書面允許，不能在法租界外另定任何裝置電話之合約。且公司應隨時將外界談判裝置電話消息，告知公董局。如公董局認為擴張電話於租界外，而可有利租界內之納稅人者，得商請公司進行訂定推廣公約，惟關於費額一層，不得有礙下列第十一條所規定之公司專利權。且如公司認為於營業有利時，亦得請求公董局，准其進行談判界外電話合約。

六、開溝截路的權利——公司於開成或掘斷公路以後，即應用最快方法，自費清除是項障礙。至於修復路面工作，則應由公董局擔任執行，惟其費用，則應由公司擔負之。如公司於開溝後，無故延長填沒時間者，則公董局得收回准許開工執照，逕行填塞之。

七、電桿——一切木桿或鐵桿，一切撐架與其他器具，務須建築合於美術原則，且應時加修繕，以俟公董局滿意為度。所有桿架等具，非經公董局核准，不得用為廣告之用，如本條規定未見遵守時，則公董局得令公司執行改換之，惟改換費不得年逾二千兩正。公董局於道路工程需要時，得令公司移動路上或路下之一切設備。為免使公司移動電桿撐架計，為免增加人行道上擁擠計，公董局得與公司商量，利用其原有之設備，以裝置交通記號、救火龍頭，以及告示等件。

八、其他企業之關係——公司應賠償公董局，并應保證不因其業務之怠忽，或缺點，而致使公董局受人控告之危險；尤其應保證不至妨礙其他企業之進行。

九、線路——沿路所建之大線，不得超出六百五十雙，而此數中僅可有十雙為裸線，而所有之電話線，概應用雙線來往傳音。公董局得於某時期，以交通擁擠關係，或以其他充分理由，認公司所有電線，應埋入地下之必要時，則可遵令公司改換天線為地線；而公司務須在十二個月內遵行完竣。至於在熱鬧市集處，公董局并得要求取銷電桿之設置。總之，沿各公路，不得有三根以上之天線，而與電氣公司在交叉路處，相遇之天線，更應設法避免之。

十、公董局市政章程——公司有服從公董局市政章程之義務，但在進行公務之俄項間而致違章時，准予不予處罰，但公司應自證明其無罪。

十一、電話費額——一九二五年民國十四年十二月三十一日合約內所附貼之電話費額表，仍應繼續遵行，至改裝自動電話機以代現有之手持電話機完成日為止。公司於改裝完竣日，應向公董局用各種文件證明裝竣，公司股東不得享受減價權利；而上海華洋德律風公司之原有股東減價辦法，亦應於本約簽字日起取銷之。自改裝自動電話機完成日起，電話費額應予改訂，其法以所付資本年利百分之八另加百分之二（公積金用）計算之。但如公司不能在兩年內改裝自動電話完竣者，則在四年以內，不得要求改訂價目。所謂年利者，係指每年總收入而除去捐稅、費用，及其他雜費而言。所謂資本者，係指股票、債票、借款、公積金而言。

十二、重訂費額——電話費額得以公董局、工部局、公司三方面之同意，每年修訂一次。公司於請求加價時，應證明其所付資本而得之年利，不及百分之八，另加百分之二。如公司之年利，超過百分之八另加百分之二時，公董局得要求減價。凡關於修改價額問題，應由法租界公董局及公共租界工部局會同解決之。

十三、公積金——公司得設有一帳目，取名為“公積金”，以第十一條規定之百分之二之年利劃入帳內；此帳應作爲發展營業之基金，視同資本之一部。所有公司公儲之其他公積金，應與此公積金另帳辦理，又此項公積金總數不得超過資本額百分之二十。

十四、改訂費額——公司應另設改訂費額帳，以保持價目之確定。如公司年利，除有百分之八及百分之二外，當有餘剩時，則應將一半歸諸公司，一半歸入改訂費額帳內。如公司年利不及百分之八又百分之二時，則其歉額，應取自改訂費額帳內補充之。該帳所負之數，應自改裝自動電話三年後，補充之。

十五、增加資本與發行公司債——公司得自由增加資本，以便發展營業；其發展辦法，應在簽約六個月後，呈請公董局核示；以後每年，公司并應將第二年發展計劃書，報告公董局一次。在此計劃中，凡有關於變更費額，與租界普通行政者，公董局應特殊注意研究之。凡由公董局提出之改善辦法，公司應盡力實行之。

十六、納稅義務——在本約有效期間，公董局得享受局中電話費減價二成之權利。公司應於每季終了時，按照其在法租界營業收入之總額，納繳下列捐額：

自第六至第十年，總收入百分之二。

自第十年後，總收入百分之四。

公司并應遵納其他規定之捐稅，與普通納稅人同。惟公董局不願對公司加徵直接或間接之特別稅；且其他稅率，亦不願加重之。

十七、專利權之讓渡——由本約所給與公司之各專利權，非經公董局允許，不得讓渡。

十八、對於其他專利公司之權利與義務——公司不得在下列事故，要求公董局賠償損失：

甲　公董局因時勢之需要，而有執行修路之必要，致損害公司業務時。

乙　其他專利公司，執行業務，而有礙及公司之工程時。

但無論如何，公董局與其他專利公司，不得藉詞，有故意妨害公司之行爲。

十九、專利權之限制——除本約規定之電話專利權外，公司不得要求其他之專利。

二十、解約之權利——公董局有權於公司不能履行本約第四條之規定，或其業務發生障礙，綿延至三十一日以上時，得以書面要求解約；惟如上述不滿意情形，非屬公司監察所及者，則應予以相當的時間，以便改善。如按照本條之規定，而實行解約時，則公司所有之在公路一切設備，得由公董局扣留，作爲處罰之保證金；於公司經兩次警告，而尚不付規定罰款時，公董局得將該項設備拍賣之。

二十一、電話之服務——在本約有效期內，公司應無論何時，供給電話服務於全租界之任何房屋；凡有前來請裝者，公司不得推辭之；而公司所定通話規則，應得公董局之同意。除有特殊之規定外，公司不得供給電話服務於界外居民。如公司有推辭界內住民請裝電話之要求時，則該住民得將推辭情形，呈報公董局核辦之。公司并須遵從公董局之要求，切斷抗捐住民之電話線。公司得隨時修改租用電話章程，惟應先得公董局之同意，并應在公董局公報先期露佈之。

二十二、救火呼號防務警鈴——公司應按下列之規定，供給：

甲　最新式最有效能之救火與防務警鈴；此鈴應自獨立運用，不受其他電話線之節制。

乙　最新式最有效能之各巡捕房各軍隊防營之直接通話機，不由公司中電話間接線。

公董局得在任何時期間，要求裝設火政與防務之警務，及各項直接電話。此種警鈴及直接電話，如公董局認爲有用時，得要求接線入公司之電話間。以上各項設備工料，公董局應津貼公司費用，其費額由雙方協定之；或按下列第二十八條之規定，由公證人核定之。

二十三、公董局(鑒)〔監〕察權——凡公司按照本約所執行之工程，概應服從公董局之監察與認可。惟公司之工程,如有發生意外時,不得藉詞卸責於公董局。

二十四、帳簿檢查——公司應於公董局每次要求時,隨時供給關於本約義務上之帳路,以及其他參攷資料,并應與公董局以各種便利,以行檢查。

二十五、合約期限與延期——本約係自一九三〇年民國十九年八月五日起四十年後爲滿期;以後并得每次延長十年。四十年或其後十年期滿時,公董局應於兩年前,用書面通知公司,實行收買在租界之一切電話設備,其買價由雙方協定之,或依第二十八條之規定由公證人核定之。如公董局不在約滿前兩年通知解約者,則本約得以雙方默認,再延十年。公司與其用戶之契約,應註明於本約滿期日,即作爲無效。

二十六、罰則——公司應在本約簽字後兩年內,改換現有之電話機爲實用自動電話;如兩年內不能改裝完竣時,則加價之時期,應按延遲之時期加倍之。

二十七、不可抗力——公司如遇有不可抗力,越出其能力之所及,而致不能遵守本約時,則上述之罰則,准予延緩執行;惟公司應證明其違約之非其責任。

二十八、公斷辦法——一切糾紛、爭議,以及其他足以引起雙方對於本約意義異解之問題,以至雙方權利義務之異議,概應由與雙方各選任無關係之公證人二位解決之,或遵由法國領事法庭判決之;上述之公證人之職權,應依法國現行或將行法律之規定。如兩造之一,有不遵行公證人解決辦法時,則他方得向該管法庭控告之。

(四) 公董局的公債沿革

公董局的初期財政,並不甚佳,到了不殼用時,便向金融機關短期借款或透支,像一八六二年同治元年因起造局址,而借短期借款五千六百五十兩;一八九五年光緒二十一年因創辦自來水廠,而向匯豐銀行透支二十六萬兩。

至一八九〇年十二月二十九日光緒十六年十一月十八日董事會因有緊急工程建設,經費無着,向銀行接洽借款,未能成功,遂提出第一次公債的議案。

一八九一年一月二十二日光緒十六年十二月十三日新選出的董事會成立後,遂即決定發行公債五萬兩,分作五百份,每份銀一百兩,規定年息六厘,每年於六月三十日、十二月三十一日分別付息一次;還清期限定爲五年至二十年,以抽籤法攤還之。

公董局第一次公債,乃於一八九一年二月十五日光緒十七年正月初七日開始發行,至三月三十一日二月二十二日截止。

到了四月一日二月二十三日董事會集會時,核得認購公債者,只有十一人,計認共二百零四份;統共售去金額僅達二萬零六百五十五兩七錢五分。各董事於失望之餘,只好決定將應辦建設工程經費緊縮至二萬三千八百兩了。

此第一次公債,信用極佳,確立發行後的第三年,即於一八九六年三月光緒二十二年二月間全部清償。

自一八九八年光緒二十四年以後,公董局的經濟又陷於入不敷出之境;至一九〇三年初光緒二十八年在東方匯理銀行透支之欵竟達三十三萬四千九百五十一兩八錢五分;在匯豐銀行透支之欵,亦達二十萬零三千一百七十八兩七錢三分。此外當欠有各商家押櫃之欵,計共三千三百零二兩,而庫存的現金,僅七千九百四十四兩零四分。所以當時董事會便決定將外人房捐自百分之五,增至百分之八;華人房捐自百分之十一,增至百分之十二。同時又因一八九一年光緒十七年在本埠發行公債的失敗,遂託由於一九〇三年一月光緒二十八年十二月間回國的寶昌(Brunat)董事,向法國財團浹洽救濟上海財政的問題。

一九〇三年五月二十一日光緒二十九年四月二十五日公董局收到了寶昌關於借款問題的覆信,便召集全體董事特別大會,僉以建設經費和清還債務,約需一百多萬兩,因此一致決定在法國發行公債三百萬佛郎。

在法國的寶昌董事，遂於是年十月八月間與巴黎東方匯理銀行和里昂工商殖民銀行簽訂發行公債的合約。

此次公債總數爲三百萬佛郎，年息四厘半，每份票面爲五百佛郎，於一九〇四年一月一日光緒二十九年十一月十四日先發行四千份，至四月二月間，又發行二千份，回扣每份爲二十五佛郎，還清期限定爲十年以後三十年以前，每年以抽籤法攤還之。到一九三三年民國二十二年止，此項公債計有一二六六份，共達六十三萬三千佛郎，當未清償。

一九〇九年九月二十一日宣統元年八月初八日董事會以起造八仙橋中法學校、盧家灣巡捕房和大自鳴巡捕房，乃於十月二十六日九月十三日決定向匯豐銀行浹洽發行公債二十五萬兩；旋經匯豐於十一月十五日十月初三日覆信表示同意。雙方議定，公債利息爲年息六厘，清還期限爲十年至三十年，按年抽籤攤還。但此議忽又中止，僅由匯豐銀行和東方匯理銀行墊些借欵。

至一九一一年三月二十日宣統三年二月二十日董事會乃特組一委員會，重行討論發行公債事宜，委員會公決發行公債四十萬，分作四千份，每份票面一百兩，年息六厘，還清期限定爲三十年，自第十一年起，抽籤攤還。是項新公債遂於五月八日四月初十日正式公開招募；但至二十二日四月二十四日止，應募者寥寥無幾，乃託由平治門代爲發行，最後至七月八月間方才募足，是爲一九一一年宣統三年的六厘公債。

此項公債到一九三三年民國二十二年止，還有二千一百六十九份，共計銀二十一萬六千九百兩，當未還清。

一九一四年民國三年五月十八日董事會鑒於一九一四年和一九一五年民國三四年兩年間將有許多的建設工程要辦，遂於六月八日決定發行公債五十萬兩，分作五千份，每份銀一百兩，年息五厘半，託由東方匯理銀行推銷。此項公債在一九一四年民國三年六月末，才發行三十萬兩，至一九一五年民國四年夏季，方又發行二十一萬兩，截至一九三三年民國二十二年止，當有三十四萬四千兩未曾清償。

一九一五年民國四年十二月一日，董事會以租界内華人來居者日衆，而公董局的税收，大半是出在華人身上的，所以便和震旦大學商量，要在界内成立一個大學區，内備有許多的專科，以及天文台博物院、圖書館等，以應華人知識上的需要；因此決定了在一九一六年民國五年初，發行公債三十五萬兩，分作三千五百份，每份票面一百兩，年息五厘半，由公董局自行招人承購。……是項公債，至今亦尚有二十五萬二千四百兩，未曾還清。

自一九一七年民國六年五月以後，公董局的財政，又不見佳，便先向局内洋員儲蓄會，和東方匯理銀行，請求墊欵；後來又向華俄道勝銀行、匯豐銀行和中法實業銀行，要求透支；至一九二〇年民國九年透支的總數已達七十五萬多兩了。

在一九一八年民國七年十一月間，東方匯理銀行即已表示要收回透支的欵額，而勸公董局發行金幣的公債；至一九二〇年民國九年十二月，華俄道勝銀行，更提出索清欠欵的强硬要求來；公董局不得已乃於一九二一年民國十年四月十一日，決定發行高利貸的八厘公債了。

是項公債，債額定爲二百萬兩，自一九三一年民國二十年起，開始抽籤攤還，至一九五〇年民國三十九年方可還清，共計須還本息四百另七萬三千八百八十四兩之鉅！此債利息雖然高至八厘，但應募者尚屬寥寥，至一九二一年民國十年六月末，只售出一百另萬左右，後來還幸得有美國儲蓄會出來包銷，餘額方於年底發行完竣。此項一九二一年民國十年的八厘公債，至今尚有一百九十萬九千一百兩，尚未還清呢。

一九二三年民國十二年五月十四日，公董局董事會，爲執行許多建設的工程起見，便認可了財政委員會的提議，決定了發行一九二三年民國十二年七厘公債八十萬兩的章程如次：

（一）本項公債，可以轉戶；但本局只認在公債簿上載有名字之持券人，爲本公債之正當所有權者。

（二）本公債以九七發行，日後照票面價值一百兩還本；在十年以外，三十年以内，按照攤還表之規定，自一九三三年十二月一日起，遞年抽籤攤還之。

（三）本公債券年息六厘，每年於五月三十一日及十一月三十日各付息一次；屆期可將息票募交各持券人。

（四）本公債券自一九二三年七月一日發行，即日起息。

（五）自一九二三年六月二十日，在本局市政總理處公開招募；凡應募者應隨帶支票到局；其票應在一九二三年六月三十日前兑欵。

（六）凡要求以九十七兩以下購買本公債者，概不接受；凡代爲本公債推銷之經紀人，得取百分另五元佣金。

是項公債公開招募後，至七月末止，僅有二十九人來認購，所認的數額，僅達四十萬五千六百兩；公董局便決定向界内各地產公司，要求派銷，但亦終無結果；迨至一九二四年民國十三年四月下旬，公董局只好撤回未售罄的二千八百八十一份──計銀二十八萬八千一百兩的公債券了。此項債券至今尚未開始攤還。

一九二四年民國十三年四月中旬，公董局董事會又以臨時建設工程，需費甚多，又決定發行七厘公債八十萬兩的章程如下：

（一）本項債券，可以過戶；但凡在本局公債冊上載有名字之持券人，方得視爲正當之所有權人。

（二）本債券照票面一百兩發行，日後亦照票面一百兩還本，還清期限爲十年至三十年，自一九三四年十月一日起，遞年抽籤攤還之。

（三）本債券年息七厘，按年三月三十一日及九月三十日付息；屆期當將息票寄達持券人。

（四）本公債自一九二四年五月一日起，公開招人承購；凡願認募者，隨帶支票，到本局市政總理處購領。

（五）凡有要求以一百兩以下之值，購買本公債者，概不接受；凡承銷此項債券之經紀人，准得百分之另五的佣金。

此次一九二四年民國十三年的七厘公債，在該年六月末，經人全數購竣；此債至今亦尚未開始攤還呢。

一九二五年民國十四年四月二十七日董事會又決定發行二百萬兩六厘半公債了；此次公債的發行條例，與前大略相同，不過是分做二次發行的。第一次是只發行八十萬兩，於五月初旬即行售罄，第二次是於五月二十五日發行一百二十萬兩，又於六月五日，完全經人認購了。此就是一九二五年民國十四年的六厘半公債，至今亦還未開始抽籤。

一九二六年民國十五年十月八日，又發行了一百萬兩六厘半的公債，條件與前相仿，分做三次發行，第一次發行五十萬兩，第二次發行三十萬兩，第三次發行二十萬兩，先後均得售清。

一九二七年民國十六年以國民革命軍到滬，時局不佳的關係，故并未有發行公債。至一九二八年民國十七年二月末，董事會以一九二七年民國十六年屆決算上所餘的現金，僅有四十三萬餘兩，僅足以供防禦租界的經費；至於建設的基金，就全無着落，由是便擬發行公債了。

經過一個多月的研究，董事會終於四月二日決定發行七厘的公債五十萬兩至七十五萬兩。此次公債，以市況的不佳，和需要的迫切，所以發行條例，與前稍有不同；其內容如左：

第一條——本項公債以九十五兩發行，日後照票面價值一百兩還本；其還本期，定一九三四年四月十六日起，五年內攤還，每年還清十萬兩。本局保留有權，以六個月前在公報上及本埠各大報端之通告，先期還清本公債之全部或一部。

第二條——本公債常年利息七厘，自認購之日起息；付息期定爲每年四月十六日與十月十六日，屆期本局當將息票寄交持券人。

第三條——本公債可以過戶，但本局僅認在公債簿上載有名字之人爲正當之持券人。

第四條——上海法租界內所有之產業上收入，除擔保以前所發之一九〇三年、一九一一年、一九一四年、一九一六年、一九二一年、一九二三年、一九二四年、一九二五年、一九二六年各公債外，概用以擔保本項公債之還本與付息。

第五條——自一九二八年四月十六日起，在本局市政總理處，開始公開招募。凡爲本公債推銷之經紀人，概准給與以百分之〇五之佣金。

此項公債遂即於四月十六日公開招募日，經人全數認購完竣。是項公債，尚未還清。

一九二九年民國十八年四月二十二日董事會又擬議發行公債了；至五月三日，乃決定發行八十萬兩的七厘公債，以九七發售，日後十足還本；其他的條件，也和去年相似。

同時，董事會又決定續發一九二八年民國十七年第二批的七厘債票二十五萬兩，交由美國儲蓄會承銷。

迨至五月九日，董事會又開了一次非常大會，將一九二九年民國十八年的應發公債，從八十萬兩，增至一百二十萬兩了。

一九三〇年民國十九年三月二十八日董事會又決定發行六厘公債二百萬兩了；當時公表發行條例如左：

第一條：本公債計共二百萬兩，分爲二萬張，每張計銀一百兩正；均照票面十足發行，日後十足還本；自一九四〇年四月三十日至一九五五年四月三十日間，本局得以六個月前在公報上及各報端上之預告，清還全部或一部。

第二條：本公債年息六厘，自認購之日起算，每年於四月三十日及十月三十一日付息；屆期本局當將息單寄與各持票人。

第三條：本公債可以轉讓，但本局只認凡在公債簿上有名之人爲公債之正當主人。

第四條：上海法租界之一切財產及稅收，除擔保從前所發一九〇三年、一九一一年、一九一四年、一九一六年、一九二一年、一九二三年、一九二四年、一九二五年、一九二六年、一九二八年、一九二九年各公債外，概用以擔保本項公債之還本與付息。

第五條：本公債自一九三〇年四月八日起，在本局市政總理處開始招募。凡爲本公債推銷之各經紀人，准按常例，各得佣金百分之另五。

一九三一年民國二十年四月十五日，董事會又發行了一批六厘公債一百五十萬兩，其發行條例，與前大略相同。至六月二十九日，公董局爲收買坐落露飛路之北，勞爾東路之東，地冊第八五一五號、八五一六號、八五一八號，計有十五畝六分二厘七毫的地皮，和露飛路之南，亨利路之北，地冊第八五一四號、八五一三號，及八五一二號一部分，計有二十畝九分七厘九毫的地皮，以便起造新局址起見，乃又決定續發六厘公債一百五十萬兩，其條例與前相同。

一九三三年民國二十二年一月六日，公董局又發行公債二百萬兩；當時發表通告如次：

爲通告事,案奉董事會一九三二年十二月二十日決議案之規定,本局茲定於一九三三年一月六日發行公債總額二百萬兩,每券均照票面銀一百兩十足發行,年息六厘。

在此債額內除有一百四十萬兩經已全數認購分配外,本局茲將六十萬兩餘額按照下列辦法招人承購。

(一)本案各金融機關及各經紀人,得於一月五日即本公債發行之前日,上午十一時至十二時,前來本局代客認購。購法以每批五萬兩銀或五萬兩之倍數爲度,正式分配公債辦法,係以債額五十萬兩就各該掮客所願認購之數目比例分攤之。所有佣金,應照常例定爲百分之另五,於發給債券時分別清付之。

(二)尚餘五萬兩債額,應於一月六日發行日上午十時起在本局公開徵求認購,每人最多得購一批五千兩爲限。各券均照票面十足發行,不給佣金。凡能認購者,應於該日按時隨帶支票至本局市政總理處接洽可也。

(三)另留五萬兩債額,交由本局儲蓄銀行備爲隨時代各存欵人承購之用。該券照票面十足發行,不給佣金。

本項債券利息,每半年一付,每年定於三月三十一日及九月三十日付息;而第一次付息期爲一九三三年三月三十一日。

本債券自一九四三年九月三十日起,至一九六二年九月三十日止,按照券後新印本局訂定攤還表之規定,遞年抽籤照票面十足發還。但本局董事會保留有權,以六個月前在公報上及本埠各大報端之通告,先期還清本公債之全部或一部。債券概准過戶,本局僅認公債簿上載有名字之持券人爲該公債券正當之主人。

上海法租界所有之財産與税收,除擔保以前新發之一九〇三、一九一一、一九一四、一九一六、一九二一、一九二三、一九二四、一九二五、一九二六、一九二八、一九二九、一九三〇、一九三一等年公債外,概用以擔保本項公債之還本與付息;特此通告。

計法租界公董局發行公債,自一八九一年清光緒十七年起,截至一九三三年民國二十二年十二月三十一日止,共有十七種;其中已還清者計四種,業已開始攤還者計九種,尚未開始攤還者計四種。茲復列表如左:

公 債 名 稱	現 在 狀 況
一八九一年清光緒十七年六厘公債	一八九六年清光緒二十二年還清
一九〇三年清光緒二十九年四厘半公債	已還未清
一九一一年清宣統三年六厘公債	已還未清
一九一四年民國三年五厘半公債	已還未清
一九一六年民國五年五厘半公債	已還未清
一九二一年民國十年八厘公債	已還未清
一九二三年民國十二年六厘公債	尚未開始攤還
一九二四年民國十三年七厘公債	尚未開始攤還
一九二五年民國十四年六厘半公債	尚未開始攤還
一九二六年民國十五年六厘半公債	尚未開始攤還
一九二八年民國十七年七厘公債	已還未清

公　債　名　稱	現　在　狀　況
一九二八年民國十七年續發七厘公債	已還未清
一九二九年民國十八年七厘公債	已還未清
一九三〇年民國十九年六厘公債	尚未開始攤還
一九三一年民國二十年六厘公債	尚未開始攤還
一九三一年民國二十年續發六厘公債	尚未開始攤還
一九三三年民國二十二年六厘公債	尚未開始攤還

第二　統　計

（一）預算表及決算表

攷法租界公董局的創設，始於一八六二年五月一日同治元年四月初三日至一八六三年三月三十一日同治二年二月十三日發表統計：

決算 { 收入項　　銀二〇、三七八兩・一六　　洋四六、一一四元・五八
支出項　　銀二九、三七三・八二　　洋四四、三七三・四二

一八六三年至一八六四年同治二年至三年屆

決算 { 收入項　　銀一〇三、四五一兩・八九
支出項　　銀一〇一、三八三・二四

一八六四年至一八六五年同治三年至四年屆

決算 { 收入項　　銀一〇三、二八六兩・九九
支出項　　銀九五、二六五・〇六

一八六五年至一八六六年同治四年至五年屆

預算 { 收入項　　銀一一一、五二一兩・九三
支出項　　銀一一〇、五七五・〇〇

一八六六年至一八六七年同治五年至六年屆

決算 { 收入項　　銀九一、九三八兩・六一
支出項　　銀八九、九二八・二〇

一八六七年至一八六八年同治六年至七年屆

決算 { 收入項　　銀八二、二五二兩・一五
支出項　　銀七六、九五四・〇二

預算 { 收入項　　銀九三、四〇〇兩・四一
支出項　　銀九一、五〇二・四五

一八六八年至一八六九年同治七年至八年屆

決算 { 收入項　　銀八六、五〇四兩・五三
支出項　　銀八〇、四三七・九三

預算 { 收入項　　銀九二、一四〇兩・九六
支出項　　銀八七、〇六九・〇〇

一八六九年至一八七〇年同治八年至九年屆

決算 { 收入項　銀八二、九三五兩·四五
　　　 支出項　銀七四、六六一·一八

預算 { 收入項　銀八二、二五六兩·六〇
　　　 支出項　銀七七、七七四·〇〇

一八七〇年至一八七一年同治九年至十年屆

決算 { 收入項　銀八六、〇一九兩·〇八
　　　 支出項　銀八一、七二九·三六

預算 { 收入項　銀八八、二九二兩·二七
　　　 支出項　銀八四、八九一·〇〇

一八七一年至一八七二年同治十年至十一年屆

預算 { 收入項　銀八一、二〇七兩·七二
　　　 支出項　銀七七、三三七·〇〇

一八七二年至一八七三年同治十一年至十二年屆

決算 { 收入項　銀八四、七九〇兩·四七
　　　 支出項　銀八〇、三〇七·七五

一八七三年至一八七四年同治十二年至十三年屆

決算 { 收入項　銀八四、三八三兩·六五
　　　 支出項　銀六五、九〇四·四五

預算 { 收入項　銀九五、一四八兩·三四
　　　 支出項　銀九三、九八〇·〇〇

年　度	預算收入項	預算支出項	決算收入項	決算支出項
一八七四—一八七五	八一、六〇〇兩·〇〇	一一三、二〇五兩·〇〇	八四、八五〇兩·〇三	七五、六三三兩·五一
一八七五—一八七六	八三、五三〇·三九	一二〇、三六〇·〇〇	六七、七六三·一二	七〇、六八七·一一
一八七六	八五、四三〇·三九	一二四、〇八六·〇〇	八六、二二八·五九	八三、八三二·一九
一八七七	七九、六八〇·五九	一二二、九九六·八六	八四、三六六·九八	一一九、三二五·四二
一八七八	九八、一四〇·三九	一〇六、四九八·四二	九九、〇六八·五二	一〇六、七八一·八五
一八七九	九四、一三〇·〇〇	九四、七七四·七〇	一四九、〇七二·八三	一〇一、九一一·三四
一八八〇	九五、二三〇·〇〇	一〇三、〇三六·一九	一一〇、八一六·五一	一一五、九〇三·〇一
一八八一	一〇六、〇六七·五〇	一〇九、一八七·一九	一一五、二〇九·八六	一一四、七二三·〇三
一八八二	一一二、一五七·四八	一一二、二六四·〇〇	一一八、〇七四·八〇	一一〇、八〇一·〇五
一八八三	一一六、九八〇·〇〇	一二四、三六〇·二七	一二二、六八一·五〇	一一七、四六一·六四
一八八四	一一七、〇一四·〇〇	一〇一、六一四·一三	一〇七、六六五·二七	九七、六三一·四五

續　表

年　　　度	預算收入項	預算支出項	決算收入項	決算支出項
一八八五	一一一、五二二・四八	一一二、二五四・○○	一一○、八八四・○三	一○三、五○九・八○
一八八六	一一八、四二二・○○	一二七、五○三・○○	一二九、九七五・二三	一五六、八七七・三三
一八八七	一四二、一四二・○○	一三二、八二六・○○	一七二、七七一・五九	一六七、一六三・二○
一八八八	一五三、八○三・○二	一六二、五一七・五○	一五九、一五九・八一	一五六、○八一・六一
一八八九	一三六、五三四・八二	一四八、三二七・五○	一三六、八九一・四三	一四八、五七五・五○
一八九○	一三九、一二二・三九	一三九、二三一・○○	一三八、四七八・二二	一三八、一一○・三三
一八九一	一三七、一六二・五六	一三七、六三九・○六	一六○、六二九・二九	一四一、七六九・六○
一八九二	一三九、五五二・六七	一五八、八八八・六七	一四○、一○九・八七	一四五、○七四・六八
一八九三	一四五、一○六・○六	一五九、四七六・七六	一四七、六二三・三○	一四二、七六五・六九
一八九四	一四三、四二一・六九	一六二、六五○・○○	一五○、三一九・二一	一四五、三二三・六八
一八九五	一四六、四九六・三七	一七○、七二○・二一	一五四、一六七・四三	一三二、六八七・一三
一八九六	一五○、五六一・五三	一九六、二六五・六七	一六○、四二二・三五	一五五、五一七・○七
一八九七	一六五、九二二・六五	二一六、五三二・○七	一七九、五○五・一二	二二九、三六九・四二
一八九八	一八七、二三○・○○	一八七、九七五・一二	一九六、六三八・五五	三一五、二五四・一九
一八九九	一九一、五八五・○○	一九一、五八五・○○	二一四、○九八・四五	一七七、五○○・五五
一九○○	二五四、二八一・○○	二五四、二八一・○○	二七四、九二九・二○	三六九、一五七・九八

　　自一九○一年光緒二十七年度起，預算分經常、臨時兩項，其決算表乃亦分經常與臨時兩項，故須另作表格如左：

年　　　度	數別	經常收入	經常支出	臨時收入	臨時支出
一九○一	預算	二六一、二七九・○○	二○五、一七八・○○		二三○、五九九・六○
	決算	三二一、八○三・八三	二一二、○九五・一六		二七一、○一○・八三

續　表

年　度	數別	經常收入	經常支出	臨時收入	臨時支出
一九〇二	預算	三三一、八九〇·〇〇	二五五、一六三·〇〇		一四二、七八〇·〇〇
	決算	三四三、四四七·八二	二九四、三二一·二六		二〇二、四二九·六一
一九〇三	預算	三六六、七一〇·〇〇	二九一、二八三·五〇		一一二、三九〇·〇八
	決算	三七五、〇七二·一八	三二九、六六〇·三九		八八七、二八三·七二
一九〇四	預算	三八七、六三〇·〇〇	三四四、五六三·〇〇	九五〇、〇〇〇·〇〇	九〇七、八〇〇·五八
	決算	一一六、〇六·二二	三三九、一五二·〇三	六〇二、九四五·八一	六〇九、三一三·八六
一九〇五	預算	四一五、九九二·五六	四一〇、六四七·九〇	二八七、八七八·七九	二八七、六五〇·〇〇
	決算	四五六、三五一·一八	三九〇、九四四·一五		四八三·一四
一九〇六	預算	四六五、六四二·五六	五六〇、九二九·四九		
	決算	四九〇、七一二·三八	四九八、二五二·六九	二九八、四一·三一	
一九〇七	預算	四六二、二九一·〇〇	四二五、六四四·二五	六二、〇〇〇·〇〇	二二五、〇〇〇·〇〇
	決算	五一〇、八八八·二九	四一九、七九九·六八	四六、一三三·一五	二二九、八四八·五七
一九〇八	預算	四九四、三八一·〇〇	四八三、二六八·五〇	三〇、〇〇〇·〇〇	一九九、七三五·〇〇
	決算	五四七、六五〇·九九	四四四、四四四·六九	二九、五一七·七八	一一五、二五五·〇九
一九〇九	預算	五四四、九八一·〇〇	五一八、三一〇·九五	五一、三七五·四五	二〇二、六〇〇·〇〇
	決算	五八四、〇九四·四一	五一四、一八九·三五	五五、〇〇〇·〇〇	一六三、七三一·四五
一九一〇	預算	五五五、三三〇·〇〇	六三六、四二〇·〇〇	──	二五〇、〇〇〇·〇〇
	決算	五八一、四四二·四二	六四一、二三〇·〇六	──	一〇〇、六七〇·六一
一九一一	預算	五七八、五九五·〇〇	六〇一、〇九五·二〇	──	二三〇、〇〇〇·〇〇
	決算	五九二、二一七·二六	五七九、四五八·一二	──	一九三、八二〇·三〇

續　表

年　度	數別	經常收入	經常支出	臨時收入	臨時支出
一九一二	預算	六一一、〇八五・〇〇	六五一、二七七・二〇	──	一一七、三七九・七〇
	決算	六六四、六三八・九二	六四四、七一四・八九	──	一一六、四九〇・一三
一九一三	預算	六四七、八四五・〇〇	七四三、七三二・〇〇	──	三〇,〇〇〇・〇〇
	決算	七三五、二八六・六五	七五一、二〇三・三〇	──	三一、四九六・七二
一九一四	預算	七一八、二〇八・〇〇	七一四、〇四九・六〇	二六、五〇〇・〇〇	二〇〇、〇〇〇・〇〇
	決算	八〇六、九三九・〇八	七二七、一四八・二六	三,八〇五・〇〇	二一六、二四九・〇〇
一九一五	預算	七二五、二五〇・〇〇	八〇八、七二六・〇〇	八六、〇五六・〇〇	二〇九、〇〇〇・〇〇
	決算	七九八、七八九・三五	七四六、二二一・〇二	──	一九七、四三七・五〇
一九一六	預算	八二〇、六六五・〇〇	八五七、五一八・〇〇	四四七、二四三・五〇	三三四、二二五・〇〇
	決算	九七〇、〇八一・五七	八四三、八六六・四七	──	三四八、〇八〇・八九
一九一七	預算	八六〇、一七五・〇〇	九五七、〇〇八・〇〇	一五、一四五・一〇	二六二、六八七・五二
	決算	九〇一、〇〇一・九七	九六四、五六二・二九	二九、二〇一・二四	三五三、三一七・九二
一九一八	預算	九〇五、〇六〇・〇〇	一、〇四六、二八四・〇〇	四八三、四〇四・三〇	二五八、九三〇・〇〇
	決算	九五〇、六七四・五一	一、〇三五、七八二・九三	──	三四六、七五九・二九
一九一九	預算	九八九、一二〇・〇〇	一、〇三二、七五三・〇〇	六八八、二〇八・五九	一一六、九七五・〇〇
	決算	一、〇四五、八九〇・六三	一、一七〇、八九〇・五六	──	一三一、四九七・七六
一九二〇	預算	一、一四八、三五〇・〇〇	一、二七一、四三六・〇八	──	──
	決算	一、三四四、一九六・四六	一、三三六、三六九・〇〇	──	──
一九二一	預算	一、三〇〇,〇〇〇・〇〇	一、四〇二、八九六・六五	──	──

續　表

年　度	數別	經常收入	經常支出	臨時收入	臨時支出
一九二一	決算	一、五一〇、九五六·一九	一、六〇一、〇〇七·八三	一、八四〇、二〇〇·〇〇	九二八、〇七〇·〇四
一九二二	預算	一、五八四、一一五·〇〇	一、五八一、五一五·四六	二六〇、八〇〇·〇〇	一、二二九、四一三·九四
一九二二	決算	一、七二六、三七〇·五五	一、六二六、六九六·六一	五、〇〇〇·〇〇	六九五、〇八八·三六
一九二三	預算	一、六八二、六一〇·〇〇	一、七九五、八八一·七五	一、五二八、七八三·七三	一、六三〇、〇八七·〇〇
一九二三	決算	一、八八五、一〇一·九四	一、八二八、七〇四·三一	七四二、三五五·〇〇	八二二、五九四·〇八
一九二四	預算	一、八二四、七三〇·〇〇	一、九八九、一六八·二五	一、一五七、七三三·四九	一、一七八、六九七·六八
一九二四	決算	二、一六〇、一五四·七〇	二、〇六五、九三六·一六	八一三、〇八八·〇〇	六九六、一二二·一三
一九二五	預算	二、二七四、〇九〇·〇〇	二、三三三、二五五·〇〇	二、四〇五、三〇一·八三	一、二九三、四三二·〇〇
一九二五	決算	二、三八二、九二五·二一	二、三三二、二二八·七二	一、二九三、四三二·〇〇	九九六、五一五·二八
一九二六	預算	二、六五七、九四七·九三	二、七一五、一二六·五〇	一、一八九、〇〇〇·〇〇	二、二六六、九五五·〇〇
一九二六	決算	二、八一二、八六〇·六〇	二、七七五、五一三·一八	——	一、二七九、〇四九·〇七
一九二七	預算	二、八六七、九二一·三六	二、九五九、九六二·七五	一、三一八、七三七·四八	一、一二九、五三〇·〇〇
一九二七	決算	三、一九五、七二四·八七	三、一二六、二〇〇·一〇	二、六八〇·〇〇	一、一三八、一五四·四一
一九二八	預算	三、三八四、九四〇·〇〇	三、三七四、一六四·五〇	九〇六、六二一·一二	一、〇一二、二四九·七九
一九二八	決算	三、六九一、四三六·九五	三、三三八、二〇八·〇〇	五〇〇、六一四·〇八	六一六、六一七·〇七
一九二九	預算	三、七九五、六二〇·〇〇	三、七九一、〇〇三·七五	一、九九二、五三〇·一五	一、九九二、五三〇·一五
一九二九	決算	四、三三〇、八四七·七六	三、七二四、五六七·八六	一、二二〇·六〇	一、二七四、七六六·九一
一九三〇	預算	四、四三四、四八〇·二五	四、四三四、四八〇·二五	三、二〇二、七〇〇·〇〇	三、五四九、一七七·〇〇
一九三〇	決算	四、九二〇、九〇六·一七	四、七三六、八一一·八三	二、四四〇、五五五·九五	二、二三三、六三〇·〇四

年　度	數別	經常收入	經常支出	臨時收入	臨時支出
一九三一	預算	五、三八三、四九二・〇〇	五、三八二、九三七・九七	三、〇〇三、八六九・五二	三、五四七、五〇〇・〇〇
	決算	五、六二二、三〇一・三八	五、六五九、〇八五・七八	三、〇一二、九四四・八八	二、九二四、二六六・三四
一九三二	預算	五、七二一、七三一・〇〇	五、七一六、三〇六・四〇	一、六七〇、八四七・三六	一、六三〇、九〇〇・〇〇
	決算	六、〇三八、五二一・六八	五、六八〇、六九八・八九	三五二、八四〇・四九	一、〇二一、八一五・五一
一九三三	預算	六、三六九、四〇一・〇〇	六、三六八、六四三・四一	三、二〇七、七九〇・八三	二、一八三、六七二・二九
	決算	六、八〇九、五九四・六二	六、二二九、五三九・一六	三、二五四、七五五・六九	一、五八九、九一〇・〇八

（二）人口表

一八六五年三月二十一日同治四年

```
                  ┌ 十五歲以上 ── 三六、一五五人
           ┌ 男 ─┤
           │      └ 十五歲以下 ── 二、五四〇人
           │      ┌ 十五歲以上 ── 七、一六五人
  華人 ─────┼ 女 ─┤
           │      └ 十五歲以下 ── 一、六〇五人
           └ 船戶 ──────────── 八、〇〇〇人

           ┌ 男 ──────────── 三五九人
  西人 ─────┼ 女 ──────────── 七九人
           └ 小孩 ──────────── 二二人

  共計 ──────────── 五五、九二五人
```

一八七九年二月十八日光緒五年

華人 ──────────── 三三、三五三人

西人 ──────────── 三〇七人

共計 ──────────── 三三、六六〇人

一八九〇年六月二十四日光緒十六年

```
        ┌ 男人 ┬ 十五歲以上——一八、五六二人
        │      └ 十五歲以下——四、二八六人
        │
        ├ 女人 ┬ 十五歲以上——五、七一六人
華人 ─┤      └ 十五歲以下——五、四六二人
        │
        ├ 西崽 ————————————六九六人
        │
        └ 船户 ————————————六、〇〇〇人

        ┌ 男 ┬ 十五歲以上——一七三人
        │    └ 十五歲以下——二七人
西人 ─┤
        └ 女 ┬ 十五歲以上——一二三人
             └ 十五歲以下——一二一人

共計 ————————————————————四一、六一六人
```

一八九五年六月二十四日 光緒二十一年

```
        ┌ 男 ┬ 十五歲以上——二六、七五〇人
        │    └ 十五歲以下——四、六四七人
        │
        ├ 女 ┬ 十五歲以上——九、五二一人
華人 ─┤    └ 十五歲以下——四、一二九人
        │
        ├ 西崽 ————————————七一一人
        │
        └ 船户 ————————————六、〇〇〇人

        ┌ 男 ┬ 十五歲以上——一九〇人
        │    └ 十五歲以下——二六人
西人 ─┤
        └ 女 ┬ 十五歲以上——七八人
             └ 十五歲以下——一三六人

共計 ————————————————————五二、六一八人
```

一九〇〇年六月十五日 光緒二十六年

```
        ┌ 男 ┬ 十五歲以上——四三、〇七〇人
        │    └ 十五歲以下——七、八三九人
        │
        ├ 女 ┬ 十五歲以上——二〇、一八七人
        │    └ 十五歲以下——八、二三一人
華人 ─┤
        ├ 西崽 ┬ 男————一、〇八四人
        │      └ 女————一一五人
        │
        ├ 船户 ————————————四、一二〇人
        │
        └ 過客 ————————————七、〇〇〇人
```

西人┬男┬十五歳以上　　　　　　人
　　│　└十五歳以下　　　　　　人
　　└女┬十五歳以上　　　　　　人
　　　　└十五歳以下　　　　　　人

共計────────────九二、二六八人

一九〇五年十月十四日_{光緒三十一年}

華人┬男┬十五歳以上───四三、六九七人
　　│　└十五歳以下───九、六五九人
　　├女┬十五歳以上───二一、〇二九人
　　│　└十五歳以下───八、九三八人
　　├西崽┬男───────一、二七七人
　　│　　└女───────一九二人
　　├船戸────────四、三四〇人
　　└過客────────七、〇〇〇人

西人┬男┬十五歳以上───四一六人
　　│　└十五歳以下───四七人
　　└女┬十五歳以上───一四七人
　　　　└十五歳以下───二二一人

共計────────────九六、九六三人

一九一〇年十月十六日_{宣統二年}

華人┬男┬十五歳以上───四九、八五四人
　　│　└十五歳以下───一五、七五八人
　　├女┬十五歳以上───二三、〇〇四人
　　│　└十五歳以下───一〇、九二九人
　　├西崽┬男───────二、〇七九人
　　│　　└女───────三四六人
　　├船戸────────五、五〇〇人
　　└過客────────七、〇〇〇人

西人┬男┬十五歳以上───六八八人
　　│　└十五歳以下───一三四人
　　└女┬十五歳以上───四一九人
　　　　└十五歳以下───二三五人

共計────────────────一五、九四六人

一九一五年民國四年十月十六日

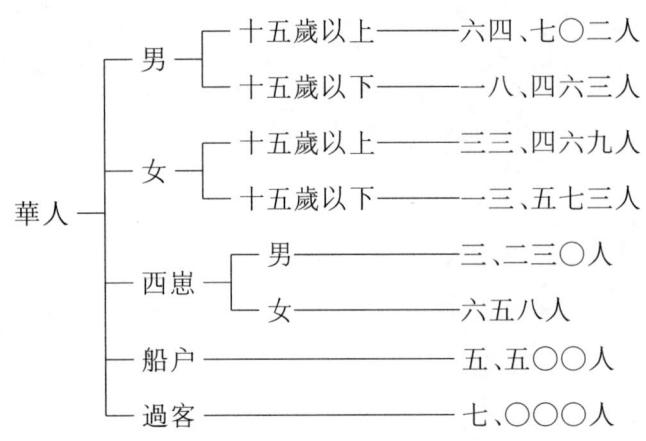

華人
- 男
  - 十五歲以上────六四、七〇二人
  - 十五歲以下────一八、四六三人
- 女
  - 十五歲以上────三三、四六九人
  - 十五歲以下────一三、五七三人
- 西崽
  - 男────三、二三〇人
  - 女────六五八人
- 船戶────五、五〇〇人
- 過客────七、〇〇〇人

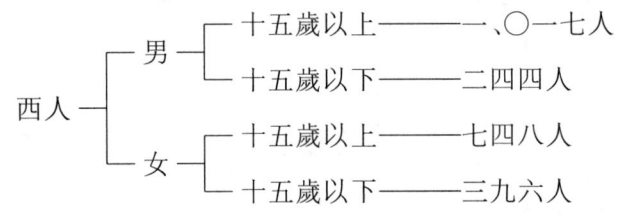

西人
- 男
  - 十五歲以上────一、〇一七人
  - 十五歲以下────二四四人
- 女
  - 十五歲以上────七四八人
  - 十五歲以下────三九六人

共計────────────────四九、〇〇〇人

一九二〇年民國九年十月十六日

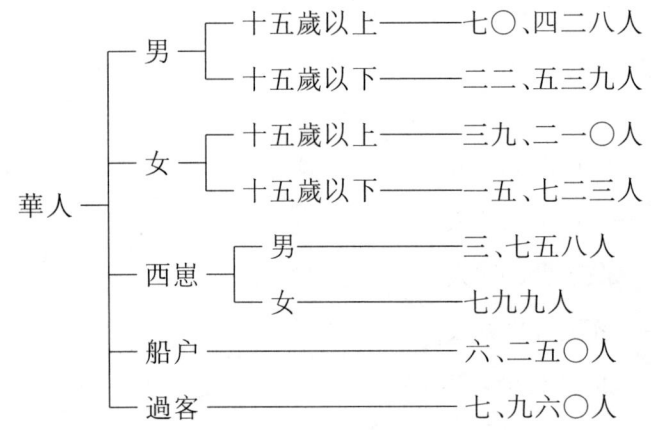

華人
- 男
  - 十五歲以上────七〇、四二八人
  - 十五歲以下────二二、五三九人
- 女
  - 十五歲以上────三九、二一〇人
  - 十五歲以下────一五、七二三人
- 西崽
  - 男────三、七五八人
  - 女────七九九人
- 船戶────六、二五〇人
- 過客────七、九六〇人

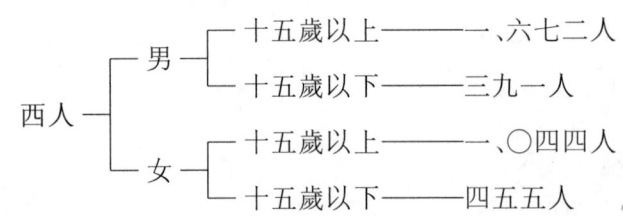

西人
- 男
  - 十五歲以上────一、六七二人
  - 十五歲以下────三九一人
- 女
  - 十五歲以上────一、〇四四人
  - 十五歲以下────四五五人

共計────────────────一七〇、二二九人

一九二五年民國十四年十月二十二日

```
                    ┌ 十五歳以上 ──── 一〇八、〇四八人
            ┌ 男 ─┤
            │       └ 十五歳以下 ──── 五三、一二二人
            │       ┌ 十五歳以上 ──── 五六、八一一人
            ├ 女 ─┤
            │       └ 十五歳以下 ──── 四一、九〇三人
   華人 ─┤         ┌ 男 ──────── 四、八九五人
            ├ 西崽 ┤
            │         └ 女 ──────── 一、一三五人
            ├ 船戸 ─────────── 一〇、二〇〇人
            └ 過客 ─────────── 一三、一五〇人


            ┌ 男 ─┬ 十五歳以上 ──── 二、九二五人
            │       └ 十五歳以下 ──── 一、二〇八人
   西人 ─┤
            └ 女 ─┬ 十五歳以上 ──── 二、三二二人
                    └ 十五歳以下 ──── 一、三五六人
```

　　共計 ────────────── 二九七、〇七二人

一九二八年民國十七年三月八日

```
                    ┌ 十五歳以上 ──── 一三三、四二一人
            ┌ 男 ─┤
            │       └ 十五歳以下 ──── 五二、二九八人
            │       ┌ 十五歳以上 ──── 七一、八四七人
            ├ 女 ─┤
            │       └ 十五歳以下 ──── 四九、八四四人
   華人 ─┤         ┌ 男 ──────── 五、三二四人
            ├ 西崽 ┤
            │         └ 女 ──────── 一、八四二人
            ├ 船戸 ─────────── 一五、三〇〇人
            └ 過客 ─────────── 一八、二〇〇人


            ┌ 男 ─┬ 十五歳以上 ──── 四、三三〇人
            │       └ 十五歳以下 ──── 一、〇五一人
   西人 ─┤
            └ 女 ─┬ 十五歳以上 ──── 三、三六九人
                    └ 十五歳以下 ──── 一、一七〇人
```

　　共計 ────────────── 三五八、四五三人

一九三〇年民國十九年四月二十四日

```
                    ┌ 十五歲以上 ——— 一五八、六一五人
           ┌ 男 ───┤
           │        └ 十五歲以下 ——— 六三、六六一人
           │        ┌ 十五歲以上 ——— 九六、四六三人
           ├ 女 ───┤
           │        └ 十五歲以下 ——— 五四、五三五人
  華人 ────┤        ┌ 男 ——————— 五、九四二人
           ├ 西崽 ──┤
           │        └ 女 ——————— 二、○六八人
           ├ 船户 ————————————— 一八、五四三人
           └ 過客 ————————————— 二二、○五八人

                    ┌ 十五歲以上 ——— 五、五○八人
           ┌ 男 ───┤
           │        └ 十五歲以下 ——— 一、一九五人
  西人 ────┤
           │        ┌ 十五歲以上 ——— 四、三八七人
           └ 女 ───┤
                    └ 十五歲以下 ——— 一、二四五人
```

　　共計 ——————— 四三四、八○七人

　　一九三一年民國二十年九月二十日

```
                    ┌ 十五歲以上 ——— 一七三、○一七人
           ┌ 男 ───┤
           │        └ 十五歲以下 ——— 六四、四一一人
           │        ┌ 十五歲以上 ——— 一○七、三五三人
           ├ 女 ───┤
           │        └ 十五歲以下 ——— 四五、九九六人
  華人 ────┤        ┌ 男 ——————— 五、五九五人
           ├ 西崽 ──┤
           │        └ 女 ——————— 二、○五八人
           ├ 船户 ————————————— 一九、三八一人
           └ 過客 ————————————— 二三、○五五人

                    ┌ 十五歲以上 ——— 六、四四七人
           ┌ 男 ───┤
           │        └ 十五歲以下 ——— 二、二八八人
  西人 ────┤
           │        ┌ 十五歲以上 ——— 四、二五三人
           └ 女 ───┤
                    └ 十五歲以下 ——— 一、四五九人
```

　　共計 ——————————————— 四五六、○一二人

　　一九三二年民國二十一年九月二十日

```
                  ┌ 男 ┬ 十五歲以上 ──── 一七四、七一五人
                  │     └ 十五歲以下 ──── 六五、四七二人
                  │
                  ├ 女 ┬ 十五歲以上 ──── 一〇九、六七七人
          華人 ───┤     └ 十五歲以下 ──── 六〇、七〇〇人
                  │
                  ├ 西崽 ┬ 男 ──── 五、〇八八人
                  │      └ 女 ──── 二、一八七人
                  │
                  ├ 船户 ──────────── 二〇、三二五人
                  │
                  └ 過客 ──────────── 二四、一七八人


                  ┌ 男 ┬ 十五歲以上 ── 七、〇七八人
                  │     └ 十五歲以下 ── 一、三三四人
          外僑 ───┤
                  ├ 女 ┬ 十五歲以上 ── 五、六四七人
                  │     └ 十五歲以下 ── 一、四〇三人
                  │
                  └ 過客 ──────────── 七四八人


          共計 ────────────── 四七八、五五二人
```

一九三三年民國二十二年九月二十日

```
                  ┌ 男 ┬ 十五歲以上 ──── 一八一、八一五人
                  │     └ 十五歲以下 ──── 七四、一七一人
                  │
                  ├ 女 ┬ 十五歲以上 ──── 一一二、七四八人
          華人 ───┤     └ 十五歲以下 ──── 五七、九三一人
                  │
                  ├ 西崽 ┬ 男性 ──── 四、二七三人
                  │      └ 女性 ──── 一、七三二人
                  │
                  ├ 船户 ──────────── 二一、〇四九人
                  │
                  └ 過客 ──────────── 二五、〇三六人


                  ┌ 男 ┬ 十五歲以上 ── 七、六七二人
                  │     └ 十五歲以下 ── 一、五七一人
          外僑 ───┤
                  ├ 女 ┬ 十五歲以上 ── 六、二二四人
                  │     └ 十五歲以下 ── 一、四六三人
                  │
                  └ 過客 ──────────── 八五一人


          共計 ────────────── 四九六、五三六人
```

法租界歷年人口統計總表

年　份	西曆年份	華　人	外　僑	共　計
清同治四年	一八六五	五五、四六五	四六〇	五五、九二五
清光緒五年	一八七九	三三、三五三	三〇七	三三、六六〇
清光緒十六年	一八九〇	四〇、七二二	四四四	四一、六一六
清光緒廿一年	一八九五	五一、七五八	四三〇	五二、六一八
清光緒廿六年	一九〇〇	九一、六四六	六二二	九二、二六八
清光緒卅一年	一九〇五	九六、一三二	八三一	九六、九六三
清宣統二年	一九一〇	一一四、四七〇	一、四七六	一一五、九四六
民國四年	一九一五	一四六、五九五	二、四〇五	一四九、〇〇〇
民國九年	一九二〇	一六六、六六七	三、五六二	一七〇、二二九
民國十四年	一九二五	二八九、二六一	七、八一一	二九七、〇七二
民國十七年	一九二八	三四八、〇七六	一〇、三七七	三五八、四五三
民國十九年	一九三〇	四二一、八八五	一二、九二二	四三四、八〇七
民國二十年	一九三一	四四〇、八六六	一五、一四六	四五六、〇一二
民國二十一年	一九三二	四六二、三四二	一六、二一〇	四七八、五五二
民國二十二年	一九三三	四七八、七五五	一七、七八一	四九六、五三六

圖書在版編目(CIP)數據

民國上海市通志稿(第一册)/上海市地方志辦公室;
上海市歷史博物館編.—上海:上海古籍出版社,
2013.11
ISBN 978-7-5325-7066-9

Ⅰ.①民… Ⅱ.①上… ②上… Ⅲ.①上海市—地方史
—民國 Ⅳ.①K295.1

中國版本圖書館 CIP 數據核字(2013)第 231920 號

ISBN 978-7-5325-7066-9

9 787532 570669 >

民國上海市通志稿(第一册)
上海市地方志辦公室
上海市歷史博物館 編
上海世紀出版股份有限公司
上 海 古 籍 出 版 社 出版
(上海瑞金二路 272 號 郵政編碼 200020)
(1) 網址: www. guji. com. cn
(2) E-mail: guji1@ guji. com. cn
(3) 易文網網址: www. ewen. cc
上海世紀出版股份有限公司發行中心發行經銷 上海中華商務聯合印刷有限公司印刷
開本 889×1194 1/16 印張 57.25 插頁 5 字數 1,536,000
2013 年 11 月第 1 版 2013 年 11 月第 1 次印刷
印數:1—3,100
ISBN 978-7-5325-7066-9
K·1793 定價:281.00 元
如有質量問題,讀者可向工廠調换